GRÈCE

DEPUIS LA CONQUÊTE ROMAINE

JUSQU'A NOS JOURS

PAR M. BRUNET DE PRESLE
MEMBRE DE L'ACADÉMIE DES INSCRIPTIONS ET BELLES-LETTRES

ET

PAR M. ALEXANDRE BLANCHET
PROFESSEUR D'HISTOIRE AU LYCÉE DE STRASBOURG

PARIS

FIRMIN DIDOT FRÈRES, FILS ET Cie, ÉDITEURS

IMPRIMEURS DE L'INSTITUT DE FRANCE

RUE JACOB, 56

M DCCC LX

L'UNIVERS

HISTOIRE ET DESCRIPTION
DE TOUS LES PEUPLES

GRÈCE
DEPUIS LA CONQUÊTE ROMAINE
JUSQU'A NOS JOURS

PARIS,
TYPOGRAPHIE DE FIRMIN DIDOT FRÈRES, FILS ET Cⁱᵉ,
RUE JACOB, Nº 56.

L'UNIVERS,

ou

HISTOIRE ET DESCRIPTION

DE TOUS LES PEUPLES,

DE LEURS RELIGIONS, MOEURS, COUTUMES, ETC.

GRÈCE,

DEPUIS LA CONQUÊTE ROMAINE JUSQU'A NOS JOURS.

PAR W. BRUNET DE PRESLE.

AVANT-PROPOS.

Une nation constituée d'après les rapports naturels d'origine, de mœurs, de langage, cimentés par les souvenirs d'un passé glorieux, est douée d'une vitalité qui résiste aux plus violentes catastrophes. Ainsi, la Grèce a subi trois conquêtes, dont chacune semblait devoir à tout jamais l'anéantir ; et cependant toujours elle a reparu sur la scène du monde, sinon avec le même éclat, du moins remarquable encore par des traits auxquels il n'était pas permis de la méconnaître.

Le premier volume de cet ouvrage s'arrête à l'asservissement de la Grèce par les Romains (l'an 146 av. J. C.). Toutes ces républiques qui avaient joué dans l'antiquité un rôle si glorieux furent réduites en provinces et en provinces parfaitement soumises ; car les Romains avaient le talent de conserver par leur politique les conquêtes qu'ils devaient à la supériorité de leurs armes.

Une organisation uniforme liait intimement les diverses parties de l'empire, tout en laissant aux villes une certaine indépendance municipale, qui offrait un aliment à l'activité de leurs citoyens. Nulle part le culte indigène ou même les superstitions locales n'étaient troublées ; et si les proconsuls faisaient parfois trop sentir le poids de leur autorité, si les fermiers des impôts pressuraient le pays, les provinces se tournaient vers la métropole, avec l'espoir d'être écoutées dans leurs plaintes. Aussi, les Grecs, si jaloux autrefois de leur liberté, et qui avaient combattu pour elle contre Xerxès et même contre Alexandre, supportèrent patiemment le joug de Rome, et oublièrent presque la perte de leur indépendance, en voyant leurs cités se décorer des monuments les plus somptueux, dus à la munificence des empereurs ; leurs philosophes, leurs écrivains, comblés d'honneur dans la reine des villes ; et les vainqueurs enfin s'avouer eux-mêmes captivés par les arts de la Grèce.

L'empire intellectuel de cette contrée devait bientôt s'appuyer sur une base encore plus large et plus solide. Une religion qui puisait dans le sentiment de sa vérité la confiance qu'elle deviendrait universelle, trouva en Grèce ses plus ardents apôtres, ses plus éloquents interprètes.

Vers ce temps, l'Empire romain, devenu trop vaste pour être régi par une seule main, si ferme qu'elle fût, se partagea en deux; et une ville grecque prit le titre de la nouvelle Rome. À cette époque, les Grecs se décoraient du nom glorieux de Romains, et l'on aurait pu croire à la fusion complète des deux peuples. Cependant, l'élément hellénique ne tarda pas à prendre le dessus; et, malgré les efforts des empereurs de Constantinople pour conserver la langue et les traditions romaines, l'empire d'Orient devint un empire grec, sauf le nom.

Le temps, et surtout une religion nouvelle, avaient, il est vrai, imprimé quelques caractères nouveaux aux mœurs et à la langue des Hellènes; mais on ne pouvait nier la filiation. L'éloquent saint Basile était bien l'héritier de Démosthène. Les ardents et subtils théologiens qui s'agitaient dans les conciles rappelaient trop souvent les discussions des anciennes sectes des philosophes et des sophistes. Saint Grégoire de Nazianze, Paul le Silenciaire, Agathias, avaient fait revivre quelques-unes des muses de la Grèce; l'histoire trouvait encore de dignes interprètes. Un Eustathe, un Photius, étaient les continuateurs des savants grammairiens d'Alexandrie; et si la direction religieuse des idées détournait trop les Grecs de l'exercice des armes et de la culture des arts, toute valeur et tout sentiment du beau étaient cependant bien loin d'être éteints chez eux.

Après plusieurs siècles, la Grèce subit une autre conquête. En 1204, les croisés venus pour secourir les chrétiens d'Orient, s'écartant du but religieux de leur entreprise, s'emparent de Constantinople. Ces hommes du Nord, qui avaient déjà envahi l'empire d'Occident, et y avaient renouvelé presque entièrement la face de la société, viennent porter les mêmes usages en Orient. Ils se répandent dans tout l'empire grec, le partagent, le morcellent, selon les lois de la féodalité. Athènes a ses ducs; Thèbes, Patras deviennent autant de baronnies, sous la suzeraineté nominale de Constantinople. Le peuple conquis n'est pas trop molesté, mais on en fait peu de compte. Habitués à voir les *Grieus*, comme les nomme Villehardouin, plier partout devant eux, les chevaliers francs, étrangers aux traditions de l'antiquité et peu soucieux d'acquérir des sciences professées par des hommes timides, ne cachaient pas leur mépris pour les Grecs, regardés comme schismatiques. Pour ceux-ci, l'intrépidité de cette poignée de braves les subjugue d'abord; ils assistent avec étonnement à ces tournois où l'esprit guerrier règne jusqu'au milieu des fêtes; plusieurs sont séduits par ce mélange de bravoure et de galanterie; et, avec la souplesse de génie qui les caractérise, ils se mettent à composer des romans dans le goût de l'Occident, et transforment leurs anciens héros, Hercule, Thésée, Alexandre, en preux errants. Quelques nobles grecs se piquent d'émulation, et se distinguent dans la carrière des armes. Le zèle religieux et l'esprit national réveillent l'antique valeur. Les empereurs grecs, retirés à Nicée, reprennent l'offensive; ils recouvrent Constantinople; et l'empire féodal des Francs, qui s'était exténué en étendant ses réseaux sur le domaine entier des Césars, se brise partout.

La Grèce reparaît encore sur la scène, mais pour bien peu de temps. Si elle a retrouvé quelque énergie dans la lutte, elle ne peut reconstituer l'unité dont elle aurait besoin pour résister au nouvel ennemi qui la menace. Pour triompher des sectateurs de Mahomet, devenus maîtres de la meilleure partie de l'Asie, il eût fallu que la Grèce pût unir l'héroïsme qu'elle avait montré au temps de Xerxès, à la puissante organisation des Romains; tandis que, ruinée par des guerres intestines, et mettant tout son espoir dans ses remparts et dans les secours vainement attendus de l'Europe, elle dut succomber.

Cette troisième conquête ne ressemble point aux précédentes: ce n'est plus la domination impérieuse, mais régulière des Romains; ce ne sont plus les Francs, dont la fougue est tempérée par la religion et par les lois de l'honneur: ce sont les Turcs, c'est-à-dire la barbarie jointe au fanatisme. Il ne s'agit plus pour les Grecs de leur liberté, de leurs arts: c'est la race entière qui est menacée de

GRÈCE MODERNE (Empire d'Orient)

Anicius Probus, sa femme et leur fils.

destruction. Ceux qui n'ont point échappé par la mort ou par l'exil à ce dur esclavage rachètent annuellement leur tête, et payent la dîme de leurs enfants. Les églises qui n'ont pas été converties en mosquées tombent en ruine, sans qu'il soit permis aux fidèles de les relever. La population diminue tous les jours; mais l'impôt demeure le même, et pèse de plus en plus sur le laboureur. Contre tant de maux il ne restait ouvert d'autre refuge que l'apostasie ou la révolte.

C'est à cette oppression que nous avons vu la nation grecque se soustraire par un effort désespéré. Déjà plusieurs fois elle avait protesté, par des tentatives d'affranchissement, contre l'usurpation musulmane; mais le colosse était retombé sur elle de tout son poids. Heureusement la tyrannie épuise les despotes, non moins que ceux qu'ils oppriment. L'empire turc n'était plus, au commencement de ce siècle, tel qu'aux premiers temps de la conquête : une désorganisation profonde minait sourdement ce grand corps. Les Grecs, au contraire, partout où ils pouvaient développer, soit leur industrie, soit leur goût pour les sciences, montraient qu'ils n'avaient pas perdu leur ancienne activité : souvent même, en dépit de leur position subalterne, ils dominaient par leur habileté ceux qui les avaient soumis par la force.

Retrempés dans la lutte prolongée qu'ils viennent de soutenir, et qui a rendu la liberté aux villes où elle brilla le plus jadis, les Hellènes ont assez vivement captivé notre intérêt pour nous engager à rechercher avec soin les traces de leur existence, même aux époques où elle était entièrement obscurcie, comme ces fleuves qui disparaissent dans le sable, et que l'on voit ensuite surgir de nouveau, abondants et limpides.

L'histoire politique de la Grèce est donc interrompue, ou du moins mêlée pendant un temps à celle des Romains, des Francs et des Osmanlis. Pour ces époques, nous nous sommes attachés surtout à l'histoire des mœurs, de la littérature et de la religion, qui ont conservé l'individualité nationale. Une de ces périodes, celle qui comprend les annales byzantines, a été traitée par un historien célèbre, Gibbon, dans son *Histoire de la décadence et de la chute de l'Empire romain*. Nous l'avons pris quelquefois pour modèle dans la manière dont il groupe les faits, pour exposer les vicissitudes des institutions; c'est ce qui donne tant d'intérêt à son livre, intérêt que tout son talent n'aurait cependant pas réussi à soutenir, s'il n'avait retracé, comme son titre semble l'indiquer, que la lente agonie du peuple romain. Mais les nations ne meurent pas; et tout ne devait pas finir avec la prise de Constantinople. Notre cadre nous permet de suivre plus longtemps la nation grecque, et de nous arrêter à un point où l'on voit s'ouvrir pour elle un nouvel avenir.

L'empire turc a eu quelques traits de ressemblance avec celui de Rome; il avait la même soif de conquêtes, et trouvait dans son organisation des ressources formidables. Au milieu des maux qu'il a causés aux Grecs, il leur rendit cependant un grand service en les ramenant à l'unité par cette communauté d'esclavage. Dans le délabrement de l'empire byzantin, ils avaient recherché des protecteurs en se faisant sujets des Génois, des Vénitiens, des chevaliers de Rhodes; en devenant tous rajas, ils sont tous redevenus Grecs.

La Turquie a déjà fourni le sujet d'un volume dans *l'Univers pittoresque;* on y voit la race conquérante dans tout son éclat. Le sort du peuple soumis offre un tableau bien différent, qui n'était pas non plus sans intérêt. Le sol, couvert de monuments de toutes les époques, nous fournira aussi des sujets d'illustration qui n'avaient pas trouvé place dans le premier volume de cet ouvrage.

La Grèce ancienne était entourée de plusieurs peuples, tels que les Illyriens, les Thraces, les Épirotes et les Macédoniens, auxquels on donnait le nom de barbares. Cependant, la plupart des princes qui gouvernaient ces contrées se glorifiaient d'une origine hellénique. Les rois d'Épire faisaient remonter la leur à Achille; les ancêtres d'Alexandre se disaient issus des Héraclides. La langue et les usages des Grecs florissaient à la cour de ces princes. Cette suprématie comprima chez eux le développement des idiomes nationaux, qui ne possédèrent jamais de littérature, et cepen-

1.

dant se perpétuèrent dans la bouche du peuple. Soumis ainsi que la Grèce à l'Empire romain, ils ont en général subi plus qu'elle l'influence latine. La Dacie, quoique conquise seulement par Trajan, a conservé, jusque dans l'idiome moderne de la Moldavie, beaucoup d'analogie avec les langues néo-latines. D'autres peuples, venus d'Asie ou du nord de l'Europe, Serviens, Slaves, Albanais, Bulgares, obtinrent aussi des établissements dans l'empire d'Orient, qu'ils avaient menacé d'abord, et dont ils devinrent quelquefois les plus fermes soutiens quand ils y furent attachés par des traités, et surtout par les liens de la religion. De ces éléments divers sont nés, dans le moyen âge, plusieurs principautés qui, après une lutte plus ou moins longue, ont subi, comme la Grèce, le joug musulman, sans perdre leur caractère national. Depuis que l'empire turc commence à se dissoudre, ces diverses nations tendent à se constituer séparément. De là l'élévation d'Ali-Pacha en Albanie, les révolutions de la Servie, l'émancipation de la Valachie et de la Moldavie. Ces États ont-ils en eux les éléments suffisants pour prendre rang parmi les puissances autonomes, ou sont-ils destinés à redevenir les satellites d'un nouvel empire d'Orient, qui s'élèverait à Constantinople ? Ce sont des questions politiques que notre siècle verra peut-être se résoudre. Dans cet état de choses, l'origine, l'histoire, le caractère particulier de chacune de ces races, méritaient d'être étudiés à part. Nous leur avons consacré quelques chapitres, qui se rattachent naturellement à l'histoire de la Grèce moderne.

LIVRE PREMIER.

DEPUIS LA PRISE DE CORINTHE JUSQU'A LA FONDATION DE CONSTANTINOPLE.

CHAPITRE PREMIER.

ORGANISATION DE LA GRÈCE EN PROVINCE ROMAINE.

La prise et la destruction de Corinthe par les Romains, l'an 146 av. J. C., à la suite d'une courte campagne, consomma l'asservissement de la Grèce. Comme la Macédoine, dont le soulèvement avait, deux ans auparavant, amené l'entière soumission, la ligue achéenne, par un effort imprudent pour se soustraire à la prépondérance de Rome, perdit l'ombre de liberté dont elle jouissait encore, et n'obtint que le triste honneur de laisser le nom d'Achaïe à la Grèce, réduite en province romaine. Cette dernière lutte ne lui avait coûté qu'un petit nombre de soldats, en comparaison de ceux qu'elle avait perdus au temps de l'invasion des Mèdes ou dans la guerre du Péloponnèse. Cependant, ce désastre était de ceux dont un peuple ne se relève pas, parce qu'il n'en conserve ni l'espoir ni même le désir. Les derniers chefs de la ligue achéenne avaient montré tant de démence et de cruauté envers leurs propres concitoyens, que les Grecs furent moins affligés de la perte de leur indépendance qu'heureux d'être soustraits à l'autorité qui pesait sur eux ; et ils s'écriaient, dit Polybe : « C'en était fait de nous si nous n'eussions été promptement vaincus ! »

Rome, sous le manteau d'une généreuse sympathie pour des alliés opprimés, venait de dissoudre la ligue qui lui portait ombrage, en se bornant à soutenir les villes qui avaient voulu s'en détacher. Elle ne montra pas moins d'habileté dans la manière dont elle usa de la victoire. Les premiers résultats en avaient été cruels pour la Grèce. Le sac de Corinthe, la vente de ses habitants coupables de massacres, la ruine de Thèbes et de Chalcis, la destruction des murailles de toutes les villes qui avaient pris le parti des Achéens, étaient un exemple terrible : mais, rentrant bientôt dans la voie de la douceur, les vainqueurs cherchèrent désormais à se concilier les esprits. Les actes de rigueur et l'enlèvement des objets d'art, racontés dans le précédent volume, avaient eu lieu sur l'ordre de Mummius, et avant l'arrivée des dix légats que le sénat était dans l'usage d'envoyer pour présider à l'organisation des provinces conquises, et au nombre desquels on n'admettait aucun parent du général, pour mieux contrôler sa conduite. Le sénat facilita leur tâche en leur adjoignant Po-

GRÈCE MODERNE (Empire d'Orient).

Église S.te Sophie Mahomet à Constantinople (Réunion du Grand Turque).

lybe, dont les sages conseils, s'ils eussent été suivis, auraient pu prévenir la ruine de sa patrie, et qui fit adoucir sa servitude, grâce à l'influence dont il jouissait à Rome. A sa demande, les honneurs d'Achæos, fondateur de l'Achaïe, et ceux de ses derniers héros, Aratos et Philopémen, furent maintenus, et leurs statues rapportées au moment où l'on allait les embarquer pour l'Italie, ce qui valut à Polybe une statue près de celles de ces grands hommes.

Le sénat, prenant le rôle de la clémence, fit remise aux Thébains et aux Eubéens de l'amende de cent talents qu'ils avaient été condamnés à payer aux Héracléotes, et de celle de deux cents talents imposée aux Achéens envers les Lacédémoniens. Les assemblées générales de l'Achaïe, de la Béotie, de la Phocide, supprimées d'abord, furent dans la suite rendues aux instances de ces contrées. Les Dix abolirent dans les villes le gouvernement populaire, et y substituèrent des magistrats choisis d'après le cens d'éligibilité (ce que les Grecs nommaient une *timocratie*); mais, du reste, il fut permis aux villes de continuer à se gouverner selon leurs propres lois, sous l'autorité du préteur, envoyé de Rome annuellement, et qui succéda, en quelque sorte, au préteur ou stratége de la ligue achéenne. Les liens qui les attachaient à la ville souveraine leur laissaient encore une assez grande liberté d'action pour qu'elles se fissent illusion sur leur servitude.

L'Empire romain présente, dans l'antiquité, le plus remarquable exemple d'une centralisation puissante; ce n'était point, comme la monarchie persane, une agglomération de royaumes prêts à se séparer; mais il ne faudrait pas cependant se figurer que l'uniformité administrative s'y étendît, comme cela a lieu en France depuis la révolution de 1789, à toutes les parties du territoire, à tous les échelons de l'autorité. Loin de là, les provinces conquises conservèrent assez longtemps divers priviléges, qui permettaient à chacune de garder sa physionomie nationale. En Grèce surtout, grâce à la vénération qu'inspiraient sa religion, sa gloire, ses antiques institutions, Rome fit très-peu sentir son joug: les empereurs, même les plus despotes, affectèrent de respecter la liberté d'Athènes et de Sparte. Les voyageurs modernes s'étonnent de ne trouver dans ces contrées d'autres traces de la domination romaine que quelques inscriptions, qui décernent à des empereurs ou à des particuliers romains des honneurs souvent exagérés, mais accordés librement, du moins en apparence. Pour expliquer ce mélange d'indépendance et de servilité, il est nécessaire d'entrer dans quelques détails sur l'organisation des provinces, et en particulier de celle de l'Achaïe.

Les conditions imposées à un pays au moment de sa réduction en province romaine par le général qui en avait fait la conquête, et par les commissaires du sénat, se nommaient *Forma Provinciæ*. Elles devenaient le droit public et en quelque sorte la charte de la province. Cette *Forme* variait suivant les circonstances qui avaient accompagné la soumission. La condition de toutes les villes d'une province n'était pas non plus la même. Selon le degré de résistance qu'elles avaient opposé ou les services qu'elles avaient pu rendre antérieurement à Rome, les unes étaient tributaires, c'est-à-dire que leur territoire, d'abord confisqué, leur était rendu moyennant un tribut fixe (*vectigal certum* ou *stipendium*), levé par les percepteurs romains; d'autres payaient seulement la dîme des produits du sol, tels que les vins, les huiles, les grains. Ces dîmes étaient ordinairement affermées par la république, souvent à des hommes du pays; et s'ils commettaient des abus, on s'adressait aux préteurs, qui jouaient ainsi le rôle de protecteurs des contribuables, dont toute l'animadversion tombait sur les publicains. Enfin, quelques villes étaient décorées du titre d'alliées et de fédérées (*sociæ, fœderatæ*): elles étaient censées jouir de l'immunité (*immunes*), continuaient à se gouverner par leurs propres lois, et ne payaient ni dîmes ni tributs; mais elles étaient forcées de fournir pour les guerres de Rome (et les occasions ne manquaient jamais) des vaisseaux équipés, des prestations en nature, ou même des contributions dont la quantité leur était fixée, et qu'elles avaient seulement la faculté de répartir comme elles l'entendaient.

La corruption, qui ne tarda pas à envahir la république romaine, causa dans les provinces une foule d'exactions. Les prestations, qui n'auraient dû servir qu'aux besoins du pays, furent exigées sous de vains prétextes. Les quartiers d'hiver étaient aussi, pour les cantons obligés de fournir à l'entretien des légions, une ruine dont ils se rachetaient par des transactions pécuniaires avec les proconsuls, qui faisaient défrayer par les villes le luxe de leur maison. Heureusement pour Rome, ces abus, qu'elle avait, dans l'origine, tâché de prévenir par des dispositions fort sages, ne s'introduisirent qu'à une époque où les provinces étaient déjà attachées à la république par des liens nombreux. Ces liens, que les Grecs n'avaient pas su maintenir entre leurs propres colonies et les métropoles, résultaient en partie de cette gradation que nous venons d'exposer entre les conditions des villes, et de la perspective de l'améliorer par des preuves de dévouement, tandis que, par des tentatives de soulèvement toujours infructueuses, ou des secours clandestins aux ennemis de Rome, elles perdaient les immunités qui leur avaient été accordées. Enfin, ce qui devait amener la fusion des peuples conquis avec les vainqueurs, c'est que par des services signalés, ou par l'exercice de certaines magistratures municipales, on pouvait obtenir le titre de citoyen romain, titre si envié, qui procurait tant d'honneurs et d'avantages. Ainsi, les ambitieux pouvaient espérer de monter un jour sur un théâtre bien autrement vaste que n'eût été le gouvernement de leur patrie indépendante; ceux qui ne pensaient qu'à acquérir des richesses en trouvaient la facilité dans les fermes des impôts, ou, plus honorablement, dans le commerce maritime. Les Romains le dédaignaient en général, mais ils le protégeaient chez les peuples tributaires; et l'étendue de leur empire lui donnait une extension et une sécurité qu'il n'avait point encore eues. Ces avantages durables expliquent comment les provinces supportaient des vexations qu'elles espéraient devoir être passagères, puisqu'elles étaient illégales, et qui ne pesaient pas d'une manière assez uniforme pour exciter un soulèvement général. La Grèce n'essaya qu'une fois de se soustraire à la domination romaine; et ce fut moins encore par un mouvement spontané, qu'à l'instigation de Mithridate, sous l'influence de ses armées et de ses trésors.

Nous ne possédons aucun monument contemporain qui nous présente le tableau complet de la première *forme* imposée à la province d'Achaïe; mais, à l'exception de quelques modifications introduites à la suite des guerres de Mithridate, de Pompée et d'Antoine, on peut s'en faire une idée en lisant la description de la Grèce, tracée par Pline l'Ancien, au premier siècle de notre ère. On y voit qu'*Athènes* et la *Laconie* étaient libres (*Athenæ libera civitas*, *Ager laconicus libera gens*). Delphes devait à son culte le même privilége; *Pharsale*, à la victoire remportée par César; et *Nicopolis*, à Auguste, son fondateur. *Thespies*, *Tanagra* en Macédoine, *Thessalonique* et *Amphipolis* en Thrace, *Abdère*, *Ænos* et *Byzance*, étaient aussi des villes libres.

Néron, dans un beau mouvement d'enthousiasme pour la patrie des arts, accorda la liberté à toute l'Achaïe, qui n'en profita guère. Les Locriens Ozoles et Amphissa jouissaient de l'immunité. Enfin, des colonies romaines avaient été établies à Actium, à Patras, à Mégare, à Corinthe, qui redevint le séjour du préteur; à Pella, l'antique capitale de la Macédoine; à Stobi, à Bullis, à Cassandria, autrefois nommée Potidée; à Philippes et à Develton, occupée par des vétérans. Ainsi, chaque province renfermait des villes entièrement romaines, et d'autres assez favorisées pour être opposées à toute tentative de soulèvement.

CHAPITRE II.

ÉVÉNEMENTS POLITIQUES.

La Grèce, qui avait si longtemps fatigué la renommée du bruit de ses triomphes, de ses discordes et de ses revers, cède pour un temps à d'autres peuples le premier rôle sur la scène du monde. Pendant près d'un demi-siècle après sa conquête, il n'est plus question d'elle; l'histoire n'enregistre pas même le nom des préteurs qui la gouvernent et réunissent sous leur autorité les royaumes d'Agamemnon, de Ménélas, de Nestor et de tous ces princes qu'Homère a rendus si grands. Seulement ses temples, ses portiques, encore décorés de nombreux chefs-d'œuvre; ses écoles renommées, où professaient quelques sophistes éloquents, autant qu'on peut l'être en l'absence de grandes émotions, attiraient les jeunes patriciens romains par l'attrait du plaisir ou de l'étude. Peut-être cette époque, où Rome était déjà travaillée par des factions, mais où sa constitution était encore assez forte pour astreindre les généraux à l'observation des lois et maintenir l'ordre dans les provinces, fut-elle une des plus heureuses pour la Grèce; mais son peuple, nourri dans les agitations des guerres civiles, ne pouvait s'habituer aisément à ce calme profond; et les émissaires de Mithridate n'eurent pas de peine à réveiller les passions populaires.

Jusqu'alors les Romains n'avaient rencontré en Asie que des princes qui, par leur faiblesse ou par leur folie, semblaient aller au-devant de l'esclavage. Ils trouvèrent enfin dans le roi de Pont un adversaire qui, non content de leur opposer une barrière, se flatta de leur enlever leurs conquêtes. Déjà il s'était rendu maître de l'Asie; un de ses généraux, Ariarathe, à la tête d'une puissante armée, s'avançait dans la Macédoine et la Thrace, tandis que son amiral Archélaos dominait par ses nombreux vaisseaux les mers et les îles de la Grèce. Mithridate, dont l'ambition et la haine ne reculaient devant aucun moyen, ordonna le meurtre de tous les citoyens romains établis en Orient; et, à l'exception de la petite île de Cos, partout cet ordre barbare fut ponctuellement suivi; plus de vingt mille Romains périrent en un seul jour. Ce fut dans ces circonstances qu'Aristion, Athénien, que Mithridate employait dans ses ambassades, vint à Athènes, appuyé par Archélaos, qui occupa le Pirée; et, malgré les efforts de la plus saine partie des citoyens, il fit soulever la ville contre les Romains. L'Eubée, Thèbes, et presque tout le pays jusqu'à la Thessalie, suivirent cet exemple. Établi dans Athènes avec une forte garnison de mercenaires, Aristion, déshonorant l'école d'Épicure dont il était adepte, ne tarda pas à se montrer d'abord le plus violent démagogue, et bientôt le plus dissolu des tyrans. Les citoyens les plus distingués se dérobèrent par l'exil aux persécutions et aux malheurs qui devaient bientôt fondre sur Athènes. Déjà Bruttius Sura, lieutenant du proconsul de la Macédoine, avait remporté quelques avantages; et sa réputation d'intégrité commençait à ramener à lui toutes les villes révoltées, quand Sylla accourut, à la tête de cinq légions, pour se mesurer avec Mithridate, sur la ruine duquel il devait élever sa grandeur. A son approche, la Grèce entière rentra dans l'obéissance, à l'exception d'Athènes, qu'il vint assiéger. Peut-être un blocus eût suffi pour en amener la reddition; mais, dans son impatience de terminer promptement cette campagne, Sylla ne ménagea rien pour enlever la ville de vive force. Les bois sacrés, les arbres du jardin d'Académos, qui avaient abrité Platon, et ceux du Lycée, furent abattus pour construire des machines de guerre; vingt mille mulets étaient occupés à transporter cet attirail de siège; et, pour subvenir aux dépenses, on mit à contribution les trésors des temples les plus vénérés : ceux d'Épidaure, d'Olympie et de Delphes, qu'avaient respectés Flaminius et Paul-Émile, et qu'ils avaient même enrichis de leurs offrandes. Sylla écrivit au conseil des amphictyons de lui remettre l'argent du trésor de Delphes, qui serait plus en sûreté entre ses mains qu'entre les leurs; et que s'il était obligé d'en faire usage, il le restituerait plus tard. En vain, pour détourner ce coup, les ministres d'Apollon firent intervenir le dieu du fond du sanctuaire; Sylla se moqua des présages qui avaient effrayé ses premiers messagers : force fut d'obéir. On tâcha de cacher au peuple ce sacrilège; mais on ne put dissimuler l'enlèvement du tonneau d'argent, dernière offrande royale, et qui était si grand et si lourd, qu'il fallut le briser pour le charger sur les bêtes de somme.

Cependant, Athènes continuait à résister. Aristion déploya une énergie qui aurait pu l'illustrer, s'il ne l'avait souillée par ses turpitudes et par sa dureté pour les souffrances de ses concitoyens. Tandis que le peuple était réduit à chercher un aliment dans l'herbe qui croissait sur les murs; que la lampe sacrée de Minerve s'éteignait faute d'huile, lui passait ses journées dans les débauches; et lorsque les prêtres, les magistrats, le suppliaient de sauver la ville en entrant en composition avec Sylla, Aristion bravait encore ce général romain par d'insolentes railleries. Il se décida enfin à lui envoyer des députés; mais leur ambitieuse harangue, remplie du panégyrique de Thésée et d'Eumolpe, ne trouva point faveur près de Sylla, qui les renvoya en disant qu'il n'était pas venu pour étudier la rhétorique, mais pour châtier des rebelles. Quelques propos, rapportés par les espions qu'il avait dans la ville, lui ayant révélé une partie faible des remparts, il la fit attaquer de nuit, et, pénétrant par la brèche, il s'empara d'Athènes le jour des calendes de mars qui correspondait à la néoménie d'Anthestérion, consacrée chez les Athéniens à des cérémonies en commémoration du déluge (l'an 86 av. J. C.). Les soldats romains entrèrent dans la ville l'épée à la main, et la remplirent de meurtres; beaucoup d'habitants, n'attendant rien d'un vainqueur impitoyable, se donnèrent eux-mêmes la mort. Au dire des historiens, des ruisseaux de sang inondèrent une partie de la ville. Enfin, deux bannis athéniens, Midias et Calliphon, qui étaient auprès de Sylla, l'implorèrent à genoux, et, avec l'appui de quelques sénateurs, obtinrent de lui le pardon de leur patrie. « *Je fais grâce*, dit-il, *aux vivants en faveur des morts.* » Il rétablit la liberté d'Athènes, sans le droit de suffrage, dont elle devait rester privée pendant deux générations; puis il partit, laissant à son lieutenant Curion le soin de réduire la citadelle, dans laquelle Aristion s'était réfugié, après avoir mis le feu aux édifices qui l'entouraient, entre autres au célèbre Odéon de Périclès, bâti, dit-on, sur le modèle de la tente de Xerxès, et avec les mâts des vaisseaux mèdes. La destruction de ce glorieux monument fut inutile pour le tyran; car le manque d'eau le força de se rendre à discrétion, et il paya de sa tête les maux qu'il avait causés.

Le Pirée, abandonné par Archélaos, tomba bientôt après au pouvoir des Romains, qui incendièrent l'arsenal, bâti par Philon aux jours de la prospérité d'Athènes. Cependant Taxile, un des généraux de Mithridate, descendait de la Thrace et de la Macédoine à la tête de cent mille hommes de pied et de dix mille chevaux, et avait rappelé près de lui Archélaos; Sylla marcha au-devant d'eux en Béotie; et, après avoir reçu un renfort qu'Hortensius lui amenait de Thessalie par les Thermopyles, il vint camper dans la plaine d'Élatée, en vue des barbares, bien qu'il n'eût à leur opposer que quinze mille hommes d'infanterie et quinze cents cavaliers. Pendant quelque temps le général romain fut obligé de se tenir enfermé dans ses retranchements, et de laisser les ennemis ravager la campagne, et étaler aux yeux des soldats romains le luxe de leurs armures asiatiques; mais, profitant de leur confiance, il choisit si bien le moment et le lieu du combat, qu'il remporta, dans la plaine de Chéronée, une victoire complète. Si l'on s'en rapportait aux mémoires de Sylla, l'armée entière des barbares aurait été presque entièrement détruite, et la perte des Romains tout à fait insignifiante. Plutarque raconte en grand détail cette bataille, dont il attribue en partie le succès au concours de quelques habitants de Chéronée, sa patrie. A l'appui de cette assertion, il dit qu'un trophée avec une inscription grecque fut érigé sur le champ de bataille en l'honneur d'Anaxidame et d'Omoloïchos, qui avaient guidé les soldats romains de manière à surprendre l'ennemi.

Sylla, pour célébrer sa victoire, donna des jeux et des combats de musique dans Thèbes; mais il n'admit pas de Thébains comme juges, parce que leur ville avait embrassé le parti de la révolte; il leur infligea aussi un châtiment qui lui fournit le moyen d'acquitter, sans bourse délier, la dette qu'il avait contractée envers les trésors de Delphes et d'Olympie : ce fut d'attribuer à ces temples la moitié du territoire de Thèbes. Par la suite, cette ville obtint de rentrer dans ses biens; mais elle se releva difficilement du coup que lui avait porté cette mesure; et lorsque Pausanias la visita, la moitié de son enceinte était déserte. Sylla se disposait à retourner en Italie, où le rappelaient les intérêts de son parti, quand une seconde armée de Mithridate, presque aussi nombreuse que la première, aborda en Eubée et se répandit en Béotie. Sylla revint sur ses pas; et une nouvelle victoire près d'Orchomène, où il culbuta les ennemis dans un marais et s'empara de leur camp, décida les généraux ennemis à lui faire des ouvertures d'accommodement. Elles favorisaient trop bien ses projets, pour qu'il ne les accueillît point avec joie : il passa donc en Asie, où le roi de Pont signa l'abandon de tout ce qu'il avait enlevé aux Romains.

Après avoir ainsi terminé glorieusement cette campagne, Sylla revint à Athènes, où il se fit initier aux mystères. On n'avait rien à refuser au vainqueur; et il ne se fit point faute de prendre ce qui était à sa convenance. Ainsi, en Béotie, il enleva du temple d'Alalcomène une antique statue de Minerve en ivoire; à Athènes, il dépouilla le temple de Jupiter Éleuthérios des boucliers votifs qui y étaient consacrés, et dont chacun rappelait quelques anciens hauts faits. Au Pirée, il se fit donner la riche bibliothèque d'Apellicon de Téos, qu'il fit transporter à Rome. Mais cette circonstance fut heureuse pour l'esprit humain, s'il est vrai que les œuvres d'Aristote et de Théophraste, restées depuis longtemps enfouies et presque oubliées dans cette bibliothèque, furent alors remises en lumière par les soins du grammairien grec Tyrannion, qui vint, à la suite de Sylla, se fixer à Rome, où il ouvrit une école.

Jusqu'ici nous n'avons parlé que de la Grèce continentale; nous devons maintenant jeter un coup d'œil sur l'état de l'Archipel. Ces îles, riches de leurs produits variés et de leur commerce, mais trop faibles isolément pour se défendre, furent toujours à la merci de la puissance qui avait l'empire des mers. Athènes les tint longtemps sous sa dépendance. Depuis la fondation d'Alexandrie, les rois d'Égypte y eurent la plus grande influence; et nous venons de voir que Mithridate, grâce à ses nombreuses flottes, y avait excité un soulèvement presque général contre les Romains. Ce fut à grand'peine, et à force de persévérance et d'habileté, que Lucullus, chargé par Sylla de lui former une flotte, rassembla des vaisseaux de la Cyrénaïque, de Chypre, de Rhodes et de Cos. Plus d'une fois il faillit tomber au pouvoir des pirates qui infestaient déjà ces parages; mais il parvint à les éviter, expulsa de Samos et de Chios les partisans de Mithridate, et vint se mesurer avec les flottes royales. Sylla vainqueur imposa, entre autres conditions, la remise de cent soixante-dix galères armées et équipées. C'eût été plus qu'il n'en fallait pour protéger le commerce de l'Orient, si Rome n'avait été absorbée par les factions qui déchiraient son sein. Les pirates en profitèrent. Mithridate avait soudoyé de nombreux corsaires pour ruiner le commerce de ses ennemis. Après la paix, abandonnés à eux-mêmes, ils continuèrent pour leur compte ce métier lucratif. Les îles de la Grèce devinrent le théâtre habituel de leurs brigandages, et quelquefois leurs repaires; ils ne se bornaient plus à se cacher pour attendre au passage un bâtiment de commerce : ils naviguaient par escadres, parcouraient audacieusement toute la Méditerranée, venaient enlever les vaisseaux dans les ports, incendier les villes, piller les temples. Ceux des Dioscures dans l'île de Claros, de Cérès à Hermione, d'Esculape à Épidaure, de Neptune à l'Isthme, d'Apollon à Leucade et à Actium, de Junon à Samos et à Argos, devinrent leur proie, sans que nul vint réprimer leur audace. Leurs navires montaient à plus de mille. Ils construisaient sur les côtes des arsenaux, des tours, des fanaux à leur usage; ils déployaient un luxe révoltant sur leurs vaisseaux teints en pourpre, aux proues rehaussées d'or, aux rames argentées, et venaient tranquillement dans les ports vendre leur butin et des milliers de prisonniers. Le succès semblait même faire oublier l'infamie de leur métier; et l'on voyait des hommes considérés ne pas rougir de s'associer à eux. Il est vrai qu'à l'appât du gain se joignait chez beaucoup un sentiment de haine contre Rome et de réaction contre son omnipotence. Les pirates venaient la braver jusque sous ses murs, piller les temples d'Italie, enlever des personnages consulaires dans leurs maisons de plaisance ; et lorsqu'un citoyen romain, tombé entre leurs mains, croyait leur imposer par ce titre respecté, il recevait d'eux des hommages dérisoires, et était ensuite précipité dans la mer. Rome finit par s'émouvoir : elle savait ce qui lui en avait coûté d'efforts pour réduire les esclaves révoltés en Sicile et en Italie ; elle vit toute l'étendue du danger, et recourut au grand Pompée, en lui confiant une autorité dont personne n'avait jamais été investi. Le décret qui le chargeait de détruire les pirates étendait son commandement suprême sur toute la Méditerranée et sur la terre ferme, jusqu'à vingt-cinq lieues de la côte. Rome possédait alors peu de pays qui ne fussent compris dans ces limites. Vingt-quatre sénateurs qui avaient exercé des commandements furent désignés pour être ses lieutenants. Les préparatifs furent des plus formidables : on arma cinq cents vaisseaux, cent vingt mille hommes et cinq mille chevaux. Après avoir purgé les côtes de la Sicile, de la Sardaigne, de l'Italie, Pompée passa dans les mers de la Grèce, qui étaient, avec les côtes de la Cilicie, le principal repaire des pirates. Athènes, où il descendit pour offrir un sacrifice, lui consacra un arc de triomphe, décoré d'inscriptions à sa gloire. Pompée déploya, dans cette guerre, des talents et une activité remarquables. Les récifs qui couvrent ces mers offraient aux corsaires des refuges à l'abri desquels ils auraient pu prolonger la lutte ; mais quelques exemples de sévérité envers ceux qui osèrent accepter le combat, suivis d'actes de clémence, amenèrent de nombreuses soumissions. Pompée comprit qu'il ne fallait pas réduire au désespoir des hommes d'énergie, que le besoin avait poussés dans cette voie ; il leur donna, pour les habiter, des villes et des territoires que la guerre avait dépeuplés, telles que la ville de Soles, qui prit le nom de Pompéiopolis, et celle de Dyme en Achaïe. Un épisode singulier de cette guerre fut le conflit qui survint entre les généraux romains, à l'occasion de la Crète. Les ports de cette île et ses montagnes inaccessibles offrent des retraites assurées ; et elle passait pour être, avec la Cilicie, un des principaux repaires des pirates. Menacée d'être attaquée, elle avait envoyé à Rome une ambassade qui apaisa un peu la colère du sénat. Cependant, on voulut lui imposer des conditions si dures, que les montagnards de la Crète, fiers de n'avoir jamais connu de maîtres étrangers, aimèrent mieux s'attirer le courroux des Romains que de souscrire à leurs exigences. Plusieurs généraux furent successivement envoyés contre eux, et remportèrent quelques avantages, sans toutefois terminer la guerre. Métellus enfin la conduisait avec plus de vigueur que ses devanciers, lorsque les pirates crétois, repoussés dans leurs derniers retranchements, et instruits de la clémence dont Pompée usait envers les autres, lui adressèrent leur soumission. Aussitôt Pompée envoya son lieutenant Octavius porter à Métellus l'ordre de suspendre les hostilités ; mais celui-ci n'en tint aucun compte, enleva de force Éleuthéra et Lappa, où Octavius s'était renfermé, avec les pirates qui s'étaient mis sous sa protection. Métellus lui reprocha durement d'avoir combattu pour des brigands contre ses concitoyens. Pompée, de son côté, se plaignit que ses ordres eussent été méconnus, puisque la Crète était comprise dans son commandement. Mais cette autorité même lui suscitait beaucoup d'envieux. Le succès d'ailleurs plaidait pour Métellus ; il obtint le triomphe, le surnom de Créticus, et l'île de Jupiter resta depuis lors soumise aux Romains.

Quant à Pompée, auquel était réservé l'honneur de terminer la guerre renouvelée contre Mithridate, il partit avec l'ambition de porter les aigles romaines jusqu'à l'océan Atlantique, à l'Orient comme à l'Occident ; mais bientôt, rassasié de gloire, il reprit la route de l'Italie. Toutefois, il ne traversa pas la Grèce sans lui donner des témoignages de sa faveur (62 av. J. C.). A Mitylène, il présida les combats de poésie dont les victoires fournirent le sujet, et rendit à la ville, en considération de l'historien Théophane, la liberté qu'elle avait perdue vingt-cinq ans auparavant, pour avoir embrassé avec fureur le parti de Mithridate. A Rhodes, il écouta les discussions des philosophes, qu'il gratifia chacun d'un talent : il ne fut pas moins généreux envers ceux d'Athènes ; et, de plus, il accorda cinquante talents à la ville pour réparer ses monuments.

Il n'est donc pas étonnant que lorsque la division éclata, quelques années plus tard, entre César et lui, il ait choisi pour terrain de la lutte un pays où il avait répandu ses bienfaits. La Grèce ne se montra pas ingrate, et le soutint autant qu'il était en son pouvoir.

La séparation entre l'Orient et l'Occident du monde romain, qui s'effectua définitivement quelques siècles plus tard, se dessina pour la première fois dans cette guerre civile. Tandis que César triomphait, en Gaule, en Espagne et en Italie, des partisans de Pompée, celui-ci réunissait autour de lui, en Grèce, toutes les forces de l'Orient. Il avait surtout formé une flotte imposante, dans laquelle nous voyons figurer les vaisseaux d'Athènes, des Cyclades, de Corcyre ; ceux de Rhodes furent placés sous les ordres de C. Marcellus et de C. Coponius ; Scribonius Libo et M. Octavius commandaient la flotte d'Achaïe et les navires liburniens, au nombre de cinquante (Cés., III, 21). La Crète et la Laconie lui envoyèrent des archers. Les villes libres de l'Achaïe et les assemblées de cette province lui fournirent des sommes considérables ; ses légions, dont deux étaient formées de vétérans romains établis en Macédoine et en Crète, furent complétées par de nombreuses levées faites en Béotie, en Thessalie, en Achaïe, en Épire, en Macédoine ; ces soldats étaient cependant distingués des Romains par la dénomination de supplément. Nous ne prétendons pas rapporter ici de point en point cette mémorable campagne, où les deux plus grands généraux romains furent aux prises. Si on veut étudier l'art et les ressources de la stratégie romaine, il faut lire le récit que César lui-même en a tracé. Nous continuons à reproduire seulement les faits qui influèrent particulièrement sur la Grèce. On sait que César, trompant la vigilance des amiraux de Pompée, transporta de Brundisium une partie de ses légions sur la côte d'Épire. Les Grecs qui habitaient Oricum et Apollonia déclarèrent aux lieutenants de Pompée qu'ils ne voulaient pas résister au peuple romain, et ils ouvrirent leurs portes à César ; les villes du voisinage et presque toute l'Épire suivirent cet exemple, excepté Dyrrachium, où Pompée avait ses approvisionnements, et près de laquelle il établit son camp. Des députés de la Thessalie et de l'Étolie annoncèrent à César qu'elles étaient prêtes à se déclarer pour lui, s'il leur envoyait des troupes pour les protéger. Il détacha L. Cassius Longinus, avec la vingt-septième légion de recrues et deux cents cavaliers, pour la Thessalie ; C. Calvisius, avec cinq cohortes et quelques cavaliers, pour l'Étolie ; Cn. Domitius Calvinus, avec deux légions et cinq cents cavaliers, pour la Macédoine. Ménédème, prince de cette partie de la province qui avait le titre de libre, était aussi très-bien disposé pour César. Calvisius fut parfaitement reçu en Étolie ; Cassius trouva la Thessalie divisée par deux factions : l'une, à la tête de laquelle était Égésaretos, tenait pour Pompée ; Pétreios, jeune homme d'une antique noblesse, favorisait le parti de César. Sur l'ordre de Pompée, Scipion accourut d'Asie pour défendre la Macédoine et la Thessalie. Sa présence nécessita plusieurs opérations que César rapporte, et dont le souvenir est aussi conservé par une inscription gravée sur un des rochers de la vallée de Tempé. La majeure

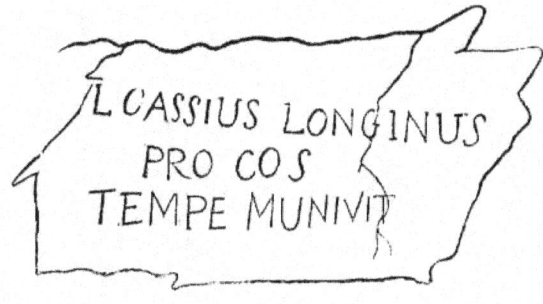

L CASSIUS LONGINUS
PRO COS
TEMPE MUNIVIT

partie de l'Étolie, de l'Acarnanie, de l'Amphilochide, avait été soumise par Cassius Longinus et Calvisius Sabinus à l'autorité de César; ce général voulut essayer d'acquérir l'Achaïe : il ordonna, dans ce but, à Fusius Calenus de se joindre à Cassius avec quelques cohortes; mais Rutilius Lupus, qui commandait en Achaïe au nom de Pompée, le prévint en fortifiant l'Isthme. Calenus se borna donc à occuper Thèbes, Delphes, Orchomène, qui le reçurent volontairement. Il prit de force quelques villes, et envoya des députés aux autres, pour les engager à accepter l'amitié de César. Celui-ci, ayant éprouvé un échec à Dyrrachium, se repliait sur la Thessalie pour se réunir à son lieutenant Cassius, lorsqu'Androsthène, stratège de cette province, croyant la cause de César désespérée, et malgré les offres qu'il lui avait faites spontanément quelques mois auparavant, voulut s'opposer à son entrée. Gomphos, la première place que le consul rencontra et qui lui avait fermé ses portes, fut enlevée de vive force en peu d'heures, et livrée au pillage. Cet exemple décida Métropolis à renoncer à la résistance; et à l'exception de Larisse, que Scipion occupait avec des forces considérables, toute cette province obéit de nouveau à César. Bientôt après, la victoire de Pharsale, qui détruisit en un jour la puissante armée de Pompée et toutes les espérances de son parti, livra le reste de la Grèce au futur dictateur. S'attachant à la poursuite de son rival, il partit immédiatement pour l'Égypte, en laissant en Achaïe les troupes trop épuisées pour le suivre, mais suffisantes pour maintenir la Grèce, qui était incapable de rien tenter par elle-même. Après sa défaite, Pompée avait, il est vrai, convoqué la jeunesse hellénique et les citoyens romains à Amphipolis; mais il paraît que son seul dessein, en faisant cet appel, était de masquer sa fuite : il évita d'entrer à Larisse, pour ne pas compromettre les habitants, qu'il engagea lui-même à se soumettre au vainqueur. César, de son côté, se montra généreux envers tous ceux que la reconnaissance liait à Pompée, et qui lui avaient été fidèles. Athènes ouvrit volontairement ses portes après la bataille de Pharsale, et ne fut point maltraitée pour avoir résisté jusqu'alors. Calénus, lieutenant de César, sévit seulement contre les Mégariens, parce qu'ils prolongèrent la défense longtemps après la fuite de Pompée. On rapporte qu'au moment où les soldats de Calénus pénétraient dans la ville, les Mégariens crurent les mettre en déroute en lâchant des lions que Cassius avait laissés en dépôt dans leur ville; mais ces animaux féroces se ruèrent sur les citoyens désarmés, et augmentèrent le trouble et l'horreur de cette scène de désolation. César se montra moins sévère pour ses ennemis que reconnaissant envers les villes qui lui avaient été favorables; il dota la Thessalie de la liberté, en mémoire de la journée de Pharsale; et, pour effacer en Grèce une des traces les plus douloureuses de la conquête romaine, il marqua sa dictature par le rétablissement de Corinthe (45 ans av. J. C.). Ce fut un des derniers actes de sa vie.

L'année suivante, les meurtriers de César, devenus odieux au peuple, qu'ils avaient prétendu délivrer et qu'ils n'avaient fait que plonger dans la guerre civile, se virent forcés de sortir d'Italie. Brutus, au lieu de se rendre en Crète, province qui lui avait été désignée, mais dont son ambition était peu satisfaite, vint à Athènes, où l'on érigea sa statue et celle de Cassius près des monuments d'Harmodius et d'Aristogiton. Pendant quelque temps il ne parut s'occuper que de philosophie; mais en apprenant qu'Antoine, Octave et Lépide, jusqu'alors rivaux, venaient de s'unir dans un triumvirat tyrannique et sanguinaire, il appela aux armes les jeunes Romains qui étudiaient à Athènes et parmi lesquels était le fils de Cicéron et le poëte Horace. Il rassembla les soldats de Pompée, qui erraient encore en grand nombre dans la Thessalie. Des troupes, des armes, des trésors amassés en divers lieux pour l'expédition d'Asie, que César préparait au moment de sa mort, lui furent livrés; et Hortensius lui remit le gouvernement de la Macédoine. De là passant en Asie, il se réunit à Cassius, qui s'était formé en peu de temps une puissante armée et une flotte considérable, en imposant aux villes des contributions ruineuses. Rhodes fut surtout très-maltraitée, et condamnée à payer cinq cents talents,

GRÈCE MODERNE (Empire d'Orient)

lorsque déjà les particuliers avaient été forcés de donner tout ce qu'ils possédaient. La vertu de Brutus répugnait à ces exactions : cependant, les besoins urgents de la guerre firent taire ses scrupules. Après avoir réuni leurs forces, Brutus et Cassius revinrent en Macédoine. Déjà l'ancien lieutenant de César, Marc Antoine, et le jeune Octave, s'avançaient à leur rencontre. L'Occident et l'Orient allaient encore une fois se mesurer. Malgré l'austérité de leur général, les troupes de Brutus étalaient le vain appareil de leurs armures, rehaussées d'argent et d'or ; les légions des triumvirs étaient composées de soldats aguerris par leurs campagnes en Gaule, en Espagne, en Afrique ; deux mille Lacédémoniens figuraient aussi parmi les auxiliaires d'Octave, et soutinrent leur antique réputation de courage et de bonne tactique. On sait quelles alternatives de succès et de revers tinrent près d'un mois la victoire indécise dans les champs de Philippi. A la première affaire, Brutus mit en déroute les troupes d'Octave et s'empara de son camp, tandis qu'Antoine remportait les mêmes avantages sur Cassius, qui, replié sur une éminence, se donna la mort au moment où son collègue accourait pour le dégager. Vingt jours après, dans cette même plaine, Brutus, faute d'être instruit des succès de sa flotte, qui rendait imminente la ruine de ses adversaires, engagea de nouveau le combat, à l'issue désastreuse duquel il ne voulut pas survivre.

Quelques historiens anciens se plaisent à montrer le destin qui semble présider à toute cette guerre, et conduire son favori comme par la main au suprême pouvoir. Octave, en effet, dans cette circonstance, parut devoir son triomphe à la fortune plutôt qu'à ses talents de général. Cependant, il avait eu le mérite de discerner où résidait la véritable force de l'Empire romain, et de s'être appuyé sur les anciennes provinces plutôt que sur les troupes de l'Asie, dont la mollesse et l'indiscipline furent fatales aux grands généraux qui les commandaient. Nous allons voir Antoine, qui pouvait s'attribuer en partie l'honneur des journées de Pharsale et de Philippi, en faire à son tour la triste expérience, lorsque, séduit par la pompe et les délices des monarchies orientales, il renonce pour elles aux austères institutions de son pays. Antoine avait reçu une éducation hellénique : formé à l'école des rhéteurs asiatiques, il introduisit dans le Forum leur style éblouissant, au lieu de la grave éloquence romaine ; il se glorifiait du titre de philhellène, et surtout d'ami des Athéniens : malheureusement il déshonorait ses brillantes qualités par les plus grands vices. Sa conduite offre un tissu de contrastes : ami dévoué, libéral, brave, chéri de ses soldats, dont en campagne il partageait toutes les fatigues, on le voit, dans d'autres moments, s'abandonner à la vie la plus efféminée, à l'insolence, aux cruautés ; ruiner les provinces pour ses plaisirs, et enfin sacrifier sa gloire, et le sort de vingt légions dévouées, pour une passion insensée. Ces déréglements, exemple frappant de la révolution qui s'était opérée dans les mœurs des Romains depuis leurs campagnes en Orient, fournissaient aux hommes de l'ancienne Rome une occasion de décrier les Grecs, et de leur imputer l'introduction de tous les vices. Sans prétendre les excuser entièrement, c'est plutôt sur l'Asie que nous rejetterions ce reproche : c'est, en effet, depuis les conquêtes d'Alexandre sur les Perses que ce prince et ses successeurs se laissèrent aller à tous les excès d'un pouvoir qui n'était par aucune institution civile ou religieuse. Attiré par l'appât de l'or et des jouissances, tout ce que la Grèce avait d'hommes sans principes affluait aux cours licencieuses d'Alexandrie, de Pergame, de Pont, d'Antioche, et venait partager ou servir les débauches des princes. De là ces nuées de baladins et de parasites qui s'attachèrent aux généraux romains, quand la fortune et la puissance passèrent entre leurs mains. Par eux le nom grec fut avili. Cependant, la Grèce proprement dite, l'Achaïe, l'Attique, les îles, conservaient, grâce peut-être à leur pauvreté, des mœurs assez graves et régulières, autant du moins qu'elles pouvaient l'être avant le christianisme. On voit les Grecs tout occupés de leurs cérémonies religieuses, de leurs gymnases, de leurs écoles de philosophie ou de rhétorique, de courses, de combats de musique, passe-temps un peu futiles aux yeux des Romains, mais qui entretenaient l'activité de l'intelligence chez un peuple auquel il n'était plus permis de s'occuper de politique.

Antoine, qui semble avoir voulu, comme Alcibiade, adopter et exagérer les usages de tous les pays qu'il habitait, se montrait tout autre à Athènes qu'à Alexandrie, et se plaisait à présider les solennités de la ville de Solon, revêtu du simple costume des magistrats populaires. Son affabilité et ses largesses lui avaient concilié l'esprit des Athéniens, qui lui conférèrent tous les honneurs dont ils pouvaient disposer. Quelques auteurs prétendent qu'ils allèrent jusqu'à lui fiancer leur Minerve Poliade, et qu'Antoine, non content de cette alliance divine, se serait fait donner par eux mille talents, à titre de dot de la déesse; mais, bien qu'il ne se fît pas faute ailleurs de pareilles exactions, il est peu probable qu'Antoine en ait agi de la sorte envers les Athéniens; et il est encore moins probable que la ville, qui était souvent obligée, quelques années auparavant, d'emprunter de l'argent à Pomponius Atticus, eût été en état de fournir une aussi forte somme. Antoine, allié à Octave non-seulement par les traités, mais par son mariage avec la sœur chérie de ce prince, Octavie, qui ne cessa de faire tous ses efforts pour maintenir entre eux la concorde, aurait pu s'assurer la tranquille possession de l'Orient, et accomplir dès lors un partage que la nature semblait avoir tracé, si son amour pour Cléopâtre, et ses outrages à une épouse digne de tous ses respects, n'eussent allumé le juste courroux d'Octave, et fourni à son ambition secrète un légitime prétexte.

Un rapprochement était impossible, car Cléopâtre ne quittait point Antoine, de crainte qu'il ne se dérobât à son influence. Il fallait que le monde romain obéît à un seul maître. Les deux rivaux accoururent aux limites extrêmes de leurs possessions, et choisirent pour vider leur querelle la mer qui baigne l'Épire et l'Italie. Antoine avait sous ses ordres une foule de princes d'Asie; sa flotte était formidable par le nombre et la grandeur de ses vaisseaux, et l'emportait beaucoup à cet égard sur celle d'Octave; mais elle manquait de marins expérimentés : on avait enlevé, dit Plutarque, dans la Grèce, déjà si épuisée, jusqu'aux muletiers et aux moissonneurs, sans pouvoir compléter les équipages des navires. Cependant Antoine, pour complaire à Cléopâtre, qui lui avait fourni beaucoup de bâtiments, résolut de décider cette grande question par un combat naval, bien qu'il eût sur la côte d'Actium une armée de terre nombreuse, aguerrie, et pleine de confiance en son habileté stratégique. On sait comment, au milieu d'une lutte douteuse, la fuite inexplicable de Cléopâtre, entraînant son amant à sa suite, livra la victoire à Octave. Antoine avait encore dix-neuf légions, avec douze milles hommes de cavalerie. Elles étaient intactes, dévouées à leur général et refusaient de croire qu'il eût ainsi trahi sa propre cause. Elles repoussèrent longtemps les messagers d'Octave; mais, abandonnées par leurs chefs qui ne recevaient aucun ordre, elles se remirent enfin au vainqueur. Nous ne suivrons pas les derniers actes de la vie d'Antoine et de Cléopâtre, mélange étonnant de vertige et d'héroïsme. Retiré dans une petite habitation sur les bords de la mer à Alexandrie, Antoine demandait à vivre à Athènes en simple particulier, sans songer qu'il était encore trop formidable pour se faire oublier. Ce découragement, cet abandon des ressources dont il pouvait encore disposer, préserva l'Orient des malheurs d'une lutte prolongée. Octave prit possession d'Athènes et du reste de la Grèce, qu'il trouva dans un état d'épuisement dont on a peine à se faire une idée. Il fit distribuer le blé qui restait des approvisionnements de l'armée aux villes, où l'on ne possédait plus ni argent, ni esclaves, ni bêtes de somme. Plutarque avait entendu raconter à son bisaïeul Néarque que les habitants de Chéronée avaient été obligés de porter sur leurs épaules chacun une certaine mesure de blé jusqu'à la mer d'Anticyre, pressés à coups de fouets par les soldats d'Antoine; et ils étaient sur le point de recommencer cette dure corvée, quand la nouvelle de la défaite d'Actium fit prendre la fuite aux commissaires et aux soldats d'Antoine. Le blé fut partagé entre les habitants, et les sauva de la famine. Auguste, après sa victoire, ne se montra pas

GRÈCE MODERNE (Empire d'Orient.)

Constantin 1.er. Spalato. 2.3. Médailles de la Bibliothèque Royale.

aussi sévère envers les Athéniens qu'ils auraient pu le craindre après les flatteries qu'ils avaient prodiguées à Antoine. Il se borna à leur défendre de conférer le droit de bourgeoisie pour de l'argent, et supprima le droit d'asile, qui faisait de leurs temples le refuge des criminels et des débiteurs insolvables ; il leur retira aussi l'administration d'Égine et d'Érétrie ; mais il termina la construction du portique de Minerve-Archégétide, commencée par César ; et plusieurs princes de l'Asie concoururent aux travaux du temple de Jupiter Olympien, dont Pisistrate avait jeté les fondements. A l'exemple de César, il accorda de grandes faveurs aux lieux témoins de son triomphe. Nicopolis, fondée par lui près d'Actium, fut admise à l'assemblée des amphictyons. Auguste établit aussi à Actium des jeux quinquennaux comme ceux d'Olympie, en donna la présidence aux Lacédémoniens, en reconnaissance des secours qu'ils lui avaient fournis, et réunit l'île de Cythère à leur territoire. Quelques villes de la Messénie obtinrent aussi de lui des priviléges, et formèrent une petite république qui, sous le nom d'Éleuthérolaconie, a maintenu à travers toutes les révolutions son indépendance presque intacte jusqu'à nos jours : ce sont les habitants du pays de Maina, dont nous aurons souvent occasion de parler dans les luttes des chrétiens contre les Turcs. Auguste passa en Grèce l'hiver de l'an 20 avant Jésus-Christ, et accorda, à cette occasion, la liberté et l'autonomie à l'île de Samos, où il avait séjourné.

Avec l'empire commença pour la Grèce une ère plus paisible et plus obscure. Les guerres civiles avaient fait briller pour elle quelques éclairs de liberté, et donné par moments à ses villes une importance toujours chèrement payée. Tous ceux qui aspiraient à la domination, César et Pompée, Brutus et les triumvirs, enfin Octave et Antoine, l'avaient prise pour arène ; et, par une sorte de fatalité, elle s'était toujours trouvée engagée dans le parti qui succomba. Une fois la monarchie solidement établie à Rome, l'autorité des gouverneurs dans les provinces devint peut-être plus impérieuse, mais aussi plus régulière. Auguste répartit les soins de l'administration entre le sénat et lui-même. Toutes les contrées parfaitement soumises, et à l'abri des attaques du dehors, restèrent sous le pouvoir du sénat : pour lui, il s'était réservé celles qui exigeaient une surveillance plus difficile, ce qui concentrait entre ses seules mains toutes les forces militaires. Dans ce partage, la Macédoine, l'Illyrie, l'Achaïe, furent attribuées au sénat (1) ; ce qui montre que l'on comptait sur leur attachement ou sur leur impuissance. Nous avons vu combien la Grèce était épuisée au moment de la bataille d'Actium. Le calme qui suivit ne suffit pas pour lui rendre la vie ; son sol était en général peu fertile, et le manque de bras achevait de l'appauvrir. Les pirates avaient ruiné son commerce ; les mines, qui avaient fait longtemps un de ses principaux revenus, étaient en partie abandonnées, soit qu'elles n'offrissent plus de produit, soit que l'on manquât d'esclaves pour les exploiter. C'est peut-être ici le lieu de dire un mot sur l'esclavage, cette plaie des États anciens et de nos colonies modernes.

Toute l'antiquité avait fait usage d'esclaves, mais jamais cet abus social ne fut poussé si loin que par les Romains, dans les derniers temps de la république. Leurs rapides conquêtes avaient fait tomber en leur pouvoir les esclaves des peuples vaincus, et souvent toute la population d'une ville était réduite en servitude. En même temps, de vastes territoires confisqués se concentraient dans les mains des riches, qui accaparaient les héritages des petits colons, et faisaient cultiver leurs immenses domaines par des esclaves, sous la direction d'un intendant. Ce système de grandes exploitations agricoles créait à Rome des fortunes colossales, mais dépeuplait les provinces. Gracchus, en traversant l'Italie, avait été frappé de voir les campagnes presque désertes. La Sicile, jadis si peuplée, était, depuis la conquête romaine, couverte de troupeaux, sous la conduite des esclaves. Maltraités par leurs maîtres, quelques-uns d'entre eux se révoltèrent, et déployèrent autant de courage que d'habileté. Leur succès encouragea d'autres à suivre cet exemple.

(1) Tibère avait enlevé au sénat l'administration de la Macédoine et de l'Achaïe : Claude lui rendit ces deux provinces. Suet. Claud. 26.

Trois révoltes successives, en Sicile, ne furent comprimées qu'après des luttes longues et difficiles ; en Italie, la guerre servile de Spartacus ne fut pas un des moindres dangers qui aient menacé Rome. L'Attique avait eu aussi sa révolte d'esclaves en 133 av. J.-C. Tous ces soulèvements, comprimés par l'anéantissement de ceux qui y avaient pris part, diminuèrent de beaucoup la population servile. Dans la suite, les Romains, plus occupés de guerres civiles que de conquêtes, eurent moins de facilité pour acquérir de nouveaux esclaves ; d'ailleurs, ils avaient senti le danger d'en rassembler un trop grand nombre ; mais les travaux agricoles et industriels, que l'on était habitué à faire exécuter par leurs mains, languirent de plus en plus. Strabon, qui visita la Grèce vers cette époque, en fait un triste tableau. La plupart des villes antiques, telles que Thèbes, Argos, n'étaient plus que de méchantes bourgades. Quant à l'Épire, à l'Illyrie, elles étaient en partie désertes et couvertes de ruines ; ce qui ne doit pas surprendre, quand on se rappelle que Paul-Émile y avait détruit soixante-dix villes, et réduit 250,000 habitants en esclavage. Sous le règne de Tibère, la Macédoine et la Grèce sollicitèrent un allégement des charges qui pesaient sur elles, et furent, pour un temps, délivrées du régime proconsulaire, et réunies sous l'administration du gouverneur de la Mœsie. Du reste, les Grecs ne furent pas traités avec faveur sous ce prince, qui gardait un souvenir pénible des tristes années qu'il avait passées à Rhodes, dans une sorte d'exil. Les Athéniens ayant fait à Germanicus, lorsqu'il se rendait en Asie, l'accueil le plus flatteur, Pison, courtisan de Tibère, reprocha au jeune prince d'avoir répondu avec trop de déférence aux modernes Athéniens, qui n'étaient, disait-il, qu'un ramas de tous les peuples. Il faisait allusion à la facilité avec laquelle ils avaient accordé le droit de bourgeoisie à prix d'argent. Les règnes de Tibère, de Caïus, de Claude, ne furent marqués en Grèce par aucun événement mémorable ; mais Néron voulut donner à la patrie des arts, dont il était enthousiaste, des témoignages éclatants de sa protection, et cependant il y laissa surtout des traces de sa cruauté et de sa démence. Pour flatter sa manie, les villes grecques avaient pris l'habitude de lui envoyer les couronnes de leurs jeux. Un de leurs députés, ayant prié le prince de chanter devant eux, exalta le mérite de sa voix, et l'engagea à venir en Grèce disputer les prix de musique. Néron saisit avec empressement cette idée, dit que les Grecs étaient seuls bons appréciateurs du talent, et fit différer la célébration des jeux olympiques jusqu'à son arrivée. Il vint, accompagné d'une armée entière de musiciens. Tous les jeux, isthmiques, pythiques, néméens, olympiques, furent réunis dans cette même année, et consacrés à des combats de musique, dans lesquels Néron obtenait toujours le prix. Il recueillit ainsi soixante et quinze couronnes ; et, jaloux de montrer de toutes les manières l'étendue de sa voix, il remplissait aussi l'office de héraut, publiant lui-même ses victoires et les couronnes qu'il avait conquises, disait-il, au peuple romain et à l'univers. Enfin, pour renouveler la scène de Flaminius, qui avait proclamé l'indépendance de la Grèce pendant la solennité des jeux olympiques, il rendit aussi la liberté à toute la province d'Achaïe. Mais cette liberté nominale était loin de compenser les malheurs réels qu'attirait sa présence, les concussions et les rapines des affranchis qui l'entouraient. Il fit enlever, à Athènes et dans tous les temples, une foule d'objets d'art, pour réparer les désastres de l'incendie qui venait de dévorer Rome, et pour décorer son palais. Sans parler des nombreux meurtres politiques qu'il commit pendant son séjour sur les hommes éminents qui lui portaient ombrage, on le vit, féroce et jaloux jusque dans ses jeux, tantôt forcer un vieillard, jadis victorieux, à rentrer en lice avec lui pour s'avouer vaincu, tantôt faire égorger par ses sicaires un musicien qui s'oubliait jusqu'à lui disputer sérieusement le prix. Envieux même des morts, il fit abattre les statues de tous les anciens vainqueurs. A Delphes, la Pythie osa lui reprocher ses crimes, et faire allusion au meurtre de sa mère, en l'appelant Oreste : il se vengea en faisant fermer et souiller de sang humain la bouche de l'antre sur lequel était placé le trépied fatidique. Il retira aussi au temple le territoire de Cirrha, qui lui était attribué. Cependant, au milieu de ces actes de fureur, une pensée vraiment grande occupa quelque temps Néron : c'était de percer l'isthme de Corinthe, et d'ouvrir aux vaisseaux une communication facile entre l'Adriatique et la mer d'Ionie, en évitant de contourner le cap Malée, redoutable aux navigateurs. La première idée de cette entreprise est attribuée à l'ancien tyran de Corinthe, Périandre, contemporain du roi d'Égypte Nécos, qui, de son côté, avait tenté de couper l'isthme de Suez. Après bien des siècles, on dit que Démétrius Poliorcerte, puis Jules-César et Caligula, s'occupèrent de faire couper l'isthme de Corinthe, qui n'a que cinq milles de largeur. Néron ouvrit avec solennité les travaux, après avoir entonné l'hymne de Neptune et d'Amphitrite. Il prit une pioche d'or, frappa les premiers coups aux applaudissements de la multitude, et encouragea les soldats à l'ouvrage, en portant lui-même de la terre sur ses épaules dans une hotte d'or. Le nombre des travailleurs était immense. Les parties faciles à creuser étaient assignées aux soldats ; on employait pour briser les roches six mille captifs hébreux que Vespasien avait envoyés de Judée et des criminels ou des victimes de la tyrannie que l'on avait tirés de prison. Parmi ces derniers se trouvait le philosophe Musonius Rufus, que l'on avait fait venir de l'île de Gyare, où il était enfermé, depuis la conjuration de Pison. Un autre philosophe l'ayant aperçu qui creusait la terre, chargé de chaînes, lui témoigna sa compassion. « J'aime bien mieux, répondit Musonius, travailler pour l'utilité de la Grèce, que de me donner en spectacle sur un théâtre comme Néron. » Cette grande entreprise du percement de l'isthme ne devait pas avoir de suite : au bout de quelque temps, Néron fit tout à coup suspendre les travaux, soit, comme on en répandit le bruit, parce que les géomètres avaient cru trouver entre les deux mers une différence de niveau qui aurait menacé de submerger l'île d'Égine, soit qu'il ait été détourné par quelque superstition ; et jusqu'ici, malgré les conquêtes de l'industrie sur la nature, l'isthme de Corinthe est encore à percer.

L'Achaïe ne profita pas longtemps de la liberté que Néron lui avait octroyée. Un des premiers actes de Vespasien fut de la lui retirer, en disant que *les Grecs avaient désappris la liberté*. Il ne paraît pas cependant qu'il ait révoqué les priviléges dont quelques villes jouissaient avant Néron, quoique, sur les médailles d'Athènes, on trouve pour la première fois, sous Vespasien, la tête de l'empereur. Athènes conserva les autres marques d'une ville autonome, ses archontes éponymes, son sénat, son aréopage. Quelques années plus tard, Pline le Jeune écrivant à Maxime, qui partait pour régler les affaires de la Grèce, lui rappelle quels hommes il va gouverner, et lui recommande de ne porter aucune atteinte à leur dignité, à leur liberté, même à leur vanité. « Souviens-toi toujours, dit-il, que tu vas à Athènes; que tu régis Lacédémone ; qu'il serait cruel, qu'il serait barbare de leur enlever cette ombre de liberté qui leur reste. »

Vespasien bannit les philosophes grecs de l'Italie ; et lorsqu'on pense que dans le nombre se trouvait Épictète, on s'indigne ; mais il faut reconnaître que cette mesure était provoquée par la conduite de beaucoup d'hommes qui déshonoraient la philosophie, en la faisant servir de manteau aux fourberies de l'astrologie judiciaire. Des débris du paganisme qui s'écroulait, on voyait surgir une foule de superstitions nouvelles. En Égypte, Vespasien avait fait brûler les livres des alchimistes et des faiseurs d'or. Il voulut aussi purger Rome de tous les tireurs d'horoscopes, qui fomentaient des troubles en prédisant l'empire à tout venant. Parmi ceux qui étaient plus dignes du nom de philosophes, il y avait aussi quelques illuminés, comme Apollonius de Tyane, dont les discours pouvaient n'être pas sans danger pour la tranquillité. Malgré les ordonnances impériales, les astrologues se glissaient toujours à Rome. Trajan et les Antonins trouvèrent le meilleur moyen de les empêcher d'être dangereux, en rendant à l'Empire sa force et son éclat, en honorant les hommes d'un vrai mérite, et en se faisant chérir des provinces.

Adrien, avant d'être associé à l'Empire, avait puisé dans les écoles d'Athènes une instruction dont il était fier. Il y avait été revêtu de la charge d'archonte éponyme en la 4ᵉ année de la 222ᵉ olympiade (112 av. J. C.). Il ne dédaigna point, même sur le trône, d'accepter de nouveau ce titre, et présida en cette qualité, sous le simple manteau grec, la solennité des Dionysiaques. A chacun de ses deux voyages, en Égypte et en Orient, il fit un séjour à Athènes ; il acheva la construction de l'Olympium commencée par Pisistrate, continuée aux frais d'Antiochus Épiphane, et que les libéralités de plusieurs princes d'Asie, sous le règne d'Auguste, n'avaient pas suffi pour conduire à fin (1). Adrien y joignit d'autres temples, une bibliothèque, un gymnase ; il rebâtit tout le quartier d'alentour, qui forma comme une nouvelle ville, décorée de son nom, et séparée par un arc de triomphe de la cité antique de Thésée. Les Athéniens le prièrent de réformer la législation de Solon et de Dracon, et de leur donner de nouvelles lois ; les écoles qui faisaient l'honneur d'Athènes, sa vie, furent l'objet de sa protection. Il augmenta aussi les revenus de la ville, en lui assignant la possession de Céphalonie.

Antonin le Pieux et Marc-Aurèle continuèrent de donner à la Grèce des marques de leur faveur. Ce dernier rebâtit magnifiquement le temple d'Éleusis, détruit par un incendie, et honora ses mystères, auxquels il était initié. Il assigna aux divers professeurs d'éloquence et de philosophie des honoraires de dix mille drachmes ; libéralité qui multiplia peut-être les adeptes de la science, aux dépens de sa dignité. Les rivalités d'amour-propre, déjà si vives entre les littérateurs, s'envenimèrent encore par l'avarice ; et lorsqu'une chaire, ou, comme on disait à Athènes, un trône était vacant, les intrigues des candidats donnaient lieu à des disputes scandaleuses, dont le satirique Lucien s'est égayé.

Parmi les hommes qui jouèrent un rôle important à cette époque, nous devons citer Hérode Atticus, descendant des Æacides et de Miltiade, célèbre par son éloquence, ses richesses, et les monuments dont il décora la Grèce. Son grand-père avait été dépouillé de ses biens ; mais la fortune dédommagea son père, en lui faisant découvrir un trésor immense dans sa maison. Alarmé d'une trouvaille qui pouvait devenir une source de dangers, Atticus, le père d'Hérode, s'empressa d'écrire à l'empereur, pour l'informer de ce qui lui était arrivé et prendre ses ordres. L'empereur était Nerva ; il lui répondit : *Use de ce que tu as trouvé*. Atticus écrivit de nouveau que la grandeur de ce trésor dépassait les bornes de sa condition : *Abuses-en donc*, répliqua le prince. Héritier de tout cet or, accru par la fortune considérable de sa mère, Hérode Atticus le prodigua toute sa vie aux plus nobles usages, sans réussir à l'épuiser. Durant sa présidence des villes libres de l'Asie, il dota la nouvelle Troie d'un magnifique aqueduc. Il serait trop long d'énumérer les monuments qu'il fit élever en divers lieux de la Grèce et même de l'Italie, tels qu'un théâtre et des temples à Corinthe, un stade à Delphes, des fontaines à Olympie, des bains aux Thermopyles. Il suffit de citer ici le stade qu'il fit construire à Athènes lorsqu'il présida les Panathénées, et le théâtre auquel il donna le nom de sa femme Régilla. Nous aurons occasion de revenir sur ces monuments, pour lesquels il avait presque épuisé, dit Pausanias, les carrières du Pentélique, et auxquels rien n'était alors comparable dans l'Empire romain. Le projet d'établir la communication entre les deux mers, en perçant l'isthme de Corinthe, l'occupait souvent ; mais il n'osa solliciter l'autorisation d'entreprendre un travail auquel un empereur avait été forcé de renoncer. « Ce serait là, disait-il à quelqu'un qui vantait ses discours, une œuvre vraiment grande, et qui ferait vivre mon nom plus sûrement que mes écrits. Il lui eût été cependant permis de tirer vanité de son éloquence ; car toute la jeunesse de la Grèce venait l'entendre avec admiration ; plusieurs sophistes célèbres sortirent de son école. Les empereurs Marc-Aurèle et Lucius Vérus se glorifiaient d'avoir été ses élèves, ce qui lui valut les honneurs du consulat.

Après le règne si calme des Antonins,

---

(1) Voy. la pl. 46 du t. Iᵉʳ.

2

1

1. façade, 2. abside d'églises latines à Athènes.

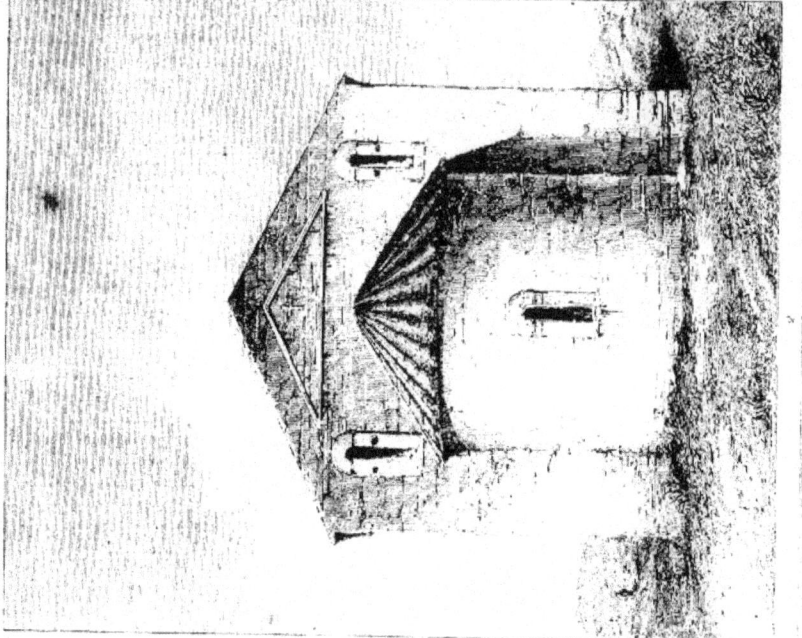

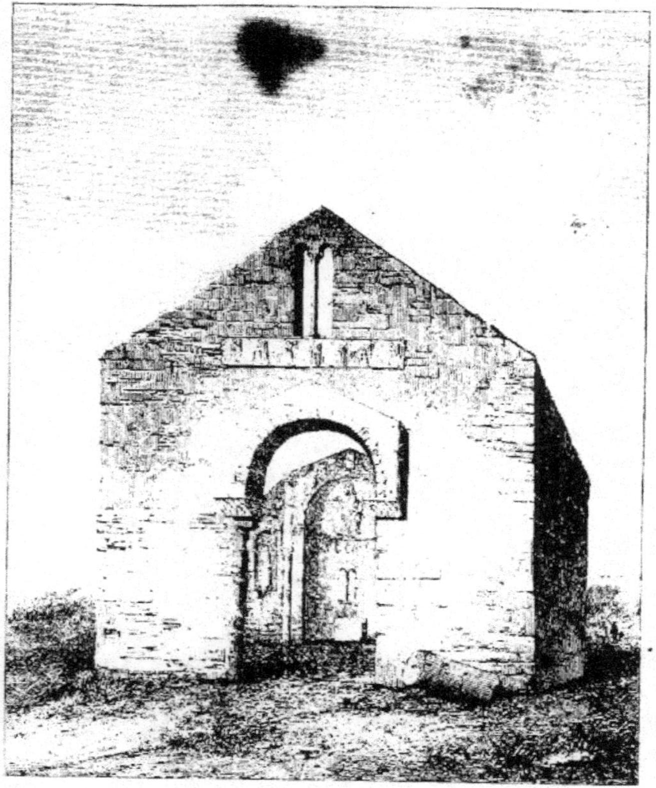

durant lequel les provinces avaient goûté un peu de bien-être, mais aux dépens de l'esprit militaire, l'Empire, menacé sur toutes ses frontières, vit surgir du sein des légions une foule de prétendants au suprême pouvoir; mais aucun d'eux, obligés qu'ils étaient de faire tête à la fois aux ennemis et à leurs rivaux, ne put soutenir longtemps cet immense fardeau. Après Commode, Pertinax et Didius Julianus régnèrent seulement quelques mois. Septime-Sévère, proclamé empereur, tandis que deux autres compétiteurs prenaient la pourpre, l'un en Bretagne, l'autre à Antioche, marcha contre Pescennius Niger, l'élu des légions d'Orient. Il vint mettre le siége devant Byzance, et détruisit en partie cette antique ville grecque, qui devait, quatre générations plus tard, sortir de ses cendres, et devenir la capitale du monde romain. Pescennius, qui avait été quelque temps maître de la Macédoine, de la Thrace et de la Grèce, avait cru y affermir son pouvoir en y faisant périr beaucoup d'hommes distingués : cependant il suffit d'une légion pour lui enlever ces provinces. Septime-Sévère, devenu seul maître de l'Empire, priva la ville d'Athènes, dont il avait eu à se plaindre, d'une partie de ses priviléges. Les dernières traces de l'autonomie des cités grecques durent se perdre, lorsque Caracalla, fils et successeur de Sévère, accorda le titre de citoyen romain à tous les habitants de l'Empire de condition libre.

Sous le règne de ce prince, les Goths s'étaient déjà montrés sur les frontières de la Grèce (215). Un de ses successeurs, Décius, établit une garnison aux Thermopyles. En 253, la victoire du général Æmilianus sur les hordes des Scythes, qui avaient de nouveau franchi le Danube, donna quelques années de répit à la Grèce. A l'approche du danger, elle était sortie de sa longue léthargie. Athènes et Sparte avaient fourni des contingents ; on avait fortifié les Thermopyles et l'isthme de Corinthe. En 267, sous Gallien, et en 269, sous Claude, des essaims de barbares vinrent encore la ravager; selon Zonaras, ils auraient même pris Athènes ; mais, d'après les témoignages d'historiens plus anciens, il paraît qu'ils furent repoussés par Dexippe d'Athènes, et détruits enfin par l'empereur; mais ils laissèrent des traces funestes de leur passage.

L'Empire romain semblait près de se dissoudre : c'est le temps où l'on compte trente tyrans décorés des lambeaux de la pourpre impériale. Au-dessus d'eux cependant s'élève Aurélien, qui, vainqueur de tous ses rivaux, donne encore à Rome le spectacle, d'un triomphe, et réunit toutes les provinces sous sa domination. C'est sous ce règne que naquit Constantin le Grand. Après quelques princes éphémères, Dioclétien raffermit le gouvernement par ses talents militaires et par sa politique. Voyant l'impossibilité d'établir une dynastie héréditaire dans un pays où les armées étaient habituées à disposer de la couronne, il consolida son pouvoir en le partageant. Pour la première fois le monde romain fut volontairement scindé en deux : il en confia la moitié à son collègue Maximien, honoré comme lui du nom d'Auguste, tandis que Galère et Constance Chlore furent associés à l'empire, avec le titre de César. Dioclétien, pour mieux assurer le système de succession qu'il voulait établir, abdiqua, ainsi que son collègue, en faveur de Galère et de Constance, qui appelèrent à leur tour Sévère et Maximin à la dignité de Césars. Mais l'ambition et les dissensions religieuses ne permirent pas que ce partage régulier se perpétuât plus longtemps. A la mort de Constance Chlore, son fils Constantin, proclamé empereur en Bretagne, fut obligé d'entrer en lutte contre ses collègues ; et, après les avoir successivement défaits, il rétablit l'unité de l'Empire, dont il transporta le siège à Constantinople, et dont il changea entièrement la base, en l'appuyant sur le christianisme, devenu religion de l'État.

Cette révolution immense, par qui la société fut renouvelée, exige que nous reprenions d'un peu plus haut l'histoire de l'introduction en Grèce du christianisme, d'abord inaperçu, puis persécuté, et triomphant enfin de tous les obstacles. Ce sera l'objet d'un chapitre suivant ; mais auparavant jetons un coup d'œil sur l'état de la littérature profane et des arts, durant la période que nous venons de parcourir.

CHAPITRE III.

DE LA LITTÉRATURE GRECQUE PROFANE, DEPUIS LA CONQUÊTE ROMAINE JUSQU'A CONSTANTIN.

Si l'histoire politique de la Grèce se dérobe quelque temps à nos regards, éclipsée par la gloire de Rome, du moins nous pouvons suivre sans interruption les phases variées de sa littérature, qui, sans répandre un éclat toujours égal, n'a jamais entièrement cessé de briller. De même qu'un sol fécond, sans demeurer inculte, se repose par la variété des moissons qu'il produit, la Grèce nous présente des époques littéraires de caractères différents, mais toutes marquées par quelques qualités exquises. C'est d'abord la période épique inaugurée par Homère, et que l'on peut étendre jusqu'à Hérodote, dont les *Muses*, comme une grande épopée, retracent, à travers une foule de digressions, les luttes renouvelées de l'Europe et de l'Asie. Le siècle agité de Périclès brille surtout par la poésie dramatique : Eschyle, Sophocle, Euripide, font revivre, agir et parler les héros de la Fable ; les travers de la société sont traduits sur la scène par Eupolis, Épicharme, Aristophane ; l'histoire même et la philosophie s'animent dans les harangues de Thucydide et dans les dialogues de Platon. Enfin, à l'époque où nous sommes arrivés, la Grèce, obligée de renoncer à jouer le premier rôle entre les nations, se replie avec plus d'affection sur son glorieux passé. L'histoire tient le premier rang parmi les productions de la littérature : les secours de la géographie, de la chronologie, et surtout d'une critique judicieuse, sont nécessaires pour introduire l'ordre dans son domaine agrandi. Témoin de la chute de vastes empires, elle cherche dans leur organisation politique le secret de leur accroissement et de leur décadence ; l'observation des mœurs l'occupe aussi davantage.

Les traités philosophiques deviennent historiques autant que dogmatiques. Dans leur ardente curiosité, les Grecs avaient déjà mis en avant tant d'idées, tant de systèmes, qu'il ne restait plus guère qu'à étudier et à choisir. Peu de poètes osent rivaliser avec les anciens chefs-d'œuvre, que de nombreux grammairiens s'occupent à commenter. Il semble que la Grèce, se sentant vieillir, veuille mettre de l'ordre dans ses riches ses, pour léguer à l'avenir le souvenir de ses actes, de ses idées, de son langage.

C'était pourtant à cette même époque que le christianisme ouvrait une ère nouvelle à l'esprit humain ; mais, dédaigné dans son humble origine autant qu'il détestait les traditions païennes, il grandit à côté de cette civilisation, qui tombe sans attirer son attention. Aussi consacrerons-nous un chapitre à part aux premiers auteurs chrétiens, qui, bien que contemporains de plusieurs de ceux qui vont nous occuper ici, et vivant dans les mêmes villes, leur sont aussi étrangers que s'ils étaient séparés par des siècles.

HISTORIENS.

L'ordre des temps amène le nom de Polybe en tête des écrivains de cette période, au premier rang desquels il pourrait se placer également par son mérite. Nous avons déjà parlé du rôle politique important qu'il joua dans sa patrie, avant et depuis la soumission de la Grèce aux Romains. Pendant qu'il était à Rome comme otage, il devint l'ami, le conseil et le compagnon d'armes de Scipion Émilien. Initié de la sorte dans les camps et au Forum, à l'organisation civile et militaire, et connaissant de longue main la situation intérieure des républiques de la Grèce et des royaumes d'Asie, il conçut le plan de son *Histoire universelle*, dans laquelle il expose, pour l'instruction des hommes d'État, la cause de l'accroissement de la puissance romaine. L'histoire de Polybe commençait à la 140e olympiade (220 av. J. C.), de manière à faire suite aux Mémoires d'Aratus ; elle se rattachait aussi, au moyen du résumé qui en forme l'introduction, aux histoires de Timée, qui s'arrêtaient à la 129e olympiade. Polybe avait conduit le récit des événements jusqu'à la prise de Corinthe. Quelques grammairiens ont critiqué son style, qui est loin de l'atticisme de Thucydide et de Xénophon. On pourrait même reprendre, dans son livre, quelques réflexions un peu diffuses, qui trahissent peut-être son grand âge ; car il écrivait encore à plus de soixante-dix

GRÈCE MODERNE (Empire d'Orient)

ans. Mais ces défauts sont amplement compensés par ce que son livre nous offre d'instruction solide; et l'on ne saurait trop déplorer que le temps nous en ait ravi une grande partie.

Deux écrivains entreprirent de continuer Polybe, et ils n'étaient pas indignes de marcher sur ses traces. Le premier était le stoïcien *Posidonius* d'Apamée ou de Rhodes, qui avait, à l'exemple de son modèle, visité les contrées dont il voulait écrire l'histoire. Il vint à Rome en ambassade du temps de Marcellus, et fut un des maîtres de Cicéron. Son ouvrage, en cinquante-deux livres, est perdu; mais il a beaucoup servi à Plutarque pour les vies de Marius, de Sylla et de Sertorius. L'autre suite de Polybe, également perdue, était de *Strabon*, dont nous possédons une *Géographie historique* si importante et si riche de faits. Comme les deux écrivains dont nous venons de parler, Strabon avait mis à profit les conquêtes de Rome pour agrandir le domaine de la science. Il accompagna Ælius Gallus jusqu'aux limites de l'Égypte et dans ses campagnes en Afrique, visita l'Italie, et consulta les relations des expéditions en Occident, pour faire mieux connaître aux Grecs cette partie du monde, sur laquelle ils avaient encore peu de notions exactes.

Diodore de Sicile, contemporain de César et d'Auguste, entreprit le premier d'embrasser, dans ce qu'il nomma sa *Bibliothèque historique*, le tableau de tous les temps et de tous les pays. Éphore, de Cumes, avait bien essayé de réunir toutes les traditions de la Grèce, depuis la guerre de Troie; mais, à l'époque où il écrivait, c'est-à-dire vers le quatrième siècle avant J. C., les Grecs n'avaient pas encore eu de rapports assez intimes avec les peuples qu'ils nommaient barbares, pour avoir des idées exactes sur la plus grande partie du monde, et sur des peuples dont la civilisation remontait beaucoup plus haut que la leur. Au contraire, après les conquêtes d'Alexandre et celles des Romains, qui n'aspiraient à rien moins qu'à la domination universelle, Diodore, fixé dans cette reine des villes, entouré de riches bibliothèques, et ayant consacré trente années à visiter les contrées célèbres, était dans les conditions les plus favorables pour réaliser le projet qu'il avait conçu. Sa *Bibliothèque* est divisée en quarante livres, dont vingt-cinq ne nous sont pas parvenus. Les six premiers renferment les temps mythologiques antérieurs à la guerre de Troie; il y expose les origines et les opinions religieuses des Égyptiens, des Babyloniens, des Chaldéens, des Mèdes, des Indiens, des Scythes, des Arabes. Il y fait connaître aussi la mythologie et l'histoire héroïque des Hellènes, les traditions des Ibères, des Celtes, des Bretons, et les origines latines. Les onze livres suivants contenaient l'histoire générale depuis la guerre de Troie jusqu'à la mort d'Alexandre; et les vingt-trois derniers conduisaient jusqu'à la dictature de Jules-César. A partir des temps historiques, les faits sont disposés chronologiquement, sous forme d'annales, selon les olympiades, les archontes d'Athènes et les consuls de Rome; et l'auteur a soin d'indiquer les sources principales auxquelles il a puisé. Cette vaste compilation paraît sans doute un peu pâle, quand on la compare aux œuvres des grands écrivains originaux; mais c'est un résumé historique consciencieux; et, tout en élaguant avec discernement les descriptions et les harangues, Diodore a trouvé moyen d'éviter l'aridité et la monotonie, qui sont les écueils de ce genre de composition. On le lit non-seulement avec fruit, mais avec plaisir.

Peu d'années après la publication de la *Bibliothèque historique*, et pendant que Strabon rassemblait les éléments de son ouvrage, un autre Grec distingué vint se fixer à Rome, où, après vingt-deux ans d'études et de recherches, il publia son *Archéologie romaine*. Les Grecs, obligés de courber la tête sous le joug de Rome, n'en conservaient pas moins contre cette ville les préjugés qui leur faisaient mépriser ou haïr tout ce qu'ils regardaient comme barbare. *Denys d'Halicarnasse*, pour inspirer à ses compatriotes des idées plus saines, trouva le moyen de consoler l'amour-propre des vaincus tout en flattant celui des vainqueurs. Ce fut de prouver que les origines latines se rattachaient aux âges héroïques de la Grèce, qu'une grande partie des villes d'Ausonie et Rome elle-même avaient reçu des colonies pélasgiques, achéennes ou helléniques. Ce désir de ramener les faits à un système préconçu nuit, auprès des critiques modernes, à l'autorité de Denys; mais on ne peut nier cependant que ses recherches n'aient répandu beaucoup de jour sur la question si compliquée des origines italiques. Il exhuma des anciens monuments de la langue latine, et des historiens de la grande Grèce, des preuves nombreuses des relations qui avaient existé entre les deux peuples, et fit voir que si l'histoire ancienne de Rome n'avait pas encore excité plus d'intérêt, c'était faute d'historiens dignes d'elle; car aucune n'offrait plus d'exemples d'héroïsme ou de vertu. L'*Archéologie romaine* de Denys d'Halicarnasse, divisée en vingt livres, s'étendait depuis les temps voisins de la guerre de Troie jusqu'à l'expédition de Pyrrhus en Italie, et se rattachait ainsi à l'histoire universelle de Polybe; mais les onze premiers livres, qui vont jusqu'à l'an de Rome 312, nous sont seuls parvenus. Destiné à faire connaître les Romains aux autres nations, l'ouvrage de Denys, comme celui de Polybe, nous initie à leurs lois, à leurs mœurs, à leurs usages, mieux que ne le font leurs écrivains nationaux, sans en excepter Tite-Live.

Dans cette revue fort abrégée des historiens, nous ne pouvons que citer en passant *Nicolas* de Damas, favori d'Auguste, dont il avait écrit la vie, ainsi qu'une histoire universelle; *Flavius Josèphe*, l'historien des Juifs; ses adversaires, *Juste* de Tibériade, *Philon* d'Alexandrie, *Memnon*, *Arrien*, l'émule de Xénophon, auteur d'une histoire d'Alexandre, qui est un des monuments importants que nous possédions sur ce prince. *Plutarque*, dont le nom suffirait pour illustrer une époque, mériterait bien de nous arrêter, si la popularité dont jouissent encore ses ouvrages ne nous dispensait de les louer. Disons seulement que ses biographies, entremêlées de réflexions philosophiques, d'anecdotes curieuses, d'observations de mœurs, n'avaient pas de modèle dans l'antiquité; et que l'impartialité qui règne dans ses parallèles entre les grands hommes de la Grèce et de Rome montre que la conquête n'avait point étouffé chez les Grecs l'indépendance des esprits. Trajan se montra juste appréciateur du mérite, en décernant au citoyen de Chéronée les honneurs du consulat. Sous le même empereur et sous les Antonins, vécut *Appien* d'Alexandrie, auteur d'une *Histoire romaine* composée sur un plan nouveau. Au lieu de faire passer à chaque instant le lecteur du couchant à l'orient, des Gaules à l'Afrique, sur les pas des légions romaines, il rassemble dans chacun de ses livres les guerres successives des Romains dans une même contrée : ainsi, après un livre consacré à l'histoire des rois de Rome, les suivants, sous les titres d'italique, samnitique, celtique, sicelique, présentaient le tableau de la lutte de chacune de ces nations. Les sixième, septième et huitième, qui nous sont parvenus, rapportent les guerres d'Espagne; celles contre Annibal et Carthage; puis venaient la Macédoine et la Grèce. Mithridate et les guerres civiles, depuis Marius et Sylla jusqu'à la bataille d'Actium, nous offrent une étude du plus haut intérêt sur cette époque importante. Le plan adopté par Appien permet de suivre sans interruption les destins de nations qui défendirent longtemps leur indépendance, et dont la nationalité n'était pas à jamais détruite.

L'histoire de Dion Cassius, sénateur sous Commode et collègue au consulat d'Alexandre-Sévère, sans avoir autant d'intérêt que celle d'Appien, présentait, dans ses quatre-vingts livres, fruits de vingt-deux ans de travail, un résumé des annales de Rome durant une période de plus de neuf cents ans. A partir de Jules-César et surtout de Commode, il entre dans des récits plus circonstanciés. Les derniers empereurs païens trouvèrent en Grèce des historiens distingués, et chez lesquels la décadence ne se fait point sentir comme chez les écrivains latins contemporains. *Hérodien* a écrit les vies des empereurs, depuis Marc-Aurèle jusqu'au jeune Gordien, dans un style correct, et avec une impartialité difficile dans des temps aussi agités. Enfin le règne de Claude le Gothique, et les premières invasions des barbares en Grèce, avaient été retracés par *Dexippe* d'Athènes, qui défendit les Thermopyles à la tête de ses concitoyens. Ceux-ci lui élevèrent une statue de marbre; et dans les vers qu'ils inscrivirent sur sa base, qui figure aujourd'hui dans notre Musée, ils placent Dexippe au rang des hommes qui ont illustré la terre de Cécrops par leurs armes et par leurs écrits.

En sages, en guerriers Athènes fut fertile :
De Dexippe près d'eux elle inscrira le nom.
Les faits des anciens jours revivent par son style,
Et ses contemporains lui devront leur renom.
De l'avis du sénat et de l'aréopage,
Celui qui présida nos jeux et nos combats
Par les mains de ses fils voit placer son image
Près des grands écrivains et des braves soldats.

PHILOSOPHES.

Deux sectes opposées, celle d'Épicure et le stoïcisme, dominèrent pendant la période qui nous occupe, et, au milieu de leurs luttes et de leurs excès, élargirent le cercle dans lequel se meut l'esprit humain. Dans l'entrevue de Fabricius et de Pyrrhus d'Épire, Cinéas, l'ami de ce prince, vint à parler d'Épicure. « Il exposa ce que la secte de « ce philosophe pensait des dieux et « du gouvernement ; il dit qu'elle faisait « consister la dernière fin de l'homme « dans la volupté ; qu'elle fuyait toute « administration publique, comme le « fléau du bonheur ; que, n'admettant « dans la Divinité ni amour, ni haine, « ni soin des hommes, elle reléguait les « dieux dans une vie oisive, où ils se « livraient à toutes sortes de voluptés. « — Par Hercule, s'écria Fabricius, puis- « sent Pyrrhus et les Samnites avoir de « telles opinions tant qu'ils seront en « guerre avec nous (1) ! »

Ces doctrines que les Romains souhaitaient à leurs ennemis, eux-mêmes ne tardèrent point à les accueillir et à les mettre en pratique, avec des débordements fort éloignés des vrais préceptes d'Épicure, modéré dans ses plaisirs. L'école de ce philosophe se maintint pendant plusieurs siècles sans donner, comme les autres sectes, naissance à des dissidences. On dit qu'au temps de Jules-César, le quatorzième successeur d'Épicure enseignait encore dans le jardin que celui-ci avait légué à ses disciples, et où ils fêtaient toujours l'anniversaire de sa naissance. Mais, plus occupés de suivre la morale facile de leur maître que d'approfondir l'étude

(1) Plutarque, *Vie de Pyrrhus*, § 24.

de la nature, ils ont laissé fort peu d'écrits ; et les noms de plusieurs n'ont été sauvés de l'oubli que par les Romains, tels qu'Atticus et Cicéron, qui vinrent étudier en Grèce, et qui furent d'abord séduits par leur éloquence et par la douceur de leurs mœurs. C'étaient *Zénon* de Sidon, qu'il ne faut pas confondre avec le fondateur du Portique ; *Phèdre*, *Patron*, *Philiscus* ; enfin *Philodème*, qui vécut à Rome, et auquel Cicéron accorda de grands éloges. Les papyrus d'Herculanum nous ont rendu des fragments d'ouvrages d'Épicure sur la rhétorique, la musique, les vertus et les vices, et divers autres sujets philosophiques.

Épicure avait attaqué la superstition, et montré l'absurdité des actions attribuées par les poètes aux dieux de l'Olympe. Lucien acheva de détruire le prestige du polythéisme par ses dialogues satiriques ; et les premiers Pères de l'Église n'ont pas dédaigné de lui emprunter quelquefois l'arme du ridicule pour abattre le culte païen. Ainsi, les épicuriens eurent leur rôle dans la grande révolution qu'allait opérer l'Évangile. Mais, en attendant, ils avaient ébranlé une religion qui, bien qu'imparfaite, était une sanction pour quelques principes moraux. Les préceptes qu'ils prétendaient mettre à la place étaient impuissants pour maintenir les hommes dans la voie de la justice. En vain ils recommandaient la modération comme une des conditions du bonheur, but unique, selon eux, de la vie. Les hommes, dégagés de la crainte salutaire des dieux et des strictes lois du devoir, se livrèrent sans frein à la fougue de leurs passions. Si quelques épicuriens de bon goût, comme Horace, mettaient de la délicatesse dans le choix des plaisirs, un plus grand nombre, surtout sous les empereurs, déshonora la doctrine qu'ils professaient. Plusieurs villes bannirent de leur sein une secte impie et immorale ; et une réaction commença de la part de tous ceux dont l'âme nourrissait des sentiments honnêtes. Cette réaction conduisit au christianisme ; mais d'abord elle se manifesta dans les opinions des stoïciens. Le chef des stoïciens, *Zénon* de Citium, élève de Cratès, professait, comme son maître une vertu rigide, à laquelle il donna une élévation, une dignité qui manquaient aux cyniques. Comme Socrate, il préférait l'étude de la morale à celle de la physique; mais il prétendait établir ses lois uniquement sur une dialectique rigoureuse, sans tenir assez de compte des affections, ou, si l'on veut, des faiblesses de la nature humaine. Ses disciples, poussant jusqu'à l'absurde les conséquences de ses principes, les avaient réduits en paradoxes arides, et sans influence hors de l'école. Panétius, de Rhodes, qui avait entendu à Athènes les éloquents successeurs de Platon et d'Aristote, tout en donnant la préférence à la philosophie de Zénon, la rendit moins âpre et moins rebutante. Son principal ouvrage, le Traité du devoir, n'est pas entièrement perdu pour nous, puisqu'il a inspiré le beau livre de Cicéron sur le même sujet. Panétius revint professer et mourir à Athènes, après avoir fait connaître, vers l'an 140, la philosophie stoïcienne à Rome. Elle ne cessa pas d'y compter d'illustres adeptes, alors surtout que sévissait le despotisme des empereurs; et, tandis que les hommes faibles se plongeaient dans les voluptés de l'épicuréisme, les âmes fortement trempées se retranchèrent dans l'apathie stoïque, et retrouvèrent la liberté par le détachement de tous les biens extérieurs. Le cruel Domitien bannit de Rome tous les philosophes, parmi lesquels était Épictète, dont les disciples, inaccessibles à la crainte, lui semblaient une menace pour la tyrannie. Avec les Antonins ils recouvrèrent non-seulement la liberté, mais la faveur des princes. Marc-Antonin pratiqua leurs préceptes sur le trône; et ce n'est pas une faible gloire pour le stoïcisme, d'avoir résisté aux persécutions et aux séductions du pouvoir, sans faire défaut à sa devise : *Supporter et s'abstenir* (ἀνέχου καὶ ἀπέχου).

Mais cette philosophie, qui brise tous les liens terrestres, même les affections les plus douces de la nature, sans ouvrir une espérance dans le ciel, n'était point faite pour devenir populaire. On ne peut refuser son respect, son admiration à des hommes chez qui le sentiment intime du devoir est exalté au point de dominer toutes les passions, les souffrances du corps et les peines du cœur. Mais, insensibles pour les autres comme pour eux-mêmes, ils restaient étrangers aux maux de leurs semblables, comme les statues de bronze des héros d'un autre âge.

Les entretiens d'Épictète, recueillis par Arrien et résumés par lui dans le célèbre *Manuel*, ont mérité d'être en grande partie adoptés par un Père de l'Église : saint Nil a donné une édition du *Manuel* d'Épictète, à l'usage des chrétiens. Les chrétiens aussi subirent les persécutions avec une constance stoïque; mais, au lieu de chercher en leur seule conscience toute force et toute récompense, ils trouvaient un point d'appui dans leur religion, dans leur fraternelle assistance, dans l'espoir d'une autre vie; c'est-à-dire qu'ils avaient vivifié la doctrine de Zénon, en y ajoutant ces trois mots : *Foi, Espérance, Charité*. Aussi, la religion chrétienne a triomphé, tandis que le Portique tomba comme tous les systèmes de philosophie; mais aucun n'a inspiré d'idées plus sublimes.

Les autres sectes ont compté dans la période gréco-romaine quelques hommes distingués, sans qu'aucun d'eux ait fait faire de pas marqués à l'esprit humain. L'école de Platon se maintenait toujours à Athènes avec éclat, par l'éloquence de ses professeurs; mais leurs vagues doctrines se modifiaient constamment. Dans ce qu'on nomme la nouvelle Académie, le doute avait tellement pénétré, qu'elle ne différait guère du scepticisme de Pyrrhon, si ce n'est que les uns posaient le doute en principe, tandis que les autres doutaient, sans affirmer qu'il faille douter. L'académicien *Carnéade*, dans une ambassade à Rome, éblouit par son éloquence tous ceux qui l'entendirent; mais il souleva l'indignation de Caton, en soutenant un jour, avec la même force, l'opinion contraire à celle qu'il avait exposée la veille. Tous les platoniciens ne poussèrent pas à ce point l'indifférence pour les principes. *Philon* de Larisse, chef de la quatrième Académie, et qui vivait du temps de la prise d'Athènes par Sylla, se bornait à combattre les affirmations trop absolues des stoïciens. Plusieurs de ses successeurs s'occupèrent de concilier avec les doctrines de Platon tout ce qui leur paraissait bon dans les autres systèmes philosophiques, principalement dans celui d'Aristote. Parmi ces platoniciens *syncrétiques*, comme on les appelait, on peut ranger *Ammonius*, *Plutarque*, et son contemporain *Favorinus* d'Arles.

Quelques-uns des disciples de l'Académie suivirent une autre voie. S'attachant à la partie métaphysique, on peut dire mystique, des ouvrages de Platon, ils développèrent son système sur les êtres intermédiaires entre l'homme et la Divinité, sur un être de raison ou verbe, source commune des âmes, sur les idées innées, types éternels des nôtres. Le juif alexandrin Philon, qui vivait dans le commencement de notre ère, et qui vint à Rome justifier ses coreligionnaires devant Caligula, s'était initié à la philosophie et au style de Platon, au point que l'on disait : Ou Philon platonise, ou Platon philonise. Dans plusieurs de ses ouvrages il trouva moyen de fondre en quelque sorte la doctrine de Platon et la théologie mosaïque; d'autres néoplatoniciens, les Porphyre et les Plotin, sans le suivre dans cette voie, admirent les rapports des hommes avec des intelligences supérieures, et la révélation des vérités éternelles par une épuration de l'âme et par l'extase.

Cette secte, bien que ses adeptes aient résisté longtemps au christianisme, a eu sur les premiers philosophes chrétiens une grande influence; et nous serons forcés d'y revenir lorsque nous nous occuperons des discussions théologiques des premières hérésies. Le défaut de croyance à la religion populaire, les contradictions et l'incertitude de presque tous les systèmes philosophiques, peut-être aussi le désir d'opposer quelque chose aux progrès du christianisme, que les Grecs repoussaient comme une superstition étrangère, leur fit faire quelques tentatives pour ressusciter la secte de Pythagore, éteinte depuis plusieurs siècles. Las de poursuivre la vérité, bien des esprits ne demandaient qu'à se reposer sur la parole d'un maître; la métempsycose, l'abstinence de la chair des animaux, la chasteté, étaient des protestations contre le matérialisme, et les orgies dont l'humanité avait honte. *Philostrate* nous a laissé huit livres sur les faits et gestes d'*Apollonius* de Tyane, qui renouvela, selon lui, tout ce qu'on raconte d'extraordinaire sur Pythagore.

Apollonius avait visité les Indes et l'Éthiopie; il voyagea dans l'Occident, et vint à Rome sous Néron. Philostrate lui prête nombre de prédictions et de prodiges; il assure que des temples furent élevés en son honneur. On prétend qu'Alexandre-Sévère avait dans son oratoire le buste d'Apollonius de Tyane en regard de celui de Jésus-Christ. Il est difficile de ne pas voir dans cette vie d'Apollonius une tentative de rivaliser avec les Évangiles; mais cet effort ne fut pas même couronné d'un succès éphémère; car, sauf le témoignage de Philostrate, de Lucien et d'Apulée, rien n'atteste l'existence d'Apollonius de Tyane.

SOPHISTES.

A la suite des philosophes nous plaçons les sophistes; et, à vrai dire, la différence fut souvent légère entre les uns et les autres : cependant les premiers consacraient leur éloquence à soutenir une opinion, tandis que pour les sophistes, soit qu'ils prissent pour texte de leurs déclamations la philosophie, l'histoire ou la politique, briller par l'éclat du style, par la nouveauté, la variété, l'imprévu de leurs pensées, était leur unique but. Dès le temps de Périclès, les Gorgias, les Prodicus avaient séduit la jeunesse par leurs artifices oratoires; mais lorsque l'asservissement de la Grèce, en fermant la vie politique, eut étouffé la véritable éloquence, qui s'inspire des grandes passions, l'art des rhéteurs régna sans partage. Des flots d'auditeurs se pressaient pour entendre leurs discours étudiés ou leurs improvisations brillantes sur des sujets le plus souvent imaginaires. Le seul emploi sérieux que les sophistes pussent faire de leur talent était dans les ambassades dont les chargeaient quelquefois les villes de la Grèce, pour détourner la colère des empereurs ou obtenir leur faveur. Quelques-uns restaient attachés à la personne du prince pour rédiger sa correspondance grecque, et acquéraient ainsi une assez grande influence politique : tel fut *Denys d'Alexandrie*, qui joignit au titre d'*epistoleus* ou secrétaire, et, comme on a dit plus tard, de maître des requêtes, l'intendance des bibliothèques, depuis Néron jusqu'à Adrien. Sous ce prince, *Vestinus* cumulait les fonctions de secrétaire, d'intendant des bibliothèques grecques et latines de Rome, de grand prêtre de toute l'Égypte, et de directeur du Musée. Héliodore, qui devint préfet augustal d'Égypte, avait débuté de même.

Philostrate a écrit les vies d'une foule de sophistes qui jouirent, de leur vivant, d'une grande réputation. Dans le nombre, plusieurs ont laissé des discours écrits qui n'étaient pas indignes de traverser les siècles. A leur tête on doit placer *Dion*, surnommé *Chrysostome* ou *Bouche d'or*, qui mérita, par l'union d'un grand talent et d'un beau caractère, les persécutions de Domitien et la faveur de Nerva et de Trajan. Il nous est parvenu quatre-vingts de ses discours: les uns sur des sujets de morale ou de littérature, les autres prononcés dans diverses circonstances de sa vie publique. *Polémon* de Laodicée, que l'on avait surnommé la Trompette olympique, nous a laissé deux discours funèbres en l'honneur des anciens héros de Marathon. Il ne nous reste d'*Hérode Atticus*, dont nous avons déjà parlé à l'occasion de sa munificence envers Athènes, qu'une seule harangue. Son disciple *Adrien* de Tyr, secrétaire de l'empereur Commode et professeur d'éloquence à Athènes, a écrit des déclamations sur des questions fictives.

Ælius Aristide, né en Bithynie en 117, a surtout composé des éloges de dieux, de villes et de l'empereur. Son talent oratoire, que nous sommes loin de placer aujourd'hui à côté de celui de Démosthène, comme firent ses contemporains, lui valut les plus brillants succès et de nombreuses statues, dont une s'est conservée jusqu'à présent. Nous possédons plus de cinquante de ses discours, parmi lesquels on distingue ses éloges de Rome, d'Athènes, et la lettre par laquelle il obtint de Marc-Aurèle le rétablissement de Smyrne, ruinée par un tremblement de terre.

De ce panégyriste nous passons au moqueur universel, *Lucien* de Samosate, qui n'épargna ni les riches ignorants, ni les grammairiens bouffis d'une science indigeste, ni les sophistes hargneux, ni les philosophes superbes, ni les faux prophètes, ni même les dieux, objets du culte national. En dépit de toutes les colères que ses écrits durent soulever contre lui, la supériorité de son talent le protégea, le conduisit même aux honneurs; et le charme de son style a trouvé grâce devant l'austérité des religieux copistes du moyen âge. Bien que ce style ne soit pas exempt des défauts du temps, c'est-à-dire d'une profusion de métaphores, de redondances, d'allusions trop fréquentes à la mythologie, plusieurs des dialogues de Lucien charment les lecteurs français par une tournure d'esprit qui n'a pas vieilli, ou que nous avons ressuscitée.

Il y avait d'autant plus de mérite à conserver à l'époque de Lucien cette souplesse de style, que ce n'était point sans de laborieuses études que l'on pouvait écrire correctement. La langue s'était déjà bien altérée par le mélange des Grecs avec les peuples étrangers; les dialectes se confondaient; les façons de parler macédoniennes dominaient à Alexandrie; des locutions empruntées aux langues de l'Orient ou au latin se glissaient dans la conversation. Heureusement d'habiles grammairiens se vouaient au culte des auteurs classiques: les uns, sur les traces d'Aristarque, s'appliquaient à la critique et à l'exégèse des textes; d'autres, comme Pollux et Athénée, recueillaient dans leurs traités les expressions rares ou poétiques qui auraient pu se perdre, les étymologies, les anecdotes qui éclaircissaient les origines des proverbes. Quelques-uns s'attachaient à combattre les néologismes, d'autres réduisaient en traités méthodiques les principes de la grammaire. En un mot, ils préparaient pour l'illustration de l'antiquité classique des secours tels, que nous sommes loin d'en posséder de semblables pour l'étude approfondie de notre langue.

C'est ici le lieu de donner un aperçu de l'état des écoles grecques; nous ne reviendrons pas sur les gymnases, dont il a été question dans le premier volume (page 424), et qui continuèrent à être l'objet des mêmes soins de la part des villes. Parmi la foule d'inscriptions que l'on retrouve en Grèce, un grand nombre se rapporte aux exercices des gymnases, et contient les noms des éphèbes couronnés, ou les honneurs rendus aux gymnasiarques qui s'étaient acquittés dignement de ces honorables fonctions.

Les écoles de philosophie et de rhétorique reçurent des empereurs romains une constitution fixe, qui peut être regardée comme l'origine de nos universités et de nos facultés modernes. Les premiers philosophes qui ouvrirent des écoles, tels que Pythagore ou Socrate, n'avaient aucun caractère public; c'était dans leur maison ou dans quelque lieu de réunion, comme un portique, un jardin, que les jeunes gens qui s'attachaient à eux venaient recueillir leur enseignement. S'ils n'étaient pas assez riches pour vaquer librement à la philosophie, ils recevaient de leurs élèves un salaire, ou quelquefois seulement des dons en nature. Depuis Alexandre, les rois grecs se piquèrent d'attirer à leurs cours, par des libéralités, les philosophes et les savants. Une émulation s'établit surtout entre les rois d'Égypte et ceux de Pergame. Le musée d'Alexandrie, après la conquête de l'Égypte par Auguste, continua d'être entretenu aux frais de ce prince; Claude y fonda aussi une autre institution littéraire, à laquelle il donna son nom. De leur côté, les villes de la Grèce, Athènes, Rhodes, Smyrne, et, à l'autre extrémité de la Méditerranée, Marseille, favorisaient les maîtres dont les leçons attiraient dans leurs murs un grand concours d'étrangers. Elles leur accordaient des honneurs, et l'*atelia*, ou exemption des charges publiques. Les Antonins allèrent plus loin, et attribuèrent de riches honoraires aux professeurs qui occupaient à Athènes les chaires ou, comme on disait alors, les *trônes* d'éloquence et de philosophie. Marc-Aurèle avait établi à Athènes jusqu'à huit professeurs de philosophie, deux pour chacune des quatre sectes principales : platonicienne, péripatéticienne, stoïcienne, épicurienne. Ils recevaient un traitement de dix mille deniers ou d'un talent. L'empereur les désignait lui-même, ou déléguait ce soin à quelques savants investis de sa confiance. Dans la suite, le nombre des professeurs fut réduit; et il n'est plus question que du trône des sophistes et de celui des rhéteurs, que l'on nommait aussi le trône politique. Lorsqu'une place devenait vacante, un concours était ouvert entre les candidats, en présence des magistrats municipaux et des hommes les plus compétents. Si l'on en croit Lucien, ces luttes littéraires dégénéraient en invectives personnelles. En parlant de l'introduction du christianisme, nous ferons connaître la destruction des écoles païennes d'Athènes et d'Alexandrie, et les institutions qui les remplacèrent. Nous nous occuperons aussi de l'établissement de l'école de droit à Béryte. On trouve dans le Code divers rescrits qui montrent que les médecins, reçus après des épreuves en présence des magistrats municipaux, jouissaient, ainsi que les professeurs, de priviléges étendus.

POÈTES.

Nous avons presque terminé cette revue de la littérature grecque durant une période de près de cinq cents ans, et nous n'avons pas encore parlé des poètes, que l'on est habitué à voir figurer au premier rang. Mais une stérilité si grande avait frappé les œuvres d'imagination, que bien peu de versificateurs de cette époque ont sauvé leur nom de l'oubli. Plus de tragédies : les jeux du cirque et les combats des gladiateurs pouvaient seuls émouvoir la foule; plus de comédies, mais des pantomines licencieuses; plus d'odes, de poëmes épiques : quels en eussent été les héros? Deux genres furent seuls cultivés avec succès, la poésie didactique et l'épigramme. *Scymnus* de Chios mit la géographie en vers iambiques, à l'exemple du poëme chronologique d'Apollodore. Les fragments étendus qui nous en restent sont importants pour l'histoire; c'est un résumé exact et concis. Le mètre dont Scymnus s'est servi n'a d'autre but que de fixer plus aisément dans la mémoire les faits et les dates.

Denys, surnommé *Périégète*, c'est-à-dire le Voyageur, nous a laissé sous une forme moins aride, et en vers héroïques, une description du monde connu de son temps, que le savant scoliaste d'Homère, Eustathe, a enrichi d'un commentaire. Un certain *Héliodore* et *Mars* cellus *Sidètes* avaient composé sur la médecine des poëmes très-étendus, dont il ne nous reste que quelques vers. La chasse et la pêche se prêtaient mieux à des développements poétiques; elles ont fourni le sujet des *Halieutiques* et des *Cynégétiques d'Oppien* ou des *Oppiens*, car il paraît qu'il y a eu deux auteurs de ce nom, à peu près contemporains, l'un d'Anazarbe, en Cilicie, l'autre d'Apamée. Les *Cynégétiques* seraient de ce dernier; et, quoique très-faibles de composition, elles auraient été fort goûtées de l'empereur Antonin Caracalla, si, comme on l'a dit, il paya chaque vers d'un statère d'or; ce qui les fit nommer plaisamment les vers dorés.

Ce qui restait chez les Grecs d'imagination, d'originalité, de grâce, s'était réfugié dans les petits poëmes qu'ils nommaient *épigrammes*, mot qui n'a pas chez eux le sens restreint que nous lui donnons. « D'abord l'épigramme ne fut qu'une simple inscription pour perpétuer la mémoire d'un fait ou d'une consécration. Elle décora ensuite les images des héros; on la grava sur les tombeaux, sur les trophées; elle accompagna les présents de l'amitié, les dons faits à une maîtresse. Par la voix d'Alcée, elle inspira aux hommes l'amour de la liberté, la haine des tyrans. Avec Simonide, elle célébra l'affranchissement de la Grèce. Anacréon lui fit chanter l'amour et le vin; Archiloque l'arma d'une pointe acérée et mortelle; Platon et ses disciples, saint Grégoire même, lui prêtèrent leur éloquence inspirée (1). »

Méléagre de Gadara, qui vivait un peu avant Auguste, eut l'idée de réunir, sous le titre de *Stéphanos* ou *Couronne*, les meilleurs morceaux de quarante-six poëtes, auxquels il ajouta plusieurs épigrammes de sa composition. Dans les premiers siècles de J. C., *Philippe* donna un second recueil semblable, enrichi des productions postérieures à Méléagre. Ce recueil ne nous est pas parvenu, non plus que le précédent; mais la plupart des morceaux qui le composaient ont été reproduits dans les Anthologies des siècles suivants, dont nous parlerons dans le tableau de la littérature grecque

(1) Dehèque, sur l'Anthologie.

à Constantinople. Par elles ont été conservées quelques épigrammes de *Philodème*, que nous avons déjà cité comme philosophe; d'*Archias*, que Cicéron défendit, et qui fut plus illustré par ce discours que par ses poëmes sur la guerre des Cimbres et sur celle de Mithridate. *Antipater* de Sidon, le même, à ce qu'on croit, que le philosophe stoïcien, a laissé une quarantaine d'épigrammes.

Nous ne devons pas omettre dans cette revue, quelque abrégée qu'elle soit, le fabuliste *Babrius*, qui vient de reprendre sa place parmi les auteurs classiques de la Grèce. De courts fragments des fables ésopiques de Babrius, cités dans les lexiques, faisaient regretter la perte du modèle ou de l'émule de Phèdre. La découverte récente d'un manuscrit resté jusqu'alors enfoui dans un couvent du mont Athos nous a rendu, non pas l'œuvre entière de ce poëte, mais cent vingt-trois de ses fables; et l'attente des amis de la langue grecque n'a pas été trompée. La plupart des sujets de ces apologues étaient connus par des rédactions en prose; mais la grâce des détails, l'élégante simplicité du style et l'exactitude de la métrique leur donnent beaucoup de prix. Le livre est dédié à un jeune homme nommé Branchos, fils du roi (ou de l'empereur) Alexandre. Est-ce, comme le suppose le savant éditeur, Alexandre Sévère ? cela ferait descendre Babrius à une époque bien plus récente qu'on ne serait porté à le croire en lisant ses vers. Il semble résulter d'un autre indice (le nom de Valérius joint à celui de Babrius dans un manuscrit), que l'auteur de ces fables grecques, d'un style si correct, était d'origine latine. Ce serait la contre-partie de Phèdre, qui, né en Thessalie, comme il l'indique lui-même, a enrichi la littérature latine de quelques-unes de ses pages les plus élégantes. Dans les anthologies grecques que nous citions plus haut, figurent aussi plus d'un nom romain. Cette sorte de fusion des deux littératures, et l'influence prépondérante que la langue grecque exerça sur les Romains, soit qu'ils en adoptassent l'usage, soit qu'ils essayassent de rivaliser avec elle, mériterait que nous nous y arrêtassions; car ce n'est pas seulement un des points intéressants de l'histoire littéraire, ce fut aussi une des

GRÈCE MODERNE (Empire d'Orient)

Détails d'architecture. 1.2.3. Chapiteaux à Constantinople.
4. pilastre provenant d'une église de Tyr transporté à Venise comme trophée. 5. siège à Athènes.

causes qui contribuèrent à maintenir la nationalité grecque.

L'origine des rapports primitifs entre la langue latine et la langue grecque n'est pas encore suffisamment éclaircie; mais, soit qu'on admette l'influence de la colonie d'Évandre, soit qu'on veuille remonter à une source commune indo-germaine, on reconnaît entre ces deux idiomes un caractère de fraternité. L'écriture, identique dans l'origine, et qui conserva toujours de grandes analogies, devait faciliter les rapports entre les deux peuples. Quelques historiens latins prétendent que les plus anciens monuments écrits de Rome, au temps de ses rois, étaient conçus en langue grecque; et l'on a des témoignages positifs des relations qui s'établirent, à diverses époques, entre les deux peuples, notamment lors de la confection des lois des Douze Tables.

Toutefois, ce n'est que lorsque les Romains, étendant leurs conquêtes en Italie, se trouvèrent en contact avec les habitants de la grande Grèce, et franchirent, pour la première fois, le détroit de Sicile, qu'ils cherchèrent à dépouiller l'antique barbarie, pour égaler en tout le peuple qu'ils voulaient vaincre. Dès lors nous les voyons tendre à ce but par deux voies différentes. Les uns, comme Fabius Pictor, Lucius Cincius, Acilius, Caius Julius, Posthumius Albinus, pour faire connaître partout Rome et sa gloire, adoptèrent la langue de Thucydide, tandis qu'Ennius, Cæcilius, Pacuvius, Plaute, Térence, et vingt autres à leur exemple, s'efforcèrent de polir l'idiome national, encore grossier; de l'élever, de l'assouplir, au point de reproduire les chefs-d'œuvre d'Homère, et les comédies d'Épicharme et de Ménandre. L'ancien Caton, d'abord hostile aux Grecs et à tout ce qui venait d'eux, fut entraîné par ce mouvement des esprits, et, dans sa vieillesse, étudia le grec avec une ardeur juvénile. Cette émulation ne fut pas stérile. Bientôt Rome put opposer aux plus beaux génies de la Grèce Cicéron, Horace, Virgile, et s'écrier avec Properce, dans son enthousiasme national:

Cedite, Graï,
Nescio quid majus nascitur Iliade.

Ces illustres disciples des Hellènes ne furent point ingrats pour leurs maîtres.

Virgile invoque constamment, dans ses *Églogues*, les Muses de Sicile; c'est sous le ciel d'Ionie qu'il voulait mettre la dernière main à l'*Énéide*; et quand la mort vint le surprendre, il demanda que sa cendre reposât à Naples, où il s'était instruit dans les arts de la Grèce. Horace, à l'apogée de sa gloire, professait pour Pindare une sorte de culte, et rendait aux vaincus ce consolant témoignage:

Græcia capta ferum victorem cepit, et artes
Intulit agresti Latio.

Depuis les conquêtes des Romains en Orient, Rome offrait, pour l'étude, presque autant de ressources que les villes les plus renommées par leurs anciennes écoles. Parmi les trophées de leurs victoires, ils n'avaient pas négligé les produits de l'intelligence. Il suffit de rappeler la riche bibliothèque d'Apellicon, enlevée d'Athènes par Sylla, et qui renfermait les œuvres d'Aristote et de Théophraste, encore peu répandues. Pollion et Auguste fondèrent aussi à Rome deux bibliothèques grecques. Des grammairiens, des rhéteurs, des philosophes, les uns amenés captifs, les autres attirés par ces trésors littéraires, ouvrirent des écoles qui se maintinrent longtemps florissantes. Dès le temps de Jules César, Diodore de Sicile, voulant écrire l'histoire universelle, vint se fixer à Rome, après ses voyages, comme à un centre qui devait lui fournir plus de ressources qu'aucune autre ville pour cette vaste entreprise. Pour un Romain, l'éducation n'était complète qu'à la condition de posséder également ce que l'on nommait alors, par excellence, *les deux langues*. A compter des derniers temps de la république, tous les hommes célèbres, non-seulement parmi les littérateurs de profession, mais parmi les hommes d'État, parlaient le grec avec facilité, et souvent l'écrivaient d'une manière remarquable. Cicéron, à Rhodes, déclama avec tant de succès, que le rhéteur Apollonios pleura le sort de la Grèce, à laquelle, disait-il, allait échapper l'empire de la parole, le seul qui lui restât. Lucullus écrivit en grec la guerre des Marses. Brutus adressa à plusieurs villes d'Asie des lettres fort dures, dont les Grecs auraient dû s'indigner, et que cependant ils recueillirent avec soin, comme des modèles de grécité et de laconisme. Jules-César, Auguste, Germanicus, Tibère, Claude, ont témoigné par quelques compositions, soit en vers, soit en prose, le charme que cette littérature, si variée, avait exercé sur leurs génies si divers. Si l'on parcourt l'histoire des douze Césars, on voit que le grec était en quelque sorte devenu le langage familier à la cour, et s'entremêlait avec le latin, au point que celui-ci maintenait à grand'peine son intégrité dans les harangues officielles. Les Antonins semblent appartenir à Athènes au moins autant qu'à Rome. Les pensées de Marc-Aurèle, dans leur simplicité stoïcienne, ne sont pas un des monuments les moins intéressants de cette époque. Claude Ælien, de Préneste, se fait remarquer par son élégant atticisme. Le Gaulois Favorinus, d'Arles, joignait à la connaissance approfondie de la littérature latine une telle facilité d'élocution en grec, qu'il soutint à Athènes et à Smyrne des luttes d'éloquence contre les plus célèbres sophistes de son temps, et que l'on mettait ses nombreux traités philosophiques à côté de ceux de Plutarque.

Ce serait une étude pleine d'intérêt que celle de la lutte intellectuelle entre Rome et la Grèce. Le développement de la littérature latine avait été rapide, grâce au contact d'une civilisation plus avancée ; mais son éclat dura peu, et sa décadence devança de beaucoup celle de son institutrice ; car nous verrons que, lors même que la barbarie enveloppait le reste de l'Europe, la Grèce ne laissa jamais complétement éteindre le flambeau de l'intelligence.

CHAPITRE IV.

ÉTAT DES ARTS EN GRÈCE, DEPUIS SA RÉDUCTION EN PROVINCE ROMAINE JUSQU'A LA FONDATION DE CONSTANTINOPLE.

Les beaux-arts ont besoin, pour fleurir, d'un rare concours de circonstances favorables. Il faut que les temps soient prospères, afin que l'État et les particuliers puissent consacrer à des objets de luxe un riche superflu ; mais il ne suffit pas de prodiguer l'or, d'employer des matières précieuses, de mettre un haut prix au temps des artistes : il faut que ceux-ci puissent trouver dans ce qui les entoure de nobles inspirations ; il faut que la liberté, la gloire ou la religion agisse puissamment sur leur esprit ; qu'ils travaillent en vue de l'avenir et par amour de l'art ; il faut que d'autres routes de gloire, ouvertes à côté d'eux, excitent leur émulation ; que le peintre et le statuaire soient jaloux de la réputation du poëte ; que le poëte cherche à faire oublier l'orateur ; celui-ci, à partager avec le général victorieux la popularité ou la faveur d'un grand prince. Une sorte de fièvre s'empare alors de tous les esprits, et les productions de ces époques privilégiées sont marquées d'un cachet de grandeur que les efforts isolés des artistes, nés dans des temps moins heureux, ne peuvent jamais atteindre.

Le siècle de Périclès, où la Grèce, délivrée, par d'héroïques efforts, de l'asservissement dont l'avaient menacée les Mèdes, relevait avec leurs dépouilles ses temples incendiés, fut une de ces époques où l'amour de la patrie et le zèle religieux trouvent dans les artistes de dignes interprètes. En voulant défendre ses anciens titres de gloire, elle en acquit de nouveaux ; le culte des arts fut dès lors, en Grèce, un des caractères de l'esprit national.

Alexandre le Grand, tout en anéantissant la liberté, porta si haut la gloire du nom grec par ses triomphes sur les barbares, que l'ambition d'être distingué par ce grand prince fit éclore de beaux talents, qui ornèrent quelque temps encore les cours d'Alexandrie, de Pergame, d'Antioche, de Séleucie, rivales de splendeur.

Les arts étaient déjà déchus dans la Grèce quand les Romains la soumirent. Ils la dépouillèrent d'une partie de ses anciens chefs-d'œuvre, qui pour eux étaient des trophées, mais dont ils étaient encore incapables de sentir tout le prix. Cependant, la vue de ces admirables productions du génie grec développa le goût des arts en Italie. Il fallut élever des monuments dignes de les renfermer. Beaucoup de riches Romains se piquèrent d'être des amateurs passionnés (sinon éclairés) des beaux-arts. Une partie des artistes de la Grèce fut donc attirée en

GRÈCE MODERNE (Empire d'Orient)

Église S.te Sophie à Constantinople. (Mosquée)

Italie par l'espoir de grands avantages, et aussi de cette renommée dont Rome était devenue la seule dispensatrice.

Plus tard, les Antonins encouragèrent dans tout l'empire les productions des arts, et s'attachèrent particulièrement à les faire revivre dans leur antique patrie. Athènes et les villes d'Asie se décorèrent de monuments plus vastes, et aussi somptueux qu'au temps de leur indépendance. L'architecture, dont les principes, arrêtés depuis longtemps, exigeaient plus d'étude que d'inspiration, n'avait pas sensiblement dégénéré. On n'en pourrait pas dire autant de la peinture et de la sculpture, trop souvent limitées à multiplier les portraits des empereurs. Leurs encouragements ne purent remplacer la foi religieuse. Cependant, les artistes grecs de l'époque romaine avaient sous les yeux tant de grands modèles, que leurs œuvres, sans être empreintes de ce cachet d'originalité des époques de création, ont souvent de grandes qualités. Il ne nous est parvenu qu'un bien petit nombre des productions d'artistes célèbres du temps de Périclès ou même d'Alexandre : la plupart ne nous sont connues que par des descriptions des anciens auteurs, et par des copies plus récentes. Plusieurs de ces copies occupent une place distinguée dans nos musées; et nous ne devons pas dédaigner d'étudier l'histoire de l'art à l'époque grécoromaine, si nous ne voulons tomber dans des méprises d'autant plus faciles, qu'à défaut d'un caractère propre les artistes de ce temps allaient cherchant des modèles jusque dans les images de style archaïque, et les reproduisaient souvent avec adresse.

On peut distinguer dans la période que nous venons de parcourir deux phases différentes. La première, depuis la conquête jusqu'aux premiers empereurs, fut la plus douloureuse pour la Grèce, puisqu'elle se voyait arracher ses plus beaux ornements. Mais ce temps fut cependant moins stérile pour l'art que le siècle des Antonins, où des encouragements, prodigués avec plus de libéralité que de discernement, multipliaient le nombre des artistes sans faire éclore aucun chef-d'œuvre. C'est, en effet, au siècle qui a précédé notre ère qu'appartiennent plusieurs artistes qui, sans égaler les Praxitèle ou les Zeuxis, ont mérité de dérober leur nom à l'oubli, et dont nous devons indiquer ici quelques-uns.

Le sculpteur *Arcésilas*, dont la ville natale n'est pas connue, fut un des artistes grecs attirés en Italie ; il y jouit d'une grande renommée, et vécut dans la familiarité de Lucius Lentulus et de Lucullus. Varron vantait beaucoup ses ouvrages, et disait que ses ébauches se vendaient plus cher que les œuvres achevées des autres artistes. Le modèle en gypse d'un cratère lui fut payé un talent par Octavius, chevalier romain. On s'empressa de consacrer dans le forum de César une *Venus genitrix* à laquelle il travaillait, sans lui laisser le temps de l'achever. Lucullus lui avait commandé une statue du Bonheur (*Felicitas*), que la mort ne lui permit pas d'exécuter. Varron possédait de cet artiste un groupe en marbre représentant une lionne que des Cupidons ailés tenaient enchaînée, tandis que d'autres la forçaient à boire avec un rhyton, ou la foulaient de leurs petits pieds. Des centaures portant des nymphes, qui avaient appartenu, dit Pline, à Asinius Pollion, étaient aussi, à ce qu'on croit, de cet Arcésilas.

Dans le même temps, vers l'an 50 av. J. C., vivait *Pasitélès*, statuaire, sculpteur et ciseleur, artiste de premier ordre dans ces divers genres, et qui obtint, en récompense de ses travaux, le droit de cité romaine. Il avait fait un Jupiter d'ivoire, dans le temple de Métellus ; et Pline dit qu'il était auteur d'un grand nombre d'ouvrages, dont plusieurs étaient conservés dans le temple de Junon près du portique d'Octavie. Il avait aussi écrit un ouvrage en cinq livres sur les monuments remarquables de tout l'univers. L'étude des anciens modèles ne lui faisait pas négliger celle de la nature. Pline raconte, à ce sujet, qu'un jour, tandis que Pasitélès était occupé à modeler d'après nature un lion d'Afrique, une panthère, échappée de sa loge, mit en grand danger le studieux artiste.

Une statue de la villa Albani est signée en grec par *Stéphanos*, *élève de Pasitélès*, ΣΤΕΦΑΝΟΣ ΠΑΣΙΤΕΛΟΥΣ ΜΑΘΗΤΗΣ ΕΠΟΙΕΙ. Il était naturel qu'un sculpteur aussi célèbre que Pasitélès eût fait école à Rome. Ce Stéphanos est probablement l'auteur des *Hippiades*, qu'on admirait parmi les monuments d'Asinius Pollion. Par un singulier hasard, nous possédons aussi des statues que l'on croit représenter Oreste et Électre (nous voulons parler du groupe de la *villa Ludovisi*, connu sous le nom de *Papirius et sa mère*), et qui portent le nom de *Ménélas, élève de Stéphanos*, ΜΕΝΕΛΑΟΣ ΣΤΕΦΑΝΟΥ ΜΑΘΗΤΗΣ ΕΠΟΙΕΙ. Ainsi nous pouvons suivre, pendant deux générations d'artistes, cette transplantation de l'art grec à Rome. Au nombre des artistes grecs contemporains de Pasitélès étaient aussi *Posidonios* d'Éphèse, statuaire et ciseleur; Léostratide, ciseleur en argent; Zopyros, dont on cite deux coupes estimées : les *Aréopagites*, et le *Jugement d'Oreste*.

Un peu plus tard vivait Pythéas, dont Pline vante une phialé représentant *Ulysse et Diomède enlevant le Palladium*.

Diogène d'Athènes décora le Panthéon d'Agrippa. Les cariatides dont il avait orné ce temple méritaient de grands éloges, au jugement de Pline, ainsi que les statues placées au faîte. Mais l'élévation ne permettait pas d'apprécier autant ces dernières.

Évander, sculpteur et ciseleur, également né à Athènes, fut conduit par Marc-Antoine à Alexandrie, et de là amené parmi les captifs à Rome, où il fit plusieurs morceaux admirables. Ce fut lui qui fut chargé de réparer la tête de la célèbre statue de Diane, œuvre de *Timothée*, qui avait été transportée à Rome dans le temple d'Apollon du Palatium.

La peinture, dont les premiers modèles avaient été donnés à Rome dès le cinquième siècle avant J. C. par des artistes de la Sicile ou de la grande Grèce, Gorgasos et Damophilos, y était encore presque exclusivement exercée par des Grecs vers le premier siècle de notre ère.

Timomachos de Byzance fut un des peintres les plus célèbres du temps de Jules-César. Le dictateur acheta au prix de quatre-vingts talents deux de ses tableaux à l'encaustique. L'un représentait *Ajax* assis, épuisé, après avoir, dans sa fureur aveugle, égorgé les troupeaux des Grecs, et méditant son suicide. L'autre tableau était une *Médée* prête à immoler ses enfants, et partagée encore entre la haine et l'amour maternel. Les poëtes et les rhéteurs ont loué à l'envi ces deux compositions pleines de sentiment, que César dédia dans le temple de Vénus génitrix, et dont quelques imitations paraissent s'être conservées dans des peintures d'Herculanum et sur des gemmes antiques. L'Anthologie nous décrit aussi un *Oreste* et une *Iphigénie en Tauride*, de Timomachos; et Pline indique plusieurs de ses tableaux, parmi lesquels il vante surtout une *Gorgone*.

Dans le siècle suivant, Dionysios, Sopolis, et surtout Lala de Cyzique, avaient une grande vogue comme peintres de portraits; et les pinacothèques de Rome étaient pleines de leurs ouvrages, auxquels ils assignaient des prix très-élevés. Quelques artistes pouvaient donc trouver que c'était encore là un assez bon temps. Mais l'art devait peu survivre à sa dignité : réduit à reproduire, au lieu d'une nature d'élite, les figures vulgaires de riches particuliers, il tomba bientôt au-dessous même de cette humble tâche; et les Romains s'avisèrent qu'il serait bien plus avantageux de faire ajuster leurs portraits sur les œuvres d'anciens maîtres. L'empereur Caligula fit ainsi placer sa tête sur une foule de statues enlevées à la Grèce. Le Jupiter Olympien, qu'il avait ordonné de faire transporter à Rome, était lui-même destiné à cette profanation; mais un craquement semblable à un éclat de rire effraya les premiers ouvriers qui essayèrent d'enlever de sa base le colosse d'or et d'ivoire; et la mort du tyran survint à propos pour préserver le chef-d'œuvre de Phidias. Toutes les statues qui avaient été métamorphosées en Caligula furent probablement détruites dans la réaction contre son odieuse mémoire.

Les tableaux n'étaient pas plus que les statues à l'abri de semblables mutilations. Claude, pour honorer la mémoire de son grand-oncle, eut la stupidité de faire scier deux tableaux d'Apelle qu'Auguste avait consacrés dans son forum, et de substituer la figure de ce prince à celle d'Alexandre le Grand.

Plus tard, Caracalla, par une folie d'un autre genre, remplit Rome de statues d'Alexandre auquel il osait se comparer. On peut se faire une idée de l'État des arts soumis aux caprices de ces despotes insensés, d'après ces tableaux que décrit Hérodien et qui présentaient les têtes de Caracalla et du prince macédonien ridiculement accouplées sur un seul corps.

L'usage de consacrer des statues anciennes à de nouveaux personnages se répandit de Rome dans la Grèce. Pausanias, en décrivant le temple de Junon, à Argos, avertit qu'une statue qui porte le nom d'Auguste était jadis un Oreste. Ailleurs, il dit que les Athéniens avaient enlevé à leurs anciens héros, Miltiade et Thémistocle, leurs glorieuses images pour les consacrer à un Romain et à un Thrace. Dion Chrysostôme s'élève, dans plusieurs de ses discours contre ces violations des honneurs consacrés par l'antiquité. Il cite notamment une statue d'Alcibiade dont on avait fait un Ahénobarbus. Nulle part cet abus n'était plus fréquent qu'à Rhodes. Grâce aux anciens services qu'ils avaient rendus aux Romains, les Rhodiens étaient censés libres. On n'avait point enlevé leurs statues. Néron même, qui avait dépouillé Delphes, Olympie, Pergame et l'Acropole d'Athènes, n'avait pas osé mettre la main sur les statues des Rhodiens. Mais eux-mêmes, toujours tremblants pour leur ombre de liberté, cherchaient à capter la bienveillance de quiconque abordait en passant dans leur île, en lui décrétant les honneurs d'une statue. Cela ne demandait ni grand temps ni grande dépense. On prenait la première statue venue, de héros ou d'ancien roi; et, sans s'inquiéter des convenances d'âge ou de costume, on inscrivait au-dessous le nom que l'on prétendait honorer, et qui souvent ne tardait pas à faire place à un autre, comme ces masques de théâtre que chaque acteur revêt à son tour.

La mode des statues polychromes, qui se répandit à cette époque, fut probablement aussi fatale à plus d'une statue antique de marbre blanc. On en prenait la tête et les mains pour les ajuster à des torses de porphyres et de marbres variés.

Le manque de goût des Romains se montrait même lorsqu'ils prétendaient honorer les arts. Ainsi, Néron fit dorer une admirable statue de bronze, ouvrage de Lysippe, et représentant Alexandre. On reconnut cependant qu'en voulant ajouter du prix à ce chef-d'œuvre on en avait altéré la grâce. Alors on gratta la couche d'or dont on avait recouvert cette statue, mais il lui resta plus d'une cicatrice par suite de cette opération maladroite. Pline remarque aussi qu'on put voir à quel point les procédés de l'art du fondeur étaient oubliés, lorsqu'on voulut couler en bronze la statue colossale de Néron, haute de cent dix pieds. Zénodore, auteur de cette statue, était un artiste très-distingué et qui avait déjà fait ses preuves par plusieurs travaux du même genre. Il avait aussi montré son habileté comme ciseleur en reproduisant deux coupes de Calamis de façon qu'à peine pouvait-on les distinguer de l'original. Le modèle de la statue de Néron, exposé dans son atelier, avait excité une grande admiration, mais le résultat ne répondit pas à l'attente, et le mérite de l'artiste rendit encore plus sensible l'inhabileté du fondeur.

Sous le règne de Trajan et surtout d'Adrien et des Antonins, chaque ville put jouir avec sécurité des objets d'art qui faisaient son orgueil et quelquefois sa prospérité en y attirant les étrangers. Malgré tout ce que Flaminius, Mummius, Sylla, avaient pris à la Grèce lors de leurs victoires; malgré les dilapidations de Verrès et des autres proconsuls; après tout ce qu'avaient enlevé Caligula et surtout Néron, qui pour décorer sa maison dorée tira cinq cents statues d'Olympie, et, par le moyen de ses deux affranchis Acratus et Carinas, dépouilla la Grèce de ses dieux mêmes, selon l'expression de Tacite; après tant de pertes, la Grèce, disons-nous, était encore étonnamment riche de monuments. Mucianus, contemporain de Pline, évaluait à plus de trois mille les statues qui se voyaient de son temps à Rhodes. Delphes, Athènes, Olympie, n'en possédaient pas moins. Le *Voyage de la Grèce* par Pausanias contient le tableau le plus instructif et le plus intéressant de l'aspect que présentait, au deuxième siècle de notre ère, cette contrée célèbre, qui formait, en quelque sorte, un immense musée historique, et ne vivait que de ses souvenirs.

3ᵉ *Livraison.* (GRÈCE.)

Les Antonins essayèrent de relever toutes les branches des arts ainsi que la prospérité et la dignité de l'empire. Il n'entre pas dans notre plan de décrire les monuments somptueux dont ces princes décorèrent tout le monde romain : nous devons cependant faire remarquer que presque tous furent construits sur les plans d'architectes grecs, et qu'on peut ainsi en revendiquer en partie l'honneur pour la Grèce, assez féconde encore en hommes de talent pour en défrayer presque tout l'univers.

Parmi les nombreux architectes de cette époque nous devons une mention spéciale à Apollodore, auteur du Forum de Trajan, à Rome, de l'Odéon et de l'admirable colonne triomphale qui a servi de modèle à notre colonne de la place Vendôme. Apollodore construisit aussi quelques édifices pour Adrien. Cependant, ce prince, qui cultivait lui-même tous les arts, mais qui devenait trop souvent jaloux des hommes d'un mérite éminent, exila Apollodore ; et, pour lui prouver qu'il pouvait se passer de ses talents, il lui envoya les dessins du temple de Vénus qu'il venait de faire construire, en lui demandant ce qu'il en pensait. L'architecte signala dans cet édifice des fautes irréparables, dont la vanité de l'empereur fut tellement blessée, qu'il fit, dit-on, périr l'artiste dont le franc parler, ainsi que le génie, rappelait encore les beaux jours de la Grèce libre. On trouverait difficilement à citer, pour cette même époque, un nom illustre dans la statuaire, dont la décadence frappait même les contemporains. Ainsi Dion Chrysostome se demande quelque part si cette mâle beauté qu'on admire dans les statues des anciens héros a tout à fait disparu de la Grèce, comme la race des lions, ou si les artistes sont devenus incapables de la sentir et de la rendre. Ce que ce siècle a produit de plus louable en fait de statues et de plus important pour nous, ce sont les copies de types célèbres que les Antonins, respectant la sainteté des temples et les droits des villes, se bornaient à faire reproduire pour décorer leurs villas, au lieu de les enlever violemment comme avaient fait la plupart de leurs prédécesseurs. C'est grâce à des copies en marbre de l'époque gréco-romaine que nous connaissons quelques-unes des statues de bronze des anciens maîtres, pour lesquelles la valeur du métal a multiplié dans les temps de barbarie les chances de destruction.

Sous les empereurs qui se succédèrent ensuite si rapidement sur le trône à travers les guerres civiles et les invasions des peuples du Nord, l'art, que les plus grands encouragements avaient eu tant de peine à retenir dans son déclin, tomba avec une effrayante rapidité. A côté de quelques rares productions qui, le plus souvent, accusent le mauvais goût de leurs auteurs, l'historien des arts ne trouve à enregistrer que des désastres. Aurélien et Dioclétien sont presque les seuls auxquels leurs victoires permirent de s'occuper encore d'architecture. Le dernier de ces princes se construisit en Dalmatie, pour se retirer, après son abdication, un immense palais, dont les ruines de Spalatro permettent de juger la magnificence ; mais il est plus que probable que toutes les statues qui le décoraient avaient été enlevées ailleurs.

Aux diverses causes que nous avons indiquées comme ayant contribué à la décadence des arts en Grèce, il faut encore ajouter les idées qui se répandirent avec le christianisme, et qui étaient hostiles à l'art hellénique, intimement lié au polythéisme. Il était difficile, en effet, que les nouveaux convertis, souvent plus ardents qu'éclairés, ne confondissent pas dans leur haine contre l'idolâtrie un art qui s'exerçait surtout à reproduire les simulacres des dieux. Les chefs-d'œuvre de Phidias n'étaient à leurs yeux que des œuvres abominables du démon. On peut même dire que les chrétiens attachaient aux idoles une importance qu'elles n'avaient plus aux yeux d'un grand nombre de païens, chez lesquels le culte des arts avait survécu au sentiment religieux.

Nous exposerons dans un des chapitres du livre suivant les vicissitudes de l'art grec après le triomphe du christianisme et l'établissement à Byzance de l'empire d'Orient. Nous y verrons que, malgré les bases nouvelles sur lesquelles Constantin avait réorganisé l'empire, une partie des anciens sanctuaires de la Grèce se maintint encore assez longtemps avec les bas-reliefs qui les décoraient, et qui étaient moins exposés

GRÈCE MODERNE (Empire Romain)

Théodora assiste à la consécration d'une église.

que les œuvres de ronde bosse ou les tableaux à des dilapidations; que Constantin, jaloux d'orner la ville de son nom à l'égal de l'ancienne Rome, y transporta un grand nombre de chefs-d'œuvre du ciseau grec, et que l'art chrétien-byzantin, né en présence de ces grands modèles, présente, malgré son peu de développement, quelques réminiscences de l'antiquité.

CHAPITRE V.

INTRODUCTION DU CHRISTIANISME EN GRÈCE.

Le christianisme a changé la face de la société. Son histoire embrasse l'univers. Les divisions géographiques et politiques s'effacent dans l'unité de l'Église. Nous n'avons pas la prétention d'esquisser ici ce vaste tableau, et nous sentons la difficulté d'en détacher quelques traits. Cependant, comme la Grèce, après avoir été le principal foyer du polythéisme, fut une des premières entre les nations à embrasser la religion chrétienne; que sa langue, alors si répandue, servit à propager la parole des apôtres et des premiers Pères; que sa philosophie n'a pas été sans influence sur les doctrines de écrivains ecclésiastiques, nous ne pouvons, dans une histoire de la Grèce, nous dispenser d'indiquer la part qu'elle a prise dans cette grande révolution. Nous ne chercherons pas à démêler quelles causes naturelles ont pu la préparer, encore moins à expliquer les voies secrètes de la Providence. Nous allons nous borner à exposer les faits tels qu'ils sont rapportés dans les Actes des apôtres, les épîtres, les premiers apologistes chrétiens et dans les plus anciens historiens de l'Église, sans négliger le petit nombre de renseignements que les auteurs païens peuvent aussi fournir.

Lorsque les disciples de Jésus-Christ commencèrent à annoncer l'Évangile et que saint Pierre eut admis au baptême tous les croyants, sans distinction entre les païens et les circoncis, saint Paul, appelé par une vocation particulière à devenir l'apôtre des Gentils, commença ses prédications à Séleucie, ville grecque d'Asie, puis en Chypre, à Paphos et à Salamine. Enfin, vers l'an 52, il se rendit avec ses compagnons, Silas, Timothée et Luc l'Évangéliste, en Macédoine. Il visita Philippi, Thessalonique et Berrhée. Dans ces villes il se rendait ordinairement le jour du sabbat dans la synagogue des juifs, et leur annonçait la passion et la résurrection de Jésus-Christ. Plusieurs se convertirent et reçurent le baptême, ainsi que beaucoup d'Hellènes et notamment quelques femmes des grandes familles. Mais les autres juifs ameutèrent contre lui la populace, et l'accusèrent devant les magistrats d'être rebelle à César, en annonçant un autre roi nommé Jésus. A Philippi, Paul avait été frappé de verges sans jugement, malgré son titre de citoyen romain, et jeté en prison, d'où il sortit miraculeusement. Également persécuté à Thessalonique et à Berrhée, il se rendit à Athènes. « Son esprit, est-il dit dans les Actes des apôtres, s'irritait à la vue de cette ville pleine d'idoles (chap. XVII, v. 10). » En se rendant à la place publique, saint Paul lut sur un autel une dédicace : *Au Dieu inconnu*, et prit de là son texte pour annoncer aux Athéniens que ce Dieu qu'ils adoraient sans le connaître, il venait le leur révéler. Au nombre de ceux qu'il convertit dès sa première prédication, était Denys, membre de l'Aréopage, qui s'étant, dit-on, trouvé en Égypte, où il étudiait avec le sophiste Apollophane, lors de l'éclipse prodigieuse qui marqua la mort du Sauveur, avait été frappé de ce phénomène dont le souvenir détermina sa conversion. Denys l'Aréopagite, qu'Athènes révère comme son premier évêque, employa à la défense du christianisme l'instruction qu'il avait puisée dans les écoles des philosophes. Toutefois, les progrès de la foi furent lents dans cette ville pour qui le polythéisme était intimement lié à tous les souvenirs de gloire nationale, et qui lui devait le reste de vie qui lui restait. Athènes resta, même après Constantin, un des derniers foyers de l'hellénisme.

Paul, étant parti d'Athènes, se rendit à Corinthe, où il alla demeurer chez un israélite récemment expulsé de Rome par le décret de l'empereur Claude, qui en bannissait tous les juifs. A Corinthe, comme dans les autres villes, l'apôtre commença par se rendre à la synagogue les jours de sabbat, et à appeler les juifs au christianisme; mais n'ayant recueilli de leur part que blasphèmes, il secoua sa robe en s'écriant : Que votre sang soit sur votre tête, pour moi j'en suis innocent; et il se tourna vers les Hellènes. Les juifs le traduisirent devant le tribunal de Gallion, proconsul d'Achaïe, et dirent : Celui-ci veut persuader aux hommes d'adorer Dieu d'une manière contraire à la loi. Paul s'apprêtait à répondre, quand Gallion dit à ses accusateurs : O Juifs, s'il s'agissait de quelque injustice ou de quelque mauvaise action, je me croirais obligé de vous entendre avec patience; mais il ne s'agit que de contestations de mots et de doctrines, et de votre loi. Démêlez vos différends comme vous l'entendrez, car je ne veux point m'en rendre juge. Et il les fit retirer de son tribunal. Ce récit, conservé dans les Actes des apôtres, explique comment les magistrats romains se méprirent généralement sur le christianisme. Ils n'y virent qu'une secte du judaïsme distinguée seulement par quelques subtilités dogmatiques, et, dans leur dédaigneuse indifférence, ils ne cherchèrent pas à pénétrer les principes qui propageaient partout la foi nouvelle, tandis que le judaïsme, avec son esprit exclusif, laissait toujours ses sectateurs isolés au milieu des nations où ils vivaient dispersés.

Après un séjour de dix-huit mois à Corinthe, où il fit de nombreux prosélytes, l'apôtre retourna en Asie. L'œuvre de saint Paul fut continuée à Corinthe par un juif chrétien d'Alexandrie nommé Apollos, très-versé dans les Écritures et doué d'une grande éloquence.

L'apôtre envoya aussi aux Corinthiens son disciple Timothée, et leur adressa deux épîtres pour réprimer les dissensions qui troublaient la naissante église, et les instruire davantage dans la morale chrétienne. *J'ai été averti*, leur dit-il, *qu'il y a des discussions entre vous. L'on dit : Moi je suis à Paul; un autre, Moi je suis à Apollos, moi je suis à Céphas* [Pierre], *moi je suis à Jésus-Christ. Jésus-Christ est-il donc divisé ? Est-ce Paul qui a été crucifié pour vous, ou avez-vous été baptisés au nom de Paul ?* (1) » Il leur reproche

(1) 1re *Épître aux Corinthiens*, I, 10.

ensuite l'impureté qui règne parmi eux. Il leur enjoint de séparer de la communion des fidèles ceux qui se souillent de péchés; il les exhorte, lorsqu'ils ont des différends entre eux, à ne point traduire leurs frères devant le tribunal des infidèles. Enfin il répond aux diverses questions qui lui avaient été adressées sur les devoirs des chrétiens.

Nous ne suivrons pas l'apôtre dans ses courses infatigables en Asie, en Crète, à Rome, où il couronna son apostolat par le martyre dans les dernières années du règne de Néron, premier persécuteur des chrétiens.

Quoique la Grèce ait été peut-être moins que d'autres parties de l'empire arrosée du sang des martyrs, soit parce qu'elle comptait moins d'adeptes du culte nouveau, soit parce que la douceur des mœurs et les restes d'indépendance qui subsistaient dans les villes y faisaient exécuter moins rigoureusement les ordres de proscription des empereurs, nous ne devons pas entièrement passer sous silence les épreuves au milieu desquelles l'Église grandissait; et d'abord il convient de rechercher quels furent les prétextes de cette rage contre les chrétiens, car la nature du polythéisme, qui admet des formes infinies de la Divinité et des cultes si divers, semble devoir exclure l'intolérance religieuse. Quand on voit les Romains honorer et même adopter les divinités bizarres de l'Égypte, respecter le secret des mystères, et recevoir de l'Asie le culte de Mithra, on se demande comment une société aussi innocente que celle des chrétiens, qui avaient reçu pour précepte de rendre à Dieu ce qui est à Dieu et à César ce qui est à César, était seule en butte à tant de persécutions. Dans la condamnation de Jésus-Christ, le magistrat romain n'avait été que l'instrument aveugle des prêtres juifs. Ponce Pilate se refusait d'abord à voir un coupable dans Jésus. Les prétentions à la royauté que l'on prêtait au descendant de David ne lui semblaient même pas très-menaçantes. Enfin, cédant aux obsessions, il signa l'arrêt et se lava les mains, comme si le juge qui prête les mains à un jugement inique pouvait se laver du sang innocent.

Selon Tertullien et Eusèbe, Tibère, in-

GRÈCE MODERNE (Empire d'Orient)

Église Théodosi, Constantinople.

formé des événements accomplis en Palestine après la consommation de la passion de Jésus-Christ, aurait proposé au sénat d'admettre la divinité de Jésus ; mais elle fut rejetée par cette assemblée, dont l'autorisation était nécessaire pour la célébration d'un culte nouveau. Ce refus aurait ainsi fourni un prétexte légal aux obstacles que rencontra la religion nouvelle. Un motif plus réel est que le judaïsme, avec lequel les païens confondaient le christianisme, excitait, par son esprit exclusif, la haine des autres peuples. Les juifs étaient très-nombreux dans plusieurs villes de l'Orient ; ils y conservaient leur religion, leurs lois, souvent incompatibles avec celles de l'empire. Un Romain qui se faisait juif ou chrétien semblait un apostat qui renonçait non-seulement à la religion de ses pères, mais aux lois de son pays et en un mot à sa nationalité. Les réunions nocturnes des chrétiens et leurs agapes fraternelles donnaient lieu aux plus fausses imputations sur les prétendus désordres de leurs mœurs ; leurs ennemis ne manquaient pas de s'emparer des aberrations de quelques sectaires tels que les Carpocratiens, qui voulaient étendre aux femmes la communauté des biens (1) ; on s'en faisait une arme contre l'Église, qui cependant avait été la première à réprimer ces hérésies. On allait jusqu'à accuser les chrétiens, sur de vagues rumeurs qu'on se donnait garde d'éclaircir, d'égorger de jeunes enfants dans leurs sacrifices secrets. A côté de ces absurdes préventions populaires, les hommes d'État pouvaient envisager avec des inquiétudes qui n'étaient pas sans fondement les progrès d'une religion qui honorait particulièrement le célibat et détournait de la carrière des armes à une époque où l'empire, déjà dépeuplé, était environné des hordes menaçantes des barbares. Toutefois, ce danger ne se fit vivement sentir que dans le troisième et quatrième siècle de notre ère, tandis que les persécutions avaient commencé dès le temps des apôtres. Néron fut le premier qui appesantit sa cruauté sur les chrétiens. Après l'incendie de Rome, qu'il avait contemplé en chantant l'embrasement de Troie, comme on l'accusait d'avoir lui-même fait brûler les quartiers voisins de son palais, afin de les reconstruire à sa fantaisie, il chercha à détourner la haine populaire en la faisant tomber sur les chrétiens, qu'il accusa d'être les auteurs de cette calamité; et, bien qu'en l'absence de preuves, ils furent, dit Tacite, convaincus par l'animadversion du genre humain : *Odio generis humani convicti* (1) ; c'est, à ce qu'on croit, dans cette persécution que saint Pierre et saint Paul subirent le martyre à Rome, l'an de J.-C. 66. Une seconde persécution eut lieu sous Domitien. C'est le même empereur qui bannissait les philosophes grecs de l'Italie. Épictète n'était pas indigne d'être compris dans la proscription des chrétiens. Sous l'imputation du crime d'athéisme, un grand nombre de fidèles furent bannis. La Grèce offrit à plusieurs un refuge. C'est dans ce temps que saint Jean l'Évangéliste, le disciple aimé du Seigneur, fut relégué à Pathmos, où il écrivit son Apocalypse. Un des historiens de l'Église, Hégésippe, rapportait aussi que l'on dénonça à Domitien les petits-fils de Juda, frère (2) de Jésus-Christ, comme descendants de David (3). L'empereur les interrogea sur leur fortune et sur la royauté promise à la postérité de David. Ils montrèrent leurs mains calleuses, qui témoignaient du travail journalier par lequel ils subsistaient en cultivant un petit champ, leur unique héritage. « Quant à la royauté promise, elle n'est point, dirent-ils, de ce monde. La royauté du Christ est céleste et angélique ; elle aura lieu à la consommation des siècles, lorsqu'il viendra juger les vivants et les morts, et rendre à chacun selon ses œuvres. » Ce témoignage et l'aspect de leur pauvreté désarmèrent, dit-on, le tyran, qui mit un terme aux poursuites contre les chrétiens.

Les historiens de l'Église rendent hommage à la douceur des princes qui succédèrent à Domitien. « Tous les actes de ce détestable empereur, dit Lactance, ayant été abolis, l'Église non-seulement recouvra son ancienne splendeur, mais encore elle brilla d'un nou-

(1) Clément d'Alex., *Strom.*, liv. III.

(1) Tacite, *Annal.*, XV, 44.
(2) On entend par ce mot *cousin*.
(3) Eusèbe, *Hist. eccles.*, III, 20.

veau lustre ; et durant le règne des excellents princes qui gouvernèrent l'empire romain, elle se répandit dans les provinces de l'Orient et de l'Occident, et il n'y eut point de pays où la véritable religion ne pénétrât ; point de nation si farouche qui ne s'adoucît par la prédication de l'Évangile. » Cette paix fut momentanément troublée sous les règnes de Dèce et d'Aurélien, et même sous les empereurs qui montraient le plus de tolérance envers les chrétiens. Dans plusieurs circonstances et dans diverses provinces, quelques magistrats s'armèrent contre eux de toute la rigueur des anciens édits qui n'avaient point été abrogés. Mais, de toutes les persécutions, la plus violente fut celle de Dioclétien, du règne duquel on a daté l'*ère des martyrs*, et qui inonda de sang toutes les provinces. A cette époque, le nombre des chrétiens était prodigieux. On les trouvait dans tous les rangs de la société, jusque dans le palais des Césars. Dans l'ardeur de leur zèle, ils ne se bornaient pas à réclamer pour eux la liberté de conscience, ils annonçaient aux païens la destruction prochaine des idoles et les conspuaient à la vue de leurs adorateurs. Tous ceux qui restaient encore attachés au culte ancien, et qui voyaient s'écrouler de toute part tout ce qui faisait, selon eux, le fondement de la société, au lieu de se rattacher aux principes qui devaient donner à la société nouvelle une base plus large et plus solide, s'efforcèrent de rallumer une ferveur factice pour des autels depuis longtemps déserts, et crurent encore, malgré tant d'exemples de la constance des martyrs, pouvoir éteindre la foi dans le sang. Dioclétien était, dit-on, opposé à ces mesures violentes ; mais son gendre, le farouche Galère, élevé par une mère sarmate dans toutes les superstitions du paganisme, détermina le vieil empereur, sur lequel il exerçait un ascendant mêlé de terreur, à proscrire le culte chrétien. Le jour des *Terminalia*, le 23 janvier, l'église de Nicomédie, qui s'élevait sur une éminence en face du palais de Dioclétien, fut saccagée par les prétoriens et rasée de fond en comble. Ce fut le signal de nouveaux édits de proscription. Mais ces édits n'étaient pas encore assez rigoureux au gré de Galère. Lactance l'accuse d'avoir, par deux fois, fait mettre le feu au palais de son beau-père pour imputer cet attentat à l'audace des chrétiens. Dioclétien, épouvanté, s'enfuit de Nicomédie, et fit mettre à la question une foule d'innocents. Ses domestiques et ses plus fidèles eunuques, dont plusieurs étaient chrétiens, furent livrés au supplice. Cette persécution s'étendit dans tout l'empire, excepté dans les Gaules, gouvernées alors par Constance-Chlore, père de Constantin, qui suivait une politique tout opposée.

Nous verrons bientôt, en reprenant où nous l'avons laissé précédemment le récit des événements politiques, que cette persécution contre l'Église, loin d'amener sa destruction, hâta son triomphe. Après l'*édit de tolérance* de l'an 313, par lequel Constantin et Licinius essayèrent de tenir quelque temps la balance entre les sectateurs de deux cultes si diamétralement opposés, tâche difficile sinon impossible dans un temps d'exaltation religieuse, Constantin prit le parti de réaliser dans la constitution de l'empire la révolution opérée dans la société romaine ; et la religion chrétienne, naguère encore proscrite et persécutée, devint la religion dominante.

Avant de passer à cette nouvelle période, nous devons compléter le tableau fort abrégé que nous avons donné plus haut de la littérature grecque à l'époque gréco-romaine, en ajoutant quelques traits sur les écrivains sacrés des trois premiers siècles de l'Église.

CHAPITRE VI.

DE LA LITTÉRATURE GRECQUE, SACRÉE ET ECCLÉSIASTIQUE, DURANT LES TROIS PREMIERS SIÈCLES DE L'ÈRE CHRÉTIENNE.

Aucun idiome ne convenait mieux que le grec pour propager rapidement la religion chrétienne. Si plus tard la langue latine put prétendre à l'universalité, elle était loin, au commencement de notre ère, d'être aussi répandue que la langue grecque. Cette dernière, même avant les conquêtes d'Alexandre, avait été portée par les colonies des Hellènes dans presque toutes les contrées du monde alors connu. Elle dominait en Sicile et dans toute la partie de l'Italie surnommée la Grande-Grèce. Par Marseille elle avait pénétré dans le midi des Gaules et sur plusieurs points des côtes d'Espagne. La Cyrénaïque, colonisée dès une haute antiquité, l'avait apprise. L'Égypte, depuis Psammétichus, comptait dans ses armées et dans ses ports un grand nombre d'auxiliaires et de négociants grecs; et de plus, une classe spéciale d'interprètes indigènes y avaient propagé cette langue. Elle régnait dans l'Épire et dans la Macédoine, gouvernées par des rois issus des héros homériques. La Thrace, le Pont-Euxin, étaient parsemés d'établissements grecs. L'Asie-Mineure était toute peuplée d'Ioniens, qui, lorsqu'ils perdirent leur indépendance, conservèrent du moins l'usage de leur idiome. Il n'était pas inconnu à la cour des rois de Perse, et lorsque enfin Alexandre eut détruit l'empire de Darius tous les royaumes qui s'élevèrent sur les débris de celui du grand roi adoptèrent la langue grecque comme langue officielle. Elle pénétra même dans l'Inde. Les Romains, lorsqu'ils étendirent leur empire en Orient, s'en servirent dans leurs rapports avec leurs administrés. Beaucoup de juifs répandus dans toutes les provinces l'avaient aussi adoptée. Quelques savants ont même pensé que Jésus-Christ en avait fait usage. Nous savons positivement, par les Actes des apôtres, qu'elle était familière à saint Paul; il put donc l'employer pour catéchiser les diverses contrées qu'il visita.

Les livres de l'Ancien Testament interprétés en grec dès le temps de Ptolémée Philadelphe, et les autres livres moraux ou historiques, tels que l'*Ecclésiaste*, *La sagesse de Salomon*, etc., traduits ou composés par des juifs hellénistes, offraient aux apôtres comme un arsenal préparé d'avance, d'où ils tiraient les textes nécessaires à la prédication de l'Évangile. La traduction dite *des Septante*, à laquelle une tradition publiée sous le nom d'Aristéas prêterait une origine presque miraculeuse, mérite certainement une grande autorité par son antiquité et par les ressources que les juifs instruits de la synagogue d'Alexandrie avaient pu trouver dans cette ville pour la critique du texte sacré. L'Église grecque a continué à en faire usage, à l'exemple des évangélistes, même depuis qu'Origène, d'après une étude approfondie de l'hébreu et la comparaison des versions d'Aquilas, de Symmaque, de Théodotion et d'autres traducteurs anonymes, eut essayé dans ses *Hexaples* d'introduire une nouvelle recension de la Bible. Le style des Septante, bien que cette version date d'une époque où la littérature grecque était encore très-florissante, est loin d'être élégant, et ne ressemble guère à celui de Démétrius de Phalère, qui, selon Aristéas, l'aurait écrite sous la dictée des soixante-douze interprètes. L'influence de l'original hébreu, que les traducteurs se sont efforcés de suivre littéralement, se fait trop souvent sentir par un grand nombre de métaphores et de tournures étrangères à la langue grecque. Ils ont en outre employé le dialecte nommé macédonien, alexandrin ou *hellénistique*, qui se forma du mélange des divers dialectes parlés par tous les Grecs enrôlés sous les enseignes d'Alexandre, ou qui vinrent s'établir dans la ville fondée par lui. Le style de l'Ancien Testament a eu nécessairement une grande influence sur celui des écrivains ecclésiastiques. Il en résulte que la littérature sacrée diffère essentiellement, pour la forme comme pour le fond, de la littérature profane contemporaine. C'est une des causes qui ont généralement engagé à les étudier séparément. Il est des livres comme des tableaux tellement disparates que, rapprochés, ils se nuisent. Une oreille trop habituée à l'élégance attique s'offense des solécismes et de la barbarie des Septante, et, d'un autre côté on se fatigue vite du vide sonore de l'éloquence apprêtée des sophistes, quand on est nourri de la simplicité souvent sublime de la Genèse et de l'Évangile.

C'est surtout par la parole que la foi chrétienne se répandit d'abord, et le nombre des écrits authentiques des trois premiers siècles est assez limité. Ceux que l'Église a reconnus comme renfermant les fondements de sa croyance sont contenus dans le recueil intitulé ΚΑΙΝΗ ΔΙΑΘΗΚΗ, *Nouveau Testament* mots qui ont ici le sens de *nouvelle alliance*. Tous ces livres sont écrits en grec. Ce sont d'abord les quatre évangiles, selon saint Mathieu (Matthæos), saint Marc, saint Luc et saint Jean. Les trois premiers de ces évangiles contiennent beaucoup de parties qui leur sont communes non-seulement pour le fond, mais pour la rédaction: ce qui a fait supposer à plusieurs commentateurs que ces portions étaient empruntées à un évangile primitif, peut-être à celui qui est quelquefois cité sous le titre d'Évangile selon les Hébreux, et auquel chacun des évangélistes aurait ajouté des notions qui lui étaient personnelles. Ainsi l'évangile selon saint Mathieu renferme d'abord deux chapitres sur la généalogie et sur la jeunesse de Jésus, tandis que celui selon saint Marc commence seulement au baptême par Jean-Baptiste. Avant d'être appelé au nombre des disciples, saint Mathieu était employé dans la perception des impôts en Judée; on manque de détails sur la suite de son apostolat, et on ignore à quelle époque l'évangile qui porte son nom fut écrit en grec. On croit y remarquer, plus que dans les autres, des expressions qui font supposer que l'original était conçu en syro-chaldéen. Au quatorzième siècle, on croyait posséder en Italie le manuscrit autographe de l'évangile de saint Marc en latin. Les villes de Prague, de Venise, de Frioul, se sont partagé des feuillets de ce volume précieux par son antiquité, mais dans lequel un examen plus critique a fait reconnaître un exemplaire de la version latine corrigée par saint Jérôme. Il reste donc avéré que le texte original de saint Marc est bien le texte grec. Cet évangéliste est le compagnon de saint Paul et de saint Pierre, dont il est plusieurs fois question dans les lettres de ces apôtres et dans les Actes. Il était de Jérusalem et parent de Barnabé. Son premier nom était Jean fils de Marie. On remarque dans son évangile quelques courtes explications des usages juifs, et des mots hébreux qui semblent indiquer qu'il écrivit surtout en vue des Gentils.

Le troisième évangile, celui selon saint Luc, est le plus étendu et celui dont la forme a le plus de rapports avec les compositions historiques des Grecs. Il est adressé à un personnage nommé Théophile, pour l'instruction duquel il avait été composé, ainsi que le témoigne ce début : « Comme plusieurs ont entrepris d'écrire le récit des événements qui se sont accomplis parmi nous tels que nous les ont transmis ceux qui en furent dès l'origine les témoins oculaires, et qui sont devenus les ministres de la parole, j'ai voulu aussi, très-excellent Théophile, te les écrire par ordre en les reprenant tous exactement d'en haut, afin que tu connaisses la solidité des discours qui t'ont été enseignés. »

Les *Actes des Apôtres*, dédiés au même Théophile, forment en quelque sorte le second livre de l'évangile selon saint Luc. Ils contiennent le récit de la diffusion du christianisme, principalement par les apôtres saint Pierre et saint Paul, dont Luc fut le compagnon. C'est par cet ouvrage que nous connaissons l'histoire primitive de l'Église, notamment en Grèce jusqu'à l'an 65 environ. Saint Luc ou Lucas est peut-être le même qui est nommé Lucius de Cyrène dans une des épîtres de saint Paul. Dans une autre il est désigné comme médecin. Les Actes des apôtres montrent, par la précision des détails, que l'auteur fut témoin de la plupart des faits qu'il retrace avec une simplicité attachante.

Le quatrième évangile est celui de saint Jean, le disciple aimé du Seigneur, qui not y déposer ses souvenirs personnels. Il s'y attache à reproduire les enseignements du Christ et à multiplier les preuves de sa divinité plutôt qu'à relater la suite des événements ainsi que les autres évangélistes. « Il y a encore, dit-il en terminant, bien des choses que Jésus a faites; et, si on les écrivait une à une, je ne crois pas que le monde pût contenir tous les livres qu'on en aurait écrits. »

C'est à Jean l'Évangéliste qu'est attribuée, mais non sans contestation, l'Apocalypse, c'est-à-dire *la Révélation*, mystérieuse allégorie que l'Église grecque a longtemps hésité à ranger parmi les livres canoniques, et sur laquelle se sont produits tant de commentaires bizarres. Un style très-différent de l'Apocalypse et plus conforme au caractère de l'apôtre distingue les trois épîtres de saint Jean, qui sont comprises avec celles de saint Pierre, de saint Jacques et de saint Jude sous le titre d'*Épîtres catholiques*.

Enfin le Nouveau Testament renferme quatorze épîtres de saint Paul, adressées à diverses églises, et qui sont remplies d'enseignements précieux sur la morale et sur les dogmes de l'Église chrétienne. La force et l'élévation de la pensée rachètent ce que le style peut avoir de dur et d'insolite, et lui donnent un cachet d'originalité remarquable.

En dehors des livres déclarés canoniques, la Grèce vit éclore une foule de productions dont plusieurs portent les noms des apôtres, mais que l'Église a répudiées, parce qu'elles pouvaient fournir des armes aux opinions hétérodoxes, aux nombreuses hérésies qui s'étaient élevées dans son sein, et dans l'intérêt desquelles on peut supposer qu'elles ont été fabriquées. Malgré cette réprobation, quelques-uns de ces écrits se sont conservés dans l'ombre jusqu'à nous. On les désigne sous le nom de livres *apocryphes* ou secrets. Sans dangers aujourd'hui, que le feu des discussions théologiques est éteint, ils ne sont pas sans intérêt pour l'histoire de l'esprit humain durant la période remarquable qui nous occupe. Au nombre des livres apocryphes est une seconde apocalypse, un évangile de saint Jacques ou *Protévangelium* sur la naissance de la Vierge et l'enfance du Christ, l'évangile de saint Thomas, celui de Nicodème, la vie et les travaux des apôtres par Abdias, l'épître des prêtres d'Achaïe sur le martyre de saint André, etc. On peut ranger aussi dans cette classe, quoiqu'elles aient été quelquefois admises pour véritables, une lettre d'Abgar à Jésus-Christ avec la réponse et le rapport de Pilate à Tibère.

Les écrits des premiers Pères apostoliques ne sont pas non plus exempts de doutes et de contestations. Un livre intitulé *Le pasteur*, par *Hermas*, dont une ancienne traduction latine nous est seule parvenue, est relégué maintenant parmi les livres apocryphes, après avoir joui longtemps d'une grande autorité. *Saint Clément*, disciple et troisième successeur de saint Pierre, a laissé une *épître aux Corinthiens* que, dans quelques églises, on lisait publiquement. Une autre épître, des homélies et les constitutions des apôtres, qui portent le nom du même saint Clément, sont regardées par quelques critiques comme supposées. Nous avons encore quelques épîtres de *saint Ignace*, deuxième évêque d'Antioche, qui souffrit le martyre vers l'an 106 ; de *saint Polycarpe*, premier évêque de Smyrne, et le récit de son martyre, qui paraît composé par des témoins oculaires. Eusèbe cite aussi des lettres de *saint Denys*, évêque de Corinthe, à l'église de Lacédémone et à celle d'Athènes, où la foi menaçait de s'éteindre. Ces diverses épîtres ont en général un caractère didactique comme celles des apôtres, sur lesquelles elles sont modelées. Quant au style, il offre un commencement de fusion entre les formes introduites par le Nouveau Testament et l'ancienne école hellénique, à laquelle quelques-uns des écrivains de l'Église appartenaient par leur première éducation.

On désigne sous le nom d'*apologistes* les écrivains qui entreprirent de plaider la cause du christianisme devant la société païenne. Eusèbe cite à leur tête *Quadratus*, qui présenta une défense des chrétiens à l'empereur Adrien. Elle ne nous est pas parvenue, non plus que celles d'*Apollinaire* et de *Méliton*, dont cet historien de l'Église a conservé des passages ; mais nous avons celles de deux philosophes platoniciens convertis au christianisme. Athénagoras d'Athènes, qui professait la philosophie à Alexandrie, s'étant mis à lire les Écritures, dans l'intention de combattre les chrétiens, devint leur adepte et leur champion ; son discours fut adressé à Marc-Aurèle vers 180. Justin, né à Sichem, après avoir essayé des diverses sectes philosophiques de son temps, embrassa le christianisme, dans lequel il persévéra jusqu'au martyre ; son apologie est adressée à l'empereur Antonin, au sénat et au peuple romain. Dans d'autres ouvrages il combat le judaïsme et l'hellénisme. Un de ses disciples, Tatien, à son exemple, tourna contre les Hellènes la science puisée à l'école de Platon. Mais trop souvent ces nouveaux auxiliaires mêlèrent des souvenirs de leurs anciennes opinions à la simplicité de l'Évangile. *Théophile*, évêque d'Antioche, dans son traité *De la foi des chré-*

tiens, étale aussi avec une certaine complaisance la connaissance qu'il possédait des poëtes et des anciens philosophes.

Hermias, dont on a comparé le tour d'esprit à celui de Lucien, dans un petit livre intitulé : *Persiflage de la philosophie païenne*, tourne en ridicule les contradictions des différentes sectes anciennes.

Le caractère des écrivains ecclésiastiques de la Grèce était déjà très-différent au troisième siècle de ce qu'il était au premier. Sous le rapport du style, de l'érudition, de la dialectique, ils ne le cédaient guère aux plus habiles sophistes de leur temps; et ils conservaient souvent sur eux les avantages qu'une conviction profonde, un ardent prosélytisme, un sentiment moral plus pur et des idées plus libérales avaient d'abord assuré aux apologistes. Si les écrits de Porphyre contre les chrétiens, ou les discours d'*Hiéroclès*, intitulés : *Amis du vrai* (Philalèthes), nous étaient parvenus, il est probable que la comparaison serait tout à l'avantage des écrivains sacrés, qui ne refusaient la lutte sur aucun terrain, et étaient toujours prêts à sceller de leur sang la vérité de leurs assertions. Mais on regrette que dans cette polémique, qu'ils élèvent souvent à une grande hauteur, ils ne s'abstiennent pas toujours de ces petits artifices qu'emploient les avocats dans de moins bonnes causes. Il leur arrive, en effet, de prêter à leurs adversaires des opinions qui ne sont pas exactement les leurs, et de généraliser beaucoup trop les vices de la société antique, dans laquelle il y avait assez à reprendre sans ces exagérations. Quelquefois l'apologie devient tout à coup agressive, et la chaleur dégénère en acrimonie. Cette violence de langage était une suite naturelle d'injustes persécutions sans cesse renouvelées. Mais on s'afflige de la retrouver aussi dans les discussions qui déchirèrent le sein même de l'Église.

L'esprit d'investigation qui distingue la Grèce, qui lui a fait faire tant de progrès dans les sciences exactes et qui a enfanté tant d'ingénieux systèmes, se précipita avec ardeur dans les régions inconnues que lui ouvraient les dogmes nouveaux du christianisme. Sa curiosité ne s'arrêta devant aucun mystère; et, de même qu'elle avait cru vingt fois avoir saisi le système du monde ou la nature des éléments, elle osa analyser l'essence même de la divinité ou fixer d'avance le jour du jugement dernier. La langue grecque, si riche et si flexible, ne se prêtait que trop à toutes ces subtilités métaphysiques, d'où naquirent d'interminables débats. Il serait trop long et trop peu intéressant d'indiquer ici la foule d'écrits que fit éclore chacune de ces discussions qui, en général, se résument dans les actes des synodes. Nous citerons seulement quelques noms qui, au milieu de ces querelles passagères, se sont acquis une renommée durable. Tel fut saint Irénée, évêque de Lyon, vers 178, auteur d'un livre contre les hérésies, intitulé : *Examen et Réfutation de la prétendue science* (celle des gnostiques), ouvrage très-important pour l'histoire des premiers temps de l'Église, mais dont malheureusement la plus grande partie ne s'est conservée que dans une ancienne traduction latine. Son contemporain, *Clément*, surnommé d'Alexandrie, parce qu'il se fixa dans cette ville, mais que l'on croit natif d'Athènes, a laissé plusieurs ouvrages qui embrassent les diverses branches de la littérature sacrée à cette époque. Son *Pédagogue* est un livre de morale apostolique. Le *Protrepticon* ou *Exhortation* aux gentils offre une argumentation d'autant plus pressante que saint Clément connaissait bien les doctrines des diverses religions, qu'il avait étudiées avant d'embrasser le christianisme, et contre lesquelles il ne témoigne pas une aversion exagérée. Ses *Hypotyposes*, dont nous n'avons qu'un résumé, étaient destinées à combattre les hérésies. Enfin, il avait déposé dans ses *Stromates* (mot que l'on pourrait traduire par *bagage*), comme en un vaste répertoire, une foule d'observations curieuses sur les opinions philosophiques et religieuses des anciens peuples comparées à celles des chrétiens. C'est surtout dans ce livre qu'on peut prendre une idée des doctrines de l'école chrétienne d'Alexandrie.

Un disciple de saint Clément et d'Ammonius, le célèbre Origène, né à Alexandrie en 185 et fondateur de l'école de Césarée a surpassé ses maîtres par l'étendue de son érudition, qui n'a pu toutefois le préserver de tomber assez souvent dans des opinions taxées d'hétérodoxie. Ses *Hexaples* ou textes comparés de l'Ancien Testament ; ses *Exégétiques* ou commentaires sur toutes les parties de la Bible, une des sources de la scolastique du moyen âge ; sa réfutation de Celse, l'adversaire du christianisme ; ses milliers de traités, de lettres, d'homélies ; ses voyages pour la recherche des textes sacrés ou la propagation de la foi lui acquirent une si grande réputation, que, malgré ses erreurs, saint Jérôme le plaçait à côté des apôtres.

Un contemporain de saint Irénée et de saint Clément d'Alexandrie, *Hégésippe*, qui visita Rome sous les pontificats d'Anicet, de Soter et d'Éleuthère, par conséquent sous les règnes de Marc-Aurèle et de Commode, avait écrit cinq livres sur les dogmes de l'Église catholique et sur les hérésies. Cet ouvrage, qui paraît avoir contenu beaucoup de renseignements sur les premiers siècles de l'Église, est aujourd'hui perdu ; mais on en trouve des extraits dans l'*Histoire ecclésiastique d'Eusèbe*, lequel écrivait au commencement de la période dont nous allons maintenant aborder le tableau, c'est-à-dire depuis l'avénement de Constantin.

LIVRE SECOND.

DU RÈGNE DE CONSTANTIN LE GRAND JUSQU'AUX CROISADES.

CHAPITRE PREMIER.

COMMENCEMENT DU RÈGNE DE CONSTANTIN.

Constantin le Grand était fils de Constance Chlore, général romain, et d'Hélène, femme de condition obscure, mais qui montra de hautes qualités durant le règne de son fils, sur lequel elle exerça toujours un grand ascendant. Constantin avait dix-huit ans lorsque Constance Chlore fut appelé par Dioclétien, en 292, à la dignité de césar et chargé de gouverner la Gaule et l'Espagne et de faire rentrer la Grande-Bretagne sous l'obéissance. Constantin n'accompagna point son père dans cette expédition, Dioclétien l'ayant gardé près de lui dans ses campagnes d'Égypte et d'Asie. Il y donna des preuves de son courage, et surmonta heureusement les périls que lui suscitèrent, dit-on, des rivaux, qui prévoyaient et redoutaient déjà son élévation. Lorsqu'en 305 Dioclétien et Maximien abdiquèrent en faveur des deux césars Galère et Constance Chlore, l'armée s'attendait à voir Constantin appelé à son tour à la dignité de césar. Mais Galère, chargé du choix, lui préféra Maximin Daza et Sévère, sur lesquels il pensait exercer une autorité plus grande. Retenu à Nicomédie près du nouvel auguste, Constantin y reçut des lettres de son père, lequel, sentant approcher sa fin, demandait à le voir. Ce ne fut pas sans difficulté qu'il obtint la permission de partir. Mais, prévoyant que cette autorisation allait être révoquée, ou que des embûches seraient dressées sur sa route, il réussit à tromper le mauvais vouloir de ses ennemis par son extrême diligence et en faisant, à tous les relais de postes, couper les jarrets des chevaux qu'il laissait derrière lui. Il put ainsi arriver à Boulogne et embrasser son père. Constance Chlore étant mort bientôt après, les légions d'Occident décernèrent la pourpre à Constantin. Galère se vit à regret contraint de confirmer cette élection ; mais il n'accorda à Constantin que le titre de césar et le quatrième rang.

Comme nous n'écrivons pas l'histoire romaine, nous indiquerons le plus succinctement possible les nombreuses révolutions que les rivalités de Galère, de Maximin, de Sévère, de Maxence, du vieux Maximien et de Licinius, multiplièrent après la retraite de Dioclétien, et dans lesquelles la Grèce, heureusement pour elle, ne joua qu'un rôle secondaire.

Dans le partage de l'Empire entre Galère et Constance, la Grèce, avec tout l'Orient, avait fait partie du lot de Galère. Ce partage est considéré par plusieurs historiens comme le premier qu'ait subi l'Empire. En effet, Dioclétien et Maximien, bien que le premier résidât plus habituellement en Orient et le second en Italie, gouvernaient conjointement tout l'Empire ou du moins n'avaient pas établi entre les provinces qu'ils administraient une démarcation aussi tranchée qu'elle le fut sous leurs successeurs. Par un nouveau démembrement, qui eut lieu en 307, l'Orient se trouva partagé entre trois augustes. Licinius, nouvellement appelé à cette dignité, eut l'Illyrie, Maximin l'Égypte et la Syrie; Galère se réserva les provinces d'Asie. L'Occident, à la même époque, comptait aussi trois augustes : Constantin en Gaule, Maxence à Rome, et le vieux Maximien, qui avait repris la pourpre et cherchait à ressaisir son ancienne autorité, aux dépens de ces deux princes, dont l'un était son fils et l'autre son gendre. Dioclétien, plus sage, demeurait paisible et respecté dans sa retraite de Salone, et répondait aux instances de son ancien collègue qu'il ne le presserait pas tant de reprendre le pouvoir s'il voyait les beaux choux qu'il avait plantés de ses mains.

La mort de Galère en 311 modifia de nouveau la situation de l'Empire. Maximin et Licinius, après avoir été sur le point d'en venir aux mains, se partagèrent son héritage. La Grèce et la Macédoine accrurent les États du premier. L'Hellespont et le Bosphore de Thrace devinrent la limite entre ces deux souverains de l'Orient. Constantin continuait à gouverner les provinces jadis soumises à son père, dont il suivait les bonnes traditions. Sa fermeté, son activité contenaient les barbares, en même temps que sa douceur et sa tolérance envers les chrétiens lui assuraient le dévouement de ses sujets ainsi que de nombreux partisans dans les autres parties de l'Empire. Provoqué par Maxence, il marcha contre lui en Italie. Ses talents militaires et la tyrannie de son adversaire lui ouvrirent les portes de Rome, après une succession rapide de victoires remportées sous le signe triomphant de la croix qu'à la suite d'une vision il venait d'inscrire sur l'étendard dit *labarum* (en 312).

De son côté, Licinius, qui était entré dans la politique de Constantin, et avait épousé sa sœur Constancia, remporta près d'Andrinople une victoire sur Maximin, lequel était venu l'attaquer et avait pris Byzance et Héraclée. La défaite et la mort de Maxence et de Maximin partageaient désormais l'Orient et l'Occident entre les seules mains de Licinius et de Constantin, dont l'alliance semblait promettre au monde un repos nécessaire. L'édit de tolérance, publié en 313 à Milan, par ces deux empereurs en accordant la liberté des cultes, étendait sur tous leurs sujets les bienfaits de cette paix. Mais il était difficile de régner sur la moitié de l'Empire romain sans se considérer comme frustré de l'autre moitié, et sans ambitionner cette domination universelle qui semblait l'apanage de Rome : aussi un an était à peine écoulé que Constantin et Licinius s'armaient l'un contre l'autre. Un beau-frère de Constantin, élevé par lui à la dignité de césar, et qui, après avoir conspiré contre son bienfaiteur, avait trouvé un refuge près de Licinius, devint, à ce qu'il paraît, l'occasion de la rupture.

Avec sa célérité ordinaire, Constantin, à la tête seulement de vingt mille hommes, vint présenter la bataille à Licinius, devant Cibalis, en Pannonie. Son adversaire n'avait également eu le temps de réunir que trente-cinq mille hommes; mais c'étaient de part et d'autre des troupes aguerries. La lutte fut sanglante et acharnée. Vainqueur dans cette première rencontre et bientôt après dans la plaine de Mardie, en Thrace, Constantin consentit cependant à accorder la paix à l'empereur d'Orient, mais en lui retirant la Pannonie, la Dalmatie, la Dacie, la Macédoine et la Grèce. Malgré la rivalité qu'une première lutte n'avait pu qu'envenimer et l'opposition constante de leur conduite à l'égard des chrétiens, que Licinius persécutait autant qu'il était en lui, tandis que Constantin les favorisait de plus en plus, cette paix se maintint pourtant près de neuf ans. On ignore quel motif ou du moins quel prétexte leur fit reprendre les armes. Malgré son âge, Licinius déploya encore une grande activité, et réunit une armée formidable. Il se présenta dans la plaine d'Andrinople, à la tête de cent cinquante mille hommes d'infanterie et de quinze mille cavaliers. Les ports de l'Égypte, de la Phénicie, de Chypre et de l'Asie Mineure lui avaient fourni une flotte magnifique. Celle de Constantin, tirée principale-

GRECS MODERNES (Empire d'Orient).

Costumes imités de la reproduction d'un vase.

ment des villes maritimes de la Grèce, avait son rendez-vous au Pirée. Elle était très-inférieure pour le nombre et pour la grandeur des navires; ce qui ne l'empêcha pas de rendre des services signalés. L'armée de terre s'était concentrée près de Thessalonique; elle était composée de cent vingt mille vétérans, pleins de confiance dans le chef qui les avait toujours menés à la victoire. Dans cette lutte décisive, Constantin fut à la hauteur de son ambition. Unissant la bravoure personnelle à l'habileté stratégique, il franchit, à la tête de sa cavalerie, les eaux enflées de l'Èbre, à la vue de l'ennemi, tailla en pièces une partie de l'armée de Licinius, enleva son camp fortifié, et l'obligea de se renfermer dans Byzance. Crispus, fils aîné de Constantin, reçut la mission de forcer avec sa flotte le passage de l'Hellespont, occupé par toutes les forces navales de l'ennemi; il accomplit cette entreprise difficile avec beaucoup de résolution, d'habileté et de bonheur. Grâce à ce succès, les assiégeants pressèrent étroitement Byzance; et Licinius, effrayé de leurs progrès, repassa secrètement en Asie, où il rassembla en peu de temps soixante mille hommes. Il accourait au secours des siens avec ce renfort, lorsque Constantin, pour ne pas lui laisser le temps d'opérer sa jonction, passa lui-même en Asie avec une partie de ses troupes. Les deux adversaires se rencontrèrent à Chrysopolis (aujourd'hui Scutari). Constantin y remporta une victoire complète et décisive. Licinius, réfugié à Nicomédie, obtint par les prières de sa femme, sœur de Constantin, un précaire pardon, en déposant la pourpre impériale. Thessalonique lui fut assignée pour retraite, et devint bientôt son tombeau sur de vagues soupçons. Par la ruine de Licinius, Constantin était devenu seul arbitre du monde romain, divisé depuis près de quarante années entre plusieurs maîtres rarement unis. Cette puissance immense et les dernières années d'un règne constamment prospère furent consacrées par lui à jeter les fondements de la nouvelle Rome à laquelle il donna son nom, et à compléter l'organisation de la société sur des bases conformes à la révolution politique et religieuse dont il s'était fait le promoteur. Ces deux objets importants dans les destinées de la Grèce feront le sujet des chapitres suivants.

CHAPITRE II.

FONDATION DE CONSTANTINOPLE.

Rome avait cessé depuis nombre d'années d'être le séjour habituel des empereurs. La nécessité de veiller de plus près sur les frontières sans cesse menacées, et en même temps sur les légions qui les gardaient, et du sein desquelles pouvaient surgir les plus redoutables prétendants à l'Empire, avait engagé Dioclétien à fixer sa résidence à Nicomédie, tandis que ses collègues se tenaient rapprochés de la ligne du Danube et du Rhin. Les modifications qu'il avait introduites dans la constitution romaine et dans le cérémonial de la cour, à l'imitation des monarchies orientales, lui faisaient éviter aussi la présence du sénat, où se conservaient encore quelques traditions des formes extérieures de la république. A ces divers motifs se joignait de plus, pour Constantin, le changement de religion auquel il travaillait et qui devait rencontrer surtout des obstacles à Rome, où l'attachement à l'ancien culte national était profondément enraciné dans la plupart des grandes familles : aussi, depuis que sa victoire sur Maxence l'avait rendu maître de Rome, n'y vint-il que rarement, dans quelques occasions solennelles. Le reste du temps il se transportait, selon les besoins du moment, à Milan, à Aquilée, à Trèves, à Arles, à Sirmium, à Thessalonique, à Sardica. Mais lorsqu'enfin, seul maître de l'Empire et redouté des peuples étrangers, il put se reposer dans sa gloire, il chercha une résidence fixe vers les confins de l'Europe et de l'Asie, contrée où les Romains avaient, dans le nouveau royaume persan, des voisins très-dangereux. On dit que Constantin avait d'abord jeté les yeux sur Thessalonique. Il pensa aussi, comme le premier des césars, à fonder une nouvelle Rome sur l'emplacement de Troie, ce berceau fabuleux du peuple romain et à laquelle les faiseurs de généalogies rattachaient sa propre origine, parce qu'il était né dans une colonie des Dardaniens. Ce motif, tout puéril qu'il paraît, peut avoir séduit quelque temps l'esprit du prince, et déjà s'élevaient les remparts et les tours de de la nouvelle Troie, lorsque, éclairé par une vue plus profonde, ou, comme disent les Grecs, par une inspiration divine, Constantin fit suspendre les travaux et fixa son choix sur Byzance, dont Polybe avait depuis bien des siècles signalé les avantages, et dont il avait pu lui-même apprécier l'admirable position lorsqu'il y assiégeait Licinius.

Située à l'entrée méridionale du canal étroit et sinueux par lequel les eaux du Pont-Euxin se déchargent dans la Propontide et de là dans la Méditerranée, sur le golfe nommé la *Corne d'Or*, où les plus grands vaisseaux trouvent à l'abri des vents un mouillage toujours égal; en face des riches et belle plages de l'Asie, cette ville tient par la terre ferme aux fertiles et belliqueuses provinces de la Thrace et de la Macédoine, tandis que par la mer elle est voisine de la Grèce industrieuse et de l'Égypte nourricière; il lui suffit pour se défendre des attaques du Midi de fermer l'entrée de l'Hellespont au moyen des châteaux de Sestos et d'Abydos, en même temps qu'elle met toute la Méditerranée à l'abri des invasions maritimes des barbares du Nord; elle offre enfin un admirable entrepôt au commerce, qui, d'un côté, pénètre par le Danube jusqu'au cœur de l'Europe, et de l'autre envoie ses caravanes dans tout l'Orient. Certes la ville choisie par Constantin, et à laquelle il a laissé son nom, était digne d'être le siège d'un grand empire; et tels sont les avantages dont la nature l'a comblée que, malgré les plus grandes révolutions et le régime politique le plus délétère, Constantinople, après quinze siècles, est encore florissante.

Si Constantin fit acte de génie en choisissant Byzance, il montra également, par l'étendue qu'il fit donner à son enceinte, qu'il prévoyait les grandes destinées auxquelles elle était appelée dans l'avenir. Les Grecs, qui, pour avoir renoncé à leur ancienne mythologie, n'en sont pas moins restés amis du merveilleux, racontent que l'empereur, une lance à la main, traça lui-même la circonvallation de la nouvelle ville, et que les courtisans, effrayés de l'immense développement qu'il lui donnait, lui ayant demandé jusqu'où il prétendait l'étendre, Constantin répondit : « Je dois suivre le guide invisible qui marche devant moi. »

Les murs de l'enceinte nouvelle, écartés de quinze stades des anciens remparts de Byzance, qu'elle renfermait, s'étendaient en forme d'arc depuis la Propontide jusqu'au fond du port, et formaient la base d'un triangle dont les deux autres côtés étaient baignés par les flots. Le périmètre de Constantinople peut être évalué à plus de quatre lieues. On y retrouvait les sept collines de l'ancienne Rome, à laquelle, par les efforts de Constantin, elle eut peu de chose à envier. A l'exception des monuments consacrés au culte païen, et à la place desquels s'élevaient dans la ville de Constantin des basiliques chrétiennes, on y reproduisit tout ce qui faisait l'orgueil de sa rivale. Elle eut son Capitole, son Forum, son palais ou Augustéum, son cirque, ses théâtres, ses bains et ses portiques. Les forêts voisines du Pont-Euxin et les belles carrières de marbre de l'île de Proconnèse fournissaient des matériaux abondants. Des ouvriers appelés des diverses parties de l'Empire poussèrent les travaux avec tant d'activité, que Constantin put célébrer en 330 la dédicace de la ville dont il avait jeté en 325 les premiers fondements. Pour la décorer, on avait fait main-basse sur ce qui restait de statues antiques en Grèce. Les idoles même les plus révérées furent tirées du fond des sanctuaires, où l'on n'avait pas entièrement cessé de les adorer, pour orner les places publiques de la ville chrétienne. On voit encore aujourd'hui dans l'Atméidan ou ancien hippodrome les serpents de bronze enroulés qui avaient jadis servi de support au trépied d'or consacré par les Grecs dans le temple de Delphes, après leur victoire sur les Perses. Nous parlerons, dans un chapitre spécial, des monuments élevés à Constantinople par Constantin et par ses successeurs, et qui ont donné naissance au style nommé *byzantin*. Ici nous devons surtout nous occuper des circonstances politiques de cette fondation. Il ne suffisait pas d'avoir tracé la nouvelle capitale sur un plan gigantesque, il fallait lui donner une population proportionnée à son développement.

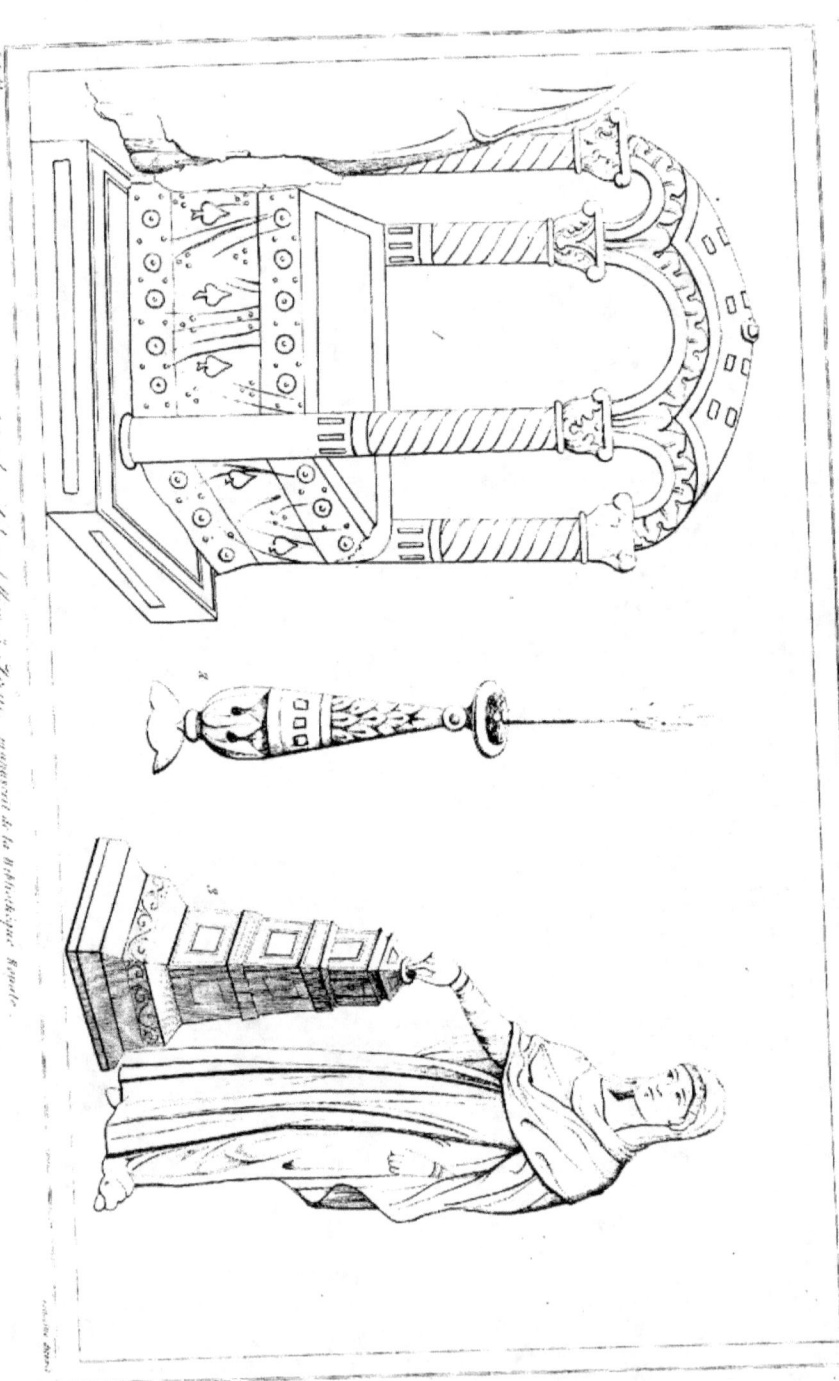

La présence de la cour, jointe aux avantages de sa situation, devait naturellement tendre à accroître le nombre de ses habitants; mais l'impatience de Constantin exigeait des moyens plus rapides. Il assura des revenus aux grandes familles qui vinrent s'y fixer et y construire des maisons. Des priviléges furent accordés à tous les habitants. Enfin l'empereur fit diriger sur Constantinople les blés de l'Égypte, qui depuis Auguste étaient distribués gratuitement au peuple de Rome, où par suite de cette mesure la disette se fit plusieurs fois cruellement sentir, ainsi que le témoignent ces vers de Claudien :

<small>Hæc nobis, hæc ante dabas; nunc pabula tantum
Roma precor; miserere tuæ, Pater optime, gentis;
Extremam defende famem.
(*De bello Gildon.*, v. 34.)</small>

Les faveurs accordées par Constantin aux sénateurs qui transportèrent leurs pénates à Constantinople ne purent déterminer toutes les familles patriciennes à abandonner l'Italie. Il y eut dès lors deux sénats romains. Celui de la nouvelle Rome, surnommée *fille aînée et bien-aimée de l'ancienne Rome*, n'eut que le second rang, et ses membres le titre de *clari*, tandis que ceux du sénat antique étaient nommés *clarissimi*.

Du reste, les uns comme les autres n'avaient plus que des distinctions honorifiques et un vain titre, sans puissance politique dans l'organisation nouvelle de l'État, dont il est temps de donner une idée. Ajoutons seulement ici quelques réflexions relatives à l'influence que la fondation de Constantinople eut sur les destinées de l'Italie et de la Grèce. Les historiens ont diversement apprécié cet acte de la politique de Constantin. La plupart ont vu dans la création d'une seconde capitale et dans le délaissement de l'ancienne la cause de la prise de Rome par les barbares et de la ruine de l'Occident. Cependant, comme le remarque M. de Châteaubriand dans ses *Études historiques*, il n'est nullement certain que Rome, fût-elle restée l'unique métropole, eût été capable de résister à Alaric; et du moins, grâce à sa seconde tête, l'Empire, avec tout ce qu'il renfermait d'éléments de civilisation, survécut plus de mille ans à cette catastrophe.

Le déplacement de la capitale eut une autre conséquence, que Constantin n'avait sans doute ni désirée ni prévue. Dans sa pensée, Constantinople devait bien être une Rome nouvelle, moins les souvenirs du polythéisme et de la liberté. Constantin était un prince purement romain, qui ne voyait dans la Grèce qu'une des provinces de l'Empire. La langue latine était sa langue maternelle, la seule dont il fît usage, et elle devait rester la langue officielle de l'État. Cependant, du moment que la capitale se trouva fixée au centre des contrées où la langue grecque était dominante, depuis surtout que les évêques de l'Église d'Orient eurent acquis une grande part dans les conseils du prince, la langue latine, et avec elle les idées, les traditions toujours si intimement liées à la littérature, perdirent du terrain. Les fils puînés de Constantin et surtout son neveu Julien, élevé à Athènes, reçurent une éducation hellénique. Malgré les efforts de leurs premiers successeurs, le latin ne tarda pas à être complétement oublié des Romains d'Orient. Ce changement ne fut cependant pas aussi favorable qu'on pourrait le croire à la nation grecque. Athènes ne fut que médiocrement protégée par des empereurs qui, bien qu'ils eussent adopté sa langue, s'intitulaient toujours Romains (Ρωμαῖοι), et pour qui le nom d'Hellènes ne réveillait que l'idée de *païens*. Les habitants de Constantinople prenaient en général peu de souci du sort des provinciaux, dont ils étaient isolés par leurs priviléges, isolement funeste, qui finit par concentrer toute la vie de l'Empire dans cette seule ville. C'est donc avec raison que l'usage a prévalu de désigner sous le nom d'empire byzantin cet empire d'Orient, qui n'était, en effet, proprement ni romain ni grec. L'élément grec est cependant celui qui domina dans la fusion et qui a fini par survivre. C'est ce qui nous a engagé à donner dans cette histoire de la Grèce le précis des annales byzantines, comme un lien nécessaire entre les temps anciens et les temps nouveaux, quoique les noms de la plupart des villes célèbres dans l'antiquité hellénique, et qui sortent aujourd'hui si heureusement de leurs ruines, n'y paraissent que de loin en loin.

CHAPITRE III.

CONSTITUTION DE L'EMPIRE BYZANTIN.

Rien n'est plus important, dans l'histoire des peuples, que l'étude de leur constitution, qui souvent renferme seule le secret de leur prospérité ou de leur décadence; mais en même temps rien n'est plus difficile que cette étude, surtout à la distance de plusieurs siècles. Les usages se modifient chaque jour sans que ces changements soient remarqués des contemporains, jusqu'au moment où le désaccord des lois et des mœurs conduit à quelque réforme radicale. Ces grandes révolutions sont en général les seules dont les historiens tiennent compte, et par suite ils leur attribuent une importance plus grande qu'elles n'en ont eu effectivement, puisque le plus souvent elles étaient accomplies en partie ou tout au moins préparées par les mœurs avant d'être écrites dans les lois. Ainsi, la connaissance de la législation en vigueur à une époque ne suffit pas toujours pour donner une idée parfaitement exacte de l'état de la société. Tantôt les usages et les abus anciens se perpétuent sous des formes nouvelles. D'autres fois les dénominations anciennes se conservent, bien que les choses soient profondément changées. Constantin, non plus qu'Auguste, n'a point donné ce que, dans les temps modernes, nous nommons une constitution, c'est-à-dire un ensemble de dispositions qui organise les principaux ressorts politiques, et permet de saisir d'un coup d'œil le mécanisme des institutions. En arrivant au pouvoir, ces princes acceptèrent en grande partie l'héritage du passé, qui fut surtout modifié par la force des choses et par les édits successifs rendus pendant toute la durée de leurs longs règnes. Comme législateur, Constantin avait une grande tâche à remplir, c'était de mettre le droit romain en harmonie avec les principes introduits par le christianisme. On ne peut lui refuser d'avoir accompli dans ce sens de grandes améliorations. Cependant la révolution ne fut ni aussi rapide ni aussi complète qu'on pourrait le supposer d'après son zèle pour la foi des chrétiens. La nécessité de tenir compte des sectateurs encore nombreux du polythéisme et de l'empire de l'habitude lui fit toucher avec beaucoup de ménagement et de prudence au droit civil des Romains. Son œuvre fut continuée dans le même sens par ses fils et par la plupart de leurs successeurs, mais principalement par Théodose et par Justinien. C'est à l'occasion du code de ce dernier empereur que nous examinerons l'ensemble de la législation gréco-romaine et l'influence du christianisme sur les principes du droit : ici nous ne nous occuperons que de l'organisation politique.

La constitution romaine présentait, dans les premiers temps de la république, une réunion de magistratures, produit de l'élection, et entre lesquelles n'existaient pas ces rapports gradués qu'on a nommés dans les temps postérieurs *hiérarchie*. Chacune de ces magistratures était à peu près souveraine dans sa sphère d'action; mais les dangers qu'une telle autorité aurait pu présenter pour la république étaient prévenus par le partage entre plusieurs collègues égaux en droits des plus importantes de ces magistratures, le consulat et le tribunat, et aussi par la courte durée de leur exercice. Cette constitution, comme celles de la plupart des républiques antiques, s'appliquait seulement à la cité dans laquelle elle avait pris naissance. Hors du territoire, non-seulement en guerre, mais dans les pays réunis par la conquête sous le nom de *provinces*, le consul, le proconsul ou le préteur revêtu de l'*imperium* devenait un souverain absolu; et lorsque les guerres lointaines et prolongées eurent introduit l'usage funeste de proroger les commandements, les généraux qui avaient joui pendant plusieurs années de cette omnipotence et de la plupart des attributs et du luxe de la royauté, ne pouvaient pas aisément se soumettre à rentrer dans l'obscurité d'une condition privée. Les guerres civiles firent sentir à Rome elle-même le poids de cet *imperium* qu'elle avait fait peser sur les autres peuples. Lorsque de guerre lasse elle se soumit à l'autorité d'Auguste, cet habile politique, au lieu de changer la forme extérieure de la république et d'abolir des magistratures chères aux Romains, les concentra entre ses mains. L'empereur fut donc à la fois souverain pontife, et, comme tel, arbitre des augures et de la religion; consul, dignité en laquelle avait résidé principalement le pouvoir exécutif, mais qui, réduite à des fonctions honorifiques, fut souvent abandonnée à des courtisans. Quant à la puissance tribunitienne, elle avait acquis, dans les dernières années de la république, des priviléges trop importants pour que les empereurs consentissent à s'en départir; aussi comptait-on les années de leur règne par celles de leur puissance tribunitienne. Les gouverneurs des provinces recevaient de l'empereur la délégation du pouvoir comme ses lieutenants, si ce n'est dans quelques provinces assez paisibles pour qu'Auguste les eût laissées dans les attributions du sénat.

La justice continua à être rendue par les préteurs, sauf l'appel à l'empereur, qui jugeait quelquefois directement. En lui résidait aussi la puissance législative. Ses *constitutions*, *décrets* ou simples *rescripts*, avaient force de lois ou de sénatus-consultes. On voit de quelle puissance les empereurs étaient investis, et l'histoire n'atteste que trop avec quels excès plusieurs en usèrent. Cependant, deux pouvoirs restaient encore debout à côté d'eux et leur portaient ombrage. L'un était le sénat, dont la constitution n'avait pas été changée; assemblée toujours imposante par ses souvenirs, quoique trop souvent avilie par ses adulations, et qui ne retrouvait d'énergie que pour maudire la mémoire des tyrans tombés. Cependant, le prestige de ce mot, *le sénat romain*, sur les provinces; l'influence, à Rome et dans l'Italie, des richesses de la plupart des familles patriciennes, donnaient une grande part au sénat dans l'élection du prince, et imposaient à celui-ci des égards extérieurs pour une assemblée de laquelle il était toujours censé tenir son autorité. L'autre digue du despotisme impérial était un pouvoir de fait et non de droit : c'étaient les légions qui, lorsqu'un empereur leur déplaisait par sa mollesse ou sa parcimonie, élevaient à l'empire un autre général dont, après la victoire, l'élection était toujours confirmée par le sénat. Il est inutile de rappeler tout le sang versé durant trois siècles dans les luttes de ces prétendants surgis des légions. Les empereurs, qui ne pensaient qu'à leur conservation, épuisaient l'État pour s'attacher l'armée par des largesses. Ceux qui étaient plus soucieux de la dignité et de la perpétuité de l'empire, comme les Antonins, travaillaient à contenir les légions en rendant au sénat le plus possible de son ancienne majesté. Nous avons vu dans les chapitres précédents comment Dioclétien crut pouvoir, sans s'appuyer sur le sénat, maintenir l'unité de l'empire et sa transmission régulière, en s'adjoignant un collègue, et en appelant pour successeurs présomptifs, avec le titre de césars, les généraux qui semblaient les plus capables de maintenir l'armée. De sa retraite, Dioclétien vit tous ses plans rompus par les rivalités d'ambition et les hasards de la guerre. Constantin, plus habile ou favorisé par les circonstances, réussit à compléter l'absolutisme impérial. Son génie et la droiture de ses intentions donnèrent beaucoup d'éclat aux débuts de ce nouveau régime. Mais les vices de cette constitution ne tardèrent pas à se développer, et devinrent funestes à l'empire et à sa propre famille.

Nous avons dit comment Constantin, à l'exemple de Dioclétien, avait longtemps promené sa cour de ville en ville, comme pour déshabituer les peuples de tourner toujours les yeux vers le sénat; il semblait dire avec Sertorius, mais dans un esprit différent : « Rome n'est plus dans Rome, elle est toute où je suis. » La fondation de Constantinople acheva d'annuler l'importance de l'ancien sénat. Restait donc la puissance militaire à briser. Après sa victoire sur Maxence, en 312, Constantin cassa définitivement les gardes prétoriennes, qui avaient soutenu la cause du souverain de l'Italie. La destruction de ce corps privilégié, toujours stationné près de Rome, et qui avait si souvent fait et défait des empereurs, ne put qu'être agréable au reste de l'armée, jalouse de leurs nombreux avantages. Plus tard, Constantin, fort de l'ascendant qu'un chef brave de sa personne et toujours victorieux acquiert sur le soldat, ne craignit pas de toucher à l'organisation des légions. Elles étaient jadis composées de plus de six mille fantassins et de sept cents chevaux. C'était

4ᵉ *Livraison*. (GRÈCE.)

un petit corps d'armée capable d'agir seul, et qui, sous la main d'un chef entreprenant, pouvait être redoutable. Après Constantin, on trouve les légions réduites à mille ou quinze cents hommes ; et, quoique nous manquions de témoignages précis sur l'époque de cette réduction de l'effectif des légions, qui permit d'en augmenter le nombre, il est probable que ce fut l'ouvrage de ce prince. Cela s'accorde, en effet, avec le morcellement qu'il fit subir aux anciennes provinces, portées par lui à cent seize. Tant que la Gaule, la Bretagne, l'Espagne, l'Égypte, l'Achaïe, etc., avaient continué à former des provinces distinctes, elles avaient conservé quelques traces de leur caractère national. Les légions qui les occupaient et qui s'y recrutaient, participaient à l'esprit de la province ; et, dans plusieurs circonstances, on avait vu ces anciens états tendre à se reconstituer séparément sous des empereurs tirés de leur sein. La nouvelle division, comme celle que l'Assemblée constituante a opérée en France, devait donner plus d'homogénéité à toutes les parties de l'Empire.

Il y avait aussi un utile principe d'administration dans la distinction des fonctions civiles et militaires autrefois confondues entre les mains des proconsuls, et que Constantin sépara complétement. Les gouverneurs des provinces qualifiés d'*honorables*, et qui portaient les titres de *présidents* ou de *correcteurs*, n'avaient dans leurs attributions que l'administration civile, la justice et les finances. Ils relevaient des *respectables vicaires* ou *vice-préfets* des treize grands *diocèses* de l'Empire, et ceux-ci d'un des quatre *préfets du prétoire*, celui de l'Orient, de l'Illyrie, de l'Italie et de la Gaule. Ces *illustres* fonctionnaires jugeaient sans appel toutes les affaires civiles ; mais ils n'avaient aucune autorité militaire. Toutes les troupes réparties dans l'Empire obéissaient à des *ducs* ou à des *comtes*, c'est-à-dire *compagnons* de l'empereur, et ceux-ci à des *maîtres généraux* de la cavalerie et de l'infanterie, dont le commandement, quoique très-étendu, était moins dangereux pour le prince que s'ils avaient réuni dans leurs mains les forces militaires et le maniement des finances d'une province. Rome et Constantinople étaient administrées par des préfets particuliers, égaux en dignité aux préfets du prétoire. Les gouverneurs des trois provinces d'Asie, d'Achaïe et d'Afrique conservèrent, par exception, le titre de *proconsuls* et la qualification de *respectable*, qui était celle des vicaires et aussi des comtes et des ducs. Cette organisation, un peu compliquée, dans laquelle on accuse Constantin de s'être surtout appliqué à diviser le pouvoir pour sa sécurité personnelle, sans s'inquiéter de l'affaiblissement qui devait en résulter pour l'État, n'aurait pas mérité ce reproche, si cette hiérarchie, nécessaire peut-être dans un si vaste empire, avait été couronnée par un pouvoir central fortement constitué, au lieu de reposer uniquement sur le bon plaisir d'un prince qui, s'il se sentait de force à soutenir un pareil fardeau, ne devait pas se flatter de transmettre son génie à tous ses successeurs. La tâche qu'il leur léguait était d'autant plus lourde, qu'elle s'étendait jusqu'à régenter les consciences. Constantin, sans renoncer au titre païen de souverain pontife, s'était également immiscé dans le gouvernement de l'Église chrétienne. La trouvant, lors de sa conversion, divisée entre plusieurs sectes qui s'accusaient réciproquement d'hérésie, il avait cru rétablir la paix et l'unité de l'Église en convoquant des conciles d'évêques, dont le plus célèbre, celui de Nicée, eut lieu sous sa présidence. Il se fit le champion de l'orthodoxie. Mais en prêtant à l'Église l'appui du bras séculier, il se trouvait par là même dans le cas de trancher souvent les questions de dogme et de foi. Les empereurs byzantins furent donc plus absolus que la plupart des monarques occidentaux du moyen âge, contenus d'un côté par la féodalité, de l'autre par la puissance spirituelle des papes ; on ne peut les comparer qu'aux autocrates russes ou aux sultans mahométans, comme eux à peu près chefs de la religion. Toutefois l'équité du droit romain, la vitalité de la civilisation grecque, la salutaire influence du christianisme tempérèrent et soutinrent un régime qui, sans elles, eût été intolérable pour les peuples. Quant aux princes, ils éprouvèrent souvent que ce pouvoir, si laborieusement

GRECE MODERNE (Empire d'Orient)

Basile 867-886. (M 8)

concentré dans la cour impériale, n'avait fait que rapprocher d'eux les dangers en multipliant les conspirations de palais et les tragédies de famille.

CHAPITRE IV.

FIN DU RÈGNE DE CONSTANTIN.

Nous nous sommes un peu étendu sur la fondation de Constantinople et sur les institutions de Constantin, à cause de leur influence sur les destinées ultérieures de l'Empire romain et de la Grèce. Reprenons maintenant la suite des événements, depuis la défaite de Licinius.

A peine devenu seul maître de l'Empire, Constantin s'occupa d'établir aussi l'unité dans l'Église. Bien qu'il n'eût pas encore reçu le baptême, sacrement que, par des motifs diversement interprétés, il ne demanda que dans les derniers moments de sa vie, cependant depuis sa victoire de Rome, en 312, date à laquelle on rapporte généralement sa conversion, il favorisait ouvertement la religion nouvelle, comme l'attestent les éloges des écrivains ecclésiastiques et la plupart de ses ordonnances, où l'influence du christianisme se fait de plus en plus sentir. Un de ses premiers soins, après avoir vaincu Maxence, avait été de réprimer les dissensions qui troublaient l'Église d'Afrique, en soumettant au jugement des évêques de l'Occident la cause de Cécilius et de Donat, élus par deux partis contraires à l'évêché de Carthage. Cependant, malgré les décisions de deux synodes, appuyés de l'autorité impériale, la secte des donatistes se maintint longtemps encore en Afrique. En prenant douze ans plus tard possession de l'Orient, Constantin trouvait également cette portion du monde agitée par les opinions qu'un prêtre d'Alexandrie, nommé Arius, avait publiées sur la nature de la divinité du Christ et sur le mystère de la Trinité. Ces questions ardues, qui avaient déjà donné naissance à plus d'une hérésie, préoccupaient surtout les esprits dans une ville accoutumée aux discussions métaphysiques de l'école néoplatonicienne. Les doctrines d'Arius trouvaient d'ardents prosélytes, malgré l'opposition non moins vive d'Alexandre, évêque d'Alexandrie.

L'empereur écrivit inutilement aux deux adversaires, pour les conjurer de mettre un terme à cette déplorable querelle. Après diverses tentatives infructueuses de conciliation, Constantin convoqua dans la ville de Nicée un concile général ou *œcuménique* pour établir les bases de l'orthodoxie. Déjà précédemment, comme nous l'avons dit, Constantin avait réuni un concile à Arles. Plusieurs fois, même sous les empereurs païens, les chrétiens avaient eu recours à ces assemblées pour fixer divers points de dogme ou de discipline; et l'on fait remonter aux apôtres l'origine de cette institution; mais l'Église n'avait pas encore vu une réunion si nombreuse et si solennelle.

L'empereur avait convoqué tous les évêques de l'univers romain en mettant à leur disposition les postes impériales. Plus de trois cents évêques accompagnés d'un plus grand nombre de prêtres et de diacres se rendirent à cet appel. On remarquait dans cette assemblée les délégués du pape Sylvestre, l'éloquent Athanase, prêtre d'Alexandrie, qui joua plus tard un rôle important dans les troubles religieux, et un grand nombre de confesseurs de la foi, dont les membres mutilés attestaient les tortures qu'ils avaient supportées dans les dernières persécutions.

Le concile était présidé par Osius, évêque de Cordoue, l'ami et le conseiller habituel de l'empereur. Ce prince ouvrit en personne la première séance par un discours latin qui fut traduit en grec pour l'assemblée, dont une grande partie des membres n'entendait que cette langue. Il suivit avec attention les discussions, et quelquefois même il y prenait part. Le concile fut clos le 25 août 325. Indépendamment de divers *canons* relatifs à la constitution de l'Église, les articles principaux de la foi furent renfermés dans la déclaration célèbre connue sous le nom de *Symbole de Nicée*, et qui est devenue depuis la base du dogme catholique. Les opinions d'Arius touchant Jésus-Christ furent condamnées, et le point capital du débat résolu par le mot ὁμοούσιος (*consubstantiel*), destiné à exprimer l'entière identité de nature de Jésus-Christ et de Dieu le Père; mot que plus tard les semi-ariens tâchèrent de remplacer par celui d'ὁμοιούσιος, qui, par l'addition d'une seule lettre, substituait l'idée de *similitude* à celle *d'identité*. Constantin, se faisant l'exécuteur des décisions du concile auquel lui-même et ses fils devaient cependant bientôt contrevenir, bannit Arius et l'évêque Eusèbe de Nicomédie, qui avaient refusé d'abjurer leurs opinions. Ainsi, l'auteur de l'édit de tolérance, entraîné par son zèle de néophyte ou par son esprit de domination, se plaçait sur une pente dangereuse où le pouvoir séculier devait être trop souvent entraîné à se faire l'aveugle instrument de l'intolérance religieuse.

Toutefois, il faut reconnaître que, pour Constantin, il s'écarta peu des lois de la modération, et que son zèle pour la conversion de ses sujets se manifestait moins par ses sévices contre les hérétiques ou les idolâtres que par les bienfaits dont il comblait les catholiques.

Nous sommes obligé d'interrompre le récit de ces pieuses occupations de Constantin pour faire connaître une phase de sa vie qui offre un affligeant contraste avec les principes de modération et de piété qu'il professait, et qui a laissé sur son nom une tache sanglante indélébile. Nous voulons parler du meurtre de son fils Crispus, drame mystérieux sur lequel les panégyristes gardent un silence qui est déjà une accusation, et que d'autres historiens paraissent avoir mêlé de circonstances romanesques et mensongères.

Nous avons déjà parlé de Crispus et des services signalés qu'il rendit à son père dans la guerre contre Licinius. Il avait eu pour précepteur l'éloquent Lactance. Les historiens s'accordent à représenter ce jeune prince comme doué des plus heureuses qualités. Son père l'avait revêtu, en 317, du titre de césar; et il semble avoir pris depuis ombrage de son mérite et de la faveur populaire qui s'attachait à sa personne.

Crispus était fils de Minervina, première femme de Constantin. L'empereur avait en outre trois fils, Constantin, Constance et Constant, nés de Fausta, fille de l'empereur Maximien. Cette artificieuse princesse, soit pour assurer la couronne à ses enfants, soit, comme on le raconte, pour se venger de ce que Crispus avait repoussé son amour incestueux, accusa, comme Phèdre, son beau-fils près de son mari; et Constantin aurait fait mettre son fils à mort, dans le premier accès d'une fureur aveugle. On ajoute que, reconnaissant bientôt sa fatale erreur et le crime de Fausta, il la fit périr dans un bain chaud, et éleva un monument en témoignage public de ses remords et de l'innocence de son fils.

L'historien Zosime, adversaire de Constantin et du christianisme, a aussi prétendu que l'empereur, ayant vainement sollicité l'expiation de ce crime près des pontifes de l'ancien culte, se tourna vers les chrétiens dans l'espoir de laver le sang dont il était souillé dans les eaux du baptême. Mais la date de la mort de Crispus, postérieure au concile de Nicée, époque à laquelle Constantin avait déjà hautement manifesté ses nouvelles croyances, réfute cette assertion. Diverses circonstances semblent indiquer que la politique eut la plus grande part dans la condamnation de Crispus; ce qui ne la rend que plus odieuse. Des bruits de conspiration s'étaient répandus vers le temps où Constantin se rendit à Rome pour célébrer la vingtième année de son règne. Il encouragea les délateurs par la promesse de juger lui-même et de frapper les coupables, quels qu'ils fussent. C'est à la suite de ces *vicennalia* que Crispus fut envoyé à Nola, en Istrie, et mis à mort sans jugement pour un crime resté secret. Licinianus, fils de Licinius et de Constantia, que les prières de sa mère, sœur de Constantin, avaient préservé jusque-là, périt aussi enveloppé dans cette ténébreuse affaire. Quant au châtiment de Fausta, on n'en a aucun témoignage avéré.

Dans les dix dernières années de son règne, Constantin, redouté des étrangers et sans rival à l'intérieur, se déchargea successivement d'une partie du gouvernement des provinces sur les trois césars ses fils et sur ses neveux Dalmatius et Annibalianus, pour s'occu-

GRÈCE MODERNE (Empire d'Orient)

Église de Pantocrator, à Constantinople.

per plus librement de l'embellissement de sa nouvelle capitale, de nouveaux règlements et de fondations pieuses. A son exemple, les personnes de sa famille signalaient aussi leur zèle pour le christianisme. En 326, sa mère Hélène, âgée de quatre-vingts ans, visitait les saints lieux et y faisait élever des oratoires. Cette princesse, que l'Église a canonisée, avait conçu l'ardent désir de retrouver le tombeau et la croix du Sauveur, et ce désir fut satisfait. Guidée par des traditions locales, elle fit démolir le temple de Vénus qu'Adrien avait élevé sur le Calvaire, et sous ses décombres on retrouva la grotte du saint-sépulcre et trois croix entre lesquelles les écrivains ecclésiastiques rapportent qu'on reconnut, par les miracles qu'elle opéra, celle qui devait être l'objet de la vénération des fidèles. Hélène en déposa une partie dans la magnifique basilique qui par l'ordre de Constantin s'élevait sur le saint-sépulcre, et elle porta l'autre à son fils. Ce prince fit construire à Constantinople, sous l'invocation des apôtres, une église où il voulait réunir les reliques des douze disciples et placer au centre son propre tombeau. Ce rapprochement a quelquefois été considéré comme une prétention orgueilleuse de sa part, mais ses contemporains n'y virent qu'une marque de sa dévotion. L'Église grecque, reconnaissante des immenses services rendus par Constantin à la propagation du christianisme, non-seulement dans tout l'Empire, mais jusque chez les barbares, par ses lettres, ses ambassades et la terreur de ses armes, lui a décerné le titre d'*égal des apôtres*, Ἰσαπόστολος βασιλεύς.

En 337, Constantin, qui, méditant une expédition contre la Perse, était venu réparer ses forces épuisées aux bains voisins de Nicomédie, y sentit les approches de la mort. Quittant la pourpre pour la robe blanche des catéchumènes, il sollicita et reçut le baptême, au milieu d'un concours d'évêques édifiés de sa piété. Il expira le 22 mai, âgé de soixante-quatre ans, dix mois après avoir célébré le trentième anniversaire de son règne.

La dépouille mortelle de Constantin fut rapportée dans la ville de son nom, où il reçut, au milieu d'un deuil profond, toutes les pompes de l'Église et même le culte des saints, tandis que l'ancienne Rome, après avoir inutilement revendiqué ses cendres, lui décernait les honneurs païens de l'apothéose et le plaçait au nombre de ces mêmes dieux dont il avait sapé les autels. La postérité, sans excuser ses fautes, n'a pu refuser à ses vertus réelles et à l'éclat de son règne de lui confirmer le surnom de *grand*.

CHAPITRE V.

LES FILS DE CONSTANTIN.

Le corps de Constantin avait été revêtu des insignes impériaux jusqu'à l'arrivée de ses fils; et, pendant quelque temps, l'ombre de ce monarque sembla régner encore et maintenir l'unité de l'Empire, qu'il avait si laborieusement reconstitué. Mais à peine Constance, le second de ses fils, celui qu'il préférait et auquel il avait confié l'Orient, était-il arrivé à Constantinople, que les premiers signes de discorde se manifestèrent par une sédition militaire. Le préfet Ablavius, qui avait été très-puissant dans les dernières années, périt accusé peut-être des exactions fiscales qui avaient été une des plaies de ce règne. En même temps, les soldats déclarèrent qu'ils ne voulaient obéir qu'aux fils de Constantin. Ses neveux Annibalianus et Dalmatius, jeune prince dont les talents rappelaient, dit-on, ceux de Constantin le Grand et auquel son oncle avait confié le gouvernement de la Grèce, enfin ses propres frères, qui s'étaient toujours montrés soumis à son autorité, furent mis à mort sans qu'on puisse aujourd'hui démêler les causes de la fureur populaire. Le patricien Optatus, beau-frère de Constantin, et plusieurs autres princes de sa famille, furent enveloppés dans ces massacres. Constance n'a pu se laver entièrement du soupçon d'être le secret instigateur de ces exécutions sanglantes dont il fut le témoin, et que du moins il ne chercha point à réprimer, quoique les liens du sang qui l'unissait aux victimes eussent été resserrés par des mariages. Gallus et Julien, fils de Julius Constantius, un des frères de Constantin, et tous deux encore en bas âge, échappèrent seuls au désastre de leur famille. Après ces événements, les fils de Constantin, réunis en Pannonie, partagèrent l'Empire romain à l'amiable comme un patrimoine, et conformément aux dispositions de leur père. L'aîné, Constantin, conserva les Gaules, l'Angleterre et l'Espagne, qu'il administrait déjà depuis plusieurs années à titre de césar. Le plus jeune, Constant, eut Rome, l'Italie, l'Afrique et une partie de l'Illyrie. Constance resta en possession de l'Orient, et y joignit Constantinople, la Thrace et la Grèce. Il se hâta de retourner sur les bords de l'Euphrate, où Sapor, le redoutable monarque de la Perse, avait profité du changement de règne pour envahir les frontières. Cette guerre, dans laquelle étaient aussi engagées les destinées politiques et religieuses de l'Arménie, acquise au christianisme par Constantin, se prolongea avec des succès divers durant une partie du long règne de Constance (337 à 360). Pendant ce temps, l'Occident était le théâtre d'une suite de révolutions. En 340, Constantin, mécontent de son lot et n'ayant pu obtenir un nouveau partage, avait envahi l'Italie; mais, dès les premiers pas, il y trouva la mort dans une embuscade dressée par un des généraux de son frère Constant. Celui-ci, devenu seul maître de tout l'Occident, n'en jouit pas longtemps. En 350, un soldat de fortune, Magnence, se fait proclamer auguste par les légions des Gaules, indignées des mœurs efféminées de Constant. Ce prince est assassiné sans défense au moment où il cherche à s'enfuir en Espagne. Népotien, fils d'Eutropie, sœur du grand Constantin, prend le titre d'auguste à Rome pour revendiquer l'héritage de sa famille; mais quelques troupes envoyées par Magnence lui ôtent la pourpre et la vie, après vingt-huit jours de règne, et dispersent les partisans de la race flavienne. L'usurpateur avait envoyé des ambassadeurs à Constance pour lui proposer de le reconnaître comme collègue, d'épouser sa sœur, et de lui donner en mariage Constantina, sa sœur, veuve d'Annibalianus. L'honneur défendait à Constance de conclure cette alliance avec le meurtrier de son frère. Cependant, la situation était d'autant plus difficile, que Vétranio, vieux général, qui commandait les troupes nombreuses d'Illyrie et de Grèce, et sur lequel il avait d'abord compté pour arrêter les progrès de Magnence, venait de prendre lui-même le titre d'empereur et de faire alliance avec Magnence. Constance rejeta cependant les propositions de l'usurpateur; et, plus habile négociateur que bon général, il réussit à détacher Vétranio du parti de Magnence en l'acceptant pour collègue; puis, dans une conférence en présence de leurs deux armées, il prononça une harangue où il s'éleva avec tant de force contre les traîtres qui avaient abandonné la cause de leur souverain légitime, que les vétérans de Constantin vinrent se ranger autour de lui. Vétranio, se voyant abandonné de ses troupes, se dépouilla des insignes impériaux, et alla finir ses jours dans une opulente retraite. Grâce à ce puissant renfort conquis par son éloquence, l'empereur put aller à la rencontre de Magnence, qui s'avançait en Pannonie.

De nouvelles négociations eurent lieu durant lesquelles Constance trouva encore moyen de gagner un général franc, qui commandait un corps de cavalerie de son adversaire. Enfin, les deux armées se rencontrèrent près de Mursa, sur la Drave. La bataille fut longue et des plus acharnées. Vers le soir, après des alternatives diverses, l'avantage se décida pour les troupes de Constance, qui, pendant la bataille, priait, dit-on, dans une église voisine, pour le succès de ses armes. Ce triomphe fut en partie attribué aux bonnes dispositions de ses généraux et à sa cavalerie toute bardée de fer; mais les braves Gaulois, Francs et Germains, qui faisaient la force de l'armée ennemie, le firent chèrement acheter. Les historiens anciens assurent que cette journée coûta à l'Empire romain au delà de cinquante mille hommes, dont plus de la moitié du côté de Constance. Cette perte était d'autant plus sensible que des soldats aguerris eussent été plus que jamais nécessaires pour protéger les frontières.

On dit que Constance, pour paralyser les moyens d'action de Magnence, avait eu l'imprudence de provoquer une invasion des Allemands sur les bords du Rhin. Aidé de ces dangereux auxiliaires, l'empereur acheva de ruiner en Gaule le parti de Magnence, qui, abandonné de tous, se donna la mort. Les provinces qui avaient embrassé sa cause en furent sévèrement punies. Cependant, il devint urgent de réprimer l'audace croissante des barbares auxquels Constance avait ouvert les frontières. Un des généraux auxquels il avait confié ce soin s'était, à son tour, déclaré indépendant. D'un autre côté, la guerre de Perse le réclamait. En quittant l'Asie pour défendre sa couronne, Constance avait tiré de prison son cousin Gallus, lui avait donné sa sœur Constantina, et l'avait chargé du gouvernement de l'Asie, avec le titre de césar. Mais une fois délivré de son compétiteur, il voulut ressaisir l'entière autorité; et, sous le motif spécieux de réprimer des actes de violence que Gallus avait commis pendant sa tyrannie subalterne, il le rappela près de lui et le fit décapiter dans la ville de Nola, témoin de la mort de Crispus. Julien, après la condamnation de son frère, avait été protégé par l'intervention de l'impératrice Eusébie et envoyé à Athènes pour y continuer ses études. Au bout de six mois, Constance l'en retira pour l'envoyer en Gaule revêtu du titre de césar, mais étroitement surveillé et espionné par les agents des eunuques qui régissaient la cour. Nous verrons bientôt l'écolier que l'on s'était flatté de tenir aisément dans une humble tutelle déployer tout à coup, au milieu de difficultés de tout genre, de grands talents militaires et politiques, et monter sur le trône de Constantin, dont il était maintenant le seul héritier après Constance.

Ce que nous avons déjà rapporté du règne de Constance peut suffire pour indiquer son caractère. Si Constantin offre plusieurs points de comparaison avec Auguste, Constance semble avoir pris pour modèle la politique artificieuse de Tibère. Comme lui, il chercha à continuer l'œuvre de son prédécesseur; mais il en fit sentir les défauts en exagérant le mal sans pouvoir imiter le bien. A l'exemple de Constantin, Constance voulut se montrer protecteur du christianisme; mais il le compromit en le mêlant à sa politique; et il devint le persécuteur, non-seulement des idolâtres, mais de la plus saine partie de l'Église. Constantin, dans les dernières années de sa vie, s'était laissé circonvenir par les ariens. Constance, entièrement livré aux conseils d'Eusèbe de Nicomédie, travailla, pendant tout son règne, à faire triompher cette secte, malgré l'énergique résistance de saint Athanase, soutenu par le clergé d'Occident, qui détestait, toujours sans bien les comprendre, les subtilités des hérésiarques grecs, et gardait religieusement la foi de Nicée, en dépit des persécutions ou des séductions de la cour. Rome, que Constance avait troublée aussi bien que Constantinople, et où il voulait faire asseoir un pape arien à côté de Libère, vit avec étonnement en 357 le monarque d'Orient, qui ne ressemblait guère aux premiers empereurs romains, et dont un contemporain a tracé ce portrait : Vêtu d'une longue robe de soie, chargé de pierreries, le front ceint d'un bandeau de perles, entouré de la troupe des eunuques, le prince ou l'idole se tenait immobile sur son char sans remuer ni la main ni les yeux; seulement il courbait sa petite taille pour passer sous les grands arceaux, comme s'il eût craint de les toucher de son front. De son côté, l'empereur était frappé de la magnificence de Rome, qui surpassait beaucoup son attente. Voulant laisser, lui aussi, un monument de son séjour dans cette capitale, il y fit transporter un obélisque égyptien qui orne aujourd'hui la place Saint-Jean de Latran. A son retour à Constantinople, il dédia la célèbre église de Sainte-Sophie, relevée depuis par Justinien.

Constance était rappelé encore une fois en Orient par les guerres sans cesse renaissantes que sa faiblesse encourageait. Laissant tout à fait s'éteindre chez les Romains l'esprit militaire, c'était chez les barbares qu'il recrutait des troupes pour les opposer à d'autres barbares. Attentif surtout à ne rien laisser grandir autour de lui, dès qu'il apprit les succès de Julien, il voulut en arrêter le cours en lui retirant ses légions; mais celles-ci se révoltèrent et forcèrent leur général de se mettre à leur tête. Constance, qui, lorsque son pouvoir était menacé, puisait de l'énergie dans son orgueil, refusa de reconnaître le nouvel auguste, et se préparait à soutenir une lutte dont l'issue était fort incertaine, quand sa mort, en novembre 361, vint épargner à l'Empire épuisé une nouvelle journée de Mursa.

CHAPITRE VI.

JULIEN, JOVIEN, VALENTINIEN, VALENS.

Le règne de Julien ne fut que de deux ans ; mais l'importance de la question agitée par lui, et l'intérêt qui s'attache toujours au génie, jusque dans ses écarts, lui ont donné une grande place dans l'histoire. Il doit surtout nous occuper ici, puisqu'il va, pour un instant, évoquer devant nous cette Grèce antique, dont nous recherchons les souvenirs à travers le moyen âge, et qui semblait endormie déjà dans le silence des tombeaux. Julien appartenait à la Grèce, et par sa naissance, puisqu'il était né à Byzance, et plus encore par son éducation : le grec fut sa langue maternelle; et dans l'espèce de captivité où Constance retint sa jeunesse, il ne lui refusa du moins jamais les enseignements des maîtres les plus renommés de ce temps. Ils étaient pour la plupart sectateurs de l'ancien culte, sans que la dévotion de Constance et de l'évêque arien Eusèbe de Nicomédie, qui surveillait avec l'eunuque Mardonius l'éducation de Julien, s'en fût alarmée. A cette époque, la profession des belles-lettres et de la philosophie semblait encore intimement liée au polythéisme; mais cet attachement à la mythologie d'Homère ou aux dogmes de Platon, professé tièdement par quelques hommes en général exempts de fanatisme, n'était pas bien dangereux pour le christianisme. Il ne devait pas en être ainsi de Julien. Son enthousiasme pour toutes les gloires de l'antiquité aurait voulu faire revivre la religion à l'influence de laquelle il les attribuait, et qui, dans sa pensée, était inséparable de la splendeur de l'Empire. Toutefois ce n'est qu'en montant sur le trône qu'il manifesta ouvertement ses sentiments. Tant qu'il fut sous l'autorité de Constance, il professa le christianisme, auquel la reconnaissance aurait dû l'attacher invariablement, puisqu'on dit que l'évêque d'Aréthuse l'avait dérobé au massacre de sa famille en le cachant dans un sanctuaire. Julien fit construire, en commun avec son frère Gallus, l'église de Saint-Mamas à Césarée ; il fut revêtu des fonctions d'*anagnoste* ou lecteur dans l'église d'Antioche, et l'on assure même qu'il avait manifesté le désir de se faire moine dans un de ces monastères qui commençaient alors à se multiplier en Orient, à l'exemple de ceux de la Thébaïde. Une manifestation si contraire à la conduite qu'il tint plus tard ne suffit pas pour le faire taxer d'hypocrisie. L'esprit enthousiaste et mystique de Julien, sa chasteté, son mépris stoïque pour les douceurs de la vie, pouvaient le conduire à la vie ascétique, s'il n'avait été entraîné dans une voie contraire par ses liaisons, par le séjour qu'il fit à Athènes, foyer de la philosophie païenne, et peut-être aussi par le spectacle des discordes et des scandales que l'Église, déchirée par le schisme, offrait sous le règne de Constance.

Lorsqu'une résolution imprévue de l'empereur vint enlever Julien à ses chères études; qu'il lui fallut quitter la barbe et le manteau des philosophes pour la pourpre des césars, et s'arracher du Parthénon pour aller combattre les barbares du Rhin, il n'avait point encore renoncé au christianisme. Cependant, à en croire ses déclarations postérieures, il n'aurait fait qu'obéir dans cette circonstance à la volonté des dieux de la Grèce, dont il consultait secrètement les oracles; et peut-être le parti païen avait-il déjà les yeux sur lui comme sur un futur défenseur. A son arrivée en Gaule, une femme aveugle le salua, dit-on, comme le restaurateur des temples. Le paganisme comptait encore de très-nombreux adeptes en Occident; peut-être leurs espérances étaient-elles soutenues par une prédiction qui avait cours alors, et d'après laquelle le culte du Christ, effet des opérations magiques de saint Pierre, ne devait durer que trois cent soixante-cinq ans.

Nous ne nous étendrons pas sur les guerres que Julien soutint pendant cinq ans en Gaule, contre les Francs et les Allemands, avec les faibles moyens mis à sa disposition, et où il sut se faire craindre et estimer des ennemis et chérir des soldats et des provinciaux : mais nous ne pouvons résister au plaisir de signaler ici les premières relations entre Paris et la Grèce, en rappelant le séjour que Julien fit dans la ville des Parisii, qu'il nommait sa chère Lutèce, et dont il trace une description si curieuse dans son discours intitulé *Misopogon*, adressé aux habitants d'Antioche. A son départ pour la Gaule, l'impératrice Eusébie, sa protectrice, lui avait fait présent d'une bibliothèque choisie selon ses goûts; et il était accompagné du médecin Oribase, connu par un abrégé d'Hippocrate qu'il composa pendant son séjour à Paris. C'est dans cette ville que les légions rappelées par Constance, et que Julien pressait d'obéir aux ordres de l'empereur, répondirent par le cri unanime de Vive Julien Auguste! et, malgré sa résistance, le proclamèrent en l'élevant sur un bouclier, à la manière des Francs. Julien céda à leurs vœux. Les motifs qui le déterminèrent sont exposés par lui dans un discours *au sénat et au peuple d'Athènes*, qu'il prit pour arbitres de sa conduite. Il avait aussi instruit Constance de ces événements; mais la mort récente de sa femme Hélène, sœur de Constance, et celle de l'impératrice Eusébie, les privaient des seules médiatrices capables de conjurer l'orage. L'empereur refusa avec hauteur de ratifier le vœu de l'armée et d'accepter son beau-frère pour collègue. Dès lors Julien, allant résolûment au-devant du danger, se transporta en Orient par une marche rapide à travers la forêt Hercynienne, et en suivant les rives du Danube. C'est à son arrivée en Thrace qu'il rompit ouvertement avec la religion qu'il avait, comme il le dit lui-même, pratiquée vingt ans de sa vie : ce qui a fait flétrir son nom de l'épithète d'*Apostat* ou *Déserteur* (Παραβάτης). Cette résolution, envisagée même uniquement au point de vue politique, a lieu de surprendre lorsqu'on se reporte aux succès que Constantin, dans une situation à peu près semblable, avait remportés cinquante ans auparavant en inscrivant sur ses étendards le symbole du Christ. Mais Julien, malgré son retour à l'ancien culte, ne fit pas de sa lutte contre Constance une guerre de religion. Les légions d'Occident, en partie composées de païens sous Constantin et sous Julien, suivirent aveuglément dans ces deux circonstances des chefs qui avaient leur confiance, sans s'occuper de leur foi. Quant aux provinces, la tyrannie de Constance, ses exactions et ses persécutions religieuses lui avaient aliéné une grande partie des chrétiens, qui virent en Julien un libérateur. Ce prince dit dans une de ses lettres : « J'ai résolu d'user de douceur et d'humanité envers tous les Galiléens (c'est le nom qu'il donnait aux chrétiens), et de ne pas souffrir qu'aucun d'eux soit nulle part violenté, traîné aux temples, forcé par de mauvais traitements de faire quelque chose qui soit contraire à sa façon de penser. » Les débuts de son règne furent conformes à ces principes. Lorsque la mort inopinée de Constance l'eût mis presque sans coup férir en possession de tout l'empire, il fit rendre à son prédécesseur les honneurs funèbres, augmenta les honneurs du sénat de Constantinople, assura cette ville que si Constance l'avait aimée comme un frère, lui l'aimait comme un fils. Quelques ministres des violences de Constance furent seuls punis sévèrement. Dans le préambule d'un de ses édits, Julien dit encore : « Je m'imaginais que les chefs des Galiléens reconnaîtraient qu'ils m'ont plus d'obligation qu'à mon prédécesseur. Sous son règne plusieurs d'entre eux ont été bannis, persécutés, emprisonnés. On a même égorgé des peuples entiers de ceux que l'on nomme hérétiques... Sous le mien, le contraire est arrivé : j'ai rappelé les bannis et rendu tous les biens confisqués... Nous ne souffrons pas que l'on traîne personne aux autels; et nous déclarons que si quelqu'un, par son propre choix et de bon gré, veut participer à nos libations, il doit avant tout offrir des sacrifices d'expiation... » Toutefois, Julien ne se renferma pas longtemps dans ces limites d'une tolérance qui n'était guère de son siècle ni de son caractère. Son dessein avoué était de remettre le culte national ancien dans sa splendeur. Mais déjà bien des temples avaient été fermés, et leurs revenus attribués aux églises; Julien ne pouvait donc les rétablir sans entrer dans une voie de réaction dont les chrétiens s'indignaient et que les païens, qui comprenaient le mieux la situation des esprits, n'approuvaient pas. Des historiens païens lui reprochent eux-mêmes sa superstition : « *Superstitiosus magis quam sacrorum legitimus observator*, dit Ammien Marcellin. En effet, Julien, entouré de sophistes illuminés, ou qui exploitaient sa manie, cherchait à réveiller tous les anciens oracles, depuis longtemps muets, faisait déblayer les fontaines sacrées, immolait hécatombe sur hécatombe, interrogeait lui-même les entrailles des victimes, ou guidait les processions païennes. Dans son ardeur de relever tout ce que le christianisme avait détruit, il ne se borna pas à renouveler les solennités d'Olympie et à réparer les sanctuaires de la Grèce, il essaya de rétablir le temple juif de Jérusalem, entreprise que les ouvriers abandonnèrent, écartés, dit-on, par des feux qui sortirent de terre.

Les chrétiens, auxquels la mémoire de Julien resta longtemps en horreur, l'ont accusé des plus grandes cruautés; cependant un historien qui se montre en général impartial affirme qu'il s'abstint de sang : *Nimius religionis christianæ insectator*, dit-il, *perinde tamen ut cruore abstineret.* » Le seul moyen de concilier ces assertions contradictoires est de dire que ses ministres outre-passèrent ses ordres. Ce qui est certain, c'est que pour opérer les conversions conformes à ses vues il prodiguait, d'une part, les trésors, et, de l'autre, multipliait les vexations. Ainsi il s'avisa d'un genre de persécution qui n'avait pas encore été employé contre les chrétiens, et qui n'aurait pas dû être introduit par un empereur qui, comme lui, se piquait d'être homme de lettres et avait composé contre eux des écrits polémiques : ce fut d'interdire aux chrétiens d'enseigner les belles-lettres. Le prétexte était qu'il ne convenait pas à des hommes qui médisaient constamment des auteurs de l'antiquité de vivre à leurs dépens; mais en réalité cette mesure dut être inspirée à Julien par les jalousies des sophistes dont il était entouré, et par le désir de faire tomber les chrétiens dans le mépris en les tenant dans l'ignorance. La fermeture des écoles de philosophie sous un des règnes suivants fut une sorte de représailles de cette injuste exclusion.

A part cet aveuglement fanatique pour l'antiquité, qui ferma les yeux de Julien aux destinées nouvelles de l'humanité et l'entraîna à quelques actes odieux ou ridicules, il ne démentit pas sur le trône les brillantes qualités et les talents militaires qu'il avait déployés dans son gouvernement des Gaules, et dans plusieurs circonstances il se montra le digne émule d'Alexandre et de Marc-Aurèle, qu'il s'était proposés pour modèles. Avant de quitter la Gaule, il en avait assuré la tranquillité en donnant une rude leçon aux barbares, et il s'était privé d'une partie de ses forces pour ne pas dégarnir la frontière. A peine arrivé en Orient, il reprit la guerre contre Sapor, soutenue mollement par Constance; et, au lieu de se borner à repousser des incursions sans cesse renaissantes, il résolut de porter la guerre au cœur des États de son adversaire. Avec une activité prodigieuse il réunit une armée de soixante-cinq mille hommes, la plus forte qu'aucun empereur romain eût encore conduite dans l'Asie centrale. Des troupes de Scythes et d'Arabes y étaient réunies aux bandes éprouvées des Gaulois. Julien descendit en longeant les rives de l'Euphrate, sur lequel il avait construit une flottille nombreuse. Les villes de la Mésopotamie qui essayèrent de lui résister furent enlevées de vive force ; il effectua le passage du Tigre, défendu par une armée persane, et investit la ville royale de Ctésiphon, près de l'ancienne Babylone. Mais à partir de ce moment les succès des Romains firent place à des désastres qu'on ne sait si l'on doit imputer à la fatalité ou à l'imprudence de Julien. Ctésiphon, défendue par la nature et l'art, et pourvue d'une forte garnison, offrait la perspective d'une longue résistance à Julien, qui attendit vainement un corps d'armée de trente mille hommes, lequel, d'après ses plans, aurait dû le rejoindre devant cette place, mais que la trahison du roi d'Arménie et la discorde des généraux avaient entravé dans sa marche. Rejetant néanmoins les ouvertures de paix, il détruisit lui-même ses vaisseaux et ses magasins pour ne pas les laisser à la merci de la garnison de Ctésiphon, et il s'avança à la recherche de Sapor à travers les riches provinces de l'Asie, en prenant seulement pour vingt jours de vivres. Mais égaré dans sa marche par les transfuges qu'il avait pris pour guides, et ne rencontrant sur ses pas qu'un pays abandonné et dévasté par l'incendie, il se vit bientôt obligé d'opérer sa retraite. Aussitôt les détachements de cavalerie persane, qui n'avaient cessé de harceler les Romains dans leur marche, se resserrèrent autour d'eux; puis enfin apparut l'armée entière de Sapor, recrutée jusqu'aux confins de l'Inde, avec ses formidables éléphants. Dans ces conjonctures difficiles, Julien, par son courage et sa fermeté, soutenait le moral des soldats, et s'apprêtait à renouveler le spectacle donné jadis dans ces contrées par la retraite des Dix Mille. Malheureusement dans un de ces combats journaliers, Julien, apprenant que son arrière-garde est attaquée, y court sans prendre le temps de revêtir sa cuirasse, et bientôt dans la mêlée il tombe atteint mortellement par une main inconnue. Il faut espérer, pour l'honneur des chrétiens, que cette mort, qui mettait l'Empire à la merci des étrangers, ne fut pas le fait d'un Romain comme le bruit s'en répandit, bruit faiblement repoussé par quelques écrivains ecclésiastiques, chez lesquels l'animadversion contre le déserteur des autels a trop étouffé tout autre sentiment. On dit que Julien recueillit dans sa main le sang de sa blessure et le lança contre le ciel, en s'écriant : « Tu as vaincu, Galiléen! » D'un autre côté, un écrivain païen, qui combattait dans cette armée, met dans la bouche de Julien mourant un discours sur l'immortalité de l'âme. Ce cri de rage impie ou ce calme philosophique nous paraissent de ces ornements controuvés que les historiens se permettent trop souvent d'introduire dans leurs récits, selon leurs sentiments de malveillance ou d'affection. Peu de caractères ont été l'objet de jugements aussi contradictoires que celui de Julien, au point qu'il est souvent difficile à la critique la plus impartiale de démêler la vérité. Ce qui nous est parvenu de ses écrits montre un esprit ingénieux et cultivé, enthousiaste des grands exemples de l'antiquité; et les faits avérés prouvent qu'il s'éleva souvent, par la force de sa volonté, au niveau des héros qu'il s'était proposés pour modèles. Mais c'était une entreprise insensée que de vouloir faire rebrousser chemin à l'humanité. Le polythéisme n'était pas susceptible des réformes que Julien semble avoir rêvées. Comment constituer une religion par la réunion de toutes les superstitions diverses de l'univers. Ses explications allégoriques et mystiques des fables naïves de l'antiquité sont froides et puériles; et sa dévotion, réelle ou factice, pour les dieux de l'Olympe, ne pouvait ranimer des croyances éteintes. Lui-même eut plus d'une occasion de s'en convaincre. En même temps il était forcé de reconnaître les vertus de ses adversaires : ainsi, dans une lettre à un pontife il le gourmande et l'exhorte à prendre pour exemple le zèle et la charité des Galiléens, « qui, dit-il, nourrissent non-seulement leurs pauvres mais les nôtres. » Si l'amour du ciel détachait les chrétiens des soins de la terre au point de nuire aux intérêts de l'État, ce n'était pas par la persécution qu'on pouvait les rattacher à la patrie. Cette fatale aberration et sa mort prématurée, à l'âge de trente-deux ans, l'empêchèrent de rien édifier, et trompèrent les espérances qu'on était en droit de fonder sur ses vertus privées et ses talents administratifs et militaires. En se voyant périr il dut surtout regretter le sort de cette armée dévouée, si nécessaire à l'Empire, qu'il avait trop témérairement compromise, et que lui seul était capable de sauver avec honneur. Il expira dans la nuit du 25 juin 363, sans désigner son successeur.

Immédiatement après la mort de Julien, les principaux chefs se réunirent en conseil pour élire un empereur. Le préfet Salluste déclina cet honneur, et la discorde menaçait d'éclater entre les généraux de l'armée des Gaules et ceux qui avaient servi sous Constance. Au milieu de ces débats, quelques voix prononcèrent le nom de Jovien, qui fut unanimement accepté, tant chacun sentait la nécessité de sortir au plus tôt d'une situation qui pouvait tout perdre. Jovien, simple chef des *domestiques*, c'est-à-dire de la maison militaire de l'empereur, ne devait pas s'attendre à se voir appelé au trône de préférence à tant de généraux distingués par la naissance ou l'éclat de leurs services. La facilité de son caractère lui avait fait des amis; mais ses talents n'étaient pas à la hauteur de sa fortune.

La qualité de chrétien et la fermeté qu'il avait montrée pour la conservation de sa foi fut son principal titre auprès d'une portion de l'armée, et fit accepter son élection par les provinces d'Orient. Dès que la mort de l'apostat fut connue, les diverses sectes qui déchiraient alors l'Église et que Julien semblait s'être plu à fomenter en tenant la balance égale entre elles, mirent des émissaires en campagne pour s'emparer de l'esprit du nouveau souverain. Jovien sut distinguer au milieu de ces intrigues la partie la plus saine de l'Eglise, et s'attacher à la foi de Nicée. Il eut aussi le mérite de protéger le christianisme sans réaction violente contre les Hellènes. Mais le premier soin de Jovien avait été de ramener cette armée qui venait de l'élire. Dès le lendemain de la mort de Julien, on s'était remis en marche, toujours pressé par les Persans. Cependant au bout de quelques jours, Sapor, dont l'armée avait aussi beaucoup souffert dans les derniers combats, et qui craignait de voir les Romains lui échapper, leur fit faire des ouvertures d'accommodement. Jovien les accueillit avec un empressement qui en compromit le succès. Durant les quatre jours qu'il s'arrêta pour négocier, l'armée acheva de consommer le peu qui lui restait de vivres; en sorte qu'il fallut en passer par les conditions qu'il plut aux Perses d'imposer, et quoique dures elles parurent modérées. Une paix de trente années fut conclue, moyennant la renonciation, de la part des Romains, à leurs prétentions sur le royaume d'Arménie, et l'abandon de tout ce qu'ils avaient acquis sur les bords du Tigre durant le règne de Dioclétien, y compris la ville de Nisibis, qui avait si souvent opposé une résistance héroïque aux Persans. Les habitants eurent la faculté de se retirer avec leurs effets sur le territoire romain, et l'armée put aussi y rentrer avec ses armes, mais cruellement réduite et exténuée. Le corps de Julien, qu'elle avait rapporté, fut enterré à la porte de Tarse, en face du tombeau de Maximin Daza, cet autre adversaire des chrétiens.

Le règne de Jovien ne fut que de quelques mois; il mourut subitement, le 17 février 364, avant d'être arrivé dans sa capitale. Il laissait un fils en bas âge, qu'il avait revêtu, le mois précédent, des insignes du consulat; mais l'Empire avait été trop peu de temps entre les mains de Jovien, pour qu'on songeât à le transmettre à cet enfant, qui ne recueillit de l'héritage impérial que les soupçons et les dangers.

Dix jours après la mort de Jovien les principaux dignitaires civils et militaires procédèrent, à Nicée, à une nouvelle élection. Le préfet Salluste fut encore pressé d'accepter le fardeau de l'Empire. Sur son refus, et en partie d'après ses conseils, on élut Valentinien. Cet officier joignait au courage les avantages de la naissance, de la fortune et d'un extérieur imposant. Il était chrétien, et sous le règne de Julien il n'avait pas craint de s'exposer au courroux de cet empereur, en repoussant rudement un pontife qui avait voulu l'asperger d'eau lustrale. Appelé par Jovien au commandement d'une des *écoles* ou compagnies des domestiques, il s'était acquitté avec succès d'une mission que ce prince lui avait confiée. L'élection de Valentinien fut bien accueillie par l'armée; cependant les soldats réclamèrent de lui qu'il se choisît un collègue. Dans la délibération qui s'ouvrit à ce sujet dans le conseil, un des généraux dit à Valentinien : « Si tu aimes les tiens, tu as un frère; si tu aimes l'État, cherche le plus digne de la pourpre. » L'empereur tint peu de compte de cet avis; car le mois suivant, à son arrivée à Constantinople, il déclara son frère Valens auguste, et lui confia l'Orient en se réservant les préfectures d'Illyrie, d'Italie et des Gaules.

Valens, âgé de trente-six ans, ne s'était encore signalé dans aucune carrière civile ou militaire; il ignorait même la langue du pays qu'il allait gouverner. Libanius, dans le panégyrique grec qu'il lui adressa, exprime le regret de ne point parler la langue de son souverain. Le seul mérite de Valens était sa déférence pour le génie supérieur de son frère. L'autorité du souverain de l'Orient ne tarda pas à être gravement compromise : dans les premiers jours de son règne il avait voulu faire arrêter Procope, pro-

GRÈCE MODERNE (Empire d'Orient)

Nicéphore Botoniate et l'impératrice couronnés en 1078. (M.S.)

che parent de Julien, que cet empereur avait investi du commandement de l'armée d'Arménie, et auquel on disait même qu'il avait accordé la pourpre. Ce général parvint à se dérober aux émissaires chargés de l'arrêter, et après avoir erré quelque temps il pénétra secrètement dans Constantinople, tandis que Valens se trouvait en Syrie. Deux cohortes gauloises écoutèrent les propositions qui leur furent faites au nom du parent de leur ancien empereur; et un matin la capitale vit au milieu de ses murs Procope, revêtu de la pourpre, parcourir la ville à la tête d'une troupe tumultueuse, ouvrir les prisons, et prendre possession du palais impérial. Les magistrats, surpris, durent se retirer ou reconnaître l'usurpateur; les troupes dispersées dans la province s'associèrent à son entreprise; les Goths lui envoyèrent un secours considérable; les légions des Joviens et des Herculiens, au lieu de le combattre, passèrent de son côté; le prince Hormisdas se déclara pour lui; enfin il parvint à s'entourer d'un prestige de légitimité en épousant Faustine, veuve de l'empereur Constance, et en présentant aux soldats la fille de ce prince, la jeune Constantia, âgée d'environ cinq ans, dernier rejeton de la race auguste de Constantin. Dans ces graves conjonctures, Valens sentit la nécessité de rappeler le préfet Salluste, vieillard vénéré qu'il avait eu le tort d'éloigner des affaires; il s'entoura des généraux qui avaient le plus d'ascendant sur l'armée, et, grâce à eux, il remporta sur Procope, qui était venu le chercher en Asie, une double victoire dans les combats de Thyatire et de Nacolie. Procope tomba dans les mains de Valens, qui lui fit trancher la tête. La cruelle sévérité de Valens s'exerça ensuite sur les Goths, qui avaient pris le parti de l'usurpateur, et sur les provinces qui avaient trop aisément reconnu son autorité. Les poursuites pour crime de magie firent aussi de nombreuses victimes sous ce règne, ainsi que les dissensions religieuses entre les catholiques et les ariens, que l'empereur soutenait. Valens obtint en Arménie, après la mort de Sapor, et sur les Goths qui avaient voulu venger leurs concitoyens, quelques avantages qu'il ternit par des perfidies envers des princes de cette nation. Pendant ce temps, Valentinien avait comprimé par lui-même ou par ses lieutenants les invasions ou les révoltes en Gaule, en Grande-Bretagne et en Afrique. Rappelé sur les bords du Danube pour combattre les Quades, Valentinien expira subitement à la suite d'une audience à leurs ambassadeurs, contre lesquels il s'était laissé aller à un violent emportement. (Nov. 375.)

Gratien, fils aîné de Valentinien, et qui avait épousé la petite-fille du grand Constantin, était déjà associé par son père à l'empire d'Occident; il consentit cependant à le partager avec son frère Valentinien, encore enfant, que l'armée du Danube avait proclamé. Valens continua à gouverner l'Orient, qu'il était malheureusement peu capable de diriger au milieu des circonstances difficiles dans lesquelles il allait se trouver placé. En effet, les Huns, partis des extrémités orientales de l'Asie s'avançaient vers l'Europe précédés de la terreur que répandaient leurs cruautés et leur aspect sauvage. Les Visigoths, établis sur la rive septentrionale du Danube, n'espérant pas résister à cette invasion, s'adressèrent à Valens, et lui demandèrent la permission de passer le Danube et de s'établir dans les parties de l'Empire qu'il lui plairait de leur assigner. Après bien des hésitations, le conseil résolut d'admettre dans les provinces, en partie dépeuplées, une nation qui depuis Constantin avait souvent fourni d'utiles auxiliaires, et qui deviendrait un rempart contre les Huns si ces derniers essayaient de franchir le Danube. On imposa comme condition aux Goths de remettre une partie de leurs enfants en otages, et de déposer les armes en mettant le pied sur le territoire romain. A ces conditions, le passage s'effectua sous la surveillance des gouverneurs de la Thrace, qui ne virent pas sans effroi la multitude de ces émigrants, dont les historiens portent à deux cent mille le nombre des guerriers. Cependant, l'avarice des officiers romains leur fit négliger l'observation des clauses dictées par la prudence, et ils vendirent à prix d'or à la plupart des barbares le droit de conserver leurs armes. La même avidité, jointe à l'imprévoyance, fit qu'on abusa de la situation de ce peuple pour lui vendre des vivres à des prix exorbitants, sans s'inquiéter de la fermentation qu'excitaient ces mesures. Sur ces entrefaites, les tribus des Ostrogoths se présentèrent sur le Danube, demandant à être reçues à leur tour; et, sans tenir compte des refus qu'elles éprouvèrent, elles passèrent en armes le fleuve, sans rencontrer de résistance, et vinrent aussi camper dans la Thrace. Bientôt après un conflit éclata entre les soldats romains et goths, et devint le signal d'un soulèvement général de ces derniers. Quelques tribus établies depuis longtemps dans le voisinage d'Andrinople se réunirent aux nouveaux venus; les ouvriers des mines saisirent cette occasion de se soustraire à leur dure condition, et devinrent les guides des Goths, exaspérés par le récit des traitements qu'avaient subis quelques-uns de leurs enfants en otage. Valens envoya contre les révoltés une armée réunie précipitamment. Il y eut près de l'embouchure du Danube, au lieu dit Salices, une bataille sanglante mais non décisive. Les Romains entreprirent de confiner ces hôtes dangereux dans une ligne de fortifications; mais tandis qu'ils y travaillaient les essaims de cavalerie des Alains, appelés par les Goths, les obligèrent à se replier. Pendant ce temps, une invasion des Allemands en Gaule empêchait Gratien de venir au secours de son oncle. Valens revint d'Antioche à Constantinople, où l'indignation populaire le décida à aller défendre en personne ses provinces envahies. Il s'avança avec toutes les forces de l'Orient jusqu'à Andrinople, non loin de laquelle les Visigoths, commandés par Fritigern, étaient campés. En ce moment il reçut des dépêches de Gratien, qui, vainqueur près d'Argentaria (vis-à-vis de Colmar), le conjurait d'attendre les secours qu'il s'apprêtait à lui amener. Mais, enflé de quelques succès remportés par ses lieutenants, et peut-être jaloux de la gloire de son neveu, l'imprudent Valens risqua la bataille. Ses mauvaises dispositions ne purent être réparées par la valeur des vétérans romains. La cavalerie des barbares, après avoir enfoncé celle des Romains, retomba sur leur infanterie, qu'elle finit par mettre en déroute. L'empereur, qui du moins dans cette journée paya de sa personne, périt dans la mêlée, ainsi qu'un grand nombre de généraux et les deux tiers de l'armée (9 août 378). Les débris des troupes romaines vinrent s'enfermer dans les murs d'Andrinople, qui repoussa aisément un ennemi inexpérimenté dans l'art des siéges. Les Goths s'avancèrent jusque sous les murs de Constantinople, où une troupe de cavaliers sarrasins dont Valens avait acheté les services s'aventura seule à tenir la campagne. Enfin les Goths se retirèrent chargés des dépouilles des riches faubourgs de la capitale, et ils se répandirent en Illyrie, jusqu'à l'Adriatique et aux confins de l'Italie.

Gratien, informé du désastre de son oncle et de la situation de l'Orient, sentit l'impossibilité de veiller seul à la défense de toutes les frontières; et, par un choix qui fait honneur à sa prudence, il plaça Théodose sur le trône d'Orient. Le règne de ce prince est un de ceux qui ont jeté quelque éclat sur l'Empire byzantin; mais il ne put empêcher toutes les fâcheuses conséquences des fautes de Valens, ni réparer les désastres qu'une grande partie de la Grèce avait éprouvés sous le dernier règne. D'affreux tremblements de terre qui se firent sentir en Asie, en Crète et dans le Péloponnèse remplirent de ruines la plupart des villes anciennement célèbres, et auxquelles Julien s'était efforcé de rendre quelque chose de leur splendeur. Athènes fut seule préservée de cette calamité de la nature; mais ses monuments et ses écoles ne devaient pas être à l'abri du zèle religieux de Théodose.

CHAP. VII.

THÉODOSE ET SES FILS. — ABOLITION DE L'HELLÉNISME. — CHUTE DE L'EMPIRE D'OCCIDENT.

Théodose, qui, dans ces temps désastreux pour l'empire, obtint encore le surnom de Grand, était fils d'un général de même nom, illustré par de nombreux services sous le règne de Valentinien Ier, mais que la jalousie et les intrigues des courtisans avaient fait con-

GRÈCE MODERNE. (Empire d'Orient)

damner à mort. Après cette catastrophe, le jeune Théodose, déjà remarqué dans l'armée par ses brillantes qualités, s'était retiré dans une province d'Espagne, sa patrie, et patrie de Trajan, auquel on a cherché à rattacher son origine, et qu'il eut quelquefois la gloire de rappeler. Mandé par Gratien après la mort de Valens, Théodose se rendit aux ordres de l'empereur sans prévoir l'honneur qui l'attendait. Il se signala tout d'abord par un succès contre les Goths, et Gratien le revêtit de l'empire d'Orient (janvier 379). La confiance avec laquelle Gratien se donna pour collègue un homme qui aurait pu nourrir contre sa famille des projets de vengeance fait honneur au caractère de tous deux. Théodose justifia ce choix, qui fut généralement approuvé. Pour concentrer entre les mains du nouvel empereur la grande tâche de la répression des Goths, l'Illyrie fut réunie aux anciennes possessions de Valens. Quoique âgé seulement de trente-trois ans, Théodose s'était déjà signalé par de beaux faits d'armes, notamment en Mœsie contre les Vandales. Mais dans l'état de stupeur où la défaite de Valens avait jeté les Romains, il reconnut qu'il fallait agir avec la plus grande prudence ; et au lieu de risquer une affaire générale, dont le succès eût été douteux, il renforça les garnisons des places de guerre, et raffermit la confiance des soldats en leur ménageant des avantages assurés sur les bandes disséminées des barbares. La fortune le servit aussi. Fritigern, l'illustre capitaine qui avait conduit les Goths à la victoire, mourut, et Théodose sut profiter habilement des dissensions que fit éclore entre eux la rivalité des chefs. Quelques-uns passèrent même au service des Romains contre leurs compatriotes. Le vieux roi des Visigoths Athanaric, qui n'avait pas pris part aux guerres précédentes, forcé de passer à son tour le Danube, fut reçu par Théodose en allié dans Constantinople même. Il mourut dans cette ville, et l'empereur, après avoir rendu de grands honneurs funèbres à son hôte illustre, entra en négociation avec les tribus qui l'avaient suivi et dont l'exemple entraîna la soumission de tous les Goths (en 382). Des territoires leur furent assignés ; ils y conservèrent leurs usages et leurs chefs héréditaires sous la souveraineté de l'empereur, et en fournissant des corps de troupes désignés sous le nom de *Fœderati*, et qui rendirent de grands services à Théodose. Ainsi se trouvait accompli le plan que Valens avait formé. Toutefois la présence des Goths au sein de l'empire y entretenait de justes alarmes, et l'esprit militaire et national allait s'affaiblissant de plus en plus par l'emploi de ces auxiliaires d'une fidélité douteuse. Les Romains ne sentaient que trop qu'ils n'avaient droit de compter ni sur l'affection ni sur le respect d'un peuple dont ils avaient, peu d'années auparavant massacré tous les enfants répandus en otage dans les villes d'Asie, comme le seul moyen d'échapper à la terreur que cette jeunesse y inspirait déjà. En même temps que Théodose travaillait à la soumission des Goths, il poursuivait une autre entreprise, celle de l'extinction de l'hellénisme et des hérésies, qui fut l'œuvre principale de son règne. Mais achevons de faire connaître les événements politiques qui, pour la dernière fois, concentrèrent l'empire romain entre les mains d'un seul.

A l'âge de vingt ans, Gratien avait déjà la réputation d'un héros. Ses lois et plusieurs de ses résolutions, entre autres le choix de Théodose, faisaient également honneur à sa prudence. Cependant la suite de son règne ne répondit pas à ces brillants commencements. On le vit s'abandonner tout entier au plaisir de la chasse, s'entourer des barbares, qui excellaient dans cet exercice, et même adopter leur costume sans craindre de blesser la susceptibilité romaine. Peut-être aussi s'aliéna-t-il un parti encore nombreux en Occident en rompant complètement avec le paganisme, et en rejetant le titre de *pontifex maximus* que Constantin et les empereurs qui lui succédèrent avaient continué d'accepter. Un général d'origine espagnole, nommé Maxime, se fit proclamer auguste en Grande-Bretagne, passa en Gaule à la tête des légions et de la jeunesse de cette province. Gratien, qui était à Paris, abandonné de tous, s'enfuit avec quelques cavaliers jusqu'à

Lyon, où il fut lâchement assassiné. Maxime, reconnu dans tout l'Occident, envoya des ambassadeurs à Théodose pour lui offrir le choix entre son alliance ou la guerre. Pour ne pas jeter l'État dans les malheurs d'une guerre intestine, Théodose dut faire violence à ses sentiments personnels, et reconnut Maxime, en stipulant seulement que Valentinien II continuerait à gouverner l'Italie, l'Afrique et l'Illyrie occidentale (383). Mais quatre ans plus tard Maxime envahit l'Italie; Valentinien se réfugia à Thessalonique. Théodose marcha contre Maxime, le vainquit et rétablit Valentinien, dont il avait épousé la sœur, et dont, grâce à cette victoire, l'empire s'étendit sur tout l'Occident. Cependant, à sa cour de Vienne en Gaule, le jeune prince se regardait plutôt comme un captif que comme un souverain, à cause de l'autorité qu'avait prise le comte Arbogaste, général franc, qui avait contribué principalement à son rétablissement. Un jour Valentinien voulut, par un coup d'autorité, destituer de toutes ses dignités cet orgueilleux sujet, et le lendemain on trouva le prince étranglé dans son lit. Les protestations d'Arbogaste ne purent étouffer les soupçons qui s'élevaient contre lui; mais son autorité les comprima. N'osant cependant usurper l'empire, à cause de son origine étrangère, il en revêtit Eugène, ancien maître de rhétorique, son secrétaire et qui était devenu maître des offices. Théodose méprisait ce simulacre d'empereur et détestait le meurtrier de son beau-frère; mais il se prépara deux ans avant d'aller attaquer un général habile, appuyé des belliqueuses populations du Nord et de l'Occident. Confirmé dans ses desseins par les réponses favorables d'un moine d'Égypte dont les prophéties avaient acquis la faveur dont jouissaient autrefois les oracles païens, Théodose partit à la tête d'une armée dont les Goths faisaient en partie la force, et où combattait, dit-on, Alaric, le futur conquérant de Rome.

C'est dans la plaine d'Aquilée que se termina cette grande lutte. L'affaire fut des plus sanglantes. Le premier jour l'avantage resta aux troupes d'Eugène et d'Arbogaste. Mais la défection de quelques-uns de leurs généraux au moment où Théodose était sur le point d'être enveloppé fit passer la fortune du côté de ce dernier. Eugène, captif, sollicita vainement sa grâce, et Arbogaste, fugitif, se perça de son épée. On pouvait espérer de voir refleurir l'empire réuni tout entier sous les lois du grand Théodose, alors âgé de cinquante ans; mais les fatigues de cette campagne parmi les neiges des Alpes avaient altéré la santé d'un prince trop abandonné depuis quelques années à la mollesse et au luxe d'une cour orientale, et déterminèrent une maladie qui l'enleva au milieu des fêtes de son triomphe. En sentant approcher sa fin, il avait fait venir à Milan le second de ses fils, Honorius, âgé seulement de dix ans, et il lui laissa l'empire d'Occident sous la tutelle de Stilichon; l'aîné, Arcadius, qui n'avait lui-même que dix-huit ans à peine, était déjà associé à l'empire depuis 383, et resta chargé du gouvernement de l'Orient sous les inspirations du préfet Rufin. Ainsi les deux parties de l'empire se brisèrent, et cette fois pour ne plus se réunir. En présence des dangers qui menaçaient la civilisation romaine, le peuple regretta sincèrement un prince habile, quelquefois emporté, mais magnanime, qui ne transmit pas à ses fils les vertus guerrières qu'il unissait à la dévotion.

Le zèle religieux fut un des traits les plus marqués du règne de Théodose et de ses fils, et nous devons nous arrêter quelques instants à cette dernière lutte entre l'hellénisme expirant et la religion chrétienne triomphante.

Si on prenait à la lettre les éloges que quelques écrivains ecclésiastiques ont prodigués à Constantin le Grand comme au destructeur de l'idolâtrie, il semblerait que ce prince laissa peu de chose à faire à ses successeurs : mais nous avons vu, au contraire, quels ménagements lui-même et ses fils furent obligés d'observer dans cette tâche difficile. Ils s'attaquèrent d'abord à quelques pratiques infâmes que réprouvait la morale des païens eux-mêmes, aux abus de la magie et de l'art divinatoire, réprimés déjà par Dioclétien. Ils avaient enlevé des idoles, fermé quelques temples ou supprimé leurs revenus; mais tout ce qui tenait plus particulièrement à l'ancien culte romain avait été respecté. La tentative insensée de Julien pour ressusciter l'hellénisme réveilla le zèle des chrétiens contre un ennemi renversé et qui relevait la tête. Toutefois la situation précaire des empereurs qui lui succédèrent et les disputes des catholiques et des ariens empêchèrent de s'occuper avec suite de la question religieuse. Mais Théodose, avec une volonté que la résistance ne faisait qu'irriter, suivit sans restriction dans sa politique les inspirations de sa foi et les conseils du clergé catholique. Constantin semble quelquefois avoir voulu se servir de la religion pour élever son pouvoir, tandis que Théodose mit le sien au service de la religion. Dans les questions si controversées jusqu'à nos jours touchant les limites entre le pouvoir spirituel et temporel, la conduite de Théodose a été souvent citée et diversement jugée. Proposée pour modèle aux princes par le clergé, elle a d'autre part été blâmée comme ayant ouvert la porte aux envahissements d'un zèle quelquefois excessif dans le domaine de la politique et des lois. Comme exemple de l'influence salutaire de la religion, on cite la mémorable pénitence de Théodose. A la suite d'une émeute survenue à Thessalonique, l'empereur, excité par Rufin, qui était comme son mauvais génie, livra à la fureur des soldats la population de cette malheureuse ville, réunie sous prétexte d'une fête. Plus de sept mille personnes périrent dans cet odieux massacre. Saint Ambroise, en apprenant cet acte de cruauté, non-seulement en fit sentir toute l'horreur à Théodose, qui résidait alors à Milan; mais il refusa de l'admettre à la communion des fidèles jusqu'à ce qu'il eût expié sa faute par une pénitence publique, et donné des garanties contre ses emportements en promulguant une loi par laquelle toute sentence de mort ne pouvait être exécutée qu'après le délai d'un mois. On aime à voir se manifester ainsi l'esprit de l'Évangile, et la religion mettre un frein au despotisme. Malheureusement nous les trouvons trop souvent unis sous ce règne pour détruire la dernière des libertés, la liberté de conscience.

Dès la première année de son règne, et avant de rentrer en campagne contre les Goths, Théodose se fit conférer le baptême à Thessalonique par un évêque catholique. Il rendit dans cette ville, au mois de février 380, un édit qui portait: « C'est notre bon plaisir que tous les peuples gouvernés par notre clémence et notre modération adhèrent strictement à la religion enseignée par saint Pierre aux Romains, fidèlement conservée par la tradition et professée aujourd'hui par le pontife Damase et par Pierre, évêque d'Alexandrie. » Par le même édit il autorise les disciples de cette doctrine à prendre seuls les noms de chrétiens catholiques. « Et comme nous jugeons, ajoute-t-il, que tous les autres sont des aveugles et des insensés, nous les flétrissons du nom odieux d'hérétiques, et nous défendons à leurs assemblées d'usurper désormais le respectable nom d'Église. Indépendamment de la condamnation divine, ils doivent s'attendre à souffrir les châtiments sévères que notre autorité guidée par la sagesse céleste jugera à propos de leur infliger. » [Cod. Theod. l. XVI, tit. I.] Conformément à cet édit, Théodose, à son entrée à Constantinople, où l'arianisme dominait depuis quarante ans, posa à l'évêque Damophile l'alternative de souscrire à la foi de Nicée ou de résigner sa dignité. Le prélat choisit ce dernier parti, et saint Grégoire de Nazianze, qui gouvernait la faible communauté des fidèles orthodoxes de Constantinople, fut mis en possession de Sainte-Sophie et de toute les églises de la capitale, ce qui ne put s'exécuter qu'avec l'appui des gardes de l'empereur. Un lieutenant de ce prince, accompagné d'un corps de troupes, eut mission d'expulser également des églises dans toutes les villes de l'Orient les sectateurs d'Arius. Enfin un concile fut convoqué l'année suivante (mai 381) à Constantinople pour raffermir et compléter la foi de Nicée.

La même année, Théodose, quoique encore occupé de sa lutte contre les Goths, chargea Cynégius, préfet du prétoire d'Orient, de faire disparaître de son empire toute trace d'idolâtrie. Chacune des phases de l'accroissement de sa puissance fut également marquée par des lois de plus en plus sévères contre les sectateurs des anciennes croyances. Par ses ordres, les temples païens durent être détruits et leurs

5e *Livraison.* (GRÈCE.)

biens confisqués. Quelques-uns, au moyen de légers changements, furent appropriés au culte chrétien, et, grâce à cette destination nouvelle, se sont conservés jusqu'à nous. C'est ainsi que nous pouvons admirer encore plusieurs des monuments antiques d'Athènes. Mais ailleurs, notamment en Égypte, où Cynégius se rendit en personne, plusieurs temples païens furent renversés. Le célèbre Sérapéum d'Alexandrie, longtemps séjour des sciences, et où s'en conservaient encore quelques traces, quoique mêlées de bien des superstitions, fut détruit de fond en comble. Quelquefois les évêques guidaient eux-mêmes leur troupeau à la destruction des monuments païens. Ainsi le beau temple de Jupiter à Apamée tomba sous les coups d'une population fanatique. L'éloquent sophiste d'Antioche, qui avait réussi dans une autre occasion à désarmer la colère de Théodose prête à sévir contre ses concitoyens, éleva vainement la voix en faveur des temples antiques témoins de la splendeur de l'empire. Théodose poursuivit l'accomplissement de ses desseins avec une inflexibilité dont on est forcé de respecter les motifs, mais dont les arts auront peine à se consoler.

La situation des deux religions et l'état des esprits à cette époque se peint de la manière la plus frappante et la plus dramatique dans la lutte qui s'éleva devant le jeune collègue de Théodose au sujet de l'autel de la Victoire. Le préfet de Rome Symmaque, en qui brillait un dernier reflet de l'éloquence et des anciennes mœurs romaines, avait osé demander à Valentinien II le rétablissement dans le sénat de cet autel renversé par Constance, relevé par Julien, et aboli de nouveau par Gratien. La supplique de Symmaque nous est parvenue. « C'est, dit M. Villemain, l'idolâtrie, qui vaincue, terrassée, n'osant plus défendre tous ses dieux, ne cherchant plus à les expliquer par de subtiles allégories, s'attache obstinément à un souvenir moins religieux que politique; et, reconnaissant déjà le triomphe et la possession paisible du culte nouveau, cherche à se ménager un étroit asile et une dernière tolérance dans l'orgueil du prince et la dignité de l'empire. » Saint Ambroise s'était ému de cette requête. Avec moins d'art, mais avec cette vivacité chaleureuse d'une conviction profonde, il répondit au discours de Symmaque. La Victoire, selon l'expression d'un poëte du temps, trahit le défenseur de ses autels, et ce dernier symbole du polythéisme fut aboli pour toujours.

Ainsi le siècle de Théodose vit s'accomplir une révolution immense, inouïe dans les fastes de l'humanité : l'anéantissement complet d'un culte qui avait étendu ses rameaux sur une grande partie de l'ancien monde, et qui dans ses formes variées s'adaptait étroitement au génie de chaque peuple. Mais, par une de ces compensations dont l'humanité offre tant d'exemples, tandis que le christianisme s'applaudissait de son triomphe sur ses adversaires, c'est dans son propre sein qu'était passé le danger. Lorsque l'on compare le tableau que les premiers apologistes tracent à leurs persécuteurs des mœurs irréprochables des chrétiens avec les désordres, l'immoralité, la barbarie, que l'histoire nous présente aux cinquième et sixième siècles de notre ère, et contre lesquels les orateurs chrétiens s'élèvent avec tant de force, on se demande comment les fruits étaient devenus si différents de la semence. Cette corruption de la société s'explique par l'introduction dans l'empire d'un grand nombre de barbares, qui, tout en adoptant le christianisme, n'avaient pu dépouiller entièrement leurs passions natives, et aussi par ce zèle indiscret du pouvoir séculier que nous avons déjà signalé comme plus funeste qu'utile à l'Église, en amenant une foule de conversions intéressées ou contraintes, et par conséquent peu sincères. Au lieu de se montrer aussi rigide que dans l'origine pour l'admission aux mystères, et de continuer à former dans l'État une secte distinguée par ses vertus, l'Église, sous les premiers empereurs chrétiens, absorba la société tout entière, quitte à l'épurer plus tard, ce qui ne pouvait être que l'œuvre des siècles. Une partie de la nation fut donc chrétienne de nom et païenne par les mœurs. Les premiers docteurs chrétiens s'étaient efforcés d'abolir tout ce qui tenait de

GRÈCE MODERNE (Empire d'Orient).

1. Michel Paléologue. 2. Andronic Paléologue.

près ou de loin au polythéisme. Ainsi toute œuvre de sculpture, tout spectacle, une simple couronne de fleurs semblaient à Tertullien suspects d'idolâtrie. Mais en imposant le christianisme aux habitants de la Grèce, il fallut bien se montrer plus tolérant pour quelques vieux usages innocents en eux-mêmes, et c'est ainsi que lorsque nous serons arrivés au tableau de la Grèce actuelle nous retrouverons encore dans les campagnes, et jusque dans les fêtes religieuses, plus d'une coutume qui rappelle l'antiquité hellénique.

Après la mort de Théodose, l'opposition des deux hommes auxquels, ainsi que nous l'avons dit plus haut, il avait confié la direction de ses fils, ne tarda pas à se manifester. Tandis que Stilicon raffermissait par sa présence les garnisons de la frontière du Rhin, Rufin ne s'occupait à Constantinople qu'à amasser des trésors par ses exactions, et à se frayer le chemin de l'empire, auquel il comptait se faire associer par son faible pupille en lui faisant épouser sa fille. Mais l'eunuque Eutrope, d'accord avec quelques rivaux du ministre, profitant d'un voyage que Rufin avait fait à Antioche, parvint à déjouer en partie ses plans. Par des récits de la beauté d'Eudoxie, fille du général franc Baudon, et par la vue d'un portrait, on réussit à enflammer le cœur du jeune empereur. A quelque temps de là, on vit sortir des officiers du palais portant les présents destinés à la fiancée de l'empereur. Tout le monde, à commencer par Rufin, auquel on avait soigneusement dérobé l'intrigue d'Eutrope, s'attendait à voir réaliser le mariage sur lequel le préfet fondait ses espérances, quand tout à coup le cortége entre dans la maison d'un de ses ennemis, de Promotus, chez lequel Eudoxie s'était retirée après la mort de son père. Arcadius, incapable de démêler les intrigues dont il était le jouet, se faisait un amusement puéril du désappointement du préfet. Celui-ci comprit la gravité du coup que ses rivaux venaient de porter à son influence en introduisant dans la couche de l'empereur une femme ambitieuse autant que belle; mais il dissimula son affront et sa rage, et il chercha à se rendre nécessaire par les calamités qu'il attira sur l'empire.

On l'accuse, en effet, d'avoir appelé secrètement les Huns, qui désolèrent cette même année (395) une partie des provinces d'Asie. En même temps Alaric, distingué parmi les Visigoths par sa naissance et ses talents, irrité de n'avoir pas obtenu de joindre au commandement des Goths fédérés celui des troupes romaines, excita la révolte parmi les barbares, mécontents d'une diminution de subsides, et vint ravager la Thrace jusqu'aux portes de Constantinople. Rufin se rendit dans le camp d'Alaric, et se vanta près de l'empereur, comme d'un service signalé, d'avoir déterminé le chef des Goths à s'éloigner de la capitale. Mais on prétend que ce fut en lui donnant le conseil de se jeter sur la Grèce, qui avait échappé jusqu'alors aux déprédations des barbares. Ce qui est certain, c'est que l'incurie ou la lâcheté des officiers que Rufin avait placés en Grèce put faire soupçonner une odieuse connivence. A la nouvelle des premières incursions d'Alaric, Stilicon, qui se regardait comme chargé par Théodose de la protection de ses deux fils, était accouru ramenant les troupes d'Orient qui avaient fait partie de la dernière expédition d'Italie. Arrivé à Thessalonique, il y trouva un ordre que Rufin, redoutant sa présence, avait dicté à Arcadius, et par lequel il lui défendait formellement d'approcher davantage de Constantinople. Stilicon crut devoir obtempérer à cette injonction, et il retourna en Italie. Mais Gaïnas, auquel il avait remis le commandement, s'était chargé de le venger de Rufin, et les troupes, animées des mêmes sentiments de haine, servaient ce dessein. A leur approche, Arcadius était sorti de Constantinople pour les recevoir accompagné du préfet Rufin, qui avait choisi cette solennité pour proclamer son accession à l'empire, et avait, dit-on, fait frapper à son effigie les monnaies qu'il devait distribuer. Mais, à un signal donné, il est entouré et mis en pièces par les soldats de Gaïnas. Sa tête est placée au bout d'une pique, et dans sa main droite coupée les soldats vont quêtant des contributions dans Constantinople. Arcadius, effrayé, s'était réfugié dans son palais; toutefois il ne tarda pas à s'abandonner avec la même insouciance aux intrigants nouveaux qui voulaient

5.

régner sous son nom. Le fruit des rapines de Rufin passa aux mains de l'eunuque Eutrope, qui, soutenu quelque temps par Gaïnas, hérita du pouvoir et, malgré sa condition abjecte, fut revêtu du titre de Patrice, et, à la honte des Romains, de la dignité de consul.

Un tel ministre n'était pas capable d'en imposer aux barbares; aussi Alaric, continuant ses courses, se présenta aux Thermopyles. Ces lieux immortalisés par le trépas des trois cents Spartiates, et qui devaient de nos jours être témoins encore d'efforts héroïques, furent lâchement abandonnés. Toute la Béotie fut ravagée. Sans s'arrêter à faire le siége de Thèbes, dont les fortifications auraient pu le retenir, Alaric s'avança rapidement sur Athènes. L'historien païen Zosime, qui cherche toujours à ranimer les vieilles croyances éteintes, raconte que Pallas et l'ombre d'Achille se dressèrent sur les remparts, et que le prince des Goths, effrayé par cette apparition, renonça à attaquer Athènes, où il fut admis accompagné seulement de quelques-uns de ses officiers avec lesquels il dîna au Prytanée. D'autres auteurs laissent entrevoir par quels sacrifices les Athéniens rachetèrent le salut de leur ville. Il est peu probable qu'Alaric ait été dans cette circonstance désarmé par les souvenirs de la mythologie; en effet, chrétien zélé quoique arien, il trouva moyen, en traversant l'Attique, de satisfaire à la fois sa religion et l'avidité de ses soldats en leur livrant l'ancien sanctuaire d'Éleusis encore debout, en dépit des ordres des empereurs. Hilarius, un des sophistes païens qui erraient autour de leurs temples et de leurs écoles fermés, fut massacré dans la campagne d'Athènes par un des soldats d'Alaric. Eunape ajoute qu'outre la philosophie, Hilarius cultivait les arts, et était un des successeurs d'Euphranor. Cet historien cite plusieurs autres sophistes qui, même après la mort de Julien, résistèrent à la persécution, et, martyrs de leurs opinions, périrent sur les ruines des temples de la Grèce.

Pour les hommes épris des souvenirs de l'antiquité, Athènes offrait dès lors un triste spectacle. Un proconsul avait dépouillé le *pœcile* des peintures dans lesquelles Micon et Polygnote avaient retracé les triomphes de Marathon. Athènes était maintenant plus célèbre pour ses marchands de miel que par ses professeurs; et sa vaste enceinte, en partie vide d'habitants, ressemblait, selon la poétique expression de Synésius, à la dépouille d'une victime immolée.

Après avoir ravagé la Mégaride, Alaric franchit l'isthme sans rencontrer de résistance, et se trouva maître de toutes les villes du Péloponèse, qui, se confiant sur les fortifications de l'*Hexamilion*, avaient depuis longtemps laissé tomber leurs murailles. Corinthe, Argos, Sparte elle-même, qui ne trouvait plus dans l'héroïsme de ses habitants le meilleur des remparts, tombèrent au pouvoir des Goths. Au récit de ces désastres, Stilicon avait armé une flotte en Italie et vint aborder dans le Péloponèse. Sa présence obligea les barbares à se replier sur le mont Pholoé. Mais Stilicon, plus jaloux apparemment de s'immiscer dans les affaires de l'Orient que de protéger efficacement la malheureuse Grèce, s'abandonnait dans son camp à toutes sortes de désordres, et laissait piller par ses soldats tout ce qui avait échappé aux déprédations des Goths. Ceux-ci, pendant ce temps, trouvèrent moyen de fuir et de passer en Épire, et portèrent la désolation sur ce nouveau théâtre. Cependant la cour de Constantinople semblait n'avoir d'autre soin que de susciter à l'empereur d'Occident des malheurs semblables à ceux qu'elle éprouvait. On l'accuse, en effet, d'avoir soutenu sous main la révolte de Gildon en Afrique. Alaric, tout chargé des dépouilles de la Grèce, fut investi par l'empereur de Constantinople de la présidence de l'Illyrie, et à ce titre se fit délivrer par les arsenaux de l'empire des armes pour les hordes des Goths accourues de toutes parts sous son commandement. Placé sur les confins des deux empires, le rusé barbare offrait tour à tour ses services aux ministres des deux frères, que leur aveuglement armait l'un contre l'autre. Enfin il jeta son dévolu sur l'Italie, et vint assiéger Honorius dans Milan. L'empereur essaya de se sauver en Gaule, mais il n'eut que le temps de se jeter dans la petite place d'Asti. Heureusement Stilicon survint à temps pour le dégager; il vainquit les Goths à Pollentia le jour de Pâques (403) et retarda de quelques années la ruine,

GRÈCE MODERNE (Empire d'Orient)

Siège épiscopal à Ravenne.

de l'Italie. Claudien trouva dans Stilicon un héros pour sa muse, et l'ancienne Rome eut encore le spectacle d'un triomphe. Pendant ce temps, Constantinople voyait se succéder les révolutions, encouragées par l'incapacité d'Arcadius. Eutrope, que nous avons vu s'élever par la ruine de Rufin, fut à son tour renversé par Gaïnas et mis à mort contre la foi des serments. Un peu plus tard, Gaïnas, appuyé par les Goths ses compatriotes qu'il avait été chargé de combattre en Asie, se fit reconnaître comme maître général des armées romaines, introduisit les Goths dans Constantinople, et exigea pour eux le rétablissement d'une église arienne. Mais le peuple de la capitale, excité par son zèle pour l'église orthodoxe, massacra dans une sédition sept mille des soldats de Gaïnas. Celui-ci, poursuivi par Fravitta, autre général barbare au service de l'empire, essaya de repasser le Danube; mais il fut arrêté par le roi des Alains, qui envoya sa tête à Constantinople. Aux malheurs du règne d'Arcadius se joignirent aussi les troubles religieux. L'éloquent saint Jean Chrysostome avait été appelé au siège épiscopal de Constantinople, et il avait tenu sur les fonts de baptême le fils de l'empereur. Les nombreuses réformes que le prélat voulait introduire dans une cour corrompue et dans un clergé relâché, son zèle ardent, la hardiesse avec laquelle il tonnait du haut de la chaire contre les vices, si haut qu'ils fussent placés, lui suscitèrent de nombreux ennemis, à la tête desquels se plaça l'impératrice Eudoxie. A l'instigation de cette princesse, un synode présidé par l'archevêque d'Alexandrie, Cyrille, et dans lequel les évêques qu'il avait amenés d'Égypte formaient la majorité, s'assembla dans le faubourg de Chalcédoine. Chrysostome refusa de venir répondre aux nombreuses accusations de ses ennemis; sa déposition fut prononcée, et un officier du palais s'empressa de le faire embarquer pour le traîner en exil. Mais le peuple de Constantinople s'émut en se voyant enlever son évêque, son prédicateur; une sédition terrible éclata; les moines égyptiens et les marins qui les avaient amenés furent poursuivis et massacrés dans les rues. Théophile se déroba non sans peine à la fureur populaire. L'impératrice, effrayée, fit rappeler l'évêque, qui rentra dans Constantinople comme en triomphe, et reprit l'administration de son diocèse sans faire rapporter la décision du concile qui l'avait déposé. Il recommença à attaquer l'impératrice sans plus de ménagement, jusqu'à s'écrier en chaire par une allusion facile à saisir : « *Voici qu'Hérodias rentre en fureur et demande de nouveau la tête de Jean.* » Un nouveau concile confirma la sentence du premier. La veille de Pâques (404), des soldats barbares, introduits dans la ville, pénétrèrent dans Sainte-Sophie et arrachèrent le prélat de la cathédrale. Ce ne fut pas sans une vive résistance de la part des fidèles; et au milieu de la lutte une partie de la cathédrale et des palais adjacents devint la proie d'un incendie dans lequel furent détruits plusieurs des chefs-d'œuvre de l'antiquité. De l'extrémité de l'empire, où il avait été relégué, l'éloquent orateur continua jusqu'à sa mort d'exercer une grande influence sur l'Église, et sous le règne suivant ses restes mortels furent rapportés avec vénération à Constantinople et son nom inscrit sur la liste des saints.

Arcadius mourut à trente-deux ans, en 408, laissant sur un trône ébranlé un enfant de sept ans, privé de tout appui du côté de sa famille, car son oncle Honorius était lui-même près de succomber aux attaques d'Alaric. L'historien Procope avance que dans son testament Arcadius s'adressa au roi de Perse Isdegerd pour lui remettre la tutelle de son fils, et que le monarque persan justifia la confiance que l'empereur avait mise en sa magnanimité. Les critiques modernes ont peine à admettre la réalité d'un fait qui ne s'appuie pas sur des témoignages contemporains et dont on trouverait difficilement d'autre exemple dans l'histoire. Il est certain, toutefois, que la minorité de Théodose sous l'administration d'Anthémius ne fut troublée par aucune des guerres jusque-là si fréquentes avec les Sassanides, et que l'éducation du jeune prince fut confiée à l'eunuque Antiochus, qui avait séjourné longtemps à la cour de Perse.

Après toutes les révolutions, tous les changements dont le monde romain nous a présenté le spectacle, le règne de Théodose offre encore un tableau jusque-là sans exemple : celui de cet empire qu'une main de fer avait souvent eu peine à contenir, gouverné par un faible enfant entouré d'eunuques, dirigé par une vierge pieuse, et s'adonnant uniquement dans son palais aux pratiques de la religion et aux loisirs des lettres, tandis que les plus farouches barbares rugissaient autour des frontières. Les chroniqueurs du moyen âge, fort stériles en renseignements politiques, sans chercher la clef de ce problème, s'étendent sur quelques récits romanesques qui ne sont pas sans intérêt, comme peinture des mœurs nouvelles.

Dès que la fille aînée d'Arcadius nommée Pulchérie eut atteint quatorze ans, le préfet Anthémius, qui avait administré l'empire avec prudence et succès, lui remit l'autorité avec le titre d'Augusta. La jeune princesse devint en quelque sorte l'institutrice de son frère, et pour se consacrer plus entièrement à lui et aux soins de l'empire, elle fit vœu de virginité et engagea ses sœurs à l'imiter. Sous sa direction, le jeune Théodose partageait son temps entre l'étude avec les compagnons qu'elle lui avait choisis et les exercices religieux. Mais ses soins pour former un prince accompli ne purent suppléer au génie naturel dont il manquait et à cette expérience qui ne s'acquiert que par le libre usage des facultés. Tout occupée de régler ses discours et son maintien, elle ne réussit à faire de Théodose qu'un fantôme d'empereur. Ses panégyristes, en lui attribuant les vertus d'un saint, sont obligés de reconnaître qu'il manqua des qualités nécessaires au chef d'un État. Sa sœur, qui resta toujours l'âme du conseil, ne put jamais obtenir de lui une application sérieuse aux affaires, et pour le corriger de la funeste habitude de sanctionner aveuglément tout ce que ses ministres lui présentaient, elle lui fit voir un jour qu'il venait de signer, à son insu, l'acte de vente de l'impératrice. Lorsque le prince eut atteint vingt ans, Pulchérie s'occupa avec Paulin, compagnon d'enfance du prince, et devenu maître des offices, de lui choisir une compagne digne de lui. Le hasard leur offrit dans une jeune Athénienne toutes les perfections que le prince pouvait souhaiter. Le philosophe Léontios, père d'Athénaïs, la voyant douée de tous les dons de la nature et de l'instruction, partagea tout son avoir en mourant entre ses deux fils, léguant seulement cent pièces d'or à sa fille, qui serait toujours, disait-il, assez riche par elle-même. Celle-ci, qui avait la modestie de ne pas estimer si haut son mérite, pria ses frères de ne pas abuser du testament, et de partager avec elle. Mais eux, tout au contraire, la chassèrent de la maison paternelle. Alors Athénaïs, accompagnée d'une parente, vint à Constantinople implorer la protection de Pulchérie, qui fut frappée de sa beauté et de son éloquence. Sur les récits qui lui furent faits de la belle Athénienne, Théodose se passionna pour elle, et l'épousa dès qu'elle eut été instruite dans la religion chrétienne et baptisée sous les noms d'*Ælia Eudocia*. Sur le trône, Eudocie continua à cultiver les lettres, et appliquant à des sujets chrétiens son érudition hellénique, elle mit en vers une partie de l'Ancien Testament, composa un poème sur la légende de saint Cyprien et la vie de Jésus-Christ en centons d'Homère, genre de composition fort admiré de son temps. Dans un pèlerinage qu'elle fit à Jérusalem en action de grâce de son élévation à l'empire, elle multiplia sur sa route les fondations pieuses, et rapporta les reliques les plus révérées à Constantinople, entre autres le portrait de la Vierge, attribué à saint Luc l'évangéliste. Son influence sur l'empereur balançait celle de Pulchérie. Des dissentiments fomentés par les querelles religieuses qui surgissaient constamment dans ces temps ne tardèrent pas à éclater entre les deux princesses. Pulchérie se retira de la cour ; mais Eudocie ne tarda pas à éprouver les cruels retours de la fortune. Les chroniqueurs en racontent ainsi l'occasion : un jour, lorsque l'empereur se rendait à l'Église, un mendiant venu d'Asie lui remit un fruit d'une grosseur extraordinaire. Le prince fit porter ce fruit à l'impératrice, qui l'envoya au maître des offices, Paulin, alors malade. Celui-ci, ignorant de qui l'impératrice le tenait, en fit présent à Théodose, lequel, fort surpris de le recevoir de ses mains, demanda à sa femme ce qu'elle avait fait du fruit qu'il lui avait envoyé. Eudocie répondit qu'elle l'avait mangé, et ne craignit pas de confirmer ce mensonge par un serment sur le salut de l'empereur. L'exil et la mort de Paulin furent la suite de cette scène, et l'impératrice, voyant qu'elle avait perdu la confiance de son époux, demanda la permission de se retirer à Jérusalem, où elle se vit bientôt en butte à de nouveaux soupçons. Saturnin, comte des domestiques, eut ordre de mettre à mort deux ecclésiastiques qui la visitaient souvent dans sa retraite; Eudocie, emportée par son ressentiment, fit à son tour périr Saturnin. Dépouillée pour ce fait des honneurs impériaux, elle acheva sa vie à Jérusalem, dans l'obscurité et dans la pénitence, tandis que Pulchérie avait repris la haute main sur les affaires de l'État.

Le récit de ces intrigues de cour qui remplissent les chroniques byzantines, nous a détourné des graves événements qui s'accomplissaient autour de l'empire d'Orient. Stilicon, qui avait naguère sauvé l'Italie, avait succombé aux machinations de ses envieux. Sous les ministres inhabiles qui lui succédèrent, Alaric reprit l'offensive, et tandis qu'Honorius s'enfermait dans Ravenne, Rome, après s'être deux fois rachetée à prix d'or, était enfin livrée aux soldats d'Alaric et recevait un maître de son choix (an 410). La Grande-Bretagne, les Gaules, l'Espagne, étaient envahies par des essaims de barbares; les Vandales pénétraient jusqu'en Afrique. Valentinien III, neveu et successeur d'Honorius, et qui épousa dans la suite la fille de Théodose le jeune et d'Eudocie, luttait difficilement contre les tyrans qui s'étaient emparés des lambeaux de la pourpre romaine. Pendant ce temps, un ouragan plus terrible que tous les précédents fondait sur le monde romain. Les Huns, que les barbares eux-mêmes considéraient comme des sauvages, s'avançaient des bords de la mer Caspienne sous la conduite d'Attila. L'épée du Mars des Scythes, que ce fléau du genre humain se vantait d'avoir retrouvée, était leur seul Dieu. Tout ce qu'il y avait sur son chemin de hordes errantes ne tarda pas à se rattacher à ce chef d'un génie supérieur.

L'empire d'Orient se trouvait le premier exposé aux attaques des Huns.

Toutes les provinces au nord de Constantinople, depuis le Pont-Euxin jusqu'à l'Adriatique furent ravagées par ce torrent, qui laissa derrière lui les ruines de soixante-dix villes. Mais son impulsion le portait vers l'Occident sur les traces des Goths, des Vandales, des Bourguignons, vers les riches provinces de la Gaule et de l'Espagne. Théodose éloigna le danger de sa capitale en payant sept cents livres d'or et en subissant la honte d'un tribut. Attila fit en outre demander pour ses principaux officiers les plus riches héritières de Constantinople.

Lorsqu'on voit, d'une part, les forces immenses des barbares, de l'autre l'inertie de Théodose vivant au fond de son palais au milieu des moines et des eunuques, occupé à transcrire des manuscrits comme œuvre méritoire pour vivre du travail de ses mains, on est surpris que l'empire d'Orient ait survécu à de semblables crises. Sa durée tient d'une part à une cause matérielle : l'assiette si favorable de la capitale à l'abri des efforts de barbares sans marine et inhabiles dans l'art des siéges; mais elle tient aussi à la puissance de la civilisation romaine, dont ceux d'entre les barbares qui s'élevaient au-dessus de leurs compatriotes étaient forcés de reconnaître l'ascendant. Lorsque après s'être enrichis par leurs incursions, ces chefs voulaient perpétuer leur pouvoir et fonder quelque chose, ils ne trouvaient aucun élément d'ordre et de stabilité chez leurs indociles compagnons. C'est pour cela qu'Alaric, maître de Rome, s'était empressé de créer un empereur romain, que son frère Ataulf travaillait à rétablir le colosse ébranlé par sa famille; que le fier Attila n'avait pas dédaigné le titre de général de Théodose. La force était du côté des barbares; mais le droit, qui peut seul maintenir la société, l'industrie, qui l'enrichit, les sciences, les lettres, qui satisfont les plus nobles besoins de l'homme, et par-dessus tout la religion, étaient restés l'apanage exclusif des Romains. Ce règne de Théodose, si nul au point de vue militaire, a légué à la postérité un des monuments importants de la civilisation : le Code Théodosien. A la vérité, Théodose n'a pas droit pour cela au titre de législateur. Ce code n'est que la compilation des lois et des rescrits de ses prédécesseurs. Une commission de huit jurisconsultes, présidée par Antiochus, travailla dix ans à ce recueil (de 428 à 438). Malgré cette sanction nouvelle, ces lois, sous un prince si faible, durent souvent être impunément violées. C'est quelque chose cependant pour sa gloire de s'être occupé de recueillir et de transmettre à la postérité ce précieux héritage de la jurisprudence romaine, ce lien entre l'antiquité et les temps modernes.

Nous reviendrons sur le code Théodosien quand nous jetterons un coup d'œil général sur la législation gréco-romaine à l'occasion de Justinien ; hâtons-nous de terminer le récit du règne de Théodose. Les querelles religieuses s'y joignirent encore aux autres calamités. Nestorius, évêque de Constantinople en 428, prélat remarquable par son éloquence, sa piété extérieure et son zèle excessif contre les hérétiques, tomba bientôt lui-même dans des opinions hétérodoxes sur la double nature de Jésus-Christ. Sur les clameurs qui s'élevèrent, l'empereur convoqua dans la ville d'Éphèse un concile général, qui fut présidé par Cyrille d'Alexandrie comme vicaire du pape Célestin, et où deux cents évêques s'assemblèrent (juin 431). Les écrits de Nestorius y furent condamnés. Celui-ci cependant, appuyé par quelques-uns des dignitaires du palais, se voyait en outre soutenu par un conciliabule d'une quarantaine d'évêques sous la présidence du patriarche d'Antioche, qui, de son côté, anathématisait Cyrille et ses adhérents. La cour et la ville étaient partagées, l'empereur flottait indécis ; enfin il se rendit à la voix de la grande majorité du clergé. Nestorius fut banni aux limites extrêmes des déserts de la Thébaïde, et les écrits de ses partisans voués aux flammes. Cependant il conserva des partisans, et sa secte s'est même perpétuée jusqu'à ce jour dans quelques parties de l'Orient où elle s'était propagée.

Nous ne devons pas omettre non plus de remarquer que ce fut sous ce règne que se manifestèrent les premiers symptômes du schisme fatal entre les églises d'Orient et d'Occident. Par une loi de 421 adressée au préfet d'Illyrie, Théodose ordonnait de soumettre les difficultés religieuses qui pourraient s'élever dans la province à la décision de l'évêque de Constantinople, ville qui jouit, dit-il, de la prérogative de l'ancienne Rome, *quæ Romæ veteris præogativa lætatur*. Le saint-siège protesta, et Théodose parut céder. Cependant cette loi figure dans le code Justinien (liv. Ier, tit. 2), et la politique des empereurs d'Orient tendit toujours depuis à élever l'autorité ecclésiastique de leur métropole.

Théodose second mourut au mois de juillet 450, à la suite d'une chute de cheval, dans la cinquantième année de son âge, après quarante-deux ans de règne. Constantinople se décora à cette époque de plusieurs monuments ; son enceinte fut étendue et fortifiée de nouveau ; mais on ne peut faire honneur même de ces travaux à un prince qui recevait de son entourage toute impulsion, bonne ou mauvaise. Le seul titre que l'histoire lui ait décerné est celui de *calligraphe*.

Théodose ne laissait en mourant qu'une fille, Eudoxie, mariée à Valentinien III, empereur d'Occident, pour qui ce sceptre était déjà trop pesant. Pulchérie, en qui Byzance respectait dès longtemps sa véritable souveraine, fit proclamer empereur un sénateur nommé Marcien, auquel elle donna le titre de son époux, après lui avoir fait jurer qu'il respecterait son vœu de chasteté. Marcien, né en Thrace, et qui avait servi dans la carrière des armes sous les ordres du patrice Aspar, n'avait ni l'illustration de la noblesse ni celle des hauts emplois ; mais il justifia sur le trône le choix de sa bienfaitrice par sa piété, sa justice et la fermeté dont l'empire ébranlé avait le plus grand besoin au dedans comme au dehors. Il seconda parfaitement les bonnes intentions de Pulchérie, trop souvent paralysées sous le règne précédent par la perversité des eunuques. Leur chef Chrysaphius, enrichi des dépouilles du peuple, expia ses crimes. Attila, qui avait écrit à la fois aux souverains d'Orient et d'Occident de lui faire préparer un palais dans leur capitale, dut s'apercevoir que le successeur de Théodose était d'une autre trempe. Apollonius, chargé de la réponse de Marcien, sut faire respecter la dignité d'ambassadeur, et ne témoigna nul effroi des menaces d'Attila. Celui-ci en remit l'exécution à son retour des Gaules, où une partie des Francs l'avait appelé à leur aide. Sa défaite dans les plaines de Châlons par Aétius en 451, et sa mort en 453 délivrèrent Constantinople de cette appréhension.

Un des premiers soins de Marcien en montant sur le trône avait été de rétablir la foi catholique, troublée par Eutychès, en convoquant un concile. A son appel trois cent soixante évêques (ou , selon d'autres traditions, six cent trente) se réunirent dans l'église de Sainte-Euphémie à Chalcédoine. C'est le quatrième concile œcuménique. Marcien, à l'exemple du premier empereur chrétien, assista à quelques-unes des séances, et y fut salué du nom de nouveau Constantin.

Plusieurs lois de Marcien témoignent de son désir de soulager la misère publique et de réprimer la vénalité des charges et la corruption qui avait pénétré partout jusque dans les sanctuaires de la justice. Il fit remise aux provinces d'une partie des taxes arriérées. Ce bon prince mourut en 457, après six ans et demi de règne ; il avait été précédé de trois ans dans la tombe par l'impératrice Pulchérie, qui couronna dignement sa vie en léguant sa fortune aux pauvres. L'Église grecque honore la mémoire de ce couple pieux.

CHAPITRE VIII.

LÉON, ZÉNON, ANASTASE.

La famille du grand Théodose était éteinte. Valentinien III avait péri en 354 ; son meurtrier Maxime, puis Avitus, étaient montés sur le trône et en avaient été précipités. Tout l'Occident était à la merci des barbares. Le sénat de Constantinople, comme jadis celui de Rome, se vit appeler à élire un empereur. Aspar, dont l'influence était très-grande, mais qui, étant Alain d'origine et appartenant à la secte arienne, ne pouvait espérer d'arriver lui-même à l'empire, fit nommer un simple tribun militaire, Léon de Thrace, jadis son intendant, sous le manteau duquel il comptait gouverner. Léon fut le premier empereur qui reçut le diadème des mains de l'évêque de Constantinople, décoré du titre de patriarche par un des derniers règlements du concile de Chalcédoine, règlement que le saint-siège n'avait pas vu sans déplaisir. Quand Léon fut revêtu de la pourpre, Aspar réclama impérieusement pour son fils Ardabur le titre de César, ce qui avait été une des conditions secrètes de son appui. L'empereur fut forcé, après quelques délais, de tenir sa promesse, malgré la désapprobation du clergé catholique pour cette élévation nouvelle d'un hérétique, et malgré les craintes que le crédit de cette famille lui inspirait pour la transmission du sceptre à ses enfants. Il s'entoura donc d'une garde dévouée d'Isauriens, et saisit plus tard le prétexte d'une conspiration vraie ou supposée pour faire périr Aspar et Ardabur.

Deux empereurs, Majorien et Sévère, avaient successivement été placés sur le trône d'Italie par le général suève Ricimer. A la mort de Sévère, en 461, Léon, d'accord avec le général barbare, donna le titre d'empereur d'Occident à Anthémius, qui fut reçu à Rome avec les plus grandes espérances. Anthémius était petit-fils du préfet du prétoire de même nom qui avait administré l'empire avec tant de sagesse sous la minorité du jeune Théodose, et il avait épousé Euphémie, fille de l'empereur Marcien. Allié avec le patrice Ricimer, Anthémius, appuyé aussi par les forces de l'Orient, entreprit de mettre l'Italie à l'abri des incursions des Vandales, qui en désolaient les côtes. Léon, de son côté, préparait une expédition contre l'Afrique. Les ressources de l'Orient, qui précédemment allaient s'engloutir dans le trésor d'Attila, ménagées sous le règne de Marcien, permirent à son successeur de mettre en mer un armement des plus formidables. La flotte aborda heureusement dans le voisinage de Carthage. Genséric, effrayé, sollicita, pour gagner du temps, une trêve fallacieuse, qu'il rompit au moment où les vents se montrèrent favorables pour les siens. La flotte romaine fut presque entièrement détruite par l'imprudence, la lâcheté, si ce n'est par la trahison de son chef Basiliskos, beau-frère de Léon. Enflés de ce succès, les Vandales recommencèrent à infester la Sicile et les rivages de la Grèce. Le nom de cette noble contrée n'apparaît que de loin en loin dans l'histoire de ces temps et, le plus souvent, à l'occasion de ses malheurs. Les Grecs, privés des secours de la capitale, trouvèrent quelquefois des ressources dans leur seule énergie. Ainsi, dans une descente que Genséric avait tentée au cap Ténare, il fut forcé de se rembarquer avec perte; mais il se vengea sur la malheureuse île de Zacynthe. Cinq cents des plus riches habitants furent enlevés par lui, et plus tard massacrés et jetés à la mer. Si les Eleuthérolacons du temps de Genséric se montrèrent dignes de leurs ancêtres et de leurs descendants les Maniotes, une anecdote rapportée par un annaliste du règne de Léon montre que l'esprit indépendant des Grecs ne se laissait pas non plus étouffer par le despotisme oriental de la cour byzantine. L'empereur Léon étant malade fit appeler le célèbre médecin grec Jacob, qui était, dit-on, païen. Mais quoique l'empereur eût interdit aux sectateurs de l'ancien culte toute fonction civile, il n'hésita pas à recourir à la science d'un idolâtre. Jacob, introduit dans la chambre impériale (le *sacrum cubiculum*), commence par s'asseoir sur un siège près du lit de l'empereur sans y être invité, et lui tâte le pouls. Le soir, en revenant près de son malade, il s'aperçoit que le siège a été enlevé à dessein, et sans se déconcerter il s'assoit sur le lit même de l'empereur, et l'avertit qu'il n'agit pas ainsi par une vaine témérité, mais pour se conformer aux préceptes des antiques fondateurs de la médecine, et maintenir les droits de sa profession. Le crédit dont ce médecin jouissait dans le sénat de Constantinople lui permit de détourner en partie le coup qui menaçait le questeur Isocasios, accusé d'hellénisme, et lui mérita des statues à Constantinople et à Athènes.

Ce fut après le mauvais succès de son expédition contre Carthage que Léon fit massacrer dans son palais et par ses eunuques le patrice Aspar, avec ses enfants. Ce meurtre de son bienfaiteur fit donner à Léon, par le peuple de la capitale, le surnom de *boucher* (Μαχέλλης), épithète plus méritée que celle de *grand* que quelques historiens n'ont pas rougi de lui donner. Les Goths, compatriotes d'Aspar, pour venger sa mort, ravagèrent la Thrace jusqu'aux portes de Constantinople, qui fut elle-même troublée par la sédition. Quelque temps après, Léon mourut (janvier 474), laissant la couronne à son petit-fils Léon, fils de sa fille Ariadne et de l'Isaurien Zénon, et qu'il avait déjà revêtu l'année précédente du titre de César, bien qu'encore en bas âge. Dans la cérémonie du couronnement, le jeune Léon, obéissant à un signe de sa mère, plaça le diadème sur la tête de son père, qui fut ainsi associé à l'empire, et bientôt en resta seul maître, l'enfant étant mort au bout de peu de mois. Zénon, qui était odieux au peuple à cause de son origine barbare, de sa cruauté et de sa figure repoussante, a été accusé d'être l'auteur de la mort de son fils; mais cette imputation paraît dénuée de preuves, comme de vraisemblance. Les vices de ses frères et d'un fils qu'il avait eu d'un premier mariage achevèrent d'exaspérer le peuple contre lui. Vérine, veuve de Léon Ier, profitant des dispositions de la capitale, fit proclamer empereur son frère Basiliskos, qui depuis longtemps convoitait la couronne. Zénon et sa femme s'enfuirent dans les montagnes de l'Isaurie. Basiliskos gouverna près de deux ans; mais ses vices, ses exactions, et la protection qu'il accordait à des sectaires, firent regretter Zénon. Secrètement rappelé par ceux mêmes qui l'avaient renversé, il rentra presque sans résistance à Constantinople. Basiliskos, réfugié d'abord dans une église, en sortit sur la promesse qu'on n'attenterait pas à ses jours. Mais au mépris des serments il fut enfermé, avec sa femme et ses enfants, dans une tour ou dans une citerne sans eau, où ils périrent de froid et de faim.

Ces temps déplorables n'offrent le spectacle que des trahisons, des adultères et de la vénalité. La barbarie envahit tout : un incendie, allumé dans une des séditions de Constantinople, consume sa riche bibliothèque et détruit une partie des précieux monuments de l'antiquité, en même temps que les nobles traditions s'effacent dans la société. De son côté l'antique Rome voit détruire jusqu'au simulacre d'indépendance qui lui restait. Après quelques empereurs éphémères Olybrius, Glycérius, Julius Népos, vient Romulus Augustus ou Augustulus, dont les noms rappelaient le fondateur de la ville et celui de l'empire, et qui fut le dernier des Césars. Ce faible prince ne s'ensevelit pas même dans la pourpre, mais il se laissa déposer par Odoacre, fils d'un des lieutenants d'Attila et chef des barbares qui formaient la garde impériale (an de J. C. 476; 1229 de la fondation de Rome). Odoacre prit le titre de roi d'Italie. Vers ce même temps, Euric, roi des Visigoths, avait mis fin à la domination des Romains en Espagne, et Clovis fondait le royaume des Francs.

Pour renverser l'empire d'Orient, il semble qu'il n'ait manqué qu'un chef entreprenant; mais il faut dire que les barbares commençaient à s'épuiser par l'étendue de leurs conquêtes, et que déjà plusieurs de leurs princes s'étaient amollis à l'exemple des Romains. Ce fut le salut de Byzance. Hunnerich, le faible successeur du conquerant de Carthage, envoya des ambassadeurs demander la paix à Zénon. Odoacre, comme effrayé de son audace et satisfait de la réalité du pouvoir, fit solliciter par l'entremise du sénat de l'ancienne Rome et d'Augustule lui-même les insignes de patrice, et offrit de reconnaître la suprématie de l'empereur d'Orient. Zénon ne fut pas moins heureux contre ses ennemis à l'intérieur; Marcien, fils de l'empereur Anthémius, et Léonce, gendre de l'empereur Léon, qui avaient levé l'étendard de la révolte, furent défaits. Les Bulgares, dont le nom apparaît ici pour la première fois dans l'histoire, furent repoussés sur les bords du Danube par Théodoric l'Amale, chef des Goths fédérés, que Zénon avait adopté pour son fils d'armes d'après un usage qui s'est perpétué dans la chevalerie. Les rivalités de ce chef et d'un autre Théodoric, surnommé le Louche, permirent à Zénon de maintenir son pouvoir chancelant, mais à la condition de leur prodiguer tour à tour les trésors de l'empire, et de souffrir le ravage des provinces de Thrace et d'Illyrie. Enfin il accepta avec empressement l'offre que lui fit Théodoric l'Amale, de tenter la conquête de l'Italie dont il lui concéda, dit-on, la propriété, en se réservant un droit de suzeraineté. Il espérait se débarrasser ainsi d'un auxiliaire incommode. Mais Théodoric, déployant sur cette scène plus vaste ses grands talents, vainquit Odoacre et fonda le royaume des Ostrogoths, qui brilla quelque temps d'un vif éclat.

Les richesses de l'Orient, une politique astucieuse et les caprices de la fortune maintinrent ainsi, durant quinze années, sur le trône de Constantinople l'indigne Zénon, qui ne semblait s'intéresser qu'aux jeux du cirque. La mort le surprit dans un des accès d'épilepsie auxquels il était, dit-on, sujet après ses orgies. Quelques historiens postérieurs ont prétendu que l'impératrice Ariadne l'avait fait mettre au tombeau lorsqu'il respirait encore, et que, son cercueil ayant été rouvert plus tard, on trouva qu'il s'était tordu dans les angoisses de la faim et dévoré les bras. Les crimes avérés d'une époque donnent aisément cours à toutes les fables par lesquelles certains esprits déréglés se plaisent à assombrir encore ces tristes tableaux.

Anastase, surnommé *Dicore*, un des silentiaires (sorte d'huissiers de la chambre impériale), fut porté au trône par le sénat, grâce à la protection des eunuques et de l'impératrice Ariadne, au grand déplaisir de Longin, frère de Zénon, et malgré l'opposition du patriarche, qui lui reprochait d'être attaché à l'hérésie d'Eutychès. Anastase aplanit cet obstacle en signant l'engagement de se conformer au concile de Chalcédoine. Le 9 avril 491, le surlendemain de la mort de Zénon, il fut proclamé empereur, et quarante jours plus tard il célébra son mariage avec l'impératrice Ariadne. Anastase était né à Dyrrhachium, dans cette province d'Illyrie qui a produit tant de braves soldats, dont plusieurs arrivèrent à l'empire. Mais il ne s'était point comme eux distingué par ses services militaires. Sa haute stature et sa bonne mine l'avaient fait admettre dans la maison impériale, où sa vie s'était usée dans des fonctions obscures. Il avait plus de soixante ans quand il parvint à l'empire. Ses talents étaient médiocres; mais il montra quelques intentions droites, et l'État se remit un peu, durant les vingt-sept ans de son règne, de la mauvaise administration de ses prédécesseurs. Il commença par rendre, contre la vénalité des charges, de nouvelles lois qui constatent une plaie qu'elles ne parvinrent pas à guérir. Il fit remise d'une partie de l'impôt nommé Chrysargyre, qui pesait cruellement sur les classes inférieures. Il voulut aussi supprimer les subsides que les Isauriens recevaient sous les deux précédents empereurs, qui s'étaient entourés de ces barbares, leurs compatriotes. Il avait eu la précaution de faire venir à Constantinople des forces supérieures qui les continrent. Les Isauriens partirent comme pour retourner dans leurs montagnes ; mais arrivés à Nicée ils s'insurgèrent : une foule de vagabonds se joignit à eux. Les armes et les trésors que Zénon avait laissés en réserve en Isaurie, en cas de nouveaux revers, leur servirent à soutenir leur rébellion, et ce ne fut qu'après plusieurs campagnes qu'on réussit à les soumettre.

Nous ne mentionnerons pas les séditions qui ensanglantèrent la capitale et les principales villes, non plus que les fréquents incendies qui les accompagnèrent, genre de protestation contre les actes arbitraires du pouvoir qui se renouvelait sous presque tous les empereurs byzantins comme depuis sous les sultans. Anastase eut à soutenir plusieurs guerres étrangères contre les Perses, qui s'emparèrent d'une partie de la Mésopotamie ; contre les Sarrasins, dont nous verrons désormais les incursions se renouveler périodiquement, et contre les Bulgares. Pour mettre les environs de la capitale et ses riches villas à l'abri de ces derniers, Anastase fit construire une muraille flanquée de tours qui s'étendait du Pont-Euxin à la Propontide, près de Sélymbrie, dans une longueur de cinquante milles (plus de 72 kilomètres), travail prodigieux qui atteste à la fois les ressources pécuniaires de l'empire et son peu de confiance dans ses armées. Anastase eut à soutenir deux guerres fort graves : l'une contre le roi de Perse, et dont la Mésopotamie fut le principal théâtre. Amida, un des boulevards de l'empire, fut prise, et la ville d'Édesse faillit avoir le même sort. L'autre guerre eut la religion pour prétexte, et s'étendit jusque sous les murs de la capitale. Elle fut suscitée par Vitalien, petit-fils de cet Aspar que Léon avait fait périr de crainte de le voir arriver à l'empire. Le peuple de la capitale était resté attaché à cette famille ; et dans une sédition contre Anastase on avait fait entendre des acclamations en faveur de Vitalien. Celui-ci s'érigea en vengeur de quelques évêques exilés par Anastase, qui, au mépris de ses promesses, favorisait les partisans d'Eutychès. Les habitants de la Thrace, de la Mœsie et de la petite Scythie s'armèrent pour Vitalien et pour la foi catholique. Hypace, neveu de l'empereur, fut défait, la grande muraille forcée, et le vainqueur campa dans le palais d'Hebdomon, aux portes de Constantinople. Cependant, par des négociations et des promesses, Anastase parvint à éloigner Vitalien, et fit ensuite marcher contre lui une seconde armée. Elle n'eut pas un meilleur succès. Vitalien s'avança de nouveau vers Constantinople, accompagné d'une nombreuse flottille qui devait l'assiéger par mer. Anastase arma à la hâte quelques vaisseaux, qui, malgré l'inexpérience des équipages, réussirent à détruire les barques de Vitalien. Quelques historiens attribuent ce succès aux conseils d'un philosophe, Proclus, qui aurait incendié les bâtiments ennemis au moyen de miroirs ardents, à l'exemple d'Archimède, ou avec une poudre de soufre inflammable. Si cette circonstance n'a pas été ajoutée dans des temps postérieurs, ce serait la première mention de ce *feu grégeois* qui devint plus tard une des grandes ressources des armées byzantines, et qui semble être l'origine de la poudre à canon. Anastase profita de son avantage pour traiter avec Vitalien, auquel il donna le commandement de la Thrace. Il ouvrit aussi des négociations avec le saint-siège sur les questions qui agitaient l'Église grecque et qui ne firent que s'envenimer. La fin de son règne fut remplie par ces dissensions religieuses. Il mourut en 518, frappé, dit-on, de la foudre, à l'âge de quatre-vingt-huit ans, après vingt-sept ans de règne. Son nom a quelquefois été rangé par les catholiques parmi ceux des persécuteurs de l'Église, que, dans ses idées, il croyait servir. Souvent il se livrait à des pratiques austères de dévotion. Quand il monta sur le trône, le peuple, dans ses acclamations, s'écriait : Régnez comme vous avez vécu ! Mais les vertus privées ne suffisent pas toujours à un prince, surtout dans les temps difficiles. On ne doit pas oublier cependant, en jugeant Anastase, qu'il abolit le chrysargyre et réprima les délateurs.

Diptyque Sacré

CHAPITRE IX.

JUSTIN Ier ET JUSTINIEN.

Anastase laissait après lui trois neveux ; mais les dignités dont il les avait revêtus n'avaient fait que rendre leur incapacité plus notoire, et on ne songea ni à les élire ni à prendre d'eux aucun ombrage. Le grand chambellan Amantius, qui, selon l'habitude de ce temps, exerçait du fond de la chambre impériale la plus grande autorité, ne pouvant comme eunuque prétendre à la pourpre, voulut du moins faire élire Théocrite, une de ses créatures. Le comte Justin, commandant des gardes du palais, qu'Amantius avait chargé d'assurer cette élection en répandant des largesses, fut lui-même proclamé par les soldats et par le peuple. Le chambellan ne pouvait manquer de reprocher à Justin d'avoir abusé, dans son intérêt, des fonds qui lui avaient été remis pour un autre, et le nouvel empereur se défit de lui et de Théocrite, en les accusant de complot et de complicité avec les hérétiques. Pour lui, il rappela les évêques et les généraux bannis sous Anastase pour cause de religion, et il s'assura par là l'appui de l'Église.

Justin était un paysan d'Illyrie qui, le sac sur l'épaule, avait quitté ses troupeaux sous le règne de Léon, et était venu chercher fortune dans la capitale. Sa bonne mine l'avait fait admettre dans les gardes de l'empereur. Il avait fait plusieurs campagnes, entre autres celle contre les Isauriens, sous Anastase, et s'était élevé de grade en grade au poste de comte des gardes et à la dignité de sénateur ; mais il était resté complétement illettré. Procope assure, dans son *Histoire secrète*, que, pour tracer les quatre lettres *legi*, que les empereurs avaient coutume de mettre au bas de leurs ordonnances, il fallait guider la main du prince et lui faire suivre avec le roseau les interstices d'une planchette où ce mot était gravé en creux. Son contemporain le grand Théodoric ne signait pas autrement, au dire de quelques écrivains ; mais aucun empereur romain n'avait encore poussé si loin l'ignorance.

Justin était âgé de soixante-huit ans quand il parvint au trône, qu'il occupa neuf ans, de 518 à 527, et le règne de ce vieillard infirme de corps et borné d'esprit eût sans doute été bien pâle sans l'influence du génie supérieur de son neveu Justinien, qu'il associa à l'empire et qui devint son successeur.

Ce prince offre comme une personnification de l'empire byzantin, où l'esprit de domination et d'équité de l'ancienne Rome se mêle au despotisme et au faste de la Perse, à l'ascétisme religieux de l'Égypte, à l'ingénieuse subtilité de la Grèce. Dans la longue série des empereurs d'Orient trois noms dominent tous les autres : ce sont ceux de Constantin, de Théodose et de Justinien. Après ce dernier nul ne put arrêter la décadence. Justinien fit reculer l'invasion orientale, fortifia les frontières du nord, reconquit l'Afrique et l'Italie, recueillit en un code à jamais célèbre la jurisprudence romaine, et rendit quelque éclat aux arts et aux lettres de la Grèce.

Justinien avait environ trente-cinq ans lors de l'avénement de son oncle Justin. Il était né au bourg de Taurésium en Dardanie, près duquel plus tard il bâtit une ville considérable, à laquelle il donna le nom de *première Justinienne*, et qui devint le chef-lieu de la province d'Illyrie. Son père se nommait *Istok* et sa mère *Viglenitza* ; lui-même portait dans son pays le nom d'*Uprauda*, dénominations barbares que les Romains traduisirent par celles de *Sabbatius*, de *Vigilantia* et de *Justinianus*. Depuis que la fortune avait souri à Justin, il avait fait donner à son neveu l'éducation dont lui-même était privé ; il lui avait ouvert la carrière militaire ; et en montant sur le trône il le décora du titre de *nobilissime*, et l'admit dans ses conseils intimes.

L'époque de Justin et de Justinien nous est surtout connue par un historien contemporain, Procope de Césarée, qui, après avoir retracé en huit livres les guerres heureuses contre les Perses, les Goths et les Vandales, et décrit dans un autre ouvrage les nombreux édifices de Justinien, auquel il prodigue les plus grands éloges, a déposé dans un libelle intitulé : *Anecdota*, ou *Histoire secrète*, les imputations les plus odieuses contre l'empereur, l'impératrice et les principaux personnages de leur cour. Les assertions d'un homme qui loue et adule en public ceux sur lesquels il déverse en secret l'injure, de quelque prétexte qu'il essaye de colorer cette palinodie, ne peuvent inspirer qu'une médiocre confiance. Cependant la position de Procope, secrétaire intime de Bélisaire, à même par conséquent d'apprendre bien des secrets d'État, et l'accord de quelques autres témoignages moins suspects, ont donné créance à la plupart de ses inculpations.

Selon Procope, l'influence perverse de Justinien se serait déjà manifestée au commencement du règne de son oncle. C'est lui qui aurait fait périr Amantius. Un meurtre plus odieux dont il l'accuse également est celui de Vitalien. Justin, voulant donner satisfaction aux catholiques et réconcilier l'empire d'Orient avec le saint-siége, devait nécessairement accueillir Vitalien, champion déclaré de cette cause. Il l'appela à Constantinople, et le revêtit des honneurs du consulat [an 520]. Justinien, en gage d'union indissoluble, partagea avec lui la sainte communion. Cependant à quelque temps de là, Vitalien tombait sous les coups d'assassins apostés, dit-on, par Justinien, qui redoutait en lui un compétiteur, et qui lui succéda dans la charge de maître de la milice. Vers ce même temps, le roi de Perse, qui désirait laisser sa couronne à son troisième fils Chosroès, au préjudice des deux aînés, eut l'idée de lui ménager un appui en demandant à Justin d'adopter ce jeune prince. L'empereur et Justinien lui-même accueillirent d'abord avec joie une proposition qui semblait promettre un avenir de paix avec un voisin dangereux; mais le questeur Proclus représenta qu'une adoption pourrait ouvrir en faveur de Chosroès des droits à la succession de l'empereur au préjudice de son neveu. Des ambassadeurs furent donc chargés de répondre que l'adoption par les armes était la seule que les lois romaines permissent de conférer aux barbares. Chosroès fut profondément blessé de cette réponse, et les conférences ouvertes pour la paix se terminèrent par une rupture et de nouvelles hostilités. Justinien aurait pu chercher dans cette guerre une occasion d'acquérir quelque gloire militaire; mais il tenait avant tout à ne pas s'éloigner de la capitale, pour ne pas perdre l'influence dont il jouissait sur son oncle. La guerre de Perse fut confiée à des officiers subalternes, au nombre desquels était Bélisaire, un des gardes de Justinien, qui procura plus tard tant de triomphes à son maître. Le grand talent de Justinien (et c'est peut-être le plus utile à un prince) était de distinguer les hommes capables et de s'en servir.

Tandis que les généraux soutenaient avec des succès divers la guerre de Perse, Justinien captait les esprits du peuple de la capitale par son zèle religieux et par des spectacles. On se fait difficilement une idée de la passion que les jeux du cirque excitaient à Rome, et surtout à Constantinople. Les concurrents étaient divisés en quatre factions distinguées par leur couleur. Celles des *verts* et des *bleus* partageaient surtout la capitale et les principales villes de l'empire. Leurs partisans formaient une cabale permanente, qui était presque constituée comme un ordre dans l'État, avec ses chefs et ses signes de reconnaissance, et elles n'étaient pas étrangères aux dissensions civiles ou religieuses. Justinien s'était prononcé pour la faction des bleus, qui, forts de cet appui, ne mirent plus de bornes à leur insolence. Ils avaient adopté un costume analogue à celui des barbares, portaient la barbe et la moustache à la mode des Perses. Le jour ils cachaient des poignards sous leurs robes, le soir ils sortaient complétement armés. Les verts étaient obligés de se cacher dans leurs maisons, et n'y étaient pas toujours en sûreté. Tout ce qu'il y avait d'hommes turbulents ou débauchés s'enrôlait dans un parti qui semblait donner l'impunité à tous les attentats. Enfin l'empereur s'émut de ces excès; il chargea le préfet Théodote de les réprimer par les châtiments les plus sévères; il suspendit les courses de l'hippodrome, et supprima définitivement les jeux olympiques, qui depuis plusieurs siècles avaient été transportés de l'Élide dans la ville d'Antioche. Justinien, consul en 521, dédommagea le peuple de la suspension de ses jeux favoris par des spectacles et des exhibitions d'animaux sauvages, pour lesquels il n'épargna aucune dépense.

A cette époque Justinien n'avait encore que le titre de nobilissime. Justin, tout en lui laissant prendre une grande influence, n'avait pas voulu lui accorder la dignité de César et l'associer à l'em-

GRÈCE MODERNE (Empire d'Orient)

Église dite des manans de la Vierge, à Constantinople.

pire, retenu peut-être par l'attachement passionné de son neveu pour Théodora. La destinée singulière de cette femme, qui de la condition la plus abjecte s'éleva jusqu'au premier trône du monde, dont son orgueil se montrait à peine satisfait, mérite que nous nous y arrêtions, pour laisser entrevoir les mœurs de ces temps, en écartant toutefois les détails infâmes dans lesquels Procope n'a pas craint de descendre.

Il y avait à Constantinople, sous le règne d'Anastase, un homme, nommé Acace, natif de Chypre, qui nourrissait les bêtes fauves entretenues par la faction des verts, et qu'on nommait *le maître aux ours*. Il mourut laissant trois filles, Comito, Théodora et Anastasie, dont l'aînée avait sept ans à peine. Leur mère, voulant obtenir pour un nouvel époux la survivance d'Acace, fit paraître un jour dans le cirque ses trois filles en suppliantes. Les verts ne firent aucune attention à elles; mais les bleus en prirent pitié, ce dont Théodora se souvint quand elle devint toute-puissante. Ces pauvres enfants furent vouées au théâtre, c'est-à-dire à la représentation des pantomimes licencieuses ou des tableaux vivants, qui, seuls, avaient le privilége de se produire sur la scène où jadis on applaudissait Sophocle et Ménandre. La petite Théodora, en habit d'esclave, avait souvent accompagné sur le théâtre sa sœur Comito la danseuse, et elle égayait la salle par ses bouffonneries, par les contorsions comiques avec lesquelles elle recevait les soufflets. Hors de la scène, elle était livrée comme un jouet à la brutalité des saltimbanques ou des valets qui attendaient leurs maîtres; et, à cette école, sa dépravation précoce ne connut pas de bornes. Au milieu cependant de cette abjection la beauté de la jeune Cypriote s'était développée, et elle devint une des courtisanes célèbres de Constantinople, mais fameuse surtout par ses déportements et son effronterie. Un fonctionnaire nommé gouverneur de la Pentapole l'emmena avec lui, puis l'abandonna bientôt. Retombée dans la misère, elle erra quelque temps de ville en ville en prodiguant ses charmes; enfin une sorte de prévision de ses destinées la fit revenir dans la capitale et adopter un genre de vie différent. Retirée dans une maison modeste, où plus tard elle bâtit un refuge pour les femmes arrachées au désordre, elle y vivait du travail de son fuseau. C'est là que Justinien la connut et en devint éperdument amoureux. L'empire absolu que Théodora prit sur son amant devint tel, que ce jeune homme, qui aurait pu prétendre aux plus nobles alliances, persistait à épouser cette femme malgré l'opposition de sa famille et des lois. Après la mort de l'impératrice Euphémie, épouse de Justin, femme d'une naissance obscure mais de principes sévères et qui s'opposait surtout à ce mariage, Justinien obtint de son oncle une ordonnance qui abrogeait, en faveur des femmes de théâtre touchées de repentir, l'ancienne loi d'après laquelle un sénateur ne pouvait épouser une femme déshonorée par une profession infâme. Profitant aussitôt de cette législation nouvelle, Justinien épousa solennellement Théodora; et lorsque, peu de temps après, Justin, accablé de vieillesse et souffrant d'une ancienne blessure rouverte, se décida à prendre son neveu pour collègue, Théodora fut saluée du titre d'*Augusta*, et reçut avec son époux les serments de fidélité. Se vengeant des humiliations dont on avait abreuvé sa jeunesse, l'altière impératrice se plaisait à tenir le sénat prosterné à ses pieds, et tournant désormais vers l'ambition la fougue de son caractère et les ressources de son esprit, elle contribua puissamment à la splendeur du règne de Justinien.

Justin mourut quelques mois après le couronnement de Justinien, le 1er août 527. Le nouvel empereur célébra son consulat par des fêtes magnifiques, avec une prodigalité que les épargnes d'Anastase et de Justin le mettaient alors à même de satisfaire. Les victoires de Bélisaire sur les Persans inaugurèrent glorieusement le nouveau règne, et amenèrent le grand Chosroès à signer la paix. Pendant que son général triomphait en son nom, Justinien poursuivait un autre genre de conquêtes, qui satisfaisaient à la fois son zèle religieux et sa politique. Déjà du vivant de Justin, le roi des Lazes ou de la Colchide était venu recevoir le baptême à Constantinople; les missionnaires romains avaient aussi favorisé le rétablissement de la religion chrétienne dans l'Éthiopie, à Axum, et par suite chez les Homérites. Peu de temps après les fêtes de son avénement, Justinien fut parrain du roi des Hérules, venu dans ce dessein à Constantinople avec ses parents et les principaux de sa cour. A son retour sur les bords du Danube, où les Hérules étaient établis depuis Anastase, le roi fit embrasser le christianisme à tous ses sujets. Malheureusement ces sortes de conversion ne pouvaient pas dissiper en un jour leur férocité native. Cependant les germes répandus ainsi parmi les barbares qui entouraient l'empire d'Orient n'ont pas tous été perdus pour la civilisation. Justinien avait aussi conféré le baptême à Gordas, roi des Huns qui habitaient la Chersonèse Taurique; mais le zèle de ce royal néophyte pour détruire les idoles de ses sujets lui coûta la vie, et l'introduction du christianisme dans ces contrées fut ajournée pour bien des siècles.

Justinien marqua aussi les premières années de son règne par la promulgation du code qui porte son nom. Dès son avénement, il en avait confié la rédaction à dix jurisconsultes, au nombre desquels était Tribonien, devenu célèbre par ce travail. Ce code fut promulgué le 17 avril 529. Justinien s'occupa immédiatement de le faire suivre par un résumé de l'antique jurisprudence, auquel on donna le nom de *Digeste* ou *Pandectes* et par ses *Institutes*. Quelques années plus tard il publia une révision de son code et plusieurs ordonnances ou *Novelles*. Ces divers ouvrages, désignés habituellement sous le nom de *Corpus juris* sont restés comme un monument du règne de Justinien, plus durable que ses conquêtes. Nous en donnerons bientôt une courte analyse, dans le chapitre où nous passerons en revue les diverses phases du droit gréco-romain.

Tandis que Justinien se livrait à ces soins pacifiques, il faillit être renversé du trône par la plus terrible des séditions qui ait ensanglanté Constantinople. Elle prit naissance dans ces factions du cirque qui passionnaient la multitude plus que la politique ou que la religion. Le préfet de la ville avait fait condamner plusieurs coupables qui appartenaient aux deux factions du cirque. Un vert et un bleu parvinrent à se dérober au supplice, et se réfugièrent dans un lieu d'asile d'où l'autorité voulait les arracher.

C'est sur ces entrefaites qu'eurent lieu les jeux des ides de janvier présidés par l'empereur. Le tumulte fut grand dans le cirque, et les deux partis, cette fois d'accord, se répandirent dans la ville, où ils mirent le feu à quelques édifices. Ils avaient adopté pour mot de ralliement Νικα, *victoire*, par lequel les historiens ont désigné cette révolte. L'empereur députa vers les insurgés pour savoir ce qu'ils voulaient : ils demandèrent la destitution du préfet de la ville, du préfet du prétoire Jean de Cappadoce et du questeur Tribonien, célèbre par sa science des lois, mais décrié pour sa vénalité. L'empereur sacrifia ses ministres; mais le peuple, exalté de son succès, loin de rentrer dans l'ordre, continua à chercher des armes. Il y eut plusieurs conflits entre la troupe et la multitude. Le feu consuma encore la grande église de Sainte-Sophie, des hôpitaux avec leurs malades, et plusieurs édifices. Le dimanche Justinien se rendit à l'hippodrome tenant en main les évangiles, et promit au peuple amnistie entière pour des troubles dont il s'accusait même d'être le premier auteur. Il y eut quelques vivat, mais ils furent étouffés sous les injures, et l'empereur fut forcé de se renfermer dans son vaste palais attenant à l'hippodrome avec les principaux dignitaires. Dans le nombre étaient Pompée et Hypace, neveux de l'empereur Anastase. Soit défiance contre eux, soit par quelque motif difficile à deviner, Justinien, malgré leurs instances pour rester près de sa personne, leur ordonna de retourner dans leurs palais. A peine le peuple en fut-il informé qu'il se porta chez Hypace, et, sans écouter ses refus ni les supplications et les larmes de sa femme, il le proclama empereur. On voulait attaquer à l'instant le palais. Hypace, indécis encore, ordonna au peuple de se rendre à l'hippodrome, où, revêtu d'ornements impériaux improvisés, il s'assit sur le siège impérial. Justinien, disait-on, venait de s'enfuir en Asie. Il en avait eu la pensée; mais l'impératrice Théodora avait déclaré qu'elle ne partagerait pas la honte de cette fuite; et rappelant ce mot d'un ancien, que la pourpre est un beau linceul, elle avait fait prévaloir une résolution énergique. Justinien avait près de lui Bélisaire, récemment arrivé d'Asie, accompagné de gardes dévoués, et Mundus, général d'Illyrie, avec une compagnie d'Hérules.

Ces deux officiers, mettant l'épée à la main et entraînant à leur suite les soldats indécis, pénétrèrent de deux côtés différents dans l'hippodrome par les avenues qui communiquaient avec le palais, et commencèrent à porter le désordre et la mort dans cette foule compacte. En même temps l'eunuque Narsès avait, en répandant de l'argent, ramené une partie des bleus à la cause de Justinien. Hypace fut amené prisonnier au palais, et les factieux furent poursuivis dans toutes les directions et massacrés impitoyablement par les soldats enivrés de sang. Le soir tout était tranquille, dit un chroniqueur ; mais plus de trente mille cadavres jonchaient les rues. Hypace protesta vainement à l'empereur qu'il avait à dessein rassemblé ses ennemis pour les lui livrer : il eut la tête tranchée, ainsi que son frère Pompée.

Après ce drame sanglant, Justinien s'occupa de réparer les désastres que l'incendie avait causés dans Constantinople, et il rebâtit l'église de Sainte-Sophie (de la divine sagesse) sur un plan plus vaste et avec un luxe inouï. Les rhéteurs et les poëtes ont multiplié les descriptions de ce chef-d'œuvre de l'architecture byzantine, souvent altéré dans la suite des siècles par le temps ou les révolutions, mais toujours réparé avec zèle. Depuis la prise de Constantinople par les Turcs, Sainte-Sophie, consacrée au culte de l'islamisme, domine sur les mosquées, auxquelles elle a servi de modèle, et demeure pour les chrétiens un objet de regret ou de secrète espérance. Cette célèbre basilique et les édifices nombreux dont Justinien décora Constantinople et d'autres villes de son empire méritent que nous leur consacrions un chapitre spécial, dans lequel nous réunirons quelques observations sur le déclin des arts helléniques depuis le triomphe de la religion chrétienne et sur la naissance du style dit *byzantin*. Mais achevons d'abord le précis des événements importants accomplis sous le règne de Justinien.

Ce prince avant de monter sur le trône avait noué quelques relations avec Hildéric, petit-fils du conquérant de l'Afrique.

Quoique arien comme ses prédécesseurs, Hilderic, au début de son règne, avait montré plus de tolérance pour ses sujets catholiques. Mais cette tolérance, ses relations avec Constantinople et la défaite d'un de ses généraux par les Maures ou Maurousiens avaient excité contre lui un soulèvement de la part des Vandales ; et un de ses parents, Gélimer, s'était emparé de la couronne et le retenait captif (1). Le monarque déchu implora le secours de Justinien. Dans le conseil les ministres romains exagérèrent les dépenses et les difficultés d'une guerre contre Carthage, et rappelèrent l'issue désastreuse de la tentative de Léon. Mais la voix de la religion parla plus haut dans l'esprit de Justinien, et l'expédition fut résolue. Ajoutons que cette résolution généreuse était d'accord avec les intérêts d'une politique clairvoyante. En effet, l'Afrique était encore peuplée d'un grand nombre de Romains, qui supportaient à regret le joug d'un peuple hérétique et barbare. Les Vandales, quoique multipliés prodigieusement depuis près d'un siècle, avaient, en se livrant à la mollesse, perdu leurs forces réelles. Elles étaient encore diminuées par leurs divisions ; et l'élite de leur armée, occupée à recouvrer la Sardaigne sous les ordres d'un frère de Gélimer, rendait l'occasion de les attaquer favorable. Justinien pressa les apprêts avec sa force de volonté, et réunit de toutes parts des vaisseaux, des soldats et de la cavalerie. Mieux avisé que l'empereur Léon, il assura l'exécution de ses desseins en confiant le commandement en chef à Bélisaire, qui avait fait ses preuves dans la guerre de Perse. Au mois de juin 533, la septième année du règne de Justinien, la flotte, composée de cinq cents vaisseaux de charge et de quatre-vingt-douze galères, gouvernée par vingt mille marins et portant quinze mille hommes de débarquement et cinq mille chevaux, défilait sous les fenêtres du palais impérial, après avoir reçu les bénédictions du clergé. Le succès de cette grande expédition faillit être compromis par l'avidité du préfet du prétoire, Jean de Cappadoce, qui par un sordide calcul n'avait fait fournir à la flotte que

(1) *Voy.* pour plus de détails l'*Histoire de la domination des Vandales en Afrique* par M. Yanoski dans l'UNIVERS, *Afrique*, t. 2.

6° *Livraison.* (GRÈCE.)   6

des pains mal cuits. Au bout de quelques jours de navigation, ces pains étaient moisis, et causèrent des maladies et la mort d'un grand nombre de soldats. Mais Bélisaire fit relâcher à Méthone, à la pointe du Péloponnèse, où il renouvela une partie de ses provisions; il toucha ensuite à Zacynthe, et de là cingla vers la côte de Sicile, voisine de l'Etna. Les Romains furent bien accueillis par les Goths, sujets de la reine Amalasonthe, et Procope apprit à Syracuse, d'un voyageur arrivé la surveille de Carthage, que l'on était loin de s'y attendre à une attaque prochaine. Bélisaire cependant, au lieu de faire voile directement vers Carthage comme on le lui conseillait, ne voulut pas s'exposer à livrer un combat naval avec une flotte chargée d'hommes étrangers à la mer; mais de Caucana en Sicile il se dirigea par Mélite (Malte) au point de la côte africaine le plus rapproché, et débarqua sans opposition à *Caput-Vada*, à cinq journées au sud de Carthage.

Ce n'est pas seulement dans l'action que Bélisaire se montrait grand général. Sa prudence et sa fermeté assuraient d'avance ses succès. Appelé au commandement d'une armée composée des éléments les plus hétérogènes, de Huns, de Goths, d'Arabes, d'Arméniens avec leurs chefs particuliers, il sut maintenir une exacte discipline, digne des anciennes armées romaines. Dès les premiers jours de sa navigation, deux Huns en état d'ivresse ayant tué un de leurs camarades, Bélisaire en fit un châtiment exemplaire, malgré la fermentation qu'excita cette sévérité inusitée chez ces barbares, habitués à l'impunité. En débarquant sur la terre d'Afrique, Bélisaire fit comprendre à ses soldats qu'ils devaient se comporter en libérateurs et non pas en dévastateurs; qu'il y allait du succès de leur entreprise et de leur salut même. Les maraudeurs furent sévèrement punis; il ne souffrit qu'on se procurât des vivres que l'argent à la main. L'armée recueillit immédiatement le fruit de cette discipline. Les habitants, au lieu de fuir et de cacher leurs grains, apportèrent des provisions en abondance. Sullecte, Leptis, et Hadrumète, les premières villes que les Romains rencontrèrent en marchant sur Carthage, s'empressèrent d'ouvrir leurs portes. Un corps de troupes légères éclairait la marche et couvrait l'aile gauche contre les ennemis du côté des montagnes; la flotte suivait en longeant la côte. L'armée s'avança rapidement ainsi sans rencontrer d'obstacle sérieux jusqu'à Grasse, délicieuse résidence des rois vandales, dont elle s'empara. Gélimer envoya son frère Amatas à la tête de la plus grande partie des troupes qu'il avait pu rassembler pour arrêter les Romains à Decimum, près de Carthage, pendant que son neveu Gibamond, à la tête de deux mille cavaliers, devait attaquer l'aile gauche, et que lui-même, par une marche secrète, tomberait sur l'arrière-garde. L'imprudence d'Amatas, qui devança l'heure du combat, déjoua ce plan et causa la défaite des Vandales. Gélimer n'arriva sur le champ de bataille que pour le voir jonché de ses soldats, et au milieu d'eux son frère expirant. Lui-même, ainsi que Gibamond, fut mis en déroute, et il s'enfonça dans le désert après avoir donné l'ordre de faire périr Hildéric dans sa prison. Ce dernier crime ne devait profiter qu'aux Romains. La mort de l'allié qu'ils avaient voulu rétablir sur le trône leur laissait le champ libre pour revendiquer leurs anciennes possessions. En approchant de Carthage, Bélisaire trouva la ville illuminée. Les catholiques y célébraient avec enthousiasme la fête de saint Cyprien, patron révéré du pays, et la chute des Vandales ariens. Bélisaire fit descendre à terre les marins de la flotte pour augmenter la pompe de l'entrée triomphante, et il prit possession du palais des rois.

Cependant la conquête de l'Afrique n'était pas terminée par celle de Carthage. Gélimer avait rappelé les troupes qui venaient d'opérer l'inutile conquête de la Sardaigne. De toutes parts les Vandales étaient accourus, entraînant les Maures à leur suite par l'espérance des dépouilles d'un ennemi dix fois moins nombreux. Malgré cette disproportion et malgré les efforts héroïques des vétérans revenus de Sardaigne, Bélisaire remporta encore une victoire complète. Gélimer prit la fuite, le camp des Vandales fut forcé, leurs richesses tombèrent aux mains des vainqueurs, et leurs familles furent réduites en captivité. Ceux qui échappèrent au fer des assaillants se virent poursuivis par leurs perfides alliés.

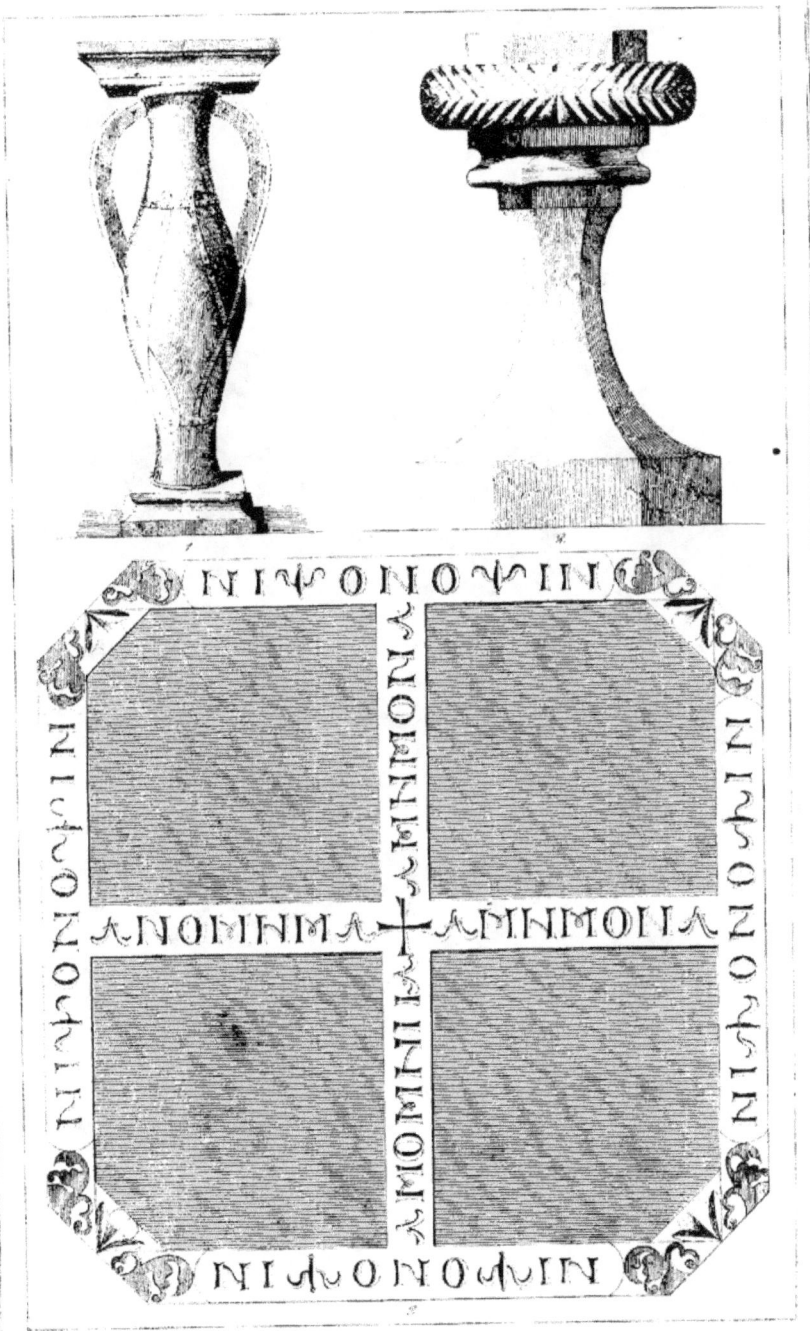

De ce moment leur pouvoir s'écroula partout où le général romain envoya ses lieutenants, à Hippone (Bône), à Césarée (Alger ou Cherchell), et jusqu'à Septem (Ceuta), près des colonnes d'Hercule. La Sardaigne, la Corse, les îles de Majorque, de Minorque, d'Ébusa (Iviça), suivirent le sort de la province d'Afrique; et Bélisaire put écrire à Justinien qu'il avait achevé en trois mois cette importante conquête. Il ne restait pour la couronner qu'à se rendre maître de Gélimer, qui, n'ayant pas réussi à passer en Espagne, s'était retiré sur une montagne inaccessible. La disette et la misère l'obligèrent au bout de quelques mois à se rendre.

Des succès si éclatants excitèrent l'envie contre Bélisaire. On l'accusa, près de Justinien, d'aspirer au trône qu'il venait d'enlever aux Vandales. Cependant l'empereur lui laissa le choix de rester comme gouverneur de l'Afrique, ou de revenir près de sa personne. Le héros déjoua les espérances perfides de ses ennemis en se hâtant de revenir, et Justinien récompensa dignement ses services et sa fidélité en lui accordant avec le consulat les honneurs du triomphe, qu'aucun général n'avait obtenus depuis Tibère, et dont Constantinople n'avait jamais été témoin. La pompe en fut ornée des plus riches trophées, du somptueux mobilier des rois vandales, des statues et des objets précieux enlevés en Italie par Genséric, et parmi lesquels on distinguait les ornements du temple des Juifs jadis transportés à Rome par Vespasien, et que Justinien consacra dans l'église de Jérusalem. Derrière ces trophées on voyait les longues files des prisonniers vandales, remarquables par leur haute stature, et enfin Gélimer, revêtu de la pourpre. Bélisaire marchait à pied, à la tête de ses compagnons d'armes. Le roi captif et le vainqueur de l'Afrique vinrent dans l'hippodrome se prosterner aux pieds de Justinien et de Théodora. L'empereur exécuta fidèlement les engagements pris en son nom envers Gélimer, auquel il accorda pour retraite de riches domaines en Asie. Il réorganisa soigneusement la province d'Afrique (1), et donna pour successeur à Bélisaire Salomon, qui continua son œuvre en comprimant les révoltes des Maures et en relevant les fortifications des villes ruinées par les Vandales, travaux dont une inscription récemment relevée par nos soldats sur l'arc de triomphe de Théveste (Tébésa) constate l'étendue.

La soumission de l'Afrique devint pour Justinien le prélude d'une guerre plus longue et plus difficile, qui eut pour résultat de délivrer l'antique Rome du joug des Ostrogoths. Amalasonthe, fille du grand Théodoric, célèbre par ses charmes et par son savoir, gouvernait l'Italie, comme tutrice de son fils Athalaric, lors de l'expédition de Bélisaire en Afrique. Ce fut par ses ordres que les Goths accueillirent en Sicile la flotte de Bélisaire, car ils avaient en ce moment contre les Vandales des griefs qui leur faisaient désirer de voir humilier cette puissance. D'ailleurs Amalasonthe, qui poursuivait l'œuvre difficile de fondre en un seul peuple les Romains et les Goths, en faisant adopter à ces derniers la civilisation latine, recherchait l'appui de l'empereur de Constantinople, qu'elle reconnaissait pour suzerain. Pendant que Bélisaire poursuivait ses succès en Afrique avec une rapidité dont les Goths durent s'alarmer, le jeune Athalaric, rebelle à l'éducation que sa mère voulait lui donner, était mort à la suite de précoces débauches, et l'orgueil des Goths s'était révolté contre l'autorité d'Amalasonthe et de ses conseillers romains. En vain elle avait cru se donner un appui en partageant le pouvoir avec son cousin Théodat; elle fut assassinée, au mois de décembre 534, par quelques Goths dont elle avait fait périr les parents. Nous nous refusons à croire Procope lorsqu'il avance, dans son Histoire secrète, que Théodora fut l'instigatrice de ce crime, dans l'appréhension qu'Amalasonthe, si elle venait à se retirer à Constantinople, ne lui enlevât le cœur de Justinien. Dans son Histoire gothique, le même historien impute avec plus de probabilité le meurtre de cette reine à l'ambition de Théodat, qui la tenait captive. Quoi qu'il en soit, Justinien eut, comme en Afrique, pour commencer la guerre le prétexte spécieux de venger un allié. Il avait aussi, du vivant même d'Amalasonthe, élevé des prétentions sur la ville de Lilybée en Si-

(1) Cod. Just. t I. tit. 27 de *officio præfecti prætorio africæ et de omni ejusdem diœceseos statu*.

cile, que les Goths avaient précédemment cédée aux Vandales, et que les Romains réclamaient en conséquence comme une dépendance de leur conquête.

Chargé de cette nouvelle guerre, Bélisaire débarqua d'abord en Sicile. Les Goths, peu nombreux, qui l'occupaient, renfermés à Palerme, opposèrent seuls quelque résistance; et avant l'expiration de son consulat Bélisaire avait réuni à l'empire d'Orient cette île célèbre, jadis civilisée par les colonies grecques, un des théâtres de la lutte entre Athènes et Lacédémone, et que les Romains et les Grecs se disputèrent pendant plus d'un demi-siècle. Informé durant cette campagne d'un soulèvement en Afrique, il lui suffit de s'y montrer pour vaincre les rebelles; puis il repasse en Sicile, où ses troupes s'étaient mutinées en son absence. Il les ramène à l'obéissance, et les conduit à la conquête de l'Italie.

Rhégium, la première ville que Bélisaire rencontra dans cette contrée qu'on nommait autrefois la Grande-Grèce, l'accueillit avec joie. Un gendre de Théodat, au lieu de combattre, fit sa soumission. Le roi des Goths lui-même avait ouvert des négociations secrètes avec Justinien pour échanger sa couronne contre un revenu assuré à Constantinople; mais quelques succès remportés par les Goths en Illyrie lui rendirent l'audace de tenter le sort des armes. Naples, occupée par une garnison de Goths qui avaient leurs femmes et leurs enfants à Ravenne comme garants de leur fidélité, arrêta vingt jours Bélisaire. Cependant Théodat, sorti de Rome à la tête de ses troupes, n'osa pas secourir cette ville, et ses sujets, indignés de sa lâcheté, le massacrèrent et élevèrent sur le pavois le général Vitigès. Le nouveau prince, quoique d'une valeur éprouvée, ne crut pas devoir risquer une bataille dans un pays dont la plus grande partie de la population lui était hostile. Il abandonna Rome elle-même, et se retira à Ravenne, devenue le centre militaire de l'Italie. Appelé par les Romains, Bélisaire fit son entrée, au mois de décembre 536, dans la ville éternelle, dont il envoya les clefs à Justinien. Cependant Vitigès avait rassemblé dans le nord de l'Italie des forces considérables, et vint mettre le siège devant Rome. Ce fut pour Bélisaire une nouvelle occasion de déployer toutes ses qualités : valeur personnelle, prudence, habileté politique, infatigable activité. Il ne fallait pas moins pour défendre avec une garnison peu nombreuse, contre des forces très-supérieures, une ville d'une vaste circonférence, habitée par un peuple peu aguerri et inconstant, bientôt las de supporter les privations d'un siége. Enfin les secours sollicités de Constantinople arrivèrent, pressés par Antonina, épouse de Bélisaire. Le nom de cette femme se trouve mêlé à tous les événements de ce temps. Son crédit sur l'impératrice, dont elle avait été femme de chambre, plus que les hauts faits de Bélisaire, le soutenait contre les cabales de la cour; et le vainqueur de tant de peuples, subjugué par un aveugle amour, s'humiliait devant Antonina, dont lui seul semblait ignorer les déportements. Épouse dévouée sinon fidèle, ou plutôt dévorée du besoin de jouer un rôle et de commander, Antonina avait suivi Bélisaire dans toutes ses expéditions, à travers tous les dangers, et souvent elle avait ouvert d'utiles avis. Après un an d'inutiles efforts, les Goths, réduits des deux tiers et effrayés d'une diversion tentée par les Romains contre Ravenne, asile de leurs familles et de leurs trésors, levèrent le siége de Rome. Bélisaire, s'attachant à leurs pas, rendit leur retraite désastreuse, et combinant ses opérations avec une seconde armée débarquée à Ancône sous les ordres de l'eunuque Narsès, il obligea Vitigès à se renfermer dans ses derniers retranchements. Mais la guerre se compliqua par l'intervention des rois francs, dont l'empereur de Constantinople et le monarque des Goths avaient également recherché l'alliance. Théodebert, petit-fils de Clovis roi d'Austrasie, prince entreprenant, descendit en Italie à la tête de dix mille Bourguignons; et, prenant le parti des barbares menacés d'extinction, il saccagea la ville de Milan, qui s'était déclarée pour l'empereur. Encouragé par ce succès, il revint l'année suivante à la tête de cent mille hommes, et ravagea une partie de l'Italie; mais les maladies qui décimèrent son armée l'engagèrent à repasser les Alpes. Justinien en prit occasion de joindre à ses titres celui de *Francique*, ce dont le roi des Bourguignons, vivement irrité, menaça de tirer

La Cathédrale à Athènes
Vue de l'Ouest

vengeance en allant, à la tête de ses Francs, chercher Justinien jusqu'à Constantinople. Mais bientôt après, Théodebert périt d'accident à la chasse, et par cette mort les entreprises des Francs contre l'Orient furent ajournées jusqu'aux croisades.

Bélisaire n'avait pas cessé de tenir la campagne en Italie. Après le départ des Francs, il finit par renfermer Vitigès dans Ravenne, dont il s'empara après un long siége. Les Goths, pénétrés d'admiration, lui offrirent de régner sur eux; mais il préféra la gloire plus pure de ramener encore une fois aux pieds de son souverain un roi captif avec sa famille et ses trésors.

Pour achever de rapporter ce qui concerne les guerres des Grecs en Italie, disons qu'après le départ de Bélisaire Totilas, élu roi des Goths, ravagea toute la péninsule (546); que Bélisaire fut rappelé du fond de l'Asie pour réparer les fautes de ses successeurs. Mais, dépourvu de troupes aguerries, il ne put empêcher la prise et le sac de Rome. Il la reprit cependant; mais il quitta bientôt après l'Italie, aliénée par les exactions des ministres de Justinien, tandis que Totilas soumettait les peuples par son humanité autant que par sa bravoure. Il reprit Rome encore une fois, reconquit la Sicile, la Sardaigne, la Corse, et vint avec ses galères insulter Corcyre et les côtes de la Grèce et de l'Épire jusqu'à Nicopolis et Dodone. Justinien se décida à faire, malgré l'épuisement de l'empire, un effort proportionné à la grandeur des intérêts engagés. Une armée considérable, conduite par Narsès, digne émule de Bélisaire, et aidée des Lombards qui s'étaient établis au nord de l'Italie depuis les désastres des Goths, s'avança contre Totilas, qui fut vaincu et tué dans une grande et décisive bataille. Narsès marcha sur Rome; et pour la cinquième fois sous le règne de Justinien cette malheureuse ville subit les désastres d'une prise de vive force. Dans ce même temps une armée de Francs et d'Allemands, conduite par deux frères, Butelin et Leuthaire, princes allemands, sujets de Thibault, roi d'Austrasie, était descendue des Alpes et, se partageant en deux corps, avait porté ses ravages jusqu'à l'extrémité méridionale de l'Italie. Les troupes romaines, renfermées dans les villes fortes, avaient laissé passer le torrent; puis, lorsque les désordres du pillage et le climat, toujours funeste aux hommes du Nord, eurent affaibli les Francs, Narsès les attaqua et les défit. Bien peu repassèrent les monts. Cette victoire amena l'entière soumission des Goths en Italie. Narsès resta quinze ans chargé du gouvernement de cette contrée. Ses successeurs, revêtus du titre d'*exarques*, fixèrent leur séjour non pas à Rome, presque dépeuplée et dont les fortifications avaient été ruinées, mais à Ravenne. L'exarchat d'Italie, bientôt réduit par la puissance croissante des Lombards à ce qu'on nomme aujourd'hui la *Romagne*, se maintint jusqu'au temps de Constantin Copronyme et de Pépin père de Charlemagne, qui en fit don à l'Église.

Dans le temps où Narsès venait de terminer la soumission de l'Italie, un des chefs visigoths qui se disputaient la possession de l'Espagne appela les Romains à son aide, et leur remit les provinces méridionales qui s'étendent de la Méditerranée à l'Océan, Murcie, Grenade, Séville. Le patrice Libérius, venu à la tête d'une flotte considérable, avait conçu l'espérance de réunir toute la péninsule Ibérique à l'empire. Il poussa même une expédition jusqu'à Bordeaux. Les Visigoths ne tardèrent pas à se réunir contre les Romains, qui toutefois se maintinrent soixante-dix ans dans quelques parties de l'Espagne.

Si maintenant nous reportons nos regards vers l'Orient, nous le trouvons durant le même temps ensanglanté par des guerres dont l'issue fut moins favorable pour l'empire. Les Arméniens et les Lazes, par l'inconstance de leurs alliances, avaient rallumé la guerre entre Justinien et Chosroès. Ce dernier envahit la Syrie et la Palestine; il prit Antioche, dont il transporta les habitants en Mésopotamie. D'autres villes se rachetèrent à prix d'or. Le monarque persan s'avança jusqu'au littoral, et, comme pour braver l'empereur, vint prendre un bain dans la Méditerranée. Bélisaire, vainqueur de Vitigès, accourut au secours de l'Orient, fit lever le siége d'Édesse, et obligea Chosroès à la retraite. Mais lorsque le héros eut été rappelé sur un autre théâtre par les besoins de l'empire, la guerre se renouvela avec des succès partagés. Justin, fils de Germanos, neveu de Justinien, remporta quelques avantages, à la suite desquels on ouvrit des négociations pour la paix. Les deux empires étaient également fatigués d'une lutte qui durait depuis plus de vingt ans. La paix fut signée en 562 pour cinquante ans : Chosroès renonçait à ses prétentions sur l'Arménie et la Lazique, moyennant un présent annuel de trente mille pièces d'or. L'orgueil de Justinien dut souffrir de cette dernière clause, qui le rendait en quelque sorte tributaire de la Perse. Mais déjà des affronts plus sensibles avaient humilié sa vieillesse. Ainsi, en 558, les Huns Cotrigures, irrités de ne pas recevoir les subsides que Justinien accordait à d'autres tribus de cette nation, passèrent le Danube sur les glaces, et s'avancèrent sans rencontrer de résistance jusqu'aux environs de la capitale. La muraille d'Anastase, en partie ruinée par des tremblements de terre et dégarnie de soldats, ne put mettre une barrière aux ravages des Huns. Toutes les forces militaires de l'empire étaient réduites, sous Justinien, à cent cinquante mille hommes, et dispersées, par suite de ses entreprises lointaines, aux extrémités de l'Afrique, en Espagne, en Italie, en Thébaïde, en Mésopotamie, en Colchide. La capitale, en partie dépeuplée par la peste, n'avait pour défenseurs que les cohortes peu belliqueuses des gardes du palais. Dans ce pressant danger, on eut encore une fois recours à Bélisaire. Le vieux guerrier languissait depuis plusieurs années dans un oubli voisin de la disgrâce ; mais il retrouva le dévouement et l'énergie dont il avait fait preuve tant de fois. Prenant tous les chevaux des écuries de l'empereur et des particuliers, il forme un petit corps de cavalerie, avec lequel il sort hardiment dans la plaine. Il communique son intrépidité à tous ceux qui le suivent, les multiplie aux yeux des ennemis par d'habiles stratagèmes, et, choisissant un champ de bataille étroit où la foule des barbares ne sert qu'à les entraver, il les culbute et les met en déroute. Après ce succès, Bélisaire dut rentrer dans la capitale, rappelé par la prudence ou par la jalousie des ministres, et fut reçu d'autant plus froidement par la cour que les acclamations du peuple avaient été plus vives. Deux détachements des Huns qui s'étaient dirigés vers le midi échouèrent également, l'un devant les fortifications qui fermaient la Chersonnèse de Thrace, l'autre devant les Thermopyles ; mais ils se retirèrent lentement avec leur butin, et seulement après que Justinien eut racheté à prix d'argent les prisonniers nombreux qu'ils traînaient à leur suite.

La fin de ce règne qui avait jeté un si vif éclat offre un triste tableau. L'empereur avait perdu en 548 Théodora, l'âme de ses conseils. L'activité prodigieuse avec laquelle on l'avait vu, dans un autre temps, passer les nuits et les jours à diriger du fond de son cabinet la guerre et les intrigues politiques dans toutes les parties du monde, commençait à s'affaisser ou se concentrait sur les questions religieuses. Les finances étaient épuisées par les guerres et par le luxe des édifices ; des fléaux célestes frappaient les peuples de stupeur, et l'attente d'un changement de règne agitait vaguement les esprits. Un jour, le bruit courut dans Constantinople que Justinien était mort ; aussitôt on enleva tout le pain qui était chez les boulangers, on ferma les boutiques, et les partis s'agitèrent pour l'élection d'un souverain. Cependant l'empereur n'était qu'indisposé ; les ministres firent illuminer pour annoncer son rétablissement. A quelque temps de là on découvrit une conspiration contre les jours de l'empereur. Quelques-uns des inculpés accusèrent plusieurs des familiers de Bélisaire ; lui-même fut traîné devant un juge, et le grand homme qui avait tant honoré ce règne et donné des preuves multipliées de fidélité fut dépouillé de sa fortune et de ses dignités. Toutefois il ne faut pas admettre une tradition du moyen âge, dont le roman et les arts se sont emparés, et d'après laquelle Bélisaire, privé de la vue, aurait été réduit à demander l'aumône dans Constantinople. Son innocence fut reconnue par Justinien, auquel il faut rendre la justice d'avoir, au milieu des délations et dans un siècle de violence, su garder de la modération dans tout ce qui ne touchait pas à ses opinions religieuses. Après quelques mois de détention dans son propre palais, Bélisaire rentra dans la jouissance de ses biens et de ses honneurs (en 562). Il mourut quelques années plus tard (mars 565). Justinien lui survécut peu de mois. Il avait régné trente-huit ans et sept mois. Jaloux d'imposer ses dogmes comme ses lois, il venait de soulever, sur la nature du Christ, une controverse qui menaçait de troubler la chrétienté, et qui a exposé sa mémoire à l'inculpation d'hérésie. Il légua à son neveu, le *Curopalate* Justin, la tâche difficile de soutenir le colosse romain, qu'il avait remis sur pied, mais en sacrifiant trop souvent la prospérité et la force réelle de son pays à l'apparence de la grandeur.

CHAPITRE X.

SUR LA LEGISLATION GRÉCO-ROMAINE.

La législation est un des principaux titres de gloire des Romains, et on leur accorde généralement sous ce rapport une grande supériorité sur les Grecs. La stabilité de leurs institutions et le respect des traditions anciennes ont en effet donné à leurs lois une concordance et une autorité qu'elles pouvaient difficilement acquérir au milieu des révolutions fréquentes des cités grecques. A la vérité nous ne possédons sur la législation civile d'aucune de ces dernières, même sur celle d'Athènes, des documents assez étendus pour permettre d'établir avec celle de Rome une comparaison complète et suivie. Cependant les renseignements divers qu'on peut recueillir sur cette question, principalement dans les monuments épigraphiques, montrent que la Grèce pourrait bien revendiquer une part des éloges prodigués au droit romain. Sans parler de la loi des Douze tables, principale base de la législation des Romains et que, de l'aveu de leurs historiens, les décemvirs aidés d'Hermodore avaient empruntée en partie aux lois de Solon et des autres législateurs grecs, on a tout lieu de croire que les exemples des républiques de la Grande-Grèce et de la Sicile, avec lesquelles les Romains furent de bonne heure en relation, exercèrent sur leur jurisprudence, comme sur le reste de leur civilisation, une grande influence.

On sait avec quel discernement les Romains choisirent chez les peuples qu'ils avaient vaincus certaines parties de leur législation : ils maintinrent en Sicile les lois agricoles d'Hiéron, et empruntèrent aux Rhodiens leurs lois maritimes. Si nous prenons l'histoire du droit à l'époque qui fait le commencement de ce volume, c'est-à-dire à la conquête de la Grèce, en 146 av. J.C., nous voyons que les antiques lois romaines, trop strictes pour l'état actuel de la société, étaient annuellement développées, complétées, et quelquefois éludées par ce qu'on nommait l'édit perpétuel du préteur, destiné à servir de base à sa jurisprudence. Or sous quelle influence devait le plus souvent être composé cet édit, si ce n'est sous celle des Grecs, devenus les instituteurs de tout ce qu'il y avait à Rome d'hommes amis du progrès? Depuis le temps des Scipions et des Lælius, la philosophie grecque travaille à substituer ses principes aux vieilles formules dans lesquelles le droit quiritaire était circonscrit. Ces principes se font jour dans l'édit du préteur, sous le nom d'équité et de droit des gens (des nations), et pénètrent peu à peu dans toute la législation. Cicéron, qui affecte dans ses traités philosophiques d'exalter la sagesse des ancêtres et de rappeler à l'étude du droit national et des Douze tables, presque oubliées, dit-il, est cependant en réalité le disciple et quelquefois simplement l'interprète des philosophes grecs. Si les théories souvent sublimes, mais rarement applicables, de Platon devaient trouver peu de faveur chez des hommes positifs, habitués à la pratique du gouvernement, ils ne pouvaient repousser de même les péripatéticiens, dont les principes s'appuyaient sur l'étude comparative des faits. C'est sur l'analyse d'une foule de constitutions des cités grecques et des peuples barbares, qu'Aristote et Théophraste avaient basé leurs traités *de la politique* et *des lois*. A leurs doctrines, Démétrius de Phalère, que Cicéron dans le traité *Des lois* semble se proposer pour modèle, avait joint cette expérience supérieure qui ne s'acquiert que par le maniement des affaires publiques. Enfin une autre école, le stoïcisme, par la précision de ses axiomes et de ses définitions, par l'élévation et la sévérité de ses préceptes moraux, et par l'énergie qu'il développait, convenait particulièrement au caractère romain, et exerça pendant plusieurs siècles une. influence prépondérante et incontestée sur la jurisprudence. Les prudents ou jurisconsultes dont les décisions jouissaient de tant d'autorité, ceux qui publiaient des traités dogmatiques sur le droit ou qui l'enseignaient publiquement à Rome, appartenaient presque tous à l'école de Zénon. Leurs définitions, leurs axiomes ne sont souvent que la reproduction de passages de Panætius ou de Chrysippe; et lorsque, après la destruction de la république, le pouvoir législatif se concentra presque uniquement dans les mains des empereurs, les *rescripts* par lesquels, à l'exemple des Ptolémées, les Césars tranchaient toutes les questions qu'on leur soumettait, furent rédigés par des hommes de loi la plupart formés à l'école stoïcienne. Lorsque le titre et la condition de citoyen furent étendus à tous les sujets de l'empire, les Grecs durent accueillir d'autant plus volontiers l'usage de la jurisprudence romaine, qu'ils y retrouvaient des principes qui n'étaient pas étrangers pour eux.

Avec Constantin la législation commence à se modifier sous une influence nouvelle, celle du christianisme. Nous ne dirons pas que c'est encore un élément grec, on nous reprocherait avec raison de réduire aux étroites proportions de notre cadre un tableau beaucoup plus vaste, celui de la lutte entre ce que la science et la philosophie regardaient comme leur chef-d'œuvre, et les préceptes de l'Évangile. Nous savons que l'idée de fraternité universelle et les conséquences qui en découlent sont aussi étrangères aux anciennes législations de la Grèce qu'à celle de l'Italie; mais pour que ces dogmes si nouveaux pénétrassent dans l'édifice compacte des lois civiles, il fallut une longue suite d'efforts; et depuis Constantin jusqu'à Justinien, on ne peut refuser au clergé d'Orient d'avoir pris la plus grande part à ces efforts. Sans doute Constantin a puisé l'idée de plusieurs de ses réformes dans les *Institutions divines* de Lactance, élève lui-même des Pères grecs. Le grand Théodose a pu s'inspirer aussi des discours de saint Ambroise, et Valentinien prit surtout conseil du clergé d'Italie. Mais Constance, Jovien, Valens, Arcadius, Théodose le jeune, Anastase, Justin, et surtout Justinien, fixés à Constantinople et entourés des évêques grecs, durent naturellement les consulter souvent pour la rédaction de leurs constitutions, qui toutefois continuèrent à être écrites en latin, suivant l'usage traditionnel. Ce travail du clergé pour amener la fusion des lois civiles et religieuses se manifeste entre autres exemples dans un petit traité d'un auteur anonyme peu antérieur à Justinien, intitulé *Mosaïcarum et romanarum legum Collatio*.

Dans les anciens États, le culte national faisait toujours partie de la constitution. Nous avons dit comment Constantin et Licinius avaient essayé, par l'édit de tolérance, de tenir quelque temps la balance égale entre la religion ancienne et nouvelle. Mais bientôt la révolution acheva de s'accomplir; le christianisme devint la religion de l'État. Les empereurs eurent donc à régler par leurs constitutions ce qui se rapportait à la condition des membres du clergé, aux établissements et aux édifices religieux. Ils furent même amenés à s'immiscer dans les questions de dogme, pour distinguer parmi les sectes religieuses celle qui était fondée à se dire l'Église et à jouir de ses priviléges. Ils joignirent une sanction législative aux décisions des conciles. Souvent aussi ils réglèrent eux-mêmes bien des points qui semblaient plutôt du domaine purement ecclésiastique. Mais le clergé, en reconnaissance de l'appui qu'il trouvait dans le pouvoir séculier, acceptait son intervention dans les matières religieuses, pourvu qu'elle n'allât pas directement contre les bases de la foi. Depuis Constantin les fonctions d'arbitre entre les fidèles, qui dès l'origine du christianisme avaient été une des principales attributions des évêques, étaient devenues une juridiction particulière et reconnue officiellement. Dans cette juridiction l'Église se dirigeait par ses traditions, par les décisions ou canons des conciles, et par les ordonnances impériales relatives aux matières ecclésiastiques. C'est l'origine de ce qu'on a nommé le Droit canonique. Mais au temps de Justinien, ce droit, non plus que le droit civil, n'était pas encore réuni en un corps de doctrine.

On peut se faire une idée de la confusion qui régnait dans la masse des lois romaines, les unes remontant à la république et appropriées à des institutions qui n'existaient plus; d'autres écrites par les empereurs païens sous l'influence du stoïcisme; celles-ci enfin par les empereurs chrétiens selon l'inspiration des évêques; les unes abrogées en partie, d'autres tombées en désuétude, toutes étouffées sous la masse des commentaires. C'est à ce dédale que Justinien résolut de substituer une législation homogène en réunissant dans un seul code toutes les lois qu'il jugerait à propos de maintenir, et en abrogeant tout ce qui resterait en dehors; pensée vraiment grande et salutaire, quoique l'exécution ait pu laisser à désirer ou à reprendre.

Depuis la loi des Douze Tables jusqu'à la fin de la république, la législation n'avait été l'objet d'aucun travail d'ensemble. Auguste modifia profondément la constitution; mais il était trop attentif à ne pas blesser inutilement les susceptibilités nationales pour remanier entièrement le droit. Le monument législatif le plus important de son règne fut la promulgation des lois *Julia* et *Papia*, sur le mariage et la paternité, qui embrassaient dans leurs dispositions presque toutes les relations de la famille : les fiançailles, la dot, le concubinat, le divorce, les donations, l'hérédité, etc., et qui restèrent une des bases du droit civil jusqu'au temps de Constantin, où les principes très-différents du christianisme sur le mariage et sur le célibat firent abolir la plupart de leurs dispositions. On peut citer encore l'édit perpétuel d'Adrien, rédigé par Salvius Julianus, et qui, à l'exemple de l'édit du préteur dont il empruntait le nom, *edictum perpetuum*, réglait les points principaux du droit. Ensuite viennent les codes *Grégorien* et *Hermogénien*, ainsi nommés du nom de leurs rédacteurs, connus aujourd'hui, de même que l'édit d'Adrien, seulement par les citations des légistes postérieurs. C'étaient des recueils des constitutions impériales depuis Adrien jusqu'à Dioclétien, un des réformateurs de l'empire, recueils qui devinrent un des éléments des travaux subséquents. La réforme religieuse opérée par Constantin devait le conduire à renouveler presque toute la législation; et cependant, comme nous avons déjà eu occasion de le remarquer, il n'y introduisit que des modifications successives. Eusèbe, dans la vie de Constantin, annonce l'intention de réunir les lettres et les lois de Constantin en faveur du christianisme; mais ce n'était qu'un objet spécial et un travail particulier. Théodose le Jeune fit continuer les codes Grégorien et Hermogénien en rassemblant et en classant méthodiquement dans le code auquel il donna son nom les constitutions des empereurs chrétiens depuis Constantin jusqu'à lui; période qui embrassait cent vingt-six ans, et les règnes de seize empereurs. Ce code, rédigé par une commission de jurisconsultes sous la présidence d'Antiochus, fut promulgué en 438 à Constantinople et fut également reçu avec acclamation dans l'empire d'Occident. Il devint même plus tard la base de la législation des Visigoths et des Bourguignons, qui nous en ont conservé des extraits. Il était divisé en seize livres, et chaque livre en un certain nombre de titres où les constitutions des empereurs étaient rangées selon leur date. Le droit civil, classé dans l'ordre de l'édit perpétuel, occupait les cinq premiers livres; les autres comprenaient les magistratures, les matières militaires, criminelles, fiscales, les travaux publics, enfin les affaires ecclésiastiques. Ce code, ayant été abrogé par celui de Justinien, ne s'est pas conservé dans son intégrité; cependant les savants modernes en fouillant dans les bibliothèques et en recueillant les livres épars, les abrégés, les extraits, sont parvenus à rassembler la plus grande partie du texte et à reconstituer à peu près ce monument si important pour l'histoire du droit et de la civilisation. Théodose avait aussi, à l'exemple de Constantin, voulu remédier à la multiplicité infinie des traités de jurisprudence, qui, au dire d'Eunape, auraient formé la charge de plusieurs chameaux, en limitant, par la loi dite *des citations*, les anciens jurisconsultes dont les écrits devaient faire autorité, et en cas de divergence entre eux, il indiquait les règles à suivre, et celui dont l'avis devait prédominer. C'était par le fait donner force de loi à des textes destinés dans l'origine à éclairer le juge et non à l'enchaîner.

Depuis la promulgation de son code, Théodose rendit quelques ordonnances nouvelles, *novellæ constitutiones*, ou simplement *novellæ*; et après lui ses successeurs Marcien, Léon, Zénon, Anastase, Justin, sans parler des derniers princes qui régnèrent en Occident. Ce sont toutes ces ordonnances, jointes à celles des codes Grégorien, Hermogénien et Théodosien, dont Justinien ordonna la fusion dans son code. Les dix jurisconsultes chargés de ce travail reçurent de lui une grande latitude. En effet, il leur permit formellement, par l'ordonnance placée en tête du code, de supprimer les préfaces, les dispositions semblables, contradictoires ou tombées en désuétude; de recueillir et de classer ces lois sous des titres convenables; d'ajouter, retrancher, modifier, ou de rendre le sens plus clair en réunissant plusieurs constitutions, en observant toutefois de les ranger dans chaque titre selon l'ordre des temps. Ce code fut divisé en douze livres, peut-être à l'imitation des lois des Douze Tables. Il fut promulgué dès 529; mais quelques années plus tard, en 534, Justinien, qui dans l'intervalle avait rendu cinquante décisions sur divers points de droit et publié des constitutions nouvelles qui abrogeaient plusieurs de celles qu'on avait admises dans le code, en donna une seconde édition sous le titre de *Codex repetitæ prælectionis*. Cette édition fut seule désormais admise en justice. C'est celle dont nous possédons le texte, sauf les altérations qu'il a pu subir dans le moyen âge, et que les éditeurs modernes ont cherché à réparer, notamment en y insérant des constitutions grecques que l'on croit avoir fait partie de la rédaction primitive, mais que les copistes occidentaux avaient retranchées par ignorance du grec. Les rédacteurs de cette seconde édition furent Dorothée, Ménas, Constantin et Jean, sous la direction de Tribonien. C'est également ce savant jurisconsulte que Justinien avait chargé, après la première promulgation du code, d'accomplir une entreprise encore plus vaste et non moins difficile, celle de réunir en un seul corps toute la jurisprudence romaine. Il en avait tracé le plan dans une constitution dont voici l'analyse : « Après le code que nous avons publié sous notre nom, nous avons résolu de corriger complétement tout le droit civil, toute la jurisprudence romaine, en rassemblant dans un seul volume les volumes dispersés de tant de jurisconsultes. Nous vous avons chargé de choisir pour ce travail les plus habiles professeurs, les plus grands avocats, et agréant ceux que vous nous avez présentés, nous leur ordonnons de faire cet ouvrage, mais sous votre direction. Choisissez, corrigez tout ce qu'ont écrit les jurisconsultes à qui les empereurs avaient permis d'interpréter les lois. Embrassez toute la jurisprudence ancienne en la divisant en cinquante livres, et chaque livre en plusieurs titres, suivant l'ordre de notre code ou celui de l'édit, comme vous le jugerez convenable. Ne jugez pas une opinion comme la meilleure parce que le plus grand nombre l'a adoptée; ne rejetez pas les notes d'Ulpien, de Paul et de Marcien sur Papinien, mais prenez celles que vous croirez utiles. Les décisions de tous les auteurs que vous citerez feront autorité comme si elles étaient émanées de nous. Retranchez ce qui paraîtra déplacé, superflu ou mauvais; les corrections que vous ferez, même contraires à l'ancien droit, auront force de loi; ne laissez point d'*antinomie* (contradiction entre deux lois), point de répétition; évitez autant que possible d'insérer de nouveau les constitutions impériales qui se trouvent dans notre code; mettez de côté ce qui est tombé en désuétude. Tout se réglera par ces deux recueils, auxquels nous ajouterons peut-être, par la suite, des *instituts* pour faciliter l'étude de la science. Cet ouvrage portera le nom de Digeste ou Pandectes. Nous défendons aux jurisconsultes d'y attacher des commentaires et de l'obscurcir avec leurs observations prolixes, comme on avait fait pour le droit ancien (1). » (Décembre 530.)

Cet immense travail fut accompli par Tribonien et ses seize collaborateurs dans l'espace de trois ans. Il renferme les extraits de trente-neuf jurisconsultes, de plus de deux cents traités qui comprenaient près de deux mille livres.

Dans cette même année 533, et pendant qu'on achevait la confection du Digeste, Justinien fit rédiger par Tribonien, aidé de Théophile et de Dorothée, professeurs de droit à Béryte, et ses colla-

(1) Ortolan, *Hist. de la législ. romaine.*

orateurs dans les précédents ouvrages, un résumé des principes du droit en quatre livres intitulé *Elementa, instituta* ou *institutiones*, et destiné à être enseigné dans les écoles et à initier à l'étude du code et des Pandectes. Les *Institutes* furent composées à l'imitation d'ouvrages du même genre d'anciens jurisconsultes, et particulièrement de celles de Gaïus, dont une partie du texte original a été retrouvée de nos jours dans des manuscrits palimpsestes. Ici encore Tribonien usa du droit que Justinien lui avait donné d'accommoder les préceptes des anciens légistes aux idées du temps.

Les travaux législatifs de Justinien n'ont pas obtenu de la postérité une approbation unanime. On l'a accusé de légèreté; et en effet l'incessante activité de son esprit ne lui a pas permis d'imprimer à sa législation le caractère de stabilité qu'il avait prétendu lui donner. Car, indépendamment de la révision de son code, d'où est résulté quelque désaccord avec les Pandectes et les Institutes qui se référaient à la première édition, il a encore publié dans la suite de son règne un grand nombre de *novelles*, au moins cent soixante, dont quelques-unes modifient profondément les dispositions de ses lois précédentes. Les ennemis de Justinien ont été jusqu'à dire qu'il avait trafiqué de ses lois ou souffert que ses entours les vendissent, ce qui reviendrait au même. On cite une loi sur les prescriptions qui étendait, en faveur des églises, à un siècle au lieu de trente années, la faculté de faire valoir leurs droits, loi que Justinien révoqua au bout de peu d'années, et qui, selon Procope, n'aurait été rendue que pour favoriser certaines réclamations de l'église d'Émèse. Mais cette grave imputation n'est pas suffisamment prouvée. On a aussi vivement reproché à Justinien les altérations et les interpolations que les lois de ses prédécesseurs ont subies dans son code, et les mutilations non moins grandes des anciens jurisconsultes dans les Pandectes, qui ont contribué à faire perdre les originaux, dont il aurait même, dit-on, ordonné la destruction. C'est ce qui donne pour les recherches historiques un prix particulier au code Théodosien et en général à tous les fragments du droit antéjustinien où l'on trouve un texte plus pur des anciens monuments législatifs. Mais on peut répondre que Justinien ne travaillait pas pour les historiens; que, pour donner à son code l'unité nécessaire, en faire disparaître les antinomies et l'adapter à l'état de la société, force était de réviser les anciennes constitutions qu'il admettait dans ce code. Le seul tort serait donc d'avoir mis sous l'autorité du nom de ses prédécesseurs un texte que ceux-ci auraient pu quelquefois désavouer; mais ces interpolations que les légistes nomment *emblemata Triboniani* ne sont pas assez nombreuses pour empêcher de suivre, grâce aux indications conservées en tête de chaque loi, la formation successive de la législation. La grande question pour juger l'œuvre de Justinien est donc de savoir si les changements introduits par lui contiennent des améliorations. Nous n'essayerons pas de traiter cet immense sujet, qui exige la connaissance approfondie du corps de droit de Justinien et l'étude encore plus difficile du droit antérieur. Quelques parties de cette question ont été l'objet de travaux importants, notamment l'influence du christianisme sur le droit civil (1). La conclusion de ces recherches est que le code de Justinien a achevé de consacrer pour la constitution de la famille et les relations de ses membres entre eux, particulièrement pour la condition des femmes, les principes du christianisme, plus conformes à la nature et à l'équité que l'ancien droit romain, où tout était sacrifié à l'autorité du chef de la famille et à l'intérêt de l'État. Mais dans d'autres parties de la législation, et surtout dans celles qui tiennent à l'action de la justice, on regrette l'abandon complet des formes judiciaires, qui sous la république offraient tant de garanties à la sécurité des citoyens. La mise en accusation, le jugement du fait et l'application de la peine sont livrés aux mêmes juges; et ces juges sont, en général, des hommes politiques, des fonctionnaires nommés par le prince et révocables, ou le docile sénat de Constantinople. Avec une organisation judiciaire si défectueuse les

(1) Voir l'ouvrage de M. Troplong sur ce sujet.

meilleures lois devenaient trop souvent un bien illusoire.

Nous disions tout à l'heure qu'on avait reproché à Justinien d'avoir causé la perte de l'ancienne jurisprudence romaine. Il est certain que la publication des *Pandectes* a dû hâter la destruction de livres déjà rares et désormais inutiles, sans que l'empereur ait formellement ordonné de les anéantir. Mais les révolutions et la barbarie auraient infailliblement amené le même résultat. Le hasard nous aurait peut-être conservé dans son entier quelques traités isolés des anciens jurisconsultes. Mais ils ne nous auraient sans doute pas donné autant de lumières et des notions aussi complètes que la compilation de Justinien.

Un autre inconvénient que nous ne cherchons pas à dissimuler de la publication du *Corpus* de Justinien fut l'affaiblissement des études de droit. Les écoles de Rome, de Béryte et de Constantinople furent maintenues, et l'empereur traça lui-même le plan de l'enseignement scolastique, qui durait cinq années. Mais l'école, renfermée dans l'étude des textes officiels comme dans un cercle infranchissable, ne produisit plus de jurisconsultes vraiment dignes de ce nom, c'est-à-dire capables de s'élever au-dessus de l'application des articles du code et qui pussent en apprécier la portée d'après les enseignements de l'histoire et les lumières de la philosophie. C'est l'effet inévitable d'une *codification* de marquer un temps d'arrêt dans la science ; c'est une barrière au progrès et à la décadence. Toutefois, comme cette dernière était plus à craindre dans l'empire byzantin que le progrès n'était à espérer, on peut dire qu'en résumé le code de Justinien fut un service rendu à la civilisation.

Tout le droit byzantin se rattache si intimement à la législation de Justinien, que nous croyons devoir anticiper sur la suite des temps pour indiquer brièvement ici les principales modifications qu'elle a subies.

Les premiers successeurs de Justinien touchèrent peu à son œuvre, et l'on ne connaît d'eux qu'un petit nombre de novelles. Mais une circonstance vint rendre un peu de vie à l'étude du droit et ouvrir une carrière nouvelle à l'activité grecque. Ce fut le besoin de rendre la législation romaine, formulée en latin, plus abordable aux sujets de l'empire d'Orient, presque tous étrangers à cet idiome, quoiqu'ils s'obstinassent à se décorer du titre de Romains. Cyrus de Panopolis, préfet de Constantinople et préfet du prétoire sous Théodose le jeune, et qui devait cette haute position moins à la science des lois qu'à son talent pour la poésie, fort goûtée de l'impératrice Eudocie, fut, dit-on, le premier qui rendit ses ordonnances (*Éparchiques*) en langue grecque. Il est assez curieux de voir Jean Lydus, Grec lui-même et dans un livre écrit en grec (Περὶ ἀρχῶν, *Sur les magistratures*), déplorer cette innovation comme une source de calamités, et rappeler un ancien oracle qui menaçait les Romains de perdre leur Fortune quand ils abandonneraient l'usage de leur langue. Il faut dire que l'écrivain qui manifeste ce grand courroux avait dû son avancement dans les emplois sous Anastase, Justin et Justinien, à la connaissance du latin jointe à celle du grec, réunion déjà rare et qui devait par suite faire de la pratique des lois le monopole d'un petit nombre d'adeptes. Cependant, en dépit des résistances intéressées, l'emploi de la langue grecque continuait à gagner du terrain. Les actes et les canons des conciles, lesquels avaient force de loi, étaient rédigés en grec, et les empereurs l'employaient de préférence dans les ordonnances relatives aux affaires religieuses. Il paraît que le code, lors de sa promulgation, renfermait bon nombre de constitutions grecques. Les extraits des jurisconsultes qui avaient écrit dans cette langue comme Modestinus, furent aussi insérés textuellement dans les *Pandectes*. Justinien semble avoir voulu maintenir l'usage des deux idiomes sur un pied d'égalité pour tous les sujets de l'empire. Mais chacun revint à sa langue maternelle. Dans les exemplaires du code écrits en Occident durant le moyen âge, les constitutions grecques ont été omises sans doute par suite de l'ignorance des copistes. C'est à l'aide de sources que nous indiquerons bientôt que les éditeurs modernes ont travaillé à remplir cette lacune ; et d'un autre côté le texte latin fut bientôt, négligé à Constantinople. Justinien, en

GRÈCE MODERNE (Empire d'Orient)

1. St Denis l'Aréopagite. 2. Évêque Grec.

défendant de composer des commentaires sur sa législation, avait cependant permis de la traduire en grec en l'interprétant littéralement (κατὰ πόδα), et de composer des espèces de sommaires (indices) ou de *tables de concordance* (παράτιτλα). Théophile, un des collaborateurs de Tribonien et *antécesseur*, c'est-à-dire professeur de droit à Constantinople, a laissé une *paraphrase* grecque des *Institutes* professées par lui dès 534, qui acquit une grande autorité et conserve encore de l'utilité pour l'intelligence du texte original. Les *Institutes*, le *Code*, les *Pandectes* et les *Novelles* furent également l'objet de divers commentaires grecs plus ou moins étendus de la part de Dorothée, d'Isidore, d'Anatole, de Thalélée, d'Athanase, professeurs ou avocats contemporains de Justinien. On composa aussi des lexiques pour faciliter l'intelligence de ces traités, dans lesquels beaucoup de termes consacrés avaient été conservés en latin, quelquefois écrits en caractères grecs. Diverses parties du droit furent aussi, dans l'âge suivant, l'objet de quelques travaux particuliers dans lesquels on rapprochait les textes du code des *Novelles*, des *Pandectes* et des *Institutes*; car ce dernier livre, bien qu'il ne fût dans la pensée de l'auteur qu'une introduction et un traité didactique, acquit à peu près la même autorité que la législation dont il offrait le résumé. On commença aussi à composer en grec des abrégés du droit en vigueur. Un des premiers qui se produise revêtu de l'autorité impériale est l'*Eclogé* (Ἐκλογή ou Ἐγχειρίδιος νόμος) de Léon l'Isaurien et de Constantin (Copronyme), promulgué en 740 ou 741. Mais ces empereurs avaient introduit dans cette publication beaucoup de dispositions conformes à leurs idées de réforme religieuse qui les ont fait désigner sous l'épithète d'*Iconoclastes*. Les empereurs suivants, revenus aux principes de l'Église catholique, voulurent effacer des lois toute trace de l'influence de la dynastie isaurienne. Basile le Macédonien, qui monta sur le trône en 868, s'occupa immédiatement de cette révision, en faisant réunir dans un volume toutes les lois qu'il abrogeait et disposer en quarante livres les lois maintenues. Pour remplacer l'*Eclogé* de Léon l'Isau-

rien, que sa forme abrégée rendait très-commode, il publia avec ses fils Constantin et Léon un manuel (Πρόχειρον ou Πρόχειρος νόμος) en quarante titres qui répondaient à son recueil de lois. Quelques années plus tard, entre 879 et 886, le même Basile avec Léon et Alexandre publia une révision ou *Epanagogé* (Ἐπαναγωγή) de ce manuel, également en quarante titres, mais dans un ordre différent et avec des additions et des modifications. Enfin après la mort de Basile, son fils Léon le Philosophe accomplit le plan, conçu et en partie exécuté par son père, de refondre en un code grec la législation entière de Justinien, sauf les modifications introduites depuis, en réunissant sous un seul titre les dispositions des *Pandectes*, du code, des *Novelles* et des *Institutes*, qui avaient rapport à un même objet. Les constitutions impériales (βασιλικαὶ διατάξεις ou τὰ βασιλικά, *les Basiliques*) furent réparties en soixante livres (ἑξηκοντάβιβλος), qui formaient six volumes. Le protospathaire Symbatius fut chargé de présider à ce travail, dont les quarante livres de Basile firent probablement la base, et pour lequel on se servit principalement des traductions et des abrégés rédigés par les légistes grecs des sixième et septième siècles. Ainsi les *Basiliques* ne contiennent que les dispositions essentielles des lois rapportées *in extenso* dans le code : les suscriptions en sont supprimées; mais, d'un autre côté, elles renferment diverses ordonnances qui étaient restées en dehors du code ou qui avaient été omises dans les transcriptions; et elles servent ainsi à compléter la législation de Justinien dont elles étaient une rénovation et à laquelle elles se réfèrent en indiquant à quel ouvrage chaque disposition est empruntée. Malheureusement les *Basiliques* ne nous sont pas parvenues dans leur entier. Malgré les efforts des Cujas, des Fabrot et de M. Heimbach, leur dernier éditeur, vingt et un livres sur soixante manquent encore, ou du moins n'ont été reconstruits que par fragments. Un recueil si volumineux était trop dispendieux pour que les copies en aient jamais été très-multipliées. La plupart des hommes de loi y suppléaient par une synopsis alphabétique des titres des *Basiliques* et par des résumés tels que le

Prochiron, dont nous avons parlé et qui fut reproduit à diverses époques avec des remaniements. Nous nous bornerons à citer la *Synopsis* de Michel Psellus, en vers politiques; celle de Michel Attaliote, composée en 1078; et enfin le *Promptuarium* ou *Hexabiblos* d'Harménopule. Cet auteur vivait au quatorzième siècle, entre l'empire des Francs et l'invasion turque. Mais le droit féodal implanté par les croisés dans l'empire d'Orient n'y avait pas pris racine. Le résumé d'Harménopule est uniquement puisé aux sources gréco-romaines, c'est-à-dire dans les *Basiliques* et leurs abrégés. Il est resté avec les résumés du droit canonique, tels que le *Nomocanon* de Photius, les traités de Blastarès et de Balsamon, le répertoire le plus usuel jusqu'à la chute de l'empire grec et même après la conquête ottomane. Les évêques, redevenus, comme aux premiers siècles de l'Église, les arbitres entre les chrétiens qui voulaient se soustraire à la juridiction des infidèles, ont continué jusqu'à nos jours à se servir d'Harménopule et à se guider par les principes du droit ecclésiastique combinés avec ceux du droit romain.

CHAPITRE XI.

DE L'ART BYZANTIN.

Les arts, ainsi que nous l'avons montré dans un chapitre précédent (1), étaient déjà bien déchus à l'avénement de Constantin; et l'abolition de l'idolâtrie menaçait de consommer leur ruine par la destruction des anciens chefs-d'œuvre. La religion chrétienne, tout intellectuelle et symbolique, semblait peu favorable aux arts d'imitation. Mais il arrive souvent que les conséquences d'un principe sont profondément modifiées par les circonstances extérieures. L'Italie catholique, au siècle de Léon X, ne le cédait guère à la cour païenne d'Auguste pour les encouragements prodigués aux artistes. C'est que le goût des représentations figurées était tellement enraciné en Grèce et en Italie, que l'art proscrit avec les dieux de l'Olympe se fit chrétien et, revêtant des formes nouvelles, pénétra dans les églises, et

(1) Liv. Ier, chap. IV, p. 30.

devint même un des objets du culte. Toutefois, il y eut à ce sujet des luttes violentes en Orient. Quelques empereurs de Constantinople, imbus des rigides préceptes du judaïsme qui devinrent plus tard ceux de l'islamisme et de la réforme luthérienne, poursuivirent comme idolâtrie le culte des images. Nous n'avons pas à examiner ici le côté philosophique et religieux de cette question; mais il est heureux pour l'art que les *iconoclastes* n'aient pas réussi à bannir entièrement la peinture et la sculpture des édifices religieux, qui seuls nous ont transmis à travers le moyen âge quelques reflets de ces deux brillantes manifestations de la civilisation antique.

L'architecture, liée à tous les besoins de la société, était moins compromise par l'abolition du polythéisme, et les modifications qu'elle subit tiennent à d'autres causes. Peu de princes ont fait construire plus de monuments que Constantin. En fondant Constantinople, il ne recula pas devant l'idée de reproduire en peu d'années sur les côtes du Bosphore les monuments accumulés dans l'antique Rome. On vit s'élever comme par miracle des palais, un sénat, un cirque, des basiliques et de nombreuses églises. Une loi conservée dans le code (*Cod. Justin. X, tit.* 66 : *De excusationibus artificum*) témoigne de la protection que Constantin accordait aux artistes et même aux artisans. Il y exempte des charges onéreuses non-seulement les architectes, les peintres, les statuaires, mais les marbriers, les charpentiers, les divers constructeurs, les sculpteurs en bois, les faiseurs de mosaïque, les doreurs, les badigeonneurs, les plombiers, les vitriers, etc. Le zèle des architectes et des entrepreneurs s'efforça de satisfaire l'impatience du monarque. Des matériaux furent enlevés aux temples païens nouvellement abolis. Les portes de bronze, les colonnes de marbre ou de porphyre, étaient transportées de toutes parts à Constantinople. Les Campaniens entre autres lui offrirent une foule de colonnes prises à Naples et à Putéoli, et qui servirent à la construction du forum de Constantin. Plus tard Julien, par deux lois de 363, année de sa mort, essaya de réprimer ce vandalisme

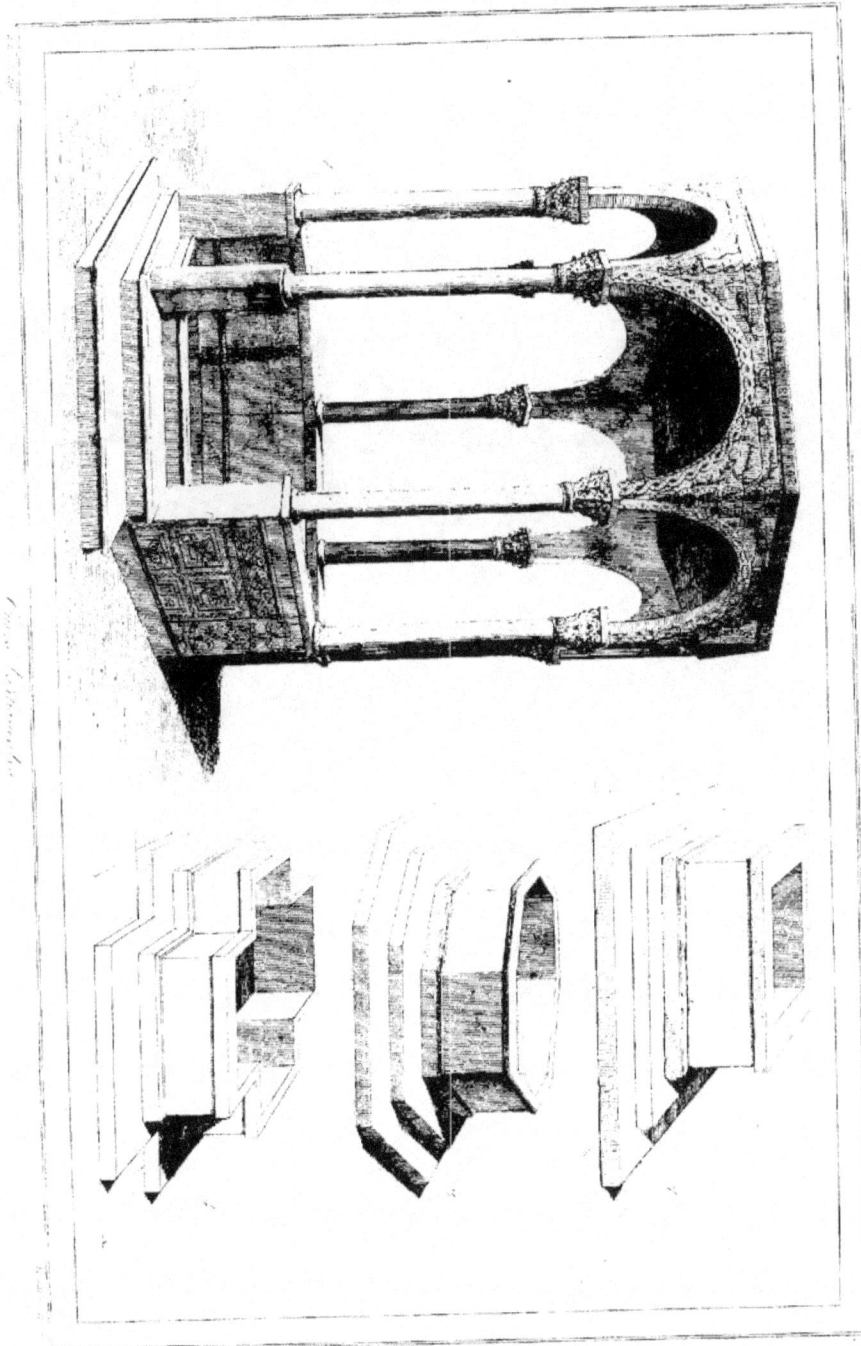

qui ne s'arrêtait pas même devant la sainteté des tombeaux (1). Ses successeurs, et particulièrement Justinien, continuèrent à avoir recours au même procédé pour la construction de leurs édifices. Mais, dans la mise en œuvre précipitée de ces matériaux hétérogènes, la symétrie, l'exacte proportion de toutes les parties entre elles qui faisait le principal mérite des monuments grecs, cessèrent d'être observées. Les ordres d'architecture furent mélangés. De précieuses colonnes furent placées sur des bases informes et surmontées de chapiteaux à peine dégrossis. De là semblent dater ces chapiteaux cubiques qui restèrent en usage dans le style byzantin, et furent plus tard ornés de feuillages peu saillants. On commença à unir les colonnes aux arcades en faisant reposer celles-ci sur l'entablement et quelquefois sur le tailloir même du chapiteau, sans tenir compte des lois de la statique, qui, pour soutenir l'arcade, demande une base solide, telle que des piliers carrés. Quelquefois on appliquait les colonnes sur des consoles en saillie des murs, ou bien on plaçait deux rangs de colonnes immédiatement l'un au-dessus de l'autre, pour faire servir des débris d'édifices anciens, en général de petite proportion, aux constructions nouvelles. Dans celles-ci on visait davantage à la grandeur et à l'élévation, principalement pour les églises, qui se distinguent surtout par ce dernier caractère.

L'ancien culte était presque tout extérieur; et la plupart de ses pompes avaient lieu sur les places publiques. L'autel sur lequel on faisait les sacrifices était souvent placé devant l'entrée principale du temple, dans l'enceinte sacrée qui l'entourait. La *cella*, le sanctuaire, réservé aux prêtres et à un petit nombre d'adeptes, était rarement vaste et n'était souvent éclairé que par les portes. Aussi, l'art s'appliquait-il surtout à la décoration extérieure des temples ornés de péristyles et de frises sculptées. Les édifices religieux des chrétiens eurent un caractère tout différent. Leurs premières réunions se tenaient dans des maisons particulières, souvent à l'étage supérieur (ὑπερῷον), comme on le voit dans les *Actes des Apôtres* (chap. 20). Déjà sous les empereurs païens, notamment sous Adrien, un des plus tolérants pour les chrétiens, ceux-ci bâtirent des églises assez grandes pour contenir le nombre croissant des fidèles. Ils s'y réunissaient pour entendre la lecture des Évangiles, les exhortations des évêques, chanter en chœur les psaumes et les cantiques, et assister au divin sacrifice. Une des plus remarquables de ces églises primitives était celle de Nicomédie, qui s'élevait sur une éminence en vue du palais de Dioclétien, qui la fit démolir par ses soldats comme signal de la grande persécution contre les chrétiens. Dans ces moments de détresse, l'assemblée dispersée se donnait rendez-vous sur la tombe de quelque martyr, ou se cachait dans les catacombes qui nous ont conservé le souvenir de ce premier âge du christianisme. Mais lorsque, après sa conversion, Constantin appela tous ses sujets au culte du Dieu unique, il s'occupa immédiatement d'élever de vastes temples, où la population d'une ville pût se presser autour du trône de son évêque. Divers plans furent suivis dans la construction de ces églises. Les unes adoptèrent la forme des *basiliques*, lieu habituel de réunion pour les transactions civiles et commerciales dans les villes romaines. C'était un carré long terminé par une abside, où jadis on dressait le tribunal des magistrats, qui fut remplacé par le *trône* de l'évêque et de ses assesseurs. La longueur était parfois divisée par deux ou par quatre rangs de colonnes en trois ou cinq *nefs*, dont celle du milieu était plus élevée. Les bas côtés soutenaient souvent une galerie au-dessus de laquelle étaient percées des fenêtres qui éclairaient la nef principale surmontée d'une voûte ou plus souvent d'un toit en charpente. Le toit de l'église des Apôtres à Constantinople était revêtu de plaques de bronze doré (1). La distribution intérieure des églises byzantines est à peu près celle des plus anciennes églises de Rome, telles que la

---

(1) Cod. Just. l. VIII, tit. 10, *De ædificiis privatis.* — *Nemini columnas vel statuas cujuscumque materiæ ex alia eademque provincia vel auferre liceat vel movere.* — Cod. Just. l. IX, t. 19, *De sepulcro violato.* — *Pergit audacia ad busta defunctorum...*

(1) Eusèbe : **Vie de Constantin**, l. IV, 58.

basilique de Sainte-Agnès ou celle de Saint-Clément.

Au centre de l'abside, dont le fond était, comme nous avons dit, occupé par le siège de l'évêque, était dressée la sainte table (ἡ ἁγία τράπεζα). Le sol à l'entour, élevé de quelques degrés et foulé seulement par les officiants, se nommait βῆμα. Cette partie du sanctuaire était séparée par un cancel, εἰκονοστάσιον, et par des rideaux de l'église proprement dite. Au milieu de celle-ci s'élevait l'*ambon* (ἄμβων), où on venait lire les saintes Écritures. C'est dans cette partie de l'église, qui correspond à ce que nous nommons le chœur, que se tenaient les chantres. Les fidèles étaient rangés de droite et de gauche. Au-devant de cette portion de la nef s'étendait le narthex (νάρθηξ), sorte de vestibule où étaient placés les fonts baptismaux (κολυμβήθρα), lorsqu'ils ne formaient pas un édifice à part. Le narthex était destiné aux catéchumènes et aux personnes qui, pour des causes ecclésiastiques, étaient séparées des fidèles, mais qui pouvaient cependant entendre la lecture des Évangiles. Enfin, ceux des pénitents auxquels l'entrée du saint lieu était interdite se tenaient sous le porche ou propylée (προπύλαιον), lequel était lui-même précédé d'une cour entourée de portiques. Les deux bas côtés (ἔμβολοι) qui s'ouvraient sur le narthex se terminaient, comme la nef principale, par deux absides qui communiquaient avec le sanctuaire (βῆμα), et servaient de double sacristie, l'une pour la *table de proposition* (πρόθεσις), l'autre pour les diacres (διακονικόν).

A ce type primitif des basiliques, qui est resté le plus général dans nos églises (si ce n'est qu'on lui a quelquefois donné la forme d'une croix en coupant les bas côtés par un *transsept*), les Byzantins ont préféré dans leurs constructions les plus grandioses les *dômes*, dont la coupole élevée, image de la voûte céleste, semble élever l'âme à Dieu. Quelques temples païens offraient des modèles de rotondes. Peut-être aussi l'exemple des plus beaux mausolées, tels que le Môle d'Adrien, a-t-il conduit les architectes chrétiens à donner une forme analogue aux édifices élevés en commémoration de leurs martyrs; mais ils ont su l'adapter d'une façon très-heureuse aux besoins du culte nouveau.

Nous ne décrirons pas ici l'église de la Résurrection (le saint sépulcre) de Jérusalem, fondée par Constantin, et dont il voulait faire le monument le plus magnifique de la chrétienté, comme il en était par son objet le plus vénérable. Le désir de comprendre dans son enceinte les lieux mêmes consacrés par la passion du Sauveur (μαρτύριον) et celui de sa résurrection (ἀνάςασις) imposait à l'architecte Zénobius des conditions difficiles à concilier avec une ordonnance simple et régulière. En outre, le plan et la décoration de l'édifice primitif ont été dans la suite des siècles modifiés dans plusieurs de leurs parties. On peut voir dans le volume de l'*Univers* consacré à la Palestine la description, le plan et les vues de ce monument dans son état actuel.

La métropole d'Antioche, fondée aussi par Constantin (1), était un octaèdre surmonté d'un dôme élevé et entouré de chapelles ayant chacune leur coupole. Saint Grégoire de Nazianze décrit une église analogue fondée par son père Nonnus à Nazianze. Saint-Vital de Ravenne, construit sous Justinien par des artistes grecs, lorsque cette ville devint le séjour des exarques, offre un exemple remarquable de cette disposition, qui fut imitée dans un petit nombre d'églises en Occident, mais qui était fréquente pour les baptistères. C'est à un édifice de ce genre que paraît se rapporter l'inscription suivante conservée dans Gruter (2) :

Octachorum sanctos templum surrexit in usus.
Octagonus fons est munere dignus eo (3).

Nous allons maintenant essayer de donner une idée de l'architecture de Sainte-Sophie, dont l'influence a continué de régner à Constantinople jusque dans la construction des mosquées musulmanes, et s'est étendue d'une part en Russie et de l'autre à Venise, où elle a servi en partie de modèle à la cathédrale de Saint-Marc. Sainte-Sophie, fondée par Constantin sur les ruines d'un temple grec, consacrée par Constance en 360,

(1) Eusèbe : Vie de Constantin, l. III, ch. 50.
(2) *Thesaurus*, p. 1166.
(3) Voy. notre pl. 24, qui contient deux cuves baptismales de forme octogone.

détruite une première fois sous Arcadius et rebâtie par Théodose le Jeune, fut consumée par les flammes dans la sédition de 532, que nous avons racontée plus haut. Justinien résolut alors de la reconstruire sur un plan beaucoup plus vaste, voulant, disent les Grecs, qu'elle devînt le monument le plus magnifique élevé depuis la création. Anthémius de Tralles, savant ingénieur et mécanicien, dont il nous reste quelques traités, en traça les plans et dirigea les premiers travaux; mais il mourut avant d'y avoir mis la dernière main, et Isidore de Milet fut chargé de compléter son œuvre. Plusieurs années furent consumées à rassembler de toutes parts des matériaux précieux. Une veuve nommée Marcia envoya de Rome huit colonnes colossales de porphyre, qui provenaient du temple du Soleil bâti par Aurélien. Un pareil nombre de colonnes de proportions semblables fut apporté d'Éphèse. Cyzique, la Troade, les Cyclades et Athènes fournirent leur contingent de marbres arrachés à leurs anciens temples.

Le plan de Sainte-Sophie est plein de grandeur. M. Texier en résume les dispositions principales dans les lignes suivantes. « L'église, dit-il, est bâtie sur un plan carré, de 81 mètres de long sur 60 de large. Au centre de ce carré s'élève la coupole, dont le diamètre de 35 mètres détermine la largeur de la nef; la coupole est supportée par quatre grands arcs qui forment quatre pendentifs; sur les deux arcs perpendiculaires à l'axe de la nef s'appuient deux voûtes hémisphériques, qui donnent au plan de la nef une forme ovoïde : chacun de ces deux hémisphères est lui-même pénétré par deux hémisphères plus petits, qui sont soutenus sur des colonnes. Cette superposition de coupoles, dont les points d'appui ne sont pas apparents, donne à toute la fabrique un aspect de légèreté inimaginable. »

Arrêtons-nous maintenant quelques instants devant les principales parties de ce temple. Suivant l'usage qui prévalait alors, il était orienté de manière que le prêtre à l'autel fît face à l'orient ; par conséquent les portes sont à l'occident. L'entrée était précédée d'une vaste cour ou *atrium* hypèthre (αὐλὴ ὑπαί-

7º *Livraison.* (GRÈCE.)

θριος), pavée de marbre et entourée de trois côtés de portiques soutenus par des colonnes. Au milieu de cette cour était une fontaine, surmontée d'une construction élégante. L'eau s'échappait de plusieurs gueules de lion dans un bassin de jaspe, qu'on nommait la *Phialé* (φιάλη), et où les fidèles faisaient les ablutions usitées alors avant d'entrer à l'église. Le narthex (νάρθηξ), qui forme le quatrième côté de la cour que nous venons de décrire, est double. L'*exonarthex*, ou vestibule extérieur, a cinq portes principales, dont deux correspondent aux portiques latéraux de l'atrium et les trois autres s'ouvrent sur la cour. Ce narthex a six mètres de profondeur et soixante de largeur. A ses extrémités s'élèvent aujourd'hui deux minarets construits par les Turcs. Des contre-forts et des constructions appuyés à diverses époques sur cette façade et sur les côtés de l'église en détruisent la symétrie et l'effet monumental (1). Du reste, l'extérieur de Sainte-Sophie a toujours été destitué d'ornements, et l'architecte a concentré tous ses efforts sur l'intérieur pour le rendre splendide et grandiose. Le premier narthex, que nous venons de décrire, communique avec le second par cinq portes, dont les montants sont de marbre et les valves de bronze ornées de croix et d'inscriptions en argent. Neuf portes de cèdre incrustées de métaux précieux s'ouvrent dans la nef principale et dans les deux bas-côtés. Au-dessus des voûtes de cet exonarthex règne une galerie qui a vue dans l'église.

La coupole centrale repose, ainsi que nous l'avons dit, sur quatre grands arcs. Ceux du nord et du midi sont coupés par des galeries, soutenues par les colonnes colossales dont nous avons parlé. Cette galerie qui règne sur les deux bas-côtés est à la même hauteur que la galerie supérieure du narthex, et servait de *gynécite* ou tribune des femmes. Au-dessus des cinq arcades formées par les quatre colonnes de porphyre, six colonnes de moindre proportion soutiennent une seconde galerie, dont la balustrade atteint la hauteur de la naissance des arcs. La corniche qui règne à la base de la coupole est en marbre

(1) *Voy.*, dans le vol. sur la Turquie, pl. 8.

blanc. De cette corniche partent des nervures qui se réunissent au centre du dôme, percé de quarante-quatre fenêtres cintrées. Aux arcs du couchant et de l'orient s'appuient deux demi-coupoles, dont chacune est percée obliquement de deux autres quarts de sphère, qui portent, comme les arcs du nord et du midi, sur deux rangs d'arcades superposées. Enfin, dans l'axe de l'église, la demi-coupole de l'occident est pénétrée par la nef voûtée où s'ouvrent les trois portes principales du narthex (1), et à l'opposite s'étend le sanctuaire terminé par une abside dont la voûte, en cul de four, est percée de trois fenêtres, qu'illumine le soleil levant (2).

A l'exception des quatre piliers principaux qui soutiennent le dôme, et qui sont en pierre de taille, presque tout l'édifice est en brique, mais revêtu à l'intérieur de plaques des marbres les plus riches et les plus variés, jusqu'à la naissance des voûtes. Celles-ci furent construites en poteries d'une légèreté extraordinaire, et étaient décorées de peintures et de mosaïques qui ont disparu sous le badigeon des musulmans. L'autel reposait sur quatre colonnes d'or. La table était formée des métaux les plus précieux fondus ensemble et rehaussée de pierreries. Au-dessus s'élevait un édicule en forme de tour. Quatre colonnes d'argent soutenaient sur des arcs de même métal une coupole dorée, décorée de fleurs de lis, et au sommet de laquelle était un globe surmonté de la croix. C'est ce qu'on nommait le *ciborium*; les fragments de l'eucharistie destinés au viatique y étaient suspendus dans une boîte nommée *artophorium*. L'ambon n'était pas moins magnifique. Paul le Silentiaire nous en a laissé une description dans un poëme de plus de trois cents vers. Codinus, dans sa *Description de Sainte-Sophie*, prétend que ce chef-d'œuvre de l'art byzantin fut détruit par la chute de la grande coupole de Sainte-Sophie, la deuxième année du règne de Justin, successeur de Justinien. Selon le même auteur, Justin en réparant ce désastre aurait fait donner au dôme de Sainte-Sophie, pour plus de solidité,

cette forme surbaissée ou de cymbale qui imprime à ce monument un caractère tout particulier. Enfin il raconte que pour éviter l'ébranlement qu'aurait causé l'abattage des pièces de bois employées à la reconstruction de la voûte, l'architecte de Justin fit remplir l'église d'eau jusqu'à la hauteur de la première tribune. Ces récits du moyen âge méritent peu de créance. Les historiens de Justin ne disent rien de pareil. Ce fut sous Justinien lui-même, lors du terrible tremblement de terre qui renversa une foule d'édifices de Constantinople en 558, qu'une partie du dôme s'écroula et fut immédiatement reconstruite par l'architecte Isidore. Loin de diminuer, comme l'a prétendu Codinus, la hauteur de la coupole, il lui donna plus d'élévation; mais en même temps il fut forcé de faire aux grands arcs du nord et du midi des travaux de consolidation qui enlevèrent un peu du caractère de hardiesse du plan primitif. Les travaux furent poussés avec assez d'activité pour que l'église, rendue à toute sa splendeur, pût être de nouveau consacrée en 562 (1). C'est dans cette cérémonie que Paul le Silentiaire récita sa description en vers au milieu du monument même, et que Justinien, si on en croit Codinus, cédant à un mouvement d'orgueil, s'écria : « Je t'ai vaincu Salomon. »

Nous serions entraîné trop loin si nous entrions dans la description de tout ce que les bas-côtés de Sainte-Sophie renfermaient de salles consacrées aux diverses cérémonies religieuses et toutes les constructions accessoires, les chapelles destinées à la sépulture des princes, enfin la galerie qui unissait la grande église au palais impérial, et par laquelle, durant les travaux, Justinien venait souvent encourager les ouvriers par sa présence. Il ne peut non plus entrer dans notre cadre d'énumérer les nombreux monuments civils et religieux dont Justinien orna la capitale et les principales villes de l'empire, et que Procope a décrits dans son livre *Des édifices*. Encore moins pouvons-nous suivre ici les modifications successives et peu sensibles apportées dans les siècles suivants à la dispo-

---

(1) *Voy.* notre pl. 13.
(2) *Voy.* la pl. 9 du vol. sur la Turquie.

(1) Nos pl. 8 et 9, qui représentent Justinien et Théodora assistant à la consécration d'une église, se rapportent à une cérémonie analogue.

sition générale des églises dont nous avons présenté Sainte-Sophie comme un des types les plus remarquables. Malgré le grand nombre d'églises converties en mosquées ou tombées en ruines, par suite de l'interdiction de les réparer depuis la conquête musulmane, il en subsiste encore beaucoup en Orient dignes d'occuper une place importante dans l'histoire de l'art monumental, et que des ouvrages récents ont enfin tirées de l'oubli trop dédaigneux où le voisinage des monuments plus célèbres de l'antiquité les avait fait laisser jusqu'à présent. Les planches jointes à ce volume offrent quelques échantillons de cette architecture, parmi lesquels nous ferons remarquer un portique du célèbre monastère de Saint-Studius, à Constantinople, fondé en 465 (aujourd'hui mosquée du Grand-Écuyer) (1) ; l'église du Pantocrator, dans la même ville (2) ; l'église du monastère de la Vierge dit Μονὴ τῆς χώρας, fondée du temps de l'empereur Phocas (3) ; une vue de l'église ἡ Θεοτόκος τοῦ Λιβός (4). Cette dernière, fondée sous Léon le philosophe vers 905, et réparée par l'impératrice Théodora, épouse de Michel Paléologue, fut, lors de la conquête musulmane, convertie en mosquée ; dévastée plus tard par un de ces incendies si fréquents à Constantinople, elle est maintenant à peu près abandonnée ; mais elle offre un sujet d'étude d'autant plus intéressant que c'est parmi les églises de Constantinople celle dont on reconnaît les dispositions principales, mais sur une échelle beaucoup plus grande, dans la cathédrale de Saint-Marc de Venise, commencée en 996. Nous donnons aussi (5) une vue d'une église d'Athènes, nommée le *Catholicon*, construite en partie avec des débris antiques, et qui porte, sculptées extérieurement sur ses murs, les armoiries des princes français d'Athènes et de Morée, sous la domination desquels elle paraît avoir été construite, vers le commencement du treizième siècle. La coupole centrale des églises byzantines s'y allie d'une façon heureuse à la forme de croix latine, en même temps que la

(1) Pl. 3.
(2) Pl. 15.
(3) Pl. 16.
(4) Pl. 14.
(5) Pl. 17.

pureté et la simplicité de ses lignes architectoniques donnent lieu de penser que la vue des monuments helléniques ne fut pas sans influence heureuse sur l'architecte inconnu de cette église latine orientale.

L'histoire de la sculpture et de la peinture est plus difficile à suivre que celle de l'architecture dans la rénovation de la société par le christianisme ; cependant le fil de la tradition artistique ne fut pas entièrement rompu. Les plus anciennes représentations figurées qui nous soient parvenues des premiers siècles du christianisme proviennent des catacombes de Rome. Elles dénotent en général peu d'habileté de la part de leurs auteurs, mais on peut y étudier la transition entre les souvenirs de l'art antique et les types nouveaux qu'ils avaient à créer. Quelques sujets sont empruntés à la mythologie, tels qu'Orphée adoucissant les animaux sauvages, soit à cause des prédictions de la venue du Christ insérées dans les poëmes orphiques, soit qu'on vît dans ce mythe une allégorie de l'adoucissement des mœurs par la loi nouvelle. Quelques symboles, tels que les poissons, dont le nom grec, ΙΧΘΥΣ, renferme les initiales de la légende du Christ (Ἰησοῦς Χριστὸς Θεοῦ Υἱὸς Σωτήρ), désignent quelquefois seuls les tombeaux des chrétiens. D'autres sont ornés de scènes empruntées à l'Ancien Testament, telles que *Adam et Ève*, *Noé dans l'arche*, *le sacrifice d'Abraham*, *Moïse recevant les tables de la loi*, *Daniel dans la fosse aux Lions*, et surtout de celles qui pouvaient offrir un sens symbolique, comme *Jonas sortant du monstre marin*, symbole de la résurrection du Christ le troisième jour. On y voit aussi des sujets du Nouveau Testament : *la nativité* dans l'étable, *l'adoration des mages*, ou encore l'image du *bon pasteur*, qui rappelle le livre d'Hermas. Quant aux images de Jésus-Christ, de la Vierge et des apôtres, on n'en possédait pas de modèles authentiques. Saint Augustin (*De Trinitate*, VIII, 4) dit en effet : *Qua fuerit ille (Christus) facie nos penitus ignoramus..... nam et ipsius dominicæ facies carnis innumerabilium cogitationum diversitate variatur et fingitur, quæ tamen una erat quæcumque erat.* Il dit également en parlant de la Vierge : *Neque enim novimus faciem virginis Mariæ*. On trouve cependant dans une peinture du cimetière de Saint-Calixte une image du Christ dont le type a été à peu près invariablement reproduit sur les monuments d'Orient et d'Occident. « Le Sauveur des hommes, dit M. Raoul-Rochette, s'y montre avec ce visage de forme ovale, légèrement allongée, cette physionomie grave, douce, mélancolique, cette barbe courte et rare, ces cheveux séparés sur le milieu du front en deux longues tresses qui retombent sur les épaules, tel à bien peu de chose près qu'il apparaît sur plusieurs sarcophages du musée du Vatican dont le style et le travail appartiennent au siècle de Julien (1). » Constantia, sœur du grand Constantin, avait écrit à Eusèbe de Césarée pour le prier de lui procurer un portrait du Sauveur. Plus tard Constantinople se glorifiait de posséder une statue de bronze de Jésus-Christ, élevée, disait-on, primitivement dans la ville de Panéade par cette femme guérie d'un flux de sang dont parle l'Evangile, et que Eusèbe nomme Véronique. On conservait aussi précieusement à Constantinople un portrait de la Vierge peint, selon la tradition, par saint Luc l'évangéliste, et rapporté d'Orient par Eudoxie, femme du jeune Théodose. Le second concile de Nicée énumère diverses images de J. C., objets d'une vénération particulière; nous n'avons pas à examiner ici leur plus ou moins d'authenticité. Il est constant seulement que dès le troisième siècle il existait des représentations du Christ, puisque Alexandre Sévère avait placé une de ces effigies dans son oratoire parmi celles d'Abraham, d'Orphée et d'Apollonius de Tyane. Nicéphore, patriarche de Constantinople, un des défenseurs des images, trace dans un de ses écrits un portrait du Sauveur d'après le type consacré par la tradition religieuse (2), et le chroniqueur Théophane raconte qu'un peintre du temps de l'empereur Léon ayant osé représenter Jésus Christ sous les traits de Jupiter, sa main se desséchà. Un peu plus tard, sous Anastase, il y eut une émeute à Constantinople pour des peintures qu'un artiste syrien, entaché de manichéisme, avait faites dans un palais de l'empereur et qui n'étaient pas conformes aux traditions ecclésiastiques.

Dans la lutte d'opinion qui s'éleva parmi les chrétiens sur la convenance d'admettre les représentations figurées dans l'ornementation des édifices religieux, une sorte de transaction, qui fut plus tard confirmée par des conciles, paraît s'être opérée de bonne heure. Les statues et bas-reliefs, jadis objets principaux du culte idolâtre et plus particulièrement proscrits par la loi de Moïse, furent également à peu près bannis des églises, tandis qu'on y admit les peintures et les mosaïques, qui dans l'antiquité grecque avaient été plus souvent consacrées à des sujets historiques. Cette préférence donnée à la peinture tenait sans doute aussi au caractère particulier que nous signalions plus haut dans la disposition des édifices religieux, plus vastes et plus éclairés que les temples anciens et plus favorables à la peinture murale. Nous avons dans un chapitre précédent sur l'art gréco-romain parlé du rapide déclin de la sculpture. Privée des encouragements de la religion dominante, et réduite à produire quelques statues impériales pour décorer les places publiques et les colonnes monumentales, elle s'éteignit tout à fait. Dans l'opuscule de Codinus sur les statues qui décoraient Constantinople et dans le chapitre de Nicétas Acominat sur celles qui furent détruites par les croisés, on voit que presque toutes ces statues remontaient à l'antiquité, ce qui rend leur perte d'autant plus regrettable. Justinien avait, dit-on, placé en vue de Sainte-Sophie la statue de Salomon le menton appuyé sur une de ses mains, et qui semblait comparer dans sa pensée le temple de Jérusalem avec la magnificence de Sainte-Sophie. Mais nous sommes fort porté à croire que ce prétendu Salomon était simplement quelque ancienne statue de philosophe grec, peut-être un Aristote, dont la pose méditative se sera prêtée à cette nouvelle attribution (1). Suivant Malalas, la statue équestre de Justinien dans l'augusteum était auparavant la statue d'Arcadius; et nous avons vu dans

---

(1) *Tableau des catacombes de Rome*, p. 261.
(2) Reiskii *Exercitatio historica de imaginibus Jesu Christi*, 1685.

(1) La statue d'Aristote au palais Spada a Rome se rapporte assez bien à cette description.

un chapitre précédent que ces usurpations de statues étaient fréquentes depuis la conquête romaine.

Une branche des arts dont les progrès suivent en général ceux de la sculpture, la gravure en médaille, portée chez les Grecs, depuis le siècle de Périclès jusqu'à celui d'Alexandre, au plus haut point de perfection, et qui s'était assez bien conservée sous les empereurs romains, surtout dans quelques villes grecques, tomba à Constantinople à un singulier degré de barbarie (1).

Cette grossièreté des monnaies byzantines surprend, surtout quand on les compare à certains monuments de glyptique de la même époque, qui, sans être toujours d'un dessin parfaitement correct, se font remarquer par une grande finesse d'exécution. Tels sont les reliquaires, les croix historiées, les *phylactères*, les couvertures de manuscrits en argent ciselé, les diptyques d'ivoire ou de bois sculpté représentant des scènes de religion, dont un grand nombre se conserve dans les cabinets des curieux (2). Nous donnons comme échantillon planche 22 un petit monument de ce genre, qui appartient à la bibliothèque de Grenoble, et qui a été décrit par M. Champollion-Figeac (3). La fig. 1ʳᵉ, moitié de grandeur de l'original, haut de 19 centimètres, en fait connaître la forme et la disposition générale. Les deux volets ainsi ouverts présentent dans leurs compartiments principaux des scènes relatives aux douze grandes fêtes de la liturgie grecque, accompagnées d'inscriptions qui en indiquent le sujet. La fig. 2, où on voit *la nativité*, Η ΓΕΝΝΗΣΙΣ ΤΟΥ ΚΥΡΙΟΥ ΗΜΩΝ ΙΗΣΟΥ ΧΡΙΣΤΟΥ, peut donner une idée de ces petits tableaux, qui contiennent plus de deux cents figures, dont la plupart, sculptées à jour, se détachent sur une feuille de talc insérée dans cette planchette de buis, qui n'a pas plus de douze millimètres d'épaisseur. Le savant qui a décrit ce petit chef-d'œuvre, légué en 1735 par le prince Ragoski à un couvent de France, le suppose du treizième siècle. Nous avons quelques raisons de le croire plus récent. Mais, quoi qu'il en soit, ce n'est sans doute qu'une reproduction de quelque modèle beaucoup plus ancien que la patience des moines s'exerçait à copier avec une minutieuse fidélité.

C'est ce qui rend en général très-difficile l'appréciation de l'âge des monuments d'art exécutés selon un système hiératique. C'est ce qui a empêché jusqu'ici de tracer une bonne histoire de la peinture byzantine. A peine connaît-on quelques artistes de cette école qui se soient illustrés, bien que l'ensemble de leurs productions ne soit pas à beaucoup près dépourvu de mérite. On peut leur reprocher la sécheresse des contours, la roideur des draperies, le peu de mouvement des figures, presque toujours peintes de face sur un fond d'or; mais en général les têtes ont un très-grand caractère. Les types de Jésus-Christ, de la Vierge, des apôtres, les figures de saints, d'évêques, de religieuses, d'empereurs, de princesses, qui figurent principalement dans les compositions de cette époque, ont une dignité, un calme, une austère beauté, qui se distinguent de la plupart des productions de l'antiquité par l'absence de sensualité, mais qui s'y rattachent par le caractère d'élévation que l'art grec poursuivait dans tous les genres. Ces qualités sont surtout remarquables dans les peintures antérieures aux iconoclastes. Nous citerons à ce sujet l'impression qu'un archéologue distingué de nos jours, venu à Athènes pour étudier le Parthénon, a ressentie à l'aspect de quelques peintures chrétiennes *exécutées hardiment et de premier coup sur la surface polie du beau marbre pentélique*, à l'époque sans doute où le temple de Minerve fut converti en église.

« Devant ces grandes figures aux regards noyés dans une ombre portée, aux traits gravement accentués, aux poses nobles et dégagées, devant cette peinture qui semble, à sa hardiesse de premier coup, une esquisse de quelque élève d'Apelles apposée comme un hommage sur le mur de Phidias, il m'a paru évident, dit M. le comte de la Borde (1), que nous avions des idées complétement fausses

---

(1) *Voy.* nos planches 1, 7 et 10.
(2) *Voy.* la pl. 2 d'après Gori, *Thesaurus diptychorum.*
(3) *Dissertation sur une ancienne sculpture grecque;* Paris, 1811.

(1) Les chrétiens dans l'acropole d'Athènes. *Revue archéologique*, 1847.

sur le style byzantin. J'ai vu les églises de Constantinople, de la Grèce et des grands couvents de l'Orient dans le Liban, à Jérusalem, au Sinaï, à Saint-Saba, l'oasis des lacs Natrons, et partout j'ai senti que nous étions dans le faux, mais j'ai vainement cherché un fil conducteur. Il ne m'est resté de la vue de toutes ces mosaïques, de ces innombrables peintures à fresque et à l'huile que des idées vagues, des aperçus indécis, une sorte d'instinct dont je tente avec hésitation d'exposer le trait principal...

« ... L'habitude des arts et l'archaïsme religieux sont les deux traits du caractère grec qui expliquent la peinture byzantine, et cette conservation persistante des traditions les plus pures au milieu de la décadence la plus complète. Nous lui devions depuis une antiquité reculée des reproductions de monuments dont les originaux se sont perdus; nous lui devons encore, à partir de l'époque où les chrétiens ont décoré leurs églises, le maintien d'un art que l'état de la société eût compromis. L'archaïsme donna le jour à des œuvres remarquables dans une société incapable de créer par elle-même des œuvres originales. »

Le docte voyageur trace ensuite quelques traits de l'histoire de la peinture byzantine à travers les persécutions des iconoclastes et l'espèce de renaissance qui s'opéra à la fin du huitième siècle; enfin sa dégradation successive par la servilité des copistes, qui réduisirent l'art à un métier, à celui de copier ou même de calquer, procédé qui met quelquefois en défaut la sagacité des voyageurs et leur fait prendre des peintures contemporaines pour une œuvre du dixième siècle. Nous aurions voulu pouvoir indiquer quelques noms d'artistes qui pussent servir de jalons dans ce champ encore si peu exploré. Mais il faut attendre que les Grecs, qui se reportent avec une prédilection bien naturelle aux glorieux souvenirs de l'antiquité classique, daignent descendre à l'étude du moyen âge et fouiller les archives religieuses qui, malgré les ravages du temps et de la barbarie, peuvent renfermer quelques documents intéressants sur ce sujet, et suppléer au silence des historiens. Ceux-ci nous font connaître un moine, nommé Lazare, célèbre en son temps pour peindre les sujets religieux, et auquel l'empereur iconoclaste Théophile fit brûler les mains, lui assurant par ce martyr une célébrité qu'il n'eût probablement pas acquise par son seul talent. Guéri d'une façon miraculeuse, il continua à peindre sur bois des portraits du Sauveur et de saint Jean qui opéraient des guérisons.

Les empereurs qui succédèrent aux iconoclastes montrèrent pour le rétablissement des images autant d'ardeur que leurs prédécesseurs avaient mis de fureur à les détruire; mais il est douteux que sous le rapport de l'art les peintures multipliées alors dans les églises aient réparé la perte des anciens ouvrages. Un prince auquel ses contemporains ont attribué l'honneur d'une sorte de renaissance, et qui fit du moins de louables efforts pour sauver d'une ruine imminente les lettres, les sciences et les arts, Constantin Porphyrogénète, s'occupait particulièrement de peinture. Ses historiographes assurent même qu'il n'y eut jamais et qu'il n'y aura plus après lui de si grand connaisseur. Il en remontrait à tout le monde dans son empire, et cela sans avoir jamais étudié. Quoi qu'il en soit de l'impulsion donnée par ce prince, il est certain que les ouvrages des peintres grecs étaient recherchés en Occident durant le moyen âge. On conserve dans la bibliothèque du Vatican quelques-uns de leurs tableaux. On cite une vierge de Bizzimano, peintre du douzième siècle. Dans le onzième siècle divers princes d'Italie commandèrent des travaux à André Ricco de Candie. Cette île fut renommée jusqu'au seizième siècle pour ses peintres et ses calligraphes. C'est de là que François Ier fit venir Ange Vergèce et sa fille, dont la bibliothèque du roi conserve des manuscrits ornés de charmantes miniatures.

Au douzième siècle vivait Manuel Pansélinos, de Thessalonique, dont les peintures au mont Athos ont continué depuis à servir de modèle en Orient. Vers 1150 Barnabas, autre peintre grec, peignait, dit-on, sur de la toile collée sur bois, et aurait ainsi précédé Taffi, auquel Vasari attribue le premier emploi de ce procédé. On cite avec éloge une Vierge de cet artiste. Enfin des peintres grecs furent les premiers maîtres de Cimabué, ce fondateur de l'école florentine, qui eut le mérite de vivifier les traditions byzantines par l'étude de la nature.

CHAPITRE XII.
JUSTIN II, TIBÈRE-CONSTANTIN, MAURICE, PHOCAS, HÉRACLIUS.

Nous nous sommes arrêté un peu longtemps sur Justinien, sur ses lois et ses édifices, parce que son règne a brillé d'un dernier reflet de l'antiquité, et que son influence s'est étendue sur les siècles suivants. Même de nos jours quelques traces en subsistent en Grèce ; mais nous allons parcourir plus rapidement les stériles annales de ses successeurs.

Justinien n'avait pas d'enfant. Parmi ses parents, son petit-neveu Justin, fils de Germanos, s'était distingué par de beaux faits d'armes ; mais son autre neveu, Justin le Curopalate, fils de Vigilantia, s'était assuré la préférence en épousant Sophie, nièce de Théodora, dont le souvenir régnait toujours sur l'esprit de l'empereur. Désigné dans le testament de Justinien pour être son successeur, Justin fut immédiatement proclamé par le sénat et couronné par le patriarche. Les premiers actes de Justin et de Sophie, associée, comme Théodora, à tous les honneurs impériaux, leur concilièrent l'affection de leurs sujets. Ils ouvrirent les prisons, acquittèrent les dettes nombreuses que Justinien avait contractées, calmèrent les troubles religieux, réprimèrent les factions du cirque, enfin enrichirent par de pieuses offrandes les églises de la capitale, qu'ils ornèrent aussi de quelques nouveaux édifices, notamment le palais de Sophiana, ainsi nommé en l'honneur de l'impératrice. L'église des Blaquernes, l'aqueduc de Valens, le port de Julien, nommé depuis de Sophie, furent réparés. Tous ces grands travaux accomplis sans pressurer le peuple sont les témoignages d'une sage économie ; mais le tempérament maladif de Justin le tenait souvent éloigné des affaires, et de grands abus s'introduisirent dans l'administration. Toutefois l'empereur ne fut pas sourd aux plaintes du peuple ; il prononça dans le sénat des paroles sévères. Un des membres de cette assemblée s'étant fait fort de réprimer les injustices et les dilapidations si l'empereur voulait le revêtir pour trente jours de la charge de préfet du prétoire et lui permettre de poursuivre les coupables, quels qu'ils fussent, Justin accepta cette offre, et quelques châtiments exemplaires des coupables, saisis à la table même de l'empereur, mirent un frein aux scandales, au moins pour quelque temps.

Dans les premiers jours de son règne Justin avait répondu avec beaucoup de hauteur à diverses ambassades des barbares voisins de l'empire. Il refusa de payer aux Avares les subsides qu'ils recevaient sous Justinien, et en notifiant son avénement au roi de Perse il lui fit faire des réclamations auxquelles celui-ci répondit par des récriminations. Mais soit à cause de sa mauvaise santé, soit incapacité militaire et politique, Justin ne se montra pas en état de soutenir ses prétentions, et les armes romaines, dont l'éclat s'était obscurci durant la vieillesse de Justinien, subirent plus d'un affront.

En Afrique, les Maures, révoltés, défirent et tuèrent plusieurs des officiers et des magistrats envoyés pour gouverner la province (568—570). En Italie, les Lombards, sous leur roi Alboin, s'emparèrent de Vérone et de Pavie, et ravagèrent la plus grande partie de la péninsule, où ils établirent trois duchés.

Paul Diacre, historien des Lombards, prétend que ces peuples furent appelés en Italie par l'eunuque Narsès, irrité de ce que Justin lui avait retiré son gouvernement et que l'impératrice Sophie, par une allusion injurieuse à sa condition, lui aurait envoyé une quenouille. Le vieux conquérant de l'Italie aurait alors juré de laisser en partant à ses ingrats souverains *une fusée qu'ils ne pourraient pas démêler*, et, pour déterminer les Lombards à quitter la Pannonie, il leur aurait envoyé des fruits savoureux de l'Italie. Constantin Porphyrogénète, seul écrivain grec qui parle de ce fait, le transporte au temps du pape Zacharie (741—752), et nomme l'impératrice Irène au lieu de Sophie. Sur la foi d'une anecdote si controuvée, nous répugnons à ternir l'honneur de l'émule de Bélisaire. Un fragment de Ménandre, historien contemporain, donne seulement à entendre que ce général, jusqu'alors habitué à vaincre, essuya un revers. Ce qui est certain, c'est que sous son successeur Longin l'exarchat d'Italie se trouva limité à Ravenne et à quelques places fortes.

Sur le Danube Justin se voyait menacé par les Avares, qui venaient de conclure la paix avec Sigebert, roi d'Austrasie. Toutefois, ce prince envoya aussi une ambassade à Justin pour renouer les liens qui avaient existé précédemment entre les Francs et la cour de Constantinople.

Ce qui se passait à la même époque en Asie, sans avoir une grande importance immédiate, mérite de fixer notre attention; car nous y voyons les Turcs entrer pour la première fois en rapport avec l'empire grec, auquel une de leurs tribus devait un jour devenir si funeste.

Les Turcs, dont le nom se rencontre dans Pline (*Hist. nat.*, VI, 7) et dans Pomponius Méla (I, 19), et que ces géographes rangent parmi les Scythes voisins des monts Riphées, paraissent avoir eu pour premier séjour les chaînes du mont Altaï, qui s'étendent près des confins actuels de la Chine et de la Russie. De là plusieurs de leurs tribus se répandirent en Asie et jusqu'en Europe sous divers noms et en divers temps. A l'époque à laquelle nous sommes arrivés, les Turcs, vainqueurs des Nephthalites, s'étaient établis sur les bords de l'Iaxartès, dans la contrée qui a conservé le nom de Turkestan. Ils avaient aussi soumis la Sogdiane, aujourd'hui Boukhara. Ils cherchèrent alors à ouvrir par l'entremise des Sogdiens des relations commerciales avec les Persans et à leur vendre les soies qu'ils tiraient de la Chine. Mais le roi de Perse Chosroès, qui recevait ce produit par ses villes maritimes de la mer des Indes, ne se souciait pas de changer les voies commerciales qui enrichissaient une partie de son empire, et d'entrer en rapport avec un peuple qu'il considérait comme barbare et dont il redoutait le voisinage. Il fit brûler les soies que les ambassadeurs sogdiens avaient apportées, et fut même soupçonné de les avoir fait périr dans leur trajet pour s'en retourner. Alors le grand khan des Turcs envoya vers l'empereur des Romains des ambassadeurs chargés d'une double mission. Ils venaient, disaient-ils, pour engager les Romains à ne pas admettre dans leur empire les Avares, leurs anciens voisins, qu'ils avaient refoulés vers l'Europe et qu'ils poursuivaient de leur haine. Les Avares étaient venus solliciter de Justinien un établissement sur les frontières. Ce prince le leur avait accordé pour s'en faire un boulevard contre d'autres barbares. Mais nous venons de voir que sous Justin, qui leur avait refusé des subsides, les Avares commençaient à prendre une attitude menaçante. Le second objet de l'ambassade des Turcs, et peut-être le plus réel, était de tâcher de nouer avec les Romains des relations directes pour l'important commerce de la soie.

Sous Justinien, des moines chrétiens, nés en Perse, après une mission apostolique en Chine, où ils avaient eu occasion d'observer l'éducation des vers à soie, inconnue en Occident, exposèrent à l'empereur la possibilité de doter son pays de cette richesse. Justinien saisit avec empressement cet espoir, et fournit à ces religieux les moyens d'accomplir leur entreprise. Après un second voyage, ils revinrent en effet rapportant dans un étui des œufs de vers à soie qui ne tardèrent pas à éclore et se multiplièrent en peu d'années. Quand les ambassadeurs du grand khan vinrent à Constantinople ils furent fort surpris de trouver que les Romains possédaient, à l'égal des Chinois, l'art de recueillir et de travailler la soie. Cette industrie est restée un des éléments de prospérité de l'empire byzantin jusqu'à l'époque où les Normands, dans leurs expéditions sur les côtes du Péloponnèse, enlevèrent les ouvriers des fabriques de soieries pour les transporter en Sicile.

Quoique l'importation récente des vers à soie en Grèce rendît les offres des Turcs moins importantes, Justin ne négligea pas de s'assurer l'alliance d'un peuple guerrier, voisin de la Perse, et qui pouvait dans les guerres fréquentes des deux puissances rivales peser beaucoup dans la balance. Il envoya Zémarque, comte d'Orient, à la tête d'une nombreuse ambassade, au *khan* ou *chagan* Disabul. L'historien Ménandre nous a conservé des détails pleins d'intérêt sur la réception faite aux ambassadeurs de

GRÈCE MODERNE (Empire Grec.)

SCÈNE MODERNE (tapis d'Orient)

Réduction d'un monument sur la muraille.

GRÈCE MODERNE (Empire d'Orient)

Restes d'un palais à Constantinople

Justin ; sur les mœurs des Turcs et le luxe de cette cour nomade, dont les tentes, garnies de tentures de soie, étaient meublées d'un trône roulant en or massif, de lits, de tables, de figures d'animaux divers de même métal et de riche vaisselle, produits des mines que les Turcs possédaient, de leur commerce d'échange, et surtout des dépouilles des peuples vaincus par eux. L'alliance conclue à Constantinople fut confirmée, et Zémarque accompagna même une expédition que le chagan entreprit contre la Perse. Mais après quelques succès, sur l'annonce de l'approche de Chosroès, les Turcs s'empressèrent de faire la paix avec la Perse, et l'ambassadeur romain eut beaucoup de peine à regagner Constantinople. Les Persans fermèrent par des fortifications les gorges des montagnes qui les séparaient des Turcs pour se mettre à l'abri de leurs invasions, et ceux-ci ne commencèrent à influer sur les destinées de l'Occident que plus tard, lorsqu'ils eurent adopté l'islamisme et sous la puissante dynastie des Seldjoukides, et surtout lorsque s'éleva dans une de leurs tribus le redoutable empire des Osmanlis.

Destitué de l'appui des Turcs par ce brusque revirement, Justin vit tourner contre lui le ressentiment des Perses. Ceux-ci persécutaient depuis quelque temps les chrétiens de la Persarménie, au mépris du traité qui leur avait garanti le libre usage de leur religion en les incorporant à la Perse. Ils se soulevèrent contre Choosroès, et les Ibères suivirent cet exemple. Justin, dont ils implorèrent la protection, s'interposa entre eux et le grand roi, en même temps qu'il refusait de payer le subside consenti par Justinien dix ans auparavant ; mais il ne prit pas toutes les dispositions qu'exigeait une si grave rupture. Le patrice Marcien, parent de l'empereur, entra en Perse en 572, à la tête de troupes rassemblées à la hâte, et remporta d'abord quelques succès par l'imprévu de son attaque ; mais les Perses reprirent bientôt l'offensive, prirent Daras, brûlèrent Apamée, étendirent leurs ravages jusqu'aux portes d'Antioche, et réduisirent Justin à solliciter une trêve. Ces désastres troublèrent la raison de l'empereur, dont la maladie avait déjà depuis quelques années altéré le caractère. Ses plus proches parents avaient quelquefois à souffrir de ses emportements. Son cousin Justin, qu'il avait nommé gouverneur d'Égypte, fut décapité par ses ordres sur le soupçon d'aspirer à l'empire. On découvrit une conspiration contre les jours de l'empereur, qui amena de nouvelles exécutions. Enfin Justin prit le parti de se décharger du fardeau de l'empire, devenu trop pesant pour lui, en accordant le titre de César au commandant de ses gardes, nommé Tibère, qu'il adopta et désigna pour son successeur. Sentant sa fin prochaine, il adressa dans une allocution touchante de sages conseils à son successeur, et lui recommanda l'impératrice (octobre 578).

Tibère répandit les largesses d'usage, et fut reconnu sans opposition. Le peuple, assemblé dans le cirque, demanda à grands cris à connaître l'impératrice. Et Tibère proclama le nom d'Anastasie. Il paraît qu'il l'avait épousée secrètement depuis quelques années, et en avait eu deux filles. On dit que Sophie n'apprit pas sans déplaisir cette nouvelle, ayant compté épouser le nouvel empereur, qui lui devait son élévation.

Tibère lui assura un état de maison convenable dans le palais de Sophia, et lui témoigna un respect filial. Cependant cette princesse ourdit une intrigue dans le but de faire proclamer Justinien, fils de Germanos et petit-neveu de l'empereur Justinien. Tibère déjoua cette conspiration, et se contenta de retirer à la veuve de Justin sa maison princière ; quant à Justinien, qui s'était distingué dans la guerre de Perse, il lui accorda son pardon.

Le premier soin de Tibère, dès qu'il fut associé à l'empire, avait été de rétablir l'armée d'Orient en même temps qu'il négociait pour prolonger la trêve avec les Perses. Mais on ne put s'accorder pour l'Arménie. Le vieux monarque persan Chosroès Nouschirwan se mit lui-même à la tête de son armée, et se dirigeait vers Césarée ; mais Justinien, comte de l'Orient, se hâta de marcher pour lui barrer le passage. Les deux armées se rencontrèrent à Mélitène. L'air fut un instant obscurci sous la nuée de flèches des Perses ; mais lorsqu'on en vint aux mains les Romains prirent l'avantage, que leur a presque toujours assuré le maniement de l'épée. En même temps un chef des Scythes auxiliaires, tournant le flanc des Perses, attaque leur camp, s'empare de la tente du grand roi, et regagne sa position en s'ouvrant un passage à travers les ennemis, dont il achève la déroute. Chosroès s'enfuit seul en passant l'Euphrate sur un éléphant, et, dans sa honte d'avoir vu ternir par ce revers sa longue et glorieuse carrière, il défendit à ses successeurs de faire la guerre en personne, défense plus funeste à sa dynastie que les dangers qu'il voulait prévenir. Chosroès mourut peu de temps après, laissant la couronne à son fils Hormisdas ou Ormouz. Les Romains après leur victoire s'étaient avancés dans l'intérieur de la Perse, et y avaient pris leurs campements d'hiver. Au printemps Tibère envoya un corps de troupes barbares dont il avait acheté les services, sous les ordres de Maurice, comte des fédérés. Ce général remporta de nouveaux avantages, reprit les villes enlevées aux Romains sous Justin et Justinien, et envoya de nombreux prisonniers et de riches dépouilles à l'empereur. Tibère célébra pompeusement ce triomphe à Constantinople, joignit à son nom celui de Constantin, et donna une de ses filles en mariage au général victorieux. Atteint quelques jours plus tard d'un mal subit, il désigna Maurice pour son successeur, et mourut le 14 août 582.

Un chroniqueur latin, Paul le diacre, dit en parlant de Maurice que ce fut le premier empereur élu dans la nation grecque. « *Primus ex Græcorum genere in imperio constitutus.* » Il est vrai que ses prédécesseurs étaient nés pour la plupart dans les provinces latines de l'empire d'Orient. Plusieurs cependant, par leur éducation, appartenaient au moins autant à la Grèce qu'à l'Italie. Quant à Maurice, il était d'Arabissos, ville de Cappadoce, et par conséquent étranger aussi à la Grèce proprement dite, à celle qui de son sol étroit avait dans l'antiquité répandu tout autour d'elle des conquérants ou des apôtres de la civilisation, et dont on s'étonne de ne plus voir surgir durant les longues annales byzantines, je ne dis pas un héros, mais seulement un personnage dont l'histoire daigne enregistrer le nom. Un biographe de Maurice assure qu'il aimait les lettres et les protégea. Mais ses efforts, s'il en fit, pour lutter contre la barbarie, sont demeurés infructueux, car à compter de son règne on a peine à trouver un écrivain tolérable, et nous ne ferons pas d'exception en faveur de son emphatique historien Théophylacte Simocatta.

L'art de la guerre, à laquelle il devait son élévation et qu'il eut le tort de ne plus faire par lui-même une fois sur le trône, continua cependant à être l'objet de ses études, et il écrivit un *Traité de tactique*, qui nous est parvenu (1). Ses lieutenants remportèrent plusieurs avantages sur les Perses. Philippique, beau-frère de Maurice, secondé par Héraclius, père du général de même nom qui monta plus tard sur le trône, battit les Perses à Solacon, près de Daras, en 586. Deux ans plus tard, l'armée, quoique en pleine révolte contre les généraux envoyés de Constantinople, remporta une brillante victoire à Martyropolis, et se justifia près de l'empereur en lui envoyant des trophées. Enfin, en 591, Comentiole et Héraclius défirent le général perse Varanès à Sisarbane, près Nisibis. Cette dernière affaire eut les conséquences les plus imprévues. Le roi de Perse, irrité des revers de ses armes contre les Turcs et les Romains, destitua Varanès avec ignominie; celui-ci eut l'adresse de persuader à ses soldats qu'ils étaient comme lui menacés de l'aveugle colère de leur souverain, et il les entraîna à la rébellion. Pour les châtier Hormisdas réunit une nouvelle armée; mais les haines que sa tyrannie avait amassées contre lui éclatant de toutes parts, un prince de sa famille, Mevodès, qu'il retenait en captivité, brise ses fers, vient l'accuser en plein conseil, le détrône, et lui fait crever les yeux après lui avoir donné le spectacle de la mort de celui de ses fils en faveur duquel il voulait abdiquer. Chosroès, fils aîné d'Hormisdas, est placé sur le trône par Mevodès, et marche contre Varanès, qui refusait de se soumettre. Le rebelle est vainqueur, et l'héritier des Sassanides, obligé de se réfugier sur le territoire romain, implore le secours de Maurice pour recouvrer sa couronne, en

(1) Publié pour la première fois à Upsal, en 1664, par J. Schœffer, à la suite de la Tactique d'Arrien.

promettant d'abandonner aux Romains les villes en litige. De son côté, Varanes, qui avait usurpé le trône, faisait des propositions séduisantes. Maurice prit le parti du prince légitime, qu'il adopta pour fils, et qui rentra dans ses États entouré d'une garde romaine. Martyropolis, Daras et la Persarménie furent le prix de ce service. De plus le monarque persan, qui avait épousé une chrétienne, fit cesser dans ses États les persécutions contre la religion catholique, que les Grecs se flattaient même de lui voir embrasser. Cette révolution surprenante, en assurant la sécurité des frontières orientales de l'empire, semblait promettre à Maurice un règne glorieux, s'il n'avait été tout à coup terminé par un drame sanglant.

Pendant que Maurice poursuivait en Asie les guerres que nous venons de raconter, il avait eu à soutenir sur les bords du Danube, et souvent jusqu'aux approches de sa capitale, les attaques incessantes des Avares. Le Chagan, depuis que les Lombards étaient descendus en Italie, étendait son autorité du pied des Alpes aux côtes de la mer Noire. Vers le Nord elle s'étendait sur les anciennes possessions des Vandales et jusqu'aux rives de l'Oder. Dans ses expéditions il lançait en avant les hordes des Esclavons, soumis à son empire. Baian, le chagan d'alors, qui occupait le palais d'Attila, semblait avoir hérité de sa politique et de son orgueil. Dans les dernières années du règne de Tibère, il s'était rendu maître de Sirmium, et dès l'avénement de Maurice il le fatigua de ses insolentes exigences. Tantôt il demandait qu'on lui envoyât un des éléphants que l'empereur entretenait dans ses écuries de Constantinople, tantôt qu'on fabriquât pour lui un lit d'or. Puis, quand on s'était empressé de le satisfaire, il renvoyait ces présents comme indignes de lui. Il fit porter de quatre-vingt mille à cent mille pièces d'or le subside annuel que lui payait l'empire, sans pour cela s'abstenir de venir ravager la Thrace. Singidunum (aujourd'hui Belgrade) fut prise et saccagée par lui. Anchiale eût éprouvé le même sort si les concubines du chagan n'eussent intercédé pour cette ville, en reconnaissance du plaisir qu'elles avaient trouvé dans ses bains. Nous ne rapporterons pas les diverses expéditions tentées pour repousser les Avares, peu glorieuses pour les armes romaines et pour Maurice lui-même, qui, après s'être mis en marche pour l'armée avec ostentation, rentra au bout de quelques jours, effrayé par des présages de mauvais augure. Ce prince répondit à des ambassadeurs francs qui venaient lui offrir au nom de Théodoric de déclarer la guerre aux Avares si l'empereur voulait leur payer un subside, *que les Romains n'avaient pas coutume d'acheter des auxiliaires*, parole malheureusement peu conforme à l'état présent de l'empire. Maurice s'abusa singulièrement aussi sur sa puissance lorsqu'il crut pouvoir du fond de son palais réformer les abus invétérés dans l'armée, entreprise scabreuse même pour un empereur que ses hauts faits eussent protégé contre l'irritation des soldats. Le soulèvement de l'armée d'Orient que nous avons mentionné plus haut avait été provoqué par un décret qui réduisait la solde d'un quart, et on ne l'apaisa qu'en passant par tout ce que les révoltés exigèrent. Quelques historiens prétendent que c'était pour se défaire de ces soldats turbulents que Maurice confia le commandement de la guerre contre les Avares au lâche ou traître Comentiolus, et qu'il refusa de racheter pour douze mille ou seulement pour six mille pièces d'or douze mille prisonniers, que sur ce refus le chagan fit massacrer.

Si cet acte de vengeance ou d'avarice, sur lequel les historiens contemporains gardent le silence, est vrai, il explique suffisamment comment Maurice s'aliéna les cœurs de ses sujets et des soldats. Ceux-ci, sur un ordre de prendre leurs quartiers d'hiver dans le pays des Avares, s'insurgèrent, chassèrent ou massacrèrent leurs officiers et marchèrent contre Constantinople pour renverser Maurice. Ils mirent à leur tête un centurion nommé Phocas, soldat grossier désigné à leurs suffrages pour avoir, dans une autre occasion, osé présenter à l'empereur au bout de sa pique les réclamations des troupes pour leur solde arriérée. Maltraité pour ce fait par quelques courtisans, Phocas s'échappa de Constantinople, et revint près de ses camarades portant encore les traces des coups qu'il avait reçus pour leur cause et qui lui valurent la popularité. A l'approche de l'armée révoltée, Maurice s'entoura de la troupe urbaine des verts et des bleus, dont l'une s'élevait à neuf cents, l'autre à quinze cents hommes. Mais la capitale était mal disposée pour lui. Déjà l'année précédente, dans une disette, le peuple l'avait assailli par une grêle de pierres au milieu d'une procession. La sédition ne tarda pas à éclater dans Constantinople, et aux lueurs de l'incendie le vieux roi avec sa femme et ses neuf enfants s'enfuit sur une petite barque, que le vent jeta sur la côte voisine de Chalcédoine. Là, retenu par un accès de goutte, Maurice se réfugia dans un sanctuaire, tandis que Théodore, l'aîné de ses fils, allait implorer les secours du roi de Perse. Le peuple de la capitale, après avoir voulu porter au trône un sénateur nommé Germanos, se décida sur son refus à saluer du nom d'empereur le chef des soldats révoltés [novembre 602].

Cependant Phocas, qui ne tarda pas à s'apercevoir de l'esprit changeant de la multitude, arracha Maurice de son asile, et le fit périr après avoir fait massacrer ses cinq fils sous ses yeux. On dit que ce malheureux prince, puisant dans l'exaltation religieuse une résignation surhumaine, remerciait Dieu de lui faire expier ses fautes en ce monde plutôt que dans l'autre, et s'écriait, en voyant tomber ses enfants : « Vous êtes juste, ô mon Dieu! et vos jugements sont pleins d'équité. » Il alla même jusqu'à désigner aux bourreaux le plus jeune de ses fils, que la nourrice avait essayé de sauver en lui substituant son propre enfant (1). La veuve et les filles de Maurice, renfermées d'abord dans un couvent, furent au bout de quelque temps mises à la torture et immolées sur un soupçon de conspiration qui fournit au tyran l'occasion de faire périr dans les supplices de nombreux citoyens. Le jeune Théodore avait disparu en se rendant en Perse, victime, à ce qu'on croit, des émissaires de Phocas. Cet usurpateur envoya notifier son avénement au roi de Perse; mais les obligations de Chosroès envers Maurice, jointes à l'ambition des conquêtes, lui firent prendre les armes pour venger son allié. Phocas eut l'aveuglement de faire périr Narsès, qui avait rétabli Chosroès sur son trône et le seul général romain que les Perses redoutassent. Ils s'avancèrent sans rencontrer d'osbtacle sérieux; s'emparèrent de toute la Mésopotamie, de l'Arménie, de la Cappadoce, investirent Antioche, et ravagèrent jusqu'aux environs de Chalcédoine. Joignant l'artifice à la force des armes, ils menaient dans leur camp un imposteur qu'ils faisaient passer pour le fils de Maurice. Cependant ce fut d'un autre côté que Phocas reçut le châtiment de ses crimes. Son propre gendre, Crispus (1), que les acclamations indiscrètes du peuple avaient exposé aux soupçons d'un despote ombrageux, écrivit à Héraclius, exarque d'Afrique, province qui, non plus que l'Égypte, n'avait pas reconnu l'autorité de l'usurpateur, pour l'engager à envoyer son fils et Nicétas, fils de son lieutenant, au secours de la capitale. Le jeune Héraclius, à la tête de quelques vaisseaux, devançant son compagnon, apparut bientôt dans un des ports de Constantinople et fut salué par le peuple comme son libérateur. Phocas, abandonné de tous, dépouillé des insignes royaux, fut traîné devant le vainqueur par un homme dont il avait violé l'épouse; car à la cruauté Phocas joignait la débauche et l'ivrognerie. « C'est donc ainsi, misérable, lui dit Héraclius, que tu as gouverné l'État! — A toi de mieux faire, répondit celui-ci avec sa farouche brusquerie. » Phocas, livré au peuple, expira dans les tortures qu'il avait souvent fait souffrir, et qui malheureusement étaient passées dans les mœurs de ces temps de barbarie (octobre 610). Quelques jours plus tard Héraclius reçut à la fois des mains du patriarche la couronne impériale et celle de l'hymen.

Soit que le nouveau souverain s'abandonnât aux délices du palais, soit que l'état de délabrement dans lequel il trouvait l'empire paralysât l'énergie qu'on le vit déployer plus tard, les premières années de son règne n'offrirent que la continuation des désastres qu'avait attirés l'usurpation de Phocas. Le roi de Perse continuait à ravager

(1) C'est sur cette tradition que repose en partie la tragédie de Corneille intitulée *Phocas*.

(1) D'autres le nomment Priscus. Ces deux noms sont souvent confondus dans les manuscrits.

l'empire. Apamée de Syrie et Édesse furent prises et saccagées. L'année suivante ce fut le tour de la riche Césarée, capitale de Cappadoce. Aidés des Sarrazins, les Perses dévastèrent ensuite une partie de la Syrie, et réduisirent Damas en captivité. Enfin Jérusalem, la ville sainte des chrétiens, objet de la haine des mages, tomba dans leurs mains (615). Quatre-vingt-dix mille chrétiens furent, assure-t-on, massacrés par une troupe de juifs dont le fanatisme avait secondé les Perses, et qui rachetaient les prisonniers romains pour les immoler, se vengeant ainsi des persécutions qu'Héraclius leur faisait subir dans ses États, et qu'il avait provoquées contre eux jusqu'en Occident. Le tombeau du Christ, les églises élevées par Hélène et Constantin furent livrés aux flammes. Les riches offrandes accumulées par la piété des princes chrétiens furent pillées, le patriarche traîné en captivité et le bois de la vraie croix emporté en Perse comme un trophée.

L'année suivante les généraux de Chosroès forcèrent Péluse, et envahirent l'Égypte. La vallée du Nil, qui depuis Dioclétien avait échappé aux calamités de la guerre, fut ravagée jusqu'à l'Éthiopie. Les Persans s'avancèrent aussi le long de la côte de Libye dans la Cyrénaïque, peuplée jadis par les colonies des Grecs. Selon quelques auteurs Carthage aurait seule arrêté les Perses (1), qui semblent dans cette campagne avoir tracé la marche que les Arabes suivirent peu d'années plus tard. En même temps Saës, autre lieutenant du grand roi, s'avançait jusqu'au rivage de Chalcédoine. Héraclius s'y rendit en personne pour traiter avec lui de la paix, et le sénat de Constantinople députa trois de ses membres, chargés d'une adresse suppliante à Chosroès. Ce monarque, enorgueilli de ses triomphes jusqu'à la démence, fit jeter les ambassadeurs dans les fers et mettre à mort son général pour avoir écouté des propositions de paix, au lieu de lui amener Héraclius prisonnier.

Dans ces difficiles conjonctures, l'empereur, se tournant vers le chagan, essaya de conclure une alliance avec ce chef barbare; mais celui-ci, par une insigne perfidie, pendant une entrevue amicale près des *Longs-murs* de Thrace, donna le signal à ses soldats de tomber sur le cortège de l'empereur et sur la foule des citadins venus pour assister à des jeux équestres. Héraclius n'eut que le temps de se sauver à toute bride; Constantinople faillit être prise, et ses riches faubourgs furent pillés. Telle était cependant la triste condition de l'empire, que pour réaliser le grand dessein qu'Héraclius avait conçu d'aller en personne porter la guerre au cœur de la Perse, il fut obligé de rechercher de nouveau la neutralité du chagan au prix de sacrifices pécuniaires et de témoignages de confiance.

La paix conclue de ce côté, Héraclius secoue enfin cette léthargie durant laquelle depuis douze ans il n'avait fait que décorer ses enfants au berceau des vains insignes d'une royauté qui lui échappait. Il emprunte les trésors des églises, en s'engageant à les restituer après la victoire, quitte les brodequins de pourpre pour les bottes noires des soldats; et, après avoir communié avec son peuple le jour de Pâques, il dit au patriarche : « Je confie à Dieu, à la mère de Dieu et à vous cette ville et mes enfants. » Et il part pour l'Asie en prenant pour bannière l'image miraculeuse du Christ.

Le zèle religieux qui plus tard guida les croisés de l'Occident à la délivrance de Jérusalem se manifeste déjà dans cette guerre sainte, commencée en 622, année mémorable également par la fuite de Mahomet, date de l'hégyre ou ère des mahométans.

Évitant sagement d'attaquer de front la nombreuse cavalerie persane répandue dans les plaines de Chalcédoine, Héraclius se rend par mer au port d'Alexandrie près d'Issus (Skanderoun), et se dirige vers l'Arménie à travers les défilés du Taurus. Durant cette route difficile il recueille les débris des garnisons romaines répandus en Asie, retrempe l'esprit militaire par des exercices journaliers, et soulève aisément une population accablée de nouveaux impôts par les Perses. Leur armée, qui campait en vue de Constantinople, craignant d'être coupée, accourt, accepte la bataille sur

---

(1) Cette tradition ne repose peut-être que sur une confusion de nom entre Καρχηδών, *Carthage*, et Χαλκηδών, *Chalcédoine*.

un terrain désavantageux, et est complétement battue. Après cette victoire Héraclius fit prendre à ses troupes leurs quartiers d'hiver sur les bords de l'Halys, et revint à Constantinople, où des soins urgents réclamaient sa présence. Il en partit dès l'ouverture de la deuxième campagne, et se portant cette fois directement à Trébisonde, il traverse l'Arménie, ancienne alliée de l'empire et profondément attachée à la religion, et il marche sur Tauris.

Chosroès, accouru en personne à la tête de quarante mille hommes, n'ose livrer bataille, et laisse les Romains brûler la ville natale de Zoroastre et prendre leurs quartiers sur les bords de la mer Caspienne. Au printemps Héraclius pénètre dans la Médie, et, partout vainqueur, vient menacer les villes royales de Casbin et d'Ispahan. Chosroès avait rappelé du fond de ses États, des bords du Nil et du Bosphore trois armées, qui se flattaient d'envelopper Héraclius; mais celui-ci, par des manœuvres habiles et des prodiges de courage, sut les vaincre séparément et les rejeter dans les places fortes. La campagne suivante vit Héraclius franchir le Tigre et l'Euphrate, forcer le passage du Saros, et ramener à travers la Cappadoce une armée victorieuse et chargée de dépouilles. La lutte entre ces deux grands empires vieillis avait pris une animosité qui devait leur être fatale à tous deux. Malgré l'épuisement de la Perse, Chosroès, appelant aux armes les étrangers et les esclaves, réunit encore trois armées : l'une de cinquante mille hommes, désignés sous le nom de *lances d'or*, destinée à agir contre Héraclius; la seconde pour s'opposer à la jonction des renforts que lui amenait son frère Théodore. La troisième sous les ordres de Sarbar, devait occuper Chalcédoine et attaquer Constantinople de concert avec le chagan des avares.

En effet, celui-ci, suivi de nuées d'Avares, de Gépides, de Russes, de Bulgares et d'Esclavons, força la grande muraille, et investit Constantinople (juillet 626). Une députation des habitants venue pour essayer de le fléchir fût reçue debout en présence des envoyés persans, assis à côté du chagan. A en croire ceux-ci, Héraclius, retenu captif en Perse, ne pouvait venir au secours de ses sujets, et le chagan somma les assiégés d'abandonner leur ville et toutes leurs richesses. « Car, à moins, disait-il, de vous sauver dans l'air comme les oiseaux ou dans l'eau comme les poissons vous ne sauriez m'échapper. » Les Constantinopolitains, auxquels Héraclius avait laissé douze mille soldats d'élite et un gouverneur homme de mérite, le patrice Bonus, ne se laissèrent pas intimider par ces paroles. L'avant-garde des Avares s'était d'abord mesurée contre quelques soldats sortis de la ville avec leurs *pallikares*. (Ce nom, illustré de nos jours par les exploits des milices grecques, se rencontre ici pour la première fois dans l'histoire, et désigne simplement les jeunes compagnons des soldats (1).) L'avantage resta aux Grecs. Ils repoussèrent aussi toutes les tentatives dirigées contre leurs murailles, quoique les Avares pour la première fois déployassent tout l'attirail des machines de siége. Mais ce qui assura le succès des Grecs ce fut leur marine. Ils capturèrent au passage les envoyés des Perses qui retournaient près de Sarbar, et firent croire à ce dernier que c'était le chagan qui les leur avait livrés. En même temps quelques galères dispersèrent, coulèrent ou incendièrent toute la flottille des Avares, conduite par les Esclavons, qui abandonnèrent l'armée. Privé de ces auxiliaires, sans communication avec les Perses, qui n'avaient pas non plus de marine, et après plusieurs assauts infructueux, le chagan se vit forcé de renoncer à son entreprise. Il essaya cependant de renouer les négociations; mais Bonus lui fit répondre qu'il aurait désormais à traiter avec Théodore, qui arrivait à la tête de son armée au secours de Constantinople. Le chagan se retira précipitamment sans l'attendre, et les Byzantins attribuèrent à la protection de la Vierge cette délivrance miraculeuse.

Théodore avait en effet remporté de son côté une grande victoire sur l'armée commandée par Saïn, et ce général persan, tombé en disgrâce, restait dans l'inaction. Ainsi rassuré sur le sort de sa ca-

---

(1) Chronicon Paschale, p. 392. c. ἐξῆλθαν στρατιῶται μετὰ παλλικαρίων καὶ πολιτῶν.

pitale et sur celui de son frère, Héraclius se fortifia contre la Perse d'une alliance redoutable, celle des Turcs. Le khan des Chozares (nom d'une de leurs tribus) vint joindre l'empereur près de Tiflis. On rapporte que ce khan, nommé Ziebel, descendit de cheval pour adorer l'empereur, qui le salua du nom de fils, plaça son propre diadème sur la tête du prince turc, et lui promit la main de sa fille Eudoxie, alliance que la mort de Ziebel empêcha de réaliser. Quarante mille cavaliers turcs firent sur les bords de l'Oxus une puissante diversion, tandis qu'Héraclius, à la tête d'une armée romaine, qu'on porte à soixante-dix mille hommes, reprit en quelques mois les villes de la Syrie, de la Mésopotamie et de l'Arménie. Malgré l'approche de l'hiver et l'abandon de ses alliés turcs, Héraclius s'avança jusqu'au delà du Zab, près de Mossoul, sur l'emplacement de l'antique Ninive, où Rhazatès reçut de roi de Perse l'ordre de livrer bataille. L'empereur fit des prodiges de valeur, tua de sa main le général ennemi, et, après un combat qui dura tout le jour, défit entièrement l'armée perse (12 décembre 627). De là, par une marche rapide, il se porte à Dastegerd, séjour habituel de Chosroès, qui naguère encore y étalait son faste et son orgueil, et qui s'enfuit avec ses femmes. Ses trésors, abandonnés aux vainqueurs, devinrent la récompense des soldats. La reprise de trois cents drapeaux romains et la délivrance de nombreux captifs assurèrent à jamais la gloire d'Héraclius. Franchissant au milieu de février les monts Zara, qui quelques jours plus tard se couvrirent de neige, Héraclius vint reposer son armée à Gozacon ou Tauris, d'où il écrivit à ses sujets pour leur annoncer ses triomphes, les révolutions qu'ils avaient amenées en Perse et la conclusion de la paix.

En effet, après sa fuite de Dastegerd, Chosroès, sans vouloir écouter aucune proposition de paix, avait essayé de mettre encore sur pied une armée. Mais, fléchissant enfin sous le poids de l'âge, des souffrances et de ses revers, il voulut se démettre de la couronne en faveur d'un de ses fils, objet de ses prédilections, au préjudice de l'aîné, Siroès, qu'il retenait captif dans une citadelle.

Ce dernier fut délivré par des Perses, las de la domination de Chosroès, et se fit proclamer roi. Le vieux monarque, abandonné de tous, fut par ordre de Siroès jeté dans un cachot, où il expira par le fer ou la faim, après avoir vu mettre à mort tous les fils objets de ses affections, expiant cruellement les scènes sanglantes de son avénement par le crime d'un fils plus féroce et plus dénaturé que lui.

Siroès s'était empressé de notifier son avénement à Héraclius, en l'engageant à faire cesser les maux de l'humanité (il osait parler d'humanité!) par le rétablissement de la paix. Elle fut conclue au mois d'avril 628, et remit l'empire romain en possession de tout ce que Chosroès lui avait enlevé durant une guerre de vingt-cinq ans. Quant à la Perse, elle resta le théâtre de sanglantes révolutions : huit rois s'y succédèrent en quatre années; le dernier de ces princes, Jesdegerd IIIe, réussit à se maintenir près de vingt années; mais avec lui s'éteignit la dynastie des Sassanides.

Héraclius fit sa rentrée à Constantinople au mois de septembre 628. Son fils Héraclius Constantin et le patriarche vinrent au devant de lui accompagnés de tout le peuple, qui portait des flambeaux et des branches d'olivier. Héraclius était monté sur un char traîné par quatre éléphants, et portait un saint trophée : le bois de la vraie croix, qu'il avait recouvré en Perse et que l'année suivante il rapporta en pèlerinage à Jérusalem accompagné du patriarche Zacharie, délivré des fers des Perses. De grands médaillons furent frappés en commémoration de ces événements, et George de Pisidie composa un poëme épique intitulé l'*Héracliade*, dont malheureusement la poésie est loin d'égaler la grandeur du sujet.

Après tout ce qu'Héraclius avait déployé d'énergie, d'habileté, de valeur personnelle durant ces six années de guerre, on s'attend à voir l'empire romain refleurir sous le héros qui l'avait relevé de son abaissement. Mais, loin de là, il s'affaisse comme un malade qui retombe épuisé d'un effort au-dessus de son état débile. Pendant que l'empereur combattait en Orient, les Grecs qui, depuis Justinien, s'étaient maintenus dans une partie de l'Espagne, resserrés peu à peu dans l'Algarve, furent entièrement expulsés par Suintila, roi des Visigoths. En Orient même les victoires d'Héraclius furent peu fructueuses pour l'État. La ruine des villes romaines saccagées par les Perses fut vengée mais non réparée par la dévastation de celles de Chosroès. Les historiens décrivent complaisamment le luxe oriental de ses résidences royales ; les parcs peuplés de lions, de daims, de paons, de faisans, destinés aux plaisirs du prince ; les somptueux palais remplis de bois d'aloès, de tapis, de châles précieux, d'étoffes de soie, et n'oublient pas même les épices de l'Inde, si recherchées alors, le poivre, le gingembre et le sucre. Les soldats firent main-basse sur tout ce qu'ils purent emporter, et livrèrent le reste aux flammes. Mais quand après la paix il s'agit de restituer aux églises l'argent qu'elles avaient avancé et qu'elles réclamaient, il fallut pressurer d'impôts les provinces, épuisées déjà par la guerre. Aux persécutions exercées par les Perses contre les catholiques succédèrent les persécutions contre les juifs et les nestoriens. Les discussions religieuses absorbèrent toute l'activité d'Héraclius. Les hérésies d'Apollinaire, de Nestorius et d'Eutychès, dont le point principal était la distinction des deux natures de Jésus-Christ, venaient de donner naissance à une controverse encore plus subtile sur l'unité de volonté, que les *monothélites* cherchaient à concilier avec la double nature, et qui n'était, selon d'autres, qu'une rénovation de la doctrine condamnée des monophysites. Les patriarches d'Alexandrie, d'Antioche et de Constantinople avaient pris parti pour le dogme nouveau, que le saint-siége de Rome essaya d'assoupir et finit par condamner. Héraclius promulga à cette occasion son *Ecthésis*, ou exposition de la foi, destinée à terminer les querelles, et qui ne fit que les raviver.

Tandis que ces vaines questions divisaient les fidèles et absorbaient l'attention de l'empereur, ou qu'il recevait les ambassades de félicitation du roi des Indes et du roi de France Dagobert, le christianisme était menacé d'être aboli dans les contrées qui furent son berceau, et l'empire perdait presque tout ce qu'il venait de reconquérir. Nous reviendrons plus en détail dans le chapitre suivant sur l'origine et les progrès de l'islamisme, qui fut si fatal à la chrétienté, et particulièrement à la nation grecque. Nous nous bornons ici à indiquer les premiers effets, sans rechercher les causes. Mahomet venait à peine de rentrer vainqueur à la Mekke et d'y abolir l'idolâtrie, que les Arabes, devenus ses fervents sectateurs, se tournèrent contre l'empire romain, dont ils avaient été quelquefois les auxiliaires. Quelques historiens grecs ont prétendu que Mahomet en personne vint rendre hommage à Héraclius durant sa campagne de Perse, et qu'il en reçut un domaine en Syrie. Il est plus probable que ses envoyés, ainsi que le disent les Arabes, vinrent à Émèse inviter l'empereur, comme tous les princes et toutes les nations, à adopter l'islamisme. Bientôt, poussés par l'esprit de rapine et de conquête non moins que par le zèle religieux, ils firent une première incursion armée sur le territoire de la Palestine, où tomba Zéjd, l'esclave chéri du prophète, et que remplaça Kaled, surnommé par les Arabes l'*Épée de Dieu*. Mahomet lui-même se mit à la tête d'une expédition contre l'empire ; mais il s'arrêta à quelques journées de Damas sans tirer l'épée. Après la mort du prophète, au mois de juin 632, et sous le khalifat d'Aboubèkre, le général grec Sergius est défait près de Gaza, et cette ville tombe aux mains d'Amrou (633). Bostra est livrée par son gouverneur, nommé Romanus, qui apostasie. Théodore, propre frère d'Héraclius, est vaincu. L'empereur envoie à sa place Baanès et Théodore le *Sacellaire* à la tête de quarante mille hommes. Ils repoussent d'abord les Arabes. Mais la discorde et la sédition se mettent dans leur camp, et ils sont vaincus à leur tour par Kaled (juillet 634). La chute de Damas est la conséquence de cette victoire des Arabes et signale l'avénement du khalife Omar. Héraclius abandonne la Syrie, qu'il désespère de sauver, et rapporte la sainte croix à Constantinople. En effet, Jérusalem, après la destruction d'une nouvelle armée grecque, conduite par Manuel, est réduite à capituler (mai 637) et n'obtient qu'avec d'humiliantes restrictions la tolérance de son culte. L'année suivante la prise d'Antioche, d'Alep et enfin de Césarée, inutilement défendue par Constantin, fils de l'empereur, consomment la soumission de la Syrie. Édesse, Amida, Dara, Nisibis, sont rasées, et ces frontières, si longtemps disputées entre la Perse et l'empire romain, s'effacent sous un esclavage commun. Les villes maritimes, sans excepter Tyr, qui avait opposé jadis une si vigoureuse résistance à Alexandre le Grand, se soumettent aux Sarrazins, et l'apostasie d'une partie de leurs habitants assure leur asservissement.

Un des conquérants de la Syrie, Amrou, se tourne ensuite contre l'Égypte, à la tête seulement de quatre mille soldats, nombre qui, malgré la valeur fanatique des Arabes, eût été tout à fait disproportionné à la grandeur de l'entreprise si la situation intérieure de l'Égypte n'en eût facilité la conquête. L'hérésie des *Monophysites*, adoptée presque généralement depuis Justinien par les habitants de l'Égypte, s'y perpétuait malgré les efforts du gouvernement impérial. Les premiers se désignaient sous le nom de *Jacobites*, et appliquaient aux partisans de l'empereur l'épithète de *Melkites*. La persécution, l'exclusion de toute fonction publique n'avait fait qu'exciter le fanatisme des Égyptiens et réveiller chez eux un sentiment de nationalité assoupi depuis bien des siècles. L'autorité du patriarche grec, du préfet augustal et des ducs envoyés de Constantinople était à peu près nominale hors d'Alexandrie, où la race grecque dominait. L'invasion de Chosroès avait momentanément permis à la secte opprimée de relever la tête, et lorsque Amrou eut forcé la ville de Péluse, lorsque après un siége de sept mois il se fut emparé de Memphis, près de laquelle il fonda, sur l'emplacement de son camp, le Kaire, destiné à devenir la capitale nouvelle, il trouva toute la population *égyptienne jacobite* (ou, comme on les a nommés depuis, les *Coftes*) disposée à reconnaître l'autorité des Arabes, qui moyennant une capitation leur assuraient le libre exercice de leur culte. Les garnisons grecques, assiégées dans les places fortes, puis refoulées dans le Delta, s'enfermèrent dans Alexandrie, leur dernier boulevard. Cette immense ville, défendue par la nature et par une population nombreuse, opposa une résistance opiniâtre aux efforts multipliés des Arabes, qui rassemblèrent contre elle tous leurs moyens. Enfin, après un siège de quatorze mois, durant lequel plus de vingt mille hommes étaient, dit-on, tombés devant ses murs, Alexandrie fut enlevée de vive force sans avoir été secourue par Héraclius (25 décembre 640). Ce prince n'essayait plus de lutter contre une succession de malheurs où il croyait voir la marque de la colère divine. En perdant l'Égypte Constantinople perdait le grenier qui avait jusqu'alors assuré la subsistance de son immense population, et aussi une des principales sources de sa richesse commerciale et de sa puissance maritime. Nous verrons aussi dans un autre chapitre quel coup les sciences et les lettres grecques reçurent de la destruction d'une ville où, malgré bien des vicissitudes, se conservaient quelques traditions des anciennes écoles.

La nouvelle de ce grand désastre parvint à Héraclius sur le lit de douleur où son corps était torturé par l'hydropisie et son esprit assailli de scrupules religieux. Il mourut quelques semaines plus tard, âgé de soixante-cinq ans (11 février 641). Son règne avait duré trente ans, et peut se diviser en trois périodes, dont la seconde brilla d'un éclat que la première n'avait pas fait présager et que la dernière obscurcit. Toutefois le nom d'Héraclius occupe toujours une place glorieuse dans l'histoire; mais l'empire ne conserva nul avantage de ses expéditions hardies, et ses revers laissèrent des plaies irréparables.

CHAPITRE XIII.

LUTTE DE L'ISLAMISME ET DU CHRISTIANISME. — SUCCESSEURS D'HÉRACLIUS.

Avant de poursuivre le récit des invasions des Arabes, quelques mots sur la nature et l'origine de l'islamisme sont nécessaires, pour mieux faire comprendre les forces des deux parties belligérantes.

Au dire de certains chroniqueurs grecs, qui les premiers ont parlé de Mahomet et de sa loi, un moine nommé Sergius, chassé d'un couvent de Constantinople à cause de ses hérésies, et réfugié à la Mekke, aurait contribué à faire admettre par Cadiga, épouse de Mahomet, sur l'esprit de laquelle il avait pris de l'influence, la réalité des communications que le nouveau prophète prétendait avoir avec l'ange Gabriel, pour dissimuler sous une feinte extase les accès d'épilepsie auxquels, disent-ils, il était sujet. Grâce aux conseils secrets et à l'artifice de ce transfuge du christianisme, les idées du novateur, reçues difficilement d'abord dans le cercle étroit de sa famille, se répandirent sur la face de la terre. C'est un trait assez caractéristique de l'esprit des Grecs, qui ne veulent être étrangers à rien de ce qui a fait du bruit dans le monde, que de revendiquer ainsi leur part dans une doctrine qu'ils accablent en même temps d'anathèmes. L'influence de l'Ancien et même du Nouveau-Testament sur l'esprit de Mahomet est incontestable, et se manifeste dans une foule de pages du Koran. Mais il n'est pas nécessaire pour cela d'admettre l'anecdote controuvée du moine Sergius, ni d'attacher, comme ont fait quelques historiens modernes, une grande importance aux courts voyages de caravane que Mahomet avait faits dans sa jeunesse en Égypte et en Syrie. Ce mélange d'idées juives et chrétiennes s'explique suffisamment par l'état de l'Arabie au septième siècle.

Cette contrée, dont les habitants se vantaient d'avoir de tout temps conservé leur indépendance, était de longue date le refuge de nombreux proscrits. Quelques disciples de Zoroastre s'y rencontraient avec des Sabéens, adorateurs des astres. Les guerres de Titus et d'Hadrien y avaient fait surtout refluer beaucoup de Juifs, qui établirent des synagogues dans lesquelles la loi de Moïse se perpétuait plus ou moins fidèlement. Les premiers apôtres chrétiens apportèrent aussi dans cette contrée des notions de l'Évangile, et plus tard les sectes opprimées des marcionites et des manichéens y répandirent leurs opinions fantastiques et leurs évangiles apocryphes. Les jacobites et les nestoriens étendirent ensuite leur influence sur quelques tribus arabes qui avaient adopté le christianisme. Toutes ces opinions, toutes ces traditions diverses, modifiées par l'imagination arabe, se rencontraient dans la ville de la Mekke, dont le temple ou *kaaba* était depuis des siècles reculés l'objet de la vénération commune des fils du désert et renfermait les trois cent soixante idoles, objet grossier du culte de diverses tribus, qui toutefois reconnaissaient l'existence d'une divinité supérieure. Purger ce sanctuaire de toute idolâtrie et faire partout reconnaître l'unité de Dieu, telle est la haute mission que se donna Mahomet, pauvre et orphelin, mais issu des chefs héréditaires de la Mekke gardiens de la kaaba, mission qu'il sut par son génie faire triompher de tous les obstacles.

Mahomet, né peu d'années après la mort de Justinien, en 569 ou 571, commença seulement à quarante ans ses prédications, qui se résumaient dans cette phrase, restée le symbole de l'islamisme : *Il n'y a qu'un Dieu, et Mahomet est l'apôtre de Dieu*. Respectant quelques anciens usages consacrés chez les Arabes, tels que la circoncision et le pèlerinage de la Mekke, vers laquelle tous les fidèles devaient se tourner pour prier, il imposait pour loi à ses adeptes la prière, les ablutions, le jeûne et les aumônes. Toute représentation figurée était par lui proscrite, non moins sévèrement que dans le mosaïsme, comme une idolâtrie. Le mystère de la Trinité chrétienne était selon lui contraire à l'unité de Dieu. A l'exemple de plusieurs sectes chrétiennes, il s'élevait contre le titre de mère de Dieu (Θεοτόκος), donné à la vierge Marie; mais il la plaçait avec la sœur de Moïse, sa propre femme Aïché et sa fille Fatime parmi les quatre femmes parfaites. Jésus-Christ, fils de Marie, disait-il, est vraiment l'apôtre de Dieu ; il est sa parole envoyée dans le sein de Marie, il est un esprit qui procède de lui ;... il mérite des honneurs en ce monde et dans l'autre ; c'est un de ceux qui approchent le plus de la face de Dieu (1). »

Quant à lui, il se présentait comme devant ramener les juifs et les chrétiens dans la voie dont ils s'étaient écartés. Moïse et Jésus se réjouirent, disait-il, dans l'espérance de la venue d'un

(1) Koran, chap. 3 et 4.

prophète plus illustre qu'eux. C'est lui qui était le paraclet des Écritures, le plus grand et le dernier des apôtres de Dieu.

C'est par la persuasion que Mahomet travailla durant nombre d'années à faire prévaloir sa réforme religieuse, et c'est à cette première période de son apostolat qu'appartiennent sans doute les préceptes de tolérance qu'on trouve dans le *Koran* (livre dans lequel Aboubekre, premier successeur de Mahomet, a rassemblé confusément toutes les paroles recueillies de la bouche du prophète). Mais lorsque expulsé violemment de la Mekke par les partisans de l'idolâtrie, Mahomet, suivi de quelques fervents disciples, s'enfuit à Yathreb ou Médine [622, date de l'ère de l'*hégire* ou fuite], et qu'il eût été proclamé, par les adeptes qu'il comptait dans cette ville, chef politique et militaire, alors commença pour lui une vie de combats qui a imprimé à sa religion un caractère particulier de prosélytisme par le sabre, à l'aide duquel elle s'est répandue sur la moitié de l'ancien monde. Pour résister aux attaques incessantes d'adversaires supérieurs en nombre, rentrer vainqueur à la Mekke et soumettre l'Arabie à sa loi, l'apôtre devenu conquérant, et déjà moins rigide pour lui-même, permit à ses sectaires de satisfaire, en donnant cours à leur zèle religieux, deux passions dominantes chez les Arabes, la cupidité et l'amour. Ceux de ses adversaires qui adoptaient l'islamisme étaient admis à partager tous les avantages spirituels et temporels de ses premiers disciples; mais la résistance exposait aux plus sanglantes représailles. La fortune et la vie des vaincus étaient à la merci des vainqueurs. Souvent ils immolaient toute la population mâle d'une ville prise. Les captives devenaient les concubines ou les épouses des soldats. La pluralité des femmes était sanctionnée par l'islamisme. Tous les plaisirs sensuels auxquels les musulmans pouvaient se livrer sur la terre n'étaient qu'un avant-goût de ceux que Mahomet promettait dans la vie future à l'imagination exaltée de ses adeptes, et qui devaient être la récompense des braves. Le glaive, leur disait-il, est la clef du ciel et de l'enfer, et une goutte de sang versée pour la cause de Dieu, une nuit passée sous les armes seront plus comptées que deux mois de jeûne et de prière; Celui qui périra dans une bataille obtiendra le pardon de ses péchés; Au dernier jour ses blessures seront éclatantes comme le vermillon, parfumées comme le musc; Des ailes d'ange et de chérubin remplaceront les membres qu'il aura perdus... L'Arabe, enflammé par ces tableaux et par ceux, plus luxurieux, des célestes *houris* qui l'attendent dans le ciel, désirait la mort, qu'il n'avait jamais crainte, et le dogme de la fatalité, établi aussi dans le Koran, le rendait indifférent aux dangers. Sa sobriété et ses courses dans le désert le préparaient à supporter les fatigues du soldat et les expéditions lointaines. Réunies désormais par un lien commun, les nombreuses tribus du désert, fières de n'avoir jamais été soumises, se croyaient, dans la ferveur de leur foi nouvelle, appelées à faire régner sur toute la terre le culte du Dieu unique, prescrit par son envoyé Mahomet.

Tels étaient les adversaires que les Grecs de Byzance rencontrèrent au septième siècle de notre ère, époque à laquelle l'enthousiasme de liberté des anciens Hellènes, la puissante organisation civile et militaire des Romains et la foi inébranlable des premiers chrétiens avaient à peu près cessé d'animer ce fantôme d'Empire.

En 609, l'année même où Mahomet commença ses prédications, qui ne retentirent que bien plus tard aux oreilles des Romains, le tyran Phocas paraît avoir conçu une idée analogue à celle qui donna tant de force à l'islamisme. « Se défiant du courage de ses troupes, il s'avisa d'un expédient qui ne pouvait, dit trop dédaigneusement Lebeau (1), tomber que dans l'esprit d'un soldat ignorant. Comme si en usurpant le sceptre il se fût emparé des clefs du ciel, il voulut faire mettre au nombre des saints martyrs ceux qui périraient à la guerre. Il savait que l'espérance de cette couronne avait rendu des femmes et des enfants plus forts que leurs bourreaux. Mais l'opposition du patriarche de Constantinople et des autres évêques l'obligea

(1) *Hist. du Bas-Empire*, l. LV, t. XII, p. 129.

8.

enfin à se désister de ce projet extravagant. » Nous avons fait remarquer aussi dans le chapitre précédent qu'Héraclius, en arborant l'image du Christ dans son expédition de Perse et en s'attachant à détruire les sanctuaires des mages, avait essayé d'imprimer à cette guerre un caractère religieux et de réveiller l'esprit des légions du grand Constantin, dont il avait donné le nom à son fils. Mais, malgré ces efforts des empereurs, les Grecs ont rarement réuni l'esprit religieux et l'esprit militaire dont étaient animés nos chevaliers occidentaux lorsqu'ils refoulèrent les Sarrazins. C'est dans la retraite des cloîtres, dans l'ascétisme des anachorètes, dans les débats des synodes que s'usait la ferveur des chrétiens orientaux. Les subtilités qui déchiraient constamment l'Église avaient étouffé les grandes et simples vérités de l'Évangile, seules capables d'émouvoir les masses. Les armées étaient en grande partie composées de barbares à peine chrétiens de nom, qui avaient vendu pour l'appât d'une solde élevée leurs services précaires, mais au fond indifférents à la patrie et à la religion qu'ils étaient appelés à défendre. Aussi plus d'une apostasie favorisa-t-elle les premiers succès des Arabes, surtout en Syrie, dont une partie des habitants convertis par la force mais attachés au fond au mosaïsme en retrouvaient les principales prescriptions dans la loi de Mahomet, tandis que le culte des saints et l'adoration des images, qui avaient pris depuis quelque temps un développement excessif dans l'Église orientale, donnaient un prétexte aux reproches de polythéisme et d'idolâtrie. Nous verrons après l'extinction de la famille d'Héraclius quelques empereurs de Constantinople, effrayés des progrès de l'islamisme, essayer de retremper le christianisme par une réforme religieuse.

Héraclius avait laissé le trône à ses deux fils aînés, Héraclius-Constantin, âgé de vingt-huit ans, fils de sa première femme, et associé à l'Empire depuis son enfance, et Héracléonas, fils de Martina. Cette princesse, nièce d'Héraclius, et qu'il avait épousée contrairement aux lois de l'Église, avait toujours conservé sur le cœur de son époux un empire absolu, malgré les murmures qu'excitait cette union, considérée comme incestueuse. S'autorisant du testament d'Héraclius, qui recommandait aux jeunes princes la plus grande déférence pour l'impératrice, elle voulut exercer par elle-même la souveraineté; mais les sénateurs, couvrant leurs sentiments hostiles du prétexte spécieux de la majesté romaine, qui ne pouvait souffrir qu'une femme se montrât à la tête des armées ou reçût les ambassadeurs, exigèrent que Martina, laissant aux empereurs l'entier exercice du pouvoir, se renfermât dans le gynécée du palais. Son ambition put cependant bientôt se satisfaire. Son fils Héracléonas, âgé de dix-neuf ans, et sous le nom duquel elle était sûre de régner, se trouva au bout de trois mois seul maître de l'Empire, par la mort de Constantin. Le tempérament maladif du fils aîné d'Héraclius faisait assez présager qu'il ne survivrait pas beaucoup à son père; mais on soupçonna sa belle-mère Martina d'avoir hâté sa fin par le poison. Il laissait deux fils, dont l'aîné, Constant, avait été tenu sur les fonts de baptême par Héracléonas. Peu rassuré néanmoins par cette garantie, dans un siècle où l'ambition se jouait des liens les plus sacrés, Constantin, en se sentant mourir, avait recommandé ses fils à l'armée. Valentin, chef des troupes d'Asie, de son camp de Chalcédoine, osa demander le châtiment des meurtriers de Constantin. En vain Héracléonas protesta de son affection pour ses neveux, et, cédant au vœu général, plaça lui-même la couronne sur la tête de Constant. La sédition éclata d'abord contre le patriarche Pyrrhus, créature de l'impératrice Martina et sectateur de l'hérésie des monothélites, qui ne dut son salut qu'à la fuite. Dans le tumulte l'église de Sainte-Sophie fut pillée. Le général Valentin, décoré par Martina elle-même de la dignité de César, ne la poursuivit pas moins de ses accusations, et le sénat de Constantinople, se faisant l'instrument des haines populaires, proclama la déchéance de Martina et d'Héracléonas, fruit d'une union déclarée incestueuse, leur imputa la mort de Constantin, et les condamna à avoir l'une la langue, l'autre le nez coupés. Après cette cruelle exécution la veuve et le fils du grand Héraclius traînèrent dans l'exil ou cachèrent dans un cloître leur misérable existence. Constant, qui restait seul en possession du trône, était un enfant de onze ans. Il prononça devant le sénat une harangue où il le remerciait d'avoir vengé la mort de son pere et le priait de le guider de ses conseils pour le bonheur de ses sujets. Des largesses achevèrent de lui concilier la faveur de cette assemblée.

Pendant ces révolutions, et sous le règne d'un prince inexpérimenté, les Sarrazins ne pouvaient manquer d'étendre leurs conquêtes. Elles devinrent d'autant plus menaçantes pour Constantinople, qu'aussitôt qu'ils furent en possession d'une partie du littoral de la Méditerranée, ils s'adonnèrent à la marine, et commencèrent à infester les mers de leurs pirates comme dans le désert ils fondaient sur les caravanes. En 647 les Arabes firent une expédition contre la province d'Afrique, battirent le patrice Grégoire, qui l'année précédente s'était déclaré indépendant, et revinrent après avoir imposé des tributs aux indigènes. L'année suivante Mohawiah, gouverneur de Syrie, qui devint khalife quelques années plus tard, envahit l'île de Chypre avec dix-sept cents barques, prit la capitale Constantia et ravagea l'île entière ; mais il l'abandonna à l'approche d'une flotte romaine. Mohawiah investit ensuite avec sa flottille Arados, îlot voisin de la côte de Syrie, en face de Chypre, et célèbre par son antique colonie de Sidoniens. Les habitants repoussèrent toutes les attaques, et l'hiver étant survenu Mohawiah dut se retirer à Damas. Mais il revint l'année suivante, et triompha de tous les obstacles. Il accorda aux habitants la faculté de se retirer, rasa les fortifications et brûla la ville, qui est restée déserte. Les entreprises des Arabes se succédaient sans interruption. Après la prise d'Arados ils envahirent l'Isaurie, d'où ils ramenèrent des milliers de captifs. Constant sollicita et obtint une trêve de deux ans en donnant pour otage un neveu d'Héraclius. Le gouverneur de l'Arménie fit aussi son traité particulier avec Mohawiah, sans que l'empereur pût empêcher cet empiétement sur ses droits. A l'expiration de la trêve les Arabes s'emparèrent de l'île de Rhodes (653). Ils brisèrent le célèbre colosse qui décorait jadis l'entrée du port, et qui, bien que renversé depuis des siècles par un tremblement de terre, était regardé comme une des sept merveilles du monde.

Mohawiah méditait une plus grande entreprise : il voulait attaquer Constantinople elle-même. Déjà sa flotte était réunie dans le port de Tripoli de Syrie, quand deux frères, animés d'un saint zèle pour la religion du Christ, forcent les portes de la prison, délivrent les nombreux captifs qu'elle renferme, se précipitent à leur tête contre l'émir qui commande dans la ville, le tuent ainsi que ceux qui l'entourent, mettent le feu aux magasins préparés pour l'expédition, et parviennent à gagner par mer les terres des Romains. Malgré ce désastre Mohawiah s'avança vers Césarée de Cappadoce, et confia le commandement de sa flotte à Aboulabar. Celui-ci rencontra la flotte romaine sur les côtes de Lycie, en vue du mont Phœnix. Elle portait l'empereur en personne. Il avait compris son devoir, mais il ne sut pas l'accomplir. Troublé par un rêve qui lui annonçait, selon les interprètes, de ne pas compter sur la victoire (1), il se hâta, dès qu'il vit plier les siens, de quitter les insignes impériaux qui le désignaient aux efforts de l'ennemi, et de les faire revêtir à un sujet dévoué, plus digne que lui sans doute de les porter. Un des deux braves qui s'étaient signalés à Tripoli par l'incendie de la flotte arabe enleva l'empereur dans ses bras, le transporta sur un autre vaisseau, puis revint se faire tuer héroïquement sur la galère impériale, que les ennemis entouraient, tandis que Constant fuyait vers Constantinople.

Cette ville, dont la perte semblait inévitable, fut sauvée par la discorde de ses ennemis. A la mort du khalife Othman, Ali, cousin et gendre de Mahomet, avait été élu à la Mekke. Malgré tous ses titres à cette dignité, titres qui auraient dû, selon une partie des musulmans, le faire désigner comme successeur immédiat de Mahomet de préférence à Omar, il rencontra une grande opposition de la part des principaux chefs, et Mohawiah, gouverneur de la Syrie, fut proclamé

(1) L'empereur avait rêvé qu'il était à Thessalonique ; et de ce mot Θεσσαλονίκη on lui tira l'horoscope Θὲς ἄλλῳ νίκην, *laisse à un autre la victoire.*

khalife sur les bords de l'Euphrate. Cette rivalité amena une suite de combats, dans lesquels tombèrent de part et d'autre beaucoup des anciens compagnons d'armes du prophète et des milliers de combattants. Pour concentrer tous ses efforts vers le but de son ambition, Mohawiah conclut un armistice avec l'empereur, et même, si on en croit les Grecs, souscrivit un tribut d'un esclave, d'un cheval et de mille pièces de monnaie par jour. D'autres historiens prétendent, ce qui est encore moins probable, que l'empereur rejeta ces offres.

Vers le même temps Constant remporta une victoire sur les Slaves. Mais, au lieu de mettre à profit ces avantages, Constant, marchant sur les traces d'Héraclius, non dans ses exploits, mais dans ses aberrations religieuses, formula une nouvelle déclaration de foi contraire à l'orthodoxie. Il fit enlever à Rome le pape Martin, et, après l'avoir détenu à Constantinople, il l'exila à Cherson. Maxime, savant théologien, dont il nous reste un grand nombre d'écrits, s'étant fait le champion du dogme catholique, subit d'odieuses persécutions, eut la langue et le poignet coupés, et périt dans l'exil. L'Église l'honore comme un des saints confesseurs de la foi. Constant, craignant que ses sujets, qu'il s'était aliénés par cette conduite, n'appelassent au trône son frère Théodore, qu'il avait forcé d'entrer dans les ordres, le fit assassiner. Devenu par ce meurtre encore plus odieux à la capitale, et cherchant à se dérober lui-même aux remords qui le poursuivaient, il conçut le dessein de reporter dans l'ancienne Rome le siége de l'Empire et d'expulser les Lombards de l'Italie. Affectant de repousser la haine par le mépris, il cracha, dit-on, du haut de la galère impériale contre les murs de Constantinople, au moment où il s'en éloignait pour toujours. Il passa l'hiver à Athènes, et débarqua au printemps à Tarente. Les Lombards, effrayés d'abord de cette entreprise et de la chute de quelques-unes de leurs villes, ne tardèrent pas à reprendre l'offensive. Constant parut à Rome, mais seulement pour quelques jours; et en la quittant il dépouilla ses monuments des richesses qui avaient échappé aux barbares, puis il alla fixer sa résidence à Syracuse. Il voulut y faire venir sa femme et ses trois fils; mais les Constantinopolitains les retinrent. Le sénat avait pris en main l'administration de l'État sous l'autorité nominale de Constant et de son fils. Pendant les six ou sept ans que ce prince résida à Syracuse il dirigea une expédition en Afrique; mais ayant exigé de cette province un tribut égal à celui qu'elle venait déjà de payer aux Arabes, il poussa les habitants à rappeler eux-mêmes ces conquérants, qui firent aussi une première incursion en Sicile, tandis que Constant, enfermé dans son palais, cherchait à tout oublier dans la débauche. L'image de son frère continuait cependant à le poursuivre dans ses rêves. Il le voyait, revêtu de ses habits de diacre, lui présenter le saint calice, jadis gage de leur fraternelle union, en lui disant : *Bois, mon frère, c'est du sang.* En 668 Constant périt assassiné dans un bain par un de ses domestiques, et un Arménien, remarquable seulement par la beauté de son visage, fut revêtu des insignes impériaux dans le palais de Syracuse.

A cette nouvelle Constantin, fils aîné de Constant et depuis plusieurs années associé à l'Empire, partit de Constantinople à la tête d'une flotte pour venger la mort de son père. Après avoir fait périr les assassins et l'usurpateur et réglé les affaires d'Occident, il revint rapportant la dépouille mortelle de Constant dans la sépulture des empereurs. Le peuple de la capitale revit avec plaisir le jeune prince, qu'il salua du surnom familier de *Pogonat*, parce que sa barbe avait commencé à pousser durant ce voyage. Ses deux frères Tibère et Héraclius avaient reçu le titre d'Augustes, mais sans aucune part à l'autorité. Les troupes du thème d'Orient, se portant tumultueusement à Chalcédoine, réclamèrent en leur faveur. Comme nous adorons, disaient les soldats, la Sainte-Trinité, nous voulons également être gouvernés par trois empereurs. Mais Constantin ne fut pas touché de l'argument, et la vue de leurs délégués pendus à un gibet de Galata leur annonça qu'ils devaient se soumettre à son autorité absolue. On prétend même que ses frères ayant essayé quelques années plus tard de soutenir leurs prétentions, il leur fit couper le nez et les exila. Dans les dernières années de sa vie il prit des précautions pour éviter à l'avenir des tentatives de partage à l'exemple des rois d'Occident, ce qui aurait hâté la dissolution de l'Empire (1).

Sous le règne de Constantin Pogonat eut lieu le premier siége de Constantinople par les Arabes. Mohawiah, après avoir triomphé de ses ennemis et préparé l'hérédité du khalifat dans sa famille, conçut l'ambition de transférer le siége de son Empire, fixé alors à Damas, dans la capitale des Césars. Ses vaisseaux, après avoir hiverné à Smyrne, franchirent l'Hellespont sans obstacle, et débarquèrent des troupes nombreuses, qui attaquèrent les remparts du côté de la terre dans toute l'étendue d'une mer à l'autre. Du mois d'avril au mois de septembre les Arabes multiplièrent vainement les assauts : ils se retirèrent à Cyzique, d'où pendant sept années consécutives ils renouvelèrent avec acharnement leurs attaques, toujours repoussées. Les chrétiens durent en partie leur avantage au *feu liquide* (2), dont l'ingénieur Callinicos, d'Héliopolis en Syrie, avait importé nouvellement la composition et dont la fabrication se perpétua dans sa famille jusqu'au onzième siècle. L'empereur avait fait construire des galères et des bâtiments légers, armés de siphons et de pots à feu, qui incendiaient les navires ennemis. Les Arabes furent enfin obligés de renoncer à leur entreprise, qui leur coûta, dit-on, trente mille des leurs. Une tempête furieuse acheva de disperser leur flotte, et les Grecs se mirent à la poursuite de leur armée, dont ils firent grand carnage. Dans ce siége mémorable périt un des derniers compagnons du prophète, son porte-étendard, Abou-Eyoub, un des *Ansars* ou *auxiliaires* de Médine. Lors de la prise de Constantinople par les Turcs au quinzième siècle, l'emplacement du tombeau d'Eyoub au pied des remparts fut révélé par une vision à Mahomet II, qui éleva en ce lieu une mosquée célèbre, où les sultans ottomans viennent ceindre le cimeterre à leur avénement (1).

Après le mauvais succès de ses armes devant Constantinople la fierté de Mohawiah s'abaissa jusqu'à conclure un traité de paix pour trente ans, en s'engageant à un tribut annuel de trois mille pièces d'or, à la remise de huit mille captifs et de cinquante chevaux (2). Ce traité, dont les historiens arabes conviennent avec les Grecs, peut s'expliquer par l'inquiétude que donnaient au khalife de Damas les belliqueuses tribus chrétiennes réunies dans le Liban, où elles défendaient héroïquement leur religion et leur indépendance. Ces tribus, désignées alors sous le nom de *Mardaïtes* ou *rebelles*, bien qu'abandonnées à elles-mêmes, se sont maintenues jusqu'à nos jours, à travers des fortunes diverses, sous le nom de *Maronites*.

La conclusion de la paix avec les Sarrazins détermina la plupart des États voisins de l'Empire au nord et à l'occident à envoyer à Constantin des ambassadeurs et des présents, et à rechercher son alliance. Mais ce retour inespéré de prospérité fut bientôt troublé par les Bulgares. Cette nation, qui fait partie de la grande famille des Slaves, habitait vers ce temps au nord du Palus-Mæotide, sur les rives du Tanaïs ou Don. A la mort de Crovat, roi de ces Bulgares du Nord, surnommés *Onogondures*, ses cinq fils se séparèrent, entraînant chacun à leur suite un certain nombre de tribus, et l'un d'eux, nommé Asparuch, franchissant le Dnieper et le Dniester, vint s'établir dans le voisinage du Danube. L'empereur Constantin dirigea contre ces Bulgares méridionaux une armée de terre, appuyée par des vaisseaux qui remontèrent le Danube; mais il ne put les déloger des marais dans lesquels ils se tenaient enfermés. Bientôt, cédant à une atteinte de goutte, il quitta l'armée, pour laquelle ce fut un signal de déroute. Les Bulgares en profitèrent, poursuivirent les Romains, passèrent le Danube, prirent Varna, réunirent sous leur autorité

---

(1) Suivant Simocatta, Maurice avait fait un testament par lequel il laissait Constantinople et l'Orient à l'aîné de ses fils; Rome, l'Italie et les îles de la mer Tyrrhénienne au second, et partageait entre les autres le reste de l'empire. L'usurpation de Phocas prévint ce morcellement.

(2) Sur le *feu grégeois*, comme on l'appelle en Occident, voyez l'*Histoire de l'Artillerie*, première partie, par MM. Reinaud, de l'Institut, et Favé, capitaine d'artillerie, 1845.

(1) Voy. l'*Univers*, Turquie, p. 77.
(2) Les historiens diffèrent sur la quotité du tribut. Nous suivons ici Théophane.

les tribus d'Esclavons établies déjà dans cette contrée depuis la mer jusqu'aux confins de la principauté des Avares ; contraignirent enfin les Romains de traiter avec eux et de leur concéder tout le pays dont ils s'étaient emparés. Telle est l'origine du royaume des Bulgares méridionaux, qui se maintinrent indépendants de l'Empire jusqu'au jour où la conquête ottomane les réunit dans un commun esclavage.

Constantin, renonçant à reconquérir ce fleuron détaché de sa couronne, ne s'occupa plus que de ramener la paix dans l'Eglise. Il y parvint en convoquant un concile à Constantinople, qui est le troisième tenu dans cette ville et le sixième œcuménique (l'an de J. C. 680). L'union avec Rome fut rétablie et l'opinion des monothélites définitivement condamnée. Constantin mourut en 685, après dix-sept ans d'un règne que les Byzantins trouvèrent calme et prospère en le comparant à celui de son père et surtout à celui de son fils, le plus détesté des despotes qui s'assirent sur ce trône.

Justinien II, qu'on désigna plus tard sous le sobriquet de Rhinotmète ou *nez coupé*, n'avait que seize ans à la mort de son père. Sa présomption refusait de s'entourer d'aucun avis. Il reçut une ambassade du khalife Abimélek, qui renouvelait l'offre d'un tribut de mille pièces d'or, un esclave et un cheval par jour, plus la moitié des tributs de Chypre, de l'Arménie et de l'Ibérie, en demandant la confirmation de la paix conclue par Mohawiah, et surtout l'expulsion des Mardaïtes du Liban. Justinien fit la faute d'employer son autorité impériale à détruire ce boulevard, qu'il aurait dû travailler à fortifier. Douze mille Mardaïtes furent transportés en Arménie ; et c'est seulement de ce moment que les Arabes s'établirent solidement en Syrie. En revanche il voulut expulser les Bulgares admis par son père. Il s'avança contre eux avec quelques succès ; mais il tomba dans des embuscades, dont il eut beaucoup de peine à se tirer. Dans cette campagne il avait enlevé un grand nombre d'Esclavons, répandus en Thrace, et les avait transportés de l'autre côté du détroit, dans le thème nommé *Obsequium*. Il en forma une armée de trente mille hommes, et, se confiant dans cette force, rompit avec les Arabes. Ceux-ci invoquèrent en vain la sainteté des serments et le traité signé par l'empereur, traité qu'ils suspendirent au bout d'une lance en guise de drapeau. Le chef des Esclavons, gagné par l'or des Sarrazins, passa de leur côté avec vingt mille hommes. Ils devinrent leurs guides pour piller les provinces romaines ; et la perte de l'Arménie fut la conséquence de cette levée de boucliers.

Justinien, à l'exemple du prince dont il portait le nom, avait le goût des constructions, et s'y livrait avec la fougue de son caractère. Ainsi pour quelques embellissements de son palais il eut besoin de raser une des églises vénérées de Constantinople, et il contraignit le patriarche à consacrer cette profanation. Il faisait diriger les travaux par son sakellaire (trésorier), eunuque persan des plus sanguinaires, qui maltraitait ou mutilait même les ouvriers et les architectes. On aura la mesure de l'audace de cet homme et de l'appui qu'il trouvait dans la perversité du prince quand nous dirons qu'il ne craignit pas de donner des coups de fouet à l'impératrice mère. Le ministre des finances était un exabbé, non moins cruel, qui frappait d'exactions et de confiscations les provinciaux et les habitants de la capitale. Pendre les gens la tête en bas et les enfumer avec de la paille était un des supplices usités sous ce règne. Les prisons ne désemplissaient pas. Un jour on s'avisa d'en tirer, pour l'envoyer commander en Grèce, le patrice Léonce, qui depuis trois ans gémissait dans un cachot. Prêt à s'embarquer, Léonce faisait tristement ses adieux à ses amis, ne voyant dans sa nomination qu'un présage de mort. « Qu'est devenue, dit-il au moine Paulos, qui se mêlait d'astrologie, cette prédiction que tu me fis dans la prison, et d'après laquelle j'étais destiné à régner ? — L'instant en est venu, lui répondent ses amis, ne perds pas un instant et suis-nous. » C'était le soir ; ils se présentent au prétoire au nom de l'empereur, surprennent le préfet, ouvrent les prisons pleines de vieux soldats, et convoquent par toute la ville le peuple à se rendre à Sainte-Sophie. Le patriarche, qui gémissait des crimes de l'empereur et des pro-

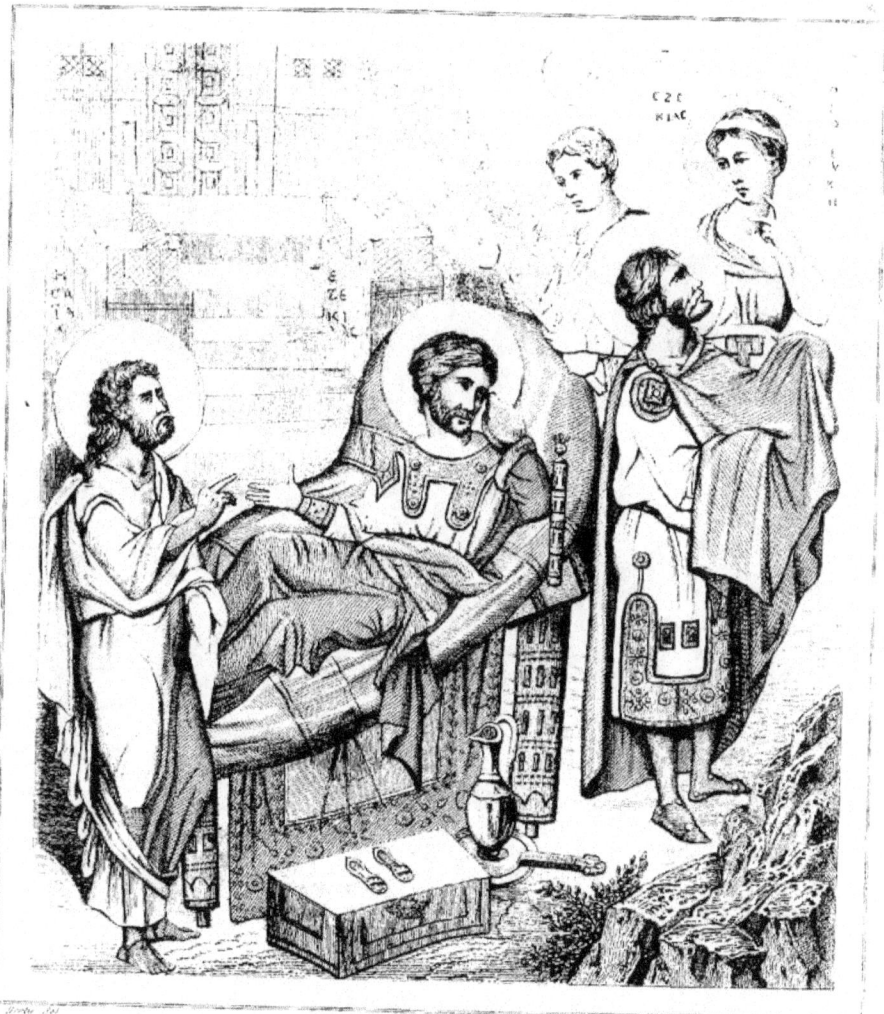

Aqueduc de Valens à Constantinople.

jets sinistres qu'il nourrissait, dit-on, contre tous ses sujets, exhorte cette foule. « Le jour du Seigneur, dit-il, est arrivé! » Au point du jour toute la ville est réunie dans l'hippodrome. On y amène Justinien, on lui coupe le nez, et on l'exile à Cherson. Ses ministres sont traînés par les pieds, et enfin brûlés sur la place *du Taureau*, plus souvent témoin de ces exécutions que le taureau de Phalaris, d'odieuse mémoire.

Léonce, proclamé empereur la dixième année du règne de Justinien, en 695, s'efforça de maintenir la paix. Mais il est rare que les révolutions n'ouvrent pas des chances favorables aux étrangers. Les Arabes reçurent l'acte d'obéissance des Lazes, et conquirent toute l'Afrique. Léonce envoya contre eux une flotte nombreuse. Après des succès divers, l'armée expéditionnaire fut repoussée; et, craignant de reparaître ainsi devant l'empereur, elle revêtit de la pourpre le *Drongaire* (amiral) Apsimare, qui prit le nom de Tibère. Le nouvel empereur aborda en face de Constantinople, à Sykæ (ou Galata). Une trahison lui ouvrit les portes de la capitale, qui fut pillée par les marins. Léonce eut à son tour le nez coupé et fut relégué dans un couvent (an de J. C. 698).

Tandis que ces événements se passaient à Constantinople et qu'Héraclius, frère du nouveau souverain, essayait de repousser les progrès des Arabes, Justinien, dans son exil de Cherson, nourrissait l'espérance de remonter sur le trône. Cependant comme il s'était fait détester à Cherson autant qu'à Constantinople, on le menaçait de le tuer ou de le livrer à Tibère. Il se sauva donc secrètement près du chagan des Chazares, et obtint en mariage Théodora, sœur de ce prince. Là encore sur le point d'être livré, mais averti par sa femme, il se jette avec quatre ou cinq compagnons de ses infortunes dans une barque de pêcheur, avec laquelle il ose affronter la traversée du Pont-Euxin. Une tempête furieuse l'assaille. Dans ce péril, un fidèle domestique se jette à ses pieds. « Nous périssons, maître, lui dit-il; promets à Dieu pour ton salut, s'il te rend la couronne, de pardonner à tes ennemis. — Plutôt que d'en épargner un seul, répond ce furieux, que je sois englouti ici-même. » Dieu, pour châtier apparemment les Constantinopolitains, permit que Justinien abordât à l'embouchure du Danube. Il alla trouver Terbelis, chef des Bulgares, et lui promit tout ce qu'il voulut pour qu'il l'aidât à reconquérir son empire. Terbelis, à la tête des Bulgares et des Eslavons, vint en effet avec lui assiéger Constantinople. Surpris de la brusque apparition d'un homme qu'ils croyaient mort, les Byzantins n'eurent que le temps de fermer leurs portes; mais Justinien trouva moyen de pénétrer dans la ville par un aqueduc et de s'en rendre maître. Il fit arrêter Apsimare, qui avait essayé de fuir et tirer Léonce de son monastère. Avant de les livrer au dernier supplice, Justinien se donna la joie d'assister aux jeux du cirque les pieds appuyés sur le col de ses deux compétiteurs enchaînés, et ce peuple, qui la veille l'injuriait du haut des remparts, de crier le verset du Psalmiste : « Tu marches sur l'aspic et sur le basilic, tu foules au pied le dragon et le lion. » Il exila à Rome le patriarche Callinique, après l'avoir aveuglé (1). Héraclius, qui n'avait d'autre crime que d'être frère d'Absimare, et qui avait remporté plusieurs victoires sur les Arabes, fut pendu à un gibet. Justinien semblait vraiment avoir juré l'extinction de ses sujets. Chaque jour c'en était quelques-uns de pendus, décollés ou jetés à la mer dans des sacs. Il fit une expédition contre Terbélis, qui l'avait aidé à remonter sur le trône, et y perdit une partie de son armée.

L'objet principal de sa haine était la ville de Cherson, lieu de son exil. Après avoir fait revenir de Chazarie sa femme Théodora et le fils qui lui était né d'elle et qu'il nomma Tibère, il fit partir une flotte nombreuse, équipée aux frais des sénateurs, des fonctionnaires, des artisans et bourgeois, avec mission de faire périr les habitants de la Chersonnèse et du Bosphore. Il avait choisi les hommes les plus capables d'exécuter ces ordres sanguinaires. Les principaux habitants furent mis à mort, sans résistance, dans

---

(1) Ce supplice, qui devint à Byzance l'accompagnement habituel de la déposition des souverains, se pratiquait en faisant passer devant la prunelle une plaque de métal rougie au feu et sur laquelle on versait du vinaigre. Ces raffinements de cruauté étaient inconnus à la Grèce ancienne.

d'horribles supplices, et les enfants seuls épargnés. Justinien apprit qu'une partie de sa flotte avait péri au retour, ce dont il parut plus joyeux qu'affligé; mais il s'indigna qu'on eût fait grâce à quelqu'un, et renvoya d'autres vaisseaux avec ordre de n'épargner aucun âge et de ne pas laisser pierre sur pierre. Les malheureux habitants, avertis du nouveau désastre qui les menaçait, invoquèrent le secours du chagan, et proclamèrent empereur un banni romain, Bardane, surnommé Philippique. Les assaillants, après quelques tentatives contre Cherson, ne pouvant réussir à prendre la place et n'osant reparaître devant Justinien sans avoir accompli ses ordres, se rangèrent du parti de Philippique, et le ramenèrent à Constantinople.

L'empereur, dans son impatience d'avoir des nouvelles de l'expédition de Chersonnèse, s'était porté avec quelques troupes jusqu'à Sinope. Il voit sa flotte rentrer à pleine voile, et, soupçonnant la vérité, accourt frémissant de rage. Mais déjà Philippique, accueilli dans Constantinople, avait envoyé à sa rencontre son spathaire Hélias, dont Justinien avait massacré les enfants. Les soldats abandonnent un tyran détesté. On lui coupe la tête, qui fut envoyée en Italie, où il avait aussi fait exercer de grandes cruautés par ses exarques, durant la seconde partie de son règne (de 705 à 711).

Pendant qu'Hélias faisait ainsi justice du meurtrier de ses enfants une scène d'horreur se passait au palais de Blakernes. D'autres officiers de Philippique venaient assouvir leurs vengeances sur Tibère, fils de Justinien. Le malheureux enfant, ayant à son col les plus saintes reliques, tenait d'une main de vraie croix, de l'autre se cramponnait à l'autel, tandis qu'au seuil du sanctuaire son aïeule Anastasie, veuve de l'empereur Constantin, embrassait les pieds des meurtriers en les suppliant d'épargner un enfant innocent. Mais un d'eux la repousse, arrache l'enfant de l'autel, y dépose la croix, passe à son propre col les reliques, puis, étendant ce pauvre petit tout nu sur le seuil de l'église, l'égorge comme un agneau.

Ce n'est pas sans effort que nous avons retracé jusqu'au bout ce règne de Justinien Rhinotmète, qui surpasse en forfaits ceux des Néron et des Caligula, et où nous ne rencontrons pas, comme sous les premiers empereurs, le contraste de ces traits d'héroïsme ou de résignation dont quelques citoyens dignes de l'ancienne Rome, quelques philosophes stoïques et les martyrs chrétiens offraient alors le consolant spectacle. Le despotisme des empereurs de Byzance, refoulés presque dans leur capitale, n'a pas non plus l'excuse de cette puissance en quelque sorte sans limite qui pouvait bien donner le vertige aux hommes élevés à ce faîte des grandeurs. Le faste dont ils s'entouraient encore pouvait quelquefois éblouir leurs contemporains sur les misères et les vices de cette cour, mais ne remplace pas pour la postérité le prestige plus durable des lettres et des arts. En voyant retracée dans sa nudité cette succession de crimes et d'affreuses représailles on se demande si les historiens de ces temps n'ont pas chargé le tableau. Peut-être en effet les plus froids chroniqueurs, tels que Théophane et Nicéphore, ne sont-ils pas exempts d'une certaine exagération qui tend à multiplier par milliers le nombre des victimes. Les évaluations numériques sont en général peu précises dans les historiens anciens. Mais il n'est pas probable que ces deux religieux aient inventé de gaieté de cœur les crimes qu'ils racontent dans de minutieux détails. D'ailleurs la série entière des annales byzantines n'atteste que trop la barbarie et la démoralisation générale. Nous concevons le dégoût qui fait que Gibbon et la plupart des historiens modernes franchissent à pas précipités le récit de ces temps malheureux où la religion même s'alliait avec le crime. Il n'est pas inutile cependant d'avoir le courage de sonder les plaies de l'humanité, et ce qui doit soutenir dans cette étude c'est que de ce chaos du moyen âge est sorti en définitive une société nouvelle, établie sur des bases plus larges que les républiques anciennes, plus éclairée, plus morale et plus libre.

CHAPITRE XIV.

PHILIPPIQUE. — ARTÉMIUS. — THÉODOSE. — DYNASTIE ISAURIENNE. — IRÈNE. — ICONOCLASTES.

La dynastie d'Héraclius, qui venait de s'éteindre dans le sang, avait duré un siècle et fourni six empereurs. Philippique Bardane, auquel l'animadversion contre Justinien avait rendu l'accès au trône facile, s'y maintint à peine deux ans. C'était un homme de mœurs assez douces, mais dissolues. Au milieu de ses débauches, qui ne respectaient pas même les vierges consacrées au Seigneur, il s'occupait de questions théologiques, et, soit pour prendre le contre-pied de ses prédécesseurs, soit pour tenir l'engagement qu'il avait, dit-on, contracté avec un moine hérétique qui lui avait prédit l'empire, il réunit un concile, lequel, docile aux suggestions du souverain, révoqua tous les actes du sixième concile œcuménique et rétablit le monothélisme dans tout l'Orient. Mais l'Église de Rome resta inébranlable, et refusa même de reconnaître l'autorité de Philippique comme empereur; ce qui amena dans les rues de Rome un conflit sanglant. Terbélis, roi des Bulgares, bien qu'il ne dût pas regretter Justinien, prit prétexte de sa mort pour venir piller et ravager jusqu'aux faubourgs de Constantinople. En Asie les Arabes enlevaient toujours quelques villes aux chrétiens. Deux généraux romains, cantonnés en Thrace, indignés de l'apathie de Philippique, envoyèrent un de leurs officiers pour se défaire de lui. Cet émissaire pénètre dans le palais, trouve l'empereur, qui avait célébré des jeux équestres suivis d'un festin, profondément endormi; il l'enveloppe dans un manteau, l'emporte sans être remarqué de personne jusque dans le vestiaire du cirque, où on lui crève les yeux.

Plus surpris qu'affligé de cet événement, le sénat s'assembla, et Artémius, premier secrétaire d'État, fut élu empereur sous le nom d'Anastase II. Il punit les auteurs de l'attentat contre son prédécesseur, et remit en vigueur le sixième concile, ce qui lui permit de faire reconnaître son autorité à Rome. L'ordre commençait à renaître sous son administration sage et ferme, quand il fut informé que Soliman, frère et successeur du khalife Valid, préparait une grande expédition de terre et de mer contre Constantinople. Anastase ordonna aux habitants de se précautionner de vivres pour trois ans, ou que ceux qui n'avaient pas le moyen de le faire sortissent de la ville. Il remplit les greniers publics, répara les murs de la ville, garnit les tours de balistes et d'autres machines de guerre, et fit armer des dirèmes et des vaisseaux légers. La flotte arabe se construisait dans le port d'Alexandrie, avec des bois coupés dans le Liban et qui étaient amassés sur la côte. Anastase résolut de détruire cet approvisionnement. Il arma une flotte, dont, par un choix qui paraît aujourd'hui singulier, mais qui ne choquait pas autant alors les usages, il confia le commandement au diacre Jean, trésorier général ou grand logothète. La flotte romaine devait se réunir à Rhodes; mais ce projet fut rompu par la révolte des troupes de l'*obsequium* destinées à faire partie de l'expédition, et qui massacrèrent le logothète Jean. La flotte se dispersa, et les soldats, qui s'en revenaient sans chefs, ayant rencontré près d'Adramyttium un receveur des contributions nommé Théodose, s'avisèrent, on ne sait pourquoi, d'en faire un empereur. Théodose, homme pieux et ami du repos, essaya de se soustraire par la fuite à ce dangereux honneur; il fut repris, et, bon gré mal gré, forcé de jouer le rôle de prétendant. Anastase, après avoir pourvu à la défense de Constantinople, s'était enfermé dans Nicée. Les insurgés se portèrent à Chrysopolis, où ils réunirent quelques vaisseaux; mais ceux de la ville s'opposaient au passage. Pendant six mois les deux partis restèrent en présence, se livrant des combats journaliers, mais sans importance; enfin les assaillants, trompant la vigilance des Byzantins, passèrent sur la côte de Thrace, et pénétrèrent dans Constantinople, qu'ils pillèrent comme auraient pu faire des barbares. Anastase, instruit de la perte de sa capitale, prit l'habit ecclésiastique, et obtint pour lui et pour ses amis une garantie de sûreté et la permission de se retirer à Thessalonique. Malgré cette abdication, Théodose rencontra une opposition inattendue de la part de Léon, général des provinces d'Orient, qui devint le chef de la dynastie Isaurienne.

Les Grecs, qui ne peuvent se défaire de l'habitude de mêler des récits merveilleux à l'histoire, racontent que Léon, ou, comme on le nommait dans son enfance, Conon, n'étant encore qu'un pauvre artisan ou un marchand ambulant, rencontra près d'une fontaine où il faisait boire son cheval deux juifs, qui lui prédirent l'empire et lui firent jurer de leur accorder leur première demande quand cette prophétie serait réalisée. Ce serait pour accomplir cette promesse que Léon, une fois monté sur le trône, interdit le culte des images, à la demande des juifs, auxquels on attribue également les persécutions que le khalife Yézid exerça vers la même époque.

Il paraît que Léon avait été, vers le commencement du règne de Justinien II, transporté avec ses parents de l'Isaurie, sa patrie, sur les frontières de la Thrace. Lorsque Justinien, après son exil, revenait avec les Bulgares pour reconquérir sa couronne, Léon vint au-devant de lui, et lui offrit cinq cents moutons. Charmé de ce présent dans un pareil moment, Justinien s'attacha Léon en qualité de spathaire. Son courage et sa bonne mine le faisaient remarquer, et quelques bruits coururent sur les vues ambitieuses qu'on lui prêtait déjà. Il faut croire cependant que Léon eut grand soin de ne pas se compromettre, puisque le soupçonneux Justinien ne lo mit pas à mort. Toutefois il l'éloigna en lui confiant une mission difficile et périlleuse, celle d'exciter les Alains qui habitaient au delà du Caucase, dans ce qu'on nomme aujourd'hui la Circassie, à faire la guerre aux Abasges, aux Lazes et aux Ibères, qui s'étaient soustraits à la suzeraineté de l'empire. Le spathaire déploya beaucoup de résolution et d'habileté dans cette mission, échappa à tous les dangers dont quelques-uns, à ce qu'on prétend, lui avaient été suscités par Justinien lui-même; enfin il recueillit quelques corps de troupes romaines rejetées dans le Caucase par les Sarrazins, et s'ouvrit de force un passage jusqu'à la mer pour les ramener dans leur patrie. Quand Léon revint à Constantinople Anastase était sur le trône, et ce prince, juste appréciateur du mérite, le nomma général de l'Orient. A la nouvelle de la rébellion contre Anastase, Léon, secondé par Artavasde, général des Arméniens, qui devint plus tard son gendre, se mit en devoir de combattre pour lui; et quand il apprit son abdication il n'en poursuivit pas moins sa marche, afin de combattre pour son propre compte un usurpateur incapable.

Les provinces asiatiques étaient à ce moment envahies par les Sarrazins, qui s'avançaient contre Constantinople. Le général Soliman, suivi de près par Moslemah, frère du khalife, occupait déjà une partie de la Galatie, et assiégeait Amorium, qui tenait pour Théodose. Le chef arabe, voulant joindre l'adresse à la force des armes, écrivit à Léon que lui seul était digne de régner sur les Romains, et il l'engageait à venir le trouver pour traiter de la paix. Léon se rendit hardiment à la tête de quatre cents cavaliers au camp des Arabes, qui le reçurent avec de grandes démonstrations de respect et le saluèrent comme empereur romain. La garnison d'Amorium, du haut de ses remparts, se joignit à ces acclamations. Dans cette conjoncture, Léon se montra à la hauteur du rang qu'il ambitionnait. Plus d'un prétendant à sa place aurait fait bon marché des provinces pour s'assurer le puissant appui des Arabes; Léon, au contraire, engagea secrètement les habitants d'Amorium à ne pas se décourager, et mit la levée du siége pour condition première des préliminaires de la paix. Soliman, n'ayant pu faire de lui un docile instrument, cherchait à le retenir prisonnier; mais Léon déjoua ce complot, trouva moyen de jeter un renfort dans Amorium, et renoua avec Moslemah des négociations qui préservèrent du pillage la Cappadoce et la Pisidie, où sa souveraineté fut reconnue. Se rapprochant ensuite de Constantinople, il rencontra près de Nicomédie le fils de Théodose, qui marchait à sa rencontre; il le défit, et s'empara de sa personne et des principaux officiers de l'empire. Après cette victoire le patriarche n'eut pas de peine à persuader à Théodose de renoncer à la pourpre en faveur de Léon, qui lui assura la vie ainsi qu'à son fils, à la condition qu'ils prendraient l'habit monastique. Théodose se retira à Éphèse, où il mourut en odeur de sainteté. Il voulut qu'on gravât sur son tombeau ce seul mot : Ὑγεία, *santé*.

Léon était à peine installé dans le palais des Césars, que Moslemah, furieux de l'avoir laissé échapper, passa l'Hellespont à Abydos, et vint assiéger Constantinople avec l'armée la plus considérable qui eût encore menacé ses murs. Le 15 août 717 la ville fut complètement investie. Le khalife s'était mis en route pour diriger en personne cette grande entreprise; mais, retenu sur la côte de Syrie par une grave maladie, il pressa néanmoins l'arrivée des flottes d'Égypte et d'Afrique. On porte à dix-huit cents le nombre des navires qui enveloppaient Constantinople du côté de la mer, tandis que dans toute l'étendue des murs de terre ferme les Arabes protégèrent leurs lignes par un fossé profond et un mur de pierres sèches. Moslemah refusa une conférence que Léon lui avait fait demander. « On ne traite pas, répondit-il, avec des prisonniers, et la garnison de Constantinople est déjà désignée. »

Cependant, grâce à la prévoyance d'Anastase, à l'habileté de Léon et à l'énergie que la grandeur du danger et l'intérêt de la religion rendit à la population, Constantinople résista. Les éléments lui vinrent aussi en aide : les vents et les courants du détroit obligèrent les navires arabes à chercher des abris. Un assez grand nombre de bâtiments de transport sombrèrent ou furent incendiés par les galères grecques, armées de leurs redoutables siphons à feu. L'hiver fut d'une rigueur inusitée dans ces contrées : pendant cent jours la terre fut couverte de neige et de glace. Les chevaux et surtout les chameaux périssaient dans le camp des Arabes, réduits à la dernière détresse. Au printemps, le khalife Omar, qui venait de succéder à Soliman, envoya d'Afrique et d'Égypte deux nouvelles flottes chargées de troupes et de vivres; mais n'osant affronter le feu des Grecs, elles allèrent mouiller dans les ports de la côte de Bithynie. Cependant les matelots égyptiens, se jetant dans les chaloupes, abordèrent à Constantinople aux cris de *vive l'empereur!* et firent connaître la position des ennemis. Léon dirigea contre eux des navires incendiaires qui eurent un plein succès. En même temps les renforts qui s'avançaient par terre furent assaillis et dispersés. La disette de plus en plus cruelle dans le camp des Arabes y fut suivie de maladies contagieuses, et les Bulgares vinrent les attaquer. Enfin ils obtinrent du khalife la permission de lever le siége après un an d'inutiles efforts, et leur retraite fut des plus désastreuses.

Pendant que les Arabes assiégeaient Constantinople, le protospathaire Sergius, qui gouvernait la Sicile, croyant apparemment à la dissolution prochaine de l'empire, voulut s'assurer la possession de cette île. N'osant cependant se compromettre ouvertement, il fit prendre le titre d'empereur à un homme à lui, qui adopta pour nom de règne celui de Tibère. Léon, informé de cette usurpation, fit partir, avant même la levée du siége, un cartulaire porteur d'une *lettre sacrée*. A travers de grands obstacles le messager parvint à Syracuse, et le peuple, instruit de la position désespérée des Arabes, salua de ses acclamations le nom de Léon empereur, et livra l'usurpateur, dont on envoya la tête à Constantinople. L'obéissance fut aussitôt rétablie dans toutes les possessions occidentales de l'empire. La même année Léon déjoua une conspiration dont le but était de rétablir Anastase. Jetant le froc, il était allé demander des secours aux Bulgares, qui le livrèrent, et il eut la tête tranchée par l'ordre de celui qui, deux ans auparavant, avait pris les armes pour sa défense.

L'issue du siége de Constantinople préoccupait vivement la chrétienté, que les armes des Arabes pressaient à l'occident comme à l'orient. La victoire de Léon, qui précéda de quatorze ans celle de Charles Martel à Tours, lui acquit un grand renom. Le pape Grégoire le Grand, auquel il avait adressé sa profession de foi en montant sur le trône, transmit ses images aux divers princes chrétiens, qui les reçurent avec honneur. Ce ne fut que quelques années plus tard que Léon se lança dans les réformes religieuses qui agitèrent si longtemps l'Orient et compromirent son autorité à Rome.

Nous avons rapporté plus haut l'anecdote d'après laquelle Léon aurait proscrit le culte des images pour tenir l'engagement contracté par lui, dans sa jeunesse, avec des juifs diseurs de bonne aventure. Mais la persistance qu'il mit dans cette entreprise difficile indique, non pas un simple acquit d'une promesse surprise, mais une conviction intime et même fanatique. Le zèle religieux animait alors les esprits au plus haut degré dans toutes les sectes. Le khalife Omar, qui succéda en 717 à Soliman, était le plus fervent des musulmans. Il passait des jours entiers en oraisons. Il interdit dans les villes de son obéissance la vente du vin, et rendit une loi pour qu'un chrétien ne fût point admis en témoignage contre un mahométan. Il contraignit beaucoup de ses sujets à l'apostasie, et, après la levée du siége de Constantinople, écrivit une grande lettre dogmatique à Léon, par laquelle il espérait lui persuader d'embrasser l'islamisme. De son côté, Léon n'avait pas moins d'ardeur pour les conversions. L'apparition d'un prétendu messie, qui avait fait beaucoup de prosélytes parmi les israélites de Syrie, fut pour lui l'occasion d'une ordonnance par laquelle il contraignit les juifs et les montanistes à se faire baptiser. Les premiers, après avoir reçu forcément le baptême, s'en lavaient comme d'une souillure, et profanaient l'eucharistie. Quant aux montanistes, réunis dans le lieu ordinaire de leurs conciliabules, ils se brûlèrent eux-mêmes pour échapper à la contrainte.

C'est pendant qu'il travaillait avec ce zèle excessif à étendre le christianisme que Léon rendit en 726 sa première ordonnance contre le culte des images et aussi contre celui des saints et des reliques, soit qu'il voulût par là faciliter la propagation du christianisme, en écartant des pratiques qui excitaient la plus grande répulsion parmi les juifs et les mahométans, soit que dans les discussions théologiques auxquelles il s'était livré il eût été convaincu, par leurs arguments sur ce qu'ils taxaient d'idolâtrie, de la nécessité d'une réforme qui pouvait s'autoriser de plusieurs passages des Pères de l'Église primitive. Il avait pour conseils et pour principaux agents dans cette entreprise un Syrien nommé Saber, quelque temps captif des Sarrasins, dont il avait, dit-on, embrassé la loi, et l'évêque de Nacolée. Rencontrant de la part du patriarche Germanos une résistance invincible, il le remplaça par son syncelle Anastase, que l'ambition excita à servir les vues de l'empereur. Presque tous les évêques entrèrent successivement dans la même voie; mais les religieux et la masse du peuple firent aux doctrines du souverain une opposition souvent violente et qui le poussa dans l'arène des persécutions. Le pape Grégoire II, après avoir assemblé un synode, où les opinions des *iconomaques* ou *iconoclastes* (c'est-à-dire adversaires ou briseurs des images) furent condamnées, écrivit à l'empereur une lettre dogmatique où il lui remontrait qu'il ne lui appartenait pas de rien changer aux traditions de l'Église. Léon, au lieu d'être ébranlé, voulut déposer le pape qui lui résistait; mais celui-ci se soutint, maintenu par l'affection des Romains et de toute l'Italie, où l'autorité impériale fut par suite compromise.

Cette querelle des images, qui se trouve mêlée à tous les événements politiques durant plus d'un siècle, et qui absorbe presque uniquement l'attention des historiens du temps, nous oblige à entrer dans quelques développements sur cette question.

Aux reproches d'idolâtrie et de polythéisme les catholiques répondaient par la distinction entre le culte *absolu*, qui n'est dû qu'à Dieu, et le culte relatif (σχετικός), qui s'adresse également au Créateur, mais par l'entremise et l'intercession de ses créatures les plus parfaites; et c'est également pour élever leur esprit à la Divinité qu'ils adoraient ses images. Comment, disaient-ils, l'empereur, qui châtiait sévèrement un acte d'irrévérence envers ses propres statues et ses portraits, ne croyait-il pas offenser Dieu en proscrivant et renversant les images saintes! Toutefois, à côté de cette doctrine constante de l'Église, il faut convenir que dans la pratique, à diverses époques, et particulièrement à celle dont nous nous occupons, la piété peu éclairée des fidèles s'attachait passionnément au signe extérieur. Parmi les saintes images il en était surtout quelques-unes auxquelles l'origine qu'on leur supposait faisait attribuer une vertu miraculeuse. Telle était, en premier lieu, l'image d'Édesse, nommée Ἀχειροποίητος, c'est-à-dire *qui n'est pas l'œuvre de la main*. Jésus-Christ lui-même, disait-on, avait imprimé sa face sur un mouchoir et envoyé ce portrait à Abgar. Les portraits du Christ et de la Vierge, peints par l'évangéliste saint Luc et envoyés par lui à Théophile; un tableau de la transfiguration tracé, disait-on, par ordre de saint Pierre, et qui se conservait à Rome, étaient aussi mis en avant pour montrer l'usage constant du culte des images dans l'Église. Par malheur l'authenticité de ces divers monuments ne s'appuie ni sur des textes très-anciens ni sur des traditions bien concordantes.

Léon désirait vivement appuyer sa doctrine de l'autorité respectée des douze professeurs entretenus depuis Constantin dans le portique nommé Chalcé, où ils enseignaient publiquement, et que les empereurs consultaient dans toutes les questions difficiles. La docte réunion, espèce de Sorbonne, se montra très-opposée aux idées de l'empereur, et on l'accuse d'avoir par vengeance fait mettre le feu à l'école, où les professeurs furent consumés ainsi que la riche bibliothèque qu'elle renfermait. Cependant Théophane, l'historien le plus rapproché de ce règne, et qui ne ménage pas Léon, se borne à dire qu'il abolit l'école. Si elle fut incendiée, ce fut peut-être dans les circonstances suivantes. Sur la porte extérieure du palais était une figure de bronze de Jésus-Christ des plus révérées. C'était, disait-on, celle que la femme guérie d'un flux de sang lui avait érigée par reconnaissance dans sa maison à Panéade. Elle représentait le Sauveur debout, et la malade à genoux tenant le bas de sa robe. Eusèbe parle de ce monument dans son *Histoire ecclésiastique*, et ajoute qu'on peut le voir à Panéade. Quelques écrivains prétendent que Julien l'Apostat fit briser ce groupe, et le remplaça par une idole de Jupiter. Cependant ce reproche serait sans fondement s'il est vrai, comme l'assurent les écrivains byzantins, que c'est cette même image qui avait été placée sur la porte du palais nommé Chalcé. Léon donna l'ordre de l'enlever. Le peuple voulut s'y opposer, et tua plusieurs des officiers de l'empereur, ce qui fut l'occasion d'un grand nombre d'exécutions. Peut-être est-ce dans cette émeute que les bâtiments de l'école, situés dans le voisinage, furent incendiés.

Les persécutions de Léon contre les partisans des images engagèrent les habitants des Cyclades et ceux de la Grèce proprement dite, ou Hellade, à armer une flotte qui vint l'attaquer dans le port même de Constantinople. L'emploi du *feu fluide*, dont les empereurs gardaient soigneusement le secret, donna l'avantage aux vaisseaux de Léon. Agallianos, un des chefs de cette expédition, se précipita tout armé dans la mer. Les deux autres, Cosmas et Stéphanos, furent pris et décapités (an 727 de J. C.). Irrité surtout contre l'Italie, Léon avait dirigé contre elle une flotte, qui fut dispersée par les vents dans la mer Adriatique; il imposa une capitation nouvelle aux habitants de la Sicile et de la Calabre, et exigea que les biens de l'Église romaine, connus sous la désignation de patrimoine des apôtres saint Pierre et saint Paul, acquittassent des droits au fisc.

La guerre que Léon faisait aux images, et qui lui aliénait une partie de ses sujets, ne lui procura pas l'amitié des Sarrazins. Ils ne cessèrent presque pas durant son règne de faire des incursions dans les provinces asiatiques de l'empire, et cherchèrent même à lui opposer un rival en décorant de la pourpre impériale un imposteur qui se faisait passer pour Tibère, fils de Justinien II. Si Léon ne parvint pas à préserver ses frontières de leurs déprédations, il réussit du moins à faire plusieurs fois éprouver aux Arabes des pertes considérables. Nicée résista à toutes leurs attaques, ce que les partisans des images attribuaient à l'intercession des Pères du concile de Nicée, dont les figures étaient peintes dans l'église où ils se réunirent, tandis que les partisans de Léon faisaient honneur de ses succès à son zèle religieux. L'histoire doit rendre justice à la vigilante activité qu'il conserva sur le trône, et qui lui valut un règne long et aussi prospère qu'on pouvait l'espérer dans ces temps malheureux. La dernière année fut seulement troublée par une de ces calamités fréquentes en Orient, et contre lesquelles la prudence humaine ne peut rien. Un tremblement de terre détruisit une partie des villes de la Thrace et de la Bithynie et renversa plusieurs monuments de Constantinople. Une partie des remparts s'écroula. La ville n'étant pas en état de les relever à ses seuls frais, l'empereur ajouta à la contribution générale des provinces quelques oboles additionnelles, que l'on continua, comme il arrive presque toujours en pareil cas, de percevoir longtemps après que le désastre fut réparé.

Léon mourut dans la vingt-cinquième année de son règne, l'an de J. C. 741; il fut enterré dans l'église des Saints-Apôtres, et transmit sans obstacle la couronne à son fils Constantin.

Sous ce nouveau prince, que les Grecs désignent habituellement sous les surnoms injurieux de *Cabalinos* ou de *Copronyme*, la querelle des iconoclastes ne fit que s'envenimer. Il n'est pas de crimes et d'aberrations odieuses ou dégoûtantes dont les écrivains des siècles postérieurs, partisans zélés des images, n'aient chargé la mémoire de Constantin. En écartant les récits invraisemblables ou exagérés, il reste suffisamment prouvé que ce prince fut violent et débauché. Dès son avénement, le peuple, qui connaissait ses dispositions, essaya de se soustraire à son autorité en favorisant l'usurpation de son beau-frère Artavasde.

Constantin était parti pour l'Asie presque aussitôt après son avénement, afin de combattre en personne les Sarrazins. Voulant s'assurer la fidélité d'Artavasde, qui commandait le thème *obsequium*, il lui demanda ses deux fils pour l'accompagner. Au lieu d'obtempérer à cet ordre, Artavasde leva l'étendard de la révolte. Constantin n'eut que le temps de se réfugier à Amorium, où il réunit autour de lui les commandants des thèmes Thracésien et d'Anatolie, qui promirent de défendre sa cause. Artavasde avait fait répandre à Constantinople le bruit de la mort de Constantin et de son élection par l'armée. Il vint prendre possession de la capitale, où il fut accueilli avec transport, et le culte des images fut aussitôt rétabli. Cependant Constantin, qui marchait sur les pas d'Artavasde, ne tarda pas à se présenter à Chrysopolis, à la grande stupéfaction des Byzantins. Le patriarche Anastase, qui ne s'était élevé sous le règne précédent qu'en flattant les opinions de Léon, et qui avait été un des premiers à propager la fausse nouvelle de la mort de Constantin, soit qu'il ait été dupe ou complice d'Artavasde, ne se montra pas le moins ardent à exciter le peuple contre l'héritier légitime du trône.

Tenant en main la sainte croix, « Je jure, dit-il, par celui qui a été attaché sur cette croix, que l'empereur Constantin m'a dit à moi-même : « Ne croyez « pas que Jésus, fils de Marie, qu'on « nomme le Christ, soit autre qu'un « homme pur et simple. Marie l'a enfanté « comme je l'ai été moi-même par ma « mère Marie. » A ce discours le peuple éclata en imprécations contre Constantin, qui, ne pouvant se faire recevoir dans la ville, retourna passer l'hiver à Amorium.

Les deux rivaux sollicitèrent à l'envi l'appui des Arabes, qui n'y répondirent qu'en ravageant les frontières. Heureusement leurs propres discordes les empêchèrent de pousser bien loin leurs entreprises. Constantin, qui avait fait du vivant de son père l'apprentissage des armes, secondé d'ailleurs par deux bons généraux, battit Artavasde en Bithynie, le força à se renfermer de nouveau dans Constantinople, passa le détroit, et vint assiéger la ville du côté de terre en même temps qu'il la tenait bloquée par mer. La famine ne tarda pas à s'y faire sentir cruellement. Artavasde tenta une sortie, et fut repoussé avec perte. Constantin, informé que Nicétas, fils de son compétiteur, s'avançait vers Chrysopolis, repasse en Asie, défait ses adversaires, et revient donner à Artavasde le spectacle de son fils chargé de chaînes. Enfin, le 2 novembre 743, Constantin enleva Constantinople de vive force, fit crever les yeux à Artavasde et à ses deux fils, et livrer aux supplices ses principaux partisans. Le patriarche Anastase fut frappé, promené dans le cirque à rebours sur un âne, et après ces avanies rétabli sur son siège épiscopal, moins par clémence que par mépris. La capitale eut beaucoup à souffrir de la part d'une soldatesque effrénée. L'histoire de ce règne nous a été transmise par des écrivains évidemment hostiles ; mais il n'est que trop probable qu'un prince naturellement violent, aigri par la révolte et les injures de ses sujets, entouré d'une armée recrutée en partie d'étrangers, et qui faisait sa seule force, n'ait abandonné souvent, ainsi qu'on l'en accuse, les citoyens aux injures des soldats.

Constantin reprit avec plus de violence l'accomplissement des idées de son père, brisant ou effaçant dans les églises les images sacrées, à la place desquelles il faisait, dit-on, peindre des chasses et des cavalcades. Il proscrivait aussi le culte de la Vierge et des saints, et s'attachait surtout à détruire leurs reliques. Il fit ouvrir la châsse de plusieurs saints vénérés et disperser leurs ossements. Une telle conduite dépassait le but qu'il prétendait atteindre, celui de faire cesser la superstition à la vertu miraculeuse des reliques, car il blessait un sentiment naturel aux hommes, le respect pour les restes de leurs semblables, et particulièrement de ceux dont ils ont des motifs d'honorer la mémoire. On reproche à Constantin d'avoir également violé les tombeaux de ses ennemis personnels en faisant exhumer après trente années le corps du principal ministre d'Artavasde, qu'il obligea sa veuve de jeter elle-même au charnier des suppliciés. A son exemple, ses adversaires, violant à leur tour la paix des tombeaux, brisèrent le cercueil de Constantin près d'un siècle après sa mort, et brûlèrent ses ossements.

La guerre que pendant un règne de trente années Constantin Copronyme fit aux reliques nous amène à réunir ici quelques notions sur ce sujet, qui occupe tant de place dans toutes les annales byzantines. On y rencontre en effet à chaque page la mention des fondations pieuses, des profanations et des restaurations dont elles furent tour à tour l'objet. Le goût du merveilleux a inspiré à cette occasion aux chroniqueurs du moyen âge une foule de légendes miraculeuses, par lesquelles ils semblent parfois rivaliser avec les prodiges et les oracles dont quelques historiens de l'antiquité ornaient leurs récits. Nous ne voulons pas entrer ici dans un examen critique du plus ou moins d'authenticité des diverses reliques que l'Église d'Orient se flattait de posséder, tâche longue et épineuse entre la dévotion, facile à s'alarmer, et le scepticisme, prompt à rejeter entièrement toute tradition entremêlée de fables. Ce travail ne saurait entrer dans notre cadre ; mais nous devons passer rapidement en revue les plus célèbres de ces monuments, indiquer l'origine que la tradition leur attribuait et les destinées variées qu'ils subirent au milieu des révolutions. C'est un trait qu'on ne peut omettre dans un tableau des mœurs et des usages des Grecs byzantins.

Les premiers chrétiens aimaient à se réunir près du tombeau de ceux d'entre eux qui avaient scellé de leur sang le témoignage de leur foi. De modestes oratoires élevés sur ces reliques des martyrs et entretenus par la piété des fidèles ont ainsi traversé les siècles de persécution, et se conservèrent jusqu'au temps où le culte chrétien triompha de l'idolâtrie. Constantin le Grand, en embrassant la foi nouvelle, se plut à honorer par des édifices plus somptueux la plupart des lieux consacrés par la religion, et surtout ceux qui se rapportaient au berceau même du christianisme. Nous avons parlé du voyage de sa mère Hélène en Palestine, et de ses recherches sur le Calvaire, où elle eut la joie de retrouver les principaux instruments de la Passion, qu'elle rapporta dans la ville fondée par son fils. A son exemple la plupart des empereurs, et surtout des princesses de Constantinople, particulièrement Eudocie, la belle Athénienne nouvellement convertie, voulurent signaler leur piété en dotant la capitale de quelques précieuses reliques. Jérusalem et Édesse en offrirent pendant plusieurs générations, comme une mine inépuisable. Ce fut l'occasion de beaucoup de fondations d'églises et de monastères. On manque généralement de renseignements sur la manière dont ces reliques se seraient conservées parmi les juifs ou les idolâtres jusqu'au jour de leur invention. Des guérisons ou d'autres vertus miraculeuses semblaient établir suffisamment leur authenticité aux yeux des contemporains. A l'exception du bois de la croix, que les iconoclastes affectèrent de tenir toujours en grande vénération, les plus célèbres des reliques furent celles qu'ils s'appliquèrent à dé-

9ᵉ *Livraison*. (GRÈCE.)

truire. Cependant quand leur dynastie fut tombée la plupart se retrouvèrent sous le règne de l'impératrice Irène. La réaction contre les iconoclastes multiplia même le nombre des images et des reliques. Un saint zèle avait pu en dérober plusieurs à la persécution; un zèle intéressé abusa peut-être aussi de la bonne foi des restaurateurs de ce culte. Des doutes ont quelquefois été élevés à cet égard parmi les Grecs même, et il existe un petit poëme satirique où la crédulité d'un moine aux objets de ce genre les plus controuvés est tournée en ridicule. Pour satisfaire la pieuse émulation des fidèles, l'usage s'introduisit de diviser en parcelles les restes des saints en les enfermant dans des châsses ou des reliquaires. Une partie de ceux que possédait Constantinople a été répandue en Europe par les croisés, jaloux de rapporter dans leurs villes ces pieux trophées.

Un grand nombre des reliques conservées à Constantinople se rapportaient à Jésus-Christ lui-même. C'était le bois de la croix trouvée par Hélène, mère du grand Constantin, et dont une partie déposée à Jérusalem fut enlevée par les Perses et reconquise par Héraclius. C'étaient aussi les divers instruments de la passion, tels que les clous, le fer de la lance, la couronne d'épine, l'éponge, la colonne à laquelle le Christ fut attaché pour être battu de verges. L'histoire des vicissitudes de ces reliques formerait la matière d'un volume. On sait qu'elles furent en dernier lieu cédées par Baudoin III à saint Louis, qui les déposa dans la Sainte-Chapelle de Paris, où elles furent conservées jusqu'à la révolution de 1793 (1).

(1) Un inventaire des reliquaires de la Sainte-Chapelle de Paris, dressé en 1573, indique entre autres objets les suivants, qui proviennent de Constantinople : La sainte couronne..., la sainte croix..., la robe de pourpre..., les drapeaux d'enfance..., le saint Lincieux... *de sindone Domini*..., l'esponge..., du sang miraculeux..., *de lacte virginis*..., *de sanguine Christi*..., le carquan..., *peplum virginis*.., la verge de Moïse..., le fer de la lance.... la pierre du sépulcre..., la véronique..., etc. Une note récemment publiée dans la *Revue archéologique* fait connaître que lorsque la grande châsse de la *Sainte-Chapelle* fut en 1792 livrée aux orfèvres pour être fondue, l'un d'eux obtint les reliques qu'elle contenait. Pendant la terreur il crut devoir enterrer ces

Les successeurs de Constantin accrurent ce trésor sacré. Ainsi Justinien déposa à Sainte-Sophie la pierre sur laquelle Jésus-Christ s'était assis pour parler à la Samaritaine. Eudocie, femme du jeune Théodose, rapporta de son pèlerinage en Palestine, les langes de l'enfant Jésus et du lait de la Vierge. Léon Ier acquit la robe de la Vierge et sa ceinture. On conservait aussi son manteau au palais de Blakernes. Tzimiscès, au dixième siècle, trouva encore les sandales de Jésus-Christ. Une lettre du Sauveur à Abgar, qui passait pour autographe, fut acquise par Romain Lecapène, vers 940, avec l'image miraculeuse d'Édesse par suite d'un traité avec l'émir de cette ville. Enfin Manuel Comnène rapporta d'Éphèse la pierre sur laquelle on avait, disait-on, lavé le corps du Sauveur, et il la fit placer sur son propre tombeau dans l'église du Pantocrator.

Les corbeilles qui avaient servi au miracle de la multiplication des pains, enterrées à Constantinople lors de la fondation de cette ville, devaient y fixer à jamais l'abondance. La verge de Moïse fut offerte à Constantin, déposée dans l'église de la Vierge, τῆς Ῥάβδου, et plus tard rapportée dans le trésor des empereurs. On montrait aussi à Sainte-Sophie les trompettes qui sonnèrent la chute des murs de Jéricho. Nous n'en finirions pas si nous voulions énumérer les reliques de tous les personnages de l'Ancien et du Nouveau Testament que la munificence des princes avait rassemblées dans cette seule ville. Nous citerons les reliques de Daniel, apportées de Jérusalem par Hélène; celles de saint Luc, de saint André, de saint Timothée, déposées par Constance dans l'église des Apôtres; la tête de saint Jean-Baptiste, trouvée par le grand Théodose; les restes du prophète Samuel par Arcadius, de Joseph fils de Jacob, de Zacharie père de saint Jean-Baptiste par Théodose le Jeune; le bras droit de saint Étienne, premier martyr, et les chaînes de saint Pierre, par Eudocie; le corps du prophète Ésaïe par Marcien. Des reliques de saint Siméon, qui salua la venue du Seigneur, des saints Innocents, de saint Jacques

objets dans un jardin, où après le rétablissement du culte il les a vainement recherchés.

frère de Jésus-Christ par Justin II ; le corps et le manteau de sainte Anne sous Justinien II. Le corps de saint Barnabé fut trouvé en Chypre, sous Zénon, avec l'Évangile de saint Matthieu, écrit, disait-on, de la propre main de Barnabé. Ce livre fut déposé dans le palais impérial, et la métropole de Chypre obtint à cette occasion de ne plus relever de celle d'Antioche. La même île offrit beaucoup plus tard le corps de saint Lazare à Léon le Sage, qui rapporta de Bithynie celui de Marie-Magdeleine. Une foule d'autres saints ou saintes reposaient dans des églises bâties sous leur invocation : tels que saint Mokias, saint Nicétas, sainte Anastasie, saint Siméon Stylite, sainte Euphémie, etc.

Le tombeau de cette dernière sainte, dans l'église qui portait son nom à Chalcédoine, en face de Byzance, était célèbre par un miracle annuel. Le jour anniversaire du martyr de sainte Euphémie ses plaies se rouvraient, et il en coulait du sang mêlé de parfums que le clergé recueillait dans de petites fioles de verre et distribuait aux nombreux fidèles qu'attirait toujours cette solennité. En 594, l'empereur Maurice, ayant conçu des doutes sur la réalité de ce prodige, fit mettre sous scellés la châsse de sainte Euphémie. Cependant le jour de la fête venu, le sang parfumé s'échappant avec plus de force que de coutume confondit, au dire de Théophylacte, l'incrédulité de l'empereur, et accrut la célébrité du miracle.

Les historiens citent plusieurs autres circonstances qui perpétuèrent la dévotion des Byzantins pour cette châsse. Ce fut un motif pour Constantin Copronyme de s'attacher à la détruire. Il fit de l'église une caserne et une écurie, et brûla les ossements de la sainte, après les avoir mêlés avec des os de moutons. Selon d'autres, il fit jeter la châsse à la mer, et les flots la portèrent à l'île de Lemnos, d'où vingt-deux ans après la mort de Constantin elle fut rapportée solennellement à Constantinople, où elle n'a pas cessé d'être en grande vénération même depuis la conquête ottomane.

Il serait trop long d'entrer dans le récit de toutes les phases de cette lutte religieuse que les historiens du temps ont rapportées en grand détail. La doctrine des iconoclastes avait été confirmée en 754 par trois cent trente-huit évêques d'Orient, réunis en concile à Constantinople sous la présidence de l'empereur. Mais on n'admet pas au nombre des conciles œcuméniques cette réunion, où le saint-siège ni les autres patriarcats n'étaient pas représentés. Le siège de Constantinople était alors vacant : Constantin y nomma un eunuque esclavon d'une profonde ignorance. Moins accessibles que les évêques aux influences de la cour, les moines persistaient dans leur résistance. Ils étaient soutenus par des prédicateurs ardents et par des théologiens, en tête desquels nous devons citer saint Jean Damascène, un des fondateurs de la scolastique, et qui est resté l'oracle de l'Église orientale dans les matières de discipline. Saint Jean Damascène, qui habitait la Syrie, était à l'abri des atteintes de Constantin ; mais les moines qui peuplaient les nombreux couvents de l'empire étaient l'objet de persécutions de divers genres. L'empereur cherchait à les faire renoncer au célibat, et un jour, pendant les jeux du cirque, il força une troupe de moines à défiler sous les yeux des spectateurs, donnant le bras à des femmes de mœurs suspectes et au milieu des huées et des quolibets de la populace. Quelques gouverneurs de provinces outre-passaient encore les ordres du prince.

A travers ces extravagances on ne peut méconnaître au fond de la conduite des empereurs isauriens une pensée sérieuse de réforme, que justifiait la dépopulation de l'empire, la perte de l'esprit militaire et de l'esprit évangélique, étouffé sous les pratiques extérieures, réforme qui s'est développée plus tard dans une contrée différente, mais que la Grèce et l'Italie ont toujours repoussée. Dans le désir d'étendre à toute la chrétienté cette réforme dont il s'était fait le promoteur, Constantin adressa plusieurs de ses affidés à Pépin, roi des Francs, devenu l'arbitre de l'Occident, pour l'engager à proscrire de son côté le culte des images. Le fils de Charles-Martel reçut les députés de Constantin en présence des légats apostoliques, et refusa de s'écarter de la doctrine du successeur de saint Pierre, dont il s'était déclaré le protecteur.

Les rapports entre l'empereur de

Constantinople, le fondateur de la dynastie carlovingienne et les évêques de Rome, à cette époque, où commence la puissance temporelle des papes, et qui précède de peu le rétablissement d'un empire d'Occident, sont un point d'histoire qui est devenu plus tard l'objet de grandes controverses; mais, dictées en général par les intérêts divers de la politique, elles ont plutôt obscurci qu'éclairé les renseignements peu nombreux fournis par les contemporains.

Le pape Grégoire II, après avoir entretenu pendant dix ans, comme nous l'avons dit plus haut, des rapports de bienveillance mutuelle avec l'empereur Léon, n'ayant pu le faire revenir par ses lettres dogmatiques de ses opinions entachées d'hérésie, avait fulminé contre les iconoclastes une excommunication qui enveloppait l'empereur sans toutefois le désigner nommément; et, bien que Rome fût à peu près soustraite de fait à l'autorité de l'empereur, le pape ne cessa pas cependant de reconnaître ses droits de souveraineté. Son successeur, Grégoire III, suivit à peu près la même ligne de conduite, tout en nouant des relations diplomatiques avec Charles-Martel. Zacharie, qui s'assit sur la chaire de saint Pierre l'année même de l'avénement de Constantin Copronyme, envoya encore, comme ses prédécesseurs, une lettre synodique à l'empereur. Son légat trouvant le trône occupé par Artavasde, au lieu de s'empresser de saluer un usurpateur orthodoxe, eut la prudence d'attendre l'issue de la lutte, ce dont Constantin lui sut gré en remontant sur le trône. Ce même pape, par la seule influence que lui donnait son caractère sacré, détourna le roi des Lombards, Luitprand, de poursuivre la conquête de l'exarchat. Mais le successeur de Luitprand, Astolf, moins accessible aux conseils de la religion, non-seulement enleva l'exarchat aux Grecs en 752, mais voulut s'emparer de Rome, qui avait toujours été l'objet de l'ambition des princes Lombards. Constantin, engagé dans une guerre contre les Arabes, ne put répondre aux demandes de secours des Romains que par des ambassades inefficaces. Alors le pape Étienne prit le parti de se tourner vers les rois de France, dont il invoqua les secours au nom de saint Pierre. Le prédécesseur d'Étienne, en autorisant Pépin à prendre le titre de roi, dont il exerçait déjà l'autorité, et à reléguer dans un monastère le dernier héritier de la race abâtardie de Clovis, avait acquis des droits à la reconnaissance de cette nouvelle dynastie. Pépin, après avoir reçu des mains du pape la couronne et l'onction par une cérémonie renouvelée des rois d'Israël, et en outre le titre de patrice pour lui et pour ses descendants, franchit les Alpes, et contraignit Astolf à remettre au saint-siége l'exarchat et la Pentapole. L'empereur de Constantinople revendiqua bien ses anciennes possessions; mais Pépin, qui les avait reconquises par les armes, maintint son droit d'en disposer. C'est ainsi que les papes, qui, par suite du schisme des empereurs et de l'espèce d'abandon dans lequel ceux-ci laissaient leurs exarques et leurs ducs, avaient acquis une grande prépondérance dans l'Italie centrale, furent définitivement investis d'une autorité temporelle. Elle fut encore accrue par Charlemagne, qui renversa le royaume des Lombards. Quant aux empereurs de Constantinople, ils ne conservèrent en Occident que la Sicile, les duchés de Naples et de Gaète, la Calabre, et ce qu'on nommait le thème de Lombardie, et qui comprenait la Pouille ou ancienne Apulie.

Constantin Copronyme, qui se laissait enlever ainsi l'exarchat de Ravenne et le duché de Rome, n'était pas cependant dépourvu d'énergie ni de talents militaires; mais une maladie contagieuse, qui sévit pendant trois années à Constantinople, de 747 à 750, avait rendu la capitale presque déserte. Il fallut s'occuper de la repeupler en y attirant de nouveaux habitants des diverses parties de l'empire, notamment du Péloponnèse. Ces désastres réparés, l'empereur concentra ses efforts contre les deux ennemis les plus voisins et les plus menaçants: les Arabes et les Bulgares. Par une heureuse expédition maritime il préserva l'île de Chypre d'une descente des Arabes, et reprit sur eux Mélitine et Théodosiopolis. Les Bulgares ayant fait une irruption en Thrace, Constantin dirigea en personne plusieurs expéditions contre eux. En 759 il soumit la Sclavinie macédonienne. L'année suivante il fut moins heureux, et perdit une partie de son armée dans les défilés. En 763 les Bulgares se révoltèrent contre leurs princes héréditaires (auxquels les historiens grecs donnent le titre de kyr ou *seigneur*), et ils élurent un chef nommé Téletzis. L'empereur marcha contre eux en se faisant appuyer par une flotte nombreuse. Téletzis, de son côté, réunit vingt mille auxiliaires, tirés des nations barbares limitrophes. Il y eut une bataille longue et meurtrière; mais l'avantage resta à Constantin, qui rentra dans Constantinople avec un grand nombre de prisonniers. A la suite de cette défaite les Bulgares tuèrent Téletzis, et mirent à sa place Sabinus, gendre de Coménius, leur dernier roi. Sabinus s'empressa d'envoyer des ambassadeurs à Constantin; mais les Bulgares l'accusèrent de vouloir assujettir son pays; il n'eut que le temps de se réfugier sur le territoire romain, et un nouveau chef, nommé Pagan, fut élu à sa place.

Cette année fut remarquable par l'excessive rigueur du froid dès le mois d'octobre, non-seulement dans le Nord, mais dans tout l'Orient. Le Pont-Euxin gela dans une étendue de plus de cent mille des côtes, de telle sorte que les hommes et les animaux pouvaient aller à pied depuis la Chazarie jusqu'à Sélybrie. La glace avait trente coudées de profondeur et s'élevait en outre de vingt coudées par les neiges amoncelées. Au mois de février la glace se rompit, et les courants entraînèrent dans le détroit de Constantinople d'immenses glaçons, semblables à des montagnes, qui s'entassèrent dans la Propontide et couvrirent les rivages et les îles jusqu'à Abydos. L'historien Théophane raconte qu'il s'aventura avec une trentaine de jeunes compagnons sur un de ces îlots, où ils trouvèrent des animaux morts de froid, et que beaucoup de gens traversaient à pied de Chrysopolis à Galata. Une de ces énormes masses de glace avait détruit l'escale de la citadelle de Byzance, une autre était venue se briser contre les murailles, dont elle dépassait la hauteur; et les habitants ne pouvaient détourner leurs regards de ce spectacle, si nouveau et si menaçant. Au mois de mars de la même année on vit des étoiles tomber en masses du ciel. Il y eut ensuite des chaleurs telles, que les sources et les puits tarirent. Frappé de tous ces phénomènes, chacun s'attendait à voir arriver la consommation des siècles.

En 765 le nouveau prince des Bulgares, Pagan, sollicita de l'empereur une entrevue, où la paix fut conclue; mais Constantin l'observa peu fidèlement. En 774 nouvelle expédition des Romains contre les Bulgares, suivie d'une convention nouvelle d'après laquelle les deux peuples devaient s'abstenir de franchir leurs frontières respectives. Quelques mois plus tard, cependant, Constantin, informé, par les intelligences qu'il entretenait dans ce pays, que les Bulgares se préparaient à la guerre, résolut de les prévenir. Il feignit de partir pour une expédition contre les Arabes, afin de tromper les ambassadeurs du prince Bulgare, qui étaient encore à Constantinople; et quand ils furent éloignés il réunit quatre-vingt mille hommes, et tomba à l'improviste sur la Bulgarie. N'ayant rencontré aucune résistance, il ramena de nombreux prisonniers et un grand butin de cette expédition, qu'il célébra par un triomphe comme un succès honorable pour ses armes.

L'année suivante, qui était la trente-cinquième de son règne, Constantin se mit encore en marche contre les Bulgares; mais il avait à peine dépassé Arcadiopolis, quand il fut atteint d'un ulcère ou charbon, accompagné d'une fièvre violente. On le rapporta en litière à Sélybrie, où il s'embarqua. Il mourut à bord du bâtiment, le 13 septembre 775, en proie à d'horribles souffrances. Il s'écriait, dit-on, qu'il éprouvait vivant les feux de l'enfer, et il invoquait le secours de la Vierge, dont il avait proscrit le culte durant son règne.

Constantin laissait une nombreuse famille. De sa première femme, Irène, fille du chagan des Chazares, il avait eu Léon, qu'il couronna dès l'année qui suivit sa naissance (en 751). Il avait désiré pour ce prince la main de Giselle, fille de Pépin, et dans ce but il envoya en France, en 767, une ambassade composée de six patrices et de plusieurs ecclésiastiques. Ces derniers avaient mission de soutenir les opinions religieuses de Constantin, tandis que les patrices devaient demander que l'exarchat, objet des réclamations de l'empereur, formât la dot de la jeune princesse. Mais cette négociation n'eut pas plus de succès pour la politique que pour la religion. Un concile réuni près Paris repoussa les doctrines des iconomaques; et, de plus, la question de *la procession du Saint-Esprit*, qui devait plus tard devenir le prétexte de la séparation entre l'église d'Orient et celle d'Occident, fut déjà débattue dans cette conférence.

Constantin, ayant échoué dans ce projet d'alliance, donna pour femme à son fils, en 770, une Athénienne, nommée Irène, dont on ignore la famille et les titres à cette élévation, mais qui déploya plus tard sur le trône un génie vaste et fertile, malheureusement joint à une ambition qui ne s'arrêtait pas même devant un crime.

Léon IV, ou *le fils de la Chazare* (c'est ainsi que les Grecs le désignent), montra dans le commencement de son règne plus d'humanité et de tolérance que son père. Il répandit les trésors que celui-ci avait amassés, et permit aux religieux que la persécution avait dispersés de rentrer dans la capitale. Le peuple, captivé par cette conduite, demandait avec instance que Léon couronnât son fils Constantin, âgé seulement de cinq ans. L'empereur feignait de résister. « Je n'ai que cet enfant, disait-il ; si je meurs, le laissant en bas âge, on le tuera pour régner à sa place. » Tout le peuple protesta qu'il ne reconnaîtrait pour souverain que Léon et sa postérité. L'empereur en reçut le serment sur la précieuse croix, et la déclaration signée des membres du sénat, des chefs des *thèmes* et de l'armée, ainsi que des corporations d'ouvriers, acte qu'il déposa solennellement sur l'autel de Sainte-Sophie le samedi-saint 776. Il présenta son fils au peuple comme son futur souverain, au nom de l'Église et de Jésus-Christ, qui venait de recevoir ses serments de fidélité ; et le lendemain il le couronna dans le cirque. Il accorda en même temps au plus jeune de ses frères le titre de *nobilissime*. Les deux aînés avaient déjà reçu celui de césar du vivant de leur père. C'étaient ces princes qui portaient ombrage à Léon, et bientôt le césar Nicéphore fut accusé d'avoir conspiré avec quelques généraux. L'empereur déféra le jugement au peuple, qui, oublieux des serments qu'à une autre époque il avait fait au père de ces princes de les protéger, cria tout d'une voix qu'il fallait s'en défaire. Léon se donna l'apparence de la clémence en se contentant de faire battre, raser et exiler à Cherson les prétendus conspirateurs.

Quelques succès de Lachanodracon sur les Arabes signalèrent le règne de Léon. Le prince des Bulgares, Téléric, se dérobant aux séditions de ses sujets, vint recevoir des mains de l'empereur le baptême et le titre de patrice. Dans le même temps un autre prince, fils de Didier, dernier roi des Lombards, venait aussi chercher un refuge à Constantinople.

Léon n'avait pas abandonné les opinions des iconomaques, et on continuait d'exiger de tout ecclésiatique promu à des dignités de l'Église le serment de s'opposer au culte des images.

L'empereur ayant un jour surpris dans la chambre de l'impératrice deux tableaux de religion, lui fit les plus violents reproches et s'éloigna d'elle. Les officiers du palais accusés d'avoir favorisé la dévotion secrète de l'impératrice furent livrés à différents supplices, dans lesquels un d'eux succomba.

La persécution menaçait de recommencer comme sous Copronyme, quand Léon mourut à trente ans, dans la cinquième année de son règne (septembre 780). Il fut enlevé en quelques jours par des pustules de charbon qui se déclarèrent à son front, après qu'il eut ceint un diadème, orné de pierreries, consacré jadis par Maurice sur l'autel de Sainte-Sophie. Cette riche couronne fut restituée par sa veuve, et cette mort de Léon a été depuis citée à ses successeurs comme un exemple formidable pour ceux qui auraient été tentés de détourner quelques-uns des trésors sacrés.

Chargée de la tutèle de son fils Constantin, âgé seulement de dix ans, Irène put donner cours à son ambition et à l'activité de son esprit. Quarante jours étaient à peine écoulés depuis la mort de Léon, lorsqu'un conciliabule de hauts fonctionnaires essaya de proclamer Nicéphore, oncle paternel de Constantin. Irène déjoua le complot, bannit les conjurés, et, par un genre de châtiment que la politique avait introduit au détriment de la religion, contraignit les quatre frères de son mari à prononcer les vœux monastiques. Le jour de Noël elle assista avec son fils à l'office divin célébré par le ci-devant césar.

Le pape Adrien cherchait à susciter contre les Grecs, qui retenaient quelques parties du patrimoine de saint Pierre, la colère de Charlemagne. Ce prince s'étant rendu à Rome en 781, Irène lui envoya une ambassade chargée de demander pour Constantin la main de sa fille Rothrude (nom que les Grecs traduisent par celui d'Érythro). L'alliance fut conclue, et l'eunuque Élysée resta chargé d'enseigner à la jeune princesse, âgée de huit ans, la langue grecque et les usages de la cour où elle devait régner. Cette union aurait sans doute procuré à l'empire d'Orient une partie des avantages que Constantin Copronyme avait recherchés précédemment en demandant pour son fils Gisèle, fille de Pépin. Un revirement dans la politique des deux empires empêcha cette utile alliance de s'accomplir. Plus tard il fut question de la réunion de l'Orient et de l'Occident par le mariage de Charlemagne et d'Irène elle-même, projet qui ne se réalisa pas davantage. La cour de Constantinople continua cependant à rechercher l'alliance française; et dans le siècle suivant Constantin Porphyrogénète, dans ses instructions à son fils, lui conseille de repousser toute union matrimoniale avec les peuples étrangers, à l'exception de la nation des Francs.

A son avénement Irène avait envoyé Elpidius pour gouverner la Sicile; mais, informée qu'il avait embrassé le parti des princes ses beaux-frères, elle fut obligée de diriger contre lui une expédition, sous la conduite de l'eunuque Théodore, qui s'y montra bon militaire, et contraignit Elpidius à se réfugier en Afrique. Les Arabes recueillirent le fugitif et le revêtirent des insignes impériaux. Il était accompagné de Nicéphore Ducas, dont la famille fut trois siècles plus tard appelée au trône de Constantinople. Un autre eunuque, Jean, le trésorier et l'homme de confiance d'Irène, avait de son côté remporté en 780 un avantage signalé sur les Arabes; mais ceux-ci, profitant de l'éloignement de l'élite des troupes romaines envoyées en Sicile,

s'avancèrent vers Chrysopolis sous les ordres d'Aaron, fils du khalife Madi, qui monta bientôt après sur le trône de Bagdad et devint si célèbre sous le nom d'A-roûn-al-Raschid. Lachanodracon, le meilleur des généraux romains de ce temps, marcha contre lui; mais il n'avait que des forces très-inférieures à lui opposer. Après une lutte opiniâtre il fut défait. Des défections, suites d'intrigues de cour et de la jalousie contre l'eunuque Staurace, qui avait la haute main sur toutes les affaires, aggravèrent le péril. On dut s'estimer heureux qu'un corps de troupes romaines, en arrêtant quelque temps l'ennemi dans les défilés des montagnes, donnât le temps de négocier, et Irène obtint la paix en souscrivant un tribut temporaire.

Rassurée de ce côté, Irène put tourner son attention vers son pays natal. Depuis le règne de Constantin Copronyme, la Grèce, dépeuplée par une épidémie, avait été occupée par des colonies de Slaves, qui tyrannisaient ses habitants naturels. L'impératrice envoya le patrice Staurace contre ces barbares. Il se rendit à Thessalonique, parcourut la Grèce continentale, qu'on désignait alors spécialement sous le nom de Hellade, pénétra dans le Péloponnèse, obligea tous les Esclavons à payer contribution à l'empire, et ramena beaucoup de prisonniers et de butin à Constantinople, où son triomphe fut célébré dans l'hippodrome. Cette soumission des Slaves n'en purgea pas la Hellade et le Péloponnèse. Les empereurs furent encore obligés plusieurs fois de prendre les armes pour réprimer leurs déprédations en Grèce. Constantin Porphyrogénète déplore dans plus d'un passage de ses ouvrages le sort de cette illustre contrée, qui est devenue, dit-il, barbare et slave. C'est un reproche par lequel on rabaissa, selon le même auteur, les prétentions d'un certain Péloponnésien, fier de son origine hellénique. Un historien allemand de la Morée, s'attachant trop à la lettre de ces allégations, en a pris occasion d'avancer que la population actuelle de la Grèce était d'origine slave et non pas hellénique (1). Ce

(1) *Fallmercyer*. Geschichte der Halbinsel Morea während des Mittelalters. Erster Theil. Untergang den Peloponnesischen Hellenen und Wiederbevölkerung des leeren Bodens

système, beaucoup trop absolu, a été combattu avec érudition par un compatriote de l'auteur (1), et plus d'un Grec a pris aussi la plume pour réfuter un paradoxe contre lequel se soulève justement le sentiment national des modernes Hellènes (2). Sans doute il y a des cantons habités par des Albanais, des Bulgares et peut-être aussi par des descendants des anciens Slaves; mais les caractères auxquels on les distingue du reste de la nation montrent que la masse a conservé son type national. Si on supposait que les Slaves se sont substitués aux Hellènes sans se mêler avec eux, alors on devrait trouver dans le Péloponnèse un peuple entièrement slave de mœurs et de langage. Si, au contraire, on admet qu'il y a eu fusion des deux races, alors il faut reconnaître que c'est l'élément grec qui l'a emporté; car, malgré toutes les révolutions, on retrouve chez les descendants des Hellènes les principaux traits de leurs ancêtres. Il faut apprécier à leur juste valeur les récits des historiens sur les invasions successives des barbares. Lorsqu'une de ces avalanches tombait sur un pays, le peuple conquis disparaissait quelque temps sous ses nouveaux maîtres. Un soldat barbare pouvait aisément tenir sous sa domination dix familles de timides laboureurs. Mais le climat, les guerres, ne tardaient pas à moissonner la majeure partie de ces étrangers, et le reste se fondait dans la population indigène. C'est ainsi que, malgré tous les bouleversements du moyen âge, les grandes nationalités se reconnaissent toujours. Seulement aucun peuple ne peut se vanter d'être absolument sans mélange de sang étranger. Cela doit modérer ce que le sentiment national avait de trop exclusif dans l'antiquité et favoriser la fraternité des peuples.

L'année qui suivit l'expédition contre les Slaves, Irène, accompagnée de son fils, accomplit en Thrace un voyage d'apparat, où elle se plut à déployer le faste de la cour. Elle était suivie d'une troupe de musiciens avec des instruments de toutes sortes. Elle rebâtit la ville de Berrhœe, qui reçut en son honneur le nom d'Irénopolis, et elle revint en suivant la frontière de Bulgarie, où elle fit réparer les fortifications de Philippopolis et d'Anchiale.

A son retour, l'impératrice trouva le patriarche de Constantinople, Paul de Chypre, dont on estimait généralement les vertus, retiré dans un monastère, et aucune instance ne put le décider à remonter sur son siége. Paul déplora amèrement la faiblesse qu'il avait eue de souscrire la déclaration exigée par les iconomaques, et engagea l'impératrice à convoquer un concile œcuménique, seul moyen de ramener l'Église dans la voie catholique. La disgrâce qu'Irène avait subie à la fin du règne précédent faisait assez connaître ses sentiments en faveur du culte des images; et elle préparait les esprits à leur rétablissement et à l'adoration de la Vierge et des saints. Le corps de sainte Euphémie, miraculeusement retrouvé à Lemnos, avait été rapporté solennellement à Constantinople. On avait découvert en creusant près des longs murs de Thrace un cercueil qui renfermait de grands ossements et cette inscription : « Le Christ doit naître de la vierge Marie; je crois en lui. Sous le règne de Constantin et d'Irène, soleil, tu me verras de nouveau. » Ces artifices grossiers, qu'on a tort de nommer des fraudes pieuses, agissaient sur l'esprit de la multitude. Mais il y avait des ménagements à garder. Le plus grand nombre des prélats, bien que compromis avec les iconoclastes, ne devait pas faire difficulté de se conformer au sentiment du nouveau souverain, sentiment qui au fond était généralement conforme au leur. Mais la garnison de la capitale se composait des corps de troupes formés par Léon l'Isaurien et Constantin Copronyme, instruments zélés de leurs réformes et de leurs persécutions, grands ennemis des moines, ardents briseurs d'images et adversaires fanatiques de tout ce qui avait l'apparence de la superstition. Heurter leurs opinions n'était pas sans danger.

Le sénat, convoqué pour procéder au remplacement du patriarche, désigna

---

durch slavische Völkerstämme. — Stuttgart und Tübingen, 1830.

(1) *Zinkeisen*. Geschichte des Griechenlands... Erster Theil, p. 837 et suiv.; Leipsig, 1832.

(2) Περὶ τῆς ἐποικήσεως Σλαβικῶν τινῶν φυλῶν εἰς τὴν Πελοπόννησον ὑπὸ Κ. Παπαρρηγοπούλου ἐν Ἀθήναις 1843.

GRÈCE MODERNE.

EMPIRE BYZANTIN.

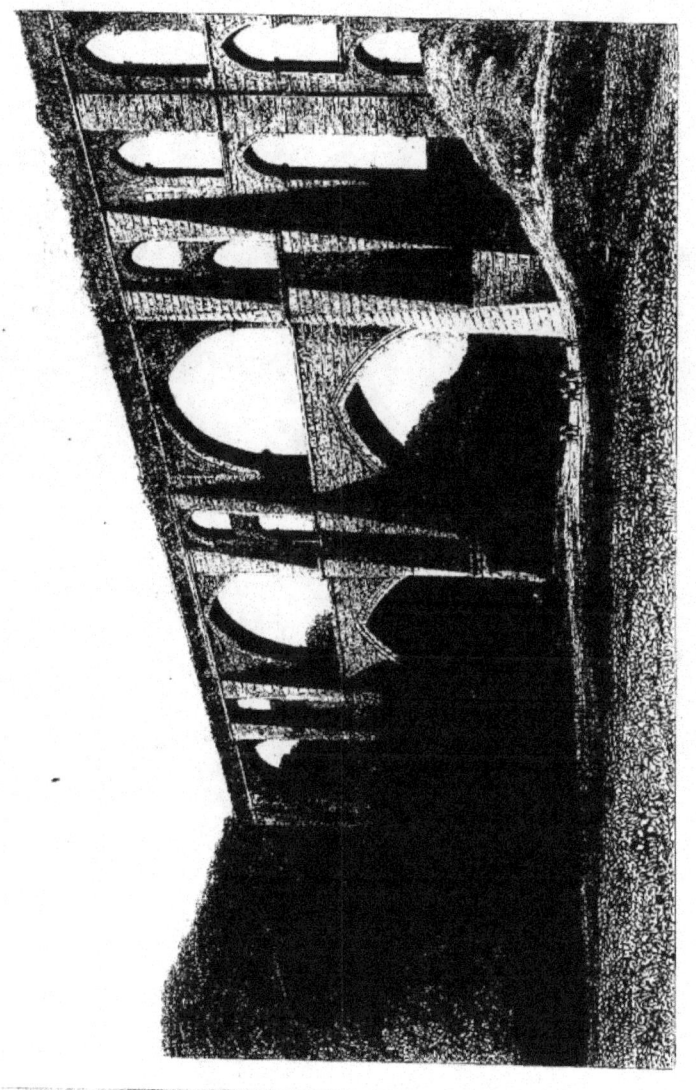

Aqueduc près Pyrgo.

Diptyque représentant les courses du cirque.

Citerne de Constantinople.

GRÈCE MODERNE.   EMPIRE D'ORIENT.

Peinture représentant un repas.

tout d'une voix le secrétaire d'État Tarasius, qui, après quelques refus motivés sur la difficulté de la tâche au milieu des divisions de l'Église, accepta à la condition qu'un concile serait convoqué. Il envoya sa déclaration de foi au saint-siége, qui, malgré ce que pouvait avoir d'irrégulier l'élection d'un laïque, approuva sa nomination dans l'intérêt de l'union de l'Église. L'impératrice Irène avait en même temps engagé le pape Adrien à venir présider le concile; mais il se contenta d'envoyer deux légats, chargés de diverses réclamations du saint-siége, et il exigeait avant tout la condamnation préalable du concile iconoclaste.

Les pères du concile se réunirent dans l'Église des Saints-Apôtres à Constantinople. L'empereur et sa mère assistaient à la première séance, dans la tribune des catéchumènes. Mais les soldats de la garde, excités par leurs officiers et par quelques évêques attachés aux opinions iconomaques, entrèrent en armes dans l'église. Les courtisans qui entouraient l'impératrice essayèrent en vain de s'interposer et de les faire rentrer dans l'ordre. Toutefois, il n'y eut pas de sang répandu. Le patriarche et les évêques de son bord se retirèrent dans le sanctuaire; les adversaires des images sortirent en criant. « Nous l'avons emporté. » Chacun regagna son diocèse, et les légats quittèrent Constantinople.

Mortifiée d'un tel résultat, mais non découragée, l'impératrice envoya le patrice Staurace dans le thème de Thrace, pour s'assurer des dispositions des troupes de cette province; puis, sous prétexte d'une expédition contre les Arabes, elle fit passer en Asie tous les corps qui formaient la maison militaire de l'empereur, et qui étaient imbus des principes de Constantin Copronyme. Pendant ce temps les troupes de Thrace occupaient la capitale; alors Irène fit dire aux premiers de déposer les armes, et que l'empire n'avait plus besoin de leurs services. Surpris de cette brusque injonction, ils y obéirent. L'impératrice fit embarquer leurs familles, et les renvoya dans leurs provinces respectives.

Irène reprit alors le projet de concile; et, pour lui donner le prestige des souvenirs, elle le convoqua dans la ville de Nicée (24 septembre 787). Trois cent cinquante évêques y assistèrent, ainsi que beaucoup d'abbés, au nombre desquels étaient George, syncelle de Tarasius, auteur d'une chronique universelle, et son continuateur Théophane, un de nos guides pour l'histoire de cette époque. Le culte des images fut rétabli dans cette assemblée, et même prôné avec une exagération dont l'Occident, qui n'avait pas donné dans l'excès contraire, sut également se garantir. Les actes du second concile de Nicée furent admis par le saint-siége apostolique; cependant plusieurs de ses décisions furent censurées (d'après une traduction latine inexacte, dit-on) dans un concile tenu sept ans plus tard, à Francfort, sous l'autorité de Charlemagne. Ce prince formula lui-même de nombreuses objections contre le concile grec, dans un écrit qu'Engebert présenta en son nom au pape Adrien, et qui est connu sous le titre de *Libri carolini*.

Le concile n'avait pas aplani toutes les difficultés entre l'Orient et l'Occident. Le pape Adrien protestait toujours contre le titre d'œcuménique que prenait le patriarche de Constantinople, et surtout contre la détention de quelques parties de l'héritage de saint Pierre dans les duchés de Gaète et de Naples. Il excitait Charlemagne contre les Grecs, qui, de leur côté, cherchèrent à susciter des embarras au pape et au roi d'Italie. Irène envoya même en Calabre une expédition commandée par Adalgis, fils de Didier, que les historiens grecs nomment Théodote. Il devait se réunir au gouverneur grec de la Sicile, et comptait en outre sur l'appui de son neveu Grimoald, duc de Bénévent. Mais les généraux de Charlemagne furent vainqueurs; son fils Pépin, qui avait déjà le titre de roi d'Italie, enleva aux Grecs la Liburnie, et mit des entraves au commerce des Vénitiens, qui se reconnaissaient alors pour sujets de l'empire.

Ces démêlés avaient amené la rupture du mariage projeté entre Constantin et Rothrude. En 788 Irène força son fils d'épouser une jeune fille nommée Marie, de la province arméniaque, douée, assure-t-on, de beaucoup de vertus, ce qui n'empêcha pas le jeune prince de regretter sa première fiancée.

Quoique âgé de vingt ans, Constantin se montrait toujours docile aux volontés de sa mère. Mais ses entours excitèrent sa jalousie contre le patrice Staurace, qui gouvernait l'État ; et ils formèrent le projet de renverser le ministre et d'exiler Irène en Sicile. Staurace découvrit le complot, en avertit l'impératrice, qui bannit ou fit entrer dans les ordres tous les officiers de son fils. Elle alla jusqu'à le frapper de sa main, et lui intima l'ordre de se tenir enfermé dans le palais. Elle exigea ensuite des troupes le serment de ne point obéir à son fils tant qu'elle vivrait. A Constantinople les soldats prêtèrent le serment demandé ; mais ceux du thème arméniaque se refusèrent à jurer obéissance à Irène seule ou à placer son nom avant celui de son fils. Ils arrêtèrent le spathaire qu'on avait envoyé pour les ramener à l'obéissance. Le contre-coup de cette résistance se fit sentir dans tout l'empire. Partout les troupes qui venaient de prêter serment à Irène s'insurgèrent contre leurs officiers, et réclamèrent Constantin pour empereur. Irène, effrayée, lui rendit la liberté, et se retira dans un palais qu'elle avait fait bâtir et où elle avait caché une partie de ses trésors. Constantin fit raser et exila Staurace, ainsi que les principaux favoris de sa mère (novembre 790).

En prenant en main les rênes de l'État, Constantin voulut se signaler par une campagne contre les Bulgares, mais il revint sans succès. Une expédition qu'il entreprit l'année suivante contre les sarrazins ne fut pas plus heureuse. Déjà fatigué peut-être du poids des affaires publiques, il se réconcilia avec sa mère, partagea de nouveau l'empire avec elle, et rappela même Staurace, au grand mécontentement de la province arméniaque. Constantin fit contre les Bulgares une campagne plus malheureuse que la précédente. Victime de sa témérité et de sa confiance aux astrologues, il fut complétement défait, et revint à Constantinople après avoir perdu ses troupes, ses meilleurs généraux et tout l'appareil impérial. Le peuple et l'armée murmuraient ; on parlait d'appeler au trône l'ex-césar Nicéphore. Constantin, cédant à la crainte et aux funestes conseils de sa mère et de Staurace, fit aveugler ses deux oncles Nicéphore et Christophore, et couper la langue aux deux autres. Ce fut le premier acte de la sanglante tragédie dont les intrigues des eunuques devaient donner le spectacle sous ce règne. Il fit aveugler aussi le patrice Alexis, chef du thème arméniaque, dans la crainte qu'il ne fût porté à l'empire par cette province. Ce fut pour elle le signal d'une révolte ouverte, que toutes les forces de l'empire eurent peine à comprimer.

Constantin n'avait jamais aimé la femme qu'on lui avait fait épouser : il la détermina à se retirer dans un couvent ; puis aussitôt, de son vivant, contrairement aux lois de l'Église, il épousa Théodote *cubiculaire*, c'est-à-dire femme de chambre de l'impératrice ; et il lui donna le titre d'auguste. Irène semblait favoriser tout ce qui pouvait perdre son fils dans l'opinion publique. Elle attirait secrètement dans son propre parti les chefs de corps, et leur distribuait de l'argent. Un vaste complot s'ourdissait pour détrôner Constantin. Cependant on n'osait rien attenter contre lui tant qu'il était entouré de ses troupes, dont il avait regagné la faveur par de nouvelles expéditions militaires, dans lesquelles il avait montré de la résolution et remporté quelques avantages.

Au mois de juin 796, Constantin, trompé par Staurace, qui lui assura que les Sarrazins s'étaient retirés, revint à regret à Constantinople. Il eut la douleur d'y perdre un enfant, dont la naissance l'avait rempli de joie quelques mois auparavant. Il se rendait à sa résidence de Saint-Mamas, quand il se vit entouré d'une troupe de conjurés. Il parvint cependant à se jeter dans une barque, et se disposait à gagner les provinces d'Asie, quand les faux amis dont il était entouré, et qui étaient vendus à sa mère, reçurent de cette artificieuse princesse un message où elle les menaçait de révéler leur complicité à son fils s'ils ne se rendaient pas maîtres de sa personne. Ils se saisissent de lui pendant qu'il était en prières, le ramènent dans le palais de Constantinople ; et là, dans cette même salle de prophyre où il avait reçu le jour, on lui crève les yeux avec tant de barbarie, qu'il faillit succomber à la douleur du supplice. Dans ce temps l'air fut obscurci pendant dix-sept jours, au point que les navires perdaient leur route ; et le chroniqueur Théophane, s'animant dans le récit de ces révolutions dont il fut le témoin, rapporte que tout le monde pensait et disait tout haut que le soleil avait voilé ses rayons à cause de ce forfait d'une mère contre son fils.

Irène s'efforça par son faste, par ses générosités et ses bonnes œuvres, d'éblouir le peuple et de se l'attacher. Le lundi de Pâques qui suivit son avénement, elle se rendit en grande pompe de l'église des Saints-Apôtres au palais, sur un char d'or, traîné par quatre chevaux blancs que conduisaient quatre patrices, et elle répandait à profusion sur son passage les largesses que les empereurs avaient coutume de distribuer au peuple à leur premier consulat. Elle fit remise à Constantinople et à quelques autres villes d'une partie des impôts. Parmi ses nombreuses fondations il en est trois dont on lui sut particulièrement gré : elle construisit sur l'emplacement de l'hippodrome des empereurs, dans l'intérieur du palais, une vaste boulangerie pour l'usage du peuple, fonda un hospice et un lieu de sépulture gratuit, en sorte qu'on disait qu'elle avait pris soin des valides, des malades et des morts. Il faut rendre cette justice aux puissances de Constantinople, et surtout aux femmes, que, même aux plus mauvaises époques, on vit s'élever, en faveur des pauvres, de ces établissements de bienfaisance dont les chrétiens ont eu l'initiative et que l'empereur Julien lui-même était forcé de citer comme exemple aux pontifes païens.

Si l'ambition avait entièrement étouffé dans le cœur d'Irène tout sentiment maternel et tout remords, elle fut punie de son crime dans cet amour du pouvoir, auquel elle avait tout sacrifié. Le légitime héritier du trône ne fut pas plus tôt hors d'état de régner que les prétendants devinrent plus nombreux et plus entreprenants. Staurace et Aétius, les deux eunuques qui se partageaient la faveur de l'impératrice, travaillèrent à assurer le trône à des membres de leur famille, et firent éclater leur haine mutuelle. Les fils de Copronyme essayèrent encore, tout mutilés qu'ils étaient, d'éveiller en leur faveur la pitié du peuple. Irène les fit reléguer à Athènes, dont la population devait lui être dévouée. Un chef des esclavons entreprit de soutenir leur cause; mais cette tentative fut comprimée par de nouveaux supplices.

A la même époque l'ancienne Rome était aussi agitée de séditions. Les parents du pape Adrien attentèrent à la vie de Léon, son successeur, qui échappa non sans peine à leurs embûches, et se réfugia près de Charlemagne. Rétabli sur son siége par ce grand prince, il s'acquitta envers lui en le couronnant empereur des Romains, titre que justifiait non-seulement l'étendue des États de Charles, lesquels embrassaient une grande partie de l'ancien monde romain, mais aussi ses efforts pour tirer l'Occident de la barbarie, rétablir les écoles et faire revivre les lettres latines.

Ce rétablissement de l'empire en faveur de Charlemagne blessait l'orgueil des empereurs de Constantinople. Cependant s'ils avaient compris leurs véritables intérêts ils auraient dû l'accepter avec empressement. Les débris qui leur restaient encore des conquêtes de Justinien en Occident ne servaient qu'à les affaiblir, en divisant les forces dont ils avaient plus que jamais besoin pour défendre leur capitale contre les Sarrazins et les Bulgares. La nationalité grecque, qui avait repris le dessus en Orient, et qui n'était pas moins vivace que l'esprit latin en Italie, s'opposait à l'unité de l'empire. Rome et Constantinople, ces deux cités rivales, ne pouvaient pas longtemps se dresser également fières et menaçantes sur un empire unique, comme dans le fantastique emblème de l'aigle à deux têtes. Cependant l'unité, et surtout l'unité de domination, a tant d'attraits que Charlemagne, aussitôt que le pape eut posé sur sa tête la couronne impériale, pensa, si on en croit les historiens grecs, à réunir l'univers romain sous sa loi en épousant Irène. Selon Théophane, il envoya des ambassadeurs à Constantinople pour faire à l'impératrice cette proposition, qui n'était pas à dédaigner, surtout au milieu des embûches dont elle se voyait entourée. Mais Irène n'était déjà plus assez libre pour accepter. Aétius s'y opposa, pour ménager l'empire à son frère Léon, général en chef de Thrace et de Macédoine. Déjà il avait réussi à écarter Staurace. L'impératrice, avertie des intrigues de Staurace, lui avait défendu de communiquer avec les généraux. Renfermé dans son palais, il tomba malade peu de temps après cette disgrâce, et sur son lit de mort, vomissant le sang à bouillons, il croyait encore aux prédictions des astrologues et de sa petite cour, qui lui assuraient qu'il devait régner. Il excita un soulèvement en Cappadoce, mais il mourut avant d'en recevoir la nouvelle. L'orgueil d'Aétius, qui croyait, après la mort de ce rival, toucher au but de ses efforts, ne connut plus de bornes, et finit par révolter les autres courtisans. Sept patrices revêtus des plus hautes dignités se liguèrent, et élurent entre eux pour empereur le grand Logothète Nicéphore. Irène était malade et retirée dans un palais de plaisance nommé Éleuthère. Les patrices se présentent un soir en son nom au palais de Constantinople, et annoncent aux gardes que, pour se soustraire à la tyrannie de l'eunuque Aétius, l'impératrice a désigné Nicéphore pour empereur. Les portes du palais s'ouvrent pour lui ; il est revêtu des insignes impériaux et proclamé à minuit dans toute la ville. En même temps les conjurés s'emparent de la personne d'Irène, que ses courtisans les plus assidus abandonnent pour venir assister au couronnement du nouveau maître.

Le lendemain Nicéphore se présenta devant Irène avec un respect hypocrite ; il protesta que c'était à regret qu'il s'était vu couronner, et l'assura qu'elle n'avait rien à craindre, pourvu qu'elle lui révélât tous ses trésors. C'était l'objet qui touchait le plus la cupidité du nouveau prince. Irène, dépouillée du pouvoir, conserva sa dignité. Cette femme, mélange singulier d'ambition et de piété, éclairée peut-être par cette leçon, se soumit avec l'apparence de la résignation à ce châtiment mérité, et se retira dans un couvent bâti par elle dans l'île de la Princesse. Quand Nicéphore eut mis la main sur tous ses trésors, craignant que le peuple, qui murmurait de cette usurpation, ne tirât Irène de sa retraite et ne la fît monter encore une fois sur le trône, il la relégua au milieu de l'hiver dans l'île de Lesbos, où elle mourut après quelques mois de captivité. Sa fin, ses bonnes œuvres et le mérite d'avoir rétabli l'orthodoxie ont fait excuser ses crimes à la plupart des historiens grecs, zélateurs des images, qui la nomment toujours *la pieuse Irène d'Athènes*. Ils ne parlent plus de son fils, dernier rejeton de la dynastie isaurienne, qui lui survécut et finit tristement sa vie dans quelque monastère.

CHAPITRE XV.

NICÉPHORE. — MICHEL RHANGABÉ. — LÉON L'ARMÉNIEN. — MICHEL LE BÈGUE. — THÉOPHILE. — MICHEL III.

Les ambassadeurs de Charlemagne étaient encore à Constantinople quand Irène fut renversée du trône, et ils purent rapporter à leur maître tous les détails de cette révolution. Des négociations ne tardèrent pas à se rouvrir pour régler les nouveaux rapports que l'extension des conquêtes de Charlemagne amenait nécessairement entre les deux empires. En effet, après la soumission de la Bavière, en 788, Charles avait tourné ses armes contre les Avares, alliés des Bavarois. Son fils Pépin, roi d'Italie, chargé de continuer cette guerre, avait pénétré jusqu'à la résidence du chagan, où les Francs, au dire d'Éginhard, firent un butin immense. Ces trésors étaient en grande partie le fruit des dépouilles et des tributs de l'empire d'Orient. La puissance des Avares ne se releva plus ; et sur ce point, comme en Italie l'empire des Francs se trouva confiner à celui de Constantinople. La délimitation des frontières devint l'objet de longues discussions et d'ambassades réciproques. Enfin, en 803, un traité, signé dans la ville de Salz, attribua à Charlemagne l'Istrie, la Dalmatie intérieure et l'Esclavonie, bornée par la Save. Nicéphore conserva les îles et les villes maritimes de la Dalmatie, telles que Zara, Trau, Spalatro, Raguse (1) ; ce qui lui assurait la domination de la mer

---

(1) Raguse (Rhaousium), fondée par des réfugiés d'Épidaure et de Salone lors des premières invasions des Slaves, devint la métropole de la Dalmatie, et possédait du temps de Basile le Macédonien une marine assez importante. Dans le démembrement de l'empire d'Orient elle a formé une petite république, sur laquelle on peut consulter entre autres *Jac. Luccari : Annales de Raguse*, Venise, 1601 (en italien); *Maurus orbinus, Il regno degli Stavi*, Pisauri, 1601 ; Engel, *Hist. de la rép. de Raguse* (en allem.), Vienne, 1807 ; et Eusèbe Salverte, *Venise-Raguse*, Paris, 1835.

Adriatique. La possession de Venise fut longtemps disputée entre l'armée du roi d'Italie, qui occupait les possessions de terre ferme des Vénitiens, et la flotte grecque, qui menaçait les îles devenues, depuis le temps d'Attila, d'abord leur refuge, puis le centre de leur puissance naissante. Les Vénitiens changèrent plusieurs fois de parti. Un moment ils s'étaient engagés avec les Français à rompre toute relation avec les Grecs; mais c'eût été la ruine de leur commerce. Enfin les ducs ou doges assurèrent la sécurité et la future indépendance de Venise en consentant à payer au roi d'Italie un léger tribut, en même temps qu'ils semblaient reconnaître la suzeraineté de l'empereur de Constantinople.

Nicéphore, en montant sur le trône, avait eu la prétention de se soustraire aux engagements qu'une femme avait eu, disait-il, la faiblesse de souscrire envers les Sarrasins; mais Aroun lui fit éprouver qu'il n'était pas de force à obtenir des conditions meilleures. Après deux campagnes malheureuses, Nicéphore souscrivit à son tour un tribut annuel de trente mille *nummi*, avec l'humiliante clause de payer en outre au khalife une capitation pour lui-même et pour son fils.

Au dire des historiens du temps, ce tribut, auquel Nicéphore essaya encore de se soustraire, aurait blessé son avarice plus encore que son orgueil. Amasser de l'argent était sa passion dominante; et son pouvoir fut marqué par de nombreuses mesures fiscales, qui indisposèrent contre lui le peuple et l'armée. Dès la seconde année de son règne, les provinces d'Asie se soulevèrent et portèrent à l'empire le patrice Bardane, un des meilleurs généraux de ce temps et dont le désintéressement contrastait avec l'avidité de Nicéphore. Le désir d'éviter la guerre civile et l'effusion du sang engagea Bardane à se soustraire à ses partisans, pour venir s'enfermer dans un monastère fondé par lui. Cependant, au mépris des serments par lesquels l'empereur lui avait assuré sécurité entière, et dont le patriarche s'était porté garant, des sicaires pénétrèrent dans sa retraite et lui crevèrent les yeux. La douleur hypocrite que Nicéphore manifesta de cet attentat ne put écarter de lui les soupçons ni calmer l'indignation publique.

Le peuple supportait avec d'autant plus de peine la honte et les vexations de ce règne, qu'il ne pouvait espérer un meilleur avenir sous Staurace, prince dénué de tous les avantages de l'esprit et du corps, que son père avait associé à l'empire en le mariant à l'Athénienne Théophano, parente de l'ex-impératrice Irène. L'empire ne tarda pas à être délivré de Nicéphore et de son fils, mais au prix d'un épouvantable désastre. Les Bulgares étaient des voisins de plus en plus menaçants. En 809 ils s'étaient emparé de l'importante ville de Sardica; dans une autre incursion, ils avaient enlevé la caisse destinée à la solde des troupes romaines. Nicéphore avait dirigé contre eux plusieurs expéditions infructueuses. Enfin, en 811, ayant rassemblé une nombreuse armée, il pénétra au centre de la Bulgarie, défit Crum, qui y régnait, et s'empara de ses trésors. Le chef des Bulgares, se reconnaissant vaincu, sollicita la paix; mais Nicéphore, exalté de son succès, refusa d'écouter aucune proposition et ordonna d'exterminer les Bulgares. Ceux-ci, poussés au désespoir, se rassemblèrent et fermèrent de tous côtés les défilés des montagnes. Dès que Nicéphore s'aperçut qu'il était enfermé, il passa tout à coup de l'arrogance à la prostration; et son découragement démoralisa toute l'armée. Les Bulgares tombèrent sur le camp romain, et y firent un affreux carnage. Presque tous les généraux, tous les dignitaires qui entouraient l'empereur, périrent avec lui [25 juillet 811]. La tête de Nicéphore resta plusieurs jours exposée au bout d'une perche. Le prince bulgare fit ensuite de son crâne une coupe montée en argent, dans laquelle il se plaisait à boire avec les chefs des Slaves.

Staurace, blessé grièvement près de son père, parvint cependant à se faire jour avec quelques amis, et fut rapporté jusqu'à Constantinople, où il languit encore quelques mois. La prévision de sa fin prochaine faisait fermenter bien des ambitions autour de lui. Les grands officiers portaient à l'empire son beau-frère, le curopalate Michel Rhangabé. D'un autre côté, l'impératrice Théophano, n'ayant pas d'enfant, aspirait à gouverner par elle-même, comme Irène; et l'empereur, voyant approcher sa fin, songeait, dit-on, s'il ne pouvait assurer le trône à sa femme, à rétablir la démocratie.

Cette perspective alarma le sénat, et il est probable en effet que dans cet empire décrépit et plié depuis des siècles au despotisme et à la servilité l'affranchissement eût, comme dit Théophane, mis le comble aux malheurs du temps. Michel, averti que son beau-frère voulait lui faire crever les yeux, se décida à se faire proclamer empereur avec l'assentiment du sénat et du patriarche [oct. 811]. Staurace alla terminer dans un monastère, et sous l'habit de moine, le peu de jours qui lui restaient à vivre. L'ambitieuse Théophano fut aussi forcée d'entrer dans un couvent, et eut le dépit de voir sa belle-sœur Procopia proclamée auguste.

Michel se hâta de couronner aussi son fils Théophylacte, pour lequel il envoya demander une alliance à Charlemagne. Il partit ensuite pour réprimer les incursions des Bulgares, devant lesquels les habitants d'Anchiale, de Berrhée, de Philippopolis, de Philippi et d'autres villes de Thrace avaient abandonné leurs foyers. La victoire paraissait pencher du côté de Michel, quand les troupes romaines prirent subitement la fuite, entraînées, selon quelques historiens, par la trahison du patrice Léon, stratège d'Anatolie. Mais cette accusation paraît peu probable; car ce fut à ce général, dont les talents militaires étaient éprouvés, que Michel, en fuyant vers sa capitale, laissa le soin de réorganiser l'armée. On y imputait la défaite à l'incapacité de l'empereur. Michel ne tarda pas à apprendre que les troupes avaient proclamé Léon; et, renonçant volontiers au rang suprême, auquel ses vertus paisibles le rendaient peu propre, il envoya lui-même les insignes impériaux à son successeur, et revêtit, ainsi que toute sa famille, l'habit monastique, au grand regret de sa femme Procopia, qui aurait voulu tenter le sort des armes [juillet 813].

Léon V l'*Arménien* n'était couronné que depuis six jours, lorsque Crum, ayant laissé à son frère le soin d'assiéger Adrianople, vint à la tête des Bulgares placer son camp devant Constantinople, près du palais de Blaquernes. Les Byzantins le virent, sur le bord de la mer, accomplir les cérémonies sauvages de son culte païen. Il voulait, disait-il, enfoncer sa javeline dans la porte dorée de Constantinople. Cependant l'aspect imposant des remparts, garnis de troupes, l'engagea à faire des ouvertures de paix. Une conférence fut indiquée, durant laquelle des archers, embusqués dans une masure par ordre de Léon, décochèrent plusieurs traits contre le prince bulgare, qui ne dut son salut qu'à la rapidité de son cheval. Justement furieux de cette attaque déloyale, Crum saccagea toutes les églises des faubourgs de Constantinople, ainsi que le palais de Saint-Mamas, d'où il enleva les précieux objets d'art qui le décoraient. Il ravagea aussi toute la Thrace, dont plusieurs places fortes tombèrent entre ses mains. Les malheureux habitants, réfugiés avec leurs troupeaux dans les montagnes, furent poursuivis, massacrés, et leurs enfants furent emmenés en esclavage. Crum revint ensuite à Adrianople, qui fut obligée de se rendre, et il transporta au delà du Danube ses nombreux prisonniers et un butin immense. L'hiver même ne mit pas un terme aux incursions des Bulgares. Au printemps suivant on apprit que Crum s'avançait à la tête d'une armée renforcée d'Avares et de Slaves, et avec un appareil complet de siége, pour prendre Constantinople, dont il avait juré de tirer vengeance. Léon se hâta de faire ajouter de nouveaux travaux de défense du côté de Blaquernes, qui paraissait le point le plus menacé. Heureusement pour les Romains, Crum mourut sur ces entrefaites. Son successeur repoussa toutes les propositions de paix, et continua de s'avancer contre Constantinople; mais deux batailles, où la valeur et les stratagèmes de Léon ramenèrent la victoire du côté des Romains, délivrèrent la Thrace. Léon s'occupa activement de réparer les désastres des provinces et de réformer les nombreux abus de la justice et de l'administration. Il s'efforçait de marcher sur les traces de Léon l'Isaurien, dont les successeurs avaient fait regretter l'autorité ferme et respectée; et, pour rappeler cette dynastie, il fit prendre à son fils Symbatius, en associant au trône, le nom de Constantin, sans doute en l'honneur de Copronyme, dont la mémoire était chère aux soldats et à un parti nombreux. Lors des désastres de Nicéphore en Bulgarie, les portes du tombeau de Constantin Copronyme, soit par hasard, soit par quelque artifice, s'étaient ouvertes avec fracas; on répandait dans le peuple qu'on avait vu son fantôme; et on invoquait son secours contre les ennemis de l'empire comme celui d'un saint. Léon l'Arménien, séduit, assure-t-on, par des prédictions qui lui assuraient un règne long et glorieux s'il adoptait la doctrine des iconomaques, défendit de nouveau le culte des images, après ses succès contre les Bulgares, et exila le patriarche Tarasius et d'autres ecclésiastiques, qui lui résistaient. Les cinq dernières années de ce règne, de 815 à 820, furent marquées par de fréquentes persécutions religieuses, mais par une administration ferme et vigilante, en sorte que le patriarche Tarasius, apprenant dans son exil la mort de Léon, lui rendit ce témoignage, qui n'est pas suspect, que l'État perdait en ce prince, quoique impie, son plus grand protecteur.

Les détails de la révolution qui précipita Léon du trône font ressortir les contrastes de son caractère, et nous font pénétrer dans l'intérieur de ce palais byzantin, où la grossièreté soldatesque se cachait sous un pompeux décorum et les passions les plus violentes sous des pratiques monacales.

Michel d'Amorium, ancien compagnon d'armes de Léon l'Arménien, et qui l'avait en quelque sorte forcé d'accepter la couronne du suffrage des soldats, avait reçu de lui les premières dignités de l'État; mais, intempérant et grossier, il lui arrivait souvent de tenir les propos les plus injurieux sur son ancien camarade devenu son souverain, et il ne respectait pas même les secrets de son intérieur. Léon l'avait averti plusieurs fois d'être plus circonspect, et lui avait donné des missions à l'armée pour l'éloigner de la cour; mais dans les camps ses discours menaçaient d'exciter la rébellion; il le rappela donc, et le faisait surveiller de près. Enfin, la veille de Noël 820, l'empereur, averti par ses espions, entendit de ses oreilles des propos tenus par le patrice Michel, qui ne lui laissèrent aucun doute sur ses projets ambitieux. Arrêté sur-le-champ pour crime de lèse-majesté, Michel est condamné à être brûlé vif. L'exécution allait suivre l'arrêt, et Léon se préparait à repaître ses yeux d'un tel spectacle, lorsque l'impératrice Théodosie accourut tout éperdue, et reprocha vivement à Léon de ne pas s'abstenir de meurtre même à la veille d'un jour si saint et où il devait communier. « Je cède à tes instances, répondit Léon, au dire des historiens, et tu viens d'épargner à mon âme un péché; mais ce sera aux dépens de mes jours. Le soir, Léon, obsédé de noirs pressentiments qu'excitait en lui le souvenir de diverses prédictions, voulut voir son prisonnier, et le trouva paisiblement endormi sur le lit du concierge du palais, couché lui-même à ses pieds. Alarmé de cette familiarité entre le captif et le geôlier, Léon ne put retenir un geste menaçant, et se retira sans bruit, se promettant de ne pas différer le supplice au delà de la solennité. Mais un esclave qui veillait dans un coin de la chambre, et qui avait reconnu les brodequins de pourpre de l'empereur, avertit Michel de ce qui venait de se passer. Celui-ci demande aussitôt son confesseur, et fait prévenir par lui ses amis qu'il les dénoncera comme ses complices s'ils ne se hâtent de le délivrer. Avant l'aube, Léon, selon l'usage des empereurs aux fêtes solennelles, se rendit à la chapelle du palais pour chanter matine. Revêtu de la chappe des chantres, il ne manquait jamais d'entonner avec eux, de toute la force de ses poumons, les hymnes sacrées de l'Église. Les partisans de Michel, cachant des épées sous leurs robes, s'étaient introduits dans la chapelle du palais parmi la troupe des choristes, et aux premiers versets ils s'élancent pour accomplir leur crime. A la lueur douteuse des cierges ils se précipitent d'abord sur le chapelain, dont la tête était recouverte, comme celle de l'empereur, d'un capuchon de feutre; mais, reconnaissant leur erreur, ils se rejettent sur Léon, qui, s'armant d'une lourde croix, se défend vigoureusement. Ni sa résistance désespérée ni ses supplications ne peuvent arrêter la fureur des assassins. L'un d'eux lui abat le poignet, et coupe du même coup une des branches de la croix. Un autre lui tranche la tête dans l'église même, souillée pour la première fois d'un pareil forfait. Les conjurés courent aussitôt au cachot de Michel, et le portent sur le trône, ayant encore à ses pieds les fers dont Léon avait gardé la clef sur lui. Entouré de cette bande d'assassins, Michel se rendit à Sainte-Sophie, où il fut immédiatement proclamé empereur. L'infortunée Théodosie fut renfermée dans un monastère, et ses quatre fils relégués dans les îles de la Propontide pour y prendre l'habit monastique, après avoir été faits eunuques, opération à laquelle un d'eux succomba.

Michel II, surnommé le Bègue, que cette révolution venait de porter en un jour d'un cachot sur le trône, n'avait qu'un mérite incontesté et dont il tirait vanité, c'était de se connaître parfaitement en chevaux et en toute espèce de bétail. Né de parents obscurs, dans la ville d'Amorium de la haute Phrygie, il n'avait reçu d'autre éducation que celle qu'on pouvait acquérir dans cette contrée, dont la religion même était un mélange de judaïsme et de superstitions diverses qui n'avaient de chrétiennes que le nom. Amorium était en partie habitée par des sectaires nommés *Athingani*, dont les tribus étaient à cette époque répandues dans les diverses parties de l'empire, où elles exerçaient surtout le métier de diseurs de bonne aventure. C'est de ces *Athingani* que descendent, selon toute probabilité, les tribus errantes connues aujourd'hui sous les noms de Bohémiens, d'Égyptiens et de *Zingari*. Michel fut recommandé par un de ces Athingani au stratège d'Anatolie, Bardane, comme un homme appelé à de grandes destinées, et il remplit les fonctions de son écuyer avec Léon l'Arménien et un nommé Thomas. Les deux premiers, quand Bardane essaya de parvenir au trône, quittèrent leur maître pour passer du côté de Nicéphore, ce qui avança leur fortune. Nous venons de raconter comment Michel d'Amorium, après avoir poussé Léon à renverser Michel Rhangabé, était enfin arrivé jusqu'au trône sur le corps de son frère d'armes, qui de plus était parrain de son enfant. En apprenant cet avénement d'un homme qu'il avait vu d'assez près pour le mépriser, Thomas, qui était alors comte des fédérés dans l'Anatolie, prit aussitôt les armes pour le combattre. (Tel est du moins, entre plusieurs récits, le plus accrédité.) Quoique parti comme lui des derniers rangs, Thomas était doué des avantages extérieurs qui semblent un attribut nécessaire du pouvoir et dont Michel le Bègue manquait entièrement. A l'exception du thème d'Arménie et de l'obsequium, toutes les provinces orientales se déclarèrent pour Thomas. Une invasion des Sarrasins l'arrêta quelque temps; mais il les repoussa, et, moyennant un tribut et la cession de quelques villes frontières, il s'assura leur concours. La Perse, la Chaldée, l'Égypte, en un mot tous les pays mahométans lui envoyèrent des soldats. Il y joignit une troupe des sectateurs de Manès; et, après s'être fait couronner à Antioche, il s'avança vers la Propontide, à la tête de quatre-vingt mille hommes. Une partie de la marine s'était déclarée pour lui, et transporta son armée sur les côtes de Thrace.

Enflé de ses premiers succès et de la multitude des peuples si divers qui marchaient sous ses ordres, Thomas, qui se comparait à Xerxès, brûlait tout sur son passage, et se présenta en face de Constantinople, dont il croyait que les portes devaient s'ouvrir immédiatement devant lui. Cependant une garnison de troupes aguerries et la confiance des Byzantins dans la protection de la Vierge, dont Michel promena processionnellement la robe sur les remparts, déjouèrent ses espérances. L'inexpérience des troupes de Thomas dans l'art des sièges lui fit perdre en assauts infructueux toute la belle saison. Il alla prendre en Chersonèse ses quartiers d'hiver, et revint au printemps suivant. La Grèce lui envoya encore trois cent cinquante navires, qui pénétrèrent dans le port; mais ils furent en partie détruits, et la guerre se prolongeait sans résultat décisif, quand Mortagon, roi des Bulgares, fit savoir à Michel qu'il se disposait à secourir la capitale. L'empereur, redoutant de tels alliés à l'égal des ennemis, les fit remercier de leur bonne volonté; mais, sans tenir compte de ses refus, les Bulgares, attirés par l'espoir de riches dépouilles, continuèrent à s'avancer.

Thomas leva le siége de Constantinople pour marcher à leur rencontre, et fut défait. Michel, sortant alors, acheva de mettre en déroute l'armée de son adversaire, qu'il força de se jeter dans Adrianople, où il le tint étroitement bloqué. Les habitants, réduits par la famine à la dernière extrémité, achetèrent leur pardon en livrant le rebelle. Michel, à l'exemple de Justinien II, foula aux pieds son ennemi vaincu. Il lui fit couper les pieds et les mains, et on le traîna ainsi tout sanglant par les rues de Constantinople. La ville de Byzès, dans laquelle s'était renfermé Anastase, fils adoptif de Thomas et les autres places qui depuis trois ans avaient embrassé son parti, tombèrent successivement aux mains du vainqueur.

Quand Michel se vit enfin possesseur incontesté de l'empire, il envoya des ambassadeurs à Louis le Débonnaire pour renouveler l'ancienne alliance. Dans cette lettre, qui nous est parvenue, le prince grec donne à Louis les noms de cher et honorable frère, roi glorieux des Français et des Lombards, *et qui est appelé leur empereur*, tour par lequel il évite de reconnaître positivement le titre d'empereur, dont les souverains de Constantinople étaient si jaloux. Il raconte la mort de Léon comme s'il y eût été étranger, s'excuse du retard qu'il a mis à notifier son avénement sur la révolte de Thomas, dont il rapporte pompeusement la défaite; enfin il fait l'apologie de l'opinion qui régnait alors dans l'Église orientale sur le culte des images. Les mêmes ambassadeurs qui étaient venus trouver le monarque français à Rouen étaient aussi chargés d'une missive pour le pape, avec lequel Michel, sans abandonner la doctrine iconomaque, aurait désiré renouer des relations amicales.

Tandis que Michel était assiégé dans Constantinople, et qu'une partie de la flotte grecque venait s'y faire brûler, les corsaires sarrasins avait impunément infesté les côtes de la Grèce. Les Arabes d'Espagne, séparés de la dynastie qui régnait à Bagdad, étaient revenus porter la guerre en Orient contre leurs coreligionnaires et dévastèrent Alexandrie. Quelques-unes de leurs galères abordèrent en Crète, et ceux qui les montaient furent frappés de sa fertilité. Ils en firent de pompeux récits en Andalousie, où la population musulmane vivait avec peine. L'année suivante quarante galères chargées d'aventuriers partirent des côtes d'Espagne et abordèrent en Crète. Ils se répandirent aussitôt dans la campagne; mais quand ils revinrent chargés de butin, ils trouvèrent leurs vaisseaux en flammes. Apochaps ou Abou-Caab, leur émir, y avait mis le feu pour leur ôter toute possibilité de retour. Comme ils faisaient éclater de violentes clameurs : « De quoi vous plaignez-vous ? leur dit l'emir, n'avez-vous pas trouvé une contrée où coule le lait et le miel ? — Mais qui nous rendra, s'écrièrent-ils, nos femmes et nos enfants ? — N'avez-vous pas des captives ? reprit le chef; elles vous donneront d'autres enfants. » Les Arabes eurent bientôt pris leur parti. De leur camp fortifié ils étendirent leurs conquêtes sur l'île entière. Des cent villes qu'Homère attribue à la Crète vingt-neuf étaient encore habitées. Toutes tombèrent au pouvoir des Arabes, à l'exception d'une seule, qu'on croit être Cydonie, qui obtint de conserver le libre exercice de son culte. Le métropolitain de Gortyne, Cyrille, et d'autres martyrs scellèrent de leur sang le témoignage de leur foi. Mais il se trouva, dit-on, un moine qui promit aux Arabes de leur indiquer une position capable d'assurer leur domination. Ils y bâtirent *Chandac* ou *Candie*, qui dans la suite a donné son nom à l'île entière.

Michel, informé de la perte de la Crète, envoya pour la reconquérir une expédition considérable, qui échoua complétement. Une seconde ne fut pas plus heureuse. Les Grecs, après un combat qui avait duré tout le jour, avaient enfin obligé les Arabes à se renfermer dans leur ville, et peut-être auraient-ils pu l'enlever le soir même; mais ils remirent au lendemain, et dans la nuit les assiégés les surprirent et les taillèrent en pièces. Ce n'est que cent trente-sept ans plus tard que Nicéphore Phocas réussit enfin à délivrer pour un temps la Crète de la domination musulmane.

Le règne de Michel fut marqué par d'autres pertes non moins sensibles. La Sicile avait reçu pour gouverneur le chef de la malheureuse expédition de Crète, auquel la faveur tenait lieu de mérite. Un des officiers sous ses ordres enleva une religieuse dont il était épris. Plainte fut portée à l'empereur, que le coupable pouvait se flatter de trouver indulgent. En effet Michel, devenu veuf, avait tiré d'un monastère pour l'épouser Euphrosyne, fille de l'empereur Constantin, de celui qui fut aveuglé par sa mère Irène. Cependant l'empereur ordonna de punir le sujet coupable selon la rigueur des lois en lui coupant le nez. Celui-ci se déroba au châtiment en s'enfuyant chez les Arabes d'Afrique; et il leur promit de leur rendre la Sicile tributaire s'ils voulaient l'en nommer roi. Il revint, en effet, bientôt après, décoré des insignes du pouvoir et suivi de troupes arabes, à la tête desquelles il enleva successivement toutes les villes, à l'exception de Syracuse. Le rebelle se présenta devant cette dernière; mais au moment où il se flattait de recevoir la soumission des habitants, il fut assassiné par un d'eux. Le reste de la Sicile demeura aux mains des Arabes aglabites, qui choisirent Palerme pour capitale. La Calabre fut aussi ravagée par leurs incursions. Naples s'érigea en république, et la Dalmaltie, abandonnée également à elle-même, se déclara indépendante. C'est au milieu de ce triste état de choses que Michel le Bègue mourut, le 1er octobre 829, après huit ans et neuf mois de règne, et qu'il transmit la couronne à son fils.

Théophile, qui était associé depuis 821 à l'empire, avait âge d'homme quand il prit en main les rênes de l'État. Il chercha surtout à acquérir une réputation de justice; et, pour en donner un exemple éclatant, selon lui, à la première réunion du sénat il annonça l'intention de traiter selon leur mérite ceux qui avaient concouru à l'avénement de son père. Tous s'empressèrent de se faire connaître, et Théophile les livra au préfet pour être punis comme meurtriers et profanateurs d'un lieu saint. Ce piége tendu aux séides de son père, au moment même où il recueillait le fruit de leur crime, ne donnerait pas une haute idée de la droiture de Théophile. On loue plus justement le soin qu'il mettait à écouter et à juger lui-même toutes les plaintes de ses sujets, en se rendant chaque semaine au palais de Blaquernes pour faire ses dévotions à la Vierge. Il s'informait aussi du prix des denrées, veillant à ce qu'elles fussent toujours abondantes et à bon marché. Grâce à ses soins le peuple de Constantinople vécut dans l'aisance durant tout son règne. On raconte qu'un jour il remarqua de son balcon un superbe navire qui abordait à Constantinople, et apprit qu'il appartenait à l'impératrice. A sa première sortie il se rendit au port; et, après avoir demandé aux personnes qui se trouvaient là si quelqu'un avait besoin des denrées dont le navire était chargé : sur leur réponse que sous son règne on ne manquait de rien, il ordonna d'y mettre le feu, en s'écriant: « Dieu m'a fait empereur; mais l'impératrice, ma femme, voudrait, à ce qu'il paraît, faire de moi un traficant. Vit-on jamais empereur ou impératrice de Rome s'adonner au commerce. » Il fit à ce sujet de vifs reproches à l'impératrice. Sur le mariage de ce prince les historiens byzantins rapportent l'anecdote suivante, où il faut moins chercher la vérité qu'un échantillon du goût des chroniqueurs du temps. Selon eux, l'impératrice Euphrosyne, mère (c'est belle-mère qu'ils auraient dû dire) de Théophile, rassembla de toutes les parties de l'empire les jeunes filles les plus remarquables, et remit au prince une pomme d'or pour qu'il l'offrît à celle qu'il choisirait pour épouse. Théophile fut frappé des charmes d'Icasie; et, s'approchant d'elle, il ne trouva rien de plus galant à lui dire que : « Tous les maux sont venus d'une femme. » « Une femme aussi, répondit en rougissant Icasie, est devenue la source de tout bien. » Théophile, qui redoutait apparemment une femme trop spirituelle, passa, et remit la pomme à Théodora, fille d'un commandant de la Paphlagonie. Icasie, qui venait d'entrevoir et de perdre la couronne, se retira dans un monastère qu'elle fonda, et devint célèbre par ses écrits religieux et les cantiques qu'elle composa.

L'impératrice Théodora avait été élevée dans le culte des images, et continuait à les honorer en secret. Elle faillit un jour être trahie par son nain, qui parla devant l'empereur des belles images de l'impératrice. Mais celle-ci se défendit en disant que c'était probablement quelque miroir que le nain avait pris pour un tableau. Une autre fois, l'empereur apprit avec grande colère de la bouche d'une de ses filles que leur aïeule, après leur avoir donné des friandises, leur faisait baiser des images que la pauvre enfant, dans sa naïveté, nommait des poupées (νίνια). Théophile était un adversaire des images beaucoup plus ardent que son père. Michel le Bègue, dans le commencement de son règne, avait annoncé l'intention de laisser à chacun la liberté de suivre ses opinions. Mais dans la suite il ne se montra pas toujours si tolérant; et quant à Théophile, il employa l'exil et même les supplices contre les ecclésiastiques récalcitrants à sa doctrine. Non content de faire partout détruire les images sacrées, il s'attaquait même aux peintres, jusqu'à faire brûler avec des plaques rougies les mains du moine Lazare, qui s'était acquis de la réputation par ses tableaux de religion.

Théophile était loin cependant d'être un ennemi des arts. Constantinople lui dut plusieurs édifices somptueux, entre autres le palais de Bryas, construit à l'imitation des édifices sarrazins de Bagdad. Il aimait particulièrement les travaux d'orfévrerie, et en fit exécuter un grand nombre, ainsi que des orgues en or enrichies de pierreries. Les écrivains du temps vantent surtout un platane d'or sur les branches duquel des oiseaux de toute espèce chantaient au moyen d'un mécanisme caché et des lions d'or qui rugissaient. On attribue la confection de ces merveilles au philosophe Léon, astronome, auquel les contemporains prodiguent les plus grands éloges, mais dont il ne nous est rien parvenu qui permette d'apprécier le mérite réel. Un de ses disciples, prisonnier des Sarrasins, étonna, à ce qu'on rapporte, le khalife de Bagdad Al-Mamoun par l'étendue de ses connaissances; et lorsqu'il ajouta qu'il n'était qu'un écolier, et que son maître Léon vivait obscur à Constantinople, le khalife conçut le plus vif désir de connaître cet homme extraordinaire. Il écrivit à l'empereur Théophile pour le supplier de lui céder ce trésor. Mais l'empereur, après avoir fait rechercher Léon, ne voulut pas lui permettre de s'éloigner, et il rétablit en sa faveur une école dans le Palais de Magnaure. Théophile favorisa un commencement de retour à l'étude ; mais son esprit curieux, privé de lumières véritables, s'attachait de préférence aux sciences occultes. Il tira d'une fosse, où il l'avait fait jeter pour ses opinions religieuses, Méthodius, qui seul, lui dit-on, était capable de résoudre les problèmes qui l'occupaient. Aussi, quoique toujours en querelle avec lui sur la question des images, ne pouvait-il plus se passer de sa société. Théophile éleva à la dignité de patriarche de Constantinople Jean, surnommé Lécanomante (ou le sorcier), qui avait été son précepteur, et qui lui fut souvent utile dans les ambassades vers le khalife. Mais le patriarche fut pour beaucoup dans les persécutions que les adorateurs des images eurent à souffrir : aussi n'ont-ils pas manqué de lui attribuer toutes sortes de méfaits. Longtemps après sa mort on montrait près de Constantinople un petit dôme qui lui avait servi de laboratoire, et dont les passants s'écartaient dans la crainte des démons qu'il avait, assurait-on, coutume d'évoquer en ce lieu.

Les douze années du règne de Théophile furent peu fécondes en événements remarquables. Il y eut une expédition en Sicile, dans laquelle Alexis Mouselé acquit de la réputation. L'Asie fut, comme d'habitude, le théâtre des incursions des Sarrasins. Théophile les combattit plusieurs fois en personne, avec des alternatives de revers et de succès. Il dut ses plus grands avantages à un corps de Persans émigrés, dont il s'attacha le chef, nommé Théophobe, en lui donnant sa sœur en mariage.

Dans une de ses expéditions en Asie, Théophile, ayant pris les Sarrasins au dépourvu, s'avança dans la Syrie, pénétra jusqu'à l'Euphrate, prit Samosate, et assiégea Sozopétra. Le khalife Motassem, qui était né dans cette ville, envoya prier Théophile de l'épargner, offrant d'abandonner en échange une province entière ; il l'avertissait en même temps qu'il pourrait le faire repentir des succès dus à une surprise. L'empereur, sans tenir aucun compte de ces offres et de ces menaces, prit et saccagea Sozopétra, ramena de nombreux prisonniers à Constantinople, et célébra son triomphe par des jeux du cirque. Cependant le khalife rassemblait des troupes de toutes les parties de son vaste empire pour se venger par la destruction d'Amorium, patrie de Michel, père de l'empereur. Celui-ci accourut avec ses meilleurs généraux, Manuel et Théophobe, mais il fut vaincu par le fils du khalife. On pouvait espérer encore qu'Amorium, mise en bon état de défense et où quelques-uns des officiers distingués de l'armée s'étaient enfermés, pourrait résister; mais elle fut livrée par un traître qui se fit musulman. Quant aux braves officiers qu'il avait livrés, ils préférèrent, malgré les offres les plus séduisantes, la mort à l'apostasie. Théophile fit d'inutiles démarches pour racheter quelques-uns des captifs d'Amorium; le khalife assouvit sur eux sa vengeance. L'empereur, vivement affecté d'un malheur qu'il se reprochait d'avoir attiré, tomba gravement malade. Il envoya un ambassadeur au roi de France pour l'engager à faire une diversion en sa faveur en attaquant le khalife dans ses possessions d'Afrique; mais l'ambassadeur mourut avant d'avoir accompli sa mission.

Théophile, sentant approcher sa fin, réunit les sénateurs autour de son lit de mort, et leur recommanda en termes touchants son fils Michel, âgé de trois ans, dont il confia la tutelle à sa mère, au général Manuel, à l'eunuque Théoctiste et au patrice Bardas, oncle maternel du jeune prince. Théophile redoutait surtout que les Perses de son armée, dont le nombre s'était accru jusqu'à trente mille, et dont la fidélité lui avait donné déjà des inquiétudes, ne proclamassent empereur leur chef Théophobe, qui passait pour issu des anciens rois de Perse. Il donna des ordres pour qu'on s'emparât de sa personne. On dit même qu'il se fit apporter la tête de Théophobe, et rouvrit ses yeux presque éteints pour considérer son rival, qu'il allait bientôt rejoindre. D'autres versions coururent sur la disparition mystérieuse de Théophobe; et les Perses, qu'on avait eu la précaution de disperser dans les divers thèmes de l'empire, restèrent longtemps persuadés que leur prince n'était pas mort, et qu'il reparaîtrait.

L'impératrice Théodora était aussi zélée pour le culte des images que Théophile s'était montré ardent à les proscrire. En vain l'empereur, soit par attachement à ses opinions, soit par crainte d'une révolution, lui avait fait promettre de ne point changer les lois en vigueur et de maintenir le patriarche Jean. Son premier soin fut de réunir les ecclésiastiques partisans des images. Le patriarche fut déposé et les iconoclastes condamnés dans un concile tenu à Constantinople au mois de février 842, un mois après la mort de Théophile. Cependant Théodora s'affligeait de l'idée que son mari, qu'elle avait sincèrement aimé, serait enveloppé dans les anathèmes prononcés contre les iconoclastes. A un dîner où elle avait réuni plusieurs des ecclésiastiques qui avaient souffert sous le règne précédent, ses yeux s'attachèrent sur Théophane, qui portait inscrits sur son front des vers dont Théophile l'avait stigmatisé; et comme elle lui témoignait son regret de ne pouvoir effacer ces traces de la persécution, « Non, non! s'écria le fougueux moine, j'ai juré à votre mari que je les lui ferais lire devant le tribunal de Dieu, et je lui tiendrai parole. » L'impératrice, fondant en larmes, fit un appel à l'esprit de charité. Elle assura que Théophile, à ses derniers moments, avait témoigné du repentir, et qu'il avait baisé une image qu'elle lui présentait. Des prières publiques eurent lieu pour le repos de l'empereur, et on fit espérer à Théodora que si le premier homme avait perdu le paradis par la faute de sa femme, Théophile y serait admis par les mérites de la sienne.

Les Sarrasins, pensant que le règne d'un enfant et d'une femme était une occasion favorable pour porter un grand coup à l'empire grec, armèrent une flotte considérable; mais les éléments préservèrent Constantinople en dispersant les vaisseaux des musulmans. Théodora voulut leur montrer qu'elle ne redoutait pas la guerre, et envoya en Crète une expédition que malheureusement l'imprudence de Théoctiste, qui la commandait, fit échouer. Le même général, à la tête de forces encore plus considérables, alla combattre le khalife en Asie, et fut complétement défait. Il fallut recourir aux négociations pour obtenir la paix.

Dans les dernières années du règne

de Théophile, les Slaves du Péloponnèse s'étaient soustraits à l'autorité impériale, et répandaient la dévastation dans toute la province. Par ordre de Théodora, le protospathaire Théoctiste Bryenne, à la tête des contingents de la Thrace et de la Macédoine, les combattit, et parvint à les réduire, à l'exception des deux tribus des Milinges et des Ézérites, qui sollicitèrent et obtinrent de se maintenir sur le Taygète ou Pentédactylos, qu'elles occupaient, en payant à l'empereur une taxe annuelle de trois cent soixante pièces d'or. Ces Esclavons, qu'il ne faut pas confondre, dit Constantin Porphyrogénète, avec leurs voisins les Maïnotes, qui sont d'origine hellénique, tentèrent, sous un des règnes suivants, de se soustraire à l'autorité du stratége du Péloponnèse, qui les punit en doublant leur tribut. Cet exemple montre le peu de fondement du paradoxe que nous avons combattu plus haut, et qui tendait à faire passer les Grecs actuels pour les descendants des Slaves.

Durant la minorité de Michel les Bulgares menacèrent de renouveler la guerre; mais non-seulement Théodora prévint une rupture, elle obtint un résultat plus durable : la conversion de ce peuple au christianisme. Une sœur de Bogoris, chef des Bulgares, amenée captive à Constantinople dans son enfance, y avait été élevée dans la religion chrétienne. Rendue à son frère en échange de quelques prisonniers romains, elle le pressa d'adopter le christianisme, dont il avait déjà reçu quelques notions. On dit qu'une circonstance singulière acheva de le determiner. Bogoris avait demandé à Constantinople un peintre pour décorer un palais qu'il venait de construire. On lui envoya le moine Methodius. Bogoris lui commanda de peindre un sujet terrible, sans entrer dans plus de détails, mais ayant sans doute dans la pensée des scènes de guerre et de chasse; le peintre représenta le jugement dernier. Ce tableau et les explications que Methodius y joignit firent tant d'impression sur le prince barbare, qu'il demanda à devenir chrétien. Un évêque fut envoyé de Constantinople, et le baptisa sous le nom de Michel. Cette conversion excita d'abord un soulèvement parmi les païens; mais Bogoris les ramena promptement à l'obéissance, et ils se décidèrent à suivre l'exemple de leur souverain. Saint Cyrille, qui avait déjà porté la foi parmi les Chazares et les Moraves, continua son apostolat chez les Bulgares. C'est Cyrille qui introduisit chez les Slaves un alphabet en partie tiré du grec, et qu'on désigne encore par son nom. Bogoris, devenu l'allié de l'empire, sollicita et obtint la concession d'un canton alors à peu près désert qui s'étendait entre la frontière et la ville de Develton, et qui prit le nom de Zagora.

Le succès des missions apostoliques chez les Slaves encouragea Théodora à tenter la conversion des Pauliciens ou Manichéens répandus dans les provinces d'Asie. Mais ses agents, ayant rencontré de leur part une résistance insurmontable, recoururent à la violence et les firent périr par milliers. Cette persécution cruelle et impolitique amena un soulèvement général de ces sectaires, qui se réfugièrent près de l'émir de Mélitène, et devinrent ses auxiliaires les plus dangereux pour les Romains dans les guerres subséquentes. Ils fondèrent plusieurs villes, entre autres celles de Téphrique, qui devint un repaire de brigands, toujours prêts à envahir les provinces voisines.

Michel avait à peine atteint l'adolescence qu'il manifesta les plus honteux penchants au libertinage et à la débauche, qui a fait accolera son nom dans l'*Histoire byzantine* l'ignoble épithète d'*ivrogne*. Ses tuteurs, ambitieux, s'appliquaient moins à réprimer ses vices qu'à en profiter pour conserver le maniement des affaires, tandis que le jeune prince, entouré de bouffons, passait son temps à la chasse, en orgies et en travestissements, dans lesquels il se jouait même de la religion. Il alla jusqu'à courir les rues vêtu en métropolitain, à la suite du plus effronté de la bande dont ils avaient fait leur patriarche, à insulter les processions et à parodier les mystères saints. Théodora avait marié son fils fort jeune à Eudocie, fille de Décapolite, pour l'arracher aux séductions d'une autre Eudocie, fille d'Inger; mais il n'en continua pas moins d'entretenir avec celle-ci des relations coupables.

Bientôt les rivalités d'ambition vinrent mêler du sang à cette fange. Bardas, le frère de Théodora, éloigné d'abord du conseil, trouva moyen de faire écarter le général Manuel par Théoctiste, maître des offices et logothète, qui avait le plus d'influence sur l'impératrice. Il se servit ensuite du précepteur de Michel, homme pervers, pour perdre Théoctiste, en persuadant au jeune prince que le logothète et sa mère elle-même avaient dessein de lui enlever la couronne. La mort de Théoctiste fut résolue, et Michel donna le signal aux meurtriers. Théodora, en apprenant l'assassinat du premier ministre, accourut échevelée, et accabla son fils et son frère des plus sanglants reproches. Elle comprit le péril qui la menaçait elle-même ; mais, trop vertueuse pour disputer le pouvoir par les mêmes armes que ses ennemis, elle prit le parti de se retirer dans un monastère ; seulement elle convoqua auparavant le sénat, afin de faire connaître la situation dans laquelle elle laissait le trésor. Il renfermait plus de mille *centeniers* d'or et de trois mille *centeniers* d'argent. Au bout de onze ans de règne, Michel, ainsi que sa mère l'avait prévu, non-seulement avait dissipé ces sommes immenses, fruit des épargnes de Théophile et de Théodora, mais il avait fait fondre une partie des chefs-d'œuvre d'orfévrerie que nous avons cités plus haut, et il se disposait à faire jeter au creuset tous les tissus d'or de la garde-robe impériale. Son successeur ne trouva dans les coffres que trois *centeniers* d'or à son avénement.

Ces ressources d'un empire menacé de toutes parts, Michel les dépensait de la façon la plus inepte. Ainsi il avait la manie de tenir sur les fonts de baptême les enfants des cochers de l'Hippodrome ; et dans ces occasions quarante livres d'or était le moins dont il les gratifiât. Les jeux du cirque, dans lequel il descendait lui-même, étaient pour lui la seule affaire sérieuse. Un jour, au moment où, revêtu de la livrée des bleus, il allait entrer en lice, le protonotaire vint lui présenter des lettres qui annonçaient que l'émir de Mélitène avait fait irruption et s'avançait en brûlant tout sur son passage. « Comment, s'écria Michel avec emportement, viens-tu me troubler pour une pareille chose dans un moment si important, où il faut que je donne toute mon attention à ne pas laisser prendre la droite ? » Une autre fois, à la veille des courses, le phare du palais annonça une invasion des Sarrasins ; et on assure que Michel, pour n'être plus troublé dans ses plaisirs, fit détruire ces signaux élevés par la prévoyance de ses prédécesseurs.

Des fanaux, allumés sur une ligne de points culminants depuis le fort de Loulé près de Tarse à la frontière, faisaient connaître instantanément jusqu'à la capitale tous les mouvements des ennemis. La prise de Troie fut, au dire des Grecs, annoncée dans Argos par des feux allumés sur les hautes montagnes. Polybe indique divers systèmes de télégraphie à l'aide de fanaux. Ceux de Constantinople avaient, dit-on, été perfectionnés sous le règne de Théophile par le philosophe Léon. Aux deux extrémités de cette ligne de signaux il avait fait placer deux horloges semblables, et à chacune des douze heures répondait une phrase telle que : *Les Sarrasins font des préparatifs de guerre ;* ou : *L'ennemi vient de franchir la frontière.* En sorte que lorsqu'une de ces circonstances se présentait on en était averti, d'après l'heure à laquelle les fanaux étaient allumés.

Un prince comme Michel ne demandait qu'à être déchargé des affaires de l'État. Bardas, revêtu du titre de César, en prit la direction après la retraite de Théodora. Les lettres durent à sa protection d'utiles encouragements. Il établit une école pour l'enseignement gratuit de la philosophie, de la géométrie, de l'astronomie et de la grammaire. Il ranima aussi l'étude du droit ; ce qui permit aux successeurs de Michel d'accomplir le grand travail des *Basiliques*. C'est Bardas qui appela au siége patriarcal de Constantinople le célèbre Photius, dont l'élection irrégulière et les opinions religieuses amenèrent bien des troubles et consommèrent la séparation de l'Église d'Orient et du saint-siége, mais dont la science dans les lettres sacrées et profanes est admirée de ses plus ardents adversaires. Quelques-uns de ses contemporains assurent que, pour arriver à posséder dans sa mémoire toute l'antiquité hellénique, Photius avait fait dans sa jeunesse un pacte avec le diable. Il faut convenir que l'immensité des lectures dont il a déposé le fruit dans son *Myriobiblon*, et surtout la rectitude de ses appréciations, qui contrastent avec l'ignorance et le mauvais goût de son siècle, tiennent du prodige. Ce livre nous fait connaître les trésors littéraires qui subsistaient encore à la fin du neuvième siècle, et permet de mesurer l'étendue des pertes qu'ont amenées les âges suivants.

Au titre de protecteur des lettres Bardas ambitionnait de joindre la gloire militaire. Une invasion de Russes ou *Ros*, qui pour la première fois parurent, en 864, sous les murs de Constantinople, ne lui avait pas fourni l'occasion de se signaler; car une tempête, attribuée à l'intervention de la Vierge, dont on trempa le voile dans la mer, avait dispersé leurs barques. Il résolut de faire une expédition contre la Crète, et partit pour l'Asie, emmenant avec lui l'empereur Michel. Le peu de compte qu'on paraissait tenir dans le camp de la personne de l'empereur irrita celui-ci; et il résolut de se défaire de Bardas, comme lui-même quelques années auparavant avait fait périr le grand logothète. Plusieurs des courtisans s'empressèrent d'entrer dans le complot; mais ils reculaient devant l'exécution, redoutant les nombreux partisans du César et la présence de son fils, commandant des gardes de l'empereur. Cependant, il y avait un homme plus intéressé que personne à la mort de Bardas, et qu'aucune crainte n'était capable d'arrêter. D'un coup d'épée il étendit le César sans vie aux pieds de l'empereur, qui fut renversé dans sa chute et faillit être atteint dans la mêlée. Cet homme était Basile le Macédonien, qu'un second meurtre rendit bientôt maître du trône.

Basile était né à Adrianople, de parents obscurs (ce qui n'empêcha pas de lui forger dans la suite une généalogie, d'après laquelle il descendait par son père des Arsacides et remontait par sa mère au grand Constantin et même à Alexandre). Prisonnier dans son enfance chez les Bulgares, il arriva à Constantinople sans argent et sans appui, mais robuste et plein d'audace, et passa sa première nuit couché sous le porche d'une église. Chaque pas de Basile, à en croire les historiens de son règne (en tête desquels se place son petit-fils l'empereur Constantin Porphyrogénète), aurait été marqué par des signes précurseurs de sa grandeur future. En élaguant tous ces récits merveilleux, nous le voyons entrer comme écuyer au service d'un parent de l'empereur, se signaler en terrassant un lutteur bulgare, enfin attirer les regards de Michel en domptant un cheval fougueux. Placé à la tête des écuries impériales, comme *protostrator*, Basile ne pouvait manquer d'entrer très avant dans la faveur d'un prince passionné pour la chasse et les exercices équestres. Un jour, par son adresse, il sauva la vie de l'empereur, mais il ne tarda pas à s'établir entre eux un lien moins honorable; et ce fut Bardas qui, bien involontairement, lui ouvrit l'accès du pouvoir. Toujours jaloux, le César avait fait bannir le grand chambellan Damien, qui lui portait ombrage. Mais il apprit bientôt avec effroi que le renard était remplacé par un lion. Michel avait appelé son grand écuyer à ces fonctions intimes qui le plaçaient à côté de la chambre impériale (παρακοιμώμενος), et, par un pacte infâme, qui montre que Basile ne reculait devant aucun moyen pour parvenir, l'empereur le fit divorcer pour épouser sa propre maîtresse, Ingérine, à laquelle il voulait ainsi donner un rang à la cour. Ce fut alors entre Bardas et Basile une lutte sourde et terrible, où le premier finit par succomber.

Après l'assassinat du César, Michel licencia l'armée, et revint à Constantinople; il fit publier que Basile l'avait délivré des embûches du César, et, pour l'en récompenser, il partagea son trône avec lui, en le couronnant empereur [26 mai 866]. De ce moment, Basile, laissant à son collègue les jeux du cirque et ses honteuses orgies, s'appliqua sérieusement à gouverner l'empire; mais les rivaux, que sa rapide élévation excitaient contre lui, épiaient l'occasion de le perdre. L'entreprise semblait d'autant plus facile, que Michel, dans ses moments d'ivresse, était toujours prêt à donner les ordres les plus sanguinaires ou les plus extravagants.

Un soir, dans un banquet à l'issue d'une course où Michel, comme toujours, avait remporté la victoire, il lui prit fantaisie de faire revêtir des insignes impériaux un de ses indignes convives pour prix de quelques flatteries. Celui-ci s'y refusait d'abord en regardant Basile, qui était du souper ainsi qu'Ingérine. En vain, elle supplia l'empereur de ne pas avilir la dignité impériale. « Mais vois donc, s'écria Michel en regardant Basile, si les brodequins de pourpre ne lui vont pas mieux qu'à toi. Est-ce que je n'ai pas bien le droit de le faire empereur? Demain je le fais proclamer dans le sénat! Basile, violemment agité, se lève de table, passe dans la chambre impériale, dont il force les serrures, et s'éloigne. Cependant le souper se prolonge; enfin Michel se retire appuyé sur sa nouvelle créature, et va se jeter sur son lit. A ce moment Basile revient, accompagné de quelques compagnons armés. Ils pénètrent dans la chambre de l'empereur, qui tombe sous leurs coups, ainsi qu'un domestique qui cherche à le défendre et le malheureux auquel il avait promis la pourpre. Cependant le silence continuait à régner dans le château de Saint-Mamas, où cette scène se passait. Basile se rend la même nuit au palais impérial de Byzance, dans lequel il pénètre en enfonçant une porte. Au point du jour, une barque emportait à Chrysopolis le corps sanglant de Michel, sur lequel sa mère et ses sœurs vinrent seules pleurer; et Constantinople apprit à son réveil que Basile le Macédonien était son empereur.

CHAPITRE XVI.

DYNASTIE MACÉDONIENNE. — BASILIQUES. — ÉTAT DES SCIENCES ET DES LETTRES SOUS CONSTANTIN PORPHYROGÉNÈTE.

Basile le Macédonien, après le meurtre de son collègue, régna dix-neuf ans, et transmit à ses fils et à ses petits-enfants l'empire, raffermi par ses expéditions militaires et surtout par ses institutions. A l'opposé de ce qui se voit trop souvent, où des princes démentent sur le trône les espérances que les peuples avaient conçues d'avance, il fit oublier par l'éclat de son règne les moyens auxquels il avait dû son élévation. Cette forte nature de paysan macédonien, quelque temps égarée au milieu des intrigues d'une cour corrompue, avait conservé cependant des sentiments de dignité, de justice et d'amour du peuple. Il s'appliqua à faire cesser des abus qu'il avait vus de près et dont il avait souvent gémi. Il fit rentrer dans les coffres de l'État trois cents livres d'or, en exigeant de ceux qui avaient indûment reçu de Michel des gratifications insensées d'en rapporter la moitié; ce que chacun s'empressa de faire, s'estimant heureux de ne pas tout perdre. Les fonctions publiques cessèrent d'être vénales. Les juges reçurent des honoraires qui les mettaient à l'abri de la corruption. La justice fut entourée de tout ce qui pouvait la rendre respectable. Basile, pour faire cesser la confusion que des novelles successives avaient introduite dans la législation de Justinien, conçut et prépara la grande codification du droit byzantin, rédigée en entier en langue grecque, et qui fut accomplie par son successeur. Lui-même en publia en attendant un résumé manuel (πρόχειρος νόμος).

L'empereur assistait souvent en personne aux séances des tribunaux, particulièrement de celui où se décidaient les réclamations contre le fisc, et il protégeait les contribuables contre les exactions des traitants. Un jour, ne trouvant personne à l'audience, il fit rechercher si les percepteurs ne tenaient pas par hasard éloignées par quelque manœuvre les parties lésées, et il versa, dit-on, des larmes de joie quand il se fut assuré que, grâce à l'ordre rétabli dans les finances, chacun acquittait sans réclamation les impôts. Par une innovation qui n'a pas depuis trouvé d'imitateurs, il voulut que des aliments fussent assignés aux plaideurs indigents, pour que le manque de ressource ne les privât pas de défendre leurs droits contre des adversaires opulents.

Un des premiers soins de Basile en montant sur le trône fut de rétablir la discipline de l'Église. Mais il n'était pas facile de revenir sur les abus commis à une autre époque sans exciter de nouveaux troubles. Sous le règne précédent le César Bardas, pour se délivrer du patriarche Ignace, qui lui avait refusé la communion en lui reprochant les désordres de sa conduite, avait appelé au trône patriarcal le savant Photius, alors

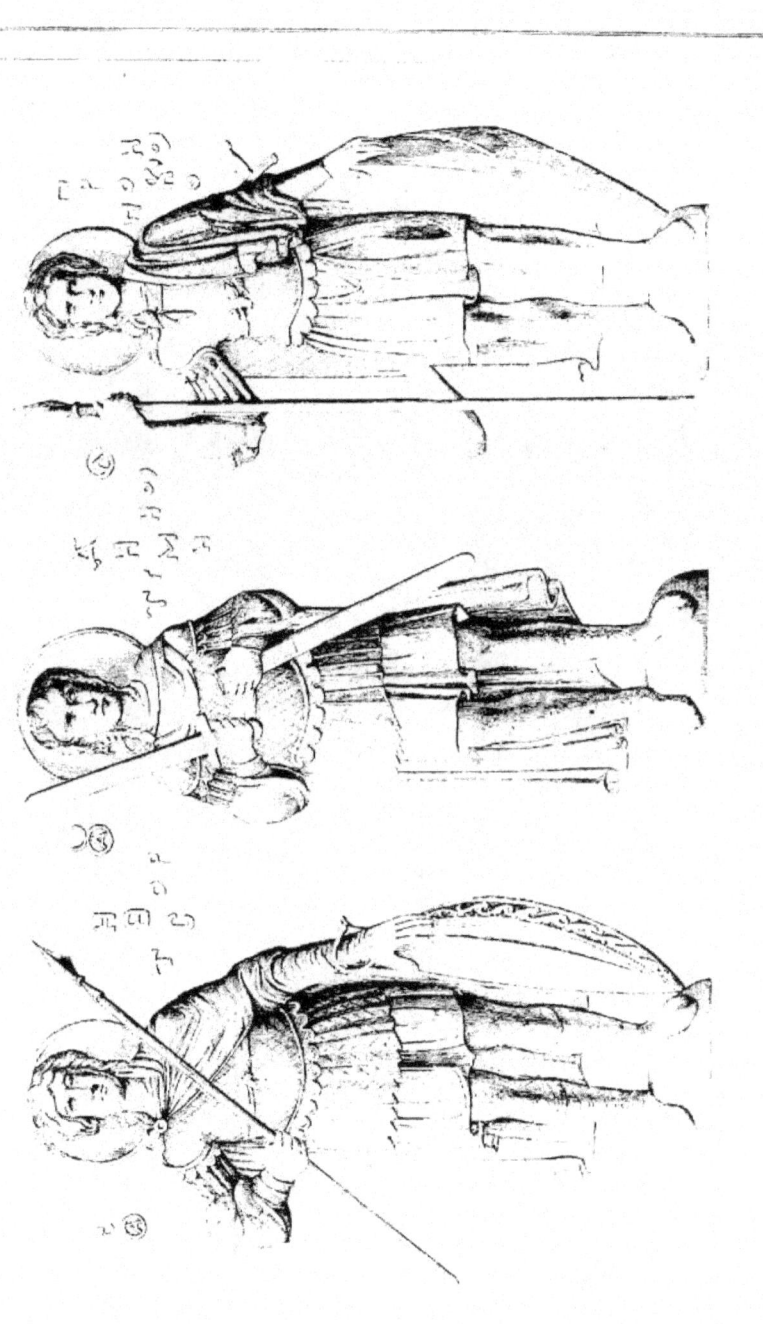

Tombeau de la Princesse Marthe Cantacuzène, à Macumbru.

simple laïque et secrétaire de l'empereur. Les persécutions et les plus cruels sévices furent vainement employés pour arracher à Ignace un acte de renonciation. Alors un nombreux synode, docile aux influences du pouvoir, prononça la déposition d'Ignace et l'intronisation de Photius. Les légats du saint-siége, circonvenus de toutes les manières, prêtèrent les mains à cet acte d'iniquité, malgré les instructions du pape Nicolas. Celui-ci, informé des violences et des subterfuges dont on avait usé, refusa de reconnaître un autre patriarche qu'Ignace, et excommunia Photius et ses adhérents. Cependant cet adroit courtisan, fort de la protection de l'empereur Michel, dont il tolérait tous les excès, se maintint sur son siége, et trouva même moyen de supprimer ou de falsifier les actes de ses adversaires.

Basile, à son avénement, soit déférence pour le saint-siége, soit, comme on l'a dit, parce que Photius lui avait reproché le meurtre de Michel, voulut rétablir Ignace ; mais il fallait en même temps renverser les nombreux prélats ordonnés par Photius et qui se trouvaient enveloppés dans son excommunication. Des légats du pape vinrent à Constantinople, où se réunit un concile qui est désigné comme le huitième œcuménique [5 octobre 869 — 28 février 870]. La majorité se rangea du parti de l'empereur et du pape ; Photius fut déposé. Mais au milieu même des protestations de soumission de l'Église d'Orient à la suprématie du siége apostolique, la rivalité qu'elle avait toujours nourrie s'aigrit par le ton d'autorité hautaine que le pape affecta dans cette circonstance. A ce moment s'éleva la question de savoir si les Bulgares nouvellement convertis au christianisme devaient relever de l'Église de Rome ou de celle de Constantinople. Le concile décida en faveur de cette dernière, malgré les protestations des légats. Ignace lui-même, qui devait son rétablissement à la cour de Rome, résista à quelques-unes de ses prétentions. En un mot, ce concile, qui devait sceller l'union des deux Églises, prépara peut-être la rupture qui fut consommée dix ans plus tard par la réintégration de Photius.

Le rétablissement des finances permit à Basile de remplir les vides que le défaut de solde avait amenés dans les cadres de l'armée. Il rappela beaucoup d'anciens soldats, et força les Sarrasins et les Pauliciens de Téphrique à rentrer dans leurs limites. Lui-même franchit l'Euphrate à la tête de ses troupes, s'avança jusqu'aux murs de Mélitène, et rapporta de riches dépouilles à Constantinople.

Polychir, chef de Téphrique, qui avait souvent porté la désolation dans les provinces romaines, fut défait et tué l'année suivante. Basile remporta de nouveaux avantages sur les Sarrasins, dans une expédition qu'il dirigea en personne et dans laquelle il était accompagné de son fils Constantin.

Dès la seconde année de son règne, Basile avait associé à l'empire ses deux fils aînés, Constantin, fils de sa première femme, et Léon, fils d'Eudoxie Ingérine, qui passe dans l'opinion de quelques chroniqueurs pour fils de Michel. L'année suivante il revêtit également de la pourpre son troisième fils, Alexandre. Quant au quatrième, il le destinait aux dignités ecclésiastiques, et il devint en effet dans la suite patriarche de Constantinople. Basile avait en outre quatre filles, qui furent vouées par lui à la vie du cloître. En 879 il perdit son fils Constantin ; et dans l'excès de sa douleur il s'adressa à un moine nommé Santabarène, dont on vantait les facultés surnaturelles, et qui promit à l'empereur de lui faire revoir le fils qu'il pleurait. A quelques jours de là, au détour d'un bois, Basile vit accourir à lui un cavalier vêtu d'or, et crut embrasser son fils dans cette apparition. Le prince Léon, qui ne partageait pas la crédulité ni peut-être tous les regrets de son père, traita le moine d'imposteur et de sorcier. Celui-ci s'en vengea en persuadant à Basile que Léon avait conspiré contre lui. Le jeune prince fut banni ; mais ses amis parvinrent à le disculper, et le firent rentrer en grâce. Plus tard, en montant sur le trône, Léon déchargea son courroux sur Photius, qu'il soupçonnait d'avoir pris part à la trame ourdie par le moine Santabarène.

Après sa déposition en 869, que nous avons rapportée plus haut, Photius avait trouvé moyen de s'insinuer dans les bonnes grâces de Basile (on dit que ce fut en lui forgeant la brillante généalogie qui le rattachait aux rois de Perse et de Macédoine). L'empereur lui confia l'éducation de ses enfants; et si les talents pouvaient suppléer la vertu, il eût été difficile de trouver un instituteur plus capable. Basile lui-même a laissé des *Exhortations morales* adressées à son fils Léon, dans lesquelles on ne peut que louer l'élévation des idées. Mais l'influence des exemples a plus de force qu'une lettre morte; et cette dynastie, qui a jeté quelque éclat par la protection accordée aux sciences et aux lettres, a malheureusement donné trop souvent dans sa vie privée de fâcheux spectacles d'immoralité.

Le patriarche Ignace, que l'Église honore comme un saint, mourut le 23 octobre 877, et trois jours plus tard Photius fut désigné pour lui succéder. Cette fois le pape, qui était Jean VIII, confirma l'élection de Photius, et lui accorda l'absolution des censures précédentes, à certaines conditions, telles, entre autres, que le désistement à la suprématie sur la Bulgarie, conditions que Photius trouva moyen d'éluder. Un concile de trois cent quatre-vingt-trois évêques se réunit à Constantinople, au mois de novembre 879. C'est ce concile que l'Église grecque compte pour le huitième œcuménique, à la place de celui de 869, où Photius avait été condamné, et dont les actes furent annulés. Dans celui-ci on renouvela la profession de foi de Nicée, avec anathème contre ceux qui oseraient en rien retrancher ou y rien ajouter. Ceci était dirigé contre l'Église latine, que Photius avait précédemment accusée d'avoir à tort ajouté les mots *filioque* à l'article de la procession du Saint-Esprit; et ces deux mots sont restés la pierre d'achoppement qui a toujours empêché depuis la réunion des deux Églises, quoique, au fond, l'obstacle le plus réel ait sans doute été la question de suprématie du siége apostolique, suprématie qui n'était pourtant pas contestée par Photius lui-même, car celui-ci affectait toujours beaucoup de déférence dans ses rapports avec le pape.

Basile, qui avait réparé un grand nombre d'églises de Constantinople détruites par le temps et par les tremblements de terre, en construisit une magnifique, qui fut désignée sous le nom de Néa *la Neuve*. Rien ne fut épargné pour cet édifice, qui pouvait rivaliser avec Sainte-Sophie. Pour l'orner on dépouilla plusieurs autres églises et on fit fondre des bronzes anciens échappés jusqu'alors à la destruction. La construction de cette église aurait eu un résultat encore plus fâcheux pour l'empire et pour la chrétienté s'il était vrai, comme le prétend un chroniqueur, que ce fût pendant que les matelots de la flotte étaient employés à ce travail que Syracuse, un des derniers boulevards des chrétiens en Sicile, ne recevant pas de secours de la métropole, tomba au pouvoir des Arabes [mai 880]. Selon le rapport du plus grand nombre des historiens, la flotte destinée à ravitailler Syracuse fut retenue deux mois dans le port de Monembasie par des vents contraires, jusqu'au moment où l'on apprit la reddition de la place. L'amiral, dont on pouvait aussi accuser l'incurie, fut puni par l'empereur.

Avant d'avoir achevé la conquête de la Sicile les Sarrasins avaient déjà commencé celle de l'Italie. Maîtres de Tarente, ils s'étaient avancés vers Gaête, et jusqu'aux murs de Rome. Ils avaient même poussé quelques incursions en Toscane. Bari leur servait de place d'arme. Les ducs de Naples, les princes de Salerne et de Bénévent, avaient plusieurs fois essayé vainement de les repousser. L'empereur Louis II, fils de Lothaire, mit le siége devant Bari; mais il reconnut la nécessité de s'appuyer sur la marine des Grecs. Une alliance fut conclue entre lui et Basile; et pour la sceller il promit de donner en mariage sa fille Hermengarde au fils aîné de Basile. L'amiral grec Oryphas vint avec deux cents vaisseaux devant Bari, qui tomba aux mains des Français. Cependant l'Italie ne tira pas immédiatement tout l'avantage qu'on pouvait espérer de ce succès, dont les deux alliés revendiquaient le mérite et le prix. Basile faisait valoir ses anciens droits sur Bari, et contestait à Louis le titre d'empereur des Romains. Mais celui-ci n'était pas d'humeur à se départir d'un titre qu'il tenait, disait-il, de Dieu et des Romains, non plus qu'à se dessaisir d'une ville dont il avait fait la conquête. La flotte grecque y avait, selon lui, fort peu contribué, tandis qu'elle avait ravagé les côtes de l'Esclavonie française, et que les Napolitains sujets de l'empereur d'Orient et le duc de Bénévent, son allié, n'étaient occupés qu'à susciter aux Français des embarras en Italie.

La prise de Syracuse en exaltant l'enthousiasme des Arabes devint le signal de nouvelles attaques de leur part contre la chrétienté; mais elle réveilla aussi, par l'imminence du danger, l'esprit militaire des Grecs, qui sur plusieurs points résistèrent avec succès. L'émir de Tarse vint en 881, avec trente gros vaisseaux, mettre le siège devant la ville d'Euripos en Eubée. Mais les habitants, soutenus par le statége Oniatès à la tête des contingents de la Hellade, repoussèrent tous les assauts, et détruisirent les vaisseaux sarrasins, sans le secours de la flotte impériale. Une expédition arabe sortie de la Crète, après avoir ravagé une partie des îles de la mer Égée, s'avança jusqu'à Proconnèse dans l'Hellespont; mais l'amiral Nicétas détruisit une partie de leurs vaisseaux avec le feu liquide. Malgré cet échec les Arabes de Crète mirent à la mer une autre flotte; cette fois ils se tinrent plus éloignés de la capitale, et ravagèrent les côtes du Péloponnèse. Nicétas accourut, et informé au port de Cenchrée que les ennemis étaient dans les parages de Patras, au lieu de contourner toute la péninsule, il fit transporter à force de bras en une nuit ses navires à travers l'isthme de Corinthe, surprit les Sarrasins, et en fit un grand carnage. Les renégats qui servaient parmi les mahométans furent livrés par lui aux plus cruels supplices.

En 884 les Arabes d'Afrique vinrent aussi assiéger Zacynthe et Céphalonie. L'amiral Nasar, successeur de Nicétas, ayant relâché dans le port de Méthone (Modon), un grand nombre de ses rameurs déserta; ce qui le mit dans l'impossibilité de continuer sa route. L'empereur, informé de ce contre-temps, y para au moyen d'un stratagème. Il envoya secrètement à l'amiral trente condamnés, que celui-ci fit mettre en pal sur le rivage en les faisant passer pour ses déserteurs. Le spectacle d'un châtiment si prompt et si terrible arrêta la désertion. L'amiral se hâta de remplir avec des gens du Péloponnèse les vides de ses cadres, et, attaquant les vaisseaux ennemis tandis qu'ils étaient dispersés pour la course, il les prit ou les coula à fond les uns après les autres.

Encouragé par cet avantage, Basile ordonna à son amiral de faire une descente en Sicile. Nasar enleva beaucoup de butin dans les villes soumises aux Sarrasins, et de là passa sur les côtes d'Italie pour appuyer les opérations des généraux grecs. Il dispersa près de Crotone une flotte qui arrivait d'Afrique, et débarqua des troupes qui se joignirent à celles du thème de Lombardie commandées par Procope. Malheureusement les rivalités des chefs arrêtèrent les succès des Grecs. Basile envoya successivement plusieurs généraux. Enfin Nicéphore Phocas, aïeul de celui qui reconquit la Crète et monta sur le trône de Byzance, eut la gloire d'expulser les Sarrasins d'Italie et le mérite de rattacher solidement la Calabre à l'empire d'Orient par son humanité envers les habitants.

Ce succès fut le dernier qui marqua le règne de Basile. Après avoir échappé à une conspiration dans laquelle étaient entrés plusieurs sénateurs, qu'il se contenta de raser et de bannir, il périt des suites d'un accident de chasse au mois d'août 886, après dix-neuf ans de règne. Si on pouvait admettre sans restriction les éloges prodigués par Constantin Porphyrogénète au chef de sa race, Basile aurait présenté sur le trône un modèle de toutes les vertus d'un grand prince. Les récits plus naïfs de quelques chroniqueurs ajoutent bien quelque ombre au tableau; cependant on ne peut lui refuser d'avoir, au milieu d'un siècle de corruption, fait de louables efforts pour rétablir l'ordre et la justice à l'intérieur; d'avoir arrêté les envahissements des Sarrasins, de s'être montré ménager de la fortune de ses sujets, et cependant d'avoir contribué à la splendeur de Constantinople par un grand nombre de monuments.

Le premier soin de *Léon IV* en montant sur le trône fut de rapporter en grande pompe dans le tombeau des empereurs les restes de Michel III, soit que les bruits que nous avons rapportés, et d'après lesquels il pouvait se regarder comme son fils, eussent quelque fondement, soit pour accomplir une réparation que Basile lui-même avait commencée par la construction de plusieurs églises sous l'invocation de Saint-Michel. On dit qu'à ses derniers moments, assailli de remords pour le meurtre de son bienfaiteur, il avait recommandé cette expiation à son fils. On prétend aussi qu'il l'avait averti de se défier de Santabarène et de Photius. Mais Léon n'avait pas besoin d'être excité contre le moine, auquel il attribuait sa disgrâce. Il le condamna à perdre la vue. Photius fut impliqué dans le même procès ; mais on ne put arracher de la bouche de Santabarène aucune charge contre son ami. Le patriarche n'en fut pas moins destitué, bien que Léon fût redevable à Photius de l'instruction qui lui a valu dans l'histoire le surnom de *sage* ou plutôt de *savant*. Étienne, le plus jeune fils de Basile, âgé seulement de seize ans, et qui remplissait près du patriarche les fonctions de syncelle, fut élu à sa place; il mourut à vingt-quatre ans, victime, assure-t-on, des remèdes par lesquels il cherchait à éteindre en lui les ardeurs de la jeunesse. Les Grecs ont loué la sainteté de ce jeune prélat, qui ne s'engagea pas dans le schisme de Photius.

Le troisième fils de Basile, Alexandre, avait été associé à l'empire du vivant de son père; son nom continua de figurer sur les protocoles, mais sans qu'il prît aucune part au gouvernement. Il put ainsi vivre vingt ans à côté du trône sans porter ombrage à celui qui l'occupait, chose assez difficile même entre frères.

Sans tomber au même degré d'extravagance et de dégradation que Michel l'ivrogne, Léon donnait par sa conduite privée un spectacle qui contrastait avec son surnom de philosophe et ses prétentions de législateur. Il vivait publiquement avec une concubine nommée Zoé, qu'on accusait d'avoir empoisonné son mari, et dont le père, Zaoutzas Stylianos, devint tout-puissant dans le palais. L'impératrice Théophano, modèle de vertus chrétiennes, qui passait sa vie en bonnes œuvres et qui supportait avec une admirable patience l'abandon de son mari et l'insolence de sa maîtresse, étant morte en 892, Léon épousa aussitôt Zoé. Mais elle ne jouit pas longtemps des grandeurs, et mourut au bout de vingt mois. Avec elle s'écroula la fortune de sa famille, contre laquelle s'élevait un concert de plaintes. Mais ce fut au profit d'un autre courtisan : Samonas, Sarrasin de naissance, intrigant audacieux et de mœurs suspectes. Léon tomba ensuite sous le joug d'une belle Phrygienne nommée Eudocie, à laquelle il donna le titre d'impératrice, et qui mourut en couche dans la même année. Le désir de laisser un héritier de l'empire, d'accord avec sa passion, fit prendre à Léon une nouvelle maîtresse nommée Zoé Carbonopsine, qu'il couronna lorsqu'elle lui eut donné des preuves de sa fécondité par la naissance de Constantin Porphyrogenète (905).

Tandis que la vie de Léon s'usait ainsi au fond de son palais entre les intrigues des maîtresses et les complots des courtisans, qui plusieurs fois menacèrent ses jours, ou que, retiré dans son cabinet il compilait, d'après les écrits des anciens, des traités de tactique et de stratégie à l'usage de ses généraux, les armées grecques éprouvaient désastre sur désastre.

A la nouvelle de la mort de Basile les Sarrasins avaient fait une invasion en Cappadoce, où ils prirent la ville d'Hypsèle. Heureusement leurs progrès furent arrêtés par Nicéphore Phocas, le même qui avait reconquis la Calabre; mais de ce côté éclatèrent de nouveau des guerres intestines entre les petits princes qui gouvernaient les principales villes, et qui, tantôt alliés des Français, tantôt des Grecs, ne se faisaient même pas scrupule d'appeler des auxiliaires arabes. Le duc de Bénévent, Aïon, gendre du roi de France, lésé par le duc de Naples, se vengea en enlevant aux Grecs Bari et une partie de la Calabre. Il battit complétement les troupes envoyées pour le soumettre. Une flotte grecque fut détruite dans le port de Rhégium par les Sarrasins de Sicile, qui s'emparèrent, quelques années plus tard, de

Tauroménium, ville qui avait réussi jusqu'alors à se soustraire à leur domination.

Au nord l'empire fut exposé à de plus grands périls : depuis plus de soixante ans les Bulgares observaient la paix et entretenaient avec Constantinople des relations commerciales. Deux négociants grecs jouissaient de ce monopole. Protégés par un eunuque au service de Zaoutzas père de Zoé, ils transportèrent le siége de ces échanges de Constantinople à Thessalonique ; et, plus éloignés de la surveillance de l'autorité, ils imposèrent des conditions nouvelles aux marchands bulgares. Ceux-ci se plaignirent à leur prince. La Bulgarie était alors gouvernée par Siméon, fils de Valdimir, qui dans sa première jeunesse avait été expulsé de ses États par Bogoris, et s'était réfugié dans un monastère de Constantinople. Rappelé par ses sujets, il mettait à profit, dans l'intérêt de son pays, l'instruction qu'il avait acquise à Constantinople et les leçons de l'adversité. Ses justes réclamations ne furent pas écoutées à la cour de Léon, où le père de la favorite avait tout crédit. Les Bulgares, rebutés, eurent recours aux armes. L'empereur fit marcher contre eux une nombreuse armée, qui fut taillée en pièces [889].

Dans cette fâcheuse conjoncture, Léon, au lieu de faire un effort énergique, eut la malheureuse pensée d'avoir recours aux Hongrois ou Magyares. Ces peuples vivaient encore dans l'état de sauvagerie des Huns d'Attila. Refoulés par les Patzinaces ou Petchenègues, que nous verrons bientôt assaillir l'empire grec, ils avaient promené leurs ravages dans diverses contrées, et une partie de leurs hordes, que les historiens du temps désignent habituellement sous le nom de Turcs, étaient descendue vers le Danube dans la Transylvanie et dans le pays qui a conservé le nom de Hongrie. Les agents de Léon n'eurent pas de peine à les décider par des présents et des promesses à envahir la Bulgarie ; et tandis que la cour de Byzance amusait Siméon par des négociations, il apprit que son pays était ravagé par les Hongrois. Ceux-ci avaient fait un grand nombre de prisonniers, qu'ils vendirent aux Grecs. Cependant Siméon, vaincu en Bulgarie à sa première rencontre avec les Hongrois, ne se laisse pas abattre par ce revers, rassemble de nouvelles troupes, pénètre à l'improviste en Hongrie ; et, vainqueur à son tour, somme impérieusement l'empereur, qui avait eu l'imprudence de dégarnir sa frontière, la croyant désormais à l'abri, de remettre sans rançon aux Bulgares les prisonniers de cette nation qu'il avait chèrement rachetés des Hongrois. Tel fut, de l'aveu des historiens grecs, le seul résultat de cette belle négociation par laquelle Léon avait cru mettre les Bulgares hors d'état de nuire. Quatre ans plus tard, en 892, la guerre éclata de nouveau avec les Bulgares. Léon fit marcher contre eux les contingents de l'Europe et de l'Asie, sous les ordres de Catacalon ; et, malgré l'expérience et le courage de ce général, l'armée grecque fut défaite. On apprit vers le même temps que le gouverneur de Cherson avait été assassiné par les habitants et que les Sarrasins faisaient de nouveaux ravages en Cappadoce.

Léon, qui ne s'exposait jamais à la guerre pour repousser les ennemis du dehors, faillit trouver une mort moins honorable de la main d'un assassin au milieu d'une procession. Au moment où il entrait dans l'église de Saint-Mokias, un homme caché dans le jubé lui déchargea sur la tête un coup de bâton qui l'eût infailliblement tué s'il n'eût en partie porté sur un candélabre qui en amortit la violence. A la vue du sang qui s'échappait de la blessure de l'empereur, les courtisans prirent la fuite. Cependant Léon fut promptement rappelé à la vie. L'absence du prince Alexandre, qui s'était excusé d'assister à cette procession, fit planer sur lui quelques soupçons. L'assassin fut arrêté ; mais au milieu des tortures il refusa de faire connaître les motifs ou les instigateurs de son crime. Il eut les pieds et les poignets coupés et fut livré aux flammes.

Léon ne vit pas dans cette tentative un avertissement du mépris dans lequel il était tombé. Il se borna à supprimer la procession annuelle de Saint-Mokias, et tout reprit à la cour le train accoutumé. Les Sarrasins continuèrent à lui enlever un à un les fleurons de sa couronne. Sous la conduite d'un renégat nommé Damien, ils prirent Séleucie de Cilicie, l'île de Lemnos et la ville de Démétriade en Thessalie, fondée par Démétrius Poliorcète. Une flotte crétoise de cinquante navires, commandée par un autre renégat, Léon de Tripoli, après avoir ravagé quelques îles de l'archipel, franchit l'Hellespont, comme pour menacer la capitale. La flotte impériale, sous les ordres d'Himérius, sortit à sa rencontre, mais elle n'osa engager le combat. Cependant Léon de Tripoli feignit de se retirer devant elle, et tandis qu'Himérius se hâtait de rentrer dans le port de Constantinople, les Sarrasins contournaient le mont Athos, se dirigeant vers Thessalonique, objet de leur convoitise.

Cette ville, jadis souvent menacée par les invasions des Goths et des Slaves, depuis que ces derniers avaient obtenu des établissements en Macédoine, s'était enrichie par le commerce avec les peuples du Nord durant un siècle de tranquillité. Sa population était nombreuse, mais peu aguerrie; aussi fut-ce avec le plus grand trouble qu'on apprit l'approche des barbares. Un général envoyé en toute hâte par l'empereur ordonna de former un barrage dans le port en y jetant les grands tombeaux sculptés des anciens Hellènes érigés aux abords de la ville. Un autre général fit suspendre ce travail pour exhausser les remparts du côté de la mer, qui étaient fort bas, aucune précaution n'ayant été prise de ce côté tant que les Grecs se croyaient maîtres de la mer. Pendant ce temps le stratége de Macédoine, qui était accouru, envoyait message sur message aux chefs des tribus slaves soumises pour qu'ils envoyassent dans la ville leurs archers renommés; mais aucun de ces moyens de défense n'était organisé quand la flotte ennemie entra dans le port, et vint se ranger en face de la ville.

Le premier jour les assaillants furent éloignés par une grêle de traits. Ils opérèrent ensuite un débarquement, et attaquèrent les remparts du côté de la terre ferme : ils incendièrent même deux portes; mais les habitants eurent eu le temps de les murer en dedans, et ils renversèrent les échelles dressées pour l'escalade. Les Arabes en revinrent alors à leur première attaque. Ils dressèrent sur leurs galères accouplées deux à deux des machines de guerre, d'où ils faisaient pleuvoir des pots à feu et d'autres projectiles ignés sur le faible rempart du port, qui fut bientôt déserté par ses défenseurs. Aussitôt les Arabes envahissent la ville. Des troupes d'Africains demi-nus répandent de tout côté le carnage. La population, éperdue, se presse, s'écrase vers celles des portes qui n'étaient pas murées, et y rencontrent de nouvelles troupes d'assaillants. Les Arabes massacrent sans pitié tous ceux qui n'offrent pas à leur cupidité l'espoir d'une bonne rançon.

Ces scènes de désolation ont été retracées dans un récit pathétique par Jean Caméniate, témoin de cette destruction de sa ville natale. Les prisonniers, au nombre de plus de vingt mille, furent entassés mourant de soif sur les vaisseaux sarrasins et transportés en Crète et à Tarse. Léon de Tripoli, avant de quitter Thessalonique, voulait livrer la ville aux flammes; mais un stratége d'un thème voisin, qui se trouvait dépositaire d'une somme de cent livres d'or destinée aux troupes d'Italie, racheta pour ce prix les édifices de la ville d'une entière destruction, et ouvrit des négociations pour l'échange et le rachat des prisonniers. L'empereur ne négligea rien pour racheter le plus grand nombre possible de ces malheureux; il accorda des priviléges à Thessalonique, qui, grâce à sa situation favorable pour le commerce, se releva assez promptement de cette affreuse catastrophe.

L'année suivante [905] l'empire s'émut d'une question de législation civile et religieuse plus que des progrès incessants des Sarrasins. Zoé, qui depuis quatre ans vivait ostensiblement avec l'empereur, donna le jour à un fils qui fut baptisé en grande pompe à Sainte-Sophie, sous le nom de Constantin, auquel il joignit dans la suite le titre de Porphyrogénète. Quelques jours plus tard Léon voulut couronner Zoé comme impératrice, et fit célébrer son mariage par un clerc du palais, sur le refus du patriarche de bénir cette union, contraire aux canons de l'Église. Les secondes noces, sans être interdites, étaient blâmées par l'Église; les troisièmes faisaient encourir une pénitence canonique de plusieurs années ; mais il n'y avait pas encore eu d'exemple dans le christianisme qu'on eût usé quatre fois du sacrement de mariage. Le patriarche Nicolas excommunia l'ecclésiastique qui avait prêté son ministère au mariage de Léon, auquel il interdit l'entrée du sanctuaire. L'empereur s'adressa aux évêques de l'Église grecque et aux légats du pape pour soumettre cette question à un nouvel examen ; mais il ne put rien obtenir de l'inflexibilité du patriarche, et il finit par le faire déporter en Asie.

Pour les questions qui le touchaient de moins près Léon se montrait attentif à faire observer les lois religieuses et civiles. Dans ces dernières années de son règne il promulgua la dernière recension des *Basiliques*. Nous avons dit que la première pensée de ce recueil appartient à Basile ; mais il n'est pas certain que ce grand travail ait vu le jour du vivant de ce prince, qui fit paraître un résumé de sa législation ou manuel (πρόχειρος) divisé en quarante titres. Léon, dans les premières années de son règne, publia une série de cent treize novelles destinées à réviser la législation existante. Enfin il paraît qu'il mit la dernière main au grand recueil du code grec, ou ἑξηκοντάβιβλος entre les années 910 et 912. En effet dans des citations de cette révision on trouve le nom de Constantin associé à celui de son père.

Vers la même époque, les ambassadeurs d'Oleg, grand-prince ou czar de Russie, vinrent à Constantinople pour échanger les ratifications d'un traité de paix conclu quelques années auparavant [907], à la suite d'une expédition des russes contre la capitale de l'empire d'Orient. Les historiens grecs gardent le silence sur ces circonstances, qui sont rapportées en grand detail dans la chronique russe de Nestor. L'annaliste slave a sans doute exagéré la terreur que l'apparition de ses compatriotes inspira à l'empereur, qui se serait empressé de souscrire à toutes les conditions dictées par les Russes, et joignit au don de douze pièces de monnaie par homme des voiles de soie pour leurs barques ; mais le traité de paix et de commerce que Nestor rapporte textuellement a un caractère d'authenticité et présente un curieux spécimen de ces premières relations diplomatiques de l'empire grec avec les peuples du Nord.

Léon faisait de louables efforts pour améliorer la condition de ses sujets par les soins apportés à la politique et à l'administration ; mais les nombreux revers de ses généraux accusent le peu de discernement de ses choix, où la faveur avait trop de part. La flotte impériale, commandée par Himérius, fut complétement défaite en 911 par les Sarrasins, sous les ordres des deux renégats Damien et Léon, dans le voisinage de Samos. Léon tomba malade vers ce même temps , et , sentant approcher sa fin, il recommanda en termes touchants au sénat sa femme et son fils, et supplia son frère Alexandre d'être toujours le protecteur de cet enfant. Il mourut le 11 mai 912.

Alexandre, qui était resté jusqu'alors étranger aux affaires publiques, continua de s'adonner uniquement à ses plaisirs, et ne s'entoura que de ses compagnons de débauche. Il satisfit l'opinion publique en éloignant de la cour l'impératrice Zoé et en rappelant le patriarche Nicolas ; mais les outrages dont il accompagna la déposition d'Euthymius, successeur de Nicolas, vieillard généralement respecté, excitèrent l'indignation. Il bannit l'amiral Himérius, moins pour ses récents désastres que par vengeance pour des griefs personnels. La réception insultante qu'il fit aux ambassadeurs de Siméon rompit la paix avec les Bulgares. On dit qu'il voulait écarter son neveu du trône en le privant de la virilité ; mais les amis de Léon réussirent à détourner ce mauvais dessein, en lui représentant que cet enfant était maladif et ne vivrait pas ; ce qui lui épargnerait l'odieux de cet attentat. La mort, déjouant ses calculs, vint le surprendre lui-même après quatorze mois de règne. Une hémorrhagie à la suite d'une partie de paume, jeu auquel il se livrait avec passion, l'enleva au mois de juin 913.

Constantin VI Porphyrogénète se trouva, à sept ans, en possession du trône assisté d'un conseil de tutelle, que son oncle à ses derniers moments avait choisi parmi ses courtisans habituels, sous la présidence du patriarche Nicolas. Un seul homme semblait par ses talents militaires en état de soutenir l'empire menacé : c'était Constantin Ducas, granddomestique ou général de la garde, qui défendait depuis plusieurs années les frontières asiatiques. Quelques-uns des principaux habitants de Byzance, et même, à ce qu'on croit, le patriarche Nicolas, qui ne savait pas encore que la haute direction des affaires lui était dévolue, écrivirent à Ducas de venir prendre un sceptre qu'un enfant était incapable de porter. Constantin Ducas vint en toute hâte à Constantinople avec quelques-uns de ses officiers les plus distingués, pénétra la nuit dans la ville par une poterne, réunit ses partisans dans la maison de son beau-père, et, avant l'aube, à la tête d'une foule nombreuse qui portait des flambeaux et proclamait Constantin Ducas empereur, il se présenta aux portes de l'hippodrome. Repoussé de ce côté, il enfonce la porte *Chalcé*, et pénètre dans la cour intérieure du palais. Jean Helladas, un des tuteurs, y avait réuni quelques compagnies de la maison de l'empereur. Une lutte s'engage; le cheval de Ducas s'abat sur les dalles, et avant que celui-ci ait pu se dégager, quelqu'un lui tranche la tête, qu'il court porter à Constantin Porphyrogénète. Aussitôt les assaillants se dispersent et sont poursuivis de tous côtés. Toute la famille de Ducas expia cruellement cette malheureuse tentative. Tous ceux qui furent soupçonnés de l'avoir favorisée furent livrés à divers supplices par les tuteurs du prince, et on ajoute que le patriarche Nicolas ne se montra pas le moins impitoyable. Pendant plusieurs jours de nombreux gibets garnirent les rivages du Bosphore. A la fin on fit comprendre aux tuteurs qu'il serait imprudent à eux d'abuser davantage de leur autorité précaire. Force était d'ailleurs de mettre un terme à ces discordes intestines ; car Siméon à la tête des Bulgares se présenta sous les murs de Constantinople.

La capitale dut encore une fois son salut à ses hauts remparts, aux nombreuses machines de guerre qui les garnissaient et à la bonne contenance de sa garnison. Siméon, désespérant de prendre la ville, fit des propositions d'accommodement, qu'on s'empressa d'écouter. Ses fils furent admis à dîner avec le jeune empereur. Siméon s'inclina sous la bénédiction du patriarche, et se retira comblé de présents, sans cependant signer la paix. Il ne tarda pas à ravager de nouveau la Thrace. Adrianople lui fut livrée par trahison, et ne fut rachetée qu'à prix d'or.

Zoé gouvernait alors l'empire. Constantin avait obtenu le rappel de sa mère. Celle-ci éloigna les tuteurs désignés par Alexandre, renvoya même le patriarche aux soins de son église, et remplaça les principaux fonctionnaires par des hommes de son choix. Voulant mettre un terme aux déprédations des Bulgares, Zoé sentit la nécessité de s'assurer d'abord la neutralité des Arabes. Elle envoya au khalife de Bagdad des ambassadeurs qui conclurent la paix et l'échange des prisonniers. Grâce à ce traité, les troupes d'Asie purent se joindre à celles d'Europe. Léon Phocas, plus brave qu'expérimenté, fut mis à la tête de cette nombreuse armée, qui comptait dans ses rangs beaucoup d'officiers distingués. Avant de quitter Constantinople, tous jurèrent sur la précieuse croix de combattre et de mourir ensemble. En même temps, le patrice Jean Bogas s'était chargé de déterminer les Patzinaces à faire une invasion en Bulgarie, et l'amiral Romain Lécapène devait transporter les Patzinaces et appuyer les opérations de l'armée.

Le 20 août 917, les Romains rencontrèrent les Bulgares sur les bords de l'Achéloüs, et remportèrent d'abord l'avantage ; mais tout à coup la fortune tourna contre eux. Les uns disent que Phocas, accablé de chaleur, ayant mis pied à terre pour se désaltérer, son cheval s'échappa, et que les soldats croyant leur général tué, le désordre se mit dans leurs rangs. D'autres prétendent que Phocas, sur l'avis que Lécapène se rendait à Constantinople pour s'emparer de l'empire, abandonna tout pour venir le lui disputer. Ce qui est certain, c'est que l'empire grec éprouva dans cette journée un des plus grands désastres qu'il eût subis depuis longtemps. La fleur des généraux y périt. Léon se réfugia avec les débris de l'armée à Sélybrie. D'un autre côté, au moment où les Patzinaces allaient passer le Danube, une altercation s'éleva entre Jean Bogas et l'amiral Lécapène ; et les auxiliaires, témoins du peu d'accord des généraux romains, s'en retournèrent dans leurs foyers. Bogas et Lécapène, de retour à Constantinople, s'accusèrent mutuellement d'être cause de l'issue malheureuse de la campagne. Le peuple voulait lapider l'amiral, qui fut condamné à être privé des yeux; mais ses amis eurent le crédit de le soustraire à ce châtiment.

Pendant ce temps Siméon s'avançait à grands pas contre Constantinople, et la terreur y était à son comble; mais Léon Phocas rétablit sa réputation en surprenant les Bulgares et les forçant à la retraite.

Il serait trop long et trop fastidieux de suivre les historiens du temps dans le récit de toutes les intrigues qui se croisaient à la cour pour exercer le pouvoir sous le nom de Constantin Porphyrogénète. On avait encore une fois essayé d'éloigner Zoé; mais son fils, ému par ses larmes, la retint près de lui. Cependant, le précepteur de Constantin lui persuada que, au milieu des embûches dont il était entouré, il n'aurait pas de défenseur plus dévoué que Romain Lécapène. Le grand amiral, naguère poursuivi, fut introduit dans le palais, revêtu du titre de commandant des gardes, écarta ses adversaires, fiança sa fille Hélène à l'empereur, reçut le titre de *Basilopator*, puis celui de César [septembre 920], et deux mois plus tard se fit couronner empereur et collègue de son gendre. L'année suivante, Romain s'associa son fils Christophe, et se déclara premier empereur, ne laissant que le second rang au légitime héritier du trône, qu'il fit même plus tard descendre à la troisième place [en 927].

Cette usurpation ne s'accomplit pas sans résistance. En voyant son rival s'impatroniser dans le palais, Léon Phocas appela aux armes les troupes d'Asie, pour délivrer, disait-il, l'empereur. Son camp couvrait la côte en face de Constantinople; mais Romain y fit répandre une lettre de l'empereur Constantin qui désavouait Léon. Il fut abandonné de ses troupes et eut les yeux crevés. L'impératrice mère, soupçonnée d'avoir cherché à empoisonner Romain, fut reléguée dans un monastère et rasée. D'autres encore, accusés de conspiration, furent aveuglés ou bannis. Le précepteur Théodore, premier auteur de la fortune de Romain, n'échappa point à ses soupçons, et fut payé de ses services par l'exil. Quant à Constantin Porphyrogénète, adonné tout entier à la culture des lettres et des arts, il semblait oublier sans regret, dans les charmes de l'étude, les soins de l'empire, dont son beau-père le déchargeait. Il compilait les écrits de l'antiquité rassemblés dans sa bibliothèque, ou peignait de petits tableaux dont la vente dut quelquefois, assure-t-on, subvenir à son entretien. Pendant ce temps, Romain, insatiable de pouvoir, continuait à tout accaparer pour les siens ou pour ses créatures. Ses deux fils puînés, Étienne et Constantin, reçurent aussi le titre d'empereur; il réserva le patriarchat de Constantinople au plus jeune, le diacre Théophylacte; sa femme, sa bru reçurent le titre d'Auguste; son bâtard même, né d'une esclave bulgare, fut revêtu de la charge de grand chambellan.

Les Bulgares et leur roi Siméon continuèrent pendant ce règne à rançonner périodiquement l'empire. En 921 ils incendièrent les faubourgs de Constantinople; ils revinrent en 923; mais, découragés d'échouer constamment devant ses murs, ils négocièrent un traité d'alliance avec le khalife d'Afrique, qui devait combiner avec eux une attaque par mer. Heureusement pour les Grecs, les députés arabes qui se rendaient près de Siméon tombèrent entre les mains de l'empereur, qui les renvoya sans rançon au khalife, porteurs d'offres séduisantes par lesquelles il parvint à rompre cette ligue redoutable. Quoique privé de ce concours, Siméon revint encore en 926, brûlant tout sur son passage, jusqu'à l'église de la *Vierge à la fontaine*, bâtie par Justinien. Sous les yeux des Byzantins, ses soldats le saluaient en grec du titre d'empereur. Cependant il fit demander une entrevue à Romain Lécapène. Celui-ci s'y rendit avec confiance, après s'être muni du manteau vénéré de la Vierge. « Comment, dit-il à Siméon, un prince que l'on dit chrétien et pieux consent-il à teindre incessamment ses mains dans le sang des chrétiens? Vous vivez aujourd'hui; mais demain vous ne serez peut-être que poussière; et quand vous paraîtrez devant le tribunal de Dieu, quel sera votre apologie? Est-ce la soif de l'or, ajouta-t-il, qui vous pousse? mais je puis l'étancher si vous consentez à laisser les chrétiens vivre en paix. » Touché de ces paroles ou des riches présents que Romain lui offrait, Siméon, après s'être consulté avec ses compagnons, se décida à retourner dans ses États. Mais ce prince, d'un esprit inquiet, ou peut-être obligé pour sa propre sûreté de tenir toujours en haleine une nation belliqueuse, ne devait pas rester longtemps inactif. Zacharie, prince des Serves, s'était prononcé pour les Grecs contre les Bulgares; Siméon entra en Servie, et la changea en un désert [925]. Il voulut ensuite traiter de même les Croates, mais il fut défait, et mourut peu après.

Les chroniqueurs byzantins prétendent qu'un astrologue avait signalé à Romain une statue de l'arc du Xérolophos comme étant le talisman de Siméon. L'empereur envoya la nuit abattre la tête de cette statue, et à la même heure, disent-ils, Siméon expira en Bulgarie. Les rares chefs-d'œuvre de l'antiquité qui décoraient encore quelques monuments de Constantinople passaient ainsi dans les préjugés de ce siècle pour doués de mystérieuses influences, ce qui a causé la destruction de plusieurs. Le christianisme n'avait pu étouffer chez les Grecs le goût du merveilleux. Souvent même on rencontre la trace des superstitions antiques. Ainsi, en racontant l'entrevue de Romain et de Siméon les historiens remarquent que deux aigles planèrent sur la tête de ces princes pendant leur colloque, et prirent leur vol en sens différent; ce qui fut considéré comme un présage (οἰωνός) du peu de durée de cette alliance.

Siméon laissa la couronne de Bulgarie à un de ses fils nommé Pierre. Ce jeune homme se vit, au début de son règne, menacé par les Croates, les Serves, et surtout par les Grecs. Il résolut de prendre l'offensive contre ces derniers; mais, après s'être avancé de manière à montrer qu'il ne redoutait pas la guerre, il fit des ouvertures de paix, qui furent accueillies avec empressement. Ses députés demandèrent pour lui une alliance avec une princesse de la famille impériale, et choisirent Marie, fille de Christophe, petite-fille de Romain, princesse d'une beauté remarquable. Le mariage fut célébré dans l'église de la Vierge, hors des murs, et cette alliance assura pour un demi-siècle environ la paix avec les Bulgares; mais d'autres barbares leur succédèrent : car en achetant la paix, comme ils le faisaient trop souvent, les empereurs offraient une prime à la guerre.

En 934 les Hongrois dévastèrent la Thrace. Quelques années plus tard, les Russes, conduits par leur czar Igor, descendirent sur dix mille barques ou *monoxyla*, et commirent sur les côtes du Pont-Euxin et de la Propontide des ravages et d'affreuses cruautés. Le patrice Théophane arma précipitamment quelques galères; et à l'aide du feu fluide il détruisit une partie des barques russes. Ce qui échappa à la destruction fut contraint de se retirer; mais l'année suivante Igor, ayant rassemblé des forces encore plus considérables, se disposait à franchir le Danube, quand des ambassadeurs de Romain vinrent lui faire des offres assez avantageuses pour le détourner de son entreprise. Par suite de cette négociation fut conclu un nouveau traité de paix et de commerce dont le chroniqueur russe Nestor rapporte les conditions (1).

Rassuré par ce traité du côté de la Russie, comme il l'était déjà par ses alliances avec les Bulgares et les Hongrois, l'empereur Romain pouvait regarder avec quelque orgueil les résultats de sa politique. Le roi d'Ibérie s'était rendu à Constantinople pour recevoir de ses mains la dignité de Curopalate, qui devint l'apanage de cette principauté; les ambassadeurs de Hugon, roi d'Italie, étaient aussi venus lui offrir des présents et solliciter son secours contre les Sarrasins. Des vaisseaux armés du feu grégeois furent envoyés pour protéger les côtes d'Italie et de Provence. Cette alliance avait été scellée par le mariage

(1) C'est sans doute par suite d'une erreur de chiffre que Nestor place ce traité en l'an du monde 6455 ou 947 de J. C.; car à cette date l'empereur Romain, dont le nom figure en tête du traité, avait cessé de régner depuis trois ans. Le même chroniqueur a commis une erreur de quinze ans ou d'une indiction pour la mort de Siméon, prince de Bulgarie, qu'il indique en 942 au lieu de 927.

de Berthe, fille d'Hugon, avec le jeune Romain, fils de Constantin Porphyrogénète. Les Slaves révoltés du Péloponnèse s'étaient vus contraints de doubler leurs tributs. Léon de Tripoli, le redoutable amiral des Sarrasins, s'échappa à grand'peine, après la destruction de sa flotte, dans les eaux de Lemnos. En Syrie Jean Courcouas, revêtu depuis vingt-deux ans de la charge de grand domestique, et que ses contemporains comparent à Bélisaire, avait si bien rétabli les affaires de l'empire par ses expéditions incessantes, que l'émir de Mélitène, réduit aux abois, s'était soumis aux Romains, et, chose inouïe, s'était engagé à marcher avec eux contre ses coreligionnaires; la puissance du khalife de Bagdad s'écroulait; l'émir d'Édesse rachetait sa ville assiégée en cédant à Constantinople l'image miraculeuse envoyée, selon la tradition, à Abgar par Jésus-Christ lui-même. Un hiver rigoureux qui sévit à Constantinople avait fait éclater la charité de Romain (1). Il dépensa des sommes considérables pour loger et nourrir les pauvres, dont chaque jour il admettait quelques-uns à sa table ainsi que des religieux. Enfin le pape, avec lequel l'église grecque était réconciliée, consentit, quoique à regret, à envoyer des légats pour installer comme patriarche le fils de Romain, âgé seulement de seize ans.

C'est au milieu de circonstances extérieures aussi prospères que Romain Lécapène perdit le pouvoir, victime des mauvais sentiments de sa famille, à l'élévation de laquelle il avait tout sacrifié. Théophylacte, élevé par lui au gouvernement de l'Église, lorsqu'il aurait encore eu besoin lui-même de gouverneur, ne tarda pas à donner l'exemple de tous les scandales. On lui reproche d'avoir introduit dans les cérémonies de l'Église des chants et même des danses profanes, abus qu'il fut très-difficile de déraciner. Il vendait les dignités ecclésiastiques pour subvenir à ses folles dépenses et surtout à l'entretien de ses haras, qui renfermaient deux mille chevaux. Étienne, qui, par la mort de son frère aîné, Christophe, se trouvait le plus près du pouvoir suprême, laissait voir son impatience d'en jouir. Excité par les courtisans et entraînant son frère Constantin dans cette conspiration, il se saisit de la personne de Romain Lécapène, et le relégua dans un couvent de l'île Proté. Mais cet attentat ne profita point à ces fils ingrats. Après quarante jours passés dans de mutuelles défiances, Constantin Porphyrogénète, qui, selon quelques-uns, n'avait pas été étranger à ce complot, prévint les mauvais desseins de ses beaux-frères contre lui, en les faisant arrêter à leur tour et raser, ainsi que Michel, fils de Cristophe (27 janv. 945).

Constantin Porphyrogénète rentrait ainsi, après vingt-cinq ans, dans la plénitude de ses droits, aux applaudissements de la capitale, inconstante dans ses affections. Mais ce prince, qui avait illustré par l'étude ses loisirs forcés, et qui occupera toujours une place honorable dans l'histoire par les encouragements qu'il donna aux lettres et aux arts, ne se montra pas à la hauteur de sa tâche de souverain. Il laissa prendre à sa femme et à ses ministres une autorité dont ils abusèrent pour distribuer au hasard ou au plus offrant les fonctions de l'État; et bientôt il fut forcé de recourir aux supplices pour réprimer les conspirations en faveur de Romain et de ses fils, qu'on voulait tirer de leurs monastères.

Parmi les événements remarquables de ce règne on cite le voyage d'Olga, veuve d'Igor, grand-duc de Russie, qui vint recevoir le baptême des mains du patriarche. L'empereur fut son parrain, et lui donna le nom d'Hélène. De retour en Russie, Olga essaya inutilement de déterminer son fils Sviatoslave à embrasser le christianisme. Deux princes hongrois vinrent aussi se faire baptiser à Constantinople; et un évêque fut envoyé pour convertir leurs sujets. Cependant le christianisme ne fit pas de progrès assez rapides parmi les Hongrois pour les empêcher de venir encore en 959 menacer Constantinople. La garnison les repoussa, et reprit même une partie du butin qu'ils avaient fait en Thrace.

---

(1) Romain (suivant Lebeau) aurait fait faire dans cette circonstance les premiers *troncs* pour recevoir les aumônes. Nous croyons que dans le passage allégué par Ducange et Lebeau le mot ἄρκλα n'a pas le sens que ces savants lui prêtent; mais l'usage des troncs, même à une époque antérieure, est constaté par une miniature d'un manuscrit grec exécuté pour Basile le Macédonien, et reproduite par notre pl. 19.

Les généraux grecs continuèrent à remporter quelques avantages sur les Sarrasins en Asie. Bardas et ses trois fils, dont l'un, Nicéphore Phocas, monta depuis sur le trône, refoulèrent les ennemis en Mésopotamie et prirent Samosate. L'amiral Basile remporta aussi une victoire sur la flotte de Tarse ; et plus tard, envoyé en Calabre pour y rétablir les affaires, il reprit Tauroménium en Sicile, et remporta une victoire dans la vallée de Mazara. Après des alternatives de succès et de revers, le khalife d'Afrique et celui de Bagdad écrivirent à l'empereur grec pour mettre un terme à la guerre.

Constantin Porphyrogénète ne jouit pas longtemps du calme prospère que faisait espérer ce double traité de paix. Une maladie de langueur le minait sourdement. Des historiens accusent son fils Romain d'avoir hâté sa fin en mêlant du poison à un de ses breuvages, poussé à ce parricide par l'ambition effrénée de Théophano, femme de basse extraction, qu'il avait épousée après la mort de la jeune Berthe. Constantin se rendit en Asie pour chercher quelques adoucissements à ses souffrances dans l'usage des thermes de Bithynie et pour demander des consolations spirituelles aux pieux anachorètes qui vivaient sur les sommets escarpés de l'Olympe. On le rapporta mourant à Constantinople, où il expira le 15 novembre 959, dans la cinquante-cinquième année de son âge. Il avait occupé le trône neuf ans, sous l'autorité de son père, de son oncle Alexandre et de sa mère, vingt-cinq ans sous celle de son beau-père Romain : il y avait quinze ans qu'il régnait par lui-même. Le peuple témoigna un grand deuil de sa mort, lui tenant compte, dans sa reconnaissance, des bonnes intentions que sa faiblesse naturelle et les difficultés de sa position ne lui avaient pas toujours permis de suivre.

Avant de poursuivre le récit des événements politiques il convient de jeter un coup d'œil sur l'état de la civilisation grecque sous le règne de Constantin Porphyrogénète, où elle a jeté quelque éclat, sinon par des productions nouvelles, du moins grâce aux efforts de ce prince pour secouer la poussière sous laquelle bien des chefs-d'œuvre de l'antiquité étaient ensevelis. Nous donnerons aussi un aperçu du cérémonial de la cour, affaire si grave aux yeux des Byzantins, et dont Constantin Porphyrogénète a rassemblé minutieusement les règles pour ses successeurs.

Constantin consacra d'abord ses loisirs à tracer la vie de son grand-père Basile le Macédonien, qu'il propose comme un modèle à ses descendants. On doit s'attendre à trouver dans ce livre, et on y trouve en effet, plutôt un panégyrique que la sévérité de l'histoire. Toutefois, s'il a pallié les torts du fondateur de sa dynastie et mis en relief ses grandes qualités, c'est toujours un mérite de n'avoir loué que ce qui méritait de l'être. On voit que Constantin avait le sentiment des devoirs d'un prince; malheureusement il n'a pas toujours l'énergie de les accomplir. Son premier dessein avait été d'écrire l'histoire entière des empereurs de Constantinople, mais il recula devant l'étendue de cette tâche; il se contenta de remettre à ses secrétaires les matériaux qu'il avait rassemblés, principalement à partir de l'époque à laquelle s'était arrêté Théophane, dont il s'honorait de descendre par sa mère. C'est l'origine de la chronique anonyme publiée sous le titre de *Theophanes continuatus,* et qui s'étend depuis Léon l'Arménien jusqu'à la mort de Romain Lécapène, lorsque déjà Porphyrogénète avait recouvré le pouvoir.

Il avait aussi fait exécuter sous ses yeux, à l'aide des ouvrages rassemblés dans la bibliothèque impériale, un vaste recueil, dans lequel des extraits des principaux historiens anciens étaient classés sous cinquante-trois titres, tels que *des Proclamations des rois,* — *des Conspirations contre les princes* (1), — *des Hauts faits,* — *des Victoires,* — *des Fondations,* — *des Harangues,* — *des Epîtres,* — *des Ambassades,* — *des Sentences,* etc. Ces deux derniers titres et quelques fragments de deux autres nous sont seuls parvenus, et nous ont conservé d'importants fragments de Polybe, Diodore, Denys d'Halicarnasse, Dion Cassius, Appien, et aussi d'historiens plus

---

(1) Une partie de ce *titre*, qui contient des fragments très-importants de Nicolas de Damas, était restée jusqu'à ce jour enfouie dans la bibliothèque de l'Escurial. Ils ont été publiés pour la première fois dans les tomes 2 et 3 des *Fragmenta Historicorum græcorum,* éd. Didot.

récents mais très-instructifs, tels que Dexippe, Eunape, Ménandre le Protecteur, Pierre Patrice, etc. Le recueil entier, sorte de *pandectes historiques* ou d'encyclopédie, aurait pour nous le plus grand intérêt. Cependant on se demande si l'on doit savoir gré à Constantin des fragments que sa compilation nous a conservés, ou plutôt l'accuser d'avoir contribué à la perte des ouvrages entiers dont il a fait faire des extraits. C'est à peu près la même question qui a été souvent débattue à l'occasion du travail de Tribonien sur les jurisconsultes. Nous savons que les abrégés, en satisfaisant une curiosité paresseuse, ont amené trop souvent la perte des originaux précieux. Mais la transcription des livres était dans le moyen âge si dispendieuse que tous ceux qui n'avaient pas un intérêt général, tel que les livres de piété ou les grands écrivains étudiés comme modèles de style, étaient bien exposés à tomber entièrement dans l'oubli. En les rassemblant dans sa bibliothèque et en en donnant des extraits, Constantin ne pouvait que réveiller l'intérêt et exciter le désir de les connaître en entier. Si donc une partie de ceux qu'il avait mis à contribution se sont perdus, on ne doit l'attribuer qu'aux révolutions de Constantinople, à la prise de cette ville par les Latins et par les Turcs, presque également funestes à la littérature, et où le hasard a eu la plus grande part pour la perte ou le salut des livres.

Constantin ne se bornait pas à encourager l'étude de l'histoire : les sciences, si on peut donner ce nom aux faibles vestiges qui s'en conservaient, étaient aussi l'objet de sa protection. Mais à défaut d'hommes capables d'étudier la nature, il faisait rassembler avec plus de zèle que de critique les observations des devanciers. Nous avons de ce règne un recueil intitulé *Géoponiques* et des *Hippiatriques* qui renferment des extraits d'un très-grand nombre d'auteurs sur ces deux objets. Théophane Nonnus composa par son ordre, d'après Oribase et d'autres écrivains anciens, un abrégé des sciences médicales. On peut rapporter à la même impulsion le recueil de beaucoup de petits traités de chirurgie que Nicétas de Constantinople publia un peu plus tard. C'est aussi à l'instigation de Constantin Porphyrogénète que Siméon, surnommé Métaphraste, composa, d'après les anciennes légendes, un recueil de vies des saints, un des livres le plus souvent reproduits dans les siècles suivants. A l'exemple de Léon le Philosophe, Constantin Porphyrogénète a aussi laissé des traités sur la guerre et sur la marine; il donna surtout une application particulière à tout ce qui tenait à l'administration de l'Empire. Nous avons de lui deux livres qui font connaître les provinces entre lesquelles l'Empire était divisé et le nombre de villes que chacune renfermait. Il y joint parfois des renseignements sur l'histoire ancienne, d'autant plus précieux qu'ils sont empruntés à l'ouvrage original d'Étienne de Byzance, dont nous n'avons plus que l'abrégé.

Constantin adressa aussi à son fils Romain, pour servir de guide à sa politique, un livre que les éditeurs modernes ont publié sous le titre *De administrando imperio*, titre qui fait espérer plus que le livre ne tient, du moins quant à l'administration de l'Empire ; mais à d'autres égards il nous fournit les notions les plus curieuses. C'est une suite de notices sur les peuples, plus ou moins barbares, dont l'Empire grec était entouré, tels que les Patzinaces, les Russes, les Turcs ou Hongrois, les Bulgares, et sur les rapports à entretenir avec eux, sur la manière de leur résister et surtout de les opposer l'un à l'autre. Il est triste de voir à quels misérables subterfuges les souverains de Constantinople étaient souvent réduits pour éluder les exigences de tant d'insatiables barbares, et que Constantin enseigne à son fils comme un des secrets de la politique.

L'ouvrage auquel Constantin Porphyrogénète semble s'être attaché avec prédilection est un traité en deux livres, également adressé à son fils Romain, *sur l'ordre à observer dans tous les actes de l'empereur*, en d'autres termes sur le cérémonial de la cour de Byzance. Un seul manuscrit, malheureusement mutilé, et qui contient quelques additions d'une date plus récente, nous a transmis ce curieux ouvrage, qui n'a été imprimé que dans le siècle dernier. Le peintre ou le romancier qui voudrait faire revivre la physionomie de la cour de Byzance trouverait là une mine inépuisable de renseignements.

Constantin nous y fait assister à toutes les cérémonies civiles et religieuses, aux processions, aux jeux du cirque. Il décrit avec une minutieuse exactitude le costume de chaque dignitaire, le rang qu'il doit occuper, la gratification à laquelle il a droit, et jusqu'aux acclamations qu'on doit invariablement proférer. On peut aussi y puiser, au milieu de détails puérils, des indications précieuses sur l'organisation de l'Empire et des souvenirs historiques que l'on chercherait vainement ailleurs. Plusieurs des usages consignés dans ce livre remontent à l'origine de l'Empire, se sont perpétués jusqu'à sa chute, et ont servi de type aux cours occidentales. Nous allons donner dans le chapitre suivant quelques extraits du cérémonial observé dans les solennités principales.

CHAPITRE XVII.

CÉRÉMONIAL DE LA COUR BYZANTINE

Les rites extérieurs occupaient une grande place chez les peuples primitifs, et surtout dans les grandes monarchies de l'Orient et chez les Égyptiens. Les Grecs avaient aussi leurs rites civils et religieux; mais chez eux l'activité, la mobilité de l'esprit, la recherche du progrès, la division de la nation en une foule d'États indépendants et l'instabilité des formes de gouvernement modifiaient fréquemment les usages traditionnels. Lorsque Alexandre le Grand eut renversé l'empire de Darius, il ne tarda pas, soit par calcul politique, soit par vanité, à s'écarter de la simplicité grecque qui régnait même à la cour de Macédoine, et il s'entoura du faste de la Perse, où le souverain était assimilé à un dieu. A son exemple, ses lieutenants, dans les empires qu'ils fondèrent des débris de sa monarchie, imitèrent autant qu'ils purent la pompe des princes orientaux. Les Ptolémées non-seulement se conformèrent dans tout ce qui tenait à la religion de l'Égypte aux traditions sacrées du pays, mais à Alexandrie même, ville toute grecque, ils s'entourèrent d'une cour où toutes les fonctions qui rapprochaient de leur personne étaient fort enviées, et ils souffrirent d'être adorés comme dieux après leur mort et même de leur vivant. Antoine, captivé par Cléopâtre, aurait volontiers échangé l'austérité des mœurs romaines pour cette splendeur orientale; mais Auguste, qui renversa l'empire des Ptolémées au moment où il fondait le sien, se garda bien d'importer ces usages étrangers à Rome, où le sentiment national les eût repoussés. Aucun peuple n'était plus attaché que les Romains à ses anciennes traditions. Les mots *more majorum* avaient sur eux une autorité qu'il eût été impolitique de braver ouvertement. Aussi en changeant les bases de la constitution les empereurs eurent-ils grand soin d'en conserver les formes extérieures, et surtout les *cérémonies* importées, dit-on, pour la plupart de la ville étrusque de Cæré et liées au culte national. Le titre de *pontifex maximus*, que les empereurs joignirent aux fonctions civiles concentrées entre leurs mains, donnait à leur personne un caractère sacré que l'apothéose ou *consécration* confirmait après leur mort. A l'exception de quelques rites importés avec le culte des divinités grecques, des spectacles et des jeux du cirque introduits à la suite de leurs triomphes, les Romains se montrèrent toujours hostiles aux usages étrangers. A l'époque où le despotisme des empereurs ne connaissait pas de bornes, Héliogabale ne réussit pas à populariser à Rome les pompes nouvelles de sa divinité asiatique. Ce n'est qu'à partir d'Aurélien, et surtout de Dioclétien, qui fixa sa résidence à Nicomédie, qu'on voit l'appareil des cours d'Orient, qui revivait dans la nouvelle monarchie des Perses, se mêler aux usages romains.

Enfin Constantin le Grand, en fondant sa nouvelle capitale aux confins de l'Europe et de l'Asie, en créant une hiérarchie de fonctionnaires nouveaux, et surtout en adoptant la religion chrétienne, imprima aux cérémonies publiques, comme à la politique, un caractère particulier, qui est resté pour ses successeurs un type dont ils ne se sont presque pas écartés.

Cette cour gréco-romaine de Byzance, où s'opéra la fusion ou au moins l'assemblage d'usages les plus divers, présente souvent des contrastes bizarres, mais dont l'ensemble n'est dépourvu ni de grandeur ni d'intérêt, et résume en quelque sorte l'ancien monde. Ici l'empereur, couvert d'or et de pierreries, le front ceint d'un bandeau de perles ou chargé d'une tiare (1), se présente entouré d'eunuques aux robes de soie de riches couleurs, comme un monarque asiatique, pendant que les consuls conservent fidèlement, en souvenir de leur autorité passée, les anciens insignes de leur dignité : la toge blanche, le laticlave de pourpre, les souliers blancs, la chaise curule en ivoire et même le licteur et les faisceaux, réduits, il est vrai, à une simple verge d'argent. Près d'eux un chef barbare porte non moins orgueilleusement son costume national et ses riches fourrures. Le patriarche officiant au milieu des splendeurs de Sainte-Sophie ressemble au grand pontife des Juifs dans le temple de Salomon, tandis que les moines, sous leurs sombres manteaux de bure, conservent la règle austère des premiers anachorètes. Le langage ne présente pas moins de diversité : la langue latine, que les empereurs s'efforcent de maintenir pour justifier leur titre de romains, se conserve dans quelques formules consacrées que Constantin Porphyrogénète est obligé de transcrire en lettres grecques et de traduire; en même temps une partie de la garde de l'empereur fait retentir dans le palais ses chants en langue gothique; les professeurs s'étudient à perpétuer dans les écoles la langue attique dans sa pureté; les orateurs chrétiens continuent à faire entendre dans la chaire le style fort et simple du Nouveau-Testament; mais déjà le peuple mêle dans son idiome des formes nouvelles ou barbares qui caractérisent le grec vulgaire.

Du moment où la religion chrétienne, proscrite ou renfermée dans ses sanctuaires, eut été proclamée par Constantin religion de l'État, les cérémonies augustes qu'il se plaisait à entourer de la pompe réservée jusque alors au culte païen se produisirent avec éclat, et s'unirent aux actes principaux de la vie publique des empereurs. Presque toutes les cérémonies et les fêtes qui pouvaient rappeler de près ou de loin le polythéisme furent abolies à Constantinople. Cependant les jeux du cirque trouvèrent grâce, malgré leur origine païenne, et continuèrent à être présidés par les empereurs (1), dont quelques-uns partagèrent le goût frénétique du peuple pour ce genre de spectacle. N'ayant pu les proscrire, on les sanctifia par quelques pratiques religieuses : aux premiers sons de la crécelle de bois des églises qui annonçait le commencement du jour des courses, les concurrents se rendaient à l'église, allumaient des cierges, communiaient et descendaient ensuite dans l'arène, après avoir adressé une dernière prière devant l'oratoire de la mère de Dieu qui décorait le portique extérieur du cirque. Un empereur eut même l'idée de faire couronner les cochers vainqueurs par une statue de la Vierge. Les courses annuelles du 11 mai, date de la fondation de Constantinople, étaient les plus brillantes. La veille l'empereur distribuait au peuple dans le cirque des gâteaux, des légumes et des poissons. Il y avait une autre course, que l'on désignait encore quelquefois sous le nom païen des *Lupercales*.

Les *Brumalia*, dont l'origine remontait presque au berceau de Rome, s'étaient aussi conservées sous les premiers empereurs de Constantinople. Romain Lécapène les supprima, sous prétexte de piété, mais peut-être par avarice, car c'était l'habitude de distribuer à cette époque des gratifications à tous les fonctionnaires. Constantin Porphyrogénète revint sur cette décision, ne partageant pas un scrupule qui n'avait arrêté ni Constantin le Grand, ni Théodose, ni Marcien, ni Justinien, en un mot aucun de ces pieux empereurs *que j'appellerais presque,* dit-il, *des demi-dieux*. Il célébra les *Brumalia* de la manière la plus splendide. Le temps des *Brumalia* commençait dans les derniers jours de novembre, et se prolongeait durant vingt-quatre jours, désignés par chacune des vingt-quatre lettres de l'alphabet. Au jour marqué par la lettre initiale du nom du prince régnant, l'empereur conviait le sénat et les dignitaires de la cour à un festin suivi de chants et de danses, et il leur distribuait de l'or et de riches habits. Les princes de la famille im-

(1) Voir les pl. 8, 10, 11 et 12, qui représentent Justinien, Basile le Macédonien, Nicéphore Botoniate, Michel et Andronic Paléologue, et donnent une idée des costumes impériaux.

(1) Voy pl. 32 un fragment de diptyque représentant les courses de l'Hippodrome.

périale fêtaient de la même manière les jours des *Brumalia* où tombait l'initiale de leur nom, et l'impératrice réunissait aussi à son jour les dames de la cour, auxquelles elle donnait des robes de soie et d'autres cadeaux.

Nous trouvons aussi dans le livre de Porphyrogénète une description de la fête des vendanges. Les empereurs se rendaient à leur palais de plaisance d'Hérée. Une table de marbre était dressée sous une belle treille. On y apportait un tonneau rempli de raisin. Le patriarche prenait une grappe, et après l'avoir bénie il l'offrait à l'empereur. Celui-ci distribuait à son tour des grappes de raisin aux patrices, aux officiers et aux sénateurs. Pendant ce temps les deux troupes ou *dèmes* des *verts* et des *bleus*, qui dans toutes les fêtes byzantines figuraient le peuple, faisaient entendre des chants analogues à la circonstance et recevaient six pièces de monnaie par tête. Ces vacances des vendanges, qui se prolongeaient d'ordinaire durant tout le mois de septembre, toute affaire cessante, restent au milieu du cérémonial byzantin comme un dernier souvenir des mœurs rurales des anciens Romains.

La plus grande partie du livre de Constantin Porphyrogénète est consacrée à la description des cérémonies religieuses et des processions auxquelles les empereurs assistaient dans les nombreuses fêtes de la liturgie grecque. C'est là que leur piété se plaisait surtout à faire éclater les richesses de l'Empire. La pompe de ces cérémonies a souvent déterminé la conversion des barbares qui en étaient témoins; et des ambassadeurs slaves, qui cependant avaient assisté précédemment aux offices dans les églises de Rome, déclarèrent en sortant de Sainte-Sophie que, frappés d'une stupeur religieuse, ils avaient cru voir les cieux entr'ouverts et assister aux concerts des anges. La description de ces fêtes nous entraînerait beaucoup trop loin et ne présenterait qu'un faible intérêt, le fonds en étant commun à toute la catholicité. Nous aurons ailleurs occasion de revenir sur les usages particuliers à l'Église d'Orient. Ici nous préférons faire connaître quelques cérémonies politiques, telles que le couronnement des empereurs et la réception des ambassadeurs étrangers.

Cérémonies à observer pour le couronnement d'un empereur.

Le sénat, les officiers des gardes et tous les grands dignitaires se rendent au-devant du monarque. Il sort du palais *Augusteon* vêtu d'un manteau militaire (σκαραμάγγιον) et d'une *saie* (σάγιον), accompagné de ses *cubiculaires* ou chambellans. Il s'arrête d'abord dans la salle nommée *Onopodion*, où a lieu la première réception, celle des patrices. Le maître des cérémonies dit : *À vos ordres*; et alors tous font éclater ce vœu : *Pour de nombreuses et bonnes années!* Le cortége se rend ensuite au grand *consistoire*, où se sont rassemblés les consuls et les autres sénateurs. L'empereur se place sous le dais, les sénateurs et les patrices se prosternent devant lui, et lui adressent leurs vœux pour sa conservation. De là le cortége se rend à l'église en passant devant les gardes et les *sections* de la ville (τὰ μέρη), qui font retentir l'air de leurs acclamations. Le prince est d'abord introduit dans le *mutatorium* ou diaconat, où il revêt les insignes nommés *divitisium* et *tzitzacium*; puis il fait son entrée avec le patriarche, allume des cierges aux portes d'argent, traverse la nef et le chœur, fait une prière aux portes du sanctuaire, et monte à l'*ambon*. Le patriarche fait une prière sur la *chlamyde* dont les chambellans revêtent l'empereur, puis il bénit le manteau royal, et en ceint lui-même le front du nouvel élu. A ce moment le peuple s'écrie par trois fois : *Saint! saint! saint! Gloire à Dieu au plus haut des cieux et paix sur terre à notre grand empereur et autocrator, auquel Dieu donne de nombreuses années!* L'empereur retourne dans le mutatorium, où il s'asseoit sur un trône, et tous les fonctionnaires, dans leur ordre hiérarchique, viennent successivement se prosterner devant lui et baiser ses genoux.

Cette cérémonie religieuse du couronnement était, dans bien des circonstances, précédée d'une proclamation, dont le caractère variait suivant que le prince était désigné par son prédécesseur, élu par le sénat ou porté sur le pavoi par les troupes. Le livre du cérémonial nous a conservé les actes de diverses élections où l'on retrouve quelques souvenirs de l'ancienne constitution et où l'on invoque encore *la majesté du peuple romain*.

Lors de l'élection de Léon Ier par le sénat tous les fonctionnaires, le clergé, les troupes, se rassemblèrent dans le Champ de Mars. Les *labarum* et les autres enseignes furent posés à terre. Le peuple s'écria trois fois : ô Dieu, écoute nous ! vive Léon ! Léon doit régner ! ô Dieu ami des hommes, la république (τὸ πρᾶγμα τὸ δημόσιον) demande Léon pour empereur ! l'armée demande Léon ! les lois attendent Léon ! C'est le vœu du palais, le vœu du sénat, le vœu de l'armée, le vœu du peuple ! Après beaucoup d'autres acclamations analogues, Léon monta sur le tribunal : deux généraux placèrent sur sa tête et dans sa main leurs colliers militaires, d'après un ancien usage. On releva les labarums et les enseignes, et la foule s'écria : Léon auguste, victorieux, pieux, Dieu t'a élevé ; il veillera sur toi. Alors les gardes désignés sous le nom de *candidati* formèrent avec leurs boucliers une voûte au-dessus de la tête de l'empereur. On le revêtit de la robe et des insignes impériaux, et on lui remit la lance et le *scutum* qu'on remarque sur la plupart des monnaies. Tous les magistrats vinrent lui rendre hommage, et Léon adressa ensuite à la foule par la voix du *libellaris* l'allocution suivante, souvent interrompue par les acclamations de l'assemblée : « *L'empereur César Léon victorieux, toujours auguste. Le Dieu tout-puissant de votre choix, valeureux soldats, m'a appelé à devenir empereur de la république romaine.* — (La foule : Léon auguste, sois victorieux ! Dieu qui t'a choisi te maintiendra ; il protégera ton règne pieux !). — L'empereur : *Vous aurez en moi un souverain qui partagera vos travaux militaires ; j'en ai fait l'apprentissage dans vos rangs.* (L'armée te veut pour empereur, ô victorieux ! Nous te voulons tous !) — *Je sais les obligations que j'ai à la force armée...* (nouvelles acclamations); *pour le saint et heureux avénement de mon règne je donnerai cinq pièces d'or et une livre d'argent par tête...* (La foule : Tu es pieux et libéral ! Grâce à toi, nous aurons honneur et fortune ! Ton règne heureux nous rendra l'âge d'or !) — L'empereur : *Que Dieu soit avec vous !* »

Quelquefois les plaintes du peuple se faisaient jour par des acclamations qui n'étaient pas du programme. A la mort de Zénon les sénateurs, les fonctionnaires et le patriarche se réunirent avant le jour dans le portique devant le palais. Le peuple se rendit dans le cirque, et occupa les places accoutumées, les soldats remplissaient l'arène. Il se faisait grand bruit et grand tumulte. Les magistrats conseillèrent à l'impératrice Ariadne de se montrer. Elle vint revêtue de la chlamyde impériale et accompagnée de tous les dignitaires du palais. A sa vue le peuple fit éclater les cris de « Vive l'impératrice auguste Ariadne, pieuse et victorieuse ! Seigneur, ayez pitié (Κύριε, ἐλέησον !) Il faut au monde un empereur orthodoxe ! » L'impératrice fit lire l'allocution suivante : *Votre générosité a manifesté dans cette circonstance, comme toujours, les sentiments les plus convenables à la majesté du peuple en maintenant l'ordre public et en respectant les droits de la royauté...* (Le peuple interrompant : Nous sommes les serviteurs de l'augusta ; Seigneur, donne longue vie à Ariadne auguste ! Mais il faut au monde un empereur romain !). L'impératrice : *Même avant vos demandes nous avons ordonné aux très-glorieux archontes et au sacré sénat, avec l'approbation de notre brave armée, d'élire un empereur chrétien, romain, plein de toutes les vertus impériales, qui ne soit sujet ni à l'avarice, ni, autant que cela peut être donné aux hommes, à aucune passion...* (Acclamations : Roi des cieux, donne à la terre un roi désintéressé !). *Pour arriver à un choix pur et agréable à Dieu, nous avons ordonné aux très-glorieux archontes, au sacré sénat, avec le concours de notre brave armée, que l'élection ait lieu devant les saints Évangiles et en présence du très-saint patriarche de cette ville impériale, afin que personne n'écoute ni l'affection, ni la haine, ni l'intrigue, ni la parenté, ni aucun intérêt particulier, mais qu'il procède à cette élection avec une conscience pure et entièrement soumise aux volontés de Dieu ;*

et comme c'est une chose si importante et qu'il y va du salut du monde, il convient que votre majesté accorde quelques délais pour procéder convenablement aux obsèques de Zénon, de bienheureuse mémoire, et afin qu'une élection précipitée ne devienne pas une source de regrets... (Ici éclatèrent les cris divers de la foule : Rétablis l'ordre et l'abondance dans la ville! Mets à la porte le voleur de préfet de la ville! Vive l'impératrice! Nous aurons tous les biens, ô Romaine, si rien d'étranger ne se mêle au peuple romain...) Ariadne reprit : *Nous rendons grâce au seigneur Dieu de ce que tout ce qui vous paraît utile et désirable est venu dans notre pensée et a été accompli par nous avant même votre demande; car avant de nous rendre ici, pensant que vous aviez besoin d'un homme sage et occupé de votre bien-être, nous avons devancé vos vœux, et, avec l'aide de Dieu, promu à la dignité de préfet de la ville le très-glorieux Julien....* (C'est un bon début! Vive l'augusta! vive les archontes!) *Il appartient donc à votre majesté*, reprit l'impératrice en s'adressant au peuple, *d'observer comme toujours l'ordre public; et puisque Dieu d'abord et nous ensuite nous veillons à votre bien-être et à tous vos intérêts, attendez que les suffrages des glorieux archontes, du sacré sénat, avec l'approbation de nos braves armées, aient élevé au trône un homme orthodoxe et pur. Puisse l'envie être écartée de cette délibération importante et des conseils de l'État.* » Après cette allocution l'impératrice se retira, suivie de tous les fonctionnaires, qui plus tard se réunirent pour procéder à l'élection. La discussion fut vive et orageuse ; enfin le *præpositus* Urbicius proposa de s'en remettre au choix de l'impératrice, qui désigna le silentiaire Anastase.

D'autres chapitres nous ont conservé les actes de l'élection de Justin, de Justinien, de Léon le Jeune; d'autres font connaître les formes à observer pour la désignation d'un César, d'un nobilissime, d'un président du sénat, etc. Mais nous allons passer aux règles observées dans la réception des ambassadeurs, un des objets qui ont conservé le plus d'importance dans les relations diplomatiques, les moindres détails d'étiquette prenant souvent, dans ce cas, les proportions d'une question d'honneur national.

La réception à faire à un ambassadeur variait selon sa qualité personnelle et selon l'importance du souverain qu'il représentait. Une ambassade du roi des Perses, tant que subsista cet empire, était toujours reçue avec le plus grand apparat. L'empereur envoyait à sa rencontre jusqu'à l'extrême frontière un *illustris*, un *silentiaire* ou quelque autre dignitaire qui se rendait ordinairement à Nisibis, et remettait à l'ambassadeur persan une lettre de l'empereur ou du maître des offices, pour lui notifier la mission qu'il avait reçue de le conduire avec tous les soins possibles dans la capitale de l'Empire. Le gouverneur de Daras, à la tête de la garnison de la frontière, se portait au-devant de l'ambassadeur, et tout en lui rendant honneur il devait aussi veiller à ce qu'un trop grand nombre de Perses, sous prétexte d'escorter leurs députés ne pénétrassent pas dans Daras pour s'en emparer. Tous les frais du voyage, calculé sur une durée de cent trois jours, étaient supportés par les provinces. On fournissait à l'ambassadeur, d'après les traités (*pacta*), cinq chevaux de poste (*veredi*), et trente chevaux ou mulets pour sa suite et quelquefois davantage. Lorsque l'empereur voulait témoigner à un ambassadeur sa bienveillance particulière, il envoyait à Antioche quelque haut fonctionnaire pour le complimenter et s'informer de sa santé. À Hélénopolis des chevaux et des bateaux devaient être préparés pour qu'il choisît la voie qu'il préférait pour achever son voyage jusqu'à Chalcédoine. Dans cette dernière ville l'ambassadeur trouvait un hôtel prêt pour le recevoir avec sa suite le nombre de jours qu'il voulait s'y arrêter. C'est là qu'on lui envoyait les présents d'hospitalité. Dans la capitale on avait soin de préparer un hôtel proportionné au rang de l'ambassadeur et au nombre des personnes de sa suite. Cet hôtel était meublé par les soins du préfet de la ville et du *comes privati* (intendant du trésor privé). Les bains les plus voisins, si l'hôtel n'en renfermait pas, étaient mis à la disposition exclusive de l'ambassadeur; des hommes de peine (ὕπεραι) étaient affectés à son service. A son débarquement il trouvait des chevaux des écuries de l'empereur. Un spathaire ou aide de camp le recevait et le conduisait à son hôtel, et lui annonçait que le maître des offices viendrait le visiter quand il serait reposé. Cette visite avait lieu le lendemain ou le surlendemain. Le maître des offices devait d'abord demander des nouvelles de la santé du roi, de la famille royale et de toute la cour; puis il s'informait si l'ambassadeur n'avait éprouvé aucun désagrément durant son voyage. « Nous avons reçu l'ordre de notre très-pieux souverain, disait-il, de vous entourer de soins : si donc quelque chose a été négligé, la faute en est à nous, et nous vous prions de ne pas vous en affecter, mais de nous le faire connaître pour que cela soit réparé. »

Lorsque le jour de l'audience impériale était fixé, des ordres étaient donnés la veille pour assurer l'éclat de cette réception. L'*admissionalis* veillait à ce que les troupes fussent à leurs postes avec les porteurs de labarum. Tous les archontes mettaient leurs robes de soie. L'ambassadeur faisait son entrée par la porte royale, et s'arrêtait dans la salle d'attente du consistoire. Le maître des offices s'informait s'il avait des présents pour l'empereur, et après les avoir examinés il allait en rendre compte à son maître. Lorsque l'empereur était assis sur son trône dans le grand consistoire, entouré de tous les archontes, les *candidats* armés, rangés de droite et de gauche ainsi que les plus beaux esclaves, on adressait à l'ambassadeur une *citation* en réponse à la demande d'introduction que les interprètes de l'ambassade avaient présentée. Cette citation tracée en grands caractères portait par exemple : « Introduisez Jesdek, ambassadeur de Chosroès, roi des Perses, et sa suite. » Alors on ouvrait les portes du consistoire. Au cri de *Leva* on relevait les portières de soie; l'ambassadeur se prosternait sur le seuil de porphyre, saluait; puis après avoir franchi la porte, il se prosternait une seconde fois, puis une troisième, et venait baiser les pieds de l'empereur. Après quoi il présentait la lettre dont il était porteur, et adressait de vive voix les salutations de son souverain. L'empereur devait demander : « Comment se porte notre frère avec l'aide de Dieu !.... Nous sommes charmé de sa bonne santé, » et autres phrases de ce genre qu'il lui plaisait d'ajouter. « Ton frère, reprenait l'ambassadeur, t'a envoyé des présents, et je te prie de les recevoir. » Sur un signe de l'empereur il sortait pour chercher les présents préparés dans la salle d'attente, et rentrait suivi des personnes de l'ambassade portant chacune un objet, tel que robes précieuses ou bijoux. Si parmi les présents il y avait des chevaux, on ouvrait les trois portes du consistoire, et on les faisait passer devant l'empereur. Les présents étaient remis aux silentiaires, qui les portaient au vestiaire impérial, où l'estimation en était faite immédiatement pour guider l'empereur sur la valeur des présents qu'il devait envoyer en retour. Après avoir reçu les présents, l'empereur congédiait l'ambassadeur en lui disant : « Repose-toi quelques jours, et si nous avons à causer ensemble, nous causerons; puis je verrai à te renvoyer avec satisfaction à notre frère. » L'ambassadeur se prosternait de nouveau, et se retirait avec les mêmes cérémonies qu'à son entrée. Ces réceptions étaient presque toujours suivies d'un grand banquet, où l'ambassadeur s'asseyait à la table de l'empereur avec quelques-uns des premiers fonctionnaires de la cour.

Tel était à peu près le cérémonial pour toutes ces réceptions, à l'exception des ambassadeurs d'Italie, lorsqu'il y avait encore des empereurs d'Occident reconnus par ceux de Constantinople : ceux-ci n'étaient pas considérés comme des étrangers. Ils ne se présentaient pas armés à l'audience de l'empereur comme faisaient les Barbares. On s'informait d'avance de la dignité dont ils étaient revêtus. Si c'était un préfet on envoyait à sa rencontre un *proximus admissionum*, ou un simple appariteur s'il avait un rang inférieur. Mais si c'était un *comes largitionum* ou quelque fonctionnaire ayant titre d'*illustris*, il était introduit par un *admissionalis*. Quelquefois l'empereur ordonnait à des *libellenses* (sorte de sténographes) de recueillir les paroles de l'ambassadeur. Lorsqu'il s'était acquitté de sa mission, il prenait place parmi les officiers de l'empereur selon son rang, ainsi que les personnes de sa suite, et ils participaient aux libéralités de l'empereur, de même que les officiers à son service. Ils jouissaient aussi à Constantinople d'une liberté que n'avaient pas les ambassadeurs étrangers; car ceux-ci, au milieu des honneurs dont on les entourait, étaient tenus à peu près en chartre privée, et ne communiquaient qu'avec les fonctionnaires désignés pour les recevoir.

Il est assez curieux de comparer aux règles du cérémonial tracées par Constantin Porphyrogénète le récit que son contemporain l'évêque Luitprand nous a laissé de ses deux ambassades à Constantinople. La première eut lieu vers le commencement du règne de Constantin. Ce prince, informé que depuis la mort de Hugues, roi d'Italie, Bérenger, qui gouvernait au nom de Lothaire, était devenu très-puissant, lui envoya des députés pour lier avec lui des relations d'amitié, et pour lui recommander le jeune prince auquel l'empereur grec portait intérêt, à cause du mariage de Berthe, sœur de Lothaire, avec son fils Romain. Bérenger chargea de sa réponse son secrétaire Luitprand, alors fort jeune encore, et dont la famille accepta volontiers de subvenir à tous les frais du voyage pour lui procurer l'avantage de s'instruire dans la langue grecque.

De Pavie Luitpand se rendit, au mois d'août 948, à Venise, où il rencontra un chambellan de l'empereur grec, qui revenait d'une mission en Espagne et en Saxe, et ramenait des ambassadeurs du khalife d'Espagne, et Luitfred, ambassadeur du roi Othon. Ils s'embarquèrent ensemble le 23 août, et arrivèrent à Constantinople le 15 de septembre. L'empereur reçut les ambassadeurs dans le palais de Magnaure. La salle d'audience était ornée d'un arbre en bronze doré sur les branches duquel on voyait des oiseaux divers de même métal. Constantin était assis sur un vaste trône d'or orné de lions. Au moment où Luitprand s'avança, appuyé sur les épaules de deux eunuques, tous les oiseaux firent entendre leurs différents ramages et les lions rugirent; mais Luitprand, qui était prévenu, ne témoigna, dit-il, ni étonnement ni frayeur; mais il ne fut pas peu surpris lorsque, après s'être prosterné trois fois, il leva les yeux, de voir que le trône avait été guindé jusqu'au plafond par un mécanisme caché, et que l'empereur était revêtu d'un autre costume. « La distance autant que l'usage, dit-il, s'opposait à ce que l'empereur lui adressât directement la parole; ce fut le *logothète* qui lui demanda des nouvelles de Bérenger; après quoi on le congédia. »

Luitprand raconte que Bérenger, qui était fort avare, ne lui ayant pas remis de présents pour l'empereur, il prit le parti d'offrir de la part de son maître ceux dont il s'était muni pour donner en son propre nom. C'étaient des armes bien travaillées, des coupes de vermeil et quatre eunuques, dont la ville de Verdun faisait alors un grand commerce avec l'Espagne. Ce dernier présent fut le mieux accueilli. Le père de Luitprand, qui avait aussi rempli précédemment une ambassade à Constantinople, s'était signalé par un hommage plus rare. Attaqué en route, près de Thessalonique, par des Slaves rebelles, il les avait défaits, et présenta leurs chefs captifs à l'empereur Romain, qui le traita avec la plus grande distinction. Mais la réception fut troublée par un incident assez comique. Au nombre des présents envoyés à Romain par le roi Hugues étaient deux chiens comme on n'en avait jamais vu en Orient : ces animaux, auxquels le costume de l'empereur parut apparemment étrange, s'élancèrent sur lui, et on eut toutes les peines du monde à les retenir et à les empêcher de le déchirer.

Luitprand décrit aussi le festin qui avait lieu le jour de Noël dans la salle dite des Dix-Neuf Lits, où les convives étaient couchés, selon l'usage antique. Le service se faisait tout entier en vaisselle d'or, et au dessert les fruits étaient servis dans trois vases d'or si pesants qu'on les apportait sur une machine roulante couverte de pourpre. Pour les placer sur la table on faisait descendre d'une ouverture du plafond des cordes, couvertes de peau dorées et terminées par des anneaux dans lesquels s'accrochaient les anses de ces plats. On les soulevait au moyen d'une poulie, et quatre hommes faisaient glisser sur la table ce surtout colossal.

Pendant le banquet, des baladins et

des équilibristes distrayaient les convives par leurs tours de force. Luitprand admira surtout un homme qui tenait en équilibre sur son front une perche de vingt-quatre pieds sur laquelle deux enfants vêtus seulement de ceintures se jouaient sans la faire vaciller.

L'ambassadeur de Bérenger assista dans la semaine des Rameaux à la distribution des gratifications. (On sait que les sultans de Constantinople ont longtemps conservé l'usage de faire assister de même les ambassadeurs à la paye des Janissaires, pour donner une haute idée de leurs richesses.) Une table longue de dix coudées et large de quatre était, dit Luitprand, entièrement couverte de numéraire renfermé dans des bourses, dont chacune portait sur une étiquette la somme qu'elle contenait et la personne à qui elle était destinée. On appelait selon leur rang les fonctionnaires civils et militaires. Le curopalate entra le premier : on lui plaça non dans les mains, mais sur l'épaule, une pleine saccoche et quatre manteaux (*scaramangia*). Le grand domestique et le grand amiral, égaux en dignité, vinrent ensuite. La somme qu'on leur remit était si considérable qu'ils avaient peine à la traîner ; puis les vingt-quatre *magistri* reçurent chacun vingt-quatre livres d'or et deux manteaux ; puis les *patrices*, les *spathaires*, les *candidati* et toute la foule des fonctionnaires arrivèrent à la file.

La seconde ambassade de Luitprand, alors évêque, eut lieu sous des auspices beaucoup moins favorables. Nicéphore Phocas, près duquel il avait été envoyé par l'empereur Othon, croyant avoir à se plaindre de ce souverain, fit subir toutes sortes d'avanies à son ambassadeur. Luitprand s'en est vengé en déversant le ridicule à pleines mains sur Nicéphore et sur sa cour dans la relation de son ambassade qu'il adressa aux deux empereurs Othon. Après avoir fait un portrait grotesque de l'empereur grec, il décrit ainsi son cortège : « Depuis la porte du palais jusqu'à Sainte-Sophie, une foule de marchands et de gens du commun, rassemblés pour cette solennité, formaient la haie de droite et de gauche, portant de tout petits boucliers et de méchantes lances. La plus grande partie du peuple était pieds nus, apparemment pour faire plus d'honneur à l'empereur. Les grands seigneurs qui l'accompagnaient n'étaient vêtus que de tuniques longues et fort usées. Ils auraient été beaucoup plus décemment dans leurs habits de tous les jours. Il n'est pas une de ces tuniques que leurs grands-pères aient portée neuve. Personne n'avait ni drap d'or ni pierreries, à l'exception de Nicéphore. Mais ces habits impériaux, qui n'avaient évidemment pas été faits pour lui, le rendaient encore plus laid. « Je puis vous assurer, ajoute-t-il, qu'il n'est pas une robe d'un de vos courtisans qui ne vaille cent fois plus que celle-là. »

Chaque conférence, chaque réunion amenait des discussions. Accompagnait-il l'empereur à cheval dans une promenade, on voulait lui faire ôter son chapeau. On ne pouvait, lui disait-on, en présence du souverain couvrir sa tête que d'un mouchoir ; Luitprand défendait son droit de conserver les usages de son pays, de même que les ambassadeurs grecs étaient reçus à la cour d'Occident avec leur barbe et leur costume étrange. A un dîner où l'empereur l'avait convié, mais ne lui avait donné que la quinzième place, Nicéphore se mit à dénigrer l'armée d'Othon, prétendant que les Occidentaux ne savaient pas même monter à cheval, que leurs armures pesantes et leur gloutonnerie les rendaient incapables de se remuer. Il finit en disant qu'ils n'avaient pas droit au titre de Romains, et n'étaient que des Lombards. Luitprand répondit sur le même ton, traitant de haut en bas les descendants des brigands rassemblés par Romulus l'enfant trouvé, le fratricide, et il s'emporta jusqu'à dire : « Quant à nous Lombards, Saxons, Francs, Lorrains, Bourguignons, nous ne trouvons pas d'injure plus grande à dire à nos ennemis que de les traiter de Romains, car ce nom seul exprime tout ce qu'il y a de lâcheté, d'avarice, de luxure, de mensonges et de vices. »

Après cette sortie, l'alliance matrimoniale que Luitprand était venu négocier avait peu de chances de succès, et ce langage s'écartait singulièrement des formes habituelles de la diplomatie byzantine.

Revenons au livre de Constantin Porphyrogénète : on y trouve les formules des salutations qui devaient être échangées avec toutes les puissances, le protocole des lettres, et jusqu'à la grandeur des sceaux d'or qui devaient y être appendus. Les ambassadeurs du pape s'adressaient en ces termes à l'empereur : « Les plus grands des saints apôtres, Pierre, qui tient les clefs des cieux, et Paul, l'instituteur des nations, te visitent. Notre père spirituel N.   , le très-saint patriarche universel, les évêques, les diacres et tout le clergé de la sainte Église de Rome t'adressent, ô empereur, leurs fidèles prières par notre humilité... » Le logothète demandait : « Comment se porte le très-saint évêque de Rome, le père spirituel de notre saint empereur ? Comment se portent les évêques ? etc. » Les ambassadeurs du khalife, avec ce mélange de mysticisme et d'emphase habituel aux Orientaux, disaient : « Paix et miséricorde, joie et gloire de la part de Dieu au haut et puissant empereur des Romains ; prospérité, santé et longue vie de la part du Seigneur à toi, pacifique et débonnaire empereur. Que le soleil de la justice se lève en tes jours ainsi que l'abondance de la paix ! » A leur tour les ambassadeurs grecs employaient à peu près le même style pour saluer le khalife. « Réjouis-toi, disaient-ils, toi qui te réjouis dans la paix, qui es prudent en tes conseils, plein de douceur et de clémence. Jouis de la santé, de la joie, de la paix sur terre et sur mer, très-magnifique et très-glorieux Amer-Moumnès, etc. » Au prince des Bulgares l'empereur donnait le titre de « notre fils spirituel ». Pour les rois de France, de Saxe et de Bavière le protocole était : Au nom du Père et du Fils et du Saint-Esprit, notre seul unique et véritable Dieu, à notre très-cher frère spirituel le roi.... Enfin on trouve une page entière de qualifications honorifiques que la flexibilité et la richesse de la langue grecque permettaient de varier et de graduer de mille manières pour tous les chefs, petits ou grands, avec lesquels les souverains de Constantinople se trouvaient en rapport.

Nous terminerons ces extraits par quelques détails sur les pompes triomphales, bien mesquines sans doute si on les compare à celles de la république lorsqu'un Memmius, un Paul Émile, un Pompée rapportaient à Rome comme trophées les chefs-d'œuvre de la Grèce, les richesses de la Macédoine et de l'Asie. Nous avons déjà mentionné dans cette histoire les triomphes les plus remarquables dont Constantinople fut témoin : celui de Bélisaire après la conquête de Carthage ; et celui d'Héraclius à la suite de ses victoires sur les Perses. Constantin Porphyrogénète retrace en détail la rentrée de l'empereur Théophile dans sa capitale au retour de l'expédition où il avait vaincu les Sarrasins, et celle de Basile le Macédonien et de son fils Constantin après leur victoire de Tephrique (en 872).

Dans cette dernière occasion toute la population de Constantinople s'était portée au-devant du souverain, avec des couronnes de roses et d'autres fleurs, jusqu'à la plaine de l'*Hebdomon*, où le sénat le complimenta. Basile entra dans l'église du Précurseur pour allumer des cierges, et de là il se rendit à cheval, bannières déployées, à l'église de la Vierge hors des murs, où il fit aussi une station et alluma des cierges ; puis il entra dans Constantinople par la porte d'Or. Le préfet de la ville avait fait décorer tout le cours, que le cortège devait suivre jusqu'au palais, de laurier, de romarin, de myrte et de roses, de riches tentures et de candélabres ; le sol était jonché de fleurs. Dans la plaine qui s'étend près des portes de la ville des tentes avaient été dressées, où on avait rassemblé les plus remarquables des prisonniers sarrasins, le butin, les armes, les drapeaux enlevés à l'ennemi. Ces trophées furent portés à travers la ville, depuis la porte d'Or jusqu'au palais. L'empereur fit son entrée revêtu d'une tunique d'or brodée de perles, ceint de son épée et le diadème des Césars sur la tête. Son fils tenait à la main une lance d'or ornée de perles ; sa tête était couverte d'une sorte de mître blanche, sur laquelle était brodée une couronne d'or. Tous deux étaient montés sur des chevaux blancs, dont les housses resplendissaient de pierreries. Les démarques, revêtus de leurs costumes les plus brillants, vinrent offrir leurs félicitations et une couronne d'or à l'empereur, qui leur fit en retour une gratification généreuse. Le cortége, grossi des *sections* de la ville, se dirigea par le *Xérolophos* et le Capitole (Constantinople avait aussi son capitole), et le forum à l'église de la Vierge, où le patriarche reçut l'empereur. Les princes déposèrent leurs attributs de guerre, et, revêtus de leurs costumes civils, précédés des vases sacrés, des labarums, des bannières, des croix, des sceptres et des flammes d'or, ils allèrent entendre la fin de l'office dans la grande église de Sainte-Sophie. Un banquet d'apparat et des gratifications abondantes terminèrent cette journée.

Souvent ces triomphes des empereurs de Constantinople se terminaient par une démonstration empruntée aux anciens usages orientaux, et que l'esprit de modération du christianisme aurait dû faire abolir. Nous voulons parler de l'habitude de fouler aux pieds les vaincus, orgueilleux abus de la victoire que nous avons vu Justinien Rhinotmète étendre à ses compétiteurs malheureux. Constantin Porphyrogénète décrit ainsi une scène de ce genre. « Les prisonniers sarrasins sont amenés en présence de l'empereur par le *grand domestique* et les généraux qui ont pris part à l'expédition. Les soldats romains tiennent les lances et les drapeaux enlevés à l'ennemi. Le chantre entonne l'hymne de victoire de Moïse : *Chantons le Seigneur, il a fait éclater sa gloire, il a précipité dans la mer chevaux et cavaliers...* Ensuite le grand domestique et le logothète prennent l'émir le plus élevé en dignité parmi les prisonniers, et le prosternent aux pieds de l'empereur, qui lui pose le pied droit sur la tête. En même temps le grand écuyer lui appuie sur le col la lance que l'empereur tient dans sa main droite. Au même moment tous les captifs se jettent à terre ; les soldats renversent les enseignes et les lances des ennemis, et le premier chantre commence le psaume de David : *Quel est le Dieu grand comme notre Dieu....*, jusqu'aux mots : *soumets sous leurs pieds tout ennemi, tout adversaire !* A quoi le peuple répond en s'écriant quarante fois : *Kyrie, eleïson.* Ensuite le patriarche fait entendre les mots : Tu es le Dieu de miséricorde et de bonté ! Alors tous les prisonniers et celui que l'empereur foulait aux pieds se relèvent, et se retirent en marchant à rebours. Le peuple fait alors éclater de nouveau ses exclamations et ses vœux pour l'empereur. »

CHAPITRE XVIII.

ROMAIN II. — NICÉPHORE PHOCAS. — TZIMISCÈS. — BASILE II ET CONSTANTIN VIII.

Romain II, resté seul maître du trône, à vingt et un ans, par la mort prématurée de son père, qui fit planer sur lui et surtout sur sa femme le soupçon d'un parricide, mourut lui-même au bout de trois ans, victime, selon les uns, d'un nouveau crime de Théophano, selon d'autres ayant épuisé sa vie dans l'excès des plaisirs où l'entraînaient la fougue du jeune âge et les calculs intéressés des courtisans. Ils réussirent à étouffer en lui les heureuses dispositions de la nature et les sages instructions de son père, et s'emparèrent de la direction des affaires en vantant l'infatigable activité du prince, qui, après avoir le matin présidé les jeux du cirque et fait sa partie de paume, trouvait encore le temps dans la même journée d'aller chasser un sanglier sur la côte d'Asie. Un tel règne n'aurait pas laissé de traces dans l'histoire, si deux généraux, fils du brave Bardas, Léon et Nicéphore Phocas, ne l'avaient illustré par leurs victoires sur l'émir d'Alep et par la conquête de la Crète.

Depuis que les Sarrasins d'Espagne s'étaient emparés de cette île, en 824, les Grecs avaient fait bien des tentatives infructueuses pour la recouvrer. Constantin Porphyrogénète y avait envoyé en 949 une expédition très-considérable, pour laquelle il n'avait épargné aucune dépense (1), mais qui échoua complétement par l'incapacité de l'eunuque Gongylès, auquel il en avait confié le commandement. Les Crétois mahométans, enflés par cette victoire, infestèrent avec plus d'audace que jamais les côtes de la mer. Lorsque, à l'avénement de Romain le jeune, Nicéphore Phocas, alors commandant en chef des troupes d'O-

(1) Cet armement est décrit en grand détail dans le livre II, chap. 45, de l'ouvrage de Constantin Porphyrogénète sur les usages de la cour impériale.

rient, proposa d'attaquer la Crète, il rencontra la plus vive opposition dans le conseil, où l'on exagéra les difficultés de l'entreprise. Il parvint cependant à faire prévaloir son opinion, qu'il justifia par le succès.

Précédé par l'effroi qu'inspiraient ses précédentes victoires, Phocas aborda la côte de Crète sous les yeux des Sarrasins, sans qu'ils essayassent de s'opposer à son débarquement, et bientôt il les contraignit à s'enfermer dans leur ville forte de Candie. Évitant les fautes de son prédécesseur, Phocas fortifia son camp, établit des croisières pour empêcher l'arrivée de renforts aux ennemis, et tandis qu'on poursuivait les travaux du siége, il attaqua successivement et prit toutes les autres villes de la Crète. Candie, quoique abandonnée à elle-même par les émirs d'Alep et d'Égypte, dont elle avait inutilement invoqué le secours, résistait avec énergie. Plusieurs mois s'étaient écoulés; l'hiver faisait sentir ses rigueurs aux assiégeants, qui commençaient à manquer de vivres et demandaient à grands cris de retourner dans leurs foyers. Mais Phocas leur fit honte de laisser échapper par leur faute une conquête assurée, et de montrer moins de constance que des infidèles qui n'avaient rien à espérer de Dieu ni des hommes. Les ministres, quoique opposés à Phocas, lui envoyèrent promptement les secours qu'il demanda, malgré la disette qui régnait cette année-là à Constantinople; et, après plus de sept mois de siége, Candie tomba au pouvoir des Grecs. La ville arabe fut en partie rasée, et une nouvelle ville s'éleva à peu de distance sous le nom de *Téménos* (synonyme du mot arabe *Candac*). L'évêque Nicon rappela au christianisme un grand nombre de Crétois, qui depuis la conquête de l'île par les musulmans avaient apostasié. Les richesses accumulées à Candie, fruit d'un siècle de pirateries, ornèrent le triomphe de Phocas. Parmi les nombreux prisonniers sarrasins on remarquait l'émir de Crète Couroup, qui avait déployé la plus grande énergie pour la défense de sa ville. L'empereur grec, honorant le courage, même dans un ennemi, lui accorda de riches présents et un domaine près de Constantinople, et il l'aurait admis dans le sénat s'il avait consenti à abjurer l'islamisme (1).

Immédiatement après son triomphe, Nicéphore Phocas partit pour combattre l'émir d'Alep, Chabdan, que son frère Léon avait réussi à tenir en échec pendant la guerre de Crète, quoique avec des forces très-inégales. Phocas, à la tête d'une armée considérable, mais que l'historien arabe Elmacin grossit sans doute beaucoup en l'évaluant à deux cent mille hommes, franchit l'Euphrate sans rencontrer de résistance, et s'empara, dit-on, de plus de soixante villes dans une seule campagne, couronnée par la soumission d'Alep.

Phocas revenait vers la capitale pour jouir d'un nouveau triomphe lorsqu'il apprit la mort imprévue de Romain (15 mai 963). Constantin et Basile, encore au berceau, avaient été proclamés empereurs sous la tutelle de leur mère Théophano, et le chambellan Joseph Bringas continuait à gouverner l'empire. Phocas, qui connaissait la haine secrète de cet eunuque contre lui, fut, dit-on, tenté dès ce moment de s'emparer du pouvoir; mais il venait de licencier son armée, et il prit le parti de se présenter seul dans la capitale. Le peuple le reçut avec enthousiasme, et l'impératrice lui fit un accueil flatteur. Mais Bringas n'en devint que plus animé à sa perte. Pour prévenir l'effet de ces mauvais desseins, Phocas, qui savait au besoin recourir à l'adresse, parla un jour au ministre du désir ardent qu'il nourrissait de se retirer des affaires, et, ouvrant son manteau, il lui fit voir le cilice qu'il portait en attendant qu'il pût s'ensevelir dans un monastère. Il est certain que Phocas, depuis la mort de sa femme et de son fils, tué par accident à la fleur de son âge, s'était imposé une vie de jeûne et d'austérité; mais il est dou-

---

(1) La conquête de la Crète fut célébrée par le diacre *Théodose*, dans un poëme en vers iambiques divisé en cinq *acroases* (auditions ou séances). Toutefois l'auteur, dans la crainte d'éveiller certaines susceptibilités jalouses, s'abstint de le publier jusqu'à la mort de l'empereur Romain. Ce poëme a été imprimé pour la première fois dans la *Creta Sacra* (Venise, 1755), puis par Foggini, appendix à la Byzantine (Rome, 1717), et enfin par M. Hase à la suite de *Léon le Diacre*, historien des règnes de Romain II, Nicéphore Phocas et Jean Tzimiscès (Paris, 1818, et Bonn, 1828).

teux que son détachement des choses de ce monde allât jusqu'à renoncer à tout projet ambitieux. Bringas, déposant ses soupçons, le félicita hautement de cette pieuse résolution ; mais le patriarche Polyeucte représenta dans le sénat qu'on ne pouvait pas se passer du plus ferme appui de l'empire et de la chrétienté, et Phocas fut nommé de nouveau par acclamation général en chef des forces de l'Asie. A peine était-il de retour à son quartier général que Bringas, au regret d'avoir laissé partir son rival et de s'être laissé jouer par lui, écrivit à Jean Tzimiscès, le plus brave des généraux après Phocas, pour lui offrir le commandement de l'Orient s'il parvenait à se défaire de Nicéphore Phocas. Tzimiscès, tout au contraire, las, ainsi que toute l'armée, du gouvernement de l'eunuque, montra cette lettre à Phocas, dont il était parent, et le décida à prendre la pourpre et à marcher sur Constantinople.

Nicéphore Phocas écrivit au patriarche et au grand chambellan pour les engager à le reconnaître comme empereur, promettant de protéger les enfants de Romain jusqu'à ce qu'ils fussent en âge de régner. Bringas, transporté de fureur à la nouvelle de cette rébellion, voulut faire arrêter le frère de Phocas et son père, le vieux général Bardas. Mais le premier réussit à s'échapper et à rejoindre l'armée, qui s'était avancée jusqu'à Chrysopolis. Pour Bardas, il se réfugia dans Sainte-Sophie, et le grand chambellan ayant voulu l'en arracher, le peuple se souleva, et ce fut le tour du ministre de chercher un asile dans le sanctuaire. La foule se porta aux maisons des sénateurs qui passaient pour être partisans de Bringas, et les démolit. Pendant trois jours la ville fut pleine de tumulte et de meurtres, chacun profitant du désordre pour accomplir ses vengeances particulières. Enfin la flotte impériale alla chercher sur l'autre rive Nicéphore Phocas, qui fut couronné solennellement à Sainte-Sophie, le 16 août 963.

Nicéphore revêtit son père de la dignité de césar, son frère de celle de curopalate ; et Jean Tzimiscès, qui l'avait porté presque malgré lui sur le trône et qui plus tard l'en précipita, lui succéda dans la charge de général de l'Orient.

En prenant possession du palais impérial, Nicéphore en avait éloigné Théophano ; mais bientôt, de l'avis même des religieux dont il suivait la direction, il renonça à la vie austère qu'il s'était imposée depuis la mort de sa femme et de son fils, et il épousa la veuve de son prédécesseur, qui était encore dans tout l'éclat de sa beauté. Pour lui, il avait cinquante et un ans, et le portrait que les contemporains tracent de sa personne, et qui nous le représente le teint basané, les cheveux noirs et touffus, les épaules larges et voûtées, rendent peu probable l'intrigue amoureuse que quelques historiens modernes supposent entre lui et Théophano. La politique eut sans doute le plus de part à cette union, qui semblait légitimer l'usurpation de Phocas et en même temps garantir les droits des fils de Romain. Les scrupules du patriarche élevèrent quelques obstacles, parce que Nicéphore avait, dit-on, tenu sur les fonts de baptême un des fils de Théophano ; mais le chapelain du palais affirma que c'était Bardas qui avait été parrain de l'enfant, et on accepta ce serment sans y croire.

Phocas, depuis qu'il était parvenu au pouvoir suprême, ne s'en livrait pas avec moins d'ardeur à tous les exercices militaires ; et, ne voulant pas laisser éclipser sa gloire par Tzimiscès, qui venait de remporter en Orient une brillante victoire, il partit au printemps de 964 pour faire en personne la conquête de Tarse. Mais cette ville, entourée d'un double rempart de marbre, et dont le fleuve Cydnus inondait les fossés, résistant à ses attaques, il utilisa la campagne par la prise d'Adana, d'Anazarbe (*Ain-Zarba* des Arabes) et de Mopsueste. Il revint hiverner en Cappadoce, où l'impératrice s'était rendue avec ses enfants, et il ordonna aux soldats de se tenir prêts à rentrer en campagne dès les premiers jours du printemps. Il s'indignait de la résistance qu'une ville avait opposée à ses armes, jusque alors victorieuses, et il avait hâte de la soumettre. De leur côté, les Tarsiens, enflés de leurs succès, marchèrent à sa rencontre ; il les défit, et les força à se renfermer dans leurs murailles ; mais, voulant ménager le sang de ses soldats, il attendit que la famine eût contraint les assiégés à se rendre. Les habitants de Tarse obtinrent de se retirer en Syrie, emportant seulement ce qu'ils purent porter sur leurs épaules. Quelques jours plus tard une flotte d'Égypte se présentait pour ravitailler la place et la trouva occupée par les Romains. La délivrance de Chypre fut la conséquence de cette conquête. L'empereur rapporta comme trophées aux églises de Constantinople des croix enlevées jadis par les Tarsiens, et décora les remparts de Constantinople des portes de Tarse et de Mopsueste.

C'est sur ces entrefaites que des ambassadeurs des Mésiens (c'est-à-dire des Bulgares) vinrent réclamer le tribut qui leur était dû, prétendaient-ils, par les Byzantins. Indigné d'une demande qui lui semblait une injure à la majesté de l'empire : « Depuis quand, s'écria Nicéphore, les esclaves mettent-ils leurs maîtres à contribution ? » Il s'emporta jusqu'à faire frapper les ambassadeurs, et les renvoya en les chargeant d'annoncer à leur maître que l'empereur des Romains irait bientôt en personne lui porter son tribut. Il partit en effet à la tête d'une armée considérable, et enleva de prime abord toutes les places voisines de la frontière. Mais lorsque, après avoir franchi l'Hémus, il rencontra un pays couvert de bois et de marais, enfermé de tous côtés par des montagnes, il jugea prudent de ne pas engager plus avant ses troupes sur un terrain qui avait été déjà le théâtre de plus d'un désastre pour les Romains. Il eut recours à un expédient dont la politique byzantine n'avait usé que trop souvent, et qui devait, ainsi que cela s'était déjà vu, tourner contre l'empire. Il chargea le patrice Calocyr, fils du gouverneur de Cherson, de se rendre chez les Tauroscythes ou Russes porteur de sommes considérables pour les engager à faire une irruption en Bulgarie.

La Russie était alors gouvernée par Sphendoslave ou Swiatoslaw, prince brave et entreprenant. Calocyr, trahissant la confiance de Nicéphore, travailla pour son propre compte, et persuada facilement au prince russe de faire la conquête de la Bulgarie et de l'aider à monter lui-même sur le trône de Byzance, lui promettant, en cas de succès, de lui ouvrir les trésors de l'empire. Enflammé par cette perspective, Swiatoslaw appela aux armes toute la jeunesse de la Russie et réunit en peu de temps une armée de soixante mille hommes, avec laquelle il envahit la Bulgarie accompagné de Calocyr, qu'il traitait en frère. Quand ces nouvelles alarmantes parvinrent à Nicéphore, il se hâta, par un brusque revirement, de rechercher l'amitié des Bulgares, et pour la sceller il fit demander à leur prince, Pierre, ses deux filles pour les fils de l'empereur Romain. Pierre accepta avec empressement cette alliance, et fit partir ses filles pour Constantinople en sollicitant de prompts secours. Il mourut peu de temps après, ne pouvant supporter le chagrin de voir ses États envahis. Nous verrons bientôt au prix de quels efforts les Grecs arrachèrent la Bulgarie des mains des Russes.

Au retour de sa courte campagne de Bulgarie, Nicéphore avait voulu donner aux Byzantins le spectacle d'une petite guerre dans le cirque. Mais à la vue des soldats qui se précipitaient les uns contre les autres l'épée nue, les citadins, peu aguerris à ce genre de spectacle, se précipitèrent hors des gradins en s'écrasant. Ce fut pour eux un premier sujet de mécontentement contre l'empereur. A peu de temps de là une rixe sanglante éclata entre les Byzantins et les soldats arméniens, dans une cérémonie à laquelle assistait l'empereur. Nicéphore regagna son palais au milieu des invectives du peuple. L'historien Léon le diacre, qui avait été témoin de cette scène, vante le sang-froid avec lequel l'empereur fit tête à l'émeute. Mais il ajoute que le lendemain il fit brûler vives deux femmes, la mère et la fille, qui de leur fenêtre lui avaient jeté des pierres, et il crut prudent d'entourer le palais impérial d'une enceinte fortifiée qui s'étendait d'une mer à l'autre et le séparait du reste de la ville.

L'irritation du peuple était entretenue par les contributions de guerre que nécessitaient les expéditions continuelles de l'empereur. Les ordonnances par lesquelles Nicéphore avait cru devoir poser des limites aux donations religieuses lui avaient aliéné les moines, dont l'influence était si grande à Constantinople. Une autre ordonnance, par laquelle il s'arrogeait l'administration des biens des églises, souleva surtout des protestations. On se plaignait aussi des rigueurs de sa justice. Mais ce qui lui faisait le plus de tort, c'était l'avarice de son frère le curopalate Léon, qu'on accusait de spéculer sur les malheurs publics en vendant à haut prix dans les temps de disette le blé qu'il avait fait acheter ailleurs à bon marché. A ce sujet on raconte qu'un jour passant une revue Nicéphore remarqua un vieillard parmi les soldats, et voulut le faire sortir des rangs, lui demandant à quoi il pouvait être propre à cet âge. « Oh mais ! dit le vétéran, je suis bien plus fort qu'étant jeune. — Comment cela ? fit l'empereur. — Sans doute, reprit le vieillard ; car aujourd'hui je porte aisément sur l'épaule pour un *aureus* de blé, tandis qu'autrefois il m'eût fallu deux chevaux pour en porter pour le même prix. » L'empereur comprit la critique, et passa sans répondre.

Malgré ces symptômes de mécontentement populaire, Nicéphore poursuivait avec fermeté l'accomplissement de ses vastes desseins, qui tendaient à rendre à l'empire son antique splendeur. Il prépara une grande expédition pour délivrer la Sicile des Sarrasins, ainsi qu'il avait fait de la Crète. Mais il ne commandait pas en personne, et ne sut pas bien choisir ses lieutenants.

Les débuts furent heureux : Syracuse, Himéra, Tauroménium, Léontini tombèrent aux mains des Grecs presque sans résistance. Mais le patrice Manuel, neveu de l'empereur, chef de l'expédition, jeune homme plein d'ardeur et sans expérience, s'avança imprudemment dans l'intérieur de l'île, tomba dans des embuscades, et y périt ainsi que la plus grande partie de son armée. Ceux qui échappèrent à la mort furent faits prisonniers. Au nombre de ces derniers était le patrice Nicétas, qui commandait la flotte (1).

(1) La bibliothèque nationale renferme un manuscrit des homélies de saint Chrysostôme écrit par ce Nicétas durant sa captivité en Afrique, et dont il fit présent à un monastère lorsque Nicéphore eut brisé ses fers ainsi que ceux des autres prisonniers de Sicile. Ce manuscrit montre que Nicétas, s'il n'était pas un grand homme de guerre, était un habile calligraphe.

Pendant ce temps Nicéphore était entré de nouveau en Syrie, à la tête d'une armée évaluée à quatre-vingt mille hommes par Luitprand, qui arriva cette même année à Constantinople comme ambassadeur d'Othon à l'occasion des différends qui avaient éclaté en Italie entre les Grecs et l'empereur d'Allemagne (1). Le but de l'expédition était la ville d'Antioche, cette grande et célèbre métropole, jadis à peine éclipsée par Constantinople, et qui même depuis la conquête arabe était encore une des villes les plus florissantes de l'Asie.

De toutes parts les garnisons sarrasines des petites places que Nicéphore rencontra dans sa marche vinrent se réfugier dans Antioche. Aussi, désespérant d'enlever de vive force une ville dans laquelle les ennemis avaient concentré tous leurs moyens de défense, il prit le parti de construire en face une forteresse. Lui-même porta sur ses épaules la première pierre. En peu de jours l'ouvrage fut achevé. Il y laissa une garnison pour tenir la ville en échec et la réduire par famine. Après son départ le patrice Michel, un des généraux chargés de parcourir le pays, passant près d'Antioche, s'assura de la hauteur des murailles. Il fit faire des échelles de la grandeur nécessaire pour l'escalade, et par une nuit sombre et pluvieuse, s'étant approché sans bruit à la tête de quelques hommes déterminés, il s'empare d'une tour. Un combat acharné s'engage. Enfin les Grecs parviennent à occuper une des portes. Bourzès, qui commandait le fort construit sur le Taurus, averti de ce qui se passait, accourt et achève de se rendre maître de la ville.

Ce succès inattendu remplit de joie Constantinople ; mais on assure que l'empereur, qui se réservait l'honneur de cette conquête ou les avantages d'une capitulation, ne vit pas sans déplaisir que ses lieutenants eussent dépassé ses ordres. On a dit aussi que si Nicéphore n'avait pas lui-même enlevé d'assaut cette ville, c'est qu'il avait été averti par une révé-

(1) Nous avons déjà cité la relation de cette ambassade de Luitprand, une des pièces les plus curieuses à mettre en regard des historiens byzantins.

ation que cette victoire marquerait le terme de ses jours. Une foule de prophéties avait cours dans ce siècle parmi les chrétiens et les mahométans. Luitprand écrivait, au commencement de cette même année, que les revers constants des Arabes et leur découragement provenaient d'un oracle d'après lequel ils devaient être sept ans malheureux, après quoi s'éleverait un autre empereur.

L'oracle le plus certain de la chute de Nicéphore était cette désaffection qui de la rue s'était élevée jusqu'à l'intérieur du palais, et contre laquelle la citadelle dans laquelle il s'enfermait devait être une vaine barrière, surtout depuis qu'on voyait régner une grande froideur entre lui et l'inconstante et perverse Théophano.

Pour prix de la conquête d'Antioche Bourzès avait été destitué. Jean Tzimiscès, le plus brave des généraux grecs, proche parent de l'empereur, et qui lui avait en quelque sorte mis la couronne sur la tête, était aussi relégué dans ses terres. Cependant l'impératrice obtint qu'il fût rappelé, pour le tirer, disait-elle, des désordres dans lesquels l'oisiveté l'avait jeté et faire cesser en le mariant des scandales qui pourraient rejaillir sur l'empereur. Mais à peine fut-il à la cour que des relations coupables s'établirent entre lui et Théophano, qui lui dicta la mort de Nicéphore et lui fournit les moyens de l'accomplir.

Divers avis parvinrent à l'empereur que ses jours étaient menacés. Des assassins, lui disait-on, devaient pénétrer dans le château. Nicéphore donna l'ordre à un de ses domestiques de visiter le palais; mais celui-ci s'arrêta à la porte du gynécée, et c'est là que s'apprêtait le crime. Théophano y tenait caché un domestique de Tzimiscès. C'était la nuit du 10 décembre 969. La neige fouettait avec violence, et le domestique placé en vigie cherchait à découvrir sur la mer à travers l'obscurité ceux qu'on attendait. Enfin une petite barque montée par Tzimiscès et quelques affidés aborda la plage, à laquelle un groupe de marbre représentant un taureau dévoré par un lion avait fait donner le nom de *Bucoléon*. A l'aide d'une corde jetée du balcon de l'impératrice, Tzimiscès et les conjurés, parmi lesquels était aussi Bourzès, s'introduisent dans le palais. Un profond silence y régnait; ils tirent leurs épées, et pénètrent dans la chambre de l'empereur; mais, trouvant le lit vide, ils allaient se retirer, saisis d'effroi, quand l'eunuque qui les guidait leur montra du doigt la victime. Nicéphore avait passé les premières heures de la nuit à méditer sur les écritures; enfin, cédant à la fatigue, il s'était endormi sur la peau de tigre qui était étendue par terre devant les images du Christ, de la Vierge et du précurseur. On l'entoure, on le foule aux pieds; un des conjurés lui décharge un coup d'épée sur la tête. Étourdi, inondé de sang, ce malheureux essaye vainement de se relever, et ne peut que répéter : Sainte Vierge, ayez pitié de moi ! Tzimiscès, assis sur le lit de l'empereur, fait traîner à ses pieds Nicéphore, le saisit par la barbe et lui reproche ce qu'il appelle ses persécutions et son ingratitude. Enfin un coup de poignard met un terme aux souffrances de la victime et aux outrages de ses ennemis. Les gardes qui veillaient à l'extérieur du palais, entendant le tumulte, cherchent à secourir leur maître en enfonçant la porte; mais Tzimiscès ordonne de leur montrer par une fenêtre la tête de Nicéphore, et à cette vue ils se dispersent.

Basile, bâtard de l'empereur Romain, qui avait contribué beaucoup, sept ans auparavant, à renverser Bringas et à faire proclamer Nicéphore, lié maintenant avec Tzimiscès, qui lui avait promis la charge de chambellan, fût encore le premier, à la tête d'une troupe de ses amis, à proclamer par les rues Jean Tzimiscès empereur, au milieu de la stupéfaction générale. Le curopalate Léon pouvait encore, en répandant les trésors qu'il avait amassés, armer le peuple et disputer le pouvoir. On dit que, la veille au soir, son frère lui avait écrit pour lui faire part de ses inquiétudes et l'engager à venir en armes au palais; mais que, absorbé par une partie de dés, il avait mis la lettre sous son oreiller sans l'ouvrir. Au premier bruit des événements de la nuit, il veut courir au palais, mais il rencontre en chemin la troupe de Basile, qui proclamait Tzimiscès, et il court se renfermer dans l'asile de Sainte-Sophie, d'où il ne sortit que pour être déporté à Lesbos. Le corps de Nicéphore, après être resté tout un jour gisant sur la neige, fut porté, la nuit suivante, à l'église des Saints-Apôtres et enseveli dans le tombeau d'un des anciens empereurs.

Après quelques jours donnés à l'établissement de son pouvoir, qui ne rencontra d'obstacle nulle part, Tzimiscès voulut se faire couronner à Sainte-Sophie; mais le vieux patriarche Polyeucte refusa de l'admettre tout couvert encore du sang d'un parent. Tzimiscès prétendit qu'il n'avait pas pris part au meurtre de Nicéphore, accompli par les nommés Alampios et Atzypothéodoros sur l'ordre de l'impératrice. Polyeucte, avant de céder, exigea qu'au moins Théophano fût éloignée du palais, théâtre de ses crimes, que les meurtriers fussent bannis, et qu'on rapportât l'ordonnance récente par laquelle Nicéphore avait enlevé aux évêques l'administration des biens ecclésiastiques. Tzimiscès souscrivit avec empressement à ces conditions. Le *type* (règlement) fut déchiré, les instruments subalternes du crime sacrifiés, et Théophano reléguée dans l'île Proté, d'où cette furie s'échappa quelque temps après, et vint adresser des imprécations et des menaces au nouvel empereur.

Jean Ier, surnommé Tzimiscès, d'après un mot arménien qui exprimait la petitesse de sa taille, était doué, malgré l'exiguïté de sa stature, d'une force herculéenne et d'une adresse sans égale à tous les exercices du corps. Issu d'une noble famille, qui avait produit des généraux célèbres, il les surpassait tous par sa valeur brillante et en quelque sorte chevaleresque. Le portrait que les historiens tracent de sa personne présente un étrange contraste avec la scène de meurtre à laquelle nous venons de le voir prendre une part si révoltante. Tzimiscès, dit un de ses contemporains, avait les cheveux blonds, les yeux vifs, le teint frais et animé, la physionomie prévenante. On pouvait lui reprocher d'être trop adonné aux plaisirs; mais sa bienveillance et sa générosité, que ses ministres pouvaient à peine limiter, lui gagnaient tous les cœurs.

En montant sur le trône il partagea toute sa fortune patrimoniale, qui était considérable, entre les cultivateurs de ses domaines et les hôpitaux de Constantinople; il exempta d'impôts le thème Arméniaque, qui lui avait donné naissance, et doubla les présents d'usage aux sénateurs et aux fonctionnaires. Après s'être ainsi concilié la faveur publique et avoir manifesté ses bonnes intentions pour les jeunes princes porphyrogénètes, il s'occupa de parer aux dangers qui menaçaient l'empire au nord et au midi.

Nous avons déjà dit que les Russes s'étaient jetés sur la Bulgarie, et l'avaient entièrement soumise. D'un autre côté, la conquête d'Antioche avait ému tous les peuples mahométans, et, faisant trêve à leurs rivalités, Arabes, Syriens, Égyptiens, Africains et Perses avaient formé une nombreuse armée sous les ordres de l'Africain Zachar, pour l'enlever de nouveau aux chrétiens. Pour comble d'embarras, l'empire était miné depuis trois ans par une cruelle disette. Tzimiscès commença par remédier à cette calamité, en faisant acheter de tous côtés des grains, qu'il distribuait à bas prix. Il envoya contre les Sarrasins un eunuque attaché depuis longtemps à sa personne, le patrice Nicolas, qui avait fait sous ses yeux l'apprentissage de la guerre, et qui justifia la confiance qu'il avait en lui. Quoique à la tête de forces inférieures à celles des Sarrasins, Nicolas n'hésita pas à les attaquer; il les défit, et les força de renoncer à l'espoir de reprendre Antioche.

Avant de tenter le sort des armes contre les Russes, Tzimiscès envoya des députés à Swiatoslaw pour l'engager à abandonner la Bulgarie, en lui rappelant le désastre essuyé par son père Igor. Mais le Russe, enflé de ses succès et qui venait de passer au fil de l'épée la population de Philippopolis, ne parlait de rien moins que d'expulser les Romains de l'Europe. Il fallut rassembler des forces proportionnées au danger. Tzimiscès forma une troupe d'élite, à laquelle il donna le nom *des immortels*, et il envoya d'abord en avant pour fermer la route de la capitale un corps d'armée sous les ordres de son beau-frère, le *maître des camps*, Bardas-Scléros, et du patrice Pierre. Ces deux braves officiers soutinrent le premier choc des Russes avec des succès partagés; mais la situation vint à se compliquer, par la révolte du duc Bardas-Phocas, fils du curopalate Léon et neveu de l'empereur Nicéphore.

Ce jeune homme, qui était aux frontières lors de l'assassinat de Nicéphore, prit les armes pour le venger, et revêtit la pourpre à Nicée. Par ses promesses et par les dignités qu'il distribuait, il parvint à entraîner dans son parti plusieurs des provinces d'Asie. Tzimiscès, voulant lui opposer un général habile et surtout un homme sur lequel il pût compter, rappela de Bulgarie son beau-frère Bardas-Scléros, et l'envoya en Asie, en lui recommandant d'éviter autant que possible l'effusion du sang dans cette guerre civile, et il lui remit beaucoup de chrysobulles en blanc pour détacher, par des faveurs et des nominations, les partisans de son compétiteur. Ce moyen réussit, et Bardas-Phocas, se voyant presque abandonné, fut contraint de se remettre à la discrétion de l'ennemi de sa famille. Tzimiscès se contenta de lui faire prendre l'habit monastique et de l'exiler à Chios. Vers ce même temps l'empereur épousa Théodora, fille de Constantin Porphyrogénète et tante des jeunes princes.

Rassuré par la défaite du prétendant, Tzimiscès put enfin s'éloigner de la capitale et marcher contre les Russes. Il fit partir la flotte pour le Danube, et se rendit avec l'armée de terre à Andrinople, au commencement de mars 972. Les Russes, ne supposant pas que les Grecs entrassent en campagne avant les fêtes de Pâques, n'avaient pas occupé les défilés des montagnes. Tzimiscès se hâta d'en profiter, et, franchissant les gorges étroites que les Grecs désignent sous le nom de *Kleisoura*, il se présenta tout à coup devant Prieslaw, résidence habituelle des princes de Bulgarie. L'assaut fut donné, et la ville enlevée par escalade. A la vue des Romains, Calocyr, qui se trouvait dans cette ville, redoutant le juste châtiment de sa forfaiture, se hâta de s'évader et d'aller rejoindre Swiatoslaw. Boris, fils de Pierre, qui conservait le titre de roi des Bulgares sous la domination des Russes, fut amené prisonnier à Tzimiscès, qui le traita avec distinction, et l'assura qu'il était venu pour délivrer la Bulgarie de la tyrannie des Scythes. Sept mille Russes s'étaient réfugiés dans la citadelle, et y firent une vigoureuse résistance, aidés de beaucoup de Bulgares, qui ne pardonnaient pas aux Romains d'avoir attiré tous ces malheurs sur leur patrie. Ce n'est que par le feu qu'on parvint à les déloger. La plupart y périrent. Un petit nombre parvint avec leur chef Swingel à rejoindre Swiatoslaw à Dorystolum ou Dristra.

Cette ville importante sur la rive du Danube, nommée aujourd'hui Silistrie, avait été reconstruite par le grand Constantin. Les principales forces des Russes y étaient concentrées. Swiatoslaw, informé que l'empereur grec s'avançait en enlevant toutes les places situées sur sa route, commença par faire périr trois cents des principaux Bulgares, dont il suspectait la fidélité. Il envoya à la rencontre des Grecs un corps de sept ou huit mille hommes, que l'avant-garde des troupes impériales força de se replier, et bientôt les deux armées se rencontrèrent à douze milles en avant de Dorystolum.

Il est difficile d'avoir une idée exacte des forces des parties belligérantes. Les Grecs, pour rehausser leur victoire, tendent à exagérer le nombre de leurs ennemis. Les plus modérés donnent soixante mille hommes à Swiatoslaw dans cette rencontre. La bataille fut longue et acharnée ; enfin les Russes, qui ne combattaient encore qu'à pied, plièrent sous les charges de la cavalerie bardée de fer, et ils se renfermèrent dans Dorystolum.

L'empereur attendit quelques jours l'arrivée de sa flotte pour investir la place. Le siége se prolongea durant soixante-cinq jours. Les Russes faisaient de fréquentes sorties, dans lesquelles les principaux officiers de part et d'autre se signalaient souvent par des luttes corps à corps. Dans une de ces rencontres Anémas, fils du dernier émir de la Crète, qui servait dans l'armée impériale, tua Swingel, qui tenait le second rang parmi les Russes. Lui-même périt quelques jours plus tard, au moment où, se faisant jour à travers les ennemis, il venait de porter à Swiatoslaw un coup de cimeterre. Tzimiscès encourageait les Romains par son exemple, et fit proposer à Swiatoslaw de terminer la guerre par un combat singulier ; mais le prince russe ne jugea pas à propos d'accepter ce défi.

Cependant les machines de guerre ne laissaient plus aucun repos aux assiégés. La disette se faisait aussi vivement sentir dans la ville depuis que la flotte grecque était parvenue à intercepter la sortie des *monoxylons* des Russes. Après avoir tenté un dernier effort, Swiatoslaw se décida à faire à l'empereur des propositions de paix, que celui-ci s'empressa d'accueillir. Il lui demanda aussi une entrevue. Tzimiscès se rendit à cheval sur le bord du Danube, revêtu des insignes impériaux et suivi d'une troupe nombreuse de cavaliers aux armures dorées. Le prince russe arriva dans un petit canot en ramant lui-même avec ses compagnons. Il était de petite taille, mais de complexion robuste. Il avait les yeux verts et ombragés d'épais sourcils, le regard sombre et farouche, le nez camard, le menton rasé, mais d'énormes moustaches. Les longues mèches de cheveux qui descendaient de ses tempes étaient le signe de sa noblesse. Il portait aux oreilles des anneaux d'or ornés de perles. Du reste, sa robe blanche ne se distinguait que par sa propreté de celles de ses compagnons.

Il fut convenu que les Russes abandonneraient Dorystolum et tous leurs prisonniers, que les Grecs ne s'opposeraient pas à leur retraite et leur fourniraient des vivres. La guerre avait réduit leur nombre à vingt-deux mille. L'annaliste russe Nestor, sans avouer complétement les revers de ses compatriotes, a enregistré le traité qui en fut la suite, et qui mérite d'être transcrit à l'appui du témoignage des historiens grecs (1).

Nouvelle convention faite entre nous Swiatoslaw, grand prince de Russie, et Swenteld d'un côté, et le tzar de la Grèce de l'autre; souscrite par Jean Tzimischès et Théophile le Syncelle en la ville de Dorostole, au mois de juillet, indiction XIV, an 6479 (de J. C. 971).

« Moi Swiatoslaw, knèz de Russie, déclare, ainsi que j'en ai fait le serment,

(1) *La chronique de Nestor*, trad. en français d'après l'édit. impériale de Pétersbourg (manuscrit de Kœnigsberg) par L. Paris; Paris, 1834.

vouloir paix solide et amitié réelle avec tous les tzars de la Grèce, et particulièrement avec Basile et Constantin, et tous les autres redoutables princes comme avec tous leurs sujets, et jure cette amitié tant en mon nom qu'en celui de tous les boyards et soldats russes qui sont sous mon autorité; ladite amitié pour durer éternellement.

« Je jure en outre de ne jamais rien entreprendre contre leur pays; de ne réunir aucune troupe et de ne conduire aucun peuple ennemi chez eux, ni dans les pays placés sous leur dépendance; non plus que dans le pays de Kherson, dans celui des Bolgares, ni tel autre que ce soit, m'obligeant à regarder comme mon propre ennemi et à traiter comme tel celui des miens à qui il arriverait de manquer à ce serment. »

Swiatoslaw rappelle ensuite le traité conclu avec l'empereur Romain, et prend à témoin de cette nouvelle convention les dieux des Russes, Peronne et Voloss.

« Et pour l'exécution du présent traité l'avons fait transcrire sur ce parchemin, en y apposant notre scel. »

Après la conclusion de ce traité Swiatoslaw se mit en route pour retourner dans ses États; mais, ayant voulu s'ouvrir de force un passage à travers le territoire des Petchenègues, il fut attaqué par eux près des cataractes du Dnieper, et y périt avec la plus grande partie de ses compagnons.

Tzimiscès, après avoir donné à Dorystolum le nom de Théodoropolis, en l'honneur de saint Théodore, qu'on assurait avoir vu combattre pour les Romains dans la dernière bataille livrée le jour de sa fête, revint à Constantinople. En son absence, le curopalate Léon avait fait encore une tentative pour exciter un soulèvement; mais il avait été pris et condamné à perdre la vue. Les Constantinopolitains vinrent au-devant de l'empereur avec des couronnes et un char d'or attelé de quatre chevaux blancs. Le prince refusa d'y monter, y plaça les ornements royaux des Bulgares surmontés d'une statue de la Vierge protectrice de Constantinople, et suivit le char à cheval. Après les actions de grâce dans l'église de Sainte-Sophie, Tzimiscès fit déposer par Boris les insignes de roi des

Bulgares, la tiare de pourpre ornée d'or et de perles, la robe et les brodequins de pourpre, et lui donna en échange le titre de maître dans les armées romaines.

Après avoir ainsi heureusement terminé cette grave affaire de Bulgarie, Tzimiscès reprit les projets de conquêtes en Orient, dont le meurtre de son prédécesseur avait interrompu le cours au moment où les Grecs pouvaient se flatter d'enlever aux Arabes tout ce que ceux-ci leur avaient pris depuis plusieurs siècles. Une première campagne sur les bords de l'Euphrate conduisit Tzimiscès à Nisibis, ancienne limite de l'empire, que les habitants n'essayèrent pas de défendre. La conquête d'Ecbatane (c'est Bagdad que les historiens de ce temps paraissent désigner sous ce nom) avait de quoi tenter; mais la difficulté de traverser le désert de Caramanie obligea l'empereur à renoncer à cette entreprise, et il dut se contenter des riches présents des Arabes de cette contrée.

Au printemps de l'année 976, Tzimiscès se dirigea vers la Palestine, imposa tribut à Damas, franchit le Liban, prit quelques forteresses, entre autres celle de Béryte (Beyrout), et vint mettre le siége devant Tripoli; mais n'ayant pu enlever cette dernière de vive force il reprit le chemin de Constantinople, en soumettant sur son passage plusieurs petites villes situées sur la côte.

On dit qu'en traversant les contrées récemment reconquises l'empereur admira plusieurs domaines; et, s'étant enquis du nom des propriétaires, il apprit qu'ils appartenaient tous au président et grand-chambellan Basile. Rien de ce qui avait quelque valeur n'avait été réservé pour l'État. L'empereur ne put contenir son indignation. « Ainsi, s'écriat-il, l'empire aura dépensé ses trésors, l'armée répandu son sang, les empereurs supporté les fatigues d'expéditions lointaines; tout cela, pour enrichir un eunuque! »

Le propos ne manqua pas d'être rapporté à la personne qu'il concernait, et le chambellan résolut, selon le bruit public, de prévenir la disgrâce qu'il prévoyait par la mort de l'empereur. Dans un séjour que Tzimiscès, avant de rentrer dans la capitale, fit près du mont Olympe, chez le patrice Romain, un de ses serviteurs, gagné par ses ennemis, lui présenta un breuvage empoisonné. L'empereur tomba dans un état de faiblesse dont l'art des médecins ne put arrêter les progrès, et il se hâta de rentrer à Constantinople. Le peuple accourut au-devant de lui avec de grandes démonstrations de joie; mais lui, qui sentait la mort dans ses entrailles, n'était occupé que de faire achever son tombeau dans l'église du Sauveur, fondée par lui. Il fit l'aveu de ses fautes avec un grand repentir, distribua sa fortune aux indigents et aux infirmes, et expira le 10 janvier 976, dans la cinquante et unième année de son âge, après six ans et un mois de règne.

C'est lorsque Jean Tzimiscès avait enfin surmonté toutes les difficultés, conséquences de son usurpation, et qu'il faisait trembler les étrangers, qu'il tomba victime à son tour d'un complot domestique. L'autorité restait aux mains du chambellan Basile, sous le nom des deux empereurs Basile et Constantin, l'aîné à peine âgé de vingt ans, le second de trois ans plus jeune. Les deux empereurs-régents, Nicéphore et Tzimiscès, avaient laissé ces jeunes princes tout à fait étrangers aux affaires de l'empire, et les courtisans qui les entouraient s'étaient appliqués à tourner vers les plaisirs toute l'activité de leur jeunesse, pour être plus assurés de dominer. Cependant Basile, chez qui semblait revivre une partie de l'ardeur belliqueuse de son trisaïeul, dont il portait le nom, secoua cette indigne mollesse, dans laquelle son frère resta toujours plongé.

Le grand chambellan, auquel toute supériorité portait ombrage, retira le commandement de l'Asie à Bardas Scléros, qui avait habilement secondé Tzimiscès dans les circonstances les plus difficiles, et qui paraissait seul capable de le remplacer. Il lui donna pour successeur dans cette charge Pierre Phocas, et lui confia seulement le commandement de la Mésopotamie avec titre de duc. Scléros se plaignit vivement; mais le chambellan répondit dédaigneusement que si Scléros n'était pas satisfait de son gouvernement, il pouvait aller gouverner sa maison. Le général partit pour l'Asie, et, ayant fait enlever secrètement de Constantinople son fils Romain, il leva l'étendard de la révolte, et prit les brodequins de pourpre. Une partie des troupes de l'Asie et quelques auxiliaires sarrasins embrassèrent sa cause. Pierre Phocas, chargé d'arrêter ses progrès, fut défait par lui en Cappadoce. Burzès, le conquérant d'Antioche, qui venait de recevoir le commandement de cette ville, vint le rejoindre, et l'escadre qui séjournait à Cibyrre se déclara pour lui.

La flotte impériale, sortie de Constantinople, dispersa celle du prétendant, qui déjà menaçait Abydos ; cela mit la capitale à l'abri d'un coup de main ; mais Bardas-Scléros continuait à s'avancer, renversant tous les généraux envoyés successivement contre lui. Le ministre ne trouva plus à lui opposer que ce Bardas-Phocas, qui, au commencement du règne de Tzimiscès, avait lui-même aspiré à l'empire et avait été vaincu par Scléros. On le tira du couvent où il était relégué depuis lors, et il courut se mesurer de nouveau contre son ancien adversaire avec l'ardeur d'un homme qui a une vengeance personnelle à exercer. Battu dans une première rencontre, puis dans une seconde, il ne se découragea pas, tira des secours d'Ibérie, et livra une troisième bataille ; mais, voyant ses troupes, démoralisées par tant de revers, prêtes à plier encore, il se fit jour à travers la mêlée jusqu'à Scléros, et d'un coup de sa masse d'armes le renversa de son cheval. Les soldats de Scléros, en voyant la chute de leur général et son cheval errer à l'aventure, le crurent mortellement atteint, et prirent la fuite. Les troupes impériales les poursuivirent, et achevèrent de les disperser ou de les soumettre. Cependant Scléros, relevé par quelques amis fidèles, était parvenu à s'échapper ; mais, ne pouvant rallier ses partisans, il se réfugia près de l'émir d'Alep, dont il implora les secours.

L'empereur ou du moins son ministre se hâta d'envoyer à l'émir un ambassadeur qui demandait l'extradition du prétendant au nom des intérêts communs de tous les princes légitimes. L'ambassadeur était en même temps chargé d'une lettre particulière pour Scléros, où on lui faisait de belles promesses s'il voulait faire sa soumission.

Le monarque arabe, ayant découvert cette double négociation, fit arrêter l'ambassadeur, et retint Scléros captif pour s'en servir au besoin. Nous verrons ce général, après quelques années de dure captivité, revenir à la tête d'une armée et sur le point de partager l'empire avec ce Phocas, tour à tour son prisonnier et son vainqueur.

Pendant que la guerre civile consumait les forces vitales de l'empire, les Bulgares avaient recouvré leur indépendance et même étendu leurs frontières. Les fils de leur ancien prince, Borisès et Romain, étant restés attachés au service des empereurs, les Bulgares mirent à leur tête quatre frères, nommés David, Moyse, Aaron et Samuel. Les deux premiers périrent dans les combats, et Aaron, soupçonné d'intelligences avec les Grecs, fut mis à mort par son propre frère Samuel, qui resta seul roi des Bulgares. Belliqueux et infatigable, Samuel ravageait constamment la Thrace, la Macédoine, les environs de Thessalonique, la Thessalie, la Hellade et jusqu'au Péloponnèse. Il s'empara même de plusieurs villes, entre autres de Larisse, où il enleva les reliques de saint Achillius, évêque de cette ville au temps de Constantin le Grand, et il les transporta à Prespa, sa nouvelle capitale.

Lorsque, après une guerre qui n'avait pas duré moins de quatre ans, la révolte de Scléros fut comprimée, et qu'une amnistie eut achevé de pacifier l'Asie, Basile put enfin s'occuper de réprimer les incursions des Bulgares, et il résolut de marcher contre eux en personne. Cette guerre se prolongea durant trente-sept ans, et occupa presque en entier le long règne de Basile, qui finit par soumettre les Bulgares à la suite d'une sanglante victoire, d'où lui est resté le surnom de *Bulgaroctone*.

Les débuts de Basile ne furent pas brillants. Il avait remonté l'Hèbre, franchi le mont Rhodope, et se disposait à assiéger Sardica, lorsque, sur un bruit mal fondé que Léon Mélissène, qu'il avait laissé à la garde des défilés, avait fait défection, il revint précipitamment sur ses pas, et sa retraite, inquiétée par les Bulgares, tourna presque en déroute.

Ce mauvais succès du jeune empereur devint un prétexte de récriminations pour plusieurs généraux, irrités de n'avoir pas été employés dans la guerre de Bulgarie, et surtout pour Bardas-Phocas, qui trouvait que ses services n'étaient pas assez récompensés par le commandement en chef de l'Asie. Les mécontents s'assemblèrent autour de Phocas en Cappadoce, et le proclamèrent empereur. En même temps on apprit que Scléros venait aussi de reparaître revêtu de la pourpre et suivi d'un corps de troupes grecques. Voici comme on explique son retour.

Les Persans, qui supportaient impatiemment le joug des Arabes, profitant de la mollesse du khalife Chosrew, s'étaient soulevés et avaient mis à leur tête un chef nommé Inargos. Le khalife envoya contre eux plusieurs armées, qui furent défaites. A la suite de ces revers, il se souvint qu'il tenait dans ses fers un des généraux grecs les plus renommés, et résolut de lui confier le commandement de ses troupes. Scléros se fit donner par le khalife tous les captifs grecs, au nombre de trois mille, dont il forma un corps d'élite à la tête duquel il remporta sur les Perses une victoire complète. Mais, au lieu de retourner près du khalife, il voulut revoir sa patrie avec les captifs dont il avait brisé les fers. Il franchit l'Euphrate, surprit Malattia, et, apprenant que Phocas venait de se faire proclamer empereur, il résolut de tenter encore une fois la fortune.

Ne se sentant pas en force pour lutter à la fois contre Phocas et contre l'empereur, Scléros voulut se mettre en garde contre toute éventualité. Il envoya secrètement son fils Romain près de Basile, pour se ménager les moyens de rentrer en grâce si l'empereur triomphait, et il écrivit à Phocas pour l'engager à oublier leurs anciennes rivalités et à s'entendre ensemble. Phocas, non moins rusé, feignit d'accepter avec joie cette proposition; il fit offrir à Scléros de prendre pour sa part Antioche, la Phénicie, la Célésyrie, la Palestine et la Mésopotamie, tandis qu'il se réservait le reste de l'empire. Sur ces assurances, Scléros se rendit au camp de Phocas; mais celui-ci, se voyant maître de son rival, le fit saisir et enfermer dans une forteresse. Il s'avança ensuite vers Abydos pour en faire le siège. Basile, accompagné de son frère Constantin, passa sur la côte d'Asie pour combattre le prétendant. Les deux armées étaient en vue l'une de l'autre, et l'on distinguait l'empereur, qui stimulait ses soldats par sa présence et ses discours. A ce moment Phocas s'élança de toute la rapidité de son cheval, comme pour terminer par un coup d'éclat son audacieuse entreprise; mais tout à coup on le voit tourner bride et se jeter à terre. Ses amis accourent, et le trouvent expirant. L'empereur Constantin se vanta plus tard de l'avoir atteint d'un javelot. Cependant on prétend que son corps ne portait aucune trace de blessure, et on fit beaucoup de conjectures sur cette fin étrange. Avait-il été frappé d'apoplexie? son écuyer avait-il mêlé du poison au verre d'eau glacée qu'il avait coutume de boire avant de combattre? ou fut-ce simplement la suite d'une chute de cheval? Quoi qu'il en soit, sa mort fut le signal de la dispersion immédiate de son armée.

Par suite de cet événement Scléros recouvra la liberté, et bientôt se vit entouré de forces assez considérables, débris des armées rebelles, pour pouvoir reprendre l'offensive; mais l'empereur lui fit demander s'il n'était pas las de verser le sang chrétien, et s'il attendrait le tribunal de Dieu pour reconnaître qu'il avait eu tort de combattre ses souverains légitimes. Scléros mit bas les armes, et reçut de l'empereur, dans les bonnes grâces duquel son fils s'était insinué, le titre éminent de curopalate. Atteint de cécité pendant qu'il se rendait à la cour, ce n'est qu'appuyé sur le bras d'un guide qu'il put se présenter à l'audience de l'empereur. Celui-ci ne put s'empêcher de faire tout haut une réflexion sur l'instabilité des choses humaines, en voyant dans ce triste état un guerrier naguère si redouté.

Pendant que la rébellion était au cœur de l'empire, on peut penser que les provinces éloignées étaient en quelque sorte à la merci des étrangers. La ville de Cherson fut enlevée par le grand duc des Russes *Vladimir*. Ce prince, le plus jeune des fils de Swiatoslaw, avait conquis Nowogorod et Kiew, et détrôné son frère à l'aide des *Varègues* ou *Varanges*, aventuriers scandinaves enrôlés sous ses ordres, et dont une partie passa depuis au service des empereurs de Constantinople. Après la prise de Cherson, Vladimir écrivit aux empereurs Basile et Constantin pour leur demander leur sœur Anne en mariage, les menaçant, en cas de refus, de porter la guerre contre Constantinople.

Les princes grecs lui firent répondre qu'une chrétienne ne pouvait s'allier avec un idolâtre ; mais que s'il voulait recevoir le baptême il pourrait obtenir leur sœur. Vladimir, qui déjà n'était pas éloigné d'adopter la religion chrétienne selon le rite oriental, dont ses ambassadeurs lui avaient vanté la magnificence, promit de se faire baptiser, et la ville de Cherson resta entre ses mains à titre de dot. Ce ne fut pas sans verser bien des larmes que la princesse grecque se décida à partir pour la Russie ; mais elle se résigna, dans la généreuse pensée de préserver sa patrie des malheurs de la guerre et de propager la foi chrétienne.

Vladimir reçut le baptême dans la ville de Cherson, réforma ses habitudes païennes, ses nombreuses concubines, et fit renverser les idoles qui étaient jusque alors adorées à Kiew. « Après quoi, dit le vieux chroniqueur russe, Vladimir fit crier par toute la ville : « Celui « qui demain dès le matin ne paraîtra pas « au bord du fleuve, riche ou pauvre, « mendiant ou journalier, sera considéré, « comme rebelle, et traité comme tel. » Les habitants, ayant ouï telle menace, vinrent sans retard, disant : « Si le bap- « tême n'était avantageux, nos princes et « nos boyards ne l'eussent point accepté. » Le lendemain donc Vladimir, accompagné des prêtres, de la tzarine et de ceux de Cherson, se rendit au Dnieper, où vint aussi une foule innombrable d'hommes, qui entrèrent dans l'eau, les uns jusqu'au cou, les autres jusqu'à la poitrine. Les enfants, restés sur la rive, furent couverts d'eau ; ceux-ci étaient plongés dans le fleuve, d'autres nageaient çà et là, tandis que les prêtres lisaient les prières ; et cela formait un spectacle grandement curieux et beau à voir. Enfin quand tout ce peuple fut baptisé, chacun s'en retourna chez soi. »

Dans les années qui suivirent, Vladimir fit venir de Grèce des prêtres, des architectes, pour construire des églises, qu'il décora de tableaux. Des monastères furent fondés selon la règle des célèbres couvents de Stude et du mont Athos ; des livres de piété furent traduits en slave, et depuis lors la Russie est restée invariablement attachée à l'Église grecque.

Une autre sœur des empereurs Basile et Constantin, nommée, comme sa mère, Théophano, avait été mariée, en 973, à Othon II, empereur d'Allemagne. Mais cette alliance, objet de longues négociations, ne mit pas un terme aux démêlés entre les empereurs de Constantinople et ceux d'Allemagne au sujet de l'Italie. On dit même que Théophano excita son mari à soutenir ses prétentions sur la Calabre et sur la Pouille, à la possession desquelles elle lui avait apporté des droits par son mariage. En 981 Othon prit Salerne, qui relevait des empereurs grecs et qu'il remit à Landulf, prince de Bénévent, à condition qu'il se reconnaîtrait son vassal. Il espérait s'emparer de toute l'Italie, jusqu'au détroit de Sicile. L'empereur grec, n'ayant pu le détourner de ce dessein, eut recours aux Sarrasins de Sicile. Aboul-Cassim joignit ses vaisseaux et ses soldats à ceux des Grecs ; il y eut plusieurs combats à l'avantage des Allemands ; mais dans une dernière rencontre ils furent défaits. Othon faillit même rester prisonnier. Par suite de cette victoire Basile recouvra tout ce que les Grecs avaient perdu en Calabre, et concentra l'autorité entre les mains d'un chef militaire, auquel on donna le titre de *catapan*, et qui séjournait à Bari.

La tranquillité ne fut pas de longue durée en Italie. Les Sarrasins de Sicile, tantôt alliés, tantôt ennemis des Grecs, trouvaient toujours des prétextes d'incursions. Othon II était mort au moment où il se disposait à tenter de nouveau le sort des armes. Son fils Othon III, couronné à Rome en 996, et dont Théophano avait habilement dirigé la minorité, rechercha l'alliance d'une princesse grecque. Basile n'avait pas d'enfants, mais son frère Constantin avait trois filles, dont la main était fort recherchée. Au nombre des députés envoyés à Constantinople pour négocier ce mariage, était Jean Philagathos, Grec de Calabre, archevêque de Plaisance. A son retour, ayant passé à Rome, le consul Crescentius, qui avait essayé de rétablir la république romaine et de se créer à lui-même une puissance, plaça Philagathos sur le trône pontifical, sous le nom de Jean XVI, à condition qu'il se contenterait de l'autorité spirituelle, et lui laisserait le gouvernement de l'État, sous la suzeraineté des empereurs grecs. Cette combinaison, qui eût rendu aux empereurs de Byzance un titre dont ils étaient fort jaloux, suspendit la négociation matrimoniale. Othon accourut à Rome, fit trancher la tête à Crescentius, mutiler Philagathos, et rétablit Grégoire V (998).

Hugues Capet, qui fonda en 987 la troisième race des rois de France, avait également écrit aux empereurs Basile et Constantin, en leur demandant pour son fils Robert *une fille du saint empire*. On ignore quels obstacles s'opposèrent à la réalisation de cette alliance. Vers le même temps se place un chrysobulle de Basile et Constantin, qui accorde aux Vénitiens de grands priviléges dans l'empire d'Orient.

Une fois délivré de la guerre civile par la mort de Phocas et la soumission de Scléros, délivré aussi de son ministre Basile, qui alla expier dans un cloître son insatiable avidité, Basile avait repris l'exécution de ses projets contre les Bulgares. Samuel s'était avancé vers Thessalonique, dont le gouverneur avait péri en voulant arracher son fils des mains des Bulgares; de là il avait franchi la célèbre vallée de Tempé, le Pénée; il avait ravagé la Thessalie, la Béotie, l'Attique, et pénétré même dans le Péloponnèse par l'isthme de Corinthe.

L'empereur envoya contre lui le maître des armées Nicéphore Ouranos, qui se mit sur ses traces, franchit l'Olympe, laissa ses bagages à Larisse, le suivit à travers la Thessalie et la plaine de Pharsale, passa le fleuve Apidanos, et arriva près de l'embouchure du Sperchios. Samuel campait sur la rive opposée, se croyant hors d'atteinte, le fleuve étant enflé par des pluies abondantes. Mais Ouranos découvrit un gué, surprit les Bulgares, en fit grand carnage. Samuel et son fils, blessés, et quelque temps laissés parmi les morts, parvinrent à regagner leurs États en suivant la crête des montagnes.

Dans une campagne suivante, l'empereur pénétra lui-même en Bulgarie par Philippopolis (1), et prit une partie des places voisines de Triaditza. En l'an 1000, un de ses généraux enleva la grande et la petite Preslawa et Pliscowa. L'année suivante, Basile entra encore en Bulgarie. Un chef, nommé Dobromir, lui livra Berrhée. Il s'empara de force de Servia, rétablit les villes de la Thessalie, ruinées par les Bulgares, et la citadelle de Bodena, l'ancienne Edesse, sur l'écoulement du lac Ostrowo. Il établit dans une localité nommée Bolero, où il fit construire des forts, tous les Bulgares qu'il avait soumis, et dont il forma une sorte de colonie. En 1002, il attaqua Viddin, qui l'arrêta huit mois. Pendant qu'il était occupé de ce côté, Samuel pénétra dans Adrianople, d'où il enleva un grand butin. Mais quelque temps après l'empereur surprit Samuel, en franchissant les ondes grossies de l'Axios ou Vardar, et il l'obligea de fuir précipitamment.

L'épuisement des finances força de rétablir l'impôt nommé *allélengyon* ou *de la solidarité des contribuables*, malgré les remontrances du patriarche et du clergé. L'empereur fit seulement espérer qu'on pourrait le supprimer, quand il aurait terminé la guerre de Bulgarie. Cette guerre se prolongea pendant une dizaine d'années, sans résultats importants, du moins à en juger par le silence des historiens.

Du côté de l'Orient la paix ne fut pas gravement troublée ; mais les Sarrasins exercèrent contre les chrétiens de Jérusalem une persécution qui hâta le grand mouvement des croisades. Le nombre des pèlerins qui se rendaient en Palestine des extrémités de l'Occident pour visiter les saints lieux était très-considérable. Ils s'affligeaient de les voir aux mains des infidèles, et de retour dans leurs foyers ils parlaient de les délivrer. On accusa les Juifs d'Espagne d'avoir, en haine des chrétiens, averti les Arabes de ces dispositions. Hakem, fils et successeur d'Aziz, khalife d'Égypte, qui s'était rendu maître de la Syrie et de la Palestine, vint à Jérusalem,

(1) Il existe une description de cette contrée écrite en grec moderne et intitulée Ἐγχειρίδιον περὶ τῆς ἐπαρχίας Φιλιππουπόλεως; ἡ περιγραφὴ αὐτῆς συντεθεῖσα ὑπὸ Κωνσταντίνου ἱερέως φιλιππουπολίτου, Vienne, 1819.

et, sans prétexte de la part des habitants, il fit détruire l'église du Saint-Sépulcre et quantité d'autres églises et monastères (an 1010). Hakem était cependant fils d'une chrétienne, nommée Marie, qui avait fait nommer par le khalife ses deux frères patriarches d'Alexandrie et de Jérusalem. Marie n'avait pas réussi à détourner la colère de son fils; mais quand il eut quitté Jérusalem elle envoya des aumônes pour contribuer à réparer le saint sépulcre. Beaucoup de chrétiens avaient subi le martyre durant cette persécution, qui eut un grand retentissement en Occident, et ne fit qu'exciter davantage le zèle des chrétiens pour la délivrance des saints lieux.

Les Bulgares, qui ne se sentaient plus de force à résister aux Grecs en rase campagne, avaient essayé de mettre un terme à leurs incursions, en fermant par des fortifications le passage nommé *Cimba Longa*, par lequel l'empereur avait coutume d'entrer en Bulgarie. Basile s'y étant présenté au mois de juillet 1014, aurait été probablement forcé de rebrousser chemin si le gouverneur de Philippopolis, en contournant les montagnes par des sentiers escarpés, n'avait réussi à s'emparer des hauteurs qui dominaient les positions des Bulgares. A cette vue, ceux-ci prirent la fuite, et l'empereur, ayant forcé le retranchement abandonné, les poursuivit et leur fit un grand nombre de prisonniers. Basile ternit l'honneur de cette victoire par un acte de froide cruauté. Il renvoya à Samuel quinze mille prisonniers auxquels il avait fait crever les yeux. Chaque centaine de ces malheureux était conduite par un prisonnier, auquel on avait laissé seulement un œil. A la vue d'un spectacle si triste Samuel perdit connaissance; on parvint à le rappeler à la vie, mais il survécut peu de temps à ce désastre. Son fils Gabriel Romanus, aussi brave que lui, mais moins habile, lui succéda, et fut assassiné, avant la fin de l'année, par son cousin Jean Vladislaw, auquel il avait sauvé la vie quand Samuel avait fait périr Aaron.

Ce nouveau prince fit faire des propositions de paix à l'empereur, qui, se défiant de leur sincérité, poursuivit le cours de ses expéditions, enleva plusieurs villes, et en reçut d'autres à composition. Cette guerre, qu'il dirigeait en personne, ne l'absorbait pas au point de lui faire négliger les autres parties de l'empire. Ainsi, rentré à Constantinople au mois de janvier 1016, il s'occupa immédiatement d'armer une flotte, qui au printemps suivant alla soumettre la Chazarie avec le concours de Swingès, parent de Vladimir, grand prince ou tzar (1) de Russie et beau-frère de l'empereur.

Au printemps de l'an 1018, Jean Vladislaw fut tué en assiégeant Dyrrachium. A cette nouvelle l'empereur se hâta d'accourir sur le théâtre de la guerre; et, profitant de la confusion que la mort de leur roi avait jetée parmi les Bulgares, il parvint enfin à les soumettre entièrement. Un de leurs principaux chefs, Cracras, lui remit trente-cinq villes. Le commandant de la Pélagonie capitula également, ainsi que Bogdan, toparque de la Bulgarie centrale. David, archevêque de Bulgarie, vint au-devant de l'empereur, et Marie, veuve du dernier souverain, lui écrivit pour négocier sa soumission. Elle obtint une pension et un rang à la cour de Constantinople, et se présenta suivie de trois de ses fils, de ses six filles, d'un fils naturel de Samuel et des sept enfants de Radomir. Trois autres fils de Marie et de Vladislaw s'étaient réfugiés sur le mont Tmoros, un des plus élevés de la chaîne acrocéraunienne, et y soutinrent un assez long siége; mais ils se décidèrent à se rendre à leur tour, et furent traités humainement. Les principaux chefs bulgares obtinrent des emplois ou des commandements. L'empereur fit son entrée à Achris, capitale de la Bulgarie, au milieu des acclamations. Il trouva dans le trésor des princes des sommes considérables, qu'il distribua à ses soldats, et beaucoup d'ornements royaux, qu'il réserva pour son triomphe.

Après avoir organisé la Bulgarie, rasé ses citadelles et mis en liberté les

---

(1) On dit que les souverains de Russie ne commencèrent à prendre le titre de *tzar* qu'à dater d'Ivan Vassilievitch, au quinzième siècle. Cependant Nestor donne déjà à Vladimir ce titre, par lequel il désigne habituellement les empereurs de Constantinople, et qui dérive probablement du mot *César* ou *Tzésar*, selon la prononciation du temps, quoiqu'on ait proposé d'autres étymologies.

prisonniers grecs, Basile se rendit à Athènes en traversant les Thermopyles. Il examina le mur nommé *skélos*, récemment construit pour fermer aux Bulgares ce célèbre passage, où les Lacédémoniens avaient opposé aux hordes de Xerxès le rempart de leurs poitrines. A Athènes, Basile adressa ses actions de grâces à la Vierge, en décorant son temple des prémices de sa victoire. Ce temple de la Vierge n'est autre que le Parthénon, qui recevait ainsi, après bien des siècles d'oubli, des trophées, bien mesquins sans doute au prix de tous ceux que la victoire y avait entassés jadis ; mais du moins c'était un souvenir.

D'Athènes Basile revint à Constantinople, et entra triomphalement par la porte Dorée. La soumission de la Bulgarie amena celle de la Croatie, et Sirmium fut forcé de se rendre. Après ces succès l'empereur s'occupa de restaurer l'aqueduc de Valens (1), pour distribuer à Constantinople des eaux abondantes. Mais ces soins pacifiques ne purent l'occuper longtemps, et il partit pour une expédition contre l'Abasgie sur les frontières de l'Ibérie, qu'il termina à la gloire de ses armes. Toujours infatigable malgré ses soixante-dix ans, Basile préparait une expédition contre la Sicile, quand une maladie de peu de jours mit un terme à sa longue et laborieuse carrière, le 15 décembre 1025.

A l'exemple de Nicéphore Phocas et de Jean Scylitzès, sous lesquels il s'était formé, et du fondateur de sa dynastie qu'il tenait à rappeler par ses actes, comme par son nom, Basile sentit que pour soutenir un empire menacé de toutes parts, et ne pas laisser s'élever de compétiteurs dangereux, il fallait être constamment à la tête des armées. Il y payait bravement de sa personne. Apprenant un jour qu'un de ses généraux se trouvait engagé dans une lutte inégale contre un corps de Bulgares, il s'élance à cheval, en s'écriant « Que tout brave me suive ! » A sa vue les vedettes des Bulgares crient aux leurs : «Fuyez ! l'empereur ! (Βιζῖτε, ὁ Τζαίσαρ !) » ; et les ennemis se dispersent.

On accuse Basile d'avoir chargé le peuple de lourds impôts, non-seulement pour subvenir aux besoins de la guerre, mais aussi pour remplir ses coffres ; mais du moins il n'appauvrit pas l'empire pour payer rançon aux barbares. Pour être plus célèbre il ne lui a peut-être manqué que d'encourager davantage la littérature. A la sèche énumération de ses nombreuses campagnes on s'aperçoit qu'il ne payait pas les panégyristes, si volontiers prolixes.

Constantin VIII, de peu d'années plus jeune que son frère, lui succéda, après une longue vie de plaisirs et d'oisiveté, dans laquelle il s'était tenu éloigné des affaires et des combats. Les trois années qu'il passa sur le trône furent fatales à l'empire. Il destitua les principaux officiers, éprouvés par de longues guerres, et les remplaça par ses intimes, par des eunuques, ministres de ses débauches. Il alla plus loin, et fit crever les yeux à nombre d'hommes de bien ou de braves généraux, sous prétextes de conspiration. Ainsi Nicéphore Comnène, commandant la Médie (Asprakan), s'étant vu, dans une attaque des Sarrasins, abandonné par ses soldats, leur fit jurer avant de les ramener au combat de se faire tuer jusqu'au dernier plutôt que de l'abandonner. L'empereur vit dans ce serment une conjuration, et Nicéphore Comnène fut privé de son commandement et de la vue.

Cependant l'esprit militaire, relevé par Basile, continua quelque temps encore à protéger l'empire. Les Petchenègues ayant fait une invasion en Bulgarie rencontrèrent Constantin Diogène, commandant de Sirmium, qui les contraignit de repasser le Danube ; et une flotte sarrasine, qui avait essayé de ravager les Cyclades, fut aussi détruite par les stratèges de Samos et de Chios.

Basile, que quelques auteurs ont taxé d'avarice, avait cependant accordé la remise ou au moins le délai de deux années d'impôts ; Constantin en exigea la rentrée immédiate, en sorte que les contribuables, aux abois, eurent à payer cinq années d'impôts en trois ans.

Atteint au mois de novembre 1028 d'une maladie que les médecins déclarèrent incurable, Constantin s'occupa du choix d'un successeur. Il avait trois filles, Eudocie, l'aînée, qui s'était faite religieuse, Zoé et Théodora. Après avoir

---

(1) Notre planche 35 offre une vue de cet aqueduc de Valens et Valentinien, à Constantinople.

fort hésité sur le choix d'un gendre, Constantin fit venir Romain Argyre, issu d'une illustre famille, et lui déclara qu'il eût à divorcer pour épouser une de ses filles, ou qu'il lui ferait crever les yeux. A cette offre étrange et inattendue Argyre était resté fort troublé, et ne savait à quoi se résoudre. Mais sa femme, en s'enfermant volontairement dans un couvent, le préserva par ce dévouement du supplice, et lui assura le trône. On dit, pour expliquer cet acte bizarre de Constantin, qu'il avait été averti, par une de ces prédictions auxquelles on ajoutait grande foi dans ce siècle, qu'Argyre devait nécessairement régner, et que par cette alliance il avait voulu maintenir le sceptre dans sa famille. Le patriarche leva certains empêchements de parenté, et Romain III fut proclamé empereur en épousant Zoé.

CHAPITRE XIX.

ROMAIN ARGYRE. — MICHEL IV LE PAPHLAGONIEN. — MICHEL V LE CALFAT. — ZOÉ ET THÉODORA. — CONSTANTIN IX MONOMAQUE. — MICHEL VI STRATIOTIQUE. — ISAAC COMNÈNE. — CONSTANTIN X DUCAS. — EUDOCIE ET SES FILS. — ROMAIN IV DIOGÈNE. — NICÉPHORE BOTANIATE. (DE 1028 A 1080.)

Romain Argyre était loin de justifier par un mérite éminent le choix qui l'avait appelé au trône; mais il chercha par de bonnes œuvres à se concilier la faveur publique. Il abolit l'impôt dit *allelengyon*, ouvrit les prisons, fit remise des sommes dues au fisc, paya les dettes des particuliers, porta à quatre-vingts livres d'or par an les allocations de l'église de Sainte-Sophie, dont il avait été *économe*, fit de grandes aumônes pour le repos de l'âme de son prédécesseur, et tâcha de réparer par des libéralités ou des titres les persécutions que plusieurs familles avaient subies. Mais lui-même fut bientôt dans le cas d'user aussi de rigueur.

Le maître des armées Prusianos le Bulgare et Constantin Diogène, duc de Thessalonique, accusés de complot, furent enfermés, l'un dans un monastère, le second dans une tour. Plusieurs de leurs complices, qui appartenaient aux familles les plus distinguées, furent frappés de verges et exilés. Théodora, sœur de l'impératrice, soupçonnée d'avoir été d'intelligence avec les conspirateurs, fut exilée du palais et reléguée dans un monastère.

Romain ambitionnait de se signaler par quelque exploit, et il marcha contre les Sarrasins de Syrie, au milieu de l'été, sans écouter les conseils des officiers les plus expérimentés, qui l'engageaient à ne pas braver les chaleurs de cette saison dans une telle contrée. Les maladies et des défaites successives abattirent l'esprit des troupes, et la campagne se termina par une déroute complète, où l'empereur faillit être pris (10 août 1030). Les Sarrasins en devinrent plus entreprenants, et ils menacèrent la ville d'Antioche. Heureusement une rivalité qui éclata entre le khalife d'Égypte et l'émir de Tripoli engagea ce dernier à rechercher l'appui des Grecs, et leurs forces combinées repoussèrent les Égyptiens. La ville d'Édesse tomba même aux mains du général Maniacès. En 1033 des pirates sarrasins dévastèrent les côtes de la Grèce jusqu'à Corcyre, et ne furent repoussés que par les habitants de Raguse et par le stratège de la Grèce, Nicéphore Carantinos.

Pour l'empereur, depuis le mauvais succès de sa première expédition, il se tenait renfermé à Constantinople, uniquement occupé à réparer les édifices qui avaient souffert des derniers tremblements de terre, et à décorer splendidement des églises. C'était l'impératrice qui exerçait en réalité le pouvoir, et la crainte ombrageuse de se le voir enlever lui fit resserrer encore la captivité de sa sœur Théodora. La politique n'occupait pas seule cette femme, d'un caractère ardent, et, quoique âgée de près de cinquante ans, elle se passionna pour un jeune homme d'une grande beauté, nommé Michel, frère du chambellan de l'empereur, de naissance obscure, surnommé le *Paphlagonien*, et qui n'avait exercé d'autre état que celui de changeur, ou, selon les bruits populaires, de faux-monnayeur.

Le chambellan, l'eunuque Jean, ne manqua pas de favoriser la passion de l'impératrice, qui devait faire la fortune de leur famille. L'empereur était le seul à ignorer ce commerce coupable, ou peut-être il fermait les yeux ; mais cette tolérance ne suffit pas à Zoé : elle voulait faire monter sur le trône l'objet de sa passion. Romain Argyre, atteint d'une maladie de langueur, effet, assure-t-on, d'un poison lent, ne mourait pas assez vite au gré des êtres pervers dont il était entouré. On dit qu'on l'étouffa dans un bain, le 15 avril 1032, jour du jeudi saint, après les réceptions de la journée.

Dans la nuit, durant l'office du vendredi saint, le patriarche est mandé au palais. Il accourt, croyant que Romain a besoin de son ministère. Il trouve sur le trône Michel, avec lequel Zoé lui intime de la marier immédiatement. Tel était l'état de dégradation dans lequel était tombé le chef de l'Église orientale, que cinquante livres d'or et la promesse d'une somme égale pour son clergé leva les scrupules du patriarche. Cet acte monstrueux couronna le crime, et le lendemain le peuple apprit avec indifférence qu'il avait un nouvel empereur.

En élevant au trône un homme que sa faveur avait tiré de la poussière, si l'impératrice Zoé avait cru se donner un esclave dévoué, elle ne tarda pas à être détrompée. Le frère du nouvel empereur, l'eunuque Jean, sous le simple titre d'*orphanotrophe* ou directeur des établissements de bienfaisance, s'empara de toute l'autorité, et étendit jusque sur l'impératrice son despotisme tracassier. Il lui imposait des femmes de chambre de son choix, qui surveillaient toutes ses démarches et la tenaient dans une sorte de captivité. Pour Michel, miné par des attaques fréquentes d'épilepsie, poursuivi par ses remords et redoutant le sort de son prédécesseur, il abandonnait entièrement à son frère le soin de l'empire, et cherchait à racheter son crime par de bonnes œuvres, et à obtenir du ciel sa guérison en allant de monastère en monastère. Tantôt il s'enfermait dans le couvent des *Saints-Anargyres* (Saint-Cosme et Saint-Damien), qu'il avait fondé près de Constantinople. Souvent encore il séjournait à Thessalonique (1),

près du sanctuaire du miraculeux saint Démétrius.

Diverses calamités naturelles signalèrent ce règne : des tremblements de terre, des sécheresses suivies du manque de toutes récoltes, des nuées de sauterelles, maux qu'aucune prudence ne saurait prévenir, mais que le peuple impute aux princes qui ne savent ni les réparer ni les faire oublier. Les habitants d'Antioche, qui avaient massacré un collecteur des impôts, fermèrent leurs portes à un des frères de l'empereur, nommé gouverneur de la ville. Le respect du gouvernement s'affaiblissait à l'intérieur comme à l'étranger. Sur un seul point seulement, en Sicile, le général George Maniacès remporta sur les Sarrasins de nombreux avantages, et peut-être aurait-il réussi à les expulser entièrement de cette île, s'il avait été mieux secondé par Étienne, commandant de la flotte, beau-frère de Michel IV. Maniacès, lui ayant reproché avec emportement sa conduite, fut accusé par lui près de l'empereur, qui le rappela sous l'accusation d'aspirer à l'empire. Les lâches ou inhabiles successeurs de Maniacès perdirent en peu de temps tout ce qu'il avait reconquis.

Au printemps de l'an 1036 les Petchenègues, qui avaient passé le Danube sur la glace, se répandirent dans la Thrace et la Macédoine, qu'ils ravagèrent impunément. Ce malheur fut suivi d'un autre encore plus grave : un esclave bulgare, nommé Pierre Déléan, s'enfuit de Constantinople, et, se faisant passer pour un descendant des anciens rois de Bulgarie, il réussit à soulever cette contrée. Cette révolution fut d'autant plus facile, que Jean l'Orphanotrophe venait d'y exciter un mécontentement général, en remplaçant par un impôt en numéraire les anciens tributs en nature, dont l'empereur Basile avait maintenu l'usage lors de la conquête de la Bulgarie. Le thème de Nicopolis et celui de l'Hellade passèrent presque tout entiers aux Bulgares. Les Serviens venaient aussi de se soustraire

---

(1) Pendant le séjour que Michel fit à Thessalonique il déposa l'archevêque Théophane, coupable d'énormes concussions, et fit administrer le diocèse par une personne chargée de remettre au titulaire une pension alimentaire. Le mot προμηθέα, employé par Cédrène pour désigner ce *procurateur*, a été pris par le traducteur latin pour un nom propre, et par suite le nom mythologique de *Prométhée* a été introduit dans la liste des archevêques de Thessalonique ; il figure comme le trente-quatrième dans l'*Oriens Christianus* de Lequien.

à l'autorité de l'empereur et avaient battu un de ses généraux. Lui-même faillit tomber aux mains des Bulgares, et s'enfuit précipitamment à Constantinople en abandonnant ses bagages.

La division qui se glissa parmi les Bulgares les perdit. Alusianos, fils du prince bulgare Aaron, et qui occupait un poste éminent dans l'Empire grec, ayant éprouvé une injustice, s'enfuit vers Déléan, qui l'accepta pour collègue, et le chargea de faire le siége de Thessalonique. Alusianos fut complétement battu dans une sortie des assiégés, et, craignant que son collègue, irrité, ne se défît de lui, il prit les devants, creva les yeux de Déléan, et fit ensuite sa soumission à l'empereur.

Après l'attaque imprévue où il avait été obligé de prendre honteusement la fuite, Michel, quoique miné par une hydropisie qui s'était jointe à ses autres maux, avait voulu réparer son honneur ; il s'était mis à la tête des contingents de toutes les provinces, et il fit rentrer dans l'obéissance les Bulgares, abandonnés de leurs chefs. Il revint mourant à Constantinople, fit célébrer des jeux de triomphe dans l'hippodrome, et alla s'enfermer dans un monastère, où il échangea la pourpre pour la bure, et expira le 10 décembre 1041.

L'orphanotrophe Jean, pour assurer la transmission du pouvoir dans sa famille, avait fait accorder par Michel Paphlagon le titre de césar à son neveu Michel, fils de l'amiral Étienne, que les contemporains désignent sous l'épithète méprisante de *Calfat* (Calaphate). Depuis il s'était repenti de cette faveur, et tenait le césar éloigné de la cour. Cependant, à la mort de Michel, Zoé le proclama empereur, après l'avoir adopté pour fils et s'être assurée de sa respectueuse déférence pour elle par des serments signés du sang de Jésus-Christ.

Michel, qui ne jouissait pas d'une bonne réputation, crut regagner la faveur publique en sacrifiant sa famille, dont il n'ignorait pas l'impopularité. Il exila l'orphanotrophe Jean, et traita plus cruellement encore plusieurs de ses parents, dont il fit des eunuques. Il ne garda près de lui que son oncle Constantin, qui le guidait de ses conseils. Il rendit la liberté et les honneurs à Constantin Dalassène et à George Maniacès, le vainqueur de la Sicile. Le peuple de Constantinople sut gré à l'empereur de ces débuts, et la procession des fêtes de Pâques, à laquelle il assistait, eut lieu avec un concours extraordinaire et de grands témoignages de joie. Enhardi par ces manifestations, Michel crut pouvoir tout oser, et le soir même Zoé fut par son ordre exilée dans l'île de la Princesse, et renfermée dans un monastère. Quand cette nouvelle se répandit dans la ville, où l'on ne parlait que de l'éclat de la fête de la veille, la joie se changea tout à coup en fureur. L'ingratitude de Michel envers sa bienfaitrice, héritière d'une longue suite d'empereurs respectés, excitait l'indignation. En vain il voulut faire lire une proclamation dans laquelle il accusait Zoé d'avoir la première cherché à le renverser : le peuple accueillit le lecteur à coups de pierres, et repoussa la garde urbaine du préfet de la ville et les compagnies de la maison de l'empereur. Les uns vont chercher le patriarche Alexis pour lui faire prendre en main la cause de l'impératrice exilée, d'autres tirent de son couvent la princesse Théodora. Elle dépose le voile, monte à cheval, distribue les commandements et les emplois. On assiège le palais, qui cède bientôt à l'élan populaire. Michel Calaphate et son oncle s'étaient réfugiés par mer dans le couvent de Stude, où ils espéraient trouver un asile ; mais les passions déchaînées ne s'arrêtent pas devant de telles barrières : on les arrache du sanctuaire ; on les traîne au milieu des opprobres sur la place du Sigma, où ils ont les yeux crevés. On leur laisse ensuite achever au fond d'un cloître leur misérable existence. Zoé, ramenée à Constantinople, s'asseoit de nouveau sur le trône, qu'elle partage avec sa sœur Théodora.

L'enthousiasme du peuple victorieux rendit au commencement le gouvernement facile aux deux sœurs qu'il s'était données pour souveraines; mais l'accord ne régna pas longtemps entre elles. Elles s'entendirent cependant sur la nécessité de nommer un empereur. Théodora rentra dans son couvent, tandis que Zoé ne reculait pas devant l'idée de prendre un troisième mari. Elle jeta d'abord les yeux sur Constantin Dalassène, le plus

13e *Livraison*. (GRÈCE.)

digne de ce titre; mais elle lui trouva trop d'indépendance de caractère. Elle avait le choix entre ses anciens amants. L'un d'eux, Constantin Artoclinès, était marié, obstacle qui ne l'aurait probablement pas plus arrêtée que lors de son premier mariage; mais la femme d'Artoclinès, moins capable d'abnégation que celle de Romain Argyre, empoisonna son mari plutôt que de se le voir enlever par l'impératrice. Zoé se rabattit sur Constantin Monomaque. C'était un homme d'une grande naissance, veuf d'une nièce de l'empereur Romain Argyre, autrefois comblé des bienfaits et des faveurs de l'impératrice, mais qui depuis sept ans avait été exilé par Michel Paphlagon, moins tolérant que son prédécesseur pour les désordres de sa femme. On le rappela de Mitylène, et un chapelain du palais, sur le refus du patriarche, consacra cette troisième union, qui fut suivie du couronnement.

Non moins dissolu que Zoé, Monomaque vivait avec une jeune veuve, nommée Sclérène, issue de la noble famille de Bardas Scléros, qui l'avait suivi et consolé dans son exil. Il la fit venir à Constantinople, et poussa le mépris de toutes les lois de la morale et de la bienséance jusqu'à l'installer dans son palais, à la décorer du titre d'augusta, et à traiter sa concubine sur le même pied que l'impératrice, qui, peu délicate elle-même à cet égard, tolérait ce scandale. Le peuple de la capitale, quoique habitué à supporter tous les excès de ses princes, fit éclater son indignation pendant une procession religieuse à laquelle la favorite assistait. « Nous ne voulons pas, s'écria-t-on, de Sclérène pour impératrice! Nous ne voulons pas que pour elle on fasse mourir nos mères les Porphyrogenètes! » Zoé fut obligée de se montrer pour calmer elle-même l'irritation de la foule contre Monomaque et sa maîtresse, qui, du reste, mourut quelque temps après de mort naturelle.

Si Monomaque avait acquis dans sa jeunesse, par quelque action d'éclat, le surnom qu'il portait, sur le trône il ne montra qu'inertie, et son goût pour la mollesse autant que ses fréquents accès de goutte le clouèrent dans son palais. Il voulut se faire un renom de libéralité, et commença par prodiguer les trésors de l'empire; mais pour remplir ses coffres, vides, il se montra plus rapace qu'aucun de ses prédécesseurs. Il soumit à des impôts les provinces voisines du Danube et de l'Arménie, qui en étaient auparavant exemptes, à la charge de veiller à la défense des frontières; et les invasions des Petchenègues et des Turcs le firent bientôt repentir de cette fatale mesure. Jamais l'empire ne fut plus troublé que sous ce prince, qui n'aspirait qu'au repos. Boïeslawe souleva les Serviens, et anéantit une armée de quarante mille hommes, qu'un général inexpérimenté avait engagée dans leurs montagnes. George Maniacès avait reçu de Théodora le gouvernement de la province d'Italie, où sa réputation et son habileté commençaient à rétablir les affaires et à contrebalancer les succès des Normands; mais à l'avénement de Monomaque, le protostrator Romain Scléros, devenu tout puissant par le créuit de sa sœur, la favorite Sclérène, ravagea les propriétés de Maniacès, dont il était l'ennemi personnel, et le fit destituer. Maniacès, qui n'avait rien de bon à attendre en revenant à Constantinople, prit le parti de se faire proclamer empereur par son armée, fort empressée de quitter l'Italie et de rentrer dans ses foyers. Maniacès se défit du général désigné pour lui succéder, et vint débarquer en Bulgarie. Les troupes envoyées par l'empereur contre le rebelle le rencontrèrent près d'Ostrowo. La bataille s'engagea, et paraissait tourner au profit de Maniacès, quand il tomba de cheval, atteint mortellement d'une flèche. A cette vue ses troupes se débandèrent, et le sébastophore Étienne, commandant des troupes impériales, apporta la tête de Maniacès à Constantinople et reçut les honneurs du triomphe pour cette victoire, où le hasard avait plus de part que son mérite. Quelques mois plus tard le triomphateur était, sans plus de raisons peut-être, banni comme impliqué dans un complot. Un soulèvement dans l'île de Chypre, qui éclata vers ce même temps, fut aisément comprimé par la flotte impériale; mais un danger plus grave fut l'invasion des Russes.

Depuis plus d'un demi-siècle que la paix entre les Russes et les Grecs avait été scellée par le mariage entre Wladimir et la princesse Anne, des relations commerciales nombreuses s'étaient établies entre les deux peuples, et beaucoup de marchands russes fréquentaient Constantinople. Dans une querelle entre quelques-uns de ces derniers et des Grecs, un Russe de distinction périt, et Iaroslawe, qui régnait alors sur la Russie, n'ayant pas obtenu de Monomaque la satisfaction qu'il demandait, envoya contre Constantinople une expédition considérable, sous les ordres de son fils Wladimir. L'empereur lui envoya plusieurs ambassades pour arrêter sa marche, mais elles furent dédaigneusement éconduites. L'innombrable flottille des Russes se montra à l'entrée du Bosphore. On s'était hâté d'expulser de la capitale tous les Russes qui étaient domiciliés dans cette ville, de crainte qu'ils ne favorisassent leurs compatriotes, et on avait armé à la hâte tous les navires disponibles. L'empereur même s'était embarqué, et il se présenta au devant des Russes, près du Phare. L'audace de Basile Théodorocanon, qui se jeta avec trois galères au milieu des *Monoxylons* ennemis, l'emploi du feu grégeois et une tempête semèrent le trouble parmi les Russes. Beaucoup d'entre eux gagnèrent la côte, et le reste de leur flotte se retira. L'empereur rentra à Constantinople, et envoya à leur poursuite vingt-quatre galères, qui se laissèrent entourer et furent coulées bas ou prises; beaucoup de ceux qui les montaient furent emmenés prisonniers en Russie par Wladimir. Les Russes qui opéraient leur retraite par terre ne furent pas si heureux. Attaqués près Varna par Catacalon, commandant des frontières danubiennes, ils furent taillés en pièces, sauf huit cents d'entre eux, qu'il envoya captifs à Constantinople. Ainsi de part et d'autre on put s'attribuer le succès.

En cette même année 1043 mourut le patriarche Alexis, dans le trésor duquel on trouva vingt-cinq centeniers d'or, que l'empereur s'adjugea. On lui donna pour successeur Michel Cérularius, qui avait été obligé de se faire moine trois ans auparavant pour avoir conspiré contre Michel Calaphate. C'est ce prélat remuant et orgueilleux qui renouvela les attaques de Photius contre l'Église latine, et ralluma un incendie qu'il n'a jamais été possible d'étouffer depuis.

Constantin Monomaque, à peine délivré des Russes, provoqua, en quelque sorte de gaieté de cœur, une guerre contre l'Arménie, qui usa sans profit les forces de l'empire. Basile II, à la suite de ses campagnes en Asie, avait accordé à un prince de la dynastie Bagratide, nommé Sembat, l'investiture de la principauté d'Ani et de la grande Arménie, à la condition qu'à sa mort elle ferait retour à l'empire. Ce prince mourut peu d'années plus tard, et son neveu Gagic lui succéda, sans que le gouvernement grec y mît d'opposition. Mais Monomaque, ayant trouvé cet ancien traité, voulut expulser Gagic. Celui-ci, tout en se reconnaissant vassal de l'empire, refusa de se dessaisir de sa principauté, et défit le général grec envoyé contre lui. Alors Monomaque commit la faute de recourir à un émir sarrazin nommé Aboulsewar, auquel il concéda même les places qu'il pourrait enlever à Gagic. Mais les Grecs et les Arméniens furent bientôt obligés de réunir leurs efforts pour arrêter les progrès menaçants d'Aboulsewar.

Cette guerre n'était pas terminée quand Monomaque fut obligé de rappeler précipitamment ses troupes pour combattre un dangereux compétiteur. Léon Tornice d'Adrianople, parent de l'empereur, revêtu par lui de la dignité de patrice et de divers commandements, s'était acquis par son mérite une estime qui le rendait suspect à la cour; et l'on saisit le prétexte d'un tumulte des troupes macédoniennes pour le faire arrêter et l'obliger à prendre l'habit monastique, sans écouter sa défense. L'empereur, croyant l'avoir mis ainsi hors d'état de nuire, lorsqu'il n'avait fait que lui en inspirer le désir, le laissa libre dans la capitale. Tornice s'enfuit le 14 septembre 1047 à Adrianople, où il se vit immédiatement entouré de toutes les troupes des thèmes d'Occident, qui le proclamèrent empereur. Il s'avança vers Constantinople, dispersa les troupes envoyées à sa rencontre, et quelques jours plus tard il campait en vue de la Porte-Dorée.

De son palais des Blaquernes l'empereur put entendre les injures que les partisans de Tornice vomissaient contre lui, et une flèche vint tuer un de ses domestiques à ses côtés. Les gardes et les troupes urbaines essayèrent d'élever un retranchement pour tenir les soldats de Tornice à distance du palais des Blaquernes ; mais les Macédoniens, nombreux et aguerris, les culbutèrent et les forcèrent à se rejeter en désordre dans Constantinople. Ceux qui gardaient les remparts les abandonnèrent ; une panique se répandit dans toute la ville ; chacun courait aux églises, et, de l'aveu de tous les historiens, si Tornice s'était présenté dans cet instant aux portes de Constantinople, il y aurait pénétré sans résistance. Il s'en abstint, soit par ignorance de l'état des choses, soit par compassion pour la capitale à laquelle il voulait éviter une prise d'assaut, comptant bien y entrer par composition. Le lendemain les choses avaient changé de face : le mur était garni de machines de guerre. La nuit avait été mise à profit et la confiance était revenue. Après quelques jours consumés en tentatives inutiles, Tornice se retira pour assiéger Rhedestos, seule ville de Thrace qui n'eût pas embrassé son parti. Mais là même il échoua. Pendant ce temps les troupes rappelées de l'Asie par l'empereur arrivaient à marches forcées ; d'un autre côté s'avançait un corps d'auxiliaires bulgares. Vatazès, premier lieutenant de Tornice, marcha contre ces derniers, et les défit ; mais quand il revint il trouva le prétendant abandonné de presque tout le monde ; lui-même ne put retenir ses soldats. Tornice et Vatazès se réfugièrent dans un cloître, d'où on les arracha pour leur crever les yeux, dénoûment ordinaire de ces guerres civiles.

Le règne de Monomaque vit encore éclater deux guerres formidables à l'Orient et à l'Occident de la part des Turcs et des Petchenègues. Les Turcs, dont nous avons déjà mentionné l'origine et les premiers rapports avec l'empire grec au temps de Justin II (*Voy.* plus haut, p. 104), étaient restés à peu près confinés dans leurs montagnes jusqu'à la fin du dixième siècle. C'est seulement trois cent cinquante ans après l'hégire qu'une partie de leurs tribus embrassa l'islamisme, et se distingua des Turcs restés païens par le nom de Turcomans. Un peu plus tard, sous le règne de Basile II, la tribu des Seldjoukides, également convertie à la loi de Mahomet, fut appelée par Mahmoud, souverain de Ghasna, pour l'aider dans une guerre contre l'Inde. Ils franchirent l'Araxe, qui avait été jusqu'alors leur barrière, et virent s'ouvrir devant eux un horizon plus vaste. *Togroul-beg* (que les Grecs nomment *Tagrolipix*), chef de ces auxiliaires turcs, après avoir aidé le prince ghasnévide à vaincre ses ennemis, n'ayant pas été traité comme il l'avait espéré, tourna ses armes contre Mahmoud lui-même. A la tête d'une armée grossie d'aventuriers de divers pays, il défit successivement tous les généraux envoyés contre lui et le roi lui-même. Il s'empara de ce trône, étendit sa domination de la mer Caspienne à la Méditerranée, et reçut du khalife, qui le décora du manteau et de l'épée du prophète, les titres de *sultan* et d'*emiroloumera*, c'est-à-dire prince des princes. Coutloumous, neveu de Togroul, à la suite d'une expédition malheureuse contre les Arabes, fit demander au gouverneur grec de la Médie ou Vespourakan la permission de traverser cette province, qu'il s'engageait à respecter. Ce gouverneur, nommé Étienne Lichudès, fils du premier ministre de Monomaque, ne se borna pas à refuser cette autorisation ; il crut l'occasion favorable pour attaquer les restes d'une armée affaiblie par ses revers. Mais le général turc lui donna une leçon sévère ; car il le fit prisonnier, et le vendit comme esclave. Après s'être ouvert de force un passage, il engagea vivement le sultan à envahir une province qui n'était, disait-il, habitée que par des femmes. Le souvenir des exploits de Phocas, de Tzimiscès et de Basile en imposait encore, et faisait hésiter. Togroul se décida pourtant à envoyer une armée contre les Grecs. Heureusement pour ceux-ci, le général Catacalon accourut, et soutint dignement l'honneur de leurs armes. Il défit le général turc Hassan, qui périt dans la mêlée. Cependant le sultan réunit une nouvelle armée, que les historiens grecs évaluent à cent mille hommes. En présence de forces si considérables, l'empereur écrivit à ses généraux de se renfermer dans les places fortes et d'attendre les secours que Liparit, prince d'Arménie, devait amener. Plusieurs fois Catacalon aurait voulu risquer la bataille pour profiter d'occasions favorables ou pour protéger des villes riches que les Turcs livraient aux flammes; mais son collègue Aaron l'obligea de suivre strictement leurs instructions. Enfin, les Arméniens arrivèrent, et la bataille fut livrée. Les deux généraux grecs qui commandaient les ailes renversèrent tous ceux qui leur étaient opposés; mais le centre, composé des Arméniens, fut enfoncé, et Liparit, fait prisonnier, fut conduit au sultan.

L'empereur grec, vivement affligé de cette catastrophe, envoya une ambassade à Togroul, en lui offrant une riche rançon. Pour faire montre de magnanimité, le sultan rendit gratuitement la liberté au prince arménien, et lui remit les sommes envoyées par l'empereur, en lui recommandant de garder la mémoire de cette journée et de ne plus porter les armes contre les Turcs. Il envoya ensuite un schérif à Constantinople, qui tint des discours très-hautains à l'empereur, et l'engagea même à se reconnaître tributaire du sultan. Monomaque congédia l'ambassadeur turc, et repoussa comme il le devait ces injurieuses prétentions; en même temps il donna l'ordre de fortifier les frontières orientales, s'attendant à une attaque de la part des Turcs, qui ne tardèrent pas, en effet, à assaillir l'empire.

Tandis que ces démêlés obligeaient Monomaque à sortir de son apathie, des événements non moins graves réclamaient son attention du côté de l'Occident. Les Petchenègues étaient alors gouvernés par Tyrac, prince indolent, qui laissait à un chef nommé Cégène, d'origine obscure, mais d'une grande bravoure, le soin de repousser les Uzes, voisins et perpétuels ennemis des Petchenègues. A la fin, jaloux et alarmé pour son autorité des succès et de la réputation croissante de son général, Tyrac voulut le faire assassiner. Cégène échappa à ce guet-apens, souleva deux des treizes tribus qui formaient la nation des Petchenègues, et lutta contre Tyrac; mais, accablé par la supériorité du nombre, il se réfugia sur les terres de l'empire avec les débris de ses partisans, qui montaient encore à vingt mille. Monomaque l'accueillit avec distinction, le fit baptiser, le revêtit du titre de patrice, et lui donna pour cantonnement des places voisines du Danube.

Cégène, toujours animé par la vengeance, passait souvent le fleuve et ravageait les terres de Tyrac. Celui-ci se plaignit à l'empereur grec de ce qu'il tolérait ces violations de territoire, et, n'ayant obtenu aucune satisfaction, il profita d'un hiver rigoureux, et franchit le Danube sur les glaces, entraînant derrière lui, si on doit en croire les historiens du temps, huit cent mille Petchenègues.

Les Grecs, incapables d'arrêter une semblable avalanche, prirent le parti, d'après le conseil de Cégène, de se renfermer dans les villes fortes, d'abandonner les campagnes aux dévastations des barbares, et d'attendre qu'ils aient été affaiblis par le climat et par l'abus des viandes, du vin et de l'hydromel, dont ces nomades n'étaient pas accoutumés à faire usage. L'été venu, ils moururent effectivement par milliers, moissonnés par la dyssenterie; et lorsque les troupes que l'empereur avait rassemblées de tous côtés leur présentèrent la bataille, ils déposèrent les armes, qu'ils n'avaient plus la force de porter. L'implacable Cégène aurait voulu qu'on massacrât tous les prisonniers, disant qu'il fallait se hâter de tuer un serpent pendant qu'il était engourdi. Les généraux grecs, plus humains, firent valoir qu'il serait plus avantageux pour l'empire de répartir ces prisonniers dans les cantons dépeuplés de la Bulgarie. Tyrac et ses principaux officiers furent envoyés à Constantinople, où ils reçurent le baptême et diverses dignités.

Lorsque le sultan Togroul-beg, mécontent du peu de succès de son ambassade, se préparait à la guerre, Monomaque fit passer en Asie quinze mille de ces Petchenègues nouvellement soumis, à la tête desquels il plaça quatre officiers de leur nation, sous les ordres d'un général grec. Mais quand ces barbares, réunis à Chrysopolis, eurent reçu des armes et des chevaux, au lieu de marcher contre les Turcs, ils se défirent du général grec. Un des leurs poussa son cheval dans la mer, et tous, à son exemple, traversèrent ainsi le Bosphore à la nage, en face du monastère de Saint-Taraise. Ne rencontrant aucun obstacle à leur marche imprévue, ils parvinrent jusqu'à Triaditza, où se réunirent les Petchenègues des divers cantonnements, armés de faux et d'instruments aratoires; puis tous ensemble allèrent s'établir dans la contrée qui s'étend entre le Danube et le mont Hæmus jusqu'à la mer.

L'empereur appela Cégène pour conférer avec lui ; mais, tandis qu'il campait avec sa tribu fidèle aux portes de Constantinople, trois Petchenègues l'assaillirent et lui portèrent de nombreuses blessures, qui toutefois n'étaient pas mortelles. Traduits devant l'empereur, dont ils s'étaient réclamés, ils prétendirent qu'ils n'avaient agi ainsi que pour prévenir les mauvais desseins de Cégène, qui avait résolu de pénétrer le lendemain dans Constantinople, et de livrer la ville au pillage, après avoir égorgé les habitants. Sans s'assurer de la vérité de ces allégations, Monomaque laissa les meurtriers en liberté, tandis qu'il retenait Cégène, sous prétexte de faire soigner ses blessures, et cherchait un moyen de désarmer ses hommes. Ceux-ci, soupçonnant ce dessein, décampèrent secrètement la nuit, et allèrent se joindre à leurs compatriotes.

Deux armées envoyées successivement contre ces barbares furent défaites. L'ex-roi Tyrac et les autres prisonniers illustres que l'empereur avait comblés de bienfaits, chargés par lui d'ouvrir des négociations avec les Petchenègues, passèrent de leur côté. Enfin, Monomaque en revint à Cégène, dont les blessures étaient guéries, et qui promit d'amener les Petchenègues à composition. Ayant reçu d'eux un sauf-conduit garanti par serment, il se rendit à leur camp ; mais il n'y fut pas plus tôt qu'ils se jetèrent sur lui et le coupèrent en morceaux, fureur qui témoigne assez la fidélité avec laquelle il avait servi sa patrie d'adoption.

L'empereur, ne pouvant plus opposer aux Petchenègues des troupes que leurs précédentes défaites avaient fait tomber dans le découragement et le mépris, réunit tous les étrangers au service de l'empire, Francs, Varanges, Sarrasins, et leur donna des capitaines de leurs nations, sous le commandement supérieur de Nicéphore Bryenne, revêtu du titre d'*ethnarque*. En attaquant séparément les partis des Petchenègues, Bryenne réussit à en détruire un grand nombre, et à réprimer leurs déprédations pendant les années 1051 et 1052. Monomaque ayant ordonné de les cerner et de les détruire entièrement, l'armée impériale éprouva encore une grande déroute. Cependant les vainqueurs, effrayés des nouveaux préparatifs qui se faisaient contre eux, et sans doute épuisés par cette vie continuelle de courses et de combats, demandèrent la paix, et conclurent en 1053 une trêve de trente années.

Le récit de cette longue guerre nous a fait passer sous silence quelques invasions des Turcs, les démêlés des Grecs et des Normands en Italie, sur lesquels nous aurons occasion de revenir, et des tentatives infructueuses d'usurpation. Au milieu de toutes ces guerres Constantin Monomaque épuisait les ressources de l'État pour doter richement le monastère de *Saint-George de Mangana*, qu'il avait fondé, et à l'ornement duquel on lui reproche d'avoir consacré la paye des soldats ibériens. En avançant en âge il ne renonça pas à sa vie licencieuse ; et depuis la mort de l'impératrice Zoé il admit dans le palais une jeune princesse des Alains, qui était comme otage à Constantinople, et à laquelle il donna le titre d'auguste et une suite royale. Il l'aurait, dit-on, épousée, s'il n'avait craint d'enfreindre la prohibition des quatrièmes noces. Cette étrangère retomba bientôt dans sa condition première, par la mort de Monomaque (janv. 1055).

Depuis longtemps ce prince était perclus par la goutte. Cette infirmité se compliqua d'une autre maladie, qui présageait sa fin prochaine, et ses ministres voulaient lui faire désigner un successeur ; mais les partisans de Théodora Porphyrogénète prévinrent ce dessein en la proclamant de nouveau impératrice.

Une femme de soixante-quinze ans, dont la vie presque entière s'était écoulée au fond d'un monastère, et dont les principaux ministres étaient des eunuques, pouvait sembler trop débile pour diriger un empire si souvent attaqué au dedans comme au dehors. Cependant sa fermeté, sa ponctualité à veiller elle-même à tous les soins de l'empire, et l'affection des Byzantins pour cette dernière survivante d'une famille respectée, fit de son règne de vingt mois une trêve aux guerres et aux complots. Nicéphore, gouverneur de Bulgarie, que les ministres de Monomaque avaient destiné à lui succéder, rencontra à Thessalonique des envoyés de Théodora, qui le conduisirent dans un couvent d'Asie; et Bryenne, qui sur la nouvelle de la mort de l'empereur avait quitté sans ordres les frontières turques, et était accouru, avec les Macédoniens sous ses ordres, jusqu'à Chrysopolis, fut destitué et privé de ses biens. Ces deux exemples en imposèrent aux prétendants; et l'autorité de Théodora fut reconnue partout sans difficulté. Une ambassade de Henri, empereur d'Allemagne, vint en ce temps à Constantinople, et renouvela l'alliance entre les deux empires, troublée par les conquêtes des Normands dans la Pouille.

Malgré les prédictions de quelques moines, qui promettaient à Théodora une vie séculaire, ses eunuques reconnurent en elle les signes d'une fin prochaine, et la décidèrent à désigner son successeur. Ils fixèrent son choix sur Michel Stratiotique, vieillard qui jouissait à Constantinople d'une assez grande considération, mais dont la décrépitude et l'esprit borné leur assuraient la continuation de l'autorité sous son nom. Théodora fit promettre au nouvel élu de se diriger par les conseils de ses ministres, et elle expira quelques jours après, le 31 août 1056.

A cette nouvelle, un cousin germain de Monomaque essaya, à la tête d'une troupe de domestiques et de ses familiers, grossie des prisonniers du prétoire, dont il ouvrit les cachots, de revendiquer la couronne comme lui revenant par droit d'héritage. Mais le peuple resta sourd à son appel. Les portes de Sainte-Sophie comme celles du palais se fermèrent devant lui. Les Varanges de la garde n'eurent pas de peine à disperser ses partisans, et Stratiotique se borna à exiler un compétiteur si peu redoutable.

Le vieil empereur, plein des souvenirs du temps passé, entreprit de faire revivre d'anciens usages tombés en désuétude; mais il s'attachait en général à des choses sans importance. Ainsi il réglementa l'emploi des étoffes dont on se servait alors pour se couvrir la tête en manière de turban. Il fit déblayer la place du prétoire des terres qui l'obstruaient; ce qui fit dire aux plaisants qu'il espérait y retrouver un osselet qu'il y avait perdu étant enfant. Ces occupations n'avaient d'autre inconvénient que de lui faire négliger des soins plus urgents; mais aux solennités de Pâques il s'avisa de supprimer les gratifications que les empereurs étaient dans l'usage de distribuer aux généraux. Les principaux officiers, venus du fond de leurs provinces, furent d'autant plus péniblement surpris, que Stratiotique s'était montré fort prodigue envers des courtisans qui n'avaient aucun titre honorable à ses bienfaits. Catacalon et Isaac Comnène, les plus distingués d'entre eux, portèrent les doléances de leurs camarades au premier ministre. Mais, tandis que l'empereur leur avait du moins prodigué les éloges, le ministre les reçut de la manière la plus injurieuse, et il reprocha à Catacalon, auquel l'empereur avait retiré le gouvernement d'Antioche pour le donner à un de ses parents, d'avoir rançonné les habitants. Irrités au plus haut point d'une telle réception, les généraux s'assemblèrent secrètement; ils résolurent d'élire un d'entre eux à la place du vieillard qui compromettait le salut du pays en écartant ses plus braves défenseurs, et ils s'engagèrent par serment à soutenir celui qui serait désigné. Les suffrages se portèrent sur Catacalon, le plus éminent par ses longs et glorieux services; celui-ci refusa cet honneur, et désigna Isaac Comnène, plus jeune, et qui joignait à son mérite personnel les avantages d'une haute naissance.

Les conjurés retournèrent ensuite chacun dans leur province, attendant le moment favorable pour éclater. Ils s'adressèrent aussi à Nicéphore Bryenne, auquel Stratiotique avait rendu un commandement en Cappadoce, tout en lui refusant la restitution de ses biens. « On ne paye un ouvrier, avait répondu rudement l'empereur, que sa besogne faite. » Blessé de ce refus, Bryenne entra volontiers dans le complot. A quelque temps de là, ce général ayant à faire la paye de ses soldats ordonna qu'elle eut lieu à un taux plus élevé que celui fixé par l'empereur; et comme le payeur impérial, nommé Opsaras, s'y refusait, il le maltraita, le fit enfermer, et, puisant lui-même dans la caisse, fit la paye ainsi qu'il l'entendait. Cet acte parut au général Lycanthès, qui commandait la Pisidie, et qui n'était pas du complot, un prélude de révolte ; il tomba inopinément avec ses troupes sur Bryenne, le saisit, et le remit aux mains d'Opsaras, qui lui creva les yeux et l'envoya dans cet état à l'empereur.

Les autres conjurés, Romain Scléros, Bourzès et les Argyropules, craignant les révélations que Bryenne pourrait faire, allèrent trouver Comnène dans son domaine de Castamoné en Paphlagonie, et le pressèrent de prendre les armes. Comnène hésitait, inquiet des dispositions de Catacalon, que le voisinage d'un corps de troupes russes et d'un autre composé de Francs, avait obligé à se tenir sur la réserve. Enfin, le 8 juin 1057, Isaac se fit proclamer empereur, et aussitôt tous les soldats répandus dans les environs accoururent avec enthousiasme se ranger sous ses ordres. De son côté, Catacalon n'avait pas perdu de temps. Feignant d'avoir reçu de l'empereur une mission contre les Turcs, il avait rassemblé divers corps épars en Asie ; puis, moitié persuasion moitié par force, il avait entraîné tous les chefs dans son entreprise. Les deux conjurés réunis, dont l'armée grossissait à chaque pas, s'avancèrent vers Nicée, qui leur ouvrit ses portes.

Cependant Stratiotique, averti de ce soulèvement, avait cherché à se rattacher par de grandes largesses les troupes macédoniennes et celles des autres thèmes d'Occident ; il les avait fait passer en Asie, et en avait confié le commandement à l'eunuque Théodore, qui avait sous ses ordres le général Lycanthès, le Franc Randulphe, et Aaron, beau-frère de Comnène, mais son ennemi personnel. Des compatriotes, d'anciens compagnons d'armes et des parents se trouvaient ainsi partagés entre ces deux camps. Souvent les fourrageurs se rencontraient, et cherchaient mutuellement à convaincre leurs adversaires de la bonté ou des avantages de leur cause. Malgré ces pourparlers, chacun persistait avec obstination dans son parti. Enfin on en vint aux mains dans un lieu nommé Adès, à peu de distance de Nicée. La lutte fut vive et longtemps incertaine. A l'aile droite Aaron repoussa Romain Scléros, qui lui était opposé, et déjà Comnène, témoin de sa déroute, était sur le point de se retirer sur Nicée, quand il aperçut Catacalon qui avait tout renversé devant lui et pénétré jusqu'au camp des impériaux, qui prirent la fuite. Le Franc Randulphe, ne pouvant arrêter les fuyards, appelle en combat singulier un des généraux ennemis. Nicéphore Botaniate, digne de se mesurer avec le brave Normand, le renverse de dessus son cheval et le fait prisonnier.

A la nouvelle de cette défaite, Stratiotique était prêt à abandonner le trône ; mais ses ministres l'engagèrent à ne pas perdre encore tout espoir. Il envoya à son compétiteur une ambassade, dont faisait partie Michel Psellus, le plus célèbre des littérateurs de ce temps. Stratiotique faisait offrir à Comnène de l'adopter et de lui donner le titre de césar, promettant amnistie à tous ses partisans. Comnène n'était pas éloigné d'accepter ces offres, et on assure qu'il répondit dans ce sens ; mais l'armée, devant laquelle on lut les propositions, protesta qu'elle ne voulait pas laisser dépouiller de la robe impériale celui qu'elle en avait revêtu ; et Catacalon surtout se prononça avec force contre un accommodement qui n'était, selon lui, qu'un piège, et compromettait la sûreté et la vie de Comnène et de tous ses amis.

Effectivement, pendant que Stratiotique faisait suivre cette négociation, il réunissait au palais les membres du sénat, et leur faisait signer à tous l'engagement de ne jamais accepter pour empereur Isaac Comnène. Celui-ci, cependant, s'approchait de Constantinople, et les sénateurs regrettaient fort la démarche à laquelle ils avaient consenti. Quand ils apprirent que Comnène devait coucher au palais de Damatrys, de l'autre côté du détroit, ils se portèrent tumultueusement à Sainte-Sophie à la pointe du jour, et supplièrent le patriarche de retirer des mains de Stratiotique l'engagement qu'ils avaient eu l'imprudence de signer, et qui les exposerait infailliblement à périr ou à se parjurer. Après s'être fait un peu presser, Michel Cérularius promit de s'interposer en leur faveur. Et sans plus attendre, comme s'ils eussent été relevés de leurs serments, ils proclamèrent Comnène auguste, et déclarèrent rebelle quiconque refuserait de le reconnaître. Le patriarche même se joignit à eux ; il fit partir un courrier pour engager Comnène à hâter son arrivée, et ne négligeait pas de faire valoir la part qu'il avait prise à cette proclamation. En même temps il envoyait des métropolitains signifier à Michel Stratiotique d'évacuer immédiatement le palais. Celui-ci leur ayant demandé ce que le patriarche lui offrait en échange de la royauté : « Le royaume des cieux, répondirent-ils. » Force lui fut de se contenter de cette belle mais douteuse promesse. Il retourna dans sa maison, qu'il avait quittée treize mois auparavant, et où il vécut encore deux ans dans une obscurité dont il n'aurait pas dû sortir.

Le 31 août, Catacalon, revêtu de la dignité de curopalate, vint prendre possession du palais au nom de son ami, et le lendemain, 1er septembre 1057, Isaac Comnène fut couronné solennellement dans l'église de Sainte-Sophie.

Les Comnènes, qui vont jouer désormais un grand rôle dans l'histoire byzantine, jusqu'à la prise de Constantinople par les Turcs, et dont quelques rejetons transplantés en Occident ont revendiqué à la cour des rois de France leurs titres à cette illustre origine, prétendaient descendre d'une des grandes familles qui furent transportées de Rome par Constantin le Grand dans sa nouvelle capitale. Toutefois, le premier qui figure avec éclat dans l'histoire sous ce nom est Manuel Comnène, préfet d'Orient, qui sauva la ville de Nicée, sous Basile II. En mourant, Comnène confia ses deux jeunes fils, Isaac et Jean, à l'empereur, qui leur fit donner une éducation brillante dans le monastère de Studius, puis il les attacha à sa personne, et maria l'aîné à Catherine, fille du dernier roi des Bulgares. Le second épousa la fille d'un *catapan* d'Italie, et en eut cinq fils, dont le troisième, Alexis, occupa le trône de Constantinople à l'époque des premières croisades.

Isaac et Jean Comnène furent toujours étroitement unis. Jean partagea le titre de curopalate avec Catacalon, qui fut en outre nommé *grand domestique*. L'empereur récompensa libéralement les officiers qui avaient concouru à son élévation, en ayant soin cependant de les éloigner de la capitale. Il accorda aussi des dignités aux neveux du patriarche, auquel il abandonna en outre la nomination du grand économe et du trésorier de Sainte-Sophie, nomination qui avait jusque alors appartenu à la couronne : toutefois, une partie du clergé grec fut toujours assez mal disposée pour Isaac Comnène. On lui reprochait de s'être fait représenter sur ses monnaies tenant à la main une épée, comme s'il ne devait l'empire qu'à ses armes, tandis que ses prédécesseurs depuis Tzimiscès avaient placé sur les monnaies l'image du Sauveur avec la légende : *Jésus-Christ roi des rois*, ΙΗΣ. ΧΡ. ΒΑΣΙΛΕΥΣ ΒΑΣΙΛΕΩΝ. Un grief plus grave était d'avoir non-seulement apporté des entraves aux donations religieuses, mais d'avoir quelquefois mis la main sur les biens de certains monastères. La pénurie des finances de l'État et les aumônes que l'empereur répandait sur d'autres établissements religieux, moins richement dotés, ne purent lui faire pardonner ces actes arbitraires, qui furent taxés de sacrilége.

Le patriarche Cérularius, qui avait pris les brodequins de pourpre pareils à ceux des empereurs, dont il se regardait comme au moins l'égal, irrité de quelques refus d'Isaac Comnène, alla jusqu'à le menacer, en termes fort triviaux, de lui ôter la couronne comme il la lui avait donnée. L'empereur prévint l'effet de ses menaces en le faisant enlever et transporter dans l'île de Proconèse, où il tâcha d'obtenir sa démission en le menaçant de déférer sa conduite à un concile. Michel Cérularius résistait ; mais sa mort survint à propos pour arrêter une querelle qui aurait pu dégénérer en un conflit pareil à celui des empereurs d'Occident et du Saint-Siége. Cérularius fut remplacé par Lichudès, ancien ministre de Monomaque, puis administrateur du riche couvent de Mangana, dont il avait jusque-là défendu les priviléges avec une persistance dont l'empereur ne triompha que par adresse.

Une invasion des Hongrois et des Petchenègues fut réprimée par Isaac en personne. Il revint ensuite à Constantinople sur le bruit d'une révolte qui aurait éclaté en Orient. Mais cette nouvelle s'étant trouvée sans fondement, il se livrait dans les environs au plaisir de la chasse. Surpris par un violent orage, il fut, selon quelques historiens, frappé de la foudre, ou simplement, selon d'autres, atteint d'une pleurésie, et se fit rapporter dans son palais en grand danger de mort. Il résolut, quoi qu'il advint, de déposer la pourpre, et voulait en revêtir son frère; mais celui-ci s'en défendit obstinément, au grand déplaisir de sa femme. Sur son refus, Isaac désigna pour son successeur Constantin Ducas, qui l'avait aidé de sa personne et de sa fortune pour acquérir l'empire, et dont il faisait grande estime. Pour lui, il prit la bure dans ce même couvent de Studins où il avait été élevé (1). Il y vécut encore environ deux ans, dans les exercices de piété, remplissant avec une abnégation chrétienne les plus humbles fonctions de la vie monastique, mais visité souvent et toujours traité avec une respectueuse déférence par son successeur. Sa fille Marie se renferma dans un couvent voisin, ainsi que sa femme, qui en se retirant du monde changea son nom en celui d'Hélène. Cette vertueuse princesse, dont les conseils avaient souvent été utiles à son mari sur le trône comme dans la retraite, lui survécut de peu d'années, et demanda à reposer près de lui dans le cimetière du monastère de Studius.

Le président Constantin Ducas, que Comnène avait appelé au trône de préférence à ses propres parents, portait un nom illustre depuis plusieurs siècles. C'était un homme doux et religieux, appliqué à l'administration et à la dispensation de la justice, mais d'un esprit borné. Pour augmenter les revenus de l'État il renouvela les abus de la vénalité des charges. Sa parcimonie, en laissant dépérir l'armée, coûta bien cher à son pays, et tandis qu'il consumait ses jours à écouter des plaidoiries et à régler des points de jurisprudence, il oubliait les frontières, envahies de toutes parts. L'Asie surtout, défendue par des soldats trop peu nombreux et mal armés, était livrée aux incursions des Turcs, qui s'emparèrent d'Ani, menacèrent la Galatie et même la Phrygie.

A l'Occident les Uzes passèrent le Danube en 1065, et firent prisonniers les commandants de la frontière, Apocape et Nicéphore Botaniate, qui régna plus tard. Quelques-uns de leurs détachements portèrent la dévastation jusqu'à Thessalonique et en Hellade. L'empereur, désespérant d'opposer des forces suffisantes à cette nuée de barbares, envoya des députés chargés de présents vers plusieurs de leurs chefs, dans l'espérance de les gagner. Cependant, comme le peuple murmurait hautement de son inaction, il se décida à sortir de Constantinople à la tête de quelques centaines de soldats, et l'on se demandait ce qu'il prétendait faire avec cette poignée de monde, quand on reçut la nouvelle de la dispersion des Uzes. Le froid, la faim, les maladies en avaient fait périr un grand nombre; les Petchenègues et les Bulgares étaient tombés sur ceux qui restaient, et les avaient vaincus. On assura que des légions célestes avaient opéré ce miracle, grâce aux prières et aux jeûnes de l'empereur. Une partie des Uzes obtint des établissements au voisinage du Danube, dans ce qui forme aujourd'hui la Moldavie. Plusieurs de leurs chefs furent promus à des dignités, et les généraux grecs prisonniers recouvrèrent la liberté.

L'empire avait ainsi encore une fois échappé comme par miracle à une de ces terribles inondations de barbares du Nord, qui menacèrent si souvent de le submerger; mais les provinces restèrent pour longtemps ruinées. Selon les croyances du temps, ces malheurs avaient été annoncés par des bouleversements de la nature : l'année qui précéda l'invasion des Uzes, le 24 septembre, un affreux tremblement de terre avait rempli de ruines plusieurs villes de la Thrace et de l'Asie Mineure. Ces secousses se répétèrent pendant deux ans. Le superbe temple hellénique qu'on admirait encore à Cyzique, et dont la solide construction semblait devoir braver les siècles, fut renversé (1), et à Nicée l'église où s'étaient réunis les Pères du célèbre concile s'écroula, ainsi que l'église sous l'invocation de la *divine sagesse* ou Sainte-Sophie (2).

---

(1) Voy. pl. 3 une vue d'une partie de ce couvent, transformé en mosquée.

(1) Ce temple est probablement celui qu'Attale et Eumène élevèrent à leur mère Apollonis, et qui était décoré de bas-reliefs représentant des traits de piété filiale dont l'anthologie de Céphalas nous a conservé les inscriptions en vers (Liv. III).

(2) C'est sans doute à cet événement que se rapporte un discours de Michel Psellus, εἰς τὴν τῆς Ἁγίας-Σοφίας σύμπτωσιν, publié par Léon Allatius, lequel parait avoir cru qu'il s'agissait de

Au mois de mai de l'an 1066 une comète d'une grandeur effrayante, présage, disait-on, de révolutions, se montra durant quarante jours. Au mois d'octobre de la même année l'empereur tomba malade, et languit jusqu'au mois de mai suivant. Il laissa la couronne à ses trois fils, Michel, Andronic et Constantin, ne dans la pourpre, sous la tutelle de leur mère, Eudocie. Il revêtit son frère Jean de la dignité de césar, et fit signer à tous les membres du sénat la promesse de ne pas reconnaître d'autre empereur que ses enfants. L'impératrice s'engagea par le même écrit à ne pas se remarier, et cet acte solennel fut déposé entre les mains de Jean Xiphilin, que ses vertus avaient fait appeler malgré lui à la dignité de patriarche. Nous verrons bientôt comment ces promesses furent remplies.

Une femme assise sur le trône entre ses jeunes enfants, rendant elle-même la justice et recevant les ambassadeurs, était sans doute un spectacle touchant; mais pour en imposer aux barbares qui menaçaient l'empire elle aurait eu besoin d'être entourée, comme la veuve de Romain II, de généraux expérimentés et d'armées aguerries. Constantin Ducas les avait laissées dépérir, uniquement occupé de l'étude de la jurisprudence et des belles-lettres, goût qui dans des temps plus paisibles eût jeté quelque éclat sur son règne, mais qui dans les circonstances critiques où l'État se trouvait fut presque un malheur de plus. Ducas aurait préféré, disait-il, s'illustrer par ses écrits plutôt que par l'éclat du trône; mais il n'a pas été fort heureux de ce côté. Il donna pour précepteur à son fils Michel, Constantin Psellus, fier de son titre de prince ou doyen des philosophes, ὕπατος τῶν φιλοσόφων, et de l'universalité de ses connaissances. Cet homme vraiment prodigieux pour son siècle a composé de nombreux écrits de philosophie, de rhétorique, de théologie, et une histoire de son temps. Il écrivit pour ses élèves des poëmes didactiques sur la grammaire, sur la jurisprudence, la médecine et même sur l'alchimie. Il joua un rôle très-actif dans les

---
Sainte-Sophie de Constantinople ; mais bien que cette dernière église ait souvent souffert des tremblements de terre, elle n'a point éprouvé une ruine aussi complète que semblerait l'indiquer ce discours de Psellus.

intrigues de la cour. Mais, soit que l'étoffe ait manqué chez son élève, soit qu'il lui eût imprimé une fausse direction, Michel, au lieu de s'élever aux devoirs d'un souverain, qui doit être le protecteur plutôt que l'émule des savants, resta toujours concentré dans les minuties de l'école. L'impératrice Eudocie, que l'on distingue des autres princesses de ce nom par le surnom de *Macrembolitissa*, se livrait aussi à la littérature. Elle composa, sous le titre d'*Ionia* ou *Champ de violettes*, un recueil de notices sur les dieux de la fable, les héros et les grands hommes de l'antiquité, extraites de sa riche bibliothèque. Elle avait écrit aussi *sur les occupations qui conviennent aux impératrices* et d'autres opuscules. Les écrits de cette époque ne sont en général que des compilations; on doit pourtant reconnaître que l'exemple et les encouragements de Constantin Ducas, d'Eudocie et de ses fils, en réveillant le goût des études de l'antiquité, avaient préparé un commencement de renaissance, que vint interrompre la domination des Francs à Constantinople.

Enhardis par l'abandon dans lequel Eudocie et son docte entourage laissait les gens de guerre, les Turcs envahirent la Mésopotamie, pénétrèrent jusqu'à Césarée, profanèrent le tombeau de saint Basile, qu'ils dépouillèrent de ses ornements d'or et de pierres précieuses, puis de là se jetèrent sur la Cilicie, obligèrent les habitants d'Alep à se joindre à eux, et vinrent porter le fer et la flamme jusqu'aux portes d'Antioche de Syrie. Quelques recrues mal armées qui essayèrent de les arrêter furent très-maltraitées. Nicéphore Botaniate, duc d'Antioche, entouré de ses gardes et de quelques troupes étrangères, réussit à grand peine à éloigner les Turcs. On manifestait hautement la nécessité d'avoir un empereur qui rétablît l'honneur des armes grecques. Ce que Botaniate venait de faire semblait à plusieurs le rendre digne de cet honneur; mais Eudocie jeta les yeux sur Romain Diogène, également distingué par sa noblesse et sa valeur, et dont la belle figure avait fait sur elle une vive impression dans une circonstance récente où elle s'était trouvée l'arbitre de ses jours.

Le père de Romain Diogène avait aspiré à l'empire sous le règne de Romain Argyre, et s'était donné la mort, de crainte de compromettre ses partisans dans les épreuves de la question. Cette tentative, alors si fréquente, n'avait pas fermé la carrière du jeune Diogène. Déjà patrice et duc de Sardica, il sollicita de Constantin Ducas le titre de *vestarque* (maître de la garde-robe). L'empereur avait répondu brusquement : « Montre tes œuvres pour en demander le salaire. » En retournant à Sardica, Diogène rencontra un parti de Petchenègues qui ravageait la contrée; il les défit, et envoya des prisonniers et des têtes à l'empereur, qui lui accorda le titre qu'il ambitionnait, et lui écrivit : « Ce n'est pas à moi que tu le dois, mais à ta valeur. » Au lieu de se montrer reconnaissant d'une faveur accordée en termes si flatteurs, Diogène, aveuglé par l'orgueil, crut pouvoir aspirer même à l'empire, et lorsqu'il apprit la mort de Constantin il fit sonder les dispositions des chefs occidentaux. Dénoncé, amené captif à Constantinople et traduit devant une haute cour de justice, il fut condamné à mort. Lorsqu'il fut conduit devant l'impératrice, qui devait confirmer ou adoucir la sentence, il n'était personne qui ne fît des vœux, en voyant sa noble contenance et sa tournure martiale, pour que l'empire ne fût pas privé d'un tel soutien. Eudocie ne fut pas la moins émue. Diogène fut absous; et lorsqu'il retournait en Cappadoce, sa terre natale, il reçut un courrier qui le rappelait à Constantinople, où le grade de maître de la milice l'attendait. L'impératrice lui réservait en secret l'empire avec sa main; mais elle était retenue par l'engagement qu'elle-même avait signé ainsi que tout le sénat, et dont le patriarche était dépositaire. Elle révéla son secret à un de ses eunuques, qui promit de la satisfaire.

Le patriarche avait un frère dont tout le mérite était dans sa figure, qui lui avait valu certains succès auprès des femmes. L'eunuque alla trouver Xiphilin, et lui donna à entendre que l'impératrice avait distingué son frère, et que, si elle était relevée du terrible serment dont lui-même était dépositaire, elle épouserait ce jeune homme et le ferait asseoir sur le trône. Le prélat fut ébloui de cette brillante perspective pour sa famille; mais il fallait s'assurer des dispositions du sénat; il fit venir séparément tous les signataires, leur représenta chaleureusement que dans la situation des affaires on serait coupable de sacrifier le salut de l'empire à la volonté exorbitante que la jalousie d'un mourant avait prétendu dicter. Personne ne résista à son éloquence. Lorsque l'impératrice fut assurée que son mariage ne rencontrerait pas d'opposition, elle fit venir la nuit Romain Diogène en armes dans le palais, fit bénir son union et proclamer le nouvel empereur, le 1er janvier 1068. Les fidèles Varanges de la garde impériale voulurent s'opposer à cette violation des droits de leurs jeunes princes; mais Michel et ses frères, sur les instances de leur mère, vinrent déclarer que c'était de leur consentement que la chose s'était faite; et les Varanges joignirent aussitôt leurs bruyantes acclamations à celles de la multitude.

Diogène était pressé de justifier les espérances que l'on avait fondées sur son élection. Il s'occupa sans relâche à réorganiser l'armée, et deux mois à peine étaient écoulés lorsqu'il partit pour la Propontide. La Phrygie fut indiquée pour rendez-vous général. On admirait l'activité du prince; mais pour quiconque se rappelait les anciennes armées romaines, c'était un spectacle bien triste que cette réunion composée de Bulgares, de Cappadociens, d'Uzes, de Francs, de Varanges et de recrues dont l'aspect trahissait la misère, la plupart sans chevaux, et n'ayant souvent pour armes que des faux et des épieux. Les enseignes impériales, couvertes d'une couche noire de poussière, accusaient aussi l'oubli dans lequel on les avait trop longtemps laissées.

C'est à la tête de ces troupes que Romain Diogène allait se mesurer avec le sultan des Turcs Alparslan, successeur de Togroul, qui, pour entrer plus tôt en campagne contre les Romains, avait pris ses quartiers d'hiver près de la frontière.

Les opérations des campagnes de Diogène contre les Turcs, sa captivité et les révolutions qui suivirent, ont été racontées en détail et d'une manière animée par un témoin oculaire, Michel Attaliote, qui accompagnait l'empereur en qualité de juge militaire, et dont les mémoires, restés jusqu'à ce jour inédits, nous fournissent quelques particularités peu connues (1).

A la nouvelle de l'approche de l'empereur, les Turcs, qui fort heureusement ne connaissaient pas l'état réel de son armée, se retirèrent. Ils se divisèrent en deux corps, dont l'un se porta vers l'Asie septentrionale, et l'autre au midi. Diogène se dirigeait vers Antioche, lorsqu'il apprit que les Turcs venaient de surprendre et de piller Néocésarée. Il rebrousse aussitôt chemin; et, franchissant les défilés des montagnes, à la tête de ses troupes les plus alertes, il se met à la poursuite de l'ennemi, l'atteint, le disperse, délivre les prisonniers et reprend une partie du butin. Après trois jours de repos à Sébaste, Diogène se porta sur Mélitène, où il laissa une garnison considérable, pour protéger cette frontière. De là il vint près Alep, dont l'émir était allié de l'empire; mais le territoire de cette ville était occupé par les Turcs. Ceux-ci n'avaient pas cessé de harceler l'armée grecque depuis Méli-

(1) Michel, surnommé Attaliote, de la ville d'Attalia en Asie Mineure, est connu des jurisconsultes par un résumé de la législation gréco-romaine, plusieurs fois imprimé. Il était entré dans la magistrature sous le règne de Constantin Ducas. En 1067 il fut un des juges de Romain Diogène. « On sait, dit-il, dans son histoire, quelle fut ma sentence... Il est probable qu'elle n'avait pas été défavorable à l'accusé, puisque celui-ci, devenu bientôt après empereur, l'emmena avec lui en qualité de juge d'armée (κρίτης τοῦ στρατοπέδου), et le revêtit en 1068 de la dignité de patrice. C'est sous Michel Ducas et par son ordre qu'Attaliote, devenu proconsul, ἀνθύπατος, rédigea sa *Synopsis*. Enfin, promu *juge de la chambre impériale* (κρίτης τοῦ βήλου), il composa une histoire de son temps, qui s'étend de Michel Paphlagon, en 1034, à Nicéphore Botaniate, auquel il la dédia, en 1080. Ce prince, auquel Attaliote prodigue de grands éloges, fut détrôné l'année suivante par Alexis Comnène. C'est sans doute à cette circonstance qu'il faut attribuer le peu de publicité que reçut cet ouvrage. Jean Scylitzès, qui publia sous Alexis Comnène une histoire de cette même époque, a copié mot pour mot des pages entières d'Attaliote sans le citer, et en ayant soin de supprimer les passages à l'éloge de Botaniate. Un manuscrit de cette histoire existe à l'Escurial; mais il est incomplet : la partie la plus curieuse, celle qui comprend le règne de Botaniate, a été déchirée à une époque ancienne. Le seul exemplaire complet qui se soit conservé était contenu dans un manuscrit de Paris, où il a été retrouvé il y a quelques années par l'auteur de cette note, qui se propose de le publier incessamment.

tène, et pendant que Diogène faisait le siége d'Hiéraple, ils furent sur le point de s'emparer du camp qu'il avait laissé devant Alep. Il revint à temps pour le dégager, et mit les ennemis en fuite; mais l'état de son armée ne lui permit pas de profiter de cet avantage; il ne put même pénétrer jusqu'à Antioche, et, après avoir mis en état de défense quelques forteresses, il traversa des défilés presque impraticables pour se rendre à Alexandrie sur l'Issus, d'où il rentra en Cappadoce, au mois de décembre.

Il eut encore le chagrin d'apprendre que les Turcs venaient de saccager Amorium, en Galatie, et ne put lui porter secours. Les maladies avaient achevé d'épuiser son armée. Cependant cette campagne, entremêlée de succès et de revers, avait relevé le moral des soldats et donné aux Turcs une haute idée de l'empereur, dont la valeur personnelle avait presque partout entraîné la victoire, ce qui fit dire qu'une troupe de cerfs commandée par un lion était plus redoutable que des lions conduits par un cerf.

Romain Diogène rentra dans Constantinople à la fin de janvier 1069. Eudocie lui offrit à ce moment le livre intitulé *Ionia*, fruit de ses heures de solitude studieuse. Pour lui, il s'occupa immédiatement de préparer tout pour une nouvelle campagne, sans écouter les timides conseils qui lui étaient donnés de recourir aux négociations, et avant les fêtes de Pâques il repassa le Bosphore.

Diogène était appelé en Asie par un nouveau danger. Depuis que les Normands, sur les pas des fils de Tancrède et de Robert Guiscard, avaient conquis une partie de la Sicile et de l'Italie méridionale, plusieurs chevaliers de cette nation entreprenante, suivis de leurs fidèles campagnons, étaient venus chercher fortune en Orient, où leur bravoure offrait aux empereurs grecs un appui recherché. On citait parmi eux Hervé, Raoul ou Radulphe, Gosselin, Oursel ou Roussel de Bailleul, que nous verrons bientôt tout près de monter sur le trône de Constantinople. Un des plus distingués parmi ces preux, par son courage et sa noblesse, était Robert Crespin, de la famille des Grimaldi, princes de

Monaco, dont une branche était établie en Normandie dès le temps de Rollon. Crespin (ou Crispin, comme les Grecs le nomment) vint offrir ses services à Romain Diogène, qui l'envoya prendre ses quartiers d'hiver en Asie; mais, soit que l'empereur n'appréciât pas assez son mérite, soit par suite de la pénurie des finances, il ne pourvut pas à l'entretien de sa troupe. Le chef normand y suppléa en puisant sans scrupule dans les caisses des receveurs impériaux, et en rançonnant les villes grecques du voisinage. On vit dans cette conduite un acte de rébellion ouverte, et Alusianos, beau-frère de Romain Diogène, à la tête de cinq escadrons des Macédoniens, attaqua les Normands le jour de Pâques. Robert défit les assaillants; mais après la victoire il traita les blessés grecs avec la plus grande humanité, les fit panser, et les renvoya sans rançon. Pendant qu'il était ainsi considéré comme rebelle, un corps de Turcs, croyant trouver en lui un auxiliaire, s'était avancé. Les Normands tombèrent sur eux, et les taillèrent en pièces. Informé de l'approche de l'empereur, Robert s'excusa près de lui sur la nécessité où il avait été de faire vivre ses troupes, sollicita et obtint une amnistie. Plus tard, accusé de nouveau de conspiration par un seigneur allemand, il fut relégué à Abydos, ce qui excita un soulèvement parmi les Francs au service de l'empire.

Cette campagne présenta la répétition de la précédente. Les divers corps d'armée que Diogène détachait pour secourir des villes menacées étaient presque toujours battus. S'il se montrait en personne, l'ennemi fuyait; mais le manque de cavalerie ne lui permettait pas de poursuivre bien loin les rapides coursiers des Turcs. Fatigué de cette guerre, l'empereur commit la faute de confier le gros de l'armée à un général fanfaron, nommé Philarète, et d'aller établir son quartier général dans une fraîche vallée appelée Anthias, pour y passer les ardeurs de l'été. On ne tarda pas à y voir accourir les débris de l'armée que Philarète avait laissé mettre en déroute, et qui communiquèrent leur terreur aux troupes que l'empereur avait gardées près de lui. Il fut question de battre immédiatement en retraite, ce qui, dans l'état des esprits, serait dégénéré bientôt en un sauve-qui-peut général. Michel Attaliote s'attribue dans ses mémoires l'honneur d'avoir fait prévaloir dans le conseil de guerre, où il fut appelé, une résolution plus énergique. L'empereur se rangea à ce dernier avis, et rentra en campagne. On venait d'apprendre que les Turcs s'étaient dirigés sur Iconium, qui devint plus tard la capitale des sultans. Ils la prirent, et la pillèrent; mais ils n'osèrent encore s'y maintenir, à cause de l'approche de l'empereur. Il avait ordonné au gouverneur d'Antioche de se porter sur Mopsueste, pour couper la retraite aux Turcs; mais ceux-ci échappèrent en passant par les défilés du Taurus, et ils gagnèrent Alep. Diogène, découragé, revint à Constantinople, où l'attendait un autre déplaisir. La magnifique église de la Vierge aux Blaquernes fut entièrement détruite par un incendie (septembre 1070).

Au printemps suivant, Diogène, au lieu d'ouvrir la campagne en personne, selon son habitude, confia le commandement à Manuel Comnène, qu'il nomma curopalate, dignité devenue vacante par la mort récente de son père, Jean Comnène. Quoique très-jeune, Manuel Comnène montra dans ce commandement une habileté qui lui valut plusieurs succès. On prétend que l'empereur en éprouva une secrète jalousie, et que c'est pour cela qu'il ordonna de détacher une partie assez considérable de l'armée afin de faire lever le siège d'Hiérapolis et de ravitailler cette place. Comnène obéit; mais son armée, ainsi affaiblie, fut attaquée dans les environs de Sébaste par une armée de Turcs. Néanmoins il leur tint tête bravement. Les Turcs alors employèrent le vieux stratagème des Parthes, qui manque rarement de réussir. Ils simulèrent une déroute, attirèrent les Grecs à leur poursuite, les enveloppèrent, en tuèrent un grand nombre, et firent Manuel prisonnier ainsi que ses deux beaux-frères.

A cette nouvelle l'empereur voulait partir immédiatement pour réparer le désastre. Les courtisans, et surtout le césar Jean Ducas et Michel Pseilus, ses ennemis secrets, qui désiraient le voir tomber dans le discrédit, le retenaient sous le prétexte spécieux que les Turcs seraient éloignés avant qu'il ait réuni une armée capable de les châtier. Sur ces entrefaites, on vit arriver à Constantinople le curopalate, accompagné du général turc par lequel il avait été fait prisonnier.

Ce chef, que les Grecs nomment Chrysoscule, était de la famille du sultan, et en lutte contre lui pour le pouvoir, auquel il prétendait avoir des droits. Manuel, qui avait gagné sa confiance, lui persuada de rechercher l'appui de l'empereur grec, ce qu'il fit en lui rendant les prisonniers. Diogène, comme on pense, l'accueillit avec joie, et lui accorda de grands honneurs, espérant que la présence dans son camp du prince turc jeterait la division parmi ses adversaires. De son côté, Alparslan fit de grands préparatifs pour soutenir son autorité menacée.

Diogène, accompagné de Manuel et de Chrysoscule, passa sur le continent asiatique. Des présages funestes, au dire des historiens du temps, signalèrent son entrée en campagne. Un pigeon noir vint s'abattre dans son sein, la tente impériale s'affaissa sur lui; la nuit suivante le feu prit à la maison qu'il avait choisie pour gîte, et dévora ses chevaux et ses équipages. Sans s'inquiéter de ces pronostics fâcheux, l'empereur, qui se voyait à la tête d'une armée très-nombreuse, congédia les soldats les plus fatigués des campagnes précédentes, et quelques généraux qui lui étaient suspects, entre autres Nicéphore Botaniate. Parmi ceux qui l'entouraient et se montraient ses courtisans assidus, il en est dont il aurait dû se méfier davantage, comme l'événement le montra. Un des officiers les plus sincèrement dévoués à sa personne et les plus habiles, le curopolate Manuel Comnène, fut enlevé par une maladie dès les débuts de cette campagne, et fut vivement regretté de toute l'armée et de Chrysoscule, dont il était devenu l'ami intime. Sa mère, qui était accourue pour recevoir son dernier soupir, offrit à l'empereur de lui substituer son jeune frère Alexis, alors âgé de quatorze ans, qui régna plus tard avec éclat. Mais Diogène ne voulut pas, au moment où elle venait de perdre l'aîné, associer ce jeune homme à sa périlleuse entreprise.

Arrivé à Sébaste, Diogène envoya en avant Oursel à la tête des Francs et des Uzes pour se porter vers Achlat, près du lac de Van, tandis que lui-même attaquait Manzicerte, sur un des affluents de l'Euphrate. Il fit encore la faute de détacher Michel Tarchaniotes, officier expérimenté, qui lui avait conseillé de s'enfermer dans Sébaste ou dans Théodosiopolis et d'y attendre le sultan, au lieu de s'aventurer au delà du Tigre. Mais Diogène suivit de préférence les avis qui flattaient sa témérité. Il fit prendre à ses troupes pour deux mois de vivres, avec l'intention de pénétrer au cœur de la Perse.

Manzicerte tomba aux mains des Grecs, mais à ce moment on vit paraître l'avant-garde du sultan. Le duc de Théodosiopolis, l'Arménien Basilace, en qui Diogène avait grande confiance, soutint que ce n'étaient que quelques fourrageurs, et demanda à les disperser. Entraîné à leur poursuite, il fut fait prisonnier et conduit devant le sultan. Alparslan avait sous ses ordres quarante mille hommes de cavalerie. Il fit visiter son camp à son prisonnier, et l'interrogea sur l'état des Grecs. Basilace vanta les forces dont l'empereur disposait, et dit que c'était grand dommage de sacrifier dans une lutte dont l'issue était douteuse deux armées si belles, quand leurs chefs pourraient, en s'alliant, partager l'empire du monde.

Alparslan, ébranlé par ces discours, envoya proposer la paix à Diogène; mais cette démarche inattendue exalta la présomption du prince grec. Il reçut assez mal les députés turcs; il leur remit cependant une croix pour sauf-conduit, et les chargea de dire au sultan que s'il voulait la paix il fallait qu'il commençât par se retirer.

Les messagers étaient à peine de retour au camp turc, que, sans attendre le résultat de la négociation, Diogène fit ranger ses troupes en bataille. Alyatte, Cappadocien, ami de l'empereur, commandait l'aile droite, Nicéphore Bryenne, quoique blessé dans un combat précédent, dirigeait l'aile gauche; l'empereur était au centre, et il confia la réserve à Andronic, fils du césar Jean Ducas.

C'était le vendredi 26 août 1071. Le sultan, après avoir fait à ses troupes une allocution militaire et religieuse, en confia le commandement à l'eunuque Tarangis, qui les divisa en un grand nombre de petits corps chargés de harceler les ennemis, de fuir devant eux et de les attirer dans des embuscades. Diogène, après s'être avancé en cherchant toujours inutilement à joindre ses adversaires, s'aperçut qu'il s'était fort éloigné de son camp, et craignant qu'il ne fût attaqué, il donna le signal de la retraite en faisant passer les enseignes de la tête à la queue. Ce mouvement ne fut pas plus tôt aperçu que les corps grecs qui étaient les plus avancés à la poursuite des Turcs tournèrent bride et se dirigèrent précipitamment vers le camp, poursuivis l'épée dans les reins par toute la cavalerie turque. Andronic Ducas donna, dit-on, le premier le signal de la déroute, non par lâcheté, mais en haine de Romain Diogène. Celui-ci, à la tête des troupes de sa maison, faisait des efforts de valeur pour arrêter les ennemis. Blessé, il luttait encore, et fit mordre la poussière à plus d'un assaillant; mais son cheval fut tué sous lui, et il tomba parmi les morts. Un esclave turc, qui le reconnut, le fit prisonnier et le cacha toute la nuit, de crainte qu'on ne lui enlevât cette riche capture. Le lendemain il le conduisit devant le sultan, qui se refusait à croire qu'il eût devant lui dans ce triste état l'empereur grec, jusqu'à ce que les ambassadeurs turcs l'eussent reconnu, et que Basilace se fût jeté en pleurant aux pieds de son maître. Alp-arslan, s'élançant alors de son trône, foula aux pieds l'empereur prosterné. En agissant ainsi il obéissait à l'usage consacré en Orient plutôt qu'à un mouvement d'orgueil personnel, car il s'empressa de relever le prisonnier, l'assura qu'il n'avait rien à craindre, le fit asseoir à ses côtés, et l'admit à sa table et dans son intimité. « Si le sort des armes, lui demanda-t-il, m'avait fait tomber entre tes mains, comment m'aurais-tu traité? » On assure que Diogène, chez qui l'adversité n'avait pas brisé la fierté, répondit qu'il l'aurait fait accabler de mauvais traitements. « Eh bien, moi, reprit le sultan, je n'aurai pas cet orgueil cruel. J'entends dire cependant que votre Christ vous fait une loi de l'oubli des injures et qu'il est l'ennemi des orgueilleux. » Mettant lui-même en pratique ces divins préceptes, le prince musulman conclut un traité de paix et d'alliance avec Diogène, et ils convinrent de resserrer les nœuds de l'amitié en mariant leurs enfants. On ne connaît pas précisément les conditions du traité. Quelle que fut la magnanimité du sultan, il est probable que le prince grec dut souscrire plus d'une condition onéreuse (1). Quelques jours plus tard Diogène rentrait dans ses États, accompagné d'une garde turque. Lui-même portait le costume oriental. Arrivé à Théodosiopolis, il s'y arrêta quelques jours pour guérir ses blessures; il reprit un vêtement plus convenable à un empereur romain, et rappela près de lui les soldats dispersés aux environs.

Cependant à Constantinople, au premier bruit de la défaite de Diogène et de sa disparition (on ignorait encore ce qu'il était devenu) le césar Jean fit proclamer son neveu, Michel Ducas, fils aîné de l'empereur Constantin, et reléguer dans un couvent l'impératrice Eudocie. Quelques jours plus tard on reçut la nouvelle de la captivité et de la délivrance de Diogène et de sa rentrée sur le territoire grec. Mais le césar et Michel Psellus, qui se vante dans son histoire d'avoir eu grande part à cette résolution, le firent déclarer ennemi de l'État, et envoyèrent contre lui le plus jeune des fils du césar, le Proèdre Constantin. Celui-ci évita de se mesurer avec Diogène, qui s'avança jusqu'en Cappadoce. Mais Crispin, que Diogène avait banni à Abydos, étant venu rejoindre Constantin avec les Francs, une bataille s'engagea entre eux et les troupes restées fidèles à celui qu'on traitait maintenant d'usurpateur. Son général Théodore Alyatte fut pris et eut les yeux crevés.

Khatatur, duc d'Antioche, qui devait son élévation à Diogène, ne l'abandonna pas dans sa disgrâce; il lui amena des troupes arméniennes, et l'accompagna en Cilicie; mais lui-même fut défait et tué. Diogène, renfermé dans la

(1) L'historien arabe El-Maçin cité par Du Cange indique ainsi ces conditions : *Dimisit eum princeps ea lege ut afferret 1500 aureorum millia et in singulos annos tributum solveret 360 millium aureorum ac dimitteret omnes muslimos qui capti in Romano imperio essent.*

citadelle d'Adana, voyant sa cause désespérée, se rendit à Andronic Ducas, sur l'assurance d'une amnistie en changeant la pourpre pour la bure des religieux.

Ici se déroule un de ces drames trop fréquents dans les annales byzantines, et qui les déshonorent. Cet homme, qui avait fait des efforts généreux pour relever l'empire de son abaissement, que ses ennemis mêmes avaient respecté dans son malheur, malade de ses blessures et, à ce qu'on croit, d'une tentative d'empoisonnement, est conduit, dans un méchant chariot, à travers ces provinces qu'il avait naguère traversées à la tête de toute la noblesse de l'empire. On s'arrête à Cotyæum pour attendre des instructions de Constantinople. Là surviennent des agents du césar avec ordre de crever les yeux à Diogène. En vain ce malheureux prince invoque les promesses d'Andronic, confirmées par trois métropolitains. Ceux-ci assistent muets et consternés à son supplice, aggravé par la cruauté de ceux qui l'exécutent. Ses plaies, abandonnées sans soins aux ardeurs du soleil, se remplissent de vers. On le traîne ainsi mourant jusqu'à un couvent de l'île Prôté, construit par lui dans sa jeunesse, et où il expire en arrivant.

Michel Ducas rejeta dans la suite sur son oncle tout l'odieux de ce forfait, dont on dit qu'il n'avait pas eu connaissance. Ce prince faible resta toujours étranger au gouvernement. Il eut d'abord pour premier ministre l'eunuque Jean, métropolitain de Side, homme de mérite; mais bientôt il rappela de la Grèce, où il exerçait des fonctions judiciaires, un autre eunuque, nommé Nicéphore ou Nicéphorize, ancien serviteur de son père, et qu'il nomma *logothète*. Cet homme, qui ne manquait pas d'instruction et de talent, mais habile surtout en intrigues, s'empara complétement de l'esprit de l'empereur, et concentra dans ses mains toute l'autorité. Il fit écarter le métropolitain de Side, et parvint même à rendre suspect le césar auquel il devait son élévation. Nul n'était à l'abri de ses exactions. Il établit à Rhodosto une *bourse* ou marché pour les grains, ce que dans le moyen âge on nommait *funda*, et s'en fit donner le monopole. Sous son administration le blé se vendit jusqu'à une pièce d'or le boisseau, réduit d'un quart, ce qui fit donner à l'empereur Michel le surnom de *Parapinace* (1), qui lui est resté.

Durant ce règne les Scythes dévastèrent impunément les provinces occidentales. D'un autre côté, les Turcs, irrités de l'inexécution du traité qu'ils avaient conclu avec Romain Diogène, recommencèrent leurs incursions. On envoya contre eux Isaac Comnène et son frère Alexis. Oursel de Bailleul, qui avait succédé à Crispin dans le commandement des Francs, mécontent d'une punition imposée par le général en chef à un de ses compagnons, se sépara de l'armée avec ses quatre cents chevaliers, et continua à guerroyer pour son compte. Il eut une rencontre avec les Turcs, qu'il battit. Les Grecs furent moins heureux, ils éprouvèrent une défaite. Isaac Comnène fut fait prisonnier, et Alexis, qui était resté à Césarée à la garde du camp, fut abandonné de ses soldats, et forcé de regagner seul Constantinople pour y chercher la rançon de son frère.

Pendant ce temps, Oursel et les Francs prenaient pied de plus en plus en Asie, et donnaient de sérieuses inquiétudes à la cour de Constantinople. Michel Ducas, à l'instigation de Nicéphorize, déclara à son oncle le césar Jean qu'il était indispensable qu'il allât combattre en personne ces insurgés. Le césar se rendit, non sans répugnance, à cette injonction, et partit accompagné de son fils Andronic. Ils rencontrèrent Oursel près du pont de Zombos, sur le Sangaris. Le césar était au centre à la tête des Varanges de la garde impériale. Son fils

---

(1) Παραπινάκιος (de παρά et πινάκιον). Le πινάκιον, ou *bichet*, était le quart du μόδιος. Sous Nicéphore Phocas (963-969), en temps de disette, le blé monta à un νόμισμα le médimne ou boisseau. On se plaignait de la parcimonie de l'empereur, qui, pour venir au secours des Byzantins leur fit vendre le blé des greniers de réserve au taux de deux boisseaux pour une pièce d'or. Quelques années auparavant, en 961, on citait comme exorbitant de ce qu'on n'avait que quatre boisseaux pour une pièce d'or. Mais il reprit bientôt le cours de huit boisseaux pour le même prix. Un siècle environ plus tôt, Basile le Macédonien, en temps de cherté, fit distribuer le blé à douze médimnes le νόμισμα. Mais cette cherté croissante du blé n'est sans doute qu'apparente, et tient en grande partie à la dépréciation des monnaies par suite de leur altération.

commandait la gauche; la droite était formée par un corps de Francs : mais au moment du combat des pourparlers s'établirent entre ceux-ci et les compagnons d'Oursel, et ils passèrent du côté de leurs compatriotes. Par suite de cette défection, le césar fut enveloppé. Quelques historiens accusent Nicéphore Botaniate, qui commandait l'arrière-garde, de n'avoir fait aucun effort pour empêcher ce malheur. Andronic, apprenant que son père venait d'être fait prisonnier, s'élança pour le délivrer; mais il tomba criblé de blessures, et partagea sa captivité. Oursel consentit à ce qu'il retournât à Constantinople pour soigner ses blessures, en laissant à sa place pour caution ses deux jeunes enfants. Il garda près de lui le césar, qu'il traitait avec distinction, et il s'avança jusqu'à Chrysopolis, où il mit le feu à quelques maisons, dont l'empereur put de son palais apercevoir les flammes.

Michel Ducas renvoya à Oursel sa femme et ses enfants, et essaya de le ramener à l'obéissance en lui offrant la charge de curopalate; mais le chef normand élevait ses vues jusqu'à l'empire, dont il était digne non-seulement par ses hauts faits, mais par ses grandes qualités, qui lui gagnaient des partisans même dans le pays aux dépens duquel il était obligé de faire vivre sa troupe. Ne sachant qui lui opposer, les ministres de Michel eurent recours à Artuch, général des Turcs, qu'ils n'eurent pas de peine à déterminer par des présents à envahir les provinces occupées par Oursel. Celui-ci comprit que, malgré la valeur des siens, il n'avait pas assez de racines dans le pays pour soutenir seul une semblable lutte, et il revêtit du titre d'empereur son prisonnier le césar Jean Ducas, qui pouvait compter sur un assez grand nombre de partisans, et qui après quelque résistance entra résolument dans ses vues.

Le nouvel élu n'avait pas encore eu le temps de rassembler des troupes quand les Turcs parurent. Ils pouvaient être environ dix mille. Sans s'arrêter à calculer leur nombre, Oursel, entraînant Jean Ducas, donna le signal de l'attaque. Sous le choc irrésistible des chevaliers francs les musulmans s'enfuirent. Oursel les poursuivit longtemps, mais il vint tomber sur un autre corps, beaucoup plus nombreux que le premier. Il était trop tard pour songer à la retraite, et les Francs ne pensèrent qu'à vendre chèrement leur vie. Leur petite troupe fut entourée, leurs chevaux tombèrent accablés sous une grêle de traits. Quoique démontés ils luttèrent encore quelque temps; enfin Oursel et le césar Jean furent faits prisonniers.

Il est probable que l'empereur Michel s'applaudit de cette double capture. Toutefois il envoya des sommes considérables pour racheter son oncle. Celui-ci, avant de se présenter à la cour, craignant que le rôle qu'il avait joué, quoiqu'en partie forcément, ne lui attirât quelque disgrâce, prit l'habit monastique. Quant à Oursel, racheté par sa famille et ses amis, il se remit aussitôt en campagne, et fit rentrer plusieurs villes sous son autorité. L'empereur, après avoir inutilement fait marcher contre lui un corps d'Alains sous les ordres d'un Paléologue, chargea le jeune Alexis Comnène de cette mission difficile. Presque sans soldats et sans subsides, Alexis, à force de persévérance, en attaquant séparément les Francs dans les divers châteaux et en les attirant dans des embuscades, parvint à réduire Oursel à un tel état qu'il prit le parti d'aller se jeter dans les bras du général turc, son ancien adversaire. L'alliance de deux chefs si redoutables eût été fatale à l'empire. Alexis se hâta d'en prévenir les effets en envoyant secrètement près d'Artuch pour négocier l'extradition d'Oursel. L'appât de l'or l'emporta chez le chef barbare sur la bonne foi, et il livra son nouvel allié. Il fallait qu'Alexis réunît la somme considérable qu'il avait promise. Il n'y avait rien à attendre du trésor public, il s'adressa aux riches habitants d'Amasée, qui, ne se souciant pas de contribuer de leurs deniers, excitèrent une sédition parmi le peuple. On voulait délivrer Oursel; le stratarque parvint cependant à faire entendre à la foule que sa démarche était dans l'intérêt du plus grand nombre, car c'était le peuple qui avait le plus à souffrir des guerres excitées par Oursel. Il parvint donc à l'amener prisonnier à l'empereur; mais il ne réussit pas également à préserver son prisonnier des indignes traitements que l'eunuque Nicéphorize fit infliger à ce noble guerrier.

La rébellion des Francs fut ainsi comprimée, grâce à l'habileté d'Alexis Comnène. Mais l'incapacité de l'empereur et l'avarice de son ministre en faisaient éclater d'autres sur tous les points à la fois. Il serait trop long de raconter en détail toutes ces tentatives avortées. Le vestarque Nestor, duc des villes danubiennes, dont on laissait les garnisons sans solde, vint en armes demander la destitution du logothète Nicéphorize, et n'ayant rien obtenu se mit à ravager la Macédoine et la Thrace, et se retira chez les Petchenègues.

Les Bulgares et les Serves avaient secoué le joug des Grecs ; Michel envoya contre eux Nicéphore Bryenne, qu'il eut un instant l'idée de revêtir du titre de césar, mais qui lui devint suspect dès qu'il eut remporté quelques succès. Après avoir pacifié la Bulgarie, Bryenne avait été nommé duc d'Illyrie, et séjournait à Dyrrhachium ; son frère Jean, qui était à Constantinople, l'avertit qu'il était menacé d'une disgrâce, et l'engagea à la prévenir en se déclarant empereur. Bryenne hésitait, mais son fils et ses troupes le proclamèrent. Il n'était plus temps de reculer ; il se rendit à Andrinople, où beaucoup de Francs et de Varanges se joignirent à lui. En même temps plusieurs généraux, qui appartenaient aux grandes familles des provinces asiatiques, ne pouvant supporter davantage le gouvernement du logothète, proclamèrent de leur côté le général Nicéphore Botaniate, dont nous avons déjà plusieurs fois prononcé le nom, et qui comptait, dit-on, parmi ses aïeux Nicéphore Phocas (octobre 1077).

Nicéphore Bryenne revêtit son frère de la dignité de curopalate, et l'envoya à la tête de la plus grande partie de ses troupes pour s'emparer de Constantinople. Il avait eu soin de se rendre les principaux habitants favorables par de brillantes promesses, dont les prétendants ne sont jamais avares. Une circonstance fortuite ruina ses espérances. En arrivant devant la capitale quelques soldats se répandirent dans les maisons de plaisance situées de l'autre côté de la *Corne d'Or,* pour les piller ; et n'y trouvant plus rien, car les propriétaires s'étaient hâtés de déménager, ils y mirent le feu. Dès que le curopalate s'aperçut de ce désordre, il envoya pour le réprimer ; mais un vent violent propagea l'incendie parmi les riches villas du faubourg, et les Byzantins, irrités, ne voulurent plus entendre parler de Bryenne. Constantin Ducas Porphyrogénète, frère de l'empereur, et Alexis Comnène veillaient à la défense des remparts ; ce dernier fit même une sortie heureuse, et Bryenne, désespérant d'entrer à Constantinople par persuasion ou par force, saisit le prétexte d'une incursion des Scythes à repousser pour lever le siège.

La révolte de Nicéphore Botaniate inquiétait davantage Ducas. Il eut encore recours aux Turcs, et engagea par des présents leur nouveau sultan Soliman à se rendre maître du prétendant et à le lui livrer. Mais celui-ci trouva moyen, en traversant des défilés, d'échapper aux embuscades des Turcs ; il repoussa ceux qui s'étaient mis à sa poursuite, puis députa vers eux le Turc Chrysoscule, qui avait embrassé son parti, et qui obtint par des présents qu'ils cessassent de l'inquiéter. Botaniate arriva près de Nicée à la tête de trois cents hommes seulement, et se crut perdu en voyant des troupes nombreuses rangées en bataille devant la ville. Mais elles le saluèrent du titre d'empereur.

De Nicée Botaniate envoya des émissaires à Constantinople, chargés des promesses usitées de faveurs et de largesses. Il trouva beaucoup de partisans dans le sénat et dans le haut clergé. Des ouvertures furent faites par ses adhérents au césar Ducas ; mais celui-ci dénonça ces menées à son neveu, qui fit appeler dans le conseil Alexis Comnène. Alexis était d'avis qu'on arrêtât dès le soir même les partisans de Botaniate. L'empereur craignit de causer du tumulte dans la ville. Cependant les conjurés, avertis qu'ils étaient dénoncés, prirent le parti d'agir ouvertement : ils convoquèrent une assemblée à Sainte-Sophie, au nom des patriarches d'Antioche et de Constantinople, du synode et du sénat. L'empereur appela de nouveau Alexis Comnène, qui se faisait fort de dissiper avec les *porte-hache* de la garde cette réunion d'hommes, en général peu belliqueux. L'empereur, soit par vertu, soit par fai-

14.

blesse, repoussa encore ce conseil. Il traita en riant Comnène d'homme féroce, et finit par lui dire : « Il y a longtemps que je pensais à descendre du trône. Ce que j'aurais pu faire de moi-même, on m'y contraint. Proclame empereur, si tu veux, mon frère Constantin. » Comnène se hâta de faire signer en bonne forme à Michel Ducas sa renonciation, et alla trouver Constantin Porphyrogénète. Mais ce jeune homme ne se sentit pas la résolution de revendiquer l'empire dans des circonstances aussi difficiles, et il se rendit lui-même, accompagné d'Alexis, au-devant de Botaniate. Alexis, en le présentant au nouvel empereur, fit valoir l'espèce de captivité dans laquelle Michel avait longtemps tenu son frère. « Vous savez, ô empereur, ajouta-t-il, que je ne suis pas de ceux qui vous ont secrètement appelé. J'ai été fidèle jusqu'au bout à votre prédécesseur ; vous pouvez également compter sur mon inviolable fidélité. » Botaniate lui donna des éloges, et se hâta de passer à Constantinople. La galère impériale vint le chercher et lui apporter les insignes du pouvoir souverain. Le palais, dont ses partisans s'étaient emparés d'avance, était prêt à le recevoir.

Michel Ducas avait régné six ans. Il prit l'habit monastique dans le couvent de Studius, et fut même peu de temps après élu métropolitain d'Éphèse. Son fils Constantin fut aussi voué à l'état ecclésiastique. L'impératrice Marie s'était également retirée dans un couvent ; mais elle ne tarda pas à remonter sur le trône. En effet, Botaniate, peu après son élection, devint veuf de sa seconde femme, et, quoique déjà avancé en âge, il voulut contracter une nouvelle alliance, et n'éprouva que l'embarras du choix. Il fut question d'Eudocie, veuve de Constantin Ducas et de Romain Diogène, et dont l'âge eût été en rapport avec le sien ; mais une intrigue conduite, dit-on, par le césar Jean Ducas, fit préférer la jeune impératrice Marie, et on trouva un prêtre qui brava l'excommunication du patriarche pour bénir cette union doublement irrégulière comme troisièmes noces d'une part, et surtout parce que le premier mari de l'impératrice était vivant. Il vécut assez pour voir la chute et la mort de son successeur, et pour pardonner à sa femme, redevenue religieuse.

Le logothète Nicéphorize, auquel on en voulait plus qu'à Michel Ducas, s'était enfui dans le tumulte de cette révolution. Il alla trouver Oursel à Selybrie, et voulait l'entraîner dans le parti de Bryenne ; mais le général franc, qui n'avait pas pardonné à l'ancien ministre sa captivité, le livra aux partisans de Botaniate. D'après une autre version, Nicéphorize, accueilli par Oursel de Bailleul, l'aurait empoisonné, et ce serait sa veuve qui l'aurait livré. Quoi qu'il en soit, Nicéphorize fut mis à la question pour avouer les trésors qu'on lui supposait, et le grand hétériarque Straboromain, qui présidait à cette opération, la fit pousser si vivement, quoique le malheureux offrît de tout déclarer si on l'épargnait, qu'il succomba dans les tortures. On craignait, dit-on, que cet homme astucieux, s'il venait une fois à parler à Botaniate, ne s'emparât de son esprit comme il avait fait de son prédécesseur.

Botaniate ne pouvait se regarder comme parfaitement affermi sur le trône tant que Bryenne se maintenait à Adrianople ; il lui envoya trois ambassades successives pour lui offrir le titre de césar et la confirmation des dignités qu'il avait distribuées. Confiant dans les forces qu'il avait rassemblées, Bryenne refusa ces conditions. Alors l'empereur chargea Alexis Comnène, revêtu du titre de nobilissime, d'aller le combattre. Les forces dont Alexis disposait étaient loin d'être égales à celles de Bryenne. Elles consistaient principalement dans un corps de cavalerie de formation récente, que Michel Ducas avait décoré du titre pompeux des *immortels*, mais qui n'avaient pas encore affronté de combats. Ils étaient soutenus par des auxiliaires turcs dont Botaniate avait acheté les services. L'armée de Bryenne comptait beaucoup de Normands, venus de l'Italie, et les corps aguerris de la Macédoine. Mais Alexis les attira dans des défilés, où, après un combat opiniâtre, la victoire resta aux partisans de Botaniate. Nicéphore Bryenne, fait prisonnier, eut les yeux crevés, et son frère, amené captif à Constantinople, y fut assassiné par un soldat varange auquel il avait fait couper le nez.

Cette guerre n'était pas terminée qu'un autre prétendant, Basilacès, successeur de Bryenne dans le duché de Dyrrachium, marcha sur ses traces, et s'empara de Thessalonique. Alexis fut encore chargé de le combattre. Il le défit, le prit, et le remit aux agents de l'empereur, qui lui crevèrent les yeux. Vers le même temps Constantin Ducas, envoyé en Asie pour prendre un commandement, fut salué empereur par ses soldats. Mais bientôt, livré par ceux même qui l'avaient proclamé, il fut tonsuré comme son frère, et relégué dans une île.

Nicéphore Botaniate éprouvait plus de peine à se maintenir qu'il n'en avait eu à s'emparer du sceptre. Au début, pour se concilier les esprits, il s'était montré généreux à l'excès. Il avait aboli toutes les dettes publiques. Il multiplia les dignités, qu'il répandit indistinctement sur des gens de toute espèce. Pour subvenir à ce surcroît de dépense, lorsque presque toutes les sources de revenus étaient taries, il eut recours à la trompeuse ressource de l'altération des monnaies. Après une longue vie active, on lui reproche de s'être laissé endormir dans la mollesse de la cour, et d'avoir laissé prendre l'autorité à deux domestiques slaves, Germain et Borilas, qui abusèrent de sa confiance. Toutefois, il a laissé plusieurs ordonnances qui font honneur à son humanité. Par l'une il défend d'exécuter avant trente jours aucune condamnation corporelle, afin de laisser au condamné le temps d'obtenir sa grâce ou une commutation. Il charge le patriarche de rappeler tous les quatre mois les exilés à la clémence du souverain; enfin il adjure ses successeurs de s'abstenir à l'avenir de confisquer, sans motif grave, les biens des parents ou des personnes attachées aux empereurs déchus (1).

Botaniate témoignait beaucoup d'amitié à Isaac et Alexis Comnène; mais Germain et Borilas cherchaient constamment à inspirer à leur maître des soupçons, qui n'étaient peut-être pas tout à fait dénués de fondements, sur leurs desseins ambitieux.

Botaniate n'avait pas d'enfants et n'était plus d'âge à en espérer. Il eût été politique autant que juste de choisir pour successeur Constantin Ducas, fils de Michel et de Marie, jeune homme doué, assure-t-on, des plus aimables qualités. Alexis Comnène nourrissait peut-être aussi secrètement l'espérance d'être appelé à succéder à l'empire, qu'il avait contribué plus que personne à raffermir. Aussi dut-il être profondément irrité quand il apprit que Botaniate pensait à choisir pour successeur un de ses parents nommé Synadène.

Anne Comnène, qui a écrit sous le titre d'*Alexiade* l'histoire de son père, assure que ce fut seulement sur un avis que Borilas voulait le priver de la vue qu'Isaac et Alexis Comnène prirent le parti de se soustraire à une obéissance pleine de plus de périls que la révolte. Il est difficile de savoir la vérité à cet égard. Quoi qu'il en soit, Étienne et Alexis s'enfuirent de la capitale, et allèrent se mettre à la tête des troupes qui se rassemblaient en Thrace pour une expédition contre les Turcs, tandis que leur mère et les autres femmes de la famille se réfugiaient dans l'asile de Sainte-Sophie.

Le césar Jean Ducas, dont Alexis avait épousé la petite-fille, vint le rejoindre à son camp, et ce fut en partie par son influence qu'Alexis, quoique le plus jeune des deux frères, fut proclamé par l'armée. Ses nombreuses victoires et ses liaisons avec presque tous les chefs leur inspiraient plus de confiance dans le succès, et Isaac fut le premier à presser Alexis de prendre les brodequins de pourpre.

Tous deux marchèrent immédiatement vers Constantinople. En approchant, Alexis reçut un message de son beau-frère Nicéphore Mélissène, qui, lui aussi, avait depuis quelque temps pris la pourpre en Asie, et venait d'arriver à la tête de son armée jusqu'à Chrysopolis. Mélissène faisait proposer à son beau-frère de partager l'empire qu'ils s'apprêtaient tous deux à conquérir, et pour sa part il demandait l'Orient. Alexis consentit seulement à lui concéder le titre de césar; encore ne se pressa-t-il pas de lui en délivrer le diplôme, dans la crainte de s'aliéner Jean Ducas.

---

(1) Ce chrysobulle, dont le texte s'est conservé et a été publié dans les *Anecdota* de M. Witte, est du mois de décembre 1079. Au mois de janvier suivant Botaniate rendit un chrysobulle qui confirmait une décision du patriarche Xiphilin sur les noces interdites. Il est assez remarquable qu'il se soit ainsi condamné lui-même.

Quoique portant le froc, et déjà d'un grand âge, Jean Ducas était devenu l'âme de l'entreprise des Comnènes. Ils visitèrent ensemble les remparts de Constantinople, et, désespérant de la prendre de vive force, ils pensèrent à se ménager des intelligences dans la place. Ducas dit qu'il serait inutile de s'adresser aux *immortels* et aux Varanges, dont la fidélité était à toute épreuve, mais que peut-être les *Nemziens* (c'est ainsi que les Grecs nommaient les Allemands) se montreraient plus faciles. En effet un capitaine Gilpracht, qui occupait avec ses hommes une des tours, y introduisit George Paléologue, un des partisans des Comnènes, qui leur ouvrit la porte *charsienne*.

C'était le jour du jeudi saint, au mois d'avril 1080. Les troupes de Comnène, composées d'hommes de toutes nations, fondirent aussitôt sur la ville comme sur une proie. Ils pénétrèrent dans les riches hôtels, dans les monastères et les églises, pillèrent tout ce qu'ils trouvèrent, sans respecter même les vases sacrés, violèrent les religieuses, et se livrèrent à tous les excès d'une soldatesque barbare dans une ville prise d'assaut. Les troupes nationales elles-mêmes, entraînées par l'exemple, n'épargnèrent pas davantage leurs compatriotes. Avant d'avoir pénétré jusqu'au centre de la ville les Comnènes se trouvèrent presque isolés au milieu d'un petit groupe d'officiers; et si dans cet instant Botaniate avait envoyé contre eux les gardes du palais, il lui eût été facile de se rendre maître de son compétiteur.

Le vieil empereur, réduit à l'enceinte de son palais, entre les deux prétendants, prit le parti d'envoyer la flotte impériale chercher Nicéphore Mélissène sur la côte d'Asie, pour l'opposer à Comnène. Au moment où le spathaire de l'empereur montait dans un canot pour porter cet ordre à la flotte, George Paléologue arrive sur la plage, et reconnaissant en lui un de ses amis, il lui demande de prendre place près de lui. « Ce serait volontiers, répond l'aide de camp, si tu n'étais armé. — Qu'à cela ne tienne », reprend Paléologue; et jetant sa lance et son bouclier il s'élance dans la barque. Informé du but de leur course. « Qu'allez-vous faire? dit-il, aux rameurs, pourquoi ra- mener la guerre civile dans la ville, au lieu de proclamer de suite Alexis Comnène, dont vous entendez retentir de toutes parts le nom? » Les marins accueillent ses paroles; et comme le spathaire persistait à remplir sa mission, il le fait attacher à un banc, et se fait conduire à la flotte, qui bientôt proclame unanimement Alexis. En ce moment George Paléologue aperçut une barque qui se dirigeait à force de rames vers le palais, il la poursuit et l'atteint, et y trouve son père Nicéphore, qui était aussi zélé pour le parti de Botaniate que lui-même pour celui des Comnènes, et qui l'apostropha en termes très-vifs. Nicéphore Paléologue se rendait auprès de Botaniate pour lui demander à combattre à la tête des Varanges. Mais Botaniate, désespérant de sa cause, ne voulut pas prolonger la guerre civile, et le chargea d'aller porter à Alexis des paroles de paix. Il offrit de l'adopter, de l'accepter pour collègue, et de lui abandonner toute l'autorité, demandant seulement à conserver le titre et les ornements impériaux, avec la permission d'achever ses jours dans le palais.

Alexis paraissait prêter l'oreille à ces propositions; mais le césar Ducas, s'interposant: « Compère (1), dit-il, allez dire à l'empereur que ces propositions eussent été acceptables avant notre entrée dans la ville, mais qu'à présent il est trop tard. » En même temps il donne le signal de se diriger vers le palais. Borilas avait réuni des troupes qui attendaient rangées en bataille un ordre de l'empereur, et il pressait encore Botaniate de donner cet ordre; mais le patriarche, qui s'était rendu au palais, le détourna de faire verser inutilement du sang pour lui, en lui disant qu'il était temps de s'occuper de son salut éternel. Le vieillard s'habillait à la hâte pour se réfugier dans l'église; et comme, dans son trouble, il

---

(1) Συμπένθερε. Le fils de Nicéphore Paléologue, ce George dont nous avons parlé, était gendre de Jean Ducas, et allié des Comnènes. Ces familles qui se disputaient le pouvoir étaient unies entre elles par des alliances qui compliquaient les intrigues, mais ne les arrêtaient pas. Ainsi un petit-fils de Botaniate était aussi fiancé à une Comnène, et habitait avec son précepteur dans la maison des Comnènes au moment où ils s'évadèrent de Constantinople pour prendre les armes.

mettait encore l'habit impérial, orné de pierreries : « Que faites-vous, lui dit Borilas, avec un sourire amer, ceci vous convient bien, en vérité! » Et il l'entraîna vers le sanctuaire, où il prit l'habit monastique. Une seule chose lui coûtait dans ce changement d'état, disait-il plus tard à ses amis, c'était la nécessité de faire abstinence.

CHAPITRE XX.
ALEXIS COMNÈNE.

Depuis longtemps Constantinople n'avait pas eu de souverain aussi brave et aussi habile qu'Alexis Comnène. Mais jamais elle ne s'était trouvée dans une situation si critique. Son enceinte, réputée inexpugnable, venait d'être violée; et, quoique les vainqueurs ne fussent pas étrangers, elle n'en avait pas moins eu à subir tous les malheurs d'une ville prise d'assaut. Les finances étaient épuisées par les invasions étrangères et par la guerre civile. Dans cette pénurie du trésor, Comnène, pour récompenser ses partisans, ne trouva que des titres à leur distribuer; et il en créa de nouveaux, dont l'emphase contrastait avec l'amoindrissement de l'empire.

D'après la convention qu'il avait conclue avec son beau-frère Mélissène, il lui avait concédé le titre de césar; cependant Alexis voulait témoigner sa reconnaissance à son frère aîné, Isaac, qui avait renoncé en sa faveur à toute prétention au trône. Il combina les deux mots qui expriment les idées d'*auguste* et d'*empereur*, et créa pour lui la dignité de *sébastocrator*, égale à celle du souverain. Pour son beau-frère Michel Taronite il inventa le titre de *panhypersébaste*, auquel il attribua le même rang qu'à celui de *césar*. Il avait encore deux frères, plus jeunes que lui. Adrien fut créé grand domestique, avec le titre de *protosébaste*; et le plus jeune, Nicéphore, joignit à la charge de *drongaire* de la flotte la qualification de *sébaste* ou d'*auguste*, réservée jadis aux seuls empereurs.

Tandis que la ville était abandonnée à la rapacité des soldats, le palais était le théâtre des rivalités et des intrigues des courtisans. Au moment où Paléologue proclamait Alexis Comnène empereur en joignant à son nom celui de l'impératrice, plusieurs amis des Comnènes avaient cherché à lui imposer silence. Irène, petite-fille de Jean Ducas, à laquelle Alexis était marié depuis quatre ans, n'avait encore que quinze ans, et les délais que l'empereur mit à la faire couronner font supposer que, sollicité par sa mère, ennemie de la famille des Ducas, il avait le projet de faire rompre son mariage. Il est probable qu'il eût alors épousé l'impératrice Marie, qui avait successivement partagé le trône de Michel Ducas et de Botaniate, et à laquelle Alexis avait de grandes obligations. Marie n'avait pas suivi Botaniate dans son exil; elle continuait à habiter avec son fils une partie du palais de Bucoléon, que Comnène occupait. Cependant le patriarche Cosmas, qui était dévoué à Jean Ducas, et que la mère de l'empereur voulait à toute force remplacer par un moine en qui elle avait grande confiance, déclara qu'il ne quitterait pas le trône patriarchal avant d'avoir couronné Irène impératrice. Sa fermeté l'emporta. Sept jours après le sacre d'Alexis, Irène reçut solennellement le diadème dans Sainte-Sophie. On fit entendre à Marie que la prolongation de son séjour dans le palais pourrait autoriser des bruits fâcheux pour sa réputation. Elle alla habiter le palais de Mangana, après avoir obtenu un chrysobulle qui confirmait pour elle et pour son fils le droit de porter les ornements impériaux. Mais elle y renonça dans la suite, soit volontairement, soit par nécessité, et son fils dut abandonner toute prétention à l'héritage paternel.

Alexis craignait d'exciter une révolte parmi ses troupes, s'il châtiait les excès dont elles s'étaient rendues coupables; et, d'un autre côté, il sentait que leurs déprédations et leurs sacriléges avaient dû lui aliéner les Byzantins. Il essaya d'effacer par des marques éclatantes de repentir l'impression des malheurs dont il était cause et qu'il ne pouvait réparer. Il se soumit à une pénitence de quarante jours que le patriarche lui imposa ainsi qu'à tous ceux qui avaient secondé sa rébellion, pénitence à laquelle les princesses de sa famille s'associèrent. Pendant tout ce temps de jeûnes et de prières l'empereur porta un cilice sous son manteau de pourpre, et coucha sur la terre n'ayant qu'une pierre pour oreiller.

Alexis confia ensuite à sa mère, femme d'une haute capacité et pour laquelle il avait la plus grande déférence, l'administration de l'État, pendant qu'il allait se mettre à la tête des armées pour repousser une invasion des Normands en Épire.

Un des douze fils de Tancrède de Hauteville, Robert Guiscard, venu dans l'Italie méridionale sur les pas de ses aînés, avait réussi, en joignant l'adresse à la valeur, à se faire reconnaître duc de Pouille et de Calabre, anciennes provinces démembrées de l'empire grec. Ce pouvoir naissant et déjà redoutable, il l'avait consolidé par une alliance avec l'empereur de Constantinople, et envoya dans cette ville sa fille Hélène, encore enfant, pour être fiancée au jeune Constantin, fils de Michel Ducas. Lorsque ce dernier fut détrôné par Nicéphore Botaniate, la fille de Robert fut reléguée dans un couvent. Alexis l'en tira, lorsqu'il eut à son tour renversé Botaniate, et en confia le soin aux princesses de sa famille; mais, quoiqu'il n'eût pas encore d'enfants, il n'était pas disposé à fortifier les espérances que Constantin Ducas pouvait conserver de remonter sur le trône paternel en lui laissant contracter l'alliance projetée avec le prince normand. Dès que Robert eut appris la réclusion de sa fille il prépara une expédition contre l'usurpateur. Pendant qu'il s'en occupait, on vit se présenter à la cour de Salerne un personnage revêtu de l'habit des religieux grecs, et qui se faisait passer pour l'empereur détrôné. Guiscard l'accueillit avec de grandes démonstrations, soit qu'il ait été dupe de cet imposteur, soit plutôt, comme plusieurs des contemporains l'ont supposé, qu'il eût lui-même chargé cet homme de jouer ce rôle, qui devait servir ses desseins. Il le fit revêtir des habits impériaux, et le mena partout avec lui pour émouvoir par le récit de ses prétendus malheurs les seigneurs italiens et normands, et solliciter des vengeurs.

Évidemment Robert ne bornait pas ses projets au rétablissement du beau-père de sa fille; car il eut soin de se faire donner d'avance par le saint-siége l'investiture de tout ce qu'il pourrait conquérir sur les Sarrasins et sur les schismatiques. Aussi reçut-il fort mal un ambassadeur qu'il avait envoyé à Constantinople, et qui l'assurait à son retour qu'il avait vu de ses yeux en Orient le véritable Michel Ducas revêtu des habits pontificaux. Il n'en continua pas moins à promener son fantôme d'empereur et à presser le départ de l'expédition. Les préparatifs avaient duré deux ans. Anne Comnène porte à trente mille hommes les troupes que le duc avait réunies à Brindes, et dont treize cents chevaliers normands faisaient la force principale. Sichelgaïte, femme de Guiscard, revêtue d'une armure, accompagnait son mari; et la présence de cette belliqueuse amazone animait les guerriers. Cent cinquante navires furent nécessaires pour porter hommes, chevaux, et machines de guerre. Cette flotte prit en passant Corcyre (1); et, quoique maltraitée par une violente tempête, elle aborda sur la côte d'Épire, près de Dyrrhachium ou Durazzo.

Pendant que Robert assiégeait cette ville, dont la prise eût amené la soumission de toute la province, son fils Bohémond parcourait l'Épire et enlevait Buthrotum, Canina, et Aulon (que les Français nomment la Vallone). Alexis Comnène remplaça le duc d'Illyrie, dont la fidélité lui était suspecte, par le brave George Paléologue, qui vint s'enfermer dans Dyrrhachium, et lui promit d'y soutenir un long siége. L'empereur pressait les commandants de toutes les places fortes d'Asie de lui envoyer tous les soldats dont ils pourraient les dégarnir, et il levait des recrues; mais dans l'état où était tombé l'empire, il était difficile de mettre une armée sur pied; et Alexis compta davantage sur les ressources habituelles de la politique byzantine. Par des présents, et surtout des promesses, il tâcha d'acquérir des auxiliaires et de susciter des embarras à Robert dans son propre duché. Dans ce dessein, il écrivit à Hermann, fils de Humphroi, frère aîné de Guiscard, et que celui-ci avait frustré de ses possessions paternelles de Pouille et de Calabre. Il s'adressa aussi à Hervé, archevêque de Capoue, et surtout au roi d'Allemagne, Henri, ennemi natu-

---

(1) Anne Comnène nomme la citadelle de Corcyre Κορυφώ. C'est de ce nom, en passant par les formes κορυφοί, κορφοί, accusatif τοὺς κορφούς, qu'est dérivé le nom moderne de *Corfou*.

rel des Normands, à cause de ses prétentions sur l'Italie et de la lutte contre le pape, dont Robert s'était constitué le champion.

Anne Comnène nous a conservé une lettre fort curieuse de son père au monarque allemand, dans laquelle, après avoir chaudement fait valoir tous les motifs politiques capables de le déterminer à marcher sans retard contre l'ennemi commun, il lui annonce l'envoi des cent quarante-quatre mille *nummi* de bon argent, d'ancienne fabrique, comme le roi l'avait stipulé (1), et cent robes de soie. Il promet d'acquitter les deux cent seize mille *nummi*, complément du subside, dès que les troupes allemandes seront entrées en Lombardie. Il presse Henri de ratifier le traité conclu par ses envoyés à Constantinople, Burkardt et Bagelard. Enfin, il lui propose une alliance, non pas avec ses enfants, puisque Dieu, dit-il, ne lui en a pas donné, mais avec le fils de son frère, destiné à monter sur le trône de Constantinople. La lettre se termine par la description des présents que l'officier de l'empereur était chargé d'offrir : une croix pectorale garnie de perles, un coffret renfermant des reliques de plusieurs saints, une coupe en sardonyx, un vase de cristal, une hache d'arme montée en or, et du baume oriental.

Ces riches présents, ces subsides et la perspective d'alliance restèrent à peu près sans effet. Après une incursion dans la Pouille, Henri tourna ses armes d'un autre côté. Heureusement l'empereur grec obtint des Vénitiens, en échange de quelques priviléges, un secours plus efficace. Leur flotte maltraita beaucoup les vaisseaux normands, et, réunie à l'escadre impériale, s'opposa au passage des renforts de vivres que Robert attendait d'Italie et des îles. Il n'en continua pas moins à presser le siége de Dyrrhachium. Il devenait urgent de secourir cette ville, et cependant Alexis ne pouvait pas non plus s'éloigner de la capitale tant que l'on apercevait sur la côte opposée des bandes turques qui ravageaient la campagne. L'empereur fit passer en Asie quelques troupes qui refoulèrent les Turcs au delà de la Bithynie; et il conclut avec Soliman un traité par lequel celui-ci s'engageait à ne pas franchir le fleuve du Dracon, qui coule près de Nicée, et à lui fournir un corps de troupes auxiliaires. Alexis les joignit aux autres contingents, dont plusieurs étaient aussi d'origine étrangère. C'étaient les Perses établis près d'Achrida par l'empereur Théophile, les Manichéens transplantés de l'Arménie à Philippopolis, et qui conservaient au milieu de l'empire leurs superstitions, leurs mœurs sauvages et leur bravoure. Deux mille de ces sectaires marchaient sous leurs chefs indigènes. Les Varanges anglais, les Francs de la maison impériale, commandés par Humbertopule, suppléaient au nombre par le courage. Les Macédoniens et les Thessaliens, ayant à leur tête Antiochus et Alexandre Cabasilas, représentaient seuls la Grèce ancienne dans cette armée hétérogène, que Branas, général brave et expérimenté, avait réunie à Thessalonique et que l'empereur se hâta d'organiser tout en marchant vers Dyrrhachium.

Quelques tentatives de conciliation échouèrent devant les orgueilleuses prétentions de Robert; et, malgré l'avis de Paléologue, avec lequel l'empereur s'était abouché, et qui conseillait de temporiser, on résolut de livrer immédiatement la bataille. Elle eut lieu le 18 octobre 1081, et fut des plus meurtrières. Le choc irrésistible des chevaliers normands rompit tout devant eux, et bientôt la déroute devint générale. Le roi de Servie, Bodin, qui s'était rendu aux ordres de l'empereur, s'éloigna sans avoir combattu. Au milieu du désordre, les braves Varanges se firent tuer héroïquement. Plusieurs nobles grecs périrent aussi les armes à la main. On cite Constantin Ducas, frère de l'empereur Michel, et qui lui-même avait porté la pourpre, Nicéphore Synadène, allié de la famille impériale, et le père de George Paléologue.

Du côté opposé le faux Michel fut tué; mais Robert regretta peu cet instrument de ses artifices, qui n'était plus pour lui qu'un embarras; car les Grecs, auxquels il l'avait présenté comme leur empereur, au lieu d'acclamation, ne l'avaient accueilli que par des huées, ayant reconnu en lui un ancien échanson de la cour.

---

(1) Ce détail confirme le reproche que quelques historiens font à Alexis d'avoir fort altéré le titre des monnaies, ressource trompeuse, à laquelle les empereurs de Byzance ont trop souvent recouru. *Voy.* Zonaras.

Toutefois il paraît que le faux empereur payait de sa personne, ce que Michel Ducas n'avait pas su faire.

Alexis, après avoir vainement essayé de rallier ses soldats, fut obligé de prendre la fuite à son tour, poursuivi l'épée dans les reins, et ne dut son salut qu'à la vitesse de son cheval et à la vigueur avec laquelle il se fit jour à travers un groupe d'ennemis. Après avoir erré deux jours, seul et couvert de sang, il s'arrêta à Achrida, et donna rendez-vous aux débris de son armée dans Thessalonique.

Le camp impérial tomba aux mains des Normands. Ils y trouvèrent une croix, qui était, assure-t-on, celle que le grand Constantin avait fait faire sur le modèle vu par lui dans le ciel. Pour aucun prix Robert ne voulut rendre ce glorieux trophée, qu'il fit depuis porter devant lui et consacra dans le monastère de Vénuse, qu'il avait désigné pour sa sépulture. Dyrrhachium, où Paléologue ne put pas rentrer et qui n'attendait plus de secours, se rendit après un siége de huit mois ; et toutes les places d'alentour suivirent son exemple. Les Normands s'établirent à Janina, célèbre de nos jours par la résistance d'Ali Tébelen : ils relevèrent sa citadelle, baignée par les eaux du lac, et en firent leur place d'armes pour l'hiver.

Robert se disposait à reprendre au printemps le cours de son expédition, quand il apprit que le pape était assiégé par l'empereur d'Allemagne, qui menaçait aussi la Pouille par suite sans doute des négociations dont nous avons parlé plus haut. Robert confia donc l'exécution de ses projets sur l'Orient à son fils Bohémond, digne de lui succéder dans le commandement ; et il repassa en Italie, où il fit promptement rentrer dans l'obéissance les villes qui s'étaient soulevées, et força les Allemands à la retraite.

Cependant Alexis, grâce au concours des membres de sa famille, qui firent fondre leurs bijoux pour remplir le trésor public épuisé, et par des emprunts plus ou moins volontaires à quelques églises, était parvenu à mettre sur pied une nouvelle armée. Il marcha contre Bohémond, et, pour rompre l'effort de la cavalerie normande, il fit placer au centre des fantassins montés sur des chariots garnis de pointes de fer. Bohémond s'en aperçut, et, partageant en deux sa cavalerie, il tomba sur les flancs de l'armée grecque, qu'il mit promptement en déroute. Une seconde bataille ne fut pas plus favorable à Alexis. Abandonné de ses troupes, il regagna presque seul sa capitale.

Bohémond, informé des succès de son père en Italie, n'hésita plus à marcher contre Constantinople. Chemin faisant il attaqua Scopia, Achrida, Ostrova, Servia. Quelques villes lui résistèrent ; mais, sans s'arrêter à en faire le siége, il continua à s'avancer jusqu'à Castoria, où il prit ses quartiers d'hiver. Larisse, défendue par le brave Léon Céphalas, résista plusieurs mois aux Normands, mais, réduite par la famine, elle allait céder, quand Alexis accourut.

Ni prières ni menaces n'avaient pu déterminer les Pauliciens à marcher avec l'empereur dans cette nouvelle campagne. A leur défaut, il avait obtenu du sultan sept mille Turcs aguerris. Toutefois, il n'osa pas affronter l'impétuosité des Francs, et il eut recours à un stratagème qui lui réussit. Il confia le commandement de l'armée et les insignes impériaux à son beau-frère Mélissène, et le chargea d'attirer les Normands par une fuite simulée. Tandis que Bohémond s'attachait à la poursuite des escadrons où il voyait briller l'enseigne impériale, et se flattait de terminer la campagne par la capture de son adversaire, Alexis, à la tête de quelques hommes déterminés, tombait sur le camp des Normands et le saccageait. Averti de ce désastre, Bohémond revint en toute hâte au secours des siens en franchissant les défilés où l'empereur avait dressé des embuscades. La lutte fut sanglante ; mais Bohémond s'ouvrit un passage à travers les ennemis, qui n'osèrent pas le poursuivre. Il fut cependant forcé de lever le siége de Larisse ; et Alexis, satisfait de ce demi-succès, revint à Thessalonique, où il travailla, par des moyens moins glorieux, mais plus sûrs que les armes, à se délivrer de ses ennemis. A son instigation secrète, les comtes normands, parmi lesquels s'étaient déjà manifestés des commencements d'insurrection, réclamèrent impérieusement de Bohémond la solde de leurs hommes, qui depuis quatre ans que durait cette guerre n'avaient rien reçu ; et comme il était dans l'impossibilité de les satisfaire, ils exigèrent qu'il portât lui-même a son père leurs plaintes et leurs réclamations.

Bohémond laissa le commandement au connétable de Bryenne, qu'il ne faut pas confondre avec les membres de la famille grecque de même nom. (Celui-ci descendait d'Alain, duc de Bretagne, et passe pour être la souche des Châteaubriand). Après le départ de Bohémond Alexis vint assiéger Castoria, où les Normands s'étaient enfermés; et il les contraignit à capituler. Une partie de ces aventuriers passa au service d'Alexis. Pour Bryenne, il refusa les offres les plus séduisantes, et s'engagea seulement à ne plus porter les armes contre l'empire grec.

Après avoir heureusement terminé cette guerre, Alexis ne voulut pas rentrer à Constantinople sans avoir châtié les Pauliciens ou manichéens de Philippopolis, qui l'avaient abandonné; mais la manière dont il s'y prit lui fait peu d'honneur. Après les avoir attirés et désarmés par surprise, il les fit arrêter, confisqua leurs biens, qu'il distribua à ses soldats, et exila dans diverses îles les débris de cette tribu, à l'exception d'un petit nombre qui accepta le baptême et s'enrôla dans l'armée. Les rigueurs dont Alexis usa envers les Pauliciens faillirent le faire assassiner par un de ses domestiques, natif de Philippopolis, qui s'enfuit chez les Comans, et lui suscita plus tard de graves embarras.

Alexis s'attendait à être reçu comme un libérateur à son retour de la dernière campagne contre les Normands. Mais le clergé ne lui avait pas pardonné d'avoir dépouillé quelques églises, et ses récriminations avaient fini par aliéner l'esprit du peuple, indisposé déjà par les impôts. L'empereur crut devoir convoquer une grande assemblée du sénat, du clergé et des officiers, pour justifier sa conduite par la nécessité de sauver l'État. Il allégua les canons ecclésiastiques, qui permettent d'aliéner les vases sacrés pour le rachat des captifs; et il montra par les registres des paroisses qu'il n'avait fait usage que d'ornements inutiles, tels que ceux qui décoraient le tombeau de l'impératrice Zoé. Cependant, comme il s'aperçut que son apologie était accueillie froidement, il promit de rembourser tout ce qu'il avait pris, accorda des sommes considérables pour l'entretien de quelques églises, et poussa la condescendance jusqu'à rendre une bulle d'or pour interdire à ses successeurs d'user à l'avenir de semblables ressources.

Dès que les Grecs recouvraient un instant de sécurité c'était pour se livrer aux discussions théologiques. Jean Italus, d'origine latine, fixé à Constantinople et devenu prince des philosophes (*hypatos*), portait dans les discussions la vivacité des camps, où il avait passé sa première jeunesse, et la ténacité de la dialectique scolastique, qu'il avait étudiée sous Psellus. On l'accusa d'enseigner des hérésies et d'avoir entraîné le patriarche Garidas hors des voies de l'orthodoxie. Le peuple, indigné, voulait le précipiter du haut de l'église Sainte-Sophie, aux réparations de laquelle il présidait. L'empereur se fit rendre compte de cette affaire, et obligea Italus d'anathématiser lui-même du haut de l'ambon de Sainte-Sophie, en présence de tout le peuple assemblé, onze propositions répréhensibles qu'il avait soutenues.

D'autres soins réclamèrent bientôt toute l'attention de l'empereur. Robert Guiscard, en apprenant le soulèvement contre Bohémond, la prise de Castoria, et la dispersion de son armée, loin de renoncer à ses projets, rassembla de nouvelles troupes pour venger l'honneur de ses armes. Il équipa une flotte nombreuse dans le port d'Otrante, fit passer en Épire deux de ses fils, Bohémond et Guido, qui s'emparèrent de Buthrotum et d'Aulon, tandis que lui-même, accompagné des deux autres, Roger et Robert, faisait rentrer sous son autorité la citadelle de Corfou.

Pour conjurer ce nouvel orage, Alexis eut de nouveau recours à la diplomatie. Anne Comnène assure qu'il fit faire des ouvertures secrètes à Guido, et lui fit entrevoir de grands avantages et la perspective d'une brillante alliance, s'il se séparait de son père. Mais rien dans la conduite de ce jeune prince n'indique qu'il ait trahi ses devoirs. Il n'en revint donc à Alexis que la honte d'avoir tenté de pareils moyens. Il se tourna de nouveau vers la république de Venise, étendit encore ses priviléges, accorda des titres honorifiques à son doge et à son patriarche, l'exemption complète de droits à son commerce dans tous les ports de l'empire, et des dons annuels à ses églises, notamment à celle de Saint-Marc, à laquelle il attribue le produit des comptoirs et des ateliers établis à Constantinople par les négociants de Venise et d'Amalfi. En reconnaissance, les Vénitiens armèrent neuf grands vaisseaux, auxquels les Grecs joignirent des bâtiments légers. Il y eut plusieurs combats sur mer, dans lesquels les Vénitiens, plus expérimentés, eurent d'abord l'avantage; mais le vieux duc, avec une persévérance inébranlable, renouvelait toujours la lutte, et finit par remporter une victoire signalée. Tous les vaisseaux vénitiens furent pris ou coulés, et des treize mille hommes qui montaient la flotte, au dire d'Anne Comnène, bien peu échappèrent.

Après ce succès la campagne suivante, ouverte par le siége de Céphalonie, semblait devoir conduire Robert au but de son ambition, quand il fut subitement enlevé par un accès de fièvre ou par une atteinte d'une épidémie qui faisait des ravages dans son camp (juillet 1085). Roger se hâta de repasser avec toutes ses troupes en Italie, pour prendre possession des duchés de Pouille et de Calabre que son père lui avait légués. Bohémond n'eut aucune part dans l'héritage paternel. Peut-être Guiscard pensait-il qu'il avait assez de son épée, et en effet nous le verrons bientôt parmi les croisés acquérir un beau royaume. Mais le trouble où la mort de Guiscard et les rivalités de ses fils jetèrent les Normands leur fit perdre pour un temps tout projet de conquête en Orient; et Alexis en profita pour recouvrer Dyrrachium et Céphalonie, dont les garnisons délaissées passèrent en partie à son service.

Lorsqu'un danger était écarté pour Constantinople un autre surgissait immédiatement. Il semble voir un vieux vaisseau tout délabré par les tempêtes, et dont l'équipage court de la poupe à la proue pour arrêter l'eau qui y pénètre de toutes parts et menace de le submerger. Une seule chose prévint peut-être la ruine immédiate de Constantinople; ce furent les rivalités de ses ennemis, dont chacun convoitait pour lui seul cette riche proie. Nous avons vu les Turcs suspendre leurs incursions, et fournir même des secours à l'empereur grec contre les Normands. Les mahométans se déchiraient souvent entre eux depuis l'affaiblissement de l'empire des califes, et Alexis, dont l'intrigue était le principal talent, sut prolonger ces luttes et regagner un peu de terrain en Asie en soutenant parmi les émirs le parti de ceux qui lui paraissaient les moins redoutables.

Après la mort de Maleksha, fils d'Alp-arslan, son immense empire s'était partagé entre son frère et ses fils. Un autre descendant de Seldjouk avait fondé aux dépens des Grecs le royaume de Roum, dont il avait établi la capitale à Nicée, ville où s'étaient assemblés jadis les représentants de l'univers chrétien. C'est à l'appui, chèrement payé, de Soliman, sultan de Roum, que Botaniate avait dû son avénement et qu'Alexis avait recouru contre les Normands. A toutes ses possessions Soliman venait de joindre celle d'Antioche, qui lui avait été livrée par le fils de l'Arménien Philarète. Mais cette acquisition devint l'occasion de sa ruine. Le roi de Perse, auquel Antioche payait un tribu, réclama la même redevance de Soliman. Celui-ci, ayant refusé de s'y soumettre, prit les armes, fut vaincu, et se tua. Le gouverneur qu'il avait laissé dans Nicée, Aboul-Cassem, se déclara indépendant, et rompit le traité que Soliman avait conclu avec Alexis. Celui-ci envoya contre lui Tatice, brave général, qui, secondé par un corps de chevaliers francs, remporta quelques avantages. Alexis en obtint un plus signalé sans sortir de son palais, par les moyens qui lui étaient familiers. Déjà quelque temps auparavant il avait recouvré Sinope et d'autres places en séduisant et en convertissant au christianisme un plénipotentiaire persan; cette fois il réussit à attirer à Constantinople, par la perspective d'un traité, Aboul-Cassem lui-même; et tandis qu'il le retenait et l'amusait par des parties de chasse, des spectacles et des fêtes, un corps de troupes grecques pénétra dans Nicomédie et s'y fortifia. Lorsque Aboul-Cassem à son retour apprit cette surprise, il fut forcé de dissimuler son chagrin, car il était menacé dans Nicée par les Persans, et l'approche de Tatice et des Francs leur fit lever le siége. De son côté, le roi de Perse rechercha l'alliance d'Alexis, et lui fit demander pour son fils aîné sa fille Anne Comnène, alors tout enfant (1).

Alexis éluda cette étrange demande du monarque mahométan, que la religion, ainsi que l'affection paternelle, ne lui permettait pas d'agréer. Mais, tandis qu'à force d'adresse politique il s'efforçait de se maintenir en bons rapports avec ces puissants souverains, d'obscurs aventuriers se jetaient sur les villes grecques pour s'en faire un domaine ou tout au moins pour rapporter du butin. Cyzique et Apolloniade tombèrent ainsi aux mains d'un émir du voisinage, auquel on eut bien des peines à les arracher. Un autre Turc, nommé Zachas, jadis prisonnier des Romains, puis admis à leur service sous Botaniate, se fit chef de pirates, enleva Clazomène, Phocée, Lesbos et enfin les îles de Chios, de Samos et de Rhodes. Il prétendait traiter avec l'empereur grec d'égal à égal. Il fallut plusieurs campagnes pour reprendre Chios. On fit aussi rentrer dans l'obéissance Chypre et la Crète, qui s'étaient soulevées en faveur de chefs du pays.

Alexis soutenait en même temps contre les Petchenègues et les Comans une guerre qui dura plusieurs années et coûta beaucoup de sang. Le grand domestique d'Occident, Pacurien et Branas, furent écrasés par le nombre de ces hordes barbares. L'empereur marcha contre eux en personne, et ne fut pas plus heureux; il essuya une déroute terrible (2). Mais il faut rendre cette justice à Alexis, que s'il eut souvent la fortune contraire, il ne se laissa jamais abattre par ses coups, et que sa persévérance finissait presque toujours par triompher. Revenu presque seul à Constantinople, il leva de nouvelles troupes, et à force de prudence et de bravoure il repoussa au delà du Danube les barbares, qui déjà rôdaient autour de la capitale.

Dans cette circonstance, Robert, comte de Flandre, qui passait à Constantinople, au retour d'un pèlerinage en terre sainte, promit de lui envoyer des secours; et en effet l'année suivante on vit arriver cinq cents chevaliers bien montés. Les services que ces chevaliers rendirent, ainsi que tous les Francs qui servaient dans l'armée grecque, et qu'on voyait toujours au premier rang dans l'attaque, toujours intrépides, même au milieu d'une défaite, inspirèrent probablement à Alexis Comnène, l'idée de solliciter les secours de l'Occident contre les Turcs, lorsque ceux-ci renouvelèrent leurs attaques contre Nicomédie, pendant que l'armée grecque était sur les frontières du Danube et de la Dalmatie.

Cette demande, que le prédécesseur d'Alexis avait formée vainement, arriva dans un moment où l'Occident, en proie à cette agitation qui précède les grands mouvements sociaux, était ému au récit des souffrances des pèlerins, par la voix de Pierre l'Ermite. Aux appels de la papauté, l'Europe féodale fit trêve aux luttes intestines où elle s'épuisait, et tourna contre les Sarrasins l'ardeur guerrière et religieuse qui l'animait. Une lutte gigantesque entre le christianisme et l'islamisme, entre l'Orient et l'Occident, allait commencer.

Alexis, effrayé de la grandeur du mouvement qu'il se repentait peut-être d'avoir en partie provoqué et qu'il ne dépendait plus de lui d'arrêter, employa toute sa politique à détourner les dangers que présentaient pour l'indépendance de son empire la présence d'auxiliaires si nombreux et si redoutables. La suite de son règne et l'histoire de sa dynastie jusqu'à la prise de Constantinople par les Latins se trouvent désormais liées au récit des *Croisades*, et les vicissitudes de l'empire Byzantin ne forment qu'un épisode de cette grande épopée du moyen âge. Les croisades sont pour notre Europe occidentale ce que la conquête de la Toison d'or et la guerre de Troie furent pour la Grèce antique. C'est à ce cycle héroïque que la noblesse rattache ses plus glorieux souvenirs.

Pour chanter cette lutte séculaire il eût fallu plus qu'un Homère; mais elle

---

(1) Anne Comnène naquit, comme elle le rapporte elle-même, le 1er décembre 1083, VIIe indict., jour où son père rentra à Constantinople, après la prise de Castoria. Elle reçut le diadème peu de jours après sa naissance, et son nom fut joint dans les proclamations à celui de Constantin Ducas, qui jouissait encore à ce moment des honneurs impériaux, et auquel on projetait de l'unir.

(2) Dans cette déroute Alexis, poursuivi par des cavaliers petchenègues et atteint d'un coup de lance, jeta dans un buisson le manteau de la Vierge, qu'il portait comme enseigne, et qui ne fut pas retrouvé.

a trouvé ses poëtes cycliques et ses logographes; car les récits en prose ou en vers des chroniqueurs et des romanciers abondent. L'histoire philosophique trouve également un sujet inépuisable d'études dans cette grande époque qui n'offre pas seulement le tableau dramatique de vastes conquêtes et de cruels revers, mais une transformation de la société. On y voit l'autorité des papes se fortifier, et le pouvoir royal s'élever au-dessus de l'anarchie féodale, l'affranchissement des communes, l'extension du commerce, l'introduction en Occident de quelques-unes des industries et des sciences de l'Orient et les premiers germes de la renaissance.

Un résumé de l'histoire générale des croisades et des grandes questions qui s'y rattachent forme la plus grande partie du volume de l'*Univers* consacré à la *Syrie*, leur principal théâtre, et nous dispense de nous étendre sur les mêmes faits. Fidèle au plan que nous nous sommes tracé, nous nous attacherons à suivre dans le chapitre où nous allons resserrer cette grande époque les destinées particulières de la Grèce, et les changements que le contact d'une civilisation si différente a dû apporter dans ses mœurs et dans ses usages.

CHAPITRE XXI.

CROISADES. — SUITE DU RÈGNE D'ALEXIS. — DYNASTIE DES COMNÈNES.

Dès les premiers temps du christianisme, et surtout depuis Constantin, les fidèles de toutes les parties de la chrétienté cherchaient une pieuse satisfaction ou la rémission de leurs fautes en allant visiter les lieux sanctifiés par la naissance et par la mort du Rédempteur. Ces pèlerinages en Palestine, interrompus dans les premiers temps de la conquête musulmane au septième siècle, reprirent bientôt avec plus d'ardeur, et les sectateurs de Mahomet n'y mirent point obstacle, soit par esprit de tolérance, soit par calcul d'intérêt. En effet, les pèlerins répandaient en Judée beaucoup d'argent, par les droits qu'ils payaient, par leurs offrandes et par l'activité que leur présence imprimait aux transactions commerciales.

Cet état de choses fut troublé par la persécution du féroce Hakem (*voy.* plus haut, p. 188), et les incursions des Turcomans vinrent ensuite augmenter les périls du voyage. Les pèlerins se réunirent par grandes troupes, et furent plus d'une fois sur le point d'en venir aux mains avec les habitants des provinces qu'ils traversaient. En 1064 une troupe de pèlerins, qui ne montait pas à moins de sept mille hommes, partit des bords du Rhin, sous la conduite de plusieurs évêques. On y voyait des seigneurs dont le faste excitait la convoitise sur leur passage et des chevaliers toujours prêts à se faire justice par les armes. Ce ne fut qu'après une foule de traverses et de luttes qu'ils parvinrent à Jérusalem. La joie qu'ils firent éclater, l'espèce de triomphe avec lequel ils entrèrent dans la ville sainte réveilla le fanatisme des mahométans. Les persécutions et les avanies se multiplièrent à l'égard des chrétiens qui habitaient la Palestine et des pèlerins d'Occident. Un de ces derniers, devenu si célèbre sous le nom de Pierre l'Ermite, ému de la désolation de la Palestine, se crut appelé par Dieu même à y mettre un terme. Le patriarche Siméon lui remit des lettres dans lesquelles il faisait le tableau des souffrances de son Église, et suppliait le pape et les princes d'Occident de la délivrer des infidèles. Urbain II accueillit cette prière, et chargea Pierre l'Ermite de préparer les voies. Le nouvel apôtre se mit aussitôt à parcourir la France. Son éloquence passionnée enflammait tous les cœurs d'un saint zèle. Au mois de mars 1095 le pape réunit à Plaisance un concile où on lut de nouvelles instances d'Alexis Comnène. Un second concile réunit à Clermont les nombreux prélats de la France. Le pape y promit à tous ceux qui s'armeraient pour la délivrance de la terre sainte la rémission de leurs péchés, la protection de l'Église dans ce monde, et l'espérance des palmes du martyr s'ils succombaient dans cette pieuse entreprise. Princes et peuples prirent à l'envi la croix, signe de leur engagement au cri de Dieu le veut! (*Diex il volt*).

Les premiers croisés qui arrivèrent à Constantinople n'étaient pas faits pour donner une idée favorable de ces expéditions. C'étaient les débris de la tourbe populaire entraînée par les prédications de Pierre l'Ermite, décimée par les fatigues du voyage à travers toute l'Europe et par les sanglantes représailles que leurs déprédations avaient suscitées en Hongrie et en Bulgarie. Leur avant-garde était conduite par un chevalier nommé Gaultier *Sans-Avoir*. Ils furent bientôt rejoints par la troupe, plus guerrière mais plus turbulente encore, de Folkmar et d'Émicon, qui depuis les bords du Rhin avait signalé son passage par des crimes et des désordres de toute espèce.

Alexis avait accueilli avec humanité les compagnons de Pierre l'Ermite, et leur avait donné dans le voisinage de Byzance tous les reconforts dont ils avaient si grand besoin. Mais quand les nouveaux venus eurent introduit dans le camp des croisés leurs habitudes de débauche, et qu'ils se mirent à piller les campagnes d'alentour, l'empereur n'eut rien de plus pressé que de transporter sur la rive asiatique ces hordes indisciplinées, et de les lancer contre les Turcs à leurs risques et périls. Ils se répandirent dans les environs de Nicomédie, pillant et massacrant indistinctement tout ce qu'ils rencontraient, sans plus épargner les anciens habitants du pays que les musulmans. On peut soupçonner Alexis d'avoir appris sans grand regret que les Turcs avaient anéanti ces prétendus libérateurs. Il envoya pourtant ses vaisseaux recueillir trois mille Français échappés au carnage.

Cependant la grande croisade organisée aux conciles de Plaisance et de Clermont, et qui comptait dans son sein les principaux seigneurs féodaux, s'était ébranlée à son tour. Les Lorrains et les Bavarois s'avançaient en bon ordre à travers le continent, sous les ordres de Godefroy de Bouillon, dont la prudence réparait les fâcheuses impressions que les premiers croisés avaient laissées sur leur passage. Partie le 15 août 1096, cette armée, forte de quatre-vingt mille hommes, arriva près de Constantinople dans les derniers jours de décembre.

Le plus grand nombre des croisés français avaient pris leur chemin par l'Italie. Hugues, frère du roi de France, devançant ses compagnons pour venir se mettre à la tête de la troupe de Pierre l'Ermite, dont il ignorait le sort, s'aventura presque seul à Dyrrhachium, et fut conduit à Constantinople. Avec de grandes protestations d'amitié Alexis l'y retenait captif et en quelque sorte comme otage. Il ne voyait pas sans inquiétude parmi les chefs qui s'approchaient de sa capitale un de ses plus redoutables adversaires. Bohémond avait pris la croix en Italie; il avait été élu chef des Normands; il débarqua en Épire, théâtre de ses premiers exploits, et, sans avoir demandé l'autorisation de l'empereur pour traverser ses États, il s'avançait à la tête de ses fiers chevaliers, enlevant de force ce qu'on lui refusait. Il avait, dit-on, écrit à Godefroy pour l'engager à s'emparer de Constantinople. Mais celui-ci se contenta d'obliger par quelques démonstrations hostiles l'empereur grec à mettre en liberté Hugues de Vermandois. Grâce à la prudence d'Alexis et de Godefroy, les négociations pour l'entretien et le passage de ces armées hétérogènes au milieu d'un pays où elles inspiraient plus d'aversion que de confiance, se terminèrent sans conflit.

Les croisés ont élevé de grandes plaintes contre la duplicité d'Alexis, qui ne remplit pas tous les engagements qu'il avait pris avec eux. Nous savons par le témoignage de sa propre fille, qui cherche à lui faire honneur de ses ruses, que pour arriver à ses fins il n'était pas toujours très-scrupuleux sur les moyens. Mais il faut convenir que dans la position où Alexis était placé, en face d'hommes qui étaient loin d'être tous animés d'un zèle désintéressé pour la religion, habitués, la plupart, à ne reconnaître d'autre droit que la force, et qui avaient aliéné tout ce qu'ils possédaient avec l'espoir d'en être dédommagés par de vastes conquêtes, c'était une grande tâche de contenir ce torrent prêt à déborder. L'empire grec, dont la moindre imprudence de la part d'Alexis aurait pu amener le démembrement, et qu'il transmit au contraire à son fils étendu et raffermi, lui dut certes de la reconnaissance. Les croisés eux-mêmes, malgré leurs griefs contre lui, malgré le défaut de concours dont ils se plaignaient, doivent peut-être en partie à sa politique d'avoir atteint le but glorieux de leur expédition, la délivrance de Jérusalem.

Avant de fournir aux croisés les vaisseaux qui devaient les transporter en Asie, Alexis exigea et obtint d'avance de tous les chefs croisés, à l'exception de Tancrède, foi et hommage pour les villes qu'ils allaient conquérir au prix de leur sang. L'historien qui a raconté les croisades d'une façon si animée, dans un des volumes de cette collection, s'étonne et s'indigne de voir tant de chefs nobles et puissants s'incliner ainsi devant l'autorité chancelante d'Alexis. Cet hommage n'avait, ce nous semble, rien qui ne fût conforme aux principes qui régissaient alors la société. La hiérarchie féodale était le seul lien qui maintînt l'unité des nations. Le relâchement de ce lien était cause des troubles croissants et des guerres intestines qui désolaient l'Occident. Au moment où les croisés se disposaient à se partager les villes occupées par les Sarrasins, le seul moyen peut-être de maintenir entre tant de rivaux une fédération bien nécessaire en présence d'ennemis redoutables, c'était d'accepter la suzeraineté de l'empereur d'Orient dont les droits sur cette partie du monde romain étaient une tradition incontestée. Indépendamment de ce titre d'empereur des Romains, dont le prestige était encore si grand, des subsides et du concours de la marine byzantine, dont les croisés ne pouvaient pas se passer, Alexis Comnène par la noblesse de son extraction, par la supériorité de ses talents et par la valeur personnelle dont il avait fait preuve en maintes circonstances, n'était pas indigne de présider une assemblée de rois.

Godefroy de Bouillon donna l'exemple, et fut adopté par le prince grec. C'est surtout grâce à son entremise que Bohémond, qui arrivait avec les projets les plus hostiles, se soumit à son tour au même hommage, et Alexis, dissimulant son ancien ressentiment et ses récentes défiances, le combla de présents, et lui promit au delà d'Antioche un vaste royaume. Le comte de Toulouse et de Provence, Raymond, qui arriva le dernier à la tête de cent mille hommes et accompagné du légat du saint-siège, consentit à entrer seul à Constantinople; mais il refusa l'hommage. Il dit qu'il était prêt à accepter Alexis pour son général, s'il se mettait à la tête de la croisade, mais non pour son souverain, et il se borna à jurer qu'il ne ferait rien contre l'honneur et la vie d'Alexis tant qu'Alexis lui-même tiendrait ses engagements. L'affection que le comte de Toulouse témoigna dans la suite à Alexis, après lui avoir résisté avec cette fermeté, est une justification à opposer aux nombreux reproches de perfidie adressés à l'empereur grec par les annalistes des croisades qui lui imputent beaucoup de désastres qu'il serait plus juste d'attribuer à leur imprudence.

Le siége de Nicée fut la première entreprise des croisés. Alexis leur envoya un corps auxiliaire sous les ordres de Tatice, dont nous avons déjà plusieurs fois parlé. Il leur fournit aussi des machines de guerre, et fit transporter du port de Cibotos des bâteaux sur le lac de Nicée, par où les assiégés recevaient des secours. Soliman, surnommé Alparslan, essaya, à la tête d'une nombreuse armée, de délivrer sa capitale, dans laquelle il avait laissé sa femme et sa sœur; mais il fut repoussé par les croisés. Au moment où ceux-ci s'attendaient à ce que Nicée tombât entre leurs mains, ils virent avec dépit l'étendard de l'empereur grec arboré sur les murs.

Un ministre d'Alexis avait conduit secrètement cette négociation. D'après les conventions antérieures avec les croisés, cette ville devait être remise par eux à l'empereur; mais ils avaient compté sur le pillage, suite d'un assaut. Alexis apaisa leur mécontentement par de grandes libéralités aux chefs et aux soldats, et ils marchèrent à de nouvelles conquêtes.

Par quels procédés Alexis pouvait-il tirer d'un empire aussi restreint des ressources suffisantes pour faire face aux nombreuses dépenses qu'entraînait la présence des croisés et pour désarmer leurs prétentions et leurs colères par ses libéralités? C'est un problème d'économie politique qui mériterait d'être étudié à part. Sans nous y arrêter ici, nous rappellerons seulement qu'avant la découverte des voies nouvelles ouvertes par les Portugais aux productions de l'Inde l'empire grec se trouvait l'intermédiaire naturel entre l'Orient et l'Occident; que Venise, Gênes, Amalfi, toutes ces républiques qui s'élevèrent en peu de temps par le commerce à une si grande prospérité avaient à Constantinople des *échelles*, pour lesquelles elles payaient des droits élevés, et qu'en outre la Grèce seule encore en Europe avait à ce moment l'industrie de la fabrication des étoffes de soie, si recherchées en Occident.

Les croisés continuaient à s'avancer, malgré les efforts des musulmans, malgré la disette qui régnait autour d'eux et leurs fréquentes dissensions. Baudoin, frère de Godefroy, s'écartant du but de l'entreprise, pénétra en Arménie, et se rendit maître d'Édesse, qui s'était conservée indépendante au milieu des Sarrasins. Ce fut la première principauté française fondée en Orient (1).

Après la sanglante bataille de Dorylée et un siège qui dura huit mois, Antioche fut prise, et Bohémond, qui avait plus que tout autre contribué à sa reddition, en devint prince souverain, malgré quelque opposition des autres chefs. Godefroy voulait, selon les traités, remettre cette place à l'empereur grec; mais non-seulement Alexis n'était pas venu en personne aider les croisés, ainsi qu'il l'avait promis, ses troupes même avaient quitté le siège. De là de nouvelles accusations réciproques de perfidie. Il serait bien étonnant qu'Alexis, qui avait montré dans maintes circonstances qu'il ne craignait pas les dangers personnels, se soit volontairement privé, en se tenant éloigné de l'armée, des avantages qu'il aurait pu retirer d'un concours plus actif. Mais sans parler des conspirations qui menacèrent plusieurs fois sa couronne, et particulièrement de celle du fils de l'empereur Romain Diogène, il lui était difficile de s'éloigner de sa capitale tant que les Turcs infestaient les villes maritimes et les îles. Il était à Philoménium lorsqu'il apprit la prise d'Antioche; mais sur le récit de quelques princes qui avaient quitté l'armée, et qui répandaient le bruit que les Sarrasins, accourus de toutes parts, allaient infailliblement écraser les croisés, Alexis retourna s'enfermer dans Constantinople. Il n'eut donc aucune part à la gloire des vainqueurs de Jérusalem ni aux excès qui ternirent ce triomphe. Il reçut à Constantinople, fêta, enrichit les princes qui retournaient en Occident, et délivra par son or ou par son influence plusieurs de ceux qui étaient tombés entre les mains des Turcs. Puis il eut encore à veiller au passage de nouveaux essaims de croisés qui arrivèrent à Constantinople par myriades, et qui allèrent se faire moissonner par le cimeterre des Turcs ou par la famine dans des contrées entièrement dévastées.

Bohémond ayant été fait prisonnier par un émir turc, Alexis voulut le racheter, probablement moins par bienveillance que pour avoir en sa dépendance un homme qui lui portait ombrage même dans les fers. Mais le rusé normand parvint à recouvrer la liberté, et rentra dans sa principauté, que son cousin Tancrède avait défendue et agrandie aux dépens des Grecs. Alexis le somma de lui remettre Laodicée et même Antioche, et sur son refus il fit partir contre lui une double expédition par terre et par mer. Le prince d'Antioche, qui n'avait pas de marine, s'adressa aux Pisans et aux Génois. Il y eut plusieurs batailles navales, à la suite desquelles Bohémond se vit serré de si près dans Antioche, que pour aller chercher des renforts en Italie il eut recours à un singulier stratagème. Il fit répandre le bruit de sa mort, et traversa la mer en vue de la flotte impériale, caché dans un cercueil, entouré de ses compagnons en deuil. Arrivé à Corfou, il secoua son linceul, et fit dire à Alexis que Bohémond était ressuscité, et ne tarderait pas à lui en donner la preuve (1104).

En effet il s'empressa d'accuser l'empereur grec auprès du pape d'être l'allié secret des infidèles et la cause de tous les désastres des chrétiens, et il travailla à armer contre lui tous les princes d'Occident, particulièrement en France, où il épousa la fille de Philippe Ier. Alexis chercha à contre-balancer l'effet de ces démarches en renvoyant dans leurs foyers trois cents seigneurs français qu'il avait délivrés des fers du soudan d'Égypte; mais il vit bien qu'il serait difficile de ramener les esprits prévenus contre lui, et il se prépara à la guerre en rappelant

---

(1) Baudoin ayant succédé à son frère sur le trône de Jérusalem, en 1100, Baudoin du Bourg devint comte d'Édesse, et après lui, en 1118, Joscelyn de Courtenay. En 1137 Joscelyn II fut forcé de reconnaître la suzeraineté de Jean II Comnène; et en 1146 Édesse tomba sous la domination musulmane.

une partie de ses troupes de Cilicie en Épire.

La flotte grecque eut ordre de fermer l'Adriatique à l'armée que Bohémond avait rassemblée en Italie. Les Grecs firent même une descente à Brindes, qui fut préservée par la présence d'esprit de la mère de Bohémond.

Soit disproportion trop grande entre les deux flottes, soit lâcheté de la part des amiraux grecs, ceux-ci n'osèrent pas disputer le passage à l'expédition latine, et Bohémond, à la tête de soixante mille hommes et de douze mille chevaux, aborda près d'Aulon, et renouvela la tentative que son père et lui-même avaient déjà dirigée contre Dyrrhachium vingt-cinq ans auparavant, au commencement du règne d'Alexis. Un neveu du prince, nommé lui-même Alexis, commandait dans cette place, amplement pourvue de tout ce qui était nécessaire pour soutenir un long siège. Bohémond fut obligé d'attendre le printemps pour commencer les opérations. L'empereur s'avança lentement de Constantinople à Thessalonique, et de là jusqu'à Déabolis, à une journée du camp des Latins ; mais il se garda d'engager contre eux une bataille rangée, se contentant de les tenir en quelque sorte bloqués en faisant occuper tous les défilés, tandis que la flotte grecque avait ordre d'intercepter les secours qui pouvaient leur arriver par mer. Cette tactique réussit : Bohémond, voyant son armée découragée par des tentatives infructueuses contre les murs de Dyrrhachium, et minée par la disette et les dyssenteries, prit le parti de traiter avec l'empereur.

Les préliminaires de l'entrevue furent longs à régler. Bohémond ne voulait pas consentir à fléchir le genou devant le monarque assis sur son trône. De leur côté, les plénipotentiaires grecs refusaient de se départir en rien du cérémonial consacré. L'impatience des chevaliers français, qui, las d'un siège où leur valeur restait inutile, commençaient à quitter le camp, décida Bohémond à céder sur ce premier point. L'adresse du César Bryenne, mari d'Anne Comnène, chargé de la négociation, finit par amener ce fier chevalier à signer un traité par lequel il se reconnaissait de nouveau vassal de l'empereur pour le duché d'Antioche, promettait de rétablir dans cette ville le patriarche grec, de restituer Laodicée et d'autres villes, et d'obliger Tancrède et tous ses vassaux à remplir envers le souverain de Constantinople les devoirs de loyaux sujets. De son côté, l'empereur renouvelait la promesse de protéger tous les croisés qui se rendraient en Terre Sainte, et il s'empressa de faciliter le passage en Asie de tous les compagnons de Bohémond. Celui-ci retourna en Italie, rongeant intérieurement son frein, et il mourut deux ans plus tard (en mars 1111), laissant pour héritier un enfant de quatre ans sous la tutelle de Tancrède.

D'après le caractère et les antécédents de Tancrède, il était facile de prévoir qu'il n'exécuterait pas le traité signé par Bohémond, et Alexis essaya de se ménager contre lui l'alliance ou au moins la neutralité du roi de Jérusalem et du comte de Tripoli ; mais la mort de Tancrède le délivra de ce souci, et il put tourner toutes ses forces contre les infidèles.

Quoique arrêté par de fréquentes atteintes de goutte, Alexis, dont l'âge avancé n'avait pas éteint l'activité, marcha plusieurs fois en personne contre les Turcs, les battit en diverses rencontres, et amena enfin Saïssa, sultan seldjoukide d'Iconium, à traiter de la paix. Le prince turc vint baiser le genou de l'empereur à cheval, et consentit à se renfermer dans les limites qui avaient été celles de l'empire avant la défaite de Romain Diogène. Mais ce traité n'eut pas les conséquences heureuses dont on s'était flatté. Saïssa fut détrôné et mis à mort par son frère Masoud (1117), peut-être à cause de ce traité même. La puissance des sultans d'Iconium était bien tombée, mais leurs incursions désolaient toujours les provinces asiatiques, plus maltraitées par cet état de brigandage que par une conquête permanente. Alexis accueillit dans l'*orphanotrophium* de Constantinople, qu'il agrandit et auquel il assura de nouveaux revenus, les malheureux échappés à la fureur des Turcs. Les moines réfugiés d'Ibérie furent chargés du soin de cet hôpital, et des professeurs payés par l'empereur y donnaient l'instruction aux orphelins.

A la fin d'un règne menacé par tant

de dangers extérieurs et de conspirations, Alexis eut la satisfaction de voir le succès de sa politique et de pouvoir se livrer en paix à la réforme de quelques abus, à l'administration de l'Église et à la conversion des hérétiques, objets du zèle constant, et souvent indiscret, des empereurs de Constantinople. Mais tandis que son nom était respecté au loin, sa volonté éprouvait des résistances dans l'intérieur de sa famille. Pendant sa dernière maladie, sa femme, qui avait fini par prendre dans le palais un ascendant dont elle avait rarement joui dans la jeunesse d'Alexis, le tourmentait pour laisser la couronne au César Bryenne, époux d'Anne Comnène, au préjudice de son fils Jean, qu'elle avait pris en aversion, et qui, disait-elle, détruirait tout ce que son père avait fait. Alexis, avec sa dissimulation habituelle, évitait de se prononcer. Enfin, le 15 août 1118 le César Jean, informé que son père était à l'agonie, vint s'agenouiller au pied de son lit, et reçut de lui ou, selon une autre version, tira de son doigt l'anneau impérial, et, montant immédiatement à cheval, il alla se faire reconnaître empereur par les gardes auxquels était confiée la défense du palais.

L'impératrice, informée de ce qui se passait, s'approcha du mourant pour lui dire que son fils lui arrachait la couronne. Mais Alexis, levant les yeux au ciel, lui fit signe qu'il ne voulait plus entendre parler des choses d'ici-bas, et l'impératrice ne put s'empêcher de s'écrier : « Vous mourez comme vous avez vécu, plein de dissimulation. »

Jean Comnène, accompagné de son frère Isaac, en montrant l'anneau impérial et en annonçant la mort de son père tandis qu'il respirait encore, avait réussi à se faire saluer empereur; mais, inquiet des dispositions de plusieurs corps de troupes, qu'il savait dévoués à Bryenne, il se renferma dans le palais, et n'assista pas même aux funérailles de son père, qui fut enterré dans un monastère, sans pompe, dans un grand délaissement de tous les courtisans et au milieu de l'anxiété générale.

Alexis était âgé de soixante-dix ans; il en avait régné trente-sept. Il se trouva mêlé aux plus grands événements d'un siècle plein de bouleversements et de prodigieuses entreprises. Loué par sa fille outre toute mesure, et décrié par les Occidentaux avec animosité, il a offert aux historiens et aux romanciers un texte fécond. Quant aux écrivains byzantins, ils s'accordent en général à vanter un prince qui personnifie en quelque sorte les qualités et les défauts de sa nation (1).

Le fils d'Alexis, qui mérita de ses contemporains le surnom populaire de Calo Jean, ou *Jean le bon*, était loin d'avoir un extérieur qui prévînt en sa faveur. Le César Bryenne, au contraire, était doué de tout ce qui peut séduire dans un prince; et l'ambitieuse Anne Comnène, qui se croyait appelée au trône par le titre dont elle avait été revêtue dans son enfance et par la supériorité de son esprit, ourdit une conspiration pour renverser son frère du trône et faire proclamer son mari. Celui-ci, soit par probité soit par faiblesse, fit manquer l'entreprise en ne se mettant pas à la tête des conjurés au moment où ils étaient déjà réunis pour attaquer le palais. Ce complot avorté ne put rester secret; mais Jean se contenta de confisquer les biens des seigneurs les plus compromis, et ne tarda pas à pardonner même à sa sœur, à laquelle il rendit son palais et ses richesses. Jean vivait avec son frère Isaac dans une tendre intimité. Il eut aussi le bonheur d'avoir pour ministre un homme habile et dévoué, nommé Axuch, qui lui rendit de grands services, tant à la guerre que dans les conseils durant tout le cours de son règne.

Jean déploya beaucoup d'activité. Se portant d'une frontière à l'autre, on le vit successivement combattre les Turcs et leur enlever Sozopolis (1120), soumettre les Petchenègues près de Béroé (1122), disperser les Serbes, repousser les Hongrois, qui, sous les ordres d'Étienne, fils de Caloman, s'étaient emparés de Belgrade; puis repasser en Asie, arracher encore quelques villes aux mahométans, et donner à Constantinople, pour la dernière fois peut-être, le spec-

(1) Indépendamment de toutes les histoires générales, dans lesquelles Alexis Comnène occupe une assez grande place, et du roman de Walter Scott, intitulé *Robert de Paris*, l'histoire de la dynastie des Comnènes a été traitée *ex professo* par M. Fréd. Wilken, *Rerum ab Alexio I, Joanne, Manuele et Alexio II Comnenis, gestarum Libri quatuor*; Heidelberg, 1811.

15.

tacle d'un triomphe en l'honneur de la Vierge patrone de la ville (1).

Fidèle à la politique de son père, il travailla constamment à faire rentrer dans le domaine impérial les pays conquis sur les musulmans par les croisés, et il parvint à faire de nouveau reconnaître sa suzeraineté par Raymond, prince d'Antioche. Mais cet hommage contraint et peu sincère fut loin de compenser le tort que causa la rupture avec les Vénitiens. Nous avons vu quels importants services la marine de cette république avait rendus aux empereurs grecs, qui étaient toujours dans l'usage de décorer les doges de quelqu'un des titres élevés de la cour byzantine. Jean Comnène, prenant ombrage de l'appui que les Vénitiens accordaient aux croisés, refusa un honneur de ce genre au doge Dominique Michel, qui s'en vengea par la guerre. On peut dater de cette époque l'indépendance absolue des Vénitiens. L'empereur leur retira les priviléges que son père leur avait concédés, les chassa de leurs échelles commerciales, et ravagea leurs possessions en Dalmatie. De leur côté, les Vénitiens prirent et saccagèrent Rhodes, Chios, Samos, Mitylène, Andros, firent une descente dans le Péloponnèse, où ils enlevèrent beaucoup de prisonniers et ruinèrent les fortifications de Méthone ou Modon. Les deux partis reconnurent trop tard combien cette lutte, en quelque sorte intestine, était funeste à tous deux. Ils se rapatrièrent; mais il resta entre eux des sentiments d'hostilité secrets, qui éclatèrent plus d'une fois dans la suite.

Le désir de délivrer l'Arménie des incursions des Turcs et de ramener à l'obéissance Constantin Gabras, gouverneur de Trébisonde, lequel agissait en prince indépendant, fit entreprendre à l'empereur grec, en 1139, une nouvelle expédition, qui se prolongea jusque dans l'arrière-saison. La rigueur du froid, le manque de vivres, la perte d'une partie des chevaux, rendit cette campagne très-pénible. Aux nombreux escadrons turcs qui voltigeaient sans cesse autour de son camp, l'empereur, dissimulant habilement l'infériorité de sa cavalerie, opposait surtout les chevaliers occidentaux qu'il avait à son service, et dont le choc était redouté des ennemis.

Dans un de ces engagements, voyant un chevalier latin renommé pour sa bravoure qui avait perdu son cheval, l'empereur ordonna à son propre neveu, nommé Jean, de lui donner le cheval arabe qu'il montait et d'en reprendre un autre. Le jeune prince répondit d'abord qu'il ne céderait son cheval au Latin que s'il était capable de le désarçonner; mais, voyant la colère de l'empereur, il céda, et, prenant en place le cheval d'un écuyer, il pique droit vers les Turcs. Arrivé à la portée du trait, il rejette sa lance en arrière, ôte son casque, et passe dans les rangs des ennemis. Ce prince, qui avait déjà vécu quelque temps parmi les Turcs avec son père Isaac, fut reçu par eux avec grande joie; il embrassa le mahométisme, épousa une fille du sultan d'Iconium, qui lui apporta en dot plusieurs châteaux, et reçut le surnom de Tchelebi. On dit qu'il eut un fils nommé Solimanscha, duquel Mahomet II, le conquérant de Constantinople, se vantait de descendre. Il est plus probable que quelque Grec du quinzième siècle aura supposé cette filiation pour consoler l'orgueil national, en rattachant les nouveaux maîtres à l'antique dynastie impériale, comme jadis les Égyptiens après la conquête grecque prétendaient faire descendre Alexandre le Grand d'un de leurs derniers rois indigènes.

Profondément affecté de la défection de son neveu, et craignant qu'il eût révélé aux infidèles ses plans et la faiblesse de l'armée grecque, l'empereur se hâta de ramener ses troupes à Constantinople. Ce prince, d'une activité peut-être excessive, ne séjourna pas longtemps dans sa capitale, et se dirigea vers la Syrie, à la tête d'une armée considérable et accompagné de ses quatre fils. Il eut la douleur de perdre coup sur coup les deux aînés, enlevés par des fièvres, et il envoya à Constantinople le troisième, Isaac, dont la santé donnait de l'inquiétude. Il garda près de lui le dernier, nommé Manuel, qui avait déjà dans les guerres précédentes fait preuve d'un brillant courage. On croit que le projet de l'em-

---

(1) Théodore Prodrome célébra ces victoires dans un poëme de deux cent quatre-vingt-seize vers, sur lequel on peut voir les *Notices et extraits des Manuscrits*, t. VIII, p. 205.

pereur était de former à ce fils, qu'il chérissait, un royaume aux dépens des princes latins. Ces grands préparatifs et ces desseins secrets, qui mettaient une partie de l'Asie en émoi, furent rompus par un accident. Dans une chasse au sanglier, l'empereur se blessa la main avec une flèche empoisonnée. La blessure, d'abord négligée, s'envenima. L'enflure gagna, malgré tous les efforts des médecins, qui déclarèrent qu'il n'y avait plus d'espérance de salut qu'en amputant le bras. Mais l'empereur s'y refusa, et se prépara avec résignation à la mort.

On était aux premiers jours d'avril, époque des solennités de Pâques. Jean Comnène reçut la communion. Il admit pendant deux jours dans sa tente tous ceux qui avaient quelques grâces à lui demander. Enfin, sentant approcher ses derniers instants, il réunit ses officiers autour de son lit, et leur déclara que, moins par prédilection paternelle que pour le bien de l'empire, il avait choisi pour successeur son plus jeune fils, Manuel, dans lequel il discernait les qualités d'un prince à un plus haut degré que dans son frère aîné.

Jean Comnène expira le 8 avril 1143, dans la cinquante-cinquième année de son âge et la vingt-cinquième de son règne. Un historien l'a décoré du titre de Marc-Aurèle de Constantinople. La différence des temps et des circonstances au milieu desquelles ils vécurent ne permet guère d'établir une comparaison entre ces deux princes. Ils se ressemblèrent par les efforts constants qu'ils firent pour mériter l'estime de la postérité. Austère pour lui-même et clément envers ses sujets, d'une activité infatigable, ménager des deniers de l'État et pourtant exempt d'avarice, Jean Comnène, sans avoir l'habileté diplomatique de son père ni la valeur chevaleresque de son fils, a rendu peut-être plus de services réels à l'empire, car il avait apaisé les factions, rétabli les finances, et tenu constamment les troupes en haleine.

Axuch, le fidèle ministre de Jean Comnène, partit en toute hâte pour assurer l'exécution de ses volontés dernières. Arrivé à Constantinople avant la nouvelle de la mort de l'empereur, il s'empara de la personne d'Isaac Comnène, et l'enferma dans un monastère, où ce prince exhala inutilement ses plaintes en apprenant que la couronne était dévolue à son jeune frère. Des libéralités au clergé le disposèrent à sanctionner cette déviation des principes de l'hérédité, et le peuple accueillit avec faveur l'avènement d'un jeune prince d'une beauté remarquable, déjà célèbre par son courage, et dont les aimables qualités n'avaient pas encore été ternies par les désordres de ses mœurs.

Manuel se hâta de terminer pacifiquement les différends avec le prince d'Antioche, et ramena l'armée à travers l'Isaurie, la Lycaonie et la Phrygie, pays occupés par les Turcs, sans que ceux-ci osassent s'opposer à son passage. Son premier soin en arrivant fut de faire rendre la liberté à son oncle Isaac et à son frère; et quelque déplaisir secret qu'ils pussent nourrir dans leur cœur, ils furent forcés, en se voyant abandonnés complètement de partisans, d'accepter ou de feindre une réconciliation.

L'année suivante, Manuel Comnène épousa la belle-sœur de Conrad, empereur d'Allemagne, Berthe de Sulzbach, qui prit le nom d'Irène, princesse vertueuse, pour laquelle il affectait de professer un grand respect que démentaient malheureusement sa conduite et surtout les relations incestueuses qu'il entretint avec sa propre nièce Théodora. Le faste de cette orgueilleuse princesse et les prodigalités de Manuel dérangèrent bientôt les finances, que son père avait laissées dans un état prospère; et pour combler le déficit le directeur du fisc se lança dans des répétitions d'arrérages et de nouveaux impôts.

Après un court séjour dans sa capitale, Manuel était repassé en Asie pour combattre les Turcs, et les historiens grecs se complaisent dans le récit de ses valeureuses prouesses. Toutefois, il n'avait remporté aucun avantage bien décisif, quand il fut rappelé en Europe par le bruit de la nouvelle croisade, conduite par Conrad, empereur d'Allemagne, et que suivaient de près Louis VII et les croisés français. Dans ces libérateurs de la chrétienté les Grecs voyaient moins des auxiliaires que des rivaux redoutables. Ils se réjouissaient de leurs désastres, et multipliaient perfidement les dangers autour d'eux.

Jusqu'à Constantinople on était parvenu, non sans peine, à empêcher les collisions entre les habitants des provinces et les Allemands. Manuel, retranché derrière les murailles de Byzance, ne communiqua que par écrit avec l'empereur son beau-frère, et se hâta de faire transporter les croisés sur la rive asiatique. Quand ils furent engagés dans les gorges de la Phrygie, Manuel (s'il faut en croire les accusations des contemporains) fit secrètement dresser contre eux des embuscades. Partout sur leur passage les portes des villes se fermaient. Pour obtenir des subsistances ils étaient obligés d'en déposer d'abord le prix dans des corbeilles qu'on descendait du haut des tours, et de recevoir en échange ce qu'il plaisait à la mauvaise foi des Grecs de leur fournir. Parfois même on gardait l'argent sans rien donner. Plus perfides encore, quelques-uns vendaient à ces malheureux des pains mêlés de chaux. L'empereur fit aussi frapper de la fausse monnaie pour les sommes qu'il pouvait avoir à payer aux Latins, et appela secrètement les Turcs contre eux. L'historien grec qui rapporte en rougissant ces actes odieux essaye de les justifier en disant que les Grecs voulaient inspirer aux peuples de l'Occident une telle terreur de ces expéditions que leurs enfants ne fussent pas tentés de les renouveler. Mais malgré les innombrables victimes dont les ossements avaient jonché la route de Jérusalem, les Francs ne se rebutèrent pas, et ils asservirent la nation dont le mauvais vouloir avait peut-être arrêté la destruction de l'islamisme. Aussi le chantre italien de la *Jérusalem délivrée* jette-t-il à la Grèce cette cruelle apostrophe :

Or, se tu se' vil serva, è il tuo servaggio,
Non li lagnar, justizia, e non oltraggio.
(Cant. I, 51.)

L'expédition des Français, qui suivait de près celle des Allemands, s'annonçait sous des auspices un peu plus favorables. Mieux disciplinés, ils traversèrent les provinces grecques jusqu'à Constantinople sans soulever autant d'irritation parmi les habitants. Les barons français, du consentement de Louis le Jeune, prêtèrent hommage à l'empereur, et se hâtèrent de passer en Asie, stimulés par le récit mensonger des victoires des Allemands. Ils ne tardèrent pas à connaître la triste réalité, en rencontrant Conrad, qui abandonnait son armée presque anéantie, et revenait à Constantinople s'embarquer pour Jérusalem. Les Français évitèrent de s'enfoncer autant dans l'Asie, et suivirent une route plus voisine de la mer. Leur cavalerie força le passage du Méandre en présence de l'armée turque, dont elle fit un grand carnage ; mais ils furent à leur tour décimés dans les montagnes de la Pisidie, qu'il leur fallut franchir au cœur de l'hiver. Arrivés le 20 janvier 1147 à Attalia, et trop affaiblis pour continuer leur expédition par terre, ils cherchèrent des vaisseaux. Le petit nombre qu'ils trouvèrent à louer ne permit qu'au roi et à l'élite des chevaliers de se rendre à Antioche, et bien peu de ceux qu'il fallut laisser à Attalia échappèrent aux attaques des Turcs et à la perfidie des Grecs.

Tandis que Manuel s'applaudissait sans doute en lui-même de la destruction de ces deux puissantes armées qui l'avaient tant effrayé, et qui, s'il les eût franchement secondées, auraient pu délivrer l'Orient, un danger imprévu, l'invasion de Roger, roi de Sicile, faillit lui faire expier immédiatement sa conduite déloyale envers les Latins. Nous suivrons avec intérêt les détails de cette guerre, qui nous ramène sur le sol classique de la Grèce, et nous donne enfin, après bien des siècles d'un profond silence, quelques renseignements sur les villes de Thèbes et de Corinthe, mais pour nous apprendre leurs désastres.

Roger II, roi de Sicile, neveu du célèbre Robert Guiscard, qui réunissait à son héritage paternel les duchés de Pouille et de Calabre, avait, sous le règne de Jean Comnène, demandé pour son fils la main d'une princesse impériale de Constantinople. Un envoyé grec, chargé de continuer cette négociation à la cour de Sicile, dépassa, à ce qu'il paraît, ses pouvoirs, séduit, dit-on, par Roger, et fut, à son retour, désavoué par Manuel, qui, dans sa colère, fit incarcérer les envoyés du prince sicilien. Celui-ci saisit avec empressement ce prétexte de porter ses armes en Orient. Sa flotte, partie de Brindes, se présenta devant Corcyre, dont la citadelle, Korypho, lui fut livrée sans combat par le peuple, indisposé contre le gouverneur à cause de l'excès des impôts.

L'amiral sicilien espérait s'emparer

également de Monembasie, en Morée; mais il rencontra de la part des habitants une résistance énergique. Revenant sur ses pas, il doubla le promontoire de Malée, se rendit maître de gré ou de force de toutes les places du littoral de l'Acarnanie et de l'Étolie, ou, comme on disait dès lors, du pays d'Arta; il pénétra dans le golfe de Corinthe, débarqua au port de Crissa, et s'avança sans rencontrer de résistance jusqu'à Thèbes, ville alors renommée pour ses richesses. L'avidité des Siciliens ne respecta rien, et ne fut point arrêtée par la crainte de la vengeance d'Adrastée, que l'historien byzantin évoque dans cette occasion en rappelant les souvenirs mythologiques de la ville de Cadmus. Ils forcèrent les Thébains à déclarer sur les saints évangiles tout ce qu'ils possédaient, et, après avoir pris tout l'or, tout l'argent, toutes les riches étoffes, dont ils chargèrent leurs vaisseaux, ils enlevèrent les plus considérables d'entre les habitants, les plus belles femmes, et les habiles ouvrières en tissus de soie, qui transportèrent cette industrie à Palerme, coup funeste à la prospérité de la Grèce (1).

De Thèbes les Siciliens se portèrent vers Corinthe, encore florissante, grâce à ses deux ports, dont l'un recevait les produits de l'Orient, pour les transborder sur l'autre plage, et les échanger contre les marchandises de l'Italie. Les habitants de la ville basse s'étaient réfugiés dans l'Acrocorinthe, emportant leurs richesses et les ornements des églises. La garnison, renforcée des contingents d'alentour, eût été plus que suffisante pour défendre cette position presque inexpugnable, si elle n'eût été dénuée de toute énergie militaire. Après une courte résistance elle se rendit. Le chef sicilien, en pénétrant dans cette citadelle si bien défendue par la nature, ne pouvait revenir de la facilité de son succès, et fit rougir le gouverneur grec de sa lâcheté. Les citoyens les plus distingués de Corinthe furent emmenés captifs, et la ville fut dépouillée de toutes ses richesses. Les vainqueurs enlevèrent même de l'église de Corinthe, comme trophée, l'image de saint Théodore, patron des hommes de guerre; et, profitant d'un vent favorable, ils ramenèrent dans les ports de Sicile leur escadre, chargée de riches dépouilles (1).

A la nouvelle de ces désastres Manuel Comnène fit en toute hâte armer une flotte nombreuse, dont il nomma *grand-duc*, c'est-à-dire amiral, son beau-frère Contostéphanos, tandis que lui-même se mit à la tête des troupes de terre. Avant de se diriger vers l'Adriatique, il lui fallut repousser une invasion des Petchenègues sur les bords du Danube, en sorte que l'année était trop avancée pour rien entreprendre, et il vint hiverner à Thessalonique, où il avait donné rendez-vous à sa flotte, avec le dessein d'aller attaquer Roger en Sicile même.

De nouveaux priviléges accordés aux Vénitiens leur firent oublier les griefs qui les avaient aliénés sous le règne précédent, et les décidèrent à joindre leur marine à celle de l'empereur pour le siége de Corfou. Les Siciliens avaient muni de nouveaux ouvrages cette position, déjà presque inexpugnable, et y avaient laissé une garnison bien choisie. Manuel essaya d'abord de l'enlever de vive force. Quatre frères, fils de ce Pierre d'Aulps, ou Petraliphas, qui était entré sous Alexis au service de l'empire, se présentèrent pour tenter l'escalade. A leur exemple un des gardes d'Axuch, Turc d'origine, et les soldats les plus déterminés, encouragés par les promesses de l'empereur, s'élancèrent à l'assaut sous une grêle de projectiles. Mais les échelles se rompirent, et tous ces braves se brisèrent sur les rochers ou se noyèrent dans les flots qui baignent les pieds de la citadelle.

Durant plusieurs mois assiégeants et assiégés soutinrent avec un égal courage cette lutte meurtrière, qui coûta la vie au grand-duc, et où l'empereur s'exposa comme un soldat.

Roger avait armé une nouvelle flotte

---

(1) Otho Frisingen, *De Gestis Frederici I*. Opifices etiam qui sericos pannos texere solent... captivos deducunt. Quos Rogerius in Palermo, Siciliæ metropoli, collocans artem texendi suos edocere præcepit; et exhinc prædicta ars illa prius a Græcis tantum inter Christianos habita, romanis cœpit patere ingeniis.

(1) Quelques écrivains modernes ont mis Athènes au nombre des villes qui furent alors saccagées par les Siciliens. Mais le silence de Nicétas Choniate, dont le frère fut archevêque d'Athènes, ne permet pas d'admettre cet événement, qu'il eût certainement raconté en détail.

pour ravitailler Corcyre. Les Grecs allèrent au-devant d'elle, et la défirent. Cependant à l'issue de ce combat une escadre sicilienne de quarante navires se porta vers Constantinople, pour en incendier les faubourgs; mais elle fut repoussée et poursuivie. Dans une de ces rencontres, le roi de France, qui revenait de Terre Sainte par mer, et qui était passé à bord d'un vaisseau sicilien, faillit être pris. Selon quelques récits il serait même tombé aux mains des Grecs, qui lui rendirent la liberté.

Corfou, dont Manuel avait changé le siège en blocus, désespérant d'être secourue, finit par se rendre. L'empereur y mit une forte garnison de Français, et il voulait porter immédiatement la guerre en Sicile; mais une tempête qui assaillit sa flotte l'ayant forcé à changer de dessein, il tourna ses armes contre les villes de Dalmatie qui avaient fait défection pendant l'invasion sicilienne. Les années 1150 à 1152 furent employées par l'empereur à combattre les Serbes, les Hongrois, les Petchenègues. Pendant ce temps une flotte grecque était équipée pour porter la guerre en Sicile. En vain Guillaume, qui venait de succéder à Roger, offrit, pour détourner l'orage qui menaçait son trône, encore mal affermi, de restituer tout ce que les Siciliens avaient enlevé en Grèce : Manuel refusa d'écouter aucune proposition. Les débuts ne répondirent pas à ses espérances; l'amiral grec, avant d'avoir complétement réuni toutes ses forces, ayant voulu attaquer une escadre sicilienne qui revenait d'Égypte, fut complétement défait. Cependant l'armée grecque, sous les ordres de Michel Paléologue et de Jean Ducas, débarqua en Italie, prit Bari, et, puissamment secondés par Robert de Basseville, neveu de Roger, que ses dissensions avec son cousin jeta dans leur parti, ils enlevèrent successivement par force, par séduction ou par ruse, un assez grand nombre de villes et de châteaux. Ils étaient maîtres de la plus grande partie de la Pouille, quand Guillaume vint pour la reconquérir à la tête de toutes les forces de la Sicile. En même temps le commandement passa des mains expérimentées de Jean Ducas à celles d'Alexis, fils d'Anne Comnène, jeune homme présomptueux, qui s'aliéna les alliés italiens, se fit battre, et resta prisonnier.

Sans se laisser décourager par ce désastre, Manuel envoya des renforts à l'armée d'Italie, trouva des auxiliaires à Ancône et dans les États du saint-siége, malgré les foudres de l'Église, et reconquit plusieurs places. En vain une escadre sicilienne, pendant qu'il était occupé à guerroyer en Asie, força l'entrée du port de Constantinople, et vint proclamer orgueilleusement le nom du roi de Sicile en face du palais des Blaquernes : l'empereur s'obstinait à reconquérir l'Italie méridionale, et il réussissait du moins à la ruiner, à la vérité en s'épuisant lui-même, quand enfin Guillaume, par une lettre pleine d'adroites flatteries, parvint à désarmer son orgueil et à obtenir la paix en rendant les prisonniers grecs, à l'exception pourtant des ouvrières en soie, qui formèrent à Palerme une petite colonie industrielle.

En cette même année (1155) Manuel conclut avec les Génois un traité d'alliance et de commerce par lequel il leur accordait une échelle et un comptoir à Constantinople, divers priviléges, des dons annuels en argent et en étoffes de soie, pour l'évêque et pour la commune; et quant aux droits de douane et autres, il consentit à ce qu'ils fussent traités sur le même pied que les Pisans. De leur côté, les Génois s'engageaient à n'aider ni en conseil ni en action aucun des ennemis de Manuel et de ses successeurs, de l'aider à repousser les attaques contre les villes où ils auraient des établissements, de respecter ses possessions présentes et à venir en Syrie, à moins que Manuel ne les dépouillât des terres de leur juridiction (1).

En même temps que Manuel essayait de recouvrer par ses généraux une partie de l'Italie, lui-même n'avait cessé de combattre en Asie, d'abord contre les Turcs, puis contre Téroses ou Thoros, roi d'Arménie, qui s'était emparé de toute la Cilicie, et enfin contre le prince d'Antioche.

Renaud de Châtillon, qui gouvernait cette ville comme époux de Constance, veuve de Raymond, avait récemment ra

(1) On peut voir le texte latin de cette convention, conservée dans les archives de Gênes, dans l'ouvrage de M. Lodovico Sauli intitulé : *Della Colonia dei Genovesi in Galata.*

vagé l'île de Chypre. Mais en voyant l'empereur s'avancer en personne pour le punir, et ne se sentant pas de force à résister, il alla au-devant de lui en suppliant, et parvint à obtenir son pardon, à la condition qu'Antioche fournirait dorénavant des troupes à l'empereur, et recevrait un patriarche grec. Manuel, accompagné de Renaud et de Baudoin III, roi de Jérusalem, qui avait épousé une de ses nièces, fit son entrée à Antioche. Les rues sur son passage étaient tendues de riches étoffes et jonchées de fleurs. Le clergé vint le recevoir en grande pompe pour le conduire à la métropole, et pendant son séjour la justice fut rendue en son nom. L'empereur répandit de grandes largesses, et fit célébrer un tournoi où lui-même descendit dans l'arène, ainsi que les princes de sa famille. Manuel, qui excellait dans tous les exercices guerriers, désarçonna deux des plus fameux chevaliers latins, et laissa parmi les nombreux spectateurs accourus à ces fêtes une haute idée de sa force et de son courage. Les historiens de son règne racontent de lui une foule de prouesses comparables à celles des plus fameux héros des romans de chevalerie. Il excitait par son exemple les nobles grecs à rivaliser avec les preux d'Occident. Il introduisit à Constantinople l'usage des tournois à la place des anciens jeux du cirque, et modifia aussi l'armement des troupes grecques, dont il remplaça les petits boucliers ronds par de vastes écus, qui garantissaient tout le corps, et les javelines par de longues lances.

En quittant Antioche, Manuel, toujours accompagné du roi de Jérusalem, marcha contre Alep, dont le sultan n'obtint la paix que par un acte de soumission et en rendant la liberté sans rançon à six mille captifs chrétiens, débris pour la plupart de la dernière croisade. Il revint ensuite tout en guerroyant contre les Turcs, et fit dans la capitale une entrée triomphante. L'année suivante fut employée contre le sultan d'Iconium, et se termina par une paix avantageuse pour l'empire. Manuel commençait à en goûter les douceurs, quand il fut frappé d'un malheur domestique. L'impératrice Irène mourut, en 1158. On assure que la douleur de Manuel fut vive, car il rendait justice aux vertus de cette princesse, à laquelle il devait s'accuser d'avoir causé par le désordre de sa conduite de profonds chagrins.

Après deux ans de veuvage, Manuel, qui n'avait pas d'héritier légitime, voulut se remarier, et jeta d'abord les yeux sur une princesse de Tripoli ; mais tandis que Raymond, son frère, faisait des préparatifs pour la conduire en grande pompe à Constantinople, Manuel, enflammé, dit-on, par les récits qui lui furent faits de l'éclatante beauté de Marie, princesse d'Antioche, la fit demander à son tuteur le roi de Jérusalem. Marie fut couronnée impératrice dans Sainte-Sophie, au mois de décembre 1161 par les patriarches d'Alexandrie, d'Antioche et de Constantinople. Pendant que ces deux dernières villes célébraient par des réjouissances de toutes sortes l'union de leurs souverains, le comte de Tripoli, outré de l'affront fait à sa sœur, armait en course les navires qu'il avait destinés d'abord à lui servir de cortége, et portait la dévastation et la flamme dans les îles et les ports de l'empire.

Les victoires de Manuel et son alliance avec le roi de Jérusalem lui avaient donné dans l'Orient une influence réelle ; elles lui firent concevoir des prétentions même sur l'Occident. Quelque temps avant son second mariage, le sultan d'Iconium, Kilidj-Arslan Azzeddin, était venu en personne confirmer la paix avec l'empereur grec, qui étala dans cette occasion aux yeux des musulmans, avec plus d'ostentation que de prudence, toutes les splendeurs que renfermait encore Byzance.

Dans les démêlés entre le pape Alexandre III et l'empereur Frédéric d'Allemagne, le saint-siége et le roi de France s'adressèrent à Manuel pour obtenir son appui contre l'antipape Victor. L'évêque d'Ostie et deux cardinaux-légats vinrent à Constantinople pour traiter de la réunion des deux Églises. Les bonnes relations de Manuel avec les princes latins avaient fait concevoir des espérances à ce sujet, et l'archevêque grec de Thessalonique, dans une réponse au pape Adrien IV, était convenu que les points qui séparaient l'Église orientale de celle de Rome n'avaient pas une très-grande importance (1). Mais les questions de

(1) Cette lettre de Basile Achridenus, arche-

dogme n'étaient pas les plus difficiles à aplanir. Une bulle d'Adrien IV, qui accordait aux Vénitiens le droit d'ordonner un évêque pour Constantinople et pour les villes d'Orient où ils avaient des établissements, et cela dans le moment même où l'on négociait la réunion, avait profondément indisposé le clergé grec. De son côté Manuel mit pour condition à l'unité de l'Église l'unité de l'empire, promettant au pape les plus grands secours en hommes et en argent contre les entreprises de Frédéric, s'il voulait placer sur sa tête la couronne de l'empire romain. Le pape n'en avait ni le pouvoir ni le vouloir, car il se serait aliéné tout l'Occident. Il ne résulta donc de cette négociation que de volumineuses discussions théologiques qui élevèrent de plus en plus la barrière entre les deux Églises (1).

Sans conserver l'espoir d'obtenir par l'appui du saint-siége la couronne d'Occident, Manuel Comnène n'en continua pas moins à contrecarrer les entreprises de Frédéric sur l'Italie. Ses émissaires à Venise, à Gênes, à Pise, encourageaient la résistance, et il fit même entrer une garnison dans Ancône. Il conduisit en personne plusieurs expéditions contre la Hongrie pour faire accepter comme souverain, à la place d'Étienne, fils de Géiza, un oncle de ce prince qui s'était réfugié à la cour de Constantinople, et avait épousé une Comnène. En même temps il réprima les tentatives d'indépendance d'un prince de Servie, tentatives suscitées par l'empereur d'Allemagne. N'ayant pu réussir à maintenir sa créature sur le trône de Hongrie, Manuel prit un autre moyen pour rattacher à l'empire, par une étroite alliance, ce pays limitrophe d'une si grande importance militaire : ce fut de fiancer sa fille, alors son unique héritière, avec Béla, frère du roi de Hongrie, qui lui concéda une province en apa-

nage. Il reçut le nom d'Alexis et le titre de *despote*, avec la perspective de monter un jour sur le trône de Constantinople. La naissance d'un fils de Manuel en 1170 fit évanouir pour lui cette espérance. Cette alliance mécontenta les principaux seigneurs de la cour, blessés de se voir préférer un étranger ; cela irrita surtout Andronic Comnène, dont nous aurons bientôt à raconter la vie aventureuse et l'usurpation. Ce projet de mariage n'eut pas même l'avantage d'assurer la paix avec la Hongrie. Le roi Étienne s'empara par surprise de Zeugmine. Il fallut que Manuel reprit de vive force cette ville réputée inexpugnable. La soumission de Sirmium et de la Dalmatie couronna cette campagne, et les Hongrois furent contraints de respecter les frontières.

Tranquille de ce côté, Manuel s'occupa tout aussitôt d'une entreprise qui, si elle eût réussi, aurait suffi pour illustrer son règne en remettant l'empire en possession d'un de ses plus utiles domaines. Le roi de Jérusalem, Amaury, lui avait envoyé des ambassadeurs, au nombre desquels était l'historien Guillaume de Tyr, pour le prier de l'aider dans une expédition contre l'Égypte : l'affaiblissement de l'autorité des khalifes semblait devoir en favoriser la conquête. Manuel saisit avec empressement cette proposition. Il arma une flotte considérable, dont il confia le commandement à Contostéphanos, et il prit à sa solde des chevaliers de Saint-Jean, qu'il joignit aux troupes grecques.

Amaury n'avait sollicité qu'un corps de troupes auxiliaires, et vit, dit-on, avec regret l'importance de l'armement grec qui devait changer les rôles. Il montra peu d'empressement à se rendre au rendez-vous, que Contostéphanos lui avait proposé, et se décida à prendre la route de terre, pour soumettre, chemin faisant, diverses places de la côte, entre autres Ascalon et Péluse.

La première ville égyptienne qui arrêta l'armée expéditionnaire fut Damiette, l'ancienne Tamiathis, sur la rive occidentale du Nil. On dressa les machines de guerre, on battit la ville en brèche, mais sans autre succès que de détruire une église qui passait parmi les habitants pour avoir été bâtie sur le

---

vêque de Thessalonique, a été publiée plusieurs fois, et entre autres dans l'ouvrage d'Allatius : *De Ecclesiæ orientalis et occidentalis perpetua Consensione*.

(1) Entre ces divers écrits polémiques nous citerons seulement les dialogues dans lesquels Andronic Camatère, préfet de Constantinople, a reproduit la discussion que l'empereur Manuel Comnène lui-même soutint contre les légats du saint-siége sur la procession du Saint-Esprit.

lieu même où la vierge Marie et saint Joseph avaient trouvé un asile lors de la fuite en Égypte. Cinquante jours furent consumés en efforts inutiles. Les historiens grecs en accusent le mauvais vouloir des Latins. Contostéphanos, voyant les vivres prêts à manquer dans son camp, résolut de faire sans leur concours une dernière tentative. Mais au moment où il allait donner le signal de l'assaut Amaury déclara qu'il avait conclu la paix avec les Sarrasins, et les Grecs furent obligés de se rembarquer.

Dans la crainte de voir se renouveler ces tentatives, les Sarrasins d'Égypte envoyèrent demander à Manuel Comnène la confirmation de la paix, en lui offrant un tribut. Mais il s'y refusa, se réservant de tenter de nouveau les chances de la guerre. Deux ans plus tard Amaury vint à Constantinople solliciter les secours de Manuel contre les Sarrasins. Un grand homme, Saladin, était devenu sultan d'Égypte, et menaçait d'expulser les Latins de la Palestine. Manuel promit son appui; mais la mort d'Amaury, et les revers que lui-même éprouva, empêchèrent l'effet de cette alliance.

Vers ce temps se place un des actes les plus injustes et les plus impolitiques du règne de Manuel. Depuis un demi-siècle les anciens rapports d'amitié entre les Grecs et les Vénitiens avaient souvent été troublés par des démêlés que l'intérêt commercial finissait toujours par apaiser, mais qui n'en laissaient pas moins une grande animosité entre les deux nations. La jalousie des Vénitiens, devenus bourgeois de Constantinople, contre les Lombards, auxquels Manuel avait également accordé des établissements, devint l'occasion de troubles dans la capitale grecque. Les Vénitiens démolirent quelques maisons de leurs rivaux, et refusèrent de se soumettre au jugement de l'empereur. Celui-ci envoya à tous les gouverneurs des ordres secrets, et à un même jour tous les Vénitiens établis dans l'empire furent arrêtés, leurs marchandises et leurs biens confisqués. Quand cette nouvelle parvint à Venise elle y excita la plus grande fureur. On courut aux armes, on équipa des vaisseaux; le doge Vital Michieli se mit à la tête de l'expédition. Les Vénitiens s'emparèrent de Négrepont (l'Eubée) et de Chios. Cependant Manuel parvint à suspendre leurs attaques par des négociations; et pendant ce temps il armait une flotte considérable. La contagion qui vint à sévir parmi les Vénitiens les réduisit à plier devant les Grecs. Le doge Vital, de retour à Venise, fut massacré par le peuple, qui lui imputait le mauvais succès de l'expédition. Les historiens de Venise accusent Manuel d'avoir violé le droit des gens jusqu'à faire aveugler un de leurs ambassadeurs, Henri Dandolo, celui-là même qui trente ans plus tard se rendit maître de Constantinople.

Malgré tant de griefs on signa la paix; et Manuel, redoutant une alliance du roi de Sicile avec les Vénitiens, s'engagea à leur payer, en dédommagement de leurs biens confisqués, 1500 livres d'or, et leur rendit leurs privilèges.

Manuel s'était montré dans cette occasion plus traitable qu'il n'avait coutume, à cause de l'imminence d'une guerre contre le sultan d'Iconium. Les nombreuses infractions au traité signé entre eux avaient motivé des plaintes, puis l'envoi de généraux, et enfin l'empereur passa lui-même en Asie, avec la résolution d'en expulser le sultan d'Iconium. Il commença par rétablir la ville de Dorylée et le fort Sublée, et réunit une armée considérable de toutes les parties de l'empire. En vain le sultan fit-il plusieurs propositions d'arrangements, Manuel répondit qu'il ne traiterait que dans Iconium, et il continuait à s'avancer. Il venait de quitter Myriocéphales, forteresse démantelée, près des sources du Méandre, dernière place de l'empire, et s'était imprudemment engagé avec une immense suite de chariots, portant un attirail de siège, dans des défilés étroits nommés Cleisoura de Tzybritz. A peine l'avant-garde, sous les ordres des princes Jean et Andronic l'Ange, avait-elle débouché dans la plaine, qu'elle fut coupée par les Turcs, qui s'étaient emparés d'avance des hauteurs. Baudouin, beau-frère de l'empereur, qui commandait l'aile droite, essaye en vain de forcer le passage avec les chevaliers qui l'entourent; il tombe sous une grêle de flèches. Les débris de sa troupe sont refoulés sur la division commandée par l'empereur, et y jettent le désordre. L'infanterie est écrasée sous les pieds des chevaux et des bêtes de somme ; l'encombrement des chariots empêche tout mouvement de retraite ; d'ailleurs les Turcs occupent déjà toutes les issues. A ce moment survient un gros d'ennemis, portant au bout d'une pique la tête d'Andronic Vatace, neveu de l'empereur, qui l'avait envoyé contre les Turcs d'Amasée. Cette scène augmente encore le trouble et le découragement ; l'empereur lui-même donne le signal du sauve-qui-peut, et se précipite au plus épais des ennemis pour ensevelir sa défaite dans un trépas glorieux. Après des efforts prodigieux, il parvient, criblé de blessures, à se faire jour jusqu'à son avant-garde. Les débris de l'armée viennent se grouper autour de lui, et l'on dresse le soir un petit camp au milieu de la plaine, inondée de barbares occupés à piller les bagages et à dépouiller les morts.

On peut se figurer les angoisses d'une telle nuit. Manuel eut, dit-on, l'idée de s'évader à la faveur des ténèbres. Mais un simple soldat, lui reprochant, avec cette liberté que donnait à tous l'approche du moment suprême, de vouloir se dérober seul au désastre dont il était cause, le rappela à des sentiments plus dignes de lui et de son rang.

A l'aube du jour les musulmans commencèrent à envelopper le camp, dont les archers essayèrent vainement de les écarter, et tout espoir de salut semblait évanoui, quand un envoyé du sultan survint, et, contretoute attente, remit à l'empereur des propositions de paix. Les conditions en étaient moins dures qu'on n'aurait pu le craindre dans la circonstance. Azeddin exigeait la destruction de Sublée et de Dorylée. Manuel n'était pas en situation de discuter les articles du traité, et il se hâta de signer. Il reprit aussitôt le chemin de ses États, sans pouvoir éviter de passer sur le terrain de sa défaite, tout jonché de cadavres. L'armée avait à peine franchi de nouveau ce fatal défilé, quand les derniers escadrons furent attaqués par les Turcs, soit qu'Azeddin se repentît d'avoir accordé la paix, soit qu'il n'eût pas été maître d'arrêter l'élan de ses troupes. De son côté, Manuel ne se piqua pas d'observer fidèlement le traité, et quand il fut rentré dans sa capitale il se refusa à détruire Dorylée. Le sultan, irrité, envoya vingt-quatre mille hommes pour tout ravager jusqu'au rivage de la mer. Ses ordres ne furent que trop ponctuellement exécutés. Tralles et Antioche de Carie furent saccagées avant que l'empereur ait eu le temps de réunir ses troupes. Trop souffrant encore de ses blessures pour se mettre à leur tête, il en confia le commandement à Jean Vatace et à Constantin Ducas, qui réussirent à disperser et à détruire le corps d'armée turque, tout chargé de butin. L'éclat de cette victoire effaça la honte de la précédente défaite; mais elle ne répara pas les malheurs des provinces ravagées.

Manuel reprit encore plusieurs fois les armes, pour repousser diverses incursions des Turcs, et dans ces occasions il retrouvait toute l'ardeur de sa jeunesse pour braver les fatigues et les privations des camps ; mais il ne tardait pas à retomber dans la sombre mélancolie qui le minait depuis le désastre de Myriocéphales, désastre qu'il avait essayé vainement de dissimuler dans une lettre pompeuse adressée à l'empereur Frédéric. En 1180, sentant la nécessité de s'occuper de sa succession, il maria sa fille Marie au second fils du marquis de Montferrat, qui dans ses querelles contre Frédéric lui avait prêté secours. Pour consoler cette princesse, successivement promise au roi de Hongrie, au roi de Sicile et au fils de l'empereur d'Allemagne, des espérances qu'elle avait conçues de porter un diadème, il érigea pour son gendre la ville de Thessalonique en royaume. En même temps il fit célébrer le mariage de son fils Alexis, alors âgé de douze ans, avec Agnès, fille du roi de France Louis VII, enfant de huit ans, que ses parents avaient envoyé l'année précédente à Constantinople. Guillaume de Tyr, le célèbre historien des croisades, qui était à Constantinople lors de ces mariages, décrit les fêtes dont ils furent l'occasion : « Qui voudroit parler des jeus qu'ils firent el théatres de la ville que il apelent Spodromes, et de la richece qui fut le jor el palès de Blaqerne en que les noces furent, mout i metroit l'en grant tens à tout ce bien raconter. Les robes que orent vestuz li espouzez et l'espousée, et les cortines qui pendirent el palès et par les rues de la cité, l'or et les pierres précieuses qui furent montrées, valoient tant que qui la vérité en voudroit dire à peinne en serait creuz (1). »

Malgré les prédictions des astrologues, qui promettaient encore à l'empereur de longues années et des victoires, Manuel sentit la mort approcher, et revêtit la robe noire des religieux. Il mourut le 24 septembre 1180, dans sa cinquante-huitième année et la trente-huitième de son règne. Il fut enterré dans le couvent du Pantocrator, et on plaça sur sa tombe une pierre sur laquelle, selon une tradition, on avait lavé le corps du Sauveur après la passion, et que Manuel Comnène avait apportée en grande pompe quelques années auparavant d'Éphèse à Constantinople.

Aux extrémités opposées de l'Europe, deux jeunes princes qu'une alliance venait de rendre frères, Philippe-Auguste en France, et Alexis Comnène à Constantinople, montaient presque au même moment sur le trône. Le premier, grâce à la loyauté de son tuteur, à l'attachement du peuple pour ses rois et à l'énergie de son caractère, surmonta les difficultés qui ne manquent guère de surgir durant une minorité, et après un règne glorieux légua à ses héritiers son royaume affermi ; tandis qu'Alexis périt victime de l'ambition de ses proches. Les furies populaires déchaînées par les crimes des grands précipitèrent la chute de la dynastie des Comnènes et du trône de Constantin.

A la mort de Manuel, Marie, sa veuve, s'était retirée dans un couvent en annonçant l'intention de prendre le voile. Mais cette résolution n'était guère conforme à ses habitudes mondaines. Elle ne tarda pas à rentrer au palais et à prendre la tutelle de son fils et la direction des affaires conjointement avec le protosébaste Alexis Comnène, neveu du défunt empereur.

Les courtisans s'empressèrent autour de la belle impératrice, dont chacun d'eux espérait obtenir les bonnes grâces. Mais quand ils se furent aperçus qu'une intimité coupable existait entre elle et le

(1) Livre XXII, ch. 4, de la version française du treizième siècle.

protosébaste, dont rien n'égalait l'arrogance, leurs espérances trompées se revêtirent des dehors d'un grand zèle pour la morale et pour leur jeune prince, et ils allèrent jusqu'à faire courir le bruit que Marie avait voulu empoisonner son fils.

Ces dispositions de la cour et ces accusations, qui ne trouvaient que trop d'échos dans le pays, réveillèrent l'ambition d'Andronic Comnène. Nous avons déjà parlé de ce prince, brave mais dissolu, premier compagnon d'armes et de plaisirs de Manuel Comnène, qui, malgré l'affection qu'il lui portait, avait été obligé, par le scandale de sa conduite, de le bannir, et craignant ensuite quelque entreprise hostile de sa part, avait voulu le faire arrêter. Menacé dans sa liberté et même dans sa vie, et en quelque sorte traqué, Andronic avait toujours échappé, grâce aux ressources qu'il trouvait dans son esprit et dans l'amour qu'il inspirait aux femmes. A Antioche il séduisit Philippa, sœur de l'impératrice Marie, qu'il ne tarda pas à abandonner pour Théodora, veuve du roi de Jérusalem. Cette princesse quitta tout pour le suivre, et erra plusieurs années avec lui en Syrie, en Perse, en Ibérie. L'empereur ayant réussi à la faire enlever sur le territoire turc, par le gouverneur de Trébisonde, qui l'envoya captive à Constantinople, Andronic s'y rendit, fit sa soumission à l'empereur ; il obtint son pardon et le gouvernement d'une ville du Pont, celle d'Œneum, sur le bord de la mer Noire.

Andronic était dans cette ville quand il apprit les intrigues qui depuis la mort de l'empereur agitaient Constantinople. Son nom y était resté populaire. On ne se souvenait que de ses qualités brillantes, et l'on avait oublié les désordres de sa jeunesse. Toujours passionné, mais habile à dissimuler, il avait pris l'extérieur d'un homme grave, et composait des livres de théologie favorables aux idées de l'Église grecque. Se posant en défenseur des mœurs et de la religion, il se mit en route pour Constantinople, afin, disait-il, de défendre contre les entreprises d'un usurpateur et d'une mère coupable le jeune Alexis, qu'il avait promis à son père de servir et de protéger.

A ce moment la capitale était en proie

aux convulsions de la guerre civile. Plusieurs seigneurs avaient conspiré contre le protosébaste. La sœur même de l'empereur et le césar son mari étaient du complot. Découverts et menacés d'être arrêtés, ils avaient appelé le peuple aux armes; on s'était battu dans les rues et dans l'Hippodrome. Le palais et l'église de Sainte-Sophie avaient été changés en forteresse. Après bien du sang versé, les deux partis avaient conclu, par l'entremise du patriarche, une espèce d'armistice, quand Andronic, à la tête d'une armée grossie de la plupart des troupes que l'on avait envoyées contre lui, parut sur la rive asiatique du Bosphore. Maître de la flotte, le protosébaste pouvait encore s'opposer au passage de son rival; mais Contostéphanos, grand-duc ou amiral, embrassa le parti d'Andronic, qui dès lors put dicter ses lois à Constantinople. Le protosébaste Alexis fut arrêté par les gardes de l'empereur, la veille encore à ses ordres, et conduit devant Andronic, qui lui fit crever les yeux.

Dans cette révolution Constantinople fut le théâtre d'une scène de meurtre qui n'a d'analogue que dans les vêpres siciliennes. L'empereur Manuel durant tout son règne avait entretenu des relations d'alliance avec les princes latins; il s'était entouré de chevaliers francs sur la valeur et la fidélité desquels il comptait plus que sur celles de ses sujets. Il leur avait distribué des fiefs nombreux dans ses États, au grand mécontentement des habitants des provinces. Les Italiens avaient aussi obtenu des priviléges commerciaux et des établissements dans la capitale. Enfin des négociations avaient été ouvertes plusieurs fois pour la réunion de l'Église grecque avec celle de Rome. L'impératrice Marie d'Antioche était naturellement portée pour ses compatriotes, et le protosébaste, qui ne voyait parmi les Grecs que des rivaux, continua à favoriser les étrangers. Au moment de la chute du protosébaste les Francs qui habitaient Constantinople comprirent le danger qui les menaçait. Beaucoup se jetèrent sur les galères latines qui se trouvaient dans le port. Ceux qui n'avaient pas pu ou n'avaient pas voulu fuir se virent bientôt assaillis dans leurs maisons par les soldats d'Andronic et la populace de Constantinople. Les Francs vendirent chèrement leur vie, et pour triompher de leur résistance on mit le feu à leurs maisons. Des femmes, des enfants, des vieillards, périrent par le fer ou dans les flammes. Les malades de l'hôpital des chevaliers de Saint-Jean furent massacrés dans leurs lits. Les chapelles latines, où beaucoup de malheureux s'étaient réfugiés, ne furent pas plus respectées par ces furieux. Au dire des Latins, les prêtres grecs excitaient le peuple. Un légat du saint-siége qui se trouvait à Constantinople eut la tête tranchée, et on l'attacha à la queue d'un chien. Les tombeaux même furent renversés; enfin on ajoute qu'un grand nombre de Latins qui avaient cru trouver un asile dans les maisons des Grecs, avec lesquels ils étaient en rapports habituels, ou même alliés par des mariages, furent, au mépris des lois de l'hospitalité, vendus comme esclaves à des Turcs.

Les Latins qui s'étaient enfuis sur leurs vaisseaux, en apprenant ces massacres se livrèrent à de sanglantes représailles. Ils ravagèrent les côtes de la Propontide, pillèrent les maisons de campagne, où beaucoup d'habitants de Constantinople s'étaient réfugiés avec leurs richesses. Ils incendièrent des monastères, saccagèrent plusieurs villes de la Macédoine et de l'archipel, enlevèrent tous les vaisseaux grecs qu'ils rencontrèrent, et pendant longtemps interdirent aux Grecs tout commerce dans la Méditerranée.

A son arrivée à Constantinople Andronic, continuant le rôle hypocrite qu'il avait joué quelques jours auparavant avec le patriarche, sans réussir toutefois à le tromper, se jeta aux genoux du jeune empereur, en versant des larmes, qu'il était habile à simuler. Il visita le tombeau de Manuel, et voulut rester seul en présence de son monument. Les plus simples admirèrent ces marques d'affection pour un prince qui l'avait longtemps persécuté; d'autres soupçonnèrent, avec plus de probabilité, qu'il avait voulu exhaler à son aise sa haine et ses insultes sur ce tombeau. Appliqué à se concilier la faveur populaire, Andronic put impunément exercer sa cruauté contre les grands qui lui portaient ombrage par leur naissance ou leur mérite. On dit qu'au besoin il savait recourir au poison, et que la sœur de l'empereur et son mari, qui cependant avaient été les premiers à l'appeler, périrent de la sorte par ses ordres secrets. Le jeune empereur, entouré de gardes qui, sous les dehors du respect, épiaient toutes ses actions, n'avait de liberté que pour s'adonner au plaisir de la chasse. Andronic voulut le faire couronner de nouveau, quoiqu'il l'eût été du vivant de son père, et exagérant les manifestations de son dévouement, il le porta sur ses épaules à l'église. Mais tandis qu'il captait ainsi l'affection de cet enfant, il faisait répandre contre sa mère toutes sortes de calomnies, et finit par l'accuser publiquement d'avoir engagé son beau-frère Béla, roi de Hongrie, à envahir l'empire. Ceux des membres de la haute cour de justice qui voulurent élever la voix en faveur de l'impératrice furent apostrophés par Andronic, en plein sénat, comme partisans du protosébaste, et eurent peine à se dérober à la fureur du peuple. Marie fut condamnée à mort, et, au mépris des lois de la nature, on obligea son fils à signer cet arrêt. Andronic avait chargé son fils aîné de présider au supplice; mais ce jeune homme, digne d'un autre père, repoussa avec indignation cette odieuse mission. Le chef de la garde étrangère et l'eunuque qui avait empoisonné la princesse Marie se chargèrent d'étrangler sa mère. Le corps de cette impératrice si belle, si adulée, fut ignominieusement jeté à la mer.

Le dernier protecteur du jeune empereur, le patriarche Théodore, ayant quitté son siége plutôt que de consentir à une violation des lois de l'Église, Andronic ne vit plus d'obstacle à ses projets. Ses affidés représentèrent au sénat que pour réprimer les soulèvements qui éclataient de tous côtés, il fallait investir Andronic d'une autorité plus grande, en ceignant son front du diadème, que le jeune empereur serait heureux de partager avec ce grand homme. Cette proposition fut accueillie avec transport; la ville s'associa au vœu des sénateurs avec une joie tumultueuse; on porta l'ambitieux Andronic, comme malgré lui, sur le trône. Couronné le lendemain dans Sainte-Sophie, il renouvela sur le sang de Jésus-Christ le serment de continuer à protéger et à défendre le jeune Alexis. Quelques jours s'écoulèrent, et ce malheureux enfant était étranglé la nuit par des sicaires; on ajoute que le tyran foula aux pieds son cadavre. Le corps d'Alexis II Comnène n'eut d'autre tombeau que la mer.

Andronic voulait faire épouser à son fils aîné, nommé Manuel, la fiancée d'Alexis; mais irrité de le trouver rebelle à ses ordres, il le fit enfermer, en le déclarant inhabile à lui succéder; et comme si ce mariage devait légitimer ses droits au trône, il prit lui-même cette enfant de onze ans pour sa femme.

Loin d'affermir son autorité attaquée au dedans et au dehors, le meurtre du jeune Alexis souleva contre Andronic des adversaires même parmi ceux qui avaient travaillé le plus à son élévation. Le préfet Camatère, Contostéphanos et ses quatre fils, avaient déjà conspiré et expié leur manque de succès. Le brave général Lampardas ne fut pas plus heureux. Théodore Cantacuzène dans Nicée, Théodore l'Ange à Pruse avaient refusé de reconnaître le nouvel empereur. Il fit en personne le siége de ces deux villes, et punit leur héroïque résistance par la dévastation, et par le supplice des plus notables habitants.

Un prince de la famille des Comnènes, nommé Isaac, après diverses tentatives malheureuses en Asie pour se faire un État indépendant, s'empara de l'île de Chypre, qu'Andronic ne put lui arracher, à cause de la désorganisation de la marine grecque. Cet Isaac, qui se décorait du titre d'empereur, exerça pendant sept ans sur l'île de Chypre une domination non moins dure que celle d'Andronic à Constantinople, jusqu'en 1191, où Richard roi d'Angleterre, en fit la conquête et y établit la dynastie des Lusignans (1).

Les cruautés d'Andronic allaient toujours croissant. Son fils Jean, qui partageait son trône et avait pris part à ses premiers actes de rigueur, commençait lui-même à s'en effrayer. Mais le père

(1) Sur l'île de Chypre, et particulièrement sur la dynastie des Lusignans, on devra dorénavant consulter l'ouvrage de M. de Mas-Latrie, couronné par l'Académie des Inscriptions, et étendu par des recherches faites sur les lieux et dans les archives d'Italie. Paris, F. Didot.

traitait ses deux fils de femmes. Il voulait, disait-il, qu'eux seuls fussent grands après lui, ajoutant qu'il ne serait tranquille que lorsqu'il n'y aurait plus dans l'empire que des bouchers, des boulangers, et autres gens de métiers, qui ne pourraient songer à les supplanter. Aussi tous les grands seigneurs grecs étaient-ils en campagne pour solliciter des secours à l'étranger, les uns près du roi de Jérusalem ou du prince d'Antioche, qui avaient assez à faire à se maintenir eux-mêmes; d'autres chez le sultan d'Iconium ou chez Saladin; ceux-ci près du roi de Hongrie ou de l'empereur d'Allemagne.

Ce fut un neveu de Manuel Comnène nommé Alexis qui souleva contre Andronic l'orage le plus menaçant. Relégué en Russie et las de cet exil, Alexis traversa secrètement la Macédoine, et se rendit en Sicile. Il n'eut pas de peine à déterminer Guillaume II à prendre les armes contre l'usurpateur dont tous les Latins avaient également une vengeance à tirer pour les massacres qui avaient marqué son entrée à Constantinople. Guillaume reprit avec ardeur les projets de son père contre l'empire grec, et confia le commandement de l'expédition à un de ses cousins du nom de Taucrède. Le 24 juin 1185 la flotte sicilienne aborda à Durazzo, qu'elle prit, et de là se rendit devant Thessalonique. L'imprévoyance et la lâcheté du gouverneur, David Comnène, hâta la chute de cette grande et belle ville, qui pouvait passer pour la seconde de l'empire après Constantinople. Le savant Eustathe, le célèbre commentateur d'Homère, alors archevêque de Thessalonique, nous a laissé un récit oratoire des circonstances de ce siège, et du sac de la ville dont il fut témoin, et dont il partagea les périls et les souffrances avec son troupeau. Il évalue à sept mille le nombre des habitants qui périrent, soit en voulant défendre leurs murailles, soit dans les rues et dans leurs maisons. Les scènes de meurtre, de pillage, et de débauche, accompagnement ordinaire de la prise d'assaut d'une ville riche par une soldatesque avide et barbare, prirent dans cette circonstance un caractère plus violent encore par les représailles que les Latins se croyaient en droit d'exercer contre les Grecs. L'ancienne antipathie des deux races s'était accrue depuis un siècle, au point que les Byzantins redoutaient et détestaient les Latins plus que les Mahométans, et que les Occidentaux pensaient faire œuvre presque aussi méritoire en exterminant des schismatiques que des mécréants.

A la nouvelle des préparatifs du roi de Sicile, Andronic avait cherché un appui dans une alliance avec Saladin, qu'il avait autrefois connu personnellement durant ses courses aventureuses. Il s'engageait à lui faciliter la conquête de Jérusalem et de la Palestine jusqu'à Ascalon, qu'il aurait gouvernées comme vassal de l'empire, et il aurait fourni des secours à Andronic contre les Latins et contre le sultan d'Iconium. La chute d'Andronic ne permit pas l'exécution de ce traité.

Andronic avait envoyé contre les Siciliens plusieurs corps d'armée sous la conduite de son fils Jean et d'autres généraux; mais aucun n'avait osé s'enfermer dans Thessalonique pour secourir la place, ni après sa prise s'opposer à la marche des Siciliens, qui s'avançaient vers Constantinople. Malgré son ancienne valeur, Andronic restait enfermé dans ses palais de plaisance, et se contenta de faire réparer quelques parties des murailles de Constantinople et d'armer des vaisseaux. Il affectait de ne parler des Siciliens que comme d'un essaim de frélons qu'une poignée de terre dissiperait.

Le peuple de la capitale, qui ne partageait pas cette sécurité, commençait à murmurer hautement de l'inaction d'Andronic. Son principal conseiller, Hagiochristophorite, un de ces hommes comme les tyrans en ont toujours près d'eux, et qui semblent ne s'être donné d'autre mission que d'exciter leurs passions sanguinaires, dit que l'agitation était fomentée par les coupables que le prince, dans sa clémence, s'était contenté d'aveugler ou de mettre en prison, et que pour faire tout rentrer dans l'ordre il fallait les mettre à mort, eux, leurs parents et leurs amis. Il rédigea immédiatement un décret dans le préambule duquel il osait attribuer à l'inspiration divine cette résolution homicide, et qui se terminait par la longue énumération des condamnés et de leurs supplices. Manuel, fils aîné d'Andronic, toujours généreux, s'éleva avec force contre ce projet, et le tyran, ébranlé et commençant à douter de sa puissance, différa de le signer. Accessible aux idées superstitieuses de son temps, il envoya consulter sur l'avenir un solitaire, qui répondit, si l'on en croit les historiens byzantins, qu'avant la fin de septembre Andronic aurait un Isaac pour successeur. Isaac qui régnait en Chypre était trop éloigné pour que la prédiction pût s'appliquer à lui, le mois étant déjà commencé. On rappela aussi à Andronic Isaac l'Ange, dont il avait aveuglé le frère ; mais il n'en fit que rire, à cause de sa réputation de mollesse qui l'avait déjà fait épargner précédemment. Cependant Hagiochristophorite, toujours zélé en pareille circonstance, se transporta de lui-même au domicile d'Isaac l'Ange pour procéder à son arrestation. S'arrêtant devant la porte, il ordonna à ses gardes de se saisir d'Isaac, et s'il ne voulait pas les suivre, de le traîner par les cheveux. Celui-ci, puisant dans l'imminence du danger un élan d'énergie, s'arme de son épée, écarte les gardes, s'élance sur un cheval à la poursuite d'Hagiochristophorite, et lui fend la tête. Il traverse ensuite toute la ville en criant : « J'ai tué Hagiochristophorite » ; et il va se réfugier dans l'asile de Sainte-Sophie. Ses parents et ceux qui s'étaient portés ses garants vis-à-vis du prince viennent aussi s'y réfugier. Le peuple accourt en foule pour voir l'issue de cette affaire. Isaac et ses amis invoquent l'appui, la protection du peuple, s'attendant à chaque instant à voir les gardes de l'empereur venir les arrêter. Cependant la journée se passe ainsi, et même la nuit. Par bonheur pour Isaac, l'empereur était absent de Constantinople, et il apprit à la fois l'assassinat de son ministre et la fermentation qui régnait dans la ville. Il revint le lendemain, et se fit précéder par une promesse d'amnistie ; mais la révolte avait eu le temps de grandir. Le peuple venait de couronner Isaac l'Ange, malgré lui, dans Sainte-Sophie, avec la couronne du grand Constantin. Un cheval d'Andronic avec la housse de pourpre, échappé par hasard, s'était trouvé à point nommé pour le nouvel empereur. On avait ouvert les prisons. Elles fournirent des combattants nombreux ne respirant que vengeance et des chefs capables de diriger le mouvement. On s'était porté contre le palais. Du haut d'une tour Andronic lança quelques flèches contre ses sujets révoltés ; mais, reconnaissant le peu d'efficacité de ses efforts, il voulut parler au peuple. Il promit de renoncer à la couronne en faveur de son fils Manuel. Ce nom, qui la veille encore eût été salué avec enthousiasme, fut accueilli des mêmes huées que celui de son père. Déjà le peuple enfonçait les portes du palais. Andronic n'eut que le temps de jeter les brodequins de pourpre et la croix pectorale, de se cacher la tête sous un grand chapeau barbare, et de se sauver sur une barque avec sa femme, Anne de France, et une de ses maîtresses.

Pendant ce temps, Isaac avait pris possession du palais ; mais le peuple n'en continua pas moins à faire main basse sur tout ce qu'il put emporter. Le trésor, qui renfermait des sommes considérables en or, en argent monnayé et en matières précieuses, fut vidé ; les armes, les meubles, les riches étoffes qui garnissaient le palais, tout fut enlevé, jusqu'aux ornements d'or des chapelles et des saintes images et au reliquaire, dans lequel on conservait précieusement la lettre que l'on croyait avoir été écrite par Jésus-Christ à Abgare.

Isaac se hâta de quitter ce palais ainsi dévasté pour la résidence impériale des Blaquernes. Il y apprit bientôt l'arrestation d'Andronic, que les vents contraires avaient rejeté au milieu des gens qui le poursuivaient, lorsqu'il cherchait à gagner la Tauro-Scythie. Le nouvel empereur, devant lequel il fut amené, n'eut pas le pouvoir ou la générosité de le soustraire aux violences d'un peuple déchaîné. On lui arrache la barbe, on lui brise les dents, on lui crève un œil, on lui coupe une main, puis on le jette ainsi, nu et sans nourriture, dans un cachot. Il en est retiré le lendemain pour que le peuple ait le spectacle de son supplice ; et pendant qu'il est promené par la ville sur un chameau pelé, la lie du peuple, qui avait sans doute applaudi aux sanglantes exécutions d'Andronic, insulte à son malheur. On l'abreuve des plus ignobles outrages, on lui lance des pierres en le traitant de chien enragé; une femme lui jette de l'eau bouillante à la tête; enfin, après mille tortures, il est pendu par les pieds entre deux colonnes de l'Hippodrome, dont l'une portait une hyène de bronze, l'autre la louve qui allaita Romulus et Rémus. Les sévices redoublent. Des soldats s'amusent à le taillader. Ce malheureux vieillard, doué d'une force herculéenne, supporta longtemps cette agonie avant de rendre l'âme. Portant à sa bouche son poignet coupé et tout sanglant, il répétait : « Mon Dieu, prenez pitié de moi, pourquoi brisez-vous encore un roseau déjà rompu ? »

L'horreur de ce supplice, triste exemple de la barbarie de ces temps, fait oublier les crimes que les historiens byzantins imputent à Andronic. Au milieu de leurs déclamations passionnées ou serviles, il est souvent difficile de discerner la vérité. S'il s'était maintenu sur le trône, peut-être n'auraient-ils trouvé pour lui que des éloges. Ils reconnaissent qu'il était d'une sobriété à laquelle il dut de conserver dans un âge avancé la vigueur de sa jeunesse; qu'il était désintéressé, secourable pour les pauvres, qu'il veillait à la bonne administration de la justice, et qu'il fit cesser par sa fermeté un usage barbare, qui avait résisté aux prescriptions de ses prédécesseurs, celui de piller les vaisseaux échoués sur les côtes. Le fils aîné d'Andronic, Manuel, qui s'était toujours montré le protecteur des malheureux, n'en fut pas moins privé de la vue par le parti vainqueur.

La famille l'Ange, qu'une révolution venait de porter d'une façon si inattendue sur le trône, était depuis trois générations alliée à celle des Comnènes; mais les postes éminents auxquels plusieurs de ses membres avaient été appelés avaient plus souvent fait ressortir leur incapacité que leur valeur. Isaac l'Ange était un homme des plus médiocres. Il se piquait de douceur et de générosité, et dans les premiers temps de son règne il promit, aux grands applaudissements des courtisans, de ne faire souffrir à aucun de ses sujets ni la mort ni même de châtiments corporels, eussent-ils attenté contre sa couronne.

Malheureusement les révoltes, que son incapacité multiplia, le mirent dans le cas de se départir de ces bonnes intentions, et il finit par ne le céder guère à Andronic pour le nombre de gens qu'il fit aveugler. Ses libéralités mal entendues ramenèrent aussi le désordre des finances, et à leur suite tous les abus administratifs. Mais les débuts de son règne eurent quelque éclat, grâce au zèle que chacun déploya dans ce moment pour le service de l'empire. Branas, chargé du commandement en chef contre les Siciliens, sut rendre la confiance aux troupes en leur ménageant plusieurs avantages partiels, et finit par remporter une victoire décisive. A la vérité, s'il en faut croire les historiens occidentaux, il aurait dû ce succès à une perfidie, en attaquant les Siciliens, qui se confiaient sur des préliminaires de paix. Ce manque de foi de Branas serait la cause de la disgrâce qu'il éprouva quelque temps après, et qui le poussa à la révolte. Quoi qu'il en soit, les Siciliens après cette défaite se replièrent sur Thessalonique, et ne pouvant s'y maintenir, exposés qu'ils étaient aux vengeances journalières de la population, ils se rembarquèrent. Alexis Comnène, premier auteur de cette expédition, et qui s'était cru quelque temps appelé à monter sur le trône de Constantinople, fut arrêté et eut les yeux crevés. La flotte sicilienne, attaquée de sou côté après la destruction de l'armée de terre, avait dû céder aussi devant l'ardeur des Grecs. Deux généraux siciliens, Richard et le comte Audoin, furent amenés captifs devant Isaac, qui leur reprocha avec emportement d'avoir, avant leur défaite, méprisé ses menaces. Isaac ternit l'honneur de cette victoire en laissant périr de misère dans les prisons de Constantinople un grand nombre de prisonniers siciliens; ceux qui survécurent passèrent depuis au service de l'empire, auquel ils rendirent des services. Le roi de Sicile abandonna Durazzo, devenu plus onéreux qu'utile.

Branas, qui s'attribuait tout le mérite de la victoire sur les Siciliens, irrité de n'avoir que la défaveur pour récompense, crut pouvoir arriver à l'empire par la même voie qu'Isaac, auquel il était supérieur. Il se rendit à Sainte-Sophie, appela le peuple à son aide en faisant valoir les services qu'il avait rendus ; mais le peuple a ses heures de passion et ses heures de calme : il resta sourd aux appels de Branas, qui fut heureux d'obtenir son pardon de la clémence du prince.

Après la défaite des Siciliens Isaac envoya la flotte grecque, sous les ordres du vieux Contostéphanos et d'Alexis Vatace, pour délivrer l'île de Chypre du tyran qui l'opprimait ; mais ce fut celui-ci qui fut vainqueur, grâce à l'appui de Margarit, amiral sicilien, un des plus grands hommes de mer de cette époque. Les troupes qui avaient débarqué dans l'île furent obligées de rester au service de l'homme qu'elles étaient venu combattre, et les deux généraux grecs furent conduits en Sicile.

Vers ce temps, Isaac l'Ange, en repoussant certaines réclamations des Bulgares présentées par Pierre et Asan, frères issus des anciens rois de cette contrée, excita un soulèvement, qui amena pour l'empire la perte définitive de la Bulgarie. L'empereur envoya d'abord contre eux un de ses oncles, le sébastocrator Jean, puis Jean Cantacuzène, qui fut défait ; enfin il eut recours aux talents de Branas. Celui-ci réussit, en effet, à repousser les ennemis au delà du mont Hæmus ; mais, enflé de ce nouveau succès, il se fit proclamer empereur par son armée, et vint mettre le siége devant Constantinople. Toute la contrée d'alentour se déclara pour lui, en sorte que la capitale se trouva comme en état de blocus. Isaac, incapable de résister par lui-même à un si redoutable adversaire, se bornait à faire des processions et des prières ; mais il avait pour beau-frère Conrad de Montferrat, guerrier éprouvé, auquel il venait de donner la dignité de césar. En engageant aux églises la vaisselle impériale, Isaac se procura de l'argent, avec lequel Conrad put enrôler dans la ville même bon nombre de soldats. Deux cent cinquante chevaliers latins se rangèrent autour de lui. Il décida l'empereur à faire une sortie. L'action fut vive et meurtrière. Conrad, qui commandait le centre, tua de sa propre main le prétendant Branas, dont l'armée se dissipa aussitôt. L'empereur traita avec beaucoup d'indulgence les chefs qui avaient pris part à cette levée de boucliers, et les reçut à son service ; mais, par une contradiction singulière, il autorisa le pillage de la banlieue de Constantinople en châtiment de l'appui qu'elle avait prêté à la révolte. Les soldats latins de Conrad usèrent et abusèrent de la permission : ils portèrent la dévastation et l'incendie jusque dans les églises et les monastères. On eût dit les Bulgares étaient maîtres du pays. L'empereur dut envoyer ses premiers officiers pour réprimer ces désordres, qui amenèrent ensuite une collision sanglante dans les rues de Constantinople entre les Grecs et les Latins.

L'empereur grec fit en personne deux campagnes contre les Bulgares avec peu de succès, et finit par conclure avec eux un armistice, afin de pouvoir passer en Asie, où des révoltes éclataient de toutes parts. Plusieurs prétendants prirent successivement le nom d'Alexis, se faisant passer pour le fils de Manuel, dont la mort ou la disparition à l'avénement d'Andronic était restée enveloppée de mystère. Un d'eux, qui offrait avec Manuel beaucoup de traits de ressemblance, avait réuni plusieurs milliers de partisans, et serait devenu peut-être un prétendant redoutable s'il n'avait été assassiné par son chapelain.

Isaac eut bientôt un autre sujet d'inquiétude. Jérusalem était tombée au mois d'octobre 1187 aux mains de Saladin, ainsi que presque toute la Palestine. Cette catastrophe avait retenti douloureusement dans la chrétienté, et y avait rallumé le zèle religieux. De toutes parts on s'était armé pour une troisième croisade. Philippe-Auguste et Richard d'Angleterre, qui avaient pris la croix, étaient encore retenus par leurs démêlés ; mais l'empereur d'Allemagne, Frédéric Barberousse, et son fils le duc de Souabe, à la tête des croisés allemands, avaient pris les devants par la route de terre. Isaac, auquel Frédéric avait écrit d'avance, ainsi qu'au roi de Hongrie et au sultan d'Icone, pour leur demander passage, avait envoyé une ambassade à Nuremberg, par laquelle il s'engageait à faciliter la marche des croisés ; mais, comme ses prédécesseurs, il donna de graves sujets d'accuser la duplicité de sa politique.

Isaac l'Ange était lié depuis longtemps avec Saladin, près duquel il s'était retiré avec son frère aîné, nommé Alexis, durant les premiers temps du règne d'Andronic; cet Alexis, lorsqu'il venait rejoindre son frère à Constantinople, fut fait prisonnier par le comte de Tripoli, et dut plus tard sa délivrance aux victoires de Saladin. Ce fut entre Saladin et Isaac l'Ange l'occasion d'un échange d'ambassades et de présents. Saladin avait remis toutes les églises des villes reconquises par lui sur les Latins aux prêtres du rit grec; aussi doit-on croire qu'Isaac en lui écrivant, comme nous le voyons dans les historiens orientaux, qu'il faisait tous ses efforts pour retarder les progrès des Allemands, était plus sincère que dans ses promesses à Frédéric.

Nous ne raconterons pas en détail la marche de Frédéric, qui ne nous offrirait qu'une répétition de ce que nous avons déjà vu sous le règne d'Alexis Comnène : les croisés, obligés d'enlever les vivres qu'on leur refuse et de s'ouvrir de vive force les passages qu'on leur dispute; des plaintes réciproques; des menaces; puis, à mesure que l'armée latine approche de Constantinople, l'empereur grec forcé de baisser de ton, fournissant enfin, avec de grandes démonstrations de zèle, tous les bâtiments nécessaires pour transporter les croisés sur la rive asiatique, où les mêmes embûches se renouvellent, soit par les ordres secrets de l'empereur, soit par l'animosité naturelle des populations.

Pendant que les Allemands poursuivaient avec persévérance leur expédition en Palestine, où Frédéric et son fils trouvèrent une mort prématurée, et où Richard et Philippe-Auguste soutinrent avec gloire, sinon avec succès, la lutte contre Saladin, l'empereur grec avait repris la guerre contre les Bulgares, après l'expiration de la trêve. Ce fut dans une de ces expéditions, qu'Isaac conduisait en personne, qu'il fut dépouillé de la couronne par l'homme sur lequel il aurait dû le plus compter pour l'aider à la maintenir. Son frère aîné, Alexis, qu'il avait racheté de la captivité, et avec lequel, à l'exception des insignes impériaux, il partageait tous les avantages du pouvoir, ne recula pas devant un crime odieux pour arriver au rang suprême, dont il se croyait seul digne. Les courtisans avides, qui dans un changement de règne ne voyaient que la perspective des libéralités qui leur en reviendraient, se rendirent volontiers complices de l'ambition d'Alexis. Un jour qu'Isaac s'était éloigné du camp pour se livrer au plaisir de la chasse, tandis que son frère, sous le prétexte d'une indisposition, avait refusé de l'accompagner, Théodore Branas, Georges Paléologue, Constantin Raoul, Michel Cantacuzène, tous parents d'Isaac, et les premiers à le trahir, proclament empereur Alexis, qui feint de s'en défendre, et ils le revêtent des insignes de son frère. L'armée, qui n'avait aucune affection pour l'empereur, salue unanimement le successeur qu'on lui présente. Isaac revient en ce moment; il entend le tumulte, au milieu duquel le nom de son frère est proclamé, et, comprenant qu'après un tel acte d'ingratitude Alexis ne s'arrêtera pas dans la voie du crime, il s'éloigne à toute bride, et parvient en franchissant une rivière à se dérober aux cavaliers envoyés à sa poursuite. A Macrys, l'ancienne Stagyre, il s'arrête accablé de fatigue, il est livré par son hôte, et ramené à Constantinople, où on lui crève les yeux. Il est jeté ensuite dans un cachot, et il ne reçoit que la ration des criminels. Plus tard pourtant on l'envoie dans un monastère fondé par le père de cet Andronic qu'il avait détrôné, et où il put méditer à son aise sur l'instabilité des grandeurs humaines. Il avait régné neuf ans et sept mois (avril 1195).

Alexis, qui prit le surnom de Comnène, après avoir vidé la caisse de l'armée en gratifications aux soldats, n'eut rien de plus pressé que de rentrer à Constantinople. A la première nouvelle de cette révolution, le peuple s'était mutiné. Il ne voulait plus, disait-il, d'empereur de cette famille, et demandait un Contostéphanos. Mais Euphrosyne, femme d'Alexis, qui, à défaut des vertus de son sexe, avait du moins beaucoup de présence d'esprit et de résolution, sut, par sa fermeté et de l'argent répandu à propos, assurer la couronne de son mari. Quand il arriva, tout était calmé;

le patriarche élevait seul encore quelques difficultés ou quelques conditions au couronnement ; mais on passa outre, et la cérémonie se fit au milieu de l'empressement général des courtisans et du sénat. Un historien du temps rapporte que le cheval arabe qu'Isaac avait l'habitude de monter, et dont Alexis s'était emparé comme du reste, se montra moins servile. Lorsque, à la sortie de l'église, le nouvel empereur voulut le monter pour retourner en pompe au palais il se cabra, et finit par jeter à terre l'usurpateur, dont la couronne se brisa dans cette chute. Ce fut aux yeux du peuple un pronostic du sort qui l'attendait.

Alexis III régna huit ans, pour l'humiliation et pour la ruine de l'empire. Malgré des expéditions fréquentes contre les Bulgares et les Valaques, leur royaume s'affermit, et l'autorité de l'empereur ne s'exerçait plus que dans un cercle qui de jour en jour se resserrait autour de la capitale. Loin de restreindre ses dépenses, conformément au triste état des affaires, Alexis voulait effacer ses prédécesseurs par la somptuosité de ses habits, de sa table et de ses édifices. Mais s'il décorait une église, c'était aux dépens d'autres sanctuaires qu'il dépouillait. Il ne se faisait même pas scrupule d'employer à des usages profanes des vases d'or ou des joyaux enlevés aux autels. Dans son inconséquence, Alexis étala tout ce faste menteur devant des ambassadeurs de Henri, empereur d'Allemagne, qui devenu maître de la Sicile réclamait comme une annexe de son nouveau royaume tout ce que Guillaume avait conquis depuis Durazzo jusqu'à Thessalonique, et dont il avait été dépouillé, disait-il, par une trahison. Il renouvelait aussi d'anciennes plaintes, dans la prévision que le faible prince qui régnait à Byzance ne manquerait pas d'acheter la paix. Les robes d'or ornées de pierreries d'Alexis et de ses courtisans n'excitèrent que le mépris des ambassadeurs allemands, qui se montrèrent d'autant plus exigeants. Alexis s'engagea à payer seize cents livres d'or, et pour se les procurer, n'ayant pu réussir à percevoir sur les provinces un impôt nouveau établi sous le nom d'*alamanicum*,
ni à puiser dans les trésors des églises, il s'avisa de dépouiller les tombeaux de ses prédécesseurs des matières précieuses dont ils étaient ornés. La mort de l'empereur Henri survint avant que cette somme eût été payée, et elle resta dans les mains d'Alexis ; mais on ne voit pas qu'il en ait fait un usage utile pour la défense de l'empire.

La marine même des Grecs, qui avait fait si longtemps leur principale force, était tombée dans un tel état que pour résister aux déprédations d'un pirate génois, nommé Caphyre, avec lequel on avait eu le malheur de se brouiller, l'empereur fut obligé de s'adresser à un autre chef de pirates calabrais, et aux Pisans, ennemis des Génois. Encore fallut-il attirer Caphyre dans un piège par un semblant de négociation.

Dans ces besoins incessants d'argent, on dit que l'empereur partageait avec des pirates, qu'il autorisait sous main, le fruit de leurs déprédations. A son exemple, les magistrats, qui avaient acheté leur charge, faisaient argent de tout, et l'on assure qu'un préfet de Constantinople ouvrait chaque soir les verrous de leurs prisons à des voleurs qui lui rapportaient le produit de leurs expéditions nocturnes. L'empereur fermait l'oreille aux plaintes. Le peuple se fit justice lui-même : un châtiment injuste infligé par ce préfet à un ouvrier excita un soulèvement ; le préfet s'enfuit, et le peuple proclama empereur un certain Comnène, désigné par le sobriquet de Jean le Gros. On l'installa dans le palais, dont Alexis était alors absent ; mais bientôt, abandonné par cette populace inconstante, il paya de sa tête un règne de deux jours.

L'empire grec, miné intérieurement par cette désorganisation profonde, ressemblait à ces arbres séculaires dont la vie s'est retirée et dont le tronc vermoulu, dépouillé de toutes les branches, reste debout jusqu'à ce qu'un choc vienne le renverser. L'orage qui devait amener sa chute se formait à l'occident. A la voix de Foulques de Neuilly, successeur de Pierre l'Hermite et de saint Bernard, la noblesse de Champagne, des Flandres, et de plusieurs provinces de France et d'Allemagne, s'était armée pour reconquérir Jérusalem. A la tête des plus nobles barons qui avaient pris la croix, on distinguait Thibaut, comte de Champagne, Baudoin, comte de Flandre et de Hainaut, le comte Louis de Blois, le comte de Saint-Pol, plusieurs évêques, et le puissant marquis Boniface de Montferrat. Pour éviter les lenteurs et les difficultés que les précédentes expéditions avaient éprouvées en suivant la voie de terre, on résolut de s'adresser à une puissance maritime, et l'on chargea de cette négociation six commissaires, au nombre desquels était Geoffroy de Villehardoin, le maréchal de Champagne, qui nous a laissé le récit de cette croisade, dans laquelle il joua un rôle important. Les commissaires se rendirent à Venise, dont la marine était alors la plus puissante du monde, pour traiter du passage. Il fut convenu avec le doge Henri Dandolo, que la république fournirait aux croisés des vaisseaux plats, pour le transport de quatre mille cinq cents chevaux et de neuf mille écuyers, et d'autres navires pour quatre mille cinq cents chevaliers et vingt mille hommes de pied, et des vivres pour neuf mois. La flotte devait être un an à la disposition des croisés à compter du jour du départ. Le prix du passage était de deux marcs par homme, et de quatre par cheval, ce qui montait à la somme de quatre-vingt-cinq mille marcs, que les croisés s'engageaient à payer aux Vénitiens. De leur côté, ceux-ci promettaient d'armer à leurs frais au moins cinquante galères, qu'ils joindraient à l'expédition, à la condition d'avoir la moitié de toutes les conquêtes que l'on ferait sur terre ou sur mer tant que la campagne durerait. Ces conditions furent confirmées par le peuple, assemblé dans l'église de Saint-Marc, et les croisés prirent rendez-vous à Venise à la Saint-Jean de l'année suivante, 1202.

Dans l'intervalle, le jeune comte Thibaut de Champagne qui devait être un des principaux chefs de l'armée, et Foulques, qui avait prêché la guerre sainte, moururent; mais les croisés n'en furent pas moins exacts au rendez-vous, au moins pour le plus grand nombre. Quelques-uns cependant, malgré les conventions, allèrent s'embarquer dans d'autres ports d'Italie, ce qui diminua les ressources sur lesquelles on comptait, et au moment de partir un obstacle faillit tout arrêter. Les barons en se cotisant ne purent réunir la somme qu'ils s'étaient engagés à payer aux Vénitiens. En vain Baudoin et les principaux seigneurs empruntèrent et firent fondre leur vaisselle pour payer le passage des pauvres chevaliers, il manquait encore trente mille marcs. Dandolo proposa alors aux croisés un moyen de se libérer, c'était d'aider la république à reconquérir la ville de Iadera ou Zara en Esclavonie, qui s'était soustraite à l'obéissance de Venise, et donnée au roi de Hongrie. Le vieux doge, quoique âgé de quatre-vingts ans et presque aveugle, avait voulu se joindre à la croisade, et l'on comptait beaucoup sur son expérience pour le succès; mais cette proposition inattendue divisa les barons. Plusieurs se faisaient scrupule de tourner contre des chrétiens, et particulièrement contre le roi de Hongrie, qui lui-même avait pris la croix, des armes qu'ils avaient juré de porter seulement contre les infidèles.

Le légat du pape Innocent III, premier promoteur de la croisade, s'opposait aussi de tout son pouvoir, et même avec menace d'excommunication, à cette déviation du but sacré de l'entreprise. Cependant l'éloquence de Dandolo et la nécessité de satisfaire les Vénitiens décida la majorité à accepter cette proposition, qui laissa dans l'armée des divisions fâcheuses. Plusieurs princes, notamment Boniface de Montferrat, par déférence pour le saint-siége, ne rejoignirent l'armée qu'après la prise de Zara, d'autres se rendirent comme ils purent en Palestine, et furent la plupart victimes de leur saint zèle. C'est dans ces conjonctures qu'un nouvel incident vint encore détourner la croisade de son but primitif. Isaac l'Ange avait un fils nommé Alexis, qui n'avait que douze ans au moment de la révolution qui porta Alexis III sur le trône. L'usurpateur, revenu à des sentiments plus humains pour sa famille après les premiers instants d'enivrement, n'avait pas attenté à la liberté de cet enfant; il le laissait visiter son père, et l'emmenait dans ses expéditions. Isaac, qui nourrissait au fond de son cloître des pensées d'ambition ou de vengeance, résolut d'envoyer son fils solliciter l'appui de Philippe de Souabe, roi des Romains et d'Allemagne, qui avait épousé Irène, une des filles d'Isaac, mariée d'abord au fils du roi de Sicile. Isaac prépara avec des Latins qui le visitaient l'évasion de son fils. Le jeune prince, qui accompagnait son oncle en Thrace, se jeta sur un navire pisan à l'ancre dans le port d'Athyras, réussit à se dérober à toutes les recherches, et fit voile vers l'Italie. En se rendant en Allemagne pour rejoindre sa sœur, Alexis rencontra des troupes nombreuses de pèlerins qui se dirigeaient vers Venise, et il eut l'idée de s'adresser à ce puissant armement pour obtenir le rétablissement de son père sur le trône de Constantinople. Pendant que les croisés étaient devant Zara, des députés vinrent le trouver au nom de Philippe et d'Alexis. Celui-ci leur promettait, s'il était remis par eux en possession du trône paternel, de faire rentrer l'empire d'Orient dans l'obéissance du saint-siège, de les dédommager des dépenses qui les avaient si fort obérés en leur payant deux cent mille marcs d'argent, de nourrir toute l'armée pendant qu'elle séjournerait sur ses terres, et de les accompagner ensuite en Syrie, ou, s'ils le préféraient, de leur fournir pour un an dix mille hommes armés à ses frais et d'entretenir toute sa vie cinq cents chevaliers pour la défense des pays d'outre-mer.

Quelque brillantes que fussent ces offres, les moines de Cîteaux, les ecclésiastiques qui étaient dans l'armée, et en général tout le parti purement religieux, voulait les repousser, pour ne pas s'écarter davantage de la conquête de Jérusalem. Mais le marquis de Montferrat, qui depuis la mort du comte de Champagne était regardé comme le chef de la croisade, et auquel Philippe avait recommandé son beau-frère, le comte Baudoin, le comte de Saint-Pol, tous les politiques, et pardessus tout les Vénitiens, qui avaient des griefs particuliers contre l'empereur grec, représentèrent dans le conseil qu'ils seraient justement honnis s'ils rejetaient des avantages qui devaient assurer la conquête de la Terre Sainte et sa conservation, les efforts des croisades précédentes ayant presque toujours échoué faute d'un point d'appui solide à Constantinople. Cet avis prévalut.

Les croisés avaient été obligés, après la prise de Zara, d'hiverner dans cette ville, à cause de la saison avancée. Alexis vint les y trouver, et, après le jour de Pâques 1203, ils firent voile vers Constantinople. A Durazzo, première place de l'empire où l'on toucha, Alexis fut reconnu par les habitants comme souverain légitime. Il en fut de même à Corfou, où toute la flotte devait se réunir. Durant cette relâche, ceux qui étaient opposés à l'expédition de Constantinople, et qui formaient près de la moitié de l'armée, voulurent encore se séparer; mais leurs compagnons les supplièrent avec tant d'instances de ne pas opérer une division qui les perdrait infailliblement les uns et les autres, qu'ils s'engagèrent à rester encore jusqu'à la Saint-Michel.

« Ensi fu octroié et juré, dit Ville-Hardouin dans son vieux langage, et lors ot grant joie par tote l'ost; et se recueillirent es nes, et li chevaus furent mis es vissiers. Ensi se partirent del port de Corfol la veille de Pentecoste qui fu M. et CC ans et trois après l'incarnation Nostre Seigneur Jésus-Christ. Et en qui furent totes les nes ensemble, et tuit li vissiers, et totes les galies de l'ost, et assez d'autres nes de marcheans qui avec eus erent arestées. Et li jorz fu bels et clers, et li vens dols et soes : et il laissent aller les voiles al vent. Et bien tesmoigne Joffrois, li mareschaus de Champaigne, qui ceste œuvre dicta que ainc ni ment de mot à son escient, si com cil qui à toz les conseils fu, que onc si bele chose ne fu veue. Et bien sembloit estoire qui terre deust conquerre, que tant que on pooit veoir à oil, ne poit on veoir se voiles non de nes et des vaissiaus, si que li cuer des homes s'en esioissoient mult. »

La flotte aborda en Eubée et à Andros, et partout Alexis fut reçu avec de grandes démonstrations de respect. On franchit sans rencontrer de résistance l'entrée de l'Hellespont, qu'on nommait alors le Bras-Saint-Georges. Les pèlerins descendirent à terre près d'Abydos, et moissonnèrent les blés dont la campagne était couverte. Le jour de Saint-Jean-Baptiste ils se rembarquèrent, défilèrent fièrement devant Constantinople, dont un peuple immense garnissait les murailles, attiré par le spectacle admirable et terrible de cette flotte innombrable. De leur côté les croisés s'émerveillaient de l'immensité de Constantinople. « Or poez savoir que mult esgardirent Constantinople, cil qui onques mais ne l'avoient veue, que il ne pooient mie cuidier que si riche ville peust estre en tot le monde; com il virent ces halz murs et ces riches tours dont ere close, tot entor à la reonde et ces riches palais, et ces haltes yglises dont il i avoit tant que nul nels poist croire se il ne le veist à l'oil et le lonc et le lé de la ville que de totes les autres ere souveraine. Et sachiez que il n'i ot si hardi cui le cuer ne fremist et ce ne fut mie merveille que onques si grand affaires ne fu empris de tant de gent puis que li monz fut estorez. »

La flotte aborda à Chalcédoine, où les chefs des croisés se logèrent dans un des palais impériaux, et de là ils se rendirent à Chrysopolis ou Scutari, qui forme comme le faubourg asiatique de Constantinople.

Malgré tous les avis des démarches de son neveu, Alexis l'Ange s'était toujours refusé à croire que les croisés viendraient attaquer sa capitale, et il n'avait fait aucun préparatif de défense. Le port renfermait une population maritime qui en d'autres temps permettait d'armer instantanément une flotte considérable. Mais l'avidité de l'amiral Michel Stryphnos, beau-frère de l'impératrice, qui avait vendu à son profit tous les approvisionnements des arsenaux, permit à peine de radouber une vingtaine de vieilles galères. Cet amiral, passant sur la côte asiatique à la tête de cinq cents cavaliers, s'avisa d'essayer de s'opposer aux courses des fourrageurs. Guillaume de Champlite et quatre-vingts chevaliers s'élancent, et à la première charge dispersent cette troupe. Selon Nicétas Choniate, les fuyards disaient pour leur excuse qu'il n'y avait pas moyen de tenir contre ces statues de fer, contre ces anges de la mort.

Alexis l'Ange se décida enfin à envoyer une ambassade aux croisés. « Je sais, leur fit-il dire, que vous êtes les plus nobles qui soient au monde entre ceux qui ne portent pas couronne, et je m'étonne fort qu'étant chrétiens comme nous, vous veniez en mon royaume, tandis que vous étiez partis pour la Terre Sainte d'outre-mer et la délivrance du saint sépulcre. Si vous êtes pour accomplir ce dessein, je suis prêt à vous donner des vivres et des secours volontiers, non par crainte; car, fussiez-vous vingt fois plus nombreux, si je voulais vous mal faire, vous ne sortiriez d'ici que morts ou déconfits. » A ce discours arrogant le comte de Bethune répondit au nom des barons : « Votre Sire s'étonne, dites-vous, que nous soyons entrés en son royaume et en sa terre. Mais nous n'y sommes point, car il la tient contre Dieu et contre la raison. Elle appartient à son neveu, qui siège parmi nous. S'il veut lui rendre sa couronne et implorer sa merci, nous nous emploierons pour lui obtenir son pardon et les moyens de vivre richement. Autrement, ne soyez si hardi de nous apporter un autre message. »

Le lendemain les barons décidèrent de montrer au peuple le jeune prince, ou, comme Villehardoin le nomme, *le Varlet* de Constantinople. Ils s'approchèrent des murs sur leurs vaisseaux, et proclamèrent Alexis, en déclarant qu'ils étaient venus pour le rétablir et les délivrer d'un tyran; que c'était maintenant à eux de faire leur devoir ou de s'attendre aux plus grands maux.

Cette déclaration ne fit pas sur le peuple l'impression que les barons en attendaient; et le jour suivant après la messe ils s'assemblèrent en un parlement à cheval au milieu du camp, pour ouvrir les hostilités. Ils organisèrent six divisions, ou, comme on disait alors, *six batailles*. Baudoin eut le commandement de celle qui devait former l'avant-garde. Les prêtres engagèrent chacun, au moment d'une si périlleuse entreprise, à se préparer à paraître devant Dieu; et, favorisé par un temps calme, on s'apprêta à franchir le détroit en face de Scutari. Les chevaliers se tenaient tous armés à côté de leurs destriers sellés et caparaçonnés sur les palandres, dont chacune était remorquée par une galère. Ce fut à qui aborderait le premier. Les chevaliers, les sergents, les arbalétriers s'élancent dans l'eau jusqu'à la ceinture ; on débarque les chevaux, on forme les escadrons, on s'élance contre les Grecs qui garnissent le rivage, et qui, après avoir fait mine de s'opposer au débarquement, tournent bride et s'enfuient vers Constantinople, abandonnant leurs tentes et leurs pavillons.

Le lendemain, les croisés attaquent le château de Galata, à l'une des tours duquel était attachée l'énorme chaîne qui fermait l'entrée du port. Après un combat très-vif, qui coûta la vie à quelques chevaliers, le château est enlevé, la chaîne rompue, et la flotte vénitienne vient se ranger dans le port intérieur.

On délibéra dans l'armée s'il convenait d'attaquer Constantinople du côté du port ou de la terre ferme. Les Vénitiens étaient du premier avis ; les Français, moins habitués à combattre sur mer, préféraient établir un camp devant les remparts. On convint que chaque nation attaquerait de son côté, selon le genre de guerre qui lui était le plus familier. Les Français contournèrent le port, rétablirent le pont sur le Barbyzus, que les Grecs avaient coupé, et vinrent dresser leurs tentes en face du palais des Blaquernes.

Pendant dix jours la garnison de Constantinople, sous les ordres de tout ce qu'il y avait dans la ville d'hommes d'énergie, et surtout d'un des gendres de l'empereur, le brave Théodore Lascaris, celui qui plus tard fonda l'empire de Nicée, fit des sorties continuelles. Les Français, toujours sur le qui vive, furent obligés de garnir leur camp de palissades ; ils y étaient en quelque sorte assiégés, et ils commençaient à manquer de vivres, n'ayant de chair fraîche que celle des chevaux qui étaient tués dans les escarmouches journalières.

Un assaut général fut résolu pour le 17 juillet. Les Français appliquèrent les échelles, et cinq chevaliers parvinrent sur une des tours. Mais les varanges anglais de la garde impériale et les Pisans auxiliaires qui défendaient le rempart repoussèrent l'attaque avec une vigueur extrême. Les échelles furent rompues ; deux des braves qui avaient pénétré dans la ville y demeurèrent prisonniers, et les assaillants furent obligés de se retirer avec perte.

Pendant ce temps les Vénitiens attaquaient la ville du côté du port. Le vieux Dandolo, sur le pont de son navire, ayant devant lui le gonfanon de saint Marc, encourageait les siens avec une ardeur belliqueuse que l'âge semblait n'avoir fait qu'accroître. Trouvant l'attaque trop lente, il se fait porter sur le rivage. A cette vue les Vénitiens redoublent d'efforts. Les uns s'élancent à l'escalade avec des échelles, d'autres font approcher les grosses galères, et du haut de leurs mâts des ponts s'abaissent sur les tours. Tout à coup on voit flotter le gonfanon de saint Marc sur le rempart, que ses défenseurs abandonnent. En peu d'instants vingt-cinq tours sont enlevées. La ville va être prise ; mais des masses de troupes et de peuple accourent de toutes parts, et, pour n'être pas écrasés par le nombre, les Vénitiens mettent le feu aux maisons qui touchent le rempart. Un vent violent qui souffle contre la ville propage l'incendie, et bientôt un océan de flammes sépare les combattants.

Alexis l'Ange, cédant aux murmures du peuple, se décide à ne pas rester plus longtemps dans l'inaction et à se mettre enfin à la tête de ses troupes ; il les fait sortir par trois portes à la fois pour attaquer les Français. Toute la campagne était couverte de soldats. Les Francs rangent en bataille leurs six divisions. Les archers et les arbalétriers couvrent le front, puis vient la ligne des chevaliers ayant leurs écuyers derrière la croupe de leurs chevaux. Deux cents chevaliers, qui n'avaient plus de monture, forment un bataillon à part. Les Francs s'étaient postés de manière à ne pouvoir être attaqués que de front, de crainte d'être enveloppés par la multitude des ennemis, qui, au dire de Ville-Hardouin, étaient bien dix contre un, et ils les attendirent de pied ferme.

Dandolo, en apprenant le danger de ses alliés, fit abandonner les tours dont il s'était emparé, et accourut avec tout ce qu'il put tirer de sa flotte pour vivre ou pour mourir avec les pèlerins.

Alexis s'avança lentement jusqu'à

une petite distance des Francs. Mais quand il vit qu'ils restaient immobiles, il n'osa pas commencer l'attaque, et, malgré les supplications de Lascaris, il donna le signal de la retraite, et rentra dans la ville comme il en était sorti. « *Et sachiez*, dit avec sa naïveté ordinaire le brave maréchal de Champagne, *que onques diex ne traist des plus grant périlz nuls genz com il fist cel de l'ost cel jor. Et sachiez qu'il ni ot si hardi qui n'eust grant joie.*

Après avoir ainsi donné la mesure de sa lâcheté à ses ennemis et à ses propres soldats, il ne restait à Alexis qu'à descendre d'un trône où il n'aurait jamais dû monter; c'est ce qu'il fit la nuit même. Il avait déjà préparé secrètement son évasion, et sans prévenir l'impératrice Euphrosyne, qui ne se serait pas rendue complice de cette ignominie, il s'embarqua pour Develtos, place des bords du Pont-Euxin, accompagné de sa fille Irène et de quelques domestiques, et emportant tout ce qu'il put d'or et des joyaux de la couronne.

La nouvelle de la fuite de l'empereur ne tarda pas à se répandre dans la ville, et le peuple, se voyant ainsi abandonné en présence d'un danger imminent, se tourna immédiatement vers Isaac. Ses partisans courent le tirer de sa retraite, ainsi que l'ancienne impératrice; on les revêt de nouveau des ornements impériaux, et on les conduit, à la lueur des torches, au palais, où le trésorier avait déjà disposé les varanges à les recevoir par une harangue suivie d'une gratification. Euphrosyne et sa famille, victimes de la lâcheté de son mari, est jetée dans une prison; et dès la pointe du jour des troupes de courtisans courent au camp des croisés pour être des premiers à saluer le jeune Alexis et l'inviter à venir partager le trône de son père.

En apprenant cette révolution si subite, les croisés avaient peine à y croire, et, se défiant de la bonne foi des Grecs, ils voulurent avant de remettre Alexis en leurs mains s'assurer de la situation de la ville, et aussi faire confirmer par Isaac les conventions faites avec eux par son fils. Mathieu de Montmorency, Ville-Hardouin et deux Vénitiens furent chargés des pouvoirs de l'armée. Ils furent introduits dans Constantinople et conduits à travers une double haie de varanges au palais des Blaquernes, où ils trouvèrent l'empereur aveugle et l'impératrice au milieu d'une cour nombreuse, qui la veille encore se pressait autour de leurs compétiteurs. Après les salutations, les messagers demandèrent à entretenir l'empereur en particulier de la part de son fils. Isaac passa dans une autre chambre avec l'impératrice, le grand chambellan et un dragoman; et alors les messagers exposèrent les sacrifices qu'ils avaient faits à la demande de son fils pour le rétablir, et ajoutèrent qu'il ne rentrerait à Constantinople que lorsque Isaac aurait confirmé les engagements que le jeune prince avait contractés avec eux et qu'ils lui firent connaître.

« Certes, fit l'empereur, l'engagement est bien grand, et je ne vois pas comment on pourra le tenir. Mais vous avez rendu si grand service à mon fils et à moi, que si on vous donnait tout l'empire, vous l'auriez bien mérité. » Après divers pourparlers, Isaac ratifia le traité par une charte à bulle d'or; et aussitôt les barons allèrent chercher le jeune prince, qui vint embrasser son père au milieu des manifestations de l'allégresse générale.

Isaac et son fils prièrent les croisés, pour éviter des collisions qui pourraient s'élever entre eux et les Grecs, de s'établir à Galata, ce qu'ils acceptèrent; mais ils venaient journellement visiter les églises et les palais de Constantinople et, de leur côté, les Grecs portaient au camp des provisions et des denrées de toutes espèces. Le 1er août 1203, Alexis fut couronné en grande pompe à Sainte-Sophie, et presque aussitôt il commença à s'acquitter envers les croisés, et leur fournit de quoi rembourser aux Vénitiens le prix de leur passage. Il venait souvent au camp converser amicalement avec les chefs. Dans un de ces entretiens, il leur exposa les embarras et les dangers de sa situation. « Après Dieu, leur dit-il, c'est à vous que je dois d'être empereur; mais sachez que bien des gens qui me font bonne mine me détestent, à cause de vous et de l'appui que vous m'avez prêté. Si vous partez, ils me renverseront et me tueront. Vos conventions avec les Vénitiens expirent à la Saint-Michel (29 septembre). Dans un si court délai il m'est impossible d'achever de me libérer envers vous. Mais restez jusqu'au mois de mars prochain. D'ici là j'aurai mis mon empire en tel état que je serai bien affermi. Je vous payerai une année de plus du loyer de la flotte, et j'aurai eu le temps d'armer des vaisseaux pour vous accompagner ou pour vous fournir le contingent convenu. Vous aurez ainsi toute la belle saison devant vous pour guerroyer, tandis que l'année est déjà trop avancée pour que vous ayez le temps de rien accomplir d'utile en Palestine. »

Ces propositions renouvelèrent les débats entre les deux partis qui divisaient l'armée ; elles finirent cependant par être acceptées. Le marquis de Montferrat et une partie des barons accompagnèrent l'empereur dans une tournée qu'il entreprit pour faire reconnaître son autorité dans les provinces. Alexis III, l'empereur fugitif, s'était emparé d'Andrinople ; il fut obligé de se retirer jusqu'à Mosynople, et, à l'exception des contrées dont le roi de Bulgarie s'était rendu maître, le jeune Alexis recouvra, tant en Europe qu'en Asie, tout ce qui avait obéi à son père.

Pendant cette absence un grand malheur désola Constantinople, et vint mettre le comble à sa ruine. Une rixe sanglante s'éleva entre les Grecs et les Latins, qui habitaient depuis longtemps Constantinople. Dans ce tumulte, le feu fut mis à un quartier de la ville, on ne sait pas précisément par qui ; mais les Grecs en accusèrent leurs adversaires (1). Le vent propagea l'incendie, qui se prolongea durant deux jours, sans qu'on pût s'en rendre maître ; il ne s'arrêta qu'à l'autre mer, en dévorant les quartiers les plus riches et les plus po-

(1) Entre les divers récits de cet évènement, Lebeau et après lui Gibbon ont choisi celui de Nicétas Choniate, qui attribue le commencement de l'incendie à des soldats flamands, qui étaient venus pour piller un établissement que les Sarrazins possédaient à Constantinople, et que Lebeau nomme *une mosquée*. Je crois que les mots συναγώγιον et μιτάτον, dont l'auteur grec se sert, ne doivent désigner ici qu'un comptoir ; car ce n'est que dans les temps qui précédèrent de peu la conquête ottomane que les sultans imposèrent aux empereurs grecs l'obligation de tolérer une mosquée à Constantinople.

puleux jusque dans le voisinage du cirque et de Sainte-Sophie, dont une partie fut détruite. C'était, dit l'historien français qui fut témoin de ce désastre, un bien triste spectacle, de voir ces hautes églises et ces riches palais fondre et s'abîmer au milieu des flammes. Le nombre des victimes et ce qu'il y eut de richesses englouties dans cet incendie est incalculable. Les Latins de Constantinople, n'osant plus après ce désastre, qu'on leur imputait, habiter parmi les Grecs, se retirèrent à Galata au nombre de quinze mille sous la protection de l'armée.

L'animosité que ce déplorable événement raviva contre les Francs était entretenue par les taxes dont la nation était surchargée pour acquitter la dette d'Alexis. Par les ordres du prince on fondit aussi nombre de statues et de vases consacrés dans les églises, afin de frapper de la monnaie, que les Grecs s'indignaient de voir les Latins dépenser ensuite follement pour les usages les plus profanes.

C'est dans ces dispositions qu'à son retour le jeune empereur trouva sa capitale, et, se figurant peut-être, d'après la soumission des provinces, qu'il était solidement établi, il commença à se montrer beaucoup plus froid à l'égard des Francs. Il n'allait plus les visiter avec cette familiarité qu'il montrait auparavant, et le payement des subsides, qui ne se faisait plus que par modiques à-compte, cessa tout à fait. Les barons chargèrent de leurs réclamations une députation composée de trois Vénitiens et du comte de Béthune, du maréchal de Champagne, et de Miles le Brabans, de Provins, auxquels on confiait en général les missions les plus délicates. Les députés, ceints de leurs épées, se rendirent à cheval au palais des Blaquernes. Les deux empereurs étaient sur leurs trônes, entourés d'une cour nombreuse et brillante. Béthune porta la parole ; il rappela brièvement les services rendus par les barons de l'armée et le duc de Venise, les engagements pris par les princes et confirmés par ses bulles d'or : « Vous ne les avez pas tenus, ajouta-t-il, comme vous l'auriez dû. Ils vous en ont maintes fois semonnés, et nous vous en semonnons en présence de tous vos barons. Si vous tenez vos promesses, ce sera pour le mieux ; mais si vous ne le faites, sachez que d'ores en avant ils ne vous tiennent ni pour seigneur ni pour ami, et qu'ils vous poursuivront par tous les moyens en leur pouvoir. Ils n'ont point voulu faire acte hostile, ni contre vous ni contre personne, sans vous avoir auparavant défié, car ils n'ont jamais fait de trahisons, et on n'a pas accoutumé d'agir ainsi dans leurs pays. Vous avez ouï notre message, vous prendrez le parti qui vous plaira. » Ce défi jeté à la face d'un empereur excita une grande rumeur parmi les Grecs, peu habitués à cette liberté de langage. Jamais, dirent-ils, on n'avait ainsi provoqué un empereur dans son propre palais. Alexis se montra très-courroucé ; cependant il laissa les députés se retirer librement, et lorsque ceux-ci eurent de nouveau franchi les portes de Constantinople, ils s'estimèrent heureux d'être revenus sains et saufs. Des deux côtés on courut aux armes, et les hostilités se continuèrent jusqu'au cœur de l'hiver. Il y eut plusieurs engagements, dans lesquels en général les Grecs n'eurent pas l'avantage ; ils s'avisèrent alors d'un engin qui eût été fatal aux assaillants, s'il avait réussi. Dix-sept brûlots remplis de poix, d'étoupes et d'autres matières inflammables, furent lâchés par eux, une nuit que le vent portait contre la flotte des croisés, rangée dans le port. Les Vénitiens, avec une activité admirable, parvinrent à parer le danger. Ils s'élancèrent dans des barques, et avec des crocs ils éloignèrent de leurs vaisseaux les brûlots, et, malgré les traits des Grecs qui garnissaient le rivage, ils les tirèrent dans le canal, où le courant les entraîna. Grâce à leur énergie, ils ne perdirent qu'un seul vaisseau, chargé de marchandises.

La situation d'Alexis était des plus critiques, et il commençait à expier son imprévoyante ambition. Tandis que les Vénitiens et les croisés le taxaient d'ingratitude et de déloyauté, ses sujets, sur lesquels il avait attiré tant de malheurs, et qui ne lui pardonnaient pas surtout d'avoir voulu soumettre l'Église grecque à la cour de Rome, l'accusaient de conspirer encore avec les Latins, qu'il ne combattait, en effet, qu'avec répugnance.

Le 25 janvier 1204 le peuple de Constantinople s'assembla tumultueusement à Sainte-Sophie, et obligea les sénateurs à s'y rendre pour élire un autre empereur. On ne voulait plus, s'écriait-on, de la famille l'Ange. Il fallait un homme qui soutînt énergiquement l'indépendance du pays. On offrit successivement la couronne à tous les sénateurs, qui, plus éclairés que la multitude sur les dangers de la situation et peu rassurés par ces mouvements passagers d'un patriotisme qui se démentait sur les champs de bataille, déclinèrent ce périlleux honneur. Après trois jours de scènes semblables, un jeune homme, nommé Nicolas Canabe, qui ne manquait, dit-on, ni de courage ni de mérite, mais qui n'eut pas le temps ni les moyens d'en faire preuve, fut élu empereur.

Le vieil Isaac l'aveugle, qui, d'après les prédictions de ses astrologues, s'était infatué de l'idée qu'il aurait encore un règne long et glorieux et qu'il recouvrerait la vue, était en ce moment à l'agonie. Pour Alexis, instruit des agitations de la ville, il avait écrit au marquis de Montferrat de venir le trouver secrètement ; et ils étaient, dit-on, convenus d'introduire dans le palais des chevaliers pour le défendre contre ses sujets révoltés et contre l'homme qu'ils avaient élevé sur le pavoi.

Mais l'ennemi le plus dangereux d'Alexis était dans son intimité. Alexis Ducas, que l'on désignait communément par le surnom populaire de *Mourzouflos*, à cause de ses épais sourcils, aspirait à l'empire, auquel son origine semblait lui donner quelques titres. Il captait la faveur du peuple en se montrant le champion de sa haine contre les étrangers, et dans le conseil, où l'affection d'Alexis lui donnait de l'influence, il avait beaucoup contribué à la rupture avec les Francs. Plusieurs fois il était sorti pour les combattre en personne, et son mauvais succès pouvait être attribué au peu d'appui qu'il avait trouvé de la part de l'empereur, plutôt qu'à son manque de mérite militaire. Instruit, grâce à ses fonctions de confiance, de tout ce que l'empereur méditait, il en avait averti les varanges, et les avait préparés à abandonner un prince qui était sur le point de se livrer aux étrangers. Il se rend ensuite au milieu de la nuit à la chambre d'Alexis, dont l'accès lui était ouvert. Il lui annonce, avec un effroi simulé, que les gardes sont en pleine révolte, et, sous prétexte de le dérober à leur fureur, il l'attire dans son propre appartement, où il le tient sous les verrous.

Avec l'assentiment des gardes et du peuple, Ducas chausse les brodequins de pourpre. Il se défait de son compétiteur Canabe, promptement abandonné de ceux qui l'avaient élu de force. La mort d'Isaac survient à propos pour le dispenser d'un crime; mais Alexis, ayant résisté à quelques doses de poison, est bientôt étranglé par ses ordres, qu'il cherche en vain à dissimuler en lui faisant faire d'honorables obsèques.

En apprenant cette révolution et le crime par lequel Ducas Mourzoufle s'était emparé du pouvoir, les Vénitiens et les croisés résolurent unanimement de se constituer les vengeurs d'Alexis. Chez quelques-uns, tels que le marquis de Montferrat, une affection véritable pour ce jeune prince, chez les autres l'honneur de leurs armes joint à leurs intérêts, devaient leur faire poursuivre une vengeance éclatante. Les barons, les évêques, et le duc de Venise se réunirent en parlement. Le légat prit la parole, et déclara que l'auteur d'un meurtre semblable à celui que Mourzoufle venait de commettre, n'avait pas droit de régner, que tous ceux qui l'acceptaient en étaient les complices, et que la nation grecque s'était rendue coupable en se soustrayant à l'obéissance de Rome; qu'ainsi la guerre était juste, et que si les croisés voulaient conquérir cette terre et la ramener à la foi catholique, ceux qui mourraient dans cette entreprise munis de la confession obtiendraient le pardon que le pape avait octroyé pour l'expédition de la Terre Sainte.

Ce fut dans l'armée une grande joie et un grand soulagement pour les consciences, car jusque alors, quoi qu'en disent les Grecs, qui attribuent au pape la pensée première de l'expédition contre Constantinople, le légat et le clergé avaient fait de constants efforts pour empêcher les pèlerins de perdre de vue le but de leur sainte entreprise. Plus de la moitié des croisés avaient persisté à se rendre en Palestine, malgré les difficultés de tous genres (1). Les autres avaient été en quelque sorte enlacés malgré eux par les Vénitiens, moins occupés des intérêts de la religion que de ceux de leur commerce, et gagnés peut-être, comme on les en a accusés, par l'or du soudan d'Égypte (2). La guerre reprit avec une nouvelle furie. Mourzoufle était actif et secondé par la population de Constantinople, qui était immense. Il répara les murs de la ville, exhaussa les tours du côté du port, où l'on s'attendait à être attaqué, en construisit de nouvelles en bois, et garnit l'espace entre chaque tour de balistes et de mangonneaux. Il ne se passait pas de jour qu'il n'y eût quelques engagements sur terre ou sur mer.

Henri, frère du comte Baudoin, à la tête d'une division de l'armée, se porta sur Philea, ville située sur le Pont-Euxin, que Ville-Hardouin nomme la mer de Russie; il la prit, et y enleva assez de richesses et des provisions dont le besoin commençait à se faire sentir. Mourzoufle, informé que les Français revenaient chargés de butin, alla se poster en embuscade sur leur passage, et tomba sur l'arrière-garde commandée par Henri. Malgré la surprise, les chevaliers repoussèrent les Grecs et les mirent en fuite. Plusieurs des officiers qui entouraient Mourzoufle furent tués, lui-

(1) Plusieurs s'embarquèrent à Gênes. Il y eut aussi une flotte partie des ports de Flandre qui vint hiverner à Marseille, et devait au printemps se réunir au comte Baudoin; mais elle refusa de s'associer à l'expédition de Constantinople, et se rendit en Syrie. Le manque de direction et d'ensemble fut fatal à ces pèlerins, qui firent peu de chose en Orient, et dont bien peu revirent leur patrie.

(2) Cette accusation est formellement énoncée dans une chronique contemporaine contenue dans un manuscrit de la Bibliothèque Nationale (fonds Cangé 9, n° 7188) : « Et adont s'en alla li Soudans de Babilone en Égypte, pour prendre conseil coment il porroit mix le tere garnir encontre les chrestiens vaillans qui venoient en se tere.... Puis fist appareiller messages; et si leur carqua grant avoir et si les envoia en Venisse, et si manda au duc de Venisse et as Venissiens salut et amistié; et si leur envoia moult grans présens; et si lor manda que, s'ils pooient tant faire as Franchois que il n'alaissent mie en le tere de Égypte, que il leur donroit grant avoir et si leur donroit grant franquise el port d'Alixandre. »

même faillit être pris, et il perdit la bannière de la Vierge conductrice (Hodegetria), que les empereurs avaient coutume de faire toujours porter devant eux, et à laquelle les Grecs attachaient le plus grand prix.

Vers la fin du carême, les Français et les Vénitiens se préparèrent à l'assaut. Confiants dans le succès, ils délibérèrent d'avance sur le partage de leur conquête. Il fut convenu que s'ils prenaient la ville de vive force, tout le butin serait réuni pour être ensuite partagé régulièrement; que l'on choisirait six Français et six Vénitiens, chargés d'élire un empereur; qu'à celui qui serait élu souverain appartiendrait le quart de toutes les conquêtes, tant dans Constantinople qu'en dehors, plus les palais de Bucoléon et des Blaquernes, et que les trois autres quarts seraient partagés par moitié entre les alliés; que le patriarche serait choisi dans celle des deux nations à laquelle n'appartiendrait pas l'empereur; qu'un conseil mixte de vingt-quatre personnes élues parmi les plus sages serait chargé de répartir les fiefs et les honneurs. Enfin il fut convenu que du mois de mars en un an chacun serait libre d'aller où bon lui semblerait, mais que ceux qui se fixeraient dans le pays devraient le service à l'empereur comme à leur seigneur suzerain.

Ces conventions ainsi arrêtées et confirmées par des serments solennels, le vendredi 8 avril l'armée se rembarqua tout entière, car on avait décidé de concentrer l'attaque du côté du port. Les vaisseaux s'approchèrent des remparts, et du haut des mâts on abattait contre les tours des ponts mobiles, sur lesquels d'intrépides guerriers s'aventuraient, tandis que d'autres s'élançaient sur la plage, dressaient des échelles et tentaient l'escalade sous une grêle de traits, de pierres et de projectiles enflammés. L'empereur avait fait placer sa tente près de la colonne du couvent de Pantepoptès, d'où l'œil pouvait embrasser toute la vaste ligne d'attaque, de manière à diriger des secours partout où la résistance paraîtrait faiblir. Les Grecs dans cette journée se défendirent admirablement, et vers midi les assaillants, épuisés, furent obligés de donner le signal de la retraite.

Dans le conseil de guerre qui suivit cet échec, quelques personnes proposèrent d'attaquer Constantinople par le côté opposé, qui donne sur l'autre mer, où les Grecs n'avaient fait aucun préparatif de défense. Mais les Vénitiens, très-expérimentés en tout ce qui concernait la marine, objectèrent que les vents et les courants éloigneraient les vaisseaux de la muraille et les entraîneraient dans le canal Saint-George. Ville-Hardouin suppose que quelques pèlerins n'auraient peut-être pas été fâchés d'avoir un prétexte pour abandonner le siège; mais la majorité décida de renouveler l'attaque, après avoir consacré le samedi et le dimanche à se refaire et à prendre quelques dispositions nouvelles, dont l'expérience avait fait sentir l'utilité. Ainsi, on attacha les galères deux à deux, le nombre de combattants que pouvait porter une seule étant trop inférieur à celui des défenseurs des tours.

L'attaque recommença donc le lundi 12, et les Grecs, encouragés par leur premier succès, résistèrent très-vaillamment, et paraissaient devoir obtenir encore l'avantage, quand une brise poussa contre le rempart deux navires nommés *la Pèlerine* et *le Paradis*, qui se trouvèrent embossés contre les deux flancs d'une tour. On dressa les échelles, et deux chevaliers, l'un français, nommé André d'Urboise, l'autre Vénitien, parvinrent en même temps sur la plateforme, et renversèrent tout ce qui se trouvait devant eux. A cette vue les Grecs se troublent et prennent la fuite; les assaillants redoublent d'ardeur, plusieurs tours sont enlevées; on enfonce une porte : un flot de chevaliers montés sur leurs chevaux, qu'on s'est hâté de débarquer, pénètre dans la ville. Le courage que les Grecs avaient montré jusque là tombe tout à coup, et fait place à la terreur : ils fuient dans toutes les directions. Un seul chevalier, au casque surmonté d'un haut cimier, et que dans leur panique ils se figurèrent d'une taille surnaturelle, suffit pour disperser les escadrons qui entouraient l'empereur.

A l'approche de la nuit les vainqueurs, las de poursuivre et de frapper, se rassemblent dans une grande place, au centre de Constantinople, remettant au lendemain de pénétrer plus avant dans le dédale de cette immense cité, dont les édifices pouvaient devenir autant de citadelles et présenter encore une longue résistance. Ducas Mourzoufle avait quelque temps erré de quartier en quartier, cherchant à rassembler ses soldats épars et à les ramener au combat. Mais chacun ne pensait plus qu'à cacher ce qu'il avait de plus précieux ou à se sauver. Les rues étaient pleines d'une foule éperdue de femmes, d'enfants, de vieillards qui se précipitaient vers les portes qui donnent sur la campagne, par lesquelles la retraite était encore ouverte. Mourzoufle lui-même, craignant de tomber aux mains des chevaliers, qui ne manqueraient pas de lui faire expier le meurtre d'Alexis, rentra dans le grand palais, et s'enfuit sur une barque, emmenant avec lui l'impératrice Euphrosyne, femme d'Alexis l'Ange Comnène, et une des filles de ce prince, dont il était éperdûment amoureux, et pour laquelle il avait répudié sa femme légitime.

Au moment où Mourzoufle quittait ce palais, où il avait régné deux mois et demi, deux jeunes gens, dont on ne sait si l'on doit admirer le courage ou l'ambition, Théodore Ducas et Lascaris, se rencontraient aux portes de Sainte-Sophie, où ils venaient se disputer l'empire d'une ville dont les ennemis occupaient déjà l'enceinte. Il n'y avait là ni peuple ni sénat pour écouter leurs prétentions rivales. Le clergé donna la préférence à Lascaris, et celui-ci, sans perdre de temps à revêtir les symboles de la royauté, se rend avec le patriarche dans le cirque, encore plein de peuple et des troupes de la garde impériale. Il les adjure de ne point déposer les armes, d'essayer encore de repousser des étrangers dont le joug sera pour des Romains plus cruel que la mort. Ce titre de Romains, dont les Grecs byzantins étaient si fiers, ne réveille aucun sentiment généreux. On reste sourd à son appel. On a vu briller au loin les armures des Latins. Chacun se disperse, et Lascaris se hâte de passer en Asie pour chercher à relever quelque part la croix grecque, car il voit bien que la ville de Constantin est tombée sans ressource aux mains des Occidentaux.

Nous suspendons ici ce récit : dans le livre suivant, où nous rapporterons l'établissement de l'empire français de Constantinople, le morcellement de la Grèce, et les conséquences de cette révolution pour l'Orient et pour l'Occident, nous compléterons le tableau des scènes qui suivirent la prise de possession de cette splendide capitale par nos braves mais grossiers aïeux, et nous entrerons dans quelques détails sur la destruction des objets d'art antique et des livres qui en furent un des regrettables épisodes.

Un chroniqueur grec, Joel, qui a résumé en quelques pages les règnes des derniers empereurs byzantins, énumère les crimes dont ils se souillèrent : le meurtre d'Alexis II, par son cousin et tuteur Alexis; celui d'Isaac, par son parent Isaac l'Ange, aveuglé plus tard par son frère Isaac, lequel est à son tour renversé par son neveu le jeune Alexis, et, bientôt après, l'assassinat d'Alexis, par son cousin Ducas ; il termine en s'écriant : « Hélas ! et ce sont des chrétiens qui traitent ainsi des chrétiens ! La justice éternelle pouvait-elle rester plus longtemps impassible et ne pas nous livrer à l'esclavage et à la destruction ? C'est ce qui est arrivé, et en châtiment de tant de forfaits l'admirable ville de Constantin a été livrée aux Italiens. »

Geoffroy de Ville-Hardouin, après avoir raconté la trahison par laquelle, un peu après la prise de Constantinople, Alexis l'Ange, dans la petite ville où il s'était retiré, assassina son gendre Ducas Mourzoufle, comme lui fugitif, s'écrie aussi : « Or oiez se cest gens devroient terre tenir, ne perdre, qui si grant cruautés faisoient li un des autres ! »

LIVRE TROISIÈME.

DEPUIS LA PRISE DE CONSTANTINOPLE PAR LES FRANCS JUSQU'A LA DESTRUCTION DE L'EMPIRE D'ORIENT PAR LES TURCS.

CHAPITRE PREMIER.

EMPIRE FRANÇAIS DE CONSTANTINOPLE.

Quel que soit l'attrait naturel qui nous porterait à retracer avec étendue la domination des Français en Orient, glorieux épisode de nos annales trop longtemps négligé des historiens, nous ne devons pas oublier que c'est l'histoire de la nation grecque et de ses vicissitudes que nous avons entrepris de traiter dans ce volume.

Nous raconterons donc brièvement les hauts faits des vainqueurs et leurs démêlés, pour nous occuper surtout de la condition du peuple vaincu; nous suivrons ses princes fugitifs à Trébisonde et à Nicée, et nous essayerons d'éclaircir l'histoire obscure de ces deux dynasties jusqu'au moment où un Paléologue reconquit la capitale, que ses descendants ne purent défendre contre les Turcs.

Cependant, comme les Grecs n'ont jamais cessé d'avoir les yeux fixés sur la ville de Constantin, qu'ils ne pouvaient se déshabituer de considérer comme le centre de leur religion et de leur nationalité, nous allons donner dans ce premier chapitre la succession des princes latins de Constantinople de 1204 à 1261, de manière à ne pas rompre, au milieu de la confusion qui suivit la conquête, la longue chaîne des annales byzantines.

Le soir de la prise de Constantinople les vainqueurs se rassemblèrent dans le voisinage des remparts qu'ils avaient forcés, attendant le jour pour pénétrer plus avant dans cette ville, dont les grands édifices et les hautes églises étaient comme autant de citadelles derrière lesquelles une population nombreuse et résolue pouvait encore les arrêter longtemps.

Baudoin passa la nuit sous le pavillon de pourpre dressé le matin pour l'empereur; le marquis de Montferrat se logea vers le centre de la ville; quelques-uns de ses hommes, craignant d'être attaqués pendant la nuit, mirent le feu aux maisons qui les avoisinaient, pour tenir les Grecs à distance. Le foyer s'étendit, et brûla toute la nuit et la journée suivante. Ville-Hardouin dit que dans les trois incendies qui désolèrent Constantinople depuis l'arrivée des pèlerins il y eut plus de maisons de brûlées que n'en contenaient les trois plus grandes villes de France.

A la pointe du jour les chevaliers reprirent leur ordre de bataille, ignorant encore la fuite de l'empereur et s'attendant à une lutte plus vive que la veille. Le marquis de Montferrat s'avança le long de la marine sans rencontrer personne jusqu'au palais de Bucoléon, dont la garnison lui ouvrit les portes à la condition d'avoir la vie sauve. Là furent trouvées les plus hautes dames du monde : la sœur du roi Philippe de France et la sœur du roi de Hongrie, qui l'une et l'autre avaient été impératrices de Constantinople.

Le palais de Blaquernes se rendit à Henri, frère de Baudoin, aux mêmes conditions que celui de Bucoléon. Les richesses entassées dans ces deux résidences impériales furent mises sous bonne garde. Chevaliers et soldats se répandirent ensuite dans la ville, faisant main basse sur tout ce qui excitait leur convoitise, l'or et l'argent monnayés, la vaisselle plate, les pierres précieuses, les étoffes de soie, les riches fourrures. Jamais, dit le chroniqueur, il n'avait été tant gagné dans une ville depuis le commencement du monde, et le soir chacun prit l'hôtel qui lui plût, car il y en avait à choisir.

Si cette journée enrichit les pèlerins, elle ternit à jamais l'honneur de leurs armes. Partis de chez eux animés d'un saint zèle pour la délivrance des lieux saints, ils avaient été détournés de leur but, malgré la volonté du plus grand nombre, par la politique astucieuse des Vénitiens, à la merci desquels la nécessité de payer leur passage les avait livrés. Mais quoique engagés dans une suite d'entreprises étrangères à la religion, la piété avait conservé sur eux beaucoup d'empire.

A la veille de l'assaut il avait été convenu que tout le butin serait mis en commun, pour être ensuite régulièrement partagé après qu'on aurait payé ce qui était dû aux Vénitiens pour le passage, et que quiconque détournerait pour lui quelque chose de ce qui aurait été pris encourrait l'excommunication.

Cette disposition, si elle avait pu être maintenue, eût prévenu les scènes de violence accompagnement ordinaire du pillage; mais malgré les efforts des chefs, malgré l'exemple sévère du comte de Saint-Pol, qui fit pendre avec son écusson au col un de ses chevaliers pour avoir retenu une partie de son butin, la convoitise, *qui est racine de tous maux*, dit Ville-Hardouin, l'emporta chez beaucoup sur la crainte de la pendaison et de l'excommunication du pape.

D'après l'ordre du marquis de Montferrat, qui avait le commandement en chef, toutes les richesses enlevées devaient être déposées dans trois églises, sous la garde d'un nombre égal de Français et de Vénitiens les plus loyaux qu'on pût trouver. Malgré tout ce qui fut détourné secrètement, les Français, après le partage égal avec les Vénitiens, purent payer les cinquante mille marcs d'argent qu'ils devaient pour le passage, et ils eurent encore cent mille marcs à distribuer à leurs gens. Chaque sergent à cheval eut le double d'un sergent à pied, et chaque chevalier le double d'un sergent à cheval. Selon le continuateur de Guillaume de Tyr, chaque homme de pied parmi les Français eut cinq marcs, tout prêtre ou sergent à cheval dix marcs, et les chevaliers vingt marcs.

Il y eut beaucoup d'accusations réciproques; les Vénitiens surtout passèrent pour avoir emporté la nuit énormément de richesses sur leurs vaisseaux. Le doge, qui savait bien compter, avait, dit-on, offert avant l'assaut de donner à chaque homme de pied cent marcs si on voulait lui abandonner l'avoir entier de Constantinople. Les Français n'acceptèrent pas ce marché, et la meilleure part resta aux mains des voleurs.

On avait aussi fait défendre de rien prendre dans les églises ou de porter la main sur une femme. Mais ces injonctions ne furent pas mieux respectées. Suivant Nicetas Choniate, les Latins profanèrent les églises : ils arrachèrent les pierres précieuses des calices, dont ils se servaient comme de vases à boire; ils déchirèrent le voile rehaussé d'or du sanctuaire de Sainte-Sophie, et s'en partagèrent les lambeaux. La sainte table, pour laquelle Justinien avait fait fondre ensemble tous les métaux les plus précieux, fut mise en pièces; les bêtes de somme que l'on fit entrer dans l'église pour en charger les débris s'abattaient sur les marbres polis; on les faisait relever à coups d'épée, et leur sang immonde polluait le sanctuaire. Pendant ce temps une prostituée s'était assise sur le trône du patriarche, et faisait retentir les saintes voûtes de chants effrénés.

Les rues, l'intérieur des maisons offraient des scènes de débauche et de meurtre; filles ou femmes, ou même les vierges consacrées au Seigneur, étaient en butte à la brutalité des vainqueurs. On rencontrait par les rues des cavaliers portant en croupe des femmes dont les longues tresses flottaient en désordre; et malheur à ceux de leurs parents qui essayaient de les défendre!

Au tableau de ces excès des chrétiens d'Occident dans une ville chrétienne, Nicétas oppose la modération que les musulmans avaient montrée quelques années auparavant envers les Latins lors de la prise de Jérusalem, permettant à tous ceux qui voulurent sortir de la ville de le faire moyennant une faible rançon, garantissant les propriétés de ceux qui restaient et respectant le tombeau du Christ.

Ce contraste, exagéré sans doute dans la douleur d'une plaie récente, mais en partie constaté par les aveux des historiens occidentaux et les censures du saint-siége, devint fatal aux Latins, d'abord en leur aliénant leurs nouveaux sujets, et plus tard aux Grecs eux-mêmes, que leur haine invétérée contre les Latins a contribué à faire tomber sous le joug, bien autrement dur, des Osmanlis.

Les désordres, suite de l'ivresse du triomphe, furent de courte durée; les chefs des croisés, occupés d'assurer leur conquête, après avoir partagé le butin, s'assemblèrent en un parlement, et prirent jour pour élire entre eux un empereur selon les formes qui avaient été arrêtées d'avance, la veille de l'assaut, dans la prévision du succès. Douze électeurs, six Français et six Vénitiens, devaient disposer de la dignité enviée. On était convenu qu'à l'empereur appartiendrait le quart de la conquête, tant dans la ville qu'au dehors, plus les palais de Bucoléon et des Blaquernes, et que les trois autres quarts seraient partagés entre les Vénitiens et l'armée. Un conseil de vingt-quatre membres devait répartir les fiefs et les honneurs.

Tous les croisés s'étaient engagés à servir l'empereur une année, après quoi ils seraient libres d'aller où ils voudraient; mais ceux qui resteraient passé ce terme devraient le service à l'empereur.

Le deuxième dimanche après Pâques, les douze électeurs s'enfermèrent dans la chapelle du palais de Bucoléon pour procéder à l'élection. Les Vénitiens étaient représentés par Vital Dandolo, leur amiral, et cinq autres patriciens; les Français avaient choisi six ecclésiastiques : les évêques de Soissons et de Troyes, celui d'Halberstadt, celui de Bethléem, qui faisait l'office de légat du saint siége, l'archevêque élu d'Acre, et l'abbé de Loca en Lombardie. Trois noms paraissaient devoir se partager les suffrages : le marquis de Montferrat, chef de la croisade, que son alliance avec la famille d'Ange Comnène faisait regarder d'avance par les Grecs comme leur futur empereur; le comte Baudouin, et le vieux doge Henri Dandolo. Les évêques de Troyes et de Soissons penchaient pour ce dernier. Ce fut un Vénitien, Pantaléon Barbo, qui détourna ses compatriotes de ce choix, tout en rendant justice à Dandolo, mais dans la crainte que la république de Venise ne devînt une annexe de l'empire de Constantinople.

Le choix restait donc entre le marquis Boniface de Montferrat et le comte Baudoin de Flandres. Contre l'attente générale, ce fut ce dernier qui l'emporta, par l'influence des Vénitiens. Ces profonds politiques avaient craint que si le marquis réunissait l'empire d'Orient à ses possessions d'Italie il ne devînt pour eux un voisin redoutable, tandis que Baudouin, séparé de son pays natal par toute l'Europe, et qui n'avait pas de marine, serait davantage dans leur dépendance.

Afin de prévenir le retour de ce qui s'était passé lors de la conquête de Jérusalem, quand le comte de Saint-Gilles, piqué de la préférence donnée à Godefroy de Bouillon, se retira, entraînant un grand nombre de croisés, ce qui affaiblit le nouveau royaume, les électeurs décidèrent que celui des deux prétendants qui n'obtiendrait pas la couronne recevrait comme dédommagement toutes les anciennes possessions des empereurs Grecs en Asie et l'île de Crète (1).

Ce ne fut qu'à minuit que l'évêque de Soissons vint proclamer sous le vestibule du palais le nom de Baudoin. Les barons et le peuple, qui attendaient avec anxiété sur la grande place, le saluèrent de leurs acclamations. Le marquis de Montferrat fut le premier à lui rendre hommage, aux applaudissements de la foule.

Le couronnement eut lieu avec pompe le quatrième dimanche après Pâques (23 mai 1204), dans l'église de Sainte-Sophie. Le légat du saint-siége remplit l'office du patriarche de Constantinople, le titulaire grec Camatère s'étant retiré. Selon l'usage antique, l'empereur fut élevé sur le pavoi par les plus illustres de ses compagnons d'armes, le marquis de Montferrat, le doge de Venise, les comtes de Blois et de Saint-Paul.

Baudouin, qu'un enchaînement imprévu de circonstances venait de porter au trône, n'était pas indigne de cette haute puissance. Descendant de Charlemagne et parent de Philippe-Auguste, comte souverain de Flandre et de Hainaut, il avait pris la croix suivi d'un grand nombre de chevaliers, et dans toutes les circonstances il donna l'exemple de la persévérance, et combattit bravement à la tête des siens. Il était âgé de trente-trois ans, et n'était pas moins remar-

(1) Le dernier éditeur de Ville-Hardouin a mis ici, d'après quelques manuscrits, l'île de Grèce. Cependant, comme les historiens vénitiens rapportent que le roi de Salonique vendit l'île de Crète à la république, nous avons préféré la leçon des anciennes éditions. Selon Petrus Marcellus, dans ses *Vies des Doges de Venise*, le jeune Alexis aurait donné déjà l'île de Crète au marquis de Montferrat, pendant que les croisés le ramenaient à Constantinople. « Dum Cretam insulam praeterlabuntur, Cretenses per legatos ipsam insulam Alexio puero dediderunt, qui eam Bonifacio Montisferrati, sibi cognatione conjuncto, donavit. » (*De Vita, Moribus et Rebus gestis omnium Ducum Venetorum*; Francofurti, 1574.)

quable par sa piété, la pureté de ses mœurs et son affabilité, que par sa bravoure.

Durant les fêtes qui précédèrent le couronnement, le marquis de Montferrat épousa Marguerite, sœur du roi de Hongrie, veuve de l'empereur Isaac l'Ange. Lorsqu'il s'agit de la répartition des fiefs, le marquis demanda que l'empereur, en échange des possessions au delà du canal qui lui avaient été attribuées, lui donnât le royaume de Thessalonique, qui le rapprochait des États de son beau-frère le roi de Hongrie, et dont un de ses parents, gendre de Manuel Comnène, avait déjà joui.

Dans le conseil de l'empereur on était peu favorable à cette concession; un royaume si voisin de la capitale pouvait en effet porter ombrage. Cependant Baudouin ne voulut pas repousser la demande du marquis de Montferrat, qui s'était montré si loyal envers lui, et il le couronna roi de Thessalonique.

Plus tard Boniface céda l'île de Crète aux Vénitiens, qui avaient reçu pour leur part les îles de l'Archipel, plusieurs parties du Péloponnèse, les côtes de la Phrygie et celles de l'Hellespont.

La Bithynie, qui dans le premier projet de partage devait appartenir à Boniface, fut érigée en duché pour le comte Louis de Blois, avec Nicée pour capitale; il ne s'agissait plus que de la conquérir sur les Grecs, qui l'occupaient encore. Philippopolis et la Thrace furent données à Renier de Trith, un des barons flamands; Guillaume de Champlitte reçut la principauté d'Achaïe, qu'il légua dans la suite à Geoffroy de Ville-Hardouin, et où nous verrons les barons français se maintenir, même après que les Grecs eurent recouvré Constantinople.

On partagea en même temps les grandes charges de la couronne; le doge reçut la dignité de *Despote*, qui lui donnait rang immédiatement après l'empereur. Geoffroy de Ville-Hardouin, le maréchal de Champagne, devint maréchal de Romanie, c'est-à-dire de la Thrace, qui constituait à peu près le seul domaine de l'empire d'Orient. Les principaux barons furent décorés des titres alors enviés de grand sénéchal, de protovestiaire, de grand échanson, de grand bouteiller et de grand queux.

De toutes les fonctions, la plus importante était celle de patriarche. Par convention expresse les Vénitiens, en renonçant à toute prétention à l'empire, se l'étaient réservée. Le nouveau clergé de Sainte-Sophie, composé de Vénitiens, élut Thomas Morosini; mais cette élection rencontra de l'opposition de la part du pape, qui la considérait comme un empiétement sur les droits du saint-siége, et de tout point irrégulière, le clergé de Sainte-Sophie n'ayant pas reçu l'investiture canonique.

Baudouin avait écrit à tous les princes de la chrétienté pour leur faire part de son élection et des événements qui l'avaient amenée. Ces lettres étaient accompagnées de l'envoi de reliques; Philippe-Auguste en reçut un grand nombre, qui furent réparties dans les églises de France. Celles qui étaient destinées au pape furent enlevées par des pirates génois. En apprenant la conquête de Constantinople, Innocent III, toujours zélé pour la délivrance de la Terre Sainte, avait écrit de tous côtés afin de provoquer un nouvel effort, et ce fut avec un grand mécontentement qu'il apprit que son légat le cardinal de Capoue, d'après le désir de l'empereur, avait conclu une trêve de six ans avec les Sarrazins et s'était rendu à Constantinople escorté d'un si grand nombre de Latins que la Palestine en était presque abandonnée. Il le blâma surtout d'avoir dispensé du voyage de Terre Sainte ceux des croisés qui resteraient jusqu'au mois de mars pour maintenir le nouvel empereur. Le pape refusa aussi de ratifier les conventions par lesquelles les barons et les Vénitiens s'étaient attribué une partie des revenus du clergé grec, ce qui était continuer le pillage des églises. Cependant, sur les instances de Baudoin et du marquis de Montferrat, et pour ne pas créer des embarras à la nouvelle Église, Innocent consentit à nommer Morosini, au mérite duquel il rendait justice. Comme il n'était que sous-diacre, il l'ordonna lui-même diacre, prêtre, évêque, lui conféra le pallium, et il déclara que, le schisme étant enfin éteint à Constantinople, il rendait à cette Église ses anciens privilèges, et qu'elle pourrait, en cas de vacance, élire un patriarche selon les formes canoniques.

L'intronisation d'un patriarche latin

était loin cependant d'avoir aplani la barrière si fatalement élevée entre les chrétiens d'Orient et l'Église latine; toute la population grecque restait attachée à son clergé dépossédé, et ne voyait les autres ecclésiastiques que d'un œil prévenu. Nicétas Choniate, dont l'histoire est la vive expression du sentiment national, a tracé un portrait grotesque du patriarche latin. Selon lui, c'était un homme « d'un âge moyen, mais « d'une obésité telle qu'il ressemblait à « un porc engraissé; contrairement à l'u-« sage du clergé grec, ses joues étaient « rasées comme celles de tous ses com-« patriotes, et il se faisait soigneusement « épiler; ses vêtements semblaient tissés « avec sa peau, tant ils étaient collants « (chose également contraire aux idées « de bienséance des Orientaux); on lui « cousait chaque jour ses manches aux « poignets; il faisait tourner dans ses « doigts son anneau épiscopal, et en-« fermait ses mains dans des étuis de « peau fendus entre les doigts. » L'usage des gants était, à ce qu'il paraît, une nouveauté singulière à Constantinople. Nicétas lui adresse ensuite des reproches plus sérieux : Dévoré, dit-il, de la soif des richesses commune à ses compatriotes, il s'empressa de faire ouvrir les tombeaux des empereurs qui reposaient dans l'église des Saints-Apôtres près de la métropole, et l'on enleva nuitamment tout ce qui s'y trouvait encore d'ornements d'or, de perles ou de pierres précieuses. On fut surpris de trouver le corps de Justinien parfaitement conservé; mais rien n'arrêta ces hommes avides, habitués à dépouiller les vivants et les morts.

Ces déprédations, ces violations de sépultures étaient bien faites pour aliéner aux conquérants l'esprit du peuple grec. Tous les hommes un peu marquants de l'ancienne cour s'étaient dispersés dans diverses directions pour se saisir de quelque portion de territoire et s'y maintenir. Mais les deux derniers empereurs, qui n'étaient encore éloignés que de quelques journées de Constantinople, semblaient avoir pris à tâche d'aplanir la conquête par le spectacle de leur lâcheté et de leurs perfidies. Ducas Murzufle occupait Tzurule, que Ville-Hardouin nomme *le Churlot*, lorsqu'il apprit que l'empereur Baudouin se disposait à sortir de Constantinople pour prendre possession de sa terre, et qu'il avait envoyé en avant son frère Henri avec cent chevaliers. Murzufle n'osa pas l'attendre, et il se dirigea avec ce qu'il avait de troupes vers Mosynople, qu'occupait Alexis Comnène; il était accompagné de la femme de cet ex-empereur et de sa plus jeune fille, nommée Eudoxie. Depuis que Murzufle s'était emparé du trône par le meurtre du jeune Alexis, il vivait avec cette princesse, pour laquelle il abandonna sa femme légitime. Alexis Comnène l'accueillit comme un gendre; il l'engagea à entrer dans son château avec sa femme pour dîner avec lui et prendre un bain. Lorsqu'il fut dans le bain, son hôte le fit saisir par des soldats, qui lui crevèrent les yeux en présence d'Eudoxie et malgré ses cris. Les troupes que Murzufle avait amenées passèrent au service d'Alexis ou se dispersèrent. Le malheureux aveugle, abandonné de tous, erra quelque temps, et finit par être pris par les Latins, qui le précipitèrent du sommet d'une des hautes colonnes de Constantinople, en expiation du meurtre de leur allié le jeune Alexis.

Pendant ce temps Henri s'avançait sans rencontrer de résistance, et Andrinople lui ouvrit ses portes; elle prêta serment de fidélité à Baudouin lui-même, qui s'y rendit bientôt après; et les habitants le prièrent de leur laisser une garnison pour les protéger contre les entreprises du roi de Blaquie et de Bulgarie Johannice. Baudouin leur donna pour gouverneur Eustace de Sambruit, baron flamand, avec quarante chevaliers et cent sergents à cheval.

D'Andrinople Baudouin se porta sur Mosynople. Alexis L'Ange, malgré le renfort qu'il s'était procuré par sa trahison envers Murzufle, évita le combat, et s'enfuit plus loin.

A Mosynople l'empereur fut rejoint par Boniface de Montferrat, accompagné de sa femme. Il dit à Baudouin qu'il avait reçu des lettres de Salonique, où on lui mandait qu'il serait reçu de bon gré. Il le priait donc de lui permettre de s'y rendre pour en prendre possession, suivant les conventions, comme son homme lige; après quoi, il reviendrait le joindre tout appareillé pour combattre le roi de Blaquie. « Non, dit l'empereur, j'irai moi-même, je veux voir ce que c'est. » Le marquis insista. « Sire, dit-il, du moment que je puis conquérir ma terre sans vous, il me déplaît que vous y entriez; ce n'est pas pour mon avantage, et sachez que je n'irai pas avec vous ». Baudouin, poussé par son entourage, persista dans sa résolution, et le marquis, fort irrité, rebroussa chemin avec Guillaume de Champlitte, quelques autres de ses compagnons et la plupart des barons allemands. Il se présenta devant une place que Ville-Hardouin nomme *le Dimot,* et qui est Didymotichum. Le Grec qui y commandait la lui remit aussitôt; tous les Grecs des environs vinrent se grouper autour de lui, tant à cause de la réputation dont il jouissait que pour sa femme, leur ancienne impératrice. Les historiens ajoutent que dans ce moment le marquis promit de couronner empereur un fils d'Isaac L'Ange nommé Manuel, dont il se trouvait le beau-père par son récent mariage.

Se voyant ainsi entouré, le marquis s'avança sur Andrinople. Sambruit, qui y commandait pour Baudouin, en ferma les portes, et se disposa à soutenir le siége; en même temps il envoya un courrier à Constantinople pour faire savoir la rupture de l'empereur et du marquis, et demander des secours.

Cette nouvelle jeta la consternation parmi les Francs, dont ces dissensions pouvaient amener la ruine. Le duc de Venise, le comte de Blois et les principaux barons qui étaient restés à Constantinople se réunirent au palais de Blaquernes pour délibérer, et ils députèrent ensuite vers le marquis de Montferrat Geoffroy de Ville-Hardouin et un autre chevalier fort estimé. Ils firent si bien que le marquis consentit à lever le siége, et choisit le duc de Venise, le comte de Blois, Béthune et Ville-Hardouin, pour arbitres entre lui et l'empereur. Celui-ci, dès qu'il avait appris le siège d'Andrinople, était parti de Salonique, jurant de faire au marquis le plus de mal possible. Mais il fut retardé dans sa marche par les maladies qui se mirent dans son armée, l'obligèrent de laisser beaucoup de monde en arrière, et lui enlevèrent quarante chevaliers, dont la perte lui fut extrêmement sensible. Sur ces entrefaites arrivèrent de Constantinople les députés que le duc de Venise et le comte de Blois lui envoyaient pour le prévenir que le marquis de Montferrat s'en était remis à leur arbitrage, et l'engager à en faire autant de son côté, l'avertissant avec fermeté qu'en aucun cas ils ne souffriraient une guerre qui serait la perte des chrétiens. Les conseillers qui avaient entraîné l'empereur dans cette fâcheuse expédition de Thessalonique cherchaient à lui faire repousser ce message, comme un audacieux empiétement sur ses droits; mais Baudouin, sans promettre d'accepter l'arbitrage, dit qu'il allait se rendre à Constantinople, et n'entreprendrait rien contre le marquis avant d'en avoir conféré avec le doge et le comte de Blois. Il ne tarda pas à reconnaître qu'il avait eu les premiers torts, et des messagers partirent pour chercher le marquis, afin de sceller leur réconciliation à Constantinople.

Il fut convenu que Boniface remettrait la ville de *Dimot* (Didymotichum) à Ville-Hardouin, qui la lui garderait jusqu'à ce qu'il ait été mis en possession de Salonique. Ces conditions furent loyalement exécutées, à la grande joie des Latins et au désappointement des Grecs, qui avaient espéré recouvrer leur indépendance au milieu des dissensions des conquérants.

Laissons un moment de côté le roi de Thessalonique, occupé de ses négociations et de ses guerres avec les Grecs de la Macédoine et de la Morée, et revenons à l'empereur de Constantinople.

Baudouin vit bientôt affluer dans sa capitale les chevaliers qui s'étaient séparés de la croisade pour se rendre par d'autres voies en Syrie et ceux qui étaient établis depuis longtemps sur divers points du littoral asiatique. Leur arrivée fut accueillie avec joie; mais cette satisfaction fut bientôt changée en deuil par la nouvelle qu'ils apportèrent de la mort de Marie de Brabant, femme de Baudouin. Cette princesse, qui n'avait pu accompagner son mari parce qu'elle était enceinte, s'était mise en route après sa délivrance, pour le rejoindre. Partie de Marseille, elle avait débarqué à Acre, où elle apprit à la fois la prise de Constantinople et l'élection de son mari. Une maladie, causée, dit-on, par la joie qu'elle ressentit à cette nouvelle, l'enleva en peu de temps; elle fut généralement regrettée.

Baudouin fut distrait de cette douleur par la nécessité de défendre son empire menacé. Depuis le partage des fiefs, l'orgueil des nouveaux seigneurs et les charges imposées pour leur établissement avaient fait sentir plus durement aux Grecs le poids de la conquête. La haine contre les Latins leur fit tourner les yeux vers leur ancien ennemi, le roi de Bulgarie, Johannice, que Baudouin avait irrité en voulant le traiter en vassal. Plusieurs seigneurs grecs, repoussés avec mépris par les Francs, s'étaient rendus près de lui; il les engagea à retourner dans les provinces grecques et à y préparer les esprits à un soulèvement.

La révolte éclata d'abord à Didymotichum. Le comte de Saint-Paul, auquel cette ville était échue, venait de mourir à Constantinople : ses chevaliers furent assassinés ou faits prisonniers; un petit nombre put échapper, et s'enfuit vers Andrinople, mais ils la trouvèrent également soulevée. Les Francs et les Vénitiens, qui l'occupaient, se retirèrent sur Tzurulle, où ils s'arrêtèrent, et firent connaître à Constantinople la révolte des Grecs.

Baudouin, après avoir délibéré avec le duc de Venise et le comte de Blois, rappela son frère Henri et les chevaliers que le comte de Blois avait envoyés en Asie pour conquérir le duché de Nicée, dont il avait reçu l'investiture. Les Francs, aidés par les Arméniens ou Hermins, comme on les appelait alors, avaient remporté plusieurs avantages sur Théodore Lascaris, et s'avançaient dans le pays. Baudouin leur enjoignit de tout abandonner, à l'exception de la ville de Pége; il fit partir immédiatement le maréchal de Romanie avec le peu d'hommes qui se trouvaient prêts, et ils reprirent de suite l'offensive. Dès qu'une centaine de chevaliers furent revenus d'Asie, l'empereur, sans attendre les autres, partit à la tête de cent quarante chevaliers seulement pour assiéger Andrinople, où tous les adversaires des Francs s'étaient renfermés. Il fut rejoint au bout de quelques jours par le vieux doge et ses Vénitiens; mais malgré ce renfort l'armée était insuffisante pour prendre une ville aussi forte.

Les attaques des Francs furent repoussées, et ils souffraient de la disette, les Grecs ayant dévasté toutes les campagnes d'alentour. Bientôt on annonça l'approche de Johannice; il s'avançait à la tête d'une armée considérable de Bulgares, de Valaques et de Comans. On était à la semaine de Pâques 1205; il y avait un an que les croisés étaient entrés victorieux à Constantinople, mais la fortune, après les avoir comblés, commençait à leur devenir contraire. Le 13 avril les cavaliers Comans se montrèrent devant le camp. Les plus ardents de l'armée s'élancèrent contre eux, et les poursuivirent une lieue sans pouvoir les atteindre : lorsqu'ils voulurent revenir, ils furent enveloppés par les Comans, et beaucoup d'entre eux furent blessés.

Les chefs s'assemblèrent en conseil, et reconnurent qu'il y aurait folie à poursuivre avec leurs chevaliers pesamment armés la cavalerie légère des Comans ; et l'on résolut, si les ennemis se présentaient de nouveau, de les attendre de pied ferme. Cependant le lendemain, après la messe, l'armée ayant été assaillie par les Comans, le comte de Blois et Baudouin, oubliant les premiers leurs propres recommandations, se laissèrent emporter à poursuivre ces ennemis, entraînant avec eux tout leur monde, excepté les gardiens des retranchements. Ils poursuivirent les Comans pendant deux lieues, et tombèrent au milieu de l'armée bulgare, commandée par Johannice. Aussitôt s'engage un combat terrible; le comte de Blois, blessé, tombe de son cheval ; un de ses chevaliers le relève, lui donne sa propre monture, et veut l'entraîner hors de la mêlée, mais il refuse d'abandonner l'empereur, et il est tué ainsi que son fidèle chevalier. Baudouin, malgré l'infériorité du nombre, avait quelque temps balancé la victoire; entouré de ses chevaliers, il soutenait une lutte désespérée, dans laquelle il fit des prodiges ; enfin, accablé par le nombre et criblé de blessures, il tomba aux mains des Bulgares. La fleur de l'armée française périt dans ce fatal combat; le petit nombre de ceux qui en échappèrent revint à toute bride vers Andrinople, poursuivi par toute la cavalerie des Bulgares.

Le maréchal de Romanie, qui gardait le camp, et le doge, qui occupait une position à quelque distance, informés du désastre par les fuyards, recueillirent les débris de l'armée, firent sortir tout ce qu'ils avaient de gens, et par leur contenance tinrent en respect l'armée des Bulgares jusqu'à la fin du jour.

La nuit venue, ils levèrent le camp, et, emmenant tous leurs blessés, ils reprirent en bon ordre le chemin de Rhodosto. Une quinzaine de chevaliers seulement, l'esprit frappé des scènes de carnage dont ils avaient été témoins, partirent seuls sans rien écouter, et firent si grande diligence qu'ils arrivèrent en deux jours à Constantinople, où ils répandirent la fatale nouvelle et communiquèrent la terreur à laquelle ils étaient en proie.

On crut l'armée anéantie, et la panique fut si grande à Constantinople qu'une partie des Latins voulaient abandonner la ville. Il y avait dans le port cinq grands vaisseaux : pèlerins, Vénitiens, hommes d'armes et chevaliers s'y jetèrent, au nombre de sept mille. Malgré les instantes prières de Milon de Brébans, qui commandait la ville, et du légat, le cardinal de Capoue, ils mirent à la voile. Par un hasard singulier, les vents les portèrent au port de Rhodosto, où les débris de l'armée venaient d'arriver. Là de nouvelles remontrances leur furent faites sur le déshonneur qui suivrait leur retraite en de telles circonstances ; ils promirent de donner une réponse le lendemain, mais à la pointe du jour ils partirent, sans parler à personne. Il y eut même dans l'armée un chevalier de haute renommée qui, à la honte de son blason, s'embarqua secrètement la nuit, abandonnant son bagage et ses hommes.

Mais si plusieurs montrèrent de la faiblesse, il y eut aussi bien des hommes de cœur, dont le courage et la persévérance ne se démentirent point. La nuit de leur départ d'Andrinople, les Francs rencontrèrent une troupe de cinq cents chevaliers et de sept cents sergents à cheval : c'étaient des hommes liges du comte de Blois qui revenaient d'Asie pour le rejoindre. Ils apprirent la mort de leur seigneur avec de profonds regrets, et se mirent à la disposition du maréchal de Romanie, qui les plaça à l'arrière-garde pour faire tête au roi des Bulgares.

Le comte Henri accourait aussi au secours de son frère ; il avait repassé le détroit suivi de vingt mille Arméniens qui, s'étant prononcés pour les Latins, avaient mieux aimé les suivre que de rester exposés seuls à la vengeance des Grecs. Henri apprit en arrivant la défaite de l'armée et la capture ou la mort de l'empereur. Il laissa en arrière la troupe des Arméniens, qui étaient embarrassés de femmes et d'enfants, et il se rendit en toute hâte à Rhodosto. Il y fut rejoint aussi par un neveu de Ville-Hardouin, qui ramenait de Philippopolis cent chevaliers et cinq cents sergents.

En se voyant réunis, ils déplorèrent amèrement la fatale imprudence qui avait fait engager la bataille sans attendre l'arrivée des renforts, qui eussent complétement changé la face des choses. Le comte Henri fut proclamé bailli, c'est-à-dire régent de l'empire jusqu'à ce qu'on connût le sort de son frère. Les émissaires qu'il avait envoyés en Bulgarie n'en avaient rapporté aucune nouvelle ; et ce ne fut qu'au bout d'un an qu'on acquit la certitude qu'il avait succombé dans sa prison.

Le doge Henri Dandolo, dont l'habileté, la prudence et la fermeté, avaient rendu tant de services dans cette guerre et devenaient plus nécessaires que jamais dans les circonstances périlleuses où l'on se trouvait, mourut à Rhodosto, à l'âge de quatre-vingt-dix-sept ans. Durant les treize ans qu'il avait gouverné son pays, il l'avait doté d'un code de lois qui restèrent en vigueur pendant plusieurs siècles ; il accrut la marine de Venise, et augmenta ses possessions du quart de l'empire grec. Il fut enterré magnifiquement à Sainte-Sophie, où son tombeau subsista jusqu'au jour où cette métropole fut convertie en mosquée.

Les malheureux Arméniens qu'Henri avait été obligé de laisser en arrière furent assaillis par les Grecs du pays et tous massacrés. Dans la Romanie il ne restait aux Latins que Rhodosto, occupé par les Vénitiens, et Sélybrie, qu'Henri mit en état de défense, avant de s'enfermer à Constantinople, que les Bulgares vinrent menacer. De l'autre côté du détroit, à l'exception de Pége, tout était retombé aux mains de Lascaris. Le régent fit partir des envoyés pour solliciter des secours de la chrétienté ; le pape intervint, mais inutilement, près du roi de Bulgarie, auquel il avait envoyé la couronne ainsi qu'une bannière de saint Pierre.

Henri attendit les secours incertains de l'Europe pour reprendre l'offensive. A l'entrée de l'été, Johannice, abandonné par les Comans, qui redoutaient les chaleurs, reconnut qu'il n'était pas en mesure de prendre Constantinople, et se porta contre Thessalonique, au secours de laquelle accourut le marquis de Montferrat. Aussitôt le régent parcourut la Thrace. Les Grecs, réduits à leurs seules forces, ne purent tenir contre les Francs; Tzurulle, Arcadiopolis, Bizye ouvrirent leurs portes; les habitants d'Apros demandaient à capituler quand les soldats y pénétrèrent, et pendant les négociations massacrèrent tous les habitants.

Ce malheur, que les chefs ne purent prévenir, suspendit les progrès des Francs en rallumant la haine des Grecs, qui se retirèrent dans Andrinople et dans Didymotichum. Henri entreprit le siège de ces deux fortes places; mais l'énergique résistance des habitants, les maladies qui se mirent dans son camp et le débordement des fleuves, l'obligèrent d'abandonner cette entreprise.

L'hiver ramena les Bulgares et les Comans; les Francs, que les frimats n'arrêtaient pas plus que les chaleurs de l'été, continuèrent à guerroyer. Dans une de leurs courses, cent vingt chevaliers que le régent avait mis en garnison à Rhusium rencontrèrent un corps considérable de Bulgares et succombèrent, à l'exception de dix. Parmi les morts on comptait le connétable de Romanie, André d'Urboise, qui était entré le premier à Constantinople, et nombre de chevaliers des plus braves. Depuis la bataille d'Andrinople l'armée n'avait pas éprouvé de pertes aussi sensibles (janvier 1206). Cet échec amena la défection de plusieurs villes. Les Vénitiens abandonnèrent Rhodosto, et la cause des Latins semblait désespérée, quand elle se releva inopinément. Le remède sortit en quelque sorte de l'excès du mal. Le roi de Bulgarie et ses sauvages auxiliaires, ne rencontrant plus d'obstacles, saccageaient et brûlaient tout sur leur passage, sans ménager plus les Grecs, qui les avaient appelés, que les Latins, qu'ils étaient venus combattre. Quand ils entraient dans une ville, ils la pillaient et emmenaient tous les habitants indistinctement en esclavage. Les Grecs ne tardèrent pas à reconnaître qu'au lieu d'un libérateur ils avaient attiré sur eux un fléau cent fois pire que le joug auquel ils avaient voulu se soustraire.

Plusieurs villes quand Johannice se présenta lui fermèrent leurs portes, tout en le proclamant du haut de leurs murailles leur seigneur et leur empereur, et le suppliant de les épargner. Mais Johannice n'était pas homme à se contenter d'un simple hommage : il les prit de vive force, et y exerça les plus grandes cruautés. Philippopolis, qui passait alors pour la troisième ville de l'empire, en fit la triste épreuve. Les Pauliciens, qui habitaient un des faubourgs, pensant que les Francs ne pourraient pas se défendre longtemps, appelèrent Johannice pour les aider à les expulser. Renier de Trit, bien qu'abandonné même de plusieurs de ses parents, s'était maintenu jusque alors dans le pays dont il avait reçu l'investiture. Instruit des menées des Pauliciens, il brûla leur faubourg, et se retira avec ses gens dans un château fort à quelques lieues de Philippopolis, où, quoique sans nouvelles du dehors et réduits à manger leurs chevaux, ils résistèrent pendant treize mois aux attaques des Bulgares, et rejoignirent enfin leurs compatriotes, qui les croyaient perdus.

Après que Renier fut sorti de Philippopolis, les Grecs se crurent assez forts pour se maintenir indépendants. Un noble Grec, nommé Asprète, prit le commandement de la ville, et refusa d'y admettre Johannice. Mais celui-ci s'en rendit maître avec l'aide des Pauliciens; il fit massacrer l'évêque, pendre Asprète la tête en bas, écorcher vifs ou décapiter les principaux habitants; enfin, il fit raser les remparts et les tours de la ville, qu'il réduisit en cendres. Ce traitement barbare et les cruautés qu'il avait exercées dans plusieurs autres villes, malgré des capitulations et des serments, déterminèrent les Grecs à promettre aux Francs de rentrer sous leur obéissance s'ils voulaient donner l'investiture d'Andrinople et de Didymotichum à Théodore Branas. Ce Branas, issu d'une famille qui avait donné plusieurs grands généraux à l'empire grec, avait épousé, depuis la prise de Constantinople, la sœur du roi de France, Agnès, veuve de deux empereurs, et il s'était attaché aux Français, qu'il avait servis fidèlement. Après quelques hésitations, les propositions des Grecs furent acceptées. Johannice s'avançait vers Didymotichum pour achever par la soumission de cette place et de celle d'Andrinople la conquête de la Macédoine; mais il y rencontra une résistance plus forte qu'il ne s'y était attendu. Les Grecs qui servaient dans son armée, informés du traité secret conclu avec les Francs, l'abandonnèrent, et le régent, appelé avec instance par les assiégés, sortit de Constantinople. Il n'avait avec lui que trois cents chevaliers, et ce n'est qu'à force d'indulgences promises par le légat qu'on put réunir environ trois mille combattants. Les Bulgares, au dire des Grecs, avaient plus de quarante mille hommes. Cependant lorsqu'ils apprirent que les Francs s'avançaient et qu'ils avaient dépassé Sélybrie, ils levèrent le siège et se retirèrent précipitamment.

Les habitants de Didymotichum sortirent avec croix et bannière au-devant des Francs. Branas reçut l'investiture de cette ville, puis tous ensemble se mirent à la poursuite des Bulgares; mais on ne put les joindre. Johannice se hâta de rentrer dans ses États, satisfait d'avoir mérité le surnom de Roméoctone et fait expier aux Grecs tout le sang qu'ils avaient versé en Bulgarie sous le règne de Basile Bulgaroctone.

En passant près de Philippopolis, les Francs délivrèrent Renier de Trit, qui était, comme nous l'avons dit, assiégé depuis plus d'un an, et qu'on n'espérait plus revoir; mais on acquit la triste certitude de la mort de Baudouin. Toutes les offres de rançon qu'Henri avait fait faire au prince bulgare étaient restées sans réponse, et l'on sut qu'il l'avait fait périr. On rapporte ainsi les détails romanesques de sa fin : Baudouin était enfermé à Ternovo, dans le palais de Johannice. En son absence, sa femme, qui avait obtenu la permission de visiter le prisonnier, fut éprise de sa beauté; elle lui proposa de le délivrer et de lui assurer les moyens de regagner Constantinople s'il voulait répondre à sa passion, l'emmener dans sa fuite, et la faire asseoir avec lui sur le trône.

Baudouin repoussa ces propositions, et cette femme s'en vengea au retour de son mari en accusant le noble et pieux empereur des projets qu'elle seule avait formés. Au milieu d'un festin Johannice fit amener Baudouin, et après l'avoir accablé de reproches et d'outrages, il lui fit couper les bras et les jambes, et jeter ainsi dans une mare, où il expira lentement, dévoré par les oiseaux de proie. On ajoute que Johannice, en vrai successeur d'Attila, se fit monter une coupe à boire avec le crâne de Baudouin.

Une femme de Bourgogne qui passait par Ternovo, au retour des lieux saints, recueillit pieusement les restes du malheureux empereur, et leur donna secrètement la sépulture.

Baudouin n'avait que trente-cinq ans; il avait occupé moins d'un an le trône de Constantinople. Il ne laissait que deux filles en bas âge, qui héritèrent de ses comtés de Flandre et de Hainaut.

Le sceptre de Constantinople ne pouvait être tenu que par une main ferme; Henri s'en était montré digne durant sa régence, et fut proclamé d'une commune voix.

Le nouvel empereur, dont l'activité s'appliquait à tous les devoirs du souverain, débuta par s'occuper de l'organisation du pays, qui, au milieu du trouble continuel de la guerre, était tombé dans la plus grande confusion. Il renouvela les conventions avec les Vénitiens, régla les obligations des vassaux, la durée et l'importance du service militaire auquel ils étaient tenus, et les cas où ils en étaient dispensés lorsqu'eux-mêmes étaient obligés de défendre leurs fiefs. Il limita sa propre autorité en s'engageant à consulter le conseil dans ce qui concernerait l'accroissement ou la défense de l'empire; désigna les portions du territoire qui devaient former le domaine impérial et subvenir à ses dépenses. Enfin il fut convenu que rien ne serait changé à ces règlements que du consentement de l'empereur, du *bayle* vénitien et du roi de Thessalonique.

Le bon accord de ce prince avec Henri fut cimenté par le mariage de celui-ci avec Agnès, fille de Boniface. Les noces furent célébrées à Constantinople au mois de février 1207, à l'issue d'une campagne brillante de l'empereur contre les Bulgares. Johannice étant encore venu ravager la Macédoine, il avait surpris et démantelé Didymotichum, et menaçait Andrinople. Henri, appelé par Branas, fit lever le siége, s'attacha à la poursuite des Bulgares, les atteignit, délivra vingt mille Grecs qu'ils emmenaient en captivité, reprit le butin chargé sur trois mille chariots, et fit rendre à chacun ce qu'on lui avait enlevé. Il pénétra ensuite sur le territoire des Bulgares, et détruisit Thermœ, une de leurs principales villes. Mais ce succès ne mit pas un terme à leurs incursions.

Théodore Lascaris, qui avait pris le titre d'empereur à Nicée, conclut une alliance avec Johannice, et leurs attaques combinées ne laissaient pas un instant de repos aux Français. Lorsque Henri se disposait à secourir Andrinople ou quelque autre ville de Thrace, des messagers venaient l'avertir que Lascaris pressait Cyzique ou toute autre possession d'Asie, et qu'elle était perdue s'il ne la soutenait promptement. Henri se jetait alors avec les chevaliers qui l'entouraient sur les vaisseaux qui se trouvaient dans le port; mais il n'avait pas plus tôt repoussé les Grecs sur un point qu'il lui fallait voler à la défense d'une autre ville.

Nous reviendrons plus d'une fois sur les guerres des Français contre l'empereur de Nicée, digne rival de Henri par son activité, son courage et son patriotisme. Une trêve de deux ans, conclue avec Lascaris à la fin de 1207, permit à Henri de concentrer ses efforts contre Johannice. Dans cette même année Boniface eut une entrevue avec son gendre, auquel il renouvela l'hommage qu'il avait rendu à Baudouin pour le royaume de Thessalonique, et ils concertèrent ensemble les moyens de repousser leurs communs ennemis.

Malheureusement au retour de cette entrevue il rencontra un parti de Bulgares qui attaqua son escorte. Boniface, sans prendre le temps de s'armer, s'élance à la défense de ses gens, et reçoit une blessure mortelle. Ses compagnons se font tuer autour de lui sans pouvoir arracher son corps aux barbares, qui envoyèrent sa tête à leur roi.

Ainsi périt, dans une misérable échauffourée, le chef de la cinquième croisade, qui semblait d'abord appelé aux plus hautes destinées, et qui, dans la position secondaire que sa modération accepta sans murmure, conserva le premier rang par ses éminentes qualités. Les conquérants perdirent en lui un chef non moins utile par la sagesse de ses conseils que par la valeur de son bras, et les Grecs un maître humain dont la piété sincère et tolérante maintenait l'union entre ses sujets de sectes différentes.

Après sa mort, Johannice investit Salonique, pensant avoir aisément raison d'une ville où régnaient une femme et un enfant. L'inquiétude était grande parmi les assiégés; mais un jour Johannice fut trouvé dans sa tente baigné dans son sang, et il expira dans des angoisses mêlées de délire. On ne sut jamais si sa mort eut une cause naturelle ou s'il fut assassiné par un de ses généraux. Les Grecs de Thessalonique attribuèrent à leur patron Démétrius cette délivrance miraculeuse. Les Bulgares regagnèrent en toute hâte leur pays, où la succession de Johannice pouvait amener des troubles, car il ne laissait pas d'enfant mâle. Son neveu Borilas fut élu à sa place, et fortifia son autorité en épousant sa tante, la veuve de Johannice. Voulant marcher sur les traces de son prédécesseur, il envahit les provinces grecques à la tête d'une armée de plus de trente mille hommes; mais Henri, quoique disposant de forces bien inférieures en nombre, le défit près de Philippopolis, pénétra en Bulgarie, et soumit quatre-vingts lieues de pays. Borilas sollicita et obtint la paix, et pour l'affermir il proposa à Henri, qui était devenu veuf, d'épouser la fille de Johannice. Ce mariage, qui de la part de Henri dut être un sacrifice à la sécurité de l'empire, fut conclu en 1209. Les Français ne virent pas sans déplaisir la fille de leur ennemi mortel et le meurtrier de Baudouin s'asseoir sur le trône de Constantinople; et lorsque Henri mourut, quelques années plus tard, plusieurs la soupçonnèrent de l'avoir empoisonné.

La paix avec les Bulgares et la trêve avec Lascaris semblaient promettre aux Francs un repos nécessaire. Mais il fut troublé par une lutte intestine, qui, bien que peu sanglante et terminée à leur avantage, ne manqua pas d'affaiblir leur autorité, encore mal établie.

Boniface avait laissé deux fils : Guillaume, issu d'un premier lit, qui hérita du marquisat de Monferrat, et Démétrius, né à Thessalonique, du second mariage avec Marguerite de Hongrie, et auquel devaient échoir toutes ses possessions d'Orient. Un comte Hubert de Blandrate, beau-frère, par sa femme, de Boniface, fut choisi pour tuteur du jeune prince et régent du royaume. Ce Blandrate, s'il faut en croire Henri de Valenciennes, historien de l'empereur Henri, un peu suspect de partialité, était un ambitieux qui avait dessein de soustraire le royaume de Thessalonique à la suzeraineté de l'empire, et se proposait d'y appeler le marquis Guillaume de Montferrat, comme plus capable de soutenir cette entreprise.

Par le conseil de ses barons, Henri, afin de déjouer ces machinations, résolut de se rendre à Thessalonique pour recevoir l'hommage du régent, et il se mit en route au cœur de l'hiver. Le froid était excessif ; l'empereur et les chevaliers dont il était accompagné franchirent plusieurs rivières sur les glaces, au grand étonnement des gens du pays, qui ignoraient les motifs qui leur faisaient ainsi braver les intempéries. Quand ils furent sur le territoire de Thessalonique, le châtelain de Christopolis, chez qui ils croyaient trouver un gîte, refusa de les recevoir. Il leur fallut passer la nuit sans abri, manquant des choses les plus nécessaires et au risque de mourir de froid. Il en fut de même jusqu'à Thessalonique, où l'on arriva quelques jours après Noël, et qui tint ses portes fermées à l'empereur.

Henri s'était arrêté à quelque distance, dans un couvent ; il envoya des messagers au comte de Blandrate pour le rappeler à son devoir envers son seigneur. Mais le comte voulut profiter de la position de l'empereur, qui n'était pas assez entouré pour pénétrer de force dans la ville, et risquait de mourir de froid ou de faim si ces débats se prolongeaient. Il dit que les Lombards entendaient ne rien céder de ce qu'ils avaient conquis au prix de leur sang, et qu'ils ne recevraient l'empereur dans leur ville que s'il leur reconnaissait la souveraineté de tous les pays s'étendant depuis Durazzo jusqu'à Macris, les villes du Péloponnèse de Modon à Corinthe, Thèbes, Négrepont, la Crète, la province de Philippopolis ; enfin ils demandaient que le despote d'Épire relevât d'eux. Les députés de l'empereur se récrièrent ; ils proposèrent plusieurs arrangements, invoquèrent la charte que Baudouin avait octroyée au marquis de Montferrat ; puis ils offrirent de s'en remettre à la décision du pape, ou du roi de France, ou d'arbitres choisis de part et d'autre. Le comte, soutenu par le conseil, ne voulut pas démordre de ses prétentions. L'empereur fut consterné de cette réponse ; tous ceux qui l'entouraient l'engagèrent à céder à la nécessité s'il ne voulait les voir tous périr ; les évêques qui l'accompagnaient lui dirent même qu'ils le relèveraient d'un serment arraché par la force, et qu'ils en prendraient la faute sur eux.

Enfin Henri se résigna à faire répondre au comte qu'il consentait à toutes ses demandes si l'impératrice, veuve de Boniface, les approuvait. Ils eurent une entrevue, à la suite de laquelle Henri fit son entrée à Thessalonique. Il devait n'être accompagné que de quarante chevaliers ; mais plus de soixante autres y pénétrèrent malgré ceux qui gardaient les portes, et toute la suite de l'empereur finit par entrer en ville.

Après quelques jours accordés au repos, l'empereur, requis par le comte de confirmer ses promesses, assembla les grands du royaume, et après s'être plaint des procédés sans exemple par lesquels Blandrate avait voulu lui arracher des concessions, dit que néanmoins il tiendrait ses engagements si la reine était d'accord avec le régent. Mais celle-ci, avec laquelle l'empereur avait eu une entrevue, désavoua le comte, au grand désappointement des Lombards, et accusa hautement Blandrate de l'avoir tenue en quelque sorte captive, tandis qu'il appelait le marquis Guillaume pour la déshériter elle et son enfant.

L'empereur, pour prouver qu'il n'était pas venu pour dépouiller l'enfant, l'arma chevalier et le couronna dans l'église de Saint-Démétrius, le jour de l'Épiphanie. Le comte de Blandrate, pressé par les accusations de la reine, avait fini par lui rendre l'anneau signe de la régence. Sommé de remettre les villes et châteaux qu'il avait fait fermer à l'empereur, il promit tout ; mais il fit dire sous main aux officiers qui les commandaient, et qui étaient ses créatures, de tenir bon; il fallut les assiéger. Il y eut de longs pourparlers; les Français et les Lombards, qui ne s'aimaient guère, en vinrent souvent aux mains; l'avantage resta partout aux Français. L'empereur parcourut les provinces, et s'y fit reconnaître suzerain. A Thèbes les Lombards, retirés dans la citadelle, furent forcés de capituler. Partout sur le passage de l'empereur les Grecs s'étaient portés au-devant de lui avec la croix et les images. Quand il entra dans Thèbes, dit Henri de Valenciennes, *pensiez voir un si grand polucrone de palpas et d'alcontes et d'ommes et de femes, et si grant tumulte de tymbres de tambours et de troupes que toute la terre en tremblait.* L'empereur passa deux jours à Athènes, où il fut bien accueilli par Othon de la Roche, qui avait reçu cette ville en fief du marquis de Montferrat. *Il alla faire son oraison à la maistre église qu'on dit de Nostre-Dame.* (C'était le Parthénon). D'Athènes il se rendit à Négrepont, où on l'avait averti que le comte de Blandrate, errant et toujours hostile, voulait le faire assassiner; mais la confiance de Henri et la loyauté du châtelain déjouèrent ces mauvais desseins. Le despote d'Épire Michaélis vint trouver l'empereur et solliciter son alliance.

Henri laissa un bailli à Thessalonique pour surveiller la régence de la reine, et rentra à Constantinople, après avoir réussi dans toutes ses entreprises; et cependant l'établissement des Francs en Orient fut plutôt affaibli que fortifié par cette extension de la suzeraineté directe de l'empereur sur des vassaux éloignés, qui profitèrent de ces rivalités entre l'empire français et le royaume lombard pour se rendre presque complétement indépendants, chacun dans son petit État, vice inhérent de la féodalité.

Ces dissensions politiques se compliquèrent de querelles religieuses. L'Église se ressentait du trouble général; le morcellement des principautés, qui ne correspondaient plus aux anciennes divisions ecclésiastiques, amenait des conflits entre les évêques. Des ordonnances de l'empereur pour restreindre les donations au clergé, ordonnances dont quelques seigneurs laïcs se prévalaient pour envahir les biens des églises, et qui furent cassées par le pape, attirèrent à l'empereur d'assez vifs reproches de la part de la cour de Rome.

Le cardinal Pélage, envoyé comme légat à Constantinople, choqua tout d'abord les Grecs par le faste de son cortége et de sa livrée de pourpre. Il voulut contraindre leurs prêtres à mentionner le pape dans leurs prières, et fit jeter les récalcitrants en prison. Les principaux d'entre les Grecs implorèrent la tolérance de l'empereur, qui s'était jusque alors montré paternel pour tous ses sujets. Henri arrêta la persécution; mais déjà un grand nombre de moines et de prêtres s'étaient retirés dans les États de Lascaris, qui s'empressa de les accueillir.

Le concile général de Latran, qui se tint en 1215, régla la discipline de l'Église d'Orient; il accorda aux Grecs réunis au saint-siége l'usage de leur langue et d'une partie de leurs rites. Mais presque toute la population grecque soumise à l'empire latin, quoique privée de ses évêques, n'en resta pas moins attachée pour la foi à son patriarche, qui résidait à Nicée, près de Lascaris.

Henri avait conclu la paix avec ce prince en 1214, et il se disposait à tourner ses armes contre le despote d'Épire, Théodore Comnène, qui avait succédé à son frère Michel, et qui étendait ses frontières aux dépens de ses voisins Bulgares et Vénitiens. L'empereur était parvenu à Thessalonique à la tête de son armée, lorsqu'il mourut subitement, le 11 juin 1216, dans la quarante-cinquième année de son âge et la dixième de son règne. De vagues soupçons planèrent, comme nous l'avons dit, sur l'impératrice et sur les Grecs, qu'on accusa d'avoir tranché par le poison la carrière de ce prince, dont l'activité était bien nécessaire pour achever de fonder l'empire qu'il avait contribué à conquérir avec son frère, et qui déclina rapidement après lui.

Henri ne laissait pas d'héritier direct; mais le respect pour sa mémoire et pour celle de Baudouin engagea les barons à chercher son successeur dans sa famille. Ils jetèrent les yeux sur Pierre de Courtenay, comte d'Auxerre, mari d'Iolande, sœur des deux précédents empereurs, et sur André, roi de Hongrie, qui avait épousé une fille de Pierre de Courtenay, nommée Iolande comme sa mère. André, souverain d'un puissant royaume voisin de l'empire, aurait, en réunissant les deux couronnes, contenu plus aisément les Bulgares. Mais le pape Honorius, qui venait de succéder à Innocent, l'engagea à ne pas se laisser détourner pour une gloire temporelle de l'expédition de Terre Sainte qu'il préparait, et d'ailleurs André ne voulut pas aller sur les brisées de son beau-père. Le choix s'arrêta donc sur Pierre de Courtenay. Ce prince, cousin du roi Philippe-Auguste, possédait, par héritage et par alliance, plusieurs seigneuries importantes. Il engagea le comté de Nevers à l'un de ses gendres, ce qui le mit en état d'entretenir cinq mille cinq cents hommes d'élite, auxquels se joignirent un grand nombre de chevaliers français.

A la tête de cette armée il traversa l'Italie, reçut la couronne des mains du pape, et vint s'embarquer à Brindes sur une flotte vénitienne. Il envoya directement à Constantinople ses enfants et sa femme, qui était enceinte, et fit voile vers Durazzo, que le despote d'Épire avait enlevée aux Vénitiens, et qu'il voulait reconquérir. Cette expédition, sur laquelle on fondait tant d'espérance, échoua dès les premiers pas. On ignore le détail des circonstances qui amenèrent la perte des Français : selon les uns, l'empereur fut tué dans une des premières rencontres, ou assassiné dans une conférence; selon d'autres, sa tentative contre Durazzo n'ayant pas réussi, il entreprit de s'ouvrir un passage à travers l'Épire; mais à peine l'armée française était-elle engagée dans les gorges de l'Albanie, qu'elle fut attaquée et détruite par les habitants du pays. Les principaux chefs, l'empereur lui-même et le légat du pape, qui l'accompagnait, tombèrent aux mains de Théodore Comnène. Instruit de cette fatale nouvelle, le pape se donna beaucoup de mouvement pour armer de tous côtés des vengeurs; mais lorsque la croisade fut réunie sous les ordres de Robert de Courtenay, frère de l'empereur, Honorius lui interdit de pénétrer sur les terres du despote d'Épire, qui avait habilement détourné l'orage en rendant la liberté au légat, et en promettant de reconnaître l'autorité du saint-siége. L'histoire ne parle plus de Pierre de Courtenay. Probablement il était mort dans sa captivité, comme Baudouin Ier. Sa veuve était accouchée à Constantinople d'un fils, qui reçut le nom de Baudouin, et qui monta plus tard sur le trône. Une de ses filles fut mariée avec Théodore Lascaris, empereur de Nicée, lequel confirma, grâce à cette alliance, la paix signée quelques années auparavant avec les Français.

Le vieux Conon de Béthune, un des héros de la croisade, avait été nommé régent en attendant le successeur de Pierre de Courtenay. L'aîné des onze enfants de ce prince, Philippe, comte de Namur, auquel on avait déféré la couronne, préféra conserver le gouvernement, plus paisible et plus certain, de ses domaines d'Occident, et il offrit à sa place aux députés son jeune frère Robert, qu'ils acceptèrent. Robert s'achemina vers Constantinople en traversant l'Allemagne et la Hongrie, où il passa l'hiver en fêtes à la cour de son beau-frère, le roi André. Le mariage d'une de ses nièces avec Asan, roi des Bulgares, semblait promettre aussi de ce côté un utile appui. Sa seconde sœur, Agnès, destinée d'abord au roi d'Aragon, avait été en quelque sorte enlevée au passage par Geoffroi II de Ville-Hardouin, prince d'Achaïe; et l'importance que ce puissant vassal avait acquise dans sa principauté de Morée, détermina l'empereur à ratifier ce mariage. D'un autre côté, Lascaris, qui, par sa femme, était déjà beau-frère de Robert, proposait de devenir son beau-père, en lui donnant une de ses filles, née de son premier mariage, malgré l'opposition du clergé grec contre ce double lien de parenté, prohibé par les canons de l'Église. Robert semblait donc par ses alliances de famille dans les conditions les plus favorables pour protéger les frontières de l'empire au nord, à l'orient et à l'occident. Malheureusement il n'avait pas en lui-même les talents et l'énergie nécessaires pour parer aux dangers intérieurs et extérieurs qui le menaçaient.

Les Grecs montraient toujours une invincible répugnance à se soumettre à la cour de Rome. Les prélats latins, quelquefois retenus par la sagesse du pape, n'étaient que trop portés à recourir à l'emploi du bras séculier pour dompter cette obstination, qu'ils ne faisaient qu'irriter. Les clergés français et vénitien se disputaient l'élection du patriarche. Les grands feudataires, et particulièrement Ville-Hardouin, s'emparaient d'une partie des biens de l'Église, sans tenir compte des menaces du pape et de l'empereur. Profitant de ces discussions et de ces troubles, Théodore Comnène, despote d'Épire, ne négligeait aucune occasion d'enlever quelques terres aux Latins ; et pendant que le roi de Thessalonique, Démétrius, était allé chercher des secours en Italie, Théodore lui enleva sa capitale avec la Thessalie, et se fit sacrer empereur par l'archevêque d'Achrida.

Guillaume, marquis de Montferrat, après bien des traverses, amena une armée pour rétablir son frère ; mais à peine arrivé en Thessalie, il y mourut. Ses troupes se séparèrent, et Démétrius dut renoncer à l'espoir de recouvrer Thessalonique. D'un autre côté, Théodore Lascaris, qui, dans les dernières années de sa vie, s'était rapproché des Latins, venait de mourir, et l'empire de Nicée était passé aux mains de son gendre, Jean Ducas Vatazès, homme habile et brave. Depuis que les Latins avaient expulsé les Grecs de Constantinople, les rôles semblaient changés : l'activité, l'énergie qui avaient fait le succès des croisés étaient passées du côté des vaincus. Les Grecs avaient secoué leur trop longue torpeur. Ce n'était plus par l'or et les négociations, mais par les armes qu'ils défendaient pied à pied ce qu'ils avaient sauvé, et ils ne désespéraient pas de recouvrer un jour tout ce qui leur avait été enlevé.

Les frères de Lascaris, jaloux de s'être vu préférer le mari de leur nièce, se rendirent à Constantinople pour exciter Robert contre le nouvel empereur de Nicée. Les prétextes de rupture ne manquaient pas. Vatazès, dans la crainte peut-être de fortifier l'autorité de l'empereur français sur les Grecs, s'il laissait accomplir le mariage projeté entre Robert et la fille de Lascaris, retenait sa belle-sœur à Nicée. L'empereur de Constantinople fit marcher ses troupes en Asie, sous les ordres des deux frères de Lascaris. Les deux armées se rencontrèrent à Pœmanène ; le combat fut long et opiniâtre, mais la valeur de Vatazès décida la victoire. Les deux Lascaris furent faits prisonniers, et eurent les yeux crevés. La fleur de la noblesse française d'Orient périt dans cette journée. Vatazès reprit tout ce que l'empereur Henri avait conquis en Asie jusqu'à la côte de Troade. Il envoya même des vaisseaux s'emparer de Lesbos et ravager les côtes de la Propontide. Deux de ses généraux passèrent l'Hellespont à la tête d'un faible corps de troupes pour répondre à l'appel des Grecs d'Andrinople, qui leur ouvrirent cette ville importante, la seconde de l'empire ; et on pouvait s'attendre à voir toute la Thrace passer sous l'autorité de Vatazès, quand ses progrès furent arrêtés, non par les Français, mais par un Grec. L'empereur de Thessalonique, déjà maître de tous les pays à l'occident de l'Hèbre, réussit à persuader aux habitants d'Andrinople qu'il était plus en position de les protéger, et ils obligèrent les généraux de Vatazès de remettre la place à Théodore.

Cette rivalité des deux empereurs grecs donna quelque répit à l'empereur français. Vatazès ne voulant pas travailler pour son compétiteur, et menacé dans sa propre cour par une conspiration, fit la paix avec les Français, qui lui cédèrent la forteresse de Pèges, et ne gardèrent en Asie que la partie de la presqu'île en face de Constantinople depuis le golfe de Nicomédie jusqu'au Pont-Euxin.

Rassuré de ce côté, Robert aurait dû tourner tous ses efforts contre Théodore, qui poussait quelquefois des incursions jusqu'en vue de Constantinople ; mais ce prince voluptueux était plus occupé de ses plaisirs que des dangers de l'État. Il s'était épris de la fille du chevalier de Neuville, un des compagnons d'armes de Baudouin, mort dans les guerres d'Orient, laquelle était fiancée à un seigneur bourguignon. La mère de cette jeune personne, éblouie de la perspective de grandeur que l'amour du prince semblait offrir à sa fille, vint avec elle habiter le palais. Mais le chevalier auquel elle était promise, exaspéré de cet abandon, résolut d'en tirer vengeance. Accompagné de quelques amis et de ses vassaux, il force la nuit les portes du palais, pénètre jusqu'à l'appartement de sa fiancée parjure, lui coupe le nez et les lèvres, entraîne la mère, qu'on précipite dans le Bosphore, et se retire sans que l'empereur, qui, dit-on, s'était caché, ni aucun des officiers du palais, essaye de lui résister.

Après cet affront impuni, qui acheva de faire tomber dans le mépris un prince qui n'avait su inspirer à ses propres sujets ni crainte ni respect, Robert alla porter ses doléances au pape Grégoire IX, successeur d'Honorius. Le souverain pontife l'engagea à retourner au plus tôt dans ses États, et à réparer sa réputation par une conduite plus digne de son haut rang. Mais en traversant l'Achaïe il mourut, à la suite d'une courte maladie, à peine âgé de trente ans, laissant l'empire à son jeune frère Baudouin, né pendant la captivité de leur père, et qui n'avait que onze ans.

Il fallait pourvoir à l'administration de l'empire pendant cette minorité, et malheureusement il ne restait à Constantinople aucun homme assez éminent pour prendre sur les vassaux l'ascendant nécessaire. Des membres du conseil jetèrent les yeux sur le roi de Bulgarie, allié, comme nous l'avons dit, par sa femme à la maison de Flandre. Des négociations furent ouvertes pour lui proposer le mariage de sa fille, qui n'avait que neuf ans, avec le jeune Baudouin, dont il serait devenu le baile ou tuteur. Asan se faisait fort de reconquérir sur les Grecs tout ce qu'ils avaient enlevé aux Français. Mais l'élection d'un prince bulgare, de cette race si souvent hostile et funeste aux Français, rencontra parmi la noblesse une vive opposition. Les négociations furent rompues, au grand mécontentement d'Asan, et l'on élut Jean de Brienne, vieillard octogénaire, mais encore plein de vigueur, et qui jouissait d'une grande réputation de valeur et de prudence.

Jean de Brienne était frère de Gauthier de Brienne, qui joua un assez grand rôle dans la cinquième croisade. Lui-même avait été envoyé par Philippe-Auguste en Palestine. Il y avait épousé Marie, héritière du royaume de Jérusalem, réduit alors aux villes d'Acre et de Tyr. Mais, dépouillé de cet État par son gendre, Frédéric II, empereur d'Allemagne, il était repassé en Italie près du pape Grégoire IX, qui lui avait remis le commandement de ses armées contre ce même Frédéric.

Les barons de Constantinople s'adressèrent au pape pour obtenir son assentiment à l'élection de Brienne, auquel ils déférèrent avec la régence le titre d'empereur, qu'il devait conserver sa vie durant. On stipula en même temps le mariage du jeune empereur avec la fille de Brienne. Celui-ci devait en outre être personnellement investi du royaume de Nicée, qu'il devait transmettre à ses héritiers, en supposant qu'il réussît à l'enlever à Vatazès.

Ce traité fut accepté avec joie par Brienne, et approuvé par le pape à Pérouse, le 19 avril 1229.

La conduite de Brienne ne répondit pas aux grandes espérances que l'on avait fondées sur son élection. Après deux ans consumés en préparatifs en Italie, il vint s'embarquer à Venise, et perdit deux années encore à Constantinople sans faire la guerre ni assurer la paix. Enfin, il passa en Asie avec des forces assez considérables; mais Vatazès, quoique affaibli par la révolte d'un de ses généraux, qu'il avait eu peine à comprimer, sut habilement arrêter les progrès des Français en leur fermant les passages des montagnes; et ils auraient été forcés de se rembarquer sans avoir rien fait, s'ils n'eussent enlevé par surprise la forte citadelle de Pèges (1233). Ce fut la fin et le seul fruit de la campagne.

Vatazès, dont l'activité ne se démentait pas un instant, essaya, dans cette même année, d'enlever aux Vénitiens l'île de Crète, fort lasse de leur joug. Il y fit passer des troupes sur un armement de trente-trois galères, et les assaillants s'emparèrent de quelques places; mais, mal secondés par les habitants, qui les avaient appelés, et rencontrant de la part des Vénitiens une résistance énergique, ils furent obligés de se rembarquer. Au retour, une tempête détruisit une grande partie de cette flotte.

N'ayant pas réussi de ce côté, Vatazès conçut un autre plan : il rechercha l'alliance du roi des Bulgares, qui avait été très-blessé de la préférence accordée à Jean de Brienne comme tuteur du jeune empereur, et de la rupture du mariage projeté entre Baudouin et sa fille. Vatazès lui demanda cette princesse pour son fils Théodore, qui devait être son héritier. Une alliance offensive et défensive fut conclue entre eux, et il fut convenu qu'ils se réuniraient l'année suivante en Thrace contre les Français.

Au printemps de 1234 Vatazès ouvrit la campagne par la prise de Gallipoli. C'est là qu'Asan vint le joindre, amenant sa fille Hélène, qui fut confiée à l'impératrice Irène pour achever son éducation sous ses yeux et près de son jeune époux, à peine du même âge qu'elle.

Le roi de Bulgarie avec ses Comans ravagea tout le nord de la Thrace jusqu'au mont Hœmus, tandis que l'empereur de Nicée prenait les villes de la Chersonnèse, où il laissa garnison, puis tous deux réunirent leurs forces contre Constantinople.

A la première nouvelle de cette alliance menaçante, l'empereur de Constantinople avait envoyé solliciter des secours en Occident; mais on n'en avait encore reçu aucun à Constantinople lorsque l'ennemi se présenta devant ses portes. Dans cette circonstance périlleuse Brienne retrouva toute l'énergie de sa jeunesse. Quoiqu'il n'eut, assure-t-on, que cent soixante chevaliers autour de lui, après avoir pourvu de son mieux à la garde des remparts, il sortit dans la campagne à la tête de sa cavalerie, et attaqua celle des ennemis, infiniment plus nombreuse. Un historien flamand assure que les chevaliers firent des prodiges dans cette rencontre, et forcèrent les coalisés à lever le siége. Les historiens grecs gardent sur cette première tentative un silence qui confirme qu'elle ne fut point à leur avantage. Mais Vatazès n'était pas homme à se décourager; il employa l'hiver à préparer une nouvelle attaque. Il réunit des vaisseaux. Les Bulgares en armèrent aussi, et s'aventurèrent pour la première fois sur la mer Noire. Brienne renouvela ses demandes de secours avec de nouvelles instances, surtout près du pape. Le pontife écrivit en sa faveur à Béla IV, qui venait de succéder à son père sur le trône de Hongrie et était plus à portée qu'un autre de secourir Constantinople.

Geoffroi de Ville-Hardouin fut le premier qui répondit à l'appel de l'empereur. Il se présenta dans la Propontide avec six vaisseaux de guerre, qui portaient cent chevaliers, trois cents arbalétriers et cinq cents archers. Seize vaisseaux vénitiens étaient réunis dans le port. Les Génois et les Pisans, souvent leurs rivaux, s'unirent à eux dans cette circonstance. Tous ensemble fondirent sur les vaisseaux des Grecs et des Bulgares, en coulèrent à fond plusieurs, et forcèrent les autres à fuir.

L'empire français d'Orient fut donc encore une fois préservé; mais Brienne ne pouvait se dissimuler combien son existence était précaire. Il envoya le jeune Baudouin en Occident pour solliciter lui-même des secours près du pape et de Louis IX, son parent, dont la piété et les grandes qualités étaient déjà renommées par le monde. Baudouin avait aussi à réclamer quelques parties de son domaine de Flandre, usurpées par ses parents. Il fut reçu à Rome avec honneur par le pape, qui proclama une nouvelle croisade, et attacha les mêmes indulgences à la défense de Constantinople qu'à la délivrance de Jérusalem. Grégoire fit aussi une démarche près de Vatazès pour l'engager à conclure la paix et à seconder les princes chrétiens dans leurs efforts pour recouvrer les saints lieux.

A la voix du souverain pontife, les plus grands seigneurs de France, le comte de Bretagne, le duc de Bourgogne, les comtes de Bar, de Soissons, de Nevers et une foule d'autres avaient pris la croix. Mais tandis que ces armements, toujours longs et difficiles à organiser, se préparaient à l'extrémité de l'occident, et que Baudouin recouvrait quelques parties de son héritage des Flandres envahies par sa sœur, on apprit la mort de Jean de Brienne.

Quoique par son manque d'activité et son avarice, défauts que l'âge avait augmentés chez lui, Brienne se fût montré au-dessous de ce qu'on avait attendu de lui en lui accordant la dignité impériale, sa mort laissa d'abord un vide difficile à remplir. Constantinople, resserrée de tous côtés par ses ennemis, souffrait de la disette, et le petit nombre de ses défenseurs était diminué chaque jour par des désertions.

Anseau de Cahieu, fils d'un des conquérants de Constantinople, et qui avait épousé Eudoxie Lascaris, destinée d'abord à Robert, fut élu régent dans ces circonstances difficiles. Elles devinrent un peu plus favorables, grâce à un brusque changement dans la politique du roi de Bulgarie. Soit que la mort de Brienne eût éteint le ressentiment de ce prince et réveillé ses espérances, soit qu'il cédât à l'influence de sa femme et de son beau-frère Bela, parents de Baudouin, ou que, voyant l'affaiblissement des Français, il ait craint de se donner, en les abattant tout à fait, des voisins plus dangereux, il fit faire à Rome, avant même qu'on y connût la mort de Brienne, des propositions pour soumettre la Bulgarie à l'Église latine et rompre son alliance avec les Grecs. Il avait eu soin auparavant de faire revenir sa fille de la cour de Nicée, en prétextant le désir de la revoir. Dès qu'elle fut près de lui, il se déclara contre Vatazès, et joignit ses troupes aux Français pour attaquer la ville de Tzurule, qui gênait surtout les approvisionnements de Constantinople. Tarchaniotès commandait cette place pour Vatazès, et fit une longue résistance, pendant laquelle Asan apprit à la fois la mort de sa femme, celle de son fils et celle de l'évêque de Ternovo. Il partit en toute hâte pour rentrer dans ses États avec son armée; et, troublé par ces malheurs, dans lesquels il crut voir un châtiment de son infidélité envers Vatazès, ou par suite de son inconstance naturelle, il renoua ses relations avec le prince grec, et renvoya à Nicée sa fille, qui regrettait son jeune fiancé.

Avec la même inconstance dans ses desseins, il rendit la liberté à Théodore d'Épire, qu'il retenait captif depuis plusieurs années, et lui facilita les moyens de recouvrer Thessalonique sur son frère Manuel. Théodore réussit; mais étant aveugle, il fit investir son fils Jean du titre d'empereur de Thessalonique. Pour Manuel, d'abord fugitif, puis recueilli par Vatazès, il en obtint des secours, revint en Thessalie, et réussit à se créer une principauté indépendante à Larisse et à Pharsale, où, suivant les combinaisons mobiles de la politique de ces temps agités, il se montra tantôt l'ennemi et tantôt l'allié des princes latins.

Les sollicitations de Baudouin, activement secondées par le pape et par le roi de France, avaient fait prendre les armes à de nombreux croisés. Un premier détachement, sous la conduite de Jean de Béthune, prit sa route par l'Italie pour s'embarquer à Venise. Mais ils rencontrèrent un obstacle imprévu de la part de l'empereur d'Allemagne, Frédéric, ennemi du pape, et que Vatazès avait eu le talent de mettre dans ses intérêts. L'empereur refusa longtemps aux croisés le passage sur ses États. Plusieurs allèrent s'embarquer à Marseille, et firent voile vers la Terre Sainte, au lieu de se rendre à Constantinople. La détresse était devenue telle dans cette ville, que pour obtenir un emprunt des Vénitiens on prit le parti de leur donner en gage la couronne d'épines, réputée la plus précieuse relique du palais des empereurs, et qui passait pour celle dont les soldats de Pilate couronnèrent Jésus-Christ.

Informé par Baudouin de la triste nécessité à laquelle les défenseurs de Constantinople s'étaient trouvés réduits, le pieux Louis IX s'empressa de dégager la sainte relique, et Baudoin la lui céda. Louis envoya de suite à Constantinople deux religieux dominicains chargés de retirer ce précieux gage des mains des Vénitiens et de le rapporter en France. Vatazès, instruit de cette démarche, arma quelques galères pour tâcher de s'emparer au passage de la sainte couronne; mais elle échappa, fut rapportée en France, où le roi la reçut avec un vif sentiment de respect et de joie, que les peuples partagèrent. Saint Louis la déposa dans la chapelle du Palais qu'il venait de construire, et où il réunit, au prix de grands efforts et de grands sacrifices, presque toutes les reliques de la Passion, telles qu'un morceau de la sainte Croix, le fer de la lance, l'éponge, le manteau de J.-C., reliques dont les empereurs de Constantinople avaient à diverses époques enrichi leur trésor et que Baudouin céda au roi de France en reconnaissance de son constant appui.

Grâce à l'intervention de Louis IX,

l'empereur avait enfin consenti à laisser l'armée réunie pour la défense de Constantinople traverser ses États. Même après le départ de ceux des croisés qui avaient persisté à se rendre directement dans la Terre Sainte, on assure que Baudouin avait réuni autour de lui sept cents chevaliers avec leurs écuyers, trente mille arbalétriers à cheval, et au total soixante mille hommes. Mais il est probable que ce nombre est exagéré, et c'est ce qu'on doit supposer pour l'honneur de cette armée, qui n'accomplit pas des faits proportionnés à la grandeur d'un tel déploiement de forces. Baudouin traversa l'Allemagne et la Hongrie, franchit la Bulgarie sans rencontrer d'obstacles, et rentra dans sa capitale, où il se fit couronner au mois de décembre 1239. Ce n'est même que de ce moment qu'il data les années de son règne.

C'était le temps où l'empire des Mongols, fondé par Gengiskan, s'étendait comme un flot irrésistible des frontières de la Chine à celles de l'Europe, qu'il menaçait d'inonder, enveloppant dans une destruction commune les musulmans et les chrétiens. Moscou avait été prise en 1237 par ces conquérants tartares. Les Comans, refoulés par eux, vinrent solliciter et obtinrent un refuge dans l'empire qu'ils avaient souvent infesté de leurs incursions. Ils apportaient un utile renfort aux Français, qui consentirent à sceller avec leurs chefs un pacte d'alliance selon les rites sauvages de ce peuple, en mêlant au vin qu'ils buvaient ensemble le sang que les contractants se tiraient des veines. Les Comans, enrôlés au service des Français, les servirent activement au siége de Tzurule. Pétraliphas, qui y commandait, fut obligé de se rendre avec la garnison grecque.

Vatazès, ne se sentant pas assez fort pour porter secours à cette ville, se dédommagea par la prise de plusieurs châteaux en Asie ; et il essaya aussi de faire une diversion par une guerre maritime. Il arma trente galères, qui furent complétement battues par un nombre inférieur de vaisseaux français et vénitiens. En homme qui sait au besoin se plier aux événements, Vatazès fit proposer aux Français une trêve de deux ans, qu'ils acceptèrent avec joie. Il fit même entrevoir la possibilité d'un rapprochement entre les deux Églises ; et, mettant à profit la sécurité que cette suspension d'armes lui laissait de ce côté, il s'occupa d'abolir le titre d'empereur de Thessalonique, qui lui portait ombrage. Il commença par attirer Théodore Comnène l'Aveugle à Nicée, et il l'y retint en l'entourant d'égards et de marques de respect, tandis qu'il faisait investir Thessalonique, se flattant que Jean Comnène, privé des conseils paternels, d'après lesquels il avait coutume de se diriger, ne résisterait pas longtemps. Cependant le jeune empereur déploya dans cette circonstance plus d'habileté que Vatazès ne lui en supposait, et le siége de Thessalonique paraissait devoir se prolonger, lorsque l'empereur de Nicée reçut de son fils un message qui l'informait que les Tartares venaient de remporter sur le sultan d'Iconium une victoire qui leur ouvrait l'Asie Mineure et exposait ses États à leurs premiers efforts.

Dans cette conjoncture pressante, Vatazès tint soigneusement cette nouvelle secrète : il fit venir Théodore Comnène, qui n'en était pas encore instruit, et le prit pour intermédiaire d'un accommodement avec son fils. « S'il faisait la guerre, lui dit-il, ce n'était pas par une vaine ambition, mais dans l'intérêt même de leur commune patrie. Il ne pouvait souffrir qu'un autre s'arrogeât le titre d'empereur, dont il était seul héritier légitime ; il était prêt, ajoutait-il, à confirmer l'autorité que Jean Comnène exerçait à Thessalonique, s'il voulait se contenter d'un titre plus modeste. » D'après les conseils de son père, Jean consentit à se dépouiller des ornements impériaux et à accepter le titre de despote. Il prêta en cette qualité serment de fidélité entre les mains de l'empereur de Nicée, qui, après avoir heureusement terminé cette affaire, courut à la défense de ses États.

Un danger commun rapprochant des peuples jusque alors ennemis, le sultan d'Iconium écouta les ouvertures d'alliance que Baudouin lui fit faire. Le prince turc demandait en mariage une parente de l'empereur, à laquelle il promettait de laisser le libre exercice de sa religion ; il devait même faire bâtir une église chrétienne dans toutes les villes de sa domination. Mais, tandis que Baudouin envoyait en France pour faire proposer ce mariage à sa nièce, Vatazès, toujours plus actif, fit rompre cette négociation en concluant lui-même une alliance offensive et défensive avec le sultan d'Iconium. Celui-ci préféra se donner un auxiliaire plus voisin et plus belliqueux que Baudouin, et toutefois il ne se crut pas encore en état de résister aux Mongols, et il prit le parti de les éloigner de ses frontières en leur payant un tribut.

L'empire de Nicée, que les États du sultan d'Iconium enveloppaient du côté de l'Asie, se trouvait ainsi protégé contre la menace d'une invasion prochaine, et Vatazès profita de ces instants de calme pour s'occuper des soins de l'administration. Même au milieu de la guerre, il avait toujours apporté la plus grande attention aux finances. Les villes de son empire sortaient de leurs ruines ; tout en payant les soldats, il trouvait encore moyen de bâtir des églises et de fonder des monastères. Il protégeait avec le plus grand soin dans ses États l'agriculture et l'industrie. Lui-même s'était imposé la règle de soutenir les dépenses de sa maison du seul produit de ses métairies ; et un jour il offrit à l'impératrice une superbe couronne d'or achetée du prix de la vente des œufs, et qui fut pour cette raison désignée sous le nom d'ὠάτον. Une disette qui survint vers ce temps chez les Turcs fournit aux agriculteurs grecs une occasion de s'enrichir en exportant l'excédant de leurs produits. Par des règlements somptuaires Vatazès interdit à ses sujets l'usage des objets de luxe fruits de l'industrie étrangère, tant pour protéger les fabriques nationales que pour arrêter les dépenses excessives qui ruinaient souvent les courtisans et leurs malheureux vassaux dans ce siècle épris des riches étoffes et des rares fourrures.

L'empire français de Constantinople présentait à ce moment avec celui de Nicée un pénible contraste. L'autorité de Baudouin était à peu près limitée aux murs de sa capitale ; et pour soutenir cette couronne, trop lourde et toujours chancelante, il engageait successivement tous les fiefs de son héritage de Flandres. Si Louis IX ne s'était interposé en lui venant encore une fois en aide, il eût même aliéné jusqu'à la terre de Courtenay, dont sa famille portait le nom. Les archives de France renferment plusieurs lettres par lesquelles l'impératrice de Constantinople, Marie, prie sa tante, Blanche de Castille, de faire honneur à des engagements pécuniaires qu'elle avait été obligée de contracter avec des seigneurs ou des marchands. A bout de ressources, Baudouin passa de nouveau en Italie, en 1243. Il travailla quelque temps à réconcilier avec le pape l'empereur d'Allemagne, dont l'appui lui eût été fort utile. Il suivit le pontife au concile de Lyon, où de nouveaux subsides furent accordés pour la défense de Constantinople. On consacra à cette œuvre la moitié du revenu des bénéfices dont les titulaires restaient absents plus de six mois, le tiers de ceux qui dépassaient cent marcs d'argent, les biens confisqués comme fruits d'usure ou mal acquis et qui ne pouvaient pas être restitués à leurs légitimes propriétaires, enfin les legs pieux laissés à la disposition du clergé et le produit des indulgences. Si toutes ces sommes avaient été exactement payées ou employées utilement, il eût été facile de solder une suffisante garnison pour la défense de Constantinople, où le prince d'Achaïe était d'ailleurs tenu d'entretenir cent chevaliers, sur le revenu des biens ecclésiastiques dont il jouissait. Mais une partie de ces aumônes de l'Europe était probablement absorbée en pure perte par les incessants voyages de Baudouin.

Ceux de Vatazès dans les diverses provinces de son empire lui étaient plus profitables. Asan était mort, et avait laissé la Bulgarie à son fils Caloman, qui lui-même mourut bientôt après, en transmettant le sceptre à son frère Michel, encore enfant. Vatazès, qui parcourait en ce moment la Thessalie, trouva la conjoncture favorable pour s'emparer de la Bulgarie, qu'il convoitait depuis longtemps. Contre l'avis d'une partie de ses conseillers, il se présenta devant l'importante ville de Serres, quoique peu accompagné et sans machines de siége ; mais la prospérité dont le peuple jouissait sous son administration vigilante lui tint lieu d'armée. Les habitants de Serres, las des continuels changements de politique de Caloman, qui lui avaient aliéné tous ses voisins, et, méprisant la faiblesse de ses fils, se donnèrent à l'empereur grec. Ménique, Scopia, Prosaque, une grande partie de la Macédoine au delà de l'Hèbre suivirent cet exemple, et le roi de Bulgarie fut obligé de souscrire à l'abandon de toutes ces villes pour sauver le reste.

Toutes les circonstances semblaient se réunir pour servir Vatazès. Jean, despote de Thessalonique, jeune prince respecté pour sa piété, vint à mourir; et son frère Démétrius s'aliéna bientôt ses sujets par ses débauches et les excès auxquels il se livra. Les habitants de Thessalonnique conspirèrent son renversement, et Vatazès n'eut qu'à se présenter devant les portes pour prendre possession de la ville. Il relégua Démétrius dans un château d'Asie, et nomma gouverneur de Thessalonique Andronic Paléologue, dont nous verrons bientôt le fils enlever Constantinople aux Francs.

En 1247, la trève avec les Français étant expirée, l'empereur de Nicée marcha contre Tzurule, à la tête d'une armée considérable. Anseau de Caheu, qui y commandait, se voyant hors d'état de résister, quitta la ville en y laissant sa femme, belle-sœur de Vatazès, dans l'espoir qu'elle obtiendrait des conditions plus favorables. L'empereur grec la fit conduire à Constantinople, et garda la ville de Tzurule, ainsi que celle de Bizye. Les Français voulurent en revanche faire une incursion en Bithynie; mais ils furent repoussés avec perte près de Nicomédie. Vers le même temps les Génois, aidés d'un détachement de chevaliers qui allaient en Palestine, s'étaient presque entièrement rendus maîtres de l'île de Rhodes. L'empereur de Nicée y envoya des troupes sous les ordres de Jean Cantacuzène et de Contostéphanos, qui réussirent à recouvrer l'île entière.

Théodore Comnène l'Aveugle, qui s'était réservé la principauté de quelques villes, et Michel Angelos Comnène, fils naturel du despote d'Épire, étaient les seuls princes grecs qui se maintinssent encore indépendants. Vatazès, qui n'avait point de cesse qu'il n'eût réuni toutes les parties démembrées de l'empire grec, dirigea contre eux ses efforts, et par les négociations et par les armes il en vint à ses fins. Bodéna, résidence de Théodore et une partie de l'Albanie reconnurent ses lois. Théodore, homme remuant, qui, malgré sa cécité, nourrissait toujours des projets ambitieux, fut enfermé, tandis que l'empereur accordait à Nicéphore, fils de Michel, la main de sa petite-fille Marie.

Michel Paléologue, fils d'Andronic, avait rendu d'utiles services dans cette guerre; mais il fut accusé par d'autres généraux d'aspirer à l'empire auquel son origine et son courage pouvaient le faire prétendre. Vatazès le fit mettre en jugement, et présida le conseil qui l'examinait. Michel Paléologue se défendit avec présence d'esprit et avec fermeté, et en l'absence de preuves suffisantes, l'empereur, malgré les efforts des accusateurs, le fit absoudre; il ne tarda même pas à lui rendre sa confiance et sa faveur.

Pour achever la restauration de l'empire grec, il ne restait à Vatazès qu'à reconquérir la ville de Constantin; mais il comprenait bien que le plus grand obstacle était la séparation des deux Églises. Rome, dont l'influence était alors si grande dans les conseils de presque tous les souverains de la chrétienté, n'aurait pas souffert qu'un prince schismatique régnât paisiblement à Constantinople, pour la conservation de laquelle elle avait fait tant de sacrifices depuis un demi-siècle.

Le pape avait depuis quelque temps envoyé des légats en Asie pour tâcher de ramener les Grecs par la douceur et la persuasion dans le giron de l'Église: Jean de Parme, général des frères mineurs, s'était acquitté de sa mission à Nicée de manière à se concilier l'estime générale. En 1254 Vatazès le fit accompagner des évêques de Cyzique et de Sardes, chargés de proposer au nom de l'Église grecque une transaction. Ils devaient offrir de reconnaître le souverain pontife comme supérieur aux autres patriarches, de lui rendre honneur et obéissance et de se soumettre à ses décisions en matière de foi pour tout ce qui ne serait pas contraire aux décisions des conciles. Les ambassadeurs étaient chargés de demander en même temps le rétablissement de l'empereur grec à Constantinople et la réintégration du patriarche grec dans cette ville, tout en conservant à celui des latins son titre sa vie durant.

Le pape fit répondre qu'il ne pouvait déposséder Baudouin en son absence et sans son consentement; qu'il emploierait ses bons offices pour concilier les deux empereurs (chose assez difficile); et que pour le patriarche, cette question devait être traitée dans un concile. Il ne paraît pas que cette négociation ait eu d'autre suite; on peut douter qu'en l'entamant Vatazès ait été bien sincère, et l'eût-il été, il n'était pas aisé d'amener la nation grecque, dont le patriotisme avait alors pour principal élément la haine de l'Église latine, à le suivre dans cette voie de conciliation. Peut-être y eût-il perdu sa popularité; d'ailleurs, une maladie terrible, qui le conduisit en peu de temps au tombeau, ne lui permit pas de suivre cette difficile entreprise. Vers la fin de février de l'an 1255, dans son palais de Nicée, un soir qu'il s'entretenait avec quelques amis, il fut pris d'une syncope à la suite de laquelle il tomba dans un état de dépérissement. Des évanouissements qui avaient un caractère épileptique se renouvelèrent, et venaient quelquefois le surprendre lorsqu'il était à cheval au milieu de ses officiers. Il languit environ huit mois, cherchant tantôt à Smyrne, tantôt aux eaux de Nymphée, un soulagement à ses maux et répandant d'abondantes aumônes prises sur ses seules épargnes. Il mourut le 30 octobre de la même année, âgé de soixante-deux ans, après trente-trois ans de règne.

Ce prince, dont Théodore Lascaris avait bien apprécié le mérite en le choisissant pour son successeur, est certainement un des souverains remarquables des annales byzantines. On ne saurait le mettre en parallèle avec son contemporain saint Louis : il n'avait ni sa piété profonde, ni cette équité qui fit si souvent choisir le roi de France pour arbitre des princes dans leurs différends et le faisait respecter de ses ennemis, même lorsqu'il était dans leurs fers. Mais il eut un mérite dont les peuples lui surent gré : il était ménager de la fortune de ses sujets. Administrateur éclairé, qualité rare à cette époque, il sut rendre un peu de vie à des provinces épuisées, et, sans augmenter les impôts, pourvoir à toutes les nécessités de la guerre. Sa valeur personnelle ou celle des généraux habiles dont il s'était entouré achevait aisément des conquêtes préparées par sa politique.

Les lettres et les sciences, auxquelles la prise de Constantinople avait porté un coup si funeste, retrouvèrent un asile à la cour de Nicée. Vatazès et l'impératrice Irène, qui aimait aussi les lettres, firent donner à leur fils Théodore une éducation solide et variée; ils protégèrent les débuts de Georges Acropolite, qui a écrit l'histoire des empereurs Grecs pendant leur séjour à Nicée, et qui partageait avec d'autres jeunes gens les leçons de Nicéphore Blemmyde, auquel l'empereur avait confié l'éducation de son fils (1). Blemmyde, dont les contemporains ont beaucoup exalté les vastes connaissances, nous a laissé plusieurs traités sur des sujets de science et de philosophie qui témoignent en effet de connaissances assez étendues pour ce siècle. Il n'était pas moins célèbre pour sa vertu, devant laquelle le souverain lui-même s'inclinait. On rapporte un trait honorable pour tous deux. Depuis la mort de sa première femme, Vatazès, au dire des historiens, s'abandonnait trop facilement à l'amour; il se laissa surtout entièrement subjuguer par une des femmes qui accompagnaient la nouvelle impératrice, fille de l'empereur d'Allemagne. La *Marchésine* (c'est sous ce nom que les Grecs la désignent) finit par prendre, par son esprit et par ses charmes, un tel ascendant sur le prince, qu'elle ne craignait pas d'afficher aux yeux de la cour l'empire scandaleux qu'elle avait usurpé, jusqu'à chausser des brodequins pareils à ceux des impératrices et à monter comme elles un cheval couvert d'une housse de pourpre. Un jour la favorite, accompagnée d'une troupe de courtisans, s'était rendue au monastère dont Blemmyde était hégoumène. Ce-

[1] Théodore Ducas Lascaris a laissé un assez grand nombre d'ouvrages de théologie, de sciences et de rhétorique, écrits avant son avénement au trône, et dont plusieurs sont encore inédits. Nous citerons un ouvrage en huit livres sur la théologie chrétienne; un traité sur la procession du Saint-Esprit; des Vies de saints; des hymnes à la Vierge; un abrégé de la physique d'Aristote; un éloge de la ville de Nicée; un éloge de son père; un éloge funèbre de l'empereur Frédéric II; un discours adressé à George Acropolite; un autre à Muzalon; à ses amis, qui l'engageaient à se marier; un éloge du printemps, etc.

lui-ci, averti de son arrivée, fit fermer les portes de l'église. Furieuse, la Marchésine vint demander à l'empereur vengeance de cet affront, et tous les courtisans de jeter feu et flamme sur l'audace de ce moine. Mais Vatazès subit sans murmurer une humiliation méritée, et loin de punir Blemmyde, il l'honora davantage.

Le fils de Vatazès, appelé Théodore Lascaris, du nom de son aïeul maternel, était né l'année même où son père monta sur le trône; il avait donc trente-trois ans quand il prit en main les rênes de l'État. Après avoir rendu les derniers devoirs à son père, il alla à Philadelphie, près de la frontière turque, pour notifier son avénement au sultan d'Iconium et confirmer l'alliance qui existait entre les deux États. Il vint ensuite à Nicée pour son couronnement.

Le patriarche étant mort un peu auparavant, il fallut d'abord pourvoir à son remplacement. Théodore offrit cette dignité à son ancien maître Blemmyde, qui la refusa. Acropolite remarque à cette occasion que le prince n'insista que faiblement, les empereurs aimant mieux en général appeler au patriarcat des hommes simples et d'une médiocre instruction, dans l'espérance de les trouver plus faciles à diriger selon leur bon plaisir. On alla chercher un moine nommé Arsénius, estimé pour sa piété, mais peu lettré, qui fut fait diacre, prêtre et patriarche dans l'espace d'une semaine, et couronna ensuite Théodore Lascaris, le jour de Noël 1255.

L'empereur grec était pressé d'accomplir cette cérémonie, pour passer ensuite en Thrace et arrêter une invasion des Bulgares, que commandait leur roi Michel. Celui-ci, quoique beau-frère par sa femme du nouvel empereur, avait, en apprenant la mort de Vatazès, cru l'occasion favorable pour reprendre tout ce que ce prince avait enlevé aux Bulgares. Ils franchirent le mont Hæmus, s'avancèrent sans trouver de résistance, et des conquêtes de Vatazès il ne restait déjà que Serres et Mélénique, lorsque Lascaris, malgré les avis de ses conseillers, et sans prendre le temps de réunir des forces considérables, survint en personne. Sa présence déconcerta les Bulgares; ils prirent presque partout la fuite devant lui; et si les rigueurs de l'hiver n'avaient obligé de suspendre les opérations militaires, les ennemis auraient été rejetés au delà de l'Hæmus. Lascaris passa l'hiver à Andrinople, reprit l'offensive au printemps, battit de nouveau les Bulgares, et les contraignit à demander la paix en se renfermant dans leurs précédentes limites.

Les incursions des Tartares, qui menaçaient toujours les Turcs et les Grecs, rappelèrent Lascaris dans ses États d'Asie. Quant aux Français renfermés dans Constantinople, ils restaient dans une inaction complète, incapables, dans l'état d'affaiblissement où ils étaient tombés, de profiter même des conjonctures les plus favorables et s'estimant heureux que les dissensions entre les princes grecs les fissent oublier.

Théodore Lascaris avait célébré à Thessalonique le mariage de sa fille Marie avec Nicéphore, fils de Michel Comnène, despote d'Épire. Il avait exigé de Théodora, mère du jeune prince, qui avait accompagné son fils dans cette ville, la cession de Durazzo en considération de ce mariage. De son côté, l'empereur s'était borné à confirmer le titre de despote en faveur de Michel. Mais celui-ci, qui n'avait consenti à l'abandon de Durazzo que parce que sa femme et son fils se trouvaient entre les mains de l'empereur, saisit la première occasion de recouvrer une partie de ce qu'il avait perdu du temps de Vatazès. L'historien Acropolite, alors logothète, fut envoyé avec le titre de préteur pour surveiller les mouvements de l'Épire. Il était accompagné d'un des oncles de l'empereur et de plusieurs généraux en qui l'on avait confiance. Mais les Serves et les Albaniens, partout soulevés, favorisaient le parti de Michel Comnène, et George Acropolite, investi dans Prilape, fut livré par les habitants au despote d'Épire.

En apprenant ces événements Théodore Lascaris se décida à envoyer contre le despote le connétable Michel Comnène Paléologue, considéré comme le général le plus habile de ce temps. Toutefois, il ne lui remit que des forces peu considérables, parce qu'il nourrissait une grande défiance contre lui. Quelque temps auparavant, ce prince, auquel l'empereur pendant son expédition de Bulgarie avait confié le gouvernement de Nicée et de la Bithynie, avait été dénoncé comme aspirant à l'empire. Lascaris se disposait à lui faire son procès en rentrant dans sa capitale ; mais Paléologue, informé de ce dessein, prit la fuite sans attendre l'empereur. Arrêté par des Turcomans et dépouillé de tout ce qu'il avait, il arriva dans un dénûment complet à Iconium, où son mérite lui gagna bientôt la faveur du sultan. On lui confia le commandement d'un corps de chrétiens, à la tête desquels il combattit les Tartares. L'empereur de Nicée s'attendait à voir le prince fugitif se rouvrir de force les frontières. Au lieu de cela, Paléologue écrivit aux commandants grecs qui les gardaient de continuer à les défendre avec vigilance ; puis il adressa sa justification à Lascaris. Le sultan d'Iconium et l'évêque grec de cette ville intercédèrent en sa faveur. Il fut autorisé à revenir, après s'être lié par les serments les plus solennels envers l'empereur et son fils. Il rentra dans ses biens et ses dignités. Toutefois l'empereur, d'un naturel ombrageux et jaloux, conservait contre lui, au fond de son cœur, des soupçons qui ne furent que trop justifiés dans la suite.

Malgré l'insuffisance des forces mises à sa disposition pour combattre, Michel Paléologue obtint quelques succès ; mais pendant ce temps l'empereur, excité par de nouvelles délations et de plus aigri par des souffrances qui lui présageaient une mort prématurée, envoya arrêter le général vainqueur à Thessalonique. Au lieu d'essayer de se soustraire à cette nouvelle persécution, Paléologue se laissa conduire enchaîné jusqu'à Magnésie, où la cour séjournait ; il supporta cette disgrâce avec l'insouciance d'un homme qui a foi dans l'avenir. Dès le berceau il avait été imbu de l'idée qu'il régnerait. Sa sœur aînée, qui soigna ses premières années, avait l'habitude de calmer ses cris enfantins en lui chantant pour l'endormir cette chanson que les nourrices grecques ont souvent répétée : « Tais-toi, mon enfant, tu seras empereur ; tu entreras à Constantinople par la porte dorée, et tu feras de grandes choses. » Les nombreuses traverses que Michel Paléologue avait déjà éprouvées, et dont il était toujours heureusement sorti, l'illustration de son nom, cette confiance qu'il avait en lui-même et qu'il savait faire partager, multipliaient autour de lui ses partisans secrets, et Chadène, chargé de l'arrêter, s'efforça par ses discours de gagner la faveur de son prisonnier, dans lequel il entrevoyait déjà son maître futur.

Arrivé à Magnésie, Paléologue dut attendre quelques jours en prison qu'un des accès de la maladie à laquelle l'empereur était en proie fût dissipé. Enfin il comparut devant lui, et se justifia avec tant de force et d'entraînement que Lascaris lui rendit encore une fois ses honneurs, en disant qu'il le croyait innocent, mais que s'il était coupable, il lui pardonnait, et, prévoyant sa fin prochaine, il lui recommanda ses enfants.

Théodore Lascaris mourut en effet peu de temps après cette scène, au mois d'août 1259, dans sa trente-septième année, et après moins de quatre ans de règne. Il laissait quatre filles et un fils, Jean Lascaris, à peine âgé de huit ans. Malgré sa réconciliation avec Paléologue, ce n'est point à lui que Théodore confia la régence. Il désigna pour tuteurs de son fils le patriarche Arsène et Georges Muzalon.

Ce dernier avait exercé pendant le règne de Théodore les fonctions de premier ministre. Né dans une condition obscure, et porté rapidement aux plus hauts degrés de la fortune et des honneurs par son mérite et la faveur du prince, il était l'objet de la haine des seigneurs de haute naissance, jaloux de son élévation et qui lui attribuaient les persécutions que plusieurs d'entre eux avaient eu à subir dans les derniers temps de Théodore, persécutions qui provenaient plutôt des sombres dispositions de l'empereur, en proie à ses souffrances. Les ennemis de Muzalon l'accusaient d'être dévoré d'une ambition sans bornes, jusqu'à préparer son élévation au souverain pouvoir par l'extinction de la race impériale.

Instruit de ces murmures, Muzalon ne craignit pas de les braver en convoquant une assemblée des grands de l'empire, presque tous ses ennemis, et qui avaient juré sa perte. Dans un discours étudié, il fit l'apologie de toute son administration, et finit par offrir de se démettre de sa charge de tuteur et de régent, promettant de servir celui qui serait élu à sa place. Soit que son éloquence ait un instant subjugué l'assemblée, soit que, mis en demeure d'élire un d'entre eux, tous ces ambitieux aient craint en renversant Muzalon de n'avoir travaillé qu'à l'élévation d'un de leurs rivaux, tous à l'envi le supplièrent de rester. Le plus ambitieux et le plus habile, Michel Paléologue, fut un des premiers à prier Muzalon de conserver une charge qui ne tarda pas à lui devenir funeste.

Muzalon s'était enfermé dans un château fort, voisin de Magnésie, avec le jeune empereur, dont il avait confié la garde à des troupes, qu'il croyait fidèles, mais parmi lesquelles ses ennemis pratiquèrent des intrigues d'autant plus aisément qu'elles n'avaient pas reçu à l'occasion du changement de règne les libéralités sur lesquelles elles comptaient, et dont elles se croyaient frustrées par l'avarice de Muzalon. Un corps formé de transfuges latins, et que Paléologue commandait, était le plus animé. Le neuvième jour après la mort de Théodore Lascaris, pendant que Muzalon et tous les grands officiers étaient réunis au monastère de Sosandre pour célébrer les obsèques de l'empereur, une foule de soldats se porta tumultueusement devant les portes du château où était le jeune prince, demandant à grands cris à le voir. « Sauvons notre empereur, s'écriaient-ils, et mort aux traîtres qui ont déjà fait périr le père ! » Les personnes qui gardaient Jean Lascaris le présentent aux soldats, et lui font faire un signe de la main pour les apaiser; mais ceux-ci prennent ce signe ou feignent de le prendre pour un assentiment : ils courent en tumulte à l'église. Les amis de Muzalon veulent en fermer les portes ; des conjurés qui faisaient partie de l'assistance s'y opposent, en disant que les soldats viennent pour prendre part aux obsèques de l'empereur. Pendant ce débat la troupe furieuse pénètre dans l'église. Muzalon, qui comprend à leurs imprécations qu'on en veut à ses jours, se cache sous l'autel dans le sanctuaire. Son secrétaire, qui est pris pour lui, est d'abord massacré ; ses deux frères, son gendre tombent sous les coups des soldats. Toute l'assemblée se disperse; les femmes, les prêtres mêmes s'écrasent en voulant franchir les portes. Cependant les soldats n'avaient pas encore osé violer le sanctuaire ; un d'eux enfin y pénètre, arrache le malheureux Muzalon de l'autel, et l'égorge. Au meurtre de Muzalon succéda le pillage de sa maison et de celles de ses partisans. Presque tous les fonctionnaires, redoutant les violences de cette soldatesque, abandonnèrent leurs postes, et plusieurs s'enfuirent à l'étranger. Paléologue évita de se compromettre, soit en paraissant autoriser ces excès, soit en essayant de les réprimer. Avec ses deux frères, qui commandaient chacun une compagnie, il se consacra tout entier à la garde du jeune empereur, dont il chercha par ses soins assidus à capter l'affection.

Par la mort de Muzalon, le patriarche Arsène restait seul chargé de la tutelle et du gouvernement de l'empire, tâche évidemment au-dessus de sa capacité. Les principaux seigneurs s'assemblèrent, et les difficultés de la situation étaient si grandes que les ambitions furent obligées de s'effacer devant les talents reconnus de Paléologue. On parlait généralement de l'élire pour tuteur, quand, avec l'apparence de désintéressement dont il savait si bien se parer, il objecta qu'il serait peu convenable de donner un collègue à Arsène sans le consulter. On écrivit donc au patriarche, qui était à Nicée, pour le prier de venir à Magnésie. En attendant, Paléologue fut mis à la tête des affaires avec le titre de grand-duc, et il mit à profit cette position, qui lui ouvrait l'accès du trésor impérial, pour augmenter par ses largesses le nombre de ses partisans. Il s'appliqua surtout à se concilier le clergé, et lorsque le patriarche approcha de Nicée, il alla au-devant de lui à pied, et le conduisit jusqu'à la tente du jeune empereur en tenant la bride de sa mule. Il protesta de nouveau que c'était seulement de la main du patriarche qu'il voulait tenir le titre et les ornements de tuteur, ajoutant qu'à l'église appartenait le droit d'en disposer. Le clergé applaudit à sa piété, et le décora en outre du nom de père du prince. Mais ce n'était pas assez pour lui : ses partisans allaient répétant partout qu'il fallait, pour donner plus de force à son gouvernement, le revêtir du titre de despote, et, sans attendre une investiture régulière, le peuple et l'armée le lui donnaient dans leurs acclamations. Entraînés par ces manifestations, le clergé et les grands s'assemblèrent pour en délibérer. Les parents et les rares amis de Lascaris essayèrent d'élever quelques objections, mais leur voix fut étouffée par les affidés de Paléologue, qui reçut les insignes de cette nouvelle dignité des mains du jeune empereur.

Loin de se trouver satisfait, chaque degré qui l'approchait du but de son ambition l'excitait davantage; mais, toujours dissimulé, il avait soin de dire que les honneurs dont on l'avait comblé ne faisaient que l'exposer sans lui donner un véritable pouvoir, et qu'il avait l'intention de s'en démettre. Cependant il mettait le temps à profit pour rappeler les hommes influents exilés sous le dernier règne et pour éloigner ses ennemis. Il revêtit son frère Jean des fonctions de grand domestique, et répandit des largesses. Un pouvoir précaire, disaient ses partisans, ne pouvait permettre à l'État de se raffermir. Il fallait proclamer empereur l'homme qui s'était montré digne de cette mission, et, sur ce, les oisifs agitaient l'éternelle thèse des avantages de l'hérédité ou du pouvoir électif. Paléologue ne manquait pas d'appuyer cette dernière opinion en signalant son entrée au pouvoir par la réforme de quelques abus et surtout par de magnifiques promesses. S'il était élu empereur, il s'appliquerait, disait-il, à faire régner la justice, et serait le premier à priver son propre fils de la couronne s'il l'en reconnaissait indigne.

Le patriarche commença dès lors à entrevoir le danger qui menaçait son pupille; mais il n'était pas capable de le détourner. Son clergé même lui forçait la main, et, en consentant à l'élection de Paléologue, il se flatta d'avoir obtenu des garanties suffisantes en exigeant de lui le serment de protéger la vie de son jeune collègue et de lui remettre l'autorité quand Lascaris serait parvenu à sa majorité, sans prétendre à la succession impériale pour sa propre famille.

Paléologue prêta ce serment à Magnésie le 1er janvier 1260, en présence des seigneurs et du clergé, qui le remercièrent du sacrifice qu'il faisait de son repos et jurèrent obéissance aux deux princes. Le couronnement devait avoir lieu dans la capitale, c'est-à-dire à Nicée. Le jour de la cérémonie arrivé, Paléologue, qui, dans l'intervalle avait visité les provinces, reçu l'adhésion de l'armée et les lettres de félicitations du sultan d'Iconium, éleva la prétention d'avoir le pas sur le jeune Lascaris. Le patriarche s'y refusait obstinément. Cependant le peuple assemblé dans la métropole murmurait du retard; les varanges, devenus tout dévoués à celui qui les soldait, faisaient entendre des propos menaçants pour la vie de Jean Lascaris. Paléologue proposa comme une transaction, et fit encore accepter du faible Arsénius que le couronnement de son jeune collègue serait différé jusqu'à sa majorité. Michel Paléologue et sa femme Théodora furent donc couronnés au milieu des acclamations générales, tandis que l'héritier des Lascaris marchait derrière eux, le front ceint d'un simple bandeau de perles.

Après quelques jours consacrés à des fêtes brillantes, le nouvel empereur se rendit à Nymphée, où il reçut des ambassadeurs du sultan d'Iconium, que les Tartares menaçaient de nouveau. Baudoin de Constantinople crut, de son côté, l'occasion favorable pour recouvrer quelques parties démembrées de son empire; il envoya aussi des ambassadeurs, qui commencèrent par réclamer Thessalonique, puis rabattirent par degrés de leurs prétentions. Mais Paléologue leur signifia fort dédaigneusement qu'il ne leur rendrait rien, et que, si les Latins voulaient continuer à habiter Constantinople, il fallait qu'ils reconnussent son autorité et lui payassent tribut.

Malgré son ancienne liaison avec le sultan d'Iconium l'empereur grec ne jugea pas à propos de marcher à son secours. Il se contenta de lui offrir un refuge dans ses États s'il était expulsé par les Tartares, en lui faisant espérer qu'il le rétablirait plus tard. Les affaires d'Europe le préoccupaient surtout. Le despote d'Épire, Michel Comnène, qui avait pour gendres Mainfroy, roi de Sicile, et Guillaume de Villehardoin, prince d'Achaïe, lui portait ombrage; car de son côté ce prince aspirait, disait-on, à l'empire de Constantinople. Une ambassade par laquelle Paléologue proposait au despote d'Épire quelques échanges de territoire et réclamait la liberté de George Acropolite, en retour de plusieurs officiers de Comnène qu'il avait délivrés, n'eut aucun succès. L'empereur fit alors passer en Épire son frère Jean Paléologue avec quelques généraux distingués, Constantin Tornice et Alexis Stratégopoulos. Une première victoire ouvrit aux généraux de l'empereur la ville d'Achrida. Le despote rentra bientôt en campagne avec les secours que Mainfroy lui avait envoyés et ceux que le prince de Morée conduisait en personne. Mais la trahison de son propre fils, le batard Nicéphore, amena une seconde déroute. Les Français, qui voulurent résister presque seuls, furent très-maltraités, le prince de Morée, Anseau de Toucy, et le seigneur de Caritène furent faits prisonniers. Après cette victoire les troupes de l'empereur s'emparèrent de presque toute la Thessalie, poussèrent jusqu'à Durazzo, assiégèrent Janina, prirent Arta et délivrèrent George Acropolite qui y était renfermé.

Stratégopoulos étant retourné en Asie, où il reçut le titre de César, le despote d'Épire, réconcilié avec son fils Nicéphore, reprit une partie des villes qu'il avait perdues. Mais pour Paléologue l'important était de faire reconnaître sa supériorité et d'empêcher son rival de porter ses vues sur Constantinople. Recouvrer cette capitale était sa pensée constante. Baudoin, malgré les secours qu'il sollicitait de tous côtés, était tombé dans une si grande pénurie, que, pour solder ses troupes, il fit frapper une monnaie avec le plomb enlevé de la couverture des églises. Pour avoir du bois de chauffage, on démolissait les maisons de la ville. Enfin, pour obtenir des Vénitiens un dernier emprunt, il consentit à mettre en quelque sorte en gage entre leurs mains son fils unique Philippe.

Paléologue, instruit de cette situation, passa lui-même en Thrace pour resserrer les Français. Il leur enleva Selymbrie. Toute la banlieue de Constantinople, habitée par des Grecs, se déclara pour lui, et il vint assiéger Galata. Cependant les Français opposèrent une résistance plus opiniâtre qu'on ne l'aurait attendu de leur triste situation. Paléologue avait compté sur la connivence d'Anseau de Toucy, auquel il avait rendu la liberté et qui s'était fait fort de lui livrer une des portes ; mais il fit dire à l'empereur qu'il était surveillé et qu'il ne pouvait remplir sa promesse. Manquant de machines de siége et de marine, l'empereur fut obligé de s'arrêter devant les remparts de Constantinople et de Galata.

Les historiens du temps racontent que, pendant ce siége, des officiers grecs étant entrés dans les ruines du magnifique monastère de Saint-Jean, à l'Hebdomos, près Constantinople, dont l'église était devenue une étable, virent dans un coin, dressé contre la muraille, un squelette entier entre les mains duquel des pâtres s'étaient amusés à placer un chalumeau. L'inscription d'une tombe voisine récemment violée leur fit reconnaître que ces ossements étaient ceux de Basile Bulgaroctone. Informé de ce fait, l'empereur fit revêtir d'étoffes de soie brodées d'or ces tristes restes d'un de ses plus glorieux prédécesseurs, et le fit porter avec pompe à Selymbrie, où il fut inhumé dans le monastère du Saint Sauveur.

Désespérant d'enlever Constantinople de vive force, Paléologue repassa en Asie, où les progrès menaçants des Tartares le rappelaient. Le nom seul de ces barbares semait la terreur parmi les Chrétiens. Le peuple avait cru longtemps qu'ils avaient des têtes de chien et qu'ils étaient anthropophages. Sous le règne précédent, le grand Khan avait annoncé l'intention d'envoyer des ambassadeurs à l'empereur de Nicée. Théodore les fit conduire par les chemins les plus impraticables, et les reçut en déployant l'appareil le plus formidable qu'il lui fut possible, afin que leurs récits ôtassent à leur maître la tentation de l'attaquer. Il est douteux que cet artifice dont peut-être les envoyés tartares n'avaient pas été entièrement dupes eût préservé longtemps l'empire grec, si les conquérants ne s'étaient trouvés engagés dans une autre guerre. En 1248 la prise de Bagdad mit fin à l'empire des Kalifes. Le sultan d'Icone, subjugué à son tour, se déroba par la fuite à la tyrannie des Tartares, et vint en 1260, avec ses femmes, ses enfants et sa vieille mère, qui était chrétienne, demander un asile à la cour de Paléologue où déjà plusieurs seigneurs Turcs l'avaient précédé et avaient trouvé un accueil encourageant. L'empereur grec reçut le monarque fugitif avec les apparences de l'intérêt. Il lui donna des gardes et tous les insignes de la royauté. Il le faisait asseoir sur un trône à côté du sien, et l'engageait à l'accompagner dans ses expéditions, tandis qu'il avait envoyé ses femmes et toute sa famille à Nicée, où elles devaient, disait-il, trouver un asile plus convenable que dans les camps. Il s'assurait ainsi des otages dans le cas où son hôte aurait voulu le quitter. Pendant que Rokneddin, touché de cet accueil, se flattait que l'empereur grec le rétablirait sur le trône, celui-ci négociait secrètement avec les Tartares sans rien stipuler en faveur de son allié ou même en s'engageant à le retenir. Le traité fut conclu, et Paléologue s'applaudit probablement en lui-même du succès de son habileté diplomatique. Cependant une politique prévoyante eut été d'accord avec la morale pour conseiller plus de loyauté envers un voisin qui n'était plus à craindre et pouvait redevenir un utile auxiliaire.

En cette même année 1260 (au 13 mars) Michel Paléologue conclut avec les Génois un traité par lequel il leur promet, si Dieu lui octroie de recouvrer Constantinople, de leur assurer de grands avantages commerciaux et divers établissements à Constantinople et à Galata, nommément l'église de Sainte-Marie, possédée par les Vénitiens, contre lesquels les Génois étaient alors en guerre, et diverses possessions dans les îles de Négrepont (Eubée), de Mitylène, de Chios, de Crète, à Smyrne, à Adramytium, à Salonique, à Cassandrie. De son côté la république de Gênes s'engage à tenir à la disposition de l'empereur grec de une à cinquante galères, selon ce qu'il en pourra solder et suivant un tarif fixé d'avance, pour l'aider contre ses ennemis quelconques, excepté la cour de Rome. L'état des finances de l'empereur grec ne lui permit de demander aux Génois que seize galères, et elles n'étaient pas encore armées lorsque Constantinople fut reprise en quelque sorte par aventure.

Ainsi que nous l'avons dit, le despote d'Épire avait repris l'offensive, d'un autre côté le roi de Bulgarie Constantin Tech, qui avait épousé une des sœurs du jeune Lascaris, se montrait peu disposé à reconnaître Paléologue, dans le quel il voyait un usurpateur. Celui-ci fit de nouveau passer en Europe le César Stratégopoulos, pour contenir ses ennemis, et il le chargea d'observer en passant Constantinople, mais sans rien entreprendre contre cette ville. Il se réservait probablement de l'attaquer en personne quand il aurait réuni des forces de terre et de mer suffisantes. On ajoute qu'après le siége de Galata Paléologue avait conclu avec les Latins un armistice d'un an, qui n'était pas encore expiré. Il ne remit donc à Stratégopoulos que huit cents hommes de cavalerie et peu d'infanterie; mais à peine débarqué en Thrace, à Callipolis, le général grec vit accourir autour de lui de nombreux corps de volontaires (θελματάριοι) grecs et comans qui portèrent, dit-on, son armée à près de vingt-cinq mille hommes. Il avait établi son quartier général à Sélybrie, et, pour remplir sa mission, il s'approcha de Constantinople. Les volontaires du pays l'engageaient vivement à l'attaquer immédiatement. L'occasion, disaient-ils, était des plus favorables. Presque tout ce qui restait de troupes latines à Constantinople venait de s'éloigner pour aller, à ce que disent quelques historiens, assiéger Daphnusie, ville distante de quarante lieues sur les côtes du Pont-Euxin. Le commandant grec était, à ce qu'on croyait, disposé à remettre la ville aux Latins, s'ils se présentaient en force. Gradénigo, arrivé récemment à Constantinople avec le titre de bayle, avait voulu signaler son entrée en charge par ce coup de main, et Baudoin, qui ne se soutenait que par les Vénitiens n'avait pas eu la fermeté de lui résister, et avait imprudemment dégarni tout à fait Constantinople.

Cependant Stratégopoulos hésitait encore à attaquer la capitale, lorsqu'en approchant des murs on arrêta la nuit un des habitants de la ville qui rôdait dans la campagne. On lui demanda comment, toutes les portes étant fermées, il avait fait pour sortir. Cet homme répondit que sa maison était voisine du rempart et communiquait avec la campagne par un passage souterrain. Il s'offrait d'introduire par là les Grecs dans Constantinople. Contrizace, un des chefs des volontaires, redouble d'instances en répondant sur sa tête de la réussite. Le César se décide, pensant bien que le succès le ferait absoudre. La nuit venue, une cinquantaine d'hommes déterminés reçurent l'ordre de se glisser par le souterrain. Ils pénètrent ainsi dans la ville, et bientôt ils se sont emparés d'une des portes, qu'ils ouvrent à coups de haches. Les soldats de Stratégopoulos et les volontaires se précipitent dans Constantinople aux cris de *victoire aux deux empereurs Michel et Jean*. Les Comans se répandent dans la ville, et se mettent aussitôt en devoir de piller, malgré les efforts du César, qui voyait avec inquiétude un groupe de Latins armés à la hâte s'avancer pour repousser l'attaque; mais en même temps les Grecs de la ville accourent de toutes parts au-devant de leurs compatriotes, et tous les Latins qui sont rencontrés par les rues sont poursuivis et massacrés.

Au premier tumulte, Baudoin s'était enfui du palais des Blaquernes vers le grand palais situé à la pointe de Constantinople, et il se jeta sur une barque, en abandonnant dans sa précipitation ses ornements impériaux, que des soldats grecs apportèrent en trophée à leur général.

La flotte latine revenait à ce moment de Daphnusie, qu'elle n'avait pas réussi à surprendre. Ceux qui la montaient, avertis du péril de leurs compatriotes, font aussitôt force de rames pour leur porter secours. La flotte était composée d'une trentaine de bâtiments légers et d'un gros galion de Sicile. Elle portait ce que Constantinople comptait alors d'hommes de guerre, les plus braves, prêts à combattre en désespérés pour arracher des mains des ennemis leur famille et leurs biens. La faible troupe du César aurait eu peine à résister à leur choc. Un Grec nommé Jean Phylax, au service de Baudoin, et qui s'était empressé de passer du côté des assaillants, plus intéressé qu'un autre à leur succès, coûte que coûte, conseille au César de mettre le feu à Constantinople. Cet avis est suivi. Les Grecs répandent la flamme dans les divers quartiers de la ville habités par les Latins et dans les maisons de plaisance de la côte. Les malheureux habitants, les femmes, les enfants demi-nus se sauvent à travers les débris embrasés; ils courent au rivage; ceux qui trouvent des barques s'y précipitent; les autres tendent leurs bras vers les vaisseaux, suppliant à grand cris leurs parents ou leurs amis de venir les sauver.

Dans cette situation, il n'était plus possible pour les Latins de songer à combattre. Renonçant à disputer aux ennemis leurs maisons réduites en cendre, ils se hâtèrent de recueillir sur leurs vaisseaux toute cette population en détresse, et s'éloignèrent de cette malheureuse ville comme leurs pères y étaient entrés, à la lueur de l'incendie. Mais cette fois les rôles étaient changés, et c'était à leur tour d'éprouver tout ce que les Grecs avaient subi lors de la conquête. Cette révolution eut lieu le 26 juillet de l'an de J.-C. 1261, ou, à la manière de compter des Grecs, de l'an du monde 6769 quatrième indiction. Les Francs avaient occupé Constantinople cinquante-sept ans et trois mois.

La flotte se retira d'abord en Eubée, et avant d'y aborder plusieurs des malheureux fugitifs entassés sur les vaisseaux périrent de faim ou par suite des angoisses qu'ils avaient traversées. L'empereur Baudoin s'était aussi refugié en Eubée. Il y reçut quelques secours du seigneur de Carystos, auquel il avait précédemment donné, selon sa coutume, des reliques vénérées en gage d'un emprunt. Il passa là en Pouille près de Mainfroy, dont il espérait du secours. Le pape Urbin IV publia une croisade contre Michel Paléologue. Mais le zèle religieux commençait à se refroidir, excepté dans le cœur de saint Louis, lequel, prêt à s'engager lui-même dans une expédition contre les infidèles, ne put accorder que des secours d'argent à Baudoin. Ce prince consuma le reste de sa vie en voyages et en négociations pour recouvrer cet empire qu'il n'avait pas su défendre. Il céda d'abord à Mainfroy, puis, après la chute de celui-ci, à Charles d'Anjou, devenu roi de Sicile, ses droits de suzeraineté sur la principauté de Morée et d'Achaïe, où les Français se maintenaient. Il gratifia le duc de Bourgogne et le roi de Navarre Thibaut, comte de Champagne : le premier, du royaume de Salonique et d'une des plus belles barennies à choisir dans ses états perdus ; le second, du quart de la Romanie, à la charge de l'aider à la reconquérir. Mais la politique de Michel Paléologue, qui séduisit le saint-siége par l'espoir de la réunion des deux églises, et les rivalités des princes d'Occident, empêchèrent toute tentative sérieuse contre Constantinople. Baudoin mourut en 1272, laissant à son fils Philippe le titre illusoire d'empereur de Constantinople, titre que Catherine, fille unique de ce dernier, porta par son mariage, en 1300, à Charles de France, deuxième fils de Philippe le Hardi et chef de la branche des Valois.

CHAPITRE II.

Fin du règne de Michel Paléologue. Tentatives de réunion des deux églises.

L'entrée des Grecs à Constantinople fut immédiatement connue sur la rive asiatique, et tout aussitôt une foule de gens se hâtèrent à l'envi de porter cette bonne nouvelle à l'empereur Michel, qui était à Nymphée. Celui qui arriva le premier ne put d'abord se faire admettre au palais. Une sœur de l'empereur, Eulogie la religieuse, près de laquelle il put trouver accès, se chargea de faire part de ce grand événement à l'empereur, qui reposait encore. Elle l'éveilla en lui disant : Mon frère, tu as pris Constantinople ! et comme il la regardait interdit et sans comprendre, Le Tout-Puissant, ajouta-t-elle te l'a donnée. Michel se hâta de convoquer son conseil ; le messager y fut introduit, et raconta ce qu'il savait de la prise de Constantinople. Mais comme on n'avait aucune lettre du César, qu'il n'avait pas même ordre d'attaquer Constantinople, l'empereur se refusait encore à croire que huit cent cavaliers, (Stratégopoulos n'en avait pas davantage), sans aucun appareil de siége, se fussent rendus maîtres de la capitale, tandis que l'année précédente le château de Galata avait résisté à tous les efforts de l'empereur. Le porteur de la nouvelle fut mis aux fers, avec promesse d'une récompense libérale si l'avis se confirmait, mais d'un châtiment exemplaire s'il avait voulu tromper le souverain. Vers le soir, les autres courriers arrivèrent successivement, et enfin des lettres de Stratégopoulos.

Au milieu de l'allégresse générale, on dit qu'un des ministres de Michel, homme de grand sens et d'expérience, gémit de cette conquête, comme du plus grand malheur qui pût arriver aux Grecs, et la suite des événements ne confirma que trop, en effet, ses sombres prévisions. Les dangers les plus menaçants pour la nationalité grecque et la religion chrétienne étaient du côte de l'Orient, de la part des Tartares Mongols et des Seldjoukides, parmi lesquels la race d'Osman, allait bientôt élever les Turcs à un si haut degré de puissance. Depuis que les princes grecs étaient réfugiés à Nicée, ils avaient veillé de plus près et avec plus d'activité à la défense des frontières orientales et des provinces asiatiques, qui seules leur restaient. Mais en recouvrant leur antique capitale, dont la vaste enceinte et les splendides monuments auraient exigé à eux seuls pour se relever de leur ruine tous les revenus de l'empire, il n'était que trop à craindre que les empereurs, renfermés dans leurs palais, négligassent les provinces, s'estimant assez heureux et asssez puissants tant qu'ils pourraient soutenir l'ancien faste de leurs ancêtres. On pourrait comparer Constantinople à une de ces beautés mercenaires pour lesquelles un fils de famille consume toute sa fortune, et qui, lorsqu'il est entièrement ruiné, livre à quelque autre ses charmes décevants. Les Français venaient d'achever cette triste expérience. Pour conserver cette onéreuse conquête ils avaient aliéné leurs héritages d'Occident, épuisé les libéralités des princes et de l'Église. Ils y avaient tout perdu, jusqu'à leur réputation militaire, et ils venaient de fuir Constantinople plus honteusement que les Grecs ne l'avaient perdue un demi-siècle auparavant.

L'empereur Michel, remis inopinément en possession de sa capitale, eut la sagesse de rendre grâce à Dieu, d'une manière éclatante et qui devait faire une profonde impression sur la nation, d'un événement dont il ne pouvait s'attribuer le mérite. Il se rendit en toute hâte à Constantinople avec l'impératrice, son fils Andronic, âgé de deux ans, les grands dignitaires et le sénat. Il aurait voulu faire composer pour la solennité qu'il méditait des prières spéciales par Nicéphore Blemmyde, qui joignait la réputation de sainteté à celle d'éloquence ; mais comme il vivait loin de la cour, George Acropolite, son élève, alors grand logothète, s'offrit de le suppléer, et dans l'espace d'un jour et d'une nuit il eut composé treize prières.

L'empereur, arrivé le 14 août en vue de Constantinople, s'arrêta au couvent de Cosmidion, hors des murs, près des Blaquernes, afin de faire son entrée le 15 août, jour de la fête de la Vierge. Il fit chercher au monastère du Pantocrator l'image de la Vierge *conductrice* peinte par saint Luc, suivant la tradition, et donnée jadis à Pulchérie par Eudocie. La Porte dorée, que les Latins avaient murée, fut ouverte. Du haut d'une de ses tours, l'évêque de Cyzique, à défaut du patriarche récita les treize prières composées pour la circonstance. Entre chaque prière l'empereur se découvrait et se mettait à genoux, ainsi que toute sa suite ; puis, au signal du diacre, toute l'assistance se relevait en faisant retentir cent fois le *Kyrie eleïson*. Ensuite l'empereur, à pied, faisant porter devant lui la sainte bannière, s'avança processionnellement jusqu'au monastère de Stude, où il déposa l'image de la Vierge ; puis il se rendit à cheval à Sainte-Sophie pour y offrir ses actions de grâce. Le reste de la journée se passa en réjouissances, et le soir Michel se retira dans le grand palais, car celui des Blaquernes, où Baudoin faisait sa résidence habituelle, était sale et enfumé, les Francs, disent les Grecs, y ayant fait partout leur cuisine. Le grand palais offrait d'ailleurs une demeure plus sûre dans une ville encore occupée par un grand nombre de Latins, Génois Vénitiens et Pisans, sur les dispositions desquels les Grecs ne comptaient qu'à moitié.

Michel récompensa le César Stratégopoulos en lui décernant, quelques jours plus tard, les honneurs d'un triomphe dans lequel il portait une couronne presque semblable à celle des empereurs, et il ordonna que pendant toute une année son nom serait joint au sien dans les prières publiques.

La restauration de l'empire n'aurait pas semblé complète sans le rétablissement du patriarche. Après diverses négociations, par suite de la mésintelligence qui existait entre Michel et le patriarche Arsénius, auquel on avait même pendant un temps substitué un autre patriarche, l'empereur fut le premier à se prononcer pour qu'Arsénius fût invité à reprendre son siége. Celui-ci se décida non sans quelque hésitation à revenir. L'empereur présida lui-même à son intronisation, et il fut convenu que Michel Paléologue serait de nouveau solennellement couronné dans Sainte-Sophie par le patriarche. Cette fois le nom de l'héritier des Lascaris ne fut pas même prononcé.

George Acropolite, qui dans son histoire ne néglige pas les occasions de parler de lui-même, raconte qu'à l'occasion de l'installation du patriarche, il avait composé un discours de circonstance. Il commençait par y rendre grâce à Dieu du rétablissement de l'empire ; puis, dans la péroraison, il insinuait à l'empereur de faire couronner son fils avec lui. Peu de personnes comprirent l'intention, ou peut-être ne firent-elles pas semblant de comprendre, car tout le monde n'était pas favorable à cette idée, même à la cour. L'empereur, que l'on avait décidé à assister à cette lecture, se montra visiblement de mauvaise humeur. Il est vrai, ajoute naïvement l'auteur, que le soleil de midi dardait déjà ses rayons, et l'heure du dîner s'écoulait. Mais sans doute Paléologue avait des motifs plus graves d'être soucieux. Selon sa méticuleuse politique, le malencontreux courtisan avait peut-être soulevé trop tôt une question qui l'occupait. Pour assurer l'élévation de sa famille, qui rencontrait encore de l'opposition dans l'attachement aux Lascaris, Paléologue avait travaillé patiemment à écarter l'un après l'autre tous les appuis du jeune prince. Ses sœurs aînées furent par lui mariées à des seigneurs de bonne famille, mais qui ne pouvaient lui porter ombrage : l'une à Mathieu de Valaincourt, l'autre à un comte de Vintimile, souche des Lascaris d'Italie, la troisième à un prince bulgare, du nom de Vinceslas. Le jeune prince restait relégué dans la citadelle de Dacybize et étranger à toute occupation sérieuse. Ce n'était pas assez pour ôter à Paléologue l'appréhension que Jean Lascaris ne devînt plus tard le compétiteur de son fils, et le jour de Noël 1261 il lui fit brûler les yeux.

Ce traitement barbare dut soulever l'indignation dans bien des cœurs, mais peu de gens osèrent la manifester. Manuel Holobolus, un peu plus âgé que Jean Lascaris, et qui avait dirigé ses premières études, pour avoir donné cours trop librement à ses regrets, eut le nez coupé, et alla s'enfermer dans un monastère. Le patriarche Arsénius ressentit aussi une vive douleur de cet attentat contre son pupille. Il fulmina contre l'empereur une excommunication; toutefois, soit faiblesse de caractère, soit par la crainte de porter à une dernière extrémité un homme qui ne reculait jamais, Arsénius ne poussa pas les choses jusqu'au bout, et supprima de la formule d'excommunication les paroles qui auraient privé le coupable de la participation aux prières.

Michel parut savoir gré au patriarche de cette modération; il feignit de se soumettre, exprimant l'espoir d'obtenir un pardon complet par son repentir d'une action qu'il essayait en même temps de justifier par des raisons d'État.

Cette velléité d'indépendance du patriarche grec fut peut-être pour quelque chose dans la détermination que Michel Paléologue prit à ce moment d'ouvrir des négociations avec la cour de Rome, espérant en même temps détourner par là les dangers qui le menaçaient du côté de l'Occident.

Nous avons dit qu'à la prière de Baudoin le pape Urbain IV avait accordé à ceux qui s'armeraient pour le rétablissement de l'empire latin de Constantinople, les mêmes indulgences que pour les expéditions de Terre-Sainte. Il avait aussi essayé de rétablir la paix entre les Vénitiens et les Génois et de détacher ces derniers de l'alliance des Grecs. Mais les Génois, qui avaient conclu en 1259 un traité fort avantageux avec Paléologue, et auxquels ce prince, en s'établissant à Constantinople, avait donné la possession de Galata, refusèrent d'obtempérer aux conseils du pape, et bravèrent même ses excommunications. Les Vénitiens, au contraire, menacés dans leurs possessions et leur commerce par les conquêtes de Paléologue et la rivalité des Génois, furent les premiers à prendre les armes, ainsi que le prince d'Achaïe. Ils furent vaincus en plusieurs rencontres par les Grecs et les Génois. Mais, tout en combattant et malgré ces succès, le prudent Paléologue ne négligeait pas les négociations.

Presque aussitôt après son entrée à Constantinople il avait envoyé des ambassadeurs au pape, offrant de le prendre pour arbitre entre Baudoin et lui, et annonçant son désir de réunir les deux Églises. L'historien grec Pachymère prétend qu'Alubarde, un des deux députés grecs, qui avait précédemment servi et abandonné Baudoin, fut à son arrivée en Italie saisi et écorché vif, et que son compagnon n'eut que le temps de se sauver. Mais ce récit est dénué de toute vraisemblance, puisqu'en réponse à cette ambassade le pape envoya plusieurs nonces à Constantinople en 1263, pour exhorter Michel à persévérer dans ses bonnes dispositions, et en même temps il pria les Vénitiens et le prince d'Achaïe de suspendre les hostilités, pour ne pas entraver une négociation dont le succès était si désirable. Villehardoin eut lieu de regretter de n'avoir pas obtempéré de suite à une trêve, car il fut plus tard obligé de céder la forte place de Monembasie et quelques autres qui ouvraient le Péloponnèse aux Grecs, comme nous le verrons dans un chapitre suivant sur la principauté française de Morée.

Lorsque Clément IV succéda au pape Urbain en 1269, Michel s'empressa de lui envoyer des ambassadeurs pour le féliciter sur son exaltation et renouveler ses protestations d'obéissance à l'Église romaine. Le nouveau pontife ne vit dans cette démarche qu'un effet de la crainte qu'inspirait le triomphe de Charles d'Anjou sur Mainfroy, auquel l'empereur grec avait envoyé des secours, et il lui répondit qu'il était trop tard. Charles préparait en ce moment une expédition à Brindes dans le dessein de passer à Durazzo. Michel, de son côté, arma sa flotte, et mit Constantinople en bon état de défense. Sans se rebuter cependant des refus du pape, il lui envoya des religieux latins pour l'assurer de sa sincérité. Il envoya aussi des ambassadeurs à Louis IX pour lui faire connaître sa ferme intention de se soumettre à l'église de Rome et lui proposer d'être arbitre entre son propre frère Charles d'Anjou et lui. Le Chartophylax Veccus et l'archidiacre Méliténiote, chargés des pouvoirs de Michel, se rendirent à Tunis, où ils n'arrivèrent que pour assister à la mort du saint roi (25 août 1270).

Cet événement suspendit pour un temps les projets de Charles d'Anjou, et les négociations pour la réunion furent aussi interrompues par la mort du pape, qui survint vers le même temps.

L'Église grecque était alors pleine de troubles et de dissensions. Michel, n'ayant pu réussir ni par adresse ni par menaces à déterminer Arsénius à lever l'excommunication qui pesait sur lui, fit déposer l'inflexible patriarche par un synode en partie composé des évêques qui suivaient la cour. Il crut trouver plus de souplesse dans Germanos, qui l'avait, dans une occasion solennelle, décoré du titre de nouveau Constantin, et qui sur la recommandation de l'empereur fut élu en 1267 à la place d'Arsénius. Mais Joseph, confesseur de l'empereur, qui avait espéré cette dignité pour lui-même, suscita des difficultés de toutes sortes au nouveau patriarche, lequel au bout de quelques mois se démit de ses fonctions. Cette fois Joseph obtint l'objet de son ambition, et presque aussitôt il releva publiquement l'empereur de l'excommunication. L'opinion publique fut loin de ratifier cette sentence favorable. Une grande partie du clergé, et particulièrement les moines, restaient attachés à l'ancien patriarche Arsénius, et, considérant Germanos et Joseph comme des intrus, enveloppaient empereur et patriarche dans la même réprobation.

En 1273, après deux ans et neuf mois de vacance du saint-siége, le cardinal Thealde, légat en Palestine, monta sur la chaire de saint Pierre, sous le nom de Grégoire X. Avant même d'arriver à Rome ce pontife écrivit une lettre en faveur de l'union à l'empereur grec, qui s'empressa d'accueillir ces ouvertures. Les légats italiens qui vinrent à Constantinople en cette circonstance aplanirent beaucoup de difficultés, et Michel promit d'envoyer des délégués au concile que le pape avait l'intention de convoquer pour terminer cette grande question.

Le patriarche Joseph, jusqu'alors si dévoué aux volontés de l'empereur, se prononça cependant hautement contre la réunion, et protesta par serment que jamais il n'y souscrirait. Veccus, dont nous avons déjà parlé, un des hommes éloquents de ce temps, n'était pas dans le principe moins contraire aux doctrines romaines. Jeté en prison pour s'être exprimé trop vivement dans ce sens à l'une des conférences en présence du souverain, il employa le temps de cette retraite forcée à étudier plus à fond qu'il ne l'avait encore fait les questions en litige en lisant les ouvrages qui lui furent envoyés de la bibliothèque de l'empereur, notamment ceux de Blemmyde sur la procession du Saint-Esprit. Il sortit de cette réclusion complètement converti.

La plupart des théologiens se montrèrent beaucoup plus récalcitrants. Holobole, qui avait déjà été mutilé pour son attachement à son souverain légitime, fut encore en butte à des tortures, pour sa fidélité à ses croyances. D'autres furent exilés, d'autres eurent leurs biens confisqués, et comme la population de la capitale presque entière s'était prononcée contre l'union, l'empereur, pour la punir, s'avisa de prétendre que, par le fait de la conquête, il était devenu propriétaire de toute la ville, et que les habitants lui devaient dix ou douze années de loyer.

Par ces violences l'empereur voulait donner aux légats la preuve de son zèle, dont la sincérité était malgré tout fort suspectée. On conçoit que l'emploi de semblables moyens ait laissé contre l'Église latine une aversion profonde parmi les Grecs, qui s'exaltaient de plus en plus dans leur résistance et se considéraient comme martyrs de la foi de leurs pères. Une partie des habitants de la capitale émigrèrent dans les pays qui ne reconnaissaient pas l'autorité de l'empereur. On rencontrait dans les provinces des troupes de mendiants qui se décoraient des noms de Joséphites ou d'Arsénites, mais qui s'étaient fort grossies de vagabonds et de gens sans aveu.

Sans se laisser ébranler, Paléologue fit partir avec les légats les députés chargés d'assister au concile convoqué à Lyon. C'était pour le clergé l'ancien patriarche Germanos et Théophane, évêque de Nicée, et parmi les sénateurs le logothète George Acropolite, le protovestiaire Panaretos et le grand interprète Berrhœotès. Ils étaient porteurs de présents magnifiques destinés au souverain pontife. Par malheur, les deux galères des députés grecs furent assaillies, à la hauteur du cap Malée, par une de ces tempêtes si fréquentes dans ces parages. Celle qui portait Panaretos, le grand interprète, avec les présents de l'empereur, périt corps et biens sur les rescifs, en voulant gagner terre. L'autre, qui avait résolument pris le large échappa à la fureur des flots. Les deux évêques et George Acropolite relâchèrent à Modon ou Methone, pour attendre leurs compagnons; puis, quand ils se furent assurés de leur perte, ils continuèrent seuls leur route, et arrivèrent à Lyon le jour de la Saint-Jean 1274.

Le concile, composé de cinq cents évêques, de soixante-dix abbés et de mille autres ecclésiastiques, était déjà réuni depuis le 7 mai. Les prélats allèrent au-devant des envoyés de l'empereur, et les conduisirent près du pape, qui les accueillit avec honneur. Ils lui présentèrent des lettres de Michel Paléologue et de son fils Andronic, et lui confirmèrent qu'ils étaient prêts à rendre obéissance à l'Église. Le jour de Saint-Pierre et Saint-Paul le pape célébra la messe en présence du concile. On y récita en grec et en latin l'Épître, l'Évangile et le Symbole des Apôtres. Les Grecs ainsi que les Latins répétèrent par trois fois les paroles si longtemps contestées *qui procède du Père et du Fils*. Le pape fit part au concile, dans sa 4ᵉ session, des lettres de l'empereur concernant les articles qui avaient séparé si longtemps l'Orient et l'Occident, savoir l'unité de la foi avec Rome et la reconnaissance de la primauté de son chef sur toute l'Église. Le grand logothète prononça, au nom de l'empereur, la formule du serment par lequel il abjurait le schisme, et au milieu de la joie universelle l'assemblée entonna un *Te Deum* d'actions de grâce.

Pendant ce temps l'empereur travaillait par tous les moyens que la souplesse de son esprit pouvait lui suggérer à faire accepter l'union par ses sujets. Il n'avait voulu, assurait-il, changer en rien la foi de l'Église d'Orient, et il produisait un passage de saint Cyrille qui lui semblait concilier en quelque manière les deux opinions touchant le Saint-Esprit, puisqu'il y était dit *qu'il procède du Père par le Fils;* quant aux trois autres points, savoir la primauté du pape, le droit d'appel en cour de Rome et la mention dans les prières du nom du souverain pontife, les deux premiers étaient, disait-il, sans importance, aucun pape ne devant probablement venir à Constantinople pour exercer son droit de préséance, pas plus que les Orientaux ne franchiraient la mer pour appeler d'une sentence du patriarche. Enfin, lorsque Dieu lui-même a condescendu à se faire homme et à souffrir les humiliations pour racheter le genre humain, le clergé grec ne devait-il pas, pour sauver le pays d'un danger imminent, se soumettre à la nécessité présente.

Par des arguments de ce genre, où il insistait surtout sur les dangers du moment, et qui permettaient à tout le monde de conserver des doutes sur le fond de ses sentiments, Michel Paléologue gagna quelques prélats à sa cause. Lorsque les députés rapportèrent l'acte d'union, le patriarche Joseph, qui s'était engagé par serment à ne pas l'accepter, mais qui d'un autre côté avait promis à l'empereur de ne pas lui faire obstacle, fut invité à se démettre de ses fonctions, ce à quoi il se résigna. Veccus, le plus éminent par son savoir entre les ecclésiastiques qui avaient accepté l'union, fut élu patriarche (mai 1675).

Dès le 16 janvier précédent, jour où l'Église grecque célèbre la chute des chaînes de saint Pierre, l'évêque de Chalcédoine avait officié dans le palais et en présence de l'empereur, conformément à l'acte d'union : c'est-à-dire que l'Épître et l'Évangile furent lus en grec et en latin, et que le diacre fit hautement mémoire de Grégoire, souverain pontife de l'Église apostolique. Cette cérémonie, qui semblait mettre le sceau à la paix de l'Église, devint au contraire le signal d'un nouveau déchaînement des passions religieuses en Orient.

Il était peu de familles dans la capitale qui ne fussent divisées par les questions théologiques, à commencer par la famille de l'empereur. Sa sœur Eulogie était à la tête des dissidents. L'immense majorité de la nation repoussa l'union comme une apostasie. Les princes grecs indépendants, Nicéphore Ducas, despote d'Épire, son frère Jean, duc de Patras, et même quelques princes latins, par un calcul de politique, se montraient les protecteurs des Grecs du rit oriental. Veccus

19ᵉ *Livraison.* (GRÈCE.)

fulmina sans succès des excommunications, et l'empereur résolut de faire marcher des troupes contre les princes du parti opposé. Mais les généraux qu'il avait placés à la tête de son armée, et dont plusieurs étaient ses parents, passèrent à l'ennemi et livrèrent même quelques places frontières préférant, disaient-ils, trahir la cause de l'empereur plutôt que celle de Dieu.

Michel cependant se raidissait contre tant d'obstacles. A l'avénement du pape Jean XXI, qui lui envoya des légats, il renouvela par écrit ses déclarations et ses serments de soumission à l'Église romaine. Andronic joignit aux lettres de son père des protestations analogues quoique d'un style plus embarrassé et plus équivoque. A ces lettres étaient joints les actes d'un synode tenu à Constantinople et dont la profession de foi était enveloppée de tant d'ambages, que tout en paraissant donner satisfaction à l'Église romaine, elle permit plus tard aux Grecs de revenir sur ces interminables questions.

Jean XXI était mort quand les députés grecs arrivèrent; ils attendirent six mois l'élection de son successeur. Ce fut Jean Caïetan, qui prit le nom de Nicolas III et fut un des papes les plus jaloux d'étendre l'autorité du saint-siége. Les députés grecs purent être plusieurs fois témoins des pressantes instances que Charles d'Anjou lui adressait humblement pour être autorisé par le saint-siége à accomplir l'expédition dès longtemps préparée par lui pour rétablir son gendre Philippe, fils de Baudoin, sur le trône de Constantinople. Le pape répondait qu'il ne fallait pas faire la guerre à des chrétiens, pour ne pas attirer sur soi le courroux de Dieu. Mais, tout en retenant l'ardeur belliqueuse du roi de Sicile il n'était pas fâché de montrer à l'empereur d'Orient le péril toujours suspendu sur sa tête, afin de le trouver plus docile à ses volontés.

Il envoya des nonces à Constantinople, en les chargeant de sonder le terrain, pour voir si l'on ne pourrait pas y établir un légat et s'assurer si cette union prétendue n'était pas simplement une comédie, ainsi que bien des Grecs étaient les premiers à le dire aux frères prêcheurs qui passaient à Constantinople. Michel, prévenu par ses agents, convoqua les ecclésiastiques attachés à la cour, et les prépara, avec son adresse ordinaire, à ne point s'effaroucher des exigences du saint-siége et à les éluder sans irriter le pape. Il se hâta de rappeler le patriarche Veccus, qui était retiré dans un monastère. Des accusations de toutes sortes avaient été depuis quelque temps dirigées contre Veccus, non par ses adversaires religieux, mais par ceux même qui avaient embrassé avec lui la cause de la réunion. L'ambition du confesseur de Paléologue, Isaac d'Éphèse, très-influent sur l'esprit de l'empereur, et qui voulait, comme son prédécesseur Joseph, arriver au patriarchat, était probablement la cause secrète de ce déchaînement. Voici un fait qui peut donner la mesure des tracasseries suscitées à Veccus : C'était l'usage à la fête de la Présentation ou de la Chandeleur, que les Grecs nomment ὑπαπαντή, de présenter à l'autel des offrandes de gâteaux, de froment et des fruits (κόλυβα) sur des plats pour être bénis, et le plus beau était réservé pour la table de l'empereur. Cette fête se célébrait alors avec d'autant plus de pompe qu'à pareil jour, l'interdiction de l'empereur avait été levée. Entre tous les plats ainsi présentés à l'autel, Veccus choisit un plateau en métal de travail Egyptien orné d'arabesques formées d'inscriptions comme les Arabes avaient l'habitude d'en mettre dans la décoration des édifices, des meubles et même des étoffes. Or, en admirant ce plat sur la table de l'empereur, un des convives, qui savait l'arabe, y reconnut le nom de Mahomet. Aussitôt les ennemis du patriarche de crier au scandale, à la profanation. Ce fut pendant deux mois le texte d'une foule de déclamations. Enfin l'empereur parut prendre la défense de Veccus, et mit fin à ces criailleries. Mais quelque temps après, Michel rendit une ordonnance par laquelle toutes les localités, tous les monastères qui avaient anciennement été détachés de divers diocèses pour augmenter celui du patriarche devaient retourner à leurs anciennes circonscriptions ecclésiastiques. La juridiction directe du patriarche se trouvait par là réduite à peu près à l'enceinte de Constantinople et inférieure à la plupart des métropoles. Dans cette mesure qui le blessait sensiblement, Veccus vit la preuve que les sentiments de l'empereur à son égard étaient complètement changés, et il lui offrit sa démission, que celui-ci, après quelques instances apparentes pour le retenir, finit par accepter. Toutefois, comme il n'avait pas encore convoqué le clergé pour donner un successeur à Veccus, il se hâta de le rappeler pour recevoir les ambassadeurs du pape, et il le pria de ne pas leur parler de sa démission.

Pour édifier les nonces sur la réalité de ses efforts, Paléologue ne trouva rien de mieux que de les faire conduire par l'évêque d'Éphèse dans les prisons, qui regorgeaient de détenus pour cause de religion. Ils y virent des parents de l'empereur et plusieurs de ses officiers, le protostrator Andronic Paléologue, l'échanson Manuel Raoul et son frère Isaac. L'un d'eux voulut frapper de ses chaînes l'évêque d'Éphèse, qu'ils accablèrent d'invectives. Les députés repartirent avec la conviction que l'union était impossible et que, si le zèle de l'empereur était sincère, il n'avait toutefois réussi qu'à rendre l'Église romaine odieuse.

Ces députés, à leur retour, ne trouvèrent plus le pape qui les avait envoyés : il était mort subitement. L'élection de son successeur occasionna de longs et vifs débats. L'influence que les papes avaient prise sur toutes les questions politiques était trop grande pour qu'à leur tour les princes n'usassent pas de tous les moyens pour faire tomber le choix du conclave sur quelqu'un de leur parti.

Nicolas III avait été l'ennemi secret de Charles d'Anjou. La puissance du roi de Sicile était trop grande en Italie pour ne pas porter ombrage au souverain pontife, et on ajoute qu'il ne lui avait pas pardonné le refus dédaigneux qu'il avait essuyé lorsque, n'étant encore que cardinal, il avait recherché une alliance de famille avec le prince français. Aussi, sans parler de la part que Nicolas paraît avoir prise au renversement de la domination française en Sicile, nous avons vu que tant qu'il vécut il s'était opposé aux desseins de Charles d'Anjou contre Constantinople. Son successeur fut un Français, Simon de Brie, qui prit le nom de Martin V, tout dévoué aux intérêts de Charles d'Anjou, auquel il devait son élévation, et qui se laissa aller à ses sympathies plus

qu'il n'aurait convenu à sa position d'arbitre souverain. Prévenu d'avance contre les Grecs, il reçut fort mal Léon, évêque d'Héraclée, et Théophane, évêque de Nicée, que l'empereur lui avait envoyés pour le complimenter. Il traita toute la conduite de Michel d'imposture, blâma les persécutions qu'il avait fait subir à des hommes égarés, mais sincères dans leur croyance. Il alla jusqu'à retrancher l'empereur grec de la communion des fidèles, et renvoya honteusement ses ambassadeurs.

Michel Paléologue fut atterré de se voir ainsi repoussé sans aucun ménagement par l'Église de Rome, dont il avait depuis des années recherché la protection à tout prix. Il fut sur le point de rompre avec éclat, en remplaçant Veccus par l'ancien patriarche Joseph. Mais, habitué à se maîtriser, il s'abstint d'une démarche qui lui aurait fermé tout espoir de renouer avec l'Occident, sans lui rendre d'un autre côté les cœurs qu'il s'était aliénés par ses persécutions. Il se borna donc à défendre de prononcer dans les prières le nom du nouveau pape, et, ne voulant pas paraître se démentir, ce fut par un redoublement de sévérité envers les schismatiques qu'il déchargea sa colère. On recommença à torturer pour cause de religion, à crever les yeux, à arracher la langue aux auteurs de libelles sans réussir à étouffer les murmures du peuple contre une tyrannie chaque jour plus insupportable.

La guerre dont les foudres de Rome n'étaient que le prélude ne se fit pas attendre. Une alliance fut conclue entre le roi de Sicile et les Vénitiens. Les opérations des confédérés ne devaient commencer qu'au printemps de 1283, mais ce terme parut trop éloigné à l'impatience des Français. Un corps de trois mille hommes, sous les ordres de Rossi, seigneur provençal s'embarqua à Brindes, et passa sur la côte d'Épire. Les Français comptaient sur le concours des Illyriens, alors soulevés contre l'empereur. Ils furent accueillis dans le fort de Canina, occupé par des Latins et voisin d'Aulon ou La Vallone. Ils se mirent aussitôt en marche vers Thessalonique, dont, avec leur présomption habituelle, ils se partageaient d'avance le territoire. Cependant ils furent arrêtés dès les premières marches par la citadelle de Belligrade (qu'il ne faut pas confondre avec Belgrade), située sur une montagne escarpée dont le pied était baigné par une rivière. Cette petite place soutint aisément un siége contre une armée presque uniquement composée de cavalerie.

Cependant, à la nouvelle du débarquement des Français, Michel Paléologue avait fait partir des troupes sous les ordres de généraux expérimentés, et, pour donner apparemment à cette lutte le caractère d'une guerre sainte, il avait fait célébrer à Constantinople une grande cérémonie religieuse à la suite de laquelle on envoya à tous les soldats, dans des fioles de verre, des papiers trempés dans l'huile bénie par les évêques. Les Grecs se gardèrent bien d'attaquer de front les Français, dont ils redoutaient le choc impétueux; mais selon leur tactique, ils les fatiguaient par de continuelles escarmouches, et finirent par les attirer dans des embuscades où ils en tuèrent un grand nombre. Rossi, tombé de cheval, fut fait prisonnier avec le reste des siens. On les conduisit à Constantinople, et l'empereur se donna la satisfaction de faire défiler sous les fenêtres de son palais des Blaquernes ces tristes débris d'une armée naguères brillante, exténués par leurs blessures et par les privations, les jambes liées et assis à la manière des femmes sur leurs chevaux décharnés. On leur avait mis aux mains des roseaux en guise de lances. Ce n'étaient plus, dit l'historien grec, que les ombres de ces fiers géants. Michel les livra dans cet état aux injures de la populace, se vengeant sans générosité sur de braves soldats des terreurs que leur maître lui avait causées.

Par sa politique et par ses trésors, bien plus encore que par ses armes, Michel Paléologue réussit à mettre Charles d'Anjou hors d'état de lui nuire. Ce fut l'or de l'empereur de Constantinople qui prépara le soulèvement de Palerme et les massacres connus sous le nom de Vêpres siciliennes. Cette révolution est liée trop intimement aux événements de l'Orient pour que nous puissions nous dispenser d'en rappeler les principales circonstances.

Un seigneur sicilien, nommé Jean de Procida, dépouillé par Charles d'Anjou des dignités et des biens dont il avait joui sous Mainfroy, résolut de se venger et de délivrer sa patrie de l'occupation étrangère. En 1279 il vint trouver l'empereur de Constantinople, et lui assura qu'il était homme à le délivrer de cette expédition de Charles d'Anjou dont la menace était toujours suspendue sur sa tête. Il lui exposa ses projets, et n'eut pas de peine à obtenir la promesse de fortes sommes. Revenant en Sicile, il ourdit, avec plusieurs barons, comme lui mécontents du nouveau régime, le plan d'un soulèvement général, du moment que l'on serait sûr d'être soutenu. Il se rend ensuite à Rome près de Nicolas III, exploite habilement les ressentiments du pontife, lui révèle le soulèvement prêt à éclater, et obtient, assure-t-on, un bref secret par lequel le saint-siége accorde au roi Pierre d'Aragon l'investiture du royaume de Sicile. Muni de ces lettres Procida court en Catalogne, et décide le prince à recueillir cette couronne que la Sicile lui offre, dont le saint-siége lui garantit la possession, et que l'empereur de Constantinople se charge de lui fournir les moyens d'acquérir. Pierre d'Aragon pouvait-il résister à une proposition si séduisante? Avec une activité infernale, Procida, caché sous le costume des frères mineurs, retourne à Constantinople, informe l'empereur du succès de ses démarches, et réclame les trente mille onces d'or que celui-ci lui avait promises pour l'armement d'une flotte catalane. Michel fournit la somme demandée, et la remit à un Latin nommé Accardo, chargé d'accompagner Procida en Espagne, de veiller à l'emploi du subside, et de négocier le mariage d'une fille de l'empereur grec avec le fils du roi d'Aragon.

Lorsque Procida revint en Occident le pape Nicolas était mort, et les Siciliens ainsi que le roi d'Aragon hésitaient à poursuivre une entreprise qui leur semblait des plus hasardeuses, avant de connaître le nom et les dispositions du successeur de Nicolas. Pour Procida, redoublant de résolution et d'éloquence, il décida les conjurés à presser au contraire l'accomplissement de leur projet. Sous le prétexte d'une croisade dont il se refusa de faire connaître le but au roi de France, qui lui offrait quarante mille livres tournois pour cette sainte entreprise, Pierre arma une flotte considérable, et débarqua sur la côte d'Afrique, à Alcoïl, que nous nommons la Caille, près de Bougie, et en commença le siége.

Pendant ce temps Procida s'était rendu en Sicile avec le reste de l'argent fourni par l'empereur. Le lundi de Pâques 1282, à Palerme, à l'heure des vêpres, profitant du tumulte qu'un acte de grossièreté commis par un soldat français sur une femme avait excité dans la foule réunie pour la cérémonie, les conjurés crient mort aux Français, et le peuple entier répond à cet appel. La garnison est surprise et massacrée. Toute la Sicile imite cet exemple, et huit mille Français tombent sous le fer des Siciliens. A la sollicitation des barons, Pierre s'empresse de quitter l'Afrique, et vient à Palerme recevoir la couronne de Sicile.

A la nouvelle de ces événements, Charles accourut pour venger ses compatriotes et reconquérir la Sicile. Il commença par le siége de Messine ; mais, n'ayant pas une flotte prête à se mesurer contre celle de l'Aragonais, il fut obligé de se retirer, la rage dans le cœur de ne pouvoir tirer immédiatement vengeance de son déloyal adversaire.

A compter de ce moment, les malheurs se succédèrent pour Charles d'Anjou, et ne lui permirent pas de songer davantage à la conquête de Constantinople. Mais Michel Paléologue ne jouit pas longtemps des avantages qu'il s'était promis du désastre de son rival. La situation de l'empire grec était loin d'être brillante. Sans parler des troubles intérieurs, les dangers qu'un homme d'État clairvoyant avait prévus, lorsque le siège de l'empire fut reporté à Constantinople, commençaient à se réaliser. L'Asie Mineure, abandonnée à elle-même, était dévastée par les invasions des Turcs. Ils s'étaient rendus maîtres des villes de Nysse et de Tralles, sous les yeux de l'héritier de l'empire. Michel y passa en personne dans le cours de l'année 1282. Le pays était tellement ruiné qu'à peine pouvait-on se procurer du pain pour la table de l'empereur. Il se borna à faire faire quelques fortifications sur les bords du Sangaris, et revint à Constantinople pour le mariage de sa troisième fille, dont il avait fait offrir la main à Jean Comnène, prince des Lazes, à la condition que celui-ci renoncerait à la pourpre et au nom d'empereur de Trébisonde, pour se contenter du titre de despote.

Plus satisfait d'avoir abaissé les prétentions de cette branche de sa famille, dont il était depuis longtemps offusqué, que d'une victoire sur leurs communs ennemis, il voulut aussi ramener à l'obéissance le sebastocrator Ange Ducas Comnène, prince de Thessalie. Pour le combattre, il demanda trois mille hommes à Nogaïa, prince des Scythes voisins du Danube, auquel il avait donné en mariage une de ses filles naturelles. (Les alliances matrimoniales avec les nouvelles puissances qui s'élevaient étaient une des grandes ressources de l'empire à son déclin.) Malgré l'hiver et quoique souffrant, Michel voulut aller en Samothrace passer en revue et organiser ce corps de barbares. Fatigué de la route, il tomba malade en arrivant près du camp, à un bourg nommé Pacome. En entendant ce nom, Michel se rappela que, sur la foi d'une prédiction qui le menaçait qu'un Pacome lui ferait perdre l'empire, il avait fait aveugler un malheureux littérateur de ce nom. Frappé d'une crainte superstitieuse, il ne douta pas que ce lieu n'eût été marqué pour terme de sa carrière. Son mal empira rapidement. Son fils Andronic, qui l'avait accompagné, fit appeler un prêtre. En le voyant, Michel Paléologue comprit que tout était fini pour lui ; il reçut avec résignation les derniers sacrements, et expira le 11 décembre 1282, à l'âge de 58 ans, et après 23 ans de règne.

La haine qu'avait soulevée contre lui son adhésion à la communion romaine et ses sévices contre les schismatiques, comprimée tant qu'il avait vécu, éclata dès qu'il eut fermé les yeux, et tandis qu'à Rome il était enveloppé, avec tous les ennemis de Charles d'Anjou, dans une nouvelle excommunication comme rebelle à l'Église et ses États livrés au premier occupant, les moines grecs chargeaient sa mémoire d'anathème, et déclaraient à son fils que s'il tenait à régner il devait sans tarder abolir l'acte d'union que son père et lui-même avaient signé.

Andronic n'était pas de trempe à résister seul à tout son entourage, et d'ailleurs il n'avait accédé à l'union qu'avec répugnance et par déférence pour son père. Il promit ce qu'on voulait, se débarrassa comme il put des Tartares, auxiliaires dangereux, en les lançant contre l'Albanie sans prétexte de guerre, et il revint précipitamment à Constantinople après avoir déposé sans pompe, dans un obscur monastère, les restes de son père.

La fin ignominieuse de ce prince, dont l'ambition et l'orgueil avaient dirigé toutes les actions, et cette ingratitude d'un fils auquel il avait assuré l'hérédité du trône au prix d'un crime, auraient pu fournir la matière d'une de ces leçons que les historiens ne doivent pas se lasser de donner, quoiqu'elles soient trop souvent perdues. Mais les annalistes byzantins s'élèvent rarement à ces considérations : Pachymère termine la vie de Michel par cette seule remarque, que le cachet de ce prince, formé de trois Π (probablement parce qu'il descendait des deux côtés des Paléologues), désignait fatalement d'avance le jour et le lieu de sa mort. (Un vendredi, en grec παρασκευή, et au bourg de Pacome.)

CHAPITRE III.

ANDRONIC II PALÉOLOGUE LE VIEUX. — ANDRONIC LE JEUNE. — GANTACUZÈNE. — JEAN 1ᵉʳ PALÉOLOGUE.

Le cercle des Barbares prêts à inonder l'empire grec se resserrait chaque jour. Un prince belliqueux, actif, allant se mettre en personne tantôt à la tête des montagnards de l'Hæmus, tantôt de ceux du Pinde, aurait pu arrêter les invasions des Tartares et des Turcs. Mais Andronic Paléologue, au contraire, se laissant aller à la pente générale des esprits de son époque et de son pays, passa presque tout son règne dans son palais, tout occupé à concilier des dissidences religieuses que son intervention ne faisait que multiplier et animer davantage.

La réunion de l'Église orientale et de l'Église romaine, tentée sous le règne de son père, était un objet digne, par sa grandeur et par son importance religieuse et politique, de passionner les esprits. A côté des questions de dogme, il y avait de part et d'autre, plus qu'on ne se l'avouait, un sentiment d'orgueil national. C'était, sous une nouvelle forme, la lutte des deux races qui dans l'antiquité s'étaient disputé l'empire du monde. Rome, par la religion, par l'unité de la foi, s'enorgueillissait de réaliser cette souveraineté universelle qu'elle avait travaillé durant tant de siècles à établir par les armes. Les Grecs, soustraits à son joug politique, repoussaient sa suprématie religieuse comme une seconde conquête; et pour cette cause ils étaient, comme au temps de Memmius, prêts à sacrifier leur vie, mais non leurs rivalités intestines. Dès qu'Andronic eut satisfait l'opinion publique en rompant avec Rome, ceux qu'une opposition commune contre les Latins avaient quelque temps réunis, Arsénites et Joséphites se déchirèrent de nouveau. Ce règne ne présente que l'affligeant tableau de l'ambition mesquine de quelques prélats de cour et le zèle fanatique de moines ignorants s'attachant à des questions de plus en plus insaisissables; et, pour nous raconter ces discussions auxquelles eux-mêmes ils prirent une part active, les historiens du temps oublient tout le reste.

Andronic ne s'était pas décidé à renverser immédiatement le patriarche Veccus, dont il estimait le caractère et le savoir. Cédant cependant aux murmures des schismatiques, il lui écrivit pour le conjurer au nom de la concorde de se retirer et de laisser Joseph remonter sur son siége. Veccus alla s'enfermer dans le monastère de la Vierge immaculée (Panachrantos). L'ancien patriarche, qui n'avait plus qu'un souffle de vie, fut ramené en triomphe, porté sur un brancard et suivi d'une longue procession. On purifia l'église de Sainte-Sophie. Tous les laïques qui avaient eu communication avec les Latins ou leurs adhérents furent soumis à des pénitences à ou des amendes pécuniaires, et les ecclésiastiques renvoyés au jugement du patriarche. Un moine nommé Galaction, auquel Michel Paléologue avait fait crever les yeux, et le grand logothète Muzalon étaient l'âme de cette réaction. Veccus fut condamné, avec les archidiacres Méliténiote et Métochite, dans un synode composé de leurs ennemis, et en l'absence du patriarche Joseph, trop affaibli pour y présider, et qui d'ailleurs n'aurait pas approuvé ces violences, qui s'accomplirent à son insu.

Ce fantôme de patriarche sous le nom duquel les schismatiques satisfaisaient leurs vengeances leur échappa bientôt; il mourut au mois de mars 1283, et on vit aussitôt sortir de leurs retraites les Arsenses, plus violents et plus séditieux encore que les partisans de Joseph, qu'ils traitaient d'hérétique et d'intrus. L'empereur ne pouvait, sans compromettre sa propre autorité, laisser condamner la mémoire de Joseph, par lequel il avait été sacré ainsi que son père. Il accorda toutefois aux Arsénites une église de Constantinople depuis longtemps abandonnée, et qui devint le siége de leur secte. Dans leur confiance en la bonté de leurs doctrines, ils demandaient qu'on leur confiât le corps de quelque bienheureux, persuadés qu'ils étaient qu'on verrait se renouveler en leur faveur le miracle qui s'était opéré jadis, assurait-on, à Chalcédoine sur le corps de sainte Euphémie, et que la déclaration de leurs doctrines, déposée aux pieds du saint, irait d'elle-même se placer dans ses mains. Andronic leur fit remettre le corps de saint Jean Damascène, en prescrivant toutes les formalités et toutes les précautions qui pouvaient empêcher une fraude; mais bientôt, se ravisant, il interdit l'épreuve, ce dont ces fanatiques triomphèrent comme s'ils avaient obtenu gain de cause.

Andronic désigna pour patriarche, sans observer les formes de l'élection canonique, George de Chypre, qui changea son nom en celui de Grégoire, homme savant non-seulement en grec mais en latin, ayant été élevé parmi les Occidentaux. Il avait d'abord accepté l'union ainsi que Veccus; mais depuis il cherchait à faire oublier cette démarche en se montrant un des ardents partisans de l'Église orientale. L'empereur le fit sacrer par un évêque de Cozile qu'une ambassade venait d'amener à Constantinople et qui n'avait eu aucun rapport avec les Latins. On écarta pour le même motif tout l'ancien clergé de Sainte-Sophie. Les nouveaux venus étaient tellement étrangers aux traditions et même aux localités, que leurs allées et venues, pendant cette auguste cérémonie excitèrent l'hilarité des assistants, et qu'il leur fallut recourir à un des anciens maîtres de cérémonie qu'ils avaient écarté.

L'empereur indiqua un nouveau concile pour le lundi de Pâques 1283 dans l'église des Blaquernes. C'est l'assemblée que les Occidentaux désignent sous le nom de *brigandage*, à cause des violences qui l'accompagnèrent. Un moine ardent et ambitieux nommé Andronic, père spirituel de l'empereur, en était le président de fait. Michel Stratégopule y assistait au nom du prince avec des hommes armés. Les évêques, mis d'avance sur la liste de proscription, étaient immédiatement livrés pieds et poings liés aux huées de la populace. Athanase, patriarche d'Alexandrie, qui avait présidé le synode précédent contre Veccus, aima mieux être déposé lui-même que de ratifier la déposition violente des évêques traduits devant ce tribunal. L'impératrice mère fut sommée de produire sa profession de foi et de s'engager à ne jamais réclamer pour les cendres de son mari les honneurs de la sépulture ecclésiastique.

L'année suivante la querelle entre les Joséphites et les Arsénites se ralluma plus vive qu'elle n'avait jamais été du vivant de leurs patrons. Andronic Paléologue, qui se flattait toujours de les concilier, les convoqua devant lui à Adramyttium, en Asie Mineure. Cette assemblée attira un concours prodigieux. Le patriarche de Constantinople et Muzalon étaient à la tête des Joséphites. Leurs adversaires étaient fiers de compter dans leurs rangs plusieurs moines que Michel Paléologue avait fait mutiler et qu'ils considéraient comme des martyrs. Dans la liberté de leurs récriminations contre Joseph ils n'épargnaient pas le père de l'empereur, qu'ils traitaient d'usurpateur. Ils proposèrent de nouveau de prendre Dieu pour arbitre entre eux et leurs contradicteurs, en déposant sur un brasier deux cédules contenant leurs opinions. Celle que la flamme respecterait devait être tenue pour la vérité.

Au jour convenu, les chefs des deux partis se rendirent dans une église, et là, en présence de l'empereur et d'une foule immense, ils déposèrent avec de ferventes prières les deux rouleaux enfermés dans une solide enveloppe sur les charbons d'un trépied d'argent. Au bout de peu d'instants, la flamme consuma les deux déclarations contraires, dont les cendres se confondirent. Déconcertés de ce résultat, dont à ce qu'il paraît, ils n'avaient pas même prévu la probabilité, les Arsénites déclarèrent se réunir aux Joséphites et reconnaître l'autorité du patriarche, à la vive satisfaction de l'empereur. Cependant plusieurs d'entre eux ne tardèrent pas à regretter d'avoir cédé trop vite à ce qu'ils regardaient comme un moment d'entraînement, et ils donnèrent encore beaucoup de tracas à l'autorité. Ils obtinrent de rapporter à Constantinople le corps d'Arsène, qu'ils honorèrent comme un saint et cette cérémonie qui attira un grand concours réchauffa encore leur zèle religieux.

Andronic Paléologue, auquel on ne peut refuser d'avoir été animé d'intentions conciliantes, mais qui manquait de l'énergie nécessaire pour mettre un terme aux querelles, réunit, à la demande de Veccus, une nouvelle assemblée pour examiner les reproches formulés contre lui dans le prétendu synode de Blaquernes. Veccus y soutint la double procession du Saint-Esprit avec beaucoup de force et de talent, mais sans ramener personne à son opinion. Il mourut dans l'exil quelques années plus tard, toujours fidèle à ses doctrines et n'eut que la triste satisfaction de voir Grégoire de Chypre, qui avait déserté sa cause pour passer dans le camp opposé, accusé à son tour d'hérésie, faire place à un autre patriarche, qui ne réussit pas mieux à ramener dans une voie commune tous ces esprits aventureux et tenaces engagés dans le dédale des discussions théologiques.

Mais c'est nous arrêter trop longtemps au récit de ces stériles débats, auxquels les historiens du temps ont consacré la plus grande partie de leurs ouvrages, tandis qu'ils mentionnent rapidement la triste situation de l'empire. Absorbé par les questions religieuses, Andronic négligeait les devoirs de souverain. Les pirates infestaient la mer; n'ayant pas de marine à leur opposer, il ne trouva rien de mieux que d'obliger les habitants des côtes à se retirer dans l'intérieur des terres pour être à l'abri des descentes de ces forbans. Les Tartares menaçaient d'une invasion en Thrace, et l'on craignait que les Valaques, nombreux dans cette contrée, ne les accueillissent avec plaisir pour se soustraire à l'autorité de Constantinople. On transporta ces derniers en Asie Mineure, au milieu de l'hiver, après avoir confisqué une partie des troupeaux qui faisaient leur richesse. On accorda plus tard à prix d'argent à quelques-uns d'entre eux de revenir dans leurs anciens pâturages, et l'on s'applaudit comme d'un succès d'avoir ruiné une population dont le développement inquiétait.

La valeur du Curopalate Humbertopule, gouverneur de Mésembrie, qui défit les Tartares, rendit de ce côté un peu de sécurité à la capitale. Andronic en profita pour parcourir les provinces d'Asie. Dans ce voyage, il visita Jean Lascaris dans la citadelle de Dacybize, où il languissait depuis près de trente ans; et pour mettre un terme au reproche d'usurpation que les Arsénites n'avaient pas craint de réveiller devant lui, il obtint de ce malheureux prince une renonciation à la couronne, en échange de laquelle il adoucit sa captivité: mais il ne pouvait pas lui rendre la vue. Dans ce même voyage, l'empereur, sur des soupçons légers, crut que son propre frère Constantin Porphyrogenète, méditait une usurpation. Il le fit arrêter et juger, c'est-à-dire condamner, et depuis il le retint constamment captif. Michel Stratégopule, fils du conquérant de Constantinople, fut enveloppé dans cette accusation, et perdit ses biens et sa liberté.

Le 21 mai 1295, jour de la fête de Constantin le Grand, l'empereur fit couronner son fils aîné Michel, qu'il s'était donné l'année précédente pour collègue. En même temps il décora du titre de despote son fils Jean, l'aîné des enfants qu'il avait eus de son second mariage avec Irène, fille du marquis de Montferrat et nièce du roi Pierre d'Aragon.

Andronic Paléologue commença bientôt après à s'occuper du mariage de son fils Michel. Le prestige qui s'attachait encore au titre d'empereur d'Orient malgré sa décadence permettait d'espérer une alliance avantageuse. La veuve de Nicéphore Ange Ducas Commène, despote d'Ætolie, désirait unir sa fille unique Thamar au jeune Michel. Malheureusement ces jeunes gens étaient parents au sixième degré, et le clergé grec s'opposa à cette union, qui eût rendu à l'Empire une partie de l'Épire et de l'Ætolie que cette princesse porta plus tard en dot au prince de Tarente, fils puîné du roi de Sicile.

Andronic avait conçu le projet d'une autre alliance qui aurait également présenté de grands avantages politiques. C'était de faire épouser à son fils Catherine de Courtenay, petite-fille de Baudouin II qui avait pris le titre d'impératrice de Constantinople comme unique héritière de Philippe, empereur titulaire. Andronic avait désigné un ambassadeur pour aller négocier ce mariage. De son côté, la cour de Naples s'était empressée d'envoyer un ambassadeur à Constantinople. Le pape Nicolas IV, dont le consentement était nécessaire, se montrait favorable à ce projet qui devait fondre en une seule deux maisons rivales. Mais Andronic craignit de paraître renouer avec le saint-siége, après s'en être séparé avec éclat. Il ne voulut pas, dit-on, écrire au pape pour n'être pas obligé de lui donner le titre de saint-père. Quelque temps auparavant il avait été sur le point de rompre une négociation avec le soudan d'Égypte pour ne pas donner à un mécréant le nom de frère. Les ecclésiastiques grecs, consultés par lui, levèrent ces scrupules en disant que c'était un titre consacré par les protocoles. Malheureusement à cette époque les Grecs semblaient ressentir une répulsion plus vive contre les chrétiens d'Occident que contre les musulmans eux-mêmes. Les négociations avec la famille de Catherine de Courtenay furent interrompues, et elle porta bientôt après dans la famille de Valois ses prétentions au trône de Constantinople. Le même motif de la diversité de communion s'opposa également à une alliance avec une princesse de Lusignan de Chypre. L'ex-patriarche Athanase et un moine nommé Néophyte, chargés de ces négociations matrimoniales, revinrent sans succès, après avoir, non sans peine, échappé aux pirates. L'empereur se rabattit sur la cour d'Arménie. Ce n'est pas qu'il n'y eût aussi de ce côté une dissidence religieuse, mais Héthoum II, qui occupait le trône d'Arménie, accueillit avec tant d'empressement cette ouverture, qu'il envoya ses deux sœurs à choisir. L'aînée, que l'empereur désigna pour sa bru, abjura le rit arménien dans lequel elle avait été élevée et on changea son nom de Marie en celui de Xéné.

Cette alliance, si Héthoum eut été un prince plus belliqueux, eût été fort opportune pour aider l'empereur grec à arrêter les premiers progrès du fondateur de l'empire ottoman. Nous ne nous étendrons pas sur l'origine des Turcs et sur les débuts obscurs de la famille d'Othman, qui éleva sur les ruines de l'empire grec une puissance longtemps redoutable à la chrétienté entière. Ces détails ont leur place dans le volume de l'*Univers* consacré à la Turquie. Quelques mots à ce sujet sont cependant nécessaires au point où nous sommes arrivés et où le vieil empire byzantin, épuisé déjà par tant de luttes, rencontra ce nouvel adversaire qui ne le quitta plus qu'après l'avoir terrassé.

Lorsque Mahomet II se fut assis sur le trône de Constantin, un des historiens grecs qui survécurent à ce désastre, Phrantzès, recueillant les opinions diverses, qui avaient cours sur l'origine de la dynastie ottomane, rapporte une tradition à laquelle lui-même n'ajoute pas créance et d'après laquelle Ertogrul, père d'Othman, aurait été le petit-fils de ce neveu de Jean Comnène dont nous avons rapporté plus haut la défection et l'apostasie. (Voy. p. 228.)

Rien ne justifie cette supposition romanesque, qui semble avoir été mise en avant pour réconcilier les Grecs avec la domination des Osmanlis. D'après les historiens orientaux les plus dignes de foi, il paraît qu'à l'époque des conquêtes de Gengiskan Souleiman-Sha, chef d'une puissante tribu de Turcs-Oghouzes, quitta le Khorassan, à la tête de cinquante mille hommes et se dirigea vers l'Arménie. Après la mort du conquérant mongol, Souleiman voulut retourner dans son pays natal; mais la mort le surprit en chemin, et ses troupes se partagèrent. Un de ses quatre fils, Ertogrul, accompagné d'une faible portion de la tribut, se dirigea vers Erzeroum, et obtint d'A-laeddin, sultan seldjoukide, auquel il avait assuré le gain d'une bataille par l'appui de sa petite troupe, la suzeraineté d'un district de l'ancienne Phrygie-Épictète, territoire qu'il agrandit au dédens des Grecs du voisinage. Il fixa sa résidence à Eskischehr (l'ancienne Dorylæum), ville qui avait eu quelque importance dans les guerres des croisades.

Le fils aîné d'Ertogrul Othman, ou Osman, sur lequel les Orientaux ont multiplié les récits merveilleux, est considéré comme le fondateur de la dynastie des Ottomans ou *Osmanlis*, qui se décorent avec orgueil de ce nom de préférence à celui de Turc, lequel à leurs propres yeux emporte une idée de grossièreté. Ce fut, en effet, Osman qui exerça le premier tous les droits de souverain indépendant après la mort d'Alaeddin III, dernier sultan seldjoukide et le démembrement de cet empire en 1307. Avant même cette époque il avait conquis par force ou par ruse plusieurs villes grecques ou châteaux, entre autres celui de Mélangeia (Karadja-Hissar), dont il changea l'église en mosquée. Il est triste d'avoir à dire qu'il fut secondé dans plusieurs de ses entreprises par un Grec, nommé Kœzé Michali, d'abord son prisonnier, puis son ami, qui se fit mahométan et dont la famille, sous le nom de Michalogli, a joué dans la suite un rôle important. Plusieurs des vizirs et des hommes d'État qui ont contribué aux progrès de l'empire turc étaient des renégats, triste symptôme de la dissolution de l'empire d'Orient.

Pour s'opposer aux invasions des Turcs Adronic avait envoyé contre eux un jeune général, Alexis Philanthropène, qui déploya beaucoup d'activité et de talent dans ce commandement. Il reprit plusieurs places sur les Ottomans ; et son armée se grossit même de quelques-unes des hordes turques répandues dans cette contrée et qui, cherchant avant tout à s'enrichir, s'attachaient au chef dont les succès leur promettaient plus d'avantages. Philanthropène se faisait chérir des officiers et des soldats par sa générosité. Quand il prenait une ville, il en abandonnait le butin entier à ses troupes. Il est vrai qu'il n'avait pas d'autre moyen de les solder ; car le gouvernement le laissait dans un complet abandon. Las de cette situation précaire, il finit par adresser sa démission. Mais, comme il y avait apparemment peu de gens à la cour empressés de succéder à ce poste périlleux, les ministres refusèrent sa démission en lui adressant force reproches et pas de subsides. Profondément irrité, Philanthropène exposa ses griefs devant ses officiers, mécontents eux-mêmes de l'incurie du gouvernement. Ils le pressèrent de prendre la pourpre. Le jeune chef, à moitié séduit par cette perspective brillante et dangereuse, réunit ses soldats pour leur exposer sa situation et sa conduite. Ils lui répondirent en l'acclamant empereur. Il s'abstint cependant de prendre le titre d'auguste ; mais il défendit de mentionner dans les prières Andronic et son fils ; et il fit acte de souveraineté en changeant les commandants des villes voisines et en les remplaçant par des hommes à sa convenance. C'était trop ou trop peu. Philanthropène avait autour de lui un corps de trois mille Crétois réfugiés, qui avaient quitté leur pays pour ne pas se soumettre à la domination vénitienne. C'étaient ses meilleures troupes ; et ils lui servaient en quelque sorte de gardes. Leur chef, nommé Chartazis, avait été un des premiers à le proclamer empereur. Il s'alarma de ses hésitations, et craignit que Philanthropène ne se ménageât ainsi un moyen de rentrer en grâce avec l'empereur en sacrifiant ceux qui l'avaient élevé sur le pavoi. Ces dispositions des Crétois furent secrètement exploitées par Livadarius, gouverneur de Lydie, que Philanthropène n'avait pas pu entraîner dans son parti et qu'il se disposait à renverser, ce qui semblait d'autant plus facile que le gouverneur de Lydie avait peu de troupes aguerries à lui opposer. Chartazis fit une dernière démarche près de Philanthropène pour le déterminer à prendre ouvertement le titre d'empereur. Mais n'ayant pu l'y décider, il prit le parti de prévenir l'abandon qu'il craignait en trahissant le premier, et quand les deux armées furent en présence, les Crétois passèrent du côté de Livadaire, en entraînant Philanthropène, qu'ils livrèrent à son adversaire. Celui-ci lui fit immédiatement crever les yeux.

Pendant ce temps on délibérait à Constantinople sur le parti à prendre pour apaiser cette rébellion que l'on venait seulement d'apprendre, et, l'empereur se trouvant hors d'état de la comprimer, on résolut d'envoyer à Philanthropène une députation pour l'engager à se contenter du titre de César. C'est à ce moment qu'arriva la nouvelle de la défaite des rebelles. L'empereur alla processionnellement rendre grâces à la Vierge, dans le couvent τῶν ὁδηγῶν, de ce succès inespéré, et proclama qu'après Dieu c'était entre les mains de la mère du Sauveur qu'il plaçait le salut de l'empire et de l'Église. Livadaire vint bientôt après recevoir à Constantinople la récompense de ses services et le titre de grand stratopédarque. Cependant les provinces asiatiques restaient plus que jamais exposées aux déprédations des ottomans. L'armée de Philanthropène s'était dissoute en perdant son général. On avait fait main basse sur les Turcs qui en faisaient partie, mais leurs coreligionaires les vengèrent en étendant leurs ravages jusque sur les bords de la mer.

Andronic Paléologue avait laissé complétement tomber la marine grecque, comptant sur celle des Génois. Ceux-ci soutenaient contre les Vénitiens une lutte acharnée, qui se poursuivait jusque dans le port de Constantinople, au mépris des traités. En 1296 une escadre vénitienne, après avoir donné la chasse à quelques navires des Génois, vint incendier leurs établissements à Péra. Ceux-ci s'étaient réfugiés dans l'enceinte de Constantinople, près du palais des Blaquernes, sous la protection des Grecs, qui se tenaient en armes sur les murs du port. Furieux de ne pouvoir atteindre leurs ennemis, les Vénitiens brûlèrent les maisons grecques de Galata, dont les habitants s'étaient enfuis avec les Génois. Le jour suivant, la lutte recommença entre les Vénitiens d'une part, de l'autre les Génois et les Grecs, qui du rivage lançaient des pierres avec leurs balistes sur les vaisseaux des agresseurs. Enfin un armistice fut conclu, et l'empereur envoya sur les propres vaisseaux des Vénitiens un ambassadeur pour se plaindre de cette violation d'un territoire neutre ; mais il eut le tort, à peine la flotte éloignée et sans attendre le résultat de ses démarches, de confisquer les propriétés des Vénitiens établis à Constantinople pour indemniser les Grecs et les Génois dont les maisons avaient été brûlées. De là de nouvelles dissensions dans cette population mêlée de Constantinople, et un jour les Génois se ruèrent sur les Vénitiens établis dans la capitale et en massacrèrent un grand nombre à commencer par le bayle de la république.

L'empereur, qui n'avait pas pu réprimer cette sédition, à laquelle la population grecque n'était peut-être pas restée tout à fait étrangère, se hâta d'envoyer deux ambassadeurs pour conjurer l'orage qu'elle devait exciter. L'orphanotrophe Léon et le moine Planude, chargés de cette mission difficile, faillirent en arrivant à Aquilée être mis en pièces par les parents des victimes. Le gouvernement vénitien les retint en otages jusqu'à ce qu'il eût obtenu satisfaction de l'empereur. C'est peut-être durant cette captivité que Maxime Planude traduisit en grec le livre de Boëce, *de la consolation de la philosophie*, composé également sous les verrous (1). Le massacre des Vénitiens à Constantinople n'eut pas toutes les conséquences que l'empereur grec pouvait redouter. Épuisée par les guerres, la république renonça à en tirer une satisfaction immédiate. Elle se borna pour lors à renvoyer les ambassadeurs grecs avec mépris, en protestant qu'elle ne renouvellerait pas les anciens traités avec l'empire d'Orient. Il en resta toujours parmi les Vénitiens un fonds d'animosité contre les Grecs, auxquels, dans leurs luttes suprêmes contre les ottomans, ils n'accordèrent aucun secours.

A ce moment nous voyons paraître sur la scène de nouveaux acteurs, les Catalans, qui semblaient appelés à délivrer les Grecs des invasions des Turcs et qui ne tardèrent pas à leur devenir non moins funestes. Tout s'enchaîne

(1) Le massacre des Vénitiens à Constantinople et l'ambassade de Maxime Planude en Italie eurent lieu en 1296. (Voy. Pachymère, l, III. 21) C'est donc par erreur que Fabricius dans la *Bibliotheca græca*, et, à sa suite, tous les biographes de Planude même, le plus récents et les plus instruits, placent cette mission en 1328. Plus heureux que Boëce, Planude fut rendu à la liberté et prolongea fort tard sa carrière. Il devint un des polygraphes les plus laborieux du quatorzième siècle. Il s'attacha surtout à faire passer en grec des ouvrages latins tels que des traités de Cicéron, les commentaires de César, les métamorphoses et les héroïdes d'Ovide, que bien peu de Grecs étaient en état de lire dans l'original et qu'on s'étonne qu'ils n'aient pas eu la curiosité de connaître plus tôt, au moins dans des traductions.

dans l'histoire, et il est rare que les malheurs d'un peuple n'aient pas leur source dans les fautes ou les crimes de ceux qui l'ont gouverné. Si l'on recherche d'où venaient ces bandes d'aventuriers qui s'abattirent sur Constantinople sous le règne d'Andronic Paléologue, on trouve que c'est son père Michel qui les avait fait naître en soudoyant les Catalans pour envahir la Sicile.

Après les vêpres siciliennes, que nous avons racontées plus haut, et les tentatives infructueuses de Charles d'Anjou pour reconquérir la Sicile, cette île, gouvernée par une branche de la maison d'Aragon, eut pendant vingt ans des guerres à soutenir contre le royaume de Naples. Dans ces luttes s'était distingué un marin nommé Roger de Flor, fils d'un seigneur mort au service de Conradin et qui, privé tout à la fois de ses parents et de sa fortune, s'était trouvé jeté, dès ses jeunes années, dans une vie d'aventure et d'entreprises. Après avoir fait la guerre dans les mers d'Orient, à la tête d'une des galères de l'ordre du Temple, il l'avait abandonné, accusé de s'être approprié des trésors confiés à sa garde. Il reçut du roi de Sicile, auquel il avait rendu des services signalés, le titre de vice-amiral. Mais lorsque Frédéric conclut la paix avec Naples, Roger, craignant de perdre bientôt la fortune et l'influence qu'il devait à la guerre et peut-être même de ne pouvoir se dérober aux poursuites de l'ordre du Temple, proposa à ses compagnons d'offrir leurs services à l'empereur d'Orient. Ils envoyèrent des députés à Andronic, lequel se trouvant, faute de marine, tout à fait à la merci des Génois ou des Vénitiens et menacé de nouveau par Philippe de Valois, héritier des prétentions à la couronne d'Orient, accepta les propositions de Roger et souscrivit aux exigeantes conditions qu'il lui avait fait offrir.

De son côté le roi de Sicile fut enchanté de se débarrasser d'une foule d'aventuriers qui allaient devenir pour lui une charge et un danger. Grâce aux sommes qu'il remit à Roger, celui-ci put armer dans le port de Messine une flotte de vingt-six navires qui portaient environ huit mille hommes catalans, aragonais et almogavares. On désignait sous ce nom des montagnards de l'Espagne, race d'hommes à demi sauvages, mais d'une bravoure à toute épreuve, habitués de père en fils à combattre tous les dominateurs étrangers depuis les Romains jusqu'aux Maures. Roger de Flor avait engagé quatre mille de ces braves, qui combattaient à pied, armés d'un petit bouclier, d'une épée et de trois ou quatre dards qu'ils lançaient avec une force et une adresse prodigieuses.

A son arrivée à Constantinople à la tête de cette expédition, Roger fut reçu comme un libérateur. On assigna le quartier des Blaquernes pour habitation aux Catalans. Ils reçurent une paye supérieure à celle des troupes nationales; leurs officiers furent comblés de présents, et Roger, ainsi qu'il l'avait stipulé, fut décoré du titre de *Grand-duc*, c'est-à-dire de grand amiral. L'empereur voulut en outre se l'attacher par une alliance. Il lui donna en mariage la princesse Marie, fille de sa sœur Irène. A l'occasion de ce mariage, il étala un faste qui contrastait avec la situation précaire de l'empire. Ces fêtes furent troublées par une rixe sanglante survenue entre les Génois et les Catalans. L'origine de la querelle, comme il arrive toujours en pareil cas, a été diversement racontée. Selon les uns, l'impatience des Génois pour se faire rembourser vingt mille ducats qu'ils avaient avancés aux Catalans pour leur passage amena une altercation. Selon d'autres, deux Génois, rencontrant par les rues de Constantinople un Almogavare, rirent entre eux et de son accoutrement. Le montagnard, peu endurant, répond aux plaisanteries par un coup d'épée. D'autres Génois et des Almogavares surviennent et prennent fait et cause pour leur compatriote. A la nouvelle de cette lutte, les Génois de Galata accourent en ordre de bataille et bannière déployée; mais ils sont repoussés par les Catalans, dont la cavalerie fond sur eux et en tue un grand nombre. Le chroniqueur Muntaner, qui a raconté l'expédition Catalane, dont lui-même faisait partie, prétend que des fenêtres de son palais l'empereur, témoin, de ce combat, vit avec plaisir châtier les Génois, de l'insolence desquels il avait eu souvent à souffrir. Mais rien n'autorise à prêter ce sentiment au prince grec. Il envoya au contraire, pour arrêter l'effusion du sang, le drongaire Muzalon, qui, en voulant séparer ces furieux, périt dans la mêlée. Roger ne parvint qu'à grand'peine à faire cesser le carnage. On dit que les Génois perdirent, dans cette malheureuse affaire, trois mille des leurs, chiffre sans doute exagéré; mais on conçoit qu'ils gardèrent une profonde rancune contre les Catalans, qu'ils avaient déjà vus avec déplaisir arriver dans un pays où ils s'étaient eux-mêmes impatronisés. L'empereur comprit que pour éviter de nouveaux malheurs il fallait au plus tôt faire partir les Catalans pour l'Asie, où les progrès des Turcs du côté de Cyzique réclamaient de prompts secours.

Au moment où les Catalans débarquèrent au port d'Astacé, les Turcs venaient de faire une tentative pour forcer le mur qui fermait l'isthme de Cyzique et défendait le riche territoire compris dans la presqu'île. Repoussés énergiquement par les milices locales, ils s'étaient retirés à peu de distance. Roger propose à ses compagnons de marcher immédiatement contre eux. Ils les surprennent au milieu de la nuit, en font un affreux massacre et enlèvent toutes les richesses qui se trouvaient dans leur camp. Au lieu de profiter de la terreur que ce succès avait répandue parmi les Turcs, les vainqueurs vinrent hiverner à Cyzique. Si l'on en croit les historiens grecs, les Catalans, dont ils taisent la victoire, exercèrent beaucoup de vexations sur les paisibles habitants, ce qui est assez probable de la part de semblables *condottieri*. Roger revint à la cour, où il fut très-bien reçu par l'empereur Andronic, mais non par l'empereur Michel, soit par jalousie des succès qu'il venait de remporter dans le lieu même où le prince grec avait si mal réussi l'année précédente, soit à cause des plaintes que les habitants de Cyzique ne cessaient de lui adresser contre leurs hôtes. Les Grecs ajoutent qu'un noble catalan, Fernand Ximénès d'Arénos, indigné lui-même de l'indiscipline des troupes de Roger, à l'expédition duquel il s'était associé, le quitta vers ce temps avec sa compagnie, et alla offrir ses services au duc d'Athènes. Nous le verrons plus tard reparaître sur la scène.

Roger attribuait l'indiscipline de ses soldats à ce qu'ils ne recevaient pas la solde convenue; il l'obtint enfin et retourna faire la paye, mais ce fut une autre occasion de trouble. Les Alains, jaloux de ce que leur solde était moins élevée que celle des Catalans, leur cherchèrent querelle. Ceux-ci eurent aisément l'avantage; ils tuèrent trois cents Alains et le fils de leur chef. Les autres parurent se soumettre, et Roger se mit en marche à la tête de six mille Catalans, d'un millier d'Alains et d'autant de Grecs pour délivrer Philadelphie, que les Turcs avaient investie. Les forces des Turcs montaient à huit mille chevaux et douze mille hommes de pied; cependant Roger n'hésita pas à les attaquer; et, après un combat acharné, il les contraignit à prendre la fuite en laissant le champ de bataille couvert de morts. Les Catalans entrèrent à Philadelphie en triomphateurs et chargés d'un riche butin. Les villes et châteaux voisins furent délivrés par cette victoire. De là Roger se porta vers Magnésie sur l'Hermus. Cette ville était occupée par un officier grec nommé Attaliote qui s'y était maintenu en quelque sorte indépendant et refusait de recevoir les ordres de Nestonge, gouverneur de la province pour l'empereur. Cependant Attaliote ouvrit les portes de Magnésie au chef des Catalans, qui y déposa ses trésors comme en un lieu des plus sûrs et se porta sur Éphèse. Il fut rejoint, près de cette ville, par Bérenger de Rocafort, qui amenait de Sicile un renfort de deux cents chevaux et de mille Almogavares. Il le nomma son sénéchal, et tous deux marchèrent à la poursuite des Turcs réunis en Pamphylie. A quelque distance du mont Taurus, les Catalans rencontrèrent l'armée turque infiniment supérieure. Il n'y avait pas à reculer; ils se jetèrent tête baissée au milieu des ennemis. Plusieurs fois ils faillirent être enveloppés ou succomber sous le nombre; mais le cri d'*Aragon! Aragon!* ranimait leurs forces, et ils finirent par culbuter les escadrons ennemis. La blessure mortelle de l'émir qui commandait les Turcs acheva de jeter le trouble dans leurs rangs; ils se dispersèrent, laissant la plaine couverte de leurs morts. Les Catalans, après avoir recueilli de riches dépouilles, suivirent les Turcs jusqu'aux Portes de fer qui séparent l'Anatolie de l'Arménie; mais ils n'osèrent s'aventurer au delà dans une contrée qui leur était complétement inconnue. Dailleurs Roger reçut des lettres pressantes de l'empereur, qui le rappelait pour l'opposer au nouveau roi de Bulgarie Asan, lequel s'était emparé de la couronne au préjudice de son neveu, allié de l'empereur grec et beau-frère de Roger.

Les historiens grecs, très-hostiles aux Catalans, prétendent que ce rappel n'avait d'autre but que de délivrer les provinces d'Asie, ruinées par la présence de leurs prétendus libérateurs, qui leur étaient devenus non moins à charge que les Turcs eux-mêmes. Ils ajoutent un fait dont Muntaner ne parle pas et qu'on se serait plutôt attendu à voir dissimulé par les Grecs. Selon Pachymère cet Attaliote, commandant de Magnésie, où Roger avait déposé ses trésors, s'en serait emparé après avoir fait périr les Catalans laissés dans cette ville. A son retour Roger fut fort étonné de trouver les portes de Magnésie fermées. Il essaya d'enlever la place de vive force; mais toutes ses tentatives échouèrent, et il fut obligé de s'éloigner en dévorant sa rage et en remettant à un autre temps sa vengeance. Si le fait est vrai, cela compense un peu les exactions et les violences que le même historien impute aux Catalans.

En arrivant à *la Bouche d'Avie*, c'est-à-dire au détroit d'Abydos, le grand-duc fit prévenir l'empereur de son retour pour prendre ses ordres. Andronic assigna pour cantonnements d'hiver aux Catalans Gallipoli et la Chersonèse de Thrace Cette langue de terre, baignée d'un côté par le golfe Mélanès, de l'autre par l'Hellespont ou détroit des Dardanelles, offre des campagnes fertiles, et dans un espace d'une quinzaine de lieues renferme, outre Gallipoli, plusieurs villes telles que Sestos, Madytos et le bourg célèbre d'Ægos-Potamos. Dans sa partie la plus étroite, la presqu'île est fermée par l'ancienne ville de Lysimachia, laquelle, dans le moyen âge,

a pris de sa position le nom d'Hexamilium, comme l'isthme de Corinthe. Telle est la position, à quelques jours de marche de la capitale, qu'Andronic, avec une incroyable imprévoyance, assigna aux Catalans. Il donna des ordres pour que les habitants de la Chersonèse les accueillissent en amis. Mais la bonne harmonie ne subsista pas longtemps entre les deux peuples. Pachymère dit que les habitants furent obligés d'abandonner leurs maisons pour soustraire leurs femmes et leurs filles aux violences de cette soldatesque. D'un autre côté, Muntaner se plaint (et l'historien grec en convient) que l'empereur, pour payer la solde des Catalans, ait fait frapper une monnaie qui renfermait encore plus d'alliage que les précédentes, déjà fort altérées, surtout depuis Michel Paléologue. Les habitants des campagnes refusaient de recevoir cette nouvelle monnaie en payement de leurs produits. De là renchérissement de toutes les denrées ou même la disette et des occasions de querelles journalières.

Sur ces entrefaites, Bérenger d'Entença, d'une grande famille espagnole, parut à Constantinople avec plusieurs navires, trois cents cavaliers et mille Almogavares. L'empereur, auquel les Catalans étaient devenus fort à charge, se montra peu satisfait de l'arrivée de ce renfort, qu'il n'avait pas demandé. Roger, au contraire, à l'instigation duquel il est probable qu'ils étaient venus, vanta fort à l'empereur le mérite de son ami et finit par se démettre en sa faveur du titre de grand-duc. A la vérité, il n'y perdit pas, car lui-même reçut bientôt après les insignes de César, et il est douteux que cette haute faveur ait été de la part d'Andronic aussi spontanée que le chroniqueur catalan cherche à le faire croire. Muntaner dit aussi, pour rehausser ce titre, que depuis quatre cents ans nul n'en avait été revêtu, ce qui n'est pas exact puisque Alexis Stratégopoulos, celui qui reprit Constantinople sur les Latins en 1261, fut à cette occasion décoré du titre de César.

Bérenger d'Entença ne tarda pas à se brouiller avec l'empereur, qui ne mettait pas selon lui ses services à un assez haut prix. Retiré sur son bord, il refusa toutes les invitations d'assister aux cérémonies de la cour, et après avoir par moquerie jeté à la mer son bonnet grand-ducal, insigne de sa dignité, il alla rejoindre ses compatriotes à Gallipoli. Pendant ces débats les Turcs envahirent et ravagèrent l'île de Chios; une partie des habitants se renferma dans la citadelle, tandis que d'autres et une foule de femmes et d'enfants se jetaient sur des barques pour se réfugier à Scyros. Mais, assaillis par une tempête, ils trouvèrent presque tous la mort dans les flots.

Après bien des négociations entre l'empereur et le nouveau César, il fut convenu qu'au printemps les Catalans retourneraient en Asie pour repousser de nouveau les Turcs, qui étaient revenus immédiatement après leur départ, et tenaient Philadelphie étroitement assiégée. L'empereur ne devait plus payer aux Francs que quatre mois de solde, après quoi le César, auquel il avait donné l'investiture des provinces de l'Anatolie, qu'il devait reconquérir, et des îles, se chargeait de leur entretien.

Avant de passer en Asie, Roger voulut aller rendre ses devoirs au jeune empereur Michel, à Andrinople, à cause de sa nouvelle dignité. On a peine à s'expliquer le motif réel de ce voyage; car le chef catalan n'était pas un observateur très-rigoureux de l'étiquette, et il n'ignorait pas les dispositions hostiles à son égard du jeune prince, qui avait refusé positivement le concours des Catalans pour la guerre de Bulgarie. Les amis de Roger, sa belle-mère et sa femme firent en vain tous leurs efforts pour le détourner de ce projet, qui leur inspirait les plus sinistres appréhensions; il persista dans sa résolution, et, laissant à Constantinople la césarine, qui était enceinte, il se rendit à la cour de Michel accompagné d'environ deux cents de ses plus fidèles compagnons.

Michel, surpris de cette visite, dissimula d'abord ses véritables sentiments. Il alla au-devant de Roger et lui offrit un banquet; mais le surlendemain au moment où Roger, qui avait demandé à rendre ses devoirs à la jeune impératrice, se présentait seul, selon l'usage, à la porte de la chambre impériale, le chef des Alains, Georgeous, dont le fils avait péri dans le tumulte de Cyzique, soit animé par sa vengeance personnelle, soit à l'instigation de Michel, lui déchargea par derrière un coup d'épée sur le cou. Le César alla tomber expirant aux pieds de l'impératrice, qui fut couverte de sang. Tout le palais fut bientôt en rumeur. Les Catalans qui attendaient aux portes extérieures furent aussitôt entourés, désarmés et jetés dans les fers; ce qui montre que le guet-apens contre Roger n'était pas un acte isolé de vengeance, mais que les précautions avaient été prises pour rendre impuissante la juste fureur de ses compagnons. Les Alains et les Turcopoles se répandirent dans les rues d'Andrinople et massacrèrent tous les Catalans qu'ils rencontrèrent. Quelques-uns cependant réussirent à s'échapper et coururent porter à Gallipoli la nouvelle de cette trahison. On peut se figurer l'indignation qu'elle excita. Cependant les chefs, selon les traditions de la chevalerie, ne voulurent pas tourner les armes contre l'empereur, qu'ils avaient juré de servir, avant de lui avoir reproché sa foi mentie et de l'avoir défié. Deux chevaliers et deux chefs des Almogavares furent chargés de cette mission. Ils se rendirent sur une barque à Constantinople, et là ils adressèrent à l'empereur, en présence de ses ministres et des membres de la commune, des plaintes énergiques sur son manque de foi, et offrirent de vider leur querelle dans un combat de dix contre dix ou de cent contre cent, et remirent des lettres par lesquelles ils déclaraient se regarder comme déliés, à partir de ce jour, de toute obéissance.

L'empereur Andronic nia toute participation au meurtre de Roger, et il est en effet probable qu'il n'en fut pas complice; mais après le crime il n'eut pas l'énergie de résister tout à la fois à son fils et aux généraux dont il était entouré, aux Génois qui accusaient depuis longtemps les Catalans de conspirer, et enfin à toute la population grecque exaspérée contre ces étrangers. Leurs envoyés, au retour de cette mission, furent, au mépris du droit des gens, arrêtés à Rhodosto et écartelés. A Constantinople il y avait un amiral catalan Ferrand d'Aunès depuis longtemps au service de l'empire et dans lequel Andronic avait confiance, parce qu'il avait adopté les usages des Grecs, avec lesquels il était aussi lié par son mariage. L'empereur le chargea d'une mission près de ses compatriotes de Gallipoli. Comme il s'apprêtait à partir on découvrit à son bord une quarantaine d'Almogavares qu'il y avait probablement admis pour les soustraire aux périls dont ils étaient menacés. Aussitôt le peuple crie à la trahison, au complot, et sous ce prétexte fait main basse sur tous les Catalans qui se trouvaient encore dans la capitale.

Après le meurtre du César à Andrinople, l'empereur Michel s'était hâté d'envoyer les Turcopoles et les Alains contre les Catalans de la Chersonèse, qu'ils espéraient surprendre. Ils en rencontrèrent en effet un assez grand nombre dans la campagne; mais les autres, avertis à temps, se renfermèrent dans Gallipoli, qu'ils fortifièrent et où ils rassemblèrent de grands approvisionnements. Ils ne tardèrent pas à être assiégés par des forces très-supérieures; car il ne leur restait en tout, selon Muntaner, que trois mille trois cents hommes d'armes tant cavaliers que fantassins ou marins. Cependant non-seulement ils repoussèrent toutes les attaques, mais Bérenger d'Entença, confiant à Rocafort et à Muntaner la défense de Gallipoli, ne craignit pas de prendre une partie de la garnison pour armer plusieurs galères et faire la course sur les côtes de la Propontide. Il ravagea plusieurs villes, entre autres Héraclée, l'ancienne Périnthe, et il s'en revenait chargé de butin quand il rencontra une flotte génoise forte de dix-huit voiles qui se rendait à Constantinople ou dans le Pont. Le chef de cette escadre invita Bérenger à passer sur son bord et lui offrit un repas que celui-ci accepta sans défiance. Cependant les Génois, informés de la rupture des Catalans avec les Grecs, ne voulurent pas manquer une occasion de nuire à des rivaux. Ils se saisirent de l'amiral catalan ainsi que des officiers qui l'accompagnaient et attaquèrent à l'improviste leurs quatre galères, dont ils s'emparèrent, non toutefois sans un combat acharné. Devenus maîtres de toutes les richesses que les Catalans avaient enlevées et qu'ils gardèrent pour eux-mêmes, ils se rendirent à Péra.

A la nouvelle de ce nouveau désastre, les compagnons de Rocafort, quoique réduits à moins de quinze cents hommes, ne se laissèrent pas abattre. Ils repoussèrent bien loin la proposition de se retirer dans leurs pays sans avoir tiré vengeance des trahisons dont ils avaient été victimes. Sous l'influence de ce sentiment, on peut se figurer à quels excès ces hommes naturellement avides et féroces durent se porter. Les historiens grecs font un affreux tableau des cruautés des Catalans; et Muntaner convient qu'ils firent aux Grecs le plus de mal qu'ils purent. Par un contraste qui n'est pas sans exemple, cette barbarie s'alliait chez eux avec un sentiment religieux exalté. Ils avaient hissé sur la tour de Gallipoli la bannière de saint Pierre; leurs escadrons marchaient sous l'étendard de saint Georges, et à la veille d'un combat qui pour eux devait être décisif ils entonnèrent les litanies de la Vierge et se préparèrent à la victoire ou à la mort par une confession et une communion générale. Ils firent ensuite une sortie où, malgré la disproportion du nombre, ils portèrent dans les rangs des assiégeants le désordre et la mort, et ils les forcèrent à s'éloigner. Les habitants des campagnes, exposés désormais sans défense aux excursions des Catalans à la veille de la moisson, se réfugièrent de tous côtés dans les villes fortifiées et jusqu'à Constantinople, traînant avec eux tout ce qu'ils avaient pu sauver de leurs pauvres demeures.

Le premier auteur de tous ces maux, l'empereur Michel, prit enfin le parti de quitter Andrinople et de venir en personne attaquer les Catalans à la tête d'une armée considérable. Mais il ne fut pas plus heureux que ses généraux. Ses troupes furent mises en déroute et lui-même blessé faillit être pris. Les Catalans poursuivirent les fuyards dans toutes les directions, en firent un grand carnage et ravagèrent la campagne jusqu'aux portes de Constantinople. Mais ce fut surtout à Rhodosto qu'en représaille de l'assassinat de leurs députés ils exercèrent les plus affreuses cruautés, sans épargner ni femmes ni enfants.

Ferrand Ximenès qui, à la suite de quelque désaccord avec Roger, s'était séparé de la compagnie lors de son arrivée et avait pris du service près du duc d'Athènes, apprenant la mort du César et la détresse de ses compatriotes, vint les rejoindre à la tête d'un renfort de cavalerie et d'Almogavares. D'un autre côté un émir turc d'Anatolie, nommé Isaac Melek, et même les Turcopoles, qui avaient été au service des Grecs, offrirent de se joindre aux Catalans, dont les entreprises hardies leur ouvraient une vaste perspective de pillage et de butin. Les Catalans accueillirent ces offres, et envoyèrent des galères sur la côte d'Asie chercher les troupes de Melek, qui commandait à plusieurs milliers de soldats aguerris. En acceptant le secours des Turcs, qu'ils étaient venus combattre, les Catalans encoururent le blâme de la chrétienté et particulièrement celui du saint-siége, qui n'admettait pas qu'aucune nécessité politique pût jamais justifier l'alliance des chrétiens avec les mahométans contre d'autre chrétiens, fussent-ils schismatiques. Moncade, l'historien des Catalans (1), cherche vainement, en rappelant les griefs contre les Grecs, à disculper ses compatriotes d'avoir ainsi livré l'accès de l'Europe aux ravages des infidèles.

Nous ne poursuivrons pas le récit détaillé et tristement monotone des expéditions des Catalans et des Turcs durant les années 1307 et 1308. L'issue en fut constamment fatale aux Grecs. Ces désastres continuels, que l'on pouvait avec raison imputer à l'incapacité des princes, suscitèrent contre eux plusieurs soulèvements, qui ne firent qu'ajouter aux malheurs publics. Enfin les Alains auxiliaires, dont la jalousie contre les Catalans avait été une des causes de ces malheurs, abandonnèrent à leur tour le parti de l'empereur. Ils s'allièrent à Venceslas, ravagèrent une partie de la Macédoine, et se disposaient à se retirer en Bulgarie avec le fruit de leurs rapines; mais les Catalans, informés de ce dessein, s'attachèrent à leur poursuite, et les atteignirent lorsqu'ils étaient sur le point de passer la frontière.

Les Alains avaient dressé leur camp au milieu d'une vaste plaine, en se faisant un rempart de leurs chariots. Ils étaient environ neuf mille, dont trois mille cavaliers excellents. Ils avaient avec eux leurs femmes, leurs enfants, leurs troupeaux et un grand nombre de prisonniers turcopoles. Le désir de délivrer leurs compatriotes animait les Turcs alliés des Catalans. Pour ceux-ci, outre l'appât d'un riche butin, ils brûlaient de venger la mort de Roger. La bataille dura tout le jour avec acharnement; enfin les Alains plièrent, et dès lors commença une véritable boucherie. Muntaner raconte un épisode qui peint bien le caractère de ces guerres. Un Alain fuyait pressant devant lui le cheval qui portait sa femme et poursuivi par trois Catalans. Se sentant près d'être atteint, il arrête le cheval de sa femme, l'embrasse et lui tranche la tête; puis il se retourne contre les Catalans, auxquels il fait payer chèrement sa vie.

Enorgueillis de cette victoire, les Catalans voulurent s'emparer d'Andrinople; mais ils échouèrent devant ses fortifications, et ils furent forcés de regagner Gallipoli, où, durant leur absence, Muntaner, avec la faible garnison sous ses ordres avait soutenu contre les Grecs et les Génois un siége héroïque, dans lequel les femmes des Catalans, revêtues d'armures, défendirent énergiquement les remparts.

Les Grecs auraient difficilement réussi à expulser ces étrangers établis au cœur de leur empire si, commençant à souffrir eux-mêmes de la misère que leurs dévastations répandaient autour d'eux, ils n'avaient songé spontanément à la retraite, et si les dissensions qui éclatèrent entre leurs chefs n'avaient fait écrouler leur puissance aussi rapidement qu'elle s'était élevée.

Les Catalans avaient envoyé des députés à Jacques, roi d'Aragon, pour lui offrir la souveraineté des pays qu'ils avaient conquis en Orient et pour le prier d'obtenir des Génois la délivrance de Bérenger d'Entença et la restitution de tout ce qui lui avait été enlevé par surprise. Le roi d'Aragon refusa pour lui la propriété de conquêtes trop éloignées pour qu'il pût les protéger efficacement, et il engagea les députés à s'adresser plutôt à son frère, Frédéric, roi de Sicile; mais il obtint des Génois, si-

(1) Expedicion de los Catalanes y Aragoneses contra Turcos y Griegos por D. Francisco de Moncada Conde de Osona; Madrid.

non des indemnités, du moins la liberté de Bérenger d'Entença. Celui-ci fit aussitôt des démarches près du pape et du roi de France pour organiser une croisade contre les Grecs, et n'ayant pas réussi, il retourna en Aragon, vendit ses biens pour lever des soldats, armer un vaisseau et tenter de nouveau fortune en Orient. Son retour fit éclater les dissentiments qui couvaient depuis quelque temps chez les Catalans de Gallipoli. Bérenger réclamait l'autorité dont il était revêtu quand il fut fait prisonnier, tandis que Rocafort, qui, par son courage audacieux, avait pris la plus grande influence sur les soldats et sur les Turcopoles, prétendait au commandement en chef. Les nobles, au contraire, et particulièrement Ximénès ne voulaient pas obéir à Rocafort, auquel ils se regardaient comme très-supérieurs par la naissance. Pour arrêter des querelles prêtes à devenir sanglantes, on convint que chacun pourrait suivre celui des chefs qu'il préférait et qu'ils agiraient à l'avenir séparément. Les Almogavares, les Turcopoles et les plus déterminés des aventuriers, s'attachèrent à Rocafort. Bérenger et Ximénès ne réunirent ainsi qu'une partie de la noblesse, et Muntaner, qui avait la confiance de tous les partis, conserva le commandement de Gallipoli, qui resta leur place de refuge et le dépôt de leurs richesses.

Sur ces entrefaites arriva l'infant don Ferdinand, fils du roi de Maïorque et cousin du roi de Sicile Frédéric, au nom duquel il venait prendre le commandement des forces catalanes en Orient. Bérenger d'Entença, Ximénès et Muntaner accueillirent avec joie le jeune prince, dont l'arrivée semblait promettre le rétablissement de la concorde, et ils s'empressèrent de prêter entre ses mains serment au roi de Sicile. Pour Rocafort, sous prétexte d'une expédition dans laquelle il était engagé, il se tint à l'écart, et l'infant fut obligé d'aller le trouver à son camp. Rocafort se garda bien de manifester le déplaisir que lui causait le rétablissement d'une vice-royauté qui aurait renversé tous ses projets ambitieux; mais il sut détourner le coup avec une profonde astuce. Il feignit de partager la joie que les soldats avaient manifestée à la vue du jeune prince, et appelant à part les officiers, il leur dit que le roi de Sicile, fixé dans des États éloignés, tiendrait toujours peu de compte des services rendus par la compagnie catalane, et que puisque la fortune leur amenait un prince digne de la couronne et petit-fils de leur souverain naturel, c'était lui qu'il fallait proclamer roi, et qu'ils pourraient compter sur sa reconnaissance. Il convoque une assemblée générale de ses troupes, et à son instigation, barons et soldats, au lieu de prêter serment au roi de Sicile, proclament tout d'une voix l'infant don Ferdinand. En vain le jeune prince, trop loyal pour trahir la confiance que son parent avait mise en lui, repousse cette offre imprévue; les autres, auxquels Rocafort avait persuadé que ces refus n'étaient que simulés et qu'il finirait par céder, insistent plus vivement. Enfin après plusieurs jours de pourparlers, l'infant, pour se soustraire au piège qui lui était tendu, fut obligé de quitter le camp sans avoir pu faire reconnaître le roi de Sicile, et Rocafort resta plus indépendant qu'avant; car la compagnie, après s'être ainsi compromise, ne pouvait plus se soumettre au roi de Sicile, dont elle devait craindre le ressentiment.

Les Catalans se trouvèrent donc plus divisés que jamais. Cependant il leur fallut s'entendre pour prendre un grand parti; car leur situation n'était plus tenable. « Nous avions, dit Muntaner, séjourné au cap de Gallipoli et dans cette contrée pendant trois ans depuis la mort du César. Nous y avions vécu à bouche que veux-tu, et en même temps nous y avions dévasté toute la contrée, à dix journées à la ronde, et nous avions détruit tous les habitants, si bien qu'on ne pouvait plus rien y recueillir. Il nous fallait donc forcément abandonner ce pays-là, et cela était une chose convenue par Rocafort et ceux qui étaient avec lui, tant chrétiens que Turcs et Turcopoles. Tel était aussi l'avis de Bérenger d'Entença, de Ferrand Ximénès et de tous les leurs, aussi bien que le mien et celui des hommes qui étaient avec moi à Gallipoli. Mais nous n'osions bouger de crainte que de nouvelles rixes ne vinssent nous mettre aux prises les uns avec les autres. »

Enfin les Catalans s'accordèrent à transporter leur place d'armes dans la ville de Christopolis, au royaume de Thessalonique, près de l'embouchure du Strymon. Muntaner fut chargé d'y conduire par mer les femmes, les enfants et les biens dont il était dépositaire. Il s'embarqua sur trente-six navires, après avoir démantelé et incendié le château de Gallipoli, celui de Madytos et tous les lieux dont les Catalans étaient maîtres et qui ne se relevèrent pas jusqu'au temps où les Turcs s'en emparèrent à leur tour. Le reste des Catalans, divisés en deux corps, se mit en marche à travers la Thrace et la Macédoine. Rocafort et les siens formaient l'avant-garde; l'infant, Bérenger d'Entença et Ximénès suivaient à une journée de marche. On avait résolu d'observer cette distance afin d'éviter les contacts entre les deux compagnies; mais près d'arriver au but il advint que les gens de l'infant, s'étant mis en marche de grand matin, rejoignirent ceux de Rocafort, qui s'étaient oubliés dans un cantonnement agréable et abondant en vergers. Une rumeur s'éleva parmi ces derniers que les autres venaient avec l'intention de les attaquer, et ils coururent aux armes.

Au premier bruit de ce tumulte Bérenger d'Entença accourut à cheval sans armure, n'ayant sur sa robe que son épée à la ceinture, et tenant un épieu de chasse à la main. D'autre part, Gilbert, jeune frère de Rocafort, et un de ses oncles s'avancent sur des chevaux tout bardés de fer, et tandis qu'Entença n'était occupé qu'à rétablir l'ordre parmi les siens, ils fondent sur lui et lui passent leur lance au travers du corps. Ximénès, qui survient également sans armure pour s'enquérir de ce qui cause tout ce tumulte, rencontre les Turcs et Turcopoles de Rocafort, et il est obligé de chercher son salut dans un château-fort occupé par les Grecs, qui donnent un asile à leur ancien ennemi. La mêlée continue jusqu'au moment où Rocafort, rencontrant l'infant, se range avec les siens autour de lui pour le protéger, et ils parviennent ensemble à arrêter la lutte. Mais déjà plus de cent cinquante hommes de cheval et cinq cents hommes de pied avaient péri.

Les Rocafort protestèrent qu'ils s'étaient crus attaqués et qu'ils n'avaient pas reconnu Bérenger d'Entença; on lui fit d'honorables funérailles. Ximénès, qui s'était comme nous l'avons dit réfugié dans un château avec une centaine d'hommes d'armes, refusa de revenir parmi ses compatriotes, et alla faire sa soumission à l'empereur grec, qui l'accueillit fort bien.

L'infant, ayant renouvelé sans succès auprès de l'armée ses tentatives pour faire reconnaître l'autorité du roi de Sicile, alla rejoindre Muntaner dans l'île de Thasos, et le détermina à quitter avec lui la grande compagnie; mais auparavant Muntaner vint au camp pour déposer le sceau, rendre ses comptes et remettre à ceux qui restaient avec Rocafort leurs familles et leurs biens, qui lui avaient été confiés; puis il s'éloigna malgré de pressantes instances, et, rassemblant sur quelques vaisseaux ses serviteurs et sa fortune personnelle, il suivit son jeune maître non sans quelque appréhension. Don Fernand manquait encore de l'expérience nécessaire pour se conduire au milieu des conflits de la violence et de l'astuce qui régnaient dans ce siècle. Sans écouter les prudents conseils de Muntaner, Fernand débarqua plein de confiance à Négrepont, malgré quelques démêlés qu'il avait eus précédemment avec le duc d'Athènes et les Vénitiens. Ceux-ci s'emparèrent de ses vaisseaux et de sa personne, et l'envoyèrent prisonnier au roi de Naples. Pour Muntaner, arrêté avec l'infant, ainsi qu'un chevalier nommé Palacin, il fut livré à Rocafort par un certain Thibaud de Cepoy, agent de Charles de Valois, lequel prétendait à l'empire de Constantinople du chef de sa femme Catherine de Courtenay. Cepoy voulait par là ménager à son maître l'appui des aventuriers catalans. Dès que Rocafort eut entre les mains les deux chevaliers, il fit trancher la tête à Palacin, qui était son ennemi personnel. L'affection des soldats sauva Muntaner d'un sort semblable, et ils lui firent rendre la liberté. Rocafort prêta serment de fidélité au comte de Valois entre les mains de Thibaud de Cepoy; mais il n'en continua pas moins d'agir pour son propre compte, et fit, dit-on, graver d'avance sur son sceau les insignes de la souveraineté, dans la confiance qu'il allait s'emparer du royaume de Thessalonique.

Pour la première fois cependant l'empereur Andronic avait déployé quelque activité afin de défendre cette ville, où résidait l'impératrice. Les Catalans trouvèrent Thessalonique bien pourvue d'armes et de défenseurs, et comme ils n'étaient pas habiles dans l'art des siéges, ils durent renoncer à la prendre, et hivernèrent à Cassandrie.

L'orgueil de Rocafort était devenu tout à fait insupportable à ses compagnons. Ils s'en plaignirent secrètement à Thibaud de Cepoy, qui lui-même avait eu à en souffrir. Il vient au camp, réunit une assemblée des officiers, qui produisent leurs griefs. Habitué à faire trembler tout le monde autour de lui, Rocafort s'étonne et perd contenance en entendant toutes les voix s'élever contre lui. On l'entoure, on l'enlève, on le jette sur un navire, qui le conduit en Italie, et ce grand homme de guerre, qui s'était élevé des derniers rangs à force de courage et d'audace presque jusqu'à toucher une couronne, expire de faim dans un cachot.

Les soldats de Rocafort, surpris de son enlèvement, n'avaient opposé d'abord aucune résistance; mais quand le navire qui l'emportait se fut éloigné, ils se reprochèrent d'avoir abandonné celui qui les avait conduits tant de fois à la victoire et qui leur faisait gagner tant de richesses. Leur fureur éclata contre les officiers qui l'avaient livré, et ils massacrèrent tout ce qui restait avec eux de nobles ou de chevaliers. Cependant il fallait sortir des positions qu'ils occupaient et où les Grecs croyaient les tenir enfermés. Ils élurent des chefs, forcèrent, par un effort désespéré les défilés de l'Olympe, et fondirent sur la Thessalie. Jean Ange Ducas, souverain de cette province, n'espérant pas arrêter ce torrent, chercha à le détourner. Il leur offrit de l'argent, des vivres et des guides s'ils voulaient passer en Attique. Le duc d'Athènes, Gaultier de Brienne, lorsque les Catalans étaient encore à Cassandrie, leur avait fait proposer d'entrer à son service : ils se décidèrent à accepter ses propositions, et franchirent les Thermopyles sans obstacle. Avec leur aide, le duc d'Athènes reprit en peu de temps plusieurs villes sur ses voisins; mais il fut bientôt las d'auxiliaires si indisciplinés et si exigeants, et il les somma de sortir de ses États. Les Catalans n'étaient pas gens à abandonner paisiblement un pays qui leur convenait. Le duc, qui comptait dans son armée sept cents chevaliers, français pour la plupart, crut venir à bout aisément de l'infanterie des Turcs et des Almogavares, et marcha contre eux au mois de mars 1311.

Les Catalans étaient campés dans une vaste prairie près du Céphise de Béotie. Pour parer à l'infériorité du nombre et de l'armement, ils eurent recours à un stratagème; ils coupèrent par de nombreux sillons, qu'ils inondèrent en y détournant un ruisseau, tout le terrain devant leur front de bataille. Les chevaliers, le duc à leur tête, chargèrent à toute bride avec l'impétuosité française et vinrent s'embourber dans ce sol détrempé, dont les hautes herbes leur avaient caché le piége. Les Almogavares et les Turcopoles se ruèrent sur les chevaliers, que leurs armes pesantes empêchaient de se relever, et ils les massacrèrent presque jusqu'au dernier. Gaultier de Brienne fut au nombre des morts.

Par cette seule bataille, les Catalans devenaient maîtres du duché. Thèbes et bientôt Athènes leur ouvrirent leurs portes. Mais ils se trouvèrent embarrassés de leur conquête; car ils n'avaient plus dans leurs rangs d'homme assez éminent par sa réputation ou par sa naissance pour placer sur sa tête la couronne ducale. Ils l'offrirent à un de leurs prisonniers, Boniface de Vérone, qui la refusa.

Roger Deslau, chevalier du Roussillon, qui avait été chargé par le feu duc des premières négociations avec les Catalans et qui était devenu leur prisonnier, accepta le pouvoir de leurs mains, et fit à leur tête des guerres heureuses contre tous ses voisins. Après la mort de Roger Deslau, en 1326, les Catalans firent hommage au roi de Sicile de leurs possessions, qui devinrent l'apanage de son second fils, Mainfroy. A la suite de leur victoire sur les Français, en 1311, beaucoup de Catalans avaient épousé les nobles veuves des chevaliers et s'étaient établis dans leurs manoirs féodaux ; peu à peu ils s'étaient dégoûtés de leur vie d'aventure. La vieillesse et la mort éclaircissaient chaque jour leurs rangs. Leurs héritiers ou les faibles renforts envoyés de Sicile n'étaient pas capables de résister longtemps à des voisins qui tous avaient à prendre une revanche. En 1386, Nério Acciaiuoli, d'une famille originaire de Florence, enleva le duché d'Athènes aux Catalans. Des ruines sont les seules traces qui soient restées de leur séjour en Orient.

Pour suivre jusqu'au bout le récit de l'expédition des Catalans, nous avons dû interrompre la suite du règne d'Andronic. L'éloignement de ces voisins dangereux lui rendit un peu de calme, qu'il employa suivant les préoccupations du siècle et la pente de son esprit à s'occuper des discussions intérieures de l'Église grecque. Pendant ce temps les chevaliers de Saint-Jean de Jérusalem, qui, depuis la prise d'Acre par les musulmans, avaient été obligés de se réfugier en Chypre dans le royaume des Lusignan, méditaient de s'emparer de Rhodes, dont les Turcs occupaient la plus grande partie. Le grand-maître alla d'abord en France s'assurer l'appui de Philippe le Bel et du pape Clément V. Il entama ensuite des négociations avec l'empereur grec pour obtenir de lui l'investiture de l'île de Rhodes, offrant en reconnaissance d'entretenir trois cents chevaliers prêts à combattre pour lui contre les infidèles. Andronic repoussa ces propositions avec une fierté qu'il n'était pas capable de soutenir par ses actes. Malgré son opposition et malgré les efforts des musulmans, les chevaliers firent la conquête de Rhodes (15 août 1310), ils s'y maintinrent jusqu'en 1522, longtemps après la chute de Constantinople, et durant ces deux siècles Rhodes fut entre leurs mains un des boulevards de la chrétienté (1).

Les Turcs et Turcopoles qui s'étaient joints aux Catalans ne tardèrent pas à s'en séparer lorsque ceux-ci, devenus maîtres de l'Attique, renoncèrent à leur vie d'aventures et de pillage. Melek, le chef des Turcopoles, qui avait autrefois

(1) Voy. la suite de l'hist. de Rhodes dans les îles de la Grèce, de M. Lacroix ; *Univers pitt.*, Europe, t. 36.

reçu le baptême, puis avait apostasié, ne pouvant penser à rentrer au service de l'empire grec, obtint du crale de Servie un établissement pour lui et ses quinze cents compagnons. Les Turcs, sous les ordres de Chalil, au nombre de treize cents cavaliers et de huit cents hommes de pied, désiraient retourner en Asie dans leurs familles ; mais n'espérant pas forcer les défilés près de Christopolis, ils s'adressèrent à l'empereur pour obtenir qu'on leur ouvrît le passage et que des vaisseaux grecs les transportassent sur la rive asiatique avec tout leur bagage. L'empereur se trouva si heureux de la perspective de débarrasser ses provinces d'Europe d'ennemis qui les avaient si longtemps ravagées, et cela sans être obligé de guerroyer de nouveau, qu'il accepta ces conditions, et envoya le stratopédarque Sennachérim avec trois mille cavaliers pour accompagner les Turcs jusqu'à l'Hellespont et présider à leur embarquement. Ce général, en voyant le butin que les Turcs traînaient après eux, s'indigna de l'idée de leur laisser emporter ainsi tranquillement les dépouilles des provinces. Excité par la cupidité plus que par le patriotisme, car il n'échappait à un traité humiliant que par un manque de foi plus honteux, il résolut de surprendre les Turcs la nuit avant leur embarquement. Mais ceux-ci eurent vent de son projet, ils se jetèrent dans une place forte de cette presqu'île de Gallipoli qu'ils avaient précédemment occupée, et Sennachérim n'osa pas les y attaquer. Il fit part à l'empereur de cet incident. On fut longtemps à la cour avant de prendre un parti ; et pendant ce temps les Turcs ravageaient les campagnes. Enfin l'empereur Michel résolut d'aller en personne les exterminer à la tête d'une armée nombreuse, mais composée de recrues mal armées et mal aguerries. Les Turcs ne furent pas intimidés à la vue de cette multitude. Ils laissèrent dans les retranchements leurs femmes et leurs richesses et lancèrent contre le camp des Grecs sept cents de leurs plus braves cavaliers, qui se dirigèrent droit vers la bannière impériale. A cette brusque attaque, les miliciens, que l'on avait enlevés aux travaux des champs en les flattant de l'espoir de recueillir aisément un riche butin, se sauvèrent dans toutes les directions. L'empereur Michel fit de vains efforts pour les rallier. Lui-même fut obligé de les suivre en versant des larmes de honte et de rage. Quelques officiers luttèrent seuls pour retarder la poursuite et laisser à l'empereur le temps de se sauver; ils furent entourés et faits prisonniers. Les Turcs se partagèrent les richesses et les ornements de la tente impériale, dans laquelle on trouva la couronne avec ses bandeaux de perles dont le chef turc se coiffa par dérision.

Après ce désastre, les campagnes de la Thrace restèrent pendant deux ans exposées aux ravages des Turcs sans que les Grecs osassent sortir des villes pour semer et récolter. Pressé par la misère croissante du pays, l'empereur s'était enfin décidé à demander des troupes auxiliaires au crale de Servie, lorsqu'un sénateur nommé Philé Paléologue, qui n'était connu jusqu'alors que par sa piété et ses exercices religieux, vint solliciter la permission de lever quelques soldats, avec lesquels il espérait que Dieu lui accorderait par ses prières de vaincre les Turcs. L'empereur y consentit. Philé leva un petit corps de soldats choisis, les exerça avec soin; puis, informé que les Turcs étaient allés avec douze cents cavaliers ravager la ville de Bizye, il sortit de Constantinople et vint les attendre dans une plaine voisine de la rivière nommée Xérogypsos. Les Turcs culbutèrent d'abord les Grecs; mais Philé, par ses exhortations et son exemple les ramenant à la charge, finit par mettre les ennemis en fuite. Les Turcs allèrent s'enfermer dans Gallipoli, dont ils avaient fait de nouveau leur repaire. Philé les y suivit et les assiégea. Les renforts demandés au crale de Servie arrivèrent. En même temps l'empereur envoya plusieurs galères dans l'Hellespont pour empêcher les Turcs de recevoir des secours d'Asie ou de s'y réfugier. Une escadre génoise vint compléter le blocus. Après plusieurs tentatives infructueuses pour s'ouvrir un passage à travers les lignes des Grecs et des Serbes, les Turcs, ne pouvant plus résister, se rendirent aux Génois, dont ils espéraient un meilleur traitement; mais ceux-ci les dépouillèrent et les vendirent comme esclaves.

Cette victoire, en rendant un peu de sécurité à la capitale, permit à l'empereur de se livrer à son goût pour les édifices, passe-temps royal digne d'éloges si l'empire n'avait pas été dans une situation si misérable et si précaire. Mais il faut rendre à Andronic cette justice qu'il s'occupa moins à fonder de nouveaux monuments qu'à restaurer les anciens qui exigeaient de grandes réparations. Constantinople était en effet arrivée à une de ces époques malheureuses où la plupart des édifices, usés par les siècles et par un long abandon, menaçaient de s'écrouler ainsi que les institutions. Andronic répara quelques parties des remparts, l'église Saint-Paul et celle des Saints-Apôtres. Sainte-Sophie elle-même, ce sanctuaire de l'Orient chrétien, était sillonnée de profondes crevasses qui faisaient craindre la chute des faces du nord et de l'orient. Andronic ordonna la construction de deux pyramides ou contreforts qui gâtaient sans doute l'aspect de ce hardi monument, mais prévinrent sa ruine. Il consacra à ce travail une partie des sommes laissées par l'impératrice, qui mourut vers ce temps (1317), et, sans les troubles qui survinrent, il aurait complété la restauration de cette église. Il fit aussi réparer la statue équestre de Justinien qui était érigée sur une colonne devant Sainte-Sophie. Cette statue, dont Pachymère nous a laissé une description détaillée, représentait Justinien la main droite étendue vers l'Orient comme pour menacer les Perses s'ils avaient osé s'avancer, et tenant de la main gauche une boule surmontée d'une croix. Un coup de vent ayant abattu cette croix, Andronic fit dresser un échafaudage pour la replacer. Mais quand on fut au faîte de la colonne, on s'aperçut que la rouille avait rongé les tenons de fer qui tenaient la statue de bronze sur sa base et qu'elle menaçait de tomber; on la fit donc réparer entièrement, ainsi que le fût de la colonne, qui avait souffert en plusieurs endroits lorsque les Francs avaient arraché les bronzes dont elle était primitivement ornée. Cette colonne de Justinien, ainsi restaurée par Andronic, a subsisté jusqu'au temps des Turcs, qui la renversèrent et brisèrent la statue. Vers 1550, Pierre Gillius en vit porter les derniers débris au creuset pour fondre des canons.

Des malheurs domestiques arrachèrent Andronic à ces paisibles occupations. En 1320, un de ses petits-fils, nommé Manuel, périt assassiné la nuit dans une ruelle, et il se trouva que ceux qui l'avaient frappé, sans le connaître, étaient des shires de son propre frère Andronic, dont ils protégeaient les débauches nocturnes. Le père de ces deux jeunes princes, l'empereur Michel, mourut bientôt après accablé de ce coup doublement douloureux. Un orateur du temps nous a laissé un éloge funèbre de Michel Paléologue, dans lequel il ne craint pas de le mettre au niveau ou même au-dessus de tout ce que l'antiquité a compté de grand et d'aimable, et de le représenter comme doué de tous les talents et de toutes les vertus, ou, selon son expression, comme une *fourmilière* de belles qualités. Mais l'histoire n'a enregistré que sa jalousie contre le César Roger, sa participation à l'odieux assassinat de ce prince et ses deux défaites par les Catalans et par les Turcs, dans lesquelles il montra peut être quelque courage personnel, mais nulle capacité comme général (1).

Si Michel fut regretté, ce fut dans la crainte que son fils ne valût encore moins que lui. Nous avons déjà dit un mot des déportements du jeune Andronic. Le scandale de ses mœurs fut poussé à tel point que son grand-père voulut le mettre en jugement, et le priver de la couronne qui lui revenait comme à l'héritier de son fils aîné. Les griefs qu'il articulait contre lui étaient son goût passionné pour la chasse, ses dépenses exagérées, ses emprunts à usure près des Génois et le projet qu'il lui supposait de s'enfuir de Constantinople. Il paraît en effet que le jeune prince, las d'être retenu dans une sévère tutelle par un vieillard rigoriste et parcimonieux, avait eu quelques velléités de chercher à se créer une principauté indépendante, soit dans quelque île de l'Archipel, soit en Arménie, pays de sa mère. Après la mort de l'empereur Michel, Andronic le vieux voulut faire prêter un nouveau serment dans lequel non-seulement le nom de son petit-fils, qui précédemment y était mentionné, disparaissait, mais où de plus on s'engageait à reconnaître pour souverain le successeur que l'empereur désignerait. Il paraît qu'il avait jeté les yeux sur un jeune homme nommé Michel Cathare, enfant illégitime de son second fils, le despote Constantin. Un pareil choix, qui violait les lois de succession que l'empereur lui-même avait autrefois confirmées, et dont l'inconvenance n'était rachetée par aucune qualité remarquable chez celui qui en était l'objet, fut loin d'obtenir l'assentiment des hommes d'État.

Autour du jeune Andronic, dont les défauts pouvaient être attribués à la mauvaise éducation qu'il avait reçue plus encore qu'à un mauvais naturel, un parti se forma composé de tous les mécontents, qui s'étaient multipliés durant un règne long et souvent désastreux. Parmi les acteurs de la guerre civile qui était sur le point d'éclater devaient figurer en première ligne Syrgianis ou Ser-Ianni, et le grand domestique Cantacuzène. Le premier n'était qu'un de ces ambitieux comme on en voit surgir dans toutes les guerres civiles, doués de facultés brillantes, mais aptes surtout aux intrigues, qu'aucun scrupule n'arrête; toujours prêts à passer selon leurs intérêts d'un camp à l'autre, toujours occupés à refaire une fortune qui s'écroule aussi vite qu'ils l'ont élevée, et qui, après une vie d'agitation, désavoués par ceux même qu'ils ont le plus servis, finissent par être sacrifiés comme le bouc-émissaire des fautes dont chaque parti rejette la responsabilité. Pour Cantacuzène, sans prendre à la lettre le portrait qu'il a complaisamment tracé de lui-même, lorsqu'après avoir échangé la pourpre pour la bure il se consolait de sa retraite en dictant l'histoire de son époque, il faut reconnaître qu'il se montra supérieur à tout ce qui l'entourait. Soit vertu, soit habileté profonde, il rejeta les moyens que la morale réprouve, et son ambition patiente, appuyée de talents réels, sans être très-brillants, le conduisit par degrés et comme malgré lui jusqu'au faîte du

---
(1) Cette *monodie*, par Théodore Hyrtacène, et celle de l'impératrice Irène par le même rhéteur, ont été publiées pour la première fois par M. Boissonnade dans le t. 1ᵉʳ de ses *Anecdota græca*.

pouvoir. Seul à la cour il eut le courage de refuser le serment que l'empereur exigeait au préjudice de son petit-fils, et, quelque dépit qu'Andronic en ressentît, il dut ménager un homme qui dissuadait le jeune prince de recourir à la rébellion. C'est ainsi que Cantacuzène, placé entre un vieillard et un jeune homme tour à tour faibles ou emportés, l'un occupé surtout de théologie l'autre de ses plaisirs, se posa tout d'abord en arbitre, et que dans les moments de crise ses conseils prévalurent.

Les fâcheux démêlés qui divisèrent la famille impériale des Paléologue et qui déchirèrent un empire déjà tellement réduit qu'il n'eût pas dû, à ce qu'il semble, exciter si fort l'ambition ont été racontés en détail et à des points de vue très-différents par deux contemporains. Le moine Grégoras, protégé dans sa jeunesse par le vieil Andronic et qui s'en montra toujours reconnaissant, prit la part la plus active aux discussions théologiques qui se mêlaient sans cesse à la politique. Il a écrit une volumineuse histoire, souvent passionnée et qui parfois aussi tombe dans des puérilités, mais qui a un caractère de sincérité (1). Cantacuzène, ainsi que nous l'avons déjà dit, écrivit aussi, après être descendu du trône, l'histoire de son temps. C'est le seul des empereurs de Constantinople qui nous ait laissé des mémoires sur lui-même. Il y a là matière à une étude historique et morale intéressante; mais une semblable analyse risquerait de nous arrêter trop longtemps sur une époque restreinte, tandis que nous devons surtout nous attacher, dans ce rapide résumé des longues annales byzantines, à conserver aux faits leur importance relative (2).

Mis en jugement par son grand-père devant une commission de sénateurs et de hauts fonctionnaires et préservé d'un emprisonnement, seulement grâce à la présence de Cantacuzène et de quelques autres de ses partisans, le jeune Andronic vit tous ses amis éloignés successivement de Constantinople, et comprit qu'il n'y avait plus de salut pour lui que dans une prompte fuite. A peine fut-il arrivé à Andrinople qu'il y fut entouré de nombreux partisans, qui l'engagèrent à marcher contre Constantinople. A son approche, Andronic le vieux voulut faire lancer contre son petit-fils les foudres de l'Église; mais le patriarche s'y refusa, et la désertion d'une partie des troupes et de quelques sénateurs qui se portèrent au-devant du jeune prétendant obligèrent l'empereur à recourir aux négociations. Ses ouvertures furent accueillies par son petit-fils malgré les murmures des soldats, qui s'étaient flattés d'avance de piller Constantinople, comme ils avaient fait pour plusieurs villes sur leur passage. Andronic le jeune, auquel son grand-père reconnut le titre d'empereur, s'attribua le gouvernement des pays entre Selybrie et Christopolis, et fixa sa résidence à Andrinople. Andronic l'ancien conservait la capitale et ce qui restait de l'empire soit en Asie, soit dans les îles, soit vers l'Épire. Mais cette transaction et ce partage ne satisfirent pas longtemps le vieillard et le jeune homme, également jaloux d'un pouvoir absolu. Des soupçons, des accusations réciproques les armèrent de nouveau. Syrgianis, qui d'abord avait embrassé le parti du jeune empereur, s'en détacha, et lui enleva plusieurs villes. Pendant ce temps une grave maladie, dont il ne se remit jamais complétement, le retint près d'un an éloigné de ses troupes. Sa mère, l'impératrice Xéné, qui vivait à Thessalonique, en fut violemment arrachée par le despote Constantin, second fils d'Andronic l'ancien et père de ce Michel Cathare que l'empereur avait voulu se donner pour successeur malgré sa naissance illégitime.

Le parti d'Andronic le jeune paraissait à peu près désespéré, lorsque Cantacuzène lui fournit de ses propres deniers les moyens de lever de nouvelles troupes et de reprendre l'offensive. Dans une sédition à Thessalonique, les partisans du jeune empereur eurent l'avan-

---

(1) Sur les trente livres de l'*Histoire romaine* de Nicéphore Grégoras, quatorze sont encore inédits. Il y a déjà bien des années que nous avons transcrit ces livres pour la nouvelle édit. de l'Histoire byzantine qui s'imprime à Bonn.

(2) Ce sujet a été traité de la façon la plus approfondie par M. Val. Parisot dans une thèse intitulée : *Cantacuzène, homme d'État et historien, ou examen critique et comparatif des Mém. de l'empereur Cantacuzène et des sources contemporaines*, Paris, 1845.

tage et s'emparèrent de la personne du despote Constantin, qui, pour sauver ses jours, dut prendre l'habit monastique. On l'envoya dans cet état à son neveu, qui eut quelque peine à le soustraire à la fureur de ses soldats, et le fit jeter dans un cachot humide et infect, où il souffrit toutes sortes d'indignités. Cependant quelques ecclésiastiques intercédèrent en sa faveur, et obtinrent pour lui un traitement plus convenable. Mais dans le traité qui intervint plus tard entre les deux Andronic, le jeune empereur se refusa toujours à rendre la liberté à son oncle, dans lequel il voyait le concurrent le plus redoutable pour lui.

La fortune ayant encore une fois tourné vers le jeune prétendant, et l'empereur se voyant fort abandonné, députa vers son petit-fils un moine du mont Athos pour l'exhorter à la paix. Cette députation réussit au delà de toute espérance. Non-seulement le jeune Andronic promit de déposer les armes, mais pour éviter les malheurs que le précédent partage avait entraînés, il se borna à stipuler en faveur de ses soldats les avantages qu'il leur avait promis, et vint seul faire sa soumission à son aïeul sans réclamer aucune part d'autorité.

Cette réconciliation causa la plus grande joie dans Constantinople. Le jeune Andronic acquit de nouveaux titres à la reconnaissance publique, en repoussant une invasion des Bulgares. En 1324 Andronic le jeune perdit sa femme, qui était peu âgée et ne lui avait pas donné d'enfants. On s'occupa tout aussitôt de le remarier, et son grand père fit demander pour lui la sœur du comte de Savoie, la comtesse Jeanne, fille d'Honoré V. Les ambassadeurs grecs rencontrèrent à la cour du comte des envoyés qui étaient venus également demander la main de la jeune princesse pour le roi de France. Mais tel était encore le prestige du titre d'impératrice de Constantinople, que l'alliance de Paléologue fut préférée. Andronic fut sacré solennellement empereur à Sainte-Sophie, le 2 février 1325. Les fêtes de son mariage, qui eut lieu l'année suivante, furent très-brillantes. Les seigneurs d'Occident qui avaient accompagné la jeune impératrice donnèrent un tournoi, genre de spectacle inusité parmi les Grecs, et pendant quelque temps la cour ne fut occupée que de divertissements.

Ce n'est pas que la situation de l'empire se fût améliorée. Durant les divisions intestines de la famille impériale, les Turcs avaient fait des progrès incessants en Asie sans rencontrer aucun obstacle. Othman s'était emparé de presque toute la Bithynie. Il résolut d'ajouter encore à ses possessions avant de mourir l'importante cité de Pruse. Mais n'étant plus en état de conduire cette expédition en personne, il en chargea son fils Orkhan, lequel avait déjà fait ses preuves dans maintes batailles. Orkhan ne rencontra pas la résistance à laquelle il s'attendait. La ville était bien fortifiée, mais elle manquait d'approvisionnements. Le jeune Andronic, au témoignage de Cantacuzène, avait supplié son grand-père de lui permettre de tenter une expédition avec quelques vaisseaux pour ravitailler cette place. L'empereur s'y refusa et Pruse capitula par l'intermédiaire du renégat grec Michel Kœzé, ami d'Othman, qui servait habituellement pour ces sortes de négociations. Les habitants de Pruse obtinrent de se retirer en emportant ce qu'ils purent de leurs biens moyennant une rançon de trente mille besants d'or. Chez les Turcs, grands observateurs des traditions, ce payement d'une somme de trente mille ducats est resté, jusqu'au dix-septième siècle, le taux invariable de toute transaction imposée à des princes chrétiens même pour le renouvellement d'une trêve.

Orkhan se rendit près de son père qui était à son lit de mort, et lui annonça que ses ordres étaient exécutés. Le fondateur de la dynastie Ottomane en transmettant l'empire à son fils Orkhan, lui ordonna de transporter sa capitale à Pruse et de l'enterrer dans cette ville, dont il prit ainsi possession à toujours. Nicée et Nicomédie, ainsi que nous le verrons bientôt, suivirent de près le sort de Pruse. Maîtres des côtes de la Propontide, les Turcs commencèrent à se livrer à des expéditions maritimes. Un jour une de leurs galères fut jetée à la côte sur la plage grecque, et une cinquantaine d'hommes qui la montaient gagnèrent la terre. L'empereur Andronic le jeune, qui retournait à Didymotichos en chassant, les attaqua; mais ils vendirent chèrement leur vie, et le prince fut blessé.

Il y avait à peine un an que le jeune Andronic était revenu se fixer à Didymotichos, lorsque de nouvelles dissensions éclatèrent entre lui et son grand-père sans qu'on puisse aisément discerner, au milieu d'assertions contradictoires, auquel des deux on doit imputer cette rupture. Peut-être étaient-ils, l'un et l'autre, le jouet d'intrigants subalternes qui espéraient avancer leur fortune au milieu des troubles publics.

Andronic le vieux reprochait toujours à son petit-fils le désordre de ses mœurs, ses prodigalités, sa passion pour la chasse, qui était poussée à tel point qu'il entretenait, dit-on, une meute de mille chiens et pareil nombre d'oiseaux de proie. Enfin il l'accusait de conspirer toujours pour s'emparer du trône, et quoique ayant, par le dernier traité, renoncé à toute autorité, il s'était fait donner indûment par les percepteurs de la province de Thrace des sommes qui revenaient au trésor, et cela pour couvrir ses folles dépenses ou pour soudoyer ses partisans. Le jeune prince voulut se rendre à Constantinople pour se justifier; mais les ministres, qui craignaient que sa présence ne fît éclater un mouvement dans la population de la capitale, très-lasse du gouvernement d'Andronic, lui interdirent d'approcher.

Le patriarche, pour avoir pris sa défense près de son grand-père, fut mis en réclusion dans le couvent de Mangana. Menacé dans sa liberté, le jeune prince, d'après les conseils de Cantacuzène, recourut encore une fois aux armes. La Thrace et la Macédoine devinrent le théâtre de la lutte. Les troupes impériales étaient commandées par le despote Démétrius Paléologue, un des fils d'Andronic du second lit, par son neveu Asan, et par le protovestiaire Andronic Paléologue. Quoique ayant des forces supérieures en nombre à celles du jeune prince, ces généraux de l'empereur, se défiant peut-être de la fidélité de leurs soldats, évitèrent le combat, qu'il leur présenta plusieurs fois, et se tinrent enfermés dans les places fortes. Thessalonique se prononça pour le jeune Andronic, qui vint prendre possession de cette métropole de la Macédoine. Édesse, où les impériaux avaient réuni leurs familles et leurs biens, lui ouvrit aussi ses portes. A la première rencontre, l'armée impériale se dispersa, et ses chefs se réfugièrent près du crale de Servie, qu'ils pressèrent inutilement d'intervenir en leur faveur. Le roi de Bulgarie, Michel Strascimir, qui avait envoyé à la demande de l'empereur un corps auxiliaire de trois mille Tartares sous les ordres du Russe Ivan, le rappela précipitamment.

Une guerre des Vénitiens contre les Génois, qu'ils poursuivirent jusque dans le port de Constantinople, augmenta les embarras de l'empereur grec. Cependant la capitale paraissait en bon état de défense, lorsque au mois de mai 1328 le jeune Andronic vint camper sous ses murs. Un soir quelques habitants de la campagne accoururent prévenir les gardiens d'une des portes que l'on remarquait un grand mouvement dans le camp des assiégeants.

Le vieil empereur, à qui cette nouvelle fut transmise, était enfermé avec son premier ministre, Théodore Métochite, qui jouissait depuis longtemps de toute sa confiance. Andronic voulut envoyer des troupes pour faire une ronde extérieure; mais le grand Logothète répondit que cela était parfaitement inutile, que toutes les précautions étaient prises, et que les assaillants ne pouvaient rien tenter. En vain les avis se succédèrent, il s'obstina à les dédaigner, disant que ce serait une honte que de faire attention à de semblables rumeurs, et il alla tranquillement se coucher. Le vieil empereur, resté seul avec un domestique, se jeta tout habillé sur son lit sans pouvoir fermer l'œil. Bientôt il entendit retentir, aux portes mêmes de son palais, des vivats en l'honneur d'Andronic le jeune. Des intelligences que le jeune prince avait dans la ville, lui avaient permis de s'approcher d'une partie des murs où ses affidés étaient de garde cette nuit-là, d'y appliquer des échelles, et de pénétrer ainsi dans la ville, où il n'avait rencontré nulle part de résistance.

Le vieil empereur comprit que, cette fois, il n'y avait plus de partage possible de la couronne. Il envoya dire à son petit-fils qu'il renonçait entièrement au pouvoir, et ne lui demandait que la vie. Il faut rendre au jeune Andronic cette justice, que, malgré les déréglements de sa jeunesse, son ambition, et l'animosité que son grand-père avait montrée contre lui dans bien des circonstances, il repoussa toujours les conseils violents qu'une partie de son entourage cherchait à faire prévaloir. Ses ennemis mêmes reconnaissent que, dans cette dernière circonstance, il usa de la victoire avec une modération dont les exemples sont rares dans ces tristes siècles. En entrant au palais, il vint d'abord s'agenouiller devant l'image de la Vierge, au pied de laquelle son aïeul était lui-même prosterné, puis il l'embrassa avec effusion, l'assurant qu'il pourrait conserver le titre et les insignes de la royauté, et continuerait à habiter le grand palais. Il lui assigna une pension de vingt-quatre mille besants par an, pour l'entretien de ses domestiques. Non-seulement sa famille, mais tous les fonctionnaires pouvaient venir le visiter. Il paraît à la vérité que les courtisans profitèrent peu de cette autorisation. Plusieurs montrèrent pour le souverain déchu beaucoup moins d'égards qu'Andronic et Cantacuzène. D'ailleurs, pour un homme aussi jaloux de son autorité, l'isolement et l'impuissance à laquelle il se voyait réduit étaient un supplice journalier. Des femmes qui venaient laver leur linge à la fontaine du palais ou des animaux qu'on laissait vaguer dans son parc lui semblaient des offenses calculées à la majesté impériale, et Grégoras s'est rendu l'écho des plaintes amères qu'il élevait à cette occasion contre son petit-fils. L'affaiblissement, puis la perte totale de la vue, vinrent ajouter à la tristesse de ses dernières années. Il prit l'habit religieux, et mourut le 13 février 1332, trois ans et neuf mois après la révolution qui l'avait fait descendre du trône.

Nicéphore Grégoras, dont il avait encouragé les débuts littéraires, est resté fidèle à sa mémoire. Andronic le vieux aimait à s'entourer de gens de lettres. Nicéphore Chumnus et Théodore Métochite durent à leur savoir la faveur dont ils jouirent sous ce prince. A ce règne correspondent en Italie les dernières années du Dante, et la naissance de Pétrarque et de Boccace. La Grèce ne produisit alors aucun génie qui leur soit comparable; cependant il s'opérait à Constantinople un retour vers l'étude de l'antiquité classique, qui n'a pas été sans influence sur la renaissance des lettres au siècle suivant. Si le vieil Andronic, par ses encouragements aux savants de son temps, a favorisé ce mouvement, il faut lui en tenir compte, bien que ce soit une faible compensation des malheurs causés par sa longue inertie.

Andronic le jeune n'avait aucun des goûts littéraires de son aïeul. La passion avec laquelle il s'était livré d'abord à la chasse, venait peut-être de l'impossibilité où il s'était trouvé de donner un plus noble essor à son activité. Nous avons déjà dit qu'il avait en vain sollicité la permission de marcher au secours de Pruse. Dès qu'il fut seul maître de Constantinople, il remit l'armée sur un meilleur pied, et la ramena en Thrace, où son attitude suffit pour arrêter une invasion du roi de Bulgarie.

Les débuts du gouvernement du nouvel empereur faisaient bien augurer de son règne. Il avait eu la fermeté de préserver la capitale de la rapacité de ses soldats. La riche demeure du grand Logothète Métochite fut seule pillée, mais en partie par le peuple, qui l'accusait de s'être enrichi à ses dépens. Métochite fut exilé à Didymotichos, où il prit l'habit monastique, et se consola par la culture des lettres de la perte de ses honneurs et de sa fortune. Le patriarche fut rétabli sur son siége et l'on obtint de lui, non sans peine, qu'il pardonnât aux évêques qui s'étaient déclarés contre lui. Les confiscations prononcées pendant la guerre civile contre les partisans d'Andronic le jeune furent annulées, et on s'abstint de représailles. L'empereur s'efforça de ramener la concorde en donnant l'exemple de l'oubli des injures qui lui avaient été personnellement adressées.

Le mérite d'une partie de ces sages mesures peut être reporté à Cantacuzène, revêtu de la charge de grand domestique, et qui jouissait de la confiance entière du souverain. La constance de leur amitié après le succès comme durant la lutte les honore tous les deux.

Dès qu'Andronic eut rétabli quelque ordre dans le gouvernement, il passa en

Asie pour repousser les Turcs. A Cyzique il obtint, au moyen d'une négociation, qu'un émir turc du voisinage cesserait d'inquiéter les frontières. Mais il n'eut pas si bon marché d'Orkhan, qui assiégeait Nicée. Andronic et Cantacuzène voulurent faire lever ce siége. Le prince turc s'avança à leur rencontre jusque dans le voisinage de Chrysopolis, à un lieu nommé Pélécanon. Selon Cantacuzène, les Grecs auraient eu d'abord l'avantage, mais quelques cavaliers, emportés par une trop grande ardeur, étant retournés à la charge, furent entourés par les Turcs. L'empereur s'élança pour les dégager. Dans cette mêlée, Cantacuzène eut son cheval tué sous lui, et l'empereur lui-même fut atteint à la cuisse. La blessure était légère, cependant il fut forcé de se renfermer dans sa tente. Les soldats se figurèrent que l'atteinte était mortelle, et, saisis d'une terreur panique, ils ne songèrent plus qu'à pourvoir à leur propre sûreté. Malgré les efforts de Cantacuzène, ils quittèrent tumultueusement le camp pour se retirer dans les villes du voisinage. Mais, avant d'y arriver, ils furent attaqués séparément par les Turcs et détruits. L'empereur, ainsi abandonné et en danger d'être pris, se fit porter sur un tapis jusqu'à son vaisseau, qui le ramena à Constantinople. Le camp tomba aux mains des Turcs, qui y trouvèrent encore les chevaux de l'empereur et sa selle de pourpre. Cantacuzène paraît attribuer cette déroute à quelque trahison des partisans de l'ex-empereur; mais elle s'explique assez par l'infériorité de troupes mal aguerries, rassemblées à la hâte, en présence de l'armée turque pleine d'enthousiasme et qui venait de recevoir d'Aleddin, frère d'Orkhan et son premier vizir, cette organisation permanente qui la rendit si longtemps redoutable aux États voisins.

La chute de Nicée fut la conséquence du désastre de Pélécanon. Entourée de forteresses déjà aux mains des Turcs, manquant de vivres et n'espérant plus de secours, elle capitula sous la condition que la garnison pourrait se retirer à Constantinople. La modération d'Orkhan envers les vaincus retint dans la ville une partie de la population chrétienne, et même des soldats découragés de l'état d'abandon dans lequel les empereurs grecs avaient trop longtemps laissé l'armée.

Ainsi Nicée retomba en 1330, et cette fois pour des siècles, aux mains des Mahométans. Cédée une première fois vers la fin du onzième siècle au fondateur de l'empire des Seldjoukides, elle leur avait été arrachée à la suite d'un siége mémorable par l'armée des Croisés, sous Godefroy de Bouillon. Alexis Comnène rentra alors en possession de cette ville, qui devint le siége de l'empire grec pendant tout le temps de l'occupation de Constantinople par les Francs; et probablement si les empereurs ne l'avaient pas quittée pour les rives du Bosphore, ils auraient contenu plus longtemps les invasions des Turcs. L'église où s'était réuni le célèbre concile de Nicée, sous le grand Constantin, fut convertie en mosquée. Orkhan inscrivit sur les murs son nom et des sentences du Coran. C'est vers le temps de la prise de Nicée qu'on place la création des Sipaïs et du célèbre corps des Janissaires (Yeni Tcher, nouvelle troupe), corps formé des enfants enlevés aux chrétiens pour être élevés dans l'islamisme, et qui ne connaissant plus de famille que l'*orta* dans laquelle ils étaient incorporés, étaient toujours prêts à donner leur vie pour les sultans, qui leur faisaient une large part dans toutes les conquêtes.

Quand l'empereur Andronic fut rétabli de sa blessure, il s'occupa du gouvernement, et commença par réorganiser la justice, dont la vénalité était un sujet de plaintes générales. Il institua solennellement de nouveaux juges, qui reçurent un traitement de l'État et devaient rendre la justice gratuitement. Mais au milieu de la dissolution générale, il ne paraît pas que cette réforme ait eu des résultats plus durables que celle qui avait été essayée par son grand-père.

Vers ce même temps, l'empereur parvint à recouvrer l'île de Chios qui était aux mains des Génois. Sous le règne d'Andronic le vieux, un seigneur génois nommé Benoît Zacharias s'en était emparé et s'en était fait donner l'investiture par l'empereur. Mais il s'était fort peu astreint aux devoirs d'un vassal, et son fils Martin se considérait comme complétement indépendant. Les Grecs de l'île, qui supportaient avec peine le joug de ces étrangers s'adressèrent au jeune Andronic, qui s'y présenta avec une escadre; et, grâce à la jalousie d'un frère de Martin Zacharias, qui, dans l'espoir d'obtenir l'investiture à la place de son aîné, livra l'entrée de la ville, Andronic rétablit son autorité sur toute l'île. Encouragé par ce succès, il alla se montrer à Phocée et dans quelques villes de l'Asie mineure, occupées les unes par des commandants génois, les autres par des émirs turcs indépendants, qui accueillirent l'empereur avec de grands témoignages de respect comme leur suzerain, pour se ménager un appui contre la puissance croissante de la dynastie ottomane.

A peine les Ottomans avaient-ils été établis sur les bords de la Propontide, qu'ils avaient commencé à porter leurs ravages sur la côte d'Europe. Lorsque, au retour de l'expédition de Chios, Andronic venait de congédier ses troupes, il apprit que les Turcs d'Orkhan avaient opéré une descente en Thrace, et qu'ils ravageaient tout le pays jusqu'à Trajanopolis. Il se hâta de rassembler les garnisons des villes les plus proches, et marcha contre eux avec le grand domestique. Attaqués pendant qu'ils étaient occupés à piller, les Turcs furent obligés de se réfugier précipitamment sur leurs vaisseaux. Andronic ne put poursuivre ses avantages; car il fut atteint d'une maladie qui le mit aux portes du tombeau. Désespérant de recouvrer la santé, il voulait prendre l'habit monastique dont les empereurs byzantins avaient coutume de se revêtir pour mourir plus saintement, ce qui eût été une renonciation au trône sans possibilité de retour, lors même qu'il se fût rétabli. Cantacuzène affirme qu'il s'opposa seul à cette résolution de l'empereur et qu'il résista également aux instances qu'Andronic lui adressa plusieurs fois durant cette maladie au nom de leur amitié de prendre la pourpre impériale. Il se contenta de faire insérer son nom, mais avec le seul titre de grand domestique, dans le serment d'obéissance à l'impératrice Anne, femme d'Andronic, serment que l'on exigea de tous les fonctionnaires. Ce fut dans cette circonstance que les partisans de Cantacuzène déterminèrent le vieil Andronic à prendre l'habit de moine, dans la crainte que si son petit-fils venait à mourir, il ne voulût ressaisir encore une fois le pouvoir. On fit aussi disparaître le despote Constantin, oncle d'Andronic, et on répandit le bruit de sa mort pour éviter que le peuple ne le tirât de sa prison et ne le mît sur le trône. Quelques personnes pressaient Andronic d'associer sa mère Irène à l'empire, mais il s'y refusa, disant que deux femmes ne pourraient jamais s'accorder. Irène ne pardonna jamais à Cantacuzène, à l'influence duquel elle attribuait cette résolution de son fils. On n'attendait plus que l'instant où l'empereur fermerait les yeux, lorsqu'il se rétablit miraculeusement après avoir bu de l'eau d'une fontaine consacrée à la Vierge.

Dès qu'Andronic fut rétabli, il se remit à guerroyer; car il ne manquait ni de courage ni d'activité. Mais, faute d'une bonne organisation militaire permanente, ces fréquents armements, toujours dispendieux, souvent trop tardifs pour parer aux dangers qui surgissaient tantôt sur un point et tantôt sur un autre, n'amenaient, lors même qu'ils étaient couronnés de succès, qu'un avantage éphémère. L'empereur força un corps de Turcs qui dévastaient la Thrace à se rembarquer; il reprit Achrida sur les Serbes, revint combattre d'autres Turcs qui s'étaient emparés de Rhédeste, et s'allia au roi de Bulgarie Michel contre le crale de Servie. La mort de Michel, tué dans cette campagne, amena une révolution en Bulgarie. Théodora, sœur de l'empereur grec et veuve du roi bulgare fut détrônée par un prince nommé Alexandre. Andronic marcha contre lui; mais il fut défait et forcé de souscrire à un traité désavantageux.

Ceci se passait en 1332, année dans laquelle le vieil empereur Andronic, devenu le moine Antoine, mourut dans un état de dénûment qui ferait honneur à sa piété, si ce fut le résultat de ses aumônes; mais il paraît qu'il faut plutôt l'imputer à la dureté des hommes qui étaient tout-puissants à la cour, à la malveillance desquels le prince régnant, qui s'était montré plus généreux au début de son règne n'aurait pas dû abandonner le sort de son grand-père accablé sous le poids des années et frappé de cécité, lors même qu'il serait vrai, ce qui est peu probable, que ce vieillard ait aussi nourri jusqu'au dernier moment l'espérance de ressaisir le pouvoir.

La mauvaise santé d'Andronic IV et l'ambition de Cantacuzène qui de ministre dirigeant devait, selon toute apparence, à la mort de l'empereur devenir son successeur, excitaient à la cour des complots dirigés moins contre le souverain que contre le ministre, mais que ce dernier parvint toujours à déjouer. Un de ses rivaux les plus redoutables était Syrgianis, dont nous avons déjà parlé. Il avait réussi à se faire adopter par la reine-mère Irène, toujours irritée contre Cantacuzène, qui l'avait fait écarter de la régence pendant la maladie de son fils. Il est probable que Syrgianis nourrissait, de son côté, les mêmes projets que Cantacuzène; mais celui-ci le prévint et le fit mettre en jugement. Syrgianis s'enfuit à Négrepont, puis il passa en Servie, où il engagea le crale à faire la guerre à l'empereur. Leurs progrès en Macédoine parurent d'autant plus menaçants que Syrgianis conservait des intelligences nombreuses à Thessalonique et même à Constantinople. Andronic, ou plutôt Cantacuzène, ne trouva moyen de se délivrer de ce danger que par une machination odieuse. Phrantzès Paléologue, feignant d'être victime d'une disgrâce, alla rejoindre Syrgianis, s'insinua dans sa familiarité, et quelque temps après l'assassina. Cantacuzène, dans son histoire, décline la responsabilité de ce meurtre, et prétend que Phrantzès n'avait d'autre mission que d'arrêter le transfuge. Mais le titre de stratopédarque que Phrantzès reçut à son retour montre que, s'il outrepassa ses instructions, on ne lui en sut pas mauvais gré à la cour.

L'année 1332, marquée pour Andronic par la mort de son grand-père, le fut aussi par la naissance d'un fils destiné à devenir son successeur, et par la mort de Philippe de Tarente, empereur titulaire de Constantinople, qui, malgré l'état débile de l'empire grec, n'avait pas tenté de soutenir ses prétentions par les armes, mais les transmit à sa veuve et à son fils aîné Robert.

Quoique ayant peu d'inquiétude de ce côté, Andronic ne se montra pas très-éloigné d'un rapprochement avec l'Église d'Occident. C'est du moins ce dont se flattèrent deux missionnaires dominicains qui passèrent vers ce temps à Constantinople après avoir prêché l'Évangile aux Tartares. Le pape Jean XXII auquel ils firent part des dispositions qu'ils avaient cru trouver chez l'empereur de Byzance, accueillit avec empressement cette espérance, et renvoya ces religieux à Constantinople revêtus de la dignité épiscopale ; l'un, François de Camerino, avec le titre d'archevêque du Bosphore; et l'autre, qui était un Anglais nommé Richard, comme évêque de Cherson. Leur arrivée et le bruit de leur projet causa grande rumeur à Constantinople, où, à part quelques hommes politiques, le peuple était toujours très-hostile à toute idée de réunion. On aurait voulu que le patriarche soutint contre les envoyés de Rome une discussion publique. Jean Calécas, le patriarche, qui était un lettré, remit ce soin à Nicéphore Grégoras. Mais ce théologien, qui plus tard consuma la plus grande partie de sa vie dans les querelles religieuses, eut cette fois le bon sens de dissuader ses compatriotes d'entamer une controverse qui, faute d'arbitres, ne pouvait avoir d'autre résultat que le scandale. Les négociations n'allèrent pas plus loin. Bientôt après, cependant, en 1335, le successeur de Jean XXII, Benoît XIV, écrivit à l'empereur de Constantinople pour l'engager à prendre part à une croisade que le roi de France, le roi de Naples Robert, les Vénitiens, les Génois et les princes latins de la Grèce organisaient.

Andronic équipa une flotte à la tête de laquelle il se mit en personne ; mais il se trouva seul au rendez-vous. Les démêlés entre Philippe de Valois et le roi d'Angleterre et une guerre entre les Vénitiens et les Génois avaient fait avorter l'entreprise. Ces Grecs ne manquèrent pas de renvoyer aux Occidentaux le reproche d'inconstance ou de mauvaise foi que ceux-ci leur avaient si souvent adressé. Malgré l'absence des confédérés, l'armement maritime d'Andronic ne lui fut pas inutile. Il l'employa contre le génois Dominique Catane, qui s'était rendu indépendant à la nouvelle Phocée et s'était emparé de Lesbos. Ce ne fut qu'après plusieurs mois, et avec l'aide de l'émir turc d'Ionie Sarcan, que l'empereur parvint à contraindre Dominique à traiter et à reconnaître de nouveau sa suzeraineté.

Le concours efficace qu'Andronic avait trouvé chez les Turcs dans cette guerre l'engagea à les employer comme auxiliaires dans une expédition contre les Albanais. Les Turcs auxquels l'empereur grec s'adressa n'étaient pas des sujets d'Orkhan, mais des émirs indépendants de l'Asie mineure que les progrès des Osmanlis, menaçants pour les autres dynasties, portaient à se rapprocher des souverains de Byzance. Il pouvait donc être d'une bonne politique de s'allier avec eux et de les soutenir en Asie; mais il était très-imprudent de les introduire en Europe; car il était facile de prévoir qu'un jour ou l'autre tous les mahométans feraient cause commune contre les chrétiens. En attendant ce temps fatal, les troupes turques procurèrent à Andronic un avantage signalé sur les Albanais, qu'elles poursuivirent dans leurs montagnes et auxquels on enleva, selon Cantacuzène, trois cent mille bœufs, douze cent mille moutons et cinq mille chevaux. Ce qui prouve, dit l'historien français du Bas-Empire, la prodigieuse fécondité de l'Albanie! Nous pensons qu'il faut plutôt y voir un exemple des exagérations des chroniqueurs grecs (1). Il faut espérer qu'il y a aussi quelque chose à rabattre des trois cent mille captifs que, selon Grégoras, les Tartares auraient emmenés à la suite d'une invasion de la Thrace, déjà ravagée par les Ottomans en cette année 1337.

L'expédition contre l'Albanie qu'Andronic fit en personne, accompagné comme toujours du grand domestique, cachait probablement un but plus important. Depuis le démembrement de l'empire par les Latins en 1204, une branche des Ange Comnène Ducas s'était créé une principauté indépendante qui comprenait une partie de l'Épire, de

(1) Ameilhon, pour s'être servi de la traduction latine de Pontanus, qu'il paraît avoir lue trop rapidement, a de plus substitué cinquante mille chevaux aux cinq mille de l'historien grec, ainsi que M. Parisot, dans sa thèse sur Cantacuzène, en a déjà fait la remarque.

l'Acarnanie, de l'Étolie et de la Thessalie. Nous avons eu plusieurs fois occasion de parler des luttes de quelques-uns de ces princes contre les souverains de Constantinople. Les révolutions sanglantes dont l'Épire fut le théâtre au commencement du quatorzième siècle précipitèrent la ruine de ce petit État. En 1318 le despote Thomas, fils de Nicéphore et dernier descendant direct des Comnène d'Épire, fut assassiné par son neveu, fils du comte de Céphalonie, qui épousa la veuve de la victime et s'empara de ses États. Il n'en jouit pas longtemps et périt sous les coups de son propre frère Jean, lequel à son tour mourut empoisonné par sa femme Anne Paléologue. Cette femme prétendait gouverner au nom de son fils Nicéphore encore enfant. Mais le pays, las des crimes de cette maison supportait impatiemment son autorité. C'est pour profiter de cette disposition des esprits qu'Andronic s'était approché de l'Épire. La princesse Anne envoya des députés à l'empereur pour conserver s'il était possible le despotat à son fils, en négociant son mariage avec la fille de Cantacuzène, dont elle connaissait l'influence. L'empereur approuva ce projet de mariage; mais il exigea la réunion sans condition de l'Épire, de l'Acarnanie et de l'Étolie. Anne eut la permission de se retirer où elle voudrait avec ses filles, tandis que le jeune Nicéphore devait suivre l'empereur. La position de la régente était si précaire qu'elle s'estima heureuse de souscrire à ces conditions (1).

(1) Un Chrysobulle d'Andronic, dont l'original s'est conservé jusqu'à nos jours dans l'église de Jannina se rapporte à l'époque de la réunion de l'Épire. Après avoir rappelé la parabole de l'enfant prodigue et la joie que le retour d'un enfant longtemps égaré cause au cœur d'un père, l'empereur confirme à l'Église de Jannina, élevée au rang de métropole, les possessions dont elle jouissait, en ajoute de nouvelles et accorde à la ville un grand nombre de priviléges municipaux et l'exemption de taxes dont la longue énumération donne une idée peu favorable de la situation des villes moins privilégiées : l'empereur garantit en même temps plusieurs faveurs promises à Jannina par l'échanson Syrgianis, auquel il donne le surnom de Paléologue et le titre de son parent par alliance (γαμβρός), d'après l'édition donnée dans un journal littéraire de la Grèce (Hellenomnemon, n° 9), cette pièce porterait la date de l'an du monde 6827, qui correspond à 1319 de J.-C. Elle se rapporterait donc au règne d'An-

La majorité du pays avait paru accepter avec joie la réunion à l'empire, mais les partisans de l'ancien ordre de choses enlevèrent le jeune Nicéphore, et le conduisirent à Tarente à la cour de Catherine de Valois. Alarmé de cette évasion, l'empereur s'efforça de s'attacher ses nouveaux sujets par des libéralités, et, après avoir organisé le pays de son mieux, il y laissa pour gouverneur le protostrator Synadène.

Deux ans étaient à peine écoulés qu'une vaste conspiration éclatait en Épire contre l'autorité de l'empereur. A la tête des insurgés étaient Nicolas Basilitzès et Alexis Cabasilas, qui se saisirent du gouverneur Synadène et occupèrent Arta, Rouogs et le port de Tomocastron sur l'Adriatique. D'autres villes, telles que Argyrocastron, Jannina, Parga, la Chimère tinrent pour l'empereur. Nicéphore, au nom duquel ce soulèvement avait eu lieu, revint en Épire avec des secours fournis par Catherine de Valois, qui lui avait promis sa fille en mariage et pensait pouvoir appuyer ainsi les prétentions de sa famille au trône de Constantinople.

L'empereur et le grand domestique accoururent, et, soit par la force des armes soit par des négociations, ils amenèrent successivement toutes les villes soulevées à se rendre, à l'exception de Tomocastron, où résidait le jeune Nicéphore et qui pouvait recevoir des secours par mer. Cantacuzène, chargé de continuer seul ce siége, réussit à persuader aux habitants de faire leur soumission, et Richard, le précepteur du jeune prince, celui-là même qui l'avait enlevé, embrassa ce parti après avoir recommandé son élève à la bienveillance de l'empereur. Nicéphore fut conduit à la cour de Constantinople où il reçut le titre fastueux mais en réalité insignifiant d'*hypersébaste*.

Tandis que l'empereur grec repoussait les tentatives contre l'Épire, fomentées par Catherine de Valois, et probablement à cause de ces tentatives, il faisait faire près du pape Benoît XIV quelques ouvertures pour un rapprochement entre les deux Églises. Il s'était servi pour cette négociation d'un moine nommé Barlaam, qui a joué un rôle actif dans les discussions théologiques de cette époque. Barlaam, né en Calabre, était entré jeune dans un des couvents de l'ordre de Saint-Basile qui ont conservé longtemps dans cette partie de l'Italie l'usage de la langue et de la liturgie grecques. Il avait acquis quelque connaissance des deux littératures classiques rarement étudiées simultanément à cette époque. Constantinople offrait un théâtre plus vaste à ses talents et à son activité. Il y vint et s'y fit remarquer comme philosophe, mathématicien, astronome, autant que comme théologien. Par la protection de Cantacuzène il obtint le titre d'abbé du monastère du Saint-Sauveur, un des principaux de la capitale. Barlaam a beaucoup écrit sur les questions qui divisaient les Églises d'Orient et d'Occident (1). La facilité avec laquelle il s'exprimait dans la langue latine le fit désigner en 1339 pour l'ambassade qu'Andronic Paléologue envoya au pape à Avignon. Il s'y rendit accompagné d'Étienne Dandolo, noble vénitien, et muni de lettres de recommandation de Philippe de Valois, roi de France, et de Robert, roi de Naples. La thèse que Barlaam s'efforça de soutenir dans le consistoire fut que les points en litige entre les deux Églises ne pouvaient être résolus que dans un concile général, mais qu'un tel concile ne saurait être réuni tant qu'une grande partie des Églises d'Asie et trois patriarchats gémissaient sous le joug des mahométans. Il insistait donc pour que le pape appelât les princes chrétiens à la délivrance de l'O-

dronic l'ancien, et il faudrait supposer que Jannina, après le meurtre du premier despote Thomas, s'était déjà réuni à l'empire. Dans le silence de l'histoire, nous sommes plus tôt porté à croire que la date tracée, selon l'usage, en pourpre de la main de l'empereur n'a pas été déchiffrée exactement par l'éditeur et que ce décret doit se rapporter à une époque voisine de la réunion définitive du despotat.

(1) Il nous est parvenu sous le nom de Barlaam divers écrits, les uns favorables à la double procession du Saint-Esprit, les autres dans le sens contraire, ce qui a fait croire à l'existence de deux théologiens du même nom. Mais il paraît qu'il faut seulement distinguer les époques de sa vie. Après avoir combattu pour l'Église grecque, s'étant brouillé avec les moines du mont Athos sur des questions dont nous parlerons bientôt, il retourna en Italie et devint un des champions du saint-siége, qui le nomma à l'évêché d'Ieraci.

rient comme premier acheminement à la réunion des Églises.

Le pape répondait que la réunion avait été signée à Lyon par les représentants de l'empereur et de l'Église grecque ; qu'il n'y avait pas lieu de remettre en délibération des questions depuis longtemps résolues ; que c'était aux Grecs à tenir leurs engagements en abjurant le schisme et qu'alors ils obtiendraient les secours qu'ils demandaient.

En vain Barlaam essaya-t-il d'obtenir au moins que le pape enverrait des légats à Constantinople, qui, tout en réservant la question de la procession du Saint-Esprit, se contenteraient de faire accepter par l'Église grecque le principe de la suprématie du saint-siége en garantissant toutefois les priviléges dont les autres patriarchats avaient joui.

Le consistoire ne voulut rien accorder à moins d'une soumission entière. Les pouvoirs de Barlaam n'allaient pas jusque-là, et il dut revenir sans avoir rien fait pour la Grèce. Mais son voyage ne fut pas stérile pour l'Occident si c'est, comme on le croit, à la cour d'Avignon qu'il rencontra Pétrarque et initia le poëte, épris des souvenirs de l'antiquité, à la langue d'Homère et de Platon.

A son retour à Constantinople, Barlaam se jeta dans une autre querelle religieuse qui à ce moment agitait les esprits non moins vivement que la procession du Saint-Esprit. Certains moines du mont Athos, livrés à tout l'ascétisme de la vie contemplative, en étaient arrivés à se persuader qu'en restant en oraison le menton sur la poitrine et les yeux sur leur nombril ils en voyaient jaillir un jet de lumière qu'ils regardaient comme une émanation de la divinité, comme une lumière surnaturelle semblable à celle qui apparut sur le Thabor. Barlaam attaqua vivement la superstition de ces illuminés, que l'on désigna sous les noms d'*Hésychastes*, à cause de leur immobilité, ou d'*Omphalopsyques*, parce qu'ils semblaient faire de l'ombilic le siége des facultés de l'âme. Ceux-ci trouvèrent un défenseur assez habile dans la personne de Palamas, archevêque de Thessalonique, qui devint le chef et le représentant de la secte. Dans la querelle on ne tarda pas à perdre complétement de vue le point de départ, c'est-à-dire, le fait même de ces visions, qui pourraient trouver une explication naturelle dans une sorte d'éblouissement, résultat d'une tension prolongée du nerf optique. Mais on se jeta dans des discussions sans fin, sur la nature de la lumière du mont Thabor, lumière non créée, disaient les Palamites, et qui était elle-même une des émanations ou des essences du Créateur, *une des divinités de Dieu*, ce qui donnait occasion à leurs adversaires de les accuser de polythéisme et d'adoration du feu. De là des distinctions subtiles entre les essences de Dieu et ses manifestations ou *énergies*, le tout à grand renfort de citations des Pères et avec les ressources d'une langue qui se prête trop facilement à forger des mots pour exprimer les idées les plus incohérentes.

Le patriarche avait dans l'origine du débat soutenu Barlaam. Grégoras lui-même, quoique un peu jaloux du moine calabrais, combattait avec lui contre Palamas, mais Cantacuzène, qui apportait dans ces questions, toujours plus ou moins liées à la politique, son savoir, son éloquence et par-dessus tout son influence, favorisait Palamas. Aussi, après de longs débats, Palamas triompha-t-il dans un synode tumultueux à la suite duquel Grégoras fut mis en prison. Il s'y consolait en terrassant ses adversaires dans des discours qui nous sont parvenus et qui viennent de trouver enfin un éditeur. Pour Barlaam, il quitta sans bruit Constantinople, et s'étant réconcilié avec l'Église latine, il combattit les Grecs dans des écrits composés dans leur propre langue.

La mort de l'empereur Andronic, qui ouvrit une nouvelle période de révolutions, survint au milieu de cette querelle des Palamites et même à son occasion. A l'exemple du premier Constantin, de Justinien, d'Héraclius, et l'on peut dire, suivant la tradition constante des empereurs byzantins plus ou moins orthodoxes, Andronic avait cru de son devoir de présider une conférence publique entre Palamas et Barlaam. La cour et la ville, avides de ce genre de spectacle comme autrefois des jeux du cirque, se pressait dans l'Eglise de Sainte-Sophie. Non content de diriger les débats, l'empereur péroraa lui-même longuement. Rentré fort tard au palais et très-fatigué, il soupa copieusement, et fut pris la nuit même d'un long évanouissement dont il ne sortit que pour tomber dans une fièvre violente qui l'emporta au bout de peu de jours, le 15 juin 1341. Il était à peine âgé de quarante-cinq ans, et en avait régné douze depuis la déposition de son grand-père.

Avant qu'Andronic eût fermé les yeux, Apocauque était allé trouver Cantacuzène pour l'engager à se faire proclamer empereur. Le grand domestique, suivant ce que lui-même raconte, repoussa cette suggestion de son confident avec indignation, et, fidèle à son ami après comme sa mort, il ne s'occupa que d'assurer la couronne aux enfants d'Andronic. Il alla trouver l'impératrice Anne, et l'engagea à faire trève à sa juste douleur pour veiller au salut de ses enfants, et il lui offrit en même temps ses services, espérant, ajouta-t-il, que tant qu'il vivrait personne n'oserait former d'entreprise contre eux.

L'impératrice accepta ses offres avec reconnaissance. Le grand domestique conduisit les jeunes princes, Jean, âgé seulement de neuf ans, et son frère Manuel, dans la partie la plus sûre du palais; doubla les gardes et prit toutes les précautions nécessaires pour assurer leur avénement, qui ne pouvait guère, à ce qu'il semble, rencontrer d'opposition, car depuis longtemps il avait eu soin d'écarter tous ceux qui auraient pu prétendre à la couronne. Cantacuzène voulut faire les frais des obsèques de l'empereur, qui furent magnifiques, et Nicéphore Grégoras, l'orateur officiel, prononça un panégyrique emphatique, qu'il a inséré dans son histoire, où cependant il a laissé percer très-souvent ses sentiments véritables, qui étaient loin d'être aussi favorables à Andronic Paléologue (1).

(1) Les quatorze derniers livres de l'histoire civile et religieuse de cette époque par Nicéphore Grégoras ont été imprimés pour la première fois en 1855 dans la collection byzantine de Bonne, d'après deux manuscrits, un du Vatican et l'autre de Paris, dont nous avions depuis longtemps envoyé la copie.

Un des griefs de Grégoras contre Andronic est l'insouciance avec laquelle ce prince laissait s'introduire les usages et les costumes étrangers, au lieu de maintenir l'ancien décorum du cérémonial byzantin. L'annaliste voit dans ces changements un signe précurseur de la décadence de l'empire. Il serait à souhaiter pour la mémoire d'Andronic que l'histoire n'eût pas de reproches plus graves à enregistrer contre lui; mais quoique par ses soins à défendre les frontières, à fortifier les villes et à réformer les abus de la justice, il se soit efforcé de faire oublier les désordres de sa jeunesse, son esprit incapable d'une longue application et son corps épuisé prématurément l'obligèrent à se reposer des soins les plus importants sur Cantacuzène. Celui-ci, après s'être longtemps contenté de la réalité du pouvoir, finit par prendre la couronne et voulut la transmettre à son fils, ce qui devint l'occasion de nouvelles guerres civiles.

L'historien principal de cette lutte intestine est celui qui y joue le premier rôle. Cantacuzène, obligé d'abdiquer en 1355 et retiré dans un cloître, se consolait d'avoir perdu la couronne en essayant de persuader à la postérité qu'il avait été seul digne de la porter. Peut-être, en effet, fut-il supérieur à tout ce qui l'entourait, pas assez cependant pour dominer les résistances intéressées ou légitimes. Il n'eut ni les grandes qualités ni même les grandes passions qui peuvent excuser une usurpation et fonder une dynastie. Flottant entre ses velléités d'ambition et des principes chancelants de vertu, il faut lui rendre la justice qu'il s'arrêta devant les crimes; mais il ne sut pas s'abstenir d'intrigues qui amenèrent de grands malheurs. A la vérité la responsabilité en pèse au moins autant sur l'impératrice mère, qui, trop accessible aux délations des courtisans, ne sut pas maintenir à Cantacuzène sa part légitime d'influence. Si la France, entre les règnes glorieux d'Henri IV et de Louis XIV, eut tant à souffrir de l'incapacité de Louis XIII, de l'ambition de Richelieu, des intrigues de Mazarin et des tergiversations d'Anne d'Autriche, on comprend combien un empire aussi décrépit que celui de Byzance, dont l'Orient et l'Occident se disputaient d'avance l'héritage, était exposé durant la minorité de Jean Paléologue.

Dans les premiers moments qui suivirent la mort d'Andronic, et pendant que l'impératrice Anne, tout entière à sa douleur, ne voulait voir personne, le grand domestique s'était occupé d'assurer le maintien de la tranquillité en expédiant de tous côtés des lettres aux gouverneurs des provinces et aux employés des finances. Ceux-ci, dès longtemps habitués à recevoir ses ordres, ne firent aucune difficulté de reconnaître son autorité; mais Cantacuzène ne tarda pas à rencontrer plus près de lui une sourde opposition, et surtout de la part du patriarche, qui regardait la tutelle du jeune empereur comme un droit et un devoir de ses fonctions. « Il n'imiterait pas, disait-il, la faiblesse du patriarche Arsénius qui avait laissé dépouiller le dernier des Lascaris. » (Paroles imprudentes et qui avaient l'inconvénient de rappeler que les Paléologue ne devaient eux-mêmes l'empire qu'à une usurpation.) Il ajoutait qu'il avait été formellement chargé par Andronic, durant la maladie qui avait mis une première fois en danger les jours de ce prince, de veiller sur ses enfants. Cantacuzène pouvait opposer les dernières volontés de l'empereur et l'alliance projetée de sa fille avec le jeune empereur, qui, d'après des précédents, le désignaient pour la régence.

Toutefois Cantacuzène, blessé de ce que l'impératrice, dans un conseil auquel elle assistait, n'avait pas imposé silence à un de ses ennemis qui le bravait en face, fut sur le point de se retirer des affaires publiques; mais il dut céder, à ce qu'il assure, aux instances de l'impératrice, dont le patriarche lui-même se fit l'organe. On échangea des protestations, des serments, chacun parut faire abnégation de tout intérêt personnel pour le bien de l'État.

Dès que son autorité fut raffermie, Cantacuzène arma des troupes pour imposer au roi des Bulgares, Alexandre, qui, profitant du changement de règne, avait osé demander qu'on lui livrât le fils de son prédécesseur réfugié à Constantinople. Cantacuzène fit repousser cette prétention humiliante pour l'honneur de l'empire, sans que ce refus ait attiré la guerre que les esprits pusillanimes redoutaient. Dans le même temps les habitants, même latins, du Péloponnèse lui firent faire des ouvertures secrètes pour se réunir à l'empire. Pour appuyer un mouvement si important et qui aurait rendu un de ses plus beaux fleurons à la couronne, le grand domestique se hâta de traiter avec Étienne Douchan, crale de Servie, et il défit un corps de Turcs qui étaient débarqués dans la Chersonèse par la faute ou par la trahison du grand-duc Apocauque, devenu rival de Cantacuzène. Celui-ci le fit destituer et bannir de la cour. Les partisans de Cantacuzène, moins prudents que lui, manifestaient hautement au grand déplaisir de l'impératrice, leur impatience de lui voir prendre les insignes du pouvoir suprême. Aussi, dès que le grand domestique se fut éloigné de la cour pour se mettre à la tête de l'armée, tous ses ennemis reprirent courage et l'accusèrent de vouloir détrôner le jeune empereur.

Apocauque rentré en grâce, le patriarche, le beau-père même de Cantacuzène, Andronic, Asan, dont les fils étaient depuis plusieurs années prisonniers d'État, d'autres princes de la famille impériale, le grand drongaire Cabalas, le grand stratopédarque Chumnus entrèrent dans cette conspiration. L'impératrice, s'abandonnant tout à fait à eux, nomma le grand duc Apocauque gouverneur de Constantinople. Andronic, second fils de Cantacuzène, et sa mère furent jetés en prison, où cette princesse, digne par son âge et son caractère des plus grands respects, expira au bruit des vociférations qui retentissaient de tous côtés contre son fils. Le peuple ameuté pilla son palais et ceux de ses partisans, qui se dérobèrent par la fuite aux rigueurs du pouvoir et à la fureur populaire et vinrent rejoindre le grand domestique à son quartier général, qui était établi à Didymotichos, ville forte de Thrace sur les rives de l'Hèbre (ou Marizza). A la première nouvelle de cette révolution Cantacuzène avait écrit à l'impératrice pour lui demander la permission de venir se justifier; mais ses députés furent arrêtés, et on le somma de se démettre de toutes ses dignités. Ses partisans réfugiés près de lui le pressèrent de se déclarer empereur. Il s'y décida et chaussa les brodequins de pourpre. Puis il plaça lui-même sur sa tête une couronne impériale. Toutefois dans les prières de l'Église il ne fit mettre son nom qu'après ceux de l'impératrice mère et du jeune empereur, et le lendemain de son intronisation il reprit le deuil de l'empereur défunt. Cantacuzène raconte dans ses mémoires que lorsqu'il voulut revêtir les habits impériaux préparés à la hâte pour cette cérémonie, l'habit de dessous se trouva trop étroit, en sorte qu'il ne pouvait pas y entrer, tandis que le manteau était au contraire fort ample. Un courtisan (car les prétendants ont les leurs) sut tourner cet incident en un pronostic favorable d'un empire étendu après des débuts difficiles.

Les choses ne s'annonçaient pas pour Cantacuzène aussi favorablement qu'il aurait pu s'en flatter d'après l'influence qu'il avait exercée jusqu'alors. Les lettres signées en pourpre qu'il avait adressées à tous les gouverneurs de villes pour notifier son avénement, rappeler les services qu'il avait rendus et prodiguer les promesses et les menaces, furent presque partout mal reçues. Les villes sur lesquelles il comptait le plus fermèrent leurs portes à l'usurpateur. Les grandes richesses, les amas de blé qui furent trouvés dans son palais et dans ceux de ses adhérents à Constantinople, donnent à penser qu'il avait été trop préoccupé de ses intérêts particuliers pendant le temps de sa faveur, pour ne s'être pas aliéné tout à la fois le pauvre peuple et la haute noblesse, jalouse de cette fortune d'un parvenu.

Effrayé de son isolement, mais ne pouvant plus reculer, il eut le tort, que tous les beaux discours ne sauraient justifier, d'appeler à son aide les plus grands ennemis de l'empire, les Serbes et les Turcs. Le crale Étienne mit quelque temps une partie de ses troupes à la disposition de Cantacuzène, mais avec l'intention de garder pour lui les places qui tomberaient dans leurs mains. Pour les Turcs ils ne cherchaient que des occasions de faire du butin. Cantacuzène était lié depuis longtemps avec Oumourbey, prince d'Ionie, rival d'Orkhan, sultan ottoman. Oumourbey, qui résidait à Smyrne, vint en Thrace avec une flotte considérable qui portait, assure-t-on, vingt-huit mille hommes. Pendant plusieurs années ces dangereux auxiliaires ravagèrent une partie de la Thrace au nom de Cantacuzène. Aux approches de l'hiver Oumourbey repassait en Asie avec les dépouilles des malheureux habitants de la campagne et quelquefois aussi avec des sommes considérables que l'impératrice Anne lui faisait payer pour obtenir sa retraite ; ce qui était une raison de plus pour lui de revenir l'année suivante. En 1344 une attaque des forces combinées du Pape, de Venise et de Chypre contre Smyrne força le prince d'Ionie de repasser en Asie pour défendre ses propres États. Mais la ligue chrétienne, rompue par les rivalités qui divisaient l'Italie, obtint peu de succès et fut bientôt dissoute.

C'est dans la protection des Turcs que les deux prétendants au trône de Constantinople avaient l'aveuglement de mettre leurs espérances. Le sultan Orkhan fils d'Othman, ou comme le nomment les historiens grecs de ce temps :' *Le satrape Hyrcan*, sollicité par l'impératrice Anne de venir à son secours, fit au contraire à Cantacuzène des offres spontanées à en croire celui-ci, ou accueillit ses propositions secrètes à condition que Cantacuzène lui donnerait une de ses deux filles en mariage. Cantacuzène consulta tous ses adhérents sans oublier Oumourbey. Tous furent d'avis que rien ne pouvait être plus avantageux à l'empire que cette alliance avec son plus puissant et plus proche voisin. Le père y consentit, et écrivit au sultan d'envoyer une armée et des vaisseaux sur les rives du Bosphore, où il amena la jeune princesse Théodora. Cantacuzène décrit pompeusement dans son histoire les fêtes qui précédèrent les fiançailles. Une estrade avait été dressée sur la plage. Les deux armées étaient rangées à l'entour, à un signal les rideaux d'or et de soie tombèrent et l'on vit la jeune fiancée entourée d'eunuques agenouillés qui portaient des flambeaux. Cantacuzène seul à cheval près de l'estrade remit aux ambassadeurs turcs la future sultane, et le reste de la nuit se passa en banquets. Cantacuzène ne trahit pas dans son histoire les sentiments divers dont il devait être agité au moment où il sacrifiait ainsi sa fille à son ambition. Il assure que la foi de la jeune princesse n'eut jamais à souffrir de son séjour parmi les infidèles, qu'elle essaya même de convertir plusieurs de ces barbares et qu'elle consacra toute sa fortune et ses bijoux à racheter des captifs romains. Pour Cantacuzène, dans le monastère où il se retira plus tard il a composé huit livres contre le Coran et le mahométisme; mais il est douteux que toute sa logique et son éloquence ait converti un seul infidèle, et il devra toujours compte devant la postérité d'avoir précipité la ruine de son pays par cette fatale alliance avec le sultan, qui, mêlé de plus en plus aux affaires de l'empire, ne tarda pas, comme nous le verrons bientôt, à prendre un pied en Europe.

Un historien grec postérieur à la chute de Constantinople, Phrautzès, par ignorance ou par calcul substitue dans son récit une sœur de Jean Paléologue à la fille de Cantacuzène; et cette assertion, répétée par quelques historiens occidentaux, a peut-être accrédité le bruit que les conquérants de Constantinople se rattachaient à l'ancienne race des empereurs grecs. Jean Paléologue ne rechercha pas moins que Cantacuzène l'appui d'Orkhan, et peut-être n'aurait-il pas refusé davantage de lui donner en mariage une princesse de sa famille, mais aucun historien contemporain ne mentionne ce fait. Du reste Orkhan à cette époque était déjà plus que sexagénaire. Ses fils Suleiman et Amurat, qui lui succéda, avaient âge d'homme. En demandant la fille de Cantacuzène, il est probable que le vieux sultan, politique rusé, était moins désireux de posséder dans son harem une beauté qu'il avait entendu vanter, que d'avoir une occasion de plus de s'immiscer dans les querelles des deux empereurs. Et puis, malgré l'abaissement de Byzance, la pourpre impériale conserva jusqu'à la fin un certain prestige sur les barbares.

Malgré l'alliance d'Orkhan Cantacuzène n'aurait peut-être jamais réussi dans ses projets sans les dissensions civiles et religieuses qui déchiraient le parti opposé. Le principal adversaire de Cantacuzène était le grand-duc Apocauque, qui s'était élevé comme lui par ses talents et ses intrigues. Après lui venait le grand logothète Gabalas, auquel Apocauque avait promis sa fille en mariage, mais dont cependant il commençait à prendre ombrage. Il le perdit par des accusations secrètes dans l'opinion de l'impératrice, et le força de chercher un refuge dans un monastère, ce qui ne le mit même pas à l'abri de ses poursuites. Constantinople était remplie de prisonniers d'État victimes des soupçons d'Apocauque. Un jour que ce ministre visitait les travaux d'une prison qu'il faisait agrandir, les détenus se jetèrent sur lui et le tuèrent. Mais Apocauque avait des partisans nombreux dans le bas peuple aussi bien qu'à la cour. Les matelots et les gens du port vengèrent la mort du grand-duc en massacrant tous les prisonniers et leurs adhérents. L'impératrice, également irritée de l'assassinat d'Apocauque, ne fit rien, et peut-être ne pouvait-elle rien faire pour arrêter les excès du peuple. A quelque temps de là, Thessalonique fut aussi le théâtre de semblables massacres. Deux hommes s'y partageaient l'autorité, un Paléologue et Jean Apocauque, fils du grand-duc, et, chose singulière et qui peint la confusion de ces temps de guerre civile, c'était ce dernier qui était accusé de vouloir livrer la ville à l'ennemi de son père.

Pendant que les Grecs se déchiraient ainsi, le crale de Servie étendait ses conquêtes jusqu'à Phères, et prenait le titre d'empereur des Grecs et des Serbes. Cantacuzène, pour répondre à cette prétention, se faisait couronner de nouveau avec plus de solennité à Andrinople par le patriarche de Jérusalem, assisté d'une réunion d'évêques et d'autres ecclésiastiques, qui prononcèrent en même temps la déchéance du patriarche de Constantinople (1346).

Un autre embarras pour l'impératrice Anne, une autre honte pour l'empire vint de la part des Génois. Une flotte d'une trentaine de voiles équipée par un nombre égal de nobles génois qui avaient quitté leur pays à la suite d'une révolution intérieure avait opéré une descente à Chios. Les Grecs réfugiés dans la citadelle demandaient à Constantinople des secours qu'on était hors d'état de leur envoyer. Enfin on équipe à grand'peine deux galères, non pour combattre, mais pour essayer de jeter quelques vivres dans la place assiégée. Facciolati, un Italien au service de l'empire, auquel on avait donné le commandement de ces deux navires, apprend en route la reddition de Chios, et ne voulant pas rentrer à Constantinople sans s'être signalé par quelque exploit, il attaque et capture un gros navire de commerce génois qu'il avait rencontré accompagné d'une seule galère.

Les Génois de Galata, sans prendre la peine de justifier la conquête de Chios, jettent feu et flamme pour leur navire capturé. Ils arrêtent les approvisionnements de Constantinople, et, par la crainte de la famine, ils contraignent les Grecs à leur payer de grosses indemnités. Ils n'en menacèrent pas moins de courir sus à Facciolati partout où ils le rencontreraient, et ils ne pardonnèrent pas à l'impératrice cette impuissante tentative pour défendre ses possessions.

Pendant ce temps, Cantacuzène rôdait toujours autour de Constantinople, liant des intelligences dans la ville pour tâcher de s'y introduire par surprise. Mais, entouré lui-même d'hommes prêts à le trahir, il se voyait exposé chaque jour au poignard ou au poison de ces transfuges des deux camps, qui se dénonçaient les uns les autres de peur de se voir supplantés dans le crime. Dans les longues et tristes annales byzantines, aucune époque n'offre un spectacle plus affligeant non-seulement par le démembrement de l'empire, mais plus encore par la démoralisation de la nation dans cette longue guerre civile. Des aventuriers de tout pays s'étaient abattus sur la capitale et les provinces comme sur une proie inanimée dont ils se disputaient les lambeaux : ainsi le prétexte des Génois pour s'emparer de Chios, qui leur avait appartenu déjà, était de prévenir, disaient-ils, les Vénitiens, dont une flotte commandée par Humbert, Dauphin de Vienne, pour une prétendue croisade, était déjà dans les eaux de Négrepont et avait, au dire des Génois, jeté son dévolu sur cette belle et fertile contrée. Entre les prétendants nationaux ou étrangers, ce qui restait en Grèce d'hommes de bien amis de leur pays demeuraient inertes, incertains du parti auquel ils devaient s'attacher. A tant de troubles s'ajoutaient les querelles religieuses, qui conservaient le privilège de passionner tout le monde. Par un revirement brusque et difficile à expliquer, l'impératrice Anne se mit à favoriser Palamas, fauteur de la secte des adorateurs de la lumière incréée, autrefois protégé par Cantacuzène. Non-seulement elle le tira de sa prison et le prit pour conseiller, mais elle assembla dans son palais les palamites et les évêques présents à la cour, et dans cette espèce de synode le patriarche de Constantinople, Jean d'Apri, jadis principal adversaire de Cantacuzène, mais qui dans ces derniers temps s'en était, à ce qu'on croit, rapproché secrètement, fut condamné, déposé et emprisonné sans même avoir été entendu. Cette belle assemblée fut suivie d'un grand banquet pendant lequel on vint avertir l'impératrice que Cantacuzène était dans Constantinople. Facciolati et la troupe dont il était entouré avait ouvert à Cantacuzène la porte Dorée (fév. 1347). Au milieu du tumulte, Anne essaya de se fortifier et de se défendre dans son palais ; elle repoussa avec colère et mépris les premiers députés de Cantacuzène, et demanda du secours à Galata. Mais le peuple s'était prononcé pour l'agresseur et commençait à piller le palais; les Génois restaient spectateurs inactifs de la lutte. L'orgueilleuse princesse fut obligée d'envoyer à son tour négocier avec celui dont elle n'avait pas voulu écouter les propositions.

Cantacuzène montra dans cette circonstance la modération naturelle ou calculée qu'il avait toujours affectée. Il protesta de son respect pour la veuve et le fils d'Andronic. S'il avait voulu partager le trône, ce n'était, disait-il, que pour mieux l'assurer à l'héritier de son ami. Il se réserva le premier rang seulement pour dix ans, époque où Jean Paléologue, qui devenait son gendre, aurait vingt-cinq ans, et alors les deux empereurs devaient être sur un pied d'égalité. Cantacuzène n'occupa qu'un pavillon du palais, laissant tout le reste à l'impératrice Anne, avec laquelle il voulait vivre dans les meilleurs termes. Mais cet accord sincère ou apparent ne faisait pas le compte des aventuriers qui s'étaient attachés à la fortune du prétendant pour se partager les dépouilles de l'empire. Était-il juste, disaient-ils, que les vainqueurs après de longues souffrances n'eussent rien de plus que les vaincus. Lorsque Cantacuzène voulut faire prêter serment à son collègue le jeune Paléologue, dans la cérémonie de son propre couronnement, qui eut lieu le 13 mai 1347, pour la troisième fois, il fallut réprimer une sédition de ses soldats qui voulaient qu'il s'associât son fils aîné Matthieu. A force de beaux discours et de promesses secrètes il calma les mutins; mais il était facile de prévoir que la paix ne serait pas de longue durée. Bientôt, en effet, Matthieu Cantacuzène se laissa proclamer empereur à Andrinople. Sa mère y accourut et réussit à lui persuader de se démettre de ce titre : ce qui ajourna la guerre civile.

Un autre danger assaillit Cantacuzène dans la capitale même. Nous avons vu que l'entrée de Constantinople avait été facilitée à Cantacuzène par ce Facciolati auquel les Génois n'avaient pas pardonné de leur avoir pris une galère, et qui depuis ce temps s'entourait d'une garde particulière et dévouée. Il était devenu puissant à Constantinople. Ce fut peut-être par ses conseils que Cantacuzène voulut relever la marine des Grecs, qui était à peu près anéantie. Il fit construire quelques galères, et supprima ou abaissa les droits de port de Constantinople, ce qui devait y ramener le mouvement commercial au détriment de Galata. La communauté génoise de cette ville s'en émut, et dans l'état d'irritation qui régnait entre de si proches voisins une occasion de guerre ne pouvait se faire attendre longtemps.

L'équipage d'une barque byzantine fut massacré la nuit dans le port, et les Génois en se mettant aussitôt en état de défense contre des représailles se reconnurent coupables de cette agression. Cependant les Grecs ne les attaquèrent pas. Alors ils envoyèrent des députés à l'impératrice Irène qui exerçait en ce moment l'autorité à Contantinople en l'absence de son mari, retenu en Thrace par des opérations militaires. Les Génois s'excusèrent à peine de leur méfait et eurent l'audace de mettre pour condition au rétablissement des relations l'abandon des armements maritimes de l'empereur et la cession d'une portion de territoire voisine de Galata, qu'ils avaient usurpée et qui leur était, disaient-ils, indispensable.

Les Grecs avaient conservé plus de fierté que ne comportait peut-être le triste état de leurs affaires. Ils préférèrent la guerre à cette humiliation. Les Génois étaient prêts, et prirent l'offensive. Ils attaquèrent Constantinople du côté du port, mais ils rencontrèrent une résistance plus énergique qu'ils ne s'y étaient attendus. Irène parvint même à armer dans la ville un corps de troupes qui, sous les ordres de son second fils Manuel, attaqua les faubourgs de Galata, brûla les magasins et de riches entrepôts de marchandises. De leur côté, les Génois faisant approcher des murs de Constantinople de puissantes machines de guerre, ruinèrent les quartiers voisins du port et incendièrent les matériaux destinés à la marine. Après cet exploit ils n'auraient pas demandé mieux que de reprendre leurs opérations de commerce dont l'interruption leur faisait un grand tort. Mais Cantacuzène, de retour à Constantinople, voulut soutenir la lutte. Il obtint des Constantinopolitains des sacrifices d'argent, fit construire en grande hâte des bâtiments de guerre et fit alliance avec les Catalans et les Vénitiens, toujours rivaux des Génois et en ce moment en guerre ouverte contre eux.

La lutte des Grecs et des Génois se prolongea de 1348 aux premiers mois de 1352, et se termina par une grande bataille navale dans les eaux de Constantinople. La flotte génoise était commandée par Pagan David; celle des confédérés grecs, aragonais et vénitiens était sous les ordres de Pisani. La bataille fut sanglante et l'issue à l'avantage des Génois. Les historiens des Grecs et ceux des Vénitiens se rejettent mutuellement la faute de cette journée. Plusieurs vaisseaux catalans périrent au milieu des récifs bien connus des Génois, et où ils avaient attiré leurs ennemis. Les vaisseaux grecs furent détruits ou mis en fuite, moins peut-être par la lâcheté que par l'inexpérience de ceux qui les montaient. Cantacuzène, à force d'argent, avait bien pu improviser des navires, mais ils étaient mal construits et plus mal armés. Pisani restait avec son escadre à peu près intacte et Cantacuzène le pressait d'attaquer les Génois derrière les rescifs où ils s'étaient retirés ; mais il refusa obstinément et s'éloigna de Constantinople en engageant l'empereur à conclure un armistice. Après plus d'un mois d'attente, Cantacuzène, ne recevant pas de nouveaux secours, conclut avec les Génois un traité dont le texte latin qui s'est conservé dans les archives de Gênes (1) fut signé au palais de Blaquernes, le 6 mai 1352. Par ce traité l'empereur confirmait les anciens priviléges des Génois, leur accordait l'extension de territoire qu'ils ambitionnaient à Galata et s'engageait à s'abstenir de toute relation soit avec les Catalans soit avec les Vénitiens pendant la guerre qui se poursuivait entre ces puissances et la république de Gênes. Ces conditions étaient modérées, mais les Génois avaient grand sujet eux-mêmes de s'en trouver satisfaits. Ils avaient alors à soutenir contre dom Pèdre d'Aragon et les Vénitiens une lutte qui les réduisit, deux ans plus tard, à se mettre sous la protection de Jean Visconti, seigneur de Milan. Gênes avait aussi souffert, dans les années précédentes, d'une cruelle peste ou peut-être du choléra qui avait également exercé de grands ravages à Constantinople. Le plus jeune fils de Cantacuzène, Andronic, prince de grande espérance, avait succombé à cette épidémie. Ainsi la peste, la guerre et la famine, suite de l'interruption des arrivages maritimes, dont Constantinople ne pouvait se passer, s'étaient réunies pour épuiser cette malheureuse ville. L'état des provinces était encore pire, s'il est possible. Les Serbes d'une part, les Turcs de l'autre, continuaient leurs incursions, et le trouble était entretenu par la rivalité entre Matthieu Cantacuzène et Jean Paléologue. En vain Cantacuzène, secondé par l'impératrice Anne, s'était efforcé de retarder une rupture entre son fils et son gendre. Cette rupture était inévitable, chacun d'eux pensant qu'il ne pouvait trop tôt s'assurer l'accès de ce trône auquel ils aspiraient d'une ambition pareille. Jean Paléologue

(1) Voy. Sauli, *Della Colonia dei genovesi in Galata*. t. II, p. 216.

s'était fait remettre par son beau-père, comme places de sûreté, quelques villes de Thrace occupées précédemment par Matthieu. Peu de temps après la conclusion de la paix avec les Génois, Paléologue se présenta devant Andrinople, qui lui ouvrit ses portes et le reçut avec enthousiasme, tandis que Matthieu s'enfermait dans la citadelle, d'où il faisait demander des secours à son père. Celui-ci accourut avec des forces composées, comme presque toujours, en grande partie de Turcs et de Catalans. Quoique Paléologue se fût retiré à Didymotichos, les habitants d'Andrinople résistèrent opiniâtrement avant de se soumettre. Un corps turc de dix mille cavaliers sous les ordres de Suleiman, fils d'Orkhan, était venu au secours de Cantacuzène et ravageait tout sur son passage. Il défit les troupes serbes et bulgares que le crale avait envoyées au secours de Paléologue. Celui-ci adressa un message à Suleiman, pour tâcher d'entrer en arrangement avec lui ; il se plaignait amèrement dans sa lettre de Cantacuzène, auquel il ne donnait pas le titre d'empereur. Le prince turc renvoya cette lettre à Cantacuzène, qui s'en montra fort irrité, et en prit prétexte pour dépouiller son gendre de tout ce qu'il lui avait autrefois concédé.

Paléologue, bien que maître encore de l'importante ville de Thessalonique, préféra se retirer avec sa femme dans l'île de Ténédos, soit qu'il s'y crût plus en sûreté, soit pour être plus près de Constantinople, où il conservait de nombreux partisans. Il crut même n'avoir qu'à se présenter pour y rentrer, et il vint dans le port avec une seule galère. Mais l'impératrice Irène, qui gouvernait Constantinople en l'absence de son mari, déjoua cette tentative par ses habiles mesures. Les partisans mêmes du prétendant se virent obligés de concourir à la défense de la capitale, et le jeune prince, après avoir passé un jour à Galata, s'éloigna sans autre avantage que d'avoir bravé Cantacuzène, contre lequel l'équipage de son navire vomit en s'éloignant de grossières injures.

A la nouvelle de cette audacieuse démonstration, Cantacuzène était rentré dans sa capitale, et il y fut aussitôt entouré d'un grand nombre de ses partisans, qui le pressèrent instamment de donner à Matthieu la pourpre impériale. Il y consentit après avoir résisté assez longtemps à leur demande pour qu'il parût avoir eu la main forcée par des sollicitations qu'il avait sans doute provoquées. Mais le patriarche de Constantinople, Calliste, refusa de sacrer le nouvel empereur, et ayant été déposé à cause d'une fidélité qui devenait criminelle, il parvint à se réfugier à Ténédos auprès du prince dont il avait défendu les droits au prix de son siége. Le successeur de Calliste, Philothée, se montra tout naturellement plus docile aux volontés de Cantacuzène, et Matthieu fut enfin sacré au commencement de 1354. Mais en 1355, Jean Paléologue ayant intéressé à sa cause un riche et puissant Génois, Francesco Catalusio, en lui promettant pour prix de l'intervention des Génois la main de sa sœur et la souveraineté de l'île de Lesbos, celui-ci, à la faveur d'une nuit obscure, surprit le port de l'Heptascale, et, au point du jour, Jean s'étant présenté aux portes de Constantinople, une partie du peuple se déclara pour lui et se mit à piller les maisons de ses ennemis. Cantacuzène et Matthieu tinrent ferme dans le palais impérial avec une troupe de Catalans qui leur étaient tout dévoués. Un assaut tenté par les plus braves partisans des Paléologue échoua, et cet échec engagea Jean à entrer en accommodement avec son beau-père. Celui-ci consentit à traiter, et la paix se fit à condition que Cantacuzène et Jean Paléologue porteraient l'un et l'autre le titre d'empereurs, résideraient ensemble dans le palais impérial et jouiraient d'une égale autorité, Matthieu devant conserver les marques de sa dignité avec le gouvernement d'Andrinople, sa vie durant. De plus le patriarche Calliste était rétabli sur son siége, et Francesco Catalusio, devenu le beau-frère de Jean Paléologue, recevait l'île de Lesbos en toute souveraineté. Ainsi chaque guerre civile entraînait le sacrifice de quelque partie de l'empire (1355).

Cet accord était à peine conclu et mis à exécution, qu'à la suite d'une émeute, Cantacuzène, soit repentir d'avoir usurpé le trône, soit désir de prévenir une chute imminente, abdiqua soudain et se retira dans le monastère de Mangana, où il se fit moine (1355).

Cependant Jean Paléologue, qui devait sa restauration à l'appui intéressé des Génois, sentait le besoin, en présence des incessants progrès des Turcs, de se ménager les secours de l'Occident. Il envoya donc en Italie une ambassade solennelle, chargée de remettre au pape une lettre qui contient de telles promesses qu'on serait tenté d'en regarder le texte comme apocryphe, si malheureusement pour la dignité impériale la suite de l'histoire et la conduite ultérieure de Jean n'en démontraient incontestablement la parfaite authenticité. Toutefois cette première démarche fut infructueuse.

Paléologue devait être plus heureux contre le fils de Cantacuzène. Matthieu avait été fait prisonnier en guerroyant contre les Serbes. Jean s'empara des places du prince captif et se le fit même livrer moyennant une grosse somme. Quand il l'eut en son pouvoir, il lui offrit la liberté, s'il consentait à rentrer dans la vie privée, et sur son refus il fit agir Cantacuzène. Cantacuzène, qui depuis qu'il était entré en religion avait sincèrement renoncé au monde et souhaitait ardemment d'effacer jusqu'aux dernières traces de son usurpation, vint trouver son fils et le pressa si vivement de renoncer aux marques de la dignité impériale que, pour recouvrer la liberté, le captif finit par céder. Il se retira en Morée, et y vécut en simple particulier. Tel fut le dernier acte public de Cantacuzène. Disons à sa louange que si quelque chose peut engager l'histoire à excuser son usurpation momentanée, c'est que son abdication, volontaire ou non, fut du moins sincère. Une fois descendu du trône en 1355, il ne fit jamais rien pour le recouvrer durant une vie qui se prolongea jusqu'en 1375 et peut-être même jusqu'en 1388.

Cependant Jean Paléologue, pour être seul empereur, n'en était pas mieux assuré sur son trône : l'empire croulait de toutes parts sous les coups des Turcs. En moins de deux ans, Gallipoli, Malgara, Ipsala, le château d'Epibate, Chiorlu, Pyrgos entre Constantinople et Andrinople, Andrinople même furent conquis par Suleiman et Amurat, fils d'Orkhan. La mort de Suleiman que suivit bientôt celle d'Orkhan fit d'Amurat Ier le seul chef des Turcs. Il inaugura son règne par la prise de Didymotichos. Andrinople fut dès lors la capitale des sultans en attendant la capitale future, Constantinople.

Telle était la faiblesse de l'empire d'Orient, que Jean Paléologue n'avait su ou pú que gémir sur de si menaçantes conquêtes, sans oser s'y opposer. En vain même, Amédée, comte de Savoie, son parent maternel, reprit-il Gallipoli aux Turcs en 1367. Rien ne le tirait de son apathie. L'empereur d'Orient et ses sujets, au lieu de s'aider eux-mêmes, attendaient tout de l'Occident. Mais l'Occident, bien que fort inquiet des progrès des Turcs, faisait ses conditions : il demandait aux Grecs la reconnaissance de la suprématie du pape et l'acceptation du *credo* des Latins. Jean Paléologue allait se résigner à tout. D'abord pour qu'on ne doutât pas de sa bonne volonté, il n'hésita pas, en homme qui bravait plus volontiers les fatigues des voyages que les hasards de la guerre, à se rendre en personne à Bude pour promettre la réconciliation des deux Églises à Louis, roi de Hongrie. Puis il envoya en Italie une ambassade solennelle, chargée d'annoncer au pape Urbain V qu'au printemps suivant il se rendrait lui-même à Rome pour y abjurer le schisme. Aussitôt Urbain s'empressa d'écrire d'une part à tous les princes latins pour les engager à accorder aide et protection à l'empereur et à sa suite, et de l'autre, à toute la famille impériale, à Cantacuzène et à tout le clergé de Constantinople pour les exhorter à faciliter à l'empereur l'exécution de son louable et pieux dessein (1367).

Jean, malgré ses promesses réitérées, malgré ses dangers sans cesse renaissants, aurait bien voulu ne pas partir, et il cherchait à s'étourdir sur ses malheurs dans les bras de ses maîtresses. Mais quand Amurat eut pris Nissa, maison de campagne impériale, située sur la route d'Andrinople à Constantinople, il n'hésita plus. Magnifiquement reçu à Rome par Urbain V, il y fit abjuration, le 18 octobre 1369, en présence de quatre cardinaux et de Catalusio, son beau-frère, dans une église dédiée au Saint-Esprit, abjuration qu'il renouvela quelques jours après, dans une église dédiée à saint Pierre, en présence du pape et de tout le clergé romain. Quand Urbain V l'eut réconcilié avec l'Église catholique romaine, on chanta un Te Deum, puis une messe solennelle. Après l'office, il y eut un banquet, où il fut fort bien traité, et ce fut tout. Comblé de promesses, chargé de lettres de recommandation, accablé de bénédictions, le pauvre empereur dut aller mendier des secours ailleurs.

De Rome il se rendit à Venise où il trouva un accueil aussi empressé qu'intéressé. On lui promit quelques galères dans l'espoir d'obtenir en retour quelques lambeaux de son empire. N'ayant plus d'argent pour continuer son voyage, il dut en emprunter à de riches marchands, qui lui avancèrent quelques sommes à gros intérêts, spéculant d'avance sur le produit de la tournée qu'il allait faire dans le midi de la France. Mais le résultat en fut nul, et quand l'impérial mendiant revint à Venise, ses créanciers prenant peur s'empressèrent d'obtenir de la république, dont ils étaient sans doute des membres fort influents, que leur débiteur insolvable serait consigné dans Venise jusqu'à l'entier payement de leurs créances. Quel spectacle ! Un successeur de Constantin le Grand, le chef de l'antique empire d'Orient, un Porphyrogénète, arrêté pour dettes à l'étranger, à la requête de quelques usuriers, par les sbires d'une république de marchands !

Jean se hâta d'écrire à Andronic, son fils aîné, auquel il avait confié le gouvernement en son absence : il lui enjoignait de lui envoyer au plus tôt l'argent dont il avait besoin, et l'autorisait, pour le cas fort présumable où le trésor impérial serait vide, à faire appel à la générosité du clergé. Peu pressé de voir revenir un père dont le retour le ferait redescendre au second rang, Andronic répondit sèchement qu'il n'avait pas de fonds disponibles et que le clergé ne voulait rien avancer. Heureusement pour le prisonnier que Manuel, son second fils, sut trouver l'argent nécessaire, et s'empressa de venir le lui apporter. Une fois libre, Jean reprit le chemin de ses États en passant par Rome pour solliciter encore Urbain V et n'en recevoir toujours que des promesses belles mais stériles. Ainsi son malencontreux voyage n'avait eu que les plus funestes résultats. Après s'être humilié à Rome, avili à Venise, Jean ne rentrait à Constantinople que pour s'y trouver entre deux fils dont l'un l'avait trop mal et l'autre trop bien servi pour qu'il n'eût pas gardé un vif ressentiment du contraste de leur conduite, source de troubles futurs et de nouvelles guerres civiles, quand la plus cordiale union eût été si nécessaire en présence des Turcs.

Délaissé par les puissances qu'il avait espéré se concilier en faisant son abjuration, abandonné par la Hongrie, par le roi de Chypre, par les républiques de Venise et de Gênes, par les chevaliers de Rhodes, complétement isolé en un mot, Jean Paléologue ne sut alors trouver d'autre ressource pour arrêter les progrès d'Amurat que de se reconnaître son tributaire, achetant ainsi quelques jours d'un repos précaire au prix d'une impérissable honte. Bien plus, quand une autre ambassade qu'il avait envoyée en France, à Charles V, en 1375, fut revenue à Constantinople sans avoir obtenu plus de succès que les précédentes, non-seulement il promit de nouveau à Amurat de lui obéir comme à un suzerain, mais il s'engagea encore à le suivre à la guerre en vassal à toutes réquisitions. Un de ses fils livré en otage devait être le gage de sa dépendance et de son obéissance.

Cependant, malgré ces traités, Manuel, son second fils, qu'il s'était donné pour collègue à l'empire au détriment d'Andronic, son fils aîné, et auquel il avait cédé le gouvernement de Thessalonique et d'autres places, ne craignit pas de s'entendre avec des ennemis du sultan dans l'espoir de se faire livrer par eux la ville de Phères en Macédoine, qui avait jadis appartenu aux Grecs. Amurat le punit d'une audace qui ressemblait fort à une perfidie en venant assiéger Thessalonique, qu'il prit sans coup férir. Manuel, toutefois, parvint à s'échapper; mais son père n'osa lui donner asile, et le fugitif, repoussé de partout, n'eut d'autre ressource que d'aller se jeter aux pieds du sultan, qui fut assez généreux pour le renvoyer sain et sauf à Constantinople.

Peu de temps après, Jean Paléologue reçut du sultan l'ordre de le suivre en Asie avec Manuel son collègue et une partie des troupes impériales. Il dut laisser le gouvernement à Andronic, comme Amurat avait confié ses États d'Europe à son fils Contouse. Andronic et Contouse s'entendirent pour s'approprier les pays dont ils avaient la garde. Complot insensé! Un prompt châtiment réprima bientôt leur criminelle révolte. Amurat, après avoir exigé de Paléologue la promesse de punir Andronic comme lui-même punirait Contouse, marcha contre les rebelles et les fit prisonniers dans Didymotichos. Contouse eut les yeux crevés; la garnison de la ville et bon nombre d'habitants turcs et grecs périrent noyés ou égorgés, et Andronic fut renvoyé à son père. Celui-ci, par un cruel excès de servilité, ordonna que non-seulement Andronic, mais encore le fils d'Andronic, enfant à peine âgé de cinq ans, perdraient tous deux la vue. C'était plus qu'il n'avait promis au sultan. Moins barbares que leur empereur, les exécuteurs de ses ordres ne les suivirent qu'à demi. Andronic ne perdit qu'un œil et son fils conserva la vue mais fort affaiblie. Tous deux furent enfermés dans une des tours de Constantinople (1375).

Jean Paléologue, qui devait aux Génois d'être remonté sur le trône, favorisait pourtant les Vénitiens. Les Génois souffraient depuis longtemps de sa partialité, quand s'offrit à eux l'occasion de le punir de cette espèce d'ingratitude. Amurat, dont les divisions des Grecs servaient les projets, avait ordonné à l'empereur de rendre la liberté à Andronic, dans l'espérance trop bien fondée que ce malheureux prince en abuserait contre son père. En effet, à peine libre, Andronic s'entend avec les Génois, attaque le palais, s'empare de Jean, de Manuel et de toute la famille impériale, et fait enfermer ses prisonniers dans la tour même d'où il venait de sortir. Pour prix de leur appui, les Génois devinrent presque maîtres de Constantinople (1378). Un Vénitien, Carlo Zeno, pour rétablir dans cette ville l'influence de ses compatriotes, entreprit de rendre la liberté à l'empereur captif. Entré en rapports avec le prisonnier, il en obtint, pour le cas où il parviendrait à le tirer de captivité, un diplôme qui cédait l'île de Ténédos à la république de Venise. Un accident fit avorter le complot; mais Carlo Zeno parvint à se dérober à la vengeance d'Andronic en se réfugiant auprès de Marc Justiniani, amiral vénitien, qui revenait de la mer Noire avec dix galères et une flotte marchande. Chemin faisant, Carlo Zeno engagea Marc Justiniani à profiter du diplôme de Paléologue, bien que ce prince fût toujours captif, et arrivés devant Ténédos, où ils avaient sans doute des intelligences, ils se firent livrer les forteresses de l'île par un gouverneur probablement dévoué à l'empereur déchu. A Venise enfin, ils déterminèrent le conseil de la république à profiter de leur conquête, en vertu de l'acte de cession, bien que Paléologue qui ne l'avait signé qu'en vue d'être délivré, ne l'eût pas été. Carlo Zeno fut donc renvoyé à Ténédos avec des galères et des troupes pour défendre l'île contre toute attaque.

Excité par les Génois de Galata, dont les communications avec Gênes pouvaient être coupées, si Ténédos restait aux Vénitiens, Andronic, après avoir ordonné d'arrêter tous les Vénitiens en résidence à Constantinople et de placer leurs biens sous séquestre, essaya de reprendre l'île avec l'aide de ses protecteurs et alliés. Mais sa tentative échoua devant l'habileté et la bravoure de Carlo Zeno et l'île de Ténédos fut définitivement perdue pour l'Empire (1377).

Autre perte. Jean Paléologue et son fils Manuel s'étaient enfin évadés grâce à de cupides gardiens corrompus par l'or des Vénitiens. Réfugiés auprès d'Amurat, ils ne craignirent pas, pour se le rendre favorable, de lui promettre, outre un fort tribut et le service militaire, de lui céder Philadelphie en Lydie, la dernière possession de l'empire sur les rivages de l'Asie, et telle était la terreur qu'inspirait aux Grecs le belliqueux Amurat, qu'Andronic, en apprenant que Jean et Manuel l'avaient gagné à leur parti, désespéra soudain de se maintenir contre eux, quitta la pourpre en toute hâte, et accourut aussitôt se jeter aux pieds de son père, en implorant un pardon qu'il obtint sans difficulté. On lui laissa même le gouvernement de quelques places. Encore une fois rétablis sur leurs trônes, Jean et Manuel, conformément à leurs promesses, ordonnèrent aux habitants de Philadelphie d'ouvrir leurs portes aux Turcs. Les Philadelphiens refusèrent, et pour forcer ces trop fidèles sujets à passer sous une domination détestée, les deux empereurs, telle est du moins notre opinion, durent les assiéger en personne. Une fois Philadelphie remise aux Turcs, il ne resta debout en Asie de tout l'ancien empire d'Orient que le petit état de Trébisonde (1379).

Cependant la servilité de Jean ne lui profita guère, et vraiment ce fut justice : autrement il serait par trop triste que tant d'abaissement eût amené quelque bien pour celui qui se traînait ainsi dans la honte. En peu de temps, Amurat, dont les généraux venaient d'enlever aux Latins une partie de l'Achaïe y compris Patras, enleva encore aux Grecs une partie de la Thrace et presque toutes les villes placées entre Andrinople et Constantinople, sans se demander s'il n'envahissait pas les terres de son très-humble vassal l'empereur d'Orient. Amurat étant mort sous le poignard d'un Serbe, Jean se montra encore plus humble devant Bajazet, son féroce successeur. Jean lui payait tributs sur tributs, et Manuel dut le suivre dans ses expéditions moins en vassal qu'en otage, puisqu'il n'avait avec lui qu'un ridicule contingent de cent hommes entretenus aux frais de l'empire.

Mais quoi? l'empire, c'était alors une seule ville, Constantinople et sa banlieue. Encore Jean Paléologue n'y pouvait-il plus faire acte d'autorité. En effet, comme il avait, sous prétexte d'embellissement, fait restaurer quelques pans de murailles tombés en ruines, il reçut de Bajazet l'ordre d'abattre tout ce qu'il avait relevé, et il lui fallut obéir, car le sultan l'avait menacé, s'il refusait, de faire crever les yeux à Manuel, qu'il tenait dans son camp.

Peu de temps après cette dernière humiliation, Jean Paléologue mourut à l'âge de soixante et dix ans, après en avoir régné cinquante-deux. Quelques auteurs ont dit qu'il mourut de chagrin; nous voudrions les croire; mais malheureusement pour sa mémoire, son âge et ses débauches expliquent suffisamment sa mort. Comme certain roi de France, il perdit fort gaîment son royaume, au milieu de ses maîtresses, et l'empire grec, hélas! ne devait pas avoir sa Jeanne d'Arc; car le ciel n'aide que les peuples qui, en s'aidant eux-mêmes, méritent par là d'être aidés (1391).

CHAPITRE IV.

MANUEL PALÉOLOGUE. — BATAILLE DE NICOPOLIS. — VOYAGE DE MANUEL EN OCCIDENT. — BATAILLE D'ANCYRE. — JEAN II PALÉOLOGUE. — CONCILES DE FERRARE ET DE FLORENCE.

A la mort de Jean Paléologue (son fils aîné, Andronic, l'avait précédé dans la tombe), Manuel, son second fils et depuis dix-huit ans son collègue, qui était en otage à Pruse en Bithynie, s'échappa et parvint heureusement à Constantinople, où il se trouva seul maître de l'empire, et, ce qui ne s'était pas vu depuis longtemps, sans compétiteur qui osât le lui disputer (1391).

D'un caractère naturellement généreux et brave, il avait amèrement ressenti les affronts auxquels son père se montrait toujours trop facilement résigné, et il était bien résolu à n'en pas supporter de semblables. Sommé par Bajazet de se reconnaître, comme l'empereur défunt, vassal et tributaire des Turcs, il refusa nettement, en termes aussi modérés que dignes. Tant de fermeté exaspéra l'orgueil de Bajazet, et sa vengeance éclata par la dévastation d'une partie du littoral de la Propontide et de l'Euxin, dont il emmena tous les habitants en esclavage, ne laissant partout derrière lui que ruines et solitudes.

En même temps, un de ses généraux envahit la Morée. La Morée était alors heureuse et florissante sous le gouvernement de Théodore Paléologue, frère de Manuel. Théodore y avait accordé des terres à dix mille Illyriens fugitifs, et, grâce à eux, en avait expulsé tous les Turcs. Il avait ensuite acquis par son mariage avec une des filles de Regnier Acciaiuoli, duc d'Athènes, la ville de Corinthe, dont la possession lui permit de fermer l'isthme. Malheureusement les Turcs réussirent à forcer le passage, et la Morée fut quelque temps en proie à leurs dévastations.

Cependant Manuel, serré de près dans Constantinople, écrivait lettres sur lettres aux princes de l'Occident; il faisait les plus pressants appels à leur prévoyance politique et à leur foi religieuse. Que deviendraient les princes de l'Occident, s'ils laissaient les Turcs entrer dans Constantinople? Que deviendraient les chrétiens de l'Orient? Le roi de Hongrie, Sigismond, qui se sentait tout particulièrement menacé, sollicitait aussi les secours du pape et du roi de France. Une croisade fut prêchée, et Jean, comte de Nevers, fils du duc de Bourgogne, s'en fit le chef. Quelle en fut l'issue? On le sait. Nous n'avons pas besoin de dire comment Bajazet gagna la bataille de Nicopolis, comment il fit égorger la plus grande partie de ses prisonniers, comment enfin il n'épargna Jean, le célèbre Jean sans peur, de sanglante mémoire, et les plus qualifiés de ses compagnons que pour en tirer d'énormes rançons, (septembre 1396).

Sigismond, seul des chefs de la croisade, avait échappé aux Turcs, grâce à la rencontre d'une barque dans laquelle il descendit le Danube et parvint, selon Chalcondyle, à Constantinople, où la nouvelle d'un tel désastre excita les plus vives et les plus justes alarmes.

Bajazet, en effet, furieux contre Manuel dont les supplications avaient jeté l'armée des croisés sur l'empire des Turcs, et dont la capitale avait servi un moment d'asile à Sigismond, somma ce prince de lui livrer Constantinople. A pareille sommation un empereur digne de porter la pourpre n'avait qu'une réponse à faire, c'était de mettre sa capitale en état de défense; c'est aussi ce que fit Manuel. En vain Bajazet entoura-t-il Constantinople d'une multitude de barbares; les Turcs étaient encore trop inhabiles dans l'art des siéges et n'avaient pas encore assez de vaisseaux pour réussir dans leur entreprise. Ils furent obligés de lever le siége (1397).

Bajazet essaya de réparer cet échec en suscitant un compétiteur à Manuel. Andronic, fils aîné de Jean Paléologue, avait laissé un fils nommé Jean, qui depuis la mort de son père avait paisiblement gouverné Sélivrée et quelques autres places, sans songer à revendiquer la couronne. Bajazet lui offrit de le faire empereur, s'il consentait à lui livrer Sélivrée et ses autres places, à se reconnaître son vassal et son tributaire et à remettre aux musulmans un des quartiers de Constantinople. Ébloui par la perspective de la pourpre, le jeune prince eut le malheur d'accéder à l'infâme proposition; il abandonna ses places, et marcha à la tête de dix mille Turcs contre Constantinople. Manuel, mal secondé par son peuple, demanda à entrer en accommodement; il offrait à son neveu de le reconnaître pour collègue. Celui-ci ne refusa pas de partager le trône, mais Bajazet ne consentit à ratifier leur accord qu'à la condition que Manuel accepterait le joug subi par Jean, c'est-à-dire la reconnaissance de la suzeraineté turque, le payement d'un tribut et l'abandon d'un quartier de Constantinople. Manuel se plia aux circonstances.

Un peu plus tard, l'arrivée d'un secours inespéré procura aux Grecs quelque répit. Boucicaut, un des Français vaincus et pris à Nicopolis, après s'être racheté, avait résolu de venger ses imprudents et malheureux compagnons d'armes. Il réunit des hommes déterminés, acheta quelques vaisseaux, et part pour l'Orient (1399). La flotte musulmane, quoique très-supérieure en nombre, est battue en vue de Gallipoli, et il entre en vainqueur dans Galata assiégé par les Turcs. Le siége est levé et Boucicaut, créé grand connétable de l'empire grec, devient la terreur des barbares. On peut lire dans l'ouvrage connu sous le nom de *Mémoires du maréchal de Boucicaut*, ouvrage écrit sous sa dictée, le récit de ses exploits et de ses succès. Il suffit de dire ici qu'après plusieurs mois de combats presque toujours heureux, il finit par enlever aux Turcs tous les châteaux forts qu'ils avaient bâtis depuis dix ans dans le voisinage de Constantinople. Cette ville put alors respirer un peu. Mais ces heureux combats avaient coûté beaucoup d'hommes et d'argent; Boucicaut songea à retourner en France, et Manuel, qui avait pris la part la plus active et la plus glorieuse à ses diverses expéditions, résolut de l'accompagner. Il confia l'empire à son neveu, Jean, qui était son collègue, et partit pour l'Occident (10 décembre 1399). Il se rendit successivement à Venise, à Florence, à Ferrare et à Gênes. A Milan, il obtint du duc Jean Galéas Visconti de riches présents et de belles promesses. En France, il trouva à la frontière une escorte d'honneur, et à Paris une réception splendide (3 juin 1400). Charles VI, qui aimait les fêtes, fut enchanté d'une visite qui lui fournissait des occasions d'en donner. Logé au Louvre, l'empereur d'Orient y fut traité avec une magnificence presque orientale. De France, Manuel passa en Angleterre (décembre 1400); mais Henri IV, qui venait d'y renverser Richard II, était encore mal affermi sur son trône d'usurpateur; il se borna à faire de belles promesses, qu'il ne devait pas tenir.

L'empereur d'Orient revint à Paris (février 1401). Là, conciliant par politique, il ne refusait pas d'assister aux cérémonies de l'église latine; mais ferme dans ses convictions, il faisait en même temps célébrer l'office selon le rit grec dans sa chapelle du Louvre. Un docteur de l'Université de Paris lui ayant remis un écrit dans lequel il lui conseillait de coopérer à la réunion des deux Églises, il employa les loisirs que lui faisaient les accès de démence de Charles VI, à réfuter les différentes assertions de ce docteur dans un ouvrage que nous avons encore.

Pendant le séjour de Manuel en France, son frère Théodore, despote de Morée, après avoir cédé Corinthe aux chevaliers de Rhodes pour en obtenir des secours contre les Turcs, consentit encore à leur vendre Lacédémone, sa capitale. Il avait même déjà reçu la moitié du prix, lorsque les habitants, soulevés par leur évêque qui craignait de perdre son siége sous la domination de chevaliers fort attachés à la suprématie du pape, le forcèrent à se raviser. Il promit de ne pas exécuter le traité, et, les chevaliers de Rhodes ayant consenti à rendre Corinthe et à rompre le marché moyennant le remboursement des sommes payées, il vit rentrer ses sujets sous son obéissance. Petit fait, mais bien caractéristique du temps.

Cependant la rivalité et les excès des maisons d'Orléans et de Bourgogne qui commençaient à troubler la France, enlevèrent à Manuel ses dernières espérances : il se prépara, après un séjour de près de deux ans à l'étranger, à prendre congé de Charles VI. Ce roi lui fit de riches présents et lui promit un subside annuel de trente mille écus (novembre 1402).

Durant l'absence trop prolongée de Manuel, les Turcs s'étaient de nouveau approchés de Constantinople ; ils l'affamèrent, et un Français, Château-Morant, qui, après le départ de Boucicaut, était resté dans cette ville avec quelques hommes d'armes, ne l'aurait peut-être pas conservée aux Grecs, sans l'apparition soudaine des Mongols.

Tamerlan, empereur des Tartares-Mongols, sollicité par différents chefs asiatiques et imploré aussi par les Grecs, avait envoyé à Bajazet l'ordre de rendre tout ce qu'il avait injustement enlevé aux musulmans et même aux chrétiens. Il exigeait en outre le payement d'un tribut. Bajazet refusa net. Les deux sultans et leurs formidables hordes se heurtèrent dans les plaines d'Ancyre en Phrygie; Tamerlan fut vainqueur et Bajazet tomba en son pouvoir (21 juillet 1402).

Lorsque Manuel rentra dans Constantinople (1403), il s'empressa de profiter du désastre des Turcs pour reléguer dans l'île de Lemnos Jean, son neveu, ce collègue que Bajazet lui avait imposé, pour expulser les musulmans du quartier qu'il avait été contraint de leur céder dans Constantinople, pour abattre les mosquées qu'ils y avaient élevées, enfin pour supprimer le tribunal où un cadi turc jugeait toutes les affaires dans lesquelles figurait un musulman.

Tamerlan ayant repris le chemin de la haute Asie, et Bajazet étant mort après quelques mois de captivité, les fils de Bajazet se disputèrent les pays naguère soumis à leur père. L'un d'eux, Suleiman, qui s'était emparé d'Andrinople, vint à Constantinople implorer l'appui des Grecs; il remit à Manuel un de ses frères et une de ses sœurs en otage, et pour prix de son alliance lui rendit, outre quelques places voisines de Constantinople, Thessalonique et d'autres villes de Macédoine, dont Manuel confia le gouvernement à Jean, ce neveu qu'il avait fait descendre du trône. Plus tard, Suleiman épousa même une des nièces de Manuel, et à l'occasion de ce mariage lui rendit encore toutes les villes du littoral de l'Ionie qui étaient séparées de l'empire depuis plus d'un siècle. Manuel aurait dû profiter d'une pareille acquisition pour relever la marine impériale, mais il nous a paru qu'il avait, comme ses prédécesseurs, continué à la négliger ; elle seule pourtant aurait pu sauver Constantinople (1406).

Théodore Paléologue, despote de Morée, étant mort en 1407, Manuel passa dans ses États, y prononça en bon frère une oraison funèbre qui nous est parvenue, et investit du gouvernement de Lacédémone un de ses fils nommé aussi Théodore. Vers le même temps, le despote grec de Lépante vendit sa ville aux Vénitiens pour la modique somme de quinze cents ducats, et Patras se donna à eux du consentement de Manuel (1408).

Cependant Suleiman, l'allié des Grecs, avait péri, et Musa, un de ses compétiteurs, hérita de ses provinces. Il reprit même Thessalonique, mais les Grecs l'en chassèrent presque aussitôt. Puis un bâtard de Jean Paléologue, nommé Emmanuel, remporta sur la flotte turque une victoire si éclatante que l'empereur en fut jaloux et inquiet, et le punit de son succès par un emprisonnement de treize ans. Musa, pour venger la défaite des siens, vint mettre le siége devant Constantinople. On songeait déjà à entrer en accommodement, quand un autre fils de Bajazet, Mahomet, après avoir longtemps revendiqué en Asie l'héritage de son père, passa enfin en Europe, à la demande de Manuel. Les deux alliés, d'abord battus en plusieurs rencontres, finirent pourtant par battre Musa, qui périt dans sa défaite, et Mahomet, désormais seul chef des Turcs, consentit à rendre à Manuel, pour prix de ses secours, quelques-unes des villes situées sur les rivages de l'Euxin et de la Propontide, (1414).

De 1414 à 1421, durant tout le règne de Mahomet Ier, les Grecs respirèrent à l'aise. Amurat II, son fils et successeur, annonça d'abord l'intention de persévérer dans la bienveillante politique de son père. Manuel était d'avis de tout faire pour le maintenir dans de si favorables dispositions; mais son fils aîné, Jean Paléologue, qu'il avait associé à l'empire, l'en dissuada. On crut habile d'opposer un compétiteur à Amurat II. Il s'en suivit une guerre civile entre les Turcs; mais Amurat, bientôt débarrassé de son rival, se vengea en venant assiéger Constantinople à la tête de deux cent mille hommes (1423). Ce siége dura trois mois. Ce qu'il offrit de remarquable, ce fut particulièrement l'emploi de l'artillerie. Bien qu'on fît usage de la poudre de guerre en Occident depuis plus d'un siècle, les Grecs avaient continué à préférer l'emploi du feu grégeois. Les Turcs, par le conseil peut-être des Génois, se servirent alors pour la première fois de canons. Mais leurs pièces, grossières et mal servies, faisaient plus de bruit que de ravages. D'un autre côté, la résistance fut énergique, et Manuel la rendit victorieuse par ses intrigues politiques. Malgré la pénurie du trésor, il fournit de grosses sommes à un jeune frère d'Amurat pour l'engager à usurper le trône, et à la suite d'un assaut infructueux, le sultan, récemment informé de la révolte, se détermina à lever le siége pour passer en Asie. Il y vainquit son frère, le prit et le fit égorger; mais fatigué de la guerre, il ne recommença pas à inquiéter les Grecs (1424).

Peu de temps après mourut Manuel (21 juillet 1425). Il laissait six fils : Jean Paléologue, l'aîné, son collègue et son successeur; puis, mais cet ordre n'est pas certain, Théodore Paléologue, qui fut prince de Sélivrée et ensuite despote de Lacédémone; Andronic Paléologue, qui avait été prince de Thessalonique et des pays adjacents, mais à qui les Vénitiens avaient enlevé vers 1423 Thessalonique et sa banlieue en le forçant à se contenter d'une indemnité de cinquante mille écus d'or; Constantin Paléologue, appelé Dragasès, du nom de sa mère, lequel fut despote de Morée; Démétrius Paléologue Porphyrogénète et Thomas Paléologue.

Brave à la guerre, d'un esprit souple et délié, Manuel Paléologue, qui eût pu briller dans les combats, préféra toujours l'emploi de la politique à celui des armes. Cette conduite, fort sage assurément jusqu'à la défaite de Bajazet par Tamerlan, ne l'était pas autant pendant les troubles qui suivirent la bataille d'Ancyre. Avec un peu plus d'énergie et de vigueur, Manuel, s'il eût été secondé par ses sujets et par les princes de l'Occident, aurait pu profiter de l'affaiblissement des Turcs, pour les rejeter en Asie. Ce fut une belle occasion perdue, et la pareille ne devait pas se représenter.

Manuel aimait les lettres, et nous avons de lui, entre autres ouvrages classés par M. Berger de Xivrey, des conseils à Jean Paléologue sur la meilleure manière de gouverner les hommes, conseils qu'il appartient toujours à un prince de donner à son successeur, et, ce qui était moins princier, des traités de circonstance sur des questions de théologie. Quoi qu'il en soit de ses vertus et de ses défauts, Manuel fut sincèrement regretté de ses sujets. Que leurs regrets soient son éloge.

Jean Ier Paléologue, Andronic et Manuel s'étaient maintes fois reconnus comme tributaires des sultans; mais Manuel, depuis la bataille d'Ancyre, avait cessé de payer le tribut. En arrivant à l'empire, Jean II Paléologue, pour s'assurer la paix, consentit à livrer à Amurat II plusieurs des places qu'il possédait encore sur la mer Noire et à lui payer un tribut annuel.

En 1429, Constantin Paléologue reprit, il est vrai, Patras sur les Latins, mais en 1431 Amurat II enleva Thessalonique aux Vénitiens, et les Grecs ne purent la recouvrer. En 1434 le sultan força Jean Castriot, prince d'Albanie, à se reconnaître son tributaire et à lui livrer pour otages ses quatre fils. Enfin pendant diverses expéditions d'Amurat II en Caramanie, en Servie et en Transylvanie, Théodore, Constantin et Thomas, frères puînés de l'empereur, se firent la guerre en Morée, et les Génois de Galata attaquèrent Jean II, auquel pourtant ils demandèrent bientôt la paix, à la suite de quelques revers (1437).

Cependant, invité d'un côté par le pape Eugène IV, et de l'autre par les pères du concile de Bâle, à reprendre les négociations entamées par Manuel sous le pape Martin V pour la réunion des deux Églises, Jean II, dans l'espoir d'obtenir des secours, avait prêté l'oreille à ces propositions. Mais la majorité des pères du concile de Bâle d'une part et de l'autre le pape et la minorité étaient en lutte, et les deux partis donnèrent par leurs députés à Constantinople le triste spectacle de leurs divisions. C'était le cas pour l'empereur de se demander s'il était à propos de se réunir à une Église dont les membres se chargeaient de réciproques anathèmes. Néanmoins, comme il se préoccupait de cette affaire surtout au point de vue politique, et que le pape Eugène lui concédait le droit de faire en son propre nom la convocation du futur concile œcuménique, il résolut de se rendre en Italie, et partit pour Venise le 27 novembre 1437, suivi du patriarche de Constantinople et d'un grand nombre de métropolitains, d'évêques, d'abbés et de membres inférieurs du clergé grec.

Arrivé à Saint-Nicolas du Lido le 8 février 1438, il fut le lendemain introduit par le doge même dans Venise, où l'attendait une magnifique réception. Parti de Venise le 28 février, il fit son entrée à Ferrare le 4 mars, et y fut reçu avec empressement par le pape. Trois jours après arrivèrent le patriarche et les autres représentants de l'Église grecque. Mais le patriarche refusa d'entrer dans la ville, tant que le cérémonial de son entrevue avec le pape n'aurait pas été réglé. Une des questions à décider dans le concile était en effet celle de la suprématie papale, et comme le patriarche de Constantinople prend le titre d'évêque œcuménique, il demandait qu'il n'y eût, jusqu'à la décision de la question, d'autre différence entre le pape et lui que celle que l'âge établirait. S'il est plus âgé que moi, disait-il, au rapport de Syropulos, historien qui nous a laissé en grec les actes du concile tenu à Ferrare et à Florence, comme Horace Justiniani nous les a transmis en latin, s'il est plus âgé que moi, je le révérerai comme un père; s'il est de mon âge, je le traiterai en frère; et s'il est moins âgé, je le regarderai comme mon fils. Il demandait de plus, et cette demande était assez raisonnable, que quelques-uns des cardinaux vinssent à sa rencontre. Eugène, qui tenait beaucoup à coopérer à la réunion des deux Églises sans rien céder d'essentiel, consentit à l'envoi des cardinaux, et la première entrevue fut des plus amicales.

Le concile œcuménique convoqué pour travailler à la réconciliation des deux Églises qui se partageaient l'Orient et l'Occident, avait été ouvert à Ferrare dès le 8 janvier 1438 par Nicolas Albergoti, cardinal du titre de Sainte-Croix, chargé d'abord par le pape de présider l'assemblée à sa place. Le 15 février, Eugène IV avait tenu en personne la seconde session du concile, et il avait été décidé dans cette séance qu'on sommerait les pères restés à Bâle de se réunir aux pères de Ferrare sous peine d'anathème. A quoi les pères de Bâle répondirent qu'en ouvrant le concile de Ferrare, Eugène avait amené un schisme et qu'ils l'anathématisaient de nouveau comme schismatique. Des lettres que Jean Paléologue écrivit aux dissidents pour les engager à céder, ne produisirent aucun effet, et il fut décidé qu'on agirait sans eux. Régler le cérémonial à observer n'était pas une petite affaire. Enfin, après bien des difficultés soulevées de part et d'autre, on tomba d'accord sur la manière dont les deux Églises seraient représentées dans le concile. Le 9 avril, jour fixé pour la tenue de la séance à laquelle les Latins et les Grecs devaient assister pour la première fois ensemble, le livre des Évangiles occupant sur une crédence la place d'honneur, c'est-à-dire, le milieu de l'autel, dans la cathédrale de Ferrare, les portes s'ouvrirent d'abord aux membres du rit latin, qui prirent place dans l'ordre suivant : à droite de l'autel, le pape, sur un trône surmonté d'un dais et plus élevé que tous les autres; plus bas, un trône vide pour Albert d'Autriche, empereur d'Allemagne; puis sur des sièges, les cardinaux, archevêques, évêques, abbés, généraux d'ordre, docteurs, simples ecclésiastiques, et enfin les ambassadeurs des têtes couronnées, princes, ducs, marquis et nobles de l'Occident. Quand les membres du rit latin eurent célébré la messe du Saint-Esprit, entrèrent ensuite, tous les Latins étant debout, l'empereur d'Orient et tous les membres du rit grec. Ceux-ci, qui avaient de leur côté assisté à un office célébré selon leurs usages, vinrent se ranger à gauche de l'autel dans l'ordre qui suit : en face du trône de l'empereur d'Allemagne, sur un trône sans dais, l'empereur d'Orient; sur un siège plus petit, Démétrius Porphyrogénète, frère de l'empereur; au pied du trône impérial, les ambassadeurs de l'empereur de Trébisonde, du grand-duc de Moscovie, du prince de Géorgie, des despotes de Servie et de Valachie, les officiers de l'empereur, dont plusieurs sénateurs, et des lettrés, entre autres Gémistus de Lacédémone, Argyropulos et Georges Scholarius, qui prit plus tard le nom de Gennadios ; à côté du trône impérial, un trône moins haut, pour le patriarche de Constantinople, absent ce jour-là par suite de maladie : autour du trône du patriarche, ses cinq assistants ou diacres; puis, sur des sièges moins hauts, les vicaires des trois patriarches d'Alexandrie, d'Antioche et de Jérusalem : puis, les métropolitains de Trébisonde, de Cyzique, de Nicée, de Nicomédie, de Mitylène et d'autres lieux; enfin, les dignitaires de l'Église de Constantinople, abbés, prêtres et moines du mont Athos.

Toute l'assemblée étant réunie, on lut la bulle du pape pour l'ouverture du concile : il portait que *du consentement exprès de l'empereur et du patriarche de Constantinople et de tous les pères qui se trouvaient à Ferrare,* le concile convoqué dans cette ville pour opérer la réconciliation des deux Églises, y était ouvert. A tous ceux qui devaient assister au concile elle accordait quatre mois pour s'y rendre ou s'y faire représenter, et déclarait excommuniés tous ceux qui, passé ce terme, refuseraient d'accéder aux décisions de l'assemblée.

Les quatre mois, puis deux autres, accordés pour ôter tout prétexte aux retardataires, se passèrent sans que personne pour ainsi dire répondît à cette sommation. Les rois de France, de Castille, de Portugal, de Navarre, le duc de Milan et les princes d'Allemagne avaient en vain cherché à réconcilier Eugène avec les pères de Bâle. Ceux-ci continuaient à s'assembler, et il n'y avait à Ferrare que fort peu de princes ou d'ambassadeurs des princes de l'Occident, ce qui déplaisait fort à Jean Paléologue. Cet empereur qui était venu en Italie, surtout dans l'espérance de trouver au lieu de réunion du concile un grand nombre de souverains ou d'ambassadeurs de souverains avec lesquels il pût traiter pour en obtenir des secours temporels, pendant que le concile s'occuperait des affaires spirituelles, se trouvait aussi désappointé que mécontent : il passa ces six mois à chasser. Les théologiens, de leur côté, les employèrent à préparer leurs arguments pour la discussion des cinq questions sur lesquelles les deux Églises étaient en désaccord, à savoir, sur la procession du Saint-Esprit, sur l'addition faite par les Latins au symbole de Nicée des mots *Filioque* (et du Fils), sur la nature des peines du purgatoire et sur l'état des âmes avant le jour du jugement dernier, sur l'usage du pain azyme dans la célébration de la messe, et enfin sur la suprématie du pape.

Le 8 octobre, le concile tint sa quatrième session, la seconde depuis l'arrivée des Grecs, dans une chapelle du palais qu'habitait le pape, en observant le même ordre que précédemment; seulement, au milieu de l'enceinte sur deux bancs se placèrent face à face six théologiens latins et six théologiens grecs, chargés de soutenir réciproquement la controverse. Au milieu d'eux était leur interprète commun, Nicolas

Secondin, de l'île de Négrepont. Cette session fut suivie de treize autres dont la dernière se tint le 8 décembre 1438. Elles furent toutes employées à discuter sur l'addition des mots *Filioque* (et du Fils) tant reprochée aux Latins par les Grecs. Les deux principaux champions des Grecs étaient Bessarion, métropolitain de Nicée, et Marc, évêque d'Éphèse; ils invoquaient surtout les canons des conciles d'Éphèse et de Chalcédoine, qui avaient défendu sous peine d'anathème de rien ajouter ou retrancher aux symboles des conciles œcuméniques; et de plus ils soutenaient que les Grecs n'avaient jamais ni explicitement ni implicitement admis l'addition en litige. Julien Cesarini, cardinal du titre de Saint-Ange, était le principal champion des Latins; il répondait que divers conciles avaient fait des additions aux symboles admis avant eux, non pour en modifier le sens, mais pour en développer explicitement la doctrine qui y était implicitement contenue; il prétendait en outre que l'addition avait été connue des Grecs longtemps avant Photius sans provoquer de réclamations. Mais les manuscrits des textes cités de part et d'autre n'étaient pas semblables. D'ailleurs ce n'était là après tout qu'une question secondaire : la véritable question à décider n'était pas une question de date, mais une question de doctrine. Qu'importerait la date de l'addition quand on aurait prononcé sur le plus ou le moins de valeur de l'addition même? Après cette judicieuse remarque du cardinal Julien, laquelle aurait bien pu être faite plus tôt, on résolut de discuter la question à fond, et la séance fut levée.

Une maladie pestilentielle s'étant déclarée dans Ferrare, la dix-huitième session du concile s'ouvrit à Florence, en février 1439. Dans les cinq sessions suivantes, on examina le dogme de la procession du Saint-Esprit. Jean, provincial des dominicains de Lombardie et archevêque de Rhodes, y fut le principal orateur des Latins, et Marc, évêque d'Éphèse, celui des Grecs. On s'appuyait surtout de part et d'autre sur les ouvrages de saint Basile, mais les exemplaires produits des deux côtés différaient encore, quoique fort anciens, ce qui était tout simple : les copistes grecs du rit catholique avaient pu ajouter les mots qui faisaient l'objet de la discussion, et les copistes grecs du rit orthodoxe les omettre. Il eût fallu produire des manuscrits du quatrième ou du cinquième siècle sans additions ni suppressions, et prouver qu'ils dataient de ces siècles; mais en avait-on qui fussent incontestablement de ce temps? On se sépara encore sans avoir pu s'entendre.

L'empereur, qui dans les différentes sessions avait souvent pris part aux discussions des théologiens, réunit alors chez le patriarche tous les métropolitains de sa communion pour leur déclarer que puisqu'il ressortait des débats que les Latins en disant que le Saint-Esprit procède du Père et du Fils n'admettaient pas deux principes, ce qu'on leur avait imputé, et que leur doctrine était par conséquent la même en d'autres termes que celle des Grecs lorsqu'ils disaient que le Saint-Esprit procède du Père par le Fils, il entendait que la réunion se fît au plus tôt.

Son clergé avait moins de hâte. A la suite de deux nouvelles séances dans lesquelles l'archevêque de Rhodes, Jean, le dominicain, fit le résumé de tout ce qui s'était dit jusque-là de part et d'autre, mais auxquelles Antoine, métropolitain d'Héraclée, et Marc, évêque d'Éphèse, n'avaient pas assisté, les théologiens grecs passèrent encore deux mois à discuter entre eux les arguments des Latins.

Après quoi Bessarion d'abord, puis Georges Scholarius, appelé plus tard Gennadios, puis Isidore, métropolitain de Kief en Moscovie, et ensuite les autres membres du clergé grec, finirent par avouer et reconnaître que la plupart des pères grecs s'accordaient avec les pères latins sur la procession du Saint-Esprit. Alors dans la session du 8 juin, un écrit portant que le Saint-Esprit procède du Père et du Fils comme d'un seul principe, fut approuvé de part et d'autre. Le lendemain de ce premier acheminement vers une parfaite entente, mourut le patriarche de Constantinople. Il laissait une profession de foi, où il reconnaissait la suprématie papale, et le pape lui fit faire de magnifiques funérailles.

La discussion des quatre autres points sur lesquels différaient les Grecs et les Latins dura encore un mois. Après quoi six Latins et six Grecs dressèrent en commun le projet du décret de réunion, et, ce projet généralement approuvé, on décida de proclamer solennellement la réconciliation des deux Églises le 6 juillet 1439, jour de l'octave de la fête des apôtres saint Pierre et saint Paul. Au jour marqué, le concile tint sa vingt-sixième session dans la cathédrale de Florence. Après une invocation au Saint-Esprit chantée en grec par la musique de l'empereur, le pape célébra la messe suivant le rit romain. L'office fini, Eugène monta sur son trône auprès de l'autel à droite, et Jean Paléologue sur le sien à gauche. Tous les prélats et autres membres de l'assemblée en costume d'apparat se placèrent ensuite sur leurs siéges, dans l'ordre accoutumé. Alors le cardinal Julien Cesarini lut à haute voix le décret en latin, et Bessarion, métropolitain de Nicée, le lut ensuite en grec. Toute l'assemblée le reçut avec de vives acclamations, et on le transcrivit dans les deux langues sur un instrument que signèrent d'une part le pape, les cardinaux, les prélats et tous les pères de l'Église latine, et de l'autre, Jean Paléologue (celui-ci avec le cinabre, suivant la coutume des empereurs de Constantinople), et après lui tous les métropolitains, évêques et pères de l'Église grecque. L'acte signé, les Grecs et les Latins s'approchèrent du pape et lui baisèrent avec respect le genou et la main. Enfin ils s'embrassèrent tous mutuellement pour sceller la réconciliation, puis ils se séparèrent en paix.

Vers le même temps où le pape Eugène IV opérait la réunion de l'Église d'Orient et de l'Église d'Occident, les pères du concile de Bâle le retranchaient de leur communion : triste présage pour la durée de son œuvre.

« Cependant, dit Ameilhon, dans la continuation de l'histoire du Bas-Empire de Lebeau, l'empereur attendait avec impatience le moment de s'en retourner dans ses États, d'où il était absent depuis le 24 novembre 1437. Il prit enfin congé du pape, qui lui donna encore de nouvelles preuves de son contentement et de sa munificence. Non-seulement le saint-père fit tous les frais de son retour, mais il lui accorda un corps de trois cents hommes à l'entretien desquels il se chargea de pourvoir tant qu'il vivrait. Il y ajouta le présent de deux galères bien armées pour la défense de Constantinople. Il promit encore à l'empereur de lui fournir vingt vaisseaux de guerre de la première force, pour six mois, ou dix pour un an. Enfin il l'assura qu'il userait de tout son crédit auprès des princes chrétiens pour les engager à lui envoyer des secours par terre contre les Turcs. On a de la peine à comprendre comment Eugène osait s'imposer de si grandes charges. Jean Paléologue, comblé de bienfaits, de bénédictions, d'indulgences et de promesses, quitta Florence, le 26 août 1439, très-satisfait, au moins en apparence, du saint-père. Trois cardinaux et un grand nombre de prélats de la cour pontificale l'accompagnèrent par honneur jusqu'aux limites des États de Toscane. De là il se rendit par terre à Venise, où il s'embarqua le 11 octobre sur les galères qui l'y attendaient. Après une traversée assez heureuse, quoiqu'un peu longue, il arriva le 1ᵉʳ février de l'année suivante (1440) à Constantinople avec tous les siens, à l'exception du patriarche Joseph et de Denys, métropolitain de Sardes, qui étaient morts l'un et l'autre pendant la tenue du concile, et à l'exception encore de Bessarion, métropolitain de Nicée, et d'Isidore, métropolitain de Kief. Le pape retint ces deux prélats auprès de lui et les éleva peu de temps après à la pourpre. Peut-être eût-il mieux fait de les laisser s'en retourner à Constantinople pour qu'ils confirmassent leurs frères dans la foi. Il ne prévoyait point que ce triomphe qu'il croyait avoir remporté sur l'Église grecque, et qui lui causait tant de joie, ne serait pas de longue durée; que ces flatteuses dispositions dans lesquelles les Grecs lui paraissaient être en s'embarquant, n'arriveraient pas avec eux jusqu'au port de Constantinople, et qu'à la vue de leur patrie ils oublieraient les engagements qu'ils avaient pris à Florence.

Il faut entendre à ce sujet Michel Ducas, témoin oculaire, raconter la scène singulière qui eut lieu, si on l'en croit, lorsque les députés au concile revinrent dans leur patrie. « Les prélats, dit-il, étant descendus de leurs trirèmes trouvèrent sur le rivage une foule de citoyens qui s'y étaient rendus pour les saluer, et qui leur faisaient, en les abordant, ces questions : *Comment avez-vous conduit les affaires ? Comment les choses se sont-elles passées au concile ? Avons-nous remporté la victoire ? Hélas !* répondaient-ils, *nous avons vendu à prix d'argent notre foi ; nous avons échangé notre sainte croyance contre des dogmes impies ; et, profanateurs de la pureté des saints mystères, nous sommes devenus azymites.* Tels étaient les propos honteux et déshonorants pour eux-mêmes que tenaient ceux qui avaient souscrit au décret de la réunion, et parmi lesquels on distinguait Antoine, métropolitain d'Héraclée, et divers autres encore. Si quelqu'un les pressait et leur disait : *Eh ! pourquoi avez-vous souscrit ?* Ils répondaient : *C'est que nous avions peur des Francs. — Mais,* leur demandait-on encore, *les Francs vous ont-ils mis à la torture ? Vous ont-ils battus de verges ? Vous ont-ils jetés dans des cachots ? Non ;* et ils s'écriaient : *Que cette main qui a souscrit soit coupée, que cette langue qui a prononcé le fatal consentement soit arrachée jusque dans sa racine !* Ils ne savaient dire autre chose. Dans le nombre de ces prélats prévaricateurs il s'en était trouvé qui, au moment de donner leur signature, avaient dit : *Nous ne souscrirons pas qu'on ne nous fasse un présent digne de notre complaisance ;* le présent donné, leur plume était aussitôt trempée dans l'encre. D'ailleurs on n'avait épargné ni l'or ni l'argent pour leur fournir avec profusion les besoins et les commodités de la vie. En outre on distribuait à chacun des sommes particulières dont ils pouvaient disposer selon leur bon plaisir. »

Ces dernières phrases ne paraissent pas trop s'accorder avec ce que nous lisons d'ailleurs dans les historiens. Ils disent que les Grecs, loin qu'on eût prodigué l'or pour les corrompre, se plaignaient au contraire qu'on les laissait manquer de tout. Le pape se trouvait souvent hors d'état de subvenir à leur subsistance. Les finances étaient presque toujours obérées. Il s'était même vu, dans une circonstance particulière, réduit à mettre sa tiare en gage entre les mains des banquiers ou des usuriers de Florence, afin d'en obtenir des fonds pour faire cesser les murmures et les importunités des malheureux Grecs. Il est certain qu'au moment où les Grecs allaient partir de Florence pour s'en retourner à Constantinople, il leur était dû cinq mois de pension. Lorsqu'il fut question de souscrire le décret d'union, la plupart d'entre eux s'y refusèrent jusqu'à ce qu'on les eût payés. C'est probablement cet incident qui aura fait dire que l'on avait extorqué aux Grecs leur signature à force d'argent et de présents, et qui aura mis dans la bouche de quelques-uns des schismatiques les plus exaltés les propos rapportés par Michel Ducas.

On peut croire que ces propos vinrent des discours tenus par Antoine, métropolitain d'Héraclée, qui après avoir adhéré à la réunion, retira son adhésion, et par Marc, évêque d'Éphèse, qui avait toujours refusé, même en présence de menaces de déposition, d'apposer sa signature au décret de réunion des deux Églises.

Rentré dans Constantinople en 1440, Jean II Paléologue y trouva une telle opposition au décret de réunion, même de la part de ceux qui l'avaient signé, qu'il n'osa pas faire rigoureusement observer les canons du concile. Constantin Paléologue, son frère préféré, qui n'y avait pas assisté, s'en déclarait bien le zélé partisan, mais Démétrius Paléologue, ce frère qui s'était tenu près de lui à Ferrare et à Florence, se mit à la tête des mécontents. Il appela même les Turcs à son aide, et avec ces redoutables auxiliaires il vint mettre le siège devant Constantinople. Toutefois il ne lui fut pas donné de le pousser avec énergie ; car bientôt les Turcs ne purent plus lui prêter qu'un faible appui. Amurat II, en effet, menacé à la fois par Georges, despote de Servie, par Ladislas Jagellon, roi de Pologne et de Hongrie, par Jean Huniade Corvin, vaivode de Transylvanie, et par Georges Castriot Scanderbeg, prince d'Albanie, que le pape Eugène et l'empereur Jean pressaient sans cesse de se liguer contre les Turcs, n'avait pas trop de toutes ses forces pour faire face à tant d'ennemis. Défait d'abord dans une grande bataille, il conclut une trêve de dix ans, mais la trêve fut promptement rompue par les chrétiens, et il écrasa les confédérés à Varna, où périt Ladislas (1444). Forcé alors, pour avoir la paix avec Amurat II, de renoncer à ses liaisons avec les princes d'Occident, l'empereur d'Orient laissa atttaquer le décret de réunion par Marc d'Éphèse, qui ne s'y épargna pas, et ces attaques réitérées, en semant la discorde parmi les Grecs et en aliénant les esprits des Latins, contribuaient beaucoup à l'affaiblissement de l'empire (1445).

Pendant le temps que Ladislas et ses alliés avaient tenu en échec toutes les forces des Turcs, Constantin et Thomas Paléologue avaient profité de cette diversion pour s'emparer de la ville de Thèbes en Béotie et pour fortifier l'isthme de Corinthe. Mais Amurat II, débarrassé de ses ennemis, força le passage, et la Morée fut encore une fois inondée de bandes turques. Constantin et Thomas achetèrent la retraite des barbares en rendant ce qu'ils avaient conquis hors du Péloponnèse et en s'engageant à ne jamais relever le mur qui en avait fermé l'entrée (1446).

Au plus fort des guerres d'Amurat II contre Jean Huniade et la Hongrie, lorsque les Grecs jouissaient d'un peu de repos, mourut à l'âge de cinquante-huit ans, sans laisser d'héritier direct, Jean II Paléologue, prince qui avait montré sur le trône plus de faiblesses que de vertus et plus de défauts que de talents.

Certainement zélé par politique plus que par piété pour la réunion des deux Églises, avait-il du moins été sincère et sans arrière-pensée en souscrivant à l'acte le plus important de son règne ? C'est un point que malheureusement pour sa bonne foi le langage de Michel Ducas et celui de Phrantzès permettent trop facilement de révoquer en doute.

CHAPITRE V.

CONSTANTIN XIII DRAGASÈS. — SIÈGE ET PRISE DE CONSTANTINOPLE. — CONQUÊTE DE LA MORÉE. — FIN DE L'EMPIRE DE TRÉBISONDE.

L'empereur défunt avait trois frères, Constantin, Démétrius et Thomas. Quel était le plus âgé ? Il est difficile de le dire ; car les historiens ne s'accordent pas à ce sujet. Constantin, que Jean II avait toujours paru préférer, avait encore les sympathies des grands et du peuple, et malgré les protestations de Démétrius, il fut décidé qu'on demanderait à Amurat II, auquel Jean II avait payé tribut comme à son suzerain, de consentir à l'élection de Constantin. Le consentement obtenu, on députa vers l'élu, qui était toujours dans son apanage de Morée, et au mois de mars 1450 Constantin Paléologue Dragasès entra dans Constantinople, où il régna comme empereur sans oser toutefois se faire sacrer.

Pressé par le successeur d'Eugène IV, Nicolas V, de maintenir le décret d'union et de protéger le patriarche de Constantinople que les Grecs non unis persécutaient sans relâche, il n'osa agir contre les schismatiques, tant ils étaient nombreux, bien qu'il se fût toujours déclaré partisan du concile de Florence. Cette conduite que justifiait sans doute la nécessité de garder des ménagements au début d'un règne contesté, en présence d'un compétiteur comme Démétrius qui s'appuyait sur les opposants, n'était guère propre à concilier au nouveau souverain les sympathies de l'Occident dont il avait pourtant grand besoin.

Amurat II étant mort en février 1451, après avoir non-seulement reconquis tout ce que la bataille d'Ancyre avait fait perdre aux Turcs, mais encore ajouté de nouveaux territoires à leurs anciennes possessions, Mahomet II, son fils aîné, qui s'était assuré le trône en faisant égorger son frère cadet, menaçait de nouveau Constantinople. Constantin s'adressa à Nicolas V pour en obtenir des secours, et afin de se le rendre complétement favorable, lui demanda d'envoyer à Constantinople quelques théologiens capables de travailler avec les Grecs unis à la conversion des opposants. Le pape, par un choix fort judicieux, chargea de cette mission un des pères du concile de Florence, Isidore, archevêque de Kief, grec de naissance et cardinal romain, qu'il revêtit du titre de légat. Ce prélat, qui joignait à une grande science un remarquable esprit de conciliation, arriva à Constantinople en novembre 1452, et y obtint bientôt que l'on renouvellerait la cérémonie de l'union. Au jour fixé, Constantin et les principaux dignitaires de la cour et du clergé de Constantinople se rendirent en procession à Sainte-Sophie et y assistèrent à une messe de réconciliation, accompagnée de prières publiques dans lesquelles le pape Nicolas V, comme chef suprême de l'Église, fut immédiatement nommé avant le patriarche Georges Melissène que les opposants avaient contraint à prendre la fuite. Ce même jour, Georges Scholarius, qui après s'être montré un des plus zélés défenseurs de l'union à Florence, s'en montrait à Constantinople, depuis qu'il s'était fait moine sous le nom de Gennadios, le plus ardent ennemi, afficha à la dérobée à la porte de sa cellule du monastère de Pantocrator une protestation contre la réunion des deux Églises, qui détermina une grande partie du peuple grec à résister à tous les efforts des partisans des Azymites ou Latins.

Pendant que la discorde sévissait dans Constantinople, Mahomet II avait fait d'immenses préparatifs pour s'emparer enfin de cette capitale devant laquelle ses prédécesseurs avaient tant de fois échoué et dont chaque sultan léguait toujours la conquête à son successeur. Il donna ordre d'élever sur la rive européenne du Bosphore de Thrace une forteresse qui fît face à celle que Mahomet avait bâtie sur la rive asiatique. Ce fut derrière Galata, près de Lœmocopia, sur les ruines d'un château appelé Néocastre et d'une Église dédiée à saint Michel archange, que des milliers de travailleurs, dont il stimula le zèle par sa présence dès le 26 mars 1452, construisirent la citadelle qui devait lui servir de base d'opération, de place d'armes et de magasins, en fermant en outre le passage du Bosphore. Ces travaux jetèrent la consternation dans Constantinople et chez tous les Grecs d'Asie, de Thrace et de l'Archipel. Constantin envoya aussitôt des députés au sultan pour lui remontrer que la construction d'une citadelle aux portes de Constantinople était un acte d'agression aussi injuste que grave. Ils rapportèrent pour toute réponse que s'il revenait d'autres députés à ce sujet, ils seraient tous écorchés vifs. Les travaux, énergiquement poussés, furent achevés dès la fin d'avril 1452. Désormais un triangle à base tournée vers la terre ferme, à sommet baigné par le Bosphore, aux murs épais de vingt-cinq pieds, flanqué à chaque pointe d'une tour aux murs épais de trente-deux, surmonté d'une impénétrable carapace d'énormes lames de plomb et couronné de nombreux canons lançant des boulets de six cents livres, commandait le détroit que nul bâtiment ne put plus franchir sans baisser pavillon et payer un péage. Encore debout aujourd'hui, cette citadelle s'appelle le vieux château d'Europe.

A peine ces travaux étaient-ils terminés qu'un certain Orbin ou Urbain, Hongrois ou Valaque de naissance et de son métier fondeur de canons, passa par cupidité du service de Constantin à celui de Mahomet. Mahomet l'employa aussitôt, et le transfuge lui fondit en trois mois une pièce appelée la Basilique (l'Impériale), dont on nous a raconté des merveilles auxquelles il est fort permis de ne pas ajouter foi, mais qu'il faut pourtant mentionner. Selon Ducas, Phrantzès et Léonard de Chios, elle avait neuf pieds de tour ou trois de diamètre, s'entendait à cent stades à la ronde et lançait un boulet de granit du poids de douze cents livres à la distance d'un mille. Selon Khodja-Effendi, elle pesait trois cents quintaux ou trente mille livres. Fondue à Andrinople, d'où elle partit dans les premiers jours de février 1453, précédée de deux cents pionniers et de cinquante charpentiers, tirée selon la conformation des lieux, ici par soixante, là par trois cents bœufs, et flanquée d'une armée de deux mille conducteurs, elle n'arriva devant Constantinople qu'au commencement d'avril. Mahomet, auquel ses généraux avaient frayé la voie en enlevant successivement toutes les forteresses voisines de la capitale de l'empire d'Orient, avait investi cette place en personne le 2 ou selon d'autres le 6 avril 1453.

« Constantinople, dit Ameilhon dans la continuation de l'histoire du Bas-Empire de Lebeau, est située sur la côte maritime de la Thrace ou de la Romanie. Son plan représente une figure triangulaire, dont les côtés sont inégaux. La mer bat deux de ces côtés; le troisième, celui qui regarde l'Occident, tient à la terre ferme. Le côté septentrional est bordé des eaux du golfe nommé Chrysocéras ou la Corne-d'or. Ce golfe, qui est une dérivation du Bosphore, sépare Constantinople de Galata, et forme un des plus beaux ports qu'il y ait dans le monde. La Propontide, ou mer de Marmara, baigne le côté du triangle qui s'étend du nord-est, en se courbant vers le sud-ouest. Cette mer y forme une rade qu'on appelait, du temps des empereurs grecs, le port de Sophie, le port des galères, le port du palais impérial; enfin, le port du Boucoléon, ainsi nommé parce qu'il y avait dans le voisinage un groupe en marbre représentant un bœuf et un lion qui luttaient l'un contre l'autre. Ce dernier port se nommait le *port extérieur*, par opposition au grand port situé sur le golfe de Chrysocéras, qu'on désignait sous le nom de *port intérieur*, parce qu'il était, en quelque sorte, renfermé dans Constantinople; car la ville de Galata, placée de l'autre côté, faisait, avant que les Génois s'y fussent établis, partie de cette capitale. Elle formait une de ses quatorze régions ou quartiers. Les deux côtés qui baignaient les eaux de la mer n'étaient entourés que d'une seule muraille, au lieu que le côté qui tient au continent était garni d'une double enceinte. Chaque enceinte avait des tours, des créneaux et des portes placées de distance en distance. Ces portes étaient flanquées de fortes citadelles. La première muraille avait moins d'élévation que la seconde. Les approches en étaient défendues en dehors par un fossé très-large et fort profond, revêtu en pierres de taille. On avait cru devoir fortifier davantage ce côté, parce qu'il était plus exposé, aux insultes des étrangers que les deux autres auxquels les flots de la mer servaient de premier rempart. Chaque angle, ou pointe du triangle, était terminé par un château fort. A la pointe orientale, qu'on nommait le promontoire de Saint-Démétrius, était placée l'*Acropolis*, ou la forteresse principale de la ville. C'est ce qu'on appelle aujourd'hui la Pointe-du-Sérail. Au second angle, auquel on arrive en suivant la ligne du port jusqu'à la terre ferme, était le *Cynégion*, au sud du pont en avant des Blaquernes. De cette seconde pointe on parvenait, en longeant les murailles qui formaient la double clôture de la ville, du côté des terres, à la troisième pointe du triangle, où était alors le *Pentapyrgion*, ou château des Cinq-Tours, autrement dit le *Cyclobion*, ou Tour fortifiée. C'est l'endroit où se voit le château des Sept-Tours, bâti par Mahomet II. Tous les auteurs ne sont pas d'accord sur l'étendue qu'avait alors Constantinople. Il paraît cependant que l'opinion la plus commune est qu'elle avait seize milles de circuit. Telle était à peu près Constantinople quand Mahomet vint l'assiéger. »

Derrière des fortifications, assez mal entretenues par des administrateurs infidèles et réparées à la hâte aux frais de l'archevêque de Kief, Isidore, cardinal-légat, s'agitait une population qui tour à tour en proie, sur la foi de vaines prophéties, au délire des terreurs les plus tristement exagérées ou à l'enivrement des plus stupides espérances, refusait, tantôt par superstition, tantôt par lâcheté, de combattre avec son souverain et la garnison, sous le prétexte plus oriental que chrétien qu'il faut respecter les décrets de la Providence; car ils trouvent leur voie sans qu'il soit possible de leur résister ou nécessaire de les seconder. Constantinople, pour ces gens-là, destinée à tomber, ne pouvait pas être défendue, et ne devait pas l'être, si elle était destinée à vaincre.

Constantin n'eut donc tout d'abord à sa disposition que quatre mille neuf cent soixante-dix Grecs et environ deux mille étrangers, dont quelques-uns étaient venus s'enfermer volontairement dans la place, et cela pour garnir seize mille pas de murailles. Il confia le commandement général de cette faible garnison à un aventurier génois, Jean Justiniani, en lui promettant l'île de Lemnos en toute souveraineté, s'il sauvait Constantinople. Pour défendre le port, il y avait une grosse chaîne qui allait de l'Acropolis, en s'appuyant sur de gros pieux enfoncés dans l'eau de distance en distance, jusqu'à une des tours de Galata, et derrière la chaîne quelques bâtiments grecs avec trois navires venus de Gênes, six de Venise et trois de Crète.

Campé derrière la colline qui fait face à la porte Charsias ou Caligaria, Mahomet avait placé à sa droite ses troupes d'Asie et à sa gauche ses troupes d'Europe. Les premières s'étendaient jusqu'à la porte Dorée, les secondes jusqu'au golfe de Chrysocéras, au-dessus duquel fut placé un corps détaché pour occuper les Génois de Galata et de Péra, lesquels, du reste, ne donnèrent aucun embarras aux Turcs. Enfin une flotte puissante, la plus considérable que les Ottomans eussent jamais eue, bloquait la ville par mer.

En trois jours quatorze batteries furent établies, et elles commencèrent à tirer sans relâche. Les assiégés avaient une artillerie médiocre; de plus, les décharges ébranlaient leurs murailles qui n'avaient pas été construites pour porter des canons, et comme d'ailleurs la poudre était en petite quantité, la défense ne se fit bientôt plus qu'à coups d'espingoles ou de fusils.

Qu'était-ce que de pareilles armes pour répondre à l'artillerie de Mahomet? Aussi, malgré l'inexpérience des artilleurs turcs et la mauvaise qualité de leurs pièces, dont une, entre autres, la fameuse Basilique (l'Impériale), finit par éclater en tuant Orbin, son fondeur, différentes brèches furent promptement praticables, et Mahomet ordonna de tout préparer pour un assaut général.

Une tour en bois, très-haute et que des peaux de bœufs fraîchement écorchés garantissaient de l'incendie, fut amenée en face des murailles; on combla les fossés avec toutes sortes de matériaux y compris des corps morts et même des hommes encore vivants, et l'attaque commença avec un acharnement sans exemple. Elle fut victorieusement repoussée une première fois. Reprise le lendemain, elle échoua de même, et la tour renversée fut réduite en cendres.

A cet échec en succéda un autre plus humiliant encore : quatre galères chargées de vivres, pour le ravitaillement de la place, passèrent en plein jour à travers les trois cent vingt bâtiments de la flotte turque en vomissant de toutes parts l'incendie ou la mort.

Mahomet comprit alors qu'il devait d'abord s'emparer du port intérieur de Constantinople. Mais désespérant de forcer la chaîne et la ligne de galères qui en barraient l'entrée, il résolut d'y faire pénétrer sa flotte par terre. Par un chemin frayé du Bosphore en arrière de Galata jusqu'au rivage septentrional du golfe de Chrysocéras et couvert de madriers enduits de graisse et de suif, il fit traîner en une seule nuit, à force de bras, l'espace d'une lieue et demie, soixante-dix ou quatre-vingts vaisseaux qui prirent mer dans le port intérieur de Constantinople à l'opposite du monastère de Saint-Cosme. Comment ne s'était-il donc trouvé aucun Génois pour avertir les Grecs des travaux exécutés derrière Galata ? Comment ne se trouva-t-il aucun navire en face du lieu de la descente ? En vérité on ne sait qu'admirer le plus ici ou l'audace de Mahomet, ou l'insouciance des Génois, ou l'incurie des Grecs ?

Quand le jour découvrit aux assiégés les œuvres de la nuit, grande fut leur consternation. Les fortifications qui défendaient la ville du côté du port étaient malheureusement très-faibles, et pour les garder il fallut dégarnir d'autres postes où les hommes n'étaient déjà pas trop nombreux. Une tentative préparée pour incendier la flotte entrée dans le port fut déjouée par un Génois de Galata, qui avertit les Turcs de se tenir sur leurs gardes. Les Génois de Galata, aussi imprévoyants que coupables, avaient conclu un traité secret avec Mahomet, comme si la prise de Constantinople n'eût pas dû amener forcément la soumission de Galata. Ceci explique en partie le succès de l'étonnante opération menée si prodigieusement à bonne fin par les Turcs.

Cependant Constantin manquait d'argent pour payer les troupes étrangères, et, triste aveuglement de l'avarice! les plus riches citoyens, au lieu de lui venir en aide, cachaient leurs trésors. Il fit fondre les vases sacrés des Églises en promettant d'en rendre la valeur au quadruple s'il parvenait à repousser les Turcs. On murmura. Les places publiques étaient couvertes de séditieux ou de désœuvrés qui blâmaient tout sans vouloir prendre part à rien. Aussi l'activité et la bravoure des principaux défenseurs de la ville (parmi lesquels, après Constantin, Justiniani et le cardinal légat Isidore, brillaient le Génois Mauricio Cataneo, le consul des Catalans, Petro Juliano, le consul de Venise, Minotto, le grand-duc Notaras, Démétrius Cantacuzène et Nicéphore Paléologue) ne pouvaient-elles suppléer à l'insuffisance de la garnison. Constantin offrit à Mahomet de lui payer, s'il voulait lever le siége, tel tribut qu'il exigerait. Plus d'un chef turc était d'avis d'accepter la proposition : on se fatiguait de la longueur du siége ; on s'effrayait de bruits, d'ailleurs mal fondés, qui annonçaient l'approche de Jean Huniade à la tête des Hongrois et le départ des flottes de l'Italie pour l'Orient. Mahomet n'en refusa pas moins de traiter. Son artillerie ne cessait de tonner jour et nuit. Il ordonna un jeûne général, promit à ses soldats trois jours de pillage, et fixa l'assaut au 29 mai.

On en connut la date à Constantinople, et la veille du jour fixé par Mahomet, Constantin y fit célébrer une solennelle procession à laquelle il assista entouré de tous les siens. A la suite de cette procession il adressa un discours pathétique aux défenseurs indigènes et étrangers de sa malheureuse capitale. Ses paroles avaient ému tous les auditeurs ; quelques-uns se mirent à pleurer ; lui-même ne put retenir ses larmes ; on s'embrassa en jurant de mourir pour le salut de la ville. L'empereur entra ensuite dans Sainte-Sophie, y communia avec plusieurs de ses officiers, et y offrit sa vie à Dieu en expiation de ses péchés. Il en sortit pour se rendre au palais impérial, où il demanda pardon à tous ceux qui s'y trouvaient pour les fautes qu'il avait commises pendant la courte durée de son règne. On ne lui répondit qu'en éclatant en sanglots. Il parcourut encore à cheval toute l'enceinte des fortifications, et l'inspection terminée il vint se placer à son poste de combat près de la porte de Saint-Romain, une des plus menacées.

A l'aurore du cinquante-huitième jour du siége, commença l'assaut suprême. Il fut soutenu avec le courage du désespoir, et les Grecs avaient l'avantage, quand Justiniani, frappé d'une balle au pied, quitta son poste (où en fut emporté sans connaissance) malgré les prières de Constantin, et se jeta (ou fut jeté) dans une barque qui le conduisit à Galata et de là à Chio, où il ne tarda pas à mourir. Quoi qu'il en soit, son départ, volontaire ou non, désorganisa la défense. En vain Constantin se multipliait pour faire face au danger ; il ne pouvait être partout. La porte de Saint-Romain fut enfoncée ; des flots de Turcs assaillirent Constantin ; il périt en héros sur la brèche. S'ensevelir sous les ruines de l'empire était en effet la plus belle fin qu'il pût faire, la seule qui fût digne d'un César romain. Son éternel honneur sera de l'avoir compris.

A peine était-il huit heures du matin, et déjà Constantinople appartenait à Mahomet. On est épouvanté en lisant dans les historiens contemporains soit grecs, soit turcs, le récit des horribles scènes de pillage, de viols et de massacres qui suivirent l'irruption des Turcs dans cette ville, nous renonçons à en donner une idée. Il suffit de dire qu'il n'y eut pas d'autre sort pour la population vaincue que la fuite, l'esclavage ou la mort, et que l'avidité et la cruauté des vainqueurs ne trouvant pas de frein ne connurent pas de bornes.

Trois jours après l'assaut, quand la fureur des barbares se fut pleinement assouvie, Mahomet entra enfin en triomphe dans Constantinople, sa conquête. Il alla droit à Sainte-Sophie, et il y fit faire la prière selon le rit musulman : c'était la convertir en mosquée. Il donna ordre ensuite de rechercher le corps de Constantin, et permit de l'enterrer ; mais la tête de ce prince resta exposée un jour entier sur la colonne appelée l'Augustéon, et sa peau remplie de paille fut promenée dans toutes les villes de l'Orient, afin que personne ne doutât de sa mort. Indiquer la manière dont Mahomet se conduisit envers son ennemi défunt c'est dire combien il l'avait redouté vivant. Le dernier des Césars de l'empire d'Orient, Constantin Dragasès, n'a pas besoin d'autre oraison funèbre.

Constantinople prise, c'en était fait de l'empire, mais non de la race des Grecs. Mahomet II lui-même sentit bientôt la nécessité d'épargner les vaincus, que dis-je? de les réconcilier avec leurs terribles vainqueurs. Les Grecs émigraient de toutes parts fuyant le joug des Turcs. Pour calmer les terreurs de ceux qui n'étaient pas encore partis, il permit de nommer un patriarche. On choisit Georges Scholarius, plus connu sous le nom de Gennadios, ancien partisan mais depuis longtemps adversaire passionné de la réunion des deux Églises d'Orient et d'Occident. Mahomet lui donna lui-même l'investiture. Cette marque de bienveillance ne suffisant pas pour ramener dans la capitale les Grecs qui s'en étaient enfuis, le sultan eut recours à des mesures plus énergiques. Il fit venir de gré ou de force de Mésembrie, d'Andrinople, d'Héraclée et d'autres villes un grand nombre de familles grecques qu'il obligea, sous peine de peine de mort, à résider dans Constantinople (septembre 1453).

Des principaux personnages qui s'étaient illustrés en défendant Constantinople, un seul, le cardinal-légat Isidore, quoique tombé un moment entre les mains des Turcs, échappa à la mort et parvint en Italie, d'où il adressa à tous les princes chrétiens, pour les soulever contre les Turcs, une pathétique relation des déplorables événements auxquels il avait été mêlé comme acteur, témoin et victime. Mahomet fit couper la tête au grand-duc Notaras, au consul des Vénitiens, Minotto, à celui des Catalans, Petro Juliano, ainsi qu'à leurs fils et à un grand nombre d'autres prisonniers de marque.

A la nouvelle de la prise de Constantinople, Démétrius et Thomas Paléologue, despotes en Morée, avaient projeté de se retirer en Italie avec leurs familles et leurs biens. Mahomet, qui voulait s'approprier leurs richesses, fit dire aux deux frères qu'ils n'avaient rien à craindre, et même les Arnautes de la Morée s'étant révoltés contre eux sous la conduite d'un Cantacuzène du nom de Manuel, il aida les deux Paléologues à les ramener à l'obéissance (1454).

Quelques temps après, les dissensions des Acciaiuoli livrèrent Athènes aux Turcs.

Tout en protégeant momentanément Démétrius et Thomas, Mahomet leur avait imposé un tribut de dix mille ducats par an. Ils le payèrent d'abord avec régularité, mais ensuite ils s'avisèrent de le refuser. Mahomet marcha contre eux en personne (mai 1458), laissant une partie de ses troupes devant Corinthe, il s'enfonça dans l'intérieur de la péninsule, où il s'empara successivement de Mantinée et de Pazenica, qui appartenaient au prince Thomas. Arrivé devant Monembasie, où résidait Démétrius avec sa femme et sa fille unique, il demanda la jeune princesse pour épouse et on promit de la lui donner. Il revint alors devant Corinthe qui capitula après deux mois de siège (août 1458). Ces conquêtes faites, Mahomet II retourna à Constantinople.

Réunis un moment par le malheur, Démétrius et Thomas étaient à peine délivrés des Turcs qu'ils se firent de nouveau la guerre (1460). L'archevêque de Sparte les amena bien à une réconciliation dans laquelle ils se jurèrent solennellement paix et amitié, mais presque aussitôt après Démétrius reprit les armes. Alors Mahomet, comme s'il eût été garant du traité violé par Démétrius, revint dans la Morée et se présenta sous les murs de Sparte, que Démétrius lui rendit sans coup férir. La place rendue, Mahomet le fait venir, puis : « Despote, lui dit-il, au rapport de Phrantzès, vous ne pouvez vous dissimuler que, dans la position où vous vous trouvez, il vous serait impossible de conserver le petit nombre de places qui vous restent encore en Laconie. Mais je veux bien recevoir de votre main, à titre de présent, ce qu'il ne tiendrait qu'à moi de vous prendre de force. Comme je suis maintenant votre gendre, ne conviendrait-il pas qu'en qualité de beau-père, vous me remissiez dès à présent ce que vous devez laisser un jour à votre héritière, qui va devenir ma femme? Je vous assurerai dans un autre pays un équivalent convenable. Vous y serez à l'abri des persécutions de votre frère et des révoltes dans lesquelles il entraîne vos sujets, qui, pour être un peu plus sages, ont besoin croyez-moi, de m'avoir pour maître. » Démétrius consentit à tout, et le sultan envoya un de ses officiers à Monembasie pour exiger au nom de Démétrius la la remise de la femme et de la fille du despote déchu et la reddition de la place. Monembasie, située dans une île, près de l'ancienne Épidaure, ne tenait au continent que par une chaussée étroite, comme l'indique son nom. Elle avait pour gouverneur un Paléologue, du nom de Manuel. Il consentit à livrer les deux princesses, mais il refusa d'admettre les Turcs dans la ville. Mahomet attachait la plus grande importance à la possession de Monembasie, mais comme elle était admirablement fortifiée, il n'osa la faire assiéger, et se contenta d'épouser la jeune Grecque à Sparte, malgré l'aversion que témoignait pour lui cette malheureuse victime. Puis emmenant Démétrius, il se présentait avec lui devant ses villes et le forçait à leur ordonner d'ouvrir leurs portes à son gendre. Bordonia, Saint-Georges, Tripes se soumirent aux sommations de leur ancien maître, devenu l'esclave de Mahomet II. A Castritza, à Gordica qui avaient résisté, la plus grande partie des habitants furent massacrés au mépris de capitulations jurées par le sultan, et dans l'Arcadie les troupeaux mêmes furent exterminés, afin que les Grecs réfugiés dans les montagnes y périssent de faim.

Thomas étant parvenu à s'échapper avec quelques-uns de ses partisans déposa sa femme et ses enfants à Corfou et passa en Italie (novembre 1460).

Il y offrit au pape Pie II le chef de saint André qu'il avait furtivement emporté de Patras, et comme il s'était toujours montré favorable aux décrets du concile de Florence, Pie II essaya d'intéresser l'Occident en sa faveur. En attendant l'effet des lettres du pape, Thomas vécut obscurément dans un monastère de Rome.

Démétrius captif et Thomas en fuite, Mahomet II resta seul maître de la Morée (1460). Il donna à son beau-père les revenus de quelques places de Macédoine, le traitant du reste avec assez de mépris. Démétrius Paléologue mourut en 1471, sans laisser d'enfant mâle. On a vu que sa fille unique était entrée dans le harem de Mahomet II. Thomas Paléologue, mort à Rome en 1465, avait laissé deux fils, André et Manuel, et deux filles, Hélène et Zoé. André mourut à Rome après y avoir épousé une femme sans naissance et sans mœurs. Manuel passa à Constantinople, s'y fit musulman et obtint de Mahomet II le revenu de deux méchantes bourgades et la propriété de deux femmes esclaves. Il n'y a pas à s'occuper des enfants de ces tristes descendants des Paléologues. Les deux filles de Thomas avaient été mariées, Hélène à Lazare, prince de Servie, Zoé à Jean, duc de Moscovie.

De Morée, Mahomet II était passé en Asie, et après y avoir conquis Sinope, il vint assiéger Trébizonde, le seul état grec qui fût encore debout. David Comnène qui en était devenu empereur en tuant un autre Comnène, son neveu et pupille, se rendit, après trente-deux jours de résistance, à condition que Mahomet lui ferait une belle pension et épouserait sa fille aînée. Le sultan, pour entrer dans la place, promit tout ce qu'on lui demanda. Mais une fois maître de Trébizonde, il ne s'inquiéta guère de ses promesses. David fut envoyé avec toute sa famille à Constantinople, et l'on divisa la population de Trébizonde en trois classes. La première comprit la fleur de la jeunesse des deux sexes : elle fut la proie du sultan et de ses principaux officiers ; la seconde se composa de toutes les familles riches : elle fut transportée à Constantinople ; la troisième enfin, formée de toutes les familles pauvres, reçut, avec l'ordre d'évacuer l'intérieur de la ville où devaient s'établir les Turcs, la permission de rester dans les faubourgs (1461). Peu après, David Comnène, accusé probablement à tort d'entretenir des intelligences avec l'Occident, périt par ordre de Mahomet II. Avec lui périrent aussi, au rapport de

Théodore Spandugino, sept de ses fils, qui refusèrent de se faire musulmans. Phrantzès se borne à mentionner l'exécution de David, sans parler du sort de ses fils (1462).

CHAPITRE VI.

DES GRECS VENUS EN ITALIE AVANT LA PRISE DE CONSTANTINOPLE PAR LES TURCS : BARLAAM. — L. PILATE. — MANUEL ET JEAN CHRYSOLORAS. — THÉODORE GAZA. — GEORGES DE TRÉBISONDE. — BESSARION. — ISIDORE. — NICOLAS SECUNDINO. — AMÉRUTZÈS. — PLÉTHON. — GENNADIUS.

A la renaissance des belles-lettres en Italie, après Dante, commence aussi, au temps de Pétrarque et de Boccace, vers le milieu du quatorzième siècle, la renaissance des études grecques en Occident. Pétrarque et Boccace en furent les deux premiers promoteurs. Le chantre de Laure prit des leçons de grec d'un moine calabrais, nommé Barlaam, et l'auteur du Décaméron s'en fit donner par un élève de Barlaam, originaire de Thessalonique ou de Calabre, appelé Léonce ou Léon Pilate, dont Pétrarque devait aussi mettre la science à contribution. Nous ne savons presque rien du premier; mais le second nous est un peu mieux connu, grâce à ses protecteurs et disciples, Pétrarque et Boccace. La langue grecque, parlée en Italie dès les temps les plus reculés par les peuples de la partie de cette contrée qui a porté le nom de Grande-Grèce, s'était bien, il est vrai, maintenue en Calabre à travers toutes les révolutions de la péninsule au moyen âge ; mais le grec des Calabrais n'était plus le grec littéraire. Pilate est le premier professeur qui ait officiellement enseigné la langue d'Homère en Italie depuis les invasions des Barbares.

Pétrarque et Boccace nous le représentent comme un homme d'un extérieur peu agréable, d'un caractère difficile, d'une humeur changeante. Peut-être n'eut-il d'autre tort que celui de n'avoir pas su porter légèrement le poids de la pauvreté. Mais ils font le plus grand éloge de ses connaissances ; il était, pour employer une de leurs expressions, un véritable puits de science.

Parti de Venise, il se rendait à Rome, quand Boccace (nous ignorons comment ce dernier en fit connaissance) l'appela à Florence un peu avant 1350. Boccace le prit chez lui et lui demanda de lui expliquer les poëmes d'Homère. Bientôt après, il le fit admettre au nombre des professeurs publics et salariés de Florence. Pilate enseigna alors dans cette ville la langue grecque, en prenant pour base de ses explications l'Iliade et l'Odyssée, qu'il mit en latin à la prière de Boccace. Avant l'arrivée de Pilate à Florence, nous dit celui qui l'y avait fait venir, il y avait des siècles qu'on ne possédait plus en Toscane de manuscrits grecs, et s'il y en eût eu, personne n'en eût pu lire les caractères. Après trois ans de séjour à Florence, Pilate, malgré les instances de Boccace, qui ne savait encore que fort peu de grec, partit pour Venise, où Pétrarque, qui se trouvait alors dans cette ville, fut assez heureux pour lui faire momentanément accepter son hospitalité. Mais il ne put le retenir dans sa maison aussi longtemps qu'il l'aurait désiré. Il lui fit donc promettre qu'il lui enverrait un Sophocle et un Euripide, aussitôt après son arrivée en Grèce, et il le laissa partir. Pilate se rendit à Constantinople ; mais il s'y trouva bientôt plus malheureux qu'en Italie. Il écrivit alors à Pétrarque pour obtenir que celui-ci lui ouvrît de nouveau sa maison, et sans attendre la réponse du docte poëte, il s'embarqua pour Venise. Un coup de foudre le tua en pleine mer, et son corps eut pour sépulture les flots de l'Adriatique. Il ne possédait que quelques livres. Ce n'était pas ce qui pouvait tenter des matelots. Ils les envoyèrent fidèlement à Pétrarque.

L'unique écrit de Pilate, sa traduction latine de l'Iliade et de l'Odyssée, traduction d'un mot à mot presque barbare, lui a survécu, et nous la possédons encore. Les détracteurs de Laurent Valla ont soutenu que la traduction d'Homère publiée par celui-ci sous son propre nom, n'était que celle de Pilate plus ou moins revue et corrigée. Nous ignorons jusqu'à quel point cette accusation de plagiat peut être fondée. On conserve à Padoue un exemplaire manuscrit des deux traductions de Pilate. On en conserve un autre à Paris dans la Bibliothèque impériale. Selon d'anciennes assertions, l'exemplaire de Padoue contiendrait une traduction de l'Iliade et de l'Odyssée par Manuel Chrysoloras, et celui de Paris une traduction des mêmes poëmes par Pétrarque. Le savant auteur d'un ouvrage écrit en latin sur le sujet que nous traitons ici, ouvrage que nous avons déjà mis et que nous mettrons encore à contribution, parce qu'il contient un très-grand nombre de documents originaux, Humphroy Hody croit pouvoir affirmer que les prétendues traductions de Manuel Chrysoloras et de Pétrarque dont parlent ces vieilles assertions ne sont que celles de Pilate. Nous ajouterons que Boccace et Pétrarque avaient tous deux copié de leur propre main les traductions de leur maître; nous le savons par leurs lettres, et cela suffit pour expliquer, au moins en partie, l'erreur commise au préjudice de Pilate, à qui doit rester l'honneur d'avoir le premier, à l'approche des temps modernes, enseigné et traduit les poëmes d'Homère en Occident.

Plusieurs années après la mort de Boccace, un descendant d'une des grandes familles romaines qui avaient émigré de Rome à Byzance à la suite de Constantin Ier, Manuel Chrysoloras, vint en Occident solliciter le secours de l'Italie et même de l'Angleterre, au nom de Jean Paléologue, que le sultan des Turcs, Bajazet Ier, attaquait sans relâche. De retour à Constantinople, il y reçut, sur les instances de Jacopo Angeli, un message des Florentins, chez lesquels son apparition avait réveillé le souvenir des trop courtes leçons de Pilate. Ils l'invitaient à venir enseigner le grec dans leur ville, moyennant un traitement convenable. Manuel Chrysoloras accepta, et ouvrit à Florence, entre 1390 et 1400, un cours de langue grecque auquel assistèrent, outre Jacopo Angeli, qui avait le plus contribué à le faire appeler, Jannoto Manetto, biographe de Boccace, le Pogge, Léonard l'Arétin, qui vint exprès de Padoue pour l'entendre, et une foule d'autres auditeurs aussi distingués par leur naissance que par leurs talents.

Plus tard, Manuel Chrysoloras, de Florence où il se trouvait en butte à de sourdes inimitiés, se rendit à Milan lors du passage de l'empereur Manuel Paléologue en cette dernière ville, et le duc Jean Galéas le nomma professeur de grec à la célèbre université de Pavie; mais les troubles qui suivirent la mort de Galéas le forcèrent à se retirer à Venise (1402). Il y enseignait sa langue maternelle, lorsqu'entre 1406 et 1409, Léonard l'Arétin, son ancien élève, devenu secrétaire de Grégoire XII, le fit appeler à Rome. Dépêché par Martin V avec Francesco Zabarella à l'empereur Sigismond pour s'entendre avec lui sur le lieu de réunion du futur concile œcuménique, il ne revint à Rome que pour se rendre ensuite à Constantinople, d'où Manuel Paléologue le renvoya bientôt en Occident avec la mission de le représenter au concile; mais à peine arrivé à Constance, il y mourut le 15 avril 1415. Son corps fut déposé dans l'église des Dominicains, et l'on grava sur sa tombe une épitaphe d'où nous avons tiré les principaux éléments de notre récit.

Disciple de Georges Gémiste Pléthon, Manuel Chrysoloras a compté parmi ses élèves presque tous les plus célèbres Italiens de son temps. Nous avons déjà cité Jacopo Angeli, qui le fit appeler à Florence, Jannoto Manetto, le Pogge, Léonard l'Arétin; il faudrait mentionner aussi Guarini et une foule d'autres. Nous avons encore son éloge funèbre par Andrea Juliani. Tous ses disciples l'ont célébré à l'envi dans leurs lettres, et, chose remarquable, ils le louent non-seulement pour ses connaissances en fait de grec, mais encore pour son habileté à écrire en latin. Platon, Plutarque, Démosthène et Aristote étaient les auteurs qu'il expliquait de préférence. Il avait traduit mot à mot pour l'usage de ses élèves, une partie de la Géographie de Ptolémée. On ne sait ce qu'est devenue cette traduction latine. Mais nous avons encore de lui un certain nombre d'ouvrages grecs : d'abord, une lettre à Jean Paléologue, écrite de Rome, lors de son premier séjour en Italie, dans laquelle il compare ensemble Rome et Constantinople, les deux capitales les plus remarquables de ce temps; puis un recueil de lettres, dont une à Jean et une autre à Démétrius Chrysoloras, ses proches parents; plusieurs discours, dont un sur la mort de Palas, son frère, un sur la Trinité et un autre aux évêques et pères du concile de Constance; une traduction du latin en grec de la liturgie romaine du pape Grégoire le Grand ; un traité, où il soutient que le Saint-Esprit procède du Père et du Fils ; enfin une grammaire grecque intitulée : Ἐρωτήματα (questions). Presque tous ces ouvrages sont restés inédits. Longtemps classique en Occident, la grammaire grecque de Manuel Chrysoloras y servait encore de base à l'enseignement du grec au commencement du seizième siècle. On en avait fait de nombreuses traductions latines; les uns l'avaient augmentée de leurs commentaires, les autres l'avaient mutilée en l'abrégeant. C'est elle que suivait Érasme dans ses leçons sur la langue grecque à Cambridge.

Dans la liste des écrits de Manuel Chrysoloras, nous avons fait mention de deux lettres adressées par lui, l'une à Jean Chrysoloras, l'autre à Démétrius Chrysoloras.

Jean, qui était son neveu et son élève, fut d'abord son collègue, puis son successeur dans l'enseignement du grec en Italie. Guarini l'a appelé son précepteur. Jean Chrysoloras se maria à une femme d'une noble famille de Pise, et il eut François Philelphe pour disciple et pour gendre. Comme les contemporains et les élèves de Manuel et de Jean, en parlant de ces deux Chrysoloras, omettent parfois le prénom de l'un et de l'autre, les écrivains postérieurs, par exemple Trithème, Paul Jove et Gérard Vossius ont souvent confondu Manuel et Jean, l'oncle et le neveu, quand ils n'en ont pas fait un seul et même personnage. Jean Chrysoloras mourut en Italie vers 1425, sans laisser d'ouvrage aujourd'hui connu. Un manuscrit de Vienne en Autriche contient quelques lettres de Michel Apostolius à Manuel et à Jean Chrysoloras.

Quant à Démétrius, autre parent et correspondant de Manuel, que l'on a aussi parfois confondu avec le célèbre auteur des Ἐρωτήματα ou Questions de grammaire grecque, originaire de Thessalonique, il ne paraît pas être jamais venu en Italie. Il jouissait de l'estime et de l'amitié de l'empereur Manuel Paléologue, et, comme lui, il a laissé plusieurs ouvrages où il défend la foi de l'Église grecque. On sait que Manuel et Jean Chrysoloras s'étaient au contraire prononcés pour la foi de l'Église latine. Les écrits de Démétrius subsistent encore aujourd'hui; mais nous n'avons pas à nous en occuper, car il ne s'est jamais employé, que l'on sache, à la restauration et à la propagation des lettres grecques en Occident.

Quinze ans après la mort de Manuel Chrysoloras et cinq ans environ après celle de Jean, un jeune Grec, Théodore Gaza ou Gazès, fuyant Thessalonique, sa patrie, qui venait de tomber au pouvoir des Turcs, passa en Italie, où il se mit à étudier la langue latine à Mantoue (1430). Après avoir assisté au concile de Ferrare en 1438, et à celui de Florence en 1439, il était entré en relations en 1440 avec le gendre de Jean Chrysoloras, François Philelphe, et il cherchait à obtenir par son entremise une chaire de langue grecque à Sienne : avec quel succès? nous l'ignorons ; mais il nous paraît probable que ses démarches furent vaines ; car des vers de lui nous apprennent qu'il dut parfois se résigner au métier de copiste pour vivre. Mais ce temps d'épreuve passa vite : Léonel d'Este l'appela à Ferrare, et lui confia avec une chaire de grec l'organisation de l'université de cette ville, dont il fut le premier recteur. Son protecteur étant mort en 1449, il quitta bientôt Ferrare pour Rome, où Nicolas V conviait tous les gens versés dans la connaissance du grec et du latin à venir traduire les chefs-d'œuvre de la vieille langue de la Grèce dans la vieille langue de l'Italie. Il sut plaire à Bessarion par ses talents et son amour du travail, et il trouva en lui un protecteur utile. Nous parlerons plus loin des traductions qu'il fit alors pour répondre aux vœux de Nicolas V. Ce pape mort en 1456, il passa à Naples, appelé par le roi Alphonse, pour lequel il composa aussi diverses traductions. A la mort d'Alphonse, en 1458, il revint à Rome auprès de Bessarion, et celui-ci lui fit donner un bénéfice situé dans l'ancienne Grande-Grèce. Comme Théodore était un prêtre sans ambition habitué à vivre de peu dans l'obscurité d'une studieuse retraite, ce bénéfice lui aurait amplement suffi, s'il ne fût pas resté à Rome. Malheureusement pour lui il en confia l'administration à des gens cupides et infidèles; et il put à peine en tirer de quoi vivre. On a dit, et Mélanchthon et J.-César Scaliger ont répété, que, lorsqu'il offrit au pape Sixte IV le manuscrit de sa traduction de l'Histoire des Animaux d'Aristote, il n'en fut pas récompensé, comme il méritait de l'être, et que de dépit il s'était retiré dans son bénéfice en Pouille, où le chagrin l'avait tué en peu de temps. Mais l'anecdote est aussi douteuse que souvent mentionnée. Quoi qu'il en soit, que sa mort ait eu lieu en Pouille, comme le disent les uns, ou à Rome, comme d'autres l'ont affirmé, elle arriva certainement en 1478, et ce qui est encore certain, c'est qu'en vertu de ses dernières volontés, son corps fut enterré dans son bénéfice de la Grande-Grèce.

Théodore Gaza avait passé sa vie entière à étudier; il avait acquis les plus vastes connaissances, et, chose rare alors comme aujourd'hui, il avait encore plus de modestie que de savoir. Indiquons rapidement ses principaux travaux : ils sont aussi nombreux que remarquables.

Parmi les copies d'auteurs anciens écrites de sa main, on cite, outre un exemplaire de la Politique d'Aristote, aujourd'hui à Venise, deux exemplaires de l'Iliade, le premier fait pour François Philelphe et le second pour le cardinal Bessarion. Nous conjecturons que l'exemplaire acheté par Philelphe est celui que possède aujourd'hui la Bibliothèque-Laurentienne de Florence; et nous savons que l'exemplaire acheté par Bessarion est maintenant dans la Bibliothèque de Saint Marc à Venise. Gaza avait la réputation d'être un copiste exact, attentif, scrupuleux.

Ses traductions d'ouvrages grecs en latin et d'ouvrages latins en grec sont encore pour nous d'une grande valeur, malgré les progrès que la science a faits depuis lui. Il a traduit du grec en latin les Problèmes d'Aristote, ouvrage déjà traduit par Georges de Trébisonde, le traité des Plantes de Théophraste, l'Histoire des Animaux d'Aristote, ouvrage que Georges de Trébisonde avait aussi déjà traduit, les Problèmes d'Alexandre d'Aphrodisias, la Tactique d'Élien, l'Arrangement des mots de Denys d'Halicarnasse, cinq Homélies de St-Jean Chrysostome sur l'Incompréhensibilité de la nature de Dieu, l'Art militaire de l'empereur Maurice; enfin tous les passages grecs qui se lisent dans Celse. Il a traduit du latin en grec le Traité de la Vieillesse et le Songe de Scipion par Cicéron, les Bains de l'Italie de Michel Savonarole, une Lettre de Nicolas V à l'empereur Constantin Dragasès et peut-être la Guerre des Gaules de Jules-César, mais cette dernière traduction que lui attribuent plusieurs auteurs est attribuée par d'autres à Planude, Humphroy Hody la croirait plus volontiers d'un troisième traducteur, resté anonyme.

En traduisant les Problèmes et l'Histoire des Animaux d'Aristote après Georges de Trébisonde, Gaza s'était attiré l'inimitié de celui-ci, qui souffrait d'ailleurs de voir que Bessarion faisait plus de cas des talents de Théodore que des siens, ce qui le porta même à les attaquer tous deux dans plusieurs de ses lettres et autres écrits. Mais pour ne rien dire ici de Bessarion, on ne voit pas que Gaza ait jamais cherché à se venger méchamment de Georges de Trébisonde; une fois attaqué, il répondit, et ce fut tout. Ce que nous savons de son caractère nous engagerait même à croire qu'il n'eût peut-être pas entrepris de refaire ces traductions, s'il eût prévu qu'il causerait par là tant de chagrins à un de ses compatriotes. En effet, ayant appris vers la fin de sa vie qu'un de ses amis,

Argyropulos, qui avait encore sa réputation à faire, travaillait à une traduction de certains livres d'Aristote qu'il avait déjà mis en latin, il brûla aussitôt ses manuscrits, de peur qu'on ne vînt à les publier avant qu'Argyropulos n'eût fini son travail, et que sa traduction n'écrasât celle de son ami. Sacrifice que la malignité même d'un envieux n'eût pas osé imputer à la peur d'être vaincu; car Théodore était de l'aveu de tous au-dessus de pareilles craintes.

Les principales œuvres originales de Théodore Gaza sont une grammaire grecque en quatre livres, un traité des Mois attiques, une lettre à François Philelphe sur l'origine des Turcs, des traités contre Pléthon touchant Platon et Aristote, un traité de la Substance, une dissertation sur ce texte: La Nature ne fait rien sans motif; enfin plusieurs autres écrits philosophiques, tous en grec, comme les précédents, et dont l'énumération nous entraînerait trop loin.

De tous ces ouvrages le plus renommé est la Grammaire grecque en quatre livres, dont le manuscrit autographe est à Nuremberg. Comme la plus grande partie des écrits de Théodore, elle a été maintes fois imprimée. Il en existe aussi plusieurs traductions latines.

Peu de temps après l'arrivée de Théodore Gaza en Italie, Georges, Crétois de naissance, mais d'une famille originaire de Trébisonde, d'où son nom de Georges (et non Grégoire) de Trébisonde, fut appelé de Grèce à Venise par Francesco Barbaro pour occuper dans cette ville la chaire de langue grecque, vacante depuis le départ de François Philelphe (1428).

Un peu plus âgé que Théodore, il étudia comme lui le latin sous Victorin de Feltre. Quand il le sut, il enseigna le grec à Venise, dont le sénat lui avait conféré le titre de citoyen, et il s'y acquit la réputation d'un savant maître en grammaire. De Venise il passa à Rome quelque temps avant l'ouverture des conciles de Ferrare et de Florence, et il exerça les fonctions de secrétaire des papes Eugène IV et Nicolas V à la cour pontificale. A Rome sous Eugène IV, il occupa longtemps une chaire d'é-

loquence et de philosophie avec le plus grand succès: on accourait de toutes parts pour l'entendre; mais sous Nicolas V ses traductions des Problèmes et de l'Histoire des Animaux d'Aristote ayant été surpassées par celles de Théodore Gaza, et Laurent Valla l'ayant attaqué au sujet de Quintilien, dont il ne goûtait pas les écrits, il cessa de professer vers 1440. Le roi de Naples, Alphonse, l'appela alors à sa cour. Rentré en faveur auprès de Nicolas V par l'intermédiaire de François Philelphe, en 1453, il revint à Rome, d'où il se rendit en Crète, puis à Constantinople en 1465, pour rentrer presque aussitôt en Italie, où il vécut malheureux, s'étant fait un grand nombre d'ennemis. Ayant perdu sa réputation de savant, privé de presque toutes ses facultés intellectuelles, et tombé en enfance vers la fin de ses jours, il mourut à Rome pauvre et obscur à l'âge de quatre-vingt-dix ans, en 1485, laissant un fils du nom d'André, qui n'hérita pas de sa science.

Durant sa longue carrière, il avait composé un très-grand nombre d'ouvrages, mais tous d'une valeur contestable et fort contestée; il a traduit du grec en latin la Préparation évangélique d'Eusèbe, les commentaires sur l'Évangile de St-Jean et le Trésor ou les quatorze livres sur la Trinité de Cyrille d'Alexandrie, les Homélies sur St-Matthieu de St-Jean Chrysostome, la vie de Moïse ou la vie parfaite de St-Basile le Grand par St-Grégoire de Nysse, les Livres contre Eunomius de St-Basile, la Rhétorique à Théodecte d'Aristote, l'Almageste et le Centiloque ou les Aphorismes de Ptolémée, les Lois et le Parménide de Platon, les Problèmes, la Physique, les Traités de l'Ame, des Animaux, de la Génération et de la Corruption d'Aristote, l'Éloge de St-Basile par St-Grégoire, etc. Ces traductions, imprimées pour la plupart, sont remarquables par l'élégance du style, mais elles laissent fort à désirer sous tous les autres rapports. Grâce à leur élégance, elles avaient d'abord fait illusion, étant d'une agréable lecture, et l'on porta leur auteur aux nues. Mais il avait suivi un système de traduction fort commode: sauter les passages embarrassants, transposer ceux-ci, mutiler ceux-là, rien ne lui coûtait pour arriver à un ensemble capable de satisfaire des lecteurs ignorants. Malheureusement pour sa réputation, il n'était pas le seul à savoir le grec : Théodore Gaza signala ses infidélités, ses lacunes, ses altérations, et, pour comble d'infortune, Bessarion, qui était un juge aussi éclairé et compétent qu'impartial et désintéressé dans le procès, donna gain de cause à son adversaire. La sentence était équitable, Georges de Trébisonde tomba en discrédit, et il ne s'en consola jamais.

Parmi ses œuvres originales, dont quelques-unes ont été composées pour venger ses traductions, par exemple une dissertation grecque en réponse à la dissertation de Théodore Gaza sur le texte : La Nature ne fait rien sans motif, par exemple encore plusieurs lettres et petits traités, toujours en grec, où il maltraite fort Bessarion et ses amis, on peut citer une Comparaison de Platon et d'Aristote en grec, une rhétorique en cinq livres pillés d'Hermogène en latin et une foule d'autres écrits tant grecs que latins, les uns imprimés, les autres inédits, sur les sujets les plus variés.

Il reste aussi quelques pages de son fils André, écrites à l'occasion des querelles que lui suscita son système de traduction. André y défend naturellement son père contre Théodore Gaza et contre Bessarion ; mais les contemporains ont fait peu de cas de cette apologie ; et la postérité, en laissant de côté les traductions de Georges de Trébisonde, a confirmé leur arrêt.

On peut, à propos de la querelle qui s'éleva en Italie vers 1453 au sujet de Platon et d'Aristote, querelle à laquelle prirent part Gaza, Georges de Trébisonde, Bessarion et plusieurs autres Grecs, consulter une dissertation de Boivin jeune, insérée au tome II des Mémoires de l'Académie des inscriptions et belles-lettres.

On a vu précédemment comment Jean Paléologue était venu en Italie au commencement de 1438 accompagné de tout ce que la cour, le clergé et le peuple du vieil empire d'Orient comptaient d'hommes supérieurs par leur position, leurs talents et leur savoir. Parmi ceux qui devaient le plus briller dans les conciles de Ferrare et de Florence, se trouvait Bessarion, Grec originaire de Trébisonde, disciple de Chrysococès à Constantinople et de Gémiste Pléthon dans le Péloponèse, ami du philosophe médecin Amérutzès, moine de l'ordre de Saint-Basile et archevêque de Nicée, par nomination de Jean Paléologue.

A peine arrivé à Ferrare, Bessarion y fut, avec Gémiste et Amérutzès, l'objet de toutes les prévenances du cardinal Julien Cesarini, qui aimait à les inviter à sa table et à leur proposer pendant le repas des problèmes philosophiques, malgré la difficulté d'une discussion soutenue au moyen d'un interprète ; car les doctes interlocuteurs ne pouvaient pas encore se faire réciproquement comprendre par eux-mêmes.

Nous ne reviendrons pas sur ce que nous avons dit au sujet des conciles de Ferrare et de Florence. On sait comment des deux principaux champions de l'Église grecque, l'un, Marc d'Éphèse, refusa constamment d'adhérer à l'acte d'union avec l'Église latine, et l'autre, Bessarion de Nicée, devint peu à peu un chaud partisan de la réconciliation, et finit par en être le principal auteur.

L'accord scellé entre les deux Églises, Jean Paléologue et les siens repartirent pour l'Orient (1439). Bessarion retourna aussi alors à Constantinople pour recueillir en Grèce tout ce qu'il y pourrait trouver d'anciens exemplaires des livres de saint Basile contre Eunomius, afin d'en établir le véritable texte aussi authentiquement que possible, ce qui était, comme on l'a vu, d'une importance capitale dans la question de la procession du Saint-Esprit.

Ce fut au retour de ce voyage, selon toute apparence, qu'il reçut du pape Eugène IV la dignité de cardinal-prêtre du titre de la Basilique des Douze-Apôtres (1339). Successivement pourvu de différents bénéfices par Nicolas V, il les quitta en 1449 pour l'évêché de Tusculum. Pie II le fit abbé du monastère de *Crypta Ferrata*, situé sur l'emplacement de la maison de Cicéron à Tusculum, et dans lequel l'office se célébrait conformément au rit grec-uni. Le même pontife le créa encore, à la mort de son compatriote Isidore, l'ancien archevêque de Kiel en Moscovie, patriarche titulaire de Constantinople (1464). Enfin Bessarion, décoré du titre de patron et protecteur perpétuel de l'ordre des Dominicains et de celui des Franciscains, devint doyen du sacré-collége des cardinaux. Il vit successivement mourir plusieurs papes, et il fut même plus d'une fois question dans le conclave de le placer sur la chaire de saint Pierre; plus d'une fois aussi la majorité des suffrages sembla lui être assurée et acquise, mais au dernier moment son origine grecque lui était toujours fatale et fit chaque fois échouer son élection.

Bessarion habitait ordinairement à Rome au pied du Quirinal, près de l'Église des Saints-Apôtres. Écrivain distingué en grec et en latin, il se fit le protecteur de tous ceux qui comme lui aimaient et cultivaient les belles-lettres. Il vécut toujours sans faste et sans ostentation, généralement entouré du profond respect et de l'affection sincère de tous ceux qui avaient l'honneur de l'approcher. Georges de Trébisonde, malgré ses attaques passagères et furtives, Argyropulos, Philelphe, le Pogge, Laurent Valla, Théodore Gaza, Andronicus de Thessalonique, et une foule d'autres érudits, trouvant toujours en lui un Mécène aussi bienveillant que puissant, lui composaient une docte cour que lui envièrent les premiers princes de son temps.

Il fut quatre fois légat *a latere*, à Bologne en 1447, puis en Allemagne, puis à Venise, et enfin en France en 1472.

C'est au retour de cette dernière ambassade qu'il mourut à Ravenne vers la fin de 1472, à l'âge de quatre-vingt-deux ans.

Son corps rapporté à Rome, y fut, ce qui était un honneur inouï, solennellement enterré en présence du souverain pontife, Sixte IV, dans l'église des Saints-Apôtres. C'était là qu'il s'était fait construire de son vivant un tombeau sur lequel se lisait une double épitaphe de sa composition. Les dates qu'elle porte sont celles de l'érection du monument et non de la mort du fondateur, ce qui a trompé plus d'un copiste.

BESSARIO EPISCOPVS TVSCVLANVS
S. R. E.
CARDINALIS, PATRIARCHA CONSTAN-
TINOPOLITANVS, NOBILI GRÆCIA
ORTVS ORIVNDVSQUE SIBI VIVVS
POSVIT ANNO SALVTIS
MCCCCLXVI : ÆTATIS LXXVII.

ΤΟΥΤ' ΕΤΙ ΒΗΣΣΑΡΙΩΝ ΖΩΝ ΑΝΥΣΑ
ΣΩΜΑΤΙ ΣΗΜΑ,
ΠΝΕΥΜΑ ΔΕ ΦΕΥΞΕΙΤΑΙ ΠΡΟΣ ΘΕΟΝ
ΑΘΑΝΑΤΟΝ.

On possède encore aujourd'hui une oraison funèbre composée en l'honneur de Bessarion par un de ses compatriotes et de ses protégés, Michel Apostolius. Qu'a-t-on pensé? que pense-t-on encore dans l'Église grecque de l'ancien archevêque de Nicée? Nous l'ignorons. Dans l'Église latine, le nom du docte et pieux cardinal qui fut évêque de Tusculum, patriarche titulaire de Constantinople et doyen du sacré-collége des cardinaux, est un nom honoré, et selon nous honoré à juste titre, parce que celui qui le porta n'a jamais donné à personne le droit de suspecter la sincérité de ses convictions.

En 1468, Bessarion avait fait transporter de Rome à Venise sa magnifique bibliothèque composée d'un nombre considérable de manuscrits grecs et latins, amassés à grands frais. Il l'offrait en don à la république, parce qu'il considérait, disait-il, Venise comme sa seconde patrie, et que Venise était toujours le premier rendez-vous et restait souvent le dernier asile des Grecs que la barbarie des Turcs chassait de l'Orient dévasté. Ces précieux livres, dont plusieurs étaient écrits de la main même du donateur, reçus par la république avec autant de joie que de reconnaissance, furent religieusement placés sous la garde de Saint-Marc. Plus tard, Bessarion disposa encore par son testament, en faveur des Vénitiens, de la plus grande partie des livres qu'il avait acquis depuis 1468 jusqu'à l'année de sa mort en 1472. Les dons et les legs de Bessarion sont encore aujourd'hui le plus riche et le plus précieux fonds de la bibliothèque de Saint-Marc à Venise.

Bessarion a beaucoup écrit, mais comme les hommes qui ont été mêlés aux principales affaires de leur temps, il a surtout écrit des lettres et des traités de circonstance, ouvrages d'un grand prix pour les contemporains, mais que la postérité, à laquelle ils n'étaient pas destinés, honore naturellement d'une estime moindre. Il a traduit du grec en latin les quatorze livres de la Métaphysique d'Aristote, et peut-être même la Métaphysique de Théophraste, les quatre livres des Entretiens mémorables de Socrate par Xénophon et une des trois Olynthiennes de Démosthène, traductions que Budée regardait comme plus fidèles qu'élégantes. Outre plusieurs écrits grecs composés à l'occasion des discussions qui s'étaient élevées au sujet de Platon et d'Aristote entre Gémiste Pléthon, Théodore Gaza et Georges de Trébisonde (dont il a corrigé la traduction des Lois de Platon), Bessarion a encore laissé un grand nombre de discours, lettres ou traités tant grecs que latins, concernant les principaux points de doctrine discutés à Ferrare et à Florence, ouvrages dans lesquels il se prononce pour la nécessité et la légitimité de l'union des deux Églises d'Orient et d'Occident, soutient que le Saint-Esprit procède du Père et du Fils, qu'il est permis de consacrer avec du pain azyme, etc. Sa correspondance, qui est très-volumineuse, n'est pas dépourvue d'intérêt pour ceux qui étudient les affaires politiques et littéraires de son temps. Nous signalerons parmi les lettres dont elle se compose, celle qu'il a écrite au précepteur des fils de Thomas Paléologue. Elle est en grec moderne. C'est enfin lui qui a le premier remis en lumière le poëme de Quintus de Smyrne, qui était tombé depuis des siècles dans la plus profonde obscurité en Orient comme en Occident.

Après Bessarion, c'était un Grec originaire du Péloponèse, Isidore, probablement comme Bessarion disciple de Gémiste Pléthon, et comme Bessarion certainement moine de l'ordre de Saint-Basile, qui, d'abbé du monastère de Saint-Démétrius à Constantinople devenu archevêque de Kief en Moscovie, avait montré, comme on l'a vu ci-dessus, le plus d'empressement et le plus de zèle pour la réunion des deux Églises d'Orient et d'Occident, lors de la tenue des conciles de Ferrare et de Florence en 1438 et 1439. Revêtu de la pourpre avant Bessarion, il assista en qualité de cardinal-légat de Nicolas V au dernier siége de Constantinople, en 1453, s'y fit prendre sur la brèche par les Turcs, s'échappa miraculeusement de leurs mains, et de retour en Italie, y publia en latin à l'adresse de tous les princes de l'Occident une relation du sac de la capitale de l'ancien empire d'Orient, que nous avons encore. Il mourut à Rome, en 1464, doyen du sacré-collége, étant de plus titulaire du siége patriarcal de Constantinople, où, comme on le sait, il devait avoir pour successeur Bessarion.

Le commun interprète des Grecs et des Latins aux conciles de Ferrare et de Florence, Nicolas Secundino, grec de naissance (il naquit en Eubée), mais espagnol de race (sa famille était originaire de Sagonte, d'où son nom de Secundino), prêtre du rit latin, qui fut secrétaire de la république de Venise et quelque temps pensionnaire, vers 1450, du roi de Naples, Alphonse, a traduit du latin en grec une dissertation du cardinal Julien Cesarini sur cette question : Est-il permis d'ajouter quelque chose au symbole de la foi chrétienne? et du grec en latin les Conseils à un homme d'État de Plutarque et le Bon Général d'Onosandre. Il a aussi laissé avec des lettres écrites en grec, dont une à l'occasion de la querelle qui s'éleva de son temps au sujet de Platon et d'Aristote, un Gouvernail des conciles, composé pour le cardinal Julien Cesarini, et une Généalogie des Turcs, ou De l'origine et des exploits des Turcs, composée pour Æneas Sylvius, plus tard, Pie II. Ces deux derniers ouvrages, dont le premier est encore inédit et dont le second a été imprimé à Bâle en 1561, sont l'un et l'autre en latin.

Parmi les personnages grecs qui ont eu une certaine importance aux yeux des Occidentaux lors de la tenue des conciles de Ferrare et de Florence, il y en a encore trois qui méritent à des titres divers d'être mentionnés dans ces pages : nous voulons parler d'Amérutzès, de Georges Gémiste Pléthon et de Georges Scholarius, plus connu sous le nom de Gennadius.

Nous ne dirons qu'un mot du premier. Amérutzès, ce médecin philosophe que le cardinal Julien Cesarini s'était plu, pendant la durée des deux conciles, à avoir à sa table avec Bessarion et Georges Gémiste pour s'entretenir avec eux de questions littéraires et scientifiques, de retour à Constantinople, y resta jusqu'au temps du siège, et, la ville prise, s'y fit musulman, sans doute parce qu'en sa qualité d'esprit fort il était indifférent en matière de religion. On ne connaît de lui qu'une lettre adressée à Bessarion.

Nous nous arrêterons plus longtemps à ce qui concerne Pléthon et Gennadius, d'abord parce qu'ils ont une autre importance qu'Amérutzès, ayant possédé de hautes charges et laissé de nombreux écrits, puis parce qu'à l'histoire de leur vie et de leurs travaux se rattache un très-curieux épisode de l'histoire de la philosophie, c'est-à-dire, l'avortement d'une tentative de restauration du paganisme, faite au sein de la divine religion du Christ, en présence des progrès alors si menaçants de la fausse religion de Mahomet.

Jusqu'à quel point l'auteur de cette tentative impie, le docte Georges Gémiste Pléthon, si honoré durant toute sa longue carrière, avait-il mérité l'odieux reproche d'avoir voulu se faire chef d'une religion nouvelle, et jusqu'à quel point le fougueux Gennadius, qui brûla le fameux Traité des Lois, destiné à devenir la Bible ou le Coran de la nouvelle religion, avait-il été en droit de le jeter au feu, c'était encore dans ces derniers temps une question fort obscure. L'orthodoxie de Pléthon, défendue par Allatius dans sa dissertation *de Georgiis*, attaquée par Boivin le jeune dans son mémoire sur les querelles soulevées en Italie au sujet de Platon et d'Aristote au quinzième siècle, n'a été ni défendue ni attaquée par Fabricius et par Harless, qui ont réimprimé dans leur Bibliothèque grecque la dissertation d'Allatius, *de Georgiis*, et un mémoire de Renaudot sur Gennadius :

ils ne se sont prononcés ni pour ni contre Pléthon. M. Hardt, qui le premier a publié quelques fragments du Traité des Lois (tom. III du catalogue des mss. grecs du roi de Bavière, Munich, 1806, in-4°), et M. W. Gass, qui a écrit un ouvrage sur Gennadius et Pléthon (*Gennadius und Pletho, Aristotelismus und Platonismus*, Breslau, 1844, in-8°), se sont mépris, par excès d'indulgence, sur la véritable portée du Traité des Lois. Mais depuis qu'a paru le savant livre de M. Alexandre, intitulé : *Pléthon, Traité des Lois, ou Recueil des fragments, en partie inédits, de cet ouvrage*, les textes publiés et commentés par M. Alexandre ne permettent plus de conserver le moindre doute sur ce qu'avait voulu Pléthon et sur ce que brûla Gennadius.

Georges Gémiste, né à Constantinople vers 1355, passa d'abord une partie de sa jeunesse à Andrinople, ville qui était dès ce temps-là soumise aux Turcs, et il s'y lia avec un juif du nom d'Élysée, qui s'occupait de sciences occultes et finit par être brûlé vif pour crime de magie. D'Andrinople Gémiste vint ensuite à Sparte, où il devait passer presque toute sa vie occupé soit à rendre la justice comme fonctionnaire public, soit à étudier les livres anciens et à en composer de nouveaux comme philosophe.

Ses premiers ouvrages sont des compilations historiques, géographiques ou astronomiques parmi lesquelles on peut citer un court récit de ce qui se passa en Grèce après la bataille de Mantinée, des extraits de Strabon et de Ptolémée et quelques écrits sur l'Astrologie ; puis, différents livres de piété, entre autres un traité des Vertus, qui a été souvent imprimé en grec, avec traduction latine en regard, un traité sur Dieu (preuves physiques ou naturelles de son existence), un traité du Surnom de l'être : ces deux derniers aujourd'hui égarés, et une prière au Dieu unique, que nous avons encore.

Vers 1415 il adressa deux mémoires, l'un à l'empereur Manuel Paléologue, l'autre à Théodore, son fils, despote de Morée, sur les affaires du Péloponèse, dans lesquels il leur proposait plusieurs réformes sociales. Ces mémoires ont été imprimés à la suite des extraits de Stobée, édition Canter, Anvers, 1575. Il y a encore de Gémiste un mémoire sur les Fortifications de l'isthme de Corinthe, qui doit être du même temps, ainsi qu'un emphatique éloge de l'éloge funèbre composé par l'empereur Manuel en l'honneur de son frère Théodore, mort despote de Morée.

Toutes ces publications, dont le style est fort soigné, valurent à Gémiste une belle réputation de savant et lui attirèrent un grand nombre de disciples, parmi lesquels était, vers 1420, Bessarion qui ne cessa jamais, même après son élévation au cardinalat et quand l'orthodoxie de Pléthon était déjà mise en doute, de l'honorer de ses lettres et de le protéger contre les attaques de ses ennemis, comme le prouve sa correspondance : lettre aux enfants de Pléthon, lettre à Nicolas Secundino sur la mort de Pléthon, toutes deux publiées par Allatius, *Traité de Georgiis*, et réimprimées par Morelli, *Catalogue des manuscrits de Saint-Marc à Venise*, et par M. Alexandre, *Pléthon, Traité des Lois*.

En 1428, Jean II Paléologue, voyageant en Morée, consulta Gémiste sur le projet de réunion des deux Églises d'Orient et d'Occident : Gémiste, qui travaillait déjà (Gennadius l'affirme et son témoignage est parfaitement admissible) à son grand ouvrage en faveur du paganisme, donna cependant à l'empereur de sages conseils au sujet du futur concile œcuménique. Aussi fut-il plus tard un des premiers laïques appelés à suivre Jean II en Italie, lorsque ce prince se détermina enfin à passer en Occident.

Aux conciles de Ferrare et de Florence en 1438 et 1439, Gémiste fit partie de la commission des six membres grecs chargés de préparer les matières discutées dans chaque session. « Singulier contraste de son rôle officiel avec ses sentiments personnels, dit ici M. Alexandre ; s'il est vrai qu'à Florence même, pendant la durée du concile, il tenait le propos qu'on lui prête : « qu'avant peu d'années une seule religion serait enseignée partout et universellement adoptée ; religion qui ne serait ni celle du Christ, ni celle de Mahomet, mais une autre peu différente de celle des anciens Grecs. » Ici ce n'est plus Gennadius, c'est un autre adversaire, et il faut le dire, un violent ennemi, George de Trébisonde, qui lui attribue ce langage, attestant l'avoir entendu lui-même : témoignage suspect, croyable pourtant, quand on le rapproche de l'extrême licence d'opinion qui régnait alors, et de tout ce que nous savons et saurons plus tard des idées religieuses de Gémiste.

Avec une telle disposition, on peut deviner comment il employa son séjour en Italie. Hors sa participation nécessaire aux travaux des conciles et les conseils auxquels il était souvent appelé, nous croyons qu'il s'occupa beaucoup moins des affaires de son Église que du soin de sa propre réputation. Il était fort lancé dans la société des gens de lettres et des gens du monde, fort avant surtout dans la faveur de Cosme de Médicis, à qui il expliquait la philosophie de Platon, toute neuve encore pour les oreilles italiennes. Telle fut l'impression de ces entretiens, que Médicis, au rapport de Ficin, conçut dès lors le projet, plus tard réalisé, de son académie platonicienne. Enfin, ce fut dans ce temps qu'à la demande de plusieurs personnes et probablement de Médicis lui-même, il composa son petit traité *sur les différences entre les doctrines d'Aristote et celles de Platon*, premier signal de la controverse entre les deux écoles, et du mouvement qui devait ébranler d'abord et, deux siècles après, renverser la scolastique du moyen âge. »

Ce traité, écrit en 1438 ou 1439, bien qu'il ait été plusieurs fois imprimé, est aujourd'hui très-difficile à trouver. Quant à la querelle dont il fut l'origine, Boivin jeune, comme nous l'avons déjà dit, en a fait l'historique dans une dissertation insérée au tome II des Mémoires de l'Académie des inscriptions et belles-lettres, et cette dissertation est toujours ce qu'il y a de mieux sur ce sujet. Ceux qui, en parlant de l'histoire de la philosophie ou de la renaissance des lettres se sont occupés de la question après Boivin jeune, n'ont rien ajouté d'important à ce que le savant français avait dit avant eux.

On peut croire que c'est après la publication du traité *sur les différences entre les doctrines d'Aristote et celle de Platon* que Gémiste changea son nom de Gémiste en celui de Pléthon, qui en grec signifie la même chose. Pléthon, disait-il, est plus attique que Gémiste. Oui, disaient ses ennemis, mais il sonne aussi à l'oreille presque comme Platon, et vo là le secret du changement. Petite vanité !

De retour à Sparte, Gémiste, devenu Pléthon, donna à son grand ouvrage de réforme religieuse tout le temps que lui laissaient ses fonctions judiciaires.

Georges Scholarius, dont nous ne savons rien avant 1437, était cette année-là grand-juge à Constantinople et secrétaire général de l'empereur Jean II Paléologue, qu'il accompagna en Italie.

Pendant la tenue des conciles de Ferrare et de Florence, il se montra zélé partisan de la réunion des deux Églises, ardemment souhaitée, comme on le sait, par l'empereur, son maître. Il publia même plusieurs écrits que nous avons encore pour décider les Grecs à signer le *credo* des Latins. Était-ce conviction alors ou complaisance pour Jean II ? Sa conduite ultérieure permettrait certainement de douter de sa sincérité, si l'on ne savait combien l'homme est naturellement changeant et divers.

De retour à Constantinople, Scholarius, qui ne s'était pas d'abord occupé du traité de Pléthon *sur les différences entre les doctrines d'Aristote et celles de Platon*, prit part à la querelle que ce traité avait soulevée, en publiant, en 1443, un écrit dont il ne nous est parvenu que ce qu'en a cité Pléthon dans la dissertation qu'il composa en 1444 pour réfuter Scholarius.

L'écrit de Scholarius, nous dit Pléthon, était rempli de paroles violentes, d'injures et de menaces. Ce qu'il en cite ne justifie qu'à moitié de telles imputations. Mais ce qui est certain, c'est que, blessé au vif, il essaya aussitôt de le réfuter dans une réplique composée *ab irato* et qu'il envoya immédiatement à l'empereur Jean II. Cette réplique, qui n'était qu'emportements et fureurs, ne fut pourtant pas publiée tout d'abord. On dirait que Pléthon craignait Scholarius. Mais, bien que l'empereur n'eût pas communiqué à Scholarius la réplique de Pléthon, Scholarius en connut l'existence, et Pléthon lui fournit bientôt l'occasion de signaler de nouveau le danger de ses doctrines.

En 1448 ou 1449 Pléthon fit paraître, probablement à la demande du prince Démétrius, un traité sur la Procession du Saint-Esprit, dans lequel il défendait à sa manière la foi de l'Église grecque.

« Nous ne parlerions pas de ce dernier ouvrage, tout théologique en apparence, dit M. Alexandre dans la préface de son *Pléthon, Traité des Lois*, s'il ne se rattachait précisément à notre sujet, et s'il n'était venu comme exprès pour justifier les méfiances de Scholarius. Nulle part, en effet, dans les précédents ouvrages de Pléthon, son système païen ne se montre aussi nettement arrêté que dans celui-ci. En voici les principaux traits dessinés avec une exactitude assez bizarre au début d'un traité sur le Saint-Esprit : « L'ouvrage qui vient de paraître en faveur des Latins (il s'agit de quelque nouvelle publication de Bessarion ou d'Argyropulos), s'appuie sur un principe très-cher à la théologie grecque (c'est-à-dire païenne), mais très-contraire à celle de l'Église, savoir que des puissances ou facultés différentes ne peuvent appartenir qu'à des essences différentes... Quoi de plus contraire, en effet, au système de l'Église ? car la théologie grecque (ou païenne) plaçant au-dessus de tous les êtres un Dieu unique, le Dieu suprême, indivisible dans sa substance, et lui donnant plusieurs enfants et descendants de divers ordres, inférieurs ou supérieurs les uns aux autres, chargés de présider chacun à une partie plus ou moins importante du grand tout, n'admet pourtant pas qu'aucun d'eux puisse être égal à son père ni même en approcher : elle leur donne, au contraire, une essence de beaucoup inférieure, et par conséquent une divinité d'un ordre différent. En même temps donc qu'elle les appelle fils de Dieu et dieux eux-mêmes, elle les reconnaît ouvrage de ce même Dieu, ne croyant pas devoir, en parlant d'actes divers, distinguer la génération de la création, non plus que séparer la nature de Dieu de son activité. Elle établit ainsi entre les fils de Dieu des degrés différents d'essence et de divinité, en vertu de quel principe? sinon que des puissances différentes ne peuvent appartenir qu'à des essences différentes. Mais l'Église évidemment rejette cet axiome : autrement elle ne dirait pas que le Fils est égal au Père et de la même essence. Comme, en effet, le Père, etc. »

Il poursuit sa discussion, désormais étrangère à notre sujet, en s'appuyant ou feignant de s'appuyer sur les principes de la théologie ecclésiastique, comme il l'appelle par opposition à la théologie grecque ou païenne. Il ne parle même plus de cette dernière; mais n'a-t-on pas vu sa prédilection pour elle percer à chaque mot dans le passage que nous venons de citer? N'est-il pas même évident que sa prétendue théologie grecque n'est point celle des anciens, mais la sienne? Et, s'il restait quelque doute à ce sujet, il cesserait bientôt par la comparaison de ce même passage avec les chapitres conservés du Traité des lois. »

Cependant Marc, évêque d'Éphèse, le grand défenseur de la foi de l'Église grecque avait, à son lit de mort, fait promettre à Scholarius qu'il se constituerait après lui le champion de l'orthodoxie byzantine, celui-ci avait juré de combattre les Latins jusqu'au dernier soupir, et après la mort de Marc d'Éphèse, il avait prononcé sur sa tombe une ardente oraison funèbre que nous avons encore. Bien plus, quand Jean II Paléologue eut aussi rendu son âme à Dieu en novembre 1448, Scholarius, qui n'avait plus de raison pour garder quelques ménagements dans son opposition aux Latins, conseilla aux membres du clergé grec, sur lesquels il avait une grande influence, quoique laïque, de différer le sacre de Constantin Dragasès, parce que ce prince s'était déclaré pour la réunion des deux Églises d'Orient et d'Occident.

En même temps que Scholarius changeait ainsi d'opinions religieuses, il avait quitté la cour et s'était retiré au monastère de Pantocrator. Il y changea son nom de Scholarius en celui de Gennadius, mais il ne prit pas sur-le-champ l'habit des religieux. C'est là qu'il lut, en 1449, le singulier traité de Pléthon sur la procession du Saint-Esprit. Après l'avoir lu, il en comprit aussitôt la portée et les tendances, et il écrivit à l'auteur une lettre fort remarquable, destinée à la plus grande publicité, et dans laquelle tout en le félicitant d'avoir pris en main la cause de l'Église grecque, il laisse clairement voir qu'il sait ce qu'il faut entendre par la prétendue philosophie grecque ou païenne et qu'il ne pactisera pas avec l'erreur, comme le prouve le passage suivant dont nous empruntons la traduction au docte livre de M. Alexandre :

« Que s'il se trouve des hommes assez insensés pour vouloir aujourd'hui renouveler ces antiques folies du paganisme, leur aveuglement serait impardonnable....

« En effet, depuis que le Verbe lui-même est venu enseigner au monde le grand principe de l'unité divine, quel crime ne serait-ce pas de vouloir refaire des dieux multiples, de réchauffer après tant de siècles les cendres éteintes du polythéisme, et de demander à la philosophie, non-seulement la reconnaissance d'un nouvel Olympe que n'avait pas rêvé le cerveau des poëtes, mais un culte nouveau, une religion simplifiée, comme disent quelques-uns, destinée à refondre la société et les mœurs d'après les idées de Zoroastre, de Platon et des stoïciens.

« S'il arrivait que de telles impiétés vissent le jour dans quelque ouvrage, je m'engage à les confondre : d'autres sans doute le feraient aussi bien, mais je réclame l'honneur d'un tel combat; j'attaquerai ce livre, non par le feu, mais par la raison et la vérité. Le feu, c'est aux auteurs qu'il faudrait le réserver. »

Pour toute réponse Pléthon publia l'ouvrage, dont il avait envoyé une copie à l'empereur Jean II, et dans lequel il attaquait avec passion le plaidoyer de Gennadius en faveur d'Aristote. Cet ouvrage s'est conservé jusqu'à nous. Gennadius, ainsi provoqué de nouveau, garda le silence (1449).

Une oraison funèbre en l'honneur de l'impératrice douairière, veuve de l'empereur Manuel et un compliment au prince Démétrius, despote de Sparte, sur sa réconciliation avec le prince Thomas, son frère, despote d'Achaïe, morceaux qui datent tous de 1450 sont les dernières publications de Pléthon.

Presque centenaire, il exerçait toujours ses fonctions de juge, et il travaillait encore à son grand ouvrage sur les Lois, lorsqu'à la suite d'une courte maladie il mourut à Sparte en 1452. Il fut enterré avec les cérémonies ordinaires de l'Église ; et nous avons encore deux oraisons funèbres composées en son honneur, l'une par Hermonyme de Sparte, un de ses élèves dont nous parlerons plus loin, et l'autre par Grégoire le moine, auteur d'un Compendium de philosophie.

En 1452, Gennadius, après avoir pris l'habit religieux, vivait toujours dans le monastère de Pantocrator. On sait comment, cette même année, après l'arrivée à Constantinople du cardinal-légat Isidore, le jour même où Constantin Dragasès renouvelait à Sainte-Sophie la cérémonie de la réunion des deux Églises d'Orient et d'Occident, Gennadius afficha clandestinement à la porte de sa cellule du monastère de Pantocrator une protestation contre l'acte solennel de l'empereur, laquelle excita une émeute parmi le peuple. Depuis ce temps, il ne cessa d'adresser à ses compatriotes lettres sur lettres, véritables manifestes contre les Latins. Comptant sur l'impunité que lui assurait le grand nombre de ceux qui partageaient ses opinions, il ne cessa pendant le siége de Constantinople de prédire la prise de la ville en punition de l'union renouvelée avec les Latins. La ville prise, il fut fait patriarche par Mahomet II, qui tenait à rassurer les Grecs.

Quelques temps après, Mahomet II étant venu visiter l'Église du nouveau patriarche, celui-ci questionné par le sultan sur les doctrines de Jésus-Christ, lui fit des réponses qu'il a ensuite mises par écrit. C'est le livre intitulé *De l'unique Voie du salut*, dont il y a des exemplaires imprimés en grec, en latin et en turc, ces derniers avec des caractères grecs.

On a vu précédemment comment Démétrius, despote de Sparte fut dépouillé par Mahomet II, en 1460, comment il fut relégué à Andrinople, et comment sa fille entra dans le harem du sultan. La mère de la jeune princesse dut la suivre à Constantinople.

« Ici, dit M. Alexandre, commence une ère nouvelle dans l'histoire du livre de Pléthon, et pour la connaître, nous n'avons plus qu'à laisser parler le patriarche Gennadius dans sa lettre à Joseph l'exarque.

« Après la mort de Gémiste, dit-il, son livre passa entre les mains de ceux qui gouvernaient le Péloponèse (il est probable que le prince Démétrius se l'était fait remettre d'autorité). Dès qu'ils en eurent pris connaissance, ils résolurent de me l'envoyer, et ils résistèrent aux instances de ceux qui demandaient à en prendre des copies. Néanmoins, les circonstances ne leur permirent pas d'exécuter immédiatement leur projet ; ils conservèrent le volume, et, plus tard, la suite des mêmes circonstances leur donna lieu de me l'apporter eux-mêmes. A l'ouverture du livre, quelle ne fut pas ma douleur, etc. » Ici Gennadius donne une analyse du Traité des Lois, ou plutôt une simple indication des matières, parfaitement conforme à la table et aux fragments que nous possédons. Il hésita d'abord si, sur les simples titres des chapitres, il ne condamnerait pas l'ouvrage entier. Il se décida pourtant à le lire d'un bout à l'autre pour juger en parfaite connaissance de cause. « Cette lecture, dit-il, m'occupa quatre heures, et je vis comment le texte répondait aux promesses des titres. En même temps, je me sentis agité par une foule de sentiments divers. Je riais d'un tel excès d'absurdité ; je gémissais sur la perte de cette âme autrefois chrétienne, je détestais la malice des démons, qui, en l'éloignant des sentiers de la grâce, l'avaient précipitée dans l'erreur. Et puis je maudissais la folle impiété dont le monde fut esclave pendant tant de siècles, et je remerciais Dieu de nous en avoir délivrés. Je déplorais enfin le malheur, la honte, l'opprobre de notre nation. Fallait-il, hélas ! à tant de maux ajouter ce comble ! Fallait-il que tout l'honneur des lettres grecques reposât sur la tête d'un seul homme, et que tel fût pour cet homme le fruit d'une si longue vie et de tant d'études.... Je m'affligeais de voir un vieillard perdre tant de peine à choisir et à combiner des mots pour en revêtir de si détestables idées : on eût dit un habile artiste consumant sur une matière vile et fragile le talent dont il pouvait faire un noble usage... Et quand, après cette lecture, pour la résumer dans ma pensée, j'eus repassé les titres et les préambules, mes yeux se remplirent de larmes,... et, comme si je parlais à Pléthon lui même, comme s'il comparaissait devant moi pour entendre sa sentence : Insensé, lui dis-je, il n'y a qu'une loi, qu'une règle de la société humaine, c'est la doctrine sainte. Et toi, l'abandonnant pour de coupables systèmes, tu oses t'ériger en législateur! Mais qui donc as-tu pensé séduire?...

« Après avoir ainsi fait le procès à l'auteur, je refermai le volume, et le renvoyai à l'auguste princesse (la femme de Démétrius), en lui mandant de le jeter au feu ; mais elle me le renvoya à son tour en me marquant que c'était à moi qu'il appartenait à tous les titres d'exécuter la condamnation... Je voulus alors essayer d'en conserver du moins quelques parties, celles qui se rapportaient aux sciences physiques, à la logique ou à d'autres matières semblables. Mais après un nouvel examen, je reconnus qu'aucune partie ne pouvait échapper à la censure, non-seulement à cause du paganisme qui dominait tout l'ensemble, mais aussi parce que l'erreur se glissait partout dans les détails. »

Ici sont relatées plusieurs propositions étranges en morale, ou évidemment hostiles au christianisme, qui se trouvaient répandues dans le corps de l'ouvrage, et dont quelques-unes subsistent dans les morceaux qui nous restent. La conséquence fut que Gennadius livra tout au feu, à l'exception de quelques feuillets conservés comme pièces de conviction.

Tous ces détails, tirés de la lettre de Gennadius, ne sont pas sous sa plume un simple récit, mais bien un compte rendu de sa conduite ; et la preuve que cette lettre est une acte officiel, et sous l'adresse de Joseph l'exarque, une véritable circulaire, un mandement pastoral destiné à la plus grande publicité, c'est le dispositif qu'il y ajoute : « Et comme, dit-il, il est possible qu'il existe quelque part une copie de cet ouvrage prise par les amis de l'auteur, soit de son vivant, soit après sa mort, nous ordonnons de la part de Dieu, à tous et à chacun, de quelque manière et en quelque lieu que ce livre leur tombe entre les mains, de le brûler à l'instant même, s'ils en ont la faculté, et quiconque sera convaincu de l'avoir recélé, après une première et une seconde admonition, s'il refuse ou s'il ne s'empresse pas de le détruire, qu'il soit retranché de la communion des fidèles. »

C'est bien là le langage de l'autorité épiscopale, et il faut en conclure que Gennadius écrivit cette lettre étant encore patriarche, c'est-à-dire, avant la fin de 1460.

Ce point est ici d'une grande importance pour l'honneur de Gennadius. Que Gennadius, étant patriarche jette au feu un livre mauvais, qui ressuscitait une partie du paganisme et qui niait une partie du christianisme, un livre qui pouvait être fort dangereux, car Pléthon n'était pas alors le seul amant épris de la Grèce païenne ni le seul ennemi de la loi chrétienne, et cela à la veille de l'entrée de Mahomet II dans Constantinople, Gennadius n'a fait que ce que sa conscience lui imposait comme un strict devoir. Peut-être en le faisant, ne fut-il pas parfaitement exempt de toute rancune contre Pléthon, qui l'avait violemment attaqué; mais on ne saurait douter en tout cas que son premier mobile, celui qui le décida plus que tout autre, n'ait été l'intérêt des âmes confiées à sa garde. Sachons donc, en pensant au mal qu'eût certainement fait alors la publication du Traité des Lois, ne pas trop vivement regretter la destruction de cet ouvrage sous le spécieux prétexte qu'il serait aujourd'hui peut-être aussi curieux qu'inoffensif pour les lecteurs. Les droits de la morale sont antérieurs et supérieurs à ceux de l'érudition.

Ce que Gennadius a laissé subsister du livre de Pléthon avec ce que Pléton lui-même en avait publié avant de mourir, suffit amplement pour prouver que Pléthon n'a pas été calomnié par Gennadius. Le Traité des Lois était un code complet de législation, une utopie religieuse, philosophique et sociale. Pour le bien connaître on ne saurait mieux faire que de lire l'ouvrage dans lequel M. Alexandre en a réuni tous les fragments en plaçant en regard des plus importants une traduction composée par M. Pellissier (1).

Nous nous bornerons à indiquer ici rapidement les principales idées du système de Pléthon.

Pléthon n'admettait qu'un Dieu suprême, mais ce Dieu communiquait son essence à d'autres dieux de moins en moins divins, puis aux hommes, puis aux animaux, puis aux choses mêmes. Pour désigner ses dieux il usait des noms de l'Olympe grec, le Dieu suprême s'appelant *Zeus*, et les dieux inférieurs, *Poseidon*, *Cronos*, etc. La fatalité gouvernait le monde; ce qui n'empêchait pas l'âme d'être libre, spirituelle et immortelle. Capable de mérite ou de démérite, en dépit de l'implacable destin qui déterminait tous ses actes, elle recommençait, à des époques fixes, à animer des corps toujours détruits et toujours refaits. La polygamie était permise aux hommes, défendue aux femmes. Une théocratie républicaine, analogue au gouvernement des Hébreux, sous les juges, formait l'idéal d'une société bien policée, laquelle devait contenir trois classes de citoyens, les prêtres, les guerriers et les ouvriers. La mort était la peine ordinaire des délits ou des crimes, et presque toujours la mort par le feu. Quiconque oserait parler ou écrire contre les dogmes de la nouvelle religion, était d'avance dévoué aux flammes des bûchers. Ajoutez à cela toute une liturgie, des oraisons en prose, des hymnes en vers et un curieux calendrier ingénieusement réformé. Bref, Pléthon, avec ses idées empruntées au gnosticisme, au panthéisme, au fatalisme, avec sa croyance à la métempsychose, et aussi avec quel-

ques-unes de ses aspirations légitimes et de ses vues justes, fut un des ancêtres de Saint-Simon et de Fourier. Pour avoir avorté, sa tentative peu connue jusqu'ici, n'en méritait pas moins d'être signalée. C'est ce qui nous a engagé à en parler avec quelque détail. Achevons maintenant aussi brièvement que possible ce qui nous reste à dire de Gennadius.

Vers la fin de 1460, Gennadius déposa les marques de la dignité patriarcale, après avoir publié une lettre dans laquelle il rendait compte de la manière dont il avait été élu et des motifs qui le décidaient à abdiquer. Il se retira ensuite au monastère de Saint-Jean-Baptiste près de Phères en Macédoine, où il composa divers ouvrages en faveur de la foi de l'Église grecque. On le retrouve à Constantinople en 1464. Nous ignorons la date de sa mort.

Outre un grand nombre d'écrits théologiques, d'homélies et de lettres, Gennadius nous a laissé plusieurs oraisons funèbres, des commentaires sur le traité des cinq universaux de Porphyre, sur les dix Catégories, l'Interprétation et la Physique d'Aristote, et des traductions du latin en grec de quelques livres de saint-Thomas sur Aristote. Ces écrits ont eu d'abord un grand retentissement, mais l'écho du bruit qu'ils firent autrefois est depuis longtemps éteint. Plusieurs ont été imprimés, mais la plupart sont restés et resteront peut-être toujours inédits. On peut lire la formidable liste des uns et des autres au tome XI de la bibliothèque grecque de Fabricius, édition Harless, où elle va de la page 369 à la page 393.

Comme ce que nous étudions surtout ici, c'est l'influence des savants de la Grèce sur ceux de l'Italie, nous ne terminerons pas ce chapitre sans indiquer que les théories de Pléthon ne périrent pas tout entières avec lui ou avec le Traité des Lois. Marsile Ficin et Pomponius Lætus, qui avaient tous deux entendu Pléthon lors de son séjour en Italie, essayèrent de continuer son œuvre, l'un à Florence dans le sens du panthéisme, l'autre à Rome même dans celui du paganisme; et ils ne manquèrent pas de disciples fervents et enthou-

---

(1) Πλήθωνος νόμων συγγραφής τὰ σωζόμενα. Pléthon. Traité des Lois, ou recueil des fragments, en partie inédits, de cet ouvrage par C. Alexandre, traduction par A. Pellissier; Paris, Firmin Didot, 1858.

siastes. Enfin, les dépouilles mortelles de Pléthon, exhumées de la tombe où elles reposaient à Sparte, furent en 1475, selon Tiraboschi (probablement à la suite d'une expédition dans le Péloponèse) transportées par un de ses admirateurs, Sigismond Pandolphe Malatesta, à Rimini, où elles furent déposées sous une des belles arcades qui forment l'extérieur de la cathédrale de cette ville. Cette cathédrale, fondée par Sigismond et construite par Léon-Baptiste Alberti, architecte florentin, dont elle est le chef-d'œuvre, est dédiée à Saint-François. C'est sur l'un des sarcophages consacrés par Malatesta aux grands capitaines, aux poëtes et aux philosophes dont il aimait à s'entourer qu'est gravée l'inscription suivante, dont nous devons la copie à l'obligeance d'un de nos meilleurs amis, M. N. Desvergers :

MISTII BIZANTII PILOSOPHR. SVA TEMP. RELIQVVM SIGISMVNDVS PANDVLFVS MAL. PAN. F. BELLI PELOP. ADVERSVS TVRCOR. RECEM IMP. OB INGENTEM ERVDITORVM QVO FLAIEGRAT AMOREM HVC AFERENDVM INTROQVE MITTENDVM CVRAVIT MCCCCLXV.

Il y a dans cette inscription, nous devons l'avouer, quelque chose que nous ne comprenons pas, ce sont les mots : *philosophor. sua temp.* De plus, selon Tiraboschi, qui nous dit dans son Histoire de la Littérature italienne, à la page 354 du tom. VI de l'édition de Modène : « Gemisto... il cui cadavero fu poi da Sigismondo Pandolfo Malatesta signor di Rimini trasportato a questa città l'anno 1475, »la date de la translation des restes de Pléthon serait 1475, comme nous l'avons dit ci-dessus, tandis que l'inscription, du moins selon notre copie, place la translation en l'an 1465 ; mais comme Tiraboschi n'a parlé aussi de l'inscription que d'après une copie, nous ne saurions dire où est l'erreur (1).

(1) Je dois la plus grande partie de ce chapitre et du suivant à la collaboration de M. Francis Meunier. *W. B. de P.*

CHAPITRE VII.

DES GRECS VENUS EN ITALIE APRÈS LA PRISE DE CONSTANTINOPLE PAR LES TURCS : JEAN ARGYROPULOS. — DÉMÉTRIUS CHALCONDYLE, ETC. — CONSTANTIN ET JEAN LASCARIS, ETC. — MARC MUSURUS, ETC., ETC. — QUELQUES MOTS SUR LA PRONONCIATION DU GREC.

Jusqu'ici nous n'avons parlé que des Grecs qui ont paru et brillé en Italie avant la prise de Constantinople par les Turcs. Ce que nous avons dit de leurs leçons orales et de leurs travaux écrits, des auditeurs qui se pressaient autour de leurs chaires et des lecteurs qui se disputaient les copies de leurs productions, suffit pour montrer combien l'on a eu tort de dater de la chute de l'empire d'Orient la renaissance des études grecques en Occident. Loin de n'y être encore qu'un germe à peine éclos, elles y étaient au contraire déjà très-florissantes, et la vigueur de leur jeune et splendide épanouissement annonçait dès lors les nombreux jets qu'elles y ont bientôt poussés et qu'elles y poussent encore chaque jour dans toute la sève de leur pleine et forte maturité. Constantinople ne serait pas tombée au pouvoir des Turcs, que le spectacle auquel nos pères ont assisté et que nous admirons après eux, eût tout de même été donné au monde.

Longtemps avant 1453, l'astre de la littérature grecque, perçant enfin, après une éclipse de plusieurs siècles, à travers les épaisses ténèbres du moyen âge, s'était de nouveau levé sur l'Italie pour ne plus se coucher en Occident. Pétrarque et Boccace en avaient vu poindre les premiers rayons dans la pénombre de l'horizon, et ils en avaient salué le retour avec enthousiasme. Comme Prométhée ravissant le feu du ciel, *Ceu Prometheus*, etc., des maîtres tels que les Chrysoloras, les Gaza, les Bessarion, avaient créé à Venise, à Rome, à Florence, un immense et inextinguible foyer de lumière ; et comme les coureurs des jeux antiques, *quasi cursores vitai lampada tradunt*, des disciples, tels que les Guarini, les Philelphe, les Valla, y avaient allumé d'éclatants flambeaux qu'ils devaient se transmettre religieusement de main en main pour le plus prompt développement de la civilisation et pour le plus grand bonheur de l'humanité.

Disons toute notre pensée. A notre sens, il n'y aurait pas seulement de la cruauté, il y aurait erreur à se consoler de la chute de Constantinople par la pensée tout égoïste que l'Occident du moins a pu retirer quelque bien de l'affreux malheur de l'Orient. Non, la chute de Constantinople a été à la fois et une épouvantable catastrophe religieuse et politique pour les races de langue grecque et un immense désastre littéraire pour les races de langue latine. Celles-là, en effet, toujours toutes meurtries et toutes sanglantes de la blessure de 1453, n'ont pas encore pu replacer la croix sur Sainte-Sophie et rejeter les Turcs au delà du Bosphore et du Taurus, et sans Mahomet II celles-ci, fraîchement initiées à la connaissance des lettres grecques et toutes prêtes à en aller chercher les chefs-d'œuvre dans les bibliothèques encore intactes de Constantinople et du Péloponèse, auraient promptement rapporté de Grèce en Italie les originaux ou les copies de toutes les œuvres littéraires dont, après la prise de Constantinople, les Grecs échappés à la fureur des Turcs n'ont pu leur apporter que de trop rares débris.

Écoutons à ce sujet la voix d'un contemporain, c'est celle d'Æneas Sylvius, qui fut plus tard Pie II : « Constantinople, dit-il, était restée jusqu'à notre âge le sanctuaire de l'antique sagesse, l'asile des lettres et la citadelle de la philosophie. On ne passait pas pour instruit chez les races latines, si l'on n'avait pas étudié quelque temps à Constantinople. La renommée dont la docte Athènes avait joui sous l'empire de l'antique Rome, Constantinople la possédait de nos jours. Nous en avions déjà reçu beaucoup d'exemplaires des chefs-d'œuvre de la vieille Grèce et nous espérions bien en recevoir encore plus. Et voilà que le triomphe des Turcs a livré toutes ces richesses intellectuelles au pillage des Barbares. En vérité, je crains que ce ne soit fait des lettres en Grèce. Le Turc hait les études, il les persécute. Que la docte, que l'éloquente Grèce soit tombée entre ses mains, comment le déplorer assez ? Quel irréparable malheur ! »

Et que l'on ne croie pas que ce sont ici des paroles en l'air, des exagérations sans fondement ou sans portée. Un Vénitien, Lauro Quirino, dans une lettre à Nicolas V, sur la prise de Constantinople, lettre datée de Candie, ides de juillet 1453, l'original en est dans la Bibliothèque-Cottonienne en Angleterre, atteste tenir du cardinal-légat, Isidore, témoin oculaire du sac de Constantinople, que le nombre des manuscrits renfermés dans les Bibliothèques de Constantinople qu'il a vu dévaster dépassait le chiffre de cent vingt mille volumes. Quelle perte, sans compter tout ce qui a dû périr ailleurs !

Et cela est arrivé, quand les lettrés de l'Italie avaient déjà commencé à se rendre en Orient. Que de transcriptions eussent été faites quelques années plus tard ! Que d'ouvrages à jamais perdus eussent été sauvés pour toujours ! Mais non, au lieu de tant de copies qui allaient se faire, et que l'imprimerie eût multipliées sans fin, l'Italie ne devait recevoir, hélas ! que les restes des Turcs. Quelle pauvre compensation ! Mais laissons là des regrets superflus, mieux vaut honorer d'un souvenir les malheureux Grecs qui ont apporté en Italie, après la chute de l'empire d'Orient, quelques-unes des œuvres ou des traditions littéraires de leurs ancêtres. Si la gloire d'avoir restauré les études grecques en Occident appartient véritablement à ceux qui les premiers y avaient trouvé, longtemps avant 1453, asile, protection et dignités, ainsi qu'aux disciples qu'ils y avaient formés, les seconds ont du moins le mérite d'avoir travaillé comme eux à cette heureuse restauration et formé comme eux des disciples qui ont été les maîtres de nos maîtres. Élève des uns et des autres, ce que nous avons fait pour les premiers, nous allons le faire pour les seconds.

Un des Grecs qui se dérobèrent le plus tôt au joug des Turcs en passant en Italie, après la chute de l'empire d'Orient, fut Jean Argyropulos. Prêtre du rit grec uni, il enseignait la philosophie à Constantinople dès 1441, et il y eut pour disciple Michel Apostolius. Après 1453, il trouva un asile à Florence, et y professa les belles-lettres et la philosophie sous Cosme de Médicis, sous son fils Pierre et sous son petit-fils Laurent, auquel il avait enseigné la morale et la dialectique. C'est aussi aux Médicis que sont dédiés plusieurs de ses travaux les plus importants. Il compta parmi ses auditeurs Ange Politien, Donat Acciaiuoli et d'autres savants hommes. En 1456, il fit un voyage en France pour obtenir de la libéralité de notre roi Charles VII l'argent nécessaire au rachat de quelques-uns des siens, restés entre les mains des Turcs. Nous ignorons s'il réussit au gré de ses désirs. On le retrouve à Florence en 1460. D'une rare érudition dans les lettres grecques, il n'était guère moins instruit dans les lettres latines. Une peste s'étant déclarée en Toscane, il passa à Rome, où il enseignait encore la philosophie d'Aristote eu 1473. C'est à Rome que l'Allemand Jean Reuchlin eut occasion de l'entendre. Thucydide était alors l'auteur qu'il expliquait à ses élèves. Ses leçons lui eussent certainement procuré une très-honnête aisance, s'il n'eût dépensé ce qu'il gagnait, comme il le gagnait, au jour le jour : toutefois il ne s'endettait pas. Grand buveur, grand mangeur, il avait un ventre énorme, au dire de Paul Jove, qui lui en voulait un peu de ce qu'il ne professait pour Cicéron, l'idole de ce temps, qu'une très-médiocre estime. Il survécut à Théodore Gaza, son docte compatriote et son généreux ami, qui avait tout fait pour lui aplanir le chemin de la renommée, et il mourut à Rome, après 1478, d'une indigestion de melon dans la soixante-dixième année de son âge. Son épitaphe, qui nous est parvenue en vers grecs, est l'œuvre de Jean Lascaris, un de ses compatriotes et de ses élèves.

On conserve en Angleterre (Bibliothèque-Bodléienne, cod. Barocc. 87) un manuscrit de l'*Isagoge* (*Introduction*) de Porphyre et de l'*Organon* (*Logique*) d'Aristote, enrichi de scholies sur l'un et l'autre ouvrage, toutes de la main d'Argyropulos.

Il a traduit du grec en latin la même Isagoge de Porphyre et le même Organon d'Aristote, avec les traités du même Aristote sur la Physique, le Ciel et l'Ame, ainsi que les Éthiques à Nicomaque. Comparées aux traductions de Théodore Gaza, les traductions d'Argyropulos paraissent d'une latinité moins élégante, mais d'une plus rigoureuse exactitude. Les premières sont fort remarquables, et l'on doit en faire grand cas ; mais les secondes serrant l'original d'aussi près que possible sont plus conformes au génie d'Aristote, qui ne sacrifiait pas tous les jours aux Grâces.

Argyropulos a encore laissé un traité en grec sur la Procession du Saint-Esprit d'après les conciles de Ferrare et de Florence et quelques autres opuscules également en grec sur des sujets de circonstance.

Il existe aussi, dit-on, une traduction latine du petit traité d'Aristote sur l'Interprétation, laquelle porterait le nom de Jean Argyropulos le Jeune. Serait-ce un ouvrage de notre Argyropulos ou d'un Argyropulos de sa famille? Nous l'ignorons. Ceux qui ont parlé de Jean Argyropulos, le protégé des Médicis et l'ami de Bessarion et de Gaza, ne mentionnent de lui que deux fils (on sait que les prêtres grecs même du rit uni peuvent se marier), Barthélemy, placé par lui près de Bessarion et assassiné à Rome par des brigands en 1467, et Isaac, qui lui survécut et se fit une certaine réputation comme musicien.

Enfin une lettre de Philelphe nous apprend encore l'existence d'un Démétrius Argyropulos, peut-être frère de Jean, lequel voyageait en Italie en 1451. C'était, nous dit Philelphe, un habile copiste, qui parlait fort élégamment le grec, mais qui avait le tort de se donner comme philosophe, bien qu'il sût fort peu de philosophie.

Peu de temps après la mort de Théodore Gaza, un de ses meilleurs élèves, Démétrius Chalcondyle, Athénien de naissance, fut appelé par Laurent de Médicis vers 1470 à professer le grec à l'université de Florence, d'où la peste avait chassé Jean Argyropulos. Laurent lui confia en outre l'éducation d'un de ses fils, en confiant aussi le même enfant aux soins d'Ange Politien, disciple d'Argyropulos, dans l'espérance que le jeune prince ferait plus de progrès, étant placé entre deux maîtres qui se piqueraient d'émulation. Plus tard même Laurent permit encore à Politien de professer le grec à l'université de Florence. De là des jalousies et des inimitiés entre Chalcondyle et Politien. L'un savait mieux le grec, mais l'autre s'exprimait mieux en latin, et comme on ne jurait alors que par Cicéron, le docte Chalcondyle voyait ses cours désertés pour ceux de l'élégant Politien. Bref, après 1491 (car en cette année-là il correspondait encore de Florence avec Jean Reuchlin), quand la mort de Laurent de Médicis l'eût dégagé des liens de la reconnaissance qu'il devait à son bienfaiteur, Chalcondyle, emmenant avec lui sa femme et ses enfants, sortit de Florence pour se rendre à Milan où l'appelait Ludovic Sforza. Il y fut plus heureux : bientôt un nombreux et brillant auditoire se pressa autour de sa chaire, et une juste renommée ne lui manqua plus.

Démétrius Chalcondyle est peut-être, dit Humphroy Hody, le Démétrius compté par Æneas Sylvius (Pie II) au nombre des Grecs auxquels Nicolas V demanda de traduire leurs meilleurs écrivains nationaux du grec en latin. S'il en était ainsi, comme Nicolas V est mort en 1455, Démétrius Chalcondyle serait venu en Italie sinon avant la prise de Constantinople, au moins immédiatement après. Cela est possible sans doute ; et, bien que Démétrius Chalcondyle dût nécessairement être fort jeune au temps de Nicolas V, ce pontife peut néanmoins avoir eu recours à ses services. Mais une conjecture qui ne repose, comme celle d'Humphroy Hody, que sur l'identité d'un nom aussi fréquent chez les Grecs que celui de Démétrius, nous paraît très-contestable. Nous ne voyons pas de quel Démétrius il peut être question chez Æneas Sylvius, mais nous doutons fort que ce soit de Démétrius Chalcondyle.

Chalcondyle a écrit en grec une grammaire grecque publiée à Milan. Érasme la regardait comme moins savante que celle de Théodore Gaza, et de fait elle est plus élémentaire, mais elle est loin d'être sans mérite, comme le prouve l'estime qu'en faisait Budée. Nous devons encore à Chalcondyle plusieurs éditions *princeps* d'auteurs grecs et entre autres celle du Lexique de Suidas, qui a paru à Milan en 1499.

Chalcondyle s'était marié à Florence à une femme de cette ville. Il en eut plusieurs enfants, mais ses fils qui donnaient tous de belles espérances n'arrivèrent pas à l'âge d'hommes. Le premier, Théophile, enseignant Homère à l'université de Pavie, y fut tué dans une rixe nocturne. Le second, Basile, nommé par Léon X professeur à Rome, y mourut de la fièvre en peu de mois. Tous deux étaient élèves de leur père pour le grec, de Janus Parrhasius pour le latin, et de Jean Lascaris pour le grec et le latin. Quant au troisième, Séleucus, il mourut encore plus jeune que ses deux aînés. Janus Parrhasius, qui était gendre de Chalcondyle, professa le latin à Rome sous Léon X.

Jean Andronicus Callistus, de Thessalonique, philosophe péripatéticien, homme que l'on a regardé comme égal et même comme supérieur en érudition grecque à son compatriote et ami Théodore Gaza, professa d'abord à Rome, grâce à Bessarion, puis à Florence avant l'arrivée de Démétrius Chalcondyle, où il expliqua Aristote, Homère et Démosthène, puis, à ce qu'il paraît, à Ferrare, et ensuite probablement de nouveau à Florence, où il eut pour auditeurs Ange Politien, Janus Pannonius, Georges Valla et beaucoup d'autres savants distingués. A la fin de sa carrière, il quitta l'Italie, après y être resté de nombreuses années à végéter dans une aisance douteuse ou plutôt dans une grande gêne, pour se rendre en France, où il ne tarda pas à mourir dans un âge fort avancé, sans être devenu plus riche.

On cite d'Andronicus Callistus une lettre à Nicolas Secundino. Nicolas Secundino lui écrivit aussi, au sujet du livre que Michel Apostolius avait publié contre Théodore Gaza, une lettre qui est datée de Viterbe, 1462. Il y a encore une lettre de celui-ci dans la correspondance de Bessarion à Andronicus Callistus. Ces trois lettres sont naturellement en grec.

On possède à Paris, à la Bibliothèque Impériale, une complainte sur le sort de Constantinople par un Andronicus

Callistus; une lettre (cod. 955) d'un Andronicus Callistus à un Georges Paléologue; un traité (cod. 1769) d'un Andronicus Callistus, péripatéticien, sur la physique, une division de la physique par le même; des traités d'un Andronicus, péripatéticien, sur les passions de l'âme, sur l'amour de la science, sur la vertu, sur la division (probablement de la physique). On possède aussi en Angleterre, à la Bibliothèque Bodléienne (cod. Land. C. 90), un traité d'un Andronicus, péripatéticien, sur les passions de l'âme, et en Espagne, à la Bibliothèque de l'Escurial, un traité d'un Andronicus, péripatéticen, sur la vertu. Tous ces écrits dont les deux derniers cités sont probablement les mêmes que ceux de Paris cités sous le même titre, sont en grec. Appartiennent-ils tous à Jean Andronicus Callistus, le péripatéticien de Thessalonique? Cela n'est pas certain, mais cela est très-probable, nous dit Humphroy Hody dans son docte ouvrage latin sur les Grecs qui ont contribué à la renaissance des lettres grecques en Occident.

Le traité des Passions de l'âme d'Andronicus le péripatéticien, dit encore Humphroy Hody, a été imprimé d'après deux manuscrits, l'un venu du Péloponèse, l'autre d'Espagne, par les soins de David Hœschel en 1693 et en 1617. Mais Hœschel a eu tort de l'attribuer à un Andronicus de Rhodes, philosophe péripatéticien, qu'il a pris pour l'Andronicus des anciens, qui fut aussi de la secte d'Aristote. Gér. Vossius (De la Philosophie, c. 5) a montré que l'ouvrage de ce prétendu Andronicus de Rhodes ne pouvait appartenir qu'à des temps relativement modernes, sans indiquer toutefois Jean Andronicus Callistus comme son auteur. Dans le catalogue imprimé des manuscrits de la Bibliothèque Bodléienne le traité sur les Passions de l'âme est aussi attribué à un Andronicus de Rhodes, péripatéticien; mais le manuscrit (cod. Land. c. 90) porte seulement Andronicus, péripatéticien.

A la suite du traité sur les passions de l'âme se trouve dans les éditions d'Hœschel un opuscule sur les vertus et les vices, qu'Humphroy Hody croit encore pouvoir attribuer à Andronicus Callistus.

Il y a là deux questions de propriété littéraire assez difficiles à résoudre et dont la discussion nous entraînerait trop loin. On peut lire à ce sujet ce que Fabricius a dit de différents Andronicus dans sa Bibliothèque grecque. Pour nous, nous croyons que l'on ferait bien de soumettre ces questions à un nouvel examen.

Conrad Gesner nous apprend qu'il y a à Venise dans la Bibliothèque de Saint-Jean et de Saint-Paul des scholies grecques sur Homère d'un certain Andronicus qu'il regarde comme le même que M. Popilius Andronicus, grammairien ancien, dont il est question chez Suétone. Pour moi, dit Humphroy Hody, je me persuade facilement que ces scholies sont tout simplement d'Andronicus Callistus, qui, cela est connu par Janus Pannonius, a fait quelque temps des leçons publiques sur Homère à Florence.

Voilà encore, on le comprend sans que nous le disions, une conjecture qui aurait grand besoin d'être soumise au contrôle d'un examen que nous ne pouvons faire.

Gabriel Naudé dans ses additions à l'histoire de Louis XI, roi de France, fait mention d'un Tranquillus Andronicus, Dalmate, qui fut payé pour enseigner publiquement le grec à Paris, avant Jean Lascaris, mais après Georges Hermonyme, sous le règne de Louis XI.

Ce Tranquillus Andronicus, Dalmate, est-il le même que notre Jean Andronicus Callistus, de Thessalonique, lequel, on l'a vu plus haut, est venu professer et mourir en France dans un âge fort avancé? Autre question, qui est encore à résoudre.

Enfin, vers le temps dont nous venons de parler, nous trouvons en Suisse un autre Andronicus (nous disons autre, mais peut-être ne diffère-t-il pas du Dalmate), surnommé Contoblaca, qui se disait Grec de nation et versé dans la connaissance de l'une et de l'autre langue (sans doute la grecque et la latine), dont il nous reste une lettre à l'adresse de Jean Reuchlin, écrite en latin et datée de Bâle 1477.

Avant Tranquillus Andronicus était

venu en France Georges Hermonyme Charitonyme Christonyme, de Sparte, qui, le premier de tous les Grecs, enseigna publiquement les lettres grecques à Paris, en l'an 1476. Le premier des Grecs, dis-je, mais non le premier de tous les hommes. Car avant lui Lilius Grégoire Tiphernas, disciple de Manuel Chrysoloras, que G. Naudé a eu tort de placer parmi les Grecs, avait le premier de tous enseigné ces mêmes lettres grecques dans ce même Paris. Ce Tiphernas, en arrivant de l'Italie, sa patrie, où il avait longtemps professé, s'était aussitôt rendu chez le recteur, de l'Université de Paris; il lui avait offert ses services pour l'enseignement de la langue grecque, et en avait en même temps réclamé un salaire, au nom d'un canon du concile de Vienne en France qui disposait que des professeurs pour l'enseignement du grec, de l'hébreu et de l'arabe seraient établis dans les Universités de Paris, d'Oxford, de Bologne et de Salamanque. Le recteur, qu'une pareille demande de la part d'un étranger d'assez pauvre apparence avait passablement surpris, n'avait pas laissé cependant que de faire un rapport au conseil de l'Université sur la proposition de Tiphernas. Elle fut agréée, et Tiphernas se mit à professer le grec. C'est ainsi que la langue grecque avait été pour la première fois publiquement enseignée à Paris, vers l'an 1472. Car Mélanchthon, dans son discours sur l'Étude des langues, qui fut prononcé en 1533, dit que Tiphernas était venu à Paris soixante ans avant le temps où il le prononça, et il résulte d'une lettre d'un Jacques, cardinal de Pavie, que Tiphernas professait non en France, mais en Italie, à Pérouse en 1471.

C'est de quelques disciples de Tiphernas, qui était mort ou avait quitté Paris presque aussitôt après y être venu en 1472, qu'en 1473 Jean Reuchlin, qui fut plus tard le premier professeur public de grec et d'hébreu en Allemagne, apprit à Paris, étant encore fort jeune les premiers éléments de la langue grecque. Peu d'années après, lorsqu'Hermonyme enseignait à Paris, Reuchlin, de retour en cette ville d'un court voyage en Allemagne, y suivit encore les leçons d'Hermonyme, et apprit de lui la calligraphie grecque, art dans lequel il excella et dont il retira quelques profits pécuniaires. Il reste deux lettres d'Hermonyme à Reuchlin, l'une en grec, l'autre en latin, à la date de 1478.

Hermonyme, avant de s'établir en France, avait été envoyé en Angleterre par Sixte IV pour traiter de la liberté d'un archevêque d'York, comme il nous l'apprend lui-même à la fin d'un magnifique exemplaire de Quintus de Smyrne, écrit tout entier de sa main.

Outre une vie de Mahomet, traduite du grec en latin et imprimée à Bâle en 1541, on a de lui en grec une oraison funèbre de Gémiste Pléthon et une dissertation sur le culte dû à la sainte Vierge, les deux en manuscrits. Il a encore composé en grec et traduit en latin avec notes et commentaires un traité de la Divinité du Christ et de la Vérité de sa religion, imprimé d'après son manuscrit autographe par J. Wegel en 1611.

La Bibliothèque des Pères attribue la traduction latine du livre de Gennadios sur le salut des hommes à un Grégoire Hermonyme, qui ne saurait être autre que notre Georges Hermonyme. Mais cette même traduction dans l'édition imprimée à Bâle en 1556 est précédée d'une épître dédicatoire que l'on ne retrouve pas dans la Bibliothèque des Pères, et l'auteur de l'épître, Jean Polo, Grec de nation, y présente la traduction comme son ouvrage, ce qui pourrait bien être la vérité.

Est-ce d'Hermonyme ou de Tranquillus Andronicus, le Dalmate, son successeur dans l'enseignement du grec à Paris, que parle Guillaume Budée, lorsqu'il nous dit qu'il apprit à Paris en 1481 les premiers éléments de la langue grecque d'un vieillard grec qui ne savait guère autre chose que bien prononcer le grec et se faire payer fort cher des leçons de peu de valeur? Nous ne saurions le dire. Cependant il y a plus d'apparence qu'il s'agit d'Andronicus, le Dalmate.

Presqu'aussitôt après 1453 commença à briller en Italie Constantin Lascaris, originaire de Constantinople et issu de la famille impériale des Lascaris. Il enseigna les lettres grecques d'abord à Milan jusqu'en 1463 ou même un peu au-delà, et ensuite à Messine avec un tel éclat, que l'on venait du fond de l'Italie et même des lagunes de Venise à Messine, pendant qu'il professait en cette dernière ville, pour assister à ses doctes leçons. On cite Bembo au nombre de ceux qui l'entendirent en Sicile. Il mourut à Messine dans un âge avancé, vers la fin du siècle.

On a de Constantin Lascaris une Grammaire grecque, écrite en grec et divisée en trois livres.

Le premier, qui traite des parties du discours, imprimé à part dès 1463 sous le titre : *Compendium orationis partium aliorumque quorumdam necessariorum* (Manuel des parties du discours, etc.), a été réimprimé d'abord seul à Milan, en 1476, puis par Alde, du vivant de l'auteur, en 1494, avec une traduction latine placée en regard du grec et due au même Alde, sous le titre : *Erotemata, Questions*. La diversité du titre *Compendium* et du titre *Erotemata* a quelquefois fait croire que la Grammaire grecque et les Erotemata étaient deux ouvrages différents ; il n'en est rien. Le second livre de cette grammaire, qui traite de la construction de certains verbes, a été écrit à Messine en 1466. Le troisième enfin, qui est en deux parties, dont l'une traite du nom et l'autre du verbe, écrites toutes les deux à Milan, a été publié pour la première partie à Milan en 1463, et pour la seconde après 1463 en Sicile.

Constantin Lascaris a encore laissé un traité des Pronoms, écrit à Milan en 1460, et un traité des Voyelles souscrites, écrit à Messine en 1470.

Tous ces livres, inédits jusqu'à la mort de leur auteur, ont été (ainsi que le traité des Parties du discours déjà trois fois imprimé) imprimés pour la première fois après sa mort avec une traduction latine en regard par les soins d'Alde. Il y en a une seconde édition de Gaspard Philomusus et une troisième de Jo. Oporinus ; celle-ci datée de Bâle 1547.

On cite encore de Constantin Lascaris un traité sur la syntaxe des verbes selon les Latins, écrit à Messine en 1468; un traité sur les philosophes calabrais, dédié au roi de Naples, Alphonse, et plusieurs autres ouvrages restés inédits.

La grammaire grecque de Constantin Lascaris, qu'Érasme plaçait immédiatement après celle de Théodore Gaza, et dont Budée faisait aussi grand cas, a quelquefois été attribuée bien à tort à Jean Lascaris.

Jean Lascaris fut le fils de Constantin, si nous en croyons l'auteur des Suppléments à la chronique de Jacques-Philippe de Bergame, publiés à Paris en 1535. L'âge des deux Lascaris ne s'oppose pas à cette filiation, et cet auteur a été en position de savoir pertinemment le fait qu'il avance, puisque, lorsque parurent ses Suppléments, Ange Lascaris, fils de Jean, vivait certainement à Paris. Cependant, dit Humphroy Hody, son assertion est très-probablement une erreur. D'abord Gyraldus, qui a parlé de l'un et de l'autre Lascaris, ne fait pas de Jean le fils de Constantin ; puis Alde Manuce, en dédiant ses Rhéteurs grecs à Jean Lascaris, le loue de sa naissance, comme descendant de la famille impériale des Lascaris, sans dire un mot de Constantin Lascaris, dont il avait pourtant imprimé la Grammaire grecque, silence que l'on ne comprendrait guère, si Jean eût été le fils de Constantin. Enfin, on sait par le témoignage même de Constantin Lascaris que Constantin était né à Constantinople, et par celui de Jean Lascaris que Jean, s'il était d'une famille originaire de Constantinople, naquit pourtant à Rhyndacène. Sans doute aucune de ces raisons n'est parfaitement décisive, mais toutes suffisent, sinon pour prouver, du moins pour faire admettre que Jean Lascaris n'était pas fils de Constantin Lascaris.

Jean Lascaris nous apparaît d'abord à Florence sous Laurent de Médicis. Laurent l'avait chargé de l'administration de sa fameuse bibliothèque, et il l'envoya deux fois avec le titre d'ambassadeur auprès de Bajazet II dans l'ancien empire d'Orient, afin qu'il recueillît, sous la sauvegarde du sultan, en Grèce, à Constantinople, dans les îles de l'Archipel et jusqu'en Asie, tout ce qu'il pourrait trouver et acheter de manuscrits grecs.

Une lettre de Marsile Ficin, datée de 1492, nous apprend que Jean Lascaris ne revint à Florence de son second voyage d'Orient qu'après la mort de Laurent de Médicis, sous le règne de Pierre. Il avait rapporté entre autres richesses littéraires les Commentaires de Proclus sur les six premiers livres et sur le commencement du septième livre de la République de Platon.

C'est encore Jean Lascaris qui a rapporté du mont Athos la plupart des harangues des Orateurs grecs publiés par Alde Manuce en 1513.

Il a donné à Florence en 1484, sous Laurent de Médicis, l'édition *princeps* en lettres onciales ou majuscules d'un volume d'épigrammes grecques avec une dédicace à Pierre de Médicis. Il a aussi dédié au même Pierre un petit traité latin de la véritable forme des lettres grecques.

Après que Pierre de Médicis eut été chassé de Florence, en 1494, Jean Lascaris se retira auprès de Charles VIII, roi de France, qu'il accompagna plus tard en Italie. Il revint de Naples avec lui, et il resta après sa mort à la cour de Louis XII.

Jean Lascaris, selon Gabriel Naudé, aurait enseigné le grec à Paris sous Charles VIII comme professeur public; mais Budée nous fait entendre, au contraire, qu'il vécut à la cour et non dans l'Université. Il donna bien quelques leçons à Budée, mais en passant et par pure bienveillance.

Louis XII l'envoya plus tard en Italie pour ranimer le courage des villes attachées aux Français; et c'est pendant cette mission qu'en 1502 Alde lui dédia son édition de Sophocle. Nous le trouvons à Venise en 1503 avec le titre d'ambassadeur de France. En 1508, Alde Manuce lui dédie à Venise le premier volume de son édition des Rhéteurs grecs dont quelques-uns avaient été apportés par lui pour la première fois en Italie.

En 1513, Jean de Médicis, un des fils de Laurent, devenu pape sous le nom de Léon X, l'appela à Rome. Il l'y mit à la tête d'un collége où l'on réunit un grand nombre de jeunes gens que l'on fit venir de la Grèce pour les instruire dans les lettres grecques et latines.

Nous devons au chef et aux élèves de ce collége l'édition *princeps* des Scholies anciennes sur Homère imprimées à Rome en 1517, des Scholies sur Sophocle, imprimées en 1518, du livre de Porphyre intitulé: Questions homériques, et du traité du même Porphyre sur l'Antre des Nymphes dans l'Odyssée, imprimés aussi en 1518.

En 1518 Jean Lascaris quitta Rome, Léon X vivant encore, pour venir en France à la demande de François Ier. Chargé de l'administration de la Bibliothèque royale et de la fondation d'un collége semblable à celui qu'il avait dirigé à Rome, il était à Paris en 1519. En 1520 il était à Venise, y attendant des jeunes gens grecs qu'il avait fait inviter à se rendre auprès de lui pour qu'il les conduisît dans le collége où François Ier désirait les établir à Paris; et, en les y attendant il faisait copier plusieurs livres de Diodore de Sicile pour les publier en France. Mais la guerre ayant empêché François Ier de donner suite à son projet, Jean Lascaris revint à Rome après 1523 sous Clément VII.

Envoyé par ce pape comme député à Charles-Quint, il débita à l'empereur, pour l'exhorter à faire la guerre aux Turcs, une harangue qui a été imprimée en français. Nous le retrouvons en France en 1525 et à Rome sous Paul III, en 1534. Il mourut dans cette dernière ville, presque nonagénaire, en 1535, laissant un fils, Ange Lascaris, qui a passé sa vie à Paris.

Outre les ouvrages que nous avons mentionnés plus haut et un recueil d'épigrammes grecques et latines imprimées à Bâle en 1537, Jean Lascaris a encore publié en grec et traduit en latin plusieurs extraits de Polybe.

Ami intime de Budée qu'il a défendu contre Érasme, ce qui n'a pas empêché ce dernier de faire son éloge en maints endroits, il fut un utile protecteur pour Janus Parrhasius, le gendre de Démétrius Chalcondyle.

Quelque temps après la prise de Constantinople par les Turcs en 1453, Michel Marullus Tarchaniota, dont la famille prétendait descendre de l'antique maison impériale des Gordiens, fut, étant encore enfant, amené par ses parents à Ancône, où un de ses ancêtres avait autrefois vécu et était mort. Il prit d'abord du service sous Nicolas Rhalla, de Sparte, qui s'était fait chef de condottieri en Italie. Appelé plus tard à Florence par Laurent de Médicis, il dédia à ce prince ses quatre livres d'épigrammes latines. Il a aussi compté parmi ses protecteurs Antoine, prince de Salerne, à qui sont dédiés ses quatre livres d'hymnes naturels sur les dieux des Gentils, ouvrage dû peut-être à l'influence des théories de Pléthon. Il se noya en passant à cheval une rivière vaseuse, le jour même où Ludovic Sforza, duc de Milan, fut fait prisonnier par les Français, en 1499, selon les uns, en 1500, selon d'autres. Son corps fut déposé dans l'église de Saint-Dominique à Ancône, parmi les sépultures d'un grand nombre de membres de sa famille. Les lettrés grecs et latins de son temps ont à l'envi célébré ses talents poétiques et déploré sa mort prématurée dans un grand nombre de pièces en vers et en prose.

Ami intime de Marullus et son condisciple sous Pontanus, Manilius Rhalla de Sparte, avait écrit comme lui un recueil d'épigrammes.

Fait archevêque de Crète ou d'Épidaure par Léon X, il mourut en 1517. Il avait eu pour frère Nicolas Rhalla, de Sparte, ce condottiere sous lequel servit Marullus, et pour père Démétrius Cabasius Rhalla, de Sparte, qui mourut à Rome. On ne sait ce que sont devenus les nombreux vers grecs et latins qu'il avait, dit-on, laissés. Son successeur au siége épiscopal de Monembasie fut Marc Musurus.

Marc Musurus, Crétois de naissance, laissant ses parents dans son île natale, vint assez jeune en Italie où dans la suite il appela et nourrit près de lui son vieux père. Disciple de Jean Lascaris, il enseigna d'abord le grec à Padoue, puis à Venise, avec un rare concours d'auditeurs. On a dit de lui qu'il ne restait pas quatre jours par an sans faire de leçon publique.

Alde lui a dédié son second volume des Rhéteurs grecs en 1510, et il a fait de lui le plus grand éloge dans la préface de ses Orateurs grecs, en 1513. En 1510, Marc Musurus enseignait à Padoue et en 1513 à Venise.

En 1516, Léon X l'appela à Rome, et il le créa la même année archevêque de Monembasie en remplacement de Manilius Rhalla. Cette date de 1516 est donnée par André Asulan qui a fait allusion à cette nomination dans la préface de son Pausanias imprimé en 1516.

Comme le passage qui concerne la mort de Rhalla et celui qui concerne la nomination de Musurus portent, chez Humphroy Hody, le premier la date de MDXVII et le second celle de MDXVI, l'une des deux est nécessairement erronée, peut-être par suite d'une faute d'impression, mais laquelle est à corriger ? c'est ce que nous n'avons pu découvrir.

Tombé malade peu après son élévation à l'épiscopat, de chagrin de n'avoir pas été fait cardinal, selon Paul Jove, de chagrin d'avoir été enlevé à ses travaux littéraires, selon Pierre Valérien, Marc Musurus mourut à Rome en 1517, n'ayant pas encore cinquante ans.

On a de lui des préfaces grecques en tête de l'Aristophane imprimé avec scholies par Alde en 1498, du grand Étymologique de Nicolas Blastos de 1499 et du Pausanias d'Alde de 1516. On a aussi de lui des épigrammes grecques en tête du Lexique grec-latin, imprimé avec Ammonius par Alde en 1497, du grand Étymologique de Nicolas Blastos de 1499 et du Platon d'Alde de 1513.

C'est encore lui qui a préparé, dit-on, les éditions de presque tous les volumes grecs publiés par Alde et même par Nicolas Blastos, assertions qui ne sont peut-être que l'exagération d'une vérité incontestable. Car outre les éditions déjà citées comme ornées de ses préfaces ou de ses épigrammes et dont on ne saurait nier qu'il ait préparé les textes, on peut encore citer parmi celles dont il a certainement revu les épreuves, l'Athénée et l'Hésychius de 1514, ainsi que plusieurs autres.

Peu de temps avant de mourir, il traduisait à Rome du grec en latin un petit traité sur la goutte, traduction qu'Henri Estienne a imprimée dans sa

Collection des médecins grecs en 1557.

Tous les contemporains de Marc Musurus ont à l'envi célébré sa prodigieuse érudition et ses immenses travaux, et le sénat de Venise, pour honorer sa mémoire, mit au concours la place que sa mort laissait vacante, afin de ne pas lui donner un trop indigne successeur.

Il s'en faut de beaucoup que tous les Grecs qui ont professé en Italie et dans le reste de l'Occident à la fin du quinzième et au commencement du seizième siècle aient égalé en talent ou en renommée ceux dont nous avons jusqu'ici retracé la vie et rappelé les travaux; mais parmi ceux qui ont été moins favorisés de la nature ou de la fortune, il y en a encore plus d'un dont le nom mérite d'être cité avec éloge. Disons donc quelques mots de Créticos, de Nicolas Sophianos et de Michel qui fut probablement son fils, de Georges Alexandre et de son fils Alexandre de Chandace, de Georges de Coreliano, de Jean Moschus, de ses deux fils Georges et Démétrius, et de Manuel Adramyttenos.

Créticos a enseigné en grec et en latin les belles-lettres et la philosophie à Padoue, au temps de Sixte IV, avec éclat et succès.

Ange, disciple de Constantin Lascaris, docteur dans l'un et l'autre droit, érudit et poëte, a été évêque en Calabre (d'où son nom d'Ange de Calabre) en 1463. Il est mort en 1475.

Nicolas Sophianos de Corfou a enseigné le grec d'abord à Rome, puis à Venise. Il a dédié à Bessarion un livre sur les Machines de guerre qui fait partie du fonds de Bessarion à la bibliothèque de Saint-Marc à Venise. Il a dressé des cartes de la Grèce avec les noms de lieux anciens et modernes, lesquelles imprimées d'abord à Rome, puis à Bâle en 1544, ont longtemps fait autorité pour la géographie de la Grèce. Il a écrit aussi un petit traité grec sur l'Astrolabe. Sa vie a été fort longue, puisqu'après avoir été en relations avec Bessarion, il vivait encore à Venise en 1544.

Michel Sophianos, fils de Nicolas, selon toute apparence, a enseigné le grec à Padoue. Outre des corrections sur le texte d'Eschyle qui ont été imprimées en 1452 dans l'édition que François Robortello a donnée de ce poëte, il a encore traduit les trois livres du traité de l'Ame par Aristote. Paul Manuce et Henri Estienne faisaient grand cas de sa science.

Georges Alexandre, contemporain de Nicolas Sophianos, a d'abord été professeur de grec à Rome, puis évêque en Crète. Il est mentionné à la fin d'un psautier grec, publié à Venise en 1486 par son fils qui s'y nomme Alexandre de Chandace en Crète.

Georges de Coreliano en Calabre, dont il reste quelques pages en grec vulgaire, vivait sous Ferdinand, roi de Naples.

Jean Moschus de Lacédémone, homme d'une grande érudition, qui a composé l'épitaphe du grand-duc Notaras, décapité avec ses deux fils après la prise de Constantinople par ordre de Mahomet II, enseignait le grec en Italie, quand les habitants de Thessalonique le firent inviter à venir professer chez eux, mais il mourut, lorsqu'il se préparait à partir, laissant deux fils dignes de lui, Georges et Démétrius.

Georges Moschus professa à Corfou la médecine et la rhétorique.

Démétrius Moschus qui vécut à Venise, à Ferrare et à Mantoue, écrivit en grec des épigrammes, des élégies et même des comédies aujourd'hui perdues. Il avait aussi composé quelques harangues et commentaires. Un de ces derniers nous est parvenu. Il a fait imprimer un poëme épique de sa composition sur Hélène, lequel atteste une veine assez facile. Il fut l'ami et quelque temps le commensal de Jean-François Pic de la Mirandole.

Manuel Adramyttenos de Crète a été précepteur de Jean Pic, comte de la Mirandole, et est mort à Pavie. Alde Manuce et Ange Politien ont parlé de ses connaissances avec les plus grands éloges. On cite de lui des Erotemata ou Questions et on lui a encore attribué quelques autres ouvrages qui pourraient bien être de Manuel Moschopulos, un des proches parents de Maxime Planude.

Outre les professeurs dont nous venons de parler, la Grèce a encore donné à l'Occident un certain nombre de copistes, d'éditeurs et d'imprimeurs. Après Jean Lascaris et Marc Musurus, il n'a pas manqué de Grecs qui, comme eux, se sont appliqués à publier aussi correctement que possible un certain nombre des anciens écrivains de la Grèce. Ces hommes dont les travaux nous sont encore si utiles méritent de nous un souvenir de reconnaissance. Toutefois, car il faut se borner, nous ne parlerons que de ceux auxquels nous devons le plus.

Zacharie Callierge de Crète, qui vécut d'abord à Venise puis à Rome, a fait paraître à Venise en 1499 le Grand Étymologique et les Commentaires de Simplicius sur les catégories d'Aristote, à Rome en 1515 un Pindare avec scholies, en 1516 un Théocrite avec quelques idylles jusque-là inédites, des scholies anciennes et une préface grecque, en 1523 le Lexique grec de Phavorinus.

Nicolas Blastos de Crète a fait les frais de l'édition du Grand Étymologique et des Commentaires de Simplicius sur les catégories d'Aristote, imprimés par Zacharie Callierge. C'est aussi aux frais de Nicolas Blastos qu'ont paru à Venise en 1500 les Commentaires d'Ammonius sur les catégories d'Aristote.

Arsenios, fils de Michel Apostolius et archevêque de Monembasie, a tiré de différents manuscrits en Crète, à Venise et à Florence, des scholies sur Euripide qu'il a publiées à Venise en 1534 avec une préface grecque à l'adresse de Paul III. Il a publié à Rome en un seul et même volume les Allégories sur Homère d'Héraclide, des extraits de Porphyre et de Clément d'Alexandrie, des opuscules de Psellus et de Tzetzès, etc. Cette collection a été réimprimée à Bâle en 1544. Arsenios a aussi donné à Rome un recueil de proverbes et un recueil d'apophthegmes de philosophes, de généraux, d'orateurs et de poëtes, rangés les uns d'après l'ordre alphabétique des mots, les autres d'après celui des noms de leurs auteurs.

Ces deux dernières publications avaient été préparées par Michel Apostolius, de Byzance, père d'Arsenios, qui leur avait donné un seul et même titre, en grec Ἰωνιά, en français Champ ou Bouquet de violettes. Christian Walz en a donné une bonne édition à Stutgard en 1832.

Aristobule Apostolius, autre fils de Michel Apostolius, a publié avec une préface grecque le petit poëme grec anonyme, qui a pour titre Combat des Belettes et des Rats.

Démétrius Ducas, originaire de Crète, vivait en Italie en 1508. On a de lui, en effet une lettre à Marc Musurus en tête du premier volume des Rhéteurs grecs, imprimé par Alde à Venise en 1508. Il fut plus tard appelé en Espagne par le cardinal Ximenès pour y présider à l'impression des textes grecs de l'Ancien et du Nouveau Testament, impression qui fut achevée en 1514.

Nicétas Phaustos, un de ses compatriotes, appelé comme lui d'Italie en Espagne, l'a aidé dans cette remarquable édition de la Bible.

Citons enfin, pour compléter la liste des Grecs qui ont rendu quelques services aux peuples de l'Occident lors de la renaissance des lettres, les noms conservés à divers titres de Justin de Corfou, de Jean Grégoropulos, d'Alexandre Agathémère, de Nicolas Pierre de Corfou, d'Antoine Eparchos de Corfou, de Nicandre Nucius de Corfou, de Matthieu Avarios de Corfou, de Constantin de Chypre, d'Hermodore de Zanthe, de Georges Balsamo, de Nicolas Nesiota (l'Insulaire) de Chios, de Jacques Diassorinos de Rhodes, d'Alexandre Justiniani, originaire de Venise, mais né à Chios, et d'Albéric de Salente, qui nous ont laissé, les uns des épigrammes, les autres des préfaces sur différents auteurs grecs, ceux-ci des copies, ceux-là des traductions ou des éditions d'ouvrages grecs.

Parmi les Grecs que nous venons de nommer, il en est un qui mérite d'être connu autrement que par une simple citation, c'est Nicandre Nucius.

Le véritable prénom de Nucius était Andronic, mais il l'a retourné en Nicandre pour lui donner une forme plus antique. Il s'enfuit de Corfou, sa patrie, lors de la dévastation de cette île par l'armée de Suleiman, que commandait le féroce Khaïr-Eddyn, et il passa à Venise, où il se fit copiste pour gagner sa vie. La Bibliothèque de l'Escurial renferme cinq manuscrits écrits de sa main à Venise, en 1541, 1542 et 1543 pour un grand d'Espagne, don J. Mendoza, alors ambassadeur de Charles-Quint près la république de Venise. Dans ces manuscrits on trouve son nom sous trois formes, Νούντζιος, Νούκκιος, Νούκιος. Il paraît s'être arrêté à la dernière. La première nous rappelle le latin *nuncius* et l'italien *nuncio*. C'est aussi à Venise que Nucius fit la connaissance d'un agent diplomatique de Charles-Quint, ancien directeur des écoles de Louvain, Gérard Velturyckus ou Weltvich, dont il devint le compagnon et le commensal, comme il nous l'apprend dans une curieuse relation qu'il nous a laissée sous le titre de Voyages de Nicandre Nucius. Nous allons rapidement analyser les trois livres dont se compose cet ouvrage.

Premier livre. Nucius accompagne d'abord Gérard en Illyrie, en Thrace et jusqu'à Constantinople ; puis il revient avec lui à Venise pour le suivre encore à Pavie, à Ferrare, à Mantoue, à Vérone et de là en Allemagne. Il traverse la ville de Trente, lorsque le fameux concile qui en a pris le nom y tenait ses séances. A Augsbourg il s'informe des doctrines de Luther et de Mélanchthon ; à Cologne, de celles de Jean de Munster, le chef des anabaptistes ; à Bruxelles, il voit Charles-Quint et sa cour. En Belgique, Anvers à cause de son commerce, en Hollande, Rotterdam à cause d'Érasme, attirent surtout son attention. Gérard est nommé ambassadeur de Charles-Quint en Angleterre.

Deuxième livre. Nucius s'embarque avec Gérard à Calais qui était encore une ville anglaise. A Londres il voit Henri VIII et nous parle des mariages, des réformes religieuses et des guerres de ce prince. En 1546, Gérard retourne à Bruxelles, mais Nucius lui demande et en obtient la permission de passer en Écosse à la suite d'une armée anglaise, qui allait envahir ce pays, et comptait dans ses rangs un corps de troupes grecques commandées par un Grec, Thomas d'Argos. D'Écosse Nucius passe en France, à Boulogne-sur-Mer, ville qui appartenait alors aux Anglais, et dont Henri VIII venait de confier la défense à Thomas d'Argos et à ses Grecs. Il nous parle des combats livrés par ses compatriotes aux Français qui s'efforçaient de reprendre Boulogne, et des conditions du traité de Guignes, qui rétablissait la paix entre Henri VIII et François Ier. La paix conclue, il prend congé de Thomas et se rend en France.

Troisième livre. Arrivé à Paris, Nucius nous parle de François Ier et des expéditions de ce prince en Italie, de la bataille de Marignan et de celle de Pavie, du sac de Rome par le connétable de Bourbon, etc. Ce qu'il dit des rapports de François Ier avec Ange Verginius de Candie nous révèle des faits jusqu'ici inconnus.

« François Ier a de plus nommé inspecteur des livres grecs, Ange surnommé Verginius, originaire de Candie, et lui a alloué une pension annuelle, dont le chiffre répond convenablement au savoir et aux travaux de ce Grec ; car, non-seulement il fait l'acquisition des manuscrits et la copie des livres détériorés soit par le temps, soit à cause de la négligence de leurs anciens possesseurs, mais il inspire encore au roi le zèle rare d'en livrer un grand nombre à l'impression et à la chalcographie. Aussi les livres grecs et les livres latins, et même les livres hébraïques, que l'on ne se procurait naguère qu'avec difficulté à cause de leur rareté et de leur cherté, peuvent-ils être acquis aujourd'hui à bon compte par tout le monde. Verginius a aussi composé des caractères grecs parfaitement liés ensemble et très-bien agencés, comme chacun peut le voir. S'étant appliqué à se former une belle écriture, il est devenu le plus habile, que nous sachions, de nos contemporains, et à Paris il est mis au rang des premiers calligraphes, etc. »

De France Nucius passa en Italie, où il visita successivement Turin, Milan, Bologne, Florence, Sienne et Viterbe.

Nucius mourut postérieurement à 1577, année où il fit imprimer à Venise un *Rituel grec*, et il est probable qu'il mourut à Venise même.

La bibliothèque Ambroisienne de

Milan, en Italie, et celle de l'Escurial, en Espagne, possèdent chacune un exemplaire manuscrit des *Voyages* de Nucius.

Le Dr Cramer en a fait imprimer le second livre, celui qui parle de l'Angleterre, à Londres, en 1841. Les deux autres livres, qui traitent, le premier de l'Allemagne et des Pays-Bas, et le troisième de la France et de l'Italie, mériteraient aussi de voir le jour.

Nous avons donné dans les pages qui précèdent une liste nécessairement fort incomplète des Grecs qui ont bien mérité de l'Europe occidentale au quinzième et au seizième siècle. A ces trop courtes notices nous ajouterons encore quelques lignes à propos d'une question de prononciation.

Tous les Grecs qui ont contribué à propager la connaissance de leur langue en Occident, soit avant, soit après la prise de Constantinople, prononçaient le grec comme on le prononce encore aujourd'hui en Orient, et tout naturellement en enseignant leur langue ils enseignèrent aussi à la prononcer comme eux. Leurs disciples immédiats, en Italie, en France, en Allemagne, les Ange Politien, les Marsile Ficin, les Guillaume Budée, les Jean Reuchlin, qui prononçaient l'italien, le français ou l'allemand, comme les Italiens, les Français et les Allemands prononçaient chacune de ces langues, n'avaient fait aucune difficulté de prononcer le grec comme les Grecs le prononçaient. Mais un savant d'un esprit très-subtil, Érasme de Rotterdam, fit remarquer, au commencement du seizième siècle, que, d'après la prononciation des Grecs de Byzance, des lettres diverses avaient un son identique, ce qui était l'indice d'une altération dans leur valeur primitive. Il appuya cette observation de quelques preuves historiques et proposa une prononciation qui devait avoir été, selon lui, celle des anciens, et où chaque lettre avait un son qui lui était propre. Elle fut adoptée dans les écoles comme plus commode pour l'enseignement; mais elle s'y modifia encore, chaque nation altérant les sons qui lui étaient étrangers et donnant aux lettres grecques à peu près la même valeur qu'à celles de leur alphabet. Les accents ne furent plus que des signes orthographiques sans attribut de son et d'harmonie. Nous ne prétendons pas décider du mérite de ces deux méthodes d'après l'euphonie, car, selon que l'oreille a d'abord été familiarisée avec l'une ou l'autre, les jugements sont très-différents. Les preuves historiques tirées de certaines consonnances remarquées par les grammairiens, ou des jeux de mots des anciens comiques, ont souvent été discutées. Plusieurs Grecs ont justifié avec talent leur prononciation nationale. MM. Georgiades, Minoïde-Mynas, et en dernier lieu OEconomos, ont publié des traités spéciaux sur cette question. Il paraît constant que, pour les consonnes, les Grecs ont bien conservé la prononciation de leurs ancêtres. Le son de notre v, qu'ils donnent à la deuxième lettre de l'alphabet (le β) peut s'autoriser de preuves de la plus haute antiquité. Quant aux voyelles, quelques altérations nous semblent évidentes. L'*iota* (ι), l'*éta* (η), l'*ypsilon* (υ) et les diphtongues ει et οι, se prononcent aujourd'hui *i*, tandis qu'il y avait au moins des nuances entre elles; mais la confusion a commencé de très-bonne heure. Nous voyons, en effet, que les Latins ont rendu par *i* les nominatifs pluriels des Grecs en οι; l'υ avait un son très-analogue. D'autre part l'ει et l'ι sont souvent permutés dans les inscriptions antiques, les médailles et les manuscrits. Mais les fautes résultant de la confusion des cinq sons entre eux ne se multiplient qu'à partir du douzième siècle. Nous croyons beaucoup plus anciens le son d'*e* donné à la diphthongue αι (l'æ des Latins), et celui d'*av* ou *af*, *ev* ou *ef* des diphthongues αυ et ευ. Les combinaisons qui résultent du rapprochement de certaines consonnes, telles que μπ, ντ, qui prennent les sens de notre *b* et de notre *d*, sans être constatées par des exemples anciens, sont conformes aux règles de l'euphonie grecque. Mais quoi que l'on puisse penser du plus ou du moins de conformité de la prononciation grecque moderne avec la prononciation grecque ancienne, là n'est pas la question selon nous. L'exacte prononciation grecque ancienne est depuis longtemps perdue la prononciation grecque moderne est, après tout, celle qui doit s'en rapprocher le plus, et en outre elle est un fait positif, enfin la prononciation proposée par Érasme n'est qu'un ensemble de conjectures plus ou moins plausibles, et elle a amené chaque peuple de l'Occident à prononcer le grec d'une façon différente; cela étant, nous croyons qu'il y aurait un grand avantage à se conformer de nouveau à la prononciation des Grecs de Constantinople, elle est certainement plus conforme à l'ancienne que celle d'Érasme, elle serait une règle unique pour tous les peuples de l'Occident, elle faciliterait enfin les rapports de leurs érudits avec les Grecs modernes. La réforme de notre prononciation du grec nous paraît d'autant plus urgente que la décadence des Turcs promet aux Grecs un plus bel avenir. Quand les Grecs auront recouvré Constantinople, comment ne pas prononcer leur langue comme eux? Sachons donc faire, dès aujourd'hui, ce que nous devrons faire demain.

FIN.

LA GRÈCE

DEPUIS LA PRISE DE CONSTANTINOPLE

PAR MAHOMET II

JUSQU'A NOS JOURS

GRÈCE,

DEPUIS LA CONQUÊTE ROMAINE JUSQU'A NOS JOURS.

DEUXIÈME PARTIE.

HISTOIRE DE LA GRÈCE DEPUIS LA PRISE DE CONSTANTINOPLE PAR MAHOMET II JUSQU'A NOS JOURS.

PAR M. ALEXANDRE BLANCHET,
ANCIEN ÉLÈVE DE L'ÉCOLE NORMALE.

LIVRE PREMIER.

DEPUIS LA PRISE DE CONSTANTINOPLE PAR MAHOMET II JUSQU'AU PREMIER SOULÈVEMENT DE LA MORÉE.

(1453-1770.)

INTRODUCTION.

La prise de Constantinople avait mis fin à l'empire byzantin. Bientôt les faibles restes de la domination ou de l'indépendance grecque en Orient allaient disparaître, sans bruit et presque sans lutte. Les Vénitiens, les Génois, les chevaliers de Saint-Jean de Jérusalem, maîtres des îles et de quelques points du continent de l'ancienne Grèce, devaient successivement, après de plus ou moins longues résistances, céder aux nouveaux conquérants ce qu'ils avaient eux-mêmes enlevé aux empereurs. Les derniers efforts que tenta à de longs intervalles la chrétienté, divisée et refroidie pour les intérêts communs de la foi, ne devaient aboutir ni à enlever aux Ottomans leurs conquêtes, ni à empêcher leur domination de s'étendre sur tout l'Orient. L'héritage de l'ancien empire de Constantinople finit par leur appartenir tout entier. Tel fut le résultat naturel de la chute de cette grande capitale.

Il semblait donc que l'histoire des Grecs devait s'arrêter là ; qu'il leur était impossible de survivre à cette ruine complète de leur puissance et de leur liberté ; que leur sort était désormais de s'ensevelir dans l'esclavage et la barbarie sans aucune espérance de résurrection : il n'en fut pas ainsi. Les Grecs donnèrent un nouvel exemple de cette vitalité particulière de leur race, qui déjà, sous le joug romain, les avait si bien conservés, qu'un jour ils se trouvèrent en état de mettre la main sur l'empire de la seconde Rome et de lui donner leur nom pendant près de mille ans, malgré les invasions des barbares et des Latins. Maintenant leurs destinées seront moins brillantes ; mais plusieurs siècles de servitude et de barbarie ne pourront détruire l'unité qu'ils doivent à l'étonnante conservation de la langue et à celle de la foi religieuse ; leur intelligence, qui avait fait des Romains leurs disciples, leur servira d'une autre manière auprès de leurs nouveaux maîtres ; leur patriotisme, malgré plus d'un acte isolé d'apostasie et de trahison, ne périra pas et prendra avec le temps une nouvelle force. Enfin, l'énergie de leurs efforts et la singulière puissance des souvenirs attachés à leur nom les feront réussir à relever sous nos yeux un État indépendant sur le sol même où fleurirent les plus glorieuses cités de la Grèce antique. Ainsi, par un réveil de leur héroïsme, les Grecs se retrouveront libres, plus libres même qu'ils ne l'avaient été depuis la conquête romaine dans le petit pays qui avait vu naître et se développer la gloire et la puissance de leurs ancêtres ; et ce petit pays redeviendra, après vingt siècles, le centre de leur activité politique et intellectuelle. C'était assurément la conséquence la moins prévue de la prise de Constantinople par les Turcs.

On voit quel est l'intérêt de la période qui s'ouvre ici. Il réside moins dans le récit des conquêtes qui achevèrent de livrer aux Turcs le territoire de la Grèce, que dans le tableau de la situation des Grecs sous leur domination, l'étude des causes qui ont protégé même alors leur nationalité, et l'histoire des luttes qui ont rendu à une partie d'entre eux l'indépendance.

Il nous faut raconter d'abord comment les princes grecs furent dépouillés de leurs dernières possessions. Nous devons nous occuper aussi, mais sans avoir la liberté de nous y arrêter longtemps, des guerres intéressantes qui firent passer les îles de la Grèce et quelques villes du continent de la domination des Occidentaux sous celle des Ottomans. Ces événements ne rentrent qu'indirectement dans notre sujet (1).

CHAPITRE I.

ÉTABLISSEMENT DE LA DOMINATION DES TURCS (2).

(1453-1461.)

Des galères vénitiennes eurent bientôt apporté dans les îles de la mer Égée et dans la Grèce continentale la nouvelle de la chute de Constantinople. Les Grecs furent saisis d'un effroi général. Ils se transportaient en foule sur les rivages pour chercher des vaisseaux et s'enfuir. Les deux despotes du Péloponèse eux-mêmes, frères du dernier empereur byzantin, songèrent à s'embarquer pour l'Italie. Bientôt cependant ils renoncèrent à ce projet pour se disputer les restes de la domination des Paléologues en Grèce. Démétrius, l'aîné, fut d'abord désigné pour recueillir le titre illustre d'empereur, seul héritage que laissât Constantin. Mais son frère Thomas, jaloux de conserver vis-à-vis de lui une situation égale et

(1) On peut lire le récit détaillé de la plupart de ces faits dans l'ouvrage de M. Lacroix sur les îles de la Grèce, qui fait partie de la collection de *l'Univers pittoresque*.
(2) Consultez, sur Mahomet II, les historiens Phranza, Ducas et Chalcondyle, dans la *Bibliothèque Byzantine*. — Pour ce qui concerne particulièrement l'empire Ottoman, nous renvoyons au volume de la collection de *l'Univers pittoresque* intitulé *Turquie*, de MM. J. M. Jouanin et J. Van Gaver. Voyez aussi : Démétrius Cantemir, *Histoire de l'agrandissement et de la décadence de l'Empire Ottoman*, traduit du latin en anglais par Nic. Tyndal ; Londres, 1734, 2 vol in-f°.; de l'anglais en français par de Fouquières ; Paris, 1743, in-4°. — De Hammer, *Histoire de l'Empire Ottoman*. — L'histoire particulière des îles de la mer Égée et de la mer Ionienne se trouve dans le volume intitulé : *Les Îles de la Grèce*, par M. Louis Lacroix, qui fait aussi partie de *l'Univers pittoresque*.

l'intégrité de ses droits, ne voulut pas consentir à cette élection. Il fallait se décider en face d'un vainqueur dont on devait craindre d'attirer la colère par d'imprudentes prétentions ; c'était déjà beaucoup que de se maintenir contre les efforts des ennemis intérieurs : les deux frères gardèrent chacun leurs titres et leurs gouvernements séparés, et continuèrent de résider comme auparavant, Démétrius à Sparte, Thomas à Patras. Ils s'empressèrent d'envoyer le tribut de douze mille ducats auquel ils avaient été taxés par la Porte. Ce chiffre élevé était proportionné à l'importance du Péloponèse et aux sentiments du sultan pour les restes des ennemis qu'il venait de vaincre. La république de Raguse elle-même, le premier des États chrétiens qui eût reconnu la suzeraineté des sultans ottomans, dut payer désormais trois mille ducats au lieu de quinze cents, en punition de la généreuse hospitalité qu'elle venait de donner à plusieurs membres des nobles familles grecques des Comnènes, des Paléologues, des Cantacuzènes et des Lascaris.

Cependant, cette prompte soumission des despotes du Péloponèse leur valut une trêve de la part de Mahomet, et même quelque apparence de protection. Leurs États étaient dans une situation déplorable, surtout à cause des Albanais, dont l'insubordination, l'avidité et la mauvaise foi étaient des causes perpétuelles de désordre. Ces hordes armées, appelées dans le Péloponèse par les dissensions des deux frères dont elles faisaient la principale force, venaient de se révolter. Sous les ordres d'un chef commun, Pierre le Boiteux, ils ravageaient le pays et soutenaient les prétentions d'Emmanuel Cantacuzène à la despotie. D'autres Grecs encore s'étaient rangés du parti des rebelles, et cherchaient à en faire les instruments de leurs haines ou de leur ambition : Lucanès et Centérion Zacharias, beaux-frères de l'empereur Constantin et du despote Thomas, qui venaient de s'évader de Chloumoutzi, près du cap Glarentza, où Thomas les retenait en prison, le premier pour avoir excité une révolte antérieure de Grecs et d'Albanais, l'autre pour s'être enfui en Achaïe au lieu de défendre l'hexamilion attaqué par Murad II; Théodore Bouchalès, le plus puissant seigneur de l'Achaïe. Celui-ci, battu et pris par Raoul, général du despote Thomas, eut les yeux crevés, et fut gardé en prison. Omar, fils de Tourakhan, vint dès le mois de décembre prêter quelque appui aux despotes. Il fit un peu de mal aux Albanais, et s'en retourna, emmenant pour prix de ce service son frère Achomat, qui, surpris l'année précédente, par Matthæos Asanès, beau-frère de Démétrius, était resté prisonnier à Sparte.

L'année suivante (1454), la Porte accorda aux despotes un secours plus efficace. Tourakhan, qui le premier des Turcs avait franchi l'isthme de Corinthe, et qui depuis était revenu une seconde fois en ennemi dans le Péloponèse, arriva avec ses fils et des troupes considérables. Il était temps. Les despotes, découragés par deux défaites, près de Clina et près de Patras, se croyaient perdus. L'Athénien Chalcondyle, qui raconte avec le plus de détails ces événements, s'occupe surtout de conserver à sa façon l'antique tradition des grands historiens de sa patrie : il fait de Tourakhan un sage et un moraliste, et lui met dans la bouche des discours sur les dangers de la discorde et sur la politique des Turcs : « Votre expérience vous apprend, dit-il « aux deux frères, que jusqu'ici vous « avez mal gouverné... Je vous exhorte « surtout à ne pas provoquer vous- « mêmes votre ruine par vos dissen- « sions. Soyez inexorables contre toutes « les tentatives de révoltes... Deux « choses ont élevé les Turcs au comble « de la puissance : la punition des mé- « chants et la récompense des bons. « Si les circonstances les forcent de « différer le châtiment qu'ils avaient « résolu, ils accordent le pardon de- « mandé ; mais dès qu'ils sont maîtres « de le faire, ils infligent la punition « méritée et poursuivent implacable- « ment leur vengeance. » Il est probable que les Turcs s'inquiétaient moins de donner des leçons à la Grèce que de préparer, au milieu de ses querelles, l'établissement de leur domination. Pour le moment, ils ne voulaient pas laisser

21.

une nouvelle puissance s'élever sur la ruine des Paléologues. Ils les délivrèrent donc du danger qui les menaçait. Une partie de leurs troupes, suivie de Démétrius, marche sur Bordania, dans le Taygète, où les Albanais avaient retiré leurs femmes et leurs enfants, prend sans résistance la place abandonnée pendant la nuit par ses défenseurs, et en emmène dix mille femmes. Un autre corps, accompagné de Thomas, se dirige du côté du mont Vulcano, l'ancien Ithome, contre la place d'Aétos, que Centérion avait entraînée dans sa révolte. Elle accepta sur-le-champ les conditions du vainqueur, qui exigea mille esclaves, des armes et des bêtes de somme. Emmanuel Cantacuzène prit la fuite. Les chefs albanais se soumirent, à condition qu'ils garderaient les chevaux qu'ils avaient enlevés aux Grecs.

Ainsi fut conjuré le péril qui menaçait l'autorité des despotes. Mais la situation du pays et leurs dispositions particulières étaient loin de leur promettre une longue tranquillité. Leur gouvernement était à la fois faible et tyrannique, et il leur était impossible de rester unis. Bientôt se forma une nouvelle conspiration de Grecs et d'Albanais, à la tête de laquelle était encore Lucanès. Il offrait au sultan de lui payer, à la place des despotes, le tribut de douze mille ducats. Mais il fallait commencer par l'envoyer avant d'obtenir aucune protection. L'arrivée de la somme, expédiée en toute hâte à Constantinople par Démétrius et par Thomas, mit fin à la fois aux négociations des rebelles et à leurs espérances. Le calme sembla encore une fois rétabli. Au moins les craintes d'invasion de la part des Turcs furent-elles ajournées.

Mahomet songeait à d'autres conquêtes ; il faisait une expédition en Servie, et, la même année (1455), après la prise de Novoberda, il dirigeait des tentatives contre les possessions des Génois et des chevaliers de Rhodes dans l'Archipel. Le grand-maître avait dû se résigner, comme les autres princes chrétiens qui menaçaient les armes du sultan, à lui envoyer une ambassade pour reconnaître la conquête de Constantinople et pour traiter des conditions de paix ; il avait même consenti à lui faire porter chaque année des présents par des ambassadeurs, à condition que l'ordre aurait la liberté du commerce sur les côtes de la Lycie et de la Carie ; mais il refusa de payer tribut : la guerre lui fut déclarée.

Le succès de ces premières campagnes contre les îles ne répondit pas aux espérances de Mahomet. Une flotte considérable, sous les ordres du capitan-pacha Hamza-beg, se dirigea d'abord vers Lesbos : le duc Gatelusio s'empressa d'envoyer l'historien Ducas porter à bord de magnifiques présents. De Lesbos, l'amiral turc fit voile vers Chio, où le sultan l'avait chargé de réclamer, au nom de François Draper, négociant de Galata, quarante mille ducats, pour prix de fournitures considérables d'alun. Les habitants nièrent la dette. L'entrée du port était gardée par plus de vingt vaisseaux ; la ville, défendue par deux fossés profonds de dix-huit pieds et par une nombreuse garnison italienne : Hamza-beg se borna à ravager les jardins qui entouraient la ville.

Il pouvait songer encore bien moins à prendre Rhodes : il ne fit donc, de même, que dévaster un point de la côte près d'Archangelon, et les petites îles de Léros, de Calamos et de Nisyros, qui appartenaient aux chevaliers de Saint-Jean. Enfin, il échoua complétement dans l'île de Cos, contre le fort de Rachéia, où s'étaient retirés les chevaliers et les habitants, ne laissant dans la capitale que des ruines gardées par quelques vieillards. Pendant un siége de vingt-deux jours, Jean de Châteauneuf repoussa toutes les attaques des Turcs. Ceux-ci perdirent beaucoup de monde, et la dyssenterie acheva de les décider à se retirer.

Hamza-beg, avant de quitter l'Archipel, fit une tentative pacifique auprès de Chios, et détermina les habitants à envoyer une ambassade à Constantinople. Ce projet devait encore avorter : quelques Turcs ivres se rendirent à terre à la nage, malgré la défense du capitan-pacha ; l'un d'eux monta sur le toit d'une église et se mit à en jeter les tuiles par terre ; de là une querelle, puis une lutte tant sur le rivage que sur une galère envoyée pour recueillir les Turcs. La galère sombra. On offrit à Hamza le double du prix de la galère et deux fois autant d'esclaves qu'il en avait péri. Il accepta, et rentra à Gallipoli au mois d'octobre, après une campagne de deux mois. « Si tu n'avais « pas été si cher à mon père, lui dit « Mahomet en le revoyant, je t'aurais « fait écorcher vif. » Sa colère augmenta encore en apprenant la perte de la galère qui avait sombré devant Chios : « C'est moi qui me charge de « ta dette de quarante mille ducats, « dit-il à Draper ; j'en exigerai le double « pour prix du sang des Turcs qui ont « péri. » Hamza fut disgracié, et l'année suivante (1456), la guerre fut déclarée au prince de Chios.

La nouvelle campagne n'atteignit pas son but. Mahomet se rendit lui-même par terre à Énos, où l'attendait Younis-Pacha, successeur d'Hamza, qu'il avait envoyé en avant avec une escadre. Il voulait s'emparer en passant d'Énos, pour faire droit aux plaintes des juges de Karaferia et d'Ipssala, qui accusaient Doria, prince d'Énos, d'avoir commis quelques empiétements et de vendre du sel aux infidèles au détriment des musulmans. Doria se sauva d'abord à Samothrace ; de là il envoya au sultan, avec de riches présents, sa fille, qui était très-belle. L'ambassade réussit : Mahomet accorda à la sollicite use la vie de son père, auquel il laissa même quelques domaines, où il le fit conduire. Mais Doria fit périr par surprise les Turcs qui l'escortaient, et trouva moyen de se réfugier dans les États chrétiens. Le sultan réunit à son empire, avec la ville d'Énos, les îles de Thasos, d'Imbros et de Samothrace, qui, situées à l'entrée du golfe voisin, étaient soumises aux Doria d'Énos et de Métélin.

De son côté, Younis-Pacha avait fait une conquête qui n'avait été ni plus difficile ni plus glorieuse : il avait occupé sans résistance la nouvelle Phocée, qui appartenait au prince de Lesbos, y avait mis une garnison turque, et en avait emmené une centaine de jeunes garçons et de jeunes filles qu'il avait envoyés à son maître.

Chios ne crut pas pouvoir résister. Elle consentit à payer trente mille ducats en dédommagement de la galère perdue, et à se soumettre à un tribut annuel de dix mille ducats. Mahomet, pressé de faire une guerre plus importante, se contenta de ces conditions, et ajourna la conquête de Chios.

Il ajourna également celle de Lesbos, qu'il avait aussi en vue, quoiqu'il n'y eût eu entre cette île et lui ni différend ni déclaration de guerre. L'année précédente, après la mort du prince Doria Gateluzio, Ducas, envoyé en ambassade (1) à Constantinople, n'avait réussi à faire reconnaître le nouveau prince, Nicolas Gateluzio, qu'au prix d'une augmentation de tribut pour les îles de Lemnos, de Lesbos et de Thasos. Avant de quitter l'Archipel, Mahomet, qui s'était déjà emparé de Thasos, s'empara également de Lemnos. Le prétexte de cette dernière usurpation fut la mésintelligence qui avait éclaté entre le gouverneur génois, cousin du prince de Lesbos, et les habitants. Ceux-ci demandaient un gouverneur turc. Mahomet leur envoya Hamza-beg, qui fut installé sans résistance.

Là se bornèrent pour le moment les agressions du sultan, plus pressé d'attaquer la Hongrie. On sait quel fut le résultat du siége de Belgrade. Le succès des armes chrétiennes réveilla l'ardeur du vieux pape, Calixte III, alors âgé de quatre-vingts ans. En 1457, dix-huit galères, équipées à ses frais, partirent sous le commandement de Louis Scarampa, patriarche de Venise, pour reconquérir ou protéger les îles de Rhodes, de Chios, de Lesbos, de Lemnos, d'Imbros, de Thasos et de Samothrace. Quarante navires de corsaires catalans renforcèrent cette petite flotte. Mais quand elle arriva devant les îles de Chios et de Lesbos, si menacées par les Turcs, elle ne put leur faire accepter sa protection : elles aimèrent mieux continuer à payer tribut, pensant que c'était le meilleur moyen de retarder, s'il était possible, leur asservissement. Le fait était significatif. Lemnos cependant, déjà fatiguée des maîtres qu'elle venait de se donner, se montra empressée à recevoir une garnison italienne. Scarampa laissa également des garnisons dans Imbros,

---

(1) M. Lacroix a inséré dans son livre, p. 352, le curieux récit de cette ambassade.

Thasos et Samothrace, et gagna le port de Rhodes. Il n'y eut pas de combat contre lesTurcs, qui pourtant envoyèrent à leur tour une flotte considérable dans l'Archipel. Mais l'ennemi qu'ils attaquèrent fut le prince de Lesbos, qu'ils récompensèrent ainsi de sa prudente fidélité : ils l'accusaient d'avoir contribué secrètement à l'entreprise du pape et d'être le complice des corsaires qu'il s'était engagé à réprimer. Ils assiégèrent Méthymne, qu'ils ne purent prendre, et furent si complétement vaincus que le pape fit proclamer la victoire des Lesbiens dans toutes les cours chrétiennes.

Bientôt Mahomet dirigea sérieusement ses vues sur le Péloponèse. Les deux despotes, loin de profiter du répit qu'il leur avait laissé pour consolider leur puissance, avaient encore aggravé la situation du pays par leurs querelles et leur mauvaise administration. Thomas surtout contribuait à ce désordre par son ambition et sa cruauté, qui excitaient des révoltes autour de lui. Telle avait été la première cause de celle d'Emmanuel Cantacuzene. On a vu comment il avait puni Théodore Bouchalès : il fit arracher les yeux et couper le nez, les mains et les oreilles au gendre de celui-ci, dont le crime était d'avoir épousé la fille d'un rebelle. Pour s'emparer de Glarentza, il attira à Patras le seigneur de cette ville, et, malgré sa parenté avec lui, malgré un sauf-conduit, il le fit mourir de faim avec ses fils. De tels actes n'étaient pas propres à entretenir l'union parmi les Grecs, ni à donner aux despotes la force nécessaire pour comprimer les Albanais et pour résister aux invasions étrangères. Le sultan voulut se charger lui-même de mettre fin à ces désordres, par l'expulsion des Paléologues et par la conquête de leurs États. On ne sait quel est le prétexte qu'il choisit. Les historiens grecs, qui nous ont laissé assez de détails sur ses expéditions en Morée, se sont malheureusement plus souciés de donner à leurs œuvres des ornements littéraires et de nous instruire de ce qui concernait eux-mêmes et leurs croyances religieuses, que de soumettre leurs récits à une marche égale et régulière, et de nous guider par une chronologie et une topographie précises. Ils multiplient les noms de villes, mais sans nous indiquer la position exacte ni l'importance relative de ces villes. La plupart étaient vraisemblablement de petites places, dont les citadelles occupaient des hauteurs escarpées. Le sol montagneux du Péloponèse offrait à chaque instant des collines faciles à fortifier, dont pouvait s'emparer le système féodal qui, en Grèce, semble avoir survécu en partie à la conquête latine. Du plus grand nombre de ces places et de ces châteaux il ne reste aujourd'hui que des débris sans importance et sans nom.

Mahomet envahit le Péloponèse avec une armée levée tant en Asie que dans les provinces européennes, de Macédoine et de Thessalie. Arrivé le 15 mai 1458 devant Corinthe, il la fit bloquer par les troupes d'Asie. La ville, commandée en l'absence de Matthæos Asanès par Nicéphore Lucanès, officier de Démétrius, n'était pas approvisionnée. A la nouvelle du siége, Asanès partit du port vénitien de Nauplie, débarqua à Cenchrées, et réussit à s'introduire la nuit, à l'insu des Turcs, dans Corinthe avec des troupes et quelques vivres. Cependant le sultan s'avançait dans l'intérieur du pays. Il marcha d'abord sur Phliunte. Le commandant albanais, Doxias, s'étant disposé à l'attendre sur une hauteur fortifiée en avant de la ville, il ne s'arrêta pas à le combattre, et s'avança sur Tarsos, dont la garnison albanaise, loin d'imiter le courageux exemple de Doxias, se rendit aussitôt. Mahomet continua sa marche, emmenant de la ville trois cents jeunes garçons et les Albanais qui avaient capitulé. Ceux-ci essayèrent de s'enfuir. Vingt d'entre eux servirent à faire un exemple : on leur brisa à coups de massue les chevilles des pieds et des mains, et le lieu de leur supplice garda en turc le nom de *Château des Chevilles*.

Les places d'Aétos et d'Acoba furent ensuite attaquées par l'armée turque. Les habitants de la première, réduits par le manque d'eau à pétrir le pain avec le sang des bêtes de somme, envoyaient une députation pour capituler. Les janissaires profitant de ce que les murs étaient gardés avec plus de négligence, les escaladèrent et livrèrent tout au pillage. Acoba, où beaucoup de Grecs et d'Albanais s'étaient réfugiés avec leurs familles, résista à deux assauts meurtriers. Le sultan se disposait à lever le siège, quand il vit arriver des députés avec une capitulation. La ville ne fut pas détruite; mais une partie des habitants fut transportée à Constantinople pour contribuer à repeupler le quartier grec.

La résistance de Pazénica, près de Mantinée, eut un résultat plus heureux : la garnison albanaise ne céda ni aux sommations que lui fit, de la part du sultan, Emmanuel Cantacuzène, ni aux efforts des troupes ottomanes. L'ancien ami des Albanais, Cantacuzène, fut puni par une disgrâce de n'avoir pas su mieux user sur eux de son ancienne influence, et Mahomet se retira au bout de deux jours pour s'avancer du côté de Tégée. Pendant que l'ennemi lui prenait ses villes, Démétrius était retiré à Monembasie, l'antique Épidaure Liméra, célèbre par la force de sa position et de ses remparts. Le sultan voulut l'y aller chercher; mais la difficulté des chemins le fit renoncer à ce projet. Il retourna donc sur ses pas, et alla s'emparer, dans les environs de Tégée, de la place de Pentachyria et de celle de Muchli.

Muchli était situé sur une hauteur escarpée; un triple mur protégeait le seul côté accessible. C'est vers ce point que Mahomet dirigea les efforts de son artillerie. Le premier mur fut renversé. Le commandant, Démétrius Asanès, continuait à se défendre derrière le second. Mais la position des assiégés devenait de plus en plus critique à cause du manque d'eau, les Turcs s'étant rendus maîtres des sources qui alimentaient la place. Tout à coup ils se virent également privés de leurs provisions de grains : un boulet du poids de sept quintaux était tombé sur leur magasin et l'avait fait écrouler. La trahison de l'évêque informa aussitôt l'ennemi de ce malheur. Mahomet fit dire à Démétrius Asanès qu'il avait des intelligences dans la place, et qu'il était au courant de la situation des assiégés. Ses conditions furent acceptées, et Muchli capitula.

Bientôt le sultan fut également maître de Corinthe. Après une résistance assez énergique de la garnison, les deux commandants, Matthæos Asanès et Nicéphore Lucanès rendirent la ville le 6 août. Le sultan les chargea d'aller porter ses conditions aux despotes. Il exigeait de Démétrius la cession de la province de Phliasie, depuis Corinthe jusqu'à Calavrita, et le payement d'un tribut annuel de cinq cents livres d'or pour le pays dont il lui laissait la possession; de Thomas, la cession de Patras et des villes de l'Achaïe jusqu'à Calavrita. Les deux frères eurent une entrevue à Tripolitza, et consentirent l'un et l'autre, même Thomas qui était le plus maltraité, à des clauses qui leur étaient imposées par la nécessité. Thomas envoya bientôt un des principaux officiers de sa maison nommé Lazare, pour livrer les villes dont la cession avait été stipulée. Mahomet y mit des garnisons turques et investit du gouvernement d'Achaïe Omar, fils de Teurachan, qui venait de ranger Athènes sous la domination ottomane.

L'histoire de l'occupation d'Athènes est curieuse; c'est un de ces romans passionnés et sanglants dont l'Italie fut plus souvent le théâtre que la Grèce; des Italiens d'ailleurs en sont les héros. Après la mort du dernier duc d'Athènes, Nério, sa veuve, à laquelle il laissait un fils encore tout enfant, envoya des présents aux ministres de la Porte, et obtint de garder la souveraineté. Bientôt arriva à Athènes pour des intérêts de commerce un jeune Vénitien, fils du commandant de Nauplie, Pétri Palmérij. Elle le vit, et conçut pour lui un amour violent. Le jeune homme était marié avec la fille d'un sénateur vénitien. La veuve de Nério lui fit dire que s'il consentait à répudier sa femme, elle lui donnerait avec sa main la principauté d'Athènes. Séduit par ces propositions, le Vénitien tua sa femme, et vint à Athènes conclure le brillant mariage qui lui était offert. Pour atténuer l'odieux de son action, il se déclara le tuteur du fils de Nério. Mais bientôt, chassé par l'indignation des Athéniens, il se réfugia à Constantinople, emmenant avec lui le jeune enfant. Les accusations des Athéniens l'y poursuivirent. Mahomet, pour y faire droit, donna le gouvernement d'Athènes à Franco Acciajoli, l'un de ses anciens favoris, et neveu du dernier duc. Bien accueilli par les Athéniens, le nouveau duc mit la veuve de son prédécesseur en prison à Mégare, et bientôt l'y fit mettre à mort. Accusé à son tour de cruauté par le Vénitien, il se vit attaqué par ses anciens protecteurs, qui saisirent ce prétexte pour satisfaire leur ambition. Omar, envoyé contre Athènes, prit facilement la ville; mais la citadelle résista. Enfin le général turc décida Franco Acciajoli à se retirer avec ses trésors, en lui promettant de plus la principauté de Thèbes et de Béotie.

Mahomet, avant de quitter la Grèce, voulut aller voir cette nouvelle conquête. On prétend qu'il fut sensible à la beauté de la situation d'Athènes, de ses ports, à l'aspect de ses monuments et de sa merveilleuse acropole, et qu'il s'écria, plein d'admiration : « Quelle reconnaissance notre empire ne doit-il pas à Omar, fils de Toura-a-Khan! » Il partit au mois d'octobre pour Constantinople. Auparavant il envoya demander au despote Démétrius sa fille en mariage. Le père consentit.

Presque immédiatement après le départ du sultan, les troubles recommencèrent dans le Péloponèse. Thomas crut pouvoir protester par les armes contre un traité qui lui était désavantageux. Dès le mois de janvier 1459, il reprit aux Turcs Calavrita. Non content de provoquer d'aussi puissants ennemis, son ambition ou sa haine l'aveugla au point de lui faire attaquer en même temps les villes de son frère. Il cherchait à les gagner par la promesse de leur laisser la liberté d'élire leurs magistrats et d'administrer elles-mêmes leurs affaires intérieures. De plus, il avait eu soin de s'y créer des partisans parmi les principaux officiers de Démétrius. Au nombre de ces derniers il faut citer surtout Nicéphore Lucanès, qui même avait été le principal instigateur de cette double attaque contre Démétrius et contre les Turcs, et que Phrantzès appela pour cette raison d'un seul mot énergique, (ὁΠελοποννησοφθόρος), l'auteur de la ruine du Péloponèse. En revanche il arriva aussi aux officiers de Thomas de l'abandonner pour son frère. A ces trahisons des Grecs entre eux qu'on ajoute les trahisons journalières des Albanais qui changeaient à chaque instant de parti, qu'on se figure en même temps les dévastations et les cruautés des Turcs de Corinthe, de Patras et d'Amycla, qui se jetaient indistinctement sur les possessions des deux despotes, et l'on aura une idée des désordres et des misères qui affligeaient le Péloponèse, même avant que Mahomet lui fît sentir de nouveau sa colère.

Les promesses de Thomas lui ouvrirent les portes de Carîtène, de Saint-Georges, de Bordonia et de Castritza. Il alla ensuite assiéger, sur les bords du golfe de Coson, les villes messéniennes de Zarnata et de Calamata, dont il s'empara, ainsi que d'une grande partie du Magne, grâce à l'aide que lui prêtèrent le protostator Nicolas Phrancopoulos, Joannès Eudæmon, Léon et Tzamplacon, officiers de Démétrius. Celui-ci à son tour marcha sur Acoba et sur Léondari. Les deux commandants de Léondari, Manuel Bouchalès et son gendre, Georges Paléologue, devaient lui livrer la ville. Mais Thomas, instruit de leurs desseins, accourut avant l'arrivée de son frère, et les deux traîtres se réfugièrent à Sparte.

A la nouvelle de ces désordres, Mahomet fit d'abord tomber son mécontentement sur le gouverneur d'Achaïe, Omar, auquel il donna pour successeur son propre gendre, Hamza. Celui-ci marcha contre les rebelles, de concert avec le despote Démétrius, à qui l'intérêt du moment et les agressions de Thomas faisaient une loi d'être l'allié des Turcs. Hamza força d'abord ses ennemis à lever le siège de Patras, puis il alla les attaquer jusque près de Léondari. Une bataille fut livrée. Les Turcs hésitaient à commencer l'action, en trouvant les rebelles résolûment postés sur les hauteurs voisines de la ville. « Les Grecs sont perdus! » s'écrie tout à coup Younis-Pacha, en les voyant prendre un mauvais ordre de bataille, étendre et affaiblir leurs lignes ; et aussitôt il lance la cavalerie des sipahis contre eux et les met en déroute. Ce moment décida la victoire des Turcs et en même temps le succès de la campagne. Mais les vainqueurs pillèrent indistinctement leurs ennemis et leurs alliés, les Grecs et les Albanais des deux partis. Aussi les deux despotes ne tardèrent-ils pas à se réconcilier. Ils eurent une entrevue à Castritza, se jurèrent mutuellement fidélité et entendirent ensemble la messe, qui leur fut dite par le métropolitain de Sparte.

Cette réconciliation des deux frères devait leur attirer de nouvelles attaques. Saganos, capitan-pacha et gouverneur de Gallipoli, envoyé par le sultan pour remplacer Omar, débarqua dans le Péloponèse. Aussitôt, les troupes réunies par les despotes, grecques, albanaises ou italiennes, se dispersèrent et s'enfuirent. Thomas, oubliant déjà ses serments, entame des négociations avec les Turcs, se déclare l'ennemi de son frère, et s'empare de ses possessions en Laconie et en Messénie. Le moment n'était pas mal choisi pour obtenir l'alliance et la protection des Turcs ; le sultan était occupé des préparatifs d'une grande expédition en Asie contre Ouzoun-Haçan. Thomas obtint donc des conditions. Il s'engagea à faire respecter les possessions des Turcs, et à payer un tribut annuel de trois mille livres d'or. Il devait venir lui-même au bout de vingt jours signer ce traité à Corinthe où l'attendrait un envoyé de la Porte. Thomas avait promis plus qu'il ne pouvait et qu'il ne voulait tenir : il n'était capable ni de contenir les troupes indisciplinées qui parcouraient le Péloponèse, ni de renoncer à ses habitudes de mauvaise foi. Les Turcs s'en aperçurent aussitôt. Mahomet, décidé à en finir avec les restes de la domination grecque en Morée et à se délivrer de toute inquiétude de ce côté, remit ses projets de campagne en Asie, et prit lui-même le commandement d'une expédition contre les despotes.

En arrivant à Corinthe, il y trouva Matthæos Asanès, que lui avait envoyé Démétrius. Il le traita en prisonnier et s'avança contre Sparte. Démétrius ne songea pas un seul instant à résister. Il vint lui-même apporter sa soumission. « Au point où en sont venues tes affaires, « lui dit le sultan, il est impossible que « tu règnes dans ce pays. Or, comme « nous avons résolu de t'avoir pour père « et de prendre ta fille pour épouse, donne- « nous ce pays, et viens, avec nous ainsi « que ta fille ; nous te donnerons d'au- « tres domaines pour fournir à ta subsis- « tance et à ton entretien. » C'est ainsi que l'aîné des deux despotes du Péloponèse fut dépouillé de sa souveraineté. A partir de ce moment, il suivit l'armée du sultan, parcourant comme un étranger le sol qui naguère lui appartenait, assistant à la ruine et au massacre de ses anciens sujets.

Mahomet, pour hâter sa conquête, se livra à toute la cruauté qui lui était naturelle. Il mit d'abord une garnison à Sparte, ou plutôt dans Mistra, que sa forte position sur une hauteur escarpée à l'entrée d'une gorge du Taygète avait fait choisir au moyen âge pour succéder à l'ancienne ville abandonnée sur les bords de l'Eurotas. De là il marcha sur Bordonia, dont les commandants effrayés se sauvèrent à l'approche de l'ennemi. Castritza se défendit. La ville fut prise assez facilement et livrée au pillage. La garnison de trois cents hommes qui gardait la citadelle ne capitula qu'après une énergique résistance. Mahomet leur avait promis de leur laisser la liberté, le droit de conserver leurs institutions et leurs mœurs et d'autres avantages encore. A peine furent-ils sortis, qu'il fit décapiter les uns, empaler les autres, écorcher vif leur chef Prænococcas.

Il montra autant de barbarie et de mauvaise foi après la prise de Gardika, où s'étaient réfugiés les habitants de Léondari avec leurs femmes et leurs enfants. La ville fut d'abord emportée d'assaut, et devint le théâtre d'un affreux carnage. Les janissaires, ivres de sang, égorgeaient tout, hommes libres, esclaves, animaux. Ils égorgèrent jusqu'à six mille victimes humaines. La garnison de la citadelle eut l'imprudence d'ajouter foi aux promesses du sultan, qui lui garantissait la vie et la liberté : il y eut un nouveau massacre de ces malheureux, réunis au nombre de treize cents, tant hommes que femmes, dans une petite plaine voisine. Les commandants de la famille des Bouchalès n'y furent pas compris. Ils durent leur salut à l'intervention de leur parent, le grand-vizir Mahmoud-Pacha, issu lui-même de sang grec. Le sultan leur donna des hommes pour les conduire en sûreté hors de son territoire. Arrivés à Ponticon, et y trouvant les moyens de s'embarquer, ils tuèrent par ruse leurs gardiens, et se rendirent à Corcyre, d'où ils purent gagner Naples.

Pendant ce temps Thomas était à Calamata, qu'il avait prise à son frère. En apprenant la marche victorieuse du sultan, il perdit à son tour courage et résolut de quitter un pays qu'il ne pouvait plus conserver. Il se transporta en toute hâte à Pétalidi (l'ancienne Coronée), d'où il alla au Vieux-Navarin (l'ancienne Pylos). Il trouva sa femme et ses enfants qui, ne croyant plus pouvoir compter sur la protection des murs d'Aradia (l'antique Cyparissia), s'étaient également réfugiés sur le territoire vénitien. Ils s'embarquèrent tous à Porto-Longo sur un vaisseau qui les transporta à Corcyre, où ils arrivèrent le 28 juillet. Le vaisseau était encore en rade quand on vint annoncer à Thomas que le sultan était aux portes de Navarin. Cette nouvelle lui fit hâter sa fuite, et il ne resta plus personne sur le sol du Péloponèse pour en disputer la possession à son nouveau maître.

Mahomet, par les sanglantes exécutions qui avaient suivi ses premiers succès, avait frappé les Grecs de terreur. Il n'avait plus besoin d'attaquer les places, qui se soumettaient d'elles-mêmes. Saint-Georges lui fut livré par le commandant Crocondylos, qui vint se jeter à ses pieds. Les villes de Messénie, abandonnées par Thomas dans sa fuite, ouvrirent leurs portes aux Turcs. Androussa, Ithome, Arcadia même, l'une des places les plus considérables et les mieux fortifiées de la côte, n'hésitèrent pas à faire leur soumission. Dix mille habitants d'Arcadia, d'abord condamnés à périr, furent envoyés à Constantinople pour repeupler les faubourgs. C'est alors que, chargeant le beglerbeg Saganos-Pacha, de continuer la conquête, le sultan alla reconnaître les places de Coron, de Modon (l'ancienne Méthone) et des deux Navarins, que les Vénitiens possédaient sur cette côte. Cette reconnaissance, sans être une déclaration de guerre, était menaçante au moins pour l'avenir; et déjà, tout en échangeant avec les Vénitiens de nouvelles assurances d'amitié, Mahomet fit ravager par sa cavalerie leur territoire.

Saganos, dans le nord, s'empara de Chloumoutzi, dont les commandants, malgré la force de la place, se sauvèrent à Corcyre et à Santamérion. La garnison albanaise de cette dernière ville ne s'était rendue qu'à condition d'avoir la vie sauve et la liberté. Elle n'en fut pas moins massacrée ou réduite en esclavage. C'était le système de Mahomet. Mais il réussit moins bien à son lieutenant; il provoqua de la part de plusieurs garnisons albanaises des résistances désespérées. Aussi le sultan, fidèle à sa politique ordinaire, remplaça-t-il Saganos dans le gouvernement du Péloponèse, nom que prit désormais le gouvernement d'Achaïe, par son prédécesseur Hamza. Mahomet, en remontant lui-même vers le nord, prit Caritène où commandait le Paléologue Sguromalli, beau-frère de Nicéphore Lucanès. Arrivé à Patras, il s'y arrêta quelque temps, puis continua sa marche par Salménicon, Listræna et Vostitza. Il prit ces deux dernières places. Salménicon fut défendu avec courage par Graitzas Paléologue; obligé d'abandonner la ville aux Turcs, il se retira dans la citadelle, et s'y maintint malgré leurs efforts. Son courage inspira du respect à Mahomet lui-même : « Dans tout le Péloponèse, dit le sultan en parlant de Graitzas, j'ai trouvé un seul homme au milieu de beaucoup d'esclaves. » Graitzas ne voulut abandonner Salménicon qu'à la condition que les troupes ottomanes commenceraient par se retirer à la distance d'une lieue. Mahomet donna son consentement, et, pressé de s'éloigner, laissa à Hamza le soin de prendre possession de la place. Elle ne lui fut remise qu'au bout d'une année, époque à laquelle Graitzas entra dans l'armée vénitienne.

Une autre ville d'Achaïe, Castriménon, se rendit. Calavryta fut prise. Doxias, le commandant de la garnison albanaise, fut écorché vif; ses soldats furent décapités ou vendus comme esclaves. Beaucoup d'Albanais des environs de Phénée et de Phliunte furent également emmenés en esclavage. Ils avaient été victimes d'une ruse de Mahomet, qui, en faisant publier une amnistie et en les invitant à venir vendre des provisions à son armée, avait réussi à les attirer hors des montagnes et des villes dont les fortifications avaient pu les protéger.

Mahomet pouvait se considérer comme maître du Péloponèse. Il retourna à

Andrinople. En passant par Athènes, il apprit que Franco Acciajoli songeait à se rendre indépendant. Il emmena comme otages dix des principaux Athéniens, et chargea Saganos-Pacha de la punition du rebelle. Saganos invita Franco Acciajoli à dîner, causa amicalement avec lui jusqu'à une heure avancée de la nuit, et à la fin de cette conversation le fit étrangler dans la tente qui lui avait été destinée. C'était encore une manière de le traiter avec égard.

Ainsi périt le dernier duc d'Athènes; ainsi fut établie définitivement dans cette ville la domination turque. En 1460 Mahomet fit son entrée triomphale à Andrinople, et annonça officiellement au schah de Perse qu'il avait conquis le Péloponèse. En effet, le Péloponèse, aussi bien que la Grèce continentale, lui appartenaient entièrement, à l'exception de quelques villes des côtes que gardaient les Vénitiens. Les principales étaient Coron, Modon, les deux Navarins, Nauplie, Argos et Lépante. A ces villes, il faut joindre Monembasie que Manuel Paléologue avait refusée aux sommations faites par les Turcs au nom du despote Démétrius, et que Thomas avait fini par donner au pape. Elle devait aussi avant peu devenir une possession vénitienne.

Quant aux deux princes auxquels Constantin en mourant avait laissé l'autorité dans le Péloponèse, et auxquels fût revenu, si les circonstances l'eussent permis, l'héritage du titre impérial, l'un était devenu l'hôte de l'Italie, l'autre vivait à la merci du conquérant. Non content de se mettre à la discrétion de Mahomet, Démétrius avait envoyé chercher à Monembasie sa femme et sa fille. On se rappelle que celle-ci avait été promise en mariage au sultan. Les deux princesses partirent sur-le-champ pour Constantinople. Mahomet garda auprès de lui Démétrius, et le rendit jusqu'au bout spectateur des scènes de carnage et de dévastations qui désolèrent le Péloponèse. De retour à Andrinople, il lui assigna pour son entretien les revenus d'Énos et des îles de Lemnos, d'Imbros et de Samothrace. Démétrius ne jouit même pas de ces avantages jusqu'à la fin de sa vie, grâce à Matthaeos Asanès, qu'il avait gardé auprès de lui. On découvrit que Matthaeos Asanès était le complice de certaines fraudes commises par les propriétaires des salines d'Énos. Le sultan, instruit de ces vols, ordonna d'abord de saisir et d'empaler Asanès, qui mourut de frayeur; puis, fit retomber sa colère sur le despote, qu'il soupçonnait de n'être point étranger à ces malversations. Il le priva de tous ses revenus et le relégua à Didymotichon. A quelque temps de là, en revenant de la chasse, Mahomet passa par l'endroit qu'habitait Démétrius. Il le vit s'avancer à sa rencontre et se prosterner devant lui. A l'aspect de l'humiliation et de la misère de ce vieillard à qui sa naissance avait permis d'espérer l'empire, il se sentit ému de tristesse et de pitié. Il lui fit donner un de ses chevaux et l'emmena avec lui à Andrinople. Il lui fit don pour son entretien d'un revenu de cinquante mille aspres prélevé sur l'impôt des farines. Bientôt Démétrius se fit moine, en échangeant son nom contre celui de David. Il mourut peu d'années après, au commencement de l'automne de 1470. Sa femme lui survécut peu. Sa fille, devenue sultane, avait été enlevée quatre ans auparavant par la peste.

Thomas ne prolongea pas autant que son frère aîné son aventureuse carrière. Il la termina avec plus de sécurité, sinon d'une manière plus heureuse. Il avait fui devant les armes du sultan, et avait cherché un refuge à Corcyre avec toute sa famille. Même alors il crut un instant que le Péloponèse n'était pas perdu tout à fait pour lui. Le sultan le fit informer par le gouverneur d'Angelo-Castron (en Épire), qu'il était disposé à lui assurer dans ses États un domaine et des moyens d'existence. Le despote, après s'être consulté avec les siens, se décida à envoyer à la fois un ambassadeur au sultan pour entamer une négociation, et un ambassadeur au pape pour lui demander asile. Joannès Ralès, chargé d'aller trouver Mahomet, devait lui proposer la ville de Monembasie en échange du gouvernement de la côte sud-est du Péloponèse. Il traversa le nord de l'Épire et rejoignit le sultan dans les environs de Berroïa. A peine arrivé auprès de lui, il fut mis aux fers avec sa suite, et ne recouvra sa liberté qu'au bout de quelques jours de marche.

quand l'armée turque se trouvait dans la Montagne Noire. Mahomet lui dit : « Je m'attendais à voir le despote venir « lui-même ou m'envoyer un de ses fils « avec des officiers; il aurait alors obtenu « de moi les moyens de vivre dans l'a- « bondance et la tranquillité. Je l'engage « maintenant à faire ce qu'il n'a pas fait, « à venir me trouver lui-même, ou à « m'envoyer son fils, et à cette condi- « tion il pourra avoir part à mes bien- « faits. » Après avoir reçu une pareille réponse, il ne restait plus à Thomas qu'à s'embarquer pour l'Italie. C'est ce qu'il fit. Il quitta Chlome, où il avait été chercher un refuge contre une épidémie qui désolait la ville de Corcyre, et se fit transporter avec la plupart de ses officiers à Ancône. Il en laissa quelques-uns dans l'île de Corcyre auprès de la princesse sa femme et de ses enfants. Lui-même partit le 16 novembre 1459.

L'hospitalité italienne n'était pas faite pour faire oublier à Thomas la perte de ses États et son exil. Il sentit que la générosité de ses hôtes avait des bornes. Il faut dire aussi que depuis quelques années elle était souvent mise à contribution par les Grecs, et qu'elle avait le droit de distinguer entre le despote lui-même et la nombreuse cour dont l'entouraient les habitudes orientales. Thomas apportait au pape Pie II une relique précieuse, la tête de saint André. Il obtint en retour une pension à peine suffisante, au dire des Grecs, pour fournir convenablement à son entretien personnel; aussi la plupart de ses officiers se dispersèrent-ils de différents côtés afin de pourvoir eux-mêmes à leur subsistance. Après être resté quelque temps à Rome, il se décida à se rendre sur le territoire de Venise. Il est probable que ce voyage ne lui fut pas aussi profitable qu'il l'avait espéré. Bientôt il retourna à Ancône pour assister au départ de sa fille, épouse du despote de Servie, qui s'embarquait pour Épidamne d'Illyrie. De là il revint à Rome, qu'il ne semble plus avoir quittée.

Le 16 août 1460 il perdit sa femme, qu'il avait laissée à Corcyre. Elle avait soixante-dix ans. Elle fut ensevelie dans le monastère des saints apôtres Jason et Sosipatros. Cinq ans après, Thomas crut pouvoir faire venir auprès de lui ses enfants, ses deux fils et sa jeune fille : au moment où ils arrivaient à Ancône, lui-même mourut à Rome le 12 mai, à l'âge de cinquante-six ans.

Ses enfants n'en furent pas moins accueillis par le pape. Le cardinal Bessarion écrivit à leur gouverneur pour lui annoncer cette résolution. Nous avons la longue lettre(1) qu'il lui adressa. C'est un monument curieux qui atteste à la fois les concessions auxquelles le père avait dû se résigner par nécessité ou par politique, afin de pouvoir appeler les siens auprès de lui et pourvoir à leur avenir; les efforts qui avaient été nécessaires au cardinal Bessarion pour vaincre les défiances de la cour de Rome, et la prudence minutieuse qu'apportait le pape, soit à surveiller l'emploi de ses dons, soit à assurer la transformation religieuse et morale que devaient subir les jeunes Grecs, en se faisant latins. Cette lettre vaut la peine d'être analysée et en partie reproduite.

Après quelques paroles de consolation, le cardinal annonce que le pape continue aux deux princes et à leur sœur la pension qu'il faisait à leur père : trois cents ducats par mois. Il accompagne cette nouvelle d'instructions détaillées sur la manière dont devra être dépensée cette somme. Deux cents ducats devront suffire à la nourriture des trois enfants et à celle de six ou sept serviteurs pour chacun, aux gages des domestiques, à l'habillement des princes, qui devra être brillant, à une réserve destinée à pourvoir aux frais de maladie et aux dépenses imprévues. Les cent ducats restants serviront aux appointements de quelques officiers qui formeront la maison des princes. A ce propos, le cardinal n'épargne pas les plaintes sur le nombre des Grecs parasites qui ont accompagné d'abord le despote, puis ses enfants, et y joint l'assurance bien positive que la pension ne sera pas augmentée à leur intention. Il fait ensuite des recommandations pour que la pension soit bien administrée et la dépense organisée sagement. Puis viennent de longues instructions au sujet de l'é-

(1) Cette lettre nous a été conservée par Phrantzès, l. IV, c. 21.

ducation des deux princes et de la princesse. Il leur faut, outre un médecin, un maître grec, un maître latin, un interprète; de plus, un ou deux prêtres latins pour chanter la liturgie latine. Il faut qu'ils adoptent les habitudes latines, ainsi que l'a désiré leur père. Il faut qu'il ne leur arrive plus, comme ils l'ont fait une fois, de se sauver de l'église en entendant le nom du pape : c'est la condition de leur séjour dans le pays des Francs. Ils devront porter des vêtements latins, se prosterner devant le pape, les cardinaux et les autres dignitaires; en abordant un cardinal ou un autre personnage du même rang, rester prosternés jusqu'à ce qu'on les engage à se relever, et ne pas s'asseoir, pour obéir à la recommandation que leur bienheureux père a dit leur avoir faite bien souvent... Leur démarche devra être digne et grave, leur conversation aimable, leur voix douce et calme, leurs yeux attentifs; leurs manières affables avec tout le monde. « Qu'ils ne « soient pas fiers, dit le cardinal Bes« sarion, mais humbles et doux. Qu'ils « ne pensent pas qu'ils sont de sang im« périal; mais qu'ils songent qu'ils sont « chassés de leur patrie, orphelins, « réduits à l'hospitalité étrangère et à « une pauvreté complète, attendant « leur vie de la bienfaisance d'autrui, « et que, s'ils ne montrent pas de la « vertu, de la sagesse, de l'humilité, « des égards pour tout le monde, les « autres s'abstiendront aussi de leur « témoigner des égards et tout le monde « s'éloignera d'eux... » Qu'ils s'appliquent à faire des progrès dans l'étude des lettres et montrent de la docilité vis-à-vis de leurs maîtres. « Que chacun « d'eux apprenne par cœur un petit dis« cours qu'il récitera au pape à genoux et « tête nue, en arrivant à Rome... Quand « ils sortiront et qu'on les saluera, qu'ils « rendent les saluts en se découvrant « la tête plus ou moins suivant les per« sonnes. Quand ils recevront des vi« sites, qu'ils traitent les visiteurs avec « politesse, en se découvrant la tête et « en leur témoignant des égards pro« portionnés au rang de chacun. Qu'ils « parlent peu, et que leur paroles « soient convenables, gracieuses et « humbles; qu'ils ne rient pas immodé-

« rément, mais gardent en causant un « maintien calme et sérieux. Qu'ils « mangent avec modération et se tien« nent à table en gens bien élevés... « Qu'ils apprennent à fléchir le genou « en saluant d'une manière élégante, et « qu'ils ne rougissent pas de faire ce que « font les grands rois et les empereurs. « Quand ils entreront dans une église « latine, qu'ils s'agenouillent et prient « à la manière des Latins. Faites-leur « suivre assidûment les cérémonies « religieuses, et que leur maintien « annonce le respect et l'attention; « qu'on ne les voie ni rire ni causer... » Telle était en partie la lettre qu'écrivait aux jeunes princes grecs le cardinal Bessarion, patriarche de Constantinople (c'est le titre qu'il se donnait lui-même en signant), le 9 août 1465. Comme il y avait alors une épidémie à Rome et à Ancône, il leur offrait une maison à Zicolo, dans le diocèse de l'évêque de Côme.

Deux ans après, l'historien Phrantzès nous dit qu'il reçut à Rome l'hospitalité chez eux. Il donne à l'aîné des deux princes, André Paléologue, le titre de despote. Le plus jeune s'appelait Manuel. A ce moment le cardinal Bessarion fut chargé par le pape de leur demander la main de leur sœur pour un noble Romain, nommé Paraciolo. Le mariage se fit à la joie des Grecs exilés, qui participèrent aux générosités du riche époux.

Tel fut le sort des Paléologues du Péloponèse. Celui des Comnènes de Trébizonde fut encore plus misérable. Mahomet, qui voulait faire disparaître de l'Orient tout souvenir de la domination Grecque, ne pouvait y tolérer longtemps l'existence d'un empereur, quelles que fussent les limites de la puissance attachée à ce titre. Après la conquête du Péloponèse, il songea donc, aussitôt que les autres guerres le lui permirent, à s'assurer la possession du petit empire de Trébizonde. L'importance qu'il attachait à cette conquête, quelque peu de valeur qu'elle eût en elle-même, nous est attestée par le soin qu'il mit à en dissimuler les préparatifs et à en assurer d'avance le succès. En 1461, on lui vit faire des armements considérables dont tout le monde ignorait le but : « Si un poil de ma barbe « le savait, répondit-il à un juge de « l'armée, je l'arracherais et le jetterais « au feu. » Les commencements mêmes de l'expédition ne semblaient annoncer qu'une menace indirecte et éloignée contre Trébizonde.

Par un calcul que leur faiblesse leur suggéra, en dépit de l'antipathie de race et de la différence de religion, les derniers représentants de l'empire grec profitèrent plus d'une fois du prestige de leur nom pour se concilier par des mariages l'alliance et la protection des princes mahométans. C'est ainsi que Joannès Comnène, qui occupait le trône de Trébizonde au moment de la conquête de Constantinople, avait donné sa fille à Ouzoun-Haçan, prince turcoman de la dynastie du Mouton-Blanc. Joannès Comnène avait vu sa capitale attaquée, au mépris de la paix, et surprise par Khizrbeg, commandant d'Amasia, qui en avait emmené deux mille prisonniers. Son frère David, envoyé pour porter des réclamations à Mahomet II, récemment monté sur le trône, avait obtenu la délivrance des prisonniers, mais en revanche avait rapporté de sa mission l'ordre de payer un tribut annuel de deux mille ducats. Lorsque David régna lui-même sur Trébizonde à la place de son frère Joannès et au détriment de son neveu, victime d'une usurpation, il songea à se servir de son puissant allié Ouzoun-Haçan pour obtenir la remise de cet injuste tribut. En 1460, le prince Turcoman envoya à cet effet une ambassade à Mahomet. Afin d'être en mesure de faire un échange de concessions; il réclamait en son propre nom un tribut de mille tapis qui était payé à son aïeul Kara-Youlouk par le grand-père de Mahomet, et un arriéré de soixante ans. « Allez en paix, « répondit le sultan; l'année prochaine « j'irai moi-même payer ma dette. » C'est ce qu'il prétendait fair, en commençant cette expédition dot il cachait le but avec tant de précaution.

Il commença par s'emparer d'Amastra (l'ancienne Amastris) que son heureuse position avait fait choisir par les Génois pour être l'entrepôt de leur commerce dans le Pont-Euxin. Les Génois étaient en guerre ouverte avec le sultan; à qui ils avaient inutilement réclamé la possession de Galata. Amastra bloquée par une flotte de cent cinquante navires, que commandait le grand-vizir Mahmoud-Pacha, n'essaya même pas de résister. Les deux tiers de ses habitants servirent à repeupler Constantinople.

Cette conquête fut suivie de celle de Sinope, ainsi que d'une partie de l'ancienne Paphlagonie, que le sultan enleva au prince Ismaïl-Beg. Quittant alors les côtes, il s'avança dans l'intérieur des terres contre Ouzoun-Haçan. La prise du château de Kajounlûhissar, les terribles dévastations exercées dans le pays par le beglerbeg de Roumélie, Hamza, la marche de Mahomet sur Erzéroum, effrayèrent Ouzoun-Haçan qui n'était pas préparé à la guerre. Il envoya une ambassade dont faisait partie sa mère Sara. Le sultan l'accueillit avec égard, et accorda la paix à condition qu'Ouzoun renoncerait à soutenir l'empereur de Trébizonde. C'était là le but de cette attaque : il voulait isoler David Comnène.

Aussitôt Mahomet se dirigea contre Trébizonde, devant laquelle arrivait de son côté Mahmoud-Pacha avec sa formidable flotte. On raconte (1) qu'au passage du mont Boulgar, la difficulté du chemin forçant Mahomet de marcher constamment à pied, la mère d'Ouzoun-Haçan, Sara, s'approcha de lui et lui dit : « Mon fils, comment peux-tu t'ex- « poser à tant de fatigues pour cette « ville de Trébizonde? — Ma mère, « répondit le sultan, le glaive de l'isla- « misme est dans ma main; sans toutes « ces fatigues, je ne mériterais pas le « titre de Ghazi (combattant pour la « vraie foi), et, aujourd'hui ou demain, « si je mourais, j'aurais honte de pa- « raître devant Dieu. » Son dessein était bien arrêté, par ambition au moins autant que par fanatisme. Bientôt il fut sous les murs de Trébizonde.

David Comnène avait vigoureusement repoussé les premières attaques des Turcs, et Mahmoud n'avait fait aucun progrès avant l'arrivée du sultan. Celui-ci le fit sommer de se rendre : il lui

(1) De Hammer, *Histoire de l'Empire ottoman*, liv. XIV. Les détails qu'on va lire sont empruntés à ce livre.

donnait le choix entre une mort terrible qui serait la suite infaillible de sa résistance, et un sort analogue à celui du despote Démétrius, qui vivait riche et paisible dans sa résidence d'Énos. David Comnène crut prudent d'accepter cette seconde alternative. Il fit des demandes, de conditions qui furent accordées par Mahomet, envoya les clefs de sa capitale, et s'embarqua lui-même avec sa famille pour Constantinople. Les habitants de Trébizonde, victimes de ce marché, furent dépossédés de leur ville. La classe aisée dut partir pour Constantinople; le reste fut relégué dans les faubourgs, suivant l'usage fréquent des Turcs, tandis que la ville elle-même, contenue dans l'enceinte des murailles, devint la propriété des sipahis, des janissaires et des silihdars. Les sipahis se partagèrent aussi un grand nombre de jeunes gens les plus beaux, choisis dans les meilleures familles. La part du sultan avait d'abord été prélevée sur ce honteux butin.

Ainsi finit l'empire de Trébizonde. Les Comnènes ne survécurent pas longtemps à la perte de leur trône. La ville de Sères fut d'abord assignée pour résidence à David; en même temps, des revenus lui furent assurés pour fournir à l'entretien de sa nombreuse famille. Il avait avec lui l'impératrice Hélène, sa femme, sept de ses fils : le huitième s'était fait musulman; sa fille, la princesse Anna, qui, après avoir été destinée à devenir l'épouse de Mahomet, avait été dédaignée après la conquête ; enfin son frère, Alexis. Quant à son neveu, le fils de Joannès Comnène et l'héritier légitime du trône de Trébizonde, il était retenu en captivité. Le sultan n'attendait qu'une occasion pour se délivrer de tous ces descendants des empereurs byzantins. La nièce de David, épouse d'Ouzoun-Haçan, lui écrivit une lettre dans laquelle elle offrait l'hospitalité à l'un des jeunes princes ou à leur oncle Alexis : ce prétexte suffit; il parut prouvé que les Comnènes formaient un complot contre Mahomet; tous furent emmenés à Andrinople et mis en prison. Mahomet, alors absent, les fit comparaître devant lui à son retour, et leur donna le choix entre l'apostasie ou la mort. La courageuse réponse de l'empereur fut le signal d'un massacre où il périt lui-même avec ses sept fils, son frère et son neveu. De la famille impériale des Comnènes, il ne resta que le fils de David qui avait embrassé l'islamisme, sa mère et sa sœur. Anne Comnène, enfermée d'abord dans le harem du sultan, devint successivement l'épouse du gouverneur de Thessalie, Saganos-Pacha, et d'un fils d'Ewrenos. Quand elle fit ce second mariage elle était musulmane. Elle avait eu pour compagnes d'esclavage dans le harem de Mahomet quelques-unes des filles des officiers qui avaient accompagné David dans son exil et formaient sa maison. Les autres avaient été données aux fils ou aux pages favoris du sultan. De même, les fils de ces officiers, étaient devenus des pages du sérail ou des janissaires. L'impératrice Hélène termina cette triste et sanglante histoire des Comnènes par un acte sublime de dévouement. Les cadavres des siens gisaient à la merci des animaux; ainsi l'avait ordonné la sentence prononcée contre eux : elle se rendit sur le lieu où ils étaient exposés; vêtue d'une robe de toile grossière, elle creusa elle-même une fosse et y ensevelit pendant la nuit les corps de sa famille, qu'il lui avait fallu disputer aux chiens et aux corbeaux. Peu de temps après avoir accompli cette pieuse tâche, elle succomba au chagrin qui la dévorait dans la solitude affreuse que la mort avait faite autour d'elle.

Les Paléologues, les Comnènes étaient morts, asservis ou dispersés. De ces deux races il ne restait plus en Orient personne qui pût protester en leur nom contre l'occupation du trône de Constantinople. L'histoire des deux conquêtes qui amenèrent ce résultat, est la seule où l'on voie les Grecs lutter pour eux-mêmes : au moins sont-ce des princes grecs dont la puissance est attaquée et détruite. Maintenant, pendant deux siècles bien des guerres auront pour théâtre les mers, les îles et les continents de l'ancien monde grec; mais les Grecs eux-mêmes ne seront, quand ils y prendront part, que les soldats de maîtres étrangers, qu'ils serviront quelquefois avec ardeur, le plus souvent avec indifférence. Au fond, le joug des Latins ne leur sera guère moins odieux que celui des Turcs ; nulle part il ne sera question pour eux d'une cause nationale : s'ils se laissent un instant séduire par des espérances de liberté, ils ne pourront se tromper longtemps sur les intentions de leurs libérateurs, et ne verront plus eux-mêmes dans leur patrie qu'une proie disputée par des ambitions rivales, et en définitive toutes ces guerres n'aboutiront qu'à leur complet asservissement par les Turcs. On conçoit que, pendant cette longue période, ce rôle presque passif des Grecs doive exciter moins d'intérêt que les énergiques efforts de ceux qui défendront leur propre cause et combattront pour leur domination. Quand il se fera des actions éclatantes, ce sera par les chevaliers de Rhodes, dont la défaite même sera glorieuse, ou par la puissante république de Venise, dont la politique intéressée, dans cette longue lutte qu'elle soutiendra presque seule au nom de la chrétienté, devra une certaine grandeur à son infatigable persistance. Quant à Gênes, elle ne tardera pas à être complétement dépouillée de ses possessions en Orient. Il est nécessaire de présenter un rapide tableau de ces vicissitudes qui firent changer les Grecs de maîtres, jusqu'au moment où la conquête musulmane sembla complète et définitive.

CHAPITRE II.

GUERRES ENTRE LA PORTE ET VENISE.

(1462-1573.)

Dès 1462, Lesbos fut enlevée à la famille génoise des Gateluzi. Mahomet avait à cœur de venger l'échec éprouvé par son armée devant Méthymne, et de réaliser un projet de conquête auquel il songeait depuis longtemps. Au retour de son expédition en Valachie contre Drakul, lui-même parut à la tête de ses janissaires sous les murs de Mételin pour sommer Nicolas Gateluzio de se rendre. En même temps, le grand-vizir Mahmoud-Pacha amenait soixante galères et sept navires avec une formidable artillerie. Ce fut lui qui fut chargé du siége. Après un bombardement de vingt-sept jours, il fallut l'intrigue et la trahison pour triompher de la résistance de Mételin. Lucio Gateluzio, séduit par les promesses du vizir, livra la ville dont la défense lui avait été confiée. Le prince Nicolas consentit alors à sortir de la citadelle. On lui avait promis de lui assurer une existence honorable : arrivé à Constantinople avec son cousin Lucio, la honte d'une apostasie n'épargna ni à l'un ni à l'autre le dernier supplice. Quant à leur capitale, elle reçut une garnison de deux cents janissaires et de trois cents azabs. Trois cents corsaires, auxiliaires des Génois, furent sciés en deux. Les habitants, qui avaient vaillamment contribué à la défense de la ville, furent partagés en trois classes : la classe riche fut envoyée à Constantinople ; la classe moyenne devint la propriété des janissaires ; la classe pauvre resta dans les faubourgs de la ville. Huit cents filles et garçons, choisis dans les familles nobles, avaient été réservés pour le sultan.

Bientôt éclata entre Venise et la Porte une première guerre, qui semble avoir été désirée des deux parts. Les Turcs, cependant, attaquèrent les premiers. Un esclave du pacha d'Athènes, qui s'était enfui en emportant à son maître dix mille aspres, avait trouvé un asile à Coron auprès d'un noble Vénitien nommé Jérôme Valaresso. Il s'était fait chrétien ; et cette conversion, pour le moins suspecte, servit de prétexte pour repousser les réclamations du pacha. Les Turcs s'emparèrent de cette occasion pour commencer les hostilités. Ils attaquèrent les Vénitiens sur trois points à la fois : du côté de Modon, dont le territoire fut ravagé ; du côté de Lépante (l'ancienne Naupacte) en Étolie, où le canton de Galata fut envahi par Omar ; à Argos, que le fanatisme d'un prêtre grec ennemi des Latins livra au gouverneur du Péloponèse, Isa. Par représailles, le commandant vénitien de Lépante alla dévaster en face, sur la côte d'Achaïe, le pays de Vostitza et en emmena des prisonniers qui servirent à des échanges. La guerre, déjà commencée, fut déclarée officiellement.

Luigi Loédano, capitaine général des forces maritimes de Venise, arriva avec une flotte de vingt-cinq galères et de douze navires. Venise avait de plus envoyé en Morée, sous les ordres de Bertholdo d'Este, une armée de terre dont faisaient partie deux mille cavaliers et quelques troupes napolitaines, et poussait les Grecs à la révolte. Pour obtenir ce résultat, elle comptait surtout sur les efforts de quatre mille malfaiteurs qu'elle avait fait transporter de l'île de Candie. L'insurrection, en effet, éclata à Mistra, à Ténare, à Épidamne, à Pellène et dans l'Arcadie : les Grecs croyaient à une croisade de l'Europe en leur faveur. Lorédano, après s'être emparé du fort de Vatica, sur le golfe de Laconie, se mit à parcourir les îles de l'Archipel. Le principal résultat de cette course fut la conquête de Lemnos. La négligence du commandant turc de Paléocastron permit à des Italiens qui se trouvaient dans la ville de s'en rendre maîtres par surprise. Ceux-ci la livrèrent aux Vénitiens, qui eux-mêmes partirent de là pour s'emparer de toute l'île. De même quelque temps auparavant la négligence plutôt que la volonté du commandant leur avait donné l'occasion de s'établir à Monembasie. Une tentative de Lorédano contre Lesbos échoua. Le 1er août il était de retour à Nauplie, où l'attendait Bertholdo d'Este. Les deux chefs unirent leurs efforts contre Argos, qui fut reprise et saccagée, après une faible résistance de la ville et une plus longue de la garnison albanaise, que protégeait le rocher escarpé de la citadelle, l'antique Larissa.

La conquête turque paraissait donc sérieusement menacée. Les places vénitiennes étaient bien approvisionnées ; les Turcs avaient subi un échec, et avaient à se défendre à la fois contre l'invasion de forces considérables et contre leurs sujets révoltés ; les Grecs et les Albanais, qui étaient entrés dans l'insurrection, étaient pleins d'espoir. Il s'agissait surtout de résister aux troupes que la Porte allait envoyer dans le Péloponèse : les Vénitiens et les Grecs reconstruisirent la muraille de l'isthme, qui avait été renversée par Amurat II. Trente mille ouvriers se mirent à l'œuvre avec une incroyable ardeur. Quinze jours leur suffirent pour élever sur un espace d'environ deux lieues un mur de douze pieds, défendu par un double fossé et muni de cent-trente-six tours. Ce grand ouvrage reçut une consécration religieuse : la messe fut dite sur un autel qu'on avait élevé au milieu, et l'étendard de Venise y fut arboré. On peut encore aujourd'hui voir les débris de cette muraille à côté du canal commencé par l'ordre de Néron. Malheureusement, il ne se rattache à ce monument aucun souvenir glorieux pour Venise.

A partir de ce moment, en effet, les Vénitiens ne remportèrent plus aucun succès. D'abord ils échouèrent devant Corinthe, qu'ils assiégèrent avec quinze mille hommes. Dans un combat livré sous les murs de la ville, Bertholdo fut blessé à la tête d'un coup de pierre, et mourut de sa blessure quinze jours après, le 4 novembre. Ce même jour, on apprit que le grand-vizir Mahmoud-Pacha arrivait à la tête de quatre-vingt mille hommes, qui venaient de conquérir la Bosnie. Une terreur panique s'empara des Grecs et des Vénitiens eux-mêmes. Ils abandonnèrent précipitamment le siège de Corinthe. Quant à la muraille de l'Hexamilon, élevée avec tant d'apparat et au milieu de si grandes espérances, elle ne servit pas à retarder un seul instant la marche de l'ennemi. Mahmoud, voulant s'en emparer par surprise, s'avança pour l'attaquer à la pointe du jour : il n'y trouva plus personne. Il put voir sur les flots du golfe Saronique les voiles des vaisseaux vénitiens qui fuyaient vers Nauplie.

La domination musulmane fut bientôt rétablie. Les Vénitiens perdirent de nouveau Argos, que Mahmoud n'eut pas de peine à prendre. Soixante-dix Vénitiens, faits prisonniers dans la ville, furent envoyés la chaîne au cou à Constantinople, et soixante arquebusiers de Candie furent passés par les armes. Les Turcs n'attaquèrent pas d'autres villes vénitiennes. Parmi les villes grecques, ils n'eurent besoin d'attaquer que Mistra. Les Grecs de Mistra furent défaits ; mais ils se réfugièrent dans les montagnes de la partie inférieure du Taygète, qui domine le pays du Magne. Les Maïnotes ne furent jamais complétement réduits. Ainsi se forma dès cette époque un petit foyer d'indépendance.

Si Venise ne perdit qu'une de ses villes, elle vit son territoire ravagé par

Omar, qui le parcourut à la tête de vingt mille cavaliers. Cinq cents de ses sujets, enlevés dans le pays de Modon, furent envoyés à Constantinople comme victimes expiatoires : Mahomet les fit tous scier en deux. Ainsi les Grecs étaient les plus maltraités. La superstition avait sa place au milieu de ces actes de barbarie. On raconta (1) qu'un bœuf réunit les deux moitiés d'un des corps qui étaient restés exposés sur le lieu de l'exécution, et que Mahomet, frappé de ce prodige, fit ensevelir le cadavre et nourrir le bœuf dans les écuries du sérail. Il croyait, disait-on, que de grandes destinées étaient promises à la nation à laquelle le corps appartenait. L'Athénien auquel est emprunté ce récit, n'a fait que nous conserver une de ces histoires merveilleuses qu'accueillait volontiers la crédulité des Grecs comme une consolation et une espérance.

Ainsi se termina cette première campagne, qui fut en somme beaucoup moins brillante pour les Vénitiens qu'ils ne l'avaient espéré au début. Pendant les premières années qui la suivirent, aucun succès éclatant et aucun avantage durable ne vint relever leur réputation ni affermir leur puissance en Orient. Leurs amiraux et leurs généraux se succédaient rapidement. Ainsi, en 1464, Orsato Giustiniani, successeur de Luigi Lorédano, meurt après avoir assiégé inutilement Métélin pendant six semaines et s'être borné à transporter en Eubée ceux des Grecs de l'île qui voulaient échapper au joug musulman. Dans le Péloponèse, Sigismond Malatesta, seigneur de Rimini, dont le secrétaire nous a laissé une relation de ces événements, accueilli dans quelques villes, fait sans succès le siége de la citadelle escarpée de Mistra, et s'en retourne emportant pour unique trophée les restes de Gémistus Pléthon, à qui il fit élever un tombeau à Rimini. Jacques Barbérigo, providéteur du Péloponèse, prend à la place de Malatesta le commandement des troupes de terre, et va mettre le siége devant Patras. Omar, accouru au secours de cette ville, fut d'abord mis en fuite. Mais les vainqueurs, malgré les conseils des habitants, s'étant acharnés à le poursuivre jusque vers les hauteurs de Sabellium et de Sidérocastron, Omar profita du désordre qui s'était mis dans leurs rangs, et reprit l'avantage. Le carnage des Vénitiens fut affreux : obligés à leur tour de prendre la fuite, ils allaient donner dans des embuscades habilement placées par le général turc dans des défilés par lesquels il leur fallait passer pour regagner le rivage. Les soldats d'Omar, en les poursuivant jusqu'au bord de la mer, trouvèrent des vaisseaux tirés sur le sable ; ils égorgèrent ou firent prisonniers les hommes qui les montaient. Beaucoup d'officiers vénitiens avaient péri. Un capitaine grec, qui servait parmi eux, Michel Raoul Isès, livré par une chute de cheval aux ennemis, fut empalé. Le même supplice fut infligé au métropolitain de Patras, soupçonné d'avoir été l'instigateur de l'attaque des Vénitiens. Une seconde défaite, non moins grave, éprouvée près de Calamata, acheva de détruire l'armée vénitienne.

Ces désastres ne furent compensés ni par l'inutile bravade de Jacques Véniéno, capitaine du golfe de Venise, qui, se détachant de l'escadre de l'amiral Jacques Lorédano, postée près des Dardanelles, remonta avec sa seule galère et descendit le canal sous le feu des forts ; ni même par les succès de Victor Capello, successeur de Jacques Lorédano, qui, après s'être emparé des îles d'Imbros, de Thasos et de Samothrace, devint maître un instant d'Athènes, qu'il ne put même songer à garder.

Tous ces événements se passaient en 1464. Cette même année vit avorter une croisade que le pape Pie II devait sanctifier de sa présence, et dont le chef désigné était le doge de Venise lui-même, Christophe Maro. Bologne, Lucques, Modène, d'autres villes d'Italie, Philippe, duc de Bourgogne, avaient promis des vaisseaux et de l'argent. Pie II mourut, et il ne fut plus question de rien. Si l'on n'eût pas su depuis longtemps que les préparatifs des guerres saintes pouvaient être détournés de leur but, on se serait peut-être étonné de voir les cinq galères armées par le pape et laissées à la disposition des Vénitiens,

---

(1) Chalcondyle, l. x.

dirigées par eux contre les plus précieux défenseurs de la foi en Orient, les chevaliers de Rhodes.

A partir de ce moment, la guerre se traîna pendant six années aux dépens de quelques îles et de quelques points de la Morée qui eurent à supporter tour à tour les dévastations et les représailles des deux ennemis. Découragée par l'abandon de l'Europe, et obligée de songer à ses propres intérêts, Venise fit inutilement, en 1467, des ouvertures pour la conclusion de la paix. Trois ans après, la perte de l'île de Négrepont (l'ancienne Eubée) surpassait pour elle tous les désastres qu'elle eût encore éprouvés. Les destinées de cette île ont été trop étroitement liées à celles du continent voisin, et la défense de Chalcis fut trop mémorable, pour qu'il ne faille pas s'arrêter un instant au récit de cet événement.

Au printemps de l'année 1470, l'amiral vénitien Nicolas Canale, ayant appris que les Turcs avaient fait une descente dans l'île de Lemnos, réunit trente-cinq galères que lui fournirent les ports de Modon et de Chalcis, et se dirigea vers le nord de l'Archipel. Arrivé à Imbros, il est informé qu'une flotte turque considérable est mouillée de l'autre côté de l'île. C'était celle de l'ancien grand-vizir Mahmoud, alors revêtu de la charge de capitan-pacha, qui conduisait contre Négrepont cent galères et deux cents navires montés par soixante-dix mille combattants. Canale ne pouvait engager la lutte contre de pareilles forces. Il prit la fuite. Poursuivis jusqu'à la nuit, ses vaisseaux se dispersèrent. Etant parvenus à se réunir le lendemain matin, ils firent voile vers Scyros. Déjà la flotte turque, arrivée la première, allait quitter la côte opposée de la même île pour tourner la pointe méridionale de l'Eubée et se diriger contre Chalcis. Canale la suivit jusqu'au cap Mandélo et chercha à faire passer des vivres à la ville menacée. Quelques galères réussirent à se frayer un passage dans l'étroit canal de l'Euripe, à travers les vaisseaux ennemis. On peut lire dans le couvent de Saint-Antoine à Venise une épitaphe qui conserve le souvenir d'un de ces exploits tenté avec succès par Antonio Othobono. Quant à l'amiral lui-même, il alla attendre près de Coulouri (Salamine) des renforts qu'il avait mandés de Candie.

Mahmoud, après avoir brûlé Stoura et Basilicon, petites villes de l'île de Négrepont, était arrivé devant Chalcis le 7 juin. Sa première tentative de débarquement échoua, grâce à l'impétueuse attaque des habitants. C'était déjà beaucoup que de lutter contre un si formidable ennemi : le 15, ils virent s'avancer de l'autre côté de l'Euripe, sur la côte béotienne, une armée de cent vingt mille hommes que Mahomet commandait en personne. Le sultan fit jeter un pont de bateaux sur le canal, à un mille de Chalcis, et transporta ainsi ses troupes dans l'île ; cinquante-cinq canons de gros calibre furent dirigés contre les remparts, et le siége fut établi par mer et par terre. Il dura trente jours. Trois assauts tentés les 25 et 30 juin et le 15 juillet furent repoussés, et coûtèrent, dit-on, aux Turcs trente galères et vingt mille hommes. Ces glorieux résultats étaient principalement dus à l'énergie de Paul Érizzo, gouverneur de l'île, qui avait sous ses ordres comme chefs de la garnison, le capitaine Luigi Calvo et le provéditeur Jean Bondomieri. Mais la trahison et les discordes vinrent ajouter au péril des assiégés. Un certain Tomaso, qui commandait une troupe de cent cinquante Italiens, se laissa corrompre par les Turcs ; il correspondait avec eux au moyen de transfuges ou de lettres attachées à des flèches. Une de ces lettres fut trouvée par une jeune fille, qui la porta au gouverneur. Celui-ci, pour intimider le parti qui commençait à se former dans la ville, fit étrangler Tomaso et pendre le corps à une des fenêtres de son palais. Le courage des habitants, épuisés par ces luttes terribles, commençait à faiblir. Au commencement, tous avaient concouru à la défense avec une égale ardeur ; les femmes même accouraient sur les remparts pour repousser les assauts. Mais alors une partie d'entre eux prêtait l'oreille aux suggestions de Tomaso. Le supplice de celui-ci et l'énergique sang-froid de Paul Érizzo réussirent à comprimer leur audace et à prévenir un

22.

conflit sanglant, mais non pas à étouffer complétement cet esprit funeste. Le successeur de Tomaso dans son commandement, Florio Nordone, ne tarda pas à imiter son exemple ; il fit savoir à Mahomet que le côté le plus faible de la ville était le quartier voisin de la porte de la Bourse. Malgré ces discordes, les assiégés avaient encore repoussé un quatrième assaut, le 8 juillet, et fait perdre aux ennemis quinze mille hommes. Ils réparaient avec une activité inépuisable les brèches faites à leurs murailles par l'artillerie de Mahomet. Ils comptaient enfin voir arriver Canale, dont l'inexplicable inertie résistait aux signaux multipliés qu'on lui faisait de la ville. Un jour ils aperçoivent dans l'intérieur du canal quatorze galères vénitiennes. L'amiral les commandait lui-même ; il avait laissé derrière le gros de sa flotte. Si, en attaquant les Turcs, il opérait une diversion, et surtout s'il réussissait à rompre le pont de bateaux qui faisait communiquer leurs troupes de terre avec le continent, le succès du siége et peut-être même le salut d'une partie de l'armée musulmane étaient compromis. Aussi son arrivée remplit-elle de crainte les assiégeants. On prétend même que Mahomet se fit seller un cheval pour fuir en Béotie, mais que Mahmoud le détourna de cette résolution, et le décida même à livrer sur-le-champ un dernier assaut, en excitant ses soldats par la promesse du pillage. Un cinquième assaut fut en effet livré le 12 juillet. Canale n'y mit aucun empêchement. Il n'était qu'à un mille du pont de bateaux ; le vent et la marée de l'Euripe étaient pour lui : ni ces circonstances favorables, ni le péril des assiégés, ni les instances de ses officiers, qui faisaient résonner à ses oreilles les mots de lâcheté et de trahison, ne peuvent le décider à tenter l'entreprise. Il ne voulut pas exposer dans un combat inégal les galères de la république, et s'obstina à attendre le reste de la flotte, qui ne vint pas. L'assaut commença. Les assiégés, qui s'étaient crus sauvés, passèrent de la joie la plus vive au désespoir. En vain ils hissaient sur les tours des drapeaux noirs en signe de détresse : ils ne peuvent faire sortir de leur immobilité les galères vénitiennes vers lesquelles ils tendaient les mains et dont ils ne pouvaient détacher leurs yeux. Cependant ils se défendirent encore avec courage. Ce dernier combat fut le plus sanglant de tous. Enfin, les Turcs réussirent à pénétrer dans la ville par la porte de la Bourse, et les remparts furent abandonnés. Chalcis devint le théâtre d'un affreux massacre. Calvo périt sur la place du marché ; Bondomieri fut tué dans une maison ; Paul Erizzo fut forcé de se rendre, après une énergique résistance. Il fut scié par le milieu : Mahomet lui avait promis de respecter sa tête, mais, disait-il, il n'avait pas parlé du ventre. Les Italiens surtout furent victimes de la cruauté du vainqueur : la plupart des Grecs furent réduits en esclavage. Anne Erizzo, fille du courageux défenseur de Chalcis, ayant résisté à la brutale passion du sultan, fut égorgée. Pendant le siége, les Turcs avaient perdu, dit-on, plus de quarante mille hommes. La prise de Chalcis décida naturellement la conquête de toute l'île. Pendant les années précédentes le commerce et la culture intelligente de la terre avaient fait de l'île de Négrepont une des parties les plus riches et les plus florissantes de la Grèce. Cette prospérité fut détruite par l'occupation musulmane. A partir de ce moment, l'Eubée fut placée sous l'autorité du pacha d'Athènes.

Après la victoire, Mahomet emmena par la Béotie son armée de terre ; et ses galères se retirèrent chargées de butin. Canale, dont la flotte venait d'être portée à près de cent galères et navires par de nouveaux renforts envoyés de Venise, suivit Mahmoud-Pacha jusqu'à Chio, délibéra s'il livrerait bataille, et se décida à retourner à Zéa. Rien ne pouvait faire plus de plaisir aux Turcs, qui, ne montant plus en nombre suffisant leurs galères, redoutaient beaucoup une attaque. Aussi leur amiral leur dit-il qu'ils ne pouvaient que se louer du bon et favorable traitement qu'ils avaient reçu des Vénitiens, qui, les étant venus prendre à l'île de Ténédos, les avaient conduits de nouveau jusqu'à l'île de Chio avec une grande et nombreuse flotte.

A la nouvelle de la prise de Négrepont, Venise fut consternée. Canale, rappelé, fut banni pour toujours du sénat ainsi que tous ses descendants. Pierre Mocénigo, son successeur, soutint plus dignement l'honneur des armes vénitiennes dans le Levant; et, avant la conclusion de la paix qui, après bien des négociations infructueuses, arriva en 1479, plusieurs succès en Grèce, en Albanie, dans l'Archipel et en Asie Mineure donnèrent aux généraux de la république un rôle plus glorieux et adoucirent pour leur patrie le chagrin d'être obligés de céder. Ainsi, en 1473, Pierre Mocénigo, à la tête d'une flotte de quatre-vingt-cinq galères, équipées, à la suite de l'alliance Caraffa, par Venise, le pape Sixte IV, le roi de Naples et les chevaliers de Rhodes, donna un secours efficace à Ouzoun-Haçan, alors en guerre avec Mahomet. Il saccagea Délos et Mételin, Smyrne et les faubourgs de Satalia. En 1476, Antonio Lorédano parcourut victorieusement les mers de l'Archipel, et ravagea les côtes de l'Asie Mineure. L'année suivante, une armée de quarante mille Turcs, commandée par l'eunuque Suléïman-Pacha, échoua dans le siège de Lépante. Grâce aux efforts combinés de la garnison, protégée par un triple rempart et la position escarpée de la citadelle, et de l'escadre de Lorédano, deux assauts furent repoussés, et Suléïman se retira. Enfin, à deux reprises, Scutari en Albanie, attaquée par les généraux du sultan et par le sultan lui-même, résista victorieusement aux efforts d'armées nombreuses et d'une formidable artillerie; et si les Vénitiens, pour conserver Croïa, ne purent pas égaler les exploits de Scanderbeg, au moins poussèrent-ils jusqu'aux dernières limites le courage de la résistance : bloqués pendant une année entière, il furent vaincus par la famine plutôt que par les armes de l'ennemi.

Cependant les succès de Venise consistaient plus dans de belles défenses que dans des conquêtes. Si ses flottes avaient été ravager le territoire du sultan jusqu'en Asie, des armées turques avaient porté la dévastation sur les rives de l'Isonzo et du Tagliamento. C'était Venise qui était vaincue. C'était elle qui plusieurs fois avait demandé la paix; et, lorsqu'elle l'obtint, après une guerre de seize ans, non-seulement elle signa la perte définitive de Négrepont et de Croïa, mais il lui fallut renoncer à la possession de Scutari elle-même, que les armées turques n'avaient pu prendre. Parmi d'autres concessions, elle abandonna ses droits sur une partie de la côte montagneuse du Magne dans le Péloponèse. Elle s'engagea de plus à payer en deux ans la somme de cent mille ducats au nom de la ferme des aluns, qui avait fait banqueroute à Constantinople, et se vit imposer un tribut annuel de dix mille ducats. Le sultan lui restitua tout ce qu'il lui avait pris en Morée, en Dalmatie et en Albanie, excepté les villes de Croïa et de Scutari avec leurs territoires, et lui accorda à Constantinople même des avantages commerciaux par lesquels elle se ménagea habilement une source de revenus considérables.

L'année 1480 vit les Turcs faire deux entreprises à la fois aux deux extrémités de l'ancien monde grec contre les îles Ioniennes et contre l'île de Rhodes. Les îles de Sainte-Maure, de Céphalonie et de Zante appartenaient à Léonard II de Tochis, enfermé autrefois comme otage dans le sérail de Mahomet, et à la fois tributaire de la Porte et de Venise. Ayant épousé, sans le consentement des Vénitiens, la fille de Ferdinand II, roi de Naples, avec qui ils étaient alors en guerre, il ne fut pas compris dans le traité de 1479. En même temps, un manque d'égards vis-à-vis du pacha de Janina, ville autrefois possédée par la maison de Tochis, fournit aux Turcs une occasion désirée de mettre la main sur des îles favorablement situées sur la route de l'Italie, où cette même année ils allèrent saccager Otrante. Léonard s'enfuit à Naples, et l'ancien grand-vizir Guédik-Ahmed-Pacha, à la tête de vingt-neuf galères, vint prendre possession de ses trois îles. Zante essaya d'opposer quelque résistance. L'amiral vénitien qui croisait dans les mers voisines, se borna à réclamer pour ses nationaux le droit d'être considérés comme neutres et de quitter l'île. Il l'obtint, et le petit nombre des habitants qui restèrent fut abandonné à la cruauté des Turcs. Zante, ainsi dépeuplée fut achetée peu de temps après par Venise, déjà maîtresse de Corfou depuis près d'un siècle.

Le siége de Rhodes et la glorieuse défense des chevaliers de Saint-Jean de Jérusalem attirèrent bien autrement l'attention de l'Europe. Déjà, en 1479, le grand-vizir Mésih-Pacha, envoyé avec une escadre, avait vainement tenté un débarquement, et s'était vu forcé de se réfugier dans la baie de Fénika. Il y fut rejoint au printemps de l'année suivante par une flotte de cent soixante navires, qui mirent à sa disposition des ressources extraordinaires de troupes et d'artillerie. On sait (1) comment un siège de trois mois, pendant lequel le grand-maître Pierre d'Aubusson eut à lutter à la fois contre de furieux assauts et les dispositions d'une grande partie de ses chevaliers, aboutit à la retraite des Musulmans. Mahomet préparait peut-être une vengeance, quand il mourut le 3 mai 1481, au moment où il venait de rassembler une immense armée, qu'il devait commander en personne.

Depuis la paix de 1479, les possessions de Venise en Grèce ne furent, pendant vingt ans, l'objet d'aucune attaque de la part des Turcs. Ceux-ci cependant ne désiraient qu'une occasion de guerre. L'année même de l'avénement de Bajazet II, sous prétexte que Mahomet n'avait pas engagé son successeur, et que le traité avait besoin d'une ratification nouvelle, le territoire de Zara fut ravagé par Iskender-Pacha; et si, au commencement de l'année suivante, Bajazet consentit enfin à renouveler le traité à peu près dans les mêmes termes, c'est qu'il se voyait menacé par l'ambition de son frère Djem, vulgairement appelé le prince Zizim. Les années suivantes, Venise eut soin, au moyen d'ambassadeurs et du baile qui la représentait à Constantinople, d'entretenir des relations pacifiques avec le sultan, et les circonstances l'aidèrent à obtenir ce résultat. Mais en 1499 la guerre éclata, autant par la politique des princes européens que par l'ambition de Bajazet. Les Turcs n'étaient déjà plus les ennemis communs de la foi; ou, si un préjugé populaire leur conservait encore ce nom, leur alliance n'en était pas moins recherchée par les États chrétiens de l'Italie, par Rome même : il est vrai que le pape était alors Alexandre VI. Le sultan profita de ces jalousies et de ces rivalités qui menaçaient Venise en Italie, pour l'attaquer; et il le fit par une perfidie qui lui fut suggérée par les ambassadeurs de Milan, de Florence et de Naples, avec l'approbation du pape et de l'empereur Maximilien.

Andrea Zanchani, envoyé par la république vénitienne à la fois pour porter le tribut annuel dû pour la possession de Zante et pour s'opposer aux intrigues des princes italiens, avait attendu longtemps une audience, et avait pu reconnaître à des signes non équivoques les mauvaises dispositions du sultan. Enfin il est reçu; il obtient même le renouvellement de la paix : c'était le signal de l'attaque des Turcs, dont les préparatifs étaient alors terminés. Bajazet croyait avoir mis sa conscience à l'aise en faisant employer dans la rédaction de l'acte la langue latine au lieu de la langue turque. Venise n'avait pu s'abuser sur ses intentions, et s'était préparée à la lutte autant qu'elle le pouvait.

Lépante fut investie par une armée de soixante-trois mille hommes qu'amena par terre le beglerbeg de Roumélie, Moustapha-Pacha. Une flotte considérable, que le capitan-pacha Daoud, avait été chargé depuis longtemps de conduire contre cette même ville, avait été retenue pendant trois mois par les vents contraires près de l'île de Sapienza, au sud de Modon. Cette flotte, malgré le nombre des vaisseaux qui la composaient et le mérite de l'amiral et des deux commandants qu'il avait sous ses ordres, Borrak-Reïs et Kemal-Reïs, redoutait un combat, parce qu'elle était montée par des équipages nouveaux et inexpérimentés. Aussi craignit-elle de se voir fermer le passage, quand elle aperçut une flotte vénitienne de cent cinquante voiles, qui, bien qu'inférieure en forces, se disposait à l'attaquer. Mais la jalousie de l'amiral vénitien, Antonio Grimani, fit de ces menaces une vaine parade. Lorédano, le marin le plus illustre de la république, lui ayant amené de Corfou un renfort de quinze navires, il aima mieux renoncer à la gloire d'un succès que de la partager, et ne voulut plus

---

(1) On trouvera un récit détaillé de ce siége intéressant dans le XVIIe livre de l'histoire de M. de Hammer et dans l'ouvrage de M. Lacroix sur les îles de la Grèce.

combattre. Il n'y eut pas de véritable bataille. Après avoir manœuvré pendant plusieurs jours, les vaisseaux turcs et les vaisseaux vénitiens semblèrent enfin sur le point de se rencontrer. Borrak-Reïs qui montait, ainsi que Kemal-Reïs, un vaisseau de deux mille cinq cents tonneaux, s'étant trouvé séparé du reste de la flotte ottomane, fut attaqué à la fois par Albano Armenio, commandant de l'avant-garde ennemie, et par Lorédano. Voyant les deux chefs vénitiens déjà sur le pont de son vaisseau, il prit la résolution désespérée de mettre le feu à leurs navires. Le sien brûla en même temps, et lui-même périt avec ses ennemis (28 juillet 1499). Grimani, après être resté spectateur impassible de cette lutte, se retira tout simplement, et retourna à Corfou. Il en revint cependant avec un renfort de vingt-deux navires français et de deux rhodiens, mais se borna à inquiéter un peu l'ennemi, sans l'attaquer. L'escadre française, ne voulant pas partager plus longtemps la honte de cette inaction, se retira. Bientôt la flotte turque fut sous les murs de Lépante. Le commandant de la citadelle, Zuano Mori, n'ayant pour se protéger que des fortifications en mauvais état, et ne se voyant pas soutenu par Grimani, capitula le 26 août, et la place la plus importante du golfe de Corinthe fut au pouvoir des Turcs. Bajazet, qui avait assisté à la prise de Lépante, donna l'ordre de construire des forts sur les anciens promontoires de Rion et d'Antirrhion, pour fermer l'entrée du golfe, et retourna à Constantinople, laissant sa flotte en Grèce, afin d'être en mesure d'attaquer plus tôt Modon et Coron.

Venise, qui cette même année avait eu à supporter d'immenses ravages dans ses possessions de Dalmatie, obtint cependant une compensation par la conquête de cette île de Céphalonie qu'elle avait eu la conscience de rendre aux Turcs quelques années auparavant, après l'avoir reprise à Antonio de Tochis, frère du dernier prince des îles Ioniennes. Cette fois elle travailla pour elle-même. Gonsalve, à la tête d'une escadre espagnole, vint aider le général vénitien Pesaro. Un assaut les rendit maîtres de la ville de Céphalonie; le fort della Rocca se rendit le lendemain. Pesaro s'occupa de repeupler l'île, dont il laissa le gouvernement à Francesco Leone; le commandement de la ville fut donné à Luigi Salomon, et celui de la forteresse à Giovanni Veniero.

L'année 1500 vit les villes de Modon, de Navarin et de Coron succomber sous les efforts des Turcs. Venise avait réussi pendant l'hiver à s'emparer sur la côte de l'Épire du fort de Rhinassa, et à brûler pendant une nuit obscure, dans le port même de Prévésa, vingt navires que les Turcs venaient de construire sur le modèle de ses propres galères. Néanmoins, au mois de juillet, des forces considérables investirent Modon par terre et par mer. Le sultan, après avoir célébré le ramazan à Léondari, était venu assister au siége. La défense, comme l'attaque, fut pleine d'énergie. Un premier assaut rendit les Turcs maîtres des faubourgs; puis, pendant trois semaines, leur canon battit les remparts de la ville. Au bout de ce temps se livra un second assaut, qui fut décisif; mais le dénoûment fut précédé des plus intéressantes péripéties. Coronelli nous en a conservé un récit qu'on lit dans une traduction du temps. « Pressés par l'ennemi avec plus
« de violence que jamais, les Vénitiens
« étoient prêts à demander une capitu-
« lation, lorsqu'ils virent enfin paraître
« l'armée de la République, qui venoit
« de Zante pour leur apporter du
« secours. Aussitôt que les deux armées
« se furent approchées à la portée, il y
« eut un combat fort âpre et fort dou-
« teux; mais enfin, après divers succès,
« il y eut cela d'avantageux pour les
« Vénitiens qu'une de leurs felouques
« se fit passage pour aller animer les
« assiégés à soutenir courageusement
« comme ils avoient commencé, dans
« l'assurance que l'armée les tireroit
« bientôt hors de tout péril. Et il arriva
« en même temps que quatre galères
« chargées de toutes sortes de munitions,
« soutenues de l'armée vénitienne, pas-
« sèrent au travers des escadres des
« Turcs et, à la honte de ces infidèles,
« gagnèrent le port fort heureusement.
« C'étoit là le sujet d'un succès fort
« heureux, si la suite avoit été moins
« déplorable; car les assiégés, se donnant
« entièrement à la joie de recevoir du
« secours, après l'avoir si longtemps at-

« tendu (1), abandonnèrent des postes
« qu'il falloit toujours garder. Les Turcs,
« de leur côté, toujours appliqués à ce
« qui pouvoit leur faire remporter la
« victoire, apercevant qu'ils n'avoient
« plus d'obstacles difficiles pour entrer
« dans la ville, y entrèrent effective-
« ment, et y donnèrent des preuves ter-
« ribles de leur cruauté. Dans le fu-
« rieux carnage qui se fit alors, reçut
« la mort l'illustre prélat Andréa Fal-
« coni, qui, revêtu des habits pontifi-
« caux, animoit le peuple à résister aux
« efforts des infidèles. » Presque tous
les nobles périrent également, et ces
scènes sanglantes furent couronnées
par l'incendie de la ville, qui brûla pendant cinq jours. Le sixième, Bajazet y
fit son entrée, et consacra à l'islamisme
l'église principale, en y faisant la prière
du vendredi. Il témoigna la plus grande
reconnaissance à Sinan-Pacha, qui avait
donné l'ordre de monter à l'assaut, et
nomma sandjak d'une riche province le
janissaire qui le premier avait escaladé
les murs. Trois cents ouvriers furent
employés à réparer les fortifications; et
chaque ville de Morée dut envoyer à
Modon cinq familles pour la repeupler.
L'amiral vénitien, Melchior Trevisani,
auteur de cette tentative hardie pour
délivrer Modon, ne tarda pas à succomber au chagrin d'avoir échoué et
de n'avoir pu protéger non plus Navarin
et Coron.

Ces deux places, en effet, investies par
mer et par terre, par le capitan-pacha
Daoud et par le grand-vizir Ali-Pacha,
capitulèrent sans tenter aucune résistance. Les revenus qu'elles devaient
fournir furent consacrés aux villes
saintes de la Mecque et de Médine. Les
Turcs attaquèrent ensuite une cinquième
ville vénitienne, Monembasie, ou, comme
l'appelaient les Italiens, Napoli di Malvasia; mais la force de la position et l'énergie du commandant, Paul Contarini,
les forcèrent à lever le siége.

Bajazet envoya des lettres au podestat
de Gênes à Chio, au grand maître de
Rhodes, aux rois de France, d'Espagne,
de Pologne et de Hongrie, pour leur

(1) L'entrée du port était barrée, et les assiégés quittèrent les remparts pour rompre le
barrage et faciliter l'entrée des galères vénitiennes. *Voyez* De Hammer, liv. XX.

annoncer la conquête de Lépante, de
Modon, de Navarin et de Coron. L'impression produite en Europe par ces
succès des armes ottomanes et par l'orgueil qu'ils inspiraient au sultan, aidèrent les Vénitiens à trouver des alliés
et à terminer la lutte d'une manière plus
heureuse qu'ils ne l'avaient commencée.
En 1501, une alliance offensive et défensive fut signée entre Venise, le pape
et le roi de Hongrie; et la France et
l'Espagne envoyèrent des flottes au secours des alliés.

Gonzalve de Cordoue, à la tête de
l'escadre espagnole, alla ravager les
côtes de l'Asie Mineure, en même temps
que le cardinal d'Aubusson conduisait
les vaisseaux du pape dans les îles du
nord de l'Archipel, et que l'amiral français Ravestein, nommé gouverneur de
Gênes par Louis XII, faisait voile avec
dix-huit vaisseaux et trente-quatre trirèmes vénitiennes vers Métélin. Au bout
de vingt jours de siége, on annonça
l'approche de forces considérables conduites par Sinan-Pacha et Hersek-Ahmed Pacha. Ravestein, sans vouloir attendre un renfort de vingt-neuf navires
que lui amenait le grand maître de
Rhodes, leva l'ancre, et alla faire périr
misérablement sa flotte par une tempête
qui l'assaillit au cap Malée.

Dans cette dernière période de la
guerre, c'est Venise qui eut le rôle le
plus glorieux; elle le dut principalement
au talent et à la hardiesse de son amiral Benedetto Pesaro, le conquérant de
Céphalonie, qui multiplia ses exploits.
C'est ainsi qu'il réussit à enlever aux
Turcs, par un coup de main, Navarin,
dont le port était gardé par douze galères. Ayant lui-même huit vaisseaux,
il brûla la première qu'il rencontra et
prit les onze autres. Mais une nouvelle
surprise rendit bientôt Navarin aux
Turcs. Kemal-Beïs, qui s'illustra par
ce succès, prit en même temps quatre
galères qui étaient dans le port. De son
côté, Pesaro s'emparait d'Égine, où plusieurs vaisseaux turcs tombaient en son
pouvoir; et l'année suivante (1502), il
faisait la conquête de Sainte-Maure,
avec l'aide de Jacques Pesaro, évêque de
Baffo, qui commandait vingt galères
du pape, et de Pietro Sani, qui avait
amené une escadre française. Ces géné-

raux occupèrent à la fois le rivage de Sainte-Maure et le rivage du continent. Un corps de trois mille Turcs, qui vint attaquer leur camp, fut repoussé avec perte; et le siége fut poussé avec tant d'énergie, que les janissaires qui défendaient la ville furent obligés de capituler. Après cette conquête, Pesaro s'en alla parcourir les mers de l'Archipel, où il prit aux Turcs un grand nombre de bâtiments.

Ces succès de Pesaro, la vaillante défense de Nicolaï Capello, qui repoussa de Chypre les troupes du sultan, enfin le mal fait aux Turcs par les corsaires chrétiens, ne furent pas suffisamment compensés par la prise de Durazzo en Épire, et par celle d'Astros dans le golfe de Nauplie et de Vatica sur la côte du Magne. D'un autre côté, si les Turcs faisaient des invasions en Dalmatie, en Bosnie et en Hongrie, leurs frontières du côté du Danube étaient le théâtre d'affreuses dévastations; et une attaque des Persans en même temps qu'une insurrection en Caramanie, sans compromettre la puissance de Bajazet, contribuaient à lui rendre plus lourd le fardeau de la guerre. Il conclut avec la Hongrie un armistice de sept ans, et se décida à faire la paix avec Venise. Le 27 septembre 1505, Zacharia Freschi fut envoyé à Constantinople pour continuer les négociations commencées par Andrea Gritti, et le 14 décembre suivant fut signé un traité par lequel Venise renonça à Lépante, à Modon, à Navarin et à Coron, et rendit Sainte-Maure, mais garda Céphalonie, et rentra en possession des propriétés privées dont la Porte s'était emparée au commencement de la guerre. Les Turcs gagnaient plus qu'ils ne perdaient, mais leur contenance n'était plus menaçante vis-à-vis de l'Europe, et Venise était heureuse d'obtenir la paix à ce prix.

A Bajazet, dont la vieillesse, amie du repos, laissait respirer la chrétienté, succéda par un crime l'impatient et cruel Sélim, qui détrôna son père, et qui peut-être le fit assassiner (1512). Le nouveau sultan aimait la guerre, le bruit des armes, la vue du sang. Son humeur farouche était redoutable même à sa famille; il n'était guère probable qu'elle épargnât les chrétiens, et les raïas se crurent près de subir les plus terribles persécutions. On raconte que Sélim voulut contraindre toute la nation grecque à l'apostasie. Il ordonna de détruire toutes les églises de Constantinople, sous prétexte que la ville ayant été prise d'assaut, les vaincus n'avaient aucun droit aux bénéfices d'une capitulation volontaire. Un grec, nommé Xénacès fut averti du péril; il en prévint le patriarche. Celui-ci s'efforça de le conjurer par une démarche directe auprès du sultan. Il offrit de prouver, devant les docteurs de la loi, que Constantinople s'était rendue volontairement, et que l'empereur Constantin avait remis à Mahomet les clefs de la ville. Il présenta trois vieux janissaires qui avaient assisté à la prise de Byzance, et ces trois centenaires témoignèrent des stipulations accordées aux chrétiens par Mahomet II. En présence de ces dépositions formelles, Sélim révoqua son arrêt, et laissa debout les églises chrétiennes.

En réalité, Selim ne changea rien à la condition des raïas; ce ne fut pas contre les chrétiens qu'il tourna sa fureur. Il haïssait plus les partisans d'Ali que les sectateurs de l'Évangile, et croyait plus méritoire de tuer un Persan chiite que soixante-dix chrétiens. Ses armes, occupées à combattre la Perse et à conquérir l'Egypte, ne menacèrent pas l'Occident, et son règne fut une trêve entre le Croissant et la Croix.

Vainement les ministres de Sélim essayèrent-ils de le pousser à la conquête de l'île de Rhodes. Il laissa à son successeur le soin de détruire dans l'Archipel la puissance des chevaliers de Saint-Jean de Jérusalem. Cette entreprise fut le premier exploit de Soliman (1522). Rhodes capitula (1); le grand-maître Villiers de l'Isle-Adam, avec les débris de l'ordre, abandonna les ruines de cette place, qui depuis deux siècles, était le poste avancé du monde chrétien contre l'invasion musulmane, et les Turcs, délivrés d'un ennemi dont les attaques incessantes avaient troublé si longtemps la sécurité de leur empire, dominèrent désormais sans rivaux et sans partage dans les eaux

(1) Voyez le récit de cette expédition dans l'ouvrage de M. L. Lacroix, *Iles de la Grèce*, p. 177-182.

qui baignent la Grèce et l'Asie Mineure. Les Vénitiens, quoique maîtres encore des îles de Chypre et de Candie, n'étaient point capables de disputer à Soliman la possession de l'Archipel.

C'est à peine si Charles-Quint lui-même pouvait tenir tête au sultan, devenu l'allié de la France. Au fameux Barberousse, il opposa le Génois André Doria, qui vint, en 1532, prendre Coron, Patras, etc., et dévaster les côtes du golfe de Lépante. Mais bientôt après, une trêve fut signée, et Coron retomba au pouvoir des Turcs (1533).

Depuis le traité de 1505, la république de Venise avait soigneusement évité toute occasion d'entrer en lutte avec la Porte. Elle n'avait donné aucun secours aux défenseurs de l'île de Rhodes, et, pendant la guerre engagée entre Charles-Quint et Soliman, elle avait gardé une stricte neutralité. Ibrahim-Pacha, le favori du sultan, né sur le territoire vénitien, et se souvenant de son origine, s'était appliqué à maintenir des relations amicales entre son maître et la république. Après sa disgrâce et sa mort (1536), Aïas-Pacha, qui lui succéda comme grand-vizir, montra le même esprit de conciliation en faveur des Vénitiens. Mais Barberousse avait d'autres sentiments; il enviait à Venise les derniers restes de sa puissance maritime et la possession des îles où elle conservait des colonies. Ses conseils prévalurent, et Soliman ordonna, en 1537, l'expédition de Corfou.

La garnison vénitienne de Corfou, bien secondée par les Grecs indigènes, opposa aux Turcs une résistance énergique, qui les força de lever le siége. Dans la Morée, Kaçim-Pacha échoua également devant Napoli de Romanie (1538). En Dalmatie, les Vénitiens s'emparèrent de la place forte de Castel-Nuovo, entre Cattaro et Raguse. Ils appelaient aux armes les Grecs du littoral, et les organisaient en compagnies de volontaires, qui choisissaient elles-mêmes leurs officiers. On forma ainsi des bataillons de Lépante, de Misitra, de Napoli, de Corinthe, qui portaient leurs couleurs nationales et leur étendard particulier, le drapeau bleu à la croix blanche, où était seulement brodé le lion de saint Marc.

Mais ces corps auxiliaires, dont les cadres ne purent être remplis, ne donnèrent à Venise qu'un faible secours. L'insurrection ne s'étendit point dans l'intérieur des terres, et la masse de la population grecque resta indifférente à la lutte, malgré les efforts tentés par les Vénitiens pour réveiller chez les raïas la haine de l'islamisme et le sentiment de l'indépendance. Pendant ce temps, Barberousse courait l'Archipel et la Méditerranée, dévastait ou occupait un grand nombre de petites îles, telles que Scyros, Pathmos, Égine, Paros, Anti-Paros, Ténos, Naxos, etc., et reprenait en Dalmatie le fort de Castel-Nuovo. La république se lassa d'une guerre qui épuisait en détail toutes ses ressources; elle se résigna, pour obtenir la paix, à des sacrifices nécessaires, paya au sultan trois cent mille ducats, et lui céda, outre les petites îles de l'Archipel conquises par Barberousse, les postes importants de Napoli de Romanie et de Malvoisie. La Morée passa tout entière sous l'autorité des Turcs (1539).

La paix dura trente ans entre Venise et la Porte. Elle fut rompue, en 1570, par Sélim II, fils et successeur de Soliman. Ce prince exigea de la république la cession de l'île de Chypre, et, sur le refus du sénat, il emporta de vive force Nicosie et Famagouste. La prise de ces deux places entraîna la soumission de toute l'île(1). En même temps un corps d'armée attaquait les possessions vénitiennes dans l'Albanie, saccageait Butrinto et Parga, et s'emparait de Dulcigno, d'Antivari et de Budna. Menacée de si près, Venise fit un grand effort, et forma une ligue qui eut presque le caractère d'une croisade, avec le pape, les chevaliers de Malte et le roi d'Espagne Philippe II. Tout l'honneur de la bataille de Lépante (7 octobre 1571) revint à don Juan d'Autriche et aux Espagnols; pourtant les Vénitiens, qui avaient fourni à la flotte chrétienne plus de cent galères, décidèrent en grande partie le succès de la journée, grâce au courage et à l'habileté des Grecs

(1) *Voyez* L. Lacroix, *Îles de la Grèce*, p. 74-79.

insulaires, qui composaient presque entièrement leurs équipages. Un historien rapporte que huit mille Grecs périrent dans cette bataille, où la perte des chrétiens fut évaluée à dix mille hommes. Ce serait là un chiffre glorieux pour les Grecs; mais alors ils ne furent pas même nommés dans les récits de cette victoire et dans les pompeuses relations qui enivrèrent de joie et d'orgueil l'Europe chrétienne. L'ardeur montrée contre les Turcs par les Grecs des îles, sujets de Venise, parut se communiquer, après la bataille de Lépante, aux habitants du Péloponèse. A la voix de Macaire Mélissène, archevêque de Monembasie, un grand nombre de montagnards armés se groupèrent autour de son neveu Nicéphore Mélissène, attendant pour se soulever l'approche de la flotte commandée par don Juan d'Autriche. Les marins de l'Épire, accourus dans le port de Corinthe, étaient prêts à soutenir le mouvement des Moraïtes et à se jeter sur les vaisseaux turcs. Mais déjà la ligue chrétienne était dissoute par de funestes rivalités. Jaloux les uns des autres, les vainqueurs de Lépante s'étaient séparés, et., par suite de leurs discordes, ils restaient inactifs en face des musulmans, qui, loin de se laisser abattre par la destruction de leur flotte, redoublaient d'énergie pour réparer ce désastre, et se hâtaient de mettre à profit un répit inespéré. Don Juan se borna à quelques démonstrations insignifiantes, et les Vénitiens, cessant de compter sur l'appui de Philippe II, entamèrent des négociations avec la Porte. La république renonça complétement à ses droits sur l'île de Chypre, et la paix fut signée le 7 mars 1573. Abandonnés par Venise, les Moraïtes regagnèrent dans les montagnes leurs retraites inaccessibles, et les chefs qui avaient préparé l'insurrection s'expatrièrent pour échapper à la vengeance du sultan (1).

Ainsi, depuis la prise de Constantinople, la domination turque allait toujours s'étendant sur la race grecque, se substituant presque partout au gouvernement des puissances chrétiennes.

CHAPITRE III.

PROJETS DE CROISADE DU DUC DE NEVERS; PRISE DE CANDIE PAR LES MUSULMANS.

(1612-1684.)

Le règne de Soliman ou Sélim avait consolidé, par quarante ans de victoires,

---

(1) Un historien raconte avec des détails romanesques la fuite de Nicéphore Mélissène. « Par une nuit d'octobre, dit-il, faiblement éclairée d'un rayon de lune, deux hommes enveloppés du sayon des Moraïtes, et armés de yatagans et de pistolets, s'avançaient vers le rivage de Corinthe, en écoutant s'ils n'étaient pas suivis. Ils montent dans une barque que leur main mal exercée fait avancer avec peine, et gagnent enfin un petit brick mouillé à l'entrée du port sous le canon d'une frégate turque. A peine sont-ils hissés à bord que l'équipage du brick se jette à genoux devant le plus jeune de ces deux hommes, et jure à voix basse de mourir pour lui. C'était Nicéphore Mélissène, qui avait traversé une partie de la Morée, accompagné de son aide de camp Notaras. A pied, sans vivres et ne marchant que la nuit, les deux fugitifs avaient failli vingt fois succomber avant le terme de leur voyage. Enfin des amis sûrs avaient favorisé leur embarquement. On coupe le câble qui retenait l'ancre, et, au moyen de deux fortes rames de corsaire, on s'éloigne de la frégate turque assez vite pour donner le temps de larguer les voiles. Mais les sentinelles postées sur les gaillards de la frégate ne tardent point à signaler le mouvement du brick. Un coup de canon d'alarme, répété quelques moments après par l'Acro-Corinthe, montre aux fuyards qu'ils sont découverts. On se hâte d'avancer toutes voiles dehors; mais la frégate s'est mise en mouvement, et sa marche supérieure, éclairée par l'aurore qui commence à paraître, lui donne l'avantage sur le brick. « Pas de résistance possible, » dit un marin. « Eh bien! essayons de la ruse, » répond Mélissène. Le brick avait servi à transporter du fourrage, et le déchargement n'était pas achevé. Melissène fait entasser sur le pont tout ce qui restait d'herbe sèche; puis il y met le feu, en ayant soin de jeter une assez grande quantité d'eau pour qu'une épaisse fumée dérobe le navire à la vue de son ennemi. Le stratagème réussit. Après avoir couru quelques bordées, les fugitifs étaient parvenus à mettre un brouillard impénétrable entre eux et la frégate, qui, du reste, avait ralenti sa marche, persuadée que son ennemi était incendié et ne tarderait pas à sauter. Au moment propice, le brick vira de bord, et, prenant sa course vers le nord, il vint aborder au rivage d'Épire, où Mélissène et son compagnon furent mis en sûreté. Un mois après, une galère de Malte les prit à son bord, et les conduisit à Naples, où ils trouvèrent l'archevêque Macaire et les autres chefs de l'insurrection, qui s'étaient placés sous la protection des autorités espagnoles. » (D'Eschavannes, *Histoire de Corinthe*, p. 137.)

l'obéissance de la Grèce ; mais la soumission des raïas n'alla point jusqu'à l'anéantissement complet du sentiment national. La persistance de la nationalité grecque est attestée, au commencement du dix-septième siècle, par un certain nombre de faits, mal connus sans doute et mal éclaircis par l'érudition moderne, mais dont le caractère général frappe les yeux les moins prévenus. On aime à voir le nom de la France associé à ces manifestations du patriotisme, qui, sans modifier la situation des opprimés, enlevaient du moins à la tyrannie le bénéfice de la prescription, et réveillaient par intervalles les sympathies de l'Occident pour les chrétiens soumis à la domination des barbares. C'est vers un Français, le duc de Nevers, que les Maniotes, en 1612, tournent leurs vœux et leurs espérances ; c'est un Français, le fameux père Joseph, qui se fait le promoteur d'une nouvelle croisade ; et bien que l'ambition du prince, soutenue, excitée par le zèle du capucin, n'ait abouti à rien de sérieux, cette entreprise, avortée au début, doit être pourtant signalée comme un indice de l'esprit d'indépendance maintenu chez les Grecs, qui saluèrent alors dans un seigneur français l'héritier direct des Paléologues.

Charles II de Gonzague et de Clèves, duc de Nevers, de Mayenne et de Rethel, prince souverain d'Arches, etc., descendait d'Andronic le Vieux, empereur d'Orient. En 1602, il avait combattu contre les Turcs dans la guerre de Hongrie et assisté au siége de Bude. Ambassadeur d'Henri IV à Rome, en 1608, il trouva sans doute, à la cour pontificale, des traditions de croisades, qui lui rappelèrent ses droits à l'héritage des Paléologues et lui donnèrent l'idée de les revendiquer en alliant sa cause à celle de la religion. Par une voie qui n'est pas connue, il entra en relations avec l'évêque du Magne : il forma le projet de se rendre en Morée, ou du moins il fit annoncer par des émissaires sa venue prochaine. L'évêque accourut « pour saluer son roi très-sacré et jouir de la vue de sa seigneurie, comme les Hébreux de celle du Messie, qui est Dieu. » Dans une lettre adressée à *l'empereur* Constantin Paléologue : « Notre peuple et notre contrée, dit-il, sont toujours fermement résolus. Tout ce qu'ils ont promis avec l'aide de Dieu, ils le tiendront. Mais ne tarde pas à venir au nom de Jésus-Christ ! Les Turcs se sont éloignés et nous laissent en repos. Puissé-je voir en toi aujourd'hui un ami et un chrétien ! »

En même temps le *général* des Maniotes demandait au prince d'envoyer au Port-aux-Cailles un vaisseau, des munitions et de l'argent. Mais le duc de Nevers n'était pas encore prêt à agir, et les négociations continuèrent sans produire aucun résultat.

Cependant l'occasion était favorable, si l'on en juge par le plan de soulèvement général rédigé, le 8 septembre 1614, dans l'assemblée que tinrent à Cucci, dans l'Albanie supérieure, le patriarche et les principaux habitants de cette province, les principaux de Bosnie, de Macédoine, de Bulgarie, de Servie, d'Erzégovine et de Dalmatie. « Il est résolu, dit le procès-verbal des délibérations, d'introduire autant d'armes qu'on pourra dans le Monténégro et dans la montagne de la Chimère ; cette introduction sera aisée dans les pays indépendants, où n'ont point pénétré les Turcs, et qui n'ont jamais été tributaires du Grand-Seigneur.

« De ces montagnes on transportera des armes dans celles des Duccaggini, qui sont voisines de la montagne de la Chimère, pour armer tous les montagnards conjurés, tels que les Piperi, les Clémentins, les Bilopaligi, ceux de Cucci et de Versova, dont l'indépendance date déjà de trente années, qui ne payent aucun tribut au Grand-Seigneur, et qui peuvent fournir trente mille bons soldats

« Au bout de l'année, on introduira douze mille soldats conjurés d'autres provinces, comme la Servie, l'Erzégovine, la Macédoine, l'Albanie et la Bosnie, toutes provinces contiguës aux susdites montagnes. On les y répartira peu à peu ; ce qui donnera aux troupes conjurées un effectif de quarante-deux mille hommes, dont douze mille de cavalerie et trente mille d'infanterie.

« Il sortira d'abord de la montagne de la Chimère huit mille hommes pour surprendre la Vallone, la ville et le château, ce qui sera facile, parce que la garnison du château est composée de chrétiens dont les chefs sont d'accord avec les Chimariotes.

« Ceux de Duccaggini et les autres auront à diriger une partie de leurs forces sur Croya. Cette ville sera prise sans la moindre difficulté, car il y a un pan de ses murailles par terre, auprès de la porte; et les Turcs ne l'ont jamais relevé.

« Un second corps se dirigera vers Scutari, parce qu'on entretient là des intelligences. Un troisième corps se portera sur Castel-Nuovo... Une nuit doit suffire à la prise de cette place; car les chrétiens, qui, dans la citadelle, ont précisément la garde de nuit, sont d'intelligence avec les conjurés.

« Le moment où ces diverses irruptions partiront des montagnes sera celui du soulèvement de toutes les contrées conjurées, et tous les Turcs qui s'y trouveront seront taillés en pièces; chose facile, n'y ayant pas dix Turcs contre deux cents chrétiens. Les peuples, entraînés par cette révolution, viendront joindre des renforts aux quarante-deux mille hommes, ce qui portera l'armée à cent vingt mille hommes d'élite, le tout en moins de deux mois.

« Avant d'arriver à Andrinople, le nombre sera porté à cent soixante mille hommes et plus s'il en est besoin. Cette marche ne rencontrera plus d'obstacles, si l'on commence le soulèvement au mois d'octobre, où les Turcs sont désarmés et ne laissent pas de troupes en Europe.

« Il est vrai qu'ils pourraient en faire venir d'Asie; mais elles ne seraient pas avant six mois dans le voisinage de nos montagnes; car c'est encore une coutume des Turcs de ne mettre jamais l'armée en campagne avant d'avoir fait la moisson. Nous aurions encore huit mois pour nous munir de tout ce qui nous serait nécessaire.

« Le soulèvement de tous ces pays exténuera les forces des Turcs, d'autant plus que les princes catholiques des pays voisins de la Bulgarie, savoir le prince de Valachie et celui de Moldavie, viendront à notre aide, car on a déjà traité avec eux. L'archevêque de Valachie est cousin du patriarche de Servie; et ils ont garanti aux princes la possession perpétuelle de leurs États, pour eux et pour leurs descendants.

« Ces huit mois nous suffiront donc, nous l'espérons, pour être à Constantinople, et la prise de cette ville sera facile, puisque la route n'est gardée par aucune forteresse où nous ayons à perdre le temps en siége. Nous ne laisserons derrière nous que les forts de la Hongrie et de la Croatie; mais, en de telles conjonctures, ce ne sera pas du temps perdu pour l'empereur que de saisir la Hongrie, ni pour l'archiduc de s'emparer de la Croatie.

« On propose encore à ladite assemblée, en vue du soulèvement, d'émettre une monnaie très-basse de titre, quelque peu blanchie, et ordonnant par un édit que tout le monde ait à recevoir cette monnaie pour le paiement de la dépense des soldats. Tous ceux qui auront ainsi de cette monnaie la rapporteront au bout de trois mois aux ministres, qui en rendront la valeur en bonne monnaie. De cette manière les troupes seront payées régulièrement tous les mois, et les peuples ne seront pas grevés.

« Les dépouilles provenant du sac des villes, du pillage des Turcs et des Juifs, rempliront d'or et d'argent la caisse de l'armée, et subviendront pour plusieurs années, sans autres subsides, aux frais de la guerre. »

Voilà une révolution sur le papier qui fait bon marché de tous les obstacles! Elle n'eut pas même un commencement d'exécution; pourtant, tous ces préparatifs n'étaient pas imaginaires; on ne sait pas s'ils se rattachaient au projet médité par le duc de Nevers; mais une lettre écrite au pape par les archevêques de Naupacte et de Janina, au nom des évêques leurs suffragants, et des fidèles de leurs diocèses, nous apprend que Chariton, évêque de Durazzo, a présenté, de la part du souverain pontife, à tous les prélats des montagnes un envoyé de sa majesté très-chrétienne. « Nous lui avons, disent-ils, montré le pays autant que possible; nous lui avons fait voir l'ardeur des populations décidées à tout risquer pour la délivrance commune; les richesses incalculables que possèdent les Turcs et les

Juifs, et toutes les chances favorables de l'entreprise. »

Le gouvernement français resta étranger, et peut-être indifférent, à cette tentative d'insurrection. Mais le duc de Nevers, dont l'intérêt personnel était en jeu, rêva la conquête de Constantinople, et fonda l'ordre de la milice chrétienne.

« Le père Joseph, dit l'abbé de Marolles, en fut le grand promoteur. Il suggéra à ce prince généreux de faire équiper des vaisseaux pour embarquer des chevaliers de sa milice, et aller au secours des chrétiens opprimés sous la domination des Turcs, et particulièrement de ceux qui sont en la Morée, qu'il espérait d'attirer dans les intérêts de son entreprise par une révolte considérable... Le zèle et le grand cœur du duc de Nevers ne lui permettaient pas de désespérer d'une entreprise si hardie, ajoutant d'ailleurs beaucoup de créance aux révélations du père capucin, qui l'assurait qu'il fallait se promettre toutes choses d'un si grand et si pieux dessein, et que Dieu ferait des miracles, s'il en était besoin, pour le faire réussir. Cinq vaisseaux furent donc bâtis et frétés de tout point, aux dépens de M. de Nevers, qui n'y voulut rien épargner, et reçurent en la cérémonie de leur baptême les noms de *Saint-Michel*, de *Saint-Basile*, de *la Vierge* de *Saint-François* et de *Saint-Charles* ».

Le nouveau Constantin prenait déjà au sérieux ce titre d'empereur qu'il devait à la naïveté des Maïnotes. En 1618, après la mort de sa femme, le prédicateur, qui prononça l'oraison funèbre, la termina en ces termes : « Priez Dieu qu'il conserve le duc votre époux en la succession et héritage des Paléologues, et qu'il verse sur lui et sur vos enfants toutes sortes de bénédictions, afin que paisibles en leur État, ils aillent un jour chercher des palmes et des lauriers en la Grèce, et qu'ils abattent le croissant turquesque, pour y remettre les aigles des Paléologues. »

Pour réaliser ces souhaits ambitieux, il fallait autre chose que d'emphatiques prosopopées. Le duc de Nevers expédia en Morée un de ses gentilshommes, M. de Chateaurenaud, qui fut accueilli avec un empressement extraordinaire.

Cet envoyé remit le portrait de son maître à Denys, archevêque de Lacédémone, à Métrophane, archevêque de Malvoisie ou Monembasie, et aux principaux habitants du Magne. Tous les chefs du pays signèrent une adresse au prince, pleine des formules les plus variées d'un dévouement absolu. De son côté, Gabriel, archevêque de Patras et d'Arta, en son nom et au nom d'autres évêques, écrivit au duc de Nevers, et le pria d'ajouter foi à ce que lui dirait de leur part Chariton, évêque de Durazzo, lequel paraît avoir été alors un intermédiaire assez actif entre la France et le clergé grec. Encouragé par le succès de ses premières négociations, le duc de Gonzague n'hésita plus à donner le signal de la croisade. Le 1er novembre 1619, le P. Joseph, en qualité de commissaire du pape, reçut dans la cathédrale de Nevers le serment des futurs libérateurs de Constantinople. Une cérémonie semblable eut lieu à Olmutz, dans le couvent des capucins. Un certain nombre de seigneurs allemands se croisèrent à Vienne en Autriche. Mais ce ne fut là qu'un engouement de courte durée. L'ordre de la milice chrétienne fit en France très-peu de recrues. Le duc de Nevers perdit les cinq vaisseaux qui formaient sa flotte. « Le malheur voulut qu'ils fussent tous brûlés, et toute cette grande dépense fut abîmée dans les eaux ou dévorée par les flammes. »

Ainsi se termina, par une fin presque ridicule, cette conquête en idée, ce rêve caressé par une ambition présomptueuse et impuissante. La déconvenue de l'héritier des Paléologues ne fut qu'un accident d'importance médiocre. Mais ce qui donna un intérêt réel à la tentative d'insurrection dont il fut le chef nominal, c'est l'ardeur, la persévérance des Maïnotes, qui, pendant sept ans, s'attachèrent à ce nouvel appât de liberté nationale. On ignore si les Turcs découvrirent le complot et châtièrent les conspirateurs. « Peut-être, dit M. Berger de Xivrey, à qui nous avons emprunté tous les détails de ce récit, le divan ne prit pas ombrage d'un projet où tout fut avorté, et auquel on ne pensait déjà plus en France, lorsqu'il exaltait encore en Morée les âmes de ces braves gens. Il était alors bien difficile à la France et à la Grèce de s'entendre, avec des notions si imparfaites l'une sur l'autre, et si peu de points communs pour entretenir de véritables sympathies. »

Venise, l'ancienne maîtresse de l'Adriatique et de l'Archipel, était mieux placée que la France pour donner appui aux chrétiens d'Orient; et, pour sa propre défense, elle-même avait besoin du secours des Grecs. Mais son égoïsme inintelligent ne sut pas tirer parti du sentiment national du patriotisme chrétien, qu'elle étouffa dans ses colonies par une politique maladroite. Elle reconnut trop tard son erreur, lorsqu'en pleine paix, sans déclaration préalable, une flotte ottomane vint attaquer l'île de Candie (24 juin 1645). La guerre dura vingt-cinq ans, sans que la population grecque sortît de son indifférence et de sa torpeur. Elle haïssait presque autant les Vénitiens que les Turcs, et ne faisait point de choix entre ses maîtres. Vainement le sénat de Venise parut-il se repentir de ses dédains et de ses rigueurs pour les sujets de la république. « Parmi les nations sujettes ou étrangères, est-il dit dans un décret qui mettait à l'encan cinq titres nouveaux de patriciens, l'illustre et royale nation grecque sera préférée comme ayant possédé longtemps l'empire, et comme ayant bien mérité de l'État. » Le nombre de ces promotions vénales fut porté à quatre-vingts; mais aucun Grec ne se mit sur les rangs; les plus riches cachaient leurs trésors; un grand nombre, retirés dans l'intérieur de l'île, contemplaient du haut des montagnes, comme des spectateurs désintéressés, les péripéties de ce drame, dont Morosini fut le héros. Au bout de quelques années, les Turcs occupèrent toute la plaine, et les paysans grecs subirent sans regrets ce changement de domination. Seules les milices indigènes enfermées dans Candie partagèrent les périls du siége avec les Vénitiens et les Français envoyés par Louis XIV. Chaussés du cothurne antique, les archers candiotes lançaient leurs flèches avec une force et une habileté dignes de leurs ancêtres. Enfin, Morosini capitula (6 septembre 1669), et les débris de la garnison vénitienne abandonnèrent Candie, qui n'était plus qu'un monceau de ruines. Ceux des habitants, qui ne voulurent pas se soumettre à l'autorité des Turcs, eurent la liberté de s'expatrier; mais quelques familles profitèrent seules de cette permission. L'île entière reconnut la souveraineté du sultan, à l'exception de trois petits ports, les Grabuses, Spina-Longa et la Suda, que la république conserva quelque temps encore. En échange de Candie, les Vénitiens obtinrent quelques châteaux forts sur le littoral de l'Adriatique, et gardèrent l'île d'Égine, reprise par Morosini en 1654. Ténédos, dont ils s'étaient emparés en 1654, et qu'ils avaient perdue l'année suivante, resta au pouvoir des Turcs, ainsi que Lemnos et Samothrace.

La prise de Candie assura la domination des Turcs dans toutes les mers du Levant, et parut consommer l'asservissement de la race grecque. Tant que les flottes vénitiennes avaient sillonné les eaux de l'Archipel, tenant tête et quelquefois donnant la chasse aux flottes ottomanes, les raïas des îles et du continent avaient gardé quelque vague espérance de voir briser, sinon de rompre eux-mêmes, le joug musulman. A plusieurs reprises, Mocenigo bloqua les Dardanelles : son approche excita dans Constantinople même des mouvements tumultueux, qui ne furent comprimés que par des supplices. En 1656, les Annales turques indiquent une sédition de ce genre, qui coïncide avec quelques succès momentanés des armes chrétiennes. Plus de quatre mille cadavres furent jetés à la mer, et le patriarche grec, accusé de trahison, fut pendu à la porte de Kermak-Kapouci. Le grand-vizir se vanta d'avoir prévenu par ce massacre l'explosion d'une formidable révolte. Eut-il en effet cette triste gloire? L'indifférence des Candiotes semble prouver que la haine du Croissant s'était bien affaiblie dans des cœurs flétris par une longue habitude de la domination étrangère. Mais peut-être chez les Candiotes le patriotisme chrétien était-il seulement neutralisé par de justes ressentiments contre Venise. Les raïas du continent, qui n'avaient point souffert des iniquités de la république, faisaient des vœux pour son triomphe, qui devait être celui de la croix, et le souvenir de l'oppression, l'impatience des maux présents, la curiosité de l'inconnu, loin d'obscurcir en eux et d'amortir l'instinct national, le ranimaient au contraire comme autant d'aiguillons irrésistibles. De là ces prières récitées tout bas à Constantinople, tout haut dans les églises de la Morée, pour demander à Dieu le succès des armes chrétiennes; de là ces commencements de sédition arrêtés car un châtiment si terrible; de là aussi, après la prise de Candie, ce découragement, cette prostration des âmes un moment surexcitées, suite ordinaire des espérances déçues et des illusions évanouies.

C'est alors qu'une tribu de Maniotes, perdant toute foi dans l'avenir de la patrie hellénique, émigra sous la conduite de Jean Stéphanopoli, et vint s'établir dans l'île de Corse. Ce Stéphanopoli, qui faisait remonter son origine aux Comnènes, obtint du sénat de Gênes la concession d'un territoire assez étendu. Il recruta des colons dans les montagnes de la Morée, et, de concert avec un capitaine de vaisseau français, il embarqua sa petite troupe à Porto-Betilo, le 3 octobre 1673. Après avoir relâché à Zante, à Messine et à Gênes, la colonie, composée de sept cent soixante personnes, arriva en Corse, et se fixa dans le canton de Paomia. Elle y subsista jusqu'au milieu du dix-huitième siècle, toujours fidèle au gouvernement génois, qui la protégeait contre la jalousie inhospitalière de la population indigène. Il existe encore à Carghèse et à Ajaccio un certain nombre de familles qui, dans leurs chants et leurs coutumes particulières, ont conservé quelques souvenirs du Magne et quelques traits du caractère grec.

Tandis que Stéphanopoli conduisait ses compagnons vers une patrie nouvelle, tout le reste de la nation semblait se résigner à la servitude. Dans les moutagnes mêmes de la Morée, les Maniotes, jusqu'alors presque indépendants, ne tentèrent point de résister aux pachas, qui les forcèrent dans leurs retraites. Que pouvaient-ils, seuls et sans appui, contre les forces d'un empire qui faisait trembler l'Allemagne et bravait l'orgueil de Louis XIV? La Turquie pouvait se croire revenue aux temps les plus glorieux de son histoire. Sous le nom du sultan, les Kupruli gouvernaient seuls, et l'énergie de ces vaillants généraux, la sagesse de ces habiles administrateurs avaient arrêté la décadence des Osmanlis. Après Kupruli-Mohammed pacha (1656-1661), dont la sévérité avait rétabli la discipline dans l'armée, son fils Ahmed, le vainqueur de Candie, non content d'avoir chassé les Vénitiens de l'Archipel, enleva aux Polonais la Podolie et l'Ukraine (1676). Kara-Moustapha, son beau-frère et son successeur, profitant de la révolte des Hongrois, soulevés par Tekeli, rompit la trêve conclue en 1665 avec l'Autriche, se mit en marche avec une armée de deux cent mille hommes, et vint camper sous les murs de Vienne (14 juillet 1683). Vienne assiégée, les Turcs aux portes de l'Allemagne, c'était là pour l'Europe centrale un danger d'autant plus grave que la France semblait prête à renouveler l'ancienne alliance de François Ier et de Soliman. Malheur à l'Autriche si la Pologne avait écouté les conseils de Louis XIV! Mais Sobieski accourut, Vienne fut sauvée comme par miracle, et la Turquie, tout à l'heure si agressive et si menaçante, fut à son tour mise en péril par la coalition de tous ses voisins.

CHAPITRE IV.

SAINTE-LIGUE.

(1684-1699.)

En 1684, l'Autriche, la Pologne, Rome et Venise formèrent une nouvelle sainte-ligue. Le pape, qui n'avait point d'armée, fournit à la république un subside considérable et le concours de l'ordre de Malte. Venise épuisa ses trésors pour lever des troupes mercenaires dans toute l'Europe. Outre les Capeletti, recrutés sur les côtes de l'Adriatique, elle prit à sa solde des Italiens de Lombardie et de Toscane, des Français, des Suisses, des Hollandais, des Allemands du Nord et des Suédois. Elle négocia directement avec les petits princes d'Allemagne la cession de régiments tout formés, moyennant une prime de deux cents francs par tête; et des marchés de ce genre, imités depuis par l'Angleterre, furent signés par les ducs de Brunswick-Wolfenbuttel, de Wurtemberg, de Saxe-Méningen, le prince de Hesse-Darmstadt, le landgrave de Hesse-Cassel, l'électeur de Saxe, le margrave de Baireuth et le comte de Waldeck.

Toutes les troupes de la république furent placées sous le commandement suprême de François Morosini, le défenseur de Candie, grand homme de guerre et grand citoyen, qui, tombé en disgrâce après des revers glorieux, brûlait de se venger par d'éclatantes victoires. Investi d'une autorité absolue sur les forces de terre et de mer, il prit la direction exclusive de l'expédition, et dressa seul le plan de campagne. Mocenigo et Valier partirent pour la Dalmatie; Molino croisa dans l'Archipel; Morosini débarqua en Morée, au mois de juin 1685, avec une armée de 8,000 hommes.

Il assiégea d'abord la place de Coron, et s'en empara au bout de quarante-sept jours, après avoir battu complétement Khalil-Pacha et Moustapha-Pacha, venus au secours de cette place avec les garnisons des villes voisines. Les Turcs perdirent dans cette journée (12 août 1685) un drapeau et deux queues de cheval, que le sénat fit suspendre dans l'église des Florentins à Venise. Ce premier succès des armes chrétiennes fut pour les Moraïtes le signal d'une insurrection générale. Les paysans prirent les armes et vinrent se joindre aux troupes régulières de Morosini. La prise de Zernata, de Calamata, de Passava, et de quelques autres forteresses acheva rapidement l'entière délivrance du Magne.

Après avoir passé l'hiver dans l'île de Zante et reçu quatre mille hommes de renforts, Morosini, vaillamment secondé par le général suédois Otto-Guillaume de Kœnigsmark, commença la campagne de 1686 par le siége de Navarin. Sefer-Pacha, qui commandait cette place, sommé par les habitants de capituler, convoqua les principaux dans son palais, et se fit sauter avec eux. La prise de Navarin fut bientôt suivie de celle de Modon et de Napoli de Romanie.

Une bataille livrée près de Patras, le 23 juillet 1687, termina la conquête de la Morée; Patras, Neocastro, Misitra ainsi que Lépante se rendirent. Le séraskier turc n'osa pas attendre les chrétiens dans les murs de Corinthe; il fit raser les fortifications de cette ville, détruisit tous les approvisionnements, incendia les magasins, et se retira vers les hauteurs de l'ancienne Phocide, en massacrant tous les Grecs qu'il rencontrait sur son passage, et qu'il accusait de trahison; les Turcs ne possédaient plus en Morée que Malvoisie.

A la nouvelle de tant de victoires, Venise, qui n'avait pas compté sur un triomphe si rapide, éclata en transports de joie et d'orgueil. Le sénat témoigna sa reconnaissance à Morosini par des honneurs exceptionnels, et fit placer dans la salle du grand conseil son buste en bronze, avec cette inscription :

FRANCISCO MAUROCENO
PELOPONNESIACO ADHUC VIVENTI
SENATUS.

La solde de Kœnigsmark fut portée à 24,000 ducats; un Français, le comte de Turenne, reçut une épée d'honneur; et les soldats eurent un mois de solde supplémentaire.

Cependant l'armée du Péloponésiaque, formée en grande partie d'hommes du Nord, se fondait au soleil du Midi, décimée par les fièvres et par le typhus. Pour qu'elle ne se consumât point dans l'inaction, Morosini eut l'idée de faire creuser un canal à travers l'isthme de Corinthe et d'entourer ainsi la Morée par la mer. Mais il y renonça bientôt, et se borna à quelques travaux de retranchements pour défendre l'entrée de la péninsule. Il convoqua un conseil de guerre pour décider les opérations qui termineraient la campagne. Fallait-il rentrer immédiatement en quartiers d'hiver, ou continuer la conquête de la Grèce, pendant que l'Autriche et la Pologne occupaient au nord les forces des Turcs? Plusieurs officiers proposèrent d'assiéger Athènes. Morosini, comme nous l'apprend le procès-verbal de la séance, traduit et abrégé par M. le comte de Laborde, Morosini développa devant le conseil les fortes raisons qui devaient faire écarter ce projet. Il sut en prévoir tous les inconvénients, tous les dangers. Se plaçant dans l'hypothèse d'un succès facile, il montra la nécessité d'approvisionner par mer l'armée tout entière, hommes et chevaux, le scraskier tenant la campagne aux environs et interceptant toute communication avec le plat pays ; ensuite l'impossibilité de défendre, de ce point stratégique, l'entrée du royaume de Morée, l'ennemi conservant libre et ouverte la voie de Mégare ; enfin la nécessité d'abandonner bientôt cette conquête en détruisant la ville, et en exposant à la vengeance des Turcs les pauvres Grecs, ses habitants. Selon lui, l'armata pouvait rendre à la république de plus utiles services. Elle devait, après avoir laissé à Corinthe une forte garnison qui tirerait ses ressources des deux mers et des deux contrées dont elle forme le lien, aller hiverner à Tripolitza, au milieu de l'abondance, en organisant le royaume de Morée et en le défendant contre toute attaque, ce qui était sa première et principale mission. En dépit de cette opinion si sage, il fut résolu que l'armée se diviserait en trois corps, qui prendraient leurs quartiers d'hiver, l'un à Corinthe, l'autre, composé de troupes allemandes, à Tripolitza ; enfin, le troisième à Napoli de Romanie ; mais en même temps il fut convenu qu'avant de s'établir dans ces quartiers d'hiver, on tenterait le siége d'Athènes, à moins qu'en se présentant devant la ville on n'obtînt une contribution extraordinaire de cinquante à soixante mille réaux.

Sans attendre l'attaque, la garnison turque d'Athènes s'était déjà préparée à une vigoureuse résistance. Elle se hâtait de fortifier l'Acropole du côté de l'occident, et c'est alors sans doute que fut démoli le temple de la Victoire Aptère, dont les matériaux furent employés dans la construction des nouveaux murs. Sur son emplacement on dressa une batterie capable de doubler celle qui défendait déjà les Propylées. Dans l'Acropole furent entassées les armes, les pièces d'artillerie, les munitions de guerre, et le Parthénon fut transformé en arsenal.

Tout autres étaient les dispositions des Grecs. Une députation de l'archevêque, de tout son clergé et des principaux habitants, descendit au Pirée pour négocier avec les Vénitiens. A la suite de cette démarche, Morosini ne songea plus à réclamer d'Athènes une contribution en argent, mais à s'emparer de la citadelle.

Il fit occuper la ville par son avant-garde, composée de fantassins esclavons et allemands sous le commandement du colonel Raugrafvon der Pfalz. Le général Kœnigsmark, avec le reste de l'armée, qui ne comptait pas en tout dix mille hommes, s'établit près d'un bois d'oliviers, fortifia son camp contre les attaques du dehors, et, après d'inutiles sommations, prépara le bombardement de l'Acropole. Sur la colline du Musée, les ingénieurs placèrent une batterie de quinze pièces de 50, qui battit en brèche les Propylées. Une seconde batterie de huit pièces de 20, dressées sur la colline du Pnyx, devait éteindre le feu des batteries que les Turcs avaient placées à mi-côte. Quatre mortiers de 500 livres, placés au pied de l'Aréopage, près de la maison de l'archevêque, lancèrent d'énormes projectiles sur la citadelle. Le 25 septembre, une bombe tomba sur un petit magasin à poudre dans les Propylées. Les artilleurs visaient surtout le Parthénon où l'on savait que les Turcs avaient enfermé la plus grande partie de leurs munitions. Le 26 septembre, dans la soirée, une bombe fatale, dirigée par un officier allemand, vint frapper ce monument admirable, le chef-d'œuvre de Phidias conservé depuis deux mille ans, et, comme on l'a dit, le résumé presque intact de l'art grec à son apogée. La bombe éclatant au milieu de la poudre produisit une formidable explosion. « Les murs du sanctuaire, y compris celui qui le séparait de la salle de l'opisthodome, furent renversés, et avec eux les trois quarts de la frise de Phidias ; toutes les colonnes du pronaos, excepté une, huit colonnes du péristyle du nord et six au sud. Mais quand on parle d'un mur de 350 pieds de longueur sur 40 de hauteur, formé de blocs de marbre de 3 pieds d'épaisseur et de 6 pieds de longueur ; quand on dit vingt et une colonnes hautes de plus de 30 pieds, composées chacune de onze tambours de marbre, on n'a donné qu'une faible idée de cet épouvantable bouleversement. Il faut encore se représenter l'admirable et énorme architrave qui surmontait les colonnes, ces blocs de marbres sculptés en caissons et ces dalles assemblées en toit, qui couvraient, les uns le péristyle, les autres l'intérieur du temple, et qui, comme un coup de foudre, vinrent fondre à la fois sur le sol et s'accumulèrent en désordre. Quelque violente que fût la commotion, elle n'atteignit cependant pas les statues des frontons; des parties seulement, déjà altérées par le temps, eurent à souffrir de l'ébranlement. »

Dans ce désastre périrent le pacha turc et son fils, avec trois cents hommes de la garnison. C'était presque le tiers des défenseurs de l'Acropole. Les survivants hésitèrent encore à se rendre. Ils espéraient que le séraskier, maître de la campagne, viendrait bientôt les délivrer, et, pour lui donner le temps d'arriver avec des forces suffisantes, ils prolongèrent la résistance, en redoublant le feu de leurs batteries. Mais Kœnigsmark n'attendit pas l'ennemi, dont ses postes avancés lui annonçaient l'approche. Il alla lui-même lui présenter le combat. Le séraskier, ne jugeant par l'occasion favorable, se retira sans engager ses troupes. Cette vaine démonstration enlevait aux assiégés leur dernier espoir. Ils arborèrent le drapeau blanc, et, le 29 au matin, la capitulation fut conclue.

Kœnigsmark accorda aux Turcs la vie sauve, cinq jours de répit, le droit de vendre leurs biens et d'en conserver autant que chacun pouvait en emporter sur son dos jusqu'à la marine, c'est-à-dire à une distance de six milles. Le séjour en Grèce leur étant interdit, ils devaient noliser à leurs frais les bâtiments qui les conduiraient à Smyrne. Morosini confirma à regret ces conditions, qu'il trouvait trop douces. Elles ne furent pas scrupuleusement respectées par les mercenaires, qui avaient compté sur le pillage. Lorsque, le 4 octobre, les Turcs sortirent de l'Acropole, avec leurs femmes et leurs enfants, et se dirigèrent vers le Pirée, ils furent assaillis le long du chemin par des soldats indisciplinés, et, selon l'expression d'un témoin oculaire, beaucoup d'entre eux laissèrent leur fardeau en route.

Le même jour, les Vénitiens prirent possession de l'Acropole et s'établirent au poste d'honneur. Au nord de la citadelle, vers la porte d'Eubée ou de Thèbes, campèrent les Wurtembergeois et les anciens régiments hanovriens. Les Hessois occupèrent vers l'ouest la porte d'Éleusis. Le nouveau régiment hanovrien, dit Prinzregiment, se logea, au sud-est, près de l'ancienne voie des Trépieds; la cavalerie vers la porte orientale, et les Capeletti, plus au nord, à l'est des Wurtembergeois et de la porte de Thèbes.

Morosini s'empressa d'annoncer cette nouvelle conquête au sénat de Venise. « Je ne cherche pas, dit-il, à faire valoir avec force amplifications mes faibles services. Il me suffit, quels qu'ils soient, que le monde les connaisse et que ma patrie les agrée. Athènes est tombée en vos mains; Athènes la tant illustre et renommée, avec sa fameuse cité qui s'étend au loin et ses magnifiques monuments auxquels se rattachent les plus grands souvenirs de l'histoire et de l'érudition. » Notons cette phrase que l'illustre général ne dut pas écrire sans quelques remords des ravages causés dans l'Acropole par ses projectiles incendiaires. S'il fût resté insensible aux beautés de l'art antique, sa brutalité ternirait sa gloire, et donnerait raison contre lui aux anathèmes des archéologues. Mais ce n'est point Morosini qu'il faut accuser de la destruction du Parthénon. Il subit à regret les nécessités de la guerre, et les déplora tout le premier.

Lorsque Morosini, dans le plus grand apparat, fit son entrée dans la ville, accompagné de Kœnigsmark, de la comtesse son épouse et de ses dames de compagnie, il sembla, dit M. de Laborde, qu'Athènes reprenait une vie nouvelle, qu'elle était rendue à la civilisation. Le capitan général monta ensuite à l'Acropole. La vue de ces monuments en ruines produisit sur lui, comme sur tous les assiégeants, l'effet le plus profond. Ces yeux qui avaient pointé les canons destructeurs restaient fixés par l'admiration sur les portions d'édifices échappées à leurs coups; ces mains qui avaient tant détruit recueillaient avec une avide et pieuse curiosité les moindres fragments des œuvres d'art qu'elles avaient mutilées. Tous ces soldats, encore noirs de poudre, encore échauffés par la lutte, se sentaient adoucis et calmés par des beautés si sublimes. On peut le dire à leur louange, ils furent navrés de la désolation qu'ils avaient apportée au milieu de ces chefs-d'œuvre. La masse de décombres précipités par l'explosion au milieu du Parthénon et à l'entour du temple, les fragments admirables de l'entablement, des métopes et de la frise inspirèrent aux chefs comme aux soldats des regrets sincères. C'est qu'en effet les mortiers pointés des chrétiens avaient fait plus de ruines dans l'Acropole que vingt siècles de révolutions sociales, d'invasions de barbares et de possession par les musulmans. Aussi les remords dont la conscience des vainqueurs était agitée se traduisent autant par l'expression de l'admiration la plus enthousiaste que par les mille détours de leurs manières différentes de raconter cet événement. Morosini, le premier, repoussa la responsabilité du méfait en vantant ses efforts pour éviter le siége de l'Acropole. Quant à Kœnigsmark, à entendre Anna Akerhjelm, dame de compagnie de la comtesse sa femme, dont M. de Laborde a publié le journal fort intéressant, il aurait voulu épargner le Parthénon ; « il lui répugnait de détruire ce beau temple ; mais en vain : les bombes firent leur effet. » Un officier vénitien insinue que les grenades des Turcs ou la maladresse de leurs artilleurs ont bien pu mettre le feu au magasin à poudre sans qu'il en rejaillisse le moindre tort sur les batteries chrétiennes. Inutile de citer ces excuses : autant sont invraisemblables les sentiments de pitié et les ménagements des amis de l'art dans l'action du combat et dans les travaux d'un siége, autant on peut les admettre en face de ces ruines de la veille et dans le calme douloureux de la réflexion. La pensée commune de toute l'armée, à la vue des ruines de l'Acropole, est résumée dans le mot simple et touchant de la Suédoise Anne Akerhjelm : « Jamais dans le monde le temple de Minerve ne pourra être remplacé. »

Maître d'Athènes, Morosini s'occupa des moyens de la conserver. Le meilleur à ses yeux était de marcher en avant et d'achever la déroute des Turcs ;
il proposa une entreprise hardie sur Négrepont. L'occasion était bonne, si l'on en juge par une dépêche de l'ambassadeur français à Constantinople, écrite au mois de décembre 1687 : « La garnison de Négrepont, dit M. Girardin, s'est révoltée contre le pacha, qui à peine a sauvé sa vie en promettant de lui donner dans peu entière satisfaction, tant pour la solde que pour le présent du nouvel avénement. Toutes les vitres de son sérail ont été brisées dans ce tumulte, et si les Vénitiens en avaient été avertis à propos, ils auraient pu en tirer un grand avantage. Les autres troupes qui ont servi dans la Morée s'étaient mises en marche vers Constantinople avec intention d'y renouveler les troubles. » Mais le projet de Morosini fut combattu par Kœnigsmark, et le conseil de guerre décida qu'on hivernerait à Athènes et au Pirée, en attendant les renforts qui arrivaient d'Allemagne.

Pour assurer les communications de la ville avec la flotte, on construisit trois redoutes sur le chemin du port, et on fortifia le Pirée. Mais bientôt Morosini reconnut les difficultés de la position qu'il avait prise. Il lui était impossible de mettre Athènes en état de défense convenable et d'y laisser une garnison suffisante pendant qu'il attaquerait Négrepont, une telle expédition exigeant le concours de toutes les forces de la république. Dès le 31 décembre, il soumit la question au conseil de guerre, qui se prononça pour le complet abandon d'Athènes.

Les Vénitiens une fois partis, que deviendrait la population indigène ? Morosini ne pouvait livrer sans défense à la vengeance des Turcs quatre ou cinq mille chrétiens qui l'avaient accueilli comme un libérateur. Les Athéniens lui inspiraient, ainsi qu'à ses soldats, une assez vive sympathie. « Ce sont des gens distingués et excellents, disait un de ses officiers, H. Hombergk ; seulement, on ne peut pas les comprendre, parce qu'ils parlent grec. » Un jésuite, qui ne les aimait guère, le P. Babin, les jugeait ainsi en 1672 : « Si ces peuples jouissaient de la liberté qu'ils avaient autrefois, ils seraient encore tels que les dépeint saint Luc :

« Les Athéniens et les étrangers qui demeuraient à Athènes ne passaient tout « leur temps qu'à dire et à entendre quelque chose de nouveau ». Ils montrent encore cette inclination de dire ou d'entendre quelque nouveauté, et ne tiennent pas seulement cette curiosité par héritage de leurs ancêtres, mais encore une grande estime d'eux-mêmes, nonobstant leur servitude, leur misère et leur pauvreté sous la domination turquesque. Cette ville, rebâtie des ruines de ses anciens palais, n'est plus qu'un grand et pauvre hôpital qui contient autant de misérables que l'on y voit de chrétiens. Il faut pourtant avouer qu'il y a encore des marchands grecs riches de plus de cinquante mille écus. Et pour ce qui est de la science, j'y ai vu un religieux grec qui savait un peu de latin. Il y en a d'autres, sans parler de l'archevêque, qui savent le grec littéral. L'éloquence et la philosophie n'en sont point entièrement bannies. Enfin si je voulais prouver qu'il s'y trouve aussi des personnes considérables pour leur vertu et pour leur courage, je ne manquerais pas d'exemples. » Malgré le ton de persifflage qui perce dans ce jugement d'un père jésuite sur des schismatiques, les Athéniens, même en admettant la ressemblance de ce portrait peu flatté, méritaient encore l'estime et la pitié des Vénitiens. Au témoignage de l'historien Beregani, ils avaient conservé cet air de noblesse, « ce je ne sais quoi de grand et de généreux qui, malgré tous les revers de la fortune, a coutume de se transmettre avec le sang ». La servitude n'avait pas dégradé en eux le type national. Aussi Morosini ne voulut point les abandonner entièrement, et, préoccupé de leur sort à venir, il essaya de concilier leurs intérêts avec ceux de l'armée, en faisant transporter toute la population, avec ses biens-meubles, dans le royaume de Morée, où elle devait recevoir en échange de son territoire perdu, des compensations avantageuses.

Les Athéniens protestèrent vainement contre ce déplacement forcé qu'ils appelaient avec raison un injuste exil. Ils offrirent de faire tous les sacrifices nécessaires, d'entretenir à leurs frais la garnison, de payer chaque année une forte contribution. Le conseil resta sourd à leurs plaintes et à leurs prières. Différents cas de peste survenus parmi les habitants de la ville décidèrent Morosini à hâter l'exécution des ordres de départ. Il fut même question de détruire la ville et d'abattre les murs de l'Acropole. L'inutilité reconnue de cette mesure barbare sauva seule Athènes d'une nouvelle dévastation. Mais le capitan général voulut du moins emporter un trophée de sa victoire : il fit détacher le Neptune et le bige du fronton occidental avec la Victoire sans ailes, et causa ainsi la ruine, la perte presque complète de ces chefs-d'œuvre. Une de ses dépêches au sénat (19 mars 1688) contient le froid récit de cette mutilation : « Dans la prévision de l'abandon d'Athènes, j'avais, dit-il, conçu le projet d'enlever quelques-uns des plus beaux ornements parmi ceux qui pouvaient ajouter à l'éclat de la république. Dans cette intention, je fis faire la tentative de détacher de la façade du temple de Minerve, où se voient les plus belles sculptures, la statue d'un Jupiter (Neptune) et les reliefs de deux magnifiques chevaux. Mais à peine eut-on commencé à enlever le dessus de la grande corniche que tout se précipita en bas de cette hauteur extraordinaire, et c'est merveille qu'il ne soit arrivé aucun malheur aux ouvriers. On attribue la cause de cet accident au mode de construction du temple, par pierres assemblées l'une sur l'autre, sans mortier et avec un art merveilleux, mais qui toutes ont été disloquées par l'ébranlement, conséquence de l'explosion.

« L'impossibilité de dresser des échafauds et de porter au haut de l'Acropole des antennes de galères et autres engins pour faire des chèvres, rendait difficile et périlleuse toute autre tentative. J'y renonçai, d'autant mieux qu'étant privé de ce qu'il y avait de plus remarquable, tout le reste me parut inférieur et mutilé de quelque membre par l'action corrosive du temps.

« J'ai décidé toutefois qu'on enlèverait une lionne de belle tournure ; il lui manque la tête ; mais on pourra la remplacer parfaitement avec un morceau de marbre semblable qu'on rapportera. »

Il enleva encore une autre lionne antique, un lion couché, qu'on voyait sur le chemin de l'académie, près du temple de Thésée, et celui qui était assis au fond du port. Le sénat de Venise fit placer ces quatre lions à l'entrée de l'arsenal. Le piédestal du lion du Pirée portait l'inscription suivante :

FRANCISCUS MAUROCENUS
PELOPONNESIACUS,
EXPUGNATIS ATHENIS,
MARMOREA LEONUM SIMULACRA
TRIUMPHALI MANU
E PIRÆO DIREPTA
IN PATRIAM TRANSTULIT
FUTURA VENETI LEONIS
QUÆ FUERUNT
MINERVÆ ATTICÆ ORNAMENTA.

On lit aussi sur la lionne :

ATHENIENSIA VENETÆ CLASSIS
TROPHÆA,
VENETI SENATUS DECRETO,
IN NAVALIS VESTIBULO
CONSTITUTA.

Ces dépouilles d'Athènes une fois transportées à bord, Morosini ordonna de mettre à la voile (9 avril 1688), et se dirigea vers Poros. Là devait s'organiser l'expédition contre Négrepont. Venise, résolue à frapper un grand coup, envoya au Péloponésiaque de nombreux renforts, en l'élevant à la dignité de doge (1), en lui donnant pour devise une lune décroissante avec ces mots : *Donec totum deserat orbem.* Mais elle fut trompée dans son attente : Négrepont fut l'écueil où vint se briser l'ambition de la république.

Une belle flotte, une armée de trente mille hommes, des généraux habiles et jusqu'alors favorisés par la chance de la guerre, c'étaient là des éléments de succès presque assurés dans une entreprise que secondaient d'ailleurs les diversions opérées au nord par l'Autriche et par la Pologne. Mais le doge eut contre lui deux fléaux plus redoutables que les Turcs : la peste, et l'indiscipline de ses mercenaires.

Les « nations », comme on les appelait, se plaignaient sans cesse de l'avarice du gouvernement vénitien, des retards apportés au payement de la solde, de la cherté et de la mauvaise qualité des vivres. A leurs réclamations Morosini répondait par des reproches sévères. « Les troupes hanovriennes coûtaient des trésors à la république, qui ne tirait d'elles aucun bon service et n'avait point à en attendre, car elles ne lui témoignaient aucune affection, et se souciaient fort peu des résultats de la guerre. Elles ne réfléchissaient pas qu'elles étaient au service de la république, qui les payait largement ; bien au contraire, elles voulaient vivre comme des gens indépendants, loger dans des palais, faire des festins, et ne pas monter leurs gardes ; de telle manière que lui-même serait bientôt forcé de se placer en sentinelle, ce qui n'était point sans doute le métier d'un capitan général de la république de Venise. » Il accusait la fai-

(1) La correspondance d'Anne Akerhjelm contient le récit des fêtes célébrées par la flotte à cette occasion : « Notre capitan général a été nommé duc de Venise. Lorsqu'il reçut le message du sénat, il se trouvait sur sa galère, et il ne descendit pas à terre. Son Excellence le feld-maréchal (Kœnigsmark) s'est rendu à bord, avec deux ou trois des principaux personnages, pour lui présenter ses compliments, et lorsque Son Excellence lui témoigna le plaisir qu'elle éprouvait de son élévation, le doge lui répondit : « Si vous vous réjouissez de l'honneur que j'ai reçu, j'ai raison de vous en remercier, puisqu'il provient de votre valeur ». Son Excellence était assise, faveur qui n'était pas accordée aux autres. Le doge avait revêtu le manteau romain en tissu d'or, attaché au moyen d'un bouton sur l'une de ses épaules ; il portait sous le manteau une jaquette richement brodée ; sur la tête un beau bonnet de velours rouge, de forme ronde dans sa partie supérieure ; tel était son costume principal de tous les jours. Nous avons eu des fêtes pendant trois jours, avec toute espèce de feux d'artifice, sur l'eau et sur terre. Quelques-unes de ces pièces d'artifice étaient très-belles. Il y en avait une sur l'eau représentant une forteresse avec une mosquée au milieu. Je ne suis pas sûre qu'on n'ait voulu par cette production représenter Négrepont, et, puisque c'est encore indécis, je m'abstiens de le deviner. Quelques galiotes et autres bâtiments étaient ornés de milliers de lampes, rangées les unes à côté des autres, tout le long des principaux cordages et de toutes les voiles, ce qui faisait un bon effet ; car on pouvait ainsi distinguer nettement les formes de tout le navire en suivant des yeux les rangées des lampes. Pendant les trois journées, toute l'armée tirait des salves deux fois par jour, mais le dernier jour elle les tirait trois fois, de même que la flotte ; des feux de joie étaient aussi allumés par l'une et par l'autre. » (Porto di Poro, le 20 juin 1688).

blessé des troupes de Lunebourg, de Brunswick et de Wurtemberg à la bataille de Patras, où elles avaient d'abord lâché pied. Dans d'autres occasions, c'étaient les Florentins qui abandonnaient les retranchements et perdaient leur drapeau. Morosini, malgré toute sa fermeté, voyait souvent son autorité méconnue, et quand il eut perdu Kœnigsmark, il eut encore plus de peine à vaincre les difficultés de toute sorte que lui suscitait la mauvaise organisation de son armée. Il avait eu la pensée de recruter parmi les Grecs une milice nationale; il avait même commencé à enrégimenter des Albanais, et il en avait formé cinq compagnies. Mais il ne put dégarnir la Morée, où les Turcs conservaient encore Malvoisie. Le séraskier était maître de la Grèce centrale. Quant aux habitants chrétiens de Négrepont, ils ne bougèrent pas, et furent les témoins impassibles d'une lutte où ils ne voyaient en présence que des drapeaux étrangers.

L'expédition de Négrepont est un des plus tristes épisodes de cette guerre commencée glorieusement et terminée par des revers inattendus. Nous en emprunterons le récit à la correspondance et au journal peu connus d'Anne Akerhjelm. Un journal de siège écrit par une femme qui a suivi de près les opérations paraîtra sans doute plus intéressant que les descriptions d'un tacticien de cabinet.

« Le 23 juillet (1688), nous sommes arrivés ici avec les navires. L'ennemi n'a point essayé de s'opposer au débarquement; car il se trouve dans une si bonne position qu'il n'a point voulu la quitter. Il est retranché près de la ville sur deux éminences, sur lesquelles il a construit des fortifications munies de pièces de gros calibre, et tellement fortes qu'il ne sera pas facile de l'en chasser. Sur le canal, de l'autre côté de la montagne, il y a une citadelle qui commande la ville; les Turcs la nomment *Karra-Babba*. *Babba* signifie père, et *Karra* noir; c'est le père des deux filles Morée et Négrepont. Les batteries ont été prêtes le 30; on tire continuellement avec vingt-huit pièces de gros calibre, et avec huit mortiers qui jettent des bombes. Dieu, qui donne la victoire, daignera aussi bénir les armes de la chrétienté pour l'amour de Jésus-Christ. Bien des personnes ont trouvé le plan d'attaque défectueux; mais, d'après la connaissance qu'il a prise des lieux, le feld-maréchal (Kœnigsmark) en juge autrement, s'étant convaincu qu'il n'était pas possible d'empêcher que les secours n'arrivassent dans la place. Bien que l'amiral Venier fût mouillé avec un grand nombre de navires dans le canal, de l'autre côté, les secours ont pu pénétrer, autant qu'on a voulu, par la citadelle de Karra-Babba. Le pire est que l'armée est de plus en plus atteinte par les maladies. Parmi les chevaliers de Malte, il y en a soixante de malades, outre leur général; les autres généraux sont aussi atteints de fièvres violentes, de sorte que la situation prend un mauvais aspect à nos yeux. L'armée travaille constamment à approcher de la ville. Les Turcs font des sorties tous les soirs, mais sans résultat. Il s'est passé des choses ici qui ne sont arrivées nulle part ailleurs jusqu'à présent. Des Turcs ont déserté et sont venus à nous. Il nous en est arrivé quelques-uns ces jours-ci qui racontent qu'ils sont mécontents chez eux, que la solde n'a pas été payée depuis quelques mois, que nos pièces font beaucoup de mal à l'ennemi. Ils assurent qu'il n'y a point de mines pratiquées dans leurs ouvrages, ce à quoi il ne faut pas trop se fier; qui vivra verra. (A bord du navire *Saint-Jean*, dans le canal devant Négrepont, le 7 août 1688.)

« Son Excellence (Kœnigsmark) a eu la fièvre onze fois; et elle en a été exténuée de fatigue... Les opérations de siège ont avancé jusque sous les palissades des Turcs; il a fallu se décider à attaquer le faubourg de la ville. Ceux qui étaient chargés de ce mouvement sont venus souvent voir Son Excellence pour écouter ses conseils; il fut décidé qu'on n'ajournerait pas l'attaque plus longtemps, parce que l'ennemi sortait toutes les nuits et causait de trop grandes pertes aux chrétiens. Une nuit, les Turcs firent une sortie et forcèrent les Florentins d'abandonner leur retranchement. Il y a eu là beaucoup de monde tué et blessé. Mais les nôtres sont arrivés et ont refoulé l'ennemi dans la forteresse. Le 20 août, une heure avant le jour, on devait attaquer le faubourg de la ville. Les Turcs y occupaient deux ou trois éminences garnies de canons. Son Excellence n'était pas encore rétablie, et ne pouvait se tenir sur ses pieds. Elle donna au navire l'ordre de mouiller aussi près que possible, pour voir, à l'aube du jour, comme on s'y prenait. Les Turcs entretinrent avec leurs fusils un feu terrible; les nôtres furent obligés de l'essuyer pendant une heure entière. Mais le bon Dieu a daigné venir à notre aide, et nous a permis de prendre le faubourg, où les nôtres ont fait un grand carnage. Pendant cette affaire, les capitaines des navires avaient reçu l'ordre de prendre d'assaut, avec les soldats de la marine, une montagne située près du port, et sur laquelle les assiégés avaient établi une batterie. L'assaut, Dieu soit loué! réussit, et l'ennemi prit la fuite; beaucoup des leurs furent tués, d'autres se jetèrent à la mer; plus de mille Turcs ont péri; des chrétiens, il en succomba trois cents; beaucoup de monde fut blessé; dans le nombre le prince d'Harcourt a été blessé au bras et à la main. Les nôtres ont pris trente canons de métal et neuf autres.

« Le 22 août, les Turcs ont fait une grande sortie; ils rencontrèrent les Florentins, qui, se trouvant inférieurs en nombre, furent contraints d'abandonner leur position. L'ennemi était au moment de reprendre, dans cette action, l'un des points dominants; mais les secours étant arrivés, il fut forcé de battre en retraite. Quand le comte (Kœnigsmark) eut connaissance de la situation dangereuse dans laquelle se trouvaient nos troupes, il ne voulut plus, malgré sa faiblesse, rester à bord du navire. Il se fit descendre à terre. On fut obligé de s'aider de serviettes placées sous ses bras pour lui faire descendre l'escalier. Lorsque l'armée le vit de nouveau au milieu d'elle, la plus grande joie y éclata. Il s'est fait porter dans toutes les batteries, et dans tous les autres lieux où il était nécessaire de prendre quelques mesures. Apprenant, le 24, que l'on se préparait à une sortie, il monta à cheval et se mit à la tête des troupes; mais on apprit bientôt que ce n'était qu'une fausse alerte. Après cela, la fièvre l'atteignit de nouveau, et il rentra dans sa tente tout affaibli et obligé de se mettre au lit; la fièvre a continué ensuite tous les jours. Le doge l'engagea à s'établir de nouveau à bord du navire, ce qu'il fut contraint de faire le 28; il était alors abattu et sans forces.

« Le 25, Négrepont commence à brûler. Venier part aujourd'hui pour intercepter les secours envoyés aux Turcs, et qui se montent, dit-on, à treize galères. Le 26, les Turcs font une tentative pour fuir de la ville. Une troupe descend de Karra-Babba, les rencontre sur le pont et les attaque. Par suite de la rencontre de cette multitude, le pont-levis croule; trente hommes, ou peut-être plus, sont tombés à la mer, et les autres furent forcés, *nolens volens*, de rentrer en ville. Ils se sont tiré des coups de fusil ensuite. La population qui habite Karra-Babba est formée de gens qui ont leurs biens à la campagne; c'est pourquoi ils veulent forcer les autres de rester à défendre la ville. Le feu continue jour et nuit. Le 27, les Turcs reçoivent un secours de 1,500 hommes. Le 6 septembre, ils firent une nouvelle sortie sans obtenir aucun avantage; ils furent battus du premier choc.

« Le 8, d'après la volonté du doge, les nôtres devront prendre d'assaut une tour de la ville. A ce dessein, quarante hommes d'élite sont choisis dans chaque régiment pour monter à l'assaut. Le comte de Waldeck est leur chef. Tout a réussi au commencement.

« Les Wurtembergeois plantèrent leur drapeau sur le mur; mais alors les Turcs accoururent en grand nombre et forcèrent les nôtres de se retirer. Dans cette affaire nous perdîmes trois cent soixante et quelques-uns des nôtres, tant en morts qu'en blessés; notre armée en fut bien découragée. Les Turcs au contraire étaient si enragés qu'ils ne se souciaient ni des bombes ni des boulets. On a entendu dire dans notre camp : « Les choses n'iraient pas ainsi si notre père était ici. »....

.... « Son Excellence ne dit pas un

mot; elle n'entend rien... Que Dieu lui vienne en aide! La noble comtesse l'a soigné si bien jour et nuit, pendant cette maladie, que jamais épouse n'a pu faire davantage ni plus endurer. Elle n'a ni dormi ni mangé. Les pleurs, les gémissements, les prières à Dieu, c'était là son pain quotidien... Il règne beaucoup de maladies parmi les nôtres, de sorte qu'il en est mort plus par les maladies que par les coups de l'ennemi...

« Le 15 septembre fut le jour malheureux que Dieu nous avait réservé, le jour où Son Excellence le comte quitta ce monde et nous tous, à quatre heures de l'après-midi, rendant sa noble âme au Sauveur. Daignez accorder à celui qui a vécu dans la foi de Jésus-Christ une résurrection bienheureuse au jour du dernier jugement! Dieu suprême, daigne consoler la princesse, et accorde-lui la grâce de supporter ce grand malheur.

. . . « Le 4 octobre, les Turcs firent sauter une mine sous nos soldats qui avaient pris position près du mur; mais, comme elle ne leur fit aucun mal, ils jetèrent des sacs de poudre parmi eux et firent en même temps une sortie. Les nôtres se retirèrent alors; mais le lieutenant Gyllencrantz s'opposant à cette retraite, les soldats l'abandonnèrent, et les Turcs lui coupèrent la tête. Le 12, les nôtres montèrent à l'assaut trois fois et furent trois fois repoussés. Il y eut beaucoup de blessés, entre autres le prince de Darmstadt.

« Le doge désirait que les troupes restassent ici tout l'hiver et qu'on fortifiât le camp; mais les princes ne voulurent pas y consentir, surtout le prince de Darmstadt, qui était brigadier avec quatre ou cinq régiments, prétendant être obligé de se tenir à la capitulation de son duc, qui exige que les troupes se rendent à temps dans des quartiers d'hiver sûrs. En conséquence, force fut au doge de prendre le parti de se retirer. Le 18, on commença l'embarquement des pièces d'artillerie et des malades. Le 21, au matin, toutes les troupes étaient à bord des galiotes et des galères, qui au lever du soleil, quittèrent le rivage. Le temps étant calme, le doge est venu avec sa galère pour remorquer notre bâtiment, le *Saint-Jean*, hors du canal. Les Grecs restèrent à terre; ceux qui avaient des bateaux ou qui pouvaient trouver une place dans une embarcation nous accompagnèrent. Nous vîmes aussi quelques Turcs à cheval venant au galop; mais les Grecs, qui se sont trouvés les plus près d'eux, les ont forcés de rentrer dans la ville. Nous entendîmes quelques coups de feu tirés dans Négrepont; c'étaient sans doute des feux de joie... »

Ainsi se termina cette expédition entreprise avec tant de confiance et sous de si heureux auspices : au début, des fêtes vénitiennes, des pièces d'artifice sur l'eau et sur terre, des milliers de lampes suspendues, la nuit, aux vergues des galiotes, et dans les flots ébranlés par les salves de l'artillerie, les jeux de la lumière éclairant au loin la mer et le ciel; trois mois après, la même flotte, ramenant, avec le cercueil de Kœnigsmark, les débris d'une armée qui refuse le combat, et saluée au départ, comme par une ironie du sort, des feux allumés en signe de délivrance sur les remparts qui ont bravé l'effort de Morosini! Quel retour pour le défenseur de Candie, pour le conquérant de la Morée! Une partie de ses troupes prit le chemin de l'Allemagne; le reste passa l'hiver à Napoli, à Modon, à Navarin. Au printemps, la guerre recommença, mais sans vivacité et sans ardeur. Le vieux doge tomba malade au siége de Malvoisie, et les hostilités se ralentirent. (Ses successeurs firent de vaines tentatives sur Candie.) En 1690 il reparut une dernière fois à la tête de la flotte vénitienne, et contraignit enfin Malvoisie à capituler. La reddition de cette place acheva la soumission de la péninsule. Mais peu de temps après le Péloponésiaque succomba aux fatigues de l'âge et de la guerre, avant d'avoir consolidé en Morée la domination vénitienne. Privée de ce chef habile, administrateur expérimenté autant que brave capitaine, la république ne sut pas garder longtemps ses conquêtes.

Kupruli-Zadé-Moustapha, frère de Kupruli-Ahmed, venait d'être nommé grand-vizir, en remplacement de Kara-Moustapha. Le nouveau ministre, digne héritier d'un nom qui portait bonheur aux Ottomans, affermit l'autorité du sultan par sa tolérance envers les chrétiens. Il permit aux raïas de relever leurs églises, et d'en bâtir de nouvelles ; il leur donna un nouveau règlement (Nizami-Djédid), qui les protégea contre les exactions et les avanies ; il leur reconnut des droits et améliora tellement leur condition, que son nom devint populaire dans les villages chrétiens de la Grèce.

Cette nouvelle conduite contrastait singulièrement avec le fanatisme des Vénitiens catholiques. A peine établis en Morée, les Vénitiens avaient soulevé contre eux les passions religieuses ; ils prétendaient imposer le rite latin aux Grecs orthodoxes. Ils traitaient les Moraïtes en peuple conquis ; les Moraïtes en vinrent à regretter leurs anciens maîtres. En apprenant les réformes accomplies par Kuprüli « le père des Églises », ils rentrèrent d'eux-mêmes sous l'autorité de la Porte. Le grand-vizir leur donna pour chef, avec le titre de bey du Magne, Libérius Geratchari, un de leurs compatriotes, qui s'était signalé par son courage contre les Turcs, et qui, fait prisonnier dans un combat, venait de subir sept années de bagne. Comme les Maïnotes, les Grecs des îles préférèrent bientôt la domination des Turcs à celle des Vénitiens. En 1694, la flotte de la république, qui naviguait dans l'Archipel, s'empara de l'île de Scio. Deux ans après, Mezzo-Morto, un aventurier africain, qui commandait la flotte turque, vint attaquer la garnison chrétienne, et la força de capituler. Les Grecs orthodoxes, par haine des Latins, lui ouvrirent eux-mêmes les portes de la ville, et lui dénoncèrent les familles catholiques d'origine génoise qui s'étaient montrées favorables à l'invasion vénitienne.

Kupruli-Moustapha périt en 1691 à la bataille de Sabankemen près de Péterwardein. Après la mort de cet homme d'État, que les Ottomans ont surnommé *Fazyl* (le Vertueux), le vieux parti turc réagit contre son système de tolérance envers les chrétiens. En 1693, à la suite d'un incendie qui dévora une grande partie de Constantinople, le caïmacan Kalaïli-Ahmed-Pacha publia des ordonnances de police qui interdisaient aux raïas les vêtements de couleur, les pantoufles jaunes et les kalpaks de zibeline ; les sujets chrétiens devaient s'habiller d'étoffes noires et porter des sonnettes, pour qu'on pût les distinguer de loin des musulmans ; il leur était expressément défendu de monter à cheval. Mais ces mesures ridicules ne reçurent pas d'exécution ; et le caïmacan fut destitué bientôt après.

En Morée, Liberius Garatchari, réuni à Haçan-Pacha, faisait la guerre aux Vénitiens, qui ne possédaient plus que les places fortes de la côte. Pendant quelques années, il servit fidèlement les Turcs ; et quand il se tourna contre eux en 1695, tous les Maïnotes ne suivirent pas son exemple. Plusieurs de ses officiers allèrent à Sofia rejoindre le sultan Moustapha, qui marchait au secours de Temeswar. L'année suivante, les Vénitiens débarquèrent des troupes sur la côte de l'Attique ; mais ils ne reçurent aucun secours des indigènes, et ils se retirèrent après avoir dévasté les environs d'Athènes et de Thèbes. Affaiblie par les désastres de sa marine qui fuyait en toute rencontre devant l'invincible Mezzo-Morto, la république ne levait plus de troupes en Allemagne, depuis que la ligue d'Augsbourg avait mis la France aux prises avec l'Europe coalisée. Les soldats allemands aimaient mieux combattre sur les bords du Rhin que d'aller tenter en Orient des aventures lointaines. D'ailleurs, les princes, obligés de fournir leurs contingents à l'Empire, ne pouvaient plus louer leurs régiments. Quand le traité de Ryswick eut rétabli la paix en occident, Venise put recommencer ses achats de mercenaires. Mais déjà une nouvelle coalition se formait contre la France. L'Autriche, prévoyant la mort de Charles II, se préparait à réclamer son héritage ; elle allait avoir besoin de toutes ses forces pour soutenir ses prétentions contre la puissance de Louis XIV. En Pologne, Sobieski était mort, et avec lui l'enthousiasme de la croisade. Pierre, le czar de Russie, entré le dernier dans la ligue sainte, avait été contraint, en 1695, de lever le siége d'Azof, et son génie patient sentait que la Russie n'était pas encore en état d'élever bien haut ses exigences. D'autre part, un nouveau grand-vizir, d'un caractère conciliant et pacifique, Kupruli-Hucein, cousin-germain de Kupruli-Ahmed, prit en Turquie la direction des affaires après la bataille de Zeuta, gagnée sur le sultan Moustapha II par le prince Eugène. Persuadé que la continuation de la guerre serait funeste à son pays, et que bientôt il serait trop tard pour obtenir des conditions de paix honorables, il se montra disposé à entamer des négociations avec les puissances chrétiennes. La France essaya inutilement de les détourner. Il reprochait, non sans raison, à Louis XIV, d'avoir traité seul à Ryswick, et donné ainsi à l'Autriche le moyen de porter toutes ses forces sur le Danube. Guillaume d'Orange, toujours à l'affût des occasions de nuire à Louis XIV, offrit au sultan sa médiation; elle fut acceptée; et, sous la présidence de l'Anglais Paget, un congrès de plénipotentiaires autrichiens, polonais, vénitiens, russes, anglais, hollandais et turcs signa le traité de Carlowitz (26 janvier 1699).

CHAPITRE V.

DEPUIS LA PAIX DE CARLOWITZ JUSQU'AU PREMIER SOULÈVEMENT DE LA MORÉE, EXCITÉ PAR LA RUSSIE.

(1699-1770.)

Le traité de Carlowitz confirmait les Vénitiens dans la possession de la Morée jusqu'à l'Hexamilon, c'est-à-dire l'extrémité sud de l'isthme de Corinthe, de presque toute la Dalmatie, de Zante, de Sainte-Maure et des îles de la mer Ionienne. Les Ottomans restaient maîtres des îles de l'Archipel. Une grande partie de la Grèce échappait donc au joug des Turcs. La Porte perdait beaucoup de sa puissance et surtout de ce prestige sombre qu'elle exerçait du fond de son lointain horizon sur les peuples occidentaux. La Morée était replacée sous les lois d'une puissance chrétienne. Était-ce la fin ou l'adoucissement de sa servitude? Non; ce n'était pas en changeant de maître qu'elle changeait d'état. Bien que le sénat de Venise eût nommé un provéditeur extraordinaire, chargé de protéger les Grecs, on ne voit pas que leurs pays se repeuplât et qu'ils fussent moins accablés d'impôts. On put juger de leur froideur pour leur nouveau gouvernement par la facilité avec laquelle ils se laissèrent bientôt reconquérir.

Le sultan Moustapha II était mort en 1703; son successeur Ahmed III avait été longtemps occupé par sa guerre avec le czar Pierre le Grand et par les secours qu'il prêtait à un incommode allié, Charles XII, roi de Suède. Le grand-vizir Damad-Ali-Pacha, gendre du sultan, désirait la paix pour faire un autre emploi des forces de l'empire; et, quand Charles XII se fut résigné, le 1er octobre 1714, à quitter la Turquie, où il persistait à attendre le retour de la fortune, Ali-Pacha tourna la pensée de son maître vers la Morée. Pour la reprendre aux Vénitiens, il fallait un prétexte : le prétexte se rencontra. Les Monténégrins s'étaient révoltés, à l'instigation, disait-on, de la République; des escarmouches avaient eu lieu entre les vaisseaux des deux puissances; un navire turc avait été pillé. La guerre fut déclarée, et l'expédition, préparée dès le commencement de l'année 1715, commença au mois de mai; elle était commandée par le sultan et le grand-vizir. Elle débuta par la prise de l'île de Tine dans l'Archipel. En juin, l'armée ottomane entra dans la péninsule; trois mois après, Corinthe se rendait. Napoli de Romanie, Égine, Coron, Navarin, Modon, le château de Morée, ouvrirent leurs portes. L'île de Cérigo, et, dans l'île de Candie, la Sude et Spinalunga tombèrent tour à tour. A la fin de novembre 1715, les Vénitiens ne possédaient plus rien dans la mer Ionienne ni dans la Morée; les Maniotes, retirés dans leurs montagnes, continuèrent à défendre leur indépendance, les armes à la main. La Grèce était redevenue ce qu'elle était au seizième siècle.

La politique ne défit pas ce qu'avait fait la force. Charles VI, empereur d'Allemagne eut beau réclamer, au nom des Vénitiens, l'exécution du traité de Carlowitz; le prince Eugène même eut beau battre les Musulmans à Peterwaradin et leur prendre Belgrade; le traité de Passarowitz, qui s'ensuivit (21 juillet 1718), laissa la Morée au sultan,

Venise ne recouvra que les places fortes qu'elle avait conquises en Albanie, Butrinto et Parga, et les îles Ioniennes. Pour que les Grecs donnent enfin signe de vie, il faut attendre jusqu'au moment où la czarine Catherine réveillera au profit de son ambition leur esprit d'indépendance. Cette malheureuse insurrection de 1770 est le premier des efforts qu'ils doivent faire, et aussi la première des épreuves qu'ils subiront pour redevenir une nation. Avant de la raconter, nous avons besoin de dire comment ils furent conduits à l'entreprendre, quelles causes avaient chez eux conservé, sous une longue servitude, le sentiment de leur nationalité, quelle avait été, en d'autres termes, leur condition sous la domination étrangère. C'est ce qui fera l'objet du livre suivant.

LIVRE DEUXIÈME.

ÉTAT DES GRECS SOUS LA DOMINATION MUSULMANE
JUSQU'A LEUR PREMIER SOULÈVEMENT, EN 1770.

CHAPITRE I.

LE CLERGÉ. — LA RELIGION.

Il est remarquable que ce qui semblait devoir anéantir la nationalité des Grecs, la rigueur même de la conquête, la conserva ensevelie, pour ainsi dire, mais non détruite, comme ces villes que la lave des volcans, après les avoir recouvertes et laissées de longs siècles dans le silence de la mort, rendit intactes à la lumière. « Comment, demande un des plus illustres amis des Grecs, cette nation, morte depuis trois siècles, a-t-elle lentement repris la vie, et s'est-elle régénérée d'une vieille civilisation par un esclavage qui lui donnait la barbarie ? » (Villemain, préface de *Lascaris*.) C'est l'esclavage même qui l'a préservée du contact de ses vainqueurs. Traitée plus doucement, elle se fût laissé absorber en eux ; par leur mépris, elle resta dans un misérable mais salutaire isolement. La principale, l'insurmontable barrière qui sépara maîtres et sujets ce fut la religion. « La persécution, dit M. Ubicini, sauva la religion ; la religion, à son tour, sauva la nationalité. » (*Lettres sur la Turquie. Les Raïas*, introd., p. 15.) C'est ce qu'il faut expliquer en remontant au caractère général de la conquête (1).

(1) Nous avons particulièrement consulté pour ce chapitre et les suivants : l'ouvrage de M. Jacovaky Rizo Néroulos, ancien premier ministre des hospodars grecs de Valachie et de Moldavie, *Histoire moderne de la Grèce depuis la chute de l'empire d'Orient*, Genève, 1828, un vol. in-8º (la première partie en est consacrée à l'examen des *Causes de la conservation du peuple grec*) ; — l'intéressante étude de M. Villemain, tirée de ses *Études d'histoire moderne*, Paris, Didier, 1846, et intitulée : *Essai sur l'état des Grecs depuis la conquête musulmane* ; — l'exact et savant ouvrage de M. Ubicini, *Lettres sur la Turquie*, IIᵉ partie : *Les Raïas* ; Paris, Dumaine, 1854. Quant aux ouvrages plus spéciaux que nous avons eu à consulter, nous les mentionnerons en passant.

Toute guerre pour les musulmans est une guerre de religion, et toute paix n'est qu'une trêve. Le Coran divise les habitants de la terre en deux parts, les croyants et les infidèles. Le croyant est en état permanent de guerre avec l'infidèle, et ce droit, ce devoir de guerre éternelle, qui s'appelle le *djihad*, ne peut être que suspendu : « Faites la guerre, dit le livre saint, à ceux qui ne croient ni à Dieu ni au jugement dernier, qui ne regardent pas comme défendu ce que Dieu et son prophète ont défendu ; à ceux du *Kitabi* qui ne professent pas la vraie religion, jusqu'à ce que, humiliés, ils payent le tribut de leurs propres mains » (IX, 29). Ainsi, la guerre ne finit que par la conquête, et le signe de la conquête c'est le tribut. C'est par le tribut que le vaincu achète la vie et la paix, ou *aman* : « Le sang de l'infidèle n'acquiert une valeur appréciable que par l'aman. » Du reste, aucune prétention de prosélytisme : l'apostolat cesse quand le sabre est rentré dans le fourreau. « Travaille, paye et prie comme tu voudras, » telle est la maxime musulmane à l'égard des peuples conquis. Veut-on avoir le modèle de toutes les capitulations qu'imposèrent les musulmans aux chrétiens ? Toutes portent en substance, comme celle qu'Omar accorda à Jérusalem : que les chrétiens payeront une rente annuelle ; qu'ils porteront, en quelque lieu qu'ils aillent, les mêmes espèces d'habits, et auront toujours des ceintures sur leurs vestes ; qu'ils ne placeront point de croix sur leurs églises ; qu'ils ne feront point entendre le bruit de leurs cloches, si ce n'est un seul coup, pour annoncer la prière. Telles furent en effet les conditions imposées aux Grecs par les Ottomans. Ceux-ci les astreignirent à porter un costume différent du leur, à mettre en évidence leur ceinture de laine ; ils leur interdirent l'usage des armes, des chevaux, et même de la selle, qu'ils devaient remplacer par un bât. Une loi enregistrée dans un de leurs principaux ouvrages de jurisprudence, *La Perle* (Durrer), ordonna que les femmes des chrétiens fussent distinguées dans la rue et au bain, et que leurs maisons fussent signalées, pour que le musulman n'allât point y chercher du secours. Le mot d'avanie, *avaniah*, désigna tous les mauvais traitements, tels que taxes extraordinaires, fournitures, corvées, que, par une espèce de suite du droit de conquête, le vainqueur pouvait infliger au vaincu.

Ainsi l'islamisme marquait brutalement la distance qui devait éternellement éloigner de lui les peuples infidèles. En les repoussant de son sein, en les rejetant dans leur asservissement, il les forçait de s'attacher, pour la consolation de leur infortune, et par l'effet naturel de la persécution, à leurs mœurs, à leurs croyances, à leur culte. Si les Grecs subjugués avaient pu se mêler à leurs maîtres et espérer l'égalité, ils se seraient peut-être laissé attirer vers eux par l'ambition ou l'habitude; mais les musulmans se méfiaient des apostasies (1), et le dédain fit ce qu'aurait pu faire la tolérance : les vaincus conservèrent, comme leur costume distinctif, leur religion particulière.

Mahomet II, en leur enlevant presque tout droit politique, leur laissa la liberté religieuse, et affermit même la domination spirituelle du clergé dans son chef, le patriarche de Constantinople. Il convertit Sainte-Sophie en mosquée, ainsi que la moitié des églises de la ville; mais il laissa le reste aux chrétiens. Il fit nommer par le synode des évêques un patriarche, le moine Gennadius Scholarius, qu'il savait l'implacable ennemi des Latins et favorable aux Turcs, dont il avait prédit la victoire. Les Grecs de Constantinople, naguère saccagée, crurent avoir trouvé un protecteur quand ils virent leur nouveau patriarche, après avoir reçu du grand-vizir le caftan ou manteau d'honneur, et du sultan lui-même le sceptre insigne de son pouvoir, avec une gratification de mille ducats, se rendre du sérail à la maison patriarcale, monté sur un cheval magnifique, don de la même main, et triomphalement accompagné d'officiers de la Porte et d'un régiment de janissaires. On alla jusqu'à raconter que Gennadius avait eu de longs entretiens avec Mahomet, et qu'il l'avait secrètement converti au christianisme.

C'étaient là les illusions d'un peuple crédule; mais la vérité est que les sultans, soit par indifférence, soit plutôt par obéissance à leur loi religieuse, crurent avoir assez fait pour leur domination en assujettissant au tribut leurs nouveaux sujets, les raïas (1). Cette capitation, appelée *karatch* ou *kharadj*, que payaient tous les Grecs depuis l'âge de dix ans, était censée racheter leur vie. Un impôt plus douloureux, sorte d'impôt du sang, achevait de représenter la rançon par laquelle les infidèles payaient l'*aman*, la paix et l'espèce de liberté qu'on leur laissait. Le cinquième des enfants mâles était arraché à leurs familles pour être élevé dans la foi musulmane et recruter les janissaires. C'était la représentation du droit de conquête, en vertu duquel, dans le principe, les Turcs avaient enlevé après le sac des villes d'Europe

---

(1) « Lorsqu'un Franc ou un sujet de la Porte (et le fait n'est pas rare, encore à présent) se présente devant le tribunal du cadi pour réciter la profession de foi musulmane, celui-ci n'accueille sa demande qu'avec une extrême réserve, et comme contraint par la loi. Il craint toujours que les ambassades ne l'accusent de faire de la propagande religieuse. D'ailleurs, il sait par expérience que le Franc qui embrasse l'islamisme le fait rarement par conviction, et il professe intérieurement pour ces nouveaux convertis le même mépris qui s'attache aux renégats dans toutes les religions. Un jour un étranger se présente à l'audience du grand-vizir Rhâgib-Pacha; il dit que Mohammed lui est apparu pour l'inviter à se faire musulman; qu'il vient de Dantzick tout exprès, impatient de mériter les faveurs attachées à l'islamisme. « Voilà un étrange coquin, dit le vizir; Mohammed lui est apparu à Dantzick, à un infidèle! tandis que depuis plus de soixante-dix ans que je suis exact aux cinq prières, il ne m'a jamais fait pareil honneur ! » Et il ordonna qu'on appliquât cinquante coups de bâton au postulant pour éprouver sa foi. » (Ubicini, *Introduction*, p. 19.)

(1) Ce mot, que nous appliquons particulièrement aux chrétiens sujets de l'empire ottoman, et qui signifie *troupeau*, n'était pas dans l'esprit des Turcs, qui s'en servaient dans la langue officielle, une qualification injurieuse, car il désignait tous les sujets, et on distinguait le raïa musulman et le raïa infidèle ou *zimmi*. (Voy. Ubicini., p. 8.)

tous les enfants chrétiens pour les former au métier des armes et les mener aux *ortas* de janissaires. C'était la plus odieuse des charges que supportaient les vaincus; et les chants populaires de la Grèce parlent souvent des mères, particulièrement des femmes de la Zaconie, en Morée, qui poignardèrent leurs enfants dans les bras des commissaires turcs. A ces dures conditions les sultans renoncèrent à ramener à leur culte un peuple qu'ils eussent cru élever par là à une sorte d'égalité.

Le khatti-chérif promulgué par Mahomet lors de l'installation de Gennadius non-seulement réglait l'autorité du patriarche, mais établissait pour ainsi dire la constitution du peuple grec. Le patriarche avait rang de vizir et était investi d'une autorité à la fois spirituelle et temporelle. Il était élu par le synode, conseil composé des archevêques d'Héraclée, de Cyzique, de Chalcédoine et de Derkos et de dix autres archevêques nommés eux-mêmes par le patriarche. Celui-ci pouvait quelquefois en augmenter le nombre, mais non le réduire. A son tour, il pouvait être déposé par la Porte, sur une pétition rédigée par les membres du synode, accompagnée de leurs sceaux et motivée par l'exposition de leurs griefs. Dans ce cas le synode devait se choisir un nouveau chef, dont Sa Hautesse confirmait l'élection par un ordre autographe. La Porte pouvait même déposer de son chef le patriarche sur accusation de lèse-majesté. Ainsi le gouvernement pesant de tout son despotisme sur le chef de l'Église, et celui-ci dominant à son tour le synode, qui pouvait aussi se retourner contre lui et provoquer sa destitution, le sultan avait entre ses mains le haut clergé. Il tenait même à voir s'élargir la prééminence du trône patriarcal de Constantinople, qui dominait non-seulement les archevêques et les évêques de toutes les provinces et de toutes les îles de la Grèce, mais encore ceux de l'Asie Mineure, de la Crimée, de la Bulgarie, de la Servie, de la Bosnie, de l'Albanie, de la Valachie et de la Moldavie. Lorsqu'un nouveau patriarche était élu, toutes les églises épiscopales lui envoyaient, en même temps que leurs modestes tributs, qui n'étaient le plus souvent que les fruits de la nature ou les produits de l'industrie du pays, leurs félicitations, ou, à défaut d'autre magnificence, elles prodiguaient celle des mots : « Semblable, lui disait-on, à l'étoile de lumière qui resplendit à l'Orient, tu as ébloui, tu as illuminé l'Église. La grâce est répandue sur tes lèvres, rejeton précieux des pontifes, gardien de notre foi, précepteur de Constantinople, de cette nouvelle Rome, placée par le Seigneur sous ta protection sainte ! »

Le gouvernement ottoman voyait avec plaisir le patriarche de Constantinople entretenir des relations avec le synode de Géorgie, qui reconnaissait sa suprématie, et avec les patriarches de Jérusalem, d'Antioche et d'Alexandrie, qui, nominalement du moins, relevaient de lui et lui écrivaient pour leurs affaires communes. Crusius nous a rapporté la lettre suivante du patriarche d'Antioche : « Seigneur très-saint de la grande ville de Constantinople, de la nouvelle Rome, et patriarche œcuménique, frère et collègue de notre humilité, je prie Dieu qu'il te donne la santé du corps et que tu prospères en tout. Sache, très-saint homme, que dans la juridiction de ton trône épiscopal il se trouve un chrétien du nom de Georges, né à Patras, dans le Péloponnèse, et cordonnier de son état. Il a ici, dans la ville de Damas, une femme et des enfants qui, Dieu merci, sont aujourd'hui bien portants; mais lui depuis douze ans ne les a pas vus. Pourquoi est-il errant hors de sa maison, comme la brebis perdue de l'Évangile, sans prendre depuis si longtemps aucun souci de sa femme ni de ses enfants, sans s'inquiéter s'ils boivent ou s'ils mangent, et sans songer à sa maison? Nous prions donc ta sainteté de faire une enquête pour le trouver et de le réprimander, et de lui remettre en l'esprit son devoir, afin qu'il revienne dans sa maison; car il n'est pas bon qu'il soit si longtemps loin des siens. S'il t'obéit, tout sera bien; mais s'il en est autrement, et s'il n'écoute pas tes avis, retranche-le de la communion des fidèles, et prononce sa séparation d'avec sa femme; prête l'appui de ta miséricorde à cette œuvre juste; et qu'il soit ainsi fait, nous t'en prions.

« Adieu, sois heureux dans le Seigneur, cher frère et collègue. Que Dieu soit avec vous et avec nous ! » (*Turco-Græcia*, IV, 295.)

Telles étaient les affaires de cette papauté orientale, bien différente de la papauté de l'Occident. Mais, telle qu'elle était, elle réunissait par un même lien tous les Grecs schismatiques, tandis que le gouvernement turc, sûr de sa soumission, la laissait étendre au delà des frontières de l'empire son inoffensive autorité. C'est ainsi qu'en 1547 elle réprimandait les Grecs de Candie, sujets de Venise, coupables d'avoir maltraité des négociants juifs. C'est ainsi encore qu'on vit un ancien patriarche de Constantinople, Jérémie, aller, sur l'invitation du clergé moscovite, sacrer dans la cathédrale de Moscou le patriarche nouvellement élu par le czar Alexis Michaelowitz, et destiné à être dans sa nation le chef de l'Église grecque; puis, de retour dans sa patrie, élu de nouveau au siége patriarcal par l'influence des riches présents qu'il rapportait de son voyage, faire confirmer par le synode, et sans opposition du divan, l'importante investiture qu'il venait de donner de son chef.

Le patriarche était donc indépendant pour le gouvernement intérieur de la communion religieuse dont il était le représentant. Il entretenait près de la Porte un agent, le *kapou kiaïa*, par lequel il présentait ses mémoires, et recevait les *firmans* ou décrets qui le concernaient. Ses pétitions ne restaient jamais sans réponse; si cela arrivait, c'était le symptôme de sa chute prochaine. Il proposait, de concert avec le synode, son choix pour la nomination des évêques, des archevêques et des trois patriarches d'Alexandrie, d'Antioche et de Jérusalem. Le sultan confirmait ce choix et délivrait le *bérat*, diplôme qui investissait de l'autorité religieuse.

Le patriarche avait, en même temps que le gouvernement des affaires religieuses, un pouvoir civil qu'il exerçait particulièrement dans son diocèse, comme archevêque de Constantinople. Il avait un tribunal composé des principaux dignitaires du *clergé laïque*, dont nous nous occuperons tout à l'heure, et qui se réunissait deux fois par semaine. Il statuait sur les contrats de mariage, les divorces, les legs, les testaments, les vols de peu d'importance et les délits divers. Comme on préférait sa juridiction à l'arbitraire de la justice turque, il se trouvait souvent avoir à connaître des différents survenus entre Grecs et Arméniens ou entre Grecs et Turcs. Sa sentence était reconnue valable même dans ce dernier cas. Un chrétien cité devant lui n'échappait à sa justice qu'en déclarant qu'il voulait embrasser l'islamisme. Il recevait alors le turban, et achetait quelquefois devant les tribunaux turcs son absolution par son apostasie. Mais quand il avait été condamné par le patriarche à l'exil ou aux galères, il était trop tard pour recourir à l'abjuration.

La peine le plus ordinairement prononcée par le patriarche était l'emprisonnement, et il avait une prison spéciale pour ses justiciables, soit ecclésiastiques, soit séculiers. Il pouvait même envoyer un condamné aux galères sans que le ministre de la marine pût refuser de recevoir ce dernier ou l'élargir avant le terme fixé pour sa peine. Mais quand il voulait exiler un chrétien de Constantinople ou de quelque province de l'empire, il devait demander à la Porte le firman ou ordre d'exil. Il faisait exécuter sa sentence par les janissaires, dont une partie était à sa disposition.

Comme il avait sa justice, il avait ses finances, qu'il administrait avec le concours du synode. On a vu que cette assemblée préparait, sous sa présidence, la nomination des évêques; elle élaborait aussi les règlements généraux concernant l'Église, la réforme des monastères, la disposition des biens ecclésiastiques et donations faites au clergé; elle jugeait en appel les causes décidées par la justice diocésale des évêques et des métropolitains. Enfin, comme elle avait diverses sortes de revenus, elle administrait la caisse du patriarcat, ou *caisse commune*. C'était sur cette caisse que le patriarche payait chaque année au fisc les vingt-cinq mille piastres (1), qui, sous le nom de présent, représentaient la capitation pour le corps des archevêques et évêques. Toutefois, ceux-ci n'étaient pas exempts du kharadj, quand ils ne résidaient pas dans leurs évêchés, sauf les membres du synode, obligés de résider à Constantinople. Cette caisse commune devint une sorte de banque, où l'on pouvait placer de l'argent; et elle fut même un moyen d'intéresser le gouvernement à la protection du clergé grec, parce qu'il y faisait des emprunts, et que les Turcs, comme les chrétiens, y plaçaient leurs fonds.

Le patriarche avait en outre un revenu particulier, tiré des frais d'installation que lui payaient les métropolitains, du droit de dix pour cent prélevé sur les dépens des procès soumis à son tribunal, enfin de la contribution annuelle de douze aspres par famille, et d'un sequin par papas, qu'il pouvait, avec l'aide des autorités turques, exiger dans le diocèse de Constantinople. Joignez à ces priviléges l'honneur, important chez les Turcs, de se promener à cheval dans la ville, précédé de deux janissaires, entouré de douze curés, du porte-bâton et de ses diacres. Il paraissait donc riche, et même honoré.

Maintenant en regard de ces distinctions et de ces pouvoirs il faut mettre le despotisme des sultans, peu habitués à laisser borner leur puissance, même par les lois qu'ils avaient faites, et la cupidité des grands-vizirs, qui se faisaient offrir, à la nomination de chaque patriarche, un don de cent mille piastres. Comme ils aimaient à faire renouveler ces dons, sauf à provoquer de fréquentes destitutions, les patriarches,

malgré leurs sources de revenus, étaient souvent fort pauvres. Exposés de plus à une chute soudaine, à la déposition ou à l'exil, ils ne jouissaient pas d'une autorité moins précaire que celle des vizirs, leurs dangereux rivaux, sous ce gouvernement terrible, où rien n'était durable qu'autant que la volonté du maître. Cependant le patriarche, tout tremblant qu'il était devant une puissance capricieuse, était quelque chose de grand; car il était l'image de l'unité de foi des vaincus, le témoignage vivant de la persistance d'une religion dans laquelle se réunissaient des populations courbées sous le même joug, et où elles trouvaient encore une patrie. Les principes et les croyances sont une puissance tant qu'elles ont un représentant, et les peuples ne sont pas morts quand ils ont un chef. Ce prêtre timide, élevé aujourd'hui par une intrigue, renversé demain par une délation, conservait, sans s'en douter peut-être, entre tant de milliers d'hommes dispersés et isolés par la conquête, le lien de la communauté du culte qui devait devenir un jour le lien du patriotisme. C'était donc plus qu'un prélat plus ou moins décoré d'honneurs : c'était la tête d'une nation (1).

Que l'on descende maintenant plus bas : on verra comment les membres du clergé, à tous les degrés, étaient les véritables magistrats des Grecs, et comment la religion étant confondue avec la nation, l'une conservait l'autre. Chaque évêque, archevêque ou métropolitain jouissait dans son diocèse des mêmes attributions que le patriarche dans le ressort du diocèse de Constantinople. Il avait, comme lui, ses revenus parti-

---

(1) La valeur de la piastre turque a varié. « La piastre turque, dit M. Raffenel, valait il y a huit ans 3 francs de notre monnaie et même davantage; mais elle a beaucoup perdu depuis cette époque, par suite des altérations successives qu'ont éprouvées les monnaies en Turquie : aujourd'hui elle vaut à peine 0,75, et elle perdra encore, selon toutes les apparences. » (Histoire complète des Événements de la Grèce depuis les premiers troubles jusqu'à ce jour; 2ᵉ édition, 1825. — T. II, p. 170.) M. Pouqueville, s'appuyant sur les archives de la chancellerie du consulat de France à Patras, dit que la piastre valait vers 1728 3 livres 12 sols, et qu'elle est tombée à 13 sols (Hist. de la Régénération de la Grèce, 1825. t. I, p. 12.)

(1) Ceux des Grecs qui sont encore aujourd'hui sujets de la Turquie considèrent le khatti-chérif de Mahomet comme leur charte. « Tous les avantages de cette charte, dit un ouvrage récent, sont évidemment pour le clergé. Ses droits et ses privilèges y sont déterminés et garantis; le peuple n'y est mentionné que pour servir et pour payer, et cependant il s'y est attaché, parce qu'elle lui donne une sorte de gouvernement national et le dispense, dans beaucoup de cas, de tout contact avec l'administration turque. » (Henri Mathieu, La Turquie et ses différents peuples, T. II, p. 104). C'est ce qui peut être dit, avec non moins de raison, des Grecs qui avant l'insurrection faisaient partie de l'empire ottoman.

culiers, et rendait, comme lui, la justice en vertu du bérat ou diplôme impérial, et d'après la collection des lois de Justinien rédigée par le jurisconsulte du quatorzième siècle, Constantin Harménopoulos.

Au-dessous des évêques, dans la hiérarchie ecclésiastique, était la multitude innombrable des papas ou popes, prêtres pauvres et ignorants, dont un grand nombre ne savait pas même lire, et qui avaient laissé tomber partout, en dehors de la capitale de l'empire, les écoles chrétiennes. Eux aussi possédaient une autorité judiciaire, et ils décidaient comme arbitres les affaires d'importance trop secondaire pour être portées devant le tribunal diocésain. Du reste, la permission qu'ils avaient de se marier, leur vie simple et précaire, qui n'était soutenue que par des aumônes, leur fanatisme et leurs superstitions même, les rapprochaient de leurs coreligionnaires, et contribuèrent puissamment à cette alliance du clergé et du peuple qui fut un des plus efficaces moyens de l'affranchissement.

Il y avait un peu plus de science parmi les moines ou *caloyers*, aussi nombreux que les papas et plus respectés par les Turcs. Les mahométans, qui ont aussi leurs moines, leurs *derviches* et leurs *santons*, et qui professent de la vénération pour la vie monastique, toléraient facilement les couvents; et à deux lieues de Constantinople, dans les petites îles de la Propontide appelées *îles des Princes*, les Ottomans qui y venaient en parties de plaisir entendaient sans colère le son des cloches des couvents chrétiens que la conquête y avait trouvés établis.

Les monastères, très-multipliés, appartenaient tous à l'ordre de Saint Basile. Les religieux étaient soit ermites, ou *philérèmes*, soit réunis en communauté. Tous étaient assujettis au célibat et aux travaux des champs. C'étaient eux qui fournissaient au clergé des archimandrites et des évêques, et c'étaient eux aussi qui étaient les meilleurs laboureurs de la Grèce. Les principaux de leurs monastères étaient ceux de Saint-Cypriani près d'Athènes, de Saint-Luc en Béotie, de Saint-Georges en Arcadie, de Méga-Spiléon en Thessalie, et un grand nombre d'autres sur les hauteurs du Pinde, sur la chaîne du mont Agrapha en Épire, et dans les îles ou sur les moindres rochers de l'Archipel. Mais il n'y en avait pas de plus nombreux et de plus révérés que sur le mont Athos, qui en avait pris le nom de montagne sainte, *Monte Santo*, Ἅγιον Ὄρος. Les moines du mont Athos, solitaires ou cénobites, formaient une espèce de colonie religieuse. Mahomet avait même interdit l'accès de leurs montagnes aux autres Grecs et aux Turcs. Ils étaient placés sous la protection du *bostandji-bachy*, ou chef de la garde du sultan, protection qu'ils payaient par le tribut appelé *capitation des religieux de la Sainte-Montagne*. Tous n'étaient pas ordonnés; mais ils formaient des prêtres, que les églises schismatiques de Smyrne, d'Alexandrie, de Damas et de Jérusalem s'honoraient de recevoir. Ils reconnaissaient la suprématie du patriarche de Constantinople, à qui ils payaient une modique redevance. Eux-mêmes allaient faire des quêtes annuelles jusqu'à Constantinople; mais leurs principales ressources étaient dans leur travail. Au bruit du marteau d'airain ou de bois qui frappait sur leurs portes et remplaçait le son des cloches, les uns se répandaient dans les champs, où ils cultivaient le blé, les oliviers et les arbres fruitiers; les autres descendaient vers les rivages de la mer, où ils s'embarquaient sur de frêles bateaux, creusés dans un tronc d'arbre, et se livraient à la pêche. Leur vie spirituelle était régulière, et les exercices religieux commençaient dès le point du jour. Quant à l'érudition de ces moines, elle ne s'alimentait plus que par quelques discussions théologiques; ils avaient à peu près abandonné les lettres profanes, et tous ne savaient pas lire les manuscrits des Pères de la primitive Église qu'ils conservaient. Ils parlaient cette langue intermédiaire entre le grec ancien et l'idiome vulgaire qu'on appelait grec littéral ou ecclésiastique. Du reste, la paix de ces montagnes et la simplicité de leur vie ne bannissaient pas les troubles et les querelles. L'élection d'un supérieur, une subtilité théologique les faisait renaître, et allait jusqu'à occasionner des luttes violentes: « La plaie, écrivait un moine de Sainte-Laure au protonotaire de l'Église de Constantinople, que nous ont faite il y a quelques années les moines philothéites, lo n d'être guérie saigne encore. Que dis-je ? ils nous affligent d'une calamité plus grande que la première. Notre lit même, que tout le monde sait nous appartenir de droit, ils nous le disputent; ils viennent attaquer notre monastère de Sainte-Laure la flamme à la main. Le feu consume l'intérieur du couvent et les lieux qui l'entourent; ils chassent nos frères de leur asile, et leur persécution n'a pas de terme. Nous écrivons aussi à ce sujet au vénérable patriarche, pour qu'il réprime leurs fureurs (1). » Ainsi l'esprit grec retrouvait une arène pour ses subtilités et son ardeur violente dans cette solitude, protégée en vain contre les étrangers par des édits et par des murailles. Cependant, même du fond de cette solitude, et malgré leurs oiseuses disputes, il se trouva que ces religieux servirent indirectement la cause commune. « C'était dans ces pieuses retraites, observe M. Rizo, que les Grecs, après la chute de leur empire, trouvaient quelque consolation et concevaient des espérances, en voyant leur patrie co-religionnaire de tant de nations fortes et considérables. C'était dans ces cloîtres que se formaient les jeunes théologiens. C'était dans les bibliothèques de ces édifices que les moines s'exerçaient au grec littéral, obligés de réciter et d'expliquer aux novices les auteurs ecclésiastiques..... Voilà comment la nature des institutions humaines change avec le temps et les circonstances. Ces monastères, dont l'immense construction ne laissait pas aux pères de famille la faculté de bâtir leurs propres demeures ; ces monastères, dont la population stérile privait la patrie des bras de ses enfants créés pour sa défense, ces monastères sont devenus pour les grecs esclaves d'éclatants souvenirs de leur grandeur passée, des asiles d'instruction, des remparts contre l'islamisme, une source de superstitions salutaires, qui nourrissaient dans les cœurs l'espérance d'un heureux avenir. » (Ire P. ch. 2, p. 43.)

(1) Cité par Crusius.

Pour compléter ce tableau du clergé grec, il faut dire un mot de ce qu'on appela le *clergé laïque* ou *séculier*. Sous l'empire byzantin, le haut clergé, à l'imitation des successeurs de Constantin, s'était entouré d'un grand nombre de dignitaires, sorte d'officiers ecclésiastiques, qui n'étaient pas prêtres, mais qui recevaient une consécration particulière par une légère tonsure et par l'imposition des mains. Ils se divisaient en deux classes ou *pentas*, la première comprenant le *grand-logothète* ou archichancelier, le *scévophylax* ou garde-meubles, le *chartophylax* ou archiviste, le *grand-ecclésiarque* et le *grand-orateur;* la seconde renfermant le *grand-économe*, le *protonotaire*, le *référendaire*, le *primicire*, l'archichantre, le premier secrétaire et une foule d'autres officiers subalternes connus sous le nom général de *clercs*. Ce corps fut conservé dans la constitution du clergé après la conquête, et fournit des assesseurs à la cour de justice du patriarche. Comme tout le reste du clergé, il vivait sur les contributions des fidèles : il recevait une pension modique de la caisse commune, et les rétributions que payaient, sous le nom de *droit d'exarchat*, quelques îles, quelques villes grecques et couvents. Le clergé séculier fut l'asile d'un grand nombre de Grecs savants après la ruine de l'empire byzantin et de l'empire de Trébisonde. Ces hommes, qui aidaient le patriarche dans la composition de ses lettres circulaires et de ses ouvrages polémiques, furent tenus à une instruction théologique et littéraire, et formèrent un noyau d'esprits éclairés. Ils furent la principale souche des familles grecques qui se conservèrent, au sein même de Constantinople, non seulement saines et sauves, mais encore influentes par leurs intrigues ou par leur supériorité intellectuelle, et reçurent le nom de *Fanariotes*, du quartier du *Fanar* ou du *Fanal*, qu'elles habitaient. Nous verrons plus tard quel fut leur rôle, et nous reconnaîtrons que si les Fanariotes ont servi le pouvoir qui opprimait leurs coréligionnaires et songé plus à leur fortune qu'à l'allégement de la misère d'autrui, ils furent quelquefois utiles à leur na-

24.

tion par leurs lumières et donnèrent du moins aux siéges épiscopaux quelques prélats vertueux et distingués.

Telle était à peu près la constitution du clergé grec sous la domination musulmane et les rapports de la religion et de l'État. Les sultans ne songèrent guère à les changer et à intervenir plus directement dans les affaires intérieures des raïas. Ils les tenaient courbés sous leur puissance politique, et ne songeaient pas à pénétrer plus avant. Leur loi religieuse, qui n'admettait pas les accommodements avec les infidèles, ne leur eût permis de changer de conduite à leur égard que pour rompre la paix dont le kharadj était le gage et se remettre sur le pied de guerre. Il n'y avait pas pour eux de terme moyen entre la trêve que le Coran permettait d'accorder aux vaincus et l'extermination. Aussi quand ils songèrent à convertir les raïas à l'islamisme, ce ne fut qu'en leur offrant l'alternative de l'apostasie ou du massacre.

Le sultan Sélim, qui régna de 1512 à 1520, prince réputé cruel, même parmi les Turcs, et surnommé l'inflexible, *Yavouz*, manda un jour le mufti Djemali, et lui fit cette question : « Lequel est le plus méritoire de subjuguer le monde entier ou de convertir les peuples à l'islamisme? » Le mufti répondit que la conversion des infidèles était ce qu'on pouvait offrir de plus agréable à Dieu. Le lendemain, Sélim fit venir le grand vizir Piri-Pacha, et lui dit : « Assez longtemps les raïas infidèles ont souillé l'air de leur souffle impur; qu'ils disparaissent de devant ma face, ou qu'ils entrent dans la voie droite. » Il était difficile au vizir de lutter contre ce caprice d'un barbare qui allait anéantir une nation. Il fit avertir le patriarche Hiérémias (Jérémie). Celui-ci demanda à être admis devant le sultan, et comparut accompagné de tout son clergé. Il osa prétendre que lors de la prise de Constantinople une partie de la ville ne s'était rendue qu'après avoir traité avec Mahomet et stipulé de sa conservation. Il invoquait la parole donnée. Sommé de produire l'original de cette capitulation, il répondit qu'il avait été consumé dans un incendie, et offrit de le suppléer par témoignage. On produisit trois janissaires âgés de plus de cent ans qui avaient assisté au sac de Constantinople, et qui confirmèrent par serment les paroles du patriarche. Cette fable grossière, jetée en pâture à la crédulité sanguinaire du sultan, sauva les Grecs. Ce ne fut pas la dernière fois qu'on agita dans le divan le projet conçu par Sélim. Il en fut question en 1640, la dernière année du règne de Murad IV, prince plus cruel encore que Sélim, et l'inventeur du supplice du crochet; et enfin, à la suite du soulèvement de la Morée, de 1770. Ce fut le conseil de la peur, et non le système de la politique.

On supprima même en 1656 l'impôt odieux, dont nous avons parlé plus haut, qui exigeait des familles grecques le cinquième des enfants mâles. La condition des Grecs s'améliora particulièrement sous l'administration de Kupruli-Zadé-Moustafa, grand-vizir du sultan Suléiman ou Selim II, qui régna de 1687 à 1691. Kupruli défendit formellement à tous les gouverneurs de province d'exiger des chrétiens aucun impôt en dehors du tribut légal. La loi défendait à ces derniers d'élever de nouvelles églises, et les fetwas du mufti Behdjé-Abdullah portaient que dans le cas où ils étaient obligés de les reconstruire, ils devaient les rétablir à la même place, et dans les mêmes dimensions que les anciennes. Kupruli permit de bâtir des églises dans les lieux même où il n'en avait jamais existé, et ces temples devenaient le centre de petites bourgades et favorisaient la population. Passant un jour, à la tête de son armée, par un village de la Servie dont les pauvres habitants n'avaient ni prêtre ni chapelle, il voulut qu'on y bâtît une église et qu'on appelât un papas pour la desservir. Et comme les paysans, dans leur reconnaissance lui demandaient quel présent il recevrait d'eux, il n'exigea qu'une poule par chef de famille toutes les fois qu'il passerait dans ce lieu. Il lui en fut apporté cinquante-trois. L'année suivante, il traversait le même village, et la population, doublée, précédée du papas, venait lui apporter cent vingt-cinq poules. On raconte qu'alors il adressa à ses compagnons ces paroles, bien remarquables dans la bouche d'un musulman de cette époque : « Voyez ce que produit la tolérance. J'ai augmenté la puissance du padichah; et j'ai fait bénir son gouvernement par des gens qui le haïssaient. » Ce fut un dicton grec que *Kupruli-Oghli bâtit plus d'églises que Justinien*. Il rendit une ordonnance, dite *Nizam-djejid* (le nouvel ordre), qui répartit le kharadj sur des bases nouvelles et proportionnellement aux fortunes. Les raïas furent distribués en trois classes, dont la première dut payer quatre ducats par tête, la seconde deux, la dernière un seulement. Il y eut un autre Kupruli, qui mourut en 1702, et qui fut également favorable aux chrétiens.

Les Grecs, laissés, sauf quelques orages passagers, libres dans l'exercice de leur culte, ne furent pas toujours à l'abri des dissensions religieuses. Leurs malheurs ne les avaient qu'attachés davantage au schisme, qui les séparait des Latins au moment où ils auraient eu le plus besoin de leurs secours. Parmi les Grecs qui étaient allés chercher un asile en Italie après la chute de Constantinople, les uns, comme le cardinal Bessarion, s'étaient ralliés à la papauté, les autres, comme Théodore évêque d'Éphèse et Nicéphore évêque d'Héraclée, étaient revenus vivre et mourir en martyrs parmi leurs frères (1). Il ne restait plus aucun espoir de recommencer l'essai de réunion des deux Églises, qui avait échoué au concile de Florence de 1438.

Une croisade même était difficile à exciter en faveur de ces Grecs schismatiques, dont les ancêtres avaient si mal servi les armées envoyées jadis de l'Occident, et que les Latins se souvenaient d'avoir asservis. Leurs malheurs avaient bien éveillé l'émotion passagère de la pitié. Le duc de Bourgogne avait fait paraître dans les fêtes de sa cour une femme en deuil, montée sur un éléphant conduit par un sarrasin, cette femme captive, symbole de l'Église d'Orient, ayant dans une complainte fait appel à la valeur des preux de France et de Bourgogne, les chevaliers, le duc à leur tête, avaient juré de prendre la croix. Æneas Sylvius devenu pape sous le nom de Pie II avait convoqué à Mantoue un concile où avaient paru les ambassadeurs des principales puissances de l'Europe, et où les délégués de l'île de Lesbos, de l'Épire, de Monembasie avaient élevé la voix au nom de leur patrie. Mais les princes furent distraits par leurs intérêts d'une expédition si lointaine; et Pie II, épuisé par l'âge et par ses efforts inutiles, étant venu à mourir, en 1464, les Grecs durent renoncer à l'aide de l'Occident et ne plus compter que sur eux-mêmes.

La Réforme et les guerres dont elle fut la cause éloignèrent d'eux encore davantage l'esprit des catholiques romains; les protestants ne leur étaient pas plus favorables. Un Grec savant de Corfou, dans une lettre qu'il adressait, vers le milieu du seizième siècle, à Mélanchthon, se plaignait de cette indifférence; et Luther dans un singulier désir de contredire les opinions qui avaient produit les croisades, avait écrit une thèse pour prouver la légitimité de la domination des Turcs. Les Grecs ressentirent même le contre-coup de la Réforme. Un Grec de Candie, Cyrille Lucar, qui avait voyagé chez les protestants d'Allemagne et s'étant rendu célèbre à son retour par ses idées nouvelles, avait été nommé patriarche d'Alexandrie. Il ambitionna le siège de Constantinople et s'y fit nommer. Mais bientôt, combattu par le synode, dénoncé au divan par l'ambassadeur de France, tandis qu'il y était soutenu par l'ambassadeur d'Angleterre et l'envoyé de Hollande, il fut déposé par le sultan, que fatiguaient ces querelles théologiques, et relégué dans l'île de Rhodes. Du fond de son exil il sut se faire rappeler; et grâce à une presse et à quelques ouvriers imprimeurs qu'avait fait venir l'ambassadeur d'Angleterre, et qui étaient les premiers qu'on eût vus à Constantinople, il répandit un catéchisme conforme aux nouveaux dogmes. Cette nouveauté fut dénoncée au sultan par quelques missionnaires jésuites comme une manœuvre criminelle. La presse fut détruite, et Cyrille exilé dans l'île de Ténédos. Mais ce qui prouve combien le divan était étranger et indifférent à cette lutte d'opinions, qu'il ne comprenait pas, c'est que Cy-

---

(1) V. Villemain, Lascaris, p. 118, sqq.

rille fut encore rappelé et nommé patriarche pour la troisième fois. Puis, les orages ayant redoublé, il fut conduit sur un vaisseau et mis à mort (1). Le synode resta agité ; cependant, l'unité de l'Église grecque ne fut pas entamée par la Réforme. La plus grande partie des esprits était incapable de s'y intéresser et persévéra dans ce christianisme entremêlé de fables et de coutumes bizarres, chargé encore de débris du paganisme, dans lequel ce qu'ils comprenaient le mieux était la pompe naïve de ses fêtes.

Ils ne donnèrent pas beaucoup plus de prise aux missions des jésuites, qui commençaient à se répandre en Orient, et qui d'ailleurs, établis principalement dans les échelles du Levant, pénétraient moins dans le cœur de l'empire turc. Les lazaristes, institués en 1625 par saint Vincent de Paul sous le titre de *Prêtres de la Mission*, firent davantage. Protégés par les ambassadeurs de France, défendus même par les priviléges que leur accordèrent les Turcs, ils excitèrent plus d'une fois les réclamations du synode, qui les accusa auprès du divan. Néanmoins, ils fondèrent des écoles, et enlevèrent des âmes à la religion schismatique, surtout à partir du moment où (pour anticiper quelque peu sur la période que nous n'avons pas encore abordée) un arrêté du roi de France, en date du 5 janvier 1783, leur concéda tous les droits et priviléges ainsi que toutes les possessions des jésuites dans le Levant.

Toutefois, le centre de l'Église grecque restait inattaqué, et résistait également aux missions catholiques, à la propagande protestante, au voisinage des Vénitiens, étrangers comme le sont toujours des conquérants, et ennemis à titre de maîtres, au contact enfin des apathiques Ottomans. On a pu remarquer que le caractère particulier de cette Église c'était de posséder et de contenir en soi le gouvernement intérieur de la nation ; par l'union intime des pouvoirs religieux et des pouvoirs judiciaires, à tous les degrés de la hiérarchie, le clergé, ainsi que le peuple, se passait de l'administration et même de la protection de l'empire, et se contentait de sa dédaigneuse tolérance. Les chrétiens formaient ainsi, comme on l'a dit des protestants en France au seizième siècle, un État dans l'État ; c'était le premier degré de leur indépendance, et le garant de leur unité. Ce fut un progrès chez nous de diviser les pouvoirs ecclésiastiques et les pouvoirs judiciaires, et de confondre tous les citoyens dans une loi commune. Mais chez un peuple esclave, qui avant de créer son organisation avait à créer son indépendance, ce fut un bienfait que cette confusion des pouvoirs. Elle ne contraignait pas la liberté de conscience parmi des hommes qui n'avaient qu'une foi et se montraient peu avides de nouveautés ; et elle leur permettait de se gouverner eux-mêmes, d'échapper à une juridiction arbitraire ou hostile, et de fuir l'intervention dangereuse de leurs maîtres. Elle les habitua à ne pas séparer la cause de leur patriotisme de la cause de leur foi ; et quand vint le jour de l'insurrection, échauffa leur enthousiasme politique de toute l'ardeur de l'enthousiasme religieux. « Ce qui se passait en France, au huitième siècle, lorsque l'État était tout entier dans l'Église, et qu'il n'y avait d'autre vie publique, d'autre histoire publique que celle du clergé, se reproduisait alors parmi les chrétiens de la Grèce ; et cet ordre de choses, qui serait oppressif et bizarre chez un peuple maître de son territoire et de lui-même, était, dans l'asservissement de la Grèce une protection salutaire, et conservait seul un peuple que tout semblait détruire. » (Villemain, *Études d'Hist. mod.*, p. 162.)

CHAPITRE II.

LE RÉGIME MUNICIPAL.

Après cette cause de la conservation du peuple grec, la première qu'il faille indiquer est son organisation municipale. Un publiciste va jusqu'à la considérer comme la condition essentielle qui maintint non-seulement l'unité des races conquises, mais l'existence même de l'Empire Ottoman. « En observant, dit M. Urquhart, pour la première fois les effets de cette organisation locale et le

---

(1) V. *Collectanea de* Cyrille Lucare.

système financier sur lequel elle était basée, je crus que j'avais découvert la force secrète qui avait préservé jusque là l'empire turc de sa ruine. » (*La Turquie et ses ressources*, t. 1, p. 29.) Si nous ne devons pas lui attribuer tant d'importance, nous reconnaîtrons cependant, pour ne nous arrêter qu'à notre sujet, qu'elle contribua puissamment à prévenir la décomposition du peuple grec.

Après la conquête, le pays fut divisé en quatre gouvernements principaux, la Macédoine, la Thessalie, Négrepont, comprenant l'ancienne Hellade, la Morée, sauf les possessions vénitiennes. Il y eut de plus dans les villes et les cantons des chefs particuliers, *sangiaks*, *beys*, *voyvodes*, etc. Enfin, les Turcs retinrent une partie du sol, par un système de propriété analogue à la féodalité du moyen âge. Parmi ces fiefs laissés aux vainqueurs, les uns étaient perpétuels, les autres appelés *zaïm* et *timar*, étaient viagers et concédés sous la condition du service militaire, que fournissaient leurs possesseurs, sous le titre d'*agas*. Quelques-uns appartenaient, sous le titre de *hasses*, aux sultanes mères, tantes et sœurs, ou aux grands dignitaires du sérail et de l'empire. D'autres, enfin, appelés *evkafs* ou *vakoufs*, étaient dévolus aux principales mosquées et aux villes de La Mecque et de Médine, et l'intendance en était confiée au chef des eunuques noirs. Ces contrées placées sous la domination immédiate des Turcs, et destinées à leur fournir des revenus, étaient nécessairement les plus exposées à leur oppression.

Cependant sur ces terres même les habitants, quoique tombant sous la loi turque, n'étaient pas, comme les vassaux européens du moyen âge, les sujets directs et la propriété individuelle du maître du fief. Un Grec que l'on ne peut accuser d'être trop favorable aux Turcs, M. J. Rizo, fait remarquer cette différence. « Les sujets chrétiens de la Porte, dit-il, et leurs propriétés n'appartenaient immédiatement qu'au sultan seul. Personne n'avait le droit de les empêcher de se transporter d'une province dans une autre. Les gouverneurs et les autres fonctionnaires civils musulmans ne mettaient à mort les criminels qu'au nom du souverain. Encore ce souverain n'avait-il pas le droit d'ôter la vie à un accusé sans une sentence expresse de la loi. » Et l'auteur cite à ce propos l'intervention du mufti Osman-Molla, qui s'opposa à la condamnation à mort du prince de Valachie Grégoire Callimaky, et la décision de Mustapha III (sultan de 1757 à 1774) qui passa outre et abolit à partir de ce jour le droit des muftis sur les jugements de cette nature. « Ce n'est que depuis cette époque, continue-t-il, que les sultans se sont arrogé le droit d'ôter la vie à leurs sujets sans recourir à la décision des lois. La guerre seule donnait aux mahométans le droit de traîner en esclavage, vendre ou massacrer les ennemis qui tombaient entre leurs mains ; mais le terme du droit de conquête expiré, les habitants subjugués étaient regardés comme propriété du sultan. Les timariotes et les sipahis, ou seigneurs feudataires, qui pour prix de leurs victoires reçurent des terres en partage, percevaient des dîmes (*ouchour*) ; mais ils n'avaient aucun droit ni sur la personne de leurs vassaux ni sur leurs propriétés. » (P. 70, Ire P., ch. 3.)

Ce n'est pas que ce système féodal fût favorable à la nation grecque. La partie du pays qui y était soumise était la plus misérable, et la servitude était d'autant plus dure qu'on était plus voisin de ses maîtres. Le sultan Suléiman Ier, qui régna de 1520 à 1566, ayant, par un scrupule de religion, prohibé le commerce du vin, les Grecs voisins de Constantinople arrachèrent aussitôt leurs vignes (1). Imaginez d'ailleurs ce que pouvaient produire de misère et de terreur les vexations et les rapines des pachas, mousselims, beys, agas, etc., dans ce pays où aucune législation ne prévalait contre les hasards de la violence et les caprices de l'arbitraire.

Heureusement les Turcs n'avaient pas pénétré partout. Race indolente, ils préféraient les plaines aux rochers, et laissaient la liberté se réfugier sur les montagnes. Ainsi, ils avaient respecté particulièrement les monts Sphachia, dans l'île de Candie, les rochers

---

(1) *Lettres de Busbech* (Augier Ghislen de), 1582-1589, traduites de l'allemand en français par Gaudon, Paris, 1649, et l'abbé de Foy, 1748.

du Maïna, dans le Péloponnèse, et toute la partie montagneuse de la Macédoine. Les îles de l'Archipel les avaient également effrayés, par leur aspect de nudité rocailleuse, et avaient même obtenu des priviléges précieux, le droit de n'admettre aucun mahométan, ni gouverneur, ni juge, de bâtir des églises et des monastères, de sonner les cloches, d'avoir leurs chefs ecclésiastiques, de s'administrer d'après leurs coutumes et de gérer leurs affaires civiles par leurs magistrats, ou *épitropes* Chaque année quand le *capoudan-pacha*, ou grand-amiral de l'empire, faisant sa tournée, se présentait devant l'île, les épitropes montaient sur son vaisseau pour lui remettre le tribut (1).

A côté de ces exceptions, comme en dehors du régime féodal que nous avons décrit plus haut, il existait, pour les pays du continent qui étaient restés aux Grecs, un système municipal qui leur procura une ombre d'indépendance. Les Turcs, après la conquête, au lieu de répartir l'impôt individuellement, se contentèrent de fixer la somme que chaque village dut leur fournir, laissant aux habitants le soin de la percevoir et de la réunir comme ils l'entendraient. Ce système, qui simplifiait singulièrement pour les vainqueurs la perception, et qui était moins un don de leur politique qu'un expédient de leur ignorance, favorisa néanmoins la liberté civile de la nation vaincue, comme leur fanatisme favorisa sa liberté religieuse. Il donna naissance à des municipalités distinctes, qui, sous la condition de cette redevance, échappèrent pour leur administration intérieure au pouvoir central.

« Les peuples, dit Montesquieu, au lieu de cette suite continuelle de vexations que l'avarice subtile des empereurs avait imaginées, se virent soumis à un tribut simple, payé aisément, reçu de même : plus heureux d'obéir à une nation barbare qu'à un gouvernement corrompu, sous lequel ils souffraient tous les inconvénients d'une liberté qu'ils n'avaient plus, avec toutes les horreurs d'une servitude présente. »

Ce système n'était pas né du hasard de la conquête; les Turcs l'avaient trouvé dans les doctrines législatives des Arabes. « Ce fut avec autant de joie que de surprise, dit M. Urquhart, que je trouvai ces institutions et ce système financier non-seulement connus et appréciés par les musulmans éclairés, mais encore vénérés par eux comme un principe fondamental de la législation arabe, et respectés comme une doctrine constitutive et traditionnelle de l'islamisme » (t. 1, p. 29). La commune, quelle que fût son étendue, était administrée par les magistrats que l'on désigne sous le nom général de primats ou notables, et qui portaient, suivant les localités, les noms divers de *præsti*, *protogeri*, *gérontes*, *archontes*, *démogérontes*, *kodja-bachi*. Ils étaient élus pour une année et choisis, comme les prêtres des paroisses aux premiers siècles du christianisme, par le peuple, réuni dans l'église ou sur une place du village le dimanche après la messe. Leur principale fonction était la perception de l'impôt commun, qui faisait, à proprement parler, l'existence de la commune. Souvent elle proposait de payer, au lieu du kharadj, évalué également par tête, une somme fixée d'avance pour un certain nombre d'années ; les primats, dans ce cas, se chargeaient de répartir l'impôt selon les fortunes et de le remettre aux collecteurs turcs, ou *kharadji*. Ils fixaient et recueillaient de même les autres contributions, la dîme et le *kapniaticos*, ou droit de fumée, taxe sur les maisons. Enfin, ils administraient un fonds qui témoigne d'une prévoyance et d'un esprit d'assistance fraternelle contre les vexations des Turcs. Ce fonds était destiné à indemniser les habitants des pertes imprévues qu'ils subissaient au passage des armées qui exigeaient des vivres et des fourrages, des gouverneurs qui imposaient des présents, et de toutes ces extorsions inévitables qui se caractérisaient du nom d'avanies.

Il paraît qu'outre leurs fonctions de percepteurs, les primats exerçaient aussi quelques fonctions civiles, comme celles de distribuer les terres en friche

---

(1) Les Turcs donnaient parfois le surnom de *tharchan* (lièvres) aux Grecs de l'Archipel, pour railler la vélocité avec laquelle ceux-ci se réfugiaient dans leurs montagnes quand ils voulaient éviter le tribut et la flotte du capoudan-pacha.

ou restées sans propriétaire, de légaliser par leurs signatures les marchés entre particuliers, et même de servir d'arbitres dans les différends ; ils devaient souvent ce privilége à leur caractère ecclésiastique, qui n'excluait pas les fonctions administratives.

Il n'est pas besoin de dire que le caractère de ces notables ou primats n'était pas toujours respecté par les Turcs, et que les garanties assez libérales de ce système municipal étaient souvent déjouées par la force, dans un pays où il faut toujours faire dans les lois la part de l'arbitraire. Comme ce système rendait tous les habitants solidaires, et les primats répondant pour la commune, il tentait l'avidité des collecteurs de l'empire ou des gouverneurs de province, assurés de trouver toujours des ressources dans une communauté dont les membres se servaient de caution les uns aux autres. Si l'exaction devenait trop forte, si les habitants se trouvaient dans l'impossibilité de fournir les sommes demandées et de prévenir ainsi une incursion à main armée, ils n'avaient qu'une ressource, c'était de se disperser dans la nuit, et de ne laisser à leurs maîtres que les murs d'un village désert. Les Grecs du continent avaient parfois des guerres à soutenir pour sauver leurs foyers ; les habitants des îles de la mer Égée, malgré leurs priviléges et malgré leurs côtes escarpées, étaient souvent obligés de se retirer sur des rocs inaccessibles pour échapper aux commissaires du capoudan-pacha. Les vexations des Turcs ne fourniraient à l'histoire qu'un spectacle désolant et monotone. Et cependant, singulière force des institutions ! la condition civile des Grecs, si imparfaite dans la loi et si troublée dans la pratique, doit être comptée parmi les bienfaits involontaires par lesquels les Turcs conservèrent à une nation opprimée la force de s'affranchir de leur joug. Les municipalités grecques, en prévenant l'assimilation des vainqueurs et des vaincus, suspendit pour ainsi dire l'effet de la domination étrangère jusqu'au jour de l'affranchissement.

« Leur action sur le maintien et le développement des races, dit M. Ubicini, est un fait incontestable, et il est certain que partout où elles s'établirent elles conservèrent intactes la religion et la nationalité. » (*Introduction*, p. 20.)

CHAPITRE III.

LES ARMATOLES.

Les Grecs, qui résistèrent aux effets de la conquête par l'organisation de leur église et leur système municipal, y résistèrent encore sur certains points par leurs milices ; et ainsi, quand nous aurons expliqué la naissance et l'organisation des *armatoliks*, nous aurons exposé les trois faces principales de leur condition sous la domination ottomane, leur régime religieux, civil, militaire, et en même temps les trois grandes causes de leur conservation.

On sait que quelques peuplades restèrent toujours insoumises. Tels furent, dans la Morée, les Maïnotes. Le Magne est un canton stérile, qui occupe la presqu'île du cap Matapan (ancien promontoire du Ténare). Une population pauvre et guerrière l'occupait ; des Grecs de Byzance s'y réfugièrent ; les troupes de Mahomet n'y pénétrèrent point, et il conserva, moyennant quelques tributs irréguliers que les collecteurs turcs allaient recevoir en tremblant, une absolue indépendance. Que cette indépendance ait toujours été héroïque et soit l'héritage du patriotisme spartiate ; que cette terre classique de la liberté n'ait jamais été l'asile du brigandage, ce ne serait pas la vérité historique. Mais c'est un exemple de cet esprit belliqueux que quinze siècles de décadence n'avaient pas partout anéanti, que les montagnes avaient mieux conservé que les plaines, et qui plus tard, gagnant de proche en proche, du sein de ces foyers embrasa toute la Grèce. Elle ne devait pas perdre le bénéfice de ces fortifications naturelles qui l'avaient rendue autrefois invincible, et qui, outre les remparts de l'Hémus, de l'Olympe et de l'Œta, outre la défense des flots agités de la mer, lui donnaient « l'avantage d'être construite au dedans comme un château du moyen âge. Une muraille y succède à une muraille, une porte à une porte; c'est un labyrinthe inextricable, qui garde toujours une issue et un asile pour ses défenseurs après chaque défaite, un piège et un péril pour ses ennemis après chaque victoire. » (Jouffroy, *Mélanges philosophiques*, V. *Du rôle de la Grèce dans le développement de l'humanité.*) C'est dans ces forteresses naturelles que se retranchèrent les derniers défenseurs de l'indépendance hellénique.

Le plus bel exemple de résistance fut donné par un peuple dont la race est différente de celle des Grecs, qui parle une autre langue et accuse par son type une autre origine, qui cependant a fait parfois avec eux cause commune et adopté en partie leur religion : les Albanais. Les Albanais ou *Arnautes* occupaient l'ancienne Épire et la partie méridionale de l'Illyrie ; dès l'époque de la domination byzantine ils s'étaient répandus dans la Grèce, et jusque dans l'Attique. Conduits par Georges Castriote, que les Turcs nommèrent le prince Alexandre, Skender-Bey, et qui, établi sandjak d'Épire par Amurat II, sultan de 1421 à 1451, se tourna contre lui, ils résistèrent trente ans aux conquérants. Quand leur héros fut mort, en 1467, ils se laissèrent soumettre, et même convertir à l'islamisme, mais ils avaient conquis le privilége de se faire craindre des Turcs et de leur imposer des concessions. Les habitants du mont Agrapha, rempart de l'Épire et de l'Acarnanie, obtinrent d'Amurat II le droit de défendre eux-mêmes la sûreté de leurs villages, sous la conduite de leur capitaine. Ils obtinrent deux voix délibératives sur trois dans l'administration des affaires générales de leur pays, le *cadi* ou juge musulman ayant la première de ces trois voix, leur archevêque la seconde, leur capitaine la troisième. Ils conservèrent cette organisation jusqu'à l'époque d'Aly-Pacha.

Bientôt ce privilége de se défendre par ses propres armes se répandit plus loin, et fut obtenu par presque toutes les provinces montagneuses de la Grèce septentrionale, en deçà de l'Axius ou Vardar. Dès la fin du quinzième siècle un capitaine du mont Olympe, Cara-Michaly Olympien, fut reconnu par le gouvernement turc. C'est au seizième siècle, et particulièrement sous le règne de Sélim II (1566-1574) que s'établirent ces chefs nationaux. Les Turcs les appelèrent *armatoles* ou capitaines ; leurs soldats se nommaient *pallicares*, leur aide de camp *protopallicare*. Ils recevaient du gouvernement une solde, et un diplôme en vertu duquel ils étaient censés faire la police de leurs provinces et la garde des routes. C'est ainsi qu'au commencement du dix-huitième siècle la Grèce se trouva divisée en dix-sept *armatoliks*, ou capitaineries. Il n'en exista jamais ni en Morée ni dans les îles.

« Dans les pachaliks, les armatoles étaient aux ordres des pachas et des autres officiers de la Porte. Dans les parties de la Grèce où il n'y avait point de pacha, mais un simple *mousselim*, ou délégué de pacha, comme en Acarnanie, ils agissaient à la réquisition de ce délégué et des primats grecs. Tout rassemblement d'armatoles pour une expédition quelconque dans leurs attributions se nommait *pagania*. Le plus souvent une *pagania* ne comprenait que la milice, ou même qu'une partie de la milice du canton ; mais quelquefois aussi elle se composait de plusieurs corps d'armatoles temporairement réunis (1). »

Ces milices indigènes et chrétiennes étaient, comme l'on peut penser, un secours dangereux et inconstant pour les sultans. Les pallicares, pour servir les Turcs, n'avaient pas épousé leurs intérêts et leurs préjugés. Ils restaient Grecs et vendaient plutôt leur neutralité que leur concours. « Grâce à l'établissement des armatoles, ajoute M. Fauriel, la Grèce n'était pas complétement aux barbares : plusieurs de ses cantons conservaient la propriété de leur sol, leur indépendance et leurs lois ; ils pouvaient faire eux-mêmes la police dans leurs villes, dans leurs villages et leurs campagnes, sans l'intervention de la soldatesque des pachas. Mais ceux qui

(1) Fauriel, *Chants populaires de la Grèce moderne*. Discours préliminaire. — Sur les armatoles et les clephtes, leur organisation et leurs mœurs, on ne peut rien lire de plus clair, de plus méthodique et de plus intéressant que les pages de M. Fauriel, auxquelles nous renvoyons le lecteur pour le détail.

avaient fait ces concessions devaient aspirer à les annuler ; et la conquête, pour ainsi dire suspendue, devait tendre à reprendre son cours. En un mot, tant qu'il restait aux Grecs quelque chose à perdre, il restait aux Turks quelque chose à faire. Les pachas se chargèrent de consommer l'œuvre imparfaite des premiers envahissements : dépouiller peu à peu les vaincus du reste de leurs biens et de leurs droits, fut le but dominant de leur administration. Les armatoles étaient un obstacle à l'accomplissement d'un tel projet : aussi leur histoire, à dater des temps où elle est un peu connue, n'est-elle que le tableau de leur longue et courageuse lutte avec les pachas. » Ils se sentaient les compagnons de ces montagnards plus indépendants encore, qui n'avaient ni déposé leurs armes ni acheté la paix par du service. Ces derniers portaient le nom de *clephtes* (voleurs), nom que ne répudiaient pas les descendants de ces Étoliens indisciplinés qui dans l'ancienne Grèce vivaient de leur butin. Les clephtes, bandes redoutables, subsistaient sur leurs cimes escarpées par le pillage de quelques hameaux, l'enlèvement de quelques troupeaux, ou le rapt de quelques Turcs, voyageurs ou gouverneurs. « Ils avaient, dit un des *Chants populaires de la Grèce moderne*, des agneaux, des moutons qu'ils faisaient rôtir, et cinq beys pour tourner la broche (1). » Les Turcs ne devaient pas attendre contre eux beaucoup de zèle de la part des pallicares, qu'ils appelaient quelquefois des *clephtes apprivoisés*, et qu'ils distinguaient ainsi des *clephtes sauvages*. » L'armatole, fier et indocile sous le pouvoir des Turcs, regardait encore les clephtes de la montagne comme des alliés et des frères, vers lesquels il se réfugierait quelque jour. « Je fus vingt ans armatole, et trente ans clephte sur la montagne », dit une vieille chanson ; c'est l'image de la vie du Grec qui avait une fois touché les armes et se sentait du courage. Quand il éprouvait un outrage des Turcs, ou même par inconstance, par dégoût de la plaine et de la servitude, il désertait aux montagnes. Quelquefois aussi le clephte était tenté par une vie plus douce, et venait s'enrôler dans la milice des armatoles, où il trouvait une paye régulière, et où il ne craignait plus la poursuite des spahis et des janissaires. » (Villemain, p. 219.)

Ainsi l'alliance était toujours prête entre ces chefs, reconnus ou non ; et quand l'armatole, dont la réputation excitait la jalousie des pachas, en venait à une révolte ouverte, il trouvait facilement des auxiliaires. Parfois aussi les armatoles faisaient alliance avec les seigneurs musulmans qui avaient reçu de ces fiefs militaires dont nous avons parlé plus haut, et qui tendaient naturellement à s'isoler, par leur éloignement du siège de l'empire, ainsi que par la force qu'ils puisaient dans leurs propriétés et leurs milices. Enfin, on les vit chargés par la Porte de défendre des mahométans contre des Albanais. Il s'était établi dans la vallée du Pénée (ou Salembria) une colonie tirée de la province d'Iconium et d'autres parties de l'Asie Mineure, et qu'on désignait sous le nom de *Coniari* ou d'Icouiens. Ces paisibles agriculteurs étaient dépouillés par des bandes de voleurs mahométans ou chrétiens, contre lesquelles ils étaient fort mal défendus par les pachas voisins. C'est alors que la Porte eut recours aux armatoles et à leurs compagnons, qu'ils appelèrent à la condition d'être entretenus et soudoyés par le district qu'ils étaient chargés de défendre.

Ainsi se conserva dans la Grèce continentale un foyer d'esprit militaire où se ralluma plus tard le patriotisme de la nation. Sans doute cette organisation militaire était peu régulière, c'était moins une garantie de la loi qu'une résistance tolérée ; et comme elle n'avait pas la stabilité d'une institution, elle offrit aussi les abus et les excès de la révolte. Il faut regretter pour la Grèce que son indépendance ait eu les mêmes abris que le brigandage, et que le jour où elle réclama la possession d'elle-même elle dût commencer par employer de tels auxiliaires et rapprendre la liberté à cette école. Il en est resté dans l'esprit de la nation une malheureuse disposition à se servir de la force comme plus expéditive que la loi, et à

(1) *Voy.* Fauriel, *Chants populaires de la Grèce moderne*, 2 vol. in-8°. Paris, F. Didot.

trancher certaines difficultés par le meurtre. Il s'y est répandu des préjugés de vindicte privée et une idée fausse de la liberté qu'il faut placer bien plus dans le pouvoir de la justice que dans l'affranchissement individuel. Cette alliance de la force publique et de l'insurrection, qui a été naturelle sous la domination étrangère, et qui malheureusement a parfois survécu à la servitude, a jeté sur quelques épisodes d'une guerre immortelle un jour équivoque, en accolant trop souvent des brigands à des héros. C'est là la triste conséquence des situations fausses ; l'oppression étrangère souille les nationalités jusque dans les élans sublimes qui marquent leur réveil, et ceux qui mettent les peuples dans l'alternative de l'esclavage ou de la rébellion perdent le droit de flétrir leurs représailles. Mais n'anticipons pas sur les temps à venir ; nous savons dans quels rochers se cachent les arsenaux de la Grèce conquise, nous savons devant quelles montagnes s'est arrêté le flot de la multitude envahissante. De ces défilés et de ces ravins nous verrons sortir les bandes qui viendront délivrer la plaine.

CHAPITRE IV.

LES FANARIOTES.

« Aux deux extrémités les plus opposées, dit M. Villemain, deux espèces d'hommes semblaient seuls exister dans la nation grecque, les clephtes et les Fanariotes ; les uns, libres par la pauvreté, puissants par le pillage, barbares, mais nationaux ; les autres, ingénieux et polis, parvenus à force de bassesses à une sorte d'indépendance et de pouvoir, dédaignant leur patrie, mais la servant par leur prospérité. » (P. 225.)

Nous avons vu l'origine de cette aristocratie des Fanariotes, et l'étymologie de leur nom, tiré du quartier qu'ils occupaient, le long de la Corne d'Or, près de la porte appelée, dès les temps de la domination byzantine, *Pili toû Phanarioû*. C'était le quartier de l'église, de la maison et de l'école patriarcales. Autour du patriarche s'étaient groupés les débris des familles grecques les plus éclairées, qui avaient fourni un grand nombre de membres au clergé laïque. Là on rencontrait des Cantacuzène et des Paléologue qui se disaient les descendants des derniers empereurs de Constantinople et de Trébisonde. Cette petite société, plus cultivée et plus habile que ses nouveaux maîtres, s'enrichit par le commerce de diamants et de soieries, et consacra comme, il se fait d'ordinaire, sa douteuse noblesse par ses trésors. Il s'y mêla du sang italien, comme le témoignent les noms de Giuliani, Morousi, Rosetti, Contaradi, qu'on trouve à côté des noms grecs Maurocordato, Callimachi, Hypsilantis. Les Fanariotes, après avoir commencé par faire leurs propres affaires, ne tardèrent pas à devenir nécessaires aux Turcs. Ceux-ci ne cultivaient guère des sciences que l'astrologie judiciaire, et dédaignaient l'étude des langues européennes ; pour leurs communications avec les Occidentaux, ils employaient comme interprètes et traducteurs des juifs ou des renégats, ordinairement italiens ou polonais. Ils trouvèrent dans les Grecs des hommes plus propres à leur rendre ce service, et ce fut parmi eux qu'ils choisirent leurs *grammatiki*, drogmans et secrétaires. Mais le *grammatikos*, assez avantageusement rémunéré, ne fut d'abord qu'un personnage subalterne. Il se tenait pêle-mêle avec les domestiques dans la grande salle qui précédait celle du divan, attendant qu'on le fît appeler pour traduire quelque pièce diplomatique. Un Grec de Chio, qu'on disait issu d'une famille grecque émigrée de Trébisonde, devait singulièrement relever ces fonctions.

Panajoti ou Panajotaki avait étudié la philosophie et la médecine en Italie ; il était versé dans le grec littéral, le latin et les langues orientales. Arrivé, en 1630, à Constantinople, il se fit un renom d'érudition et d'habileté ; les Grecs le surnommèrent le *cheval vert*, par allusion à leur proverbe, qu'*il est aussi difficile de trouver un cheval vert qu'un homme sage dans l'île de Chio*. Il acquit la faveur du grand-vizir Kupruli (ou Kiuproulou) Ahmed-Pacha, et l'accompagna dans son expédition contre l'île de Candie. Les Turcs, qui le regardaient comme un magicien, les Grecs, qui l'appelaient d'un surnom moins honorable que le premier, le *traître Architopel*, lui attribuèrent également une grande part dans la chûte de la ville, qui se rendit en 1669; Kupruli attesta l'importance de ses services en créant pour lui, avec des émoluments considérables, la charge de *divan terdjumani*, grand-interprète du divan. Il lui fit don en outre des revenus de l'île de Miconi dans l'Archipel, qui montaient, dit-on, à 12,000 fr. de notre monnaie. L'aide que Panajoti prêta aux Turcs dans la conquête de Candie est un exemple de la facilité avec laquelle les Fanariotes servirent en tous temps leurs vainqueurs; mais elle est aussi un témoignage de la fidélité que, même dans leur plus haute faveur, ils conservèrent à leur foi et de la protection qu'ils cherchèrent à attirer sur leur culte. Ce fut en effet Panajoti qui ménagea aux défenseurs de Candie une capitulation honorable. Durant le temps qu'il resta en fonctions, c'est-à-dire jusqu'à sa mort, arrivée en 1673, il défendit les intérêts de ses coreligionnaires. Il obtint un firman qui les mettait en possession du Saint-Sépulcre, à l'exclusion des religieux latins de Jérusalem. Il racheta de ses deniers deux églises pour les Grecs et les Arméniens; il composa pour la défense de la religion grecque un livre qu'il écrivit en grec vulgaire, et qui fut imprimé en Hollande, sous le titre de : *Confession orthodoxe de l'Église catholique et apostolique d'Orient.* Il osa même, dit-on, soutenir contre le chéikh Wani, en présence du grand-vizir Kupruli et des principaux ulémas, la supériorité du dogme chrétien.

Panajoti eut pour successeur son ami et son compatriote Alexandre Maurocordato. Celui-ci, après avoir été étudier la médecine dans les universités de Padoue et de Bologne, vint se fixer à Constantinople, où il fut professeur de belles-lettres et de philosophie. Il pratiquait en même temps la médecine, et les Turcs, qui le voyaient conjecturer d'après les pulsations des artères des maladies encore latentes, l'accusaient de sorcellerie. C'est ce qui le décida à publier en grec et en turc un *Traité sur la Circulation du Sang*, principe récemment découvert et encore contesté. Cet homme, d'un grand esprit et d'une érudition immense, composa, outre ce traité, une *Histoire des Juifs*, des *Essais de Morale*, et un grand nombre d'autres ouvrages, parmi lesquels doit compter une curieuse correspondance (1). Sa réputation de savoir et la connaissance qu'il possédait de plusieurs langues, tant orientales qu'occidentales, le désigna au choix de la Porte, qu'il représenta aux conférences de Carlowitz. Il reçut en récompense le titre nouveau de *conseiller intime* ou *confident des secrets de l'empire* (ἐξ ἀπορρήτων), titre qui fut attaché depuis à la charge de grand-interprète (2).

Cette dignité depuis Panajoti et Maurocordato resta le privilége exclusif des Grecs, et fut même interdite par un édit autographe du padichah aux Juifs et aux Arméniens. Le secrétaire-interprète attaché au bureau du réiss-effendy (ministre des affaires étrangères) faisait partie du divan. Il interprétait dans les conférences du divan les discours tant des ministres turcs que des ambassadeurs étrangers, bien que ceux-ci eussent leurs drogmans particuliers. Il était également chargé de traduire les notes, mémoires et lettres que le sultan recevait des gouvernements étrangers. Son intervention était nécessaire dans toute conférence diplomatique; et le réiss-effendy ne recevait pas directement de communication du drogman d'un ambassadeur; il exigeait qu'elle lui fût transmise par son propre interprète. Le conseiller intime avait des priviléges qui répondaient à son importance : il pouvait paraître dans Constantinople sur un cheval caparaçonné, entouré de quatre suivants en livrée, suivant le cérémonial des ministres turcs. Il ne payait aucun tribut, lui ni ses fils, ni vingt personnes de sa suite; il était exempt des droits de douane pour tous

(1) *Voy.* le catalogue de la bibliographie grecque moderne; Hermopolis (Syra), 1846.
(2) *Voy.* sur Maurocordato, Cantemir; Hammer, t. XIII, et le discours de rentrée pour l'année 1852 du recteur de l'université d'Athènes, M. Périclès Argyropoulo.

les objets de son usage personnel ; il ne pouvait être traduit que devant la *cour suprême de justice* ou tribunal du grand-vizir ; enfin, il pouvait racheter pour son service des esclaves géorgiens, privilège réservé jusque là aux mahométans, et que Panajoti demanda pour sauver de l'apostasie quelques uns de ces esclaves et les affranchir.

C'était une sauvegarde pour les Grecs que cette élévation de quelques-uns d'entre eux et la part importante qu'ils prenaient au gouvernement. S'ils en usèrent surtout pour leur ambition, cette ambition tourna souvent au profit de la nation, et l'on peut souscrire à ces paroles d'un écrivain qu'on pourrait sur d'autres points accuser d'une excessive indulgence en leur faveur : « Ces interprètes ayant étendu de bonne heure le cercle de leurs fonctions, et acquis un grand ascendant sur le ministère, ne tardèrent pas à devenir les inspecteurs de toutes les affaires civiles des nations chrétiennes sous le joug des Turcs, et à se faire reconnaître comme tels par le gouvernement lui-même ; en sorte qu'étant ainsi au courant de ce qui se passait dans la Grèce, en relation directe et journalière avec tous les fonctionnaires publics, a portée d'apercevoir la marche de la faveur du sultan, ils ménageaient tous les partis, et prévenaient ou arrêtaient les persécutions des pachas contre les chrétiens des provinces. » (Rizo, *Hist. mod. de la Grèce*, 1re P., ch. 3, p. 63.)

Les Fanariotes, par leur connaissance des langues, se mirent en possession d'autres emplois, qui étendirent encore leur influence. Dans le même temps où Alexandre Maurocordato fut déclaré *conseiller intime*, on créa une charge de *drogman de la marine* (*tersané terdjumani*) dont les produits s'élevèrent jusqu'à 300 bourses d'alors (près de 800,000 fr.), et qui fut, comme la charge de drogman de la Porte, exclusivement réservée aux Grecs. Ce dignitaire devait accompagner le capoudan-pacha dans la tournée qu'il faisait chaque année pour recevoir le tribut des îles.

Ce furent aussi des Grecs du Fanar qu'on employa pour les ambassades. Les Turcs répugnèrent longtemps à entretenir des ministres près des cours étrangères ; ce ne fut que sous Louis XIV que la Porte envoya pour la première fois en France un ambassadeur, Ahmed-Effendi. Ceux qu'on envoyait dans ces missions n'en comprenaient pas toujours eux-mêmes le sens et l'importance, et un Jussuf-Agliah-Effendi qui avait été, en 1796, ambassadeur à Londres, disait que la fameuse chambre des communes n'était qu'une réunion d'insolents et de bavards, mais que ce qu'il avait vu de réellement remarquable dans son voyage était un homme qui jonglait avec des oranges et des fourchettes (1). Encore au milieu du dix-huitième siècle, en 1769, le sultan Moustapha III déclarant la guerre à la Russie faisait jeter l'ambassadeur Obrescoff dans un puits de la prison des Sept Tours, à l'exemple de ses ancêtres, qui chargeaient de fers les *bayles* de Venise et tranchaient la tête à leurs interprètes (2). Les Turcs laissaient donc volontiers à des Grecs des fonctions dont les éloignaient leurs préjugés politiques et religieux ; aussi ce sont des noms grecs que l'on rencontre surtout dans ceux des envoyés de la Porte à Paris, à Vienne, à Londres, à Berlin, les Argyropoulo, Marco, Raly, Mavrojeny, Théologos, Ramadany, Négris, Panajotaky, etc. Les consuls ou vice-consuls furent aussi généralement choisis parmi les Grecs de Constantinople, et purent d'autant mieux servir leurs intérêts et leur commerce qu'ils relevaient du bureau du grand-interprète et correspondaient sans cesse avec lui.

Voilà comment cette aristocratie du Fanar finissait par envahir toute la diplomatie, et par former un corps dans l'État. Elle acheva sa fortune en fournissant des hospodars aux principautés

---

(1) Rizo, p. 65.
(2) Le traité de Kaïnardji, conclu en 1774, abolit l'emprisonnement des ambassadeurs russes en cas de déclaration de guerre. Ce qui n'empêcha pas qu'en 1786, lorsque le sultan Abdul-Hamid déclara la guerre à la Russie, il fit détenir l'ambassadeur Bulhakoff, sur cette raison du grand-vizir que les traités ont leur force pendant la durée de la paix, mais que la guerre les annule. Il est vrai que Bulhakoff fut retenu dans un pavillon construit pour lui et traité avec quelques égards. Mais il n'y resta pas moins trois ans, et ne fut élargi que sous Sélim III, en 1789.

de Valachie et de Moldavie. En 1609, Nicolas Maurocordato, fils d'Alexandre Maurocordato, à qui il avait succédé comme grand-interprète, fut nommé hospodar de Moldavie; en 1716 il devint hospodar de Valachie. Depuis cette époque jusqu'en 1821 les deux principautés furent gouvernées non plus par des boyards indigènes, mais par des Grecs ; et c'est cet espace de temps qu'on a appelé, dans l'histoire Moldo-Valaque, l'ère *grecque* ou *fanariote* (1). La charge de drogman de la Porte était le degré le plus proche de la dignité d'hospodar. Le grand-vizir aimait à envoyer dans ces principautés une de ses créatures, à laquelle il pût demander une bonne part de ses rapines, et les princes grecs, pressés par l'avidité de leurs maîtres, pressuraient à leur tour leurs nouveaux sujets avec un empressement d'autant plus actif que leur autorité était plus éphémère. Ainsi les populations ne gagnaient guère à être opprimées par des Grecs, au lieu de l'être par des Turcs, et elles souhaitèrent toujours des chefs indigènes. Cependant ces hommes, supérieurs à leur siècle, apportèrent avec eux quelques semences de civilisation. Constantin Maurocordato, deux fois hospodar de Moldavie, y favorisa les études du clergé grec, et forma à Jassi le dépôt d'une bibliothèque.

Ce fut là le moins contestable bienfait des Fanariotes, de rechercher l'instruction et de la répandre autour d'eux. Ils donnaient à leurs enfants une éducation étendue, surtout sous le rapport des langues; car la connaissance du latin, de l'italien, du français, et des trois principales langues orientales, le turc, l'arabe, le persan, était la condition de leur avenir. C'était parmi eux que se conservait l'ancien idiome dans sa plus grande pureté. Dès le quinzième siècle un savant qui avait été envoyé en mission à Constantinople, par la république de Venise, Philelphe avait fait cette remarque : « Les personnes de la cour conservaient la dignité et l'élégance de l'ancien langage, particulièrement les femmes nobles, qui, n'ayant aucune relation avec les étrangers, maintenaient dans toute son intégrité la langue des Grecs. » C'était encore plus tard la réputation des Fanariotes. « Les femmes du Fanar, dit M. Rizo, parlaient avec pureté, et écrivaient avec élégance leur langue maternelle (2). » Aussi Constantinople était-il devenu le rendez-vous des savants. Le prince Démétrius Cantémir, Moldave d'origine, mais allié à une princesse Cantacuzène, a comparé, non sans quelque exagération de vanité nationale, les savants grecs de son temps aux plus célèbres génies de l'antiquité. C'était le temps où un Grec enrichi par le commerce, Monolaki, fondait près du siège épiscopal une académie où nous avons vu que professait Alexandre Maurocordato, et où l'on entendait encore Jean Cariophile, Scœvophylax, Antonios Sebastos, illustres alors. C'était le temps où le clergé comptait Mélèce, archevêque d'Arta, Philarète d'Athènes, Métrophane, Callinicos, patriarche de Byzance ; un peu auparavant Philaras d'Athènes avait échangé des lettres avec Milton.

En même temps sur les points de l'empire turc où se répandaient particulièrement les Fanariotes s'élevaient quelques écoles, déguisées parfois sous le nom de *maison de correction*, afin de prévenir les défiances du gouvernement, ou protégées par le sanctuaire et installées dans le vestibule des églises. Là les jeunes Grecs apprenaient à lire et à écrire. Puis quelques-uns d'entre eux passaient en Europe, pour s'y perfectionner dans les langues ou y étudier les sciences, principalement la médecine, à l'université de Leyde, sous le fameux Boerhauve. Ce sont là les premiers symptômes de ce réveil littéraire qui va signaler la période prochaine et préparer le réveil de la nation. Les Fanariotes, cette aristocratie douteuse et mélangée, cette élite intellectuelle du peuple grec, qui l'avouait à peine le comptait dans les rangs de ses maîtres plutôt que de ses amis, ces confidents des Turcs, qui étaient aussi leurs escla-

---

(1) *Voy.* dans la collection de l'*Univers Pittoresque*, les *Contrées de l'Europe orientale*, par MM. Chopin et Ubicini. (*La Valachie et la Moldavie*, par M. Ubicini.)

(2) *Cours de la Littérature Grecque moderne*; Jombert, H. Genève, 1828, un vol. in-8°, p. 80.

ves, se trouvèrent être une des causes indirectes d'une révolution qu'ils ne prévoyaient ni ne désiraient, et, comme dit M. Villemain, « préparèrent de loin la liberté sans la vouloir (p. 203) ». Ils ont été violemment attaqués (1), et n'ont pas même été toujours justifiés par leurs défenseurs. N'importe : pour nous, qui cherchons à saisir dans le sommeil d'une nation les signes de la vie qui circule dans son sein, nous devions signaler ces symptômes significatifs. Les Fanariotes représentent la persistance de l'esprit grec au milieu de l'ignorance générale, la veine littéraire entretenue chez un peuple qui devra tant de son avenir à son passé, la supériorité d'une race libérale résistant à la longue pression de la barbarie, et la conquête morale du vainqueur par le vaincu :

Græcia capta ferum victorem cepit.

(1) *Voy.* Marc-Philippe Zallony, *Traité sur les Princes de la Valachie et de la Moldavie, connus sous le nom de Fanariotes* ; 1830.

LIVRE TROISIÈME.

DEPUIS LE SOULÈVEMENT DE LA MORÉE EXCITÉ PAR LA RUSSIE, JUSQU'AU COMMENCEMENT DE LA GUERRE DE L'INDÉPENDANCE.

(1770-1821.)

CHAPITRE I.

SOULÈVEMENT DE LA MORÉE. TRAITÉ DE KAÏNARDJI.

(1770-1774.)

Lorsque, en l'année 1770, la Russie envoya ses vaisseaux pour soulever la Morée, c'était la première fois qu'elle fournissait aux Grecs un concours ouvert; mais depuis plus longtemps elle s'était ménagé sur eux une influence secrète. Le lien qui les lui unissait, c'était la communion religieuse. Nous avons vu plus haut la prétention des patriarches de Constantinople à être considérés comme les chefs spirituels des Russes schismatiques. Dès le milieu du dix-septième siècle, un voyageur français, La Guilletière, remarquait chez les Grecs de la Morée un espoir vague d'être délivrés un jour par le grand-duc de Moscovie. Pierre le Grand entretint cette correspondance occulte des deux nations, sans en profiter encore pour lui-même; mais il avait trouvé là un appui pour les projets qu'il voulait léguer à ses successeurs. Reconstruire l'empire d'Orient et en replacer le siège à Constantinople, c'était la lointaine visée de cet ambitieux esprit, et il comptait que les Grecs, peuple crédule, voudraient concourir à une œuvre qu'ils croiraient entreprise pour eux. Il ne négligea donc rien pour se faire considérer d'eux comme un protecteur. De Moscou il envoyait dans les couvents et les évêchés de la Grèce, aux moines du mont Athos et jusque dans le synode de Constantinople, de riches présents, des ornements d'église, des candélabres et des missels. En retour on priait tout bas pour lui; à Thessalonique (Saloniki) on l'attendait comme un libérateur et on suivait avec intérêt ses victoires; des Grecs, cherchant fortune, entraient dans ses armées, et les papas mêlaient les noms du grand-duc de Moscovie à ceux des saints de la nation.

Le rêve de Pierre le Grand fut laissé comme une tradition à ses successeurs. L'impératrice Anne, qui régna de 1730 à 1741, fit envoyer par le maréchal Munich des émissaires chargés d'exciter contre le gouvernement turc les clephtes et les armatoles de l'Épire et de la Thessalie. Sous le règne de l'impératrice Élisabeth (1741-1762) de nouveaux émissaires répandirent l'or et les proclamations dans le Taygète et dans le Magne. « Une tradition populaire chez les Hellènes portait que leur délivrance serait l'œuvre d'une race septentrionale, aux cheveux blonds : ils l'expliquaient naturellement en faveur des Russes. Ces bruits n'avaient d'ailleurs rien de précis; c'étaient plutôt de vagues rumeurs, des conjectures hasardées à voix basse, des prophéties répétées d'un ton mystérieux, dans ce langage mystique qui fonda plus tard le succès de l'Hétairie. » (Ubicini, p. 74.) Un voyageur anglais, Chandler, visitant la Morée, en 1767, entendait dire que des signes éclatants annonçaient la prochaine intervention des Russes et le renversement de la puissance Ottomane; qu'une croix lumineuse avait brillé pendant trois jours sur le dôme de Sainte-Sophie, que les Turcs avaient essayé en vain de conjurer ce céleste présage, et qu'ils avaient été frappés de consternation. C'étaient de ces espérances inquiètes et de ces bruits confus qui à l'approche des soulèvements populaires semblent remplir l'air; c'était le premier symptôme de la désastreuse insurrection de 1770.

Depuis le mois de janvier 1769 l'impératrice Catherine était en guerre avec la Porte, dont elle irritait depuis longtemps l'impatience par ses empiétements en Pologne. Son armée établie sur les bords du Dniester, et commandée par un médiocre général, le prince Galitzin, était menacée par les Tartares; dans cette circonstance elle chercha des appuis au dehors; elle s'allia avec un prince Grec de religion, Héraclius, souverain de Géorgie, et songea à créer à son avantage une puissante diversion, en excitant contre l'empire ottoman un soulèvement intérieur. C'est ainsi qu'elle associa un instant à sa cause les malheureux Grecs. Cruel expédient de la politique, de provoquer l'insurrection d'un peuple tranquille, sauf à l'abandonner quand elle lui deviendra inutile, de le dresser contre l'ennemi en attendant qu'on le lui laisse écraser, et de s'agrandir en se jouant des nationalités! Les Grecs ne se prêtèrent que trop facilement par leurs illusions à cette dangereuse protection, et ne se dirent point que les empires absolus font rarement par une vue désintéressée une propagande de liberté (1).

Grégoire Orloff était alors le favori de l'impératrice. Il avait lui-même de la confiance dans un Grec de Thessalie, devenu capitaine de la garde russe, et que l'on voit nommé alternativement Grégori Papapoulo, Papadopoulos et Papas-Oglou. Cet officier fit briller aux yeux de son maître l'espoir de voir les Grecs s'armer contre la Porte, et fut envoyé par lui à Trieste. Là, du territoire vénitien, il envoyait, par l'intermédiaire de marchands grecs, des émissaires qui allaient en Morée porter des présents de la part de l'impératrice de Russie aux églises. En même temps un aventurier qu'on appelait Stéphano, mais qui se faisait passer pour Pierre III, le dernier empereur de Russie, parcourait les montagnes des Monténégrins, peuple slave, indépendant des Turcs comme des Russes, et bravant même les Vénitiens, qui n'avaient soumis que quelques-uns de leurs villages. L'évêque de Monténégro, sacré en Russie, montrait partout un portrait de la czarine, et annonçait que les chrétiens allaient être délivrés de la domination des infidèles. Néanmoins, le pacha d'Albanie fut envoyé contre cette pauvre population, et l'eut bien vite comprimée. Cependant Grégori Papapoulo s'était transporté dans la Morée, chez un chef Maïnote appelé Mauro-Mikali. Reçu non sans défiance, il alla s'adresser à un Grec de Calamata, un *proestos*, nommé Benaki, et réunit dans sa maison quelques primats, quelques évêques, quelques clephtes des cantons voisins. Cette assemblée improvisée promit de rassembler cent mille hommes si les Russes paraissaient avec des vaisseaux et des armes; ils s'y engagèrent même par écrit. Grégori repartit pour l'Italie, et ce fut sur ce traité, signé à la hâte par quelques hommes obscurs, que la Russie crut la nation grecque assez liée à sa cause pour lui demander son sang, sans retour de protection ni de liberté!

En Italie, à Venise, Grégori retrouva les deux frères du comte Orloff, Alexis et Féodor, accompagnés d'une foule d'officiers russes. Là, de concert avec eux, il continua et activa sa correspondance avec la Grèce, où il faisait distribuer, avec des lettres, des médailles d'or frappées à l'effigie de Catherine et des vases d'église, le livre qu'il avait composé en grec moderne : *Exposé de l'art militaire d'après la tactique des armées de la Grande Russie*. En même temps une flotte était équipée à la hâte et confiée au commandement de l'amiral russe Spiritoff. En septembre 1769, une escadre composée de sept vaisseaux de ligne, de quatre frégates et de quelques bâtiments de transport, partit des bords de la Néva. Elle était montée par quelques matelots anglais, des marins grecs qui venaient commercer à Taganrok, et ne contenait que douze cents hommes de troupes et des uniformes russes pour les Grecs de la Morée. Elle recruta, en passant devant l'Angleterre, des matelots mercenaires; elle recueillit, à Ma-

---

(1) « L'expédition des Orloff en 1770, dit M. Raffenel, prouva aux Hellènes quelles étaient les vues de la Russie et ses coupables espérances. Les hommes raisonnables et les vrais patriotes se détachèrent tout à fait de la cause du Nord. Ils reconnurent que pour s'affranchir ils ne devaient compter que sur eux-mêmes. En effet, il est toujours dangereux pour une nation faible et pauvre d'associer à ses projets de liberté des amis riches et puissants. L'auxiliaire prend presque toujours la place de l'oppresseur à la ruine duquel il a contribué. »
(*Histoire complète des Événements de la Grèce, depuis les premiers troubles jusqu'à ce jour*; 2e édition 1825 : *Introduction*.)

hon, Féodor Orloff, avec des provisions, et, sur les côtes de Sardaigne et de Toscane, des renforts qu'amenait Alexis. Féodor se détacha avec trois vaisseaux pour aller demander les secours de l'ordre de Malte; mais les chevaliers, liés à la politique de la France et de l'Autriche, refusèrent leur coopération, et Féodor ne fut pas même reçu dans le port de Malte. Enfin, l'escadre russe, après une longue et difficile navigation, parut dans les mers du Levant, en 1770, et jeta l'ancre à Porto-Vitalo, sur le rivage des Maniotes, dans le golfe de Coron. La plus grande partie de la flotte était restée en arrière avec Alexis Orloff, et ne parut que plus tard. « Telle était l'ignorance du gouvernement turc, dit M. Villemain, qu'il refusait de comprendre cette nouvelle, et que tout le zèle amical de l'ambassadeur français réussit à peine à persuader au divan, une carte sous les yeux, que des vaisseaux russes pouvaient arriver dans les mers de la Grèce. » (P. 244.)

Les Turcs ne prirent d'abord conseil que de la peur. Ils se retranchèrent dans les villes fortifiées, à Tripolitza, Nauplie ou Napoli de Romanie (l'ancien port d'Argos), Corinthe. Déjà, depuis le commencement de la guerre contre la Russie, les Grecs, suivant l'usage, avaient reçu défense de porter aucune arme; toute réunion, même religieuse, fut prohibée, et les églises furent fermées. Quelques paysans laconiens, qui revenaient paisiblement de la foire de Patras, furent massacrés.

Les Russes ne profitèrent pas avec assez de promptitude de l'effroi qu'ils avaient inspiré, et ils refroidirent trop vite l'ardeur des Grecs. Mauro-Mikali et les chefs Maïnotes étaient surpris de voir que l'armée qu'on leur avait annoncée se réduisait à huit cents hommes; et Féodor Orloff exigea d'eux mal à propos un serment de fidélité à la czarine. Néanmoins, les montagnards du Magne se réunirent, Bénaki souleva la plaine de Calamata. Les armes des Russes furent distribuées, et des bateaux plats construits à la hâte allèrent chercher des volontaires dans les îles de Zante, Céphalonie et Candie. Féodor composa de Grecs et de Russes deux corps qu'il décora des noms de *légions occidentale et orientale de Sparte*. Tandis que l'une marchait vers l'Arcadie, l'autre vers Misitra (l'ancienne Lacédémone), lui-même languit au siége de Coron. La légion orientale, commandée par un jeune armateur, Psaros, descendit du Taygète, refoulant les Turcs, qui se jetèrent dans la forteresse de Misitra. Ils offrirent même de rendre les armes, sous la condition d'emmener leurs familles, et cette capitulation s'exécutait quand des pillards du Magne se jetèrent sur les musulmans et les massacrèrent. Les Grecs durent à leurs prêtres d'être ramenés au respect du serment; l'archevêque avec son clergé sortit précédé de la croix, et parvint à protéger les vaincus. Il réussit même à établir, de concert avec les primats, une sorte de gouvernement dans Misitra, devenu le rendez-vous des paysans grecs.

Cependant l'insurrection gagnait l'Arcadie; en Acarnanie, sur le golfe de Patras, la petite ville de Missolonghi commençait son histoire. Elle avertit les mahométans qu'elle contenait dans ses murs de se retirer, puis se mit en défense, et s'empara des îles voisines. Elle demandait un vaisseau à Féodor pour armer Lépante: elle ne put rien obtenir; et prévoyant dès lors qu'ils seraient livrés sans défense aux représailles de leurs ennemis, les habitants, hommes, femmes et enfants, s'embarquèrent pour gagner les îles voisines, propriété des Vénitiens. Ils furent pendant plusieurs jours violemment attaqués par des pirates musulmans, qui allèrent ensuite débarquer à Patras, également soulevée, et profitant de la nuit du vendredi saint, qui réunissait tous les habitants dans les églises, disparurent chargés de butin.

Pendant ce temps Féodor, à l'extrémité de la Morée, s'obstinait au siége de Coron, qu'il ne pouvait prendre. Son frère Alexis, qui venait de le rejoindre, avec le reste de la flotte, lui fait lever le siége de Coron, et abrite ses vaisseaux dans le port de Navarin. Il enjoint en même temps au jeune Psaros, le vainqueur de Misitra, de marcher sur Tripolitza, la vraie capitale de la Morée. Mais les Turcs avaient pris des mesures de résistance. Les pachas avaient lâché sur la Morée les Mahométans de l'Albanie, population féroce. Quinze mille d'entre eux entrèrent dans Patras, égorgèrent tous les hommes en état de porter les armes, et mirent le feu aux maisons. Mille cavaliers Albanais vinrent se joindre à la garnison turque de Tripolitza, et mirent à mort une partie de la population grecque. Une sentence du pacha infligea le même sort à l'archevêque et à plusieurs prêtres. Cette garnison ne se borna pas à mettre en fuite les troupes qui avaient essayé le siège de la ville, elle marcha vers le sud, et rencontra, dans le défilé de Nysie, Mauro-Mikali avec quatre cents Maïnotes. « Ce furent les Thermopyles de cette petite et fatale insurrection. Mauro-Mikali, retranché dans une bourgade qui occupe le milieu de ce défilé, combattit plusieurs jours, se défendit de maison en maison; couvert de blessures, et resté seul avec son fils enfant, il tomba dans les mains des Turcs. » (Villemain, p. 251.) Alors les troupes musulmanes, ralliant celles de Coron que Féodor avait abandonnées, marchèrent sur Modon, alors bloquée par les Russes, les chassèrent et s'emparèrent de leur artillerie.

De là elles poussent sur Navarin, où était renfermé Alexis Orloff. Les paysans grecs, avec leurs femmes et leurs enfants, qui n'étaient plus nulle part en sûreté, affluaient vers cette ville, où flottait le drapeau russe. Mais ils comptaient sans l'égoïsme de leurs alliés. Alexis fit fermer les portes de la ville, et du haut de la forteresse il put voir ces malheureux, traqués par les Turcs, se jeter pêle-mêle sur des barques pour gagner les rochers voisins, et n'échapper le plus souvent au massacre que pour sombrer sous les flots.

C'était partout la même déception. Un Armatole de la Livadie, Androutzos, était parti avec quelques centaines de compagnons et avait dépassé l'isthme. Arrivé en Morée, il ne rencontre que des Turcs et pas un allié. Il reprend alors le chemin de son pays, et confiant dans le respect qu'il inspirait, il demande au pacha de Tripolitza un firman qui l'assure de n'être pas inquiété dans sa retraite. Mais au moment de repasser l'isthme, il est assailli pas une nuée de Turcs et d'Albanais, et obligé de se rejeter sur l'Achaïe. Toujours poursuivi, et toujours combattant, privé de nourriture et de repos, il arrive au bout de quelques jours près de Vostitza, sur le golfe de Lépante. Là il est enfermé avec sa petite armée, et soutient dans son camp, pendant trois jours, un siége continuel. Enfin, par un prodigieux effort, que le désespoir conseilla et que l'épuisement de la faim semblait rendre impossible, il fait une sortie contre les assiégeants, les disperse, s'empare de leurs bagages, se jette sur leurs provisions, et entre dans la ville de Vostitza. Là il trouve quelques vaisseaux marchands des îles Vénitiennes, et s'y embarque avec les faibles restes de ses Pallicares.

Tel fut ce premier acte de l'insurrection excitée par les Russes; chez les Grecs, des faits d'armes isolés, stériles, faute d'ensemble et de direction; chez les Russes, une incitation perfide, et pendant l'action un concours dérisoire, qui ressemblait à une trahison. La czarine se montrait peu satisfaite du concours des auxiliaires qu'elle s'était donnés, et elle écrivait à Voltaire, alors confident de ses projets et de ses espérances : « Les Grecs, les Spartiates ont bien dégénéré; ils aiment la rapine mieux que la liberté ; ils sont à jamais perdus s'ils ne profitent point des dispositions et des conseils du héros que je leur ai envoyé. » (9 octobre 1770.) Si elle entendait parler d'Alexis Orloff, ce jugement singulier est un exemple des préventions qui obscurcissent si souvent la vérité contemporaine. Mais ne doit-on par s'étonner davantage qu'une reine comme Catherine ait pu croire qu'il suffisait d'un signal donné à une nation désorganisée depuis des siècles pour lui communiquer la force de se rétablir et de se sauver elle-même? Ne devait-elle pas comprendre qu'elle ne devait l'engager dans une entreprise aussi hasardeuse, que si elle avait l'intention et les moyens de l'aider à y réussir, et qu'une pareille tentative manquée devait entraîner une nouvelle ruine? Et quand même, à force d'audace et de persévérance, les Grecs eussent pu réussir à rester partout vainqueurs et à dicter des lois à leurs maîtres, était-ce un prix suffisant offert à ce prodige inespéré, que l'avantage de changer de domination et d'être les sujets d'un nouvel empire d'orient? Catherine demandait trop en échange d'une protection passagère et intéressée. Voltaire, qui ne concevait pas pour les Grecs d'autre renaissance que l'honneur d'appartenir à la Russie, pressentait du moins les malheurs qui allaient les accabler si la main de Catherine se retirait, et il lui répondait (le 12 octobre 1770) : « Que Votre Majesté me permette seulement de plaindre ces pauvres Grecs, qui ont le malheur d'appartenir encore à des gens qui parlent turc... Que deviendra ma pauvre Grèce? Aurai-je la douleur de voir les enfants du galant Alcibiade obéir à d'autres qu'à Catherine la grande? »

Les Grecs de la Morée ayant fait ce qu'ils avaient pu, se montrant épuisés et déjà cruellement convaincus de l'inutilité de leurs efforts, la guerre allait avoir un nouveau théâtre, la mer. Une nouvelle escadre russe avait paru dans la mer Egée, vers la fin du mois de mai. Elle était commandée par l'Écossais Elphinston, et se composait de trois vaisseaux de ligne et de trois frégates. Elle avait pris à son bord Alexis Orloff et les Grecs qui étaient auprès de lui à Navarin, les seuls qu'il déroba à la vengeance des Turcs, Benacki, Papapoulo, les évêques de Coron, de Calamata, de Modon. De son côté, le sultan avait équipé vingt vaisseaux de ligne. Dix croisaient dans l'Archipel; le capoudan-pacha se dirigea vers la Morée avec les dix autres. Il en détacha quatre pour porter dans Napoli de Romanie des hommes et des vivres. Avec les six derniers il rencontra Elphinston; mais à sa vue il s'enfuit honteusement. Un seul de ses vaisseaux osa combattre, et après une résistance prolongée, sut se dégager et se réfugier sous la protection des forts de Napoli. Le commandant de ce navire était le jeune Haçan-Bey, qui annonçait ainsi ses destinées. Elphinston se retira vers Cerigo (l'ancienne Cythère).

Haçan-Bey pressa le capoudan-pacha d'attaquer la flotte russe avec la totalité de ses forces; mais celui-ci, qui apprenait l'abandon où étaient laissés les insurgés de la Morée et les terribles représailles des Albanais, prévoyait que les Russes, de plus en plus dénués de ressources et de vivres, seraient vaincus sans combat, et il évitait toute rencontre. Cependant, s'étant mis à l'abri dans le canal qui sépare l'île de Chio de la côte d'Asie, et ayant été rejoint dans cette retraite par l'amiral ennemi, il ne put refuser l'engagement. Il rangea sa flotte en croissant le long du rivage, puis lui-même descendit à terre, où il resta pendant toute l'action. Son brave lieutenant, Haçan-Bey montait la capoudana, ou vaisseau-amiral, et commandait à sa place. Au bout de quatre heures de combat, il est abordé par le vaisseau amiral russe, les grappins sont jetés, une lutte corps à corps commence. Tout à coup le feu prend à la capoudana, et les deux navires sautent en même temps. Haçan-Bey échappe presque seul avec quelques officiers, et ne peut empêcher les autres vaisseaux, effrayés de cette explosion, d'aller se ramasser dans la petite baie de Tchechmé ou Tchesmé. Les Russes usèrent alors d'un moyen terrible, que les Grecs apprirent d'eux, et dont ils devaient se servir plus tard avec un effrayant succès. Ils lancèrent des brûlots, et les vaisseaux des Turcs, s'enflammant les uns les autres, dans l'étroit espace où ils étaient resserrés, vomissant les débris de leurs batteries, avec un bruit épouvantable qui ébranla Smyrne et qu'on entendit, dit-on, jusque dans Athènes, furent complétement anéantis. Un seul vaisseau ottoman, en fuyant l'incendie, tomba dans les mains des Russes. C'était dans la nuit du 6 au 7 juillet que se passait la catastrophe de Tchesmé.

Elphinston voulait profiter de ce succès inespéré et foudroyant pour forcer les Dardanelles, que le baron de Tott venait de fortifier à la hâte, et brûler Constantinople. Alexis Orloff, blessé de son ambition et de son bonheur, refusa son autorisation, et s'occupa à recueillir sur les côtes les débris de la flotte incendiée. Cependant les Turcs qui avaient échappé au désastre en montant sur des chaloupes s'étaient jetés sur Smyrne et y avaient massacré les chrétiens. Des Grecs vinrent demander secours à l'amiral Orloff; d'autre part, des consuls européens le supplièrent de s'abstenir de toute démonstration, de peur d'irriter encore les musulmans par ses attaques et de livrer à leur fureur la population européenne de la ville. Orloff resta inactif, et laissa partir Elphinston, qui, avec trois vaisseaux, passa l'Hellespont, et se borna à venir faire parader sa flottille jusque devant le port de Constantinople. C'était précisément le temps où le sultan Mustapha, qui venait d'apprendre la perte de cinquante mille hommes de ses troupes, défaites à Caboul par le général Romanzoff, inclinait à la paix que lui proposaient, comme médiatrices, les cours de Vienne et de Berlin. Cependant, pour rendre sa situation meilleure, il résolut de continuer la guerre. Catherine remportait partout des succès qui lui eussent permis de secourir plus efficacement les Grecs compromis pour elle. Maîtresse d'Azof, elle envoyait dans la mer Noire une flotte chargée d'intercepter les approvisionnements dirigés sur Constantinople par le Pont-Euxin, tandis que la flotte d'Orloff accomplirait la même tâche dans la mer Égée. Mais Orloff était dégarni de ses meilleurs soldats. L'Angleterre, commençant à redouter les succès de la Russie, avait redemandé ses officiers et ses matelots. Le siége de Lemnos, entrepris par Orloff, fut faiblement poussé, et dura trois mois. Haçan-Bey, parti des Dardanelles, débarqua, dans une nuit obscure, quinze cents hommes, ravitailla la place, et saisit d'effroi les assiégeants, qui se rembarquèrent. Orloff, abandonnant l'expédition, repartit pour l'Italie, et laissa seul l'amiral Spiritoff.

L'hiver suspendit les hostilités. Les Russes hivernèrent dans l'île de Paros, fortifièrent le port de Naussa, y construisirent des magasins, des forges, une église, et semblèrent vouloir y fonder un établissement durable. Mais en 1771, au retour des chaleurs, une épidémie se déclara parmi eux, et Spiritoff s'éloigna, livrant à eux-mêmes les Grecs qui étaient venus chercher un asile et du service auprès de l'armée moscovite.

Alors, dans cette année et celle qui suivirent, fondit sur la Grèce une grêle de calamités et de vengeances, d'autant plus terribles que le sultan, plus heureux du côté du Danube, sentait que l'abandon des Grecs par leurs alliés d'un jour était consommé (1). D'anciens priviléges furent perdus. Les montagnards de Candie, ceux qu'on appelait les Spacchiotes, étaient exempts depuis longtemps de tout autre tribut que quelques présents pour la sultane validé (reine mère, dirions-nous), et de la glace à fournir aux Turcs. Le pacha de l'île, mettant en avant des troupes ottomanes les Grecs de la plaine, pour leur servir de boucliers et recevoir les feux ennemis, pénétra dans les montagnes des Spacchiotes, et leur imposa le tribut. La Morée nagea dans le sang. Tous les cantons qui avaient accueilli les Russes furent saccagés; les Grecs pris les armes à la main furent mis à mort et un grand nombre de familles réduites en esclavage. Des religieux de Méga-Spiléon, qui, au début de l'insurrection, avaient recueilli des familles russes de la vallée de Calavryta et les avaient aidées à s'embarquer sur les bords de l'Achaïe pour le port de Crissa, obtinrent seuls quelques grâces, et rachetèrent des captifs. Les Turcs eux-mêmes ne pouvaient plus arrêter les excès; les Albanais, prétendant se payer par leurs mains de l'assistance qu'ils leur avaient prêtée, résistaient aux troupes envoyées contre eux, pillaient les Grecs et parfois les musulmans. Toute culture fut détruite, les oliviers furent arrachés. « En quelques années la population chrétienne, que l'on portait à plus de deux cent mille âmes, se trouva réduite au cinquième. » (Villemain, p. 261.) « Les exactions des Albanais, dit M. Pouqueville, furent poussées à un tel excès qu'ils contraignaient les paysans à prendre de l'argent d'eux au taux inouï de cinq pour cent par semaine. Ils les obligeaient à leur faire un billet du capital; et quand ils

(1) Catherine se plaignit encore de ses auxiliaires, et Voltaire lui écrivit (le 6 mars 1772) : « Mon autre chagrin c'est que les Grecs soient indignes de la liberté, qu'ils auraient recouvrée s'ils avaient eu le courage de vous seconder. Je ne veux plus lire ni Sophocle ni Homère, ni Démosthène. Je détesterais jusqu'à la religion grecque, si V. M. I. n'était pas à la tête de cette église. »

ne pouvaient plus payer les intérêts, ils les vendaient comme esclaves aux Barbaresques. Cet exemple de la traite des blancs, qui eut lieu pendant huit ans, dépeupla le Péloponnèse et n'excita les réclamations d'aucune puissance chrétienne. La Russie, qui avait sacrifié tant de malheureux, ne témoigna pour eux aucune commisération ; et comme il n'y avait alors de publicité par les journaux que pour le cérémonial des cours, l'Europe ignora les crimes d'une politique barbare. » (Pouqueville, *Histoire de la régénération de la Grèce*; Paris, F. Didot, 1825, 4 vol. in-8°; t. I, p. 52.)

Quand la paix survint entre la Russie et la Porte, il était trop tard pour fermer tant de plaies, et les exécutions ne s'arrêtèrent pas. Abdul-Hamid avait succédé depuis le 21 janvier 1774 à Moustapha III. Son grand-vizir Muhsin-Zadé, cerné dans les gorges du mont Hémus par Romanzoff, envoya demander au sultan l'autorisation de traiter, que celui-ci, résigné à la fatalité, accorda sans hésitation. Le *sérasker*, ou général en chef, signa en conséquence, le 21 juillet 1774, dans la ville de Kutchuk-Kaïnardji, en Bulgarie, un traité humiliant pour l'Empire Ottoman. Ce traité reconnaissait l'indépendance de la Crimée, accordait aux Russes la libre navigation dans les mers du Levant, leur cédait Azof et différentes places fortes, et reconnaissait le partage de la Pologne. Les Ottomans conservaient la Bessarabie, la Moldavie, la Valachie et les îles de l'Archipel encore occupées par les Russes. Quant aux Grecs, la Russie avait stipulé en leur faveur quelques conditions, qui ne leur furent pas une sauvegarde et qui ne semblaient faites que pour conserver à la czarine l'apparence d'une généreuse protection. Voici les principaux articles qui les concernaient :

« Art. 1. Dès à présent, et pour toujours, cesseront toutes les hostilités et l'inimitié qui ont eu lieu jusque ici, et toutes les actions et entreprises ennemies faites de part et d'autre par les armes ou d'autres manières seront ensevelies dans un éternel oubli, sans qu'il en soit tiré vengeance par quelque moyen que ce puisse être ; mais, au contraire, il y aura une paix perpétuelle, confiante et inviolable, tant de terre que par mer... Et en conséquence du renouvellement d'une amitié si sincère, les deux parties contractantes accordent respectivement une amnistie et pardon général à tous ceux de leurs sujets, sans distinction, qui se sont rendus coupables de quelque crime envers l'une ou l'autre des deux parties, délivrant et mettant en liberté ceux qui se trouvent aux galères ou en prison ; permettant à tous bannis ou exilés de retourner chez eux, avec promesse de leur rendre, après la paix, tous les honneurs et biens dont ils ont joui ci-devant, et de ne leur faire ni souffrir qu'il leur soit fait impunément aucune insulte. dommage ou offense, sous quelque prétexte que ce soit ; mais que chacun d'eux puisse vivre sous la garde et protection des lois et coutumes de son pays, ainsi que ses compatriotes.

« Art. VII. La Sublime Porte promet de protéger constamment la religion chrétienne et ses églises ; et aussi elle permet aux ministres de la cour impériale de Russie de faire dans toutes les occasions des représentations. tant en faveur de la nouvelle église à Constantinople, dont il sera mention à l'art. 14, que pour ceux qui la desservent, promettant de les prendre en considération comme faites par une personne de confiance d'une puissance voisine et sincèrement amie.

« Art. XVII. L'empire de Russie rend à la sublime Porte toutes les îles de l'Archipel qui sont sous sa dépendance ; et la sublime Porte, de son côté, promet 1° d'observer religieusement envers les habitants de ces îles les conditions stipulées en l'article 1er pour une amnistie générale et un complet oubli de tous les crimes commis ou seulement soupçonnés à l'égard de la sublime Porte. 2° Ni la religion chrétienne ni les églises ne seront exposées à la plus légère avanie ; aucun obstacle ne sera opposé à leur reconstruction ou réparation ; leurs prêtres seront garantis de toute insulte ou oppression. 3° Les habitants des îles ne seront pas obligés de payer la taxe annuelle pour tout le temps qu'ils ont été soumis à la Russie, ni pendant deux ans à dater du jour de leur rentrée sous l'obéissance de la Sublime Porte ; et ce à raison des grandes pertes qu'ils ont souffertes pendant la guerre. Afin de donner toute facilité aux familles qui voudraient transporter ailleurs leurs personnes, leurs établissements et leur fortune, et pour qu'elles puissent librement mettre ordre à leurs affaires, le terme d'un an est accordé pour cette émigration, à compter du jour de la ratification du présent traité. »

CHAPITRE II.

SUITES DU TRAITÉ DE KAÏNARDJI, JUSQU'A LA DÉCLARATION DE GUERRE DU DIVAN A LA RUSSIE.

(1774-1786.)

Les conditions du traité de Kaïnardji furent aussitôt violées que signées. Le divan proposa même d'exterminer en masse la race grecque. Le sultan Abdul-Hamid inclinait à cet avis; il en fut détourné par l'objection d'Haçan-Bey, devenu capoudan-pacha après l'expédition de Lemnos, qui lui représenta « qu'on perdrait par là le tribut du kharadj ». Haçan fut alors chargé d'aller lui-même reconquérir la Morée, avec l'ordre d'en tirer le même revenu que du temps où Sélim II avait réglé la capitation. Haçan commença par purger le pays des Albanais, contre lesquels il employa même les clephtes grecs. Ce fut une pacification à la turque. Les Albanais furent vaincus près de Tripolitza, et leurs têtes, tranchées par milliers, furent élevées en pyramides aux portes de la ville. Leurs dernières bandes furent exterminées dans le lit d'un torrent desséché, qui en conserva le nom de *Défilé du Massacre*. Les clephtes furent alors renvoyés à leurs montagnes; mais Haçan avait commencé par faire périr leur chef le plus fameux, Colocotroni, qu'il trouvait sans doute trop puissant pour un sujet.

Un historien très-attaché aux hospodars grecs prétend qu'un Grec de l'île de Micône, nommé Mavrojény, qui devait devenir hospodar de Valachie, et qui accompagnait alors Haçan-Bey comme interprète de l'amirauté, usa de l'influence considérable qu'il exerçait sur lui pour détourner ses fureurs des habitants du Péloponnèse et des îles, et les faire tomber uniquement sur les Albanais. Il est possible qu'il ait en effet intercédé pour une malheureuse population, si réduite et si épuisée qu'on eût su à peine comment la châtier encore ; mais on croira moins facilement ce qu'ajoute Rizo-Néroulos, qu'un caprice amoureux du padichah intéressa sa clémence, et que la fille d'un prêtre grec, choisie parmi les femmes réduites en esclavage pour être envoyées au sérail, promue par le succès de sa beauté au rang de cadine ou d'épouse, réclamée en vain par son père, renouvela auprès de son maître le rôle d'Esther auprès d'Assuérus (p. 93). On remarquera du moins que la manière dont cette jeune fille était passée des bras de son père dans ceux du sultan prouve que les Grecs n'avaient pas encore achevé l'expiation de leur défaite.

Du reste, le même auteur ajoute que « l'état du Péloponnèse après la catastrophe qu'il venait d'essuyer, était déplorable » (p. 95). Des familles entières émigrèrent, les unes dans les îles Ioniennes pour y chercher l'abri du gouvernement vénitien, les autres dans les plaines de Smyrne ou d'Éphèse, d'autres à Constantinople pour y faire le commerce de détail. Les quelques laboureurs qui restèrent au milieu de leurs champs dévastés furent chargés d'une taxe à laquelle ils ne pouvaient suffire. Sur tout le territoire de l'empire, les évêques, dont on redoutait l'influence et dont on oubliait la modération, furent dépouillés de leurs biens, qui passèrent aux mosquées. Les moines se montrèrent alors utiles, et se remirent à labourer la terre. Mais un dernier malheur vint combler tous les autres. La peste parcourut la Morée.

Les îles de l'Archipel furent moins désolées, parce que leur multitude divisait les coups de l'ennemi, et parce qu'elles fournissaient des marins dont le capoudan Haçan-Pacha sentit le prix. Les rochers d'Hydra sauvèrent un grand nombre de Grecs, qui commencèrent la prospérité maritime et commerciale de cette petite île. C'est de la même époque que datent les essais de navigation de Spezzia et d'Ipsara. Les Maïnotes, par leur vieille réputation de courage indomptable, arrachèrent, moyennant un léger tribut, le privilége de ne recevoir aucun Turc dans leurs montagnes; cependant, ils subissaient l'intervention du gouvernement et ses honneurs : leur chef dut être nommé par la Porte, avec le titre de prince de Maïna, *Magnat-Bey*, et aller recevoir à Constantinople son investiture des mains du grand-amiral, dont il dépendait. Enfin, les Péloponnésiens obtinrent par capitulation un dernier privilége, faible compensation de leurs malheurs ; la charge de gardien des défilés appelés *Derbent*, à l'isthme de Corinthe, leur fut réservée et occupée héréditairement par une de leurs familles.

Le 10 mars 1779, une convention explicative du traité de Kutchuk-Kaïnardji stipula en faveur des Grecs de nouveaux avantages commerciaux, dont nous verrons bientôt se développer les résultats. Les Grecs du continent, qui profitaient moins de ces avantages, attendirent, dans l'affaiblissement de leur échec et le marasme de la dépopulation, les événements extérieurs, et suivirent d'un œil intéressé l'établissement de Catherine en Crimée (1783). Trois ans après, une déclaration de guerre du divan à la Russie engagea de nouveau une partie des Grecs dans les hostilités qui renaissaient.

CHAPITRE III.

LES GRECS PENDANT LA GUERRE DE LA RUSSIE ET DE LA TURQUIE JUSQU'A LA PAIX DE JASSY (1786-1792). — ALI-PACHA ET LES SOULIOTES (1788-90). — EXPÉDITION DE LAMBRO-CANSIANI (1790).

Cette guerre était imminente, entre deux nations séparées par des prétentions antipathiques et une question qui n'avait pas été tranchée. Catherine venait de faire alliance avec l'empereur Joseph II ; la Porte recevait de la Prusse la promesse de tenir l'empereur en échec, tandis que l'Angleterre lui faisait espérer l'alliance de la Suède et de la Pologne. Entre ces deux puissances, dont l'une n'avait pas satisfait son ambition et rêvait de nouveaux empiétements, dont l'autre, forcée à la paix par ses revers, ne songeait qu'à reconquérir ses frontières perdues, une rupture était inévitable, et leurs alliances l'annonçaient. Il ne paraît donc pas nécessaire de substituer à ces causes naturelles les intrigues du grand-vizir Codza-Youssouf-Pacha, qui aurait cherché dans la guerre un moyen d'annuler l'autorité de deux favoris du sultan (1). Quoi qu'il en soit, le divan ayant, après la délibération d'usage, décrété solennellement la guerre, l'ambassadeur russe Bulhakoff fut envoyé au château des Sept-Tours. Peu de temps après, le baron d'Herbert, internonce d'Autriche à Constantinople, déclara la guerre à la Turquie de la part de l'empereur (1786).

Les deux cours unies contre la Porte allaient se servir contre elle des mêmes armes qu'autrefois, d'excitations occultes dans la population grecque. Les Serviens reçurent du cabinet de Vienne des proclamations libérales (1787). Catherine recommença à envoyer ses émissaires. Elle applaudit à la résistance énergique des Souliotes contre Ali-Pacha, à ce duel mémorable d'une petite peuplade et d'un gouverneur sanguinaire, dont nous devons raconter les premiers incidents et rappeler la cause.

Ali-Pacha, né en 1741, à Tébélen, en Albanie (2), appartenait à une famille mahométane de clephtes, et avait grandi au milieu des armes et des rapines. Il s'était de bonne heure acquis la renommée d'un chef hardi et aussi d'un maître inflexible. Il s'était emparé de sa ville natale après en avoir mis à mort les principaux habitants. Mais il prétendait à un pouvoir plus étendu, et son ambition était favorisée par l'état de division du pays et l'impuissance du gouvernement central. L'Albanie en effet était partagée entre des chefs de différentes sortes : des pachas qui tenaient une province du divan, en s'ef-

(1) Rizo, p. 90-101.
(2) Sur Ali-Pacha on peut consulter un mémoire de M. Bessières, commissaire aux îles Ioniennes ; sa *vie*, par M. de Beauchamp, 1 vol. in-8°, 1822 ; l'*Histoire d'Ali-Pacha*, publiée par M. Pouqueville, en 1820

forçant de s'y maintenir même contre sa volonté, et de père en fils, soit par intrigues, soit par violence; des beys, seigneurs feudataires, descendant des premières familles de la contrée, et converits à l'islamisme ; enfin, des *mutésellims* ou mousselims, envoyés par la Porte pour gouverner les villes. Ces chefs, dont le pouvoir était d'origine et de durée différentes, viager chez les uns, héréditaire chez les autres, chez les derniers délégué passagèrement, étaient ennemis réciproques et s'affaiblissaient mutuellement. Ali prétendait hériter de la puissance qu'ils se disputaient. Gendre du pacha de Delvino, une des provinces ou *sangiacs* de l'Albanie, il accusa son beau-père auprès du sultan, et le lui livra, comptant obtenir sa succession pour prix de sa trahison. Il échoua : peu de temps après, il donnait au nouveau pacha de Delvino sa sœur en mariage, puis le faisait assassiner. Il ne put encore obtenir ce qu'il demandait; un nouveau pacha, Sélim, fut nommé, et Ali médita un nouveau crime. Il accusa Sélim auprès du sultan Abdul-Hamid de favoriser les Vénitiens, et se fit charger par le sultan lui-même de se débarrasser de son rival. Il l'assassina en effet dans son palais, et s'installa dans le sangiac de Delvino.

Alors il se donne carrière. Il s'empare de vive force de Janina, capitale du sangiac situé à l'est de Delvino, et se fait reconnaître par le sultan. On dit qu'il avait fait voter les habitants, et qu'avant d'envoyer le scrutin à Constantinople il avait altéré en sa faveur e résultat des suffrages. Quoi qu'il en soit, fort de la faiblesse du gouvernement turc, qu'il avait éprouvée, maître d'une partie de l'empire et de la Thessalie, possesseur de trésors considérables, ne reculant devant aucun moyen, et faisant jouer tour à tour la ruse et la violence, il s'empare de la moitié méridionale de la Macédoine, de la plus grande partie de la Livadie (Phocide), de l'Acarnanie, d'Arta, de Prévésa, du sangiac de Tricala. Chargé de la police des routes, acquérant partout des fiefs et des domaines, il avait dans ses concussions une source inépuisable de revenus, dans ses revenus un moyen de doubler ses forces. C'est ainsi qu'à l'époque où nous sommes parvenus il possédait une armée de 10 ou 12,000 Albanais, et commandait à près de deux millions d'hommes, Grecs, Albanais et Turcs.

Cette grande puissance devait échouer longtemps contre les rochers escarpés de Souli. Cette montagne s'élève dans la partie de l'ancienne Épire appelée Thesprotie, à six heures de marche de la mer Ionienne, à sept heures du port de Parga. Elle est baignée et en même temps défendue par la rivière de Zagoura, qui la contourne, et, se joignant au petit fleuve que les anciens appelaient *Achéron*, va se jeter avec lui à la mer, près du petit port de Phanari. C'est dans cet asile qu'il y a plus de deux cents ans, dit-on, quelques familles de l'Épire s'étaient retirées pour échapper aux mahométans. Un chef Albanais, nommé Soulis, qui les persécutait, avait été, suivant la tradition, tué dans un combat sur le lieu auquel il avait laissé son nom, et qui devenait le centre de leur colonie. Elle n'avait pas tardé à s'étendre, et en 1788 elle comptait 560 familles. Elle avait bâti quatre villages, au cœur même de la montagne, et avait pour alliés soixante-deux villages environnants. Les Souliotes comprenaient plusieurs tribus, dont chacune choisissait son chef, et formaient ainsi une confédération démocratique. Leur constitution avait la simplicité primitive des anciennes républiques de la Grèce, c'était l'égalité de l'ignorance et de la pauvreté. Leur science n'étant guère que l'expérience des plus âgés, les vieillards étaient leurs conseillers et leurs juges, et toute leur éducation consistait dans le maniement des armes, la lutte et quelques chants militaires. Du reste, point de lois écrites, des traditions seulement, et nulle autre constitution que le droit de tout dire et l'obéissance au chef choisi. Leur langue maternelle était le grec; mais ils parlaient aussi l'idiome albanais. Ils portaient la chevelure longue, qu'ils avaient ordinairement blonde ; ils laissaient croître leurs moustaches dans toute leur longueur. Ils étaient en général au-dessus de la taille moyenne, tous sveltes, agiles, vigoureux, et leur santé était entretenue par leur sobriété. Les femmes soignaient les troupeaux, et partageaient aussi les épreuves de leurs maris. On les vit plus d'une fois porter les armes avec eux, ou, dans la paix, intervenir dans leurs querelles pour les apaiser. La tactique de ces hommes était celle des montagnards : se jeter en masse sur l'ennemi quand ses forces étaient égales, se diviser pour le harceler quand il était en nombre supérieur, et laisser des corps de réserve pour nourrir le combat et achever la défaite.

Ce fut en 1788 que pour la première fois Ali-Pacha s'attaqua aux Souliotes. Ceux-ci étaient encouragés par les émissaires de Catherine. Quelques clephtes de l'Épire et de la Thessalie leur prêtaient un concours plus effectif, et parmi eux brillait au premier rang Androutzos, dont nous avons vu l'effort désespéré dans le soulèvement de 1778. Cette diversion occupait un des pachas les plus puissants des Turcs, pendant que les succès de la Russie et de l'Autriche se poursuivaient sur les frontières de la Moldavie et de la Valachie. Le 7 avril 1789, le sultan Abdul-Hamid mourut; il eut pour successeur Sélim III, qui n'arrêta pas les succès des forces combinées de Souwaroff et du prince Saxe-Cobourg, et qui après la perte d'Ismaïlof (22 déc. 1790) se priva de son plus grand homme de guerre, en faisant décapiter Haçan-Pacha, le fameux amiral, devenu grand-vizir et sérasker (général en chef).

La Russie semblait tenir en réserve dans le port de Cronstadt une flotte qui, commandée par l'amiral Greig, pouvait recommencer l'expédition des Orloff et des Elphinston. Elle aima mieux essayer d'abord des forces des Grecs. On se rappelle ce Psaros qui, dans l'insurrection de 1770, s'était fait un renom par son expédition contre Misitra, et sa malheureuse tentative sur Tripolitza. Il avait été recueilli, après la guerre, par la Russie ; il fut chargé de préparer en Sicile et en Italie des armes et des munitions. Un autre Grec, d'une famille obscure, qui, après avoir été longtemps matelot sur des vaisseaux Turcs et sur des canots de pirates maïnotes, s'était distingué au combat de Tschesmé, avait été également adopté par la Russie, et élevé au grade de colonel. Cet homme nommé Lambro-Cansiani, avait la hardiesse du corsaire et le coup d'œil du capitaine. En 1790 il vint à Trieste pour se mettre à la tête d'une petite flotte armée par les Grecs. De riches négociants de Smyrne et de Constantinople avaient secrètement souscrit pour équiper cette flottille. Ce fut avec ces douze petits vaisseaux, portant pavillon russe, que pendant deux ans Lambro-Cansiani parcourut les mers de la Grèce, capturant les bâtiments de commerce des Turcs, attaquant même leurs vaisseaux de guerre, et inquiétant toute leur marine.

En même temps les Souliotes résistaient heureusement au pacha de Janina. Dans une action même le fils d'Ali fut tué et dépouillé de sa riche armure, dont les Souliotes voulurent faire hommage à Catherine, comme de dépouilles opimes. Trois députés furent envoyés à Saint-Pétersbourg. Ils furent accueillis avec honneur par l'impératrice, mais se plaignirent violemment de ses agents et particulièrement de Psaros, qu'ils accusèrent de dissiper l'argent destiné aux munitions de guerre. « Grande impératrice, lui dirent-ils, en demandant de la poudre et des balles, gloire de la foi grecque, c'est sous vos auspices que nous espérons affranchir du joug des barbares mahométans notre empire usurpé, notre patriarcat et notre sainte religion, indignement outragés. Donnez-nous pour chef votre petit-fils Constantin ; c'est le vœu de notre nation. La famille de nos empereurs est éteinte. » Catherine leur promit l'assistance qu'ils désiraient, et les conduisit auprès de ses petits-fils Alexandre et Constantin, dont ils baisèrent la main. Ce fut à ce dernier qu'ils rendirent principalement hommage, et le jeune Constantin leur répondit en langue grecque : « Allez, et que tout arrive ainsi que vous le désirez » (avril 1790) (3).

C'était en effet Constantin que la

(1) Cf. Villemain, p. 274. — Edw Blaquières, *Hist. de la Révolution actuelle de la Grèce*, traduite de l'anglais par le docteur Blaquières; Paris, Bossange, 1825, un vol. in-8°, p. 16. — Pouqueville, *Hist. de la Régén.*, t. 1, p. 90.

Russie montrait aux malheureux Grecs comme leur futur empereur. Son nom même avait été choisi pour le rendre populaire, et marquer ses destinées. Il avait été nourri par des femmes de Naxos; il était habillé à la grecque, parlait grec, et n'était environné que de jeunes Grecs. Auprès de lui avait été formé un corps de 200 cadets grecs, qui fournissaient des officiers au service de la Russie. C'était ainsi que Catherine le préparait à remplir dans Byzance le trône de l'empire d'Orient. C'était là le but de la guerre présente, but non désavoué, et Potemkin avait affiché les espérances de la czarine, quand, lors du voyage de cette dernière à Cherson, en 1787, il avait fait inscrire sur la porte occidentale de la ville les mots suivants en grec : *Ce chemin mène à Constantinople.*

Mais la révolution française lui donna d'autres soucis. Elle se trouva d'ailleurs privée de l'alliance de l'Autriche. L'empereur Léopold II, qui, le 20 février 1790, avait succédé à son frère Joseph II, signa avec le sultan Sélim III, le 4 août 1791, le traité de Szistow, par lequel l'Autriche cédait toutes ses conquêtes. Elle fit pour la province de Servie ce que la Russie avait fait pour la Morée, elle l'abandonna, en se retirant de la lutte, à la vengeance du Padichah. « Les généraux autrichiens, pendant qu'ils occupaient la Servie, avaient formé deux régiments de cette nation : étant sur le point d'évacuer le pays, ces généraux proposèrent une revue générale des troupes, et, d'après leur ordre secret, les deux régiments serviens furent placés entre deux divisions autrichiennes. A un signal donné, on leur enjoignit de mettre bas les armes. Ces régiments, au moindre mouvement, auraient été pulvérisés par les troupes autrichiennes; la résistance était donc inutile : ils furent désarmés. En vain conjurèrent-ils le général autrichien de les emmener avec lui, ou au moins de ne pas les livrer sans resource à la cruelle vengeance des musulmans; les troupes autrichiennes partirent en les abandonnant à leur sort. Ces deux régiments devinrent plus tard le noyau de l'insurrection servienne. » (Rizo, p. 117.)

L'année suivante la Russie consentit à la paix ménagée par la Prusse et l'Angleterre, puissances médiatrices. Le traité de Jassy, signé le 9 janvier 1792, donnait à la Russie la Crimée, et fixait le Dniester pour limite des deux empires. Les clauses du traité de Kaïnardji étaient renouvelées relativement aux nations valaque, moldave et grecque. Les Grecs n'avaient participé à la guerre que de leurs vœux; ils échappaient à la vengeance des Turcs. Ceux d'entre eux qui avaient pris les armes étaient de ceux qu'il fallait vaincre pour les punir : les Souliotes se retirèrent dans leurs montagnes; les clephtes retournèrent à leurs solitudes et à leur vie aventureuse. Androutzos, dont la renommée le compromettait davantage, essaya de passer en Russie. Mais comme il traversait le territoire de Venise, les autorités vénitiennes eurent la faiblesse de le livrer aux Turcs, et la Russie toute-puissante n'eut pas le souci de réclamer cet homme, qu'elle eût pu sauver d'un mot. Androutzos périt dans un bagne. Quant à Lambro-Causiani, quand il apprit par les agents de Catherine qu'elle avait signé la paix de Jassy, il leur répondit que *si l'impératrice avait conclu la paix avec les Osmanlis, il n'avait pas fait la sienne.* En effet, il continua à tenir la mer pour son propre compte, fut reçu dans le Magne, et s'y fortifia. Il alla jusqu'à troubler le commerce français, et Gaspard Monge, alors ministre de la marine de la république, ordonna de détruire ses armements. Il fut forcé, le 17 juin 1792, dans ses positions, se réfugia en Épire, de là à Trieste, puis à Saint-Pétersbourg, où Catherine lui donna le titre de brigadier de ses armées.

CHAPITRE IV.

NOUVELLE GUERRE ENTRE ALI-PACHA ET LES SOULIOTES.

(1792.)

Ali-Pacha laissait reposer les Souliotes depuis 1790. Mais il ne faisait que différer sa vengeance; et avec l'esprit de ruse qu'il mêlait à son caractère sanguinaire, il la dissimula sous les dehors de l'amitié. Annonçant une expédition contre une ville d'Épire, Argyrocastron, il demanda aux Souliotes un corps d'auxiliaires, et leur promit une solde double de celle qu'il accordait à ses troupes, parce que, disait-il, ils étaient deux fois plus braves. Les Souliotes, avec la hauteur que leur inspirait leur renommée, lui envoyèrent soixante-dix hommes commandés par Lambro ou Lampros-Tsavellas, lui faisant dire qu'il ne lui en fallait pas davantage pour être partout vainqueur.

Ali avec ses nouveaux alliés marche sur Argyrocastron. Un jour, il commande halte; Tsavellas et ses compagnons, qui, sans défiance, avaient déposé les armes, sont saisis et enchaînés. Le pacha garde auprès de lui Tsavellas, et fait enfermer les soixante-dix Souliotes dans Janina, puis il marche vers Souli. A son arrivée, il rencontre les habitants sur leurs gardes, et les issues partout fermées. Un des prisonniers des Albanais avait réussi à s'échapper, avait traversé, sous le feu des balles, la petite rivière qui baigne la montagne, et avait à temps averti les tribus. Ali-Pacha, irrité, s'en prend à Tsavellas, le menace des affreux supplices qu'il aimait à inventer, lui offrant cependant la vie s'il veut trahir les siens et lui livrer la victoire. Tsavellas, obéissant à une idée qui semble simple dans les temps comme dans les pays primitifs où la famille est sans hésitation sacrifiée à la patrie, propose de faire venir son fils Photos, âgé de dix-huit ans, et de le laisser à sa place en otage. Le pacha consent à l'échange; le jeune homme arrive sans retard, et son père retrouve la liberté. Il ne l'avait recherchée que pour sauver sa patrie et parce que, en toute conscience, il se jugeait plus utile à la cause commune que son fils. Il se hâta d'écrire au pacha la lettre suivante, qu'on dirait d'un guerrier d'Homère, autant par l'héroïsme belliqueux qu'elle respire que par la dureté naïve du sentiment :

« Ali-Pacha, je me réjouis d'avoir trompé un fourbe. C'est pour défendre ma patrie contre un brigand que je suis venu ici. Mon fils mourra; mais j'espère le venger avant de mourir aussi. Quelques Turcs comme toi diront que je suis un mauvais père de donner mon fils pour ma délivrance; mais je dis que si tu avais pris notre montagne, tu aurais tué mon fils, toute ma famille, tous mes compatriotes, sans que j'eusse pu venger leur mort. Si, au contraire, nous sommes vainqueurs, j'aurai d'autres enfants; car ma femme est jeune. Quant à mon fils, tout jeune qu'il est, il aura de la joie de mourir pour son pays; autrement, il ne mériterait pas de vivre, il ne serait pas mon fils. Il souffrira la mort avec courage; sinon, il ne serait pas un véritable enfant de la Grèce, notre patrie. Avance donc; traître; je brûle de me venger.

« Moi, ton ennemi juré,

« Tsavellas (2). »

Le jeune Photos, que son père croyait avoir sacrifié, échappa cependant à la mort. Ali-Pacha le réserva comme un précieux otage. Il était d'ailleurs inquiété lui-même par la Porte, et passa quelque temps à faire de nouveaux préparatifs. Enfin, à la tête de 22,000 hommes, il entre en campagne, et s'empare des villages de la plaine qui environne Souli. Mais la montagne était défendue par une vaillante population, réunie sous les ordres de Tsavellas et de Botzaris. Le 20 juillet 1792, les mahométans entrèrent dans le défilé qui conduit au village de Kiapha. Là, par une journée ardente, ils rencontrèrent les Souliotes. Ceux-ci se défendirent avec courage; mais ils étaient de beaucoup inférieurs en nombre, ils cédèrent et se retirèrent dans la montagne. Les Turcs les y poursuivent, mais les montagnards, perdus dans les bois et les rochers, se retournant tout à coup, font un feu meurtrier. Les femmes sortent de Souli, précédées de l'épouse de Tsavellas, Moscho, qui tenait un fusil d'une main, un sabre de l'autre, et portait son tablier plein de cartouches. Les ennemis sont arrêtés. Les Souliotes, laissant l'usage du fusil, les frappent avec le sabre, et précipitent leur déroute. Les femmes mêmes s'acharnèrent sur leurs traces; et les chants populaires de la Grèce nous représentent l'héroïne Moscho, entraînée dans sa course jusqu'à

(1) Voy. le texte original de cette lettre dans Pouqueville. (*Hist. de la Rég.*, t. I, p. 115.)

Kiapha, reconnaissant parmi les morts son neveu Kitzos, le baisant sur les lèvres, couvrant sa tête d'un voile, et lui adressant ce dernier adieu : « Cher neveu, je suis venue trop tard pour te sauver la vie ; mais je puis du moins venger ta mort en tuant tes meurtriers. »

Les Turcs et les Albanais avaient abandonné leurs armes et leurs bagages. Le fils du pacha, Véli, avait fui avec eux. Ali avait attendu dans la plaine l'issue de l'action. A la vue du désastre « il crève deux chevaux pour arriver à Janina. Il s'enferme dans son palais, et défend, sous peine de mort, que personne de la ville ne mette la tête à la fenêtre, de peur qu'on ne voie revenir ses soldats vaincus. » (Villemain, p. 281.) Quant aux Souliotes, ils célébrèrent leur victoire, et chantèrent le sabre de Tsavellas, « ce sabre ensanglanté du sang turc, qui fait porter des habits de deuil à toute l'Albanie, qui fait pleurer les mères sur leurs enfants, les femmes sur leurs maris. » (Chants populaires de la Grèce, recueillis par M. Fauriel.) Bientôt la paix fut négociée par l'intermédiaire d'un évêque grec. Le pacha céda aux Souliotes une portion de territoire, leur paya 100,000 piastres pour la rançon de leurs prisonniers, et rendit lui-même ceux qu'il avait faits, avec le jeune Photos. Pendant sept ans il devait respecter la petite peuplade qu'il avait trouvée invincible.

CHAPITRE V.

NAISSANCE ET DÉVELOPPEMENT DU COMMERCE DES GRECS.

Ainsi, pendant quelques années la nation grecque resta dans l'immobilité du repos, étrangère aux grands événements qui bouleversaient la France et remuaient toute l'Europe. Le contrecoup de la révolution française ne devait la frapper que plus tard, de secousse en secousse, par l'effet indirect de la répercussion des idées. Mais en attendant que les principes enseignés par la philosophie du dix huitième siècle, proclamés par la révolution française, répandus dans l'Europe par la propagande et par la guerre, vinssent toucher la Grèce et la transformer, un autre mouvement s'y produisait, qui préparait l'avenir. Je veux parler du développement de son commerce, qui prit naissance dans la dernière partie du siècle dernier, et alla s'accroissant sans cesse jusqu'à la guerre de l'indépendance (1).

Le commerce intérieur des Grecs n'avait jamais été actif dans ce pays pauvre et opprimé, entre leurs villages isolés et sur leur sol inégal, rocailleux, dénué de routes. Il s'était borné, comme l'agriculture, à répondre aux besoins journaliers d'une population simple et sobre. Le commerce extérieur avait toujours eu plus de vie. Les Grecs n'avaient pas perdu l'esprit maritime qui les avait distingués autrefois et semé autour de leur péninsule une armée de colonies. Longtemps ils n'essayèrent qu'un petit cabotage avec des *tartanes* ou barques à voiles latines ; mais ces simples communications entretenaient chez eux le goût de la navigation et conservèrent entre le continent et les îles l'esprit d'union nationale.

Le traité de Kaïnardji, si malheureusement méconnu par la Porte, devait favoriser le commerce maritime des Grecs. Il accordait à la Russie la libre navigation de la mer Noire et le droit d'avoir des consuls et des vice-consuls dans les échelles du Levant. Ces consuls étaient munis de *bérats* qui leur garantissaient la liberté du commerce, et qui s'étendaient à tous les employés et à tous les serviteurs de leurs maisons. Ils pouvaient même communiquer de semblables diplômes, qu'ils vendaient 3 ou 4,000 piastres. Or les Russes choisirent la plupart du temps pour consuls ou vice-consuls des indigènes, des commerçants grecs, mieux préparés à cet emploi que les Russes, par leur connaissance des langues et leur résidence dans le pays. Ces consuls profitèrent de leurs bérats pour leur commerce particulier, et en vendirent à

(1) Voy. Félix de Beaujour, *Tableau du Commerce de la Grèce*, formé d'après une année moyenne depuis 1787 jusqu'en 1797 ; Paris A. Renouard, 1800, 2 vol. in 8°. — De Ségur-Dupeyron, *La Marine marchande grecque dans l'Archipel*. Revue des Deux Mondes ; oct. 1839, t. XX. — Nous avons aussi beaucoup emprunté, comme en d'autres endroits, à l'excellent ouvrage de M. Ubicini, déjà cité.

leurs compatriotes; et c'est ainsi que l'on vit de nombreux bâtiments montés par des Grecs, et portant les couleurs de la Russie, parcourir librement les mers du Levant.

Ce furent les îles de l'Archipel qui profitèrent particulièrement de ces libertés. Le grand-amiral Haçan-Pacha, comme nous l'avons dit, les protégeait. Les vaisseaux qu'il faisait construire dans les chantiers de Constantinople par des ingénieurs européens étaient montés par des marins des Cyclades. Il alla jusqu'à faire donner le titre de prince à un des premiers citoyens de l'île d'Hydra, nommé Georges, et il établit l'usage, qui demeura respecté jusqu'à l'insurrection, d'assigner à un Hydriote la charge de premier pilote de la *capoudana*.

Les consuls, tant autrichiens que russes, favorisèrent aussi les exportations des Grecs du côté du continent. Les gouverneurs turcs avaient beau prélever leurs dîmes sur le pays et en accaparer les productions, la fertilité naturelle des provinces danubiennes fournissait encore au-delà des besoins des habitants. Les provinces de Valachie et de Moldavie étaient remplies de Grecs qui faisaient un commerce avantageux avec l'Allemagne, et surtout avec la ville de Leipsick.

Mais le commerce des Grecs consistait surtout dans le transport maritime, qu'on appelait la *caravane*, et pour lequel ils avaient adopté le système équitable et fructueux de la *navigation à la part*. La ville d'Ambelakia, en Thessalie, offrit le premier exemple d'une communauté industrielle partageant les bénéfices proportionnellement entre les capitalistes et les travailleurs. Un système analogue était employé dans la marine marchande. Des habitants des îles mettaient en commun de petites sommes avec lesquelles ils frétaient un navire, qui allait prendre du blé dans les ports de la mer Noire, et le transportait à Livourne, à Marseille ou à Gêne. Un voyage suffisait pour doubler le capital; au retour on partageait les bénéfices proportionnellement à la part engagée, et l'on construisait de nouveaux bâtiments. C'est ainsi que le nombre des navires marchands allait toujours croissant, que les seules petites îles d'Hydra, Spetzia et Ipsara en comptèrent jusqu'à trois cents, et qu'à l'époque de la guerre de l'indépendance la Grèce se trouva à la tête d'une marine.

« Rien n'était plus agile, plus hardi, plus infatigable que cette marine grecque. Les pères menaient avec eux leurs enfants dès l'âge le plus tendre; et après les fatigues de la manœuvre, debout sur le tillac, les tenant dans leurs bras, ils les instruisaient à connaître la mer, les étoiles, les côtes et les moindres écueils. Le jeune Grec ainsi dressé se jouait de la tempête; et dans ses chants il se comparait au dauphin qui bondit à la surface des flots. » (Villemain, p. 26.).

Le sultan Sélim III prit une mesure qui étendit encore et favorisa singulièrement le commerce maritime des Grecs. Il voulait couper court au trafic que la chancellerie russe faisait des bérats, et qui lui enlevait des sujets. En effet, les négociants grecs qui demandaient aux consuls de la Russie les diplômes de navigation et arboraient son pavillon, devenaient souvent aussi sujets russes, pour éviter les avanies, les confiscations et toutes les tracasseries des douanes ottomanes. Les diplômes français, hollandais, anglais, autrichiens, produisaient les mêmes abus. Pour y remédier le prince grec Démétraky Mourouzy, agent et frère de l'hospodar de Moldavie proposa à Sa Hautesse d'octroyer de lui-même aux raïas des privilèges égaux à ceux que leur faisaient payer les consulats étrangers. Sélim créa une compagnie de négociants grecs et arméniens *bérataires* ou privilégiés sous la dénomination de *négociants européens*. Ils devaient être traités par les douanes sur le même pied que les négociants étrangers, et étaient exempts du kharadj. Ils choisissaient parmi eux quatre députés pour administrer les affaires générales de la société, et juger en première instance les différends survenus entre les membres qui la composaient. De ce premier arbitrage ils pouvaient en appeler à la cour suprême du grand-vizir. Tels furent les privilèges accordés par Sélim, et qui furent observés jusqu'à la guerre de l'indépendance. Les négociants, attirés par ces avantages, renoncèrent peu à peu aux diplômes étrangers, et vinrent se ranger dans cette compagnie.

Leurs navires sillonnèrent la mer Méditerranée, depuis Alexandrie jusqu'à Constantinople, depuis Kherson et Taganrok jusqu'à Gibraltar. Quelques-uns même osèrent s'aventurer jusque sur les côtes de l'Amérique, jusqu'à New-York et à Washington. Ils eurent souvent à lutter contre les pirates algériens; mais ils s'armèrent de canons; et chaque matelot ayant dans la cargaison sa part de propriété, la défense était toujours désespérée, et ordinairement heureuse. Ils avaient aussi à défier la concurrence des Vénitiens, des Anglais et surtout des Français, qui à la fin du dix-huitième siècle dominaient la Méditerranée. Mais lorsque la révolution eut ruiné le commerce de Marseille, les Grecs en héritèrent presque seuls. Les famines réelles ou factices qui désolèrent la France appelèrent dans ses ports les blés de la Grèce et de la Crimée, et firent affluer son numéraire dans les mains des armateurs de l'Archipel.

« L'impulsion une fois donnée, dit un historien anglais, se communiqua avec une singulière rapidité. A Constantinople, Smyrne, Salonique, dans toutes les grandes villes de la Turquie, à Trieste, à Venise, à Livourne, à Gênes, à Marseille, à Londres, dans tous les principaux ports de l'Europe, on vit s'établir d'opulentes maisons grecques. La ville nouvelle d'Odessa, bâtie sur une steppe de la Tartarie, devint une place de commerce de premier ordre, aux trois quarts grecque. En 1816 le nombre de bâtiments appartenant à des sujets chrétiens de la Porte, armés dans les ports et les îles de la Thrace, de la Macédoine et de la Grèce, s'élevait à six cents, employant dix-sept mille matelots, et armés de 6,000 pièces de canon. Mais ce ne fut pas sur les côtes seulement que le commerce s'étendit; le mouvement se communiqua aux vallons fermés du Pinde, de l'Ossa, de Cyllène. Les manufactures de laine, de Thessalie et d'Épire, l'huile de Crète, les raisins de Corinthe, la soie et les autres denrées du Péloponnèse rapportèrent des sommes considérables et vivifièrent des contrées jusque là pauvres et négligées. On sait que le commerce contribue essentiellement aux progrès des connaissances et de la civilisation, et que les Grecs sont aussi désireux que capables d'apprendre. En général, la marche des connaissances est lente et graduelle; mais parmi ce peuple elle ressembla à une explosion soudaine; ce fut quelque chose de presque miraculeux, une révolution d'idées qui contrastait singulièrement avec le flegme et la patiente immobilité des autres raïas. A peine l'exemple avait-il été donné par quelques-unes des principales familles de Constantinople, à peine l'étendard avait-il été levé, et des secours avaient-ils été offerts par quelques riches marchands, établis à l'étranger, qui prenaient un vif intérêt à l'amélioration du sort de leurs concitoyens, que de tous côtés on vit surgir des écoles, des colléges, des bibliothèques. Dans la capitale, à Smyrne, à Chio, à Cydonie, à Janina, dans les moindres villes, la jeunesse grecque courait à l'acquisition de la science sous les auspices d'habiles professeurs; l'instruction pénétrait même dans les villages, et les lumières, emprisonnées jusque là dans les palais du Fanar et les cloîtres du mont Athos, s'étendaient rapidement à travers les provinces. Au milieu de cette diffusion de la richesse et de l'éducation, la voix du patriotisme, si longtemps oubliée, commença à se faire entendre, et la gloire passée de l'Hellénie non-seulement devint un thème familier au littérateur dans son cabinet, mais retentit aux oreilles du klephte sur les montagnes, du marin sur les eaux, et du commerçant derrière son comptoir. » (Gordon, *History of the Greek Revolution*; Introduction, p. 37.)

CHAPITRE VI.

MOUVEMENT INTELLECTUEL EN GRÈCE.

La renaissance commerciale qui s'opérait en Grèce entraînait avec elle une renaissance intellectuelle. Ce ne fut pas la première fois que la navigation servit la diffusion des lumières. Les négociants qui visitaient l'Europe y recueillaient les idées qui circulaient alors, et que la philosophie française avait répandues partout. Ils les rapportaient ensuite dans leurs foyers. L'intelligence ouverte de cette race, toujours douée, malgré son ignorance, de la même pénétration et de la même curiosité d'esprit, lui fit saisir avec rapidité et propager avec ardeur des connaissances et des principes si éloignés des préjugés immobiles et despotiques des Ottomans. Il y avait si longtemps qu'ils étaient étrangers à l'Europe! Rien de l'admiration et du respect classique qui s'attachait à leur antiquité ne rejaillissait sur eux. Seul, au dix-septième siècle, un écrivain qui a devancé tant d'idées modernes, Fénelon, avait eu un jour comme un accent de prophétie inspirée en parlant du pays qui lui inspira Télémaque : « La Grèce entière s'ouvre à moi ; le sultan, effrayé, recule ; déjà le Péloponnèse respire en liberté, et l'Église de Corinthe va refleurir ; la voix de l'apôtre s'y fera encore entendre. Je me sens transporté dans ces beaux lieux et parmi ces ruines précieuses, pour y recueillir avec les plus curieux monuments l'esprit même de l'antiquité. Je cherche cet aréopage où saint Paul annonça aux sages du monde le dieu inconnu. Mais le profane vient après le sacré : et je ne dédaigne pas de descendre au Pirée, où Socrate fait le plan de sa république. Je monte au double sommet du Parnasse ; je cueille les lauriers de Delphes et je goûte les délices de Tempé. » (Lettre manuscrite de Fénelon, datée de Sarlat, dans Bausset, vie de Fénelon, t. 1, p. 42.) Ce n'était là encore que l'élan d'un esprit exceptionnel.

Les voyageurs firent connaître plutôt l'état des ruines et les monuments de la Grèce que la condition du peuple qui l'habitait (1).

Les Grecs, considérés comme une nation morte et disparue, étaient confondus avec les autres sujets d'un empire mis au ban de la chrétienté. Si on les distinguait encore de leurs vainqueurs, on ne concevait plus pour eux l'indépendance. Voltaire, nous l'avons vu (1), n'osait rêver pour eux que la domination de la Russie. « Si vous étiez souveraine de Constantinople, écrivait-il à Catherine, Votre Majesté établirait bien vite une belle académie grecque : on vous ferait une cathériniade ; les Zeuxis et les Phidias couvriraient la terre de vos images ; la chute de l'empire ottoman serait célébrée en grec ; Athènes serait une de vos capitales ; la langue grecque deviendrait la langue universelle ; tous les négociants de la mer Égée demanderaient des passe-ports grecs à Votre Majesté » (14 sept. 1770). Dans sa correspondance avec Catherine perce un sentiment évident d'intérêt pour les Grecs et pour la conservation de leur nationalité ; mais éloigné d'eux comme il l'était par l'absence de rapports, par les dédains de la czarine et par l'indifférence générale, il n'est pas surprenant qu'il prenne trop facilement son parti de leur servitude. « Mais si, après avoir pris cette Chersonèse Taurique, écrit-il le 30 juillet 1771 à sa royale correspondante, vous accordez la paix à Moustapha, que deviendra ma pauvre Grèce, que deviendra ce beau pays de Démosthène et de Sophocle? J'abandonne volontiers Jérusalem aux Musulmans ; ces barbares sont faits pour le pays d'Ezéchiel, d'Élie et de Caïphe. Mais je serai toujours douloureusement affligé de voir le théâtre d'Athènes changé en

---

(1) Nous ne pouvons que citer les noms de ces voyageurs, Laguilletière, Pococke, Spon, Wheler, Chandler (*Travels in Greece*, Oxford, 1775-76, traduit par Servois et Barbier du Bocage, Riom, 1806) ; les travaux du marquis de Nointel, de Leroi, de Stuart, de Pars, sur Athènes ; et sur la Grèce en général les ouvrages plus récents de MM. Fauvel, Pouqueville (*Voyage de la Grèce*), F. Didot, le vicomte de Marcellus (*Souvenirs de l'Orient*), Léon Astouin (*Voyage en Grèce et dans les îles Ioniennes*, traduit en français, 1822), Dodwell (*A classical and topographical Tour trough Greece*), Waddington (*Visit to Greece*).

(1) Voltaire pourtant, avec la sûreté de son sens historique, s'était fait une idée juste de la situation des Grecs sous la domination ottomane, comme en témoigne ce passage de l'*Essai sur l'Esprit et les Mœurs des Nations* : « Les Grecs restèrent dans l'oppression, mais non pas dans l'esclavage ; on leur laissa leur religion et leurs lois, et les Turcs se conduisirent comme s'étaient conduits les Arabes en Espagne. Les familles grecques subsistent dans leur patrie, avilies, méprisées, mais tranquilles ; elles ne payent qu'un léger tribut ; elles font le commerce et cultivent la terre ; leurs villes et leurs bourgades ont encore leur protogéros, qui juge leurs différends ; leur patriarche est entretenu par elles honorablement. » (93.) Esquisse rapide, mais nette de la condition des Grecs, que nous avons essayé de retracer. V. le livre II.

potagers, et le Lycée en écuries........
Je comptais bien que vous feriez rebâtir Troie et que Votre Majesté Impériale se promènerait en bâteau sur les bords du Scamandre. Je vois qu'il faut que je modère mes désirs, puisque vous modérez les vôtres. »

Le premier écrivain qui combattit hautement l'indifférence de l'Europe fut le comte de Choiseul-Gouffier, ambassadeur de France auprès de la Porte, de 1784 à 1792. Dans un voyage fait en Grèce en l'année 1776, il avait été frappé de ce qui restait encore de ressources dans ce peuple oublié, et il chercha à rappeler à lui l'opinion dans l'ouvrage remarquable qu'il commença à publier en 1782 sous le titre de *Voyage Pittoresque en Grèce*. « Chez un autre peuple, disait-il dans son Introduction, je n'eusse été touché sans doute que d'un sentiment de pitié pour des hommes opprimés par la force et courbés sous le joug le plus pesant; mais ces esclaves n'étaient pas seulement des hommes, c'était la postérité des Grecs; et mon respect pour leur nom aggravait à mes yeux leur avilissement. Ce beau nom déshonoré, tant de gloire humiliée, écartant l'attendrissement qu'inspire un malheur sans opprobre, me révoltaient davantage contre leur lâcheté et leur abjection; c'est ainsi que l'intérêt même qu'ils m'inspiraient me portait à les juger avec trop de sévérité. Je ne pensais point assez à l'assemblage des causes, à l'enchaînement des circonstances funestes qui les ont accablés, et qui auraient dû les anéantir sans retour. Et depuis l'instant qui les soumit aux Romains quelle est l'époque où ils eussent pu recouvrer leur liberté? Plus on parcourt l'histoire, plus on voit qu'il n'en exista jamais aucune; le dirai-je, c'est depuis leur asservissement absolu, c'est depuis la prise de Constantinople par Mahomet II que leurs chaînes plus pesantes sont peut-être moins difficiles à rompre: l'instant qui a consommé leur servitude est peut-être celui qui les rapproche le plus de la liberté. L'espérance peut rester aux vaincus tant qu'ils ne sont pas mêlés sans retour avec leurs vainqueurs: ici tout sépare les deux nations: religion, mœurs, usages; tout se heurte, tout se combat sans relâche et peut-être pour jamais. Aussi est-ce depuis cette époque que leurs efforts pour sortir d'esclavage ont été plus fréquents et plus multipliés; c'est ce qui m'engage à réclamer contre le mépris qu'on leur prodigue et que je me suis senti si près de ne pas leur épargner moi-même. » Sa nomination à l'ambassade de Constantinople sembla témoigner dans l'esprit public une adhésion à ses sympathies et un retour en faveur des Grecs (1).

Un des symptômes qui révélèrent de la manière la plus évidente les relations d'idées qui commençaient à s'établir entre la Grèce et l'Europe fut, vers la fin du dix-huitième siècle, l'empressement des Grecs à traduire les plus remarquables productions de la France. Samuel, patriarche de Constantinople, traduisit de Voltaire l'*Essai sur l'Esprit et les Mœurs des Nations*, *Le Siècle de Louis XIV*, de Saint-Réal, l'*Histoire de la Conjuration des Espagnols contre Venise*. Alexandre Cancellarios traduisit l'*Histoire ancienne* de Rollin, Georges Emmanuel, les *Considérations sur les Causes de la Grandeur et de la Décadence des Romains*, Démétrius Morousi, la *Phèdre* de Racine, Jakovaki Rizos des tragédies de Voltaire. Deux versions furent faites du *Voyage du jeune Anacharsis*. Daniel Philippide traduisit la *Logique* de Condillac, la *Physique* de Brisson, la *Chimie* de Fourcroy, l'*Astronomie* de Lalande. Les sciences comptèrent des hommes distingués, Samuel, Eugène Bulgaris de Corfou, qui enseigna les belles-lettres, la théologie, les mathématiques et les sciences naturelles dans l'école du mont Athos; Nicéphore Théotoki de Corfou, qui finit ses jours, en Russie, évêque d'Astrakhan. L'amour des livres se répandait, les traductions imprimées à Vienne et dans les villes de l'Italie venaient peupler les bibliothèques publiques et particulières. Celle de Spathar Manos prit naissance à Constantinople.

En même temps les écoles se multi-

(1) En 1784, à la séance de l'Académie Française où Choiseul-Gouffier fut reçu, Delille lui un fragment de son poème de *L'Imagination*, alors en portefeuille, relatif au voyage en Grèce. Il y a à la vingt vers qui témoignent de l'effet produit par ce voyage et de l'intérêt qu'il provoquait en faveur des Grecs.

plièrent. Nous avons déjà vu que les Fanariotes en avaient fondé quelques-unes Les Turcs s'en méfièrent d'abord, puis n'y firent plus attention. Elles furent à la vérité plus d'une fois victimes de violences, qui se renouvelaient encore quelques années avant l'insurrection. On peut citer par exemple le fait suivant : « Le commandant turc de Dara, petit village de la Morée, passant devant une école à l'heure des leçons, fit arracher le *didascalos*, ou maître, du milieu de ses élèves, et lui fit donner la bastonnade : cela se passait à une époque où il eût été fort dangereux de se plaindre. Il arriva bientôt après que ce petit tyran tomba entre les mains des insurgés de Calavrita. » (Edw. Blaquières, p. 22.) Mais ce n'était pas là un système de persécution. Beaucoup d'écoles fleurirent. Les principales furent, outre celle de Constantinople, celles de Dimitzana en Morée, de Zagori sur le mont Pélion, de Vathopédi dans un des monastères du mont Athos. Dans le voyage qu'il fit en 1785, à la suite de Choiseul-Gouffier, le célèbre helléniste d'Ansse de Villoison, qui parcourut Smyrne, les îles de l'Archipel et les couvents du mont Athos, eut le plaisir de visiter dans l'île de Pathmos une école où lisait Homère et les grands tragiques (*Homeri Iliados Prolegomena*). Le lycée de Bucharest était fier, en 1795, de son professeur de belles-lettres Lambros Photiadis, qui forma à son tour Néophyte Doukas. Ali-Pacha lui-même avait permis d'ouvrir à Janina une école fondée par un riche négociant, Zoï Caplani, où l'on vit les jeunes Grecs de Souli et le propre fils de Tsavellas, jeune Photos, aller apprendre dans Plutarque l'histoire de la Grèce libre.

De toutes ces institutions, il n'y en avait pas de plus fameuse que celle qui s'était élevée à Cydonie, vers le milieu du dix-huitième siècle. Pauvre bourgade de l'Asie Mineure, désignée par les Turcs sous le nom d'Aïvali, située sur le bord de la mer, en face de Mitylène, elle ne connut d'abord d'autres avantages que la fertilité de son sol, la beauté de son ciel, son port tranquille, abrité par une ceinture d'îles parfumées. Un simple moine, nommé Æconomos, obtint de la Porte un firman qui érigea Cydonie en municipalité indépendante. Aussitôt sa population se décupla, son enceinte s'enrichit de monuments et d'habitations élégantes, le commerce y fit affluer les richesses. Un savant grec de Mitylène, Benjamin, voulut donner un complément nouveau à cette prospérité, et provoqua une souscription des plus riches habitants, qui servit à bâtir et doter un vaste collége, où lui-même occupa le premier la chaire des sciences, en 1790. En 1817 Pouqueville, séjournant à Cydonie, étudiait avec intérêt l'intérieur de cette institution, à laquelle il a consacré une page intéressante : « Ce collége, établi par les dons volontaires des principaux habitants de Cydonie, est devenu une institution, philanthropique, où la jeunesse de toute la Grèce est appelée à participer, sans aucune rétribution, aux leçons destinées primitivement aux enfants des fondateurs du collége. Le logement est fourni gratuitement aux élèves; et les jeunes gens studieux qui sont dans l'indigence trouvent, en servant de répétiteurs aux plus jeunes enfants, les moyens de pourvoir à leur subsistance, et peuvent continuer ainsi leurs études. Trois professeurs distingués par leur savoir et leur zèle ardent, Grégoire, Eustrate et Théophile, y enseignent les diverses branches des connaissances humaines. Ce dernier, à l'exemple des anciens Grecs, qui allaient chercher l'instruction dans les pays alors plus éclairés, vint en France se perfectionner dans l'étude des sciences exactes. Pendant les deux mois que je me renfermai dans ce collége, astreint au régime rigoureux que les Grecs observent pendant les quarante jours qui précèdent les fêtes de Pâques, dans lesquelles le peuple se livre encore aux jeux et aux exercices admirés jadis dans Olympie, j'ai été extrêmement frappé du zèle et du respect, on pourrait dire religieux, avec lequel ces jeunes gens se comportaient dans le collége à l'égard de leurs maîtres. Je trouvai dans cette petite colonie de Grecs instruits quelques jeunes gens qui, à ma sollicitation, entreprirent d'abandonner pour leur conversation le langage vulgaire, et firent revivre dans le collége de Cydonie le langage de Démosthène et de

Platon. Nos soirées se passaient agréablement à lire les auteurs anciens et à préparer la représentation de quelques-unes de leurs tragédies. J'ai appris depuis, avec un vif plaisir, qu'ils avaient continué de parler le grec ancien, et qu'ils avaient ainsi maintenu la promesse qu'ils me firent en partant, d'observer jusqu'à mon retour la loi que nous avions décrétée à cet effet, et qui fut inscrite sur le mur de la salle de nos assemblées. » (*Voyage en Grèce*, t. V, p. 137.)

Le collége était alors dans toute sa prospérité et comptait trois cents élèves; il contenait une bibliothèque et une imprimerie. Quatre ans après, la Grèce était en feu, et Cydonie n'existait plus.

Le commencement de ce siècle et la fin du dix-huitième ont été pour la Grèce l'époque d'une renaissance intellectuelle qui a précédé sa renaissance politique. Il s'est produit alors une émulation de savoir, une ardeur d'idées et de connaissances nouvelles, un goût pour les sciences de l'Occident et pour l'étude de l'antiquité nationale, comparable au merveilleux mouvement des esprits qui s'accomplit en Italie et en France au quinzième et au seizième siècle. Mais la renaissance grecque, si on peut s'exprimer ainsi, a eu ce caractère particulier qu'elle a été moins un retour au passé qu'un élan vers l'avenir. L'amour de l'érudition, de la science et des arts n'y a jamais été séparé de l'esprit de liberté, et l'antiquité elle-même n'a offert alors à la Grèce moins un objet de curiosité et de recherches que des exemples et des encouragements, l'image de son indépendance future et le témoignage des droits qu'elle tenait de l'histoire.

CHAPITRE VII.

RHIGAS. — CORAY.

Deux hommes personnifient noblement cette alliance du savoir et du patriotisme : Rhigas et Coray.

Rhigas était né en 1753 ou 1755, à Velestrina, petite ville de Thessalie. Il commença comme tous les jeunes Grecs qui voulaient acquérir par la fortune l'indépendance; il fit le commerce à Bucharest. Mais la passion des lettres se joignait à l'intelligence des affaires, dans cette tête ardente; et dans ses études même il aimait à joindre deux occupations différentes, la poésie et la géographie. Mais l'une et l'autre s'animaient pour lui de la même inspiration, celle de la liberté de sa patrie, et étaient tournées vers le même but. L'enseignement, première propagande, attira cet esprit expansif et impatient de communiquer ses idées avec ses connaissances. En 1790 il était professeur au lycée de Bucharest. Ce fut là qu'il commença à semer les germes d'une association qu'il destinait à soulever la Grèce. Ce fut une première hétairie (mais qui ne portait pas ce nom, et s'appelait plutôt *synomotie*), qui prépara celle qui devait être renouvelée en 1814 et en 1815 et amener l'insurrection. Rhigas y appelait les hommes influents et éclairés de la nation, des évêques, des négociants, des savants, des officiers, des primats, quelques étrangers, mais ceux-ci avec plus de difficulté. Par une défiance politique que n'imitèrent point ses successeurs, il se cachait surtout des Russes (1); mais il entretint des relations secrètes avec un gouverneur révolté contre la Porte, Pazvan-Oglou, pacha de Widdin.

En 1796, attaché au service du prince Michel Soutzo, hospodar de Valachie, il se rend à Vienne, d'où il comptait pouvoir, avec plus de liberté, presser son entreprise. De là il correspondait avec les membres de l'hétairie, et jusqu'en France, avec les autorités du Directoire. Mais il faisait plus encore par ses ouvrages que par ses communications secrètes. C'était alors qu'il faisait imprimer sa traduction du *Voyage d'Anacharsis*, et qu'il publiait un journal grec. Il faisait graver une grande carte de la Grèce, en douze feuilles, destinée sans doute à guider les opérations militaires. Mais rien ne toucha plus le cœur de ses compatriotes, que ses chansons écrites en langue vulgaire, devenues aussitôt populaires, et chantées jusqu'en présence des Turcs, qui ne les

(1) C'est ce que dit M. Ubicini, p. 82; mais M. Pouqueville dit qu'il appelait à l'insurrection tous ses compatriotes établis à l'étranger, dont on comptait 18,000 au service de la Russie. (*Hist. de la Rég.*, t. I, p. 133.)

comprenaient pas. On répétait partout : « Jusques à quand, ô braves ! Vivrons-nous dans les défilés, dans les bois, sur les montagnes, seuls comme des lions, et habiterons-nous dans les cavernes ? » Son imitation de la *Marseillaise* : *Allons, enfants des Grecs!* était chantée sur l'air irrésistible conçu par notre Rouget de l'Isle (1).

Cependant, il commençait à inquiéter la police autrichienne. En 1798 il était à Trieste, prêt à s'embarquer pour le Péloponnèse, quand il fut arrêté. Il se frappa d'un poignard, mais sa blessure ne fut pas mortelle, et avec huit Grecs, des principaux conjurés, il fut emprisonné à Semlin, place forte sur le Danube, vis-à-vis de Belgrade. En même temps l'internonce d'Autriche remettait au gouvernement turc une note sur cette affaire, et proposait l'extradition des prisonniers. Alexandre Mano, gendre et premier agent du prince Alexandre Hypsilantis, alors hospodar de Valachie, sollicité par les amis que Rhigas avait à Constantinople, accourut auprès du ministre de l'intérieur, Ibrahim-Nessim-Effendy, et lui persuada que ces hommes n'étaient que de simples négociants uniquement occupés de leurs affaires. Telle était l'insouciance et la cupidité du gouvernement de Sélim III, que le ministre turc promit de les sauver moyennant 150,000 francs. Cette somme ne put malheureusement être payée sur-le-champ. Les détenus furent livrés aux autorités turques et exécutés à Belgrade. On raconte que Rhigas, mené au lieu d'exécution les mains liées, se dégagea, grâce à la grande force corporelle dont il était doué, et en se défendant contre ses gardes, en frappa deux à mort, avant d'être de nouveau garrotté, et, comme ses infortunés compagnons, décapité et jeté dans le Danube.

Cette mort retentit dans toute l'Europe. Les hommes de la révolution française sentirent qu'ils venaient de perdre un de leurs coopérateurs, et le *Moniteur* lui consacra un article (2). On vit alors le divan, par une contradiction de politique qui caractérise ces temps, se défendre par la presse, et imposer au patriarche de Jérusalem, Anthime, un mandement adressé à tous les Grecs de la Turquie, apologie en forme de la légitimité de la domination ottomane. Cet écrit, qui porte comme l'impression naïve de la peur d'un vieillard, et qui était intitulé *Circulaire paternelle*, reposait sur ce singulier argument, que l'Église d'Orient avait besoin d'être protégée contre le schisme de l'Occident par la domination étrangère : « Le démon, y était-il dit, a suscité pour la perte des saints une nouvelle hérésie ; j'entends l'hérésie latine, d'où sont sortis, comme autant de rameaux, les luthériens, les calvinistes, les évangélistes et d'autres sectes sans nombre. Aussi convient-il que nous, chrétiens de prédilection, nous admirions la souveraine bonté de Dieu pour nous. Voyez quelles choses merveilleuses a préparées le Seigneur, infini dans sa miséricorde comme

comme auteurs d'écrits séditieux et livrés à la Porte comme sujets du grand-seigneur sur la réquisition de l'ambassadeur ottoman. Ils étaient liés deux à deux, et escortés par vingt-quatre soldats, deux caporaux, un officier supérieur et un commissaire. L'âme du parti auquel ces Grecs appartenaient était un certain Riga, riche marchand de Valachie, qui joignait à des connaissances extraordinaires une passion presque délirante pour l'affranchissement de sa patrie, jadis habitée par des hommes libres. L'ancienne littérature de la Grèce échauffait son imagination. Riga écrivait également bien en grec et en français ; il était à la fois poète et musicien. Sa plus agréable occupation était la géographie comparée. Il fit une carte de toute la Grèce, et il y désigna non-seulement par les noms actuels, mais encore par les noms antiques, tous les lieux célèbres dans les annales de l'ancienne Grèce.

« Quelque temps avant que la police de Vienne eût donné des ordres pour l'arrêter, Riga, averti par quelque pressentiment, s'éloigna de cette ville ; mais il fut pris à Trieste, où il se donna un coup de poignard. Son bras trahit sa volonté : le coup ne fut pas mortel. Il est au nombre des huit Grecs arrêtés, dont cinq seront livrés à la Porte ; les trois autres, en qualité de sujets de l'empereur, ayant été condamnés à un bannissement perpétuel.

« Parmi ces derniers se trouve Piétin, qui fit pendant quelque temps un journal grec et qui traduisit, avec beaucoup de succès, plusieurs ouvrages en grec moderne.

« Riga n'était pas seul à la tête du parti qu'il avait formé : il était puissamment secondé par Morojéni, neveu du hospodar qui s'est immortalisé dans la dernière guerre ; mais Morojéni, qui partit l'an passé, est tranquille à Paris, tandis que Riga marche au supplice. »

(1) V. le recueil des *Chansons de Rhigas* imprimé clandestinement à Jassy.
(2) *Moniteur*, primidi messidor an VI de la République française, une et indivisible (1798).
Turquie, de Semlin, le 12 prairial.
« Nous avons vu passer par cette ville les huit Grecs qui avaient été arrêtés à Vienne

dans sa sagesse, afin de conserver sans tache notre foi sainte et orthodoxe. Il a suscité la puissante domination des Ottomans à la place de l'empire romain, pour nous protéger contre l'hérésie, pour tenir en bride les nations de l'Occident et défendre son Église d'Orient. »

Un ami de Rhigas publia en réponse à cette pièce une *Circulaire fraternelle à tous les Grecs soumis à l'empire ottoman*, où il feignait de croire que le nom du patriarche était emprunté, et où il vengeait la mémoire de Rhigas et de ses compagnons (1).

C'est ainsi que finit Rhigas, au moment où il allait donner le signal du soulèvement, et entraîner peut-être par une tentative prématurée sa patrie dans de grands malheurs. Lui seul, avec quelques-uns de ses amis, fut victime de son entreprise. Il fut un de ces initiateurs qui se succèdent et échouent presque infailliblement tour à tour avant que leur cause triomphe. Il fut de ces hommes qui ont la part la plus ingrate des grandes révolutions, qui les essayent et meurent frappés dans leur échec, qui essuient les premières vengeances du pouvoir qu'ils attaquent et parfois même les flétrissures de l'opinion, qui encourent la honte du supplice sans être assurés encore de la gloire du dévouement, et finissent comme des conspirateurs avant d'être reconnus pour des martyrs.

Coray joua le même rôle que Rhigas; mais, moins homme d'action que de lumières, il se fit surtout une réputation d'érudit et de publiciste. Il n'eut pas à donner sa vie pour la cause qu'il servit, et mourut tranquillement à Paris, en 1833. La France était sa seconde patrie. Né à Smyrne, en 1748, de parents originaires de Chio, il commença par faire le commerce, comme Rhigas, comme la plupart des grands citoyens qui contribuèrent à régénérer la Grèce. Mais la France le retint : en 1782, à l'âge de trente-quatre ans, il se mit à étudier la médecine à Montpellier. Plus tard il se fixa à Paris. Il commença ses publications par la traduction française des *Caractères* de Théophraste (1799), et du *Traité des Airs, des Eaux et des Lieux* d'Hippocrate; mais il se fit connaître de ses compatriotes par sa traduction en grec moderne du *Traité des Délits et des Peines* de Beccaria, qu'il dédia à la république des Sept-Îles récemment érigée sous la souveraineté de la Porte. C'était un événement politique que cette divulgation d'un ouvrage qui allait apprendre à une nation victime de l'arbitraire du despotisme oriental les principes de la justice moderne.

L'année suivante Coray publia un mémoire intitulé : *De l'État actuel de la Civilisation en Grèce*; il y signalait les espérances nouvelles de sa patrie, et se révélait comme un de ses plus énergiques défenseurs. Puis se succédèrent des ouvrages d'érudition : en 1804 il édita les *Éthiopiques* d'Héliodore, en 1805 la *Géographie* de Strabon en commun avec Laporte-Dutheil; il commença sa *Bibliothèque Hellénique* (1807-1826, 17 vol. in-8°), imprimée aux frais des frères Zosimas, et entreprit, de concert avec le prince Démétrius Morousi et d'autres savants de sa nation, un grand dictionnaire de la langue grecque moderne. L'impression de cet ouvrage fut commencée en 1817, dans l'imprimerie patriarcale de Constantinople; mais l'insurrection étant survenue, il n'en parut que le premier volume (1821), allant jusqu'à la lettre Δ. Néanmoins, Coray a eu une grande influence sur la formation de la langue grecque, alors travaillée par deux systèmes. Les uns tendaient à enrichir la langue outre mesure et à la surcharger sans choix de mots étrangers, les autres affectaient de ne suivre pour guide que l'idiôme populaire. Coray popularisa un système intermédiaire, qui consistait à prendre pour base la langue vulgaire en l'épurant régulièrement, et en remplaçant successivement les mots français, italiens, allemands, turcs, par des mots formés selon le génie de la langue et dérivés de racines nationales. Ce système fut longtemps combattu et quelquefois exagéré. Plus tard on réclama en faveur des grâces de l'idiôme populaire et même des termes étrangers; on protesta contre le purisme des savants et contre une prétention excessive à l'atticisme (1); néanmoins, l'exem-

(1) Rome (Paris), in-8° de 58 pages.

(1) V. Tricoupi, *Hist. de l'Insurrection grecque*. t. I, p. 9.

ple de Coray prévalut et amena la langue à l'état intermédiaire où elle est aujourd'hui, voisine de la langue ancienne, mais assouplie aux besoins des idées modernes.

Cette influence de Coray ne fut pas exclusivement littéraire, dans un temps et dans un pays où les questions de langage devenaient des questions de patriotisme. Nous verrons d'ailleurs un peu plus tard Coray un des membres les plus actifs de la première hétairie, avec laquelle il correspondait sans cesse (1). Mais nous avons déjà anticipé sur l'ordre chronologique des événements. Nous devons reprendre la suite des faits politiques où les Grecs ont été mêlés, et rappeler les quelques traits de leur histoire pendant la durée de la révolution française.

CHAPITRE VIII.

LES GRECS PENDANT LA RÉVOLUTION FRANÇAISE.

(1792-1799.)

Tandis que toutes les anciennes monarchies de l'Europe se sentaient menacées par la révolution française et se liguaient contre elle, le sultan, qui ne prévoyait pas encore pour sa puissance un pareil danger, avait à lutter contre une anarchie intérieure. Il cherchait à opposer aux révoltes des janissaires, que soulevait à leur gré le fanatisme des ulémas, des troupes régulières. Il avait trouvé dans des coffres de livres qui lui avaient été légués par son père Mustapha III, trois volumes de Vauban avec cette note : « Que ces livres soient traduits et mis en pratique. » Il avait aussitôt voulu remplir le vœu de son père, avait confié la traduction des trois volumes de stratégie aux Grecs Constantin Hypsilantis et Jean Caradza, et après les avoir fait imprimer à Constantinople, en avait envoyé un exemplaire à tous les commandants des forteresses de son empire. A la même époque, l'ambassadeur envoyé à Vienne, en 1793, Ratib-Effendi, homme de talent et de savoir, s'éclairait sur la tactique européenne, et envoyait à son gouvernement des mémoires d'après lesquels on essayait de former une armée régulière.

Mais les janissaires, les ulémas, les sipahis (seigneurs féodaux), les pachas luttaient contre cette tentative de réforme, tantôt d'une manière occulte, par des incendies, manifestation fréquente de l'opinion en Turquie, tantôt par des révoltes ouvertes. Les Paswend-Oglou, les Tersenikly, les Ismaïl-Bey, les Ali-Pacha, dans la Turquie Européenne, étaient de véritables seigneurs indépendants, qui s'enrichissaient démesurément et n'envoyaient plus au fisc impérial qu'une faible part des impôts qu'ils prélevaient et du fruit de leurs immenses concussions. « En sorte, ajoute M. J. Rizo Néroulos, que le ministre des finances, nommé Tzéléby-Effendy, dit un jour confidentiellement à mon beau-frère Costuky-Soutzo, que les revenus de l'empire ne suffisaient pas pour tenir sur pied 40,000 hommes de troupes réglées. » (P. 125.)

Dans cette crise, le gouvernement turc s'occupait peu des orages lointains de la révolution; et cependant les armées de la république allaient pénétrer jusqu'aux portes de son empire. Nous ne devons que rappeler sommairement ici les fameuses campagnes de 1796 et 1797, de Bonaparte en Italie, la fondation de la république cisalpine, et l'entrée du maréchal Baraguay-d'Hilliers dans Venise. Le sénat s'était dissous à l'approche

---

(1) Pendant l'insurrection grecque, un des capitaines grecs les plus influents, Odyssée ou Ulysse, lui écrivit d'Astros pour l'inviter à venir aider de ses conseils sa patrie, alors agitée par la discorde, et à prendre part de sa personne aux épreuves communes : « La patrie vous réclame, lui disait-il; elle réclame avec vous tous nos compatriotes éclairés. Rassemblez-les donc autour de vous, et venez prendre part au plus juste, au plus légitime de tous les combats qui aient jamais existé dans le monde..... » (20 avril 1823. La lettre ne fut expédiée que le 24 février 1824). Coray répondit en insistant sur la nécessité de la concorde. Du reste il s'excusait sur son grand âge de ne pas satisfaire au vœu de celui qu'il appelait son fils. Pour des avis, il renvoyait aux hommes éclairés qu'offrait la Grèce; pour de l'action, il s'en déclarait incapable. « Si j'étais dans l'âge propre aux combats, je courrais sans hésitation m'enrôler et combattre sous les ordres d'Odyssée. Mais apprenez, mon général, si vous ne l'avez point appris, que depuis le 27 avril dernier je suis entré dans ma soixante-dix-septième année, et de plus que je suis goutteux; je suis donc certain que vous n'avez pas besoin de pareils soldats. » (Paris, le 1er juillet 1824.)

des Français ; la république de Venise porta la peine de la neutralité qu'elle avait gardée entre les deux ennemis qui se disputaient l'Italie; par le traité de Campo-Formio (17 oct. 1797), elle fut livrée à l'Autriche en échange des États belges et lombards. Ses possessions dans la mer Ionienne et le territoire de Parga furent cédés à la France. Depuis le 27 juin 1797, le général Gentilly occupait les îles connues sous le nom des Sept-Iles ou des Iles Ioniennes, dont les principales, en effet au nombre de sept, étaient Corfou, Paxo, Sainte-Maure, Thiaki, Céphalonie, Zante, Cérigo (1). Après la paix de Campo-Formio, elles formèrent les trois départements d'Ithaque, de Corcyre et de la mer Égée. Le détachement du général Gentilly était sous les ordres du général en chef de l'un des corps d'armée d'Italie, Alexandre Berthier.

De ce poste avancé de la république française partaient des émissaires qui allaient exciter l'esprit des Grecs, toujours ouvert à ces instigations et toujours trop disposé à prendre les promesses pour des engagements. Des seigneurs musulmans même étaient sollicités, et flattés dans leur esprit d'insubordination ou dans leur jalousie contre Ali-Pacha. Les Grecs étaient attirés par le prestige d'un vaste projet. Il s'agissait d'attaquer à la fois l'empire turc sur tous les points; à l'ouest, de débarquer des troupes françaises dans la province de Chimæra, et sur la côte de Parga, pour soulever l'Albanie; à l'est de faire une descente par le golfe de Volo, pour appuyer les guerriers du mont Olympe, tandis qu'au sud Maïna donnerait au Péloponnèse le signal de la guerre. Mais l'expédition d'Égypte donna à la France d'autres soins et à la Porte de nouvelles inquiétudes.

Le sultan suivait les préparatifs maritimes qui se pressaient dans le port de Toulon (mai 1798), et les attribuait à l'intention de soulever l'Épire et la Morée. C'était pour faire face à cette expédition qu'il avait fait augmenter sa marine et monter ses navires à l'imitation de l'Europe, sous la direction de son habile amiral Kutchuk-Hucéin-Pacha. Quand Bonaparte, sorti de la rade de Toulon, le 19 mai 1798, eut débarqué en Égypte, Sélim, irrité et surpris, fit enfermer aux Sept-Tours Ruffin, le chargé d'affaires français, répandit dans les forteresses de l'Asie Mineure et du littoral de la mer Noire tous les Français qui se trouvaient dans ses États, confisqua leurs biens et leurs marchandises, et se hâta de conclure une double alliance avec l'Angleterre et la Russie.

Le général Bonaparte, au moment d'entreprendre l'expédition sur laquelle il fondait l'espérance de sa prochaine élévation, n'avait pas négligé de se concilier les Grecs; il leur écrivait d'Italie; voici une de ses lettres, adressée aux chefs des Maniotes.

« Le général en chef de l'Italie au chef du peuple libre de Mania.

« Citoyen,

« J'ai reçu de Trieste une lettre dans laquelle vous me témoignez le désir d'être utile à la république française en accueillant ses bâtiments dans vos ports. Je me plais à croire que vous tiendrez votre parole avec cette fidélité qui convient à un descendant des Spartiates. La république française ne sera point ingrate envers votre nation.

« Quant à moi, je recevrai volontiers quiconque viendra me trouver de votre part, et ne souhaite rien tant que de voir régner une bonne harmonie entre deux nations également amies de la liberté. Je vous recommande les porteurs de cette lettre, qui sont aussi des descendants des Spartiates : s'ils n'ont point fait jusque ici de grandes choses, c'est qu'ils ne se sont point trouvés sur un grand théâtre.

« Salut et fraternité !

« BONAPARTE (1). »

En Égypte Bonaparte enrôla quelques centaines de Grecs, mais les habitants des îles et du Péloponnèse ne firent rien pour le seconder; quelques-uns même profitèrent de la guerre pour s'enrichir, et des marins de l'Archipel

---

(1) Voy. J. Lacroix, *Les Iles de la Grèce*, p. 613 sqq.

(1) (Cité par M. Alexandre Soutzo, *Histoire de la Révolution grecque*, Paris, F. Didot, 1829; 1 vol. in-8°, p. 8.)

servirent leur intérêt et celui de la Turquie en coupant les convois de l'armée française en Égypte.

Bonaparte avait fait aussi avec Ali-Pacha une alliance dangereuse. Celui-ci commença par se faire payer chèrement sa bonne volonté. Depuis longtemps il était défendu à toute embarcation portant pavillon turc de paraître dans le détroit qui sépare Corfou de la côte de l'Albanie. Ali-Pacha exigea, comme condition préliminaire, la permission de faire passer le détroit à ses barques armées. A peine l'eut-il obtenue, que, le jour de Pâques de 1798, il débarqua des troupes dans Agi-Vasili et Novitza, deux petits ports de mer habités par des Grecs. Les habitants furent massacrés ou transportés dans la plaine de Triccala. De là Ali-Pacha se porta sur Porto-Palermo, dont il s'empara également, ainsi que de la pêcherie célèbre d'Agi-Saranda.

Le gouvernement Turc ne songea pas à lui disputer ces conquêtes. Le cruel pacha s'agrandissait de la tolérance de ses alliés et de la peur de ses ennemis. Les deux puissances européennes qui formaient avec la Porte la triple alliance avaient voulu donner au sultan un gage d'amitié en lui promettant quatre villes florissantes, toutes peuplées par des Grecs, et qui avaient fait partie des possessions vénitiennes. Ce fut Ali-Pacha que l'on chargea de l'exécution de ce marché, qui livrait, pour un arrangement passager de la politique, des chrétiens à des musulmans, une population heureuse et inoffensive à un despote sanguinaire. Ces quatre villes, favorablement situées sur le bord de la mer, étaient, du nord au sud, Buthrinto, Parga, Préveza, Vonitza. Ali-Pacha s'élança d'abord sur Préveza, qu'il prit d'assaut, malgré une résistance acharnée des Grecs et des Français (1). Les habitants furent massacrés ou vendus pieds et poings liés. Buthrinto et Vonitza se rendirent à discrétion. Parga seule fut sauvée, du moins pour cette fois. Secourue par les Souliotes, elle refusa toutes les offres de capitulation que leur fit le pacha, intimidé de la contenance

de ses défenseurs. Prévoyant même un échec, il se retira.

En même temps une flottille était envoyée par la Porte et par la Russie contre les îles Ioniennes. Cérigo, Sainte-Maure, plusieurs petites îles environnantes cédèrent après de belles défenses. Corfou capitula le 3 mars 1799; les garnisons françaises se retirèrent, et le 21 mars 1800 un traité conclu entre la Russie et la Porte constitua en république les sept îles Ioniennes et leurs dépendances, en les plaçant sous le protectorat du sultan, auquel elles payèrent tribut. Outre cette singularité d'une république placée sous la suzeraineté de l'empire musulman, l'article V réservait à la Russie le droit de tenir garnison, pendant toute la durée de la guerre avec la France, dans les ports et forteresses des sept îles. Ce n'était pas la dernière des vicissitudes réservées à ce petit État.

CHAPITRE IX.

NOUVELLES GUERRES ENTRE ALI-PACHA ET LES SOULIOTES.

(1800-1803.)

Cependant Ali-Pacha, parvenu à la puissance d'un chef d'empire, était impatient d'anéantir cette petite confédération des Souliotes, qui entretenait au cœur de son gouvernement un foyer d'indépendance. Quoiqu'il les laissât reposer depuis huit ans, il n'avait pas oublié que naguère encore, au siège de Parga, il les avait rencontrés parmi les défenseurs de ses ennemis. Au commencement de l'année 1800, il concentra des forces extraordinaires, plus de vingt mille hommes. Les Souliotes, qui se méfiaient de ces préparatifs, n'avaient à lui opposer que 1500 hommes. Tsavellas était mort depuis quelques années; un autre de leurs capitaines Georges Botzaris, gagné par l'or du pacha de Janina, s'était retiré avec sa tribu, qui comptait près de 200 soldats.

L'armée mahométane se réunit à Janina, puis se divisa en plusieurs corps pour attaquer Souli sur tous les points. Ils furent repoussés dans leurs assauts. Photos, le fils de Tsavellas, comman-

(1) Voyez les détails dans Pouqueville, *Hist. de la Rég.*, t. I, p. 159 sqq.

dait les montagnards. On le vit à la tête de 200 hommes en arrêter 1200, puis, la nuit même de cette action, profitant d'un orage terrible qui épouvantait les Turcs, mais dont il se jouait, tomber dans le camp ennemi et y semer la mort. Les troupes des seigneurs albanais qui accompagnaient Ali-Pacha commencèrent à se débander, et ne purent être retenus par sa solde avantageuse. Alors Ali, désespérant de prendre d'assaut la montagne, entreprit de la bloquer comme une ville forte, rassembla à prix d'or ou à force de menaces les paysans d'alentour, et fit construire autour de Souli douze tours fortifiées.

Enfermés ainsi dans leurs rochers stériles, les Souliotes sortirent la nuit par petits corps, et subsistèrent des vivres qu'ils ravissaient par force ou par surprise. Ali offrit la paix, et demanda pour gage de la suspension des hostilités vingt-quatre otages, qui lui furent accordés. Mais à peine les avait-il reçus, qu'il les fit jeter en prison, et somma les Grecs de se rendre. Ceux-ci refusèrent de nouveau. Ali promit cinq cents piastres pour chaque tête de Souliote, les Souliotes répondirent en promettant à chacun d'entre eux dix cartouches par tête d'infidèle.

Neuf mois se passèrent dans ces négociations et ce blocus. Les assiégés commençaient à souffrir de la disette. Ils furent réduits à se défaire des bouches inutiles, et conduisirent heureusement à Corfou une troupe de vieillards et d'enfants. Ils ne se nourrissaient plus que d'herbe sauvage, de glands de chêne et d'écorce qu'ils faisaient bouillir avec un peu de farine. Ces misérables aliments devinrent eux-mêmes trop rares. Alors, par une nuit obscure, un détachement composé de 400 hommes et de 170 femmes trompa les postes musulmans, et fit huit lieues pour se rendre à Parga, où ils se reposèrent de leurs fatigues, rassemblèrent des vivres, rentrèrent dans la montagne sans être aperçus, et revinrent rendre des forces et de l'espoir à leurs compatriotes épuisés.

Ali apprit ce coup de main, et il en fut exaspéré. Il fit mettre à mort quelques agas de son armée, qu'il soupçonnait d'être en relations secrètes avec ses ennemis. Ces exécutions ne firent que lui aliéner ses alliés. Le pacha de Bérat, le pacha de Delvino, l'aga de Paramythia et l'aga de Conispolis, s'allièrent aux Souliotes et retirèrent leurs soldats. Le pacha de Janina recourut de nouveau à la ruse, sur laquelle il comptait davantage à mesure qu'il voyait ses armes impuissantes. Il se rendit maître de six otages que les Souliotes avaient livrés au Pacha de Delvino, leur récent allié, en fit pendre quatre, réserva les deux derniers, l'un fils de Dimos, capitaine fameux, l'autre frère de Photos; puis il fit savoir aux Souliotes que ce gage lui répondait de leur soumission. Les *chants populaires* de la Grèce nous retracent la conduite de leurs compatriotes en cette circonstance. Photos et Dimos appellent le peuple à l'église, et disent au protopapas:

« Maître, chante l'office des morts pour eux tous, pour ces six braves. Les deux comme les quatre, nous les comptons pour tués: ni le tyran n'accorde la vie aux Souliotes, ni un Souliote dans les mains du pacha n'est réputé vivant. »

Et l'on célébra le service funèbre.

Tout à coup la guerre fut suspendue: Le pacha d'Andrinople venait de se révolter. Le sultan avait chargé Ali de l'aller réduire. Les Souliotes, délivrés, réparèrent leurs forces et recueillirent de nouvelles ressources pour une reprise d'hostilités qu'ils prévoyaient. En effet Ali ne tarda pas à reparaître (1803); il offrait encore la paix. Malheureusement les rivalités, nées dans Souli du repos de la trêve, rendaient ses intrigues plus dangereuses. Cette petite république offrait parfois les divisions des républiques antiques, comme elle en offrait le patriotisme enthousiaste. Un moine, nommé Samüel, personnage mystique qui se faisait appeler le *jugement dernier*, et qui commentait l'Apocalypse dans ses prédications guerrières, avait acquis une grande autorité. Il s'était fait donner avec le titre de *polémarque* la garde des vivres et avait fait bâtir, pour y garder les positions, un fort entre Kiapha et Souli. Photos commençait à avoir des ennemis. Le fils de ce Georges Botzaris qui avait abandonné sa patrie, Marco, qui devait jouer un rôle si honorable dans l'insurrection de la Grèce, et qui sans doute s'était fait un parti, demanda le bannissement de Photos. Il fut accordé par l'assemblée. Photos, comme Aristide, se sacrifia, parut dans l'assemblée, dit adieu à ses concitoyens, mit le feu à sa maison avant de la quitter, et se retira. Le pacha de Janina compta exploiter son dépit, lui promit de le venger et lui proposa une mission chez les Souliotes. Photos ne l'accepta que pour avertir une dernière fois ses compatriotes, vint les raffermir dans la résolution de ne rien accorder aux négociations, puis esclave de la parole qu'il avait donnée à son perfide protecteur, il vint se remettre en son pouvoir. Celui-ci savait dès lors qu'il ne pouvait espérer de corrompre cet homme inflexible; il le fit charger de chaînes. Nous prononcions tout à l'heure le nom d'Aristide; ici ne faut-il point rappeler Régulus? Et n'est-il pas digne de l'immortalité, ce chef d'une petite bourgade, qui rassembla dans sa vie obscure deux traits par lesquels l'histoire a personnifié la grandeur d'âme?

Cependant, la guerre recommença avec une activité qui en annonçait la période dernière et décisive. Les deux fils du pacha de Janina, Mouktar et Véli, pressaient le siège de la montagne, et refoulèrent les Souliotes sur leurs derniers retranchements. Ces derniers commençaient à manquer de vivres, et du haut de leurs rochers, pour se procurer un peu d'eau, laissaient tomber des éponges attachées à de longues cordes, dans la rivière qui coulait au-dessous d'eux. La corruption, qui se glissa parmi eux, hâta leur perte. Deux capitaines, dit-on, séduits par quelques centaines de piastres, cachèrent dans leur maison deux cents Albanais qui, au lever du jour, surprenant par derrière les Souliotes attaqués en même temps par leur tête, les mirent en déroute. Le 25 septembre 1803 les Turcs étaient maîtres de Souli. Bientôt deux autres villages tombaient, et il ne resta plus aux montagnards que Kiapha, et le petit fort où s'était enfermé le moine Samuël.

Photos, usant encore une fois d'une ruse qu'on s'étonne de voir réussir de nouveau auprès du méfiant Ali-Pacha, lui propose d'aller dans Kiapha pour en retirer les guerriers de sa tribu. Arrivé à Kiapha, il demanda à conduire dans Parga les vieillards, les enfants et les femmes, et à revenir ensuite prendre rang parmi les défenseurs de son pays. Mais les intrigues des Turcs les décimaient plus que leurs armes. On apprend que la tribu de Zervas s'est éloignée, et ce qui reste d'assiégés est obligé de se joindre au moine Samuël dans le dernier repaire qui leur reste.

Là les Souliotes se soutinrent encore, et combattant les Turcs non plus seulement avec le feu de leurs fusillades, mais aussi avec les énormes quartiers de roc qu'ils faisaient rouler sur eux, ils se montraient encore redoutables. Mais la faim, la soif plus horrible que la faim, rendait une plus longue résistance impossible. Pendant sept jours, dit-on, ils supportèrent la privation d'eau. Enfin ils offrirent de se retirer avec leurs armes.

Véli, fils du pacha, n'osa demander davantage, et le 12 décembre 1803 il signa une capitulation qui accordait aux Souliotes la liberté de se retirer où ils voudraient avec leurs armes et leurs biens, et leur offrait même des terres dans l'Albanie. Le moine Samuël et quatre Souliotes refusèrent de profiter de cette capitulation. Samuël, assis sur un caisson de poudre, attendit l'entrée des officiers du pacha, et se fit sauter avec tous ceux qui étaient auprès de lui.

Cependant, les Souliotes défilaient, accompagnés de leurs femmes et de leurs enfants. Ils se séparèrent en deux bandes; l'une conduite par Photos et Dimos arriva heureusement à Parga; l'autre se réfugia, commandée par Botzaris, sur la montagne de Zalongos, située au sud de Souli. Là ils respiraient à peine, quand parurent quatre mille Turcs avec une nombreuse artillerie. Ils se relevèrent encore prêts à la résistance et essuyèrent leur feu. Le lendemain, la lutte recommença, et dura toute la journée.

Cependant soixante femmes, retirées avec leurs enfants sur un rocher escarpé, suivaient des yeux la poussière du combat et leurs maris brûlant leurs dernières cartouches. L'image de la mort inévitable passa devant leurs yeux, et les frappa comme d'un délire de désespoir.

Un précipice sans fond s'ouvrait à leurs pieds, seul refuge contre la brutalité des vainqueurs. Alors un vertige irrésistible s'empara d'elles. L'une d'elles précipita son enfant dans l'abîme, les autres l'imitèrent, puis, ivres de douleur, elles joignirent leurs mains, formèrent un grand cercle, et tournèrent avec fureur au bord du gouffre. Par moments, l'une d'elles se détachant de cette danse funèbre, se laissait tomber et disparaissait. La chaîne se reformait, le tourbillon était emporté de nouveau dans son élan insensé, puis s'ouvrait, se fermait encore, et se rétrécissait sans cesse jusqu'à ce que la dernière de ces infortunées eût été engloutie.

Les derniers des combattants, rendus au repos par la nuit seule, comprirent qu'ils ne pouvaient échapper que par une sortie désespérée. Les femmes marchaient auprès de leurs maris et de leurs frères, les enfants étaient portés sur le dos de leurs mères ou des hommes. Ce petit bataillon s'élança au travers des Turcs, frappant en aveugle. Cent cinquante d'entre eux, dit-on, parurent, guidés par Botzaris, sur le territoire de Parga, qui avait déjà accueilli leurs frères.

Quelques femmes et quelques enfants étaient restés dans le petit village de Regniassa. Les Turcs s'y précipitèrent. Une femme, nommée Despote, s'était retranchée dans une maison plus fortifiée que les autres avec sept de ses filles et de ses brus. Quand les ennemis parurent, elle mit le feu à un caisson de poudre et fit sauter la maison. Les réfugiés de Regniassa furent emmenés en esclavage ou massacrés. On dit que le pacha de Janina se fit amener les prisonniers faits à Zalongos, et en fit torturer plusieurs sous ses yeux. Une jeune fille et ses deux frères, livrés aux bêtes féroces, moururent comme les chrétiens dans le Cirque.

A Vourgarelli, à quelques lieues de Zalongos, il restait une tribu souliote, celle qui avait fait défection avec Zervas. Botzaris était venu la rejoindre. Quoique elle parût devoir échapper à la haine du pacha de Janina, elle ne se sentit pas en sûreté, et se retira près des monts Agrapha, au monastère fortifié de Seltro. Un détachement de l'armée d'Ali marchait derrière eux. Hommes, femmes et enfants firent une furieuse résistance, et tentèrent de s'échapper à main armée, mais périrent en grand nombre, noyés dans l'Aspro-Potamo (l'ancien Acheloüs). Cependant une cinquantaine d'hommes de cette tribu parvinrent, dit-on, avec Botzaris, jusqu'à Parga.

Ainsi cette ville, respectée par Ali, dont elle avait déjoué l'attaque, se trouva le rendez-vous des restes des malheureux Souliotes. C'est sur son sol que cette population vint échouer haletante et décimée ; c'est là qu'elle va se reposer et se refaire, et elle y retrouvera encore assez de forces pour aller reprendre possession de ses montagnes.

CHAPITRE X.

LES GRECS PENDANT LA DURÉE DE L'EMPIRE FRANÇAIS.

(1804-1814.)

Sur les autres points de l'empire Turc les Grecs ne suivaient que de loin les vicissitudes de la politique. L'empereur de Russie Paul 1er avait failli rompre l'alliance avec la Porte ottomane, mais il était mort assassiné le 11 mars 1801, et son fils Alexandre Ier, qui lui avait succédé, s'était rapproché du divan. L'alliance avait été également resserrée avec l'Angleterre, qui aidait le sultan à ressaisir l'Égypte. Le 22 août 1799 Bonaparte avait quitté l'Égypte, laissant le commandement à Kleber. Le 27 juin 1801 Menou, successeur de Kleber, avait signé une capitulation qui stipulait l'évacuation de l'Égypte. Au mois de septembre de la même année, les troupes françaises se retirèrent. Un traité négocié avec la Porte, au congrès d'Amiens, conclu en *messidor an X* (1802), lui rendit définitivement l'Égypte. Les Anglais l'évacuèrent à leur tour, et remirent la place d'Alexandrie à Kourchid-Pacha (mars 1803).

Le divan était partagé entre ses deux alliés, le ministre des affaires étrangères étant dévoué à l'Angleterre, le grand-vizir et quelques autres ministres favorisant surtout la Russie. Les hospodars de Valachie et de Moldavie, toujours en relation avec cette dernière puissance, agissaient en sa faveur dans le conseil par les agents qu'ils y entretenaient. Démétraki Mourouzi, agent et frère d'Alexandre Mourouzi, hospodar de Moldavie, usa de son influence en faveur des Grecs ; il protesta contre la violence des gouverneurs ottomans, chercha à éclairer les nominations du synode, fonda à Constantinople des hôpitaux destinés aux Grecs malades ou pestiférés ; il obtint du sultan un firman qui reconnaissait officiellement les écoles fondées pour l'instruction des Grecs. Il fit introduire à Constantinople la vaccine (1803), la répandit par l'intermédiaire des chirurgiens grecs, et détermina le synode à recommander l'inoculation dans des lettres circulaires. Ce fut lui, enfin, qui prit l'initiative de la création de cette compagnie de négociants *bérataires* dont nous avons parlé plus haut.

Avec la France la Turquie restait en état de paix. Au commencement de 1803, le maréchal Brune, envoyé à Constantinople comme ambassadeur du gouvernement français, fut bien accueilli par Sa Hautesse, sans que cependant elle reconnût encore les conquêtes du premier consul. Lorsque, le 16 mai 1804, le sénat eut décrété l'empire, le maréchal Brune fut chargé de faire reconnaître par la Porte le nouveau titre de Napoléon. Sélim éluda la réponse, et usa de délais ; Brune demanda ses passe-ports, et attendit dans un village voisin de Constantinople la décision du sultan, qui lui envoya enfin la lettre de reconnaissance. Brune néanmoins rentra en France. Mais quand Napoléon, vainqueur des Russes à Austerlitz, le 2 décembre 1805, fut maître de dicter des lois à l'Europe, le sultan lui donna de son plein gré, le titre de *padichah de France*, et lui députa un ambassadeur, Halet-Effendi, avec de riches présents.

Napoléon ne pouvait manquer de mettre à profit ces bonnes dispositions. Il envoya comme ambassadeur auprès de la Porte le général Sebastiani, qui arriva à Constantinople le 10 août 1806, avec la mission d'éloigner de plus en plus de la Russie l'esprit du sultan, déjà détaché, et de le pousser, s'il était possible, à la guerre. En ce moment Napoléon se préparait à **reprendre ses hostilités** avec la Prusse, qui, bien qu'abattue à Iéna, refusait l'armistice ; la Russie se disposait à secourir la Prusse et à envoyer des troupes sur la Vistule. Le général Sebastiani s'appliqua à faire naître une rupture entre la Porte et la Russie, en déterminant le sultan Sélim à déposer les hospodars de Valachie et de Moldavie, Hypsilantis et Mourouzi, notoirement dévoués à l'alliance anglo-russe. Aussitôt les ambassadeurs de Russie et d'Angleterre protestèrent contre cette mesure, comme étant une violation du traité de Jassy. Il était en effet stipulé dans ce traité qu'aucun gouverneur des provinces ultradanubiennes ne pourrait être destitué que dans le cas où le ministre de la Russie près la Porte reconnaîtrait la justice de la déposition. Sélim, intimidé, rétablit les hospodars, ce qui n'empêcha point une armée russe, sous le général Michelson, de passer le Dniester, et de s'emparer de Bender, d'Akerman, de Chotzin. En même temps l'Angleterre envoyait une flotte, commandée par l'amiral Duckworth. Le 19 février 1807, la flotte anglaise força les Dardanelles, et vint jeter l'ancre devant Constantinople. Le sultan épouvanté, envoya à son bord pour négocier le Grec Alexandre Chantzeri. Mais tandis que celui-ci gagnait du temps en pourparlers, la population, dirigée par le général Sebastiani, hérissait de batteries les remparts de Constantinople.

« Pendant cet intervalle, le patriarche Grégoire, celui qui fut pendu quinze ans plus tard devant la porte de son palais patriarcal, conduisait, le bâton pastoral à la main, plus de mille ouvriers grecs et travaillait aux fortifications tout le temps que la flotte anglaise était présente. Il portait lui-même de la terre dans des paniers d'osier, pour les batteries qui s'étendaient tout le long des murailles de Constantinople, jusqu'à l'entrée du golfe Cératien. Sa récompense **pour des preuves si éclatantes** de son zèle, ne consista qu'en une parole d'approbation ; depuis, son châtiment pour un crime imaginaire fut la mort. L'ardeur que ce vertueux patriarche montra dans cette circonstance sauva tous les Grecs, et peut-être tous les chrétiens à Constantinople, de la rage d'une immense population toute armée qui voyait pour la première fois ses maisons, ses biens et ses mosquées menacées par les infidèles. » (Rizo, p. 191.)

Du reste, la démonstration de l'amiral Duckworth fut sans résultats : la flotte anglaise se retira, et la flotte turque, sortant de Constantinople, alla à la rencontre de l'amiral russe avec laquelle elle engagea, à la hauteur de l'île de Skopoulo, un combat où elle n'eut pas l'avantage, et où les marins grecs jouèrent un grand rôle.

L'amiral russe Sinnavin présenta au gouvernement turc des propositions de paix ; elles allaient être discutées dans le divan quand éclata le soulèvement des janissaires qui renversa le sultan Sélim III (mai 1807). Il fut remplacé par le sultan Mustapha-Khan IV. Peu de temps après, la paix conclue à Tilsitt entre Alexandre et Napoléon, le 7 juillet 1807, suspendit les hostilités sur le Danube. Ce traité rendait à la France les îles Ioniennes, qui, partagées entre le protectorat nominal de la Porte et l'influence de la Russie, avaient passé par trois essais de constitution. Elles subirent en revenant à la France le gouvernement militaire, qui s'étendait alors sur toutes ses conquêtes, tout en conservant le titre de république. Tout le pouvoir était concentré entre les mains d'un gouverneur général, qui fut Berthier, et à l'approbation duquel étaient soumis tous les actes et résolutions d'un sénat de dix membres, reste de l'ancienne constitution. Un conseil privé, composé des trois secrétaires d'État et du président du sénat, pouvait assister le gouverneur général et n'était convoqué par lui que quand il le jugeait convenable. Cette nouvelle constitution, dont Berthier exposa les bases dans sa déclaration du 1er septembre 1807 (1), était, comme on peut voir, sommaire, expéditive, dans le goût du maître, et ne conservait guère de la république que le nom ; du moins l'administration française portait-elle avec elle ses principes bienfaisants d'égalité, la liberté des cultes, les lumières, l'ins-

(1) Citée par M. Lacroix. Iles de la Grèce, p 639.

truction et des institutions scientifiques. Le général Donzelot, qui devait succéder à Berthier, a laissé dans ces belles îles un souvenir honoré. L'Académie Ionienne servit l'étude de l'antiquité du pays. Des routes, des fortifications furent créées ou entretenues. Corfou reçut des embellissements. La justice fut améliorée, la statistique constata que le nombre des meurtres, autrefois très-fréquents, diminua sensiblement, et qu'ainsi dans l'île de Zante, où l'on en comptait plus de deux cents par an, il n'en fut signalé que cinq ou six pendant deux années de domination française. L'esprit européen et moderne rencontrait ainsi une nouvelle voie pour pénétrer jusqu'à la race grecque, si disposée à l'accueillir.

A la même époque où les îles Ioniennes entraient dans cette période de leur histoire, en 1807, un voyageur illustre parcourait la Grèce, et le livre fameux qui résulta de son voyage, l'*Itinéraire de Paris à Jérusalem*, devait contribuer puissamment à ce réveil de sympathie de l'Europe pour la Grèce, qui finit par entraîner les gouvernements. « Quel désert ! quel silence ! infortuné pays ! malheureux Grecs ! s'écriait Châteaubriand, la France perdra-t-elle ainsi sa gloire ? sera-t-elle ainsi dévastée, foulée aux pieds dans la suite des siècles ? » (in-8°, 1836, p. 105.) Enfin, on venait chercher en Grèce une nation, et non pas seulement des ruines ;

Des hommes, et non pas de la poussière humaine !

Le souvenir de Miltiade et de Platon, un vers d'Homère, ne suffisaient plus pour consoler le voyageur, poëte et homme d'État, du tableau qui s'offrait à lui : « En vain dans la Grèce on veut se livrer aux illusions : la triste vérité vous poursuit. Des loges de boue desséchée, plus propres à servir de retraite à des animaux qu'à des hommes ; des femmes et des enfants en haillons, fuyant à l'approche de l'étranger et du janissaire ; les chèvres même effrayées, se dispersant dans la montagne, et les chiens restant seuls pour vous recevoir avec des hurlements ; voilà le spectacle qui vous arrache au charme des souvenirs. Le Péloponèse est désert : depuis la guerre des Russes, le joug des Turcs s'est appesanti sur les Moraïtes; les Albanais ont massacré une partie de la population. On ne voit que des villages détruits par le fer et par le feu; dans les villes, comme à Misitra, des faubourgs entiers sont abandonnés; j'ai fait souvent quinze lieues dans les campagnes sans rencontrer une seule habitation. De criantes avanies, des outrages de toutes les espèces, achèvent de détruire de toutes parts l'agriculture et la vie; chasser un paysan grec de sa cabane, s'emparer de sa femme et de ses enfants, le tuer sous le plus léger prétexte, est un jeu pour le moindre aga du plus petit village. » (P. 185.) Et M. de Châteaubriand, malgré cette morne désolation, pressentait le jour où les malheureux opprimés rompraient leur chaîne. Non pas à la vérité qu'il crût ce jour prochain : « Je n'aurai garde de prononcer, disait-il ; je pense seulement qu'il y a encore beaucoup de génie dans la Grèce. » (P. 193.) De telles paroles étaient alors une révélation pour l'Europe, encore inattentive à ce petit peuple décimé.

Le sultan Moustapha IV ne régna pas longtemps. Renversé le 28 juillet 1808, par une révolution qui coûta en même temps la vie à son prédécesseur sultan Sélim, égorgé dans le sérail, il fut remplacé par Mahmoud-Khan II, qui commença par gouverner sous la pression de Baïrak-Dar, auteur de la révolution et devenu grand-vizir. Les Grecs restaient étrangers à ces vicissitudes. Les Fanariotes se retiraient de ces drames sanglants, où ils ne pouvaient jouer aucun rôle. Les armatoles étaient neutres entre les puissances qui se succédaient dans l'alliance ottomane. Les Souliotes et les quelques klephtes réfugiés dans les îles Ioniennes s'y étaient mis au service de la France. Les négociants seuls étaient intéressés à la grande lutte qui se soutenait alors en Europe.

Le 21 novembre 1806, Napoléon avait érigé en loi de l'empire le décret de *blocus continental*, qui, comme l'on sait, déclarait les îles Britanniques en état de blocus, et interdisait, sous peine de saisie, l'entrée de toute marchandise anglaise sur le territoire de France, des pays qu'elle avait conquis et de ses alliés. Toute nation qui n'adhérait point à ce système était considérée comme ennemie. L'Europe se trouvant ainsi privée de l'importation anglaise, les côtes de la Méditerranée eurent plus que jamais besoin des denrées et des matières que les navires grecs leur apportaient de tous les points de l'Orient. Le commerce des armateurs de l'Archipel redoubla d'activité, et, trouvant des débouchés assurés, créa des fortunes considérables.

Cependant, la Porte ne prêta pas longtemps à la France son concours dans le système continental. Elle s'était sentie bien facilement abandonnée par elle lors du traité de Tilsitt, et elle n'avait pas reçu des assurances de dévouement bien ardentes d'un ambassadeur comme le général Sebastiani, qui disait que « s'allier intimement à la Turquie, c'était embrasser un cadavre pour le faire tenir debout ». (Villemain, *La Tribune moderne. Châteaubriand.* M. Lévy, 1858, in-8°, p. 153.) Aussi, la Russie se rapprochant de la France, elle devait accepter facilement une autre alliance, et le 5 janvier 1809 le sultan Mahmoud signa la paix avec l'Angleterre. Par ce traité, l'Angleterre rendait les places qu'elle détenait à la Turquie, celle-ci levait le séquestre mis sur les vaisseaux anglais, et reprenait le droit d'envoyer réciproquement ses navires dans les ports de la Grande-Bretagne. La France et la Russie firent des réclamations; le sultan persista dans sa détermination, et la guerre fut reprise avec le czar Alexandre. Néanmoins la paix ne fut pas rompue avec la France; elle conserva auprès du divan un chargé d'affaires, M. de Latour-Maubourg, qui ne cessa d'insister pour le ramener au système de blocus continental et le déterminer à renvoyer l'ambassadeur d'Angleterre.

Les Grecs n'en continuaient pas moins à porter dans tous les ports de l'Europe les marchandises de l'Asie. Lorsqu'en 1808, Malte, tombée au pouvoir des Anglais, devint l'entrepôt général du commerce de l'Orient, plusieurs maisons grecques s'y établirent et jouirent des mêmes privilèges que les nationaux. Les Grecs allaient même

en Angleterre, se chargeaient de marchandises anglaises, et, usant du titre de neutres, venaient, malgré le blocus, les répandre dans les villes avides de ces produits et heureuses de les payer au-dessus de leur valeur. Mais ces manœuvres, employées aussi par les Américains, n'échappèrent point à l'œil de Napoléon, et il prit, pour les prévenir, des mesures violentes (avril 1810).
« Dans la Méditerranée, dit M. Thiers, les Grecs, qui alors commençaient leur fortune commerciale sous le pavillon ottoman, allaient chercher à Malte des sucres, des cafés, des cotons anglais, et les portaient à Trieste, à Venise, à Naples, à Livourne, à Gênes, à Marseille, en se donnant pour neutres, puisqu'ils étaient ottomans, et il y avait à leur égard aussi bien qu'à l'égard des Américains grande peine à démontrer la fraude........ Napoléon, sentant tout d'abord la difficulté de discerner si les prétendus neutres avaient, oui ou non, consenti à subir les lois anglaises, il prit une décision radicale, qui coupait court à la difficulté. Il ne voulut plus qu'on reçût ni Ottomans ni Américains dans les ports français ou alliés... Pour les Ottomans, peu surveillés par leur gouvernement, et surtout ne touchant qu'aux ports français ou presque français, comme ceux de Marseille, de Gênes, de Livourne, de Naples, de Venise, de Trieste, il décida qu'on les recevrait provisoirement, que leurs papiers seraient envoyés à Paris, vus par le directeur des douanes et par lui-même, et qu'on ne les exempterait de la confiscation (peine infligée à toute fraude) qu'après cet examen rigoureux. » (*Consulat et Empire*, L. XXXVIII.) Les marins grecs continuèrent, quoique avec plus de dangers, un commerce de contrebande.

Ils s'enrichissaient de la désorganisation qu'amenaient dans les relations commerciales des guerres compliquées. Mahmoud avait répondu au blocus continental observé par la Russie, en interdisant aux bâtiments marchands la navigation de la mer Noire. Il fut la première victime de cette mesure, qui amena la famine à Constantinople. Les habitants furent réduits à un pain noir et malsain, qui encore manqua souvent, et furent décimés par le besoin. Dans ces circonstances, les Grecs gagnèrent le grand-amiral, ainsi que l'inspecteur des forts du Bosphore, et obtinrent ainsi une tolérance grâce à laquelle ils faisaient sortir pendant la nuit leurs navires du détroit, allaient porter à Odessa et à Taïganrock le soufre, l'huile, le vin, la soie, dont la Russie était privée, se chargeaient de blé, surabondant dans ces contrées, et revenaient à Constantinople sous pavillon français. Mais ils ne faisaient pas profiter de ces ressources la capitale, où ils redoutaient des tarifs arbitraires ou des captures. Ils étaient assurés d'un bénéfice de cent pour cent dans les ports de l'Espagne, qui souffrait alors de la disette et du blocus. De simples marins gagnèrent à ces échanges une fortune considérable.

« Les disettes de 1812 et de 1816 redoublèrent l'ardeur des marins grecs et portèrent la richesse et la prospérité des îles, à ce point que, lors de l'insurrection, Hydra, Ipsara et Spetzia comptaient plus de trois cents navires marchands qui tous devinrent des navires de guerre..... La fortune d'Hydra fut brillante, plus brillante que celle de toutes les autres îles. On trouvait à Hydra toutes les commodités de la vie et le luxe le plus recherché. L'île comptait trois mille maisons en marbre taillé, dont quelques-unes avaient coûté plus de 300,000 francs. Aujourd'hui ces maisons sont abandonnées. » (Ségur-Dupeyron, *Revue des Deux mondes*, octobre 1839.)

La guerre continuait avec la Russie, et, en même temps que la guerre, des négociations, interrompues puis reprises à Bucharest. Les préparatifs de guerre de Napoléon contre le czar Alexandre et sa marche sur l'Oder (avril 1812) précipitèrent la conclusion de la paix; l'amiral Tchitchakof, envoyé en mission extraordinaire, leva les dernières difficultés, et le 28 mai 1812 fut signée entre la Russie et la Turquie une paix qui établissait le Pruth comme frontière des deux empires, et assurait au premier les bouches du Danube avec une partie de la Moldavie et de la Bessarabie. Le sultan signa cette paix avec répugnance, et s'en prit aux négociateurs qui l'avaient préparée. Le prince grec Démétraki Mourousi, revenant du congrès, fut appelé à Andrinople au quartier général du grand-vizir Hourchid-Pacha. Au sortir de la chambre d'audience, il passa dans une autre salle, où des hommes du vizir l'attendaient, tirèrent leurs sabres et le massacrèrent. Son frère cadet Panajotaki périt à Constantinople, de la même mort.

Trois mois après la conclusion de la paix, une peste terrible s'abattit sur l'empire ottoman, et ravagea les provinces de l'Asie Mineure et du continent européen pendant les années 1812, 1813, 1814, 1815. Constantinople fut dépeuplée; sur 600,000 habitants, elle en perdit plus de 200,000 dans l'intervale de quatre mois. L'épidémie ne pénétra point d'abord en Thrace et en Bulgarie, mais la seconde année elle se répandit au delà du Danube, dans les provinces de Moldavie et de Valachie.

On approchait alors de la catastrophe qui allait précipiter dans l'exil l'empereur Napoléon et ouvrir la France au flot des armées coalisées. Le 31 mars 1814, Paris capitula; le 23 avril, un malheureux traité préliminaire, sans préjuger des dispositions de la paix, remit aux princes alliés toutes les places occupées par les Français en dehors des limites de 1792. C'est en vertu de cette convention que le général Donzelot évacua les Iles Ioniennes, auxquelles la France renonça d'ailleurs particulièrement par l'article III du traité de Paris (30 mai 1814). Par suite de traités nouveaux, du 4 juillet et du 5 novembre 1815, *la république* des Iles Ioniennes passa sous le protectorat de la Grande-Bretagne. Ce fut par ce seul point que les événements de l'Europe touchèrent les Grecs; ce fut du moins, au milieu du remaniement général des frontières, le seul changement territorial qui les atteignit.

CHAPITRE XI.

ÉVÉNEMENTS QUI ONT PRÉPARÉ L'INSURRECTION GRECQUE. L'HÉTAIRIE.

(1814-1820.)

Tandis que les ministres des souverains de l'Europe, rassemblés au congrès de Vienne, se partageaient les débris du vaste empire français, tandis que la Russie, l'Angleterre, l'Autriche et la Prusse comptaient les âmes des populations, pour se les distribuer, l'empire ottoman, qui avait négligé de se faire représenter au congrès, et qui ne soupçonnait pas qu'aucun danger menaçât son intégrité, était sourdement miné par la conspiration (1).

Nous avons rappelé déjà l'association dont Rhigas avait été le chef, et qui, unissant dans une même intention la diffusion des lumières et la délivrance de la Grèce, avait failli soulever une insurrection. Elle tomba avec son chef; mais l'idée en fut reprise, ce qui a fait confondre parfois des sociétés différentes, sous la dénomination d'*hétairie*, ἑταιρία. Vers 1813 florissait à Athènes une *Association des Amis des Arts*, *hétairie des philomuses*, comme on l'a quelquefois appelée, Φιλόμουσος Ἑταιρία, dont le but principal était la conservation des antiquités du pays et l'éducation intellectuelle et morale de la jeunesse grecque, par le moyen des écoles. Cette association prit un rapide accroissement au-dedans et au dehors même de la Grèce, et ceux qui la composaient aimaient à montrer l'anneau qui les caractérisait, et qui était d'or pour les bienfaiteurs, d'airain pour les simples membres. Elle trouva des appuis jusque dans les membres du congrès de Vienne, qui exprimèrent des vœux et firent des dons personnels pour la propagation de l'instruction parmi les Grecs. Le czar Alexandre consentit à ouvrir la liste des souscripteurs.

(1) Nous avons consulté particulièrement pour ce chapitre un ouvrage que nous aurons plus d'une fois à citer, l'*Histoire de l'Insurrection Grecque*, par M. Spyridon Tricoupi; Londres, 4 vol. in-8°, 1853. (en grec). Ce livre important, écrit avec une remarquable impartialité nous a semblé démêler mieux que tous les autres l'origine de l'hétairie, fort diversement et fort confusément rapportée ailleurs.

Vers la fin de 1814, à l'ombre de cette association s'en éleva une autre, toute politique, qui déjoua l'attention du gouvernement turc, en se confondant avec elle. L'idée en avait été conçue par un homme ignorant, mais d'un caractère honorable et d'une grande expérience. Nicolas Scouphas d'Arta. Il lui avait donné un nom dont la forme populaire indiquait la simplicité du fondateur, *Hétairie ou Association des Amis* (1). Scouphas ne s'associa d'abord que des hommes obscurs. Le nombre des membres fut fixé à seize, par une raison mystique. Chacun prenait comme numéro d'ordre une lettre de l'alphabet, selon la date de son admission. Alexandre Hypsilantis, qui fut admis dans les derniers et probablement le dernier, portait la lettre P. Cette hétairie secrète aimait à se confondre avec l'hétairie inoffensive dont le comte Jean Capo d'Istria, Grec de Corfou et ministre du czar Alexandre, était le chef avoué.

Puis, sentant que par elle-même elle restait impuissante, elle imagina de se mettre sous le nom et de se donner comme l'organe d'un pouvoir supérieur qu'elle affectait de ne révéler que d'une manière vague et mystérieuse, l'appelant la *Puissance Suprême*, ὑπερτάτη ἀρχή. Les Grecs, depuis longtemps unis aux Russes, comme nous l'avons vu déjà, par les liens religieux, habitués à attendre leur délivrance de ces *hommes blonds* qu'annonçaient leurs prophéties, crurent être assurés de la protection occulte du czar Alexandre. Cette idée donna tout à coup une grande force à la propagande des hétairistes. Le voyage de Scouphas, qui avait jeté les premiers germes de la société dans un séjour fait en Russie pour les affaires de son commerce, et passé en partie à Moscou, auprès d'Alexandre Maurocordato, ancien hospodar de Valachie, contribuait à faire croire qu'il avait reçu dans ce pays de hautes et mystérieuses assurances. Des Russes résidant en Grèce s'affilièrent à l'hétairie, et confirmèrent encore cette croyance. Enfin, on avait soin de mettre en avant le nom du comte Capo d'Istria, considéré comme l'intermédiaire entre la nation grecque et la Russie.

C'est ainsi que, par une propagande mystique, se répandit dans toute la Grèce une association qui d'elle-même n'avait aucun fondement. Elle avait une organisation compliquée. On y comptait sept degrés d'initiation : 1° les frères ou *vlamides*, βλάμιδες ; 2° les *agréés*, σύστημενοι ; 3° les prêtres ; 4° les pasteurs ; 5° les *archi-pasteurs*, ἀρχιποίμενες ; 6° les initiés ; 7° les chefs ou *stratèges* des initiés. De ces sept degrés, les deux derniers étaient considérés comme donnant droit à un commandement militaire.

Malgré ces différences dans l'initiation, tous les membres de l'association étaient réunis dans la même pensée et tournés vers le même but. Le simple frère était averti qu'il eût à tenir prêtes ses armes et cinquante cartouches dans son havre-sac pour le cas où il serait commandé par son chef. A l'agréé, quand il était reçu, on adressait ces paroles : « Combats pour la foi et pour la patrie ; engage-toi à haïr, à poursuivre et à exterminer les ennemis de la religion nationale et de ta patrie. » Il portait pour signe distinctif une croix s'élevant au-dessus d'un croissant. Au prêtre l'on révélait que le but de l'hétairie était l'affranchissement de la nation, et c'est ce que l'on répétait aux associés des degrés supérieurs. Enfin, le stratége, quand il était proclamé, recevait une épée, qu'on lui remettait, avec ces paroles : « La patrie te la donne pour que tu t'en serves pour elle. » Ainsi depuis le premier membre jusqu'au dernier, tous savaient que le but commun était la conjuration contre les Turcs.

L'ambition, l'intérêt, les préjugés s'étaient glissés, comme cela était inévitable, dans cette vaste association. Nous pouvons citer à ce sujet le témoignage d'un historien grec, impartial aux dépens même de ses compatriotes. « La classe des prêtres, dit-il, était nombreuse. Le prêtre avait le droit de créer des frères, et même de distribuer le titre particulier de prêtre. Et comme les initiés devaient remettre une certaine cotisation entre les mains de

---

(1) En grec Ἑταιρία τῶν Φιλικῶν. Ce dernier mot est le mot vulgaire pour φίλων.

leur initiateur, beaucoup de personnes prirent ce titre de prêtre ou le communiquèrent par intérêt, et de là vint particulièrement cette multitude d'initiateurs et d'initiés Si leur *catéchisme* était obscur considéré politiquement, au point de vue religieux c'était un monstrueux assemblage de vrai et de faux, de piété et d'impiété. En même temps que l'objet de l'entreprise était notre sainte foi et la patrie, et que les serments se prêtaient sur le saint Évangile et sur les saintes images, le prêtre initiant disait à l'initié qu'il le recevait *en vertu de la puissance que lui avaient livrée les grands-prêtres des mystères d'Eleusis*. Comme toutes les sociétés secrètes, l'hétairie avait ses symboles et ses mots de passe pour aider ses membres à se reconnaître. Elle avait aussi, pour les correspondances, des caractères secrets : mais les prêtres seuls ainsi que les initiés des degrés supérieurs en possédaient la clef. Pour éviter des dangers personnels on se faisait inscrire sous des noms supposés ou sous certains signes. Telles étaient les connaissances scientifiques des fondateurs de l'Hétairie des Amis, que les initiateurs devaient demander aux initiés s'ils ne connaissaient point quelque invention dont le secret fût précieux. Or, ils faisaient cette singulière demande parce que les fondateurs de l'hétairie croyaient à la pierre philosophale, et qu'ils rêvaient la transformation des métaux communs en métaux précieux. » (Sp. Tricoupi, t. I, p. 24.)

Jusqu'en 1817 l'hétairie fit peu de progrès en dehors de la Grèce, et dans la Grèce même elle resta obscure. En 1816, un certain Nicolas Galatis d'Ithaque, jeune homme plein d'enthousiasme, mais aussi de jactance et d'étourderie, passant à Odessa, y rencontra le fondateur même de l'hétairie, Scouphas, qui revenait de Moscou, se fit initier aux plus secrets mystères de la société, et plein d'ardeur se rendit à Saint-Pétersbourg pour y faire de la propagande. Là il finit par attirer sur lui l'attention de la police, fut arrêté avec deux de ses amis, expulsé du territoire et dirigé sur la Valachie. Faut-il croire que là, à Jassy, l'empereur Alexandre, qui avait déjà fait preuve de tolérance à son égard, soit allé jusqu'à lui faire remettre, par l'intermédiaire du consul, une somme de cinq mille francs, en son propre nom (1)? Quoi qu'il en soit, Galatis continua ses prédications, avec une fougue inconsidérée, qui inquiéta même ses coopérateurs. C'est alors que les chefs de l'hétairie, saisis d'une funeste idée qui germe trop facilement dans la tête des Grecs, lui donnèrent l'ordre d'aller rejoindre Tsacalof, auquel ils envoyèrent en même temps une secrète mission.

Tsacalof avait été chargé, vers le commencement de 1817, d'aller remuer le Péloponnèse. Il reçut l'ordre de ses chefs, crut devoir y obéir en aveugle et le communiquer à ses initiés : « Ceux-ci reçoivent à bras ouverts l'innocent Galatis, lui prodiguent des festins, et le mènent un jour à la campagne. De vallon en vallon et de colline en colline, ils arrivent sous l'ombre d'un platane. Là pendant que Galatis, couché sous la verdure, chante un hymne patriotique, un tromblon est déchargé sur son dos par un des hétairistes ; le malheureux rend l'âme, en s'écriant : « Que vous ai-je fait ? » On dit que ses cendres reposent encore au pied de ce même arbre sous lequel il fut tué, et que sur son écorce un de ses amis a gravé, en guise d'épitaphe, les dernières paroles de cette déplorable victime : « Que vous ai-je fait ? » Ainsi, avant le premier signal de la guerre, le sang était déjà versé, sans jugement, sans nécessité, sans haine même, par simple précaution contre un jeune enthousiaste inoffensif, et par l'expéditive et déplorable autorité de la raison d'État !

En avril 1818 Scouphas quitta Odessa, où il venait d'affilier les principaux chefs réfugiés dans les Sept-Iles. Il se rendit à Constantinople, et là, en présence d'une police inhabile et d'un gouvernement aveugle, il fit de nombreux prosélytes. En même temps il envoyait partout des émissaires. La Grèce continentale fut un peu contenue par la crainte d'Ali-Pacha ; là même cependant les hétairistes rencontrèrent une coutume qui devait favoriser leur action. Depuis le commencement du

(1) Soutzo, *Hist. de la Rév. Grecque.* p. 17.

dix-septième siècle, s'était établi parmi les Albanais l'usage de s'unir d'une fraternité qu'ils appelaient ἀδελφοποίησις. Ornés de leurs plus beaux vêtements, les deux hommes qui voulaient devenir frères, Grecs tous deux, et souvent l'un Grec, l'autre Mahométan, l'un klephte, l'autre *déré-bei*, c'est-à-dire sujet rebelle de la Porte, s'approchaient d'un autel, échangeaient leurs armes, se donnaient la main, et s'embrassaient en se disant réciproquement : « Ta vie est ma vie, et ton âme est mon âme. » Après cette union jurée, l'un pouvait abandonner à l'autre la garde de sa famille et de sa maison, pendant qu'il s'absentait pour labourer ses champs éloignés ou pour la guerre (1). Les hétairistes n'eurent qu'à adopter ce mode d'affiliation, mais en excluant sévèrement les mahométans.

Dans le reste de la Grèce, dans le Péloponnèse, dans les îles, l'hétairie faisait d'immenses progrès. Elle devenait l'objet de tous les entretiens, et l'enthousiasme qu'elle excitait s'exaltant tous les jours ; et se contenant moins à mesure qu'elle s'étendait davantage, elle commençait à trouver un danger dans son développement même. Une députation fut envoyée en Russie, et obtint, dit-on, du gouvernement mille ducats de Hollande (1). Les marins de l'archipel pénétraient dans les Sept-Iles pour leurs affaires commerciales, et y correspondaient avec Colocotroni. Papa-Fléchas, après avoir achevé ses prédications en Morée, alla répandre l'hétairie en Valachie. Alexandre Soutzo, nommé par la Porte hospodar de cette province après le départ de Caradja, en octobre, passait pour favorable à la cause des Grecs, ainsi que Michel Soutzo, nommé peu de temps après lui hospodar de Moldavie. Aristide Pélopidas et Perrévos furent députés en Bessarabie, en Moldavie, et allèrent jusqu'à Odessa et Taïganrock.

A mesure que l'association se développait, on sentait le besoin de la centraliser. Cette même année 1818 on créa des *éphories* dans les principales villes. Chaque éphorie était le centre d'une circonscription, avait sa caisse à part, dont les trésoriers devaient être pris parmi les négociants les plus considérables, et correspondait directement avec Constantinople, d'où émanaient les décisions d'un intérêt général. Smyrne, Chios, Samos, Calamata, Missolonghi, Janina, Bucharest, Jassy, Trieste, Moscou, Pesth, plusieurs autres villes, eurent chacune leur éphorie ; et parmi les principaux initiés on nomma Marc Botzaris, Georges l'Olympien, Kyriakoulis, Pierre Mavromichalis, Antoine Criesis, Lazare Coundouriotis, Savas, des archevêques, des armatoles et des chefs de klephtes, des négociants et des membres de la noblesse du Fanar.

Le gouvernement turc, habitué à ne pas se mêler des affaires intérieures des chrétiens, n'empêchait rien, ne soupçonnait rien. Son aveuglement doit moins étonner si l'on songe que, dénué des moyens que la centralisation fournit à la police des États, embarrassé encore dans la surveillance de ses sujets par la différence des langues, distrait d'ailleurs par des agitations plus voisines du centre et la rébellion sans cesse menaçante des gouverneurs, il était souvent réduit à punir ou à subir les complots au lieu de les prévenir.

Cependant, les Grecs n'abandonnaient pas les intérêts de leur commerce. L'année 1818 amena en France une disette générale. Les vaisseaux des îles de l'archipel apportèrent à Marseille les blés de la Morée, qui furent achetés à de hauts prix.

L'année suivante, le 24 avril 1819, la Porte reconnut l'indépendance des Iles Ioniennes, dont la constitution, publiée depuis le 29 décembre 1817, acceptait le protectorat perpétuel du roi d'Angleterre, représenté par un lord haut commissaire, gouverneur général. En échange de cette reconnaissance, Mahmoud II demanda la restitution de Parga. Ce fut un triste expédient de la politique que ce marché qui faisait changer de maître, sans la consulter, comme si elle eût été esclave, une ville florissante, et livrait à des mahométans des chrétiens par la main d'autres chrétiens. On dressa l'inventaire de Parga,

(2) Soutzo, p. 15.
(1) Rizo, p. 247.

de ses églises, de ses monuments, de ses maisons, des vases de ses autels. Elle fut évaluée à cinq cent mille livres sterling. Moyennant ce prix, Ali-Pacha prit possession de cette ville, qui lui avait toujours échappé. Les habitants étaient placés dans l'alternative de devenir ses sujets, ou de se retirer, dépouillés de tous leurs biens, à Corfou. Ils ouvrirent les tombeaux, en retirèrent les restes de leurs pères, les brûlèrent sur la place publique, et se retirèrent sur le territoire de refuge qui leur avait été assigné. L'indemnité insuffisante qui leur avait été promise par les Anglais fut marchandée, et réduite par les agents d'Ali-Pacha, à cent cinquante mille livres sterling. Ils furent obligés de profiter des secours que leur offrirent les Grecs de l'île et le comte Capo d'Istria, qui vint les visiter dans leur campement. Il y eut dans l'Europe un mouvement d'indignation (10 mai 1819).

Cependant l'hétairie grandissait toujours; mais il lui fallait se rattacher enfin à son origine imaginaire. Une réunion des principaux membres eut lieu à Tripolitza, au commencement de 1820. L'enthousiasme, l'espérance, la fraternité y présida. Il n'y avait encore aucun nuage devant l'avenir, aucune défiance, aucune division. Le sentiment religieux couvrait les nuances politiques. Le grand objet de la réunion fut d'envoyer à la cour de Russie un commissaire chargé de lui demander sa protection et ses conseils. Le choix tomba sur Jean Paparrigopoulo, qui reçut les instructions suivantes : il devait demander à la puissance suprême, à l'Ἀρχή, comme on l'appelait :

1° « De former une éphorie de frères dans le Péloponnèse, pour agir sous sa direction en vue du but commun, et la consulter sur toute chose;

2° « D'engager tous les frères à obéir en tout à l'éphorie, et à ne rien faire sans son consentement, sous peine d'exclusion de l'hétairie;

3° « De donner son consentement et ses conseils pour la formation d'une caisse commune dans le Péloponnèse, sous la garde d'hommes recommandables, destinée à recueillir les souscriptions de tous les frères du Péloponnèse,

et des Iles Ioniennes, s'il était possible, avec ordre de ne faire aucune dépense sans l'avis d'un conseil choisi de frères et l'agrément de la suprême puissance;

4° « De charger un des frères d'Hydra de veiller à la sûreté des correspondances entre la suprême puissance et l'éphorie du Péloponnèse. »

Ali-Pacha eut connaissance de la mission de Paparrigopoulo, qu'il avait connu pendant qu'il résidait à Patras. Il voulut saisir cette occasion de se recommander à l'alliance de la Russie comme ennemi de la Porte, et appela Paparrigopoulo auprès de lui à Prévésa. Celui-ci commença par se montrer défiant, et évita de communiquer sa mission; puis, sur le conseil de l'archevêque de Patras, Germanos, il lui dévoila le but de son voyage, le remplit de joie par cette nouvelle, qui lui faisait espérer des auxiliaires dans ses projets d'indépendance, et se trouva ainsi chargé d'une double commission auprès de l'empereur de Russie.

Le même Ali-Pacha poursuivait depuis longtemps d'une haine implacable un homme qui avait été son ami et son confident, Ismaïl-Bey. Celui-ci fut réduit pour échapper à sa vengeance à se réfugier jusque dans Constantinople. Là il eut le bonheur d'entrer dans les conseils de la Porte comme Kapoudji-Pacha et de se concilier l'amitié du tout-puissant Khalet-Effendi. Ali-Pacha fut d'autant plus irrité de cette élévation inattendue de son ennemi, que son second fils Véli-Pacha, fut transféré de l'important gouvernement de Larisse au gouvernement secondaire de Naupacte, par l'influence de Khalet-Effendi et les suggestions d'Ismaïl. Toujours prompt à la vengeance, il soudoie trois Albanais qu'il charge d'aller assassiner ce dernier; mais leur coup manque, et, arrêtés, ils s'avouent les instruments d'Ali-Pacha. Ils furent pendus, et le pacha de Janina fut mandé à Constantinople pour répondre devant le sultan. Il refusa de comparaître, et fut déclaré *fermanli*, c'est-à-dire mis au ban de l'empire. Ismaïl fut nommé à sa place pacha de Janina et de Delvino, et nommé généralissime de l'expédition envoyée contre lui.

Cette proscription, et surtout l'anathème prononcé par le grand-mufti au nom du prophète, isolait Ali-Pacha de tout bon musulman. Aussi fut-il obligé de chercher un appui en dehors de ses coreligionnaires. Déjà depuis longtemps, en prévision d'un semblable événement, il avait cherché à gagner les pallicares, fort nombreux dans les montagnes de l'épire (1). Tandis que son armée et sa propre famille l'abandonnaient, le 23 mars 1820, de son château de l'Achérusie, il fit appel aux Hellènes, et se proclama leur libérateur. On vit alors de singuliers rapprochements. Ce cruel pacha, qui faisait sceller des hommes vivants dans les murs de son palais et se plaisait à crever avec un fer brûlant les yeux de ses victimes, cet ennemi implacable des chrétiens, qui leur avait fait à plusieurs reprises une guerre d'extermination, organisa pour sa défense les milices des klephtes, et les distribua en Livadie, aux Thermopyles, au passage de l'Achéloüs et dans les gorges du mont Olympe. En même temps d'autres chefs des monts Agrapha, du Pinde et de l'OEta étaient sollicités par la Porte et enrôlés par leurs maîtres contre leur vieil ennemi. Ainsi les Grecs recevaient des deux côtés les instruments de leur délivrance.

Cependant, Ali de Tébélen, battu par les Souliotes que Marc Botzaris avait reconstitués, trahi par ses agas, délaissé par ses fils, était assiégé dans sa forteresse de l'Achérusie par les Albanais. A la tête de ses guègues, monté sur un cheval arabe, ou, au milieu des douleurs de la vieillesse, porté sur un brancard, mais toujours énergique, et brandissant tantôt un mousquet de Charles XII, tantôt un fusil de Napoléon, il s'écriait : « L'ours du Pinde vit encore, » et ralliait ses soldats. Mais pressé de plus en plus par les Albanais, qui continuaient le siége malgré l'hiver, il compta sur une dernière ressource, le soulèvement des hétairistes. Il chercha à l'activer en répandant parmi les Souliotes une lettre interceptée de Khalet-Effendi au séraskier Ismaïl-Pacha, qui révélait un projet de massacre de tous les Grecs pour le commencement de 1821.

L'alarme de cette nouvelle se répandit partout, les embarras de la Porte, l'impatience des affiliés portés à environ 200,000, l'espérance d'une diversion du côté de la Servie, mille raisons pressaient les chefs de l'hétairie de donner enfin le signal de l'action. La pression de la multitude fut l'inconvénient inévitable d'une association si nombreuse. Tous les préparatifs n'étaient pas faits; cependant, le secours de la Russie était loin d'être assuré; la faveur des autres puissances n'était rien moins que probable, en ce temps où la Sainte-Alliance, effrayée des progrès du carbonarisme en Italie, ne voyait partout que le spectre de la révolution, et considérait les peuples comme autant d'ennemis naturels. Mais les plus prudents étaient entraînés : on chercha un général en chef.

Déjà le conseil de l'hétairie avait député à Saint-Pétersbourg Emmanuel Xanthos pour sonder Jean Capo d'Istria. Celui-ci non-seulement l'avait éconduit, mais lui avait durement reproché de préparer la ruine de sa nation. Il fallut tourner ses vues ailleurs.

On songea à Alexandre Hypsilantis, jeune prince grec, major général au service de la Russie et aide de camp du czar Alexandre. Il appartenait à une famille riche et distinguée d'hospodars de Valachie. Il était connu pour son courage militaire, et avait perdu un bras à la bataille de Dresde. On était assuré de ses sentiments pour la liberté de sa patrie. Xanthos l'initia à l'hétairie en qualité de chef ou stratège, le 20 juin 1820, mais sans lui remettre encore les pleins pouvoirs de généralissime, déposés entre les mains de Paparrigopoulo.

Celui-ci était encore à Constantinople; de là il envoyait à Ali-Pacha l'assurance qu'il serait soutenu contre la Porte, et le conseil de tenir bon. Puis il se rendit à Saint-Pétersbourg, à la rencontre d'Hypsilantis. Ce dernier ne s'y trouvait plus. M. Al. Soutzo raconte qu'il était violemment tourmenté d'inquiétude au sujet des événements qui se préparaient, et qu'avant de savoir s'il devait en prendre sa part de res-

(1) V. dans Rizo, p. 187, la liste des principaux capitaines d'armatoles et de leurs forces.

ponsabilité, il voulut connaître les intentions d'Alexandre. « Le czar jouissait alors de l'air de la campagne dans les vastes jardins de Tzarski-Célo ; il y méditait sur les voyages qu'il allait entreprendre pour se rendre à l'ouverture de la diète de Varsovie et de là à Laybach. Hypsilantis s'y présenta, sous prétexte de lui demander un congé illimité, mais en effet pour lui glisser quelques paroles sur la situation malheureuse de la Grèce. Un soir, épiant le moment de le trouver à l'écart, il se promenait rêveur dans une allée de Tzarski-Célo ; tout à coup il s'entend appeler, se retourne, et voit l'empereur qui vient seul à lui ; son cœur palpite. Le souverain, l'abordant d'un air amical : « Que faites-vous ici ? lui dit-il ; vous me paraissez triste. » Hypsilantis, en lui montrant une feuille qu'il tenait par hasard dans sa main, lui récite une élégie de M. Arnault, qui commence ainsi :

De la tige détachée,
Pauvre feuille desséchée,
Où vas-tu ?......... (1)

« De qui sont ces vers ? lui demanda Sa Majesté. — Sire, ils sont d'un Français ; mais ils peuvent être appliqués à tous ces Grecs infortunés, errant de pays en pays et mourant sur un sol étranger. — Ah ! toujours exalté ! toujours ne rêvant que patrie ! Eh bien, vous en aurez une un jour ; je ne mourrai pas content si je ne fais rien pour mes pauvres Grecs ; je n'attends qu'un signe du ciel pour cela : je saurai le discerner, ou ils me l'indiqueront eux-mêmes. Mais avant tout il faut qu'ils soient dignes d'être heureux ; il faut que je puisse dire : Les voyez-vous ? Ils demandent la liberté. — Ils la demandent, sire ; interprète de leurs vœux, j'ose les déposer à vos pieds. — Il faut que j'y pense, moi : un boulet

(1) Hypsilantis, qui avait le goût de la poésie, avait lui-même imité la charmante élégie d'Arnault, en l'appliquant au sort des Grecs obligés de s'exiler pour échapper au despotisme turc :

Πουλάκυ ξένο, etc.

« Pauvre petit oiseau abandonné, où vas-tu ? Où est ton nid ? — Je n'ai point de nid, je vais au hasard ; nulle part je ne trouve le repos, nulle part le bonheur.... »

tiré sur le Danube mettrait toute l'Europe en feu. » Hypsilantis appliqua sa bouche sur l'épaule de l'empereur, et, les larmes aux yeux, lui dit : « Ah ! si un de vos regards tombait sur mon pays... » Il voulut continuer ; l'agitation lui coupa la voix. Alexandre, ému, laissa échapper ces mots : « Qu'une levée de boucliers se montre en Grèce, et mes cosaques iront la seconder (1). »

Peu de temps après Alexandre Hypsilantis rencontrait à Odessa Paparrigopoulo, chargé des pleins pouvoirs des Péloponnésiens, et toujours se faisant fort de l'appui de la mystérieuse puissance. Hypsilantis était hésitant ; il demandait où étaient les armées, les finances, les munitions de guerre. Paparrigopoulo, qui avait reçu des hétairistes en partant, outre le brevet de sa mission, un blanc seing revêtu des signatures du conseil de Tripolitza qu'il pouvait remplir à son gré, s'en servit pour y inscrire toutes les prétendues ressources de la Grèce, et lever les scrupules du généralissime.

A l'automne de 1820, il revint à Patras, rapportant les instructions d'Hypsilantis relativement aux demandes qu'avait posées le conseil de l'hétairie. Paparrigopoulo les présentait comme dictées par la suprême puissance et transmises par son organe à Hypsilantis. Il y ajouta ses exhortations véhémentes, et pressa de constituer l'éphorie centrale. Elle fut composée de six membres, du président Jean Vlasapoulos et des deux trésoriers, Jean Papadiamantopoulos et Panajoti Aovali. Mais ce choix fit des mécontents ; une opposition se forma, et paralysa l'action de l'éphorie à peine née.

Cependant Hypsilantis obtint de la Russie un congé, sous prétexte d'aller prendre les bains, et se rendit en Bessarabie, où se groupèrent autour de lui un grand nombre d'hétairistes. Ils échauffaient son zèle, trompaient ses défiances, et finirent par lui persuader que tout était prêt. Trop soigneusement entretenu dans ces illusions, il envoya en Morée, dans les îles et dans la Grèce

(1) P. 34. — Avons-nous besoin d'ajouter que nous laissons à M. Soutzo toute la responsabilité de ce récit ?

continentale des émissaires chargés d'annoncer sa marche prochaine sur la Turquie. Il comptait d'abord partir pour Trieste, où un vaisseau grec annonçait qu'il l'attendrait vers le 20 novembre, et débarquer secrètement dans le Magne, d'où il commencerait les opérations, à une date qui symboliserait la régénération de la Grèce, le 25 mars (6 avril) (1), jour de la fête du saint Évangile. Mais on lui conseillait instamment d'entrer par la Moldo-Valachie; on lui représentait que les deux principautés étaient une autre Grèce, que les habitants suivaient la religion grecque, que les hospodars et leurs ministres étaient des Grecs, que l'hospodar de Moldavie, Michel Soutzo, était favorable à l'hétairie, que l'hospodarat de Valachie, vacant depuis le mois de janvier 1821, par la mort d'Alexandre Soutzo, laissait la province ouverte, que partout il rencontrerait des affiliés, jusque dans les milices étrangères et que la fertilité du pays offrirait des vivres en abondance. La forteresse d'Ibraïlow en Valachie n'était défendue que par trois cents Turcs, mal armés. Les forteresses riveraines du Danube étaient dépourvues de garnison. La guerre d'Ali-Pacha avait dégarni de soldats la Thrace et la Bulgarie. D'autres raisons décidèrent Hypsilantis : deux armatoles fameux, Georges ou Georgaki l'Olympien et Savas Caminaris de Pathmos l'assuraient de leur concours, puissant dans ces contrées. Enfin, les traités défendaient à la Turquie de faire entrer des troupes dans les principautés sans le consentement de la Russie. Ou bien elle passerait par-dessus les conventions, et donnerait alors à la Russie un sujet légitime de guerre contre elle, et l'occasion d'une embarrassante diversion, ou elle les respecterait, et laisserait alors le champ libre à l'armée de l'insurrection, qui traverserait la Macédoine et l'Illyrie et viendrait tomber en Grèce, au cœur de l'empire.

(1) Le calendrier grec est en retard de douze jours sur le nôtre; ce qui peut produire de la confusion, les uns, parmi les historiens grecs, suivant, comme M. Tricoupi, le calendrier grec, les autres se conformant au nôtre. Nous ne donnerons dorénavant qu'une date, qui sera fixée d'après notre calendrier.

Hypsilantis, réfugié de bonne heure en Russie avec sa famille, connaissait mal la Grèce. Il croyait que 25,000 hommes étaient sous les armes dans le Péloponnèse, que Tripolitza, ville toute turque, siège du gouvernement dans la Morée, était prête à éclater la première. Il était trompé surtout par son agent l'archimandrite Dicée, qui lui assurait que des amas d'armes étaient préparés à Hydra par les soins du gouvernement russe. Dicée lui communiqua, dans une entrevue qu'il eut avec lui sur un îlot du Danube, son dessein d'incendier les principaux quartiers de Constantinople, l'arsenal et les magasins de Topchana. Pendant que, de nuit, les Grecs de la capitale exécuteraient ce projet, dix bricks hydriotes tireraient sur le sérail, et forceraient le sultan à sortir de son palais et à tomber entre les mains des insurgés. Homme ardent et peu scrupuleux sur les moyens, Dicée, pour hâter le moment de l'exécution, affirmait tout ce que l'on désirait, et rassurait en trompant. Des chefs hétairistes du Péloponnèse commencèrent à se méfier de lui, et le mandèrent à Vostitza le 26 janvier 1821 ; ils lurent les lettres de créance par lesquelles Hypsilantis le déclarait son *alter ego*, et furent frappés des illusions dangereuses dans lesquelles il l'avait fait tomber. Ils enjoignirent à Dicée de se retirer dans son pays et de s'y tenir tranquille. Ils décidèrent que des commissaires seraient envoyés pour convoquer une assemblée des représentants de l'hétairie auprès de l'éphorie de Patras, que le Péloponnèse ne remuerait pas avant qu'on n'eût reçu un chargé des pleins pouvoirs du général en chef, que l'on s'adresserait de nouveau à l'empereur Alexandre pour savoir ses sentiments et le secours qu'on pouvait attendre de lui.

Mais Hypsilantis n'était plus maître de tarder davantage. La Porte ne pouvait plus ignorer les dangers qui la menaçaient. Dans le mois de janvier 1821, deux agents envoyés par Hypsilantis, l'un en Servie, l'autre à Thessalonique, avaient été saisis avec le plan de l'hétairie et ses papiers, portant la signature du général en chef. Si le divan le dénonçait au gouvernement russe, il allait être rappelé de Bessarabie. Il savait d'ailleurs qu'un Péloponnésien avait révélé le complot au sultan, qu'Ali-Pacha en avait fait autant, dans l'espoir de rentrer en grâce auprès de lui. De tous côtés des lettres lui annonçaient que l'hétairie n'était plus un secret pour personne, que la nation était mise par ses lenteurs sur le bord de l'abîme. Il ne crut même plus pouvoir attendre la date primitivement fixée. Dans la nuit du 6 mars 1821, il passa le Pruth, et entra en Moldavie.

Le Rubicon était franchi.

LIVRE QUATRIÈME.

GUERRE DE L'INDÉPENDANCE.

(1821-1827.)

Année 1821.

CHAPITRE 1ᵉʳ.

COUP D'OEIL SUR LE CARACTÈRE GÉNÉRAL DE L'INSURRECTION GRECQUE.

Avant de retracer cette insurrection qui fonda une nation, et qui, bien qu'elle ait fini par emporter les suffrages de l'opinion et les ratifications des puissances, excita tant de méfiances, tant de critiques, tant de réprobations même, il semble nécessaire de fixer les principes d'après lesquels on doit la juger. Il ne faudrait pas croire qu'aujourd'hui que l'indépendance de la Grèce est un fait accompli, tous les doutes qui s'étaient élevés contre elle soient tombés, toutes les oppositions soient oubliées. La sympathie qu'elle avait excitée dans les âmes désintéressées, et qui avait fini par gagner les cours elles-mêmes et forcer les scrupules des monarchies, s'est quelque peu éteinte depuis que le danger est passé. Le temps, qui refroidit tout, la crainte des révolutions et la méfiance de l'esprit d'indépendance, une réaction de certains esprits vers les théories absolutistes, une politique nouvelle qui a rapproché l'Occident des anciens ennemis des Grecs, et l'a ligué contre leurs alliés, enfin des épigrammes spirituelles, des récits de voyageurs désappointés, ont singulièrement éloigné la génération actuelle de l'enthousiasme qui portait vers la Grèce les libéraux de 1821. Les fautes qui ont suivi les conquêtes de la liberté, l'inexpérience d'un peuple neuf au régime constitutionnel, la persistance peut-être malheureuse dans une alliance qui a paru rendre la Grèce ingrate envers l'Angleterre et la France, ont donné l'occasion de demander si cette nation était digne de l'appui qui lui avait été donné et capable d'entrer dans le concert européen. Nous sommes donc aujourd'hui, pour discuter la légitimité de l'insurrection, placés presque dans la même situation où nous eussions été il y a trente ans, lorsqu'il se trouvait des publicistes du droit divin pour contester aux Grecs le droit de reconquérir leur indépendance et de soustraire aux Turcs la propriété de leurs personnes.

Si l'on prétend dénier aux Grecs la possession de leur nationalité, il faut admettre que la conquête la leur avait enlevée, et que le succès de la guerre a suffi pour rendre les Turcs leurs maîtres légitimes. Mais si l'on reconnaît que la force fonde le droit et que la propriété des nations appartient aux derniers occupants, on ne voit pas pourquoi les Grecs n'étaient pas autorisés à recommencer la guerre, à soumettre de nouveau la question de leur indépendance au sort des armes, et à reconquérir la disposition d'eux-mêmes comme on la leur avait enlevée. C'était la lutte de la force contre la force; il ne s'agissait plus que de savoir laquelle des deux l'emporterait. Celui à qui la victoire est restée est absous. Le droit de conquête, si l'on veut admettre un pareil terme, ne dure qu'autant que le fait même de la conquête. Et ainsi, en vertu même de ce prétendu principe, la guerre est toujours légitime contre la guerre, la révolte contre la domination. C'est un droit qui a toujours contre lui un droit identique, et qui par conséquent se détruit lui-même.

Dira-t-on que la durée de la domination la rend légitime, et qu'ainsi pour les peuples, comme pour les objets en litige, possession vaut titre? On a invoqué cette prescription: et il est véritable qu'en ce monde, où le sol s'est partagé par la violence, où tous les empires se sont formés par l'usurpation, et où l'on ne peut remonter dans l'histoire à l'origine des propriétés territoriales sans se perdre dans le chaos de l'anarchie primitive et la nuit des transmigrations inconnues, il est véritable, dis-je, qu'une pareille prescription finit par s'établir. Nul doute que si la Bourgogne prétendait aujourd'hui s'ériger en principauté indépendante, son entreprise ne fût criminelle. Les provinces d'un même empire, lorsqu'elles ont joui longtemps des mêmes lois et confondu leurs intérêts, lorsqu'elles se sont liées par la réciprocité des devoirs sociaux, finissent par former un corps unique, dont aucun membre ne peut plus s'isoler. Il n'est pas toujours facile de déterminer dans l'histoire le point où cette fusion devient définitive. Du moins est-il des signes auxquels on peut la dire nécessaire. L'unité d'origine, les rapports de langue, de mœurs et d'institutions, les grandes divisions indiquées par la nature même et que l'on appelle les frontières naturelles, marquent l'étendue et les limites des empires.

Nous le demandons: la Grèce avec la Turquie était-elle dans ces rapports? Était-elle prédestinée à être la province d'un empire européen-asiatique, cette contrée si bien défendue contre l'Orient par la mer, contre le Nord par des remparts successifs de hautes montagnes? L'histoire, à défaut de la nature, ne lui avait-elle pas donné ses titres à l'indépendance? Était-ce une enclave dans la carte de l'Europe que ces immortelles régions qui semblaient plutôt le camp retranché de la civilisation et de la liberté?

Mais depuis longtemps elles s'étaient laissé englober dans une domination étrangère, elles étaient devenues province de l'empire romain. Cela est vrai. Mais où en serions-nous si les nations modernes qui ont porté le même joug avaient perdu le droit de s'isoler et de s'émanciper? Depuis, la nation grecque a subi la domination des Ottomans. C'est ici qu'il faut se demander si pendant ces quatre siècles d'asservissement elle a été absorbée par cette assimilation qui fait de vainqueurs et vaincus des concitoyens. Nous avons essayé de retracer sa condition pendant cet espace de temps, et nous avons trouvé dans cette condition même les causes qui avaient conservé son unité. Elle est restée toujours dans les rapports du vaincu au vainqueur, ne subsistant que par une trêve, et rachetant sans cesse sa vie par le kharadj; elle est demeurée isolée dans sa religion, aussi antipathique que possible à la religion mahométane; dans son régime municipal, qui lui laissait tout le souci de son administration; dans son régime financier, qui la rendait seule responsable de la perception de ses impôts; dans son régime militaire, qui soudoyait ses bandes armées sans lui ouvrir les armées de l'État; dans ses mœurs, dans ses usages, dans son esprit, toujours vif, toujours curieux d'apprendre et si éloigné de l'immobilité asiatique; dans ses souvenirs enfin, où elle s'est consolée de son présent en méditant son avenir. Le gouvernement turc n'a rien fait pour conquérir par les institutions, après l'avoir conquise par les armes, cette race si distincte, si vivace, si caractéristique. Il n'a rien semé dans cette terre pour se l'approprier par la culture. L'état de guerre n'a été, pour ainsi dire, que suspendu; pendant quatre cents ans que le Grec vit côte à côte avec le Musulman, il ne cesse de s'en méfier comme d'un ennemi, debout, prêt au combat, et le poignard caché sous sa ceinture.

Ce qui peut servir encore à décider si les peuples qui s'efforcent de se détacher des empires suivent un élan véritable d'esprit national, ou subissent une agitation passagère et obéissent à de vains caprices, c'est la persistance qu'ils mettent à protester contre leur dépendance, et la puissance de leur soulèvement. Ici, par exception, le succès de l'entreprise se trouve être une présomption en faveur de sa légitimité, parce que la persévérance prouve la volonté et que la volonté prouve le droit. Si l'on juge par là du droit d'insurrection de la Grèce, qui le contestera? Quel soulèvement fut plus irrésistible et plus persévérant? Quelle lutte plus désespérée?

Pendant six ans ce combat sans cesse renaissant a fixé les yeux de l'Europe, qui y retrouvait réalisé le souvenir classique des grandes résistances de l'antiquité. Après l'enthousiasme spontané est venue l'inévitable réaction de l'analyse historique. Il n'est pas besoin de l'éviter, cette analyse. Il n'est pas utile pour l'honneur de la Grèce de prétendre cacher les faiblesses qui se mêlèrent à ses plus grandes actions, les intrigues et les discordes qui paralysèrent parfois le bras de ses soldats, l'avidité qui se montra souvent au lendemain de ses victoires, et la vengeance lançant dans les rangs de ses défenseurs ses balles égarées. Les coupables sont seuls responsables de leurs crimes, la nation conserve l'honneur de ce qu'elle a accompli. Nous pourrons donc tout dire, nous l'espérons, le mal comme le bien, sans que la sincérité de notre langage coûte rien à une admiration légitime.

Il est juste de distinguer les excès où poussent l'ignorance et la fureur du moment, de ces vices invétérés, s'il y en a de tels, qui semblent rendre l'amélioration impossible. Les défauts qu'on a justement reprochés aux Grecs, et qui ont éclaté en même temps que leur héroïsme, sont-ils de ceux qui rendent une nation incapable de se gouverner? Je ne veux parler que rapidement des cruautés qu'ils ont commises : c'est la monotone et lamentable histoire de toutes les révolutions, chez les peuples les plus avancés dans la civilisation, à plus forte raison de ces guerres à outrance qui ne peuvent s'achever que par l'épuisement d'un des deux partis. Quelle nation oserait faire le compte de ses crimes, et se croire plus légère que les autres devant le tribunal de l'histoire? Les Grecs, seulement, arriérés sur le reste de l'Europe, ont eu le malheur de secouer leur barbarie en plein dix-neuvième siècle, et de sortir de leur moyen âge plus tard que nous. A vrai dire, leurs maîtres ne leur avaient pas appris le droit des gens. La persécution ne justifie par les représailles; mais elle les amène presque infailliblement; la rébellion crée un état exceptionnel où la légalité est impossible et la simple humanité bien difficile. Il est injuste de vouloir préjuger de ces crises violentes, de ces duels à mort, quel sera l'esprit d'une nation et quels principes elle suivra dans le calme de son indépendance.

Outre des vengeances criminelles contre leurs ennemis, on a pu reprocher aux Grecs un esprit de discorde qui s'est trahi dès le début de leur entreprise, et qui a pu faire craindre que les funestes divisions qui ont perdu les républiques antiques ne fussent un héritage inévitable, un mal attaché à leur sang et irrémédiable. A la vérité un tel défaut, s'il était en effet héréditaire et incurable, serait le plus grand obstacle à leur régénération. Mais ce n'est pas non plus dans le désordre de l'insurrection qu'il pouvait être réprimé, et il n'était pas alors sans excuse. L'état du sol, divisé par tant de montagnes, si peu favorable aux communications et si propre aux petites cités, est peut-être la cause permanente de cet esprit municipal qui a toujours empêché l'unité de la Grèce ancienne. D'ailleurs l'administration turque, tout en nivelant ses sujets sous la conquête, était loin d'effacer ces barrières naturelles. Nous avons vu quel était le régime civil des Grecs. La municipalité se suffisait à elle-même, se gouvernait, et répartissait elle-même ses impôts. Chaque cité, bien plus, chaque village, fut un petit État. L'absence de routes, la nullité du commerce intérieur, la stagnation de toutes choses aggrava encore cet isolement. La crainte des avanies, la nécessité perpétuelle de se défendre contre le gouvernement central, bien loin d'en attendre justice et protection, forma ces bandes armées qui s'habituèrent à ne reconnaître d'autre pouvoir que celui de leur chef et à ne demander de sécurité qu'à leur sabre. Supposez toutes ces troupes un moment confédérées, toutes ces bourgades enfin rapprochées, pouvez-vous attendre un concert bien unanime? Croyez-vous que ces brigands farouches, chez qui le sentiment de l'indépendance personnelle s'est exalté, vont s'élever tout à coup à l'idée de l'inviolabilité de la loi, de la soumission des minorités, du sacrifice des volontés particulières à la volonté générale? Pensez-vous que les habitants de ces pauvres villages, habitués à les considérer comme leur patrie, comme leur monde, vont comprendre tout à coup le jeu de la représentation nationale et la toute-puissance de l'État? Ils retourneront à leurs montagnes, si les décisions de l'assemblée leur déplaisent. C'est ce qui est arrivé trop souvent dans la guerre de l'Indépendance; mais c'est ce qui devait arriver. Nous aurons à regretter même que cet esprit de division et de révolte, ce sentiment exagéré d'indépendance individuelle, ait survécu à la guerre et entravé l'établissement d'un gouvernement régulier. Mais les principes ne triomphent pas des mœurs en un jour. Le gouvernement municipal s'apprend vite; qu'une ville se fonde, il s'y établira bientôt deux classes de citoyens, les uns riches, les autres pauvres, et la cité sera aristocratie ou démocratie selon que l'une ou l'autre prédominera. Mais pour que riches et pauvres se courbent devant l'égalité de la loi, pour que les plus indépendants apprennent à ne se reposer que sur la justice commune, pour que les provinces les plus éloignées mettent sans regret leurs contributions en commun, il faut que l'habitude ait produit la confiance dans le gouvernement, et que la nécessité de la centralisation se soit prouvée par la sécurité générale, par la défense des frontières et la police de l'intérieur, par la circulation des richesses et les rapides communications du commerce. C'est ce que la Grèce peut apprendre aussi vite que les autres nations de l'Europe, qui ne sont arrivées à l'unité qu'en passant par le morcellement féodal.

Un reproche plus bas fait aux Grecs à propos des événements de l'insurrection, et répété depuis, avec quelque amertume, est le reproche de cupidité et, pour tout dire, de vol. Commençons par reconnaître que si l'insurrection a donné lieu à des scènes de pillage, elle a provoqué aussi de tels élans de générosité et de désintéressement, qu'il est juste au moins, entre des exemples si différents, de balancer sur la conclusion qu'il en faut tirer pour l'esprit général de la nation. Du sacrifice ou du brigandage, lequel prouve davantage? Prenons garde d'ailleurs que la cupidité et le vol, qui sont de tous les pays et de tous les temps, reculent devant les polices bien faites et se déguisent par crainte des lois. L'escroquerie est la forme la plus ordinaire du vol dans les pays où la violence est sûrement réprimée la cupidité humaine s'y satisfait par les ruses des spéculations industrielles. Le vol de grand chemin, plus apparent et plus scandaleux, n'est après tout qu'une autre forme du même vice, dans les contrées où manque la force publique. Ajoutez qu'en Grèce l'habitude de porter les armes, la vie aventureuse de ces klephtes rebelles qui ne pouvaient conserver leur liberté qu'en vivant hors la loi, enfin, pour tout dire, l'exemple dangereux des déprédations des Turcs et les funestes précédents qui semblaient autoriser les représailles, tout contribuait à éloigner les esprits du respect de la propriété (1). La vie militaire y était forcément une vie de pillage. Ne nous écrions pas, en voyant plus d'une fois le butin préféré à la victoire, que l'avidité de ce peuple est incorrigible. N'allons pas rechercher si leurs aïeux, les héros d'Homère, étaient des ravisseurs de troupeaux. Ce que nous prenons pour le caractère d'un peuple, n'est souvent que l'effet de sa condition. Le brigandage, malheureusement, est la guerre des populations insoumises. Je sais que ces funestes habitudes se sont trop longtemps perpétuées, même après la conquête de l'indépendance, même après l'établissement d'un gouvernement régulier; mais elles s'affaibliront devant l'influence de la paix et des lois. La nation qui a vu ses enfants jeter leur fortune dans le trésor public n'est pas condamnée par la nature à l'humiliant reproche de cupidité.

Nous ne voulons pas nier les fautes commises ni fermer les yeux sur les défauts actuels de la nation. Mais nous

(1) Le colonel Stanhope, dans une lettre écrite à M. Bowring sur l'état politique et militaire de la Grèce pendant l'insurrection, et citée par C.-D. Raffenel, t. III, p. 353, fait les remarques suivantes:

« L'avarice est un vice général en Grèce. Sous un gouvernement despotique, il faut que l'esclave soit avare, qu'il garde soigneusement et qu'il enfouisse son argent.... Là tout est confondu, et l'on ne trouve le moyen de se mettre en sûreté qu'en faisant une fausse application des principes d'utilité.

« Les Turcs ont appris aux Grecs à piller : leurs exactions forçaient les cultivateurs et les bergers à se retirer sur les montagnes, où ils vivaient comme des loups, et devenaient libres, proscrits et pillards. »

croyons injuste de faire peser dans la balance les défauts plus que les qualités éminentes de cette race heureuse. Nous croyons injuste surtout de faire de ces défauts un argument contre la légitimité de sa cause. Nous ne pensons pas qu'il y ait pour les peuples, plus que pour les particuliers, de défauts innés. La nature n'a pas de prédestinés, et si l'habitude est une seconde nature, ce que nous appelons la nature n'est souvent aussi qu'une première habitude. Voilà pourquoi nous éviterons de faire retomber la responsabilité des excès que nous aurons parfois à retracer sur les compatriotes de ceux qui les ont commis, encore moins sur leurs fils. Persuadés que les fautes du passé ne sont pas un présage contre l'avenir, nous pourrons les rapporter sans déguisement, à côté des beaux faits qui les effacent. L'admiration de l'Europe n'a pas été surprise, l'héroïsme de cette longue lutte n'a pas été surfait. On ne peut en reprendre aujourd'hui le récit, sans être forcé par la puissance des faits à la sympathie et plus d'une fois à l'étonnement.

CHAPITRE II.

EXPÉDITION D'ALEXANDRE HYPSILANTIS EN MOLDO-VALACHIE JUSQU'A SA RETRAITE A TERGOVIST.

6 mars — 16 avril.

Alexandre Hypsilantis allait rencontrer dans les provinces danubiennes un auxiliaire, mais un auxiliaire dangereux, qui devait être bientôt un rival et enfin un traître, Théodore Vladimiresco. Ce capitaine avait été autrefois au service de la Russie contre les Turcs, et depuis la paix de 1812, protégé par l'amnistie, il vivait en Valachie. La guerre d'Ali-Pacha contre la Porte, la confusion qui suivit la mort d'Alexandre Soutzo, hospodar de Valachie, en février 1821, lui parut une occasion favorable pour réclamer du divan quelques sommes qu'il prétendait avoir avancées en 1811 pour les besoins de l'État. Le capitaine Georgaky, son ami, et en même temps affilié aux hétairistes, prétendit exploiter son insubordination au profit de la cause d'Hypsilantis; mais c'était lui susciter plutôt un embarras qu'un secours. Vladimiresco, homme ambitieux mais grossier, aussi rusé qu'ignorant, ne s'était attaché à aucune cause qu'à la sienne.

Repoussé dans ses prétentions auprès du gouvernement, il se retire dans la petite Valachie, où il appelle autour de lui les pandours, milice indigène, qu'il excite par l'espoir du pillage et par leur vieille haine contre les boyards. Le commandant de Bucharest envoie contre lui 250 Arnautes et Pandours; ils passent à l'ennemi. Le divan charge les pachas du Danube d'envoyer des soldats; le consul de Russie s'oppose à l'entrée des troupes turques, en vertu des traités existants. Les boyards forment une armée nationale de mille hommes, sous le commandement de l'aga Nicolas Vacarisco; ses soldats, à peine sortis de Bucharest, le forcent à retourner dans la capitale, suivi seulement de deux cents cavaliers. Le nouvel hospodar de Valachie, Scarlato Callimachi, nommé par la Porte, n'était pas encore installé, et restait à Constantinople. Le désordre était extrême, et le pillage imminent. Les boyards fuyaient en Transylvanie et à Rouztchouk. Ils poussèrent l'aveuglement jusqu'à confier la défense de Bucharest à Savas, c'est-à-dire au confident de Théodore Vladimiresco. Celui-ci, le 27 mars, vint camper dans un monastère situé à une demi-heure de la ville. Le 29 il publiait une proclamation, où il engageait les habitants à se joindre à lui pour le bien commun, et annonçait qu'il avait 16,000 hommes à opposer à la Porte.

C'est au milieu de ces troubles qu'Alexandre Hypsilantis, le 6 mars, était entré en Moldavie. Il était accompagné de ses deux frères cadets, Nicolas et Georges, et de quelques officiers russes ou polonais, parmi lesquels on distinguait le jeune Georges Cantacuzène. Secrètement secondé par l'hospodar de la province, Michel Soutzo, il rencontra quelques amis apostés, et entra le soir dans Jassy, où la garde de l'hospodar se déclara immédiatement pour lui. Il établit son quartier général dans la maison de la princesse Cantacuzène, mère du jeune officier que nous venons de nommer. La garde musulmane, composée d'une quarantaine d'hommes, fut désarmée, une trentaine de négociants turcs furent arrêtés. Hypsilantis s'était rendu dans la maison du premier ministre de l'hospodar, M. Rizo Néroulos, et y conférait avec lui et Michel Soutzo. « A peine commencions-nous à parler, dit M. Rizo, que la porte s'ouvre et que nous voyons entrer un Grec envoyé de Galatz par Caravia, Gripari et d'autres chefs militaires ; il annonçait au prince le massacre du topastzy, où commandant de la garde musulmane dans cette ville, et de tous les négociants turcs qu'on y avait surpris. Cette nouvelle nous glaça d'horreur, l'hospodar et moi. Aussitôt je sors, et j'ordonne que l'on amène dans ma maison le commandant de la garde musulmane de Jassy, et que l'on conduise chez l'hospodar les autres mahométans qui étaient dans la capitale. Soutzo les fit répartir dans divers monastères pour y être gardés ; cette mesure les sauva. » (P. 289.) Cependant, d'autres témoignages affirment que la plupart des négociants turcs arrêtés périrent dans la nuit (1). Hypsilantis se fit tort surtout en approuvant l'action de Caravia, comme un exemple de justice. Il ébranla le crédit en taxant un banquier à une contribution de 60,000 piastres, sans autre motif qu'une accusation reconnue fausse. Cet officier brillant, mais inexpérimenté, et ignorant de l'état du pays qu'il cherchait à soulever, était sans cesse exposé à commettre une faute. Il fut tenté de proclamer l'abolition des privilèges dans les deux principautés. Il en fut détourné par Rizo, qui lui représenta qu'il allait tourner contre lui la plus grande partie de la population. Il renonça à l'affranchissement des serfs, et se borna à les engager dans une proclamation, à respecter la paix, à observer les lois, leur assurant que si les Turcs osaient fouler leur sol « une grande puissance était prête à châtier cette audace ». Le 10 mars il

(1) Triconpi, t. I. p. 53.
M. Alexandre Soutzo s'exprime ainsi à ce sujet : « Le même jour, soixante mahométans, trouvés dans la ville, se réfugient dans une église ; assiégés par le peuple, ils demandent et obtiennent leur pardon ; mais bientôt ils se montrent indignes de cette faveur par l'assassinat du brave Boucovallas, officier de la garde qu'Hypsilantis leur avait envoyée pour les escorter, et reçoivent une prompte mort en punition de ce crime. » (P. 69.)

publia une autre proclamation, adressée aux Grecs résidant en Moldo-Valachie, les exhortant à prendre les armes pour la patrie et pour la foi, et annonçant qu'une grande puissance les protégeait. C'était engager la Russie fort à la légère. On verra quels contre-temps en résultèrent pour le malheureux Hypsilantis.

On songea cependant à s'assurer de cette protection qu'on annonçait trop témérairement. Soutzo convoqua son conseil, et l'on décida qu'on enverrait au czar Alexandre, alors à Laybach, une requête pour le prier de soutenir les principautés et d'empêcher les Turcs de les envahir. Le général en chef écrivit en son propre nom une lettre analogue. Il dépêcha également un exprès au baron de Strogonoff, ambassadeur de Russie à Constantinople.

Le lendemain, 11 mars, il commença à organiser ses troupes et à distribuer les grades. Après le général en chef venaient les *stratèges phalangarques* (commandants d'une phalange), les *stratèges tamatarques* (commandants d'un régiment), les *chiliarques* (à la tête de mille hommes, ou chefs de bataillon), les *suntagmatarques* (ou lieutenants des tagmatarques), les *hécatontarques* (commandant cent hommes), etc. Le premier grade fut donné à Georges Cantacuzène et à ses deux frères ; le second ne fut attribué à personne, sans doute parce que la phalange ne pouvait pas fournir plus d'un régiment ; le troisième fut accordé à Orphanos et Donkas.

La nouvelle armée et son général furent bénis dans une cérémonie qui eut lieu le 13, dans l'église des trois stiérarques. Le métropolitain ceignit au prince Hypsilantis son épée, en lui adressant à haute voix ces paroles prophétiques : « Ceins ton glaive à ton côté, homme resplendissant de force et de beauté ; tire ce glaive, marche et sois roi. » Il bénit son étendard, qui portait d'un côté la croix, les images de saint Constantin et de sainte Hélène avec les mots εν τούτῳ νίκα, *hoc signo vinces*, et de l'autre côté le phénix et la devise : *Je renais de mes cendres*. Toute l'armée jura de combattre et de mourir pour la liberté et la patrie.

Cependant, il était temps d'occuper l'ardeur de cette armée confuse, composée de Grecs, de Bulgares et de Serviens, qui croyaient, comme y sont disposées toutes les multitudes, faire acte de liberté par l'insubordination. Six jours s'étaient passés à Jassy. Le 14, à la tête de 1,600 hommes environ, dont 800 cavaliers, muni de quelques finances, et précédé par les soins des hétairistes pour la subsistance des troupes, Hypsilantis partit de la capitale de la Moldavie, et se dirigea sur Foczani, ville qui confine à la Valachie. Le trajet dura sept jours, pendant lesquels les volontaires hétairistes se livrèrent au désordre, sous les yeux de leurs chefs, impuissants à les réprimer. Les populations les voyaient arriver avec anxiété. Hypsilantis ne parvenait à faire respecter son autorité qu'en invoquant le nom de cette puissance suprême, providence mystérieuse de l'insurrection grecque. Il trouva à Foczani Argyrocastriti et Caravias, qui l'y attendaient avec des troupes et deux canons. Il y resta sept jours pour exercer et discipliner ses soldats. Parmi eux il choisit les jeunes gens instruits et de bonne famille, la plupart étudiants ou commis de négociants accourus de Russie et d'Allemagne, pour en former un corps particulier, qu'il dressa à la tactique européenne, et qu'il appela le *bataillon sacré*. Ils étaient vêtus de noir, et sur le devant de leur chapeau portaient une tête de mort sur deux os en croix, avec cette divise : *La liberté ou la mort*. Ils portaient en outre une cocarde tricolore. Ce fut la meilleure troupe d'Hypsilantis.

De Foczany il se rendit à Bouzéo, puis à Ploiesti, où il demeura dix jours; il n'arriva que le 9 avril à Colentina, maison de plaisance d'un seigneur Valaque, située à une demi-heure de Bucharest. Cette marche était lente, dans un moment où il fallait gagner les Turcs de vitesse et les surprendre. Il y avait quatre semaines que l'armée avait quitté Jassy. Hypsilantis compromit encore son autorité en hésitant à entrer dans la capitale de la Valachie, occupée par Théodore Vladimiresco. Une députation d'habitants, précédée par le métropolitain, alla le chercher pour l'inviter à s'y rendre. Mais il attendait lui-même que Théodore et Savas lui envoyassent des renforts à son quatier général. Or, l'un et l'autre étaient chancelants et ne songeaient qu'à leur intérêt personnel. Savas, pressé par un message du général en chef, déclara qu'il renonçait à l'entreprise, parce qu'il voyait bien que la Russie ne la soutenait pas et qu'il avait été trompé. Cependant, sur de nouvelles instances il se décida à venir rejoindre Hypsilantis. Quant à Vladimiresco, il finit aussi par se rendre à Colentina ; mais, toujours plein d'ambition et d'envie, il souffrait à peine la supériorité du généralissime, et prétendait à l'égalité avec lui. Les Turcs, dit-on, avaient soufflé dans son âme le secret espoir de devenir hospodar. Ainsi Hypsilantis se sentait entouré par la trahison. Seul, parmi les capitaines qui l'assistaient, le brave Georgaki devait lui inspirer toute confiance et lui être fidèle jusqu'à la mort. Il comptait maintenant environ 3,000 hommes, mais toujours indisciplinés, et compromettant leur chef par leurs excès. Il voyait les habitants du pays s'éloigner d'une entreprise qui ne leur apportait que la désolation et la guerre, et dont d'autres qu'eux devaient profiter. Dans son camp, encore si étroit, il était assiégé par l'intrigue, et ne trouvait dans son conseil, au lieu d'hommes de guerre expérimentés, que des officiers improvisés, des politiques théoriciens ou des écoliers déclamateurs. Ses embarras se trouvèrent tout à coup multipliés.

Les trois souverains absolus du Nord qui avaient signé en 1815 le traité de la sainte-alliance, l'empereur d'Autriche François II, le roi de Prusse Frédéric-Guillaume III, et le czar Alexandre étaient réunis à Laybach pour y prononcer sur le sort des révolutions d'Espagne, de Portugal et de Naples. C'était là qu'ils méditaient l'expédition des Abruzzes, et qu'ils se plaisaient à décorer de leurs protocoles théologiques la ligue formée pour la conservation de tous les trônes acquis. Bien qu'ils se fussent placés sous l'invocation du Christ, ils avaient fait entendre que tous les peuples devaient obéissance à leurs maîtres, de quelque religion qu'ils fussent, et attendre de leur bon plaisir les réformes qu'ils souhaiteraient. C'est au milieu de ces dispositions que les trouva la nouvelle de l'insurrection de la Moldo-Valachie et la requête d'Hypsilantis.

M. A. Soutzo prétend qu'en lisant cette lettre le czar parut ému, et même qu'il prononça ces mots : « Oh! le brave garçon! » (P. 60); que M. de Metternich fit fabriquer une correspondance du chef de l'hétairie avec les libéraux de Paris, et la lui fit lire pour dissiper son accès de sympathie. Il n'était pas dans le goût d'Alexandre, pas plus que dans celui d'aucun des membres du congrès, de soutenir une insurrection populaire, même pour une croisade, et le zèle religieux cédait facilement devant les appréhensions politiques. Le czar était sans doute dès lors dans les dispositions qui plus tard, au congrès de Vérone, lui faisaient dire à M. de Châteaubriand : « Rien sans doute ne paraissait plus dans mes intérêts, dans ceux de mes peuples, dans l'opinion de mon pays, qu'une guerre religieuse contre la Turquie; mais j'ai cru remarquer dans les troubles du Péloponnèse le signe révolutionnaire. Dès lors je me suis abstenu. » (1) Le 12 mai la sainte-alliance publia un manifeste où elle rappelait que tous les peuples devaient attendre réformes et justice de leurs souverains légitimes, et que toute réclamation à main armée était criminelle. « Les souverains, ajoutait-on, en faisant allusion à la Grèce, ont jugé tels non-seulement les derniers événements du royaume de Naples et du royaume de Sardaigne, mais encore ceux qui, ayant pris naissance de machinations subversives, ont, quoique dans des circonstances différentes, rendu la partie orientale de l'Europe le théâtre de maux infinis. » Ils ordonnaient à leurs nationaux résidant dans les principautés de quitter ces lieux souillés par la révolte. Alexandre déclara en son nom particulier qu'il considérait l'entreprise d'Hypsilantis, comme « l'effet de l'exaltation qui caractérise l'époque actuelle, ainsi que de l'inexpérience et de la légèreté d'un jeune homme. » Il le révoquait de son service, lui notifiait qu'il n'attendît

(1) Villemain, *La Tribune moderne*; Châteaubriand, p. 327.

28ᵉ Livraison. (GRÈCE.)

aucun secours de la Russie, et qu'il eût à abandonner la lutte et à quitter les lieux qu'il occupait. En même temps il ordonna à ses troupes du Pruth de ne pas favoriser l'insurrection, et fit offrir au sultan ses services pour la comprimer.

Hypsilantis reçut à la fois trois coups de foudre à Colentina : l'excommunication du synode de Constantinople, le désaveu général de la sainte-alliance et la notification spéciale du czar Alexandre. Cette déclaration était pour la cause des Grecs plus désastreuse qu'une grande défaite. Elle anéantissait au début de la guerre le prestige de cette intervention providentielle que l'hétairie avait essayé de créer. Elle rendait impossibles les illusions, souvent si encourageantes pour la multitude. Sans doute l'imprudente proclamation d'Hypsilantis lui attirait ce démenti et l'expliquait. L'empereur avait pu être justement irrité qu'on l'eût compromis aux yeux de ses alliés et qu'on se fût effrontément couvert de son nom. Du moins les Grecs durent comprendre que cette puissance suprême qu'ils croyaient indissolublement unie à leur cause prétendait rester libre de son action, et n'être qu'à ses heures, selon ses besoins et ses intérêts, leur tutrice et leur alliée; qu'il ne suffisait pas de l'appeler, pour la faire descendre du ciel, comme les divinités du théâtre; que les forts ne se sacrifient pas si facilement pour les faibles, ni les rois absolus pour les peuples opprimés qui veulent devenir libres. Cependant, cette leçon ne devait pas être la dernière.

La note de l'empereur, communiquée par un secrétaire du consul russe à Bucharest, donna le signal des défections. Une partie des boyards passèrent en Russie, les autres commencèrent à correspondre avec le pacha d'Ibraïlow. Michel Soutzo, entraîné par les boyards, abandonna son poste, et se retira avec sa famille en Bessarabie, où il fut accueilli par le gouvernement russe. Le conseil de l'hospodar se réunit, comme dans le cas de mort d'un hospodar, et se montra hostile à Hypsilantis. Dans ces circonstances critiques, celui-ci se troubla, et, perdant cette confiance qui est la force des grands caractères et ce que nous appelons leur étoile, il ne songea plus qu'aux partis désespérés. Il voulait franchir le Danube et gagner l'Épire de montagne en montagne. Puis, renonçant à ce projet impraticable, et résigné à attendre en Valachie ce que lui réservait l'avenir, il abandonna Colentina et rétrograda sur Tergovist, le 16 avril. C'était proclamer son échec ; ce fut une faute, bien qu'une faute excusable. Il est moins facile de se roidir contre l'obstacle jusqu'à tenter l'impossible que de se résigner jusqu'au sacrifice.

A Tergovist, Hypsilantis se plaça dans une position défensive : il entoura son camp de palissades, et s'assura des environs. Il fit garder Kimpoulounghi, lieu couvert et naturellement fortifié, par son frère Nicolas, envoya Georgaki à Pitesti, et Constantin Doucas à Ploesti. Il continua d'exercer son bataillon sacré qu'il porta à 450 hommes, y joignit un escadron de 200 cavaliers et un corps d'artillerie, et mit toutes ces troupes sous le commandement de Cantacuzène. Mais il manquait de vivres, et redoutait toujours Vladimiresco et Savas. Le premier le trahissait de longue date ; le second, seulement depuis le désaveu de la Russie et pour assurer son salut. Ses troupes étaient toujours prêtes à se dissoudre. Il n'avait pas encore rencontré l'ennemi, et il battait déjà en retraite ; tant le courage le plus brillant et le dévouement le plus pur sont loin de suffire, dans la guerre, pour le succès !

Les premières épreuves de l'insurrection furent douloureuses ; nous devons quitter un instant les provinces du Danube pour jeter un coup d'œil sur ce qui se passait sur les autres points de l'Empire Turc, dans le Péloponnèse et à Constantinople.

CHAPITRE III.

PREMIERS ÉVÉNEMENTS DE L'INSURRECTION GRECQUE. — SOULÈVEMENTS DANS LE PÉLOPONNÈSE.

Le Péloponnèse devait être le foyer principal de la guerre. Dans ce pays si éloigné du centre de l'empire, et qui ne s'ouvre que par un étroit passage, il y avait beaucoup plus de chrétiens que de Turcs. Ils y vivaient plus librement qu'en Grèce propre, isolés dans leurs villages, défendus par leurs montagnes, menant l'existence des klephtes et tout entiers à l'influence de leurs prêtres, à l'autorité de leurs évêques, qui se réunissaient deux fois par an dans la capitale de la Morée, Tripolitza, et les maintenaient dans l'attachement à la foi nationale. Leur résistance avait deux centres principaux, l'un au nord, l'autre au midi de la péninsule, l'Achaïe et le Magne. L'Achaïe comptait des agitateurs ardents, Germanos, l'archevêque de Patras (1), André Zaïmi, primat de Calavryta, André Londos, primat de Vostitza. Leur dévouement ne contribua pas peu à donner à Patras, déjà florissante par le commerce, l'importance qu'elle prit dans la guerre. A l'autre bout du pays, le Magne, dont nous avons déjà parlé, renfermait la partie la plus belliqueuse de la nation. Mais les Maniotes n'avaient ni armes, ni munitions, ni finances ; rien ne leur avait été envoyé par l'hétairie, que des émissaires et des promesses. En 1821 leur capitaine était Mavromichalis, homme respectable par son patriotisme. Dès 1819 il avait appris de Capo d'Istria, par un intermédiaire, que la Russie n'aiderait pas au soulèvement des Grecs. Aussi il ne comptait que sur leurs propres forces, et attendait dans le calme les événements.

A la même époque avait été envoyé comme gouverneur du Péloponnèse, Chourchid-Pacha, homme dur, altier, fastueux, qui répandit partout la terreur. Dans ce moment où la Porte avait conçu quelques soupçons sur les raïas de la Morée, il avait été chargé princi-

(1) Sur ce personnage, dont le nom doit revenir dans ce récit, voici le jugement de M. Pouqueville : « Penseur profond, homme aussi instruit dans les sciences ecclésiastiques que versé dans la connaissance des hommes, si Germanos, qu'on comparait à Socrate pour la physionomie, n'avait pas été favorisé de la nature, il avait comme lui reçu les dons de la sagesse. Aussi populaire que le philosophe du Pnyx, instruit dans la langue de Platon, qu'il parle avec une suavité digne du goût de l'Académie ; nourri des Saintes Écritures, initié à la littérature française, doué d'une éloquence d'inspiration, d'une imagination ardente, et de cette foi qui transporte les montagnes, un pareil athlète semblait être digne de verser son sang sur l'autel et la patrie. » (Hist. de la Rég., t. II. p. 308.)

palement de trois choses : du désarmement des chrétiens, de la convocation à Tripolitza des archevêques, évêques et primats, de l'introduction dans le Péloponnèse de nouvelles forces armées. Son administration, toute turque, dissipa sans doute bientôt les craintes du divan; car il fut envoyé contre Ali-Pacha et remplacé par Méhémed-Pacha, qui lui-même fut bientôt après appelé à l'armée de Chourchid. Le Péloponnèse eut alors pour gouverneur Méhémed-Salec-Aga, homme sans capacité, qui n'inspira aucune crainte. La Porte resta dans sa sécurité, et n'eut de ce qui se préparait qu'une connaissance vague. Elle se borna à envoyer en Morée un millier de soldats. Mais les Turcs qui habitaient le pays, et qui pouvaient mieux en remarquer la sourde agitation, commençaient à trembler. Ils apprenaient que des émissaires parcouraient la péninsule, ralliant les klephtes entre eux. Un d'eux les effrayait particulièrement : Colocotroni, condamné depuis plusieurs années à mort par les Turcs, et réfugié dans les îles Ioniennes, débarqua le 18 janvier 1821 à Scardamonla dans le Magne; le gouvernement turc demanda à Mavromichalis ou de le livrer ou de l'expulser comme un homme dangereux; mais cette demande resta sans satisfaction, et Colocotroni continua à correspondre avec les autres chefs du Péloponnèse, annonçant pour le 25 mars (6 avril), comme il en avait d'abord été convenu, le commencement des hostilités.

C'était l'usage du gouvernement turc, toutes les fois qu'il concevait des soupçons sur les chrétiens, de prendre des otages; c'est cependant ce qu'il n'osa pas faire ouvertement. Mais il convoqua à Tripolitza les primats, puis les évêques, comptant ainsi s'assurer des hommes les plus influents de la nation. Ceux-ci furent troublés et hésitèrent; mais il fallait se rendre ou se mettre en rébellion ouverte, et ils n'étaient pas prêts. D'ailleurs, ils comptaient être rendus à leurs sièges pour la fête de Pâques, qui était prochaine. Ils crurent en se réunissant dissiper les défiances des Turcs, et s'acheminèrent vers Tripolitza, sauf Germanos, archevêque de Patras, les primats de Patras, de Vostitza et de Calavryta.

Patras vivait sur le qui-vive. Turcs et chrétiens se surveillaient et se menaçaient. Les chrétiens mettaient leurs objets précieux en sûreté, les Turcs s'armaient. Londos, primat de Vostitza, entrant un jour chez un habitant de Patras, y rencontre une assemblée d'agas, occupés à délibérer sur les dangers présents. Londos leur adresse hardiment la parole, et leur déclare qu'ils ont tort de se montrer armés, que les chrétiens ne remueront pas si on ne les y force; les agas furent rassurés. Ils le furent davantage en voyant les principaux évêques et primats de l'Achaïe partir pour l'assemblée de Tripolitza. Mais ces derniers furent arrêtés dans leur chemin par des lettres anonymes qui les avertissaient de ne pas aller à Tripolitza de peur d'y être arrêtés et mis à mort. Ces lettres venaient de la main de Londos; les agas s'aperçurent de la ruse sans en soupçonner l'auteur. Les dignitaires déjà réunis à Tripolitza envoyèrent même un député et des lettres pour rassurer les membres retardataires; mais les lettres furent sans effet, et le député ne revint pas.

Quelques meurtres isolés donnèrent le signal de l'insurrection en Achaïe. Le vieil Asimaci Zaïmis, primat de Calavryta, avait chez lui deux anciens klephtes, qu'il avait gardés dans sa maison depuis qu'il les avait rachetés de la mort. Un jour, le 27 mars, ceux-ci, en dînant avec lui, lui annoncèrent que le lendemain devait partir de la ville le spahis Séide, Laliote, portant à Tripolitza l'argent du trésor, et qu'ils étaient prêts, s'il le voulait, à l'aller attendre sur la route, l'assassiner et lui prendre son argent pour le bien de la nation. Le vieux Zaïmis, plus laconique que les anciens Spartiates, leur fit le signe de passer la corde autour du cou, et après avoir bu à la liberté de la patrie, toucha sa croix, et leur dit : « A vos souhaits, mes enfants. » Les deux klephtes, suffisamment autorisés, attendirent Séide, accompagnés de quelques amis, l'attaquèrent et le blessèrent. Mais il était à cheval et leur échappa avec son fardeau. Son compagnon échappa également sain et sauf, abandonnant un cheval chargé de bagages. Il se trouva que le même jour le gouverneur de Calavryta partait pour Tripolitza. Son intendant, qui marchait devant lui, apprend ce qui était arrivé, rebrousse chemin, et vint raconter l'aventure à son maître. Celui-ci sema l'alarme parmi les Turcs en la leur représentant plutôt comme un acte de rébellion que comme un assassinat, et il les répartit dans deux grosses tours de la ville, comme s'il attendait l'ennemi. D'autres assassinats commis en même temps sur des Turcs dans la province de Calavryta et de Corinthe annonçaient, par un triste prélude, l'insurrection imminente.

Trompé par cet appareil de défense du gouverneur de Patras, un des primats, Soter Haralamb (ou Charalambis), rassemble ce qu'il peut d'hommes armés et assiège les deux tours : les assiégés se rendirent. A cette nouvelle, grossie par la joie des uns et la peur des autres, les Turcs de Vostitza s'enfuient à pied avec leurs femmes et leurs enfants, s'embarquent, passent à Galaxidi, et de là à Salone, où leurs compatriotes étaient en majorité. Quant à ceux de Patras, le 2 avril, ils abandonnèrent la ville, et s'enfermèrent avec leurs femmes et leurs enfants dans l'acropole. Le même jour arriva de Rhio une centaine de Turcs, qui tirèrent quelques coups de fusil dans la ville. Plusieurs d'entre eux s'enivrèrent dans un cabaret, allumèrent de vieux haillons qui mirent le feu à la maison, et tuèrent le cabaretier ; puis ils se portèrent sur la maison de Jean Papadiamantopoulos, et l'assiégèrent, tandis que ceux de l'acropole tiraient d'en haut le canon. Au bruit de la canonnade, et à la vue de l'incendie qui avait gagné les maisons voisines, des Septinsulaires, pour la plupart hétairistes, s'arment, se dispersent, et, après quelques combats isolés, se retirent dans la paroisse de Saint-Georges, quartier élevé, uniquement habité par des chrétiens, et contenant les consulats étrangers. Dans la nuit les consuls de Russie, de Suède, de Prusse, s'embarquèrent. Panajoti-Kharadja, simple artisan jusqu'alors, mais déjà influent par son courage et son patriotisme, fit placer sur tous les points de la ville des sentinelles avec l'ordre de crier : *Alerte!* durant toute la nuit, afin de faire croire aux Turcs que les chrétiens armés étaient en grand nombre, de les faire renoncer à une sortie, et de faciliter ainsi l'évasion de la population non militaire. Le lendemain, 3 avril, les Turcs étaient tous réunis dans l'acropole, n'en sortant pas et se bornant à lancer quelques boulets sur la ville. En même temps des secours venaient aux chrétiens de l'Achaïe : Papadiamantopoulos, André Londos, qui passa sans dommage auprès des Turcs, trompés par le drapeau rouge que portaient ses compagnons, Germanos, Zaïonis, etc., suivis d'hommes armés de fusils ou de massues. Ils furent accueillis aux cris de : *Vive la liberté! vivent les capitaines! Dieu protége la ville!* et se joignirent aux Septinsulaires. Tous prirent la cocarde rouge avec la croix bleue, firent fabriquer des drapeaux pour les distribuer, envoyèrent dans le Péloponnèse des circulaires insurrectionnelles et adressèrent aux consuls européens le manifeste suivant :

« Nous, Grecs et chrétiens, considérant que la race ottomane nous tient en mépris et médite notre ruine tantôt d'une façon, tantôt d'une autre, avons unanimement résolu ou de mourir ou de nous affranchir ; voilà pourquoi nous avons pris les armes et cherchons à nous faire justice. Persuadés d'ailleurs que toutes les puissances chrétiennes reconnaissent nos droits, et que non-seulement elles ne veulent pas s'y opposer, mais qu'elles veulent même les soutenir, n'ayant pas oublié les services rendus par nos illustres ancêtres à l'humanité, nous nous adressons à Votre Excellence, et nous vous prions de nous procurer la bienveillance et la protection de votre auguste gouvernement. »

Les Grecs apprirent, par des dépêches interceptées, que Jussuf-Pacha, gouverneur de l'Eubée, retournant de Janina à son gouvernement, allait se détourner de sa route au bruit des événements de Patras. Ils continuèrent à tenir les Turcs bloqués dans la citadelle, les privèrent d'eau en coupant un aqueduc, et s'établissant dans les maisons les plus voisines, les inquiétèrent avec six canons qu'ils avaient fait venir des vaisseaux ioniens. Cependant Jussuf-Pacha arriva à Anti-Rhio, et envoya de là un messager au consul prussien pour faire proposer, par son intermédiaire, la paix aux

Grecs, leur promettant de faire justice à leurs griefs. Ceux-ci répondirent, avec une hauteur qu'ils ne devaient pas assez justifier, qu'ils se moquaient de ses promesses et qu'ils méprisaient ses menaces. Le pacha passa à Rhio, où il resta deux jours dans l'incertitude; enfin, le 15 avril il entra dans la citadelle sans coup férir. De deux postes qu'il avait rencontrés sur son passage, l'un s'était enfui sans combat, l'autre s'était porté sur le quartier où les Turcs avaient laissé leurs biens les plus difficiles à emporter, pour y chercher du butin. Il trouva les assiégés abattus, releva leur courage et tenta une sortie. La panique des Grecs fut honteuse : ces volontaires armés à la hâte et étourdis de proclamations ne surent pas soutenir la vue de l'ennemi, et lui abandonnèrent leur ville, leurs canons et leurs munitions. Seuls, quelques habitants de Coumania et de Xéromeros se barricadèrent dans des maisons, et après avoir fait une honorable résistance se retirèrent sans pertes. Les chefs, au milieu de cette déroute, se transportèrent dans la maison du gouverneur et essayèrent de rallier les habitants autour de ce poste. Mais ceux-ci n'écoutaient plus rien. Un navire de guerre ottoman qui passa devant le port salua la citadelle, et en reçut un salut. Ces coups de canon échangés dans une intention inoffensive augmentèrent encore l'alarme des fuyards. Les uns furent égorgés, les autres pris et garrottés, les plus heureux se sauvèrent nus et sans ressources dans les Iles Ioniennes. Les vainqueurs, si inférieurs en nombre aux vaincus, semèrent partout la mort et l'incendie. Jousouf payait, en présence des consuls, chaque tête qu'on lui apportait à raison d'un *mahmondié* en or, en souriant aux égorgeurs et en les engageant à bien faire. » (Pouqueville, *Hist. de la Rég.*, t. II, p. 358.)

Quelques consuls, particulièrement celui de France, Pouqueville, montrèrent au milieu de ces malheurs une courageuse humanité, et reçurent dans leur maison, considérée comme neutre et inviolable, tout ce qu'ils purent trouver de femmes et de malheureux fugitifs emportant quelques débris de leur avoir. Pendant ce temps, un ramas d'Italiens et de Grecs des Sept-Iles, soi-disant armés pour la liberté, ne rougissaient pas de se joindre aux Turcs pour piller Patras. Ils allèrent jusqu'à insulter le consul de France, menacer sa vie et le forcer ainsi de se réfugier à bord d'un vaisseau anglais stationnant dans le port (1).

Malgré cette triste issue du premier soulèvement d'une ville qui semblait porter dans le nord de la Morée l'étendard de la liberté, l'insurrection gagna de proche en proche. Le 4 avril les Maniotes se soulevèrent, sous la conduite de Pierre Mavromichalis, et se portèrent sur Calamata. A leur approche les Turcs, effrayés de leur nombre, se livrèrent, eux, leurs biens et leurs armes, sous la condition de la vie et de l'honneur saufs, et ne furent pas maltraités. Les vainqueurs célébrèrent un *Te Deum;* ce fut dans cette ville aussi qu'eut lieu le premier essai de gouvernement national. Le prince de Maïna, Pétro-Bey, convoqua une assemblée qui se réunit pour la première fois le 9 avril, et adressa un manifeste à l'Europe pour justifier l'insurrection. Cet acte du sénat ou de la *gérusie* messénienne, n'offrait d'ailleurs, sous la forme emphatique des assemblées inexpérimentées, que la déclaration d'indépendance que nous retrouvons dans toutes ces premières proclamations.

Comme on le voit, le premier mouvement des Turcs fut la peur et la fuite. Tous ceux qui se trouvaient dans des villes non fortifiées les abandonnèrent à la hâte avec leurs femmes et leurs enfants, et même sans être poursuivis se réfugièrent dans les places fortes. Les musulmans qui habitaient le territoire de Bardouni, l'ancienne Laconie, quoique renommés par leur bravoure et un esprit d'indépendance qui leur avait fait souvent tenir tête aux pachas eux-mêmes, ne comptèrent pas davantage sur leurs murailles. Un bruit qui se répandit augmentait la terreur. Quelques coups de canon tirés dans le golfe de Marathonisi par des navires grecs firent croire, selon des récits qui d'ailleurs ne s'accordent pas bien, soit à une intervention de la France, soit à l'apparition d'une flotte russe (2). Toujours est-il que les Turcs de Bardouni se précipitèrent

(1) Voy. pour les détails Pouqueville, *Hist. de la Rég.*, l. IV, ch. 5, t. II, p. 350 et suivantes.
(2) Cf. Tricoupi, t. I, p. 87. Rizo, p. 336.

dans Tripolitza, qui reçut aussi ceux de Léondari et de Caritène. Ceux de Phanari et de Sourtza, en Arcadie, y arrivèrent à leur tour, hommes, femmes et enfants, au nombre de 2,000 âmes environ. D'autres Arcadiens passèrent à Navarin et à Modon, sans être inquiétés par les chrétiens de Solima, qui ne s'étaient armés que pour leur propre sûreté.

Les Turcs de Corinthe, menacés par le soulèvement des Grecs de l'isthme, de la province appelée Dervena Chorla, (ou Derbent), se retirèrent dans l'Acrocorinthe, où ils furent suivis par plus de deux mille hommes, qui en formèrent le siége. Ceux d'Argos, effrayés, dit-on, par le bruit d'un pistolet déchargé par hasard, se transportèrent dans le port voisin de Nauplie de Romanie; puis de là, sans doute pour s'assurer des otages, ils envoyèrent 150 cavaliers à Argos, pour proposer aux familles les plus notables des chrétiens de les mettre en sûreté. Celles-ci les remercièrent de cette générosité, dont elles se méfiaient, promirent de réunir pour le lendemain ce qu'elles avaient de plus cher, et pendant la nuit quittèrent la ville et allèrent avertir leurs compatriotes de couper la communication entre Nauplie et Argos. En effet, le 14 avril, quand les cavaliers revinrent de Nauplie pour aller escorter les chrétiens auxquels ils s'étaient offerts, arrivés à un point de la route appelé Delamanara, ils aperçurent au-dessus de leurs têtes des bouches de fusils braqués, et entendirent des voix qui disaient : « Arrière, agas! arrière. Les chrétiens et les Turcs ne vivront plus davantage ensemble. » Alors, sans avoir été attaqués, sans avoir attaqué eux-mêmes, ils rentrèrent à Nauplie. Les Argiens arborèrent le drapeau blanc, signe d'indépendance, et se disposèrent à assiéger Nauplie.

En Élide, les Turcs de Gassonni songèrent d'abord à se joindre à ceux de Lala; puis, craignant d'y trouver la famine en cas de siége, ils se réunirent dans le fort de Clémoutzi, sur le bord de la mer. Ils y furent traqués par les chrétiens, et s'y trouvaient sans ressources. Mais les Laliotes leur envoyèrent Coutzoraï-Pacha avec 400 hommes, qui dispersèrent les assiégeants et les poursuivirent jusqu'à la mer, où quelques-uns allèrent se noyer. Les Gastonniotes, délivrés, cherchèrent un asile à Patras.

Les Turcs qui gagnèrent la ville fortifiée de Caritène eurent moins de bonheur. Nous avons dit que Colocotroni était à Maïna, où son antique réputation en faisait un des capitaines les plus influents de la Grèce. Il accompagna les Maniotes qui sous Mavromichalis s'emparèrent de Calamata. De là avec 300 hommes il se rendit à Scala, ville située au nord de celle-ci, à quatre heures de marche. Il y fut reçu comme un sauveur, avec des cris d'enthousiasme, par les prêtres, les femmes et les enfants. On chantait devant lui : *Gloire à Dieu au plus haut des cieux!* Il apprit bientôt par une dépêche interceptée que les habitants de Phanari se concertaient avec ceux de Caritène pour passer à Tripolitza; il se prépara à couper ce convoi, et l'attendit quelques jours. Un jour, au lever du soleil, il aperçut les ennemis sortant sur une longue file. Ceux-ci, se virent surpris; aussitôt les hommes portant les armes vinrent se placer à la tête du convoi, et le combat s'engagea. Il dura six heures, et fut soutenu avec courage de part et d'autre. C'était la première bataille rangée qui se livrait entre les Grecs et les Turcs; ces derniers étaient fort supérieurs en nombre, mais embarrassés par leurs bagages et une foule inutile. A midi les uns et les autres n'avaient subi que de faibles pertes, quand les Grecs suspendirent la fusillade, abandonnèrent le lieu du combat, et allèrent se poster derrière des rochers élevés qui dominaient la tête du pont de la rivière de Rhouphia, que les ennemis devaient franchir. Ils les accueillirent par un feu qui les fit reculer. En même temps, par derrière, un corps de 400 hommes les avait tournés et leur fit beaucoup de mal. Pris ainsi en tête et en queue, ils n'avaient d'autre moyen de salut que le passage de la rivière; mais elle n'était pas partout guéable. Cependant les hommes qui ne portaient pas les armes, et les jeunes filles s'y lancèrent les premiers, soit à pied, soit à cheval, puis les bêtes de somme, tandis que les guerriers les défendaient du bord. Ils furent alors secourus par les Turcs restés dans la citadelle de Caritène qui poursuivant les quelques Grecs restés dans la ville, vinrent donner la main à leurs frères. Mais la plupart de ceux qui s'étaient jetés dans la rivière y furent noyés ou percés de balles. Les autres rentrèrent dans la ville ; et comme tous ne pouvaient tenir dans la citadelle, beaucoup d'entre eux demeurèrent en dehors en groupes serrés.

Quant aux Maniotes, ils reçurent le même soir des renforts ; en sorte que le 10 avril ils étaient au nombre de 16,000 hommes armés devant la ville de Caritène. Les Turcs, refoulés dans la citadelle, où ils manquaient d'aliments et presque d'eau, n'étaient pas éloignés de capituler.

Ainsi partout dans le Péloponnèse, les Turcs, saisis de frayeur, avaient abandonné leurs demeures pour se réfugier dans les places fortes, à Patras, à Tripolitza, Modon, Navarin, l'Acro-Corinthe, Nauplie de Romanie. Ce mouvement s'était fait en trois semaines, depuis le jour où quelques assassins avaient répandu la terreur à Calavryta. Seuls, les Turcs de Lala, pleins de confiance en eux-mêmes et bravant les chrétiens, restèrent dans leurs murs, d'où ils firent des incursions dans la campagne.

CHAPITRE IV.

EXÉCUTIONS ET MASSACRES A CONSTANTINOPLE ET DANS D'AUTRES PARTIES DE L'EMPIRE TURC.

Les événements que nous venons de rapporter avaient à Constantinople un terrible contre-coup. Nous avons vu combien la surveillance de la police musulmane avait été endormie ; le gouvernement turc n'avait eu que des soupçons sur les projets de l'hétairie jusqu'au jour où il découvrit un complot pour le bouleversement de Constantinople. C'est alors, dans le courant de mars, qu'on ordonna à tous les Grecs qui n'y étaient pas domiciliés de quitter la ville. Des visites domiciliaires furent faites pour découvrir les armes et les munitions qu'on supposait cachées. Le 13 mars on reçut la nouvelle des affaires des principautés ; le 15 le grand-interprète Mourousi communiqua au synode un firman pour l'inviter à faire rentrer par ses exhortations pastorales les révoltés dans le devoir. Le synode répandit aussitôt une lettre encyclique qui excommuniait nommément Hypsilantis et Soutzo, exhortait les Moldaves et les Valaques à la soumission, et relevait les Amis du serment prêté à l'Hétairie. Mais ces avertissements, commandés par le gouvernement turc, eurent peu d'effet contre l'exaltation des esprits et les résolutions prises.

Les Phanariotes commencèrent à quitter la ville, et à se réfugier à Odessa. Le 20 fut publié le firman qui ordonnait à tous les sujets fidèles de veiller à leur défense, de préparer leurs armes, d'en acheter s'ils n'en possédaient pas. Sept archevêques furent demandés par un autre firman au patriarche, et gardés en otage. Des milices asiatiques furent appelées, et le 26 tous les Ottomans de Constantinople reçurent l'ordre de se mettre sous les armes. C'était donner le signal des massacres. « Aussitôt, dit M. Tricoupi, que le gouvernement eut établi partout des postes, il appesantit sa main meurtrière sur tous les Grecs sans choix et sans distinction. Leurs maisons et les appartements de leurs femmes furent envahis, les prisons regorgèrent de suspects ; les sanguinaires Asiatiques, frémissant et brandissant leurs épées nues, parcouraient en foule les routes et les places publiques, immolant ou relâchant à leur gré tous ceux qu'ils rencontraient, sans l'aveu du gouvernement, mais aussi sans en être empêchés. La rage politique conspirait avec le fanatisme religieux contre des hommes que l'on regardait en même temps comme des rebelles et des infidèles. Sans preuves ou même sans indices, sur un simple soupçon et sur l'ordre de l'autorité, les Turcs livraient ceux que l'on connaissait pour être chrétiens à l'épée ou à la corde. Les uns, ils les égorgeaient sur les routes, les autres ils les pendaient à la porte des particuliers (1) et vis-à-vis de leurs

(1) C'était une loi des Turcs que les Grecs devaient payer en outre une redevance toutes les fois qu'une exécution semblable avait été faite, pour effacer la souillure et avoir le droit d'enlever le cadavre.

‡ Lorsque leurs tribunaux condamnent un

parents, d'autres enfin, ils les livraient aux tortures. Ils souillaient et dépouillaient les églises, démolissaient les maisons, confisquaient les biens, ravissaient les femmes et les jeunes filles, visitaient les navires portant pavillon européen, et en faisaient descendre à terre, sous les yeux même des ambassadeurs, les Grecs qui s'y étaient réfugiés. En un mot le sultan considérait tous les Grecs, clercs ou laïques, comme conjurés et comme également dignes de mort. » (T. I, p. 98.)

Les exécutions juridiques commencèrent le 3 avril, et tombèrent sur les Phanariotes alliés aux princes moldaves. Elles se continuèrent les jours suivants, et redoublèrent le 15 avril, à la nouvelle apportée d'Athènes par un courrier, du soulèvement de Calavryta et du Péloponnèse. Alors fut décapité le grand-interprète Mourousi, qui ayant reçu contre toute attente de sa part, une lettre d'Hypsilantis, où celui-ci lui dévoilait ses projets, l'avait remise au reiss-effendi et se croyait à l'abri de tout soupçon. M. Al. Soutzo raconte que le sultan le fit amener dans son palais pour assister à son supplice, et qu'il donna lui-même le signal aux janissaires (p. 68). Le même jour commençaient les massacres qui ensanglantèrent Bouïouk-Déré, village populeux et paisible, situé à trois lieues de Constantinople. Les jours suivants, à Constantinople, furent exécutés coup sur coup des Grecs attachés pour la plupart à d'anciens hospodars, parmi lesquels Démétrius Paparrigopoulo et Georges Mavrocordato. On

---

Grec à la peine capitale, ils n'ont pas de lieu fixe pour l'exécution ; elle se fait dans le premier endroit favorable. Eh bien, quand un malheureux a la tête tranchée, tous les Grecs du voisinage doivent contribuer à la formation d'une somme qui s'élève quelquefois à plusieurs milliers de francs pour qu'on les débarrasse au bout de trois jours de l'affreux spectacle d'un cadavre. On va même plus loin ; un coupable condamné à la corde est supplicié à la porte d'une boutique quelconque ; on choisit de préférence celles des *bakals* (épiciers), parce qu'elles sont plus fréquentées. Ainsi le malheureux propriétaire est d'abord réduit à l'horreur de passer trois jours sous les pieds d'un cadavre livide, et ensuite il doit payer ceux qui lui ont fait un si horrible présent. »
(Cl. D. Raffenel, *Histoire complète des événements de la Grèce depuis les premiers troubles jusqu'à ce jour;* 1825. — Paris, 2ᵉ édition, t. I, p. 340.)

eut soin que tous les condamnés fussent soit décapités, soit pendus, devant la porte de leur maison.

Une condamnation inique, qui a exaspéré toute la nation grecque et révolté l'Europe, couronna toutes les précédentes. Elle a été diversement racontée, et nous ne devons pas taire qu'on l'a présentée comme une représaille. On a remarqué qu'elle fut « La suite d'atrocités horribles à décrire, exercées par les insurgés contre le *molla* de La Mecque, qui revenait en pleine sécurité à Constantinople avec toute sa famille sur un bâtiment d'Alexandrie (1) ». Il y eut en effet des excès commis sur des pèlerins revenant de La Mecque, mais plus tard, près de Chypre (2) ; et nous craignons qu'on n'ait pas bien comparé les dates. En supposant d'ailleurs qu'il n'y ait pas de confusion, et que le fait dont il s'agit ait été accompli et connu à Constantinople avant le jour de Pâques, on verra si la déplorable exécution que nous allons raconter doit passer pour le transport de vengeance d'une multitude ou l'acte réfléchi d'un gouvernement.

Le 21 avril, le soir du samedi saint, on remarquait autour du palais patriarcal, au dedans et au dehors du Fanar, une affluence inusitée de janissaires armés. A minuit, quand selon l'usage le crieur de l'église appela à la prière, les chrétiens se précipitèrent en foule dans l'église patriarcale. Le patriarche lui-même officiait, assisté de douze évêques. Le jour se levait quand il rentra chez lui, et à peine était-il rentré qu'il fut appelé dans la salle du synode, où l'attendaient le grand-interprète, successeur du malheureux Mourousi, et un Ottoman, secrétaire du reiss-effendi. Le premier déclara qu'il avait à communiquer un firman qui devait être lu en présence des évêques et des autres dignitaires du synode. On les réunit, et devant eux fut lu le firman suivant : « Attendu que le patriarche Grégoire s'est rendu indigne du trône patriarcal en se montrant à l'égard de la Porte ingrat, déloyal et traître, il est déchu de sa dignité, et il lui est assigné pour résidence Kaddi-Kij jusqu'à nouvel or-

---

(1) *La Turquie*, par M. Jouannin, p. 393.
(2) *Voy.* Raffenel, t. I, p. 118.

dre. » Aussitôt Grégoire, accompagné de son fidèle archidiacre, sortit, et sans doute par un ordre secret fut conduit dans la prison du Bostandji-Pacha. A peine était-il sorti, qu'on donna lecture d'un autre firman, qui prescrivait le choix d'un autre patriarche. On y procéda séance tenante, et comme il s'était arrêté d'abord sur Cyrille, résidant à Andrinople, le secrétaire du reiss-effendi fit remarquer que son absence mettrait du retard à son installation, et qu'il était urgent dans les circonstances présentes de ne pas laisser vide le trône patriarcal. Il fallut choisir un des membres présents, et les suffrages s'arrêtèrent sur Eugène, qui fut immédiatement présenté au divan selon l'usage, et après quelques heures ramené dans le synode revêtu des insignes de sa nouvelle dignité.

Cependant le vieux et vénérable Grégoire était tiré de sa prison, placé sur une barque et conduit sur le rivage du Phanar. Là, attendant la mort, il se mit à genoux, prononça une prière, et tendit au bourreau qui l'accompagnait sa tête dépouillée. Celui-ci lui répondit que ce n'était pas encore la place de son exécution. On le conduisit jusqu'au palais patriarcal, et, à l'heure de midi de la fête de Pâques, pendant que les chrétiens remplissaient les églises de leurs chants et de leurs adorations, cet inoffensif et charitable vieillard fut pendu à la porte de la maison qu'il laissait toute pleine du souvenir de ses vertus. Ceux qui venaient d'installer son successeur aperçurent en sortant son cadavre.

La Porte fit afficher l'arrêt de sa condamnation. Il portait en substance que le patriarche était coupable de n'avoir pas fait usage de ses armes spirituelles contre la révolte et d'avoir été lui-même complice des révoltés (1). Rien n'était plus inique que cette condamnation, et plus faux que ces griefs. Pour ce qui concerne le premier, nous avons pu voir avec quelle docilité dès l'époque de la mort de Rhigas, et plus récemment à la première nouvelle des événements de Moldavie, le malheureux Grégoire avait mis ses armes spirituelles au service de la Porte. Quant au second, quelles déplorables raisons que celles qu'énonçait l'arrêt de la Porte, que *par tout ce qui paraissait* il s'était montré le complice de la rébellion, que le gouvernement *avait été plus d'une fois averti* de sa culpabilité, qu'enfin *il était né dans le Péloponnèse où avait éclaté le soulèvement!* Quel argument que ces apparences! Quelle preuve de complicité que le hasard de la naissance, et quel nouveau moyen d'établir la communauté du crime que de rappeler la communauté d'origine! Enfin, si le divan avait reçu plus d'une fois des témoignages de sa culpabilité, pourquoi ne les communiquait-il pas, et pourquoi ne put-il jamais les produire? Non, le patriarche n'avait jamais trempé dans la conspiration des hétairistes. Il en avait eu connaissance : qui pouvait l'ignorer alors? Mais il l'avait toujours condamnée. Il n'avait pas voulu révéler au gouvernement ce qu'il n'avait appris que par son ministère spirituel : sa conscience le lui défendait impérieusement : mais il n'avait cessé de réprouver l'entreprise, comme funeste et téméraire. D'affreuses circonstances achevaient l'odieux de cette condamnation.

Le soir, le vizir Beterli-Ali-(ou Benderli-Ali-) Pacha traversa le Fanar avec un seul garde, se fit placer une chaise à cinq ou six minutes de chemin en face du cadavre, et le contempla quelque temps. Une heure après, le sultan lui-même passa par là, et jeta un coup d'œil sur ces tristes restes. Le corps resta exposé trois jours. Le quatrième jour, le bourreau vint le détacher pour le jeter dans la mer, seule sépulture

---

(1) M. Raffenel raconte que le prince Mourousi ayant été décapité, sa famille fut donnée à garder en otage au patriarche. Elle s'échappa sans que celui-ci eût contribué à son évasion. Il s'écria même, en l'apprenant : « Voilà mon arrêt de mort! » et aussitôt il se rendit chez le vizir, pour la lui annoncer. Ce dernier, avant même que le patriarche eût parlé, le regarda d'un air dur, qui donna à penser qu'il connaissait cette fuite et n'y était pas étranger, et lui demanda brusquement où était la famille Mourousi. Grégoire s'excusa. Le vizir lui reprocha violemment d'être l'auteur de cette évasion. Tel aurait été, suivant M. Raffenel, le prétexte de sa mort. Mais la correspondance diplomatique de la Porte avec la Russie révélait d'autres griefs, comme nous le verrons plus loin.

Cf. Pouqueville, *Hist de la Rég*, t. II, p. 420.

réservée aux condamnés. Mais des juifs se le firent céder, probablement à prix d'argent, et le tirant par les pieds, le traînèrent contre terre jusqu'à l'extrémité de la rive du Fanar, puis le jetèrent dans les flots, en l'insultant. Le bourreau tenait le bout de la corde; il monta dans un bateau, traîna derrière lui le cadavre jusqu'au milieu du port de la Corne-d'Or, lui attacha au cou plusieurs pierres, et pour le mieux submerger en y faisant pénétrer l'eau, le transperça deux ou trois fois, puis l'abandonna. Cependant le corps, se trouvant encore trop léger, remonta à la surface, et vint échouer contre les navires qui stationnaient auprès du quartier de Galata pour le passage de port. Un patron de navire le recueillit, fut averti par des chrétiens que ces restes étaient ceux de l'infortuné patriarche, et les transporta aussitôt à Odessa, où, par l'ordre du gouvernement russe, ils furent inhumés avec les plus grands honneurs et comme les reliques d'un martyr. « Ainsi, dit le journal semi-officiel de Saint-Pétersbourg, par l'ordre du pieux autocrate de toutes les Russies Alexandre Ier, furent rendus les honneurs de la foi et de la fraternité chrétienne à Grégoire, le saint patriarche de l'Église orientale orthodoxe des Grecs, mort en martyr. »

Le même jour de Pâques furent pendus trois des évêques retenus en otage ; un d'eux, qui était d'un grand âge, mourut en marchant au supplice, et fut pendu tout mort qu'il était. Les Turcs continuaient à massacrer impunément tous les chrétiens qu'ils rencontraient, et se plaisaient à prendre pour cibles les corps des pendus et à frapper ceux qui gisaient à terre. Des employés du gouvernement parcouraient les rues exigeant une redevance pour enlever ces cadavres. Les Grecs n'osaient plus franchir la porte de leurs maisons. On estime que dans la capitale seule il en périt dix mille ; d'autres furent exilés, d'autres, enfin, s'enfuirent, la plupart sans ressources, sur le territoire de la Russie, où ils furent accueillis et protégés.

Le 4 mai la populace commença à piller les églises, renversant les objets sacrés, se disputant les vases de prix et les vêtements sacerdotaux. La garde turque veillait à la porte des églises, et laissait faire. Dès que la foule s'enhardit, le pillage devint général. L'église patriarcale était fermée par des portes de fer, on ne put les enfoncer ; mais on se précipita sur le palais patriarcal, dont les habitants eurent à peine le temps de se sauver par les toits sur les maisons voisines. Le nouveau patriarche fut également obligé de fuir ; menacé par les uns, protégé par les autres, il finit par être mis en sûreté dans un poste de police. Ces scènes de violence qui avaient commencé dès le point du jour ne cessèrent que vers quatre heures après midi, par l'arrivée de l'aga des janissaires.

La Porte tolérait ces excès, et ne punit aucun de ceux qui s'en rendirent coupables. Tandis que l'Europe murmurait d'indignation, elle destitua son grand-vizir sur ce grief, énoncé dans son arrêt de déposition, qu'il *épargnait le sang des Grecs*, et le remplaça par Salec-Pacha. Les supplices redoublèrent. Le 15 mai on décapita l'évêque de Myrioupoli, plus que centenaire ; ceux qui restaient des évêques gardés en otages furent également promenés en bateau le long des différents quartiers de la ville et pendus tous, les uns après les autres, sur divers points, aux portes des boutiques. Tous moururent en martyrs. D'autres prêtres, parmi lesquels le fidèle archidiacre du patriarche Grégoire, subirent le même sort. Les chrétiens continuaient de chercher à fuir leur sort. Le 20 mai parut un firman qui rendait le patriarche responsable de leur évasion. Ils étaient solidaires les uns des autres, par groupes de cinq, de sorte que si l'un des cinq s'échappait, les quatre autres étaient passibles de la peine capitale. Les malheureux se trouvèrent ainsi également exposés à la mort, s'ils restaient ou s'ils ne restaient pas.

Dans ces cruelles épreuves, les prêtres grecs furent plus d'une fois pressés de renier le christianisme pour conserver leur vie : pas un ne faiblit et n'apostasia devant les tortures.

Tout cela se passait devant les représentants des puissances étrangères. Pouvaient-ils être autre chose que spectateurs affligés de tant de meurtres?

On leur a trop légèrement reproché leur inaction (1). Les ambassadeurs ne sont que les représentants de la politique de leur gouvernement; ils ne peuvent la devancer, ni prendre sur eux une intervention officielle dans les affaires intérieures du pays où ils résident. Ils ne pouvaient que prêter aux malheureux chrétiens les secours de l'humanité. On ne leur a pas refusé ce mérite. « Tout le monde connaît, dit M. Rizo Néroulos, l'humanité du baron de Strogonoff, ambassadeur de Russie, et les efforts qu'il ne cessa de faire jusqu'au moment de son départ pour arracher à la gueule des tigres une multitude de familles et leur faciliter les moyens d'évasion. Les autres ministres ne refusèrent pas non plus leurs palais aux infortunés qui s'y réfugiaient secrètement. Le premier drogman de la mission française sauva plusieurs Grecs en les tenant cachés dans sa maison et en leur offrant ses services et ses secours. Un médecin anglais donna le même exemple de générosité et de philanthropie. » (III° P., ch. IV, p. 307.) Ajoutons que M. de Strogonoff obtint du sultan 350 janissaires pour veiller à la sûreté des villages qui entourent Constantinople, et qu'après le meurtre du patriarche il se retira à sa maison de campagne de Bouïouk-Déré, après un blâme déclaré.

Si cependant de tels excès étaient commis sous les yeux des ambassades européennes et dans le siège même du gouvernement, que devait-il en être ailleurs! Nous rappellerons sommairement ces scènes sanglantes, qui ne présentent que la fatigante uniformité du meurtre et du pillage.

A Smyrne, les Turcs furent mis sous les armes par les ordres de la Porte, et les chrétiens furent désarmés (2). La populace s'apprêtait à les piller ; mais les commerçants turcs, qui avaient tout à craindre de cette multitude armée, et qui ne redoutaient pas les chrétiens, réussirent à détourner sa fureur sur la campagne. Là elle se répandit sans résistance, tuant, violant, pillant à son aise. Dans la ville, les Grecs n'osaient plus sortir de chez eux; des meurtres isolés faisaient craindre à chaque instant un massacre général. Mais les Ottomans s'étant enhardis jusqu'à menacer les Européens et entourer la demeure du consul français, M. David, celui-ci fit avancer un vaisseau français qui était dans le port, et qui se tint prêt à canonner la ville. Cette démonstration suffit pour faire tomber l'orgueil des Turcs; cependant, les Grecs restèrent dans une alarme incessante. Dans la nuit du 14 avril, un coup de fusil ayant retenti dans la ville, ils furent saisis d'une panique telle que la plupart d'entre eux se précipitèrent sur le rivage pour y chercher des embarcations, et que quelques-uns se noyèrent dans les flots. Ce ne fut qu'un trouble passager ; mais bientôt Smyrne devait éprouver d'autres désastres.

A Andrinople, l'évêque Cyrille, vénérable par ses vertus, fut pendu, et mourut en priant. Après lui furent exécutés les plus notables d'entre les chrétiens. A Œno, huit cents Turcs furent envoyés de Constantinople, occupèrent la citadelle, désarmèrent les chrétiens et leur enlevèrent ce qu'ils possédaient. Ils les contraignirent même de porter des bonnets de laine noire, comme insigne de leur servitude.

Ainsi partout les chrétiens étaient traités en ennemis, et, soumis ou non, étaient rendus responsables de la révolte. Ces mesures étaient aussi impolitiques qu'injustes et cruelles ; elles faisaient clairement comprendre aux Grecs de tous pays, même à ceux qui étaient le plus étrangers au soulèvement, qu'ils devaient en porter la peine. Elles les forçaient donc à y prendre part ; et en les associant avec leurs coréligionnaires

---

(1) Voyez Blaquières, p. 91.
(2) « Les Grecs, vivant au milieu des Turcs, avaient comme eux le goût des armes ; presque tous chasseurs, ils étaient armés au moins d'un fusil. Quelquefois forcés d'entreprendre de longs voyages dans l'intérieur, pour leurs affaires, ils s'armaient de pistolets et d'un couteau de chasse. Les Turcs ne murmurèrent jamais de les voir, pour ainsi dire, sur la défensive parmi eux. D'ailleurs, le jour des grandes fêtes ils se plaisaient à décharger en l'air leurs pistolets et leurs tromblons, comme c'est l'usage dans quelques parties de l'Europe et notamment en Italie. Souvent, dans un état d'ivresse, la basse classe faisait un très-mauvais usage de ses armes ; mais il était expressément défendu d'en porter d'ostensibles ou de cachées hors des jours solennels de l'Église, à moins qu'on ne fût en voyage. » (Raffenel, t. I, p. 79.)

dans le châtiment elles les associaient dans la révolte. Ceux qui avaient déjà pris les armes ne pouvaient plus douter du sort qui les attendait s'ils faiblissaient, et se trouvaient réduits à vaincre ou à périr. Les nations étrangères s'apitoyaient sur tant de misères, et il devenait incontestable pour elles que les Turcs et les Grecs ne pouvaient plus désormais vivre ensemble.

CHAPITRE V.

SUITE DES ÉVÉNEMENTS DE MOLDAVIE ET DE VALACHIE JUSQU'A LA FIN DE LA GUERRE DES PRINCIPAUTÉS.
(16 avril. — 4 octobre).

Nous avons laissé Alexandre Hypsilantis à Tergovist, en Valachie, dans une position défensive, plus embarrassé que servi par un simulacre de conseil de guerre et par une ombre de chancellerie dont les ordres du jour ne portaient pas remède à l'insubordination générale. L'armée, mal entretenue et dépourvue de munitions, se dispersait pour aller jouir des plaisirs qu'offraient les villes voisines. Entre le quartier général et les détachements, nulle communication, ni poste avancé, ni bivouac. Les vivres devenaient plus rares à mesure que les gouverneurs valaques exportaient en Transylvanie les productions du pays.

Cependant le sultan avait donné à ses troupes de Bulgarie l'ordre de franchir le Danube et d'entrer dans les principautés, d'accord en cela avec la Russie. 2,000 soldats furent envoyés de Silistrie à Calarisi, ville située sur la rive opposée du Danube, où ils rançonnèrent les habitants en fournitures de vivres; un détachement de 150 hommes partit de Routchouk, et tandis qu'il s'acheminait en pillant vers la bourgade de Rhoudevadi, fut surpris par un corps de Georgaki, en partie écrasé, et en partie fait prisonnier (5 mai). Enfin, Jussuf-Pacha, gouverneur d'Ibraïla, marcha sur Galatz avec 3,000 cavaliers et 1,500 fantassins (11 mai). Hypsilantis avait envoyé de Tergovist dans cette ville le courageux Athanase avec 60 hommes, qui sur le chemin s'étaient portés à 600. Ils furent placés pour défendre le passage de la rivière de Séreth, qui se jette dans le Danube au sud de Galatz, derrière les trois retranchements qui avaient été élevés dans la dernière guerre contre la Russie. Mais dès le premier engagement ils les abandonnèrent, sauf 43 d'entre eux qui se groupèrent autour d'Athanase et résistèrent courageusement jusqu'au soir. Enfin, les Turcs s'étant rendus maîtres des deux premiers retranchements, ils s'échappèrent à la faveur des ténèbres, et trouvèrent un refuge dans une presqu'île formée par le confluent du Pruth et du Danube. Les Turcs entrèrent dans la ville le lendemain, 14 mai, l'incendièrent, y massacrèrent environ 600 Moldaves, la pillèrent pendant trois jours et allèrent ensuite mettre à Ibraïla ce qu'ils y avaient recueilli. La prise de Galatz livrait à Jussuf-Pacha la clef de la Moldavie. Georges Cantacuzène y entra quelques jours après.

Il était envoyé par Hypsilantis, comme son lieutenant et pour y organiser une armée. Il partit le 21 mai de Tergovist avec 350 soldats, essaya d'entrer dans Foxany, et en fut repoussé par une troupe de 200 Turcs. Il fit halte à Myva, dans un monastère fortifié, et le 3 juin entra sans difficulté à Iassy, où il fut reçu comme s'il avait été vainqueur, et assista à un *Te Deum*. Mais il eut beau donner des ordres pour les logements des troupes, les subsistances, la discipline, etc., personne n'y prit garde. Les soldats ne songeaient qu'à la maraude et à la débauche. Les animaux et les effets qu'ils recevaient pour le corps, ils les vendaient à leur profit particulier. Ceux que l'on envoyait pour garder les postes revenaient dans la ville après avoir rançonné les habitants des faubourgs.

Cantacuzène, après avoir lutté encore une semaine contre le désordre, découragé et commençant à craindre pour sa vie, se retira à Stinga, dans une maison de plaisance située sur le Pruth, à deux heures environ d'Iassy. 60 seulement de ses soldats l'accompagnèrent; le reste demeura dans Iassy, sous le commandement de Pentedecas, plongé dans les plaisirs et l'oisiveté. Cantacuzène ne cessait de leur commander de venir le rejoindre, mais leur chef prétendait n'obéir à personne. Ainsi il y avait deux généraux et deux corps de troupes, dans ce moment où l'union eût été indispensable, et le concours de toutes les forces encore insuffisant. Un originaire des Iles Ionniennes, qui se faisait appeler le comte Capo d'Istria et qui se prétendait envoyé par les puissances alliées pour organiser la Moldavie, détournait les volontaires d'Iassy d'aller rejoindre leur général, et leur représentait Cantacuzène comme un traître. Les meilleurs soldats de la Moldavie étaient encore la garnison qui avait abandonné Galatz. Les uns, au nombre de 400 fantassins et de 50 cavaliers, se rendirent au quartier général de Stinga, les autres préférèrent le séjour de la capitale et l'autorité de Pentedecas.

Les Turcs se présentèrent devant Iassy, dans de telles circonstances, y entrèrent sans résistance, le 25 juin. Cantacuzène alors fut abandonné de tout sentiment d'énergie. Déjà il avait proposé à son conseil de guerre de nommer à sa place un général; puis, comme ses officiers avaient répondu qu'ils n'en voulaient pas d'autre que lui, il leur avait développé un plan qui ne témoignait que son désir de se mettre en sûreté. Il s'agissait de se retirer en Bessarabie, en laissant un détachement de 100 hommes à Scouleni (ou Sculen), en avant de la frontière du Pruth, et à peu de distance du lazaret russe, d'aller prendre des navires à Ismaïl, de s'embarquer pour la mer Noire et d'attendre là les ordres du général en chef Hypsilantis. Ce plan, qui supposait pour être exécuté l'intervention de la Russie, qu'on savait neutre sinon hostile, ne parut qu'un plan de fuite déguisé. Cantacuzène ne s'en rendit pas moins à Scouleni à la suite d'un détachement, puis il passa le Pruth, sous prétexte d'aller embrasser sa mère une dernière fois, et resta dans le lazaret russe, où il convoqua ses principaux officiers, leur proposant de se mettre à couvert en Bessarabie. Ceux-ci, plus héroïques que leur général, repoussèrent unanimement sa proposition, rentrèrent à Scouleni, jurèrent de mourir en combattant, et ayant partagé le pain de la communion, attendirent le combat en disant : « Voilà notre dernière nourriture. » Leur exemple électrisa leurs soldats. 400 hommes se groupèrent autour d'eux, réparèrent à la hâte les fortifications, y installèrent huit mauvais canons, et le 27 et le 28 poussèrent sur Iassy des reconnaissances. Le 29 ils aperçurent l'avant-garde des Turcs, rentrèrent derrière leurs faibles murailles, et se disposèrent à une vigoureuse résistance. Sur l'autre bord du Pruth, de nombreux spectateurs, Russes pour la plupart, et parmi eux le gouverneur même de la Bessarabie, attendaient le moment du combat, pleins de sympathie pour ces braves. Malheureusement, ils étaient sans chefs, ou du moins partagés entre plusieurs chefs, dont aucun n'avait l'autorité souveraine, et parmi lesquels figurait Athanase le défenseur de Galatz. Chacun combattit suivant l'impulsion de son courage. Assiégés par 4,000 cavaliers et 2,000 fantassins, ils soutinrent la lutte pendant huit heures. Enfin, ils furent refoulés vers le fleuve, où beaucoup d'entre eux périrent, et que les autres passèrent à la nage. Les officiers, liés par leur serment, tombèrent jusqu'au dernier. « Athanase, dirent tous les spectateurs, déchargea sur les Turcs ses deux pistolets, qu'il jeta ensuite dans la rivière; il fit de même de son fusil; et tirant son épée, il se jeta au milieu des ennemis; quoique couvert de blessures et pouvant à peine se tenir sur ses genoux, il abattit encore deux Turcs et périt avec gloire. » (Rizo, IIIe P., ch. 4, p. 320.) Dans cette journée les Turcs perdirent environ 1,000 des leurs; des 400 hétaïristes, 300 avaient été tués ou noyés, aucun n'avait été fait prisonnier. Les autres furent accueillis avec humanité par les Russes.

Tel fut le dernier acte de la résistance en Moldavie. L'insurrection dans cette province était définitivement anéantie.

Elle était fort compromise en Valachie. Le pacha de Silistrie avait réuni 8,000 hommes sous le commandement de son kiaya-bei Chatzi-Kara-Achmet-Effendi. Celui-ci marcha directement sur Bucharest, sans rencontrer l'ennemi sur sa route, ce qui n'empêcha pas les Turcs de pendre par les pieds aux arbres qui bordaient les chemins les enfants qu'ils rencontraient, d'empaler les paysans, de forcer même les monastères, où se réfugiaient les habitants, et d'y égorger jusqu'aux femmes. Le 27 mai le séraskier entra dans la capitale de la Valachie sans coup férir. Savas avait eu soin quelques heures auparavant de se retirer dans la campagne, prétendant qu'il n'avait pas de forces suffisantes pour résister. Il alla camper dans un monastère situé à deux heures de marche de Tergovist, méditant les moyens de s'emparer d'Hypsilantis et de le livrer aux Turcs. Celui-ci se tint sur ses gardes, sans en rien témoigner. Savas lui offrit de signer une déclaration par laquelle il s'engageait à soutenir l'insurrection grecque contre la Turquie, et que jusque là il avait sous divers prétextes différé de lui remettre. Il alla le voir à son quartier général, partagea son repas, et l'invita à son tour à venir visiter ses troupes au monastère. Hypsilantis soupçonna un guet-apens, prétexta une indisposition, et n'envoya que quelques-uns de ses officiers.

Vladimiresco, qui campait près de Bucharest, était en relations directes avec les Turcs. Plusieurs de ses officiers, fidèles à Georgaki et à Hypsilantis, soupçonnaient ses intrigues et en murmuraient. Vladimiresco se défit par le meurtre de quelques-uns d'entre eux. Alors les autres avertirent Georgaki. En même temps Savas, qui cherchait à se ménager des appuis dans les deux camps et à se préparer un refuge auprès du plus fort, pour le lendemain de la victoire, essaya de gagner Hypsilantis en lui découvrant les plans de Vladimiresco. Ces plans consistaient à l'attendre dans la petite Valachie, pour le prendre par derrière, l'envelopper et le détruire pendant que les Turcs le refouleraient au delà de l'Olta (ou Aluta). Hypsilantis fit part à Georgaki de la trahison qui le menaçait, et ce dernier, renforcé de 400 cavaliers d'élite que lui envoya Savas comme gage de ses bonnes dispositions, quitta Pitesti, où il était campé, pour marcher à la rencontre de Vladimiresco, qui s'avançait vers Golesti. C'est là qu'il l'alla trouver de lui-même, suivi de ses 400 cavaliers. Vladimiresco le reçut, accompagné de ses principaux officiers. Tout à coup Georgaki l'accuse d'avoir lâchement abandonné la défense de Bucharest, et lui laissant à peine le temps de répliquer et de rejeter la faute sur Savas, il lui prouve que le prince Hypsilantis a connaissance de ses complots. Le chef valaque se troubla, et ses officiers, étonnés ou satisfaits, ne firent aucun mouvement pour le soutenir. Georgaki, le voyant atterré devant lui, osa même lui enlever son épée et les pistolets qu'il portait à la ceinture, et lui annonça qu'il allait être conduit à Tergovist pour rendre compte de sa conduite au général en chef. En effet, saisi par quelques-uns des compagnons de Georgaki, et garrotté sans qu'aucun de ses pandours cherchât à le défendre, il fut envoyé au quartier général. Alexandre Hypsilantis, non sans preuves, mais sans jugement, le déclara traître, et le fit exécuter par ses soldats à quelque distance de la ville (4 juin).

Les troupes de Vladimiresco passèrent sans difficulté sous le commandement du général en chef des Hellènes. Elles étaient composées de 250 cavaliers serves ou bulgares, de 4,000 pandours, et possédaient 4 canons. Elles furent partagées en deux corps, sous deux de leurs capitaines les plus distingués, Khatsi-Prodas de Servie, et Macedonsky de Valachie. Elles furent envoyées dans la petite Valachie pour occuper le pays qu'on croyait menacé par la garnison turque de Widdin, et pour prendre position autour de Dragatsan. En même temps Georgaki dut concentrer ses forces à Pitesti, sur la route de la petite Valachie. Hypsilantis avait appelé Savas auprès de lui; mais celui-ci craignait le sort de Vladimiresco, et resta enfermé dans un monastère.

Pendant que ces mouvements s'opéraient, les Turcs de Bucharest s'approchaient de Tergovist, au nombre de 5,000. Le 9 juin ils surprirent les Grecs sur plusieurs points. Un détachement de cavaliers fut mis en déroute; d'un autre côté, les corps de Constantin Doucas et de Gérasime Orphanos, envoyés à la découverte, furent assaillis; le second se défendit bien, mais le premier abandonna le terrain. Cette journée ne coûta pas beaucoup de sang aux Grecs; mais ce fut une défaite morale. Elle détermina des désertions dans l'armée; Doucas, sévèrement puni pour avoir quitté son poste, renonça à la cause des Hellènes.

C'est alors qu'Hypsilantis, toujours trop facilement résigné à la retraite, après être resté près de deux mois à Tergovist dans l'immobilité, prit le parti de marcher à l'ouest vers la petite Valachie. Le capitaine Georgaki lui conseillait en effet de passer l'Olta, d'attaquer l'armée de Widdin avec des forces probablement supérieures, de se rendre ainsi facile une victoire qui lui attirerait des volontaires, encouragerait ses troupes, affermirait les pandours et intimiderait les Turcs de Silistrie. Maître de la petite Valachie, il pourrait soulever la Servie. C'était s'éloigner de plus en plus des populations grecques et du centre de l'insurrection, à laquelle on avait voulu dans le principe tendre la main. Mais c'était peut-être, puisqu'il le fallait, la meilleure manière de reculer. Malheureusement le programme de Georgaki ne fut pas rempli.

Les Turcs, récemment entrés par l'ouest dans la petite Valachie, s'étaient déjà emparés de Kraïova, où ils campaient au nombre de 300 environ. Ils avaient rencontré quelques avant-postes de l'armée grecque, qu'ils avaient dispersés. Les corps de Macédonsky et de Khatsi-Prodas franchirent l'Olta, marchèrent à leur rencontre, les surprirent et les mirent en déroute. Hypsilantis se prépara à faire avancer à leur suite son armée, mais il ne lui fit passer l'Olta que par le nord, à Rimnik. Il avait alors 2,500 cavaliers, 4,500 fantassins, parmi lesquels le bataillon sacré et une batterie de 4 canons. Il dirigea ces forces vers Dragatsan, monastère situé au milieu d'une plaine, derrière lequel l'armée de Widdin avait pris ses positions. Elles se mirent en marche le 15 juin; lui-même, commandant l'arrière-garde, ne partit que le 17. Mais des pluies torrentielles étant survenues, ce trajet, qui n'est ordinairement que de huit heures, fut fait lentement et en désordre, et le matin du 19 juin il n'était arrivé devant Dragatsan que 5,000 hommes environ. Georgaki, pour profiter de la supériorité de nombre de l'armée grecque, la déploya de façon à pouvoir envelopper les Turcs. Ceux-ci se sentaient en grand

péril; mais, voyant le combat imminent et inévitable, ils s'y préparèrent en brûlant quelques maisons sans doute comme incommodes à leur opération. Karavias s'imagine que cet acte de destruction est le prélude de leur fuite, et pour avoir seul la gloire de les couper, il quitte son poste, sans ordre, entraînant après lui le bataillon sacré et l'artillerie. Cette attaque anticipée risquait le gain de la bataille, Hypsilantis étant encore à trois heures de Dragatsan. Les Turcs n'ayant affaire d'abord qu'à une partie des Hellènes les chargent, les enfoncent soit par la cavalerie, soit par le canon. Les soldats de Karavias se débandent au premier choc. Le bataillon sacré fit une belle défense, et repoussa deux charges de cavalerie. Mais enfin, il fut rompu; cependant il n'abandonna pas le champ de bataille, et tiraillait encore par petits pelotons.

Georgaki aux premiers coups de canon comprit que Karavias avait perdu l'armée. Aussitôt, avec quelques-uns des siens, il fondit sur la cavalerie turque, dégagea ainsi le bataillon sacré, et en sauva les débris. Mais la déroute s'était mise dans toute l'armée, qui perdait 200 hommes et presque tout le bataillon sacré; elle s'enfuit en désordre à Rimnik. Hypsilantis y revint avec les fuyards. Deux jours après il se retira à Cosia, dans un monastère situé au milieu des monts Karpathes, à cinq heures de son ancien quartier général, et tout près de la frontière de la Transylvanie.

Il attendait là le moment de passer en Autriche avec l'indécision, non d'un homme qui craint la mort, mais d'un caractère que le malheur terrasse et d'un esprit que le danger paralyse au lieu de l'inspirer. Il craignait également les ennemis et ses soldats. Le bruit courait que le kiaya-bei avait mis sa tête à prix, et un des siens pouvait le livrer. Il voyait ses troupes se disperser dans les montagnes, s'enfuir sur le territoire autrichien, et quelques-uns même, se mettant en embuscade, dépouiller leurs malheureux frères d'armes et les derniers survivants du bataillon sacré. Georgaki, auquel il confia l'idée qu'il nourrissait de se réfugier en Transylvanie, ne lui laissa pas ignorer les dangers qu'il courrait sur le territoire autrichien, et eut soin néanmoins d'écarter, sous prétexte de détachements militaires, ceux de ses officiers qui pouvaient gêner son passage à l'étranger. En même temps Hypsilantis répandait le bruit que l'Autriche venait de déclarer la guerre à la Porte, et qu'il avait reçu avis du départ de régiments autrichiens pour les frontières. Puis, sous prétexte d'aller s'entendre avec un prétendu envoyé de l'empereur François, il descendit de l'autre côté des montagnes. Avant de mettre le pied sur le sol autrichien, il fit demander s'il y serait reçu, et ayant appris qu'il pouvait y entrer, mais avec un faux nom, il se fit appeler Alexandre Comnène, et se rendit à Arad, ville de Hongrie, accompagné de plusieurs de ses officiers, qui comme lui avaient déguisé leurs noms. Avant de partir, Hypsilantis adressa aux troupes de Rimnik la proclamation suivante, étrange dans la bouche d'un chef en fuite, furieuse dans les termes, compromettante pour le renom de l'insurrection grecque et tout au moins inutile quand tout était fini :

« Soldats !... Non, je ne souillerai pas ce nom si beau, si honorable en vous l'accordant. Viles troupes d'esclaves, vos trahisons et vos intrigues me forcent à vous abandonner. Dès ce moment tout lien entre vous et moi est rompu. Je porte seulement dans le fond de mon âme la honte de vous avoir commandés. Vous avez foulé aux pieds vos serments; vous avez trahi Dieu, la patrie et votre chef; vous m'avez même ravi l'espoir ou de vaincre ou de mourir glorieusement avec vous. Je me sépare de vous. Allez, courez au-devant des Turcs, les seuls amis dignes de vos sentiments. Quittez les forêts et les montagnes, asiles de votre lâcheté ; allez rejoindre les Ottomans ; allez baiser leurs mains, encore toutes fumantes du sang des chefs de votre religion, de vos patriarches, de vos évêques et de tant d'autres de vos frères ! Allez, achetez votre esclavage au prix de votre vie, de l'honneur de vos femmes et de vos enfants !

« Quant à vous, ombres des Hellènes du bataillon sacré, qui, trahis, êtes tombés en victimes pour le bonheur de votre patrie, recevez par ma bouche les remercîments de la nation. Quelques jours encore, et un monument sera élevé pour immortaliser vos noms.

« Les noms de ceux qui m'ont été fidèles sont gravés au fond de mon cœur en caractères ineffaçables : leur souvenir fera la consolation du reste de ma vie.

« Mais je voue au mépris des hommes, à la vengeance des lois, à la malédiction de mes concitoyens, le parjure et traître Savas de Caminari, les déserteurs et auteurs de la désertion générale de mon armée, Constantin Doucas, Vassili Barla, George Mano du Fanal, Grégoire Soutzo du Fanal, et le méprisable Nicolas Scoufo.

« Je raye du tableau de mes compagnons d'armes Vassili Caracias pour son insubordination et son attaque inconsidérée. »

Rimnik, le 8 (20) juin 1821 (1).

ALEXANDRE HYPSILANTIS.

Le malheureux Hypsilantis, bien qu'il ait reçu du colonel autrichien Schwindt l'assurance de n'être pas inquiété s'il voulait traverser les États d'Autriche et ayant même un passe-port signé, ne tarda pas à être traité en captif. Il a écrit lui-même en français, quelque temps avant sa mort, le récit de ses dernières années, triste tableau de longues souffrances. Nous le laissons raconter lui-même ses malheurs à partir du jour où il reçoit à Arad les ordres du gouvernement autrichien, qu'il y attendait depuis dix jours :

« Au bout de ce temps, M. le commandant de la forteresse, le général Thori, m'ayant demandé de passer chez lui, me communiqua l'ordre qu'il venait de recevoir par l'adjudant du général commandant de Témeswar ; et dans lequel il était dit que l'empereur François, mû par les sentiments de magnanimité qui le caractérisent, consentait à nous donner un asile dans ses États à condition que je donnerais par écrit ma parole d'hon-

(1) Cette proclamation est datée de Rimnik, bien que Al. Hypsilantis se trouvât à Cosia. Il faut ajouter que M. Pouqueville incline à considérer cette fameuse proclamation comme apocryphe et supposée par la politique du cabinet autrichien. (V. *Hist. De la Rég.*, t. II, p. 475.)

neur, pour moi et ceux qui m'accompagnaient, de ne point tâcher de nous évader pendant tout le temps de mon séjour au lieu qui m'était destiné ; de n'avoir de correspondance avec qui que ce fût que par les moyens qui me seraient indiqués ; d'accepter et de porter le nom de baron de Schoenwart, sans oser dire à personne le mien véritable ; et que, sans mon consentement à ces conditions, vu les stipulations du gouvernement autrichien avec la Porte Ottomane, on serait obligé de me livrer aux Turcs, qui me demandaient.

« Ne pouvant croire au sort affreux qui m'attendait, je consentis à tout, et je donnai ma parole, espérant surtout que cela ne pourrait durer longtemps ; ce que M. le général Thori et M. l'adjudant m'assuraient avec une contenance capable de tromper le plus méfiant.

« Le même jour à l'approche de la nuit, accompagné du lieutenant de la place et de deux personnes de ma suite, je me séparai de mes frères, et j'arrivai à Muncatz, le 26 juillet, à cinq heures du soir. Aussitôt je pressentis mon sort à la vue seule du château, et mon cœur se glaça lorsque j'entendis M. le commandant du lieu réprimander l'officier qui m'accompagnait de m'avoir amené de jour et pas de nuit, comme c'était ordonné pour les prisonniers d'État. Cet officier répondit qu'il n'en était rien dit dans ses instructions, et qu'il n'avait pas l'ordre de me regarder et de me traiter comme tel.

« Le commandant, nous ayant priés de passer dans les archives du lieu, procéda avec le prévôt à l'inventaire de tous mes effets, qu'il garda sans exception. A dix heures, par ordre du commandant, je suivis le prévôt, qui, muni d'une lanterne sourde, me conduisit, à travers le plus profond silence, dans l'appartement qui m'était destiné, et dont le commandant venait de me faire l'éloge. Après avoir entendu gronder et se fermer plusieurs portes sur moi, après avoir descendu et monté plusieurs escaliers, tous voûtés et sombres, je parvins au bout d'un corridor, devant une porte de fer ; le geôlier, l'ayant ouverte, me fit entrer dans un petit appartement éclairé par une petite meurtrière tout près du plafond. L'ameublement consistait en un grabat haut d'un demi-pied, avec un matelas de paille et une chaise de nuit bien grossière. De gros clous avec des anneaux de fer enfoncés dans les murs et dans le plancher, ayant porté mon étonnement à son comble, le geôlier me dit froidement que c'étaient les cachots du lieu, et qu'il allait m'y enfermer. Je lui demandai où étaient les gens de ma suite, et si je ne pouvais les avoir pour m'aider dans mon service ; il me répondit qu'ils étaient enfermés séparément à côté de moi et dans des cachots pareils au mien, mais qu'il n'avait pas l'ordre de nous laisser ensemble. Je l'envoyai alors au commandant pour lui dire que, sans main, je ne pouvais pas me servir moi-même, que j'avais besoin de mon lit et de quelques effets, et surtout que je le priais de ne pas nous enfermer séparément dans ces horribles lieux.

« Le commandant, ayant consenti à ma dernière demande, refusa tout le reste, et je fus obligé de dormir sur le lit qui se trouvait dans la chambre, manquant le lendemain de linge et d'habits.

« Mes frères, avec MM. Lassanis et Orfanos, arrivèrent le jour suivant vers les dix heures du soir, et on les enferma tous ensemble, sans lumière et sans leur rien dire, dans une chambre semblable. Enfin, par ordre du commandant, on ouvrit sept cachots, et on les mit tous à notre disposition. C'est là qu'accablés de refus et de privations, nous avons langui pendant sept semaines, sans avoir de nouvelles de nos parents, sans pouvoir leur écrire ni obtenir la moindre notion sur notre sort et sur la durée de notre horrible position. Notre santé s'en ressentit ; le médecin, qu'on envoya nous visiter, déclara que le manque d'air et de mouvement en était la seule cause. Le commandant alors ordonna qu'on nous fît prendre l'air pendant la nuit, et, pour que personne ne nous vît, on nous faisait sortir de dix à onze heures du soir sur un des bastions du château, où se trouvaient les latrines du corps de garde. Les heures de notre lever et de nos repas étaient les mêmes que celles des autres prisonniers enfermés dans deux étages inférieurs au nôtre. Ce qu'on nous servait était commun et mauvais, quoiqu'il nous coûtât beaucoup.

« Enfin, notre situation empirant chaque jour, notre patience était à bout et le désespoir allait s'emparer de nos âmes, quand un rayon d'espérance vint luire dans cet affreux tombeau. C'était une petite lettre de consolation qui venait de Vienne, et avec elle l'ordre au commandant de nous faire sortir des cachots et de nous laisser écrire à nos parents et à nos amis. Alors on nous permit de sortir de jour pour nous promener, accompagnés du geôlier; et, au bout d'une semaine, on nous fit occuper trois appartements à côté de ceux du commandant, bien exposés et supportables pour le reste.

« C'est ainsi que notre position s'améliora un peu. Bientôt on nous donna de l'encre et du papier, des livres; des lettres vinrent rendre plus courtes ces longues journées qui pesaient sur nous du poids des privations en tout genre et de l'inaction la plus complète; de l'argent, qu'envoya notre mère, nous mit à même de faire venir de Pest des habits dont nous manquions. Le commandant nous faisait quelquefois faire des promenades aux environs du château, dans l'intérieur duquel nous étions libres d'aller où nous voulions, et ainsi se passa l'hiver.

« Le printemps ni l'été ne porta aucun changement à notre situation, malgré plusieurs lettres que j'écrivis et qui restèrent toutes sans effet. En attendant, l'humeur de M. le commandant devenait insupportable; il nous chicanait sur tout, et rendait notre vie dépendante de ses caprices : des mois se passaient sans qu'il nous fît sortir, et il nous refusait absolument, sans aucune raison, toute chose qui pût nous distraire ou alléger notre état. Ma santé en fut affectée, et pendant tout l'hiver je souffris horriblement.

« L'humeur et les caprices de M. le commandant augmentant de jour en jour, je me vis forcé d'écrire pour me plaindre et demander l'envoi d'un militaire supérieur qui examinât mes plaintes et la conduite du gouvernement à notre égard. Au bout de deux ou trois mois, M. le général major Gorchsnowski, ayant été envoyé, trouva mes plaintes très-justes, le lieu de notre séjour malsain, et le changement de climat nécessaire à mon rétablissement.

« C'est au rapport de ce général que nous devons notre translation à Thérésienstadt. Elle se fit lentement à cause de ma santé, et par les Carpathes pour éviter les grands chemins et les grandes villes; dix grenadiers et un premier lieutenant nous servaient d'escorte : nous fûmes traités pendant toute la route avec toute la délicatesse possible. On savait partout qui nous étions, malgré le nom de baron de Schœnwarth et tous les soins qu'on prenait pour rendre le secret impénétrable.

« A Thérésienstadt, les mêmes précautions furent ordonnées; mais plusieurs officiers qui avaient fait avec moi les campagnes des années 1813 et 1814, m'ayant reconnu, dans quelques jours on sut, dans toute la Bohême, le véritable nom des prisonniers d'État arrivés à Thérésienstadt.

« Si l'on excepte les cachots et les manières brusques et malhonnêtes du commandant de Muncatz, nous fûmes, pendant plusieurs mois, traités à Thérésienstadt avec plus de rigueur; et c'est pendant la deuxième année de notre détention ici, et après avoir souffert quelques maladies sérieuses, qu'on nous permit de faire de petites courses aux environs de la forteresse, à pied ou en voiture.

« Ainsi se passèrent les trois années de notre emprisonnement en ce lieu, sans que tant de temps, de peines, de privations et de souffrances aient pu apporter le moindre soulagement dans notre situation. Aucune lueur d'espérance ne venait d'aucune part ranimer nos tristes cœurs. Moralement et physiquement tourmenté nuit et jour, ma santé déclinant visiblement; je demandai, d'après l'attestation des médecins, d'aller aux eaux de Tœplitz ou de Marienbaden; on ne me permit, vers la fin de l'été, que les eaux de Pictzan en Hongrie, qui me firent plus de mal que de bien, comme cela s'est montré après mon retour à Thérésienstadt, où je souffris cruellement tout l'hiver passé, pendant lequel des ordres nouveaux et je ne sais quels soupçons firent redoubler de rigueur; ce qui rendit insupportable notre existence, déjà pleine de dégoûts et de contrariétés.

« Enfin je fus aux portes du tombeau. Revenu à la vie, je retrouvai toute ma misère, et mourant presque, malgré de bienveillantes intercessions, je ne pus obtenir un changement d'air si nécessaire à ma convalescence... J'ai vidé la coupe des douleurs... Je meurs assassiné pour ainsi dire par l'Autriche... La mort fermera bientôt ma bouche, qui pourrait révéler quelques vérités et confondre mes calomniateurs... Qui me protégera? »

Hypsilantis languit encore quelques années. En 1827, il fut délivré par l'intervention du czar Alexandre, et se retira à Vienne, où il mourut des suites de ses blessures, de ses infirmités et de ses malheurs, le 1ᵉʳ août 1828, dans sa trentième année.

Et maintenant, jugerons-nous sévèrement un homme qui a tant souffert pour sa patrie? Ses malheurs plaident pour ses fautes. Il est vrai que ses fautes ont été presque aussi grandes que ses malheurs. Entreprendre sans connaissance du pays et de ses ressources une attaque ouverte contre un puissant empire; accepter le commandement d'une armée avant de savoir si elle existe et si elle pourra se former; mettre le feu à l'insurrection dans un coin du territoire turc, et se donner ainsi de vastes contrées à conquérir avant de rejoindre ses auxiliaires; promettre audacieusement la protection d'une grande puissance, au risque de se faire démentir, et détruire ainsi tout à coup une espérance précieuse, pour avoir voulu l'exploiter trop tôt; avancer avec indécision quand la rapidité pouvait seule sauver du danger et prévenir l'indiscipline; reculer sans avoir combattu, et se mettre sur la défensive avant d'avoir rencontré l'ennemi; s'amuser à des manœuvres et à des opérations stratégiques quand il s'agissait de pousser en avant; enfin, en dernier lieu, au moment de saisir une victoire, s'attarder à l'arrière-garde, et s'enfuir en abandonnant les débris de son armée, certes c'en est assez pour autoriser à dire qu'Alexandre Hypsilantis n'avait pas les qualités morales et intellectuelles du général en chef. Encore moins avait-il celles du chef de parti, qui doit sans cesse lutter par son caractère contre les obstacles, et entretenir l'enthousiasme des siens par sa confiance. Tel était cependant le double rôle qu'avait à remplir ce jeune homme de vingt-trois ans; et pour une telle tâche, il n'avait encore éprouvé ni son talent militaire, si ce n'est en sous-ordre, ni sa volonté, qui devait lui faire défaut au premier échec. Toutes ses fautes dérivèrent comme nécessairement de la première, qui fut d'accepter une mission au-dessus de ses forces. Il avait assez de qualités pour être distingué au second rang; son désintéressement fut magnanime (1), sa bravoure était brillante; mais pour soutenir le poids de cette entreprise presque impossible, il fallait plus que le talent d'un officier; il fallait le coup d'œil du capitaine, l'expérience de l'homme de guerre, l'esprit de ressources de l'organisateur, et par-dessus tout l'inflexible énergie de l'aventurier. Peut-on reprocher à Hypsilantis de n'avoir pu s'élever au-dessus de sa nature, et ne doit-on pas des hommages, avec une larme, à cette première victime qui n'a pas même eu la consolation d'acheter la gloire et le succès par son sacrifice (2)?

Tout n'était pas fini après lui, dans les principautés; l'insurrection jeta ses derniers feux. Georgaki, accompagné

(1) Il avait offert, selon M. Soutzo, à la caisse nationale plus d'un demi-million de francs. Sa sœur, la princesse Marie Hypsilantis, remit entre ses mains toute sa dot qui consistait en 375,000 francs. (P. 40.)

(2) Il a été loué comme un héros, et décrié comme un ambitieux vulgaire. Il est bon que le lecteur entende plusieurs jugements; nous ne rapportons le suivant, de M. Pouqueville, que comme exagéré, selon nous, et injuste par excès de sévérité : « Alexandre Hypsilantis, officier dépourvu de talents positifs, ignorait, avant tout, *que les dieux ne laissent rien concevoir de grand que ce qu'ils inspirent*. Élevé, suivant l'usage des soi-disant princes du Phanar, par des précepteurs qui lui avaient appris à parler correctement plusieurs langues, il était savant, sans cette instruction mâle qui est le résultat des études classiques; poëte, sans feu sacré; aimable, sans urbanité; soldat, sans être militaire; quoiqu'il eût perdu le bras droit à l'affaire de Culm, on ne pouvait guère dire, à cause de cela, qu'il était brave. Mais ce qui caractérisait spécialement Alexandre Hypsilantis, c'était la vanité ordinaire aux Phanariotes, leur esprit d'intrigue, dont le terme ambitieux se bornait à devenir hospodar des peuples abrutis de l'antique Dacie, et une faiblesse de caractère telle qu'il se laissait dominer par des personnes indignes de l'approcher. » (*Hist. de la Rég.*, t. II, p. 294.)

29.

de son fidèle Pharmaki, et à la tête de 800 cavaliers, se retira dans les montagnes, et, à travers la Transylvanie, gagna la Moldavie. Les autres insurgés se dispersaient poursuivis par les Turcs; quelquefois ils se groupaient pour résister encore; c'est ainsi que 40 hommes, campés dans le petit bourg de Slaténa, tinrent 400 Turcs en échec, combattirent pendant trois jours, et ne purent être forcés. Mais la plupart se réfugièrent en Transylvanie, et parmi eux Caravias, Macédonsky, Chatsi-Prodas. Savas passa ouvertement au parti des vainqueurs; mais il ne jouit pas de sa trahison. Le kiaya-bey le fit venir à Bucharest, soi-disant pour le récompenser de ses services, et lui fit préparer une entrée solennelle. Puis on le conduisit dans la cour du bey, et il y fut égorgé avec deux de ses capitaines. En même temps commença le massacre des chrétiens. Les musulmans galopaient dans la ville, arrêtant les infidèles, et leur coupaient la tête, qu'ils allaient exposer dans la cour du bey pour recevoir une récompense. A la fin, celui-ci fut obligé, par économie, de cesser de payer cette prime, tant on avait coupé de têtes pendant trois heures! Il reçut les félicitations de la Porte pour sa conduite, et fut élevé au rang de pacha.

Restait encore Georgaki, seul avec Pharmaki et quelques hommes indomptables, qui attendaient dans les montagnes ou de nouveaux combats ou une fuite assurée. Georgaki voulait les conduire en Bessarabie; mais quelques-uns furent effrayés de la longueur de la route: il ne lui en resta que 350, avec lesquels il se mit en marche. Au commencement de septembre, dans sa retraite, il fut appelé par l'évêque de Romano, qu'on a accusé de l'avoir voulu trahir, à la défense du monastère de Secco, qui renfermait un dépôt d'effets précieux des seigneurs moldaves et d'ornements sacrés. Il y était depuis peu de jours établi, quand il fut enveloppé par les Turcs, le 20 septembre. Il leur opposa la plus énergique résistance, et les assiégeants, pour en finir avec cette petite troupe, se mirent à incendier les baraques de bois qui entouraient le monastère. Georgaki était enfermé avec quelques-uns des siens dans le clocher; il leur en ouvrit la porte en leur criant, de façon à être entendu de dehors : « Je me ferai brûler ici ; vous, fuyez si vous voulez, je vous ouvre moi-même la porte. » Aussitôt les Turcs se précipitent par la porte ouverte, mais le clocher, construit de bois, était déjà envahi par la flamme. Georgaki y mourut avec ses compagnons et quelques-uns des ennemis qu'il y avait attirés.

Ainsi finit cet homme d'un caractère vraiment supérieur, qui a été l'âme de la malheureuse guerre des principautés, et qui mérite d'en être appelé le héros. Il a résisté jusqu'aux dernières limites du possible, sans espoir de récompense ni aucune chance de succès; il ne pouvait accomplir plus pleinement son sacrifice.

Pharmaki le partagea avec lui. Il guerroya encore quelques jours avec les derniers survivants de cette lutte opiniâtre au nombre de 200 environ. Enfin Tchaouck-pacha lui fit des offres de capitulation honorables. Le secrétaire du consul d'Autriche promettait également au nom de son gouvernement la vie sauve aux débris des assiégés. Trente d'entre eux, malgré ces assurances, s'échappèrent de nuit, et passèrent en Transylvanie; les autres se rendirent, sur la foi des traités. Ils furent égorgés, malgré la foi jurée au nom de deux puissances, dans le monastère même; les chefs furent envoyés à Silistrie pour y être décapités. Pharmaki fut envoyé chargé de fers à Constantinople, où, après avoir subi la torture, il eut la tête tranchée.

Ce fut par cette catastrophe sanglante et ce coup de théâtre de la perfidie turque que finit la première scène de l'insurrection grecque. Elle avait duré sept mois, du 6 mars au 4 octobre 1821. Qu'avait-elle produit pour la délivrance de la race hellénique? Ce que produisent les dévouements malheureux : l'exemple; la semence de l'héroïsme, l'encouragement au sacrifice, et la muette prédication des victimes. Ce sang répandu sur le sol de la servitude, et au seuil de la toute-puissance musulmane, allait féconder d'autres terres. Partout déjà, dans l'empire du Padichah, les morts de Dragatsan et de Séco avaient des frères et des vengeurs.

CHAPITRE VI.

INSURRECTION DES ILES.

(Avril. — Mai.)

Les îles de la mer Égée étaient en mesure de fournir à l'insurrection grecque une marine. Nous avons déjà expliqué les causes qui avaient fait fleurir leur commerce, particulièrement celui des trois petites îles Hydra, Spezzia et Ipsara, souvent associées dans l'histoire. Toutes trois avaient le privilége de ne pas recevoir de Turcs, et vivaient à peu près indépendantes sous le haut gouvernement du capitan-pacha, à la condition d'un tribut annuel et d'une contribution de quelques navires à fournir à la flotte ottomane. Il n'y avait que des matelots et des marchands dans ces petites îles où régnaient, malgré des fortunes déjà considérables, des mœurs encore simples et un grand attachement à la religion nationale (1).

A Hydra, le caractère des habitants rappelait le caractère antique des Spartiates, et le gouvernement était aristocratique. Les principaux citoyens, les plus riches, les propriétaires de grands navires formaient le conseil suprême de l'île, sous le nom de νοικοκύραιοι, qui répond à peu près au titre d'*administrateur*. La même organisation régissait Spezzia.

Ipsara était démocratique : tous les ans, il s'y tenait une assemblée générale du peuple, qui choisissait quarante électeurs dans les différentes classes des citoyens. Les électeurs nommaient à leur tour trois démogérontes qui se partageaient le gouvernement.

Au commencement de 1821, les trois îles réunies possédaient cent soixante-seize bateaux de transport, que l'on arma pour la guerre. Quarante-quatre d'entre eux appartenaient à Spezzia, quarante à Ipsara, quatre-vingt-douze, les plus grands et les plus beaux, à Hydra. Parmi ces derniers, celui de Tombasis portait

(1) V. sur l'Histoire particulière d'Hydra et de Spezzia, G. Lacroix, Îles de la Grèce, p. 525; sur Ipsara, p. 292.

vingt canons et trois mâts, celui de Miaoulis dix-huit canons et deux mâts; les autres étaient de dix à quatorze canons. D'autres petites îles, comme Casso et Mycone, le port de Galaxidi dans le golfe de Corinthe, armaient en même temps leurs navires. Pour servir cette flotte il se trouvait plus de matelots qu'il n'en était besoin. De plus, chefs et marins étaient animés par un vif patriotisme, une ardeur que l'expérience avait disciplinée, et un désintéressement qui fournit bien vite à la révolution des ressources pécuniaires considérables. M. Alexandre Soutzo a fixé ainsi l'état approximatif des contributions volontaires que les principaux commerçants d'Hydra ont offertes pendant le cours de la guerre (p. 107) :

Les frères Lazare et Georges Coundouriotis.	1,500,000 fr.
Les frères Stamatis et Basile Boudouris.	550,000
La famille des Tsamados.	400,000
Les frères Jacob et Emmanuel Tombasis.	350,000
Jean Orlandos.	300,000
André Miaoulis.	250,000
Demetrius Bulgaris.	250,000
Les deux oncles, Jean et François Bulgaris.	200,000
Les frères Anagnoste et Nicolas OEconomos.	200,000
Le beau-père du capitaine Sahinis	250,000
Anagnoste Phonos.	150,000

Les premières opérations de la marine des îles, plus habituée aux aventures et à la guerre de pirates qu'aux mouvements d'ensemble, n'eurent guère d'abord d'autre objet que de faire des captures. Spezzia donna le signal, et le 5 avril tous ses navires arborèrent un pavillon commun ; les uns allèrent assiéger Monembasie (Naples de Malvoisie) déjà assiégée par terre; les autres se dispersèrent dans le golfe de Corinthe et à la recherche des bâtiments de transport ennemis. Une partie de ceux qui se tenaient devant Monembasie abandonnèrent le blocus, se dirigèrent sur les bords de l'île de Milo, où étaient mouillés une corvette et un brick turcs, s'en emparèrent et les ramenèrent dans leur port.

A l'exemple de Spezzia, Ipsara prit un drapeau particulier. La Porte avait donné l'ordre de concentrer les troupes dispersées en Asie Mineure et de les transporter dans le Péloponèse. Trois mille hommes vaient été réunis à Smyrne; un premier convoi mit à la voile. Mais les Ipsariotes étaient avertis; ils envoyèrent sept vaisseaux sous le commandement de Nicolas Apostoli, qui coula un des navires ennemis, en prit quatre autres avec les quatre cent cinquante soldats qui les montaient, et les ramena dans sa patrie. A cette nouvelle le reste des troupes musulmanes réunies à Smyrne se dispersa, et ainsi se trouva évanouie la première armée formée contre le Péloponèse.

Un autre chef ipsariote, André Giannitsi, pénétra, le 14 mai, dans une petite île du golfe d'Enos, dispersa les Turcs qui la gardaient, saisit et emporta dans son île vingt-trois canons, deux obusiers et des munitions de guerre. D'autres navires ipsariotes poursuivirent deux embarcations ennemies, qu'ils forcèrent d'aller s'échouer sur les côtes du mont Athos, et dont ils enlevèrent les canons. Ainsi la marine d'Ipsara et de Spezzia faisait la loi dans l'archipel, qu'elle sillonnait sans cesse, et dominait les rivages de l'Europe et de l'Asie. Ce fut bientôt le tour d'Hydra d'entrer en lice.

Elle comptait peu d'associés à l'hétairie, et cette année même elle avait voulu comme d'ordinaire envoyer à la Porte son contingent de matelots; ils avaient failli être massacrés. Elle ne se souleva que par suite d'un mouvement populaire qu'excita Antoine OEconomos. Le 10 avril, on apprit que les Corinthiens et les Mégariens avaient enfermé les Turcs dans l'Acrocorinthe. Cette nouvelle excita l'enthousiasme du peuple, et commença à ébranler les notables eux-mêmes. OEconomos ne laissa pas les esprits se refroidir, il appela les habitants aux armes, s'empara de la chancellerie, d'où s'enfuirent les administrateurs, et se trouva le maître de l'île. Il se fit livrer par intimidation le trésor public, et, satisfait de cette concession des administrateurs, comprenant d'ailleurs qu'il ne pouvait se passer du concours des notables, propriétaires des plus beaux navires et pleins d'influence sur les marins, il se rapprocha d'eux. Ceux-ci ne refusaient plus de prendre part à l'entreprise des îles. Le 27 avril les notables et le peuple se réunirent dans l'église,

où fut proclamée la guerre nationale, et où pour la première fois fut arboré l'étendard de la liberté, au bruit des canons des vaisseaux du port.

Les trois îles se concertèrent alors pour organiser l'insurrection. Le conseil commun adressa aux puissances européennes un manifeste pour expliquer ses intentions et se défendre de toute disposition au pillage et à la violence. Par une lettre circulaire adressée aux capitaines, il leur enjoignit de respecter le pavillon des neutres, même s'il couvrait des marchandises ennemies, et de n'arrêter les vaisseaux européens que dans le cas où ils porteraient des renforts ou des munitions de guerre; dans ce cas même, ils ne devaient saisir que les munitions et rendre la cargaison, et reconduire les renforts ennemis sains et saufs dans les ports d'où ils s'étaient embarqués. En même temps le conseil s'adressait à tous les Grecs du continent et des îles, les excitant à la guerre sainte contre les Turcs. Cette voix eut de l'écho dans tout l'Archipel; seuls, les Grecs du culte latin résistèrent à cet appel. On n'en rencontrait ni dans le Péloponèse ni dans la Grèce continentale; 11,000 environ étaient dispersés dans les îles de Syra, de Tino, de Naxos et de Santorino. Ceux-là étaient ouvertement opposés au mouvement et s'entendaient mieux avec les musulmans qu'avec ceux de leurs compatriotes qu'ils considéraient comme des schismatiques. Il arriva même qu'ils payèrent double subside, l'un aux Grecs insurgés, par contrainte, l'autre aux Turcs, par inclination.

Cependant la flotte des trois îles se réunit, sous le commandement général de l'Hydriote Giacomaki Tombasis, élu par tous les capitaines. La flotte de chaque île avait en outre son chef particulier. Le premier projet fut d'aller saisir une escadre ottomane qui stationnait dans les eaux de Corfou, en face de Mourtoux (ou Murto), pour soutenir l'expédition envoyée contre Ali-Pacha. Cette capture paraissait facile. Un maître d'école, Néophyte Bambas, fit prévaloir le plan d'aller délivrer Chio, afin de former des trois îles voisines d'Ipsara, Samos et Chio un rempart contre les Turcs d'Asie. Le 4 mai on mit à la voile.

Sur ces entrefaites un capitaine de Spezzia captura près de Tino une goëlette autrichienne qui portait des passagers turcs, et leur enleva beaucoup d'effets. Sur l'ordre du gouvernement des îles confédérées, le capitaine dut rendre son butin, remettre ses prisonniers, et fut encore dégradé. Ainsi les Grecs insulaires témoignaient hautement l'intention de respecter le droit des gens et d'obéir aux lois sévères qu'ils s'étaient eux-mêmes imposées. Le désordre de la guerre, l'entraînement du combat, la fureur des représailles devaient démentir plus d'une fois ces bonnes dispositions. Du moins la guerre maritime commençait-elle avec ces sentiments de confiance généreuse qui animent les levées volontaires jusqu'à ce que les difficultés et les épreuves de la lutte irritent les esprits et enveniment la vengeance.

Cependant la flotte continuait sa marche sur Chio, faisant quelques captures. Les vaisseaux d'Hydra coulèrent à fond un vaisseau turc; ceux d'Ipsara en prirent un qui portait deux cent cinquante passagers, hommes et femmes, parmi lesquels cent quarante pèlerins revenant de la Mecque. Les prisonniers furent déposés tous à peu près sains et saufs sur les rivages de l'Asie.

Le 9 mai, la flotte était mouillée devant Chio; le lendemain, Tombasis jurait solennellement devant les capitaines réunis de remplir tous les devoirs de sa charge de navarque, d'obéir au sénat d'Hydra, d'épargner la vie des Européens et même des Turcs quand ils rendraient les armes sans combat, etc. Puis il envoya dans l'île un émissaire pour apprendre aux habitants les derniers événements et les engager par persuasion et même par menaces à se joindre à l'entreprise commune. Mais cet envoyé apprit lui-même que le Muteselim, alarmé de l'approche des vaisseaux des Grecs avait réuni des otages, entre autres l'évêque de l'île Platon, qui s'étaient livrés sans défiance et qui étaient gardés dans une citadelle. Les habitants montraient d'ailleurs peu de dispositions à se soulever. Les chefs de la flotte craignirent de n'être pas secondés et de ne faire que compromettre, par une attaque, la vie des otages. Le 19 mai, on remit à la voile; et ainsi se trouva sans but cette première expédition qui eût été bien plus utilement dirigée contre l'escadre turque de Corfou.

Cependant les engagements partiels continuèrent. Le 9 juin, les capitaines Lazare Pinotsis et Georges Sachtouris s'emparèrent d'un vaisseau qui portait, de la part du sultan au pacha d'Égypte Mehémet-Ali, de riches présents. On venait d'apprendre le supplice du patriarche et les meurtres commis à Constantinople, les idées de clémence furent oubliées, et l'équipage ennemi fut tout entier massacré.

Les Grecs remportèrent encore d'autres succès. Une goëlette fut coulée à fond près de Chio le 12 mai; un petit navire fut jeté sur la côte d'Asie le 16 mai; deux navires furent pris le lendemain, et l'équipage en fut égorgé, toujours, disait-on, pour venger le patriarche.

L'île de Samos fut soulevée par les marins de Spezzia. Le soulèvement populaire s'annonça par le massacre des Turcs de la campagne, qui se croyaient en toute sûreté. La multitude se porta ensuite sur la capitale de l'île, la petite ville de Chora, pour y achever l'exécution de la population musulmane, particulièrement de l'aga et du cadi. Mais les primats prévinrent ces excès, en faisant passer en secret, à la faveur de la nuit, tous les musulmans de la ville sur la côte d'Asie.

Lutte d'enlèvements et de surprises, piraterie privée se couvrant parfois de la piraterie publique et autorisée, fureurs populaires, représailles irréfléchies trahissant les vœux et les lois de la confédération insulaire et les sentiments de la population la plus éclairée, tel fut le caractère de ces premiers essais de guerre maritime. Il faut, sans tomber dans les apologies systématiques des uns, ne pas se laisser tromper aux couleurs sombres des autres, et se méfier de certaines peintures où le goût de la pompe du style a porté naturellement à l'exagération des faits. « Une foule de petits bateaux armés soi disant pour nuire au commerce turc, dit M. Raffenel, dévastèrent les côtes et inquiétèrent les navires européens... Une chose qui jetait en général de l'odieux sur la conduite des marins insulaires, c'était la barbarie de quelques-uns d'entre eux envers les équipages des navires dont ils s'emparaient : tout le monde était immolé, quelquefois même avec une cruauté inouïe.... on vit quelquefois les Grecs balancer avant que d'immoler un Turc, mais jamais ils n'hésitèrent pour le supplice d'un Juif... On disait à chaque victime expirant au milieu des tortures : Voilà comme nous traitons les infâmes profanateurs du cadavre de notre patriarche. » (T. I, p. 92, 115, 117.) Il arriva aussi, suivant le même auteur, que les marins grecs, ne voulant pas se charger de la responsabilité de ces meurtres, déposaient sur les côtes des îles les mahométans dont les navires étaient capturés; mais, dans ce cas, les malheureux couraient grand risque de tomber entre les mains des habitants des îles, et d'être mis en pièces. C'est ainsi que les habitants de Zéa (Céos) massacrèrent une quinzaine de Turcs débarqués par un bâtiment hydriote.

La guerre générale n'était pas encore commencée. La Porte n'avait pas encore réuni sa marine. Il en est de même sur le continent. La guerre se fractionne en mille opérations particulières, dirigées par les chefs de Klephtes répandus sur toutes les localités. Nous aurions bien de la peine à suivre tous ces mouvements, et ils fatigueraient peut-être l'attention par leur multiplicité. Nous les mentionnerons rapidement.

CHAPITRE VII.

ÉVÉNEMENTS DE LA GRÈCE CONTINENTALE. — SOULÈVEMENT EN PHOCIDE, BÉOTIE, ATTIQUE, THESSALIE, MAGNÉSIE, EUBÉE, MACÉDOINE, CRÈTE.

Nous avons vu le Péloponèse donner le signal du soulèvement, et les Turcs effrayés s'enfermer dans leurs forteresses. La Grèce continentale était plus exposée aux armées de la Porte. L'Étolie, l'Acarnanie, l'Épire, particulièrement foulées par Ali-Pacha, n'avaient qu'une ressource pour se défendre d'être pillées, c'était de piller elles-mêmes. Aussi étaient-elles depuis long-temps sous les armes, et quand l'insurrection commença, elles y étaient toutes préparées. Ali-Pacha, qui sollicitait toujours l'amnistie de la Porte, se faisait fort, si on la lui accordait, d'étouffer la révolte. La Porte refusa par méfiance pour ce vieux satrape qui l'avait si souvent trompée; si elle eût accepté ses offres, peut-être l'insurrection eût-elle été étouffée dans les flots de sang. Mais pressé par les armées envoyées de Constantinople, assiégé dans ses forteresses, Ali se fit des alliés de ses anciens ennemis, et on le vit pousser à la révolte ces Souliotes qu'il n'avait pu exterminer.

Cependant la proximité des armées turques occupées à cerner le Pacha de Janina contenait l'Étolie et l'Acarnanie. L'ancienne Locride fut soulevée par un capitaine d'Armatoles, Panourgias, accouru de Janina à la nouvelle du mouvement de l'Achaïe. Les habitants de Galaxidi le secoururent généreusement, et lui fournirent armes et provisions. Il mit le siège devant Salone, qui résista treize jours, mais qui, manquant d'eau et d'aliments, livra ses armes, le 22 avril jour de Pâques. C'était la première place de quelque importance qui tombait devant les Grecs. Le 9 avril, Dimos Caltsas, à la tête de soixante Armatoles, leva le drapeau de la liberté, et bientôt secouru et renforcé, s'empara de Lidoriki, tandis que son lieutenant Théodore Chalbantsis se rendait maître de Malandrino. Dans ces deux villes, les Turcs firent quelque résistance, et essuyèrent quelques pertes, mais finirent par déposer les armes.

En Livadie, c'est le capitaine Athanase Diako qui appelle au combat; il isole la ville de Livadie en coupant ses communications, puis marche sur elle et y entre à la suite du drapeau hellénique, le 11 avril. Les Turcs et les Albanais se réfugient soit dans la citadelle, soit dans les maisons les plus fortifiées. Le combat s'engage et dure cinq jours, au bout desquels les assiégés, pressés, comme ceux de Salone, par la faim et la soif, se livrent eux et leurs armes. Quant à Diako, il se révèle avec toute la loyauté de son caractère; il dépose les armes et tout le butin qu'il a reçu entre les mains des préposés aux trésors et munitions de l'armée; puis, apprenant que les forces ennemies se concentrent à Zeitoun, va garder le poste des Thermopyles.

Le 12 avril, Bousgos, envoyé par lui entre sans coup férir dans Thèbes, dont la population, musulmane tout entière, femmes et enfants, a pris la fuite à son approche, et s'est réfugiée en Eubée. De son poste des Thermopyles, Diako met en insurrection les pays voisins et fait bloquer la petite et forte place de Bodonitza, sans entreprendre l'assaut de cette position, qui ne peut guère être réduite que par la famine. Bientôt, rejoint par le capitaine Milsos Kontogiannis et par Panourgias lui-même, voyant autour de lui une armée de deux mille hommes, il propose le siége de la ville de Patradgïk, qui commande les montagnes frontières de la Thessalie. Kontogiannis lui fait perdre un temps précieux par ses refus; mais enfin, quand il a vaincu ses hésitations, il entraîne avec lui tous les Armatoles de la Grèce orientale, et marche sur Patradgïk. Huit cents Albanais ou Turcs les y attendaient. Le premier choc des Grecs les fit reculer, et une partie des faubourgs fut incendiée; le corps de Kontogiannis rencontra une sérieuse résistance. La nuit interrompit le combat; mais dans les ténèbres, les Grecs aperçurent un mouvement de troupes, et craignirent de se trouver enveloppés au lever du jour : ils abandonnèrent leur position et la ville à demi brûlée.

L'Attique était la seule province de la Grèce orientale qui n'eût encore rien fait; elle n'avait pas de milices d'Armatoles. Un habitant de la petite ville de Kastia, Meletis Vasileios, homme généreux, ardent, et possédant une grande influence, était parvenu à soustraire sa ville natale au pouvoir du gouverneur, en la faisant considérer comme appartenant à la province du Derbend, ou de l'isthme, qui avait le privilége de se garder elle-même. Grâce à cette situation particulière, Meletis, qui était associé à l'hétairie, put fixer comme rendez-vous aux volontaires la petite ville de Menidi, voisine de Kastia. Cependant les Turcs d'Athènes, alarmés du mouvement inusité qu'ils remarquaient autour d'eux et de la hardiesse des Grecs, qui venaient enlever des troupeaux jusque sous leurs murs, conçurent d'abord le projet de massacrer tous les chrétiens que contenait la ville; puis, craignant de n'être pas les plus forts, ils se retirèrent dans la citadelle avec ce qu'ils avaient de plus précieux, laissant à de faibles postes la garde des portes de l'enceinte. Mais telle fut leur imprévoyance qu'ils abandonnèrent en même temps le reste des murailles aux chrétiens de la ville. Dans la nuit du 7 mai, Meletis partit de Menidi, suivi de volontaires armés les uns de fusils, les autres de lances et de massues. Cette troupe tua facilement les quelques défenseurs des portes des remparts, et entra dans Athènes, où elle ne tarda pas à être grossie par des habitants des îles voisines, d'Égine, de Zéa, Thermia, Hydra, et même Céphalonie, d'où venaient aussi des canons. L'armée monta à 3,000 hommes, mais qui ne se faisaient pas tous, comme on va le voir, une idée fort sérieuse de la guerre.

« Les Turcs assiégés, dit M. Tricoupi, apercevant parmi les assiégeants beaucoup d'uniformes européens, et quelques soldats même portant l'habit, furent fort inquiets, et demandèrent par lettre aux consuls si les rois de l'Occident avaient déclaré la guerre au sultan. Les consuls répondirent la vérité. Mais les Grecs, ayant appris les soupçons et les craintes de l'ennemi, et voulant en profiter, rassemblèrent tous les chevaux, ânes, mulets qu'ils purent trouver, et les uns sur ces montures avec ou sans selles, les autres à pied, la plupart revêtus d'uniformes européens et portant le chapeau, défilèrent un jour au pied de l'acropole, au son des tambours et des trompettes, essayant par ce moyen de se faire passer pour des troupes venues de l'Occident. Mais quelques boulets de canon tombant du haut de l'acropole au milieu de leur marche et ayant tué l'un d'eux mirent fin sur-le-champ à cette comédie. » (T. I, p. 211.)

Puis ils organisèrent le siége, avec sept canons; ils étaient aidés par un vaisseau d'Hydra. Mais leur canonnade peu nourrie était inutile contre une citadelle qui surplombe la ville. Le blocus n'était guère plus efficace, les Turcs ayant de longue main réuni des provisions dans la place, et ayant pris la précaution de détourner une source qui leur donnait de l'eau en suffisante quantité.

L'ancienne Magnésie, riche et fertile province qui enveloppe le mont Pélion, et qui ne renfermait à peu près que des chrétiens, entrait, vers le même temps, dans le mouvement général. Le 17 mai, quelques vaisseaux d'Hydra et de Spezzia parurent dans les eaux du golfe de Volo, sur les côtes d'Armyros et de Trikeri. La vue des voiles et de l'emblême de la révolution, la croix s'élevant sur le croissant renversé, répandit l'émotion. Le maître d'école Anthimo Gazi parcourut quelques villages, en appelant aux armes. Une armée, des camps, se formèrent tumultuairement. Volo, la seule ville à peu près où il y eût des Turcs, fut assiégée; Velestina fut prise et brûlée, et tandis que la population turque demeurait renfermée dans quatre tours, les Grecs, trop facilement vainqueurs se livrèrent au pillage et au plaisir. Un jour, un poste placé sur une montagne annonça une armée venant de Larisse, et s'avançant sur Velestina. Aussitôt les Grecs de se réfugier au camp de Saint-Georges. Les Turcs sortent de leur tour, les poursuivent, leur tuent soixante hommes, et les forcent d'abandonner encore la place. Aussitôt la péninsule de Zagora se remplit de Turcs amenés par Moustapha-Pacha Dramali. Les ennemis prirent Canalia, Kypourna, et d'autres places, firent lever le siège de Volo, et s'avancèrent, brûlant, pillant, égorgeant, recueillant des esclaves. Les habitants de la péninsule n'avaient plus de refuge que dans Trikeri. Mais Dramali ne sut pas achever son succès. Il remonta vers Larisse, apprit que les Grecs avaient formé un nouveau camp, les dispersa et les poursuivit jusqu'au bout de la presqu'île; puis, ayant rencontré de la résistance, il revint encore à Larisse. Derrière lui se reforma un camp à Argalasti. Dramali se contenta d'avoir obtenu la soumission de la plus grande partie de la province. Cependant quatre places étaient encore sous les armes, Lauco, Promiri, Argalasti et Trikeri; et ces quatre places renfermaient 8,000 âmes.

En Eubée, comme partout, les Turcs s'étaient concentrés dans les forteresses et principalement dans cette ville antique que Philippe appelait les entraves de la Grèce, et qui, isolée presque comme une île, séparée à peine de la côte de la Béotie qu'elle domine de ses hauteurs, était un point désigné de débarquement, Chalcis ou Négrepont. Les habitants de l'Eubée avaient demandé des secours à ceux de Trikeri. Dans le courant de mai, ils reçurent d'eux des auxiliaires commandés par Verousis Andritsos, quatre navires et des munitions de guerre. Les Turcs ne purent empêcher le débarquement au port de Limno. Mais les insurgés, ayant entrepris d'attaquer la citadelle de Chalcis, furent mis en déroute. Néanmoins l'insurrection se répandit, des chefs de Klephtes accoururent, et les Turcs de Chalcis ayant voulu prendre d'assaut le port de Vrisaki, furent repoussés avec perte.

La Macédoine, et particulièrement l'ancienne Chalcidique et la presqu'île du mont Athos, donnait aux Turcs des inquiétudes. Le gouverneur de la province de Salonique, ayant le titre de Monteselim, Jousouf-Bey, convoqua les primats grecs dans la ville de Salonique, pour s'en faire des otages; mais ceux-ci n'obéirent pas ou envoyèrent des subalternes. En même temps, la Montagne-Sainte tout entière était soulevée par les prédications du pope Emmanuel, primat de Serres, et un des plus chauds partisans de l'hétairie. Jousouf-Bey fit concentrer des troupes autour de Poligheros, et celles-ci s'approchèrent de la ville en répandant du sang. Les habitants, se croyant destinés à un massacre général, prennent les armes, forcent la maison du gouverneur, qu'ils mettent à mort avec dix-huit soldats qui le gardaient, et sortent contre les troupes musulmanes, qu'ils mettent en fuite. A cette nouvelle Jousouf-Bey ne se contient plus : il fait empaler les otages qu'il avait réunis, et fait décapiter l'évêque de Cytra. Il enferme deux mille chrétiens et dépouille plusieurs maisons. Les Turcs avaient pour fervents auxiliaires dans ces expéditions un grand nombre de Juifs qui habitaient Salonique. Aussitôt, tous les villages de la péninsule prennent les armes; deux corps se forment; l'un part de la presqu'île du mont Athos, commandé par Emmanuel, qui prend le titre de *général et gouverneur de Macédoine*, l'autre sort de la presqu'île de Cassandre sous

Chapsas. Les escarmouches furent fréquentes; les Turcs, pressés par Chapsas reculèrent jusqu'à deux heures de marche de Salonique. Mais vers la fin de juin, Baïram-Pacha, envoyé contre la Grèce orientale et le Péloponèse, refoula Emmanuel dans ses montagnes, et ranima le courage des Turcs de Salonique; ils rencontrèrent près de Vassiliko deux cents Grecs qui se défendirent avec courage, et ne se retirèrent qu'en laissant sur le terrain soixante d'entre eux parmi lesquels leur habile et valeureux chef Chapsas. Les Grecs éprouvèrent encore d'autres échecs, et rentrèrent dans leurs foyers ou se dispersèrent.

Il reste, pour achever la revue des commencements de l'insurrection grecque, à jeter un coup d'œil sur la Crète. Il n'y avait pas de pays où les chrétiens fussent plus opprimés par les Turcs, où ceux-ci fussent plus nombreux proportionnellement, plus insolents et plus cruels. Nul droit pour les Grecs : ils étaient regardés comme des esclaves et traités comme tels; leurs enfants étaient sans cesse enlevés pour le service des Turcs où pour leurs plaisirs; les tributs étaient levés par caprice, et le sabre était le seul maître. Veut-on un exemple qui rendra tout autre détail inutile? Les musulmans Crétois s'amusaient souvent à prendre pour but de leurs balles un pope se promenant sans méfiance; quand ils le tuaient, il n'y avait pas à essayer de se faire rendre justice : les Grecs n'avaient plus qu'à payer la redevance pour obtenir la permission d'enlever le cadavre (1). Seuls, les habitants de la montagne de Sphakia échappaient à cet odieux régime. Ils cultivaient, défendus par leurs rochers, une terre rude et infertile. « Ce petit peuple dit M. Tricoupi, est courageux et belliqueux, mais insubordonné et pillard, comme tous ceux qui ne vivent pas sous le joug des lois, et plutôt sans maître, que son maître. » (T. I, p. 225.)

A la nouvelle des événements du Péloponèse, les Turcs désarmèrent tous les chrétiens, et les forcèrent même à travailler pour fortifier les villes et les citadelles. Les évêques furent appelés à Mégalo-Castro pour y servir d'otages. Aucune résistance ne fut tentée par les malheureux Crétois, assouplis à ce joug héréditaire. Les prêtres prêchèrent pour rappeler les bienfaits du gouvernement de la Sublime Porte, et recommander l'obéissance à ses ordres. Néanmoins, à la Canée, la multitude exigea du pacha l'arrestation de l'évêque et d'un maître d'école qu'elle accusait de fomenter la révolte. Puis, enhardie, elle demanda leur supplice. Le pacha livra les deux malheureux, qui furent torturés et finalement pendus. Le rhamadan vint à finir; la fin du rhamadan est, comme on sait, pour les musulmans, le signal de tous les excès. Le 30 juin, parut un fetva du pacha qui prescrivait le meurtre des chrétiens. Il n'en restait que trente dans la ville; tous furent égorgés. Mais les Turcs se jetèrent sur la campagne après avoir pillé l'église, et saccagèrent vingt villages et plusieurs monastères, faisant périr tout ce qu'ils y rencontraient de chrétiens, par le fer, le feu, l'eau, la corde. Dans la ville se tenait un marché ouvert des femmes des Zaïas. On vit au milieu de ces horreurs, ce qui n'avait eu lieu encore nulle part ailleurs, des chrétiens prendre le turban pour sauver leur vie.

Enfin les Sphakiotes prirent les armes et se joignirent aux habitants de Rhizi et de Mélara; ils comptaient ainsi environ neuf cents hommes. Cette petite armée, divisée en trois corps, courut la campagne, ravagea quelques villages Turcs, et força ceux de la Canée à se renfermer dans leurs murs. Mais à Mégalo-Castro se reproduisaient les affreuses scènes qui avaient ensanglanté la Canée. Les Turcs envahirent l'église, où étaient réunis le peuple et plusieurs prélats, massacrèrent tout ce qui leur tomba sous la main, y compris l'archevêque de l'île et cinq évêques, coupèrent leurs corps par morceaux qu'ils dispersèrent sur les routes, et, promenant la tête de l'archevêque au bout d'une pique, la firent passer sous les yeux du vizir. Puis ils se répandirent dans les maisons, et le viol, le pillage, le massacre même des enfants s'accomplit avec tous ces détails lugubres qui reviendraient trop souvent sous notre plume, si l'on ne nous permettait de passer vite

---

(1) Raffenel, t. I, p. 339. Voy. Ibid. de longs détails sur la cruauté turque.

sur ces images. Ces saturnales durèrent deux jours, sans que le vizir essayât d'y mettre le moindre empêchement.

A Sitia, l'aga réunit deux cents chrétiens sous prétexte de leur parler, et les fit égorger. Il fut complimenté par son pacha. Le pacha de Rhéthymne imita cet exemple à l'égard des couvents voisins. En quelques jours, il avait péri au moins mille chrétiens. Les Turcs sévissaient partout. Cependant ceux de Rhéthymne et de la Canée étaient assiégés.

CHAPITRE VIII.

LA GUERRE EN MORÉE. — CAMPAGNE DU KIAYA-BEY. — VALTETSIO, LES THERMOPYLES, LA GRAVIA.

Au centre de la Morée, nous avons laissé l'armée des Maïnotes, avec Colocotroni, campée devant Caritène, dont la population musulmane a essayé en vain de se joindre à celle de Tripolitza, et attendant d'heure en heure la reddition de cette garnison épuisée par la soif et la faim. Les Turcs de Tripolitza faisaient des sorties pour lui tendre la main. Le 9 avril ils brûlèrent un village à deux heures de marche de Caritène. Colocotroni s'avança pour éclairer le pays et signala l'ennemi. Chose singulière, les Grecs, qui venaient de le vaincre, se dispersèrent dans les rochers. Colocotroni se trouvant abandonné avec Mavromichali et quelques hommes, ne risqua pas un engagement inutile, se cacha dans des retraites que sa mémoire d'ancien Klephte lui fit retrouver, et laissa passer les Turcs, qui entrèrent sans résistance dans Caritène, en délivrèrent les habitants et les reconduisirent à Tripolitza. Les quelques corps grecs qui furent rencontrés, se mirent en déroute, et l'on vit dix-sept turcs armés chasser devant eux deux cents têtes de bétail sans être inquiétés.

Les chefs étaient humiliés. Ils se donnèrent rendez-vous avec leurs Klephtes fidèles à Stemnitsa où ils se portèrent par différents chemins. Ils voulaient surpendre les Turcs avant leur rentrée dans leur ville; mais ceux-ci étaient déjà passés. Alors ils résolurent de se rendre à Londari, pour prendre position en Messénie. Ils pressaient Colocotroni de les suivre : « Je n'y vais pas, leur répondit le Klephte désespéré; je veux que les oiseaux du ciel me mangent là où ils me trouveront. « Cependant, quand ses compagnons se furent éloignés, il entra dans une église, resta longtemps en prières, baisa la statue de la vierge en lui disant : « Ma toute sainte ($\pi\alpha\nu\alpha\lambda i\alpha$ $\mu o \upsilon$), protége les chrétiens; » et il prit le chemin de Piana avec un seul Maïnote.

A Langadia, les habitants avaient quitté leurs maisons pour se rendre à Calavryta. Des paysans les avaient remplacés dans la ville, côte à côte avec des Turcs qu'ils ne gardaient pas, et tout disposés à se soumettre. Un capitaine qui passait, Dimitraki, pour les mettre dans l'impossibilité d'offrir leur soumission, et les compromettre dans la cause de l'insurrection, fit fusiller les Turcs restés au milieu d'eux.

Néanmoins les chefs avaient bien de la peine à recomposer une armée; ils s'étaient réunis dans le pays de Saint-Pierre, dans la province montagneuse de Zacouna, au sud-est de Tripolitza. Ils parvinrent à rassembler autour d'eux quinze cents hommes, et se retranchèrent dans une position forte, qu'ils défendirent encore par quatre tours. Colocotroni était avec une petite troupe à Piana, à trois heures de Tripolitza. Mais l'apparition ou le seul nom des Turcs faisait encore trembler ces soldats sans discipline. Le 17 avril, les Turcs de Tripolitza sortirent à la rencontre des Grecs de Piana; ceux-ci s'enfuirent à leur vue, laissant seul Colocotroni, qui alla les rallier un peu plus loin, à Alonistène, et les vit encore fuir, tandis que l'ennemi pillait et brûlait le village. Le jour de Pâques, ce fut contre Vlachokérasie que se dirigèrent les musulmans. La ville contenait huit cents Grecs sous Kyriacouli Mavromichalis et sous le Lacédémonien Nicolopoulos : ceux de Mavromichalis abandonnèrent le terrain dès qu'ils aperçurent l'ennemi; ceux de Nicolopoulos se battirent une demi-heure, et, voyant leur chef tué, se dispersèrent dans les montagnes. Les capitaines convinrent qu'il était impossible de retenir ces hommes sous les armes : l'expérience était faite. Ils prirent le parti de se séparer; mais auparavant ils reconnurent comme chef commun et commandant du Péloponèse, Pétro-Bey, prince du

Magne, alors à Calamata. Ils l'invitèrent à réunir le plus de Maïnotes qu'il lui serait possible, lui promettant paie et vivres pour les soldats qu'il fournirait. Puis ils se retirèrent chacun dans leurs cantons; les Turcs de Tripolitza continuèrent à se répandre dans la campagne pour s'y approvisionner de fourrage et de bétail; les Grecs échangèrent encore avec eux quelques coups de fusil; quelques hommes sous Soter Charalambis s'enhardirent à faire résistance; ceux de Colocotroni firent quelques prises. Mais c'était à peine la guerre; les Turcs rayonnaient de plus en plus loin, et sans résistance les capitaines étaient dispersés. Tout à coup on apprit que Moustapha-Bey avait débarqué à Patras.

On se souvient que Chourchi-Pacha, autrefois gouverneur du Péloponèse, était occupé à la guerre contre Ali-Pacha (1). Mais ses femmes et ses trésors étaient restés à Tripolitza. Il avait donc fort à cœur la conservation de cette ville; aussi eut-il hâte d'y envoyer des renforts. Il confia trois mille cinq cents soldats d'élite, presque tous Albanais, à son lieutenant ou *kiaya-bey*, Moustapha, homme d'expérience et de talent. Moustapha-Bey était donc débarqué à Patras, vers la fin d'avril; de là il se rendit à Vostitza, où il ne trouva ni habitants ni soldats, mais d'abondantes provisions. Il y séjourna une semaine, et envoya des proclamations aux habitants de Calavryta et de Vostitza, qui ne parurent pas en faire cas. Il eut plus facilement raison d'un corps d'insurgés qu'il savait posté à Vovodas sous le commandement d'André Zaïmis, et contre lequel il envoya 500 hommes, qui le dispersèrent. Puis, après avoir vidé la ville de ce qui pouvait être nécessaire à son armée, il y mit le feu, et se dirigea vers Corinthe.

Les Grecs en assiégeaient la citadelle dirigés par Dicœo. A l'approche du kiaya, ils se dispersèrent sans écouter la voix de leur chef; celui-ci ne se retira qu'en laissant l'incendie attaché à la maison magnifique de Kiamil-Bey. Moustapha passa un jour à Corinthe pour se reposer, laissa quelques renforts à la citadelle, et se dirigea vers Argos, se faisant précéder d'une proclamation adressée aux primats et aux habitants de cette ville (6 mai).

Les Grecs d'Argos bloquaient les Turcs dans Nauplie de Romanie, qui en est, comme on sait, le port. Des vaisseaux des îles aidaient au blocus, et les principaux étaient les trois navires que montait et qu'avait équipés à ses frais la fameuse Bobolina de Spezzia, accompagnée de son fils. Elle se rendit à Argos, où elle fut reçue triomphalement, ranima le courage des Grecs et les disposa à opposer au kiaya une sérieuse résistance. « A quelques pas en dehors de la ville, sur la route de Corinthe, se conserve un mur sur le bord

(1) Obligés de laisser de côté cet épisode qui ne se rattache qu'indirectement à la guerre de l'Indépendance, nous voulons du moins emprunter à M. Soutzo une page qui en présentera la physionomie.

« Les musulmans sont partout pressés; le Sérasquier Chourchid, tout occupé de la guerre contre Ali-Pacha, ne peut venir à leur secours; en vain il essaie de leur faire passer quelques renforts; lui-même, dans son camp, a tout à redouter des entreprises audacieuses de Marc Botzaris. Cet intrépide Souliote y jette à chaque instant l'alarme par des attaques imprévues et réitérées; il se porte tantôt sur les flancs, tantôt sur les derrières de l'ennemi; il le harcèle, il le fatigue, il pénètre jusqu'à la tente même du général. Celui-ci cherche en vain à l'envelopper en divisant son armée en plusieurs corps déployant tous les stratagèmes tout ce que l'art de la guerre a de plus habile; Botzaris déjoue ses projets. A la tête des Souliotes, il attaque et met en déroute près de Gratsana trois mille Tsamides, Albanais fameux par leur bravoure; il les rencontre de nouveau près de Placa, culbute leur cavalerie, et les force de quitter le champ de bataille. Quatre mille Toxides sous le commandement du Silichdar (porte-épée) de Chourchid-Pacha, viennent le déloger de sa position; il marche à leur rencontre, leur livre un combat sanglant à Dramessout, et, le sabre à la main, les chasse devant lui. Il court à Placa, ou cinq mille Albanais se trouvent cantonnés, et s'approche de leurs retranchements au milieu de la nuit. Tous étaient livrés au sommeil; les cris seuls des sentinelles se faisaient entendre par intervalles; la détonation d'un arme à feu réveille les Albanais; ils se lèvent, les plus braves s'arment; les autres poussent des cris et s'enfuient; le combat s'engage à la clarté de la lune : amis, ennemis, tout se mêle, tout se confond. Ali-Bey, surnommé Tsercassi, chef des Albanais, s'efforce de rallier les fuyards; Botzaris ne lui en laisse pas le temps : quoique atteint d'une balle dans la cuisse, il est partout, partout il fait sentir sa présence, et l'ennemi se disperse devant lui. » (Hist. de la Rév. Gr. p. 104). — Tiré d'un manuscrit intitulé : *Listes des victoires de Marc Botzaris*, et écrit en mauvais grec par le capitaine Lolio, son beau-frère. (Note de M. Soutzo.)

de l'impétueux Inachus, communément nommé Xéria, pour préserver la ville en cas d'inondation à la sortie de l'hiver. Les Grecs, encore inexpérimentés, se placèrent derrière ce mur, laissant les côtés ouverts. Mais ils étaient si assurés de vaincre que tous les hommes et femmes qui étaient restés dans la ville s'étaient répandus sur les toits les plus voisins, pour être témoins de la victoire. Les Turcs, voyant de loin tant de monde sur les toits, crurent que c'étaient autant de défenseurs, et en conçurent de la crainte. Mais, après s'être approchés en toute précaution de l'église de Saint-Nicolas, voisine de la muraille, ils reconnurent la vérité, et s'étonnèrent de l'assurance de leurs ennemis. Ils se divisèrent alors en trois corps; les fantassins se placèrent au centre, les cavaliers, les uns à droite, les autres à gauche, et dans cette disposition s'avancèrent tous à la fois sur les ennemis qui occupaient la muraille. Mais les Grecs, abrités derrière ce mur, impatients de combattre, commencèrent la fusillade avant même que les Turcs ne fussent à portée. Alors les cavaliers de l'aile droite et de l'aile gauche, ayant lancé leurs chevaux et trouvant les flancs découverts, entourèrent ces soldats apprentis, les mirent en déroute, et en tuèrent un grand nombre, entre autres le fils de Bobolina. Ce jeune homme avait jeté bas un cavalier albanais, Véli-Bey; mais, tandis qu'il portait la main droite à son épée, il tomba mort lui-même de la main d'un autre Turc. Cette victoire emportait avec elle la dispersion des Grecs qui assiégeaient Nauplie et la déroute des spectateurs placés sur les toits, parmi lesquels les uns furent faits prisonniers, les autres s'enfuirent au village des Moulins et furent sauvés; plusieurs familles et quelques soldats s'enfermèrent dans le monastère de Kécrimmène, situé au pied de l'ancienne Acropole. Les Turcs étant entrés dans la ville le 25 avril (7 mai) assiégèrent les Grecs retirés dans le monastère, essayant de les déterminer à se rendre sur la promesse d'une pleine et entière amnistie; mais ceux-ci, exaltés par les quelques soldats qui se trouvaient avec eux, rejetèrent les premières propositions, et résistèrent avec succès pendant trois jours; puis le manque d'eau les força de se soumettre. » (Tricoupi, t. I, p. 247.) Le kiaya-bey les traita avec humanité, et relâcha même les Grecs qu'il avait entre les mains.

Cependant les Turcs avaient laissé la citadelle déserte. Des chefs grecs de Levidio s'y introduisirent dans la nuit du 9 mai avec quelques hommes. Le lendemain Staïco Staïcopoulo, neveu de Colocotroni, s'y jeta avec six cents Argiens. Les Grecs se maintinrent deux jours dans cette position et furent encore rejoints par Dicœo. Mais l'Acropole était dénuée de toutes provisions, et l'on n'avait rien préparé en vue de ce coup de main. Les Grecs songèrent qu'il serait dangereux de se maintenir dans cette position embarrassante et se retirèrent pendant la nuit.

Cependant les Turcs de Tripolitza, apprenant la marche victorieuse du kiaya, envoyèrent à sa rencontre huit cents cavaliers. Le 12 mai, il entra dans la ville, sans obstacle. Il avait en quelques jours dégagé tout le nord du Péloponèse, sans éprouver de pertes sérieuses, et sans répandre de sang que celui que demandèrent quelques résistances isolées. Les Grecs avaient montré combien ils étaient impropres encore à la guerre de siége et de campagne. Paysans qui portaient pour la première fois les armes, ou Klephtes habitués aux escarmouches et aux surprises, ils n'avaient aucune idée des opérations d'ensemble, et manquaient d'ailleurs des ressources que possédaient les Turcs, munitions, positions fortifiées, armes et cavalerie. Une armée nationale n'est pas l'œuvre d'un jour. Mais à force d'être vaincus, les Grecs apprendront à vaincre, et ce seront leurs vaillants et infatigables capitaines qui auront l'honneur de leur apprendre à être soldats.

Les derniers étaient alors réfugiés en Messénie, obéissant à l'influence de Colocotroni. Kyriacouli Mavromichali se fortifia dans Valtetsio, où il s'enferma avec plusieurs chefs, parmi lesquels son neveu Hélie Mavromichali; il avait autour de lui huit cent quatre-vingts soldats. D'autres petits corps tenaient la campagne. Le kiaya-bey envoya des émissaires chrétiens portant des proclamations qui promettaient pardon et bons traitements à ceux qui se soumettraient, ainsi que des lettres des évêques et primats enfermés à Tripolitza et prêchant la soumission. Il recommandait en même temps aux autorités turques la clémence et l'humanité. Mais il gagna peu par ces moyens; et il investit Valtetsio. Le 24 mai les sentinelles des Grecs signalèrent l'approche de son armée.

On n'en avait pas encore vu d'aussi nombreuse; elle était divisée en quatre corps : mille soldats étaient destinés à intercepter les secours, six cents à tourner la ville pour arrêter les fuyards. Le kiaya avait chargé du siége un homme habile et courageux, Roudi Bardouniotis, qu'il mit à la tête de trois mille cinq cents hommes, et lui-même le surveillait avec quinze cents cavaliers. Roubi, deux heures après le lever du soleil, commença une attaque furieuse. Au premier choc, quatorze de ses porte-drapeaux tombèrent devant les murs de Valtetsio. Les Grecs avaient fait une résistance inespérée. Au bout d'une heure et demie, Colocotroni, puis Plapoutas, amenant douze cents hommes, vinrent se jeter parmi les ennemis, et rompre leurs communications. Alors le kiaya s'avança en personne, amenant avec lui deux canons qui tirèrent sur les Grecs, mais qui par leur position et par l'inexpérience de leurs artilleurs, ne firent aucun mal. Ensuite, on fit venir toute la réserve; mais les Grecs ne lâchèrent pas pied, et le combat dura tout le jour. Au milieu de la nuit, ils reçurent encore, du camp de Kervena un renfort d'environ huit cents hommes, qui épouvantèrent les Turcs en les fusillant tout à coup par derrière. Enfin, le kiaya, n'ayant plus aucun espoir de vaincre, donna l'ordre de la retraite; et les Turcs pour s'enfuir eurent encore à s'ouvrir un passage au milieu des Grecs qui les enveloppaient. Alors ceux de Valtetsio s'élancèrent hors de leurs retranchements, et se mirent à la poursuite des fuyards. Ceux-ci, pour les arrêter, jetaient par terre leurs armes ornées d'or et d'argent. Ce stratagème réussit en partie et ralentit la poursuite des Grecs. Mais leur victoire fut complète; le combat avait duré vingt-trois heures; six cents Turcs étaient morts ou blessés;

ils avaient perdu cinq étendards. Les Grecs ne comptaient que quatre morts et dix-sept blessés. Colocotroni harangua l'armée, et lui fit rendre des actions de grâces à Dieu pour son succès. Cette victoire retrempa le courage des Grecs, l'effet moral en fut immense; le prestige des Turcs était bien affaibli : une première défaite allait en amener d'autres. (27 mai).

Cependant le kiaya Moustapha-Bey disposait tout pour une revanche. Le 8 juin quatre mille Turcs furent envoyés avec du canon contre le camp de Kervéna. Les Grecs hésitèrent d'abord. Déjà quelques Turcs avaient planté l'étendard sur leurs murs, mais quelques hommes déterminés les culbutèrent. Les Turcs, ébranlés à leur tour, se mirent en fuite, abandonnant leurs canons et laissant derrière eux, comme à la déroute de Valtetsio, leurs armes précieuses. Ils perdirent soixante des leurs, tandis que les Grecs ne comptaient que deux morts et douze blessés. Nicétas se distingua entre tous dans cette journée. Les Turcs, honteux de ce nouvel échec, rentrèrent la nuit dans Tripolitza. Les Grecs, enhardis, allèrent occuper Tricorpha sur le mont Ménale, prêts à commencer de là le siége de la capitale de la Morée.

Les insurgés n'étaient pas aussi heureux dans la Grèce orientale. On se souvient que Diako avait pris position aux Thermopyles pour résister aux troupes qui se concentraient à Zeitoun. En effet Chourchid-Pacha avait ordonné à Omer-Pacha Vrione et au vizir Kiouché-Méhémed-Pacha de réunir à Zeitoun le plus de forces qu'ils pourraient pour les jeter là sur la Grèce soulevée. A la vue de ces apprêts, les Grecs avaient pris de tous côtés les armes et commencé l'extermination des Turcs, dépassant souvent les intentions de leurs chefs et compromettant leurs opérations. Diako et Panourgias manœuvraient dans la Doride contre des forces supérieures. Diako ne put retenir ses troupes à la défense des Thermopyles. Assailli par le nombre, abandonné des siens, et resté avec dix de ses plus fidèles, il refuse le cheval que lui amène pour fuir son fils adoptif, en disant : « Diako ne fuit pas. » Il voit mourir devant lui son frère, se dégage des ennemis, et, retranché derrière des rochers, combat plus d'une heure, seul avec ses dix compagnons qui tombent tour à tour. Enfin frappé lui-même à l'épaule droite, il se défend encore en tenant son pistolet de la main gauche, mais il est enveloppé, et pris vivant et sanglant. Pendant ce temps-là les Turcs poursuivaient les fuyards, en tuaient trois cents et en blessaient un plus grand nombre. Diako fut conduit à Zeitoun devant Méhémed-Pacha, en présence duquel il conserva sa fière contenance. Méhémed, ne pouvant le corrompre, le menaçait de la mort. « La Grèce, répondit le captif, possède bien d'autres Diako. » Et il subit, sans laisser son courage se démentir, des tortures qui durèrent trois heures (6 mai).

Les Turcs, maîtres du chemin de la Grèce, se dirigèrent, sous le commandement d'Omer-Vrione et de Méhémed-Pacha, vers Salone. Sur le chemin, ils rencontrèrent les corps de Panourgias et de Dyoviniotis, qui venaient d'être rejoints par Odyssée (ou Ulysse) Androutsos, et le souliote Christos Chasmas. Ulysse était retranché avec cent hommes dans une auberge, au point appelé la Gravia. Sa troupe seule résista, et tint tête toute la journée à plusieurs attaques furieuses. La nuit, pendant que les généraux turcs faisaient venir de Zeitoun des canons pour réduire cette masure, elle se retira saine et sauve. Les Turcs avaient fait des pertes considérables et enterrèrent leurs morts. Cette journée contribua encore à exciter la confiance des Grecs, et grandit considérablement la renommée d'Ulysse (20 mai).

Ainsi les Grecs n'avaient pu fermer à l'armée d'Omer-Vrione l'accès de la Grèce continentale; mais ils avaient ralenti sa marche par deux combats honorables; ils avaient déjà affaibli son armée et la cause commune avait été servie par deux belles défaites.

CHAPITRE IX.

GUERRE MARITIME. — ÉVÉNEMENTS DE L'ASIE MINEURE ET DES ILES.

La guerre maritime fut ralentie quelque temps par les dissensions intérieures de l'île d'Hydra. OEconomos y était encore maître du pouvoir; mais l'aristocratie, qui était le soutien de la prospérité de l'île, qui possédait tous les vaisseaux et fournissait toutes les ressources, était toujours populaire; et l'ascendant de ce chef élevé par une surprise, baissait tous les jours. Il voulut changer les capitaines de navires, pour les remplacer par ses créatures. Mais ces capitaines étaient attachés aux nobles; leurs vaisseaux d'ailleurs n'appartenaient pas à l'État. Ce furent autant d'ennemis irrités contre lui. Il s'aliéna en même temps le peuple, en lui refusant le partage d'une partie du butin; les matelots méprisèrent son autorité. Dès lors il était sans appui.

Un jour (le 14 mai) deux capitaines de navires, accompagnés d'Antoine Criésis et de quelques hommes, allèrent surprendre chez lui, et l'attaquèrent. Un combat eut lieu, qui se prolongea quelque temps. OEconomos se réfugia dans un quartier retiré, il y fut poursuivi; alors il se jeta avec quelques-uns de ses défenseurs dans une goëlette vide appartenant aux Tombasis. Il fut rejoint par le brick de Jean Zacas, se jeta dans une barque, et gravit la colline de Palamide, sur la côte occidentale de l'île. Mais, atteint, entouré, arrêté, il fut mis sur une embarcation montée par dix matelots auxquels on laissa l'ordre de le tuer. Parmi ces matelots se trouvaient des parents d'OEconomos; ils le protégèrent et le débarquèrent sain et sauf sur la côte du Péloponèse, où il trouva à Cranidi un accueil hospitalier. Cependant ses épreuves n'étaient pas finies; les Hydriotes envoyèrent un député pour demander son extradition. Mais le député se contenta de s'assurer de lui et de le faire garder dans un monastère voisin, d'où il attendit le moment de reparaître sur la scène politique. Il ne devait y revenir que pour exciter de nouveaux troubles et tomber sous une main soudoyée par l'aristocratie. A Hydra, l'aristocratie et les administrateurs, les νοικοκύραιοι, reprirent le gouvernement, et donnèrent à la guerre une nouvelle impulsion.

Le 30 mai, la flotte hellénique mit à la voile; elle était partagée en deux corps. L'un de ces deux corps, commandé par Giakoumaki Tombasis, était composé de dix-huit vaisseaux d'Hydra; de sept de Spetzia, sous Ghica Tsoupi ; de vingt-quatre d'Ipsara, sous Nicolas Apostolis; d'un de Lemnos ; d'un d'Ænos : en tout cinquante-deux navires. Il était destiné à résister aux forces maritimes qui se réunissaient à Constantinople, et avec lesquelles le sultan comptait réduire la mer Égée, et transporter les troupes d'Asie en Europe pour étouffer le Péloponèse.

Le 7 juin, l'escadre rencontra un navire turc à deux ponts dans les eaux de l'Asie Mineure, et le suivit dans le golfe d'Adramite, où il s'engagea dans la soirée. Les capitaines grecs tinrent conseil, et reconnurent que leurs batteries étaient incapables de le démonter. Mais le navarque Tombasis rappela qu'un officier anglais lui avait recommandé l'usage des brûlots. Seulement, on ignorait comment on les préparait. Alors Nicolas Apostoli proposa de rechercher si parmi les marins de la flotte il ne s'en trouvait pas quelqu'un qui eût assisté au combat de Tchesmé où un pareil expédient avait causé le triomphe des Russes. L'avis circula de bouche en bouche, et un vieux matelot de Psara, Jean Patatoukos, se présenta. On lui livra un brick, qu'il prépara et qu'on lança de nuit contre le navire ennemi. Mais il brûla sans l'atteindre. Alors Patatoukos en prépara deux autres. Il les remplit de matières combustibles ; il cloue à leurs bords des chemises soufrées ; il enveloppe les cordages de toiles goudronnées ou trempées dans un mélange de camphre et d'huile; il établit des conducteurs du tillac aux mâts, de telle manière que les flammes puissent se communiquer aisément. « Le capitaine, dit-il, doit se tenir sur l'arrière du vaisseau pour mettre le feu ; le canot monté par l'équipage sera prêt à le recevoir, aussitôt que les flammes auront éclaté; un ou deux bricks de guerre se tiendront près de l'embarcation pour la défendre. » (A. Soutzo, p. 113.) De ces deux bricks, l'un ne s'attacha point, mais l'autre, monté par l'Ipsariote Dimitri Papa-Nicolas, tomba sur la proue du vaisseau turc et l'eut bientôt embrasé. Pendant ce temps-là l'équipage se tenait sur le pont, l'arme au bras,

pensant que c'était une tentative d'abordage. Au bout de trois ou quatre heures, l'incendie atteignit la poudrière, et le bâtiment éclata. Tout l'équipage périt, sauf quelques matelots qui s'embarquèrent à temps dans les chaloupes, et quelques chrétiens qui furent recueillis par les barques des vainqueurs. L'allégresse des insulaires n'eut d'égale que l'épouvante des ennemis.

Le lendemain parut le reste de la flotte turque : elle se composait d'un vaisseau à deux ponts, de trois frégates, d'une corvette, et de deux vaisseaux à deux mâts. Telle était l'audace des Grecs, que, malgré leur infériorité, ils s'avancèrent sur elle; et telle était la démoralisation des Ottomans qu'ils cinglèrent vers l'Hellespont. L'escadre grecque mouilla à Imbros. Mais les Turcs de Métélin (Mitylène), qui avaient assisté au désastre du golfe d'Adramite, se vengèrent sur les chrétiens de l'île, qui furent, sans raison, égorgés, dépouillés, vendus en esclavage.

Ce fut le même crime qui perdit l'innocente Cydonie. Cette ville, heureuse et florissante, comme la plupart des places de commerce du Levant, était restée étrangère à l'insurrection. « Le sort des Grecs d'Asie, fait remarquer M. Raffenel, est de rester neutres; ils sont dans une position bien différente de celle des Grecs d'Europe ; pressés par une immense population continentale qui réagirait sur eux, ils doivent se soumettre aux circonstances, savoir souffrir ou émigrer ». (T. 1. p. 202.)

Cydonie (ou Aïvali) s'était soumise aux circonstances. Néanmoins, le gouverneur de Pergame, soupçonnant une ville si populeuse et toute remplie de chrétiens, y envoya 4,000 soldats. Ces troupes n'apportèrent avec elles que le désordre et les vexations. Le gouverneur de Cydonie, Chatsi-Athanase, essaya d'obtenir du gouvernement de Pergame l'éloignement de la garnison ottomane; il ne fut pas écouté. Vers le même temps, le 14 juin, l'escadre grecque parut sur les côtes de l'île de Mosconissi, à l'entrée de la baie et en face de la ville. A cette vue, les habitants de cette petite île eurent l'imprudence d'arborer l'étendard de l'indépendance et de lever le pont qui les reliait au continent. Ce fut pour la garnison turque le prétexte de nouvelles menaces et de nouvelles violences. Les habitants, inquiétés, firent demander à la flotte grecque de leur envoyer des chaloupes pour prendre à leur bord et transporter ensuite à Ipsara leurs femmes et leurs enfants. Les chaloupes parurent ; mais les soldats turcs s'opposèrent à l'embarquement; on repoussa la force par la force : les marins grecs finirent par faire reculer les musulmans; mais ceux-ci ne se retirèrent qu'en mettant le feu à la ville. (16 juin) « Restés maîtres de la place, les marins grecs se répandirent dans les maisons et enlevèrent tout ce qu'ils purent : ce pillage ne portait aucun préjudice aux malheureux habitants, puisque la flamme, poussée par un vent impétueux, consumait tout. Au contraire, on rendit à la plupart d'entre eux ce qui fut sauvé de cette manière; c'est une justice que je dois à la probité des marins... Pendant l'affaire, les Grecs sauvèrent tous les habitants qui restèrent; il en périt très-peu sous les coups des Turcs; mais plusieurs centaines se noyèrent en s'embarquant avec trop de précipitation. Dans la confusion et l'horreur d'un pareil désastre, quelques-uns devinrent la proie des flammes. Toute cette population désolée fut reçue à bord des navires, qui partirent la nuit même pour les îles. Les autorités turques, qui avaient quitté l'île de Mosconissi en apercevant la flotte ennemie, se trouvèrent à l'abri des vengeances du peuple. Toute la ville d'Aïvali fut réduite en cendres : il n'en resta plus que les fondations et quelques maisons isolées : un ou deux jours suffirent pour détruire de fond en comble une cité d'une immense étendue et qui comptait naguère plus de 35,000 habitants. » (Raffenel, T. 1. p. 192.)

Après cette catastrophe, la flotte grecque revint à Hydra. Telle était la frayeur qu'elle inspirait aux Turcs, que les autorités de Mitylène convinrent de lui payer un tribut journalier, à la condition qu'elle respecterait et la ville et son unique navire.

Cependant l'autre partie de la flotte avait aussi ses succès. Elle comptait douze vaisseaux, six d'Hydra, sous Dimitri Voco Miaoulis; six de Spetzia, sous Nicolas Botzaris; sur la demande des Péloponésiens, elle navigua vers le golfe de Corinthe, laissant, sur son passage, deux navires au blocus de Néo-Castro (Navarin); plus loin elle rencontra une corvette turque poursuivant quelques navires de Galaxidi et de Céphalonie, et la mit en fuite. Quatre vaisseaux turcs à deux mâts, accourus de Patras au signal de la corvette, s'enfuirent aussi, et Ioussouf-Pacha, gouverneur de Patras, déclara aux consuls européens qu'il ne répondait plus de leur sûreté, et qu'il allait faire abattre leurs habitations, de peur qu'elles ne devinssent un poste pour l'ennemi. Ils durent donc le même jour se réfugier sur la frégate française l'*Ariége*, qui se trouvait dans le port. L'escadre grecque passa sans dommage sous les feux de Patras, et alla mettre le siége devant Naupacte; elle déposa à terre des canons, et, le 5 juin, une vive canonnade assaillit la ville et le port par terre et par mer. Les Turcs furent si effrayés, qu'ils mirent eux-mêmes le feu à la ville et se retirèrent dans la citadelle. Les insurgés du continent, de concert avec la flotte, résolurent alors la prise d'Antirhion. Diamantis Chormoka demanda à conduire l'assaut, et beaucoup de volontaires se présentèrent pour le suivre : mais le jour venu, il se trouva à la tête d'un très-petit nombre de soldats, et fut tué avec quelques-uns de ses compagnons, sans résultat. Alors les marins voulurent imiter ce qu'avaient fait leurs compatriotes dans le golfe d'Adramite, et lancèrent un brûlot contre les vaisseaux turcs. Il fut enveloppé et pris, au lieu de porter aucun dommage ; les Grecs renoncèrent au siége. La flottille reprit le chemin de l'Archipel; elle laissait pour garder la bouche étroite du golfe, entre Lépante et Patras, une embarcation de Céphalonie, cinq de Galaxidi, une de Spetzia : cette petite escadre s'avança parfois jusqu'au cap Papa, elle arrêta les secours qu'on envoyait à Patras, et intercepta les communications entre les côtes de l'Épire et les îles Ioniennes.

L'expédition de la flottille grecque dans le golfe de Corinthe n'avait pas amené de résultats décisifs; mais elle avait répandu la terreur parmi les

Turcs et préparé l'insurrection de l'Etolie et de l'Acarnanie.

C'était l'Asie Mineure, la plus étrangère de toutes les contrées de l'empire turc au soulèvement général, qui devait le plus en souffrir. A Smyrne, dans le courant de mai, parurent deux derviches, qui, prenant le ton d'hommes inspirés de Dieu, parcouraient les rues et les cafés, et ne cessaient d'exciter les Turcs contre les chrétiens. Le mouteselim les fit éloigner. Mais la ville fut bientôt plus gravement menacée ; des troupes asiatiques se réunissaient de toutes parts aux environs de la ville ; le commandant de ce corps d'armée demeurait lui-même dans la ville ; et, pendant qu'il se reposait dans l'abondance de toutes choses, pendant qu'il levait des contributions pour l'entretien de ses soldats, ceux-ci manquaient d'argent et de pain. Le 4 juin, ils se répandirent dans la ville, malgré toute défense, et pillèrent les boutiques des charcutiers et des autres marchands de comestibles. Aussitôt les chrétiens s'enfermèrent dans leurs maisons, et les soldats musulmans parcoururent les rues, cherchant un aliment à leur fanatisme inquiet et désœuvré. Un janissaire, las sans doute de chercher en vain des chrétiens, tire un coup de pistolet et frappe un musulman. Aussitôt, pour échapper à tout châtiment, il affirme que le coup est parti d'une maison chrétienne. Il n'en fallut pas davantage pour mettre tout ce quartier dans le plus extrême danger ; plusieurs maisons furent envahies et dépouillées ; les maîtres de quelques-unes de ces maisons s'étaient réfugiés sur le bord de la mer, attendant l'occasion de s'embarquer. Les serviteurs, qu'ils avaient laissés chez eux, furent égorgés. On vit une famille, composée du père, de la mère, d'un fils et de quatre jeunes filles, se sauver de toit en toit, traverser sur une planche étroite et fragile la largeur d'une rue au milieu des balles qui sifflaient à leurs oreilles, et se mettre enfin en sûreté. C'est à peine si le gouverneur put, après bien des malheurs, rétablir l'ordre.

Cette trêve était à peine imposée à l'anarchie que le bruit se répandit que la Russie avait déclaré la guerre à la Porte. Aussitôt les chrétiens se trouvèrent de nouveau en péril, et se cachèrent où ils purent. Deux mille d'entre eux furent recueillis par le consul de France, M. David, qui dans ces difficiles circonstances se montra homme de tête et de cœur. Les Turcs visitèrent jusqu'à trois fois un vaisseau de commerce russe, sous prétexte qu'il portait aux Grecs des munitions de guerre. Le 15 juin, on apprit l'affaire du golfe d'Adramite : les massacres recommencèrent, sans que l'autorité sût ou voulût s'y opposer. M. Raffenel, qui était alors sur le théâtre des événements, donne à entendre que les massacres entraient dans les plans du gouvernement. « Le consul de France, dit-il, reprochait un jour, dans les termes les plus énergiques, au divan assemblé, son abominable indulgence envers les assassins : il alla jusqu'à prier les barbares d'arrêter ces torrents de crimes ; mais on lui répondit que les Grecs devaient mourir ». (T. I, p. 246.) Sans adopter entièrement la version d'un auteur que l'hyperbole entraîne trop facilement, on peut croire que l'autorité était plutôt impuissante que complice. La fureur des Turcs était déchaînée. Le 16 juin, quand on eut appris la nouvelle du désastre de Cydonie, avec cette circonstance apportée par la rumeur populaire que les chrétiens avaient les premiers attaqué les Turcs, le massacre devint général. Les soldats musulmans se disaient les uns aux autres qu'ils *allaient à la chasse aux Grecs*. (Raffenel, t. I, p. 261) Ils attaquèrent l'hôtel du consul de Russie ; mais un navire européen, mouillé dans le port, lança quelques boulets et les dispersa. Alors ils se portèrent au consulat français, sommant M. David de livrer les chrétiens qu'il gardait chez lui. Celui-ci invoqua la neutralité inviolable de sa maison, et refusa héroïquement. Les furieux cédèrent, et, avec cet esprit de formalisme religieux qui se mêle chez les musulmans aux actions les plus cruelles, ils imaginèrent d'obtenir du mollah un fetva qui les autorisât à exterminer en masse tous les chrétiens de la ville. Le mollah résista ; il fut assassiné. L'ayan-bachi fut également égorgé, ainsi que les autres autorités turques, sauf le gouverneur et le commandant de l'armée, auxquels on ne pourrait reprocher d'avoir réprimé le désordre. Les chrétiens crurent voir leur dernier jour. Cependant la nuit, contre toute attente, suspendit le carnage. Seulement, on s'opposa à toute émigration des habitants : un firman de la Porte soumettait tous les vaisseaux étrangers à la visite. Le vaisseau russe dont nous avons parlé plus haut fut visité pour la quatrième fois ; il contenait des Ioniens et des Grecs. Les Ioniens furent remis entre les mains du consul d'Angleterre, les Grecs furent égorgés ou vendus. Un navire sarde avait jeté l'ancre en dehors de la rade, et attendait ceux des malheureux habitants de Smyrne qui pourraient l'aborder secrètement. Déjà il en avait 200 à son bord ; le consul français le fit avertir qu'il s'exposait en restant davantage ; mais le capitaine, dans une vue de spéculation, tenait à charger le plus possible son navire. Il fut signalé, et l'on envoya à sa poursuite un vaisseau algérien. Le Sarde se mit sous la protection de la frégate française, *la Jeanne d'Arc*, commandée par le capitaine de la Meillerie. L'Algérien réclama le vaisseau Sarde en vertu du firman ; le capitaine de la Meillerie refusa d'abord ; cependant il dut s'en remettre à la décision du consul de France. Celui-ci ne pouvait décliner l'autorité du firman ; d'ailleurs le gouverneur l'assurait de sa clémence ; il pouvait, en faisant une plus longue résistance, occasionner le sac de la ville : le cœur navré, il donna l'ordre d'abandonner le vaisseau sarde, qui fut visité et saisi. Les passagers en furent tous tués ou vendus ; les matelots même, quoique appartenant à une puissance neutre, furent décapités. Le capitaine et un homme de son équipage furent pendus, et, par dérision pour les puissances européennes, on mit dans la bouche des cadavres un cigare. Les habitants de Smyrne continuèrent à vivre dans la terreur, épiant sans cesse l'occasion de s'embarquer, mais assurés de mourir s'ils étaient surpris. M. Raffenel, qui a vu les scènes horribles qui se passèrent alors, en raconte quelques-unes ; la suivante suffira pour nous donner une idée des autres : « Une femme grecque, à la fleur de l'âge et douée de quelques charmes, choisit un moment où le quai était désert pour s'approcher d'un bateau qu'elle avait aperçu faisant voile de son côté. La maison où elle s'était tenue cachée jusqu'alors contenait une multitude d'autres malheureux ; la porte se referme après elle. Mais à peine a-t-elle fait quelques pas avec un jeune enfant attaché à son sein que deux musulmans crétois, cachés derrière des planches pour mieux surprendre les fugitifs, se jettent sur elle ; l'infortunée résiste : un coup de sabre abat la main dont elle se défend. Insensible à la douleur, elle repousse encore les barbares avec son bras mutilé, et serre de l'autre son malheureux enfant contre sa poitrine ; mais les monstres, irrités d'un courage si extraordinaire, cessent de la presser ; leurs coupables désirs se convertissent en rage atroce ; tous les deux à la fois frappent à coups de sabre sur l'innocent enfant, et couvrent le sein de la mère des lambeaux de son corps ; elle ne lui survit que de quelques instants, et son cadavre est haché en morceaux. » (T. I. p. 258.)

L'île de Chypre contenait 200,000 habitants dont 20,000 Turcs et quelques Juifs. La capitale, Leucosie, comptait 15,000 âmes, sur lesquelles les deux tiers de musulmans. C'était là que résidaient le mouteselim de l'île, l'aga des janissaires, le muphti, l'archevêque, toutes les autorités turques et chrétiennes. La Porte avait donné l'ordre au pacha d'Acre d'y transporter des troupes, et il avait laissé au mouteselim plein pouvoir pour égorger tous ceux dont il jugerait à propos de se débarrasser. Koutchouk-Méhémed se montra digne de cette confiance, et organisa le meurtre, de concert avec un conseil secret. On s'occupa de dresser une liste de proscrits, sur ce principe, que tous les évêques, notables et infidèles, ayant par leur éducation ou leur fortune de l'influence sur leurs coréligionnaires, devaient périr. Le mouteselim trouvait que la liste se grossissait outre mesure ; et ses conseillers avaient quelque peine à vaincre ses scrupules, quand on saisit des proclamations révolutionnaires que venait d'apporter l'archimandrite ThéophylacteThésée. Le massacre fut résolu ; mais on attendit, de peur de résistance, les troupes que devait amener le pacha d'Acre. Le 15 mai, débarquèrent 4,000 soldats. Alors le mouteselim convoqua les évêques et tous les chrétiens influents de l'île pour rédiger une adresse de soumission au sultan. Beaucoup d'entre eux se rendirent à Leucosie, d'autres se réfugièrent à Larnaca, dans les consulats. Ceux qui ne prirent pas cette précaution furent arrêtés en sortant des églises et envoyés dans les fers. A la capitale, Koutchouk-Méhémed, ayant enfin sous sa main l'élite des chrétiens, commença les exécutions. L'archevêque fut pendu, et les trois évêques de l'île décapités. Pendant 30 jours les supplices se succédèrent ; plus de 200 têtes tombèrent. Les consuls, et particulièrement le consul de France, M. Méchain, s'honorèrent en donnant asile aux proscrits.

L'île de Cos subit le même traitement. Douze mille Turcs y vivaient avec 6,000 chrétiens. La Porte y fit débarquer 600 soldats indisciplinés. Alors commencèrent des excès isolés. Mais le 13 juillet, le massacre s'organisa. Sur les seuls habitants de Chora, 98 furent mis à mort ; les maisons furent saccagées, les églises pillées, les femmes, sauf celles qui s'enfuirent aux montagnes, saisies et conservées trois jours pour les caprices des vainqueurs. Toutes les violences furent épuisées sur cette petite île inoffensive, désarmée, qui ne savait pas même s'il existait une hétairie et si d'autres avaient rêvé l'affranchissement de la race grecque.

CHAPITRE X.

SOULÈVEMENT DE L'ÉTOLIE ET DE L'ACARNANIE. — LALA ; LES SEPT ILES.

Nous avons déjà remarqué que la Grèce occidentale était contenue par le voisinage des forces turques envoyées pour réduire Ali. Ce furent les Turcs eux-mêmes qui y provoquèrent la révolte. Au commencement de mars, la ville de Missolonghi avait envoyé à Naupacte, pour être transporté delà à Constantinople, le tribut ordinaire. Un Klephte qui tenait la montagne de Zygos, Dimitri Macris, intercepta le convoi, tua l'escorte, et enleva la somme (17 mars). Les autorités turques rendirent la ville de Missolonghi responsable du vol, et réclamèrent des primats la restitution de l'impôt. C'était le temps où la flotte grecque venait de paraître dans le golfe de Corinthe, et les esprits commençaient à s'exalter. Les primats refusèrent, et, convoqués chez le gouverneur ils ne s'y rendirent pas. En même temps le bruit se répandait qu'un fameux capitaine, Kostas Chormova, approchait avec ses Pallicares. La garnison turque de Vrachori et de Galata vint se réfugier à Missolonghi. Puis on annonça que la montagne de Zygos était remplie de Klephtes. Les Turcs de Missolonghi, effrayés à leur tour, quittèrent la ville avec leurs femmes et leurs enfants, et, sans être inquiétés, allèrent gagner Vrachori. La ville de Missolonghi se trouva alors maîtresse d'elle-même ; la maison du gouverneur fut occupée, l'étendard de l'indépendance arboré, Macris appelé dans la ville, et les Klephtes et Pallicares invités à garder les défilés de Macrin-Oros pour garantir de toute incursion l'Acarnanie et l'Étolie. En effet, les capitaines se disposèrent les uns à occuper les montagnes appelées Macrin-Oros, les autres à tomber sur Vonitza, Zapandi et Vrachori, villes particulièrement habitées par des Turcs.

Vrachori était la capitale du sangiac de Carlélie (Acarnanie et Etolie); elle était habitée par des Turcs riches, dont les maisons étaient défendues par de doubles et triples murs comme des forteresses. Elle avait alors comme mouteselim l'Albanais Nourcas Servanis, et comme garnison environ mille Albanais, qui ménageaient les Grecs du dehors, qu'ils redoutaient, et pressuraient ceux du dedans, dont ils n'avaient aucune peur. Depuis les événements de Missolonghi, les capitaines armatoles des environs brûlaient de lever le masque de la soumission. Ils s'entendirent pour entreprendre, le 9 juin, l'assaut de Vrachori, et se réunirent autour de la ville : Macris avec 700 hommes, Zadimas avec 500, Théodore Grivas avec 200, Vrachopoulos avec 500. Au jour dit, avant l'aube, ils se précipitèrent sur la ville en poussant des cris et en tirant des coups de fusil. C'était l'époque du rhamadan ; les Turcs étaient occupés à réparer le jeûne de la journée. Ils abandonnèrent précipitamment leurs repas et leurs maisons, et se réfugièrent au centre de la ville ; les Grecs les y poursuivirent, et y furent accueillis par une vive fusillade. Les deux armées s'injuriaient comme des guerriers homériques. « Attendez-nous, vieux raias, attendez-nous » disaient les Turcs. « Venez, excréments ; si vous êtes des braves, venez, » répondaient les Grecs (1). Sur ces entrefaites, on entend dans le lointain une nouvelle fusillade. C'étaient des renforts qui arrivaient aux assiégeants. Les assiégés envoyèrent un parlementaire, mais avec des prétentions trop hautes, et le combat recommença. Ce fut une guerre de rues, qui dura quatre jours. Les Grecs recevaient des auxiliaires et se trouvèrent portés jusqu'à quatre mille ; mais ils manquaient de munitions. Les Turcs s'affaiblissaient de jour en jour, et commençaient à ressentir la privation d'aliments.

Un navire anglais qui était entré dans le golfe de Patras, et qui, protégé par son pavillon, portait des munitions de guerre pour les vendre aux insurgés, profita de l'occasion et offrit aux Grecs des cartouches et un petit canon ; les Grecs, inopinément ravitaillés, recommencèrent le combat avec plus d'ardeur. Nourcas ne songea plus alors qu'à se sauver, sauf à sacrifier la ville. Il était connu de plusieurs Pallicares ; il se rendit auprès d'eux sur leur bonne foi, et traita particulièrement avec eux pour lui et pour ses Albanais. Il obtint de sortir le lendemain, avec eux, emportant leurs biens et leurs armes, sous l'escorte et la surveillance des Grecs ; il livrait son fils en otage. Pour les Turcs de la ville, il les abandonnait à leur sort. De retour dans la ville, il annonça sans rougir aux beys son odieux traité ; et, comme ceux-ci lui demandaient ce qu'ils deviendraient s'il les abandonnait, il leur répondit froidement : « Vous deviendrez ce qu'il plaira à Dieu. » Puis il leur enjoignit, ainsi qu'aux juifs les plus riches de remettre entre ses mains leurs objets précieux, leur disant qu'il valait mieux pour eux être dépouillés par un ami aujourd'hui que demain par un ennemi. Les beys et les juifs obéirent à la nécessité ; mais ils avertirent secrètement les Grecs de la violence qu'ils subissaient. Les Armatoles firent publier dans la ville même que tout Albanais grand ou petit qui sortirait emportant avec lui les dépouilles des habitants turcs où juifs serait mis à mort comme violateur du traité. Nourcas feignit d'accepter cette condition, comptant échapper aux Grecs. En effet, il sortit de nuit avec les Albanais et le fruit de ses rapines, et prit le chemin de la province de Carpenitze, espérant gagner Patradgik ; mais il fut coupé par deux Armatoles de ce pays, les deux frères Gioldasaies, qui s'emparèrent de sa personne et le mirent à mort.

Les habitants de Vrachori se rendirent le 21 juin, sous la condition de la vie sauve ; les Turcs furent en effet respectés ; mais les malheureux juifs furent presque tous massacrés, sous le déplorable prétexte des affronts que leur coreligionnaires avaient infligés au patriarche de Constantinople. Inique solidarité ! C'était suivre la détestable politique des Turcs, qui châtient les uns des fautes que les autres ont commises.

Les capitaines grecs continuèrent leur entreprise. Tsoncas se jeta dans les petits forts de Téké et de Raya, situés en face de Sainte-Maure, et occupa Vonitza ; mais il ne put s'y maintenir contre les Turcs retranchés dans la citadelle. Les Turcs de Zapandi se fortifièrent dans leur ville, et repoussèrent avec confiance et avec succès plusieurs assauts consécutifs des Grecs ; puis, dans une sortie, ayant perdu leur général Jonsouf Soulefkaraya, qu'abattit Vrachopoulos, ils se découragèrent. Les Grecs, trop prompts à imiter les usages de leurs ennemis, coupèrent les têtes des morts et les suspendirent en face des murailles de la ville. Les habitants capitulèrent, livrèrent leurs armes et se retirèrent où ils voulurent, sans dommage ; les Albanais se rendirent à Arta.

Chourchid-Pacha, menacé sur son flanc gauche par l'insurrection de la Carlélie, chargea Ismaël-Pacha d'aller la réduire, et lui donna dix-huit cents hom-

(1) Tricoupi, t. I. p. 301.

mes. La porte de cette province du côté du nord, c'étaient les montagnes de Macrin-Oros, ouvertes par deux défilés, celui de Palœo-Coulia et celui de Lancade. Mais à peine l'armatole de Valtos, André Iscos, eut connaissance de l'approche de l'ennemi, qu'il s'y porta avec ses quarante-trois Pallicares, comptant sur des renforts. En effet il en reçut bientôt, et arrêta l'avant-garde d'Ismaël. Dans cette guerre singulière, les soldats des deux partis se rapprochaient tellement parfois qu'ils s'adressaient mutuellement la parole. On dit qu'Iscos cria au pacha. « Toute la Carlélie a pris les armes. — Est-ce la vérité, capitaine André, demanda le pacha. — Toute la vérité. — Sur ta parole? — Sur ma parole » Et Ismaël jugeant imprudent de s'aventurer davantage avec d'aussi faibles troupes, rebroussa chemin. Iscos fut bientôt rejoint par Karaïskakis, Gogos et d'autres combattants. Carpénitze fut assiégée par les Grecs et délivrée par des Turcs, qui dispersèrent les assiégeants, mais brûlèrent la ville, de sorte que les habitants, menacés même par leurs défenseurs se retirèrent de nuit, et passèrent en Épire. On guerroyait aussi dans le mont Agraphas; et les Turcs avaient à défendre Kentina.

Pendant ce temps, l'armée d'Ismaël-Pacha, retirée à Compoti, se grossissait par l'adjonction des corps de plusieurs beys et pachas, et était portée jusqu'à quatre mille hommes. Ainsi renforcée, elle s'avança le 29 juin sur le Macrin-Oros. Les Grecs les attendaient, sous le commandement de Gogos Bacolas et d'André Iscos, tout prêts à se porter sur celui des deux défilés que l'ennemi choisirait. Les Turcs entrèrent dans celui de Palæo Coulia, y attirèrent les Grecs puis tout à coup se jetèrent sur celui de Lancade. Il n'était plus gardé que par cent hommes sous Gogos. Celui-ci prit son parti, et n'hésita pas à défendre cet étroit passage, qu'un petit nombre d'hommes résolus pouvait occuper; il arrêta toute l'avant-garde des Turcs; le chef qui la commandait tomba dans la lutte. En même temps on entendait la fusillade du reste des troupes grecques accourant au secours de leurs compagnons. Les Turcs furent pris de frayeur; ils abandonnèrent leur général mourant, deux canons, des bêtes de somme et des bagages. De quinze mois, pas un soldat turc ne s'aventura plus dans le Macrin-Oros.

Ali-Pacha se réjouissait de ces succès qui opéraient en sa faveur une utile diversion; mais il n'était pas vrai, comme on le croyait, qu'il fît cause commune avec les chrétiens, bien que les Souliotes combattissent ouvertement pour lui; il profitait seulement de leurs victoires.

Après le brillant combat du défilé de Lancade, des Grecs, emportés par l'enthousiasme, se jetèrent, au nombre de 200, dans Péta; mais ils ne purent conserver cette ville, furent maltraités par les Turcs d'Arta, et perdirent un de leurs chefs Tragoudaras. Bientôt ils revinrent en nombre, ayant cette fois Gogos avec eux. Les Turcs d'Arta étaient sortis de leur côté avec de nouvelles forces, et se trouvaient sept contre un. Gogos ne recula point, et imprima à ses troupes une telle vigueur, que les ennemis prirent la fuite. Depuis ce nouveau succès, ce fut un proverbe chez les Turcs comme chez les Grecs : « Où est Gogos, là est la victoire. »

Ces triomphes propageaient l'insurrection. Deux villes du Pinde, Calarrhyta, Syraco, prirent les armes, et chassèrent les musulmans. Mais à l'approche de Chourchid-Pacha, qui amenait son armée en personne, les habitants éperdus s'enfuirent, abandonnant leurs biens, qui furent pillés, et leurs maisons, qui furent incendiées.

La province d'Aspro-Potamos se souleva également : elle comptait soixante-sept places petites ou grandes, toutes occupées par des chrétiens. L'armatole général de la province (ou éparchie) était Nicolo Stournari; il comptait parmi les capitaines ses frères et son gendre, et il pouvait lever trois mille hommes. Vers le milieu de juillet, il commença la guerre en égorgeant à Porta des Turcs inoffensifs. Triccala envoya deux mille hommes et deux canons, qui ne purent réussir à délivrer Porta. En même temps arrivait une armée de Janina. Stournari se retira dans l'intérieur de l'Aspro-Potamos, et les Turcs ravagèrent le pays, sans qu'il y eût de part ni d'autre d'avantage décisif. Car les deux partis finirent par convenir de ne plus s'inquiéter mutuellement, et promirent, les Aspro-Potamites de payer les tributs ordinaires, les Turcs de ne plus ravager leur territoire.

Les malheureux habitants de Parga essayèrent de profiter de l'insurrection, pour échapper au gouvernement turc, auquel, comme on sait, ils avaient été vendus. Cent soixante Parganiotes, réfugiés à Corfou, se réunirent secrètement à cinquante Souliotes, sur la montagne de Sainte-Hélène, avec l'intention de surprendre la ville. Mais ils furent entourés par les Turcs, dispersés, et le lord haut commissaire des Îles Ioniennes acheva leur infortune, en leur fermant comme à des rebelles le territoire de la République septinsulaire. « Si quelqu'un d'eux, disait sa proclamation du 9 octobre, ose rentrer dans ces îles, il sera passible des peines déterminées par la loi. » Ainsi les malheureux Parganiotes perdirent encore, outre leur patrie, le pis aller de l'émigration.

Dans le Péloponèse, une seule ville était restée à l'abri de toute tentative des Grecs ; nous l'avons déjà nommée : c'était Lala, située sur la haute montagne de Pholoe, dans la province de Gastouni ; elle était habitée par des Albanais qui à la suite de l'insurrection de 1770 s'étaient, comme on sait, répandus dans la Morée, et qui, ayant pris position dans cette ville jusque-là pauvre et peu habitée, s'y étaient maintenus. Ces Albanais, que la Porte avait lâchés contre la Morée, s'étaient rendus presque aussi redoutables aux Turcs qu'aux chrétiens, et vivaient fort indépendants du gouvernement. Depuis le commencement de la guerre, ils n'avaient pas cessé, non-seulement de séjourner librement dans leurs murs, mais encore de se répandre au dehors. Cinq cent cinquante Grecs, sous divers chefs, occupaient Pyrgos, située sur le golfe d'Arcadie, non loin de Lala. Les Albanais, au nombre de plus de mille, se portèrent contre eux. Les Grecs sortirent à leur rencontre. Le 17 avril eut lieu l'engagement. Mais trois cents d'entre eux après une courte résistance, s'enfuirent à Scaphidia et dans les autres petits forts de la contrée ; les autres, commandés par les fils de Colocotroni, Vilactis et Moschoutas, rentrèrent dans la ville, se retranchèrent dans ses maisons les plus fortes, et au milieu de l'incendie allumé par les ennemis, se défendirent encore héroïquement pendant sept heures. Les Laliotes firent des prisonniers dans la population non militante et se retirèrent satisfaits d'emmener du butin, des captifs et du bétail. Les Pyrgiotes restèrent au milieu des ruines embrasées de leurs demeures.

Les Laliotes songèrent alors à secourir deux villes, qui, assiégées par les Grecs, étaient réduites aux dernières extrémités et allaient se rendre, Modon (Méthone) et Neo-Castro (Navarin). Ils passèrent l'Alphée dans cette intention ; mais sur la rive gauche, ils rencontraient la ville d'Agolinitza, et bien défendue par Moschoutas. Ils échouèrent devant les murs, furent en outre effrayés par le bruit, faux d'ailleurs, de l'approche d'une multitude d'Arcadiens, et repassèrent l'Alphée. Depuis, ils continuèrent à guerroyer et à ravager le pays autour d'eux ; ils rencontrèrent le 14 mai, près de la petite place de Sthéphi, Vilactis, qui accepta un combat inégal, et après une résistance désespérée succomba dans la mêlée. Enhardi encore par la mort de ce dangereux ennemi, ils poussèrent leurs courses jusqu'à Patras.

Ce furent les Grecs des Îles Ioniennes qui eurent l'honneur de leur infliger les premiers une défaite. Les Sept-Îles bien que politiquement séparées de la Grèce, ne s'en séparaient pas par les sympathies, et faisaient des vœux pour le succès de la guerre. Elles faisaient même passer sur le continent des armes et des munitions, sans que dans le commencement du moins le gouvernement anglais s'y opposât. Les habitants de Céphalonie et de Zante (Zacynthe particulièrement) fournirent des auxiliaires ; et le 21 mai trois cent cinquante volontaires, chargés de munitions, passèrent de Céphalonie à Clarautza. Dans leurs excursions, ils furent surpris par un parti de Laliotes, près de Bodini. Ils occupaient une hauteur et avaient quelques canons ; les Laliotes les attaquèrent d'en bas, et recevant dans cette position désavantageuse la décharge de fusils ennemis, souffrirent cruellement, et s'obstinèrent néanmoins. Mais, quand les Ioniens, se précipitant de la hauteur, coururent sur eux ; ils lâchèrent pied et se débandèrent. C'était le premier succès signalé remporté sur les Albanais de Lala : il lia étroitement les Ioniens à la cause des Grecs du continent.

Les Grecs, encouragés, commencèrent à prendre position plus près de Lala (14 juin); ils ne virent pas les Albanais en sortir. Ils se persuadèrent alors trop facilement qu'ils étaient abattus, disposés à la soumission, et envoyèrent un parlementaire pour leur proposer une capitulation. Ceux-ci envoyèrent à leur tour un délégué, mais qui ne fit que des propositions ironiques ; et la guerre fut résolue. L'armée grecque grossissait chaque jour. Les chefs des corps de tous les environs se groupaient autour des Ioniens, et cinq mille soldats se trouvèrent réunis autour de Lala. Ils essayèrent de provoquer les Albanais à une sortie; ceux-ci évitèrent le combat en campagne. Alors les capitaines grecs décidèrent l'assaut. Le 21 juin, divers corps s'avancèrent suivant l'ordre convenu, au bruit des tambours et des trompettes. Les Albanais, qui étaient hors de leurs murs, rentrèrent dans leur enceinte. Ce n'était qu'une manœuvre ; mais les assaillants prirent ce mouvement pour une fuite, et se précipitèrent sur la ville. Accueillis par un feu nourri, les habitants de Carytène et de Phanari s'enfuirent, contre toute attente; tout le plan d'attaque en fut troublé; les Grecs rentrèrent dans leur camp, sans pertes, mais démoralisés ; et le brave Plapoutas, qui commandait le corps de Carytène et de Phanari, et qui était resté le dernier à son poste, au risque de tomber entre les mains des ennemis, retourna à sa montagne, si affligé, si abattu, que peu de jours après il mourut sous le coup de la douleur.

On vit alors ce que peut le nom d'un homme pour la force d'une armée. Le frère de Plapoutas, le brave Dimitri, eut beau venir le remplacer, le 24 juin ; il ne put conjurer le découragement des soldats grecs : dans une nuit, les deux tiers de l'armée abandonnèrent le camp.

De leur côté, les Laliotes, qui apprenaient successivement tous les événements de l'insurrection et l'inaction des Turcs cantonnés dans leurs villes fortes, se lassèrent d'être les seuls à garder toujours l'offensive, et envoyèrent une députation à Patras pour demander la permission d'y passer avec leurs femmes, leurs enfants et leurs biens transportables, et une escorte pour les y accompagner. Jousouf-Pacha leur promit sept cents cavaliers, qu'il leur conduisit lui-même, le 2 juillet. Les Grecs ne l'inquiétèrent pas dans son passage.

Ils étaient toujours campés sur les hauteurs de Pousi, mais réduits à moins de quinze cents hommes ; le 6 juillet, au lever du jour, ils virent les Laliotes sortir de leurs murs, et crurent d'abord qu'ils venaient les attaquer ; puis, les ayant vus prendre une autre direction, ils reconnurent qu'ils se transportaient avec leurs familles à Patras. Alors André Métaxas et Gérasime Phocas, accompagnés de cent Ioniens choisis et des Péloponésiens tirés de divers corps, allèrent à la rencontre du cortége, et l'attaquèrent. Mais ils furent assaillis eux-mêmes par la multitude, et se dispersèrent de différents côtés. Métaxas et Phocas revinrent dans leur camp. L'armée ennemie et Jousouf-Pacha en personne les y poursuivirent : trois fois ils en tentèrent l'assaut, trois fois ils furent repoussés. A la nuit tombante, ils finirent par abandonner le combat, et rentrèrent les uns après les autres dans Lala. Ce fut une des plus sanglantes affaires de cette campagne, où se livrèrent plus d'escarmouches que de grandes batailles. Les Grecs eurent soixante morts ou blessés, et les Turcs, qui avaient eu le désavantage d'une position inférieure, trois fois autant. Ces derniers cependant étaient si sûrs de la victoire qu'ils avaient apporté des liens pour enchaîner les captifs. Les Grecs comprirent qu'ils ne pouvaient plus garder leur position, et se dispersèrent pour prendre du repos et soigner leurs blessés. Les Laliotes brûlèrent ceux de leurs effets qu'ils ne pouvaient emporter avec eux, se débarrassèrent d'un certain nombre de leurs prisonniers par l'odieux supplice du pal, et reprirent leur route vers Patras en brûlant toutes les villes qu'ils rencontraient sur leur chemin. Après leur départ, les Grecs des environs vinrent chercher dans la ville de Lala ce qu'ils pouvaient y avoir laissé à piller, et y mirent le feu.

Les Ioniens après cette campagne se virent leur patrie interdite par une mesure du gouvernement anglais que nous avons à rapporter. La politique anglaise se montra équivoque, tolérante d'abord pour l'insurrection grecque, puis hostile. Le désaveu prononcé contre l'insurrection par toutes les puissances, les vœux de l'Angleterre pour la conservation de l'intégrité de l'Empire Ottoman, la crainte de voir l'enthousiasme révolutionnaire gagner les Sept-Iles eurent vite refroidi l'intérêt que put exciter d'abord dans une nation curieuse de philanthropie la cause des opprimés. Joignez-y la haine violente que le lord haut commissaire portait au comte Capo d'Istrias, qu'il considérait comme le chef secret de l'hétairie. La République Septinsulaire commença par proclamer sa neutralité. Le 21 avril, un acte officiel déclara que tout citoyen de Sept-Iles qui prendrait part au soulèvement perdrait tout droit à la protection anglaise et à l'intervention du gouvernement auprès de la Porte, s'il était fait prisonnier. Ce n'était encore qu'une mesure de stricte neutralité. Le gouvernement avertissait les habitants que, voulant rester en dehors des deux partis, il ne se portait pas pour responsable des actes de ceux qui prendraient part au combat; mais il n'enchaînait pas leur liberté, il ne les empêchait pas encore de s'y mêler à leurs risques et périls. Le 30 juillet, à l'occasion du débarquement des volontaires de Céphalonie et de Zante en Morée, il publia un nouvel acte, qui enjoignait à tout Ionien ayant pris les armes pour les Grecs de revenir, dans un délai de cinquante-et-un jours, dans son pays pour y être jugé; sinon, il devait être condamné à un exil perpétuel, ses biens seraient confisqués, et s'il tombait entre les mains des agents du gouvernement, il serait châtié selon la rigueur des lois. Tous ceux qui avaient pris un parti quelconque à la révolte des Grecs devaient revenir dans leurs foyers, sous peine d'être considérés comme ayant violé la neutralité.

Ici l'autorité anglaise dépassait elle-même les bornes de la neutralité, et prenait ouvertement parti pour les Ottomans; elle violait la liberté individuelle, en empêchant par la menace de la spoliation et de l'exil les citoyens hors de sa solidarité, et même hors de son sol, d'employer selon leur gré leur fortune et leur activité. On a vu plus d'une fois, dans le cours de cette guerre, des associations, des souscriptions, des légions même se former pour soutenir la cause des Grecs, chez des nations dont le gouvernement se réservait la neutralité. La politique anglaise et son représentant, le lord haut commissaire Maitland, cherchaient à opprimer violemment l'élan libéral des Ioniens; mais il ne put y réussir. Ils ne cessèrent de servir leurs frères, malgré les menaces, les poursuites et les confiscations.

CHAPITRE XI.

LE SÉNAT PÉLOPONÉSIEN. — DÉMÉTRIUS HYPSILANTIS.

Jusque ici nous avons vu les Grecs se passer de gouvernement central. Leur seul gouvernement a été leurs chefs militaires. Ils se sont groupés autour d'eux; ceux-ci, à leur tour, se sont subordonnés aux plus renommés d'entre eux; telle a été la seule sanction de l'autorité militaire : l'influence des plus expérimentés et des plus braves, l'obéissance volontaire de leurs compagnons, le concours spontané de tous à un but commun. Les opérations de la guerre se sont ressenties de cette division du commandement et des forces, et elles ont été ordinairement locales; mais c'était le seul caractère possible de l'offensive au début de l'insurrection, c'était aussi le plus sûr moyen de succès que ce soulèvement divisé et épars, mais simultané et général. Le système municipal des Grecs, l'administration de la commune, habituée à régler elle-même ses affaires, les dispensait également, au début, d'un gouvernement central. En se séparant de l'empire, ils ne se trouvaient pas plus isolés, et ne perdaient qu'une intervention oppressive. Il valut donc mieux que la Grèce en s'affranchissant ne songeât pas encore à s'organiser, qu'elle vécût sur son ancienne administration, que toutes les forces de ses enfants fussent tournées à la résistance, et qu'elle ne fût pas partagée entre le soin de se défendre et celui de se gouverner.

Cependant, le premier désordre de la révolte une fois passé, elle songea à la diriger. Un des premiers besoins d'un peuple qui aspire à devenir une nation est de se conduire lui-même. D'ailleurs, à mesure que les opérations de la guerre devenaient plus générales, que les Turcs se concentraient dans leurs villes fortes, et que le divan envoyait des armées, il devenait plus nécessaire de centraliser les forces militaires et par conséquent le commandement. C'est ce qui fit concevoir l'idée d'une assemblée représentative du Péloponèse. Elle se forma, sans élection, mais par la réunion spontanée des hommes les plus notables, soit prêtres, soit primats, soit capitaines. C'était ainsi que s'était déjà composée, à Calamata le sénat ou la *gérusie* de Messénie (6 avril); mais ce n'était qu'une assemblée locale. Un nouveau sénat, qui prétendait représenter le Péloponèse et toute la Grèce se forma de la même façon, comme peuvent se former les gouvernements révolutionnaires, c'est-à-dire sans choix régulier, mais par le concours des hommes reconnus les plus influents, et avec le consentement tacite de la multitude. Une assemblée de notables se réunit dans les montagnes de la province de Lacédémone, dans le monastère de Caletsi, et de là, le 7 juin, publia l'acte suivant :

« Patrie,

« La direction générale des affaires de notre patrie le Péloponèse, et l'heureux succès de la sainte guerre que nous soutenons pour la liberté de notre race exigeant nécessairement une assemblée et une délibération générales, nous, soussignés, nous sommes réunis à cet effet, de la part de nos provinces, et avec l'assentiment des membres absents, dans le vénérable monastère de Caletsi. D'après notre avis commun et réfléchi et la pensée de tous les absents, nous avons choisi les citoyens les plus dévoués, Vresthenis Théodorète, Soter Charalambi, Athanase Canacaris, Anagnoste Papagiannopoulo, Théocharakis Rhentis et Nicolas Poniropoulo (1); sur leur consentement à notre commune décision, nous les chargeons de s'entendre avec notre illustre généralissime, Pétro-bey Mauromichalis; et nous donnons pouvoir aux susdits, composant le sénat de tous les habitants des provinces du Péloponèse pour examiner, sous la présidence de son Excellence, administrer et régler toutes les affaires locales et générales, les différends, et tout ce qui concerne l'ordre, l'harmonie, l'organisation et la bonne direction de la sainte guerre que nous avons entreprise, selon ce que la Providence divine leur inspirera et ce qu'ils jugeront le plus utile, ayant à cet égard pleins pouvoirs, sans que personne doive les contrarier, leur résister, ou leur désobéir dans leurs avis et leurs injonctions. Leurs fonctions et l'effet de notre choix n'auront cours que jusqu'à la prise de Tripolitza et à une nouvelle délibération. Et pour ce qui regarde, de leur part le dévouement sincère, inaltérable, actif à leurs devoirs; pour ce qui regarde, de notre part et de celle des absents, la soumission sans résistance, mauvais vouloir, refus de coopération, infraction aux avis et aux injonctions, les deux partis ont prêté serment, en face du Très-Haut, à la charge de notre conscience et de notre honneur; et alors nous leur avons remis le brevet suivant, signé de nous et attestant leur pouvoir. »

Ainsi fut établie cette commission dictatoriale nécessaire à un moment où la volonté générale ne pouvait être consultée régulièrement, légitimée d'ailleurs par la popularité de ses membres et par le caractère provisoire de son institution, mais qui n'avait d'autre sanction qu'un assentiment tacite, et d'autre soutien qu'une obéissance facultative. Cependant elle entrait en fonctions avec une pleine confiance. Le pieux et patriote évêque Elous Anthimos bénit solennellement les nouveaux magistrats et les armes des Grecs. Ses paroles électrisèrent les assistants. Puis l'assemblée se sépara, et la gérusie, ou sénat péloponé-

(1) Plus tard furent reçus en outre dans cette commission Germanos, évêque de Patras, et Asimakis Zaïmis.

sien, se transporta à Stemnitsa, dans la province de Carytène. Delà, le 11 juin, elle adressa à toutes les provinces ou éparchies du Péloponèse une circulaire dans laquelle elle déterminait les capitales des éparchies et les chefs-lieux des sous-éparchies, l'administration de ces villes, les secours qu'elles devaient fournir à l'armée de chaque éparchie, et les impôts en nature que devaient prélever sur les biens de la terre les chrétiens, soit propriétaires, soit fermiers, soit simples pâtres des Turcs. Le gouvernement turc avant l'insurrection exigeait la dîme, et les particuliers qui affermaient leurs biens exigeaient le cinquième. Le sénat demanda tout ce qui était payé aux Turcs, soit comme impôt public, soit comme redevance particulière. Ces ressources durent être appliquées à l'armée, qui était entretenue par les provinces, mais ne recevait pas de solde. Les Maniotes seuls étaient nourris par les autres éparchies et recevaient une paye. Le sénat statuait encore que les enfants des combattants morts pour la patrie seraient élevés aux frais publics; enfin, fait significatif dans cette nation, il proclamait l'indépendance municipale et l'égalité des éparchies, laissant à chacune d'elles le soin de punir les délits et les crimes, sauf le meurtre.

Le nouveau gouvernement fut accepté sans opposition; la concorde et la paix semblaient devoir y présider. Cette paix ne dura que deux semaines.

Le 19 juin, débarqua de Trieste à Hydra Démétrius Hypsilantis, frère d'Alexandre Hypsilantis et chargé de ses pleins pouvoirs. Il passa d'Hydra à Spetzia et de Spetzia à Astros. Partout il fut reçu avec enthousiasme, et on le conduisit au camp de Vervena, un de ceux établis autour de Tripolitza, escorté d'une garde d'honneur de 200 hommes. Là on chanta un *Te Deum* pour remercier Dieu de l'arrivée du libérateur de la Grèce. On le considérait comme le représentant de cette suprême puissance que l'hétairie avait créée, et dont on ne savait pas encore le néant; on le croyait chargé des promesses de la Russie et messager de ses secours. En effet, le 24 juin, il lut publiquement des lettres, les unes signées de son frère Alexandre, les autres issues soi-disant de la suprême puissance, et qui lui conféraient le souverain pouvoir. La multitude criait déjà : Vive notre maître ! Et tous les capitaines, tous les soldats qui formaient le blocus de Tripolitza le proclamèrent généralissime.

Mais le nouveau gouvernement du Péloponèse se plaignait de se trouver annulé. Cependant, par esprit de conciliation, les membres du sénat demandèrent à avoir Hypsilantis pour coopérateur et pour président, s'engageant à ne rien décider sans son avis. Mavromichalis consentit à décliner devant lui son autorité. Mais de telles concessions ne suffisaient pas à Hypsilantis; il voulait être dans le Péloponèse ce que son frère était dans les Principautés, c'est-à-dire lui seul tout le gouvernement. Il se plaignit que les sénateurs usurpassent ses droits, et se retira à Calamata.

Il était cependant difficile de se passer de lui : le peuple, les soldats le regardaient comme un messie, et murmuraient contre le sénat qui l'opprimait. La plupart des sénateurs se trouvant un jour réunis chez Mavromichalis, des soldats du camp de Vervena entourèrent la maison en proférant des injures et des menaces. Quelques Maniotes arrêtèrent leur fureur; Colocotroni les harangua et les apaisa en leur promettant le prochain retour d'Hypsilantis au camp. En effet, on lui députa deux de ses amis, Anagnastoras et Dicéo, qui lui persuadèrent de se rendre au camp de Tricorpha.

A la vérité, en ce moment, soutenu par le peuple, l'armée, les insulaires comme les Péloponésiens, les primats même, il n'eût eu que l'épée à tirer ou même qu'un signal à donner, sans verser une goutte de sang, pour s'emparer de la dictature. Il se borna à faire acte d'autorité, de sa petite cabane de Tricorpha, répandant par son chancelier Bambas, en dedans et en dehors de l'isthme, des proclamations (1) où il se portait

(1) Voici une des proclamations, qui révèle et des protestations contre la gérasie et ses prétentions : « Citoyens du Péloponèse, prêtres et laïques, jeunes et vieux, soldats, habitants de tous rangs et de tous âges ! le temps est venu où vous devez vous rassembler ici, à Tripolitza, pour donner votre opinion générale sur les droits et les besoins de votre patrie. Moi, Dé-

comme le représentant de la suprême puissance de l'hétairie, mais contrarié par le sénat et par le parti naissant des politiques. « Ainsi, l'on voyait à cette époque dans le Péloponèse le phénomène de deux gouvernements, tous deux armés et en antagonisme, mais ne se combattant pas par les armes, l'un dictatorial, l'autre oligarchique, mais ni l'un ni l'autre d'origine populaire (1). »

Peut-être un dictateur entouré d'une haute considération, et particulièrement de ce prestige emprunté au nom magique de la Russie, et qui semblait alors une illusion nécessaire à la Grèce, pouvait-il servir utilement l'insurrection; les Grecs se trouvaient dans les circonstances où un peuple abdique facilement ses volontés entre les mains d'un seul, pour se débarrasser du soin difficile de se gouverner et se dispenser d'essais dangereux. Cette solution expéditive, utile dans les moments de danger public, était d'ailleurs accommodée à leur caractère. Un généralissime, revêtu de tous les pouvoirs, pouvait les préserver de bien des fautes, à la condition qu'il fût un homme de guerre supérieur et un habile administrateur. Mais Démétrius Hypsilantis, âgé de vingt-six ans, avait-il le droit de se croire capable de remplir une telle tâche? D'ailleurs, si un dictateur pouvait être désirable, ce n'était plus lorsqu'il se rencontrait en concurrence avec un gouvernement nouvellement établi, pacifiquement accepté, qui ne pouvait abdiquer, à peine entré en fonctions et sans avoir démérité. Mieux eût valu encore l'absence de pouvoir et le hasard des premières opérations de la guerre, que cet antagonisme de deux gouvernements. Dans ce cas, n'était-ce pas le nouveau-venu, l'étranger, le jeune officier d'aventure qui devait céder? Ne devait-il pas se contenter du titre de commandant en chef de l'armée et de président du sénat, qui lui était offert, et devait-il prétendre encore à se mettre à sa place, quand il pouvait le diriger? C'était trop exiger, quand il n'apportait avec lui d'autres droits que ceux qu'il tenait d'un frère, général lui-même, mais général sans armée et presque fugitif, d'autre titre que celui qu'il s'était conféré au nom d'une puissance imaginaire, d'autre garant que ses promesses et l'opinion qu'il donnait de lui. Son ambition l'entraînait trop vite, comme son frère. Cette ambition était jointe à un véritable désintéressement et au désir de délivrer la Grèce, mais elle lui inspirait des prétentions qu'il eût été plus sage et plus politique d'abandonner ou de réduire.

Ce n'est pas qu'il manquât ni de talents ni de qualités morales; et le portrait suivant se retrouve à peu près chez tous les historiens qui ont parlé de lui : « Son extérieur est loin de prévenir en sa faveur ; d'une petite stature, il est presque chauve, et son abord froid paraît propre à repousser ceux qui l'approchent pour la première fois.

métrius Hypsilantis, je suis venu combattre pour votre liberté ; je suis venu défendre vos droits, votre honneur, votre vie et vos biens; je suis venu vous donner des lois justes et des tribunaux équitables, afin que personne ne puisse blesser vos intérêts ni se jouer de votre existence. Il faut que la tyrannie cesse enfin, non-seulement celle des Turcs, mais encore la tyrannie des individus qui, partageant les sentiments des Turcs, veulent léser et opprimer le peuple. Péloponésiens, unissez-vous tous, si vous désirez la fin des maux qui vous ont affligés jusque ici. Je suis votre père ; au fond de la Russie, vos gémissements ont retenti jusqu'à moi ; je suis venu vous protéger comme mes enfants, vous rendre heureux, travailler à votre délivrance, assurer le bonheur de vos familles, et vous tirer de cet état d'abjection auquel vous ont réduits des tyrans impies et les amis et compagnons de ces tyrans. Rassemblez-vous donc; accourez des villes et des villages pour réclamer devant moi vos droits en citoyens libres, pour désigner les personnes que vous jugerez les plus capables, afin que je vous les donne pour éphores et arbitres de vos intérêts. Ne perdez point de temps ; gardez-vous de devenir les dupes d'hommes pervers et attachés à la tyrannie ; montrez que vous savez comprendre la liberté, et reconnaissez votre général en chef et vos défenseurs. C'est ainsi que vous donnerez au reste de la Grèce l'exemple d'un gouvernement sage et légitime. Le trentième jour de ce mois je désire vous voir réunis autour de moi pour discuter librement vos droits sous les yeux de votre chef et de votre père. C'est dans cette vue que j'envoie de bons patriotes chargés de vous lire le présent, et de vous représenter de vive voix la nécessité de vous rassembler au plus tôt. » Cité par A. Soutzo, p. 24.)

(1) Tricoupi, t. I, p. 354. Nous lui avons emprunté beaucoup pour l'exposition de ces premiers démêlés, qui ont été fort défigurés. Voyez en particulier comment M. A. Soutzo représente la conduite du sénat, « qui n'était qu'un assemblage de primats astucieux animés d'un esprit inquiet et brouillon » (p. 119).

Mais lorsqu'on le connaît mieux, cette réserve disparaît ; et ses excellentes qualités se montrent dans tout leur jour : intrépide, persévérant, tout à fait indifférent à l'attrait des plaisirs. Différent en ceci de beaucoup d'autres, il était fort scrupuleux sur le choix des moyens qu'il eût fallu employer pour parvenir à ses fins le plus ardemment désirées, et était tout à fait désintéressé au milieu d'un système de pillage et d'exactions, qui, au reste, eût été inévitable à la suite d'une pareille révolution, même dans les pays les plus éclairés de l'Europe. Quoiqu'il n'y ait pas d'homme qui ait plus que lui sujet de haïr les Turcs, il a constamment interposé son autorité pour leur éviter toute insulte et tout mauvais traitement après la victoire ; par son exemple comme par ses exhortations, il s'est constamment efforcé de s'opposer aux excès inséparables d'une pareille guerre. Si ses efforts n'ont pas toujours été suivis de succès, on n'en doit pas moins rendre hommage à son caractère et à ses principes. Son plus grand défaut peut-être est d'avoir manqué d'une certaine énergie nécessaire dans les circonstances où il s'est vu placé et parmi les hommes à qui il avait affaire. » (Blaquières, *Hist. de la Révol. actuelle de Grèce*, p. 135.)

CHAPITRE XII.

EXPÉDITION D'OMER-VRIONE EN LIVADIE, EUBÉE, ATTIQUE. — SUCCÈS MARITIMES DES GRECS — NÉGOCIATIONS ENTRE LA PORTE ET LA RUSSIE.

Tandis que Démétrius Hypsilantis arrivait aux camps de Vervena et de Tricorpha, l'armée d'Omer-Pacha Vrione continuait sa marche dans la Grèce continentale. Depuis la fin du mois de mai, le kiaya-bey de Chourchid était dans Tripolitza ; à la même époque, à peu près, Omer-Vrione entrait en Livadie. On se souvient du combat de la Gravia (8 mai), d'où Ulysse avait pu s'échapper sans perte après une résistance honorable. Les Turcs, après y avoir passé huit jours, s'avancèrent sur Bodonitza. Ulysse, posté à Kastraki, les laissa passer. Ils arrivèrent sans combat à la ville de Livadie, qu'ils prirent, sauf la citadelle, sans difficultés.

Les Péloponésiens, inquiets de ces succès, détachèrent Élie Mavromichalis et Nicétas Stamatelopoulo, qui passèrent l'isthme et vinrent prendre position à Kranitza, également près de Livadie et de Surbi, où était campé Ulysse avec mille hommes et le corps de Gouros. Impatients de se signaler, ils attaquèrent Livadie sans prévenir Ulysse, rencontrèrent une vive résistance, furent repoussés et obligés de se replier sur Surbi. Ils y reçurent encore les renforts de Kyriacouli Mavromichalis et d'Élie Tsalaphalinos ; et ils communiquèrent avec les Grecs enfermés dans la citadelle de Livadie, dans le dessein de tenter de concert avec eux une attaque nocturne sur la ville. Mais ce dessein échoua ; ce furent, au contraire, les Turcs qui tombèrent sur Surbi, pendant que les Grecs de la citadelle, pressés par la faim, abandonnèrent leur poste. Les capitaines durent se disperser, et se retrouvèrent à l'isthme, où étaient déjà Panos Colocotronis et Dicœos. Le chemin était donc ouvert aux Turcs à travers la Béotie et l'Attique. Ils voulurent se montrer cléments, et ne maltraitèrent pas Livadie, où ils laissèrent les autorités habituelles, ainsi qu'à Thèbes, où ils entrèrent bientôt après. Les deux généraux turcs se partagèrent le plan de la guerre. Le vizir Kioché Méhémed-Pacha fut chargé de maintenir libres les provinces de Livadie et de Béotie pour le passage des approvisionnements ou l'envoi d'une nouvelle armée, tandis qu'Omer-Vrione irait conquérir l'Eubée, et reviendrait de là débloquer la citadelle d'Athènes, qui commençait à faiblir.

En conséquence, tandis que Méhémed-Pacha guerroyait avec des succès balancés, Omer-Vrione passa à Chaleis. Les Grecs insurgés de l'Eubée étaient à Vrisaki, sous Angelis, chef honoré, qui avait donné à la Gravia des preuves de son courage et inspirait aux siens une grande confiance. Il avait placé ses troupes en deux corps derrière de solides retranchements ; il était encore secondé par quelques navires du port, commandés par l'Hydriote Alexandre

Criésis. Pendant le combat, les prêtres, revêtus de leurs habits sacerdotaux, se mêlèrent aux soldats, les exaltant par leurs prières et par l'hymne qu'ils chantaient à haute voix : « Seigneur, sauve ton peuple, et bénis ton héritage en donnant la victoire aux fidèles contre les barbares et en conservant ta cité par la vertu de ta croix. » Les Turcs, découragés de perdre du monde sans entamer l'ennemi, se retirèrent, furent poursuivis, et abandonnèrent deux canons dans leur fuite (27 juillet). Omer-Vrione se borna, en Eubée, à cet essai malheureux.

Cependant les Turcs d'Athènes étaient toujours, comme nous l'avons vu, bloqués dans l'Acropole, et commençaient à manquer d'eau, mais étaient soutenus par l'espoir d'un secours. Les assiégeants, de leur côté, étaient divisés entre eux, comme leurs chefs. C'est alors que leur fut apportée la nouvelle de l'arrivée de Démétrius Hypsilantis ; cette nouvelle répandait partout avec elle l'espérance, grâce à des bruits plus rassurants qu'exacts sur les dispositions de la Russie et la situation d'Alexandre Hypsilantis. Les Athéniens envoyèrent demander à Démétrius un chef pour les diriger. Celui-ci leur envoya Liverio Liveropoulo, qui arriva revêtu de pleins pouvoirs le 10 juillet. Il fut reçu en grande pompe par le clergé et le peuple ; et les discordes disparurent un moment.

Les assiégés, manquant de tout, faisaient des sorties pour ravir quelques aliments et enlever quelques prisonniers, seul moyen qu'ils eussent d'apprendre des nouvelles du dehors dont ils étaient privés autant que de tout le reste ; car ils s'imaginaient de nouveau que les puissances européennes combattaient avec les insurgés. Dans une de ces sorties, le 14 juillet, un Arabe ayant été laissé sur le terrain, les Grecs, suivant la barbare coutume de leurs ennemis, coupèrent sa tête et la dressèrent sur la colline du Musée ; à cette vue, les Turcs, exaspérés, tirèrent de la citadelle dix chrétiens qu'ils y gardaient prisonniers, les décapitèrent et exposèrent pareillement leurs têtes. Les Grecs, furieux à leur tour, se portèrent auprès du consul d'Autriche, qui avait la courageuse humanité de conserver chez lui quinze Turcs, hommes et femmes, dont la vie lui avait été confiée, et prétendirent obtenir de lui qu'il les leur livrât. Celui-ci refusa énergiquement ; heureusement Liverio intervint, et réussit à calmer ses compatriotes.

Sur ces entrefaites, on apprit que l'armée turque approchait d'Athènes ; la dispersion commença. Hommes, femmes, enfants, se retirèrent au Pirée, à Égine, à Salamine. Les assiégés, qui ne se croyaient pas si près de leur délivrance, et qui craignaient de mourir de faim avant d'être secourus, prirent le parti de se jeter, hommes, femmes et enfants, dans la campagne en plein jour à deux heures de l'après-midi, le 26 juillet, et descendirent jusque sur les bords de l'Ilissus. Les Grecs, bien que se disposant à quitter la ville, ne laissèrent pas passer sans combat cette audacieuse expédition, et les Turcs, emportant sur leurs épaules fruits et légumes furent obligés de rentrer dans l'Acropole, après avoir perdu une trentaine des leurs. Quelques jours après, le 2 août, Omer-Vrione, de retour de son excursion malheureuse en Eubée, entrait dans la ville, que les habitants avaient quittée la veille, n'y laissant que quelques vieillards et des infirmes. Les soldats, sous les yeux du séraskier, se donnèrent le plaisir de brûler des maisons désertes, d'égorger des malades sans défense, et n'épargnèrent même pas les consulats, bien que le drapeau de leur gouvernement flottât pour les protéger. Ainsi fut levé le blocus de la citadelle, qui durait depuis le 25 avril.

Si le gouvernement turc gagnait du terrain sur le continent, les succès maritimes des Grecs se soutenaient. L'île de Samos s'était insurgée au commencement de mai, et avait organisé son insurrection sous l'inspiration d'un homme actif, éclairé, hardi, Georges Logothète, qu'on avait surnommé Lycurgue. Il avait créé dans sa patrie un gouvernement régulier et discipliné les milices volontaires à l'européenne. Des Samiens, qui avaient servi en Égypte sous les drapeaux français, servirent d'instructeurs. Alors, sur la côte d'Asie qui regarde Samos, sous les ordres d'Elez Oglou, gouverneur de la ville et de la province de Kousantasi (ou Scala-

Nova) se rassemblèrent les troupes musulmanes de toute la contrée; pour exalter leur fanatisme, on publia, au nom du sultan, que tous les musulmans qui s'enrôleraient pour la conquête de Samos pourraient y satisfaire pleinement leur zèle religieux, qu'on les autorisait à passer au fil de l'épée tous les dgiaours, qu'ils n'épargneraient que les enfants mâles au-dessous de l'âge de huit ans, qu'on destinait à être circoncis, et les femmes ou filles, qui seraient vendues au profit des vainqueurs (1). » Les soldats, enivrés par ces promesses, se répandirent dans Scala-Nova, et s'y annoncèrent par des meurtres. Elez-Oglou était un homme intègre et honnête; il fit pendre quelques-uns des assassins; mais il fut menacé lui-même, réduit à l'impuissance, obligé de tolérer le pillage des boutiques et des bazars, et de se borner à faire circuler quelques patrouilles. Les Grecs s'embarquaient pendant la nuit sur de minces radeaux et se transportaient à Samos; il n'en restait plus que douze ou quinze mille dans Scala-Nova, quand un musulman blessé dans une rue par un musulman tira contre lui son couteau et le lui plongea dans le corps. Aussitôt le cri de fureur se répandit : *Un dgiaour vient d'assassiner un musulman! Les infidèles tuent les croyants!* Ce fut le signal du massacre; on brisa les portes des maisons, on égorgea des familles entières, d'autres furent réduites en esclavage, et l'incendie, dernier plaisir de la vengeance turque, acheva la catastrophe de la ville. Puis les troupes asiatiques se débandèrent avec leur butin. Elez-Oglou, trop scrupuleux pour le gouvernement turc, vit ses biens séquestrés, et fut exilé à Chios.

Peu de temps après, le 15 juillet, apparut en vue de Samos la flotte turque, composée de trente-six navires, dont quatre vaisseaux à deux ponts et six frégates, commandée par le contre-amiral Cara-Ali. Le peuple de Samos, encore peu aguerri, se réfugia sur les montagnes; mais Lycurgue rangea son armée régulière sur le rivage. Le lendemain la flotte turque commença le feu, et fit reculer l'armée derrière les maisons les plus voisines, de sorte que, se croyant assurée du succès, elle commença à mettre les chaloupes à la mer, pour opérer le débarquement. Mais Lycurgue et les chiliarques étaient restés à leur poste avec leurs meilleurs soldats et cinq canons, qui, ajustant les chaloupes et ne perdant presque aucun boulet, y causèrent un grand dommage. Le reste de l'armée, encouragé par leur exemple, vint bientôt les rejoindre, et supporta vaillamment toute la journée et toute la nuit le feu des ennemis. Le lendemain, trois cents Turcs ayant débarqué sur un point isolé et à peine défendu, furent néanmoins vigoureusement accueillis, puis assaillis par le chiliarque Stamatis Georgiade, et périrent presque jusqu'au dernier. Une quarantaine de chaloupes qui les suivaient furent également reçues par une fusillade nourrie, et obligées de rétrograder. Alors Cara-Ali, dans un accès de rage puérile autant que sanguinaire, fit enduire de poix deux Grecs prisonniers, les fit pendre aux vergues la tête en bas, et brûler devant les yeux de leurs compatriotes.

Puis il envoya neuf vaisseaux de transport chercher de nouvelles troupes, qu'il attendit, toujours mouillé en face de Samos. Pendant ce temps les vaisseaux réunis des trois îles, au nombre de quatre-vingt-dix, étaient à la recherche de la flotte turque. Ils rencontrèrent ces neuf vaisseaux de transport dans le détroit formé par Samos et la côte; ils étaient occupés à embarquer les troupes réunies sur le rivage. A la vue des Grecs, les musulmans déjà embarqués revinrent à terre, et l'escadre des îles, aux yeux d'une armée entière qui les laissa faire, et d'une multitude qui s'enfuyait épouvantée, brûla les neuf navires (20 juillet). Ainsi échoua le grand projet de débarquement nourri par le Divan.

Quelques jours après, le 23, les deux flottes se rencontrèrent, entre l'île de Cos et la côte de Boudroun. Les Grecs, se trouvant sous le vent des Turcs, s'éloignèrent, furent poursuivis, et, risquant d'être gagnés de vitesse, laissèrent derrière eux des brûlots; néanmoins, ils continuaient d'être pressés,

(1) Pouqueville, *Hist. de la Rég.*, t. III, p. 16; Cf. Tricoupi, t. II, p. 18.

quand une tempête les sépara des ennemis. Les Turcs jetèrent l'ancre près de Cos, et de là rentrèrent dans l'Hellespont; les Grecs se réunirent à Samos, où se trouvait par hasard le patriarche d'Alexandrie, qui passa quelques jours sur la flotte, bénit les soldats de la foi, et les remplit d'enthousiasme. Le 21 août les navires des trois îles se dispersèrent et rentrèrent dans leurs patries respectives.

Quant aux Grecs d'Asie, dépouillés depuis les affaires de Scala-Nova, ils cherchèrent un refuge à Samos, qui se trouva compter ainsi jusqu'à quatre mille soldats. Alors les Samiens firent de continuelles descentes sur la côte asiatique, pillant et détruisant, ne respectant que la ville de Scala-Nova, mieux gardée que le reste. Les habitants se retirèrent dans l'intérieur des terres, et le rivage resta au loin dépeuplé.

En même temps le territoire asiatique de l'Empire Ottoman était inquiété par les Wahabites; mais cette guerre avec la Perse menaça peu les frontières, et ne créa qu'une faible diversion en faveur des Grecs, qu'un passager embarras au sultan. Un danger plus sérieux pour lui eût été l'intervention de la Russie en faveur des Grecs; elle n'intervint que par des protestations. Elle menaça sans combattre, et ne fit que plaider pour un peuple dont elle n'osait pas prendre le parti les armes à la main, hésitant sans cesse entre une double politique. En effet, Alexandre, comme membre de la Sainte-Alliance, s'était prononcé contre tout soulèvement populaire, quel qu'il fût, et devait soutenir en toute circonstance la cause des rois contre leurs sujets. Mais ses intérêts, son ambition, ses vues sur Constantinople le portaient à désirer l'abaissement de la Porte et le succès des Grecs, sinon leur indépendance. Il avait contre la Turquie des griefs pleinement suffisants pour motiver une rupture. L'insurrection en effet avait un caractère en même temps politique et religieux. La Porte, comme souveraine politique des Grecs, était maîtresse chez elle et pouvait s'affranchir de toute intervention des puissances. A ce point de vue aussi un monarque attaché à la Sainte-Alliance devait respecter la liberté de sa domination. Mais, sous le rapport religieux, le czar était investi depuis le traité de Kaïnardji d'un droit de protection sur la communion grecque : la violation, la spoliation, l'incendie des églises, le supplice des ministres les plus respectables de la religion, étaient donc une première infraction aux traités. En second lieu, la Porte, comme nous l'avons déjà dit, ne pouvait entretenir des troupes dans les Principautés que sur le consentement de la Russie, et celle-ci depuis que l'insurrection était comprimée ne cessait de réclamer l'évacuation de la Moldavie et de la Valachie, que les troupes ottomanes troublaient plus que n'avait fait la tentative d'Alexandre Hypsilantis. Le sultan s'y refusait obstinément. Enfin, comme si, loin d'éviter la guerre, il eût voulu la provoquer, il fit arrêter un nommé Danesi, Grec, raïa d'origine, mais naturalisé russe, banquier, trésorier de l'ambassade et particulièrement considéré de M. de Strogonof, sous prétexte qu'il fournissait des fonds aux révoltés et entretenait avec eux des correspondances. L'ambassadeur réclama sa mise en liberté; ce fut en vain. Il fit déclarer par son premier interprète au grand-vizir que c'était au nom de son souverain qu'il réclamait l'élargissement du prisonnier : celui-ci fut transféré au château des Sept-Tours. L'ambassadeur envoya prendre les ordres de sa cour, et attendit.

Dans le même temps, la disette se faisant sentir à Constantinople par suite des troubles de la Moldo-Valachie, grenier ordinaire de la capitale, le Divan fit arbitrairement arrêter les vaisseaux qui exportaient sous pavillon russe des céréales hors de la mer Noire, les fit décharger contre le gré de leurs capitaines, et fixa lui-même le prix auquel il en acheta le contenu. C'était une violation manifeste du traité de commerce du 22 juin 1783, qui garantissait à la Russie la liberté de la navigation et de l'exportation. Ainsi, la Porte semblait aller au-devant d'une rupture.

Le baron de Strogonof, toujours retiré à Bouioukdeyré, ne se crut plus en sûreté, et demanda au Divan un nouveau détachement de janissaires pour garder son hôtel. Il lui fut accordé.

31ᵉ *Livraison*. (GRÈCE.)

Il fit venir en même temps par la mer Noire deux navires de guerre, portant pavillon marchand, pour se mettre en garde contre toute violence, tandis que des armements russes se concentraient sur le Pruth.

A ces nouvelles, en présence de ces préparatifs, le Divan parut revenir à des sentiments de conciliation; et le 9 juillet, à l'insu de l'ambassadeur, il envoya directement à l'archichancelier du czar, le comte de Nesselrode, une note justificative portant la signature de grand-vizir. Elle commençait par protester de la bonne foi avec laquelle la Porte avait toujours observé les traités; de la patience avec laquelle elle avait supporté l'intervention, souvent indiscrète, de l'ambassadeur, et de son désir de paix et de concorde. Elle en donnait une nouvelle preuve en s'adressant sans intermédiaire à l'empereur. Les Grecs, disait-elle, se sont soulevés au nom de la Russie, à la voix d'un sujet russe, Vladimiresco, et d'un général russe, Alexandre Hypsilantis; ils ont proclamé qu'ils obéissaient au plan de la Russie. L'ambassadeur est convenu qu'ils sont rebelles, et cependant il a opposé, ainsi que le consul, des difficultés à l'entrée des troupes musulmanes dans les provinces; et quand les chefs des insurgés, Michel Soutzo en particulier, se sont réfugiés sur le territoire russe, il a refusé leur extradition. C'est cependant la condition de la paix, de l'apaisement des troubles, et de la sécurité des musulmans.

Sur le supplice des hauts dignitaires de l'Église et du patriarche la note était plus embarrassée, et disait vaguement : « Si ceux qui ont été dernièrement châtiés n'avaient pas été coupables, comme ils en ont été convaincus, ni les autres Grecs n'auraient osé faire le mal qu'ils ont fait, ni la Porte n'aurait été dans la nécessité de les punir. » Le patriarche était arbitrairement accusé d'avoir été *le premier des conspirateurs*, sur ce qu'il n'avait pas fait usage de son pouvoir spirituel pour prévenir les troubles, et sur de prétendues pièces qui n'ont jamais été produites : « La Porte, ayant examiné et reconnu sa complicité d'après les pièces de conviction qu'elle a reçues, soit de Constantinople, soit du dehors, l'a puni en raison de sa complicité, et non pour aucun motif religieux. Son crime était plus grave que tout autre, comme étant un crime de conspiration, et tous ceux qui sont coupables de ce crime, grands ou petits, sont également dignes de châtiment. Voilà pourquoi ceux qui ont soulevé l'insurrection ont été châtiés partout sans pitié; et ceux qui ont lu l'histoire de la Russie savent que, l'an 1715 du Messie, le czar Pierre a déposé et fait mettre à mort un prêtre qui se trouvait être le patriarche de Russie, parce qu'il avait pris part à la conspiration de son fils, et supprima depuis le titre de patriarche. Quant à la pendaison du patriarche et aux autres circonstances de cette journée, elles n'ont pas été imaginées pour outrager la religion. » Et, poursuivant sur ce ton, qui n'est pas exempt d'une sorte de cynisme despotique, la note revendiquait pour chaque puissance le droit de suivre chez elle ses usages et sa politique.

Elle se plaignait de l'ambassadeur, qui ne dissimulait pas sa faveur pour les révoltés; qui, seul de tous les envoyés des puissances, avait reçu les fuyards sur les vaisseaux russes et favorisé leur retraite; qui avait hautement proclamé qu'il n'était pas en sûreté, et qui, ne se contentant pas de la garde qui lui avait été accordée, avait fait venir deux vaisseaux de guerre près de sa résidence et suspendu toutes relations avec le Divan.

Elle faisait remarquer que si les Turcs s'étaient armés contre les Grecs, c'est qu'ils vivaient partout auprès d'eux et avaient à se défendre; mais qu'ils ne menaçaient qu'une population rebelle; que les mouvements militaires étaient tout intérieurs, et n'avaient aucun but extérieur; qu'ils étaient dirigés contre les Grecs et non contre les autres raïas sujets de la Porte, et ne concernaient en rien la religion. Elle concluait par une dernière plainte contre les rapports malintentionnés de l'ambassadeur.

Celui-ci, de son côté, attendait de nouveaux ordres de son gouvernement. Alexandre lui envoya un ultimatum, avec ordre de ne laisser qu'un délai de huit jours au sultan pour y donner une réponse catégorique. Passé ce temps, l'ambassadeur devait reprendre le chemin de la Russie, enjoindre aux consuls de se retirer des échelles avec leurs nationaux, et emmener les protégés et sujets russes établis à Constantinople. Dans cette pièce, datée du 18 juillet, le comte de Strogonof rappelait que la Russie avait prévenu la Porte des premiers mouvements, qu'elle avait prêté son concours pour la répression des troubles de Moldavie et de Valachie, mais non pour une répression arbitraire et fanatique qui confondait les innocents avec les coupables; elle craignait que la légitime résistance à la révolte ne se changeât en un projet d'extermination de la race grecque et de la religion. Ses craintes n'ont pas été trompées. Les massacres en masse, le meurtre des femmes et des enfants ont montré à l'Europe, que la nation entière était condamnée; le supplice ignominieux du patriarche dans un jour que toute la chrétienté révère lui a prouvé que c'était sa religion qu'on voulait insulter et anéantir. Après de tels excès, la Russie devait se considérer comme outragée dans sa foi. Elle pouvait rappeler à sa Hautesse les articles du traité de Kaïnardji qui lui donnaient un droit de protection en faveur de la religion grecque. Mais elle aimait mieux lui adresser des considérations d'un ordre plus élevé; et alors la note posait un dilemme au sultan. Ou bien il agit d'après un plan librement conçu, ou bien, entraîné par les circonstances et le fanatisme de son peuple, il est contraint d'adopter un système dont il réprouve les violences. « Si, comme l'empereur aime à le penser, ajoutait-on, c'est contre le gré de la Sublime Porte que s'exécutent en Turquie les mesures dont gémissent la religion et l'humanité, S. M. I. désire que Sa Hautesse prouve qu'elle possède encore le pouvoir de changer un système qui, tel qu'il est, ne permettrait plus aux gouvernements chrétiens de traiter ni de composer avec le gouvernement turc......... Si, contre toute attente, le gouvernement turc témoignait que c'est par suite d'un plan librement arrêté qu'il prend les mesures dont il a été parlé, il ne resterait plus qu'à lui déclarer dès à présent qu'il se constitue en état d'hostilité ouverte contre le monde chrétien; qu'il légitime la défense des Grecs, qui dès lors combattaient uniquement pour se soustraire à une perte inévitable; et que, vu le caractère de cette lutte, la Russie se trouverait dans la stricte obligation de leur offrir asile, parce qu'ils seraient persécutés; protection, parce qu'elle en aurait le droit; assistance, parce qu'elle ne pourrait pas livrer ses frères de religion à la merci d'un aveugle fanatisme.......... On demande une réponse dans le délai de huit jours. En cas que le gouvernement turc exauce les vœux et réalise les espérances de S. M. I., en adhérant à ses propositions, le soussigné est autorisé à convenir avec la Sublime Porte d'un nouveau délai, qui lui donnera faculté de démontrer à l'Europe, par le témoignage des faits, que non-seulement elle accepte les conditions qui doivent constater de sa part un retour à des principes modérés et qui ont été indiqués plus haut, mais encore qu'elle s'empresse de les remplir; et que non-seulement elle ne veut pas le mal, mais encore qu'elle peut et sait l'empêcher. Dans toute autre alternative, on fait savoir que l'ambassadeur a reçu l'ordre de quitter immédiatement Constantinople avec tous les employés appartenant à la légation de S. M. I. »

Le délai de huit jours expira sans que le baron de Strogonof reçût de réponse. Il fit alors ses derniers préparatifs, et s'embarqua; mais il fut retenu par les vents. Les ambassadeurs des autres puissances pressèrent le Divan de répondre, il s'y décida; mais l'ambassadeur de Russie ne reçut pas la réponse, et partit le 10 août pour Odessa, d'où il devait se rendre à Pétersbourg. Autant en firent les consuls russes. Le Divan remit à un courrier la note qu'avait refusée l'ambassadeur, pour la porter directement au comte de Nesselrode.

Cette note reproduisait à peu près la première pièce que nous avons analysée; c'était, sur le même ton altier, même assurance de la fidélité du sultan aux règles du droit : « Il est évident que toutes les règles et les dispositions politiques qui ont été observées dès les temps anciens dans mon sublime empire, sont fondées sur les commandements de cette pure loi dont la solidité et la durée sont garanties par Allah jusqu'au jour même de la résurrection. » Même protestation de la clémence du gouvernement à l'égard des Grecs, même accusation arbitraire contre la mémoire du patriarche, au sujet duquel on ajoutait ce singulier grief : que ses compatriotes, les habitants de Calavryta, avaient été des premiers à se soulever ; or le patriarche était natif de Dimitzana (1). Le Divan prétendait encore se justifier d'avoir frappé en lui le chef de la religion grecque : « Ayant dépouillé le patriarche de sa dignité, et l'ayant réduit à la qualité de simple prêtre, on lui a fait subir la peine capitale pour en faire un exemple, sans attacher aucune importance particulière au temps et à l'heure de son exécution, sans prétendre vilipender la religion chrétienne. Le traité de Kaïnardji, ajoutait-on, stipule en effet que la religion chrétienne sera protégée ; mais la religion est une chose et le crime en est une autre. Les Grecs innocents jouissent de la plus grande tranquillité ; et si elle a été un moment interrompue sur quelques points, elle ne tardera pas à renaître, d'après les mesures efficaces que la Sublime-Porte se propose de prendre. » On continuait de demander l'extradition de Soutzo et de ses partisans réfugiés en Russie, en disant que la Turquie n'installerait des hospodars dans les Principautés qu'après être rassurée à cet égard. « Finalement, disait-on, si en présence du monde entier on mettait dans la balance d'un côté les justes demandes et les griefs légitimes de la Sublime Porte, tant au sujet des transfuges que relativement à la ligne de conduite suivie depuis quelque temps par l'ambassadeur, et de l'autre les plaintes mal fondées que ce ministre a mises en avant, il est clair que l'on ne trouverait rien à reprocher à la Sublime Porte, et que tout le tort retomberait sur l'ambassadeur. (26 juillet.)

Ainsi ce n'étaient que récriminations contre récriminations. La Russie menaçait et la Turquie ne cédait pas. Elle répondait par les mêmes affirmations aux observations des ministres des autres puissances ; elle opposa à une note de l'internonce d'Autriche, le comte de Lutzow, une apologie de sa conduite et l'assurance de ses principes de clémence (15 août). Le vicomte de Viella, chargé d'affaires de France, ayant réclamé des garanties pour la Russie et la répression des violences commises dans les Échelles (13 août), elle répliqua, le 3 septembre, toujours par les mêmes dénégations.

Dans le même temps elle exigea du patriarche de Constantinople un mandement encyclique pour célébrer la clémence de sa politique. Cette pièce est un nouvel exemple des mensonges officiels par lesquels, tant au dedans qu'au dehors, elle couvrait ses violences envers les Grecs et essayait de les décevoir et de les désarmer.

« .... Malgré une conduite aussi insensée et aussi impie, disait le mandement après avoir rappelé le soulèvement des chrétiens, Sa Hautesse, loin de renoncer aux sentiments d'humanité et de commisération qui sont naturels à son auguste caractère, n'a pas voulu sévir d'abord contre tous les insurgés et les traîtres ; mais elle en a fait punir quelques-uns, lorsque le cas l'exigeait, tandis que ceux qui vaquaient à leurs propres affaires et n'avaient point franchi les bornes de la soumission n'ont point cessé d'être protégés et défendus par la Sublime Porte, et qu'elle a enfin exigé de notre Église des lettres d'excommunication contre les coupables opiniâtres et des lettres d'exhortation pour tout notre peuple.

« Quoique ces lettres aient été expédiées deux fois consécutivement, ceux qui suivaient le sentier de la révolte ne se désistèrent pas de leur entreprise infernale....... Envers des factieux aussi insensés et aussi opiniâtrement attachés au crime, la Sublime-Porte devait user de la dernière rigueur et n'épargner aucun d'entre eux ; mais le système de la Sublime Porte étant naturellement fondé sur la commisération et la clémence, elle vient de manifester ses sentiments d'humanité et de philanthropie par un ordre suprême qui nous a été transmis, et où sont consi-

---

(1) Selon M. Pouqueville.

gnées les dispositions ci-dessus, nous enjoignant d'envoyer nos lettres d'exhortation à tous les Grecs établis dans l'Empire Ottoman, et d'y retracer ce qui a été dit plus haut, relativement à la subordination générale qu'elle exige de vous.

« Nous vous écrivons donc, réunis en synode, à vous, nos vénérables et chers frères les éminents métropolitains qui nous assistez dans nos fonctions, et vous notifions le contenu de cet ordre suprême. Nous vous exhortons, au nom de l'Esprit-Saint, tous tant que vous êtes, grands et petits, de toute condition, qui auriez porté les armes contre notre très-clément et très-puissant empereur, à rentrer avec franchise et sincérité dans la soumission et à vous désister du vain projet de cette révolte impie......... Et soyez persuadés que la Sublime Porte, une fois convaincue de votre retour réel à votre devoir et de l'exactitude avec laquelle vous remplirez vos obligations de sujets, vous ouvrira les bras comme une mère charitable, vous protégera, vous défendra, fera couler sur vous la source intarissable de ses bienfaits, et ensevelira dans l'oubli la conduite insensée de ces audacieux, conduite inspirée par le démon même. En même temps, notre commune mère, l'Église de Jésus-Christ, touchée de votre repentir, accordera le pardon à ceux qui se sont attiré ses anathèmes par leur désobéissance. Mais si, ne prêtant pas l'oreille à la voix généreuse de la Sublime Porte (à Dieu ne plaise qu'il en soit ainsi!), des ingrats persistent à méconnaître son indulgence et ses bontés inespérées, et demeurent insensibles à cette clémence incomparable; s'ils restent ingrats aux nombreux bienfaits qu'elle n'a cessé de verser sur eux jusqu'à ce jour; si ces méchants témoignent de l'ingratitude pour nos exhortations ecclésiastiques et paternelles, et persévèrent dans une conduite si contraire à l'esprit du christianisme, que ce crime retombe sur leurs têtes! que leurs iniquités les accablent de tout leur poids. Ils gémiront alors, frappés de la réprobation spirituelle et temporelle, et seront précipités tout à coup dans un abîme de calamités. Grecs, réveillez-vous donc au nom de Dieu! Profitez du temps qui vous est accordé pour le repentir; agissez comme nous vous le prescrivons, en vous conformant aux ordres de la Sublime Porte, et gardez-vous bien d'y contrevenir! »

Constantinople, le 5 (17) août 1821.

Les Grecs ne s'abusaient pas sur ces promesses transmises par la bouche d'un patriarche intrus, et qui n'avaient d'autre but que de les endormir. Ils profitaient indirectement des négociations qui s'échangeaient à Constantinople, parce que la possibilité, toujours menaçante, d'une guerre avec la Russie retenait des forces turques sur les bords du Danube.

Quant à Alexandre, il balançait entre la paix, que lui imposait la Sainte-Alliance, et la guerre, que lui conseillait sa communion religieuse avec les Grecs. Il communiqua à ses alliés l'ultimatum qu'il venait d'adresser à la Porte, et leur demanda en même temps trois choses : leur soutien dans ses réclamations auprès du Divan, leur concours pour tout ce qu'il serait obligé de faire en cas de refus de la Porte, leur coopération à la pacification de la Grèce. La Prusse et la France accueillirent les trois propositions; mais l'Angleterre et l'Autriche ne se prêtèrent qu'à la première, et le prince de Metternich et lord Castelreagh convinrent de s'opposer à toute intervention armée de la Russie. Alexandre recula devant cette opposition, et se contenta de répondre à la dernière note de la Porte qu'il refusait l'extradition des transfuges, et que s'il recevait des gages de l'exécution fidèle des traités, du respect de la religion orthodoxe, et d'un système d'équité envers ses coréligionnaires, il renoncerait aux mesures que la conduite du gouvernement l'avait obligé de prendre. Mais les menaces du czar n'étaient pas plus écoutées que les représentations amicales des autres puissances.

CHAPITRE XIII.

CAPITULATION DE MONEMBASIE ET DE NÉO-CASTRO. — SIÉGE ET SAC DE TRIPOLITZA.

La Porte n'avait pas lieu pourtant d'être rassurée par les événements du Péloponnèse. Après la marche victorieuse du kiaya-bey et son entrée dans Tripolitza, les Grecs se relevaient par d'autres succès, et commençaient à apprendre la guerre de siége. Monembasie, ou Naples de Malvoisie, était assiégée par terre et par mer. Bâtie sur un rocher baigné de tous côtés par les flots, ne communiquant avec la terre ferme que par un pont, cette ville est presque inaccessible. Mais en même temps elle s'était privée de toute chance d'être secourue et ravitaillée. La citadelle, qui contenait des sources d'eau et un coin de terre cultivable, ne manquait de rien. Mais la ville et le faubourg furent bientôt tourmentés par la disette, surtout depuis que Cantacuzène, arrivé au camp des Grecs, vers la mi-juillet, en eut pris le commandement et eut resserré le blocus. Les historiens racontent avec d'horribles détails le dénûment des assiégés. « Ils furent obligés de manger les chevaux et les autres bêtes de somme. Mais cette ressource ne tarda pas à leur manquer. Enfin, ils se virent réduits à se repaître d'ordures et de chair humaine. Pendant la durée de ce terrible siége on s'aperçut de la disparition de plusieurs enfants; mais on reconnut ensuite qu'ils avaient été enlevés et dévorés furtivement ...... Le blé se vendit jusqu'à cent cinquante piastres (cent trois francs de notre monnaie environ) les trois livres. On fut bien heureux de découvrir sous les bateaux une espèce de mousse formée par l'humidité. Ce dégoûtant végétal préparé avec de l'huile soutint encore quelque temps l'existence des infortunés Malvoisiens .... S'ils parvenaient à tuer des Grecs (dans les sorties) ils en rapportaient les cadavres dans la ville, et cette chair s'y vendait trois ou quatre francs la livre. Ils finirent même par manger leurs propres frères qui succombaient ou à leurs misères ou dans les sorties. » (Raffenel, t. I, p. 212.)

Enfin la ville offrit de capituler; la citadelle s'y refusait toujours. Mais Cantacuzène traita avec ceux de la ville; ceux-ci s'introduisirent par ruse dans la citadelle, dont la garnison, se voyant obligée de partager le sort commun, accepta aussi la capitulation (4 août). Les Turcs furent respectés dans leurs existences, mais dépouillés de leurs armes et de leurs objets précieux, embarqués sur des vaisseaux ipsariotes, et déposés non sur la côte asiatique, de peur qu'il n'arrivât malheur à l'équipage grec, mais dans un îlot voisin de Scala-Nova, d'où ils trouvèrent l'occasion de gagner la rive opposée.

Sur la côte orientale de la Morée, les Grecs bloquaient une autre place, Néo-Castro ou Navarin. Ils s'étaient emparés de la ville de Mesochori, voisine de Méthone ou Modon, et interceptaient de ce point les communications par terre entre Modon et Navarin. Mais les Turcs, ayant la mer libre, se ravitaillaient par cette voie. Le blocus fut établi par mer comme par terre. Alors ils commencèrent à souffrir de la faim et de la soif. La viande même des animaux impurs selon la loi musulmane se mangea et se vendit très-cher. Les Turcs de Modon essayèrent de faire passer des vivres par mer; les chaloupes grecques forcèrent leurs deux navires de rentrer dans leur port (20 juillet). Les assiégés ouvrirent les portes à ceux qui ne se sentaient plus capables de supporter les horreurs de la famine; près de deux cents vieillards, femmes et enfants sortirent, se dispersèrent et trouvèrent un sort qui ne fut guère moins misérable. Les Turcs de Modon tentèrent alors une expédition par terre : elle ne réussit pas davantage. Seulement, ils tuèrent aux Grecs dans le combat deux de leurs chefs les plus considérés, Mitros Chalazonitis et Constantin-Pierre Mavromichalis.

Enfin, les défenseurs de Navarin demandèrent à capituler. Hypsilantis envoya son représentant Georges Kosaki Typaldos; le sénat péloponésien envoya le sien, Nicolas Poneropoulos. Néanmoins, on s'accorda, et on convint que les assiégés remettraient la place et leurs armes, que les assiégeants les transporteraient tous sains et saufs avec leurs biens portatifs, sauf les objets précieux, soit en Égypte, soit à Tunis. Typaldos passa aussitôt à Calamata pour faire noliser dans cette vue deux navires septinsulaires mouillés dans le port. Mais comme quelques Turcs de distinction, exceptés des conditions communes par une des clauses du traité, s'occupaient de faire transporter à bord leurs biens les plus précieux, deux ou trois Grecs s'en emparèrent; ils furent bientôt imités, et alors, contre la foi des traités, commença un pillage général joint au massacre d'une garnison épuisée. Quelques Turcs furent seulement sauvés, par l'humanité des chefs grecs.

La ville de Navarin ainsi réduite, le siège de Modon fut levé; celui de Tripolitza, l'ouvrage capital de la campagne, fut poussé avec plus de vigueur. On se ferait une idée fausse de ce siège ainsi que de tous ceux qui furent entrepris par les Grecs, si on le jugeait d'après les sièges des guerres européennes. La ville de Tripolitza, formidable pour l'armée inexpérimentée des Grecs, n'eût pas résisté à un investissement régulier : « Ses fortifications se composent d'un mur en maçonnerie de neuf pieds de hauteur, ayant six pieds d'épaisseur à la base et trois au sommet, et dans lequel on a pratiqué une double rangée de mauvaises meurtrières. Aux deux tiers de la hauteur de ce mur, et tout autour, règne un petit trottoir assez mal construit, et sur lequel on ne peut monter que par des escaliers placés à des distances inégales. Au lieu de bastions, ce sont des demi-tours garnies de canons qui appuient et défendent en quelques endroits la muraille; partout ailleurs elle ne peut être protégée que par le feu de la mousqueterie. A l'occident de la ville, on a construit une citadelle sur un plan plus régulier, avec des casemates voûtées à l'épreuve de la bombe; mais elle est incapable de soutenir une attaque régulière, étant ouverte sur ses flancs et trop étroite à l'intérieur. L'artillerie était composée de trente pièces de bronze et de quelques vieux canons en fer, dont la plupart étaient montés sur des billots de bois en guise d'affût et très-mal approvisionnés de poudre et de boulets. A tous ces désavantages il faut ajouter qu'une montagne rocailleuse, dominant la ville et la citadelle dans une étendue de plus de deux cents verges, dérobe et protège entièrement les approches d'une armée assiégeante (1). »

Mais cette ville était défendue par une population considérable. A sa population ordinaire, d'environ quinze cents âmes, étaient venus se joindre tous les Turcs des environs, qui avaient abandonné leurs demeures au début de l'insurrection. Elle contenait environ trente mille âmes, parmi lesquelles quelques chrétiens et des juifs. Sur ce nombre, dix mille hommes étaient armés; c'étaient soit des Péloponésiens, soit des Asiatiques, soit des Albanais, qu'avaient amenés le kiaya-bey de Chourchid. C'était contre ces forces qu'étaient réunis les Grecs, également dépourvus d'artillerie et de cavalerie. Ils étaient répartis en quatre corps formant un demi-cercle, deux mille cinq cents sous Colocotroni, à l'aile gauche, quinze cents à l'aile droite sous Giatrako, mille sous Anagnostaras au centre, quinze cents sous Pétro Bey en réserve. Hypsilantis était campé en haut du camp d'Anagnostaras, à Tricorpha. Les routes d'Argos et de Léondari étaient gardées par deux corps, l'un de cent cinquante, l'autre de trois cents hommes.

Les deux armées restèrent longtemps en présence sans autre engagement que de fréquentes escarmouches, entremêlées de trêves et d'altercations qui font ressembler cette guerre aux tableaux de l'Iliade, sans excepter la grossièreté des insultes et les cruautés de la victoire. M. Soutzo en retrace ainsi la physionomie : « Les Grecs, rassemblés depuis trois mois sur les hauteurs voisines, ne paraissaient songer à aucune opération régulière; ils semblaient n'être accourus autour de cette place que pour s'exercer; le corps principal de leur armée ne descendait que rarement des fortes positions qu'il occupait, et lorsque les assiégés, pour se procurer du fourrage et des vivres, faisaient quelques sorties, ce qui arrivait fréquemment, les Grecs se contentaient d'échanger avec eux quelques coups de fusil et de leur dresser des embuscades. Quelque-

(1) Blaquières, *Rév. act. de la Grèce*, p. 147.

fois cependant l'action devenait plus chaude; les porte-drapeau grecs couraient en avant; l'élite de l'armée les suivait de près, et défiait les Ottomans par des paroles outrageantes : « Sortez, lâches Persans! leur criaient les Spartiates. — Tremblez, répondaient les Turcs, tremblez, faibles lièvres de la Laconie! » Ils quittaient leurs remparts; le combat s'engageait; les Hellènes, tirant de loin, debout et à genou, se couchant sur le flanc ou sur le dos pour se dérober au feu de la mousqueterie, s'avançaient lentement : s'ils rencontraient une inégalité de terrain, un pan de murailles, ils y plantaient leur étendard, et de là dirigeaient leurs coups; fatigués bientôt d'une lutte qui ne décidait point de la victoire, ils avaient recours à leurs sabres, fondaient sur les Turcs, et tâchaient de pénétrer au centre de leur armée. On en venait aux mains, on se battait corps à corps; celui qui terrassait son adversaire le dépouillait et s'enfuyait; celui qui tombait blessé était assailli par les ennemis et secouru par ses compagnons; la nuit survenue, les hostilités cessaient entièrement; les deux partis s'approchaient des murailles pour converser; les Boudouniotes s'abouchaient avec les Maniotes, Elmaz-Bey avec Colocotronis, Kiamil-Bey, le riche aga de Corinthe, avec Bobolina; les soldats troquaient des corbeilles de figues sèches, des paniers de raisin, contre des sabres d'acier de Damas et des pistolets garnis d'argent : l'instant d'après, ces manières amicales cessaient, on venait aux disputes. Quelquefois, durant les chaleurs du midi, les chefs grecs, oubliant la guerre, formaient un cercle autour d'un mouton rôti; le plus robuste d'entre eux le dépeçait avec son sabre; une tasse de vin était portée à la ronde; vers la fin du repas, un brave prenait sa lyre à trois cordes, et célébrait les exploits de quelque klephte fameux. » (*Hist. de la Rév. gr.*, p. 127.)

La cavalerie turque éloigna d'abord les assiégeants; mais quand les fourrages lui manquèrent, quand les chevaux furent réduits pour toute nourriture à du sarment de vigne, elle s'épuisa et devint inutile. Les Grecs purent resserrer le cercle de l'investissement. Le 22 août, quatre mille Turcs, tant à pied qu'à cheval, sortirent pour faire du fourrage; ils furent surpris dans leur retour par une embuscade : leurs vivres furent interceptés, et ils firent une perte de plus de cent hommes.

Cependant Hypsilantis désirait pousser plus activement le siége, et il manquait d'artillerie. Après la prise de Monembasie et de Navarin, on transporta au camp de Tricorpha trois mortiers pris dans ces places; mais les Grecs ne savaient pas s'en servir, et un aventurier italien qui s'était fait fort de leur en montrer l'usage, en fit crever un au premier essai. Vers le même temps arriva à l'armée le prince phanariote Mavrocordato, amenant avec lui de Marseille quelques officiers français et italiens. Puis, dans les derniers jours de septembre, un riche et généreux officier anglais, M. Gordon de Cairness, débarqua sur un navire armé par lui, et chargé de trois obusiers et de cinq cents fusils. Il fut reçu avec enthousiasme, fut reconnu aussitôt comme chef d'état-major général, et entreprit de former quelques compagnies de volontaires à la discipline européenne. En même temps un brave officier français, nommé Baleste, venu de Trieste avec Démétrius Hypsilantis, s'occupait à Calamata de composer et d'instruire un bataillon portant l'uniforme noir des hétairistes, et armé de fusils à baïonnette.

Cependant les Turcs souffraient de la disette; les Grecs avaient coupé des tuyaux qui conduisaient l'eau dans la ville. L'accumulation et le dénûment de la population amena une épidémie. Hypsilantis crut le moment favorable pour offrir une capitulation à des conditions encore avantageuses; il fut refusé. Le gouvernement turc préparait une diversion pour délivrer Tripolitza.

Le 7 septembre apparut sur les côtes méridionnales du Péloponèse la flotte turque, qui s'était retirée depuis l'engagement de Samos dans l'Hellespont. En même temps une expédition se préparait dans la province de Zeitoun, sous les ordres du séraskier Baïram-Pacha; elle comptait sept mille cavaliers et fantassins. Dyoviniotis, avec quelques capitaines Grecs, prit position à Vasilika, pour lui fermer la route de la Livadie.

Le 5 septembre, une avant-garde turque de deux mille hommes fut repoussée par Kontosopoulos et Chalyvas avec une perte de cinquante tués ou blessés. Le lendemain, Baïram-Pacha s'avança en personne avec toute son armée jusqu'à Vasilika. Le combat s'engagea; il fut extrêmement brillant pour les Grecs, particulièrement pour Dyoviniotis et son fils, Panourgias, Gouras, et Papa-André, qui poursuivit l'ennemi jusqu'au coucher du soleil. Les Turcs laissèrent plus de mille morts sur le champ de bataille, parmi lesquels un des pachas qui assistaient le séraskier; ils abandonnèrent un riche butin, huit cents chevaux, deux canons, dix-huit étendards. Les Grecs ne comptaient que dix morts et trente blessés (1), parmi lesquels Kontosopoulos. Les vaincus se rallièrent à Platania, et retournèrent de là à Zeitoun, après avoir coupé derrière eux le pont du Sperchius (ou Hellada). Ainsi échoua la première tentative faite pour débloquer Tripolitza.

D'un autre côté, la flotte turque, après avoir ravitaillé Méthone, dont les Grecs, comme nous avons vu, avaient abandonné le siège, faisait voile vers Coron, que bloquait Antoine Mavromichalis, secondé par son frère Jean et d'autres capitaines. Les assiégeants étaient maîtres, depuis le commencement d'avril, de Vounaria et des petites places voisines. Ils occupaient la ville de Coron; mais la citadelle se défendait. L'apparition de la flotte leur fit lever le siège, et les Turcs, délivrés, mirent le feu à la ville, pour n'avoir plus à la défendre. Ils avaient entre les mains l'évêque de Coron, Grégoire, et deux notables, qu'ils avaient faits prisonniers; ils les décapitèrent, et jetèrent les cadavres par-dessus les murs d'enceinte.

De Coron la flotte se rendit à Calamata. Les habitants, sous l'inspiration cruelle de la peur, égorgèrent la plupart des Turcs qui vivaient dans leurs murs, au nombre d'environ soixante. Heureusement Calamata possédait un officier français, que nous avons déjà nommé, Baleste, qui avait quitté le service de la France depuis 1814, et qui,

(1) Nous suivons pour ces chiffres M. Tricoupi.

ayant vécu en Crète depuis ce temps, avait adopté la langue, les mœurs et les espérances de la Grèce. Il organisait un bataillon formé de ces volontaires étrangers qui commençaient à se diriger de toutes contrées sur les provinces insurgées, et qu'on appelait *philhellènes*, de quelques Grecs et de transfuges de Cydonie. Il n'avait que deux canons, n'était soutenu que par une centaine de Maniotes, et n'avait sous ses ordres que deux cent cinquante soldats. Il les rangea hardiment sur le rivage, et la flotte n'osa aborder.

Elle se contenta d'explorer les côtes de la Messénie, puis elle se dirigea vers Patras. On disait qu'elle portait dix mille combattants, dont mille Albanais. Un conseil de guerre se réunit sous Tripolitza, pour délibérer des moyens d'empêcher le débarquement d'une telle force. Hypsilantis se chargea lui-même de se rendre près de Patras, avec le corps de Baleste et cinq cents compagnons de Colocotroni commandés par son neveu Apostolis et ses deux fils, Panos et Gennaios. La flotte jeta l'ancre le 19 septembre devant Patras; elle comptait soixante vaisseaux, parmi lesquels trois deux-ponts et sept frégates. La ville de Patras était elle-même bien gardée depuis que les Laliotes étaient venus se renfermer dans ses murs; il était impossible de la bloquer par la terre ferme; du côté de la mer, elle ne pouvait l'être que par des croisières. Elle recevait constamment, par des vaisseaux de toutes nations, des approvisionnements, et ses habitants allaient encore en chercher dans la campagne environnante, malgré la résistance de quelques capitaines grecs, et particulièrement de l'intrépide Panajoti Karadja, qui osait même tomber de nuit sur la ville. Plusieurs combats sanglants eurent lieu, et les Turcs poussèrent la confiance jusqu'à aller brûler un monastère à trois lieues de Patras. Malheureusement les Grecs étaient divisés; leurs chefs avaient entre eux d'interminables querelles, à la suite desquelles le brave et précieux Karadja fut tué par trahison. Sanglante semence pour une terre de liberté, et d'où ne sortit que la haine, la défiance et le découragement!

Tel était l'état des choses quand la

flotte ottomane parut en vue de Patras, le 19 septembre. Les Turcs de la ville, renforcés de mille Albanais débarqués, commencèrent par déloger les Grecs de trois positions gênantes. Puis une partie de la flotte, la plus considérable, portant, entre autres soldats, sept cents Albanais, se détacha sous le commandement de l'amiral égyptien Ibrahim Gibraltari. Elle débarqua à Vostitza quelques troupes qui trouvèrent la ville déserte et la brûlèrent; puis elle passa à la côte opposée, canonna les murs de Veternitza et s'arrêta devant Galaxidi. Cette ville possédait quarante navires dans son port; elle était défendue par une petite île, où elle avait mis un poste avancé. Le premier jour de résistance fut heureux, mais les ennemis étaient bien supérieurs en nombre; ils s'emparèrent des navires du port, de la petite île qui le protégeait, de la ville même, où ils égorgèrent quelques infirmes qu'y avaient laissés les habitants, y mirent le feu, choisirent trois ou quatre vaisseaux parmi ceux qu'ils venaient de prendre, brûlèrent les autres, et reprirent le chemin de Patras.

Ce fut à ces exploits faciles que se borna l'expédition maritime du golfe de Corinthe. L'hiver approchant, la flotte abandonna Patras, et les 6, 7 et 8 octobre vint se retirer dans le port de Zante, où elle fut reçue avec bienveillance par l'administration anglaise. Pendant ce temps, la flotte grecque était restée inactive. Il n'était pas toujours facile de réunir une force maritime qui ne se composait que d'embarcations particulières. Cependant le danger excita le patriotisme. Trente-cinq navires firent voile en commun vers le sud-ouest du Péloponnèse, et se croisèrent, sans la voir, avec la flotte ottomane, qui retournait vers le Bosphore. Ils envoyèrent un représentant dans l'île de Zante pour recueillir des renseignements; le gouvernement anglais, qui venait de recevoir la flotte turque en amie, signifia impérieusement à l'envoyé des Grecs de se retirer, et lui interdit toute communication avec les habitants, sans plus de respect de la neutralité qu'il professait. Cependant la flotte grecque ayant eu avis du départ de la flotte turque, et craignant qu'elle n'attaquât sur son passage Spetzia ou Hydra, se mit à sa recherche. Celle-ci avait rencontré, en doublant la pointe de la Messénie, des vents tellement violents qu'elle avait été obligée de rebrousser chemin et de remonter vers Zante. Un deux-ponts algérien de vingt canons fut écarté par la tempête, et tomba au milieu des navires grecs, qui le canonnèrent. Il fit d'abord une vigoureuse résistance; mais enfin il échoua, à demi brûlé, sur la côte de Zante; ses matelots se sauvèrent dans l'intérieur de l'île. La vue des couleurs grecques remplit d'enthousiasme les habitants de Zante; car, malgré la sévérité despotique du lord haut commissaire des îles Ioniennes, malgré son pouvoir arbitraire, qu'on avait caractérisé en lui donnant un surnom populaire, *King Tom* (le roi Thomas), les septinsulaires dissimulaient peu leur sympathie pour l'insurrection hellénique. Ils déchiraient les proclamations du gouvernement, et priaient ouvertement pour les Grecs dans les églises. Ce fut donc avec un élan irrésistible que les Zantiotes se portèrent sur le point où avait échoué le navire algérien. Quelques soldats anglais qui avaient été envoyés là pour le garder furent attaqués et forcés de se réfugier dans des tours voisines.

Pendant ce temps sept navires de la flotte grecque tombèrent au milieu des ennemis entre Zante et Clarentza. Ils coururent un grand danger. Heureusement Miaoulis, qui montait l'un d'eux, prit spontanément le commandement, et fit ranger les navires de ses compatriotes dans de petites baies qui découpent la côte du Péloponnèse, et où les vaisseaux, plus grands, des Turcs ne pouvaient pénétrer. Le lendemain toute la flotte grecque l'avait rejoint, n'ayant perdu qu'une embarcation, que les matelots avaient abandonnée après y avoir mis le feu. Quant à la flotte turque, elle rentra dans la rade de Zante, recueillit les matelots échappés du navire algérien, et repartit le 15 octobre. « Elle entra à Constantinople le 12 (24) novembre, faisant voir les navires de Galaxidi, aux mâts desquels avaient été pendus trente malheureux matelots, que l'équipage prétendit avoir été faits prisonniers à Galixidi. Mais comme les Turcs n'avaient pas trouvé âme vivante à leur descente dans cette ville, on dit et on crut que les victimes avaient été prises parmi les infortunés chrétiens qui servaient sur la flotte même. Kara-Ali, pour l'honneur d'avoir ravitaillé les places et détruit Galaxidi, fut promu au rang de Capoudan-Pacha. » (Tricoupi, t. II, p. 89.)

Malgré ce retour triomphal, le but de l'expédition maritime était manqué, aussi bien que celui de l'armement de Zeitoun, arrêté à Vasilika. Tripolitza n'était pas secourue. Aux maux du siége étaient venus se joindre ceux de la confusion et de la discorde. Le kiaya-bey avait perdu l'influence suprême que lui avait d'abord donnée la victoire, et trois partis s'étaient élevés : celui des habitants turcs, dont le principal chef était Kiamil-Bey; celui des Asiatiques, obéissant au kiaya-bey; celui des Albanais, qui suivaient Elmas-Bey. « Le premier parti, dit M. Tricoupi, recherchait le repos; le second, l'honneur; le troisième, l'argent ; et tous trois reconnaissaient toute résistance comme inutile. » (T. II, p. 91.) Le kiaya-bey proposait un moyen hardi de salut : sortir pendant la nuit avec toute la population et se jeter dans Nauplie de Romanie. Mais les Albanais espéraient trouver leur profit à s'arranger en particulier avec les Grecs, et les habitants prétendaient ne pas exposer eux-mêmes leurs femmes et leurs enfants à une périlleuse émigration. Tant d'avis contraires se croisant dans une population souffrante exaltaient les passions. Les Albanais, les plus violents de tous, en vinrent à s'emparer des vivres, de l'eau, qu'ils vendaient pour leur compte, et à forcer la demeure du kiaya-bey pour se faire payer leur solde. Les femmes finirent par s'ameuter autour de sa résidence, demandant à grands cris la capitulation (18 septembre). Alors les principaux se réunirent, et malgré le kiaya arrêtèrent des propositions.

On se rappelle qu'au commencement de l'insurrection grecque, des primats et des évêques du Péloponèse, convoqués à Tripolitza par le gouvernement turc, y avaient été retenus en otages. De ces malheureux, les uns avaient été massacrés par la multitude, les autres avaient été enfermés dans d'horribles cachots, où plusieurs étaient morts faute d'air et de nourriture. Ces prisonniers, exténués de privations, furent tirés de leur sépulcre pour rédiger les lettres de proposition, que l'on jeta ensuite par-dessus les murs. Mais ces lettres étaient pleines de jactance, et contenaient plutôt des injures et des menaces que des clauses de traité ; elles ne produisirent qu'une suspension d'armes passagère. Il y eut de nouveaux pourparlers; mais les Turcs avaient d'excessives prétentions : ils demandaient une escorte de dix-huit cents hommes pour les accompagner jusqu'à Nauplie, et quarante vaisseaux pour les transporter jusqu'à Smyrne ou ailleurs, la faveur de garder leurs armes et d'être nourris jusqu'à leur embarquement. On ne put s'entendre, et les hostilités recommencèrent.

Alors les Albanais, par l'intermédiaire d'Elmas-Bey, proposèrent aux Grecs, représentés par Colocotroni, de se retirer seuls, à la condition de combattre contre la Porte une fois de retour dans leurs foyers. En soutenant Ali et les Souliotes, devenus ses alliés, ils aideraient indirectement l'insurrection. Ils demandaient en retour à emporter leurs armes et tous leurs biens, à emmener les femmes des pachas, le kiaya, les principaux magistrats et quelques autres Turcs non Péloponésiens. Les Grecs acceptèrent la convention, et, le 5 octobre, les Albanais s'apprêtèrent à sortir de la ville. Tout à coup le bruit de la fusillade se fait entendre. Une cinquantaine de Grecs, remarquant une porte mal gardée, avaient escaladé la muraille, en montant sur les épaules les uns des autres, et avaient planté au sommet leur étendard. Puis ils avaient ouvert la porte à leurs frères, qui accouraient de toutes parts, sans que les chefs eussent pu ni prévoir, ni empêcher, ni diriger ce mouvement. Les Turcs prirent les armes, et les Albanais rentrèrent dans le palais du kiaya, réclamant l'exécution du traité. Colocotroni, accouru à la nouvelle de ce qui se passait, fit respecter la convention, contre l'avis des siens, qui prétendaient que le succès de l'assaut devait l'annuler. Les Albanais, au nombre d'environ mille huit cents, sortirent avec une escorte, emportèrent leurs biens, et furent accompagnés jusqu'à Vostitza, d'où ils gagnèrent l'Épire. Cependant la lutte continuait, ou plutôt le sac de la ville; car les Turcs, surpris, gênés par une multitude sans armes, privés de leurs plus hardis auxiliaires, furent écrasés par les Grecs, qui avaient recruté depuis quelque temps des hommes pour le pillage, et dont les privations, les ennuis du siège, les mauvais traitements infligés aux otages avaient aiguisé la vengeance. Il ne faut rien dissimuler des horreurs de cet assaut, qui égale ce que l'histoire des siéges présente de plus affreux. « Le jour de la prise de la capitale du Péloponèse fut un jour de destruction, d'incendie, de pillage et de sang. Hommes, femmes, enfants, tous périrent, les uns égorgés, les autres jetés dans les flammes qui s'élevèrent au milieu de la ville, d'autres écrasés sous les toits et les planchers des maisons embrasées; la soif de la vengeance anéantit la voix de la nature. Dans les rues, sur les places, on n'entendait que coups de couteaux, coups de feu, fracas de maisons s'écroulant au milieu des flammes, frémissement de colère, cris de mort. En un mot, le sol de la ville était jonché de cadavres, et les fantassins ou les cavaliers qui marchaient çà et là ne foulaient que des morts et des mourants......... Ces scènes durèrent trois jours. Le troisième jour, on mit à mort en dehors de la ville ceux que la faim et la soif en avait chassés avant qu'elle fût prise. Les Grecs qui étaient tombés dans la mêlée étaient au nombre de deux cents; il avait péri dix mille Ottomans, hommes ou femmes, de tout âge, en comprenant dans ce nombre les juifs; les autres avaient été faits prisonniers; quarante soldats avaient échappé seuls aux mains des Grecs en fuyant vers Nauplie sans être poursuivis. Les plus importants des prisonniers étaient le kiaya-bey, le kaïmacan, Moustapha-Bey, Siech-Natsib-Effendi, le defderdar, le bina-émini et les femmes de pachas renfermées chez Mavromichalis. Les dépouilles étaient immenses et précieuses; mais elles avaient été pillées sans le moindre souci du bien public, quoi qu'on eût conçu l'espoir de trouver là des ressources pour les embarras de la patrie. La fureur du pillage fut telle que la plupart des maisons furent dépouillées même de leurs boiseries (1). » (Tricoupi, t. II, p. 100.)

CHAPITRE XIV.

DERNIERS ÉVÉNEMENTS DE LA CAMPAGNE DE 1821. — ASSEMBLÉES DE MISSOLONGHI ET DE SALONE.

Pendant que Tripolitza était prise d'assaut et l'armée turque exterminée, Hypsilantis, parti, comme nous l'avons dit, pour inquiéter le débarquement de la flotte de Kara-Ali, faisait dans le nord du Péloponèse une inutile tournée. Il avait passé par Calavryta, où il avait pris mille hommes à sa suite, et était arrivé à Vostitza après que la flotte turque avait disparu. Longeant alors le rivage du golfe de Corinthe dans la direction de l'isthme, il était arrivé au couvent de Sainte-Irène, d'où il avait vu brûler Galaxidi. Il resta une semaine à Vasilika, où il apprit la prise de Tripolitza. Il passa devant Corinthe, dont Constantin Petmatzas assiégeait la citadelle, alla jusqu'à Kéchriès, et le 22 octobre entra à Tripolitza, où il fut reçu au bruit des canons.

La nouvelle de la chute de la capitale de la Morée produisit par elle-même sur les Turcs de Patras plus d'effet que n'en avait produit l'apparition d'Hypsilantis. Ils couraient par centaines vers la mer pour s'embarquer. Les Albanais passèrent tous sur la côte opposée. Les Laliotes s'établirent dans la citadelle, contre le gré de Joussouf-Pacha, qu'ils forcèrent même à passer à Rhion. Aussitôt Colocotroni, de l'avis commun, partit pour Patras. Il n'avait en sortant de Tripolitza que vingt hommes avec lui, tant les Grecs étaient occupés à mettre en sûreté leur butin et leurs

(1) Ce récit dément suffisamment une allégation de M. Raffenel, sur les querelles meurtrières que le pillage aurait suscitées entre les Grecs eux-mêmes : « Plus de huit cents Grecs exterminés l'un par l'autre, succombèrent le même jour. » (T. I. p. 372.) Il est inutile de réfuter cette erreur, répandue avec bien d'autres lors de la prise de Tripolitza, et que M. Blaquière avait déjà relevée (p. 163.)
Cf. sur le siège de Tripolitza le colonel Raybaud : *Mémoires sur la Grèce, pour servir à l'histoire de la guerre de l'indépendance*; 2. vol. in-8°, F. Didot. — *Mémoires du colonel Voutier*.

prisonniers. Mais il était à peine à une heure de la ville qu'il avait autour de lui douze cents soldats; il en comptait quatre mille quand il arriva à Gastouni. L'espoir d'un nouveau pillage n'était pas pour peu dans ces enrôlements. Mais les capitaines qui campaient depuis longtemps autour de Patras virent de mauvais œil les nouveaux arrivants, et écrivirent au conseil de guerre de Tripolitza pour faire rappeler Colocotroni; de sorte qu'il s'en retourna sans avoir rien fait.

La nouvelle de la perte de Tripolitza eut les mêmes conséquences dans la Grèce continentale que dans la Morée. Omer-Pacha-Vrione, rappelé d'ailleurs par Chourchid-Pacha, qui voulait user de son influence sur les Albanais défenseurs d'Ali-Pacha, abandonna Athènes le 10 octobre, et se réunit à Méhémed-Pacha. A Thèbes, les deux pachas eurent à échanger quelques coups de feu avec une avant-garde grecque; ils rallièrent en passant la garnison turque de Livadie, passèrent par la route de Talantia, la seule qui ne fût pas occupée, et arrivèrent en Thessalie, d'où ils se dirigèrent vers Janina. Après le départ d'Omer-Vrione, la citadelle et la ville d'Athènes restèrent aux mains des Turcs du pays et de quelques Albanais. Aussitôt les Grecs dispersés dans les îles voisines depuis l'occupation étrangère affluèrent dans l'Attique. Le 15 novembre les Turcs d'Athènes surprirent quelques Grecs dans les plants d'oliviers de Marathon, et en saisirent onze, huit femmes, qu'ils violèrent, trois hommes, qu'ils décapitèrent. Le lendemain, ils firent une nouvelle irruption; mais les Grecs les attendaient, les mirent en fuite, et entrèrent à leur suite dans la ville. Ils formèrent pour la seconde fois le blocus de la citadelle.

Les insurgés à ce moment se trouvaient dans les circonstances les plus rassurantes. Toute la Morée et la Grèce propre, depuis le Macrinoros, jusqu'aux Thermopyles, étaient délivrées des ennemis, ils ne tenaient plus qu'à Vonitza, Naupacte, Antirrhion et Athènes. Malheureusement l'ennemi intérieur, les dissensions politiques, se fortifiait. Hypsilantis, dans ses proclamations, ne cessait de s'offrir comme destiné à donner des lois au pays, tandis qu'il représentait le sénat et les primats comme des tyrans qui succédaient aux Turcs. Cette situation nécessitait l'établissement d'un gouvernement. On se rappelle d'ailleurs que le sénat, ou la gérusie, du Péloponnèse ne devait avoir de durée qu'autant que durerait le siége de Tripolitza, et qu'à l'issue de ce siége elle devait convoquer une assemblée nationale. Les partis commençaient à se former et à se grouper autour de certains chefs. Nous avons dit l'arrivée en Grèce de Mavrocordato, homme supérieur par son caractère et ses talents. Peu de temps après était venu de Constantinople Théodore Négris, chargé d'affaires de la Porte auprès du gouvernement français. Homme actif, entreprenant, avide de jouer un rôle, il voyait avec le plus vif mécontentement les différends d'Hypsilantis et des Péloponnésiens et les prétentions du premier. Il rencontra à Monodendis Mavrocordato, que la province de Carlélie, livrée à l'anarchie, avait appelé à la commander, et qui hésitait à accepter. Tous deux s'accordaient à repousser la dictature dont la Grèce semblait menacée. Mavrocordato voulut d'abord éprouver Hypsilantis, et se rendit au camp de Tricorpha; mais voyant que, même après les malheurs de son frère, il n'abandonnait rien de ses prétentions à la domination de la Grèce, témoin des divisions des primats et des capitaines, il jugea que son séjour était inutile à Tricorpha.

D'un autre côté, Néophyte, évêque de Talantio, et Sacellion se présentèrent de la part de la Grèce continentale à Hypsilantis pour lui demander un chef. « Accorde-nous Mavrocordato, lui dirent-ils. — Il ne convient pas, dit Démétrius. — Donne-nous Cantacuzène. — Il ne convient pas non plus. — Et Karadja ? — Comme les autres. — Et si Négris se présente ?— Celui-là est le pire de tous. » Les délégués, convaincus de la mauvaise volonté d'Hypsilantis, s'en retournèrent, rencontrèrent à Butina Mavrocordato, Cantacuzène, Négris et Karadja, et prirent le parti de s'organiser par eux-mêmes dans la Grèce continentale.

Mavrocordato et Négris convinrent

même de diviser la Grèce continentale en Grèce de l'orient et Grèce du couchant. Ils convoquèrent à Salone les députés de la Grèce orientale. Négris les y attendit. Quant à Mavrocordato, toujours pressé par les provinces d'Étolie et d'Acarnanie de faire cesser l'anarchie qui les désolait, il se rendit à Missolonghi. Là il s'appliqua a resserrer l'alliance des Grecs et des Albanais qui soutenaient Ali-Pacha. Il était en effet de l'intérêt des Grecs que la lutte de ces derniers contre la Porte se prolongeât le plus longtemps possible ; et s'ils profitaient de sa résistance, ils n'avaient plus à redouter ni son triomphe ni sa domination. Une expédition fut résolue en commun contre Arta ; et comme il était indispensable d'être assuré du concours des Souliotes, Mavrocordato fit supplier Marc Botzaris, leur chef intrépide, de se rapprocher du capitaine de la contrée de Péta, Gogo Bacola, son ennemi juré, le meurtrier de son père ; Botzaris fit à l'intérêt commun ce difficile sacrifice, vit Gogo Bacola, et baisa la main qu'il savait être tachée du sang dont il était issu.

En même temps les délégués des provinces de l'Etolie et de l'Acarnanie se réunissaient à Missolonghi. Ils y formèrent, sous la présidence de Mavrocordato, une assemblée qui prit le titre d'*Assemblée de la Grèce continentale de l'occident*, et ne resta en délibération que du 16 au 21 novembre. Elle se borna à établir un gouvernement local et provisoire, chargé de l'ordre public, de la direction de la guerre, de l'emploi des ressources communes et de la préparation d'un gouvernement général ; ce gouvernement consistait en un sénat, ou gérousie, composé d'autant de membres qu'il y avait de provinces dans la contrée qui en relevait, et devant compte de ses actes à l'assemblée générale. Le président en fut Mavrocordato.

L'*Assemblée de la Grèce continentale du levant*, réunie à Salone, sous la présidence de Négris, acheva ses opérations le 2 décembre. Mais, au lieu de s'en tenir sagement, comme celle de Missolonghi, à établir un sénat qui pût provisoirement diriger les affaires publi-

ques, elle créa, sous le nom d'*aréopage*, une assemblée de quatorze membres, entre les mains desquels elle confondait les pouvoirs politiques et les fonctions judiciaires, et auxquels elle attribuait des droits illimités, même celui d'appeler en Grèce des troupes étrangères sans le consentement du gouvernement général. Elle se divisait en deux commissions, l'une politique, sous la présidence de Négris, créateur de cette organisation dangereuse, l'autre judiciaire, sous celle de l'évêque de Talantio.

En Morée, l'on suivit le même système. Le lieu de la réunion des délégués des provinces avait été d'abord fixé à Argos ; il fut peu de temps après transporté à Épidaure. L'assemblée générale offrit la présidence à Hypsilantis, qui la refusa ; elle fut alors confiée à l'évêque Vresthène Théodorète. Elle s'ouvrit le 12 décembre, et eut achevé son œuvre le 8 janvier 1822. Avant de retracer les travaux de l'assemblée générale du Péloponèse, nous devons rappeler les derniers événements de la campagne de l'année 1821.

Nauplie de Romanie, au fond du golfe d'Argos, était assiégée par les Grecs. Le siège, levé à l'approche du kiaya-bey, avait été repris après sa retraite. La population de la ville, renforcée des habitants d'Argos, qui étaient venus y chercher un refuge, montait à six mille âmes, et ne comptait presque que des Ottomans ; douze cents hommes étaient armés. Hypsilantis vint en personne devant Nauplie pour en presser le siège ; le colonel Voutier, officier français, commandait l'artillerie grecque, bien insuffisante. Hypsilantis crut pouvoir enlever la ville par un assaut. Il fut concerté pour la nuit du 15 décembre. Des navires d'Hydra et de Spezzia devaient débarquer trois mille hommes sur des chaloupes ; mais le plan, difficile à exécuter, ne fut qu'imparfaitement suivi. Les uns attendaient que les autres commençassent. Tout le poids du combat, qui dura trois heures, tomba sur les Philhellènes et sur les bataillons organisés, qui éprouvèrent aussi les plus grandes pertes. Hypsilantis retourna à Argos, et le blocus continua.

Du côté de Patras, les chefs achéens qui avaient fait rappeler Colocotroni, venu pour les soutenir et les diriger, conservaient toujours leur position. Les Albanais, à la nouvelle de la convention que leurs frères avaient conclue à Tripolitza, étaient passés à Antirrhion ; Joussouf-Pacha, mécontent des actes de violence des Laliotes, qui s'étaient emparés de toutes les maisons habitables et avaient chassé les Turcs, restés sans demeure, s'était retiré à Rhion. Il ne restait donc dans la ville que deux mille cinq cents Laliotes, dont huit cents armés. Les assiégeants, au nombre de trois mille, purent s'en emparer sans beaucoup de pertes, le 2 novembre, et forcer les Laliotes à se retrancher dans la citadelle. Mais une fois maîtres de la ville, ils s'oublièrent dans le repos et les plaisirs ; et le 4 décembre Joussouf-Pacha à la tête de quatre cents fantassins et cavaliers rentra dans Patras en plein jour; en même temps les Laliotes sortirent de la citadelle et fondirent sur les Grecs, qui s'enfuirent après une courte résistance. La ville, si souvent prise et reprise, souffrit encore de l'incendie.

LIVRE CINQUIÈME.

SUITE DE LA GUERRE DE L'INDÉPENDANCE.

(1822-1830.)

Année 1822.

CHAPITRE I.

ASSEMBLÉE D'ÉPIDAURE, CONSTITUTION.

Quand l'assemblée nationale se réunit, deux partis se divisaient la Grèce : le parti des politiques, celui des guerriers ou des capitaines. Au début de l'insurrection, le premier était tout-puissant dans le Péloponnèse, le second dans la Grèce continentale. Les capitaines avaient conservé leur plus grande influence dans la Grèce continentale ; dans le Péloponnèse ils en avaient acquis depuis les événements de la guerre. Hypsilantis s'était mis à leur tête, et Colocotroni, l'un des plus renommés d'entre eux, le soutenait contre les politiques. Il ne lui était attaché d'ailleurs que par une aversion commune pour la prépondérance civile des primats ; mais il ne l'eût pas accepté pour dictateur. Le principal représentant des politiques était Mavrocordato, qui, plus imbu des idées européennes, prétendait sauvegarder la souveraineté nationale contre l'autocratie que réclamait Hypsilantis, au nom de l'investiture qu'il avait reçue de son frère et de cette vaine puissance dont il appelait à son aide la chimérique autorité.

Au commencement des délibérations, le parti politique était le plus puissant dans l'assemblée ; il avait pour lui les évêques, les trois Iles et même la Grèce occidentale par l'influence de Mavrocordato. Le parti militaire avait le désavantage de manquer de plans communs, par suite du défaut de lumières et des divisions des capitaines. A la vérité, le peuple tout entier désirait une constitution monarchique, et répétait : « Quand nous viendra un roi ? » Et il portait ses regards sur Hypsilantis. Mais l'assemblée, où dominait le parti politique et dont le principal but était d'écarter Hypsilantis et la domination militaire, paralysa son influence, que d'ailleurs il avait trop abandonnée lui-même en refusant la présidence et en s'éloignant pour le siège de Corinthe. Elle sentait que le secours de l'Europe était nécessaire à la Grèce ; aussi, hésitant entre la forme monarchique, qui lui eût aliéné les peuples, et la forme démocratique, qui lui eût aliéné les rois, elle créa un régime mixte, représentatif ; et pour ne pas effrayer la Sainte-Alliance en se caractérisant, elle prit pour le gouvernement qu'elle était chargée de créer le nom de *gouvernement provisoire*.

Cette assemblée était composée irrégulièrement. A l'exception des trois îles d'Hydra, de Spetzia, d'Ipsara et de quelques autres, les îles de la mer Égée n'y avaient point de représentants. Les proportions n'avaient pas été observées entre le nombre des habitants et celui des représentants. Ainsi, le Péloponnèse en avait vingt, la Grèce du Levant vingt-six, la Grèce d'Occident le tiers seulement environ. L'Aréopage avait envoyé des délégués qui, sans être issus de l'élection populaire, avaient voix délibérative. Quoi qu'il en fût, l'assemblée était regardée par toute la nation comme sa légitime mandataire. Elle s'ouvrit le 1er janvier, sous la présidence de Mavrocordato, et commença par faire son règlement, qui interdit la publicité des séances et des comptes rendus. Elle se divisa en quatre classes, composées des représentants des quatre grandes divisions du territoire, le Péloponnèse, les Iles, la Grèce du levant, et la Grèce de l'occident. Chacune de ces classes fournit trois membres pour former une commission qui prépara la constitution ; et le 13 janvier l'assemblée publia une proclamation où, au nom de la Trinité, en présence de Dieu et des hommes, la nation grecque témoignait, par la voix de ses représentants, son *existence politique et son indépendance*. Puis la constitution fut promulguée, le 25 janvier. Nous la mettons tout entière, sauf quelques articles que nous résumerons, sous les yeux du lecteur.

CHAPITRE I. — DE LA RELIGION.

Art. 1. La religion de l'État est la religion orthodoxe de l'Église d'Orient.

Cependant toutes les religions sont tolérées, et leurs cérémonies sont librement exercées.

CHAPITRE II. — DU DROIT PUBLIC DES GRECS.

2. Tous les indigènes de la Grèce professant la religion chrétienne sont Grecs, et jouissent de tous les droits politiques.

3. Les Grecs sont égaux devant la loi, sans distinction de rang ni de dignité.

4. Tout étranger établi ou habitant momentanément la Grèce y jouit des mêmes droits civils que les Grecs.

5. Une loi sur la naturalisation sera prochainement publiée par le gouvernement.

6. Tous les Grecs peuvent être appelés à tous emplois. Le mérite seul détermine la préférence.

7. La propriété, l'honneur et la sûreté de chaque citoyen sont placés sous la sauvegarde de la loi.

8. Les contributions aux charges de l'État sont réparties dans la proportion de la fortune de chacun. Aucun impôt ne peut être exigé qu'en vertu d'une loi.

CHAPITRE III. — FORME DU GOUVERNEMENT.

9. Le gouvernement est composé de deux corps : le sénat législatif, et le conseil exécutif.

10. Les deux corps concourent à la formation des lois. Le conseil peut refuser sa sanction aux lois adoptées par le sénat, de même que celui-ci peut rejeter les projets de loi proposés par le conseil.

11. Le sénat législatif est composé des députés élus par les diverses provinces.

12. Le nombre des députés au sénat sera déterminé par la loi des élections.

13. La loi des élections, qui sera publiée par le gouvernement, contiendra les deux dispositions suivantes :

1° Les représentants doivent être Grecs.

2° Ils doivent avoir trente ans accomplis.

14. Les députés de toutes les provinces et îles libres de la Grèce sont admis dès que leurs pouvoirs sont reconnus valables par le sénat.

15. Chaque année le sénat nomme son président et son vice-président, à la majorité des voix.

16. Il nomme de la même manière et pour le même temps un premier et un second secrétaires et des sous-secrétaires.

17. Le sénat est renouvelé chaque année.

18. Le conseil exécutif est composé de cinq membres, choisis hors du sein du sénat législatif, et d'après les règles établies par la loi spéciale concernant la formation de ce conseil.

19. Chaque année, le conseil nomme son président et son vice-président à la majorité des voix.

20. Il nomme huit ministres, savoir : l'archi-chancelier de l'État, chargé des relations extérieures, les ministres de l'intérieur, des finances, de la justice, de la guerre, de la marine, des cultes et de la police.

21. Il nomme aussi à tous les emplois du gouvernement.

22. Les fonctions du conseil ne durent qu'un an.

CHAPITRE IV. — DU SÉNAT LÉGISLATIF.

Section 1re. — *Pouvoir législatif du Sénat.*

23. Attendu l'urgence et l'importance des besoins de l'État, le sénat législatif doit continuer cette année ses travaux sans interruption.

24. Le président fixe l'ouverture des séances et en détermine la durée.

25. Il peut convoquer, en cas de besoin, le sénat à des séances extraordinaires.

26. En cas d'absence du président, le vice-président en remplit les fonctions.

32e *Livraison.* (GRÈCE.)

27. Les deux tiers des membres suffisent pour constituer le sénat.

28. Les résolutions du sénat sont prises à la majorité des voix.

29. En cas de partage, la voix du président détermine la majorité.

30. Tous les actes du sénat sont signés par le président et contre-signés par le premier secrétaire.

31. Le président transmet les résolutions du sénat au conseil, et les soumet à son approbation.

32. Si le conseil refuse sa sanction ou propose des amendements, le projet est renvoyé au sénat, avec les motifs de son refus et les amendements proposés, pour y être de nouveau discuté. Après ce nouvel examen, le projet est encore porté au conseil, qui l'adopte ou le rejette définitivement.

33. Le sénat reçoit et examine toutes les pétitions qui lui sont adressées, quel qu'en soit l'objet.

34. Tous les trois mois le sénat forme dans son sein autant de comités qu'il y a de ministères.

35. Sur la désignation du président, chacun de ces comités est attaché à une branche du service public, et prépare les projets de loi qui sont relatifs à cette branche.

36. Tout membre du sénat peut proposer un projet de loi écrit, que le président renvoie à l'examen du comité compétent.

37. Le sénat reçoit les projets de loi que le conseil exécutif lui envoie, et les approuve, les modifie ou les rejette.

38. Toute déclaration de guerre et tout traité de paix seront soumis à l'approbation du sénat; et en général tous traités que le conseil exécutif ferait avec une puissance étrangère, sur quelque matière que ce soit, ne seront obligatoires qu'autant qu'ils seront approuvés par le sénat.

Les trêves et les armistices de peu de jours ne sont pas compris dans cette disposition.

39. Au commencement de chaque année, le conseil soumet à l'approbation du sénat l'état approximatif des dépenses de l'année et des moyens de les couvrir; à la fin de chaque année il présente aussi à l'approbation du sénat le compte exact des recettes et des dépenses.

Cependant les circonstances rendant impossible la présentation d'un état approximatif pour cette première année, le sénat fournira aux besoins de la guerre et des autres dépenses publiques, sauf l'approbation du compte exact qui lui sera soumis à la fin de l'année, conformément à la seconde disposition de cet article.

40. Le sénat approuve ou rejette les propositions d'avancement dans les grades militaires faites par le conseil.

41. Il approuve ou rejette aussi les propositions faites par le conseil, pour récompenser les grands services, civils ou militaires.

42. Le sénat réglera le nouveau système monétaire, et le conseil fera battre les monnaies au nom de la nation.

43. Il est expressément défendu au sénat d'approuver aucun traité qui pourrait porter atteinte à l'indépendance politique de la nation; et s'il venait à sa connaissance que le conseil se fût engagé dans quelque négociation criminelle de cette nature, il devra mettre le président en accusation, et, en cas de culpabilité reconnue, le déchoir de ses fonctions.

44. Les journalistes ont le droit d'entrée dans toutes les séances du sénat, excepté les comités secrets, qui pourront avoir lieu toutes les fois que cinq membres le demanderont.

CHAPITRE V. — DU CONSEIL EXÉCUTIF.

Section 1ʳᵉ. — *Pouvoir exécutif du Conseil.*

52. Le conseil exécutif pris en corps est inviolable.

53. Si le corps entier du conseil exécutif venait à se rendre coupable d'un crime ou d'un délit politique, le président serait jugé et puni, conformément à l'article 43; et après la nomination d'un nouveau président les autres membres seraient séparément poursuivis, jugés et punis, conformément à ce qui est établi dans l'article 50.

54. Le conseil fait exécuter les lois par les ministres.

55. Il sanctionne ou rejette les projets de loi adoptés par le sénat législatif.

GRÈCE.

56. Il propose des projets de loi au sénat, qui les discute. Les ministres ont le droit d'assister à cette discussion, et le ministre aux attributions duquel est relatif le projet discuté doit toujours y être présent.

57. Tous les actes et décrets du conseil sont signés par le président, contresignés par le premier secrétaire, et scellés du sceau de l'État.

58. Le conseil dispose des forces de terre et de mer.

59. Il pourra publier les instructions qu'il juge convenables et faire appliquer les lois qui concernent l'ordre public.

60. Il pourra aussi prendre les mesures nécessaires à la tranquillité publique dans toutes les matières de police, pourvu qu'il en instruise le sénat.

61. Il pourra, avec le consentement du sénat, faire des emprunts tant dans l'intérieur que hors de l'État, et donner en garantie des fonds du domaine public.

62. Il pourra également, avec le consentement du sénat, aliéner une partie desdits fonds du domaine public.

63. Il nomme les ministres et en fixe les attributions.

64. Les ministres sont responsables de tous les actes de leur département; par conséquent ils ne doivent exécuter aucun acte ni décret contraire aux droits et aux devoirs proclamés par le présent acte.

65. Le conseil nomme tous les employés du gouvernement auprès des puissances étrangères.

66. Il doit instruire le sénat de ses relations avec les États étrangers, et de l'état intérieur de la Grèce.

67. Il a le droit de changer les ministres et tout employé dont il a la nomination.

68. En cas d'urgence, il convoque le sénat en session extraordinaire.

69. Lorsqu'il aura été commis un crime de haute trahison, le conseil pourra prendre les mesures extraordinaires qu'il jugera nécessaires, quel que soit le rang des personnes accusées.

70. Le conseil pourra encore, dans ce même cas, faire, si les circonstances l'exigent, des promotions et des nominations provisoires dans les grades militaires, lesquelles seront soumises à l'approbation du sénat, lorsque la tranquillité sera établie.

71. Dans ce cas, le conseil présentera au sénat, dans le délai de deux jours, un rapport exact et par écrit des motifs qui l'ont mis dans la nécessité de prendre des mesures extraordinaires.

72. Comme il dispose des forces de terre et de mer, le conseil peut en temps de guerre prendre encore des mesures extraordinaires pour se procurer des logements, des vivres, des habillements, des munitions, et tout ce qui est nécessaire aux armements de terre et de mer.

73. Il présentera au sénat un projet de loi sur les décorations à donner en récompense des services rendus à la patrie.

74. Le conseil exécutif est chargé d'entretenir les relations avec les puissances étrangères, et peut entreprendre et suivre toute espèce de négociation. Mais les déclarations de guerre et les traités de paix ou autres doivent être soumis à l'approbation du sénat.

75. Cependant, il peut faire toutes conventions de trêves de courte durée, conformément à l'article 38, sauf la communication qu'il en doit au sénat.

76. Au commencement de chaque année, il présentera au sénat un état approximatif, et à la fin de chaque année un compte exact et détaillé des revenus et des dépenses de l'année courante. Ces deux comptes sont dressés par le ministre des finances et accompagnés de toutes les pièces justificatives.

Néanmoins, pour cette année les comptes seront faits comme il est dit à l'article 39.

77. Les résolutions du conseil sont prises à la majorité des voix.

78. Dans aucun cas, et sous aucun prétexte, le conseil ne pourra entrer dans aucune négociation, ni conclure aucun traité capable de porter atteinte à l'indépendance politique de la nation. Au cas d'un pareil crime, le président du conseil est poursuivi, déchu et puni, comme il est dit à l'article 53.

79. Le conseil proposera un projet de loi sur l'uniforme des troupes de terre et de mer.

80. Il présentera encore un projet de loi pour régler la solde des troupes de terre et de mer, et pour fixer les ap-

pointements de tous les employés du gouvernement.

— La section II° du même chapitre règle le mode de poursuite contre les membres du conseil. Quand l'accusation a été admise par le sénat, le conseiller est déchu de ces fonctions, et traduit devant le tribunal suprême de la Grèce ou, en attendant la formation de ce tribunal, devant une commission centrale, et extraordinaire, formée par le conseil. —

CHAPITRE VI. — DU POUVOIR JUDICIAIRE.

85. Le pouvoir judiciaire est indépendant des pouvoirs législatif et exécutif.

86. Il est composé de onze membres élus par le gouvernement, et qui choisissent leur président.

87. Une loi sur l'organisation des tribunaux sera prochainement publiée.

88. Cette loi fixera l'étendue de leur ressort et les formes générales de procédure qu'ils doivent suivre dans l'instruction des procès.

89. Cette loi sera basée sur les cinq dispositions suivantes :

1° Un tribunal suprême sera formé et établi dans la ville où siégera le gouvernement. Ce tribunal connaîtra, sans appel, des crimes de haute trahison et des attentats contre la sûreté de l'État.

2° Des tribunaux généraux seront établis dans tous les chefs-lieux des gouvernements locaux. On pourra appeler des jugements de ces tribunaux au tribunal suprême.

3° Il sera établi un tribunal inférieur dans chaque arrondissement. On pourra appeler de leurs jugements au tribunal général du chef-lieu. Les tribunaux inférieurs ne peuvent point connaître des délits politiques.

4° Il sera établi dans chaque commune ou village un juge de paix, qui connaîtra de toute affaire n'excédant pas la somme de cent piastres et de tous les différends de famille.

5° Les juges de paix peuvent être accusés devant les tribunaux d'arrondissement, ceux d'arrondissement devant le tribunal du chef-lieu, et ceux du chef-lieu devant le tribunal suprême.

90. Le conseil exécutif est chargé de former une commission qui sera composée d'hommes recommandables, tant par leurs lumières que par leurs vertus. Cette commission sera chargée de la rédaction des lois qui formeront les codes civil, criminel, commercial, etc. Ces lois seront soumises aux discussions et à l'approbation du sénat et du conseil.

91. En attendant la publication de ces lois, les jugements seront rendus d'après les lois de nos ancêtres, promulguées par les empereurs grecs, de Byzance (1), et d'après les lois publiées par le gouvernement actuel.

Quant aux affaires commerciales, le Code de Commerce français aura force de loi en Grèce.

92. La torture est abolie.

La confiscation est également abolie pour tous les citoyens.

93. Après l'organisation entière du corps judiciaire, aucun citoyen ne peut être arrêté sans l'ordre spécial du tribunal compétent, excepté en cas de flagrant délit.

Le chapitre VII contient quelques articles supplémentaires, soumettant au gouvernement central établi à Corinthe les gouvernements locaux (de Missolonghi et Salone), fixant le sceau de l'État (Minerve) et les couleurs nationales (blanc et bleu), et promettant des secours aux veuves et aux orphelins des hommes morts pour la patrie, des récompenses aux services rendus, des indemnités pour les sacrifices pécuniaires.

Donné à Épidaure, le 13 (25) janvier l'an 1822, l'an 1er de l'indépendance.

Signé : Alexandre MAVROCORDATO, président du congrès, et tous les membres du congrès.

Après la promulgation de la constitution, l'assemblée nomma le sénat législatif, qui fut composé ainsi qu'il suit : Mavrocordato, *président;* Thano Kanacaris, *vice-président;* Anagnoste Papagiannopoulos, Jean Orlandos et Giannaki Logothète, *membres.* Le sénat législatif, le jour même où il fut établi,

---

(1) C'est le code connu sous le nom des *Basiliques,* qui a succédé à celui de Justinien. Il n'avait pas cessé d'avoir force de loi chez les Grecs. Le Code de Commerce français avait commencé dès 1817 à avoir force de loi dans quelques villes commerçantes du Levant.

nomma les ministres qui furent : Théodore Négris, archichancelier et président du conseil des ministres, aux affaires étrangères, Jean Colettis à l'intérieur, Panoutso Notaras aux finances, Notis Botzaris à la guerre, une commission de trois membres à la marine, Théodore Vlasis à la justice, l'évêque Androusi Joseph aux cultes, Lambro Nacos à la police. Le conseil exécutif prit pour président Démétrius Hypsilantis, et pour vice-président Petro-Bey. Le 27 janvier l'assemblée se sépara, en publiant une proclamation qui établissait la légitimité du gouvernement qu'elle venait de donner à la Grèce.

« Avant d'assurer notre existence physique, y était-il dit, nous ne pouvions, nous ne devions pas même entreprendre d'établir notre état politique...... Les circonstances nous ont forcés d'établir d'abord les gouvernements locaux, tels que ceux d'Étolie, de Livadie, du Péloponèse et des îles. Comme les fonctions de ces gouvernements n'embrassaient que l'administration intérieure de ces lieux respectifs, les provinces et les îles ont député des représentants chargés de la formation d'un gouvernement provisoire, mais suprême, à la souveraineté duquel ces assemblées locales devaient être soumises. Ces députés, réunis dans un congrès national, après de longues et mûres délibérations, établissent aujourd'hui ce gouvernement, le proclament seul gouvernement légitime de la Grèce, tant parce qu'il est fondé par la justice et les lois de Dieu que parce qu'il repose sur la volonté et le choix de la nation.

« Ce gouvernement est composé d'un conseil exécutif et d'un corps législatif : le pouvoir judiciaire en est indépendant.

« Les députés en finissant déclarent à la nation grecque que, leur tâche étant accomplie, le congrès se dissout aujourd'hui. Le devoir du peuple est désormais d'obéir aux lois et de respecter les exécuteurs des lois. Grecs ! vous avez voulu secouer le joug qui pesait sur vous ; et vos tyrans disparaissent tous les jours. Mais il n'y a que la concorde et l'obéissance au gouvernement qui puissent consolider votre indépendance.

Daigne le Dieu des lumières éclairer de sa sagesse les gouvernants et les gouvernés, afin qu'ils connaissent leurs véritables intérêts et qu'ils coopèrent d'un commun accord à la délivrance de la patrie ! »

L'assemblée une fois dissoute, les deux conseils du gouvernement séjournèrent quelque temps à Épidaure, puis se transportèrent à Corinthe, où ils rentrèrent en fonctions le 12 février.

CHAPITRE II.

PREMIERS ÉVÉNEMENTS DE LA CAMPAGNE, ET SIÉGES DE CORINTHE, DE CARYSTE, DE PATRAS. GUERRE EN MACÉDOINE ET THESSALIE. MASSACRES DE CHIO.

Cette ville venait à peine d'être rendue aux Grecs ; Hypsilantis et Colocotroni s'y étaient portés pour en presser le siège. Kiamil-Bey, aga de Corinthe, et fait prisonnier à Tripolitza, avait été amené pour préparer la capitulation ; car, ayant sa famille et ses trésors dans la ville, il était intéressé à en prévenir la ruine. Néanmoins, attendant du secours de Chourchid-Pacha, il trompait les Grecs et engageait sous main les assiégés à prolonger leur résistance. Sur ces entrefaites, les Albanais traitèrent pour leur compte avec le capitaine Panourgia de Salone, et obtinrent de sortir avec leurs armes et leurs biens (le 22 janvier) ; mais une moitié fut égorgée traîtreusement, les autres atteignirent la rive opposée du golfe. Les Turcs, privés de ce secours, se soumirent à leur tour, et offrirent de déposer les armes à la condition d'être transportés sur les côtes de l'Asie Mineure. Mais cette condition ne fut pas observée, et la garnison fut dépouillée, tuée ou réduite en esclavage contre la foi jurée (8 février). Khiamil-Bey fut tourmenté pour dire où étaient ses trésors ; mais on n'obtint rien de lui que le silence.

A la même époque s'achevait l'expédition tentée en Eubée à la sollicitation de l'évêque de Caryste, Néophyte qui, aussitôt après la prise de Tripolitza, n'avait cessé de presser les chefs grecs, à Hydra, à Tricorpha, à Zéa, pour obtenir des hommes, de l'argent, des munitions et préparer l'indépendance de son pays. De retour à Érétrie à la fin de novembre, il avait prié Élie Mavromichalis de passer du siége de la citadelle d'Athènes, qu'il dirigeait, au commandement de l'armée d'Eubée ; mais celle-ci s'était déjà choisi un chef, Vaso Mavrovouniotis ; de sorte qu'il y eut deux chefs agissant indépendamment l'un de l'autre. Ulysse annonça qu'il viendrait bientôt se joindre à eux avec deux mille hommes. Cependant, ils recevaient sans cesse des habitants de Stoura des lettres qui les suppliaient de les délivrer des Turcs. Tous deux s'y rendirent sans attendre Ulysse, et après avoir juré sur l'Évangile, devant l'évêque de Caryste, d'agir de concert. Le défilé de Stoura était gardé par trois cents Turcs, qui leur présentèrent la bataille et furent refoulés ; mais Omer-pacha se présenta à l'improviste, et arracha la victoire aux Grecs. Mavromichalis périt en se précipitant au milieu de la mêlée (1). Omer-pacha envoya sa tête à Constantinople (24 janvier). Peu de temps après cet échec arriva Ulysse, mais avec trois cents hommes seulement, et l'on commença le siége de Caryste. Les opérations semblaient tirer à leur fin, quand tout à coup on vit Ulysse se retirer précipitamment avec les siens vers Stoura, sans vouloir donner ses raisons. On le soupçonna de trahison ; mais s'il était coupable d'abandonner aussi inopinément ses frères d'armes, ce ne fut pas dans une intention de défection. Il était rappelé par l'Aréopage, comme le prouve sa réponse aux membres de cette assemblée, retrouvée dans ses archives par M. Tricoupi. (V. T. II, p. 113.) Le siége de Caryste fut abandonné, et l'armée d'insurrection se retira à Vrisaki.

L'hiver ralentissait les hostilités, mais non les préparatifs. La Porte préparait contre le Péloponèse une flotte et une armée. L'expédition était sous le commandement du capitan-bey Kara-Ali, ayant lui-même sous ses ordres l'Égyptien Ismael Gibraltar, et quelques navires d'Alger, de Tunis et de Tripoli. La flotte comptait 3 frégates, 14 corvettes,

18 deux-mâts, et nombre de vaisseaux de transport contenant 4,000 Asiatiques, sous Kara-Mehmed-Pacha. Elle parut en vue d'Hydra le 9 février, tourna la Morée, ravitailla en passant Modon, tenta de reprendre Néo-Castro, qui fut défendue par quarante Philhellènes, bons artilleurs, sous les ordres du général Normann. Elle relâcha à Zante, où elle fut bien accueillie par le gouvernement anglais, qui interdisait aux Grecs l'approche des côtes, y resta jusqu'au 15 février retenue par les vents, puis fit voile vers Patras, approvisionna la place et y débarqua 20 canons, les 4,000 soldats Asiatiques et Mehmed-Pacha. De leur côté, les îles réunissaient sous les ordres du navarque Miaoulis, qui succédait à Giacomaki Tombasis, 65 vaisseaux, qui partirent d'Hydra le 20 février, et mirent à l'ancre le 28 devant Missolonghi. Pour la première fois les Grecs, qui jusque là se bornaient à soutenir l'attaque des Turcs quand ils les rencontraient sur mer, coururent sur eux entraînés par l'audace irrésistible de leur amiral. Miaoulis se jeta au milieu de deux frégates ennemies ; il fut suivi par les navires de Tombasis, de Criésis, de Ghica Tsoupis. Le combat dura cinq heures, au bout desquelles les Turcs en désordre se réfugièrent dans le port de Zante, comme dans un asile (4 mars). Le reste de la flotte ottomane quitta le golfe de Patras. Les vaisseaux de transport qui avaient débarqué Mehmed-Pacha s'étaient retirés au fond du golfe de Corinthe. Les vaisseaux grecs, après être remontés à Patras, s'éloignèrent à leur tour, laissant huit d'entre eux avec Miaoulis (10 mars).

Colocotroni était devant Patras ; mais la division qui avait créé les deux partis des politiques et des militaires régnait dans le camp. Colocotroni représentait le parti des militaires, auquel le congrès d'Épidaure avait peut-être eu le tort de ne pas donner assez de satisfaction. Diligianni agissait de son côté ; 6,300 combattants étaient réunis pour le siége au commencement de mars. Mehmed-Pacha, de concert avec Joussouf-Pacha, rassembla 8,000 hommes ; et les Turcs, fort supérieurs en nombre, repoussèrent les Grecs dans les montagnes, malgré la belle résistance de Zaïmis. Ces

---

(1) Selon M. Rizo, il se retira avec une dizaine de braves compagnons dans un moulin, où ils s'entre-tuèrent (p. 386).

derniers étaient en complète déroute, quand Colocotroni, parvenu à une position avantageuse, fit faire halte, rallia les fuyards par la seule autorité de son nom, et les ramena sur les musulmans. Ceux-ci, croyant que les ennemis venaient de recevoir du renfort, et pris à leur tour de terreur, s'enfuirent vers la ville, poursuivis de près, et laissèrent 200 des leurs sur le terrain. Ainsi, Colocotroni avait changé la défaite en victoire (21 mars).

La Macédoine, et particulièrement la presqu'île de Chalcidique, souffrit beaucoup au début de la campagne de 1822. Nous avons rapporté les premiers événements de l'insurrection dans cette contrée. Au mois de septembre 1821 était arrivé à Salonique un nouveau général, avec le titre de commandant général de Macédoine et de Thessalie, Abdoulaboud Pacha. Il était jeune, actif, d'une grande capacité, et sachant employer à propos la clémence, quoique disposé à user de toute la rigueur des principes turcs. Il avait commencé par célébrer dans une proclamation la magnanimité du sultan à l'égard des raïas, et en même temps il appela aux armes tous les musulmans depuis seize ans jusqu'à soixante. Puis il se transporta devant la presqu'île de Cassandra; là il invoqua encore la soumission des habitants, et ses offres n'ayant pas été acceptées, il entra dans la presqu'île (le 11 novembre), et la fit dévaster tout entière. On estima à 10,000 le nombre des chrétiens, tant hommes que femmes, qui furent mis à mort ou réduits en esclavage. De là il se rendit au Monte-Santo, où les moines, au nombre de plus de 2,000, s'étaient soulevés, à l'instigation d'Emmanuel Papas et étaient soutenus par les laïques. La catastrophe de Cassandra les jeta dans la consternation; les promesses du pacha les ébranlèrent. Les uns s'embarquèrent emportant leurs vases sacrés et leurs reliques, parmi eux Emmanuel, qui alla mourir à Hydra; les autres se soumirent, donnèrent des ôtages, payèrent un tribut et reçurent une garnison de 3,000 Turcs (27 décembre).

Abdoulaboud, pour consolider sa conquête, demanda partout des ôtages. La ville de Naoutsa, située au pied du mont Xéro Livado (Mont Pierus), refusa d'en livrer, et se mit en rébellion; Elle eût pu, si elle l'eût fait plus tôt, sauver la Chalcidique. Les chrétiens de Naoutsa commencèrent par tuer les Turcs qui habitaient avec eux, puis ils se répandirent dans les environs pour les soulever, et brûlèrent trois villages qui résistaient à leurs provocations. Le pacha Abdoulaboud marcha sur Naoutsa, avec quinze mille hommes; il rencontra une vigoureuse résistance de la part des Grecs campés en avant de la ville; mais il entra dans ses murs le 23 avril, y fit mettre le feu, et quant aux habitants, il massacra les uns et réduisit les autres en esclavage. Les chefs grecs, Karatsos, Gatsos, Zaphyrakis, etc., se dispersèrent dans les montagnes, mais ils y furent poursuivis, et n'y purent tenir. Ils se réfugièrent dans l'Aspro-Potamo. Zaphyrakis fut tué dans sa fuite.

Alors tout ce pays subit des maux affreux. Dans Naoutsa seule 5,000 habitants furent tués ou prisonniers, autant tombèrent entre les mains des ennemis après la défaite de Zaphyrakis à Palœopyrgo. Des femmes, comme des hommes, furent soumises à d'affreuses tortures; des enfants furent enlevés aux bras de leurs mères pour être pendus. Des mères et des jeunes filles se précipitèrent dans un marais pour échapper au déshonneur et aux tourments. Cent vingt bourgs, villages et hameaux furent ainsi traités.

Les Armatoles de l'Olympe, fameux par leur esprit indépendant et belliqueux, eussent pu offrir une dernière résistance. Mais ils n'étaient pas soutenus. Il y avait longtemps qu'ils avaient envoyé demander du secours et un chef à Démétrius Hypsilantis. Celui-ci leur avait envoyé, dès le commencement de décembre de l'année précédente, Grégoire Sallas avec quelques Grecs et des philhellènes. Mais ce dernier avait eu l'incroyable négligence de s'arrêter plusieurs mois dans les îles de l'Archipel, à se donner du plaisir, de façon que ses compagnons l'avaient abandonné. Il ne débarqua que le 3 avril sur la côte de Thessalie, avec 4 canons, quelques provisions, et les restes de sa petite troupe. Les Olympiens, découragés par l'insuffisance de ce secours, voyaient devant eux les Turcs se renforcer. Ils furent repoussés de Castaria à Milia, et de Milia refoulés dans les montagnes (14 avril). Les chefs se retirèrent dans le Péloponèse, ou dans les îles de Skiatos et de Scopelo. Ainsi à la fin d'avril tout était fini en Macédoine. Le pacha Abdoulaboud y avait éteint l'insurrection.

Une répression plus terrible encore, et moins méritée, venait à la même époque, fondre sur une autre population. Après une année dont la fin avait amené des résultats déjà si importants et si heureux, la seconde campagne de la guerre de l'indépendance semblait ne s'ouvrir que par des catastrophes.

L'île de Chio, depuis longtemps florissante et riche, défendue à Constantinople par les protecteurs que lui donnaient ses relations commerciales, recommandée au harem du sultan par le mastic que fournissaient ses villages, contenait une nombreuse population, presque toute chrétienne. Sa capitale comptait 30,000 habitants, et l'île entière 120,000, parmi lesquels 2,000 Turcs seulement. Elle était gouvernée de nom par un mouteselim et un cadi résidant à Constantinople, et de fait par des démogérontes élus chaque année. Elle jouissait en paix des priviléges que lui procuraient ses richesses, et n'avait pas répondu aux excitations des hétairistes. Néanmoins la Porte y avait envoyé un gouverneur, Véhid-Pacha, qui dès son arrivée demanda des ôtages. Soixante-treize primats lui furent livrés sans résistance, avec l'archevêque Platon, et enfermés dans la citadelle. Cette marque de soumission ne lui suffit pas. Un corps de 2,000 musulmans fut appelé de la côte de l'Asie Mineure, et, par son indiscipline, ses excès, l'assassinat et le pillage, il irrita la patience des insulaires. Cependant ils supportaient depuis plusieurs mois ce régime, quand Antonaki Bournia et Lycurgue Logothetis partirent de Samos à la tête de 2,500 volontaires, sur 8 bricks, et 30 sacolèves, et débarquèrent, le 22 mars. Ils dispersèrent les ennemis qu'ils rencontrèrent sur le rivage, brûlèrent quelques cafés turcs, et se dirigèrent vers la ville. La population chrétienne hésitait d'abord à les suivre; les sénateurs et les primats leur firent des représentations; mais enfin ils entraînèrent des habitants de la campagne, qui se joignirent à eux, non sans crainte de l'avenir. Lycurgue Logothète entra dans la capitale, et y établit un gouvernement de douze personnes. Mais il avait un rival d'autorité dans Bournia, qui était natif de Chio. Les dissentiments des chefs paralysaient l'organisation de la défense, et l'anarchie régnait dans la ville. Beaucoup de familles voulaient partir; on les retint par la menace. Pendant ce temps, les Turcs étaient enfermés avec Véhid-Pacha dans la citadelle, d'où ils bombardaient la ville. D'un autre côté, le Divan faisait partir une expédition sous Kara-Ali, avec l'ordre de passer par la baie de Tchesmé pour y embarquer les bandes armées qui s'y réunissaient, et à qui les derviches inspiraient à l'envi l'enthousiasme du massacre. Comme pour annoncer ses projets d'extermination et faire comprendre que tous les habitants de Chio étaient voués à la mort, il fit pendre ou égorger à Constantinople tous les Chiotes qui s'y trouvaient, au nombre de soixante.

La flotte du capitan-pacha, composée de 46 navires et portant 7,000 hommes, parut en présence de l'île le 11 avril. Elle bombarda la ville, qui recevait en même temps les feux de la citadelle : l'armée débarqua, entra dans la capitale, y alluma l'incendie, et se répandit dans les lieux voisins. Aussitôt les chrétiens se réfugièrent dans l'intérieur de l'île, se concentrèrent dans les monastères ou s'abritèrent dans les montagnes. Les Samiens avec Lycurgue se rembarquèrent, et se retirèrent à Ipsara, laissant à la merci des Turcs la population qu'ils avaient soulevée contre eux.

Alors le pacha procéda à une extermination méthodique des habitants. Le fanatisme, la férocité, et la sensualité des soldats commencèrent par se donner carrière; quand la première fureur fut assouvie, le carnage s'organisa et le calcul de la cupidité tempéra la soif du sang. On commença à réserver des prisonniers, des femmes surtout, jeunes et belles, comme il y en avait beaucoup dans l'île, pour approvisionner les marchés de l'Asie et d'Afrique, et il est triste à dire que des navires portant pavillon européen se soient employés à cette traite des blancs. Mais ne parlons encore que de la cruauté des Turcs : « Tandis que des femmes, traînées par les cheveux, sont violées au milieu des morts et des mourants, des derviches, ivres de vin, dansent autour des tas de cadavres qu'ils ont empilés comme des gerbes de blé entassées au milieu d'un champ pendant la récolte. Des soldats, réunis autour des brasiers, s'occupent pendant ce temps, les uns à dresser des pyramides de têtes, et les autres à former des guirlandes d'oreilles, destinées à couronner la poupe des vaisseaux ottomans. Les femmes et les enfants sont taillés en pièces. Les hommes, traînés à l'écart, et saignés comme des moutons dans une boucherie, moururent si lentement, qu'un d'entre eux, auquel on n'avait coupé que la trachée-artère, n'expira qu'après une agonie de deux jours. » (Pouqueville, *Hist. de la Rég. de la Grèce*, t. III. p. 471.)

Cependant, la plus grande partie de la population, réfugiée dans l'intérieur de l'île, échappait au capitan-pacha. Il usa, pour s'en rendre maître, d'un procédé que ne répudiait pas alors la politique turque. Il proclama une amnistie, et la fit annoncer par l'intermédiaire des consuls, dont on s'explique peu la crédulité en cette circonstance, particulièrement des consuls d'Angleterre, de France et d'Autriche. Les Chiotes livrèrent leurs armes, rentrèrent dans la ville et les villages. Mais des bandes fanatiques de Turcs, toutes fraîches pour le pillage et le massacre, arrivaient sans cesse des rives de l'Asie; 30,000 Ottomans environ avaient abordé dans l'île. Le carnage recommença; tout fut dépouillé et saccagé : villages, monastères, hôpitaux même ; des milliers d'hommes et de femmes, entassés sur un promontoire d'où ils attendaient quelque vaisseau libérateur, furent surpris, et taillés en pièces. Les assassins se servaient de toutes armes, épée, fusil, corde et massue. Des troupeaux de captifs parcouraient l'île, étaient embarqués sur des pontons, dont quelques-uns appartenaient, dit-on, à des Français, et étaient vendus sur le marché de Smyrne en telle abondance, que le prix des esclaves en baissa sensiblement. Seuls les chrétiens de l'Église latine furent épargnés. Le vandalisme des incendiaires égala la férocité des meurtriers; la flamme dévora les monuments de Chio et une bibliothèque précieuse. Les chefs se montrèrent encore plus barbares que leurs soldats. Dans la nuit du 4 mai, le capitan-pacha fit pendre aux mâts de ses vaisseaux 70 malheureux paysans qui s'étaient rendus sur la foi de l'amnistie : la nuit suivante il fit pendre sur son propre navire huit otages tirés de la citadelle ; les autres, parmi lesquels le respectable Platon, furent exposés le même jour sur de hauts gibets. Les têtes de ces victimes furent envoyées à Constantinople, comme dépouilles triomphales. Il y avait au commencement d'avril dans l'île de Chio 115,000 chrétiens; on n'en trouva plus que 1,800 au mois d'août ; 23,000 environ avaient été mis à mort ; 47,000, selon les registres de la douane turque, avaient été réduits en esclavage; le reste s'était échappé plus ou moins heureusement de différents côtés (1). Le plan du gouvernement turc était assez affiché par de pareilles violences; il ne s'agissait pas seulement d'une répression de l'insurrection, c'était l'anéantissement de la nation qui avait été décrété, et les Grecs devaient s'affranchir comme peuple, sous peine de cesser d'exister même comme race.

Que devenait pendant ce temps la flotte de l'Archipel ? Le manque de finances ralentissait malheureusement ses préparatifs, et empêcha les Grecs de secourir à temps leurs frères abandonnés. Le 9 mai seulement, 56 vaisseaux se trouvèrent réunis à Ipsara, sous le commandement général de Miaoulis. Ils entrèrent dans le détroit de Tchesmé, cherchant la flotte ennemie, qu'ils croyaient y être mouillée ; mais ne la rencontrant pas, ils purent du moins naviguer autour de Chio, recueillir quelques fugitifs et les déposer à Ipsara. Ils revinrent bientôt vers l'île, où le capitan-pacha jouissait de son triomphe, et investirent le port où se tenait toute la flotte ennemie. Un engagement eut lieu le 31 mai, et se prolongea dans la nuit. Après s'être canonnées sans résultat, les

(1) Tricoupi, t. II, p. 204.

deux flottes se séparèrent; les Grecs rentrèrent à Ipsara ; les Turcs, abandonnant leur poursuite, se rangèrent dans le port. Sur ces entrefaites, ces derniers reçurent des renforts de Constantinople et d'Égypte. Les Grecs vinrent au-devant d'eux pour la troisième fois. C'était par une nuit sombre (du 19 au 20 juin) : la flotte amenait avec elle deux brûlots, l'un monté par Georges Pipinos, l'autre par Constantin Canaris. Avec une audace égale à leur habileté, ils s'introduisirent au milieu des vaisseaux ennemis. Canaris s'attacha au vaisseau amiral, Pipinos, au vice-amiral ; puis tout l'équipage, composé de 34 hommes, prêts à se faire sauter s'ils tombaient entre les mains des ennemis, s'échappa sans perte, et alla recevoir à Ipsara les applaudissements du peuple. Le vaisseau amiral seul prit feu, l'autre se dégagea ; et le brûlot s'agita sur les flots en répandant la flamme et la terreur. La chaloupe qui conduisait le capitan pacha vers le port fut submergée par le poids excessif qu'elle portait, et il fut transporté à la nage jusqu'au rivage, où il rendit l'âme. La mort de Kara-Ali, qui parut aux Grecs un châtiment de la Providence, raviva la fureur des Turcs contre les chrétiens de Chio ; douze mille hommes se portèrent sur les villages à mastic, jusque là plus ménagés à cause des produits qu'ils envoyaient au sérail, et la désolation de l'île fut achevée. Le 20 juin la flotte ottomane quitta les bords de Chio, et s'achemina vers l'Hellespont. La flotte grecque n'apprit sa rentrée que le 6 juillet, et se dispersa dans les ports d'où elle était sortie.

CHAPITRE III.

MORT D'ALI-PACHA. — LOIS PORTÉES PAR LE GOUVERNEMENT PROVISOIRE. — TENTATIVE MALHEUREUSE CONTRE PATRADJIK ET ZEITOUN. — TROUBLES ET DISSENSIONS.

Le gouvernement ottoman semblait vouloir frapper de grands coups. Les massacres de Macédoine et de Chio ouvraient d'une manière funèbre et terrible la nouvelle campagne. Du côté du continent occidental les Grecs couraient un nouveau danger, par suite d'un événement qui rendait disponible l'armée aguerrie de Chourchid-Pacha. L'alliance avec les Albanais qu'avait essayée Mavrocordato n'avait pas été de longue durée. Tahir-Abaz et Ago-Vessiaris, les deux officiers d'Ali-Pacha qui avaient été appelés à Missolonghi, avaient pu voir sur leur route la croix partout replacée, et avaient compris que les Grecs ne combattaient que pour leur indépendance et leur religion. Cette pensée les avait rapprochés du parti du sultan et de Chourchid. Tahir-Abaz avait travaillé en secret à détacher d'Ali les chefs de la garnison musulmane, et à la fin de l'année 1821 il ne restait plus auprès de lui que 700 Albanais environ. Abandonné, trahi de tous, il offrit sa soumission au sultan par l'intermédiaire de Chourchid. Celui-ci lui fit espérer la clémence impériale, envoya sa lettre à Constantinople, attendit la réponse du Divan, et annonça au pacha que sa grâce lui était accordée. Il l'attira alors dans son camp, et le fit conduire avec cérémonie à un pavillon, où il fut assailli et assassiné, après une résistance désespérée (5 février). Sa tête fut exposée à Constantinople devant la porte du sérail.

Aussitôt toute l'Albanie, toute l'Épire reconnut l'autorité du sultan, sauf Souli, qui sous le vieux Noti Botzaris, et principalement sous son fils Marco, continua à résister, mais avec plus d'indécision. Chourchid, investi des pleins pouvoirs du sultan, pouvait désormais consacrer toutes ses forces à la répression de l'insurrection. La Porte était délivrée de ses plus grands embarras : Ali-Pacha n'existait plus ; un arrangement avait été conclu avec la Russie par la médiation des autres puissances ; quant à la guerre avec la Perse, elle était peu active ne détournait que peu de forces. La Grèce était donc sérieusement menacée ; et les journaux d'Europe dévoués aux Turcs la disaient perdue. Le plan du Divan était d'envoyer deux armées considérables, l'une dans l'Étolie et l'Acarnanie, l'autre dans la Grèce du levant, de les soutenir par une importante expédition maritime dans le golfe de Corinthe, et de les faire passer ensuite dans le Péloponèse pour y étouffer la guerre. Heureusement la Grèce avait un gouvernement qui pouvait du moins donner de l'unité et de l'ensemble à la résistance; mais son trésor était vide. Il chercha à le remplir en décrétant des contributions, en faisant tirer des monastères et des églises les vases et ornements d'or et d'argent; il recueillit peu de chose de ces mesures, et resta embarrassé par de grands besoins.

Il était encore gêné par la mauvaise volonté de l'administration des Iles Ioniennes. Miaoulis, laissé près de Missolonghi avec huit vaisseaux, ayant tenté d'aller surprendre la flottille turque qui séjournait dans le port de Mourtoux, en face de Corfou, fut arrêté par un brick anglais, qui lui interdit l'entrée du canal de Corfou, en qualité d'eaux neutres (le 18 mars). Miaoulis rentra à Missolonghi, mais après avoir envoyé auprès au lord haut commissaire *La Terpsichore* pour porter ses réclamations. *La Terpsichore* fut saisie sous prétexte que des Grecs avaient fait des incursions dans l'île de Sainte-Maure et y avaient enlevé des troupeaux; elle ne fut relâchée que le 2 avril. En même temps lord Maitland envoya le capitaine Hamilton à Hydra pour réclamer une indemnité de 400 distèles, comme compensation, tant des désordres commis à Sainte-Maure que de l'entrée d'une flottille grecque dans les eaux neutres. Le gouvernement provisoire se saisit de l'affaire, et envoya dire qu'il était prêt à payer l'indemnité; mais il représentait que si les Anglais étaient neutres, ils ne devaient pas recevoir les Turcs plus que les Grecs dans leurs ports. Le lord haut commissaire répondit par une lettre hautaine, qu'il fit remettre à l'envoyé grec, et où il parlait de ces *quelques hommes qui s'instituaient gouvernement de la Grèce;* il refusait de reconnaître le pavillon grec et par conséquent de l'admettre dans les ports ioniens, ce qui ne l'empêchait pas de protester de son inviolable respect pour la neutralité.

Cependant le gouvernement provisoire de la Grèce travaillait à remplir sa mission. Les assemblées provinciales, celles du Péloponèse, de la Grèce de l'occident, de la Grèce du levant, avaient conservé leurs pouvoirs sous le gouvernement central de Corinthe, qui agissait par leur intermédiaire. Pour régulariser la transmission de l'autorité et les attributions de chacun, le gouvernement provisoire promulgua une loi sur l'organisation des provinces ou *éparchies* grecques, dont voici le texte :

ORGANISATION DES PROVINCES GRECQUES.

« Vu que le premier intérêt de tout gouvernement est une sage et équitable juridiction et administration, le corps législatif a décrété et le pouvoir exécutif a ratifié ce qui suit :

« I. La domination grecque est divisée en provinces; chaque province a un éparque, un chancelier, un directeur des dépenses, un receveur des impôts, un édile. Dans les îles, ainsi que dans les villes maritimes, l'édile remplira les fonctions de capitaine de port. Chaque village a des représentants; le nombre des représentants doit être proportionné au nombre des familles de chaque village, savoir : ceux qui sont composés de cent maisons ont un député, ceux de deux cents, deux, etc.; mais ceux qui en ont plus de quatre cents ne pourront pas avoir plus de quatre mandataires. Chaque bourgade ou chef-lieu nommera ses représentants d'après la même proportion.

« II. L'éparque est nommé par le gouvernement.... Il doit s'adresser au gouvernement par l'intermédiaire des ministres, pour tout ce qui concerne les affaires intérieures de son département. Il surveillera avec la plus grande vigilance la conduite des autres employés. Son pouvoir exécutif s'étend à toute la province. Les deux tiers de la force armée mise à sa disposition sont envoyés par le gouvernement central ainsi que le chef militaire; le tiers restant est choisi parmi les habitants de la province...

« III. Le chancelier est nommé par le gouvernement. Il est directeur du bureau; il contresigne tous les actes officiels signés par l'éparque. Il remplace l'éparque en cas d'absence.

« IV. Les députés sont choisis parmi les hommes les plus respectables et les plus distingués de la province, à la pluralité des suffrages et de la manière suivante : chaque village, aussi bien que les villes et chefs-lieux, nomme un nombre d'électeurs proportionné à sa population; les électeurs se rendent au chef-lieu pour l'assemblée; les deux tiers des voix suffisent pour que l'élection soit valable. »

Les paragraphes V et VI concernent le receveur des impôts, qui ne correspond avec le gouvernement que par l'entremise de l'éparque et de l'édile, qui est le chef de la police et dépend du ministre de la police.

« VII. Les notables (ou gérontes) sont élus par les habitants de la province, de la manière suivante : chaque village forme une assemblée électorale, et nomme son notable à la pluralité des voix; les deux tiers des suffrages suffiront pour que l'élection soit valable. Les notables reçoivent un brevet qui légitime leur élection. Les notables feront exécuter les ordres de l'éparque. Ils tiendront un compte exact des recettes et des dépenses. Ils présenteront ces comptes tous les mois aux députés. Ils rempliront les fonctions de juges de paix.

« A Corinthe, le 30 avril (12 mai) 1822, l'an I de l'indépendance.

« A. MAVROCORDATO,

« président du pouvoir exécutif. »

Peu de temps après parut la loi qui fixait la solde des troupes; en voici la teneur :

« 1° Les soldats déjà engagés au service de la patrie et ceux qui s'engageront dans la suite recevront pour solde un arpent de terre par mois, à partir du jour de leur engagement.

« 2° Ceux des Péloponnésiens qui se porteront hors du Péloponèse pour rejoindre l'armée des frontières recevront pour solde un arpent et demi par mois.

« 3° Les soldats doivent déclarer la durée de leur engagement; cependant personne ne pourra s'engager pour moins de six mois.

« 4° Lorsque le soldat aura fini son engagement, le gouvernement lui accordera son congé d'après les papiers qui doivent être signés par ses chefs.

« 5° Le soldat qui aura satisfait à toutes ces dispositions recevra du gouvernement les lettres constatant ses droits de propriété sur la terre qui lui est échue pour prix de ses services.

« 6° Les droits de ceux qui seraient morts sur le champ de bataille passeront aux héritiers. On leur tiendra compte de tout le temps pendant lequel le soldat s'était engagé, s'il venait à mourir avant l'expiration de ce terme.

« 7° Ceux qui, par suite des blessures qu'ils auront reçues, ne pourraient plus servir la patrie par les armes seront regardés comme ayant complété leur engagement.

« ...9° Il n'est permis à aucun soldat de quitter son corps pour passer dans un autre, sans l'autorisation de son chef...

« A Corinthe, le 7 (22 mai) 1822.

« Le président du conseil,

« A. MAVROCORDATO.

Les deux corps législatif et exécutif agissaient de concert et vivaient en bonne intelligence. Cependant Démétrius Hypsilantis, président du sénat législatif, se sentait mal à l'aise dans ces fonctions, où son autorité se trouvait bornée, et aspirait à un rôle plus actif et plus indépendant. Entreprenant, ambitieux, ami du soldat à cause de son caractère militaire, il tenait à s'employer dans la guerre, et demanda le commandement d'une armée dans la Grèce du levant. L'Aréopage, où il avait des ennemis, s'y opposa quelque temps; néanmoins, choisi par le gouvernement pour conduire le secours des Péloponnésiens, il partit de Corinthe le 4 mars, laissant ses fonctions dans le conseil législatif au vice-président Soter Charalambis. Il devait avoir sous ses ordres trois mille soldats; sept cents à peine sortaient de l'isthme sous Nicolas et Panajoti Zaphiropoulo. Hypsilantis commença par braver les politiques et irriter l'Aréopage en levant la bannière de l'hétairie, malgré la loi récente qui établissait les couleurs grecques. Les réclamations du gouvernement l'obligèrent à accepter la bannière nationale. Mais à peine dans le levant, il fournit de nouveaux sujets de mécontentement, en donnant des ordres directs aux éphores des éparchies, bien qu'il dût, d'après la nouvelle organisation, en référer à l'Aréopage. Cette assemblée se plaignit au gouvernement provisoire : celui-ci envoya un médiateur, qui apaisa les ressentiments, mais sans les éteindre.

Au commencement d'avril, un conseil de guerre se tint au village de Pralo, sur les frontières de la Doride. On résolut, pour étendre l'insurrection dans le nord, d'occuper trois points principaux, Patradjik, Zeitoun, et une position d'où l'on interceptât les communications entre ces deux villes. Contogianni, Kaltsas, avec 2,500 hommes, devaient se porter contre la première ; Ulysse, Georgaki, Dyoviniotis, Nicétas, Zaphiropoulo, avec 3,000, contre la seconde ; Panourgias avec 1,500 hommes devait s'établir à Composadi. On se mit en marche la semaine sainte. Les Grecs débutèrent par quelques succès, et s'emparèrent de plusieurs villages ; Ulysse et Nicétas soutinrent d'heureux combats. Mais la discorde des chefs et des membres de l'Aréopage paralysa les opérations militaires. Patradjik ne put être pris ; Zeitoun faillit être emporté, et fut également manqué. L'armée abandonna l'île de Sainte-Marine, où elle était retranchée, et fut obligée de faire retraite sur le continent.

Cet insuccès mit le comble aux dissentiments qui aigrissaient tous les esprits, et les aréopagites, dans une irritation qui les aveugla contre un homme à qui on ne pouvait reprocher que sa farouche indépendance, accusèrent Ulysse de trahison. Celui-ci, outragé par ces soupçons, envoya sa démission à l'Aréopage, qui l'accepta. Puis il attendit à Dadio, dans un village de Livadie, toujours uni avec Hypsilantis, qui séjournait au même endroit. L'Aréopage, après avoir pourvu provisoirement au remplacement d'Ulysse, adressa au gouvernement une lettre, datée du 29 avril, pour demander qu'on envoyât comme son successeur Christo Balascas, alors à Corinthe. Dans une seconde lettre, du 4 mai, il se plaignait d'Hypsilantis lui-même comme encourageant Ulysse à la révolte, et demandait son rappel. Le gouvernement envoya Balascas, non pour remplacer Ulysse, mais pour opérer une réconciliation ; il lui avait adjoint Noutsos, à qui l'on supposait un grand ascendant sur l'esprit d'Ulysse, qu'il avait eu autrefois l'occasion de sauver de la colère d'Ali-Pacha.

Les deux envoyés arrivés en Livadie convoquèrent quelques capitaines et quelques aréopagites, et les chargèrent de paroles de paix. Ils invitèrent Hypsilantis au nom du sénat législatif à se rendre dans le Péloponèse, mais ils ne montraient pas d'ordre écrit. Hypsilantis refusa, et les deux envoyés retournèrent à Corinthe. Le gouvernement crut à une révolte ouverte, et renvoya Balascas et Noutsos, mais cette fois l'un pour prendre le commandement des troupes d'Ulysse, l'autre pour régler avec l'Aréopage certaines affaires de finances. Ils devaient porter par lettres officielles à Hypsilantis son rappel, à Ulysse l'ordre de comparaître devant le gouvernement pour rendre compte de sa conduite. Ils rencontrèrent Hypsilantis à Valitza ; quant à Ulysse, il était toujours à Dadio, non loin de son corps d'armée, qui campait à Dracospilia. Les députés ayant entendu dire que ses troupes étaient irritées contre lui et prêtes à le livrer, prirent le parti de se rendre d'abord au camp. Mais Ulysse était prévenu de leur arrivée et de leur dessein ; on lui disait même qu'ils étaient envoyés pour l'assassiner ; et cet homme, d'un caractère vindicatif, nourri à la cour d'Ali-Pacha, avait déjà résolu de les prévenir. Il les suivit avec quelques-uns de ses compagnons, et arrivé à un certain point de la route, donna ordre de tirer sur eux. Ceux-ci se réfugièrent dans une chapelle, avec quelques-uns des gens de leur escorte ; mais, pressés par le feu qu'on avait mis au toit et à la porte, ils furent obligés de se rendre ; et Noutsos sortit le premier, se flattant, en vertu de ses anciens rapports d'amitié avec Ulysse, de sauver sa propre vie et celle de son compagnon. Ulysse néanmoins les fit saisir et conduire au camp, dans sa tente. Là il harangua ses soldats, en leur présentant Noutsos comme un roi qu'on leur envoyait, et Balascas comme un général en chef ; il leur proposait, s'ils les préféraient à lui, de se retirer loin du camp, et d'aller vivre obscurément dans Ithaque, sous la domination étrangère. Puis tout à coup : « Est-ce eux ou moi que voulez? s'écria-t-il. — Toi! toi! c'est toi que nous voulons, reprit toute l'armée. — Eh bien, alors défaites-vous de vos ennemis et des miens. » Et en même temps il livra à ses soldats les deux malheureux, qui tombèrent percés de coups (6 juin).

Cet attentat répandit la terreur et la consternation. Les craintes furent telles que des familles de Livadie s'embarquèrent. L'Aréopage sollicita du gouvernement provisoire des mesures excessives contre une conspiration qui n'existait pas. Le gouvernement venait de se transférer de Corinthe à Argos, où il trouvait un climat plus salubre. Il déclara Ulysse déchu de son grade, et condamné à mort. Il alla plus loin; il fit ordonner par le ministre de la guerre aux habitants de Livadie, la plupart ses compagnons d'armes, de le prendre mort ou vif, et défendit sous des peines sévères, même à ses parents, de rester auprès de lui. Le ministre du culte, Androusi Joseph, lança sur sa tête les foudres de l'excommunication. Cependant, personne n'osa porter la main sur lui; il se retira sans être inquiété sur le Parnasse; l'armée de Patradjik, aussitôt après son départ, se dispersa. Partout était l'anarchie, et le pays se dégarnissait au moment où une invasion d'ennemis était menaçante. Voilà ce qu'avait produit la rigueur intempestive et outrée de l'Aréopage contre un homme que son ascendant rendait indispensable dans la guerre, et qui n'avait été poussé à la révolte que par une injuste accusation. C'était aussi injustement qu'on avait accusé Hypsilantis d'avoir pris part au meurtre de Noutsos et de Balascas; il ne l'avait appris que comme il faisait route vers le Péloponnèse.

La Grèce étant ouverte à l'ennemi par la Livadie, la Morée avait à défendre ses approches. On pressa le siège d'Athènes et de Nauplie de Romanie. Après la retraite d'Omer-Pacha-Vrione, les Turcs s'étaient renfermés dans l'Acropole d'Athènes avec une abondance de vivres qui leur permettait de défier pour longtemps le blocus; mais ils n'avaient que deux sources, et avaient d'ailleurs compté sur l'eau des pluies qu'amènerait l'hiver. Les Grecs s'étant emparés de deux portes du mur d'enceinte de l'Acropole et de deux barrières élevées en dehors des Propylées, privèrent les assiégés de leurs sources d'eau. Un canon, placé sur l'Aréopage, et deux obusiers servis par des Grecs et des philhellènes, sous les ordres du colonel Voutier, leur firent en outre beaucoup de mal. Les Turcs montrèrent dans ce siège une remarquable constance. Cependant, réduits aux dernières extrémités, ils demandèrent, par l'intermédiaire des consuls, à capituler. Le traité fut signé le 21 juin, dans le consulat autrichien, et l'observation en fut jurée par les représentants des Grecs sur l'Évangile, en présence du métropolitain. Les conditions en étaient la reddition de la citadelle et de toutes armes publiques ou particulières, l'assurance de la vie et de l'honneur pour les Turcs, la faculté pour eux d'habiter la ville ou de passer en Asie sur des navires neutres en conservant quelques-uns de leurs biens nécessaires à leur usage, le partage égal entre eux et les Grecs de tous leurs objets précieux, d'or ou d'argent. Les portes de la citadelle furent ouvertes, et les Grecs en prirent possession au son du canon. Quant aux malheureux Turcs, ils étaient 1,160 encore, mais, sur ce nombre, un seizième à peine était en état de porter les armes, et soixante d'entre eux, au bout de quelques jours, périrent des suites des privations qu'ils avaient endurées. Le gouvernement avait déjà réuni quelques embarcations dans le Pirée, pour le transport des assiégés, quand tout à coup se répandit la nouvelle de l'invasion d'une armée turque et de sa marche sur Thèbes et Athènes. Les femmes se réfugièrent à Salamine, et les soldats Grecs, étourdis par la terreur, et respirant la vengeance, égorgèrent, contre la foi des traités, les Turcs répandus dans la ville; 400 environ périrent; un nombre à peu près égal fut recueilli par deux vaisseaux français, *L'Estafette* et *L'Active*; les autres se réfugièrent dans les consulats ou se dispersèrent misérablement dans la Grèce (5 juillet).

Vers la même époque, les Turcs assiégés dans Nauplie conclurent avec les Grecs une capitulation par laquelle ils s'engageaient à rendre la citadelle et les armes de toutes sortes, et les deux tiers de leurs biens transportables, à la condition d'être conduits sur les rives d'Asie et d'être nourris depuis le jour du traité jusqu'au débarquement (30 juin). Des plénipotentiaires avaient été envoyés par le gouvernement pour régler l'exécution de ces clauses; mais en même temps de l'Argolide et de tout le Péloponèse accouraient des paysans pillards, au bruit de la prochaine reddition de Nauplie. Du reste, du côté des Turcs naissaient mille difficultés qui retardaient l'accomplissement de la capitulation : depuis qu'ils recevaient de la nourriture, ils n'avaient plus d'intérêt à presser le moment de leur départ, attendant toujours du lendemain un changement à leur position et un secours étranger. Aussi montraient-ils la plus mauvaise volonté pour faire apprécier la valeur de leurs biens, et en cachaient-ils une grande partie. De leur côté, les Grecs n'avaient pas de vaisseaux à leur disposition. Ainsi les choses restèrent dans une situation provisoire.

Le Péloponèse était agité. Le conseil exécutif avait nommé une commission qui devait être de cinq membres au moins, de douze au plus, pour le remplacer, pendant les tournées que faisaient ses membres dans les éparchies pour lever des troupes. Il avait compté tirer du Péloponèse seul 17,600 soldats. Mais cette armée n'existait encore que sur le papier. L'assemblée du Péloponèse donnait le scandaleux exemple d'une opposition ouverte au gouvernement; la bonne intelligence même qui régnait entre les deux conseils délibératif et exécutif souffrait depuis le retour d'Hypsilantis. Une question religieuse divisait encore les esprits. Depuis le commencement de l'insurrection, les Grecs, par esprit de prosélytisme, baptisaient de gré ou de force les Turcs prisonniers. L'assemblée du Péloponèse et le gouvernement provisoire s'opposèrent d'abord à cette pratique, puis la tolérèrent par humanité, parce qu'après la victoire l'abjuration des vaincus les préservait souvent de la mort. Mais les nouveaux convertis n'en restaient pas moins les ennemis jurés de leurs nouveaux frères en religion, et se tournaient contre eux à la première occasion, comme cela s'é- tait vu en Livadie. Après de longues discussions dans les deux conseils, le conseil exécutif promulgua une loi qui ne permettait de baptiser que les enfants mâles au-dessous de douze ans, avec le consentement de leurs parents et les femmes de tout âge.

En même temps il parvint à la connaissance du gouvernement que des agents parcouraient le Péloponèse, provoquant les Grecs à se mettre sous la protection anglaise. Des correspondances avaient même lieu à cet égard d'Épidaure aux Iles Ioniennes. Enfin, Colocotroni, qui était allé soutenir le siége de Patras, las de la jalousie et des intrigues des primats de Calavryta et de Caritène, qui cherchaient à lui soustraire ses soldats, quitta brusquement Patras (le 18 juillet), et se rendit avec toute sa troupe à Tripolitza.

CHAPITRE IV.

EXPÉDITION DE DRAM-ALI DANS LE PÉLOPONÈSE.

C'est pendant que le Péloponèse se trouvait dans ces circonstances critiques, pendant que la Grèce du levant voyait son armée se dissoudre, que s'annonça la formidable expédition des Turcs. Chourchid-Pacha, laissant Omer-Vrione en Épire, était passé en Thessalie, et y avait rassemblé toutes les forces disponibles de la contrée. La Porte lui avait joint Mahmoud, pacha de Drama, dit Dram-Ali, et il comptait sous ses ordres un grand nombre de pachas et de beys. Le 11 juillet il passa le Sperchius (la Hellada) avec plus de 30,000 hommes, dont la plupart étaient des fantassins albanais et parmi lesquels il avait 18,000 cavaliers; il était suivi en outre de 20,000 valets, 30,000 mulets, 500 chameaux, et 6 pièces de campagne. Cette armée arriva facilement à Thèbes, mit le feu dans la ville, et le répandit partout autour d'elle. La Béotie et la Mégaride furent évacuées; les habitants se réfugiaient dans les montagnes ou dans l'Ile de Salamine. C'est dans cette île aussi que se réfugièrent les membres de l'Aréopage, et ils passèrent de là en Eubée. Mais là encore ils devaient retrouver les Turcs. Chourchid détacha Tsarcatsi-

Ali-Pacha avec 1,200 hommes pour aborder en Eubée et marcher sur Chalcis.

Puis l'armée ottomane, sans rencontrer presque aucune résistance, entra par flots dans l'Isthme, et déborda dans un pays dépeuplé. Le gouvernement avait donné l'exemple de la retraite en s'embarquant, sauf deux membres, sur deux goëlettes, avec l'argent du trésor, qui fut, dans le désordre du moment, pillé par les matelots, sous prétexte de recouvrer leur solde arriérée. Il ne resta dans la citadelle d'Argos que le Maïnote Athanase Carigianni avec dix hommes. Cependant les Turcs avançaient avec précaution dans cette solitude, où ils soupçonnaient des piéges. L'Acrocorinthe avait été honteusement délaissée par sa garnison, sous les ordres d'un pope sans talent et sans caractère. Dram-Ali y prit position, ainsi que Joussouf-Pacha, qui venait de Patras. Là fut tenu un conseil de guerre. Les pachas qui connaissaient la contrée étaient d'avis que l'on gardât l'Acrocorinthe, et que l'on divisât l'armée en trois corps pour couper et cerner les Grecs, et pour subsister plus facilement. Le séraskier n'adopta point ce sentiment, et voulut marcher d'un seul corps sur Argos. Il traversa une province que les habitants avaient eux-mêmes dévastée.

Tel était en effet le danger que couraient les Turcs dans leur facile conquête; leur nombre même pouvait les perdre, si les aliments venaient à leur manquer. Or la moisson était faite, et grains et fourrage, tout avait été emporté. Le plan naturel et le plus efficace des Grecs était de contenir autant qu'ils le pouvaient l'invasion musulmane dans les bornes où elle était encore restreinte, et de laisser l'ennemi se consumer dans la disette en le harcelant par des attaques partielles. Ce fut le plan de Colocotroni, qui dans cette circonstance fut l'âme de la résistance, remplaça le gouvernement absent, seul excita les esprits, concentra les efforts, et organisa les forces éparses. Hypsilantis avait refusé de suivre les sénateurs sur les vaisseaux; il se joignit à Georgaki, à Jean fils de Mavromichalis, à Panos, fils de Colocotroni, et s'enferma dans Argos avec 700 hommes choisis. Le 24 juin les Turcs furent devant la ville, et Dram-Ali entreprit aussitôt le siège de la citadelle.

Quelle que fût la disproportion des forces entre les assiégeants et les assiégés, ceux-ci, en concentrant autour d'eux les forces ennemies, en occupant l'armée ottomane, encore lente et inhabile aux siéges, sauvèrent la Grèce. Les canons de Dram-Ali frappaient sans cesse la citadelle sans atteindre ses défenseurs. En ce moment on apprit l'apparition de la flotte turque. Elle pouvait, si elle agissait de concert avec les assiégeants, réduire les Grecs à la dernière extrémité : elle passa tranquillement, et tourna la Morée pour se rendre à Patras, où elle devait prendre Méhémet-Pacha, nommé capoudan-pacha. Cependant Colocotroni faisait les efforts les plus actifs pour tirer la garnison d'Argos de la situation exceptionnelle et singulièrement dangereuse où elle se trouvait. Antoni Mavromichalis, qui essaya de dégager la citadelle, fut repoussé avec une perte de plus de 150 hommes. Le lendemain (1er août) Colocotroni arriva aux Moulins voisins d'Argos, où venaient d'arriver 1,300 Arcadiens de renfort. Il les enflamma par ses discours, et les conduisit à la citadelle. Pendant trois nuits consécutives, les deux armées se fusillèrent, sans que les Grecs pussent donner la main à leurs frères assiégés. Enfin, ceux-ci trouvèrent le moment de sortir de la citadelle; un de leurs chefs, Carigianni, s'échappa en se mêlant parmi les Turcs, qui le prirent pour un des leurs.

Ces combats attirèrent autour de Colocotroni des renforts de toutes les provinces du Péloponèse, qui firent monter son armée à 9,000 hommes. Il en profita pour tenir les ennemis en haleine et les détourner de Tripolitza. Les Turcs étaient presque sans vivres, dans un pays désolé. L'été avait tari la plus grande partie des sources. Les Grecs les harcelaient sans cesse, se cachant dans les vignes et les ajustant au passage. D'ailleurs Dram-Ali, assailli de réclamations et de plaintes sur le mauvais état de ses troupes, inquiété par la jalousie de Chourchid-Pacha, qui était resté dans la Grèce orientale et lui enviait l'expédition du Péloponèse, entouré de querelles, de divisions et de murmures, était impatient de lever son camp d'Argos. Il fit offrir à Colocotroni des conditions de paix, lui promettant la clémence impériale. Celui-ci ayant refusé d'y accéder, il reprit avec son armée le chemin de Corinthe (7 août).

Elle s'engagea dans le défilé du Dervenaki, la route la plus courte de celles qui conduisent d'Argos à Corinthe. Arrivée aux gorges qui portent le nom de Saint-Sosti, elle fut rencontrée par Antoine Colocotroni, à la tête de 600 hommes. En même temps marchaient vers Corinthe, par la route dite Aginorion, à deux heures des Derveniaki, Hypsilantis, Nicétas, Dicée avec 500 soldats. Ils se dirigèrent du côté où ils entendaient la fusillade, se montrèrent sur les hauteurs de Saint-Sosti, et arrivèrent à temps pour achever un corps de 6,000 Turcs qui fuyaient et se trouvèrent ainsi enveloppés de tous côtés. Acculés aux montagnes, ils essayaient de les gravir avec leurs chevaux; mais les rochers étaient remplis de ravins et de précipices où hommes, chevaux, mulets et chameaux tombaient pêle-mêle en se poussant les uns les autres. Beaucoup d'entre eux se sauvèrent à Courtessa; mais plus de 3,000 périrent. Ils eussent été anéantis jusqu'au dernier si les Grecs n'avaient pas été en si petit nombre. Du moins des animaux en quantité considérable, des armes et de riches dépouilles restèrent entre les mains des vainqueurs.

Les chefs grecs accourus sur le lieu du combat se concertèrent pour surprendre l'arrière-garde. Celle-ci passa, non sans être fort maltraitée, mais avec moins de pertes que le gros de l'armée. Mahmoud Dram-Ali rassembla sous Corinthe les débris de ses troupes. Il attendit de Patras des secours de vivres. Mais Manoli-Tombasis enleva de Cenchrées les provisions qui lui étaient destinées.

Telle fut l'issue de cette expédition, si formidable à ses débuts, qui pouvait inonder la Morée tout entière, et se trouva concentrée dans une province. La précipitation et la fraveur de Dram-Ali fut si grande, que des six canons qu'il avait emmenés avec lui pour la conquête de l'Argolide, il en laissa cinq dans Argos, et le dernier hors de Nauplie. Cependant, il voulut reprendre l'offensive, et le 19 août il fit un mouvement en avant pour marcher sur Patras; mais les Grecs étaient sur leurs gardes: les Turcs furent repoussés. Quelques jours après ils firent une nouvelle et grande démonstration, et ébranlèrent d'abord les troupes qui les cernaient; mais ils ne purent encore s'ouvrir une route. La voie de la mer seule resta libre, et leur assura des provisions.

Après l'abandon d'Argos par l'armée turque, la ville et la citadelle de Nauplie étaient restées occupées par un corps ottoman sous Ali-Bey. Les Grecs étaient occupés à mettre en sûreté ou à vendre leur butin; ils étaient d'ailleurs en petit nombre devant la place. La garnison turque faisait de fréquentes incursions; elle fut inquiétée néanmoins par les Maïnotes et Pétro-Bey. Les excursions de la flotte ottomane dans la mer Égée lui promettaient de l'aide et des ressources. Elle avait été prendre, comme nous l'avons dit, le nouveau capoudan-pacha, Mehmed, à Patras; elle avait mis à la voile du port de cette ville le 8 septembre; le 19 du même mois elle parut en vue d'Hydra, comptant quatre-vingt-quatre navires. Aussitôt Miaoulis prit la mer avec soixante vaisseaux de guerre et dix brûlots. Mais la flotte turque, placée entre Hydra et Spetzia, coupait en deux les forces grecques. Plusieurs rencontres eurent lieu, dans lesquelles Miaoulis, Criésis, Lébessis, Panajotas se signalèrent sans pouvoir obtenir d'avantage décisif. Cependant, les Turcs ne parvinrent pas à pénétrer au fond du golfe de Nauplie; le 23 au soir un orage éclata, et les en tint éloignés.

Miaoulis alors prépara contre eux le terrible stratagème dont les Grecs avaient déjà usé avec tant de succès, les brûlots; mais le capitaine d'un vaisseau français, profitant des rapports qu'il avait avec les Grecs pour des indemnités qu'il réclamait, fit prévenir Mehmed-Pacha du danger auquel il était exposé. Cette conduite déloyale fut flétrie en France comme elle le méritait, et motiva le rappel du capitaine. Mais le capoudan-pacha avait appareillé, et pris le large; alors la flotte grecque le poursuivit à travers l'archipel, et lui brûla un vaisseau à deux-ponts. Ils apprirent bientôt qu'il naviguait vers l'Hellespont, cédant les mers à une marine de vaisseaux marchands. Ils continuèrent à parcourir la mer Égée, donnant la chasse à tout navire qui portait le pavillon ottoman, et poussant l'audace jusqu'à venir enlever dans le port de Damiette les provisions chargées pour les Turcs.

Nauplie n'avait donc plus l'espoir d'être ravitaillée par mer. Du côté de la terre, elle ne pouvait attendre beaucoup de Dram-Ali. Son armée, enfermée à Corinthe, rencontrait devant elle, dans les défilés qui la séparaient de Nauplie, l'infatigable Colocotroni. Elle ne put que par deux fois lui envoyer du secours. D'ailleurs elle-même manquait de ressources. Joussouf-Pacha, à Patras, bien loin de chercher à soulager ses compatriotes, imposait sans exception tous les vaisseaux qui naviguaient dans le golfe, même ceux qui des Iles Ioniennes ou des autres points de l'Europe allaient porter à Corinthe des provisions. Le climat malsain du pays augmentait encore leurs souffrances. Elles étaient d'ailleurs communes aux deux armées. « Les privations et les souffrances qu'eurent à endurer les Grecs, dit M. Edw. Blaquières, soit dans les défilés, soit devant Napoli, pendant le mois de novembre et le suivant, sont pénibles à décrire : pas un abri pendant la nuit, malgré les torrents d'une pluie froide et continuelle qui règne dans cette saison sur les montagnes de la Grèce ; point d'autre couverture que le grossier manteau albanais, et pendant ce temps une ration journalière qui n'excédait pas pour chaque homme une demi-livre du plus mauvais pain. Ceux qui étaient stationnés aux *Dervenaki* étaient à chaque instant obligés de gravir des collines inaccessibles, du matin au soir et encore assez souvent pendant la nuit. La situation de l'armée de blocus à Napoli n'était pas moins pénible ; ils étaient presque constamment les armes à la main, et glacés par les vents sur la montagne ou inondés par les pluies dans la plaine Il est vrai que les souffrances des Grecs n'étaient rien en comparaison de celles de la garnison turque, qui était réduite aux dernières extrémités quelques semaines avant de capituler. Tous les chevaux étaient mangés, et quelques malheureux soldats furent réduits à l'horrible nécessité de dévorer les cadavres de leurs compagnons de misère. » (P. 245, ch. XI.) Enfin, les Grecs, grâce à la trahison de deux Albanais, pénétrèrent dans la tour de Palamède, fort bâti par les Vénitiens, qui n'était plus défendue que par des fantômes sans forces et presque sans vie. Maître de la citadelle, Colocotroni somma la garnison de la ville de se rendre sous trois heures. Ali-Bey hésitait encore : les trois heures écoulées, la canonnade commença contre la place. Alors les Turcs se rendirent à la nécessité ; ils capitulèrent à la condition d'avoir la vie sauve et d'être transportés sur la côte d'Asie. Les Grecs prirent possession de Nauplie le 11 janvier 1823, dans un anniversaire qui ne manqua pas de leur paraître un signe de la protection divine, le jour de la fête de saint André, patron de la Morée. Colocotroni, craignant pour la vie des Turcs l'impatience de ses soldats, et pour leurs trésors la cupidité des chefs, se hâta de les faire embarquer, partie sur la frégate anglaise le *Cambrian*, qui se trouva dans le port, sous le capitaine Hamilton, partie sur les navires de Miaoulis. Mais tel était l'état de délabrement où étaient réduits les malheureux assiégés que soixante-sept d'entre eux moururent pendant la traversée sur les quatre cents que contenait la frégate anglaise.

Ainsi l'armée de Dram-Ali se trouvait de plus en plus isolée ; elle n'avait plus l'espoir d'être secourue du côté du nord, par l'armée de réserve de Chourchid-Pacha. Celui-ci, après avoir menacé les Grecs du continent oriental, démoralisés et désorganisés, leur avait laissé le temps de retremper leur courage et de rallier leurs forces. Ulysse, accusé par l'Aréopage de trahison, n'en avait pas moins été reconnu par la Grèce du levant comme son chef, et même le corps législatif avait ordonné à l'Aréopage de suspendre ses poursuites. Il fut appelé pour défendre Athènes, le point le plus important à protéger contre l'invasion qu'il fallait attendre après la malheureuse campagne de Zeitoun. Plusieurs chefs dans la place se disputaient le pouvoir ; c'était à qui occuperait la citadelle, et déjà le meurtre avait ensanglanté ces querelles. En vain Hypsilantis s'était-il présenté avec Nicétas (2 septembre); on avait refusé de l'introduire dans la citadelle. Enfin les chefs, craignant que la désunion ne gagnât les soldats eux-mêmes, appelèrent Ulysse, qui accourut et se concerta avec Nicétas et Hypsilantis. Ces deux derniers tinrent la campagne, tandis qu'Ulysse restait à Athènes, dont il avait confié la citadelle à Gouras.

Ainsi grandissait son nom et son autorité, tandis que celle de l'Aréopage était anéantie. Les capitaines qui naguère tremblaient devant ce corps allèrent jusqu'à se réunir en assemblée sans ordre et sans délégation, et à proclamer Ulysse général en chef de la Grèce du levant. Logothétis, membre du corps législatif, souscrivit à ces actes illégaux, et fut traduit devant le sénat comme coupable de lèse-majesté. Ce fut néanmoins Ulysse, rebelle contre le gouvernement et irrégulièrement investi d'un commandement en chef, qui eut le principal honneur d'avoir éloigné l'armée de Chourchid. Ce fut lui qui fortifia Athènes, et qui contint l'ennemi autant par ses négociations que par les armes. Les revers de Dram-Ali, dont la nouvelle se répandait, rendaient le passage de l'isthme dangereux pour l'armée turque du nord, qui ne pouvait plus compter que sur une armée en désordre; les Albanais devenaient inutiles, l'hiver approchait, enfin Chourchid, disgracié par le Divan, se retira sur Zeitoun, et laissa ainsi la Grèce du continent oriental respirer.

Dram-Ali se trouvait donc abandonné. Il ne pouvait plus conserver la position de Corinthe, d'où le manque de ressources et de communications lui conseillait de s'éloigner. Il résolut de marcher vers Patras, dont le blocus avait été à peu près abandonné depuis quelque temps par les Grecs. « Les généraux turcs se mirent en mouvement vers le milieu de janvier avec près de trois mille hommes, la majeure partie de la cavalerie, et n'arrivèrent qu'à Akoata, près de Vostitza : là, ils furent soudain arrêtés par Lundo, qui parut à la tête d'un petit corps revenant de Missolonghi, sur une hauteur que traversait la route, et au bas de laquelle l'armée turque avait fait halte dans une profonde vallée. Une nouvelle scène d'horreur se préparait ainsi pour les infortunés soldats turcs. Leur provision de pain ayant été promptement épuisée, ils mangèrent leurs chevaux ; cette ressource leur manqua ; ils mangèrent l'herbe qui croissait sur les rochers des environs : bientôt ils en vinrent à manger le cuir de leurs selles, et ne tardèrent pas enfin à suivre l'effroyable exemple de Malvasie et de Napoli. Ce blocus continuait depuis près de trois semaines, lorsque Odysseus (Ulysse), qui avait amené deux cents hommes pour coopérer à cette affaire, essaya de renouer une ancienne connaissance avec un des deux beys qui commandaient les Turcs; ils entrèrent en négociation, et ceux qui avaient échappé à la famine obtinrent d'être embarqués en livrant leurs armes et leurs effets...

« Ainsi se termina la seconde campagne dans la Morée, malgré les résultats que s'en promettait la Porte pour établir son joug sur la Grèce. Loin de les avoir obtenus, les Turcs perdirent par l'épée ou la famine au moins vingt-cinq mille hommes dans le seul Péloponnèse. Jamais l'absence totale des talents militaires qui distinguaient leurs prédécesseurs dans l'invasion du quinzième siècle, et la dégradation des Turcs comme puissance politique, ne furent mises en plus grande évidence. » (Blaquières, p. 248.)

CHAPITRE V.

Années 1822-1823.

PREMIER SIÉGE DE MISSOLONGHI.

Tandis que le Péloponèse et la Grèce du Levant traversaient ces difficiles circonstances, la Grèce occidentale, malgré des efforts d'héroïsme, luttait avec peine contre la supériorité numérique, la trahison des uns, les divisions des autres et l'insuffisance des ressources. Après la chute d'Ali-Bacha, l'Épire entière s'était soumise, mais non la belliqueuse Souli. Les habitants de la montagne et de la plaine demandèrent au gouvernement central des hommes, et Maurocordato pour les conduire. Il fut décidé le 23 mai que l'objet de leur demande leur serait accordé. Le gouvernement était alors aussi favorable à Maurocordato qu'il était défiant à l'égard d'Hypsilantis. Maurocordato partit le 29 mai de Corinthe, n'ayant avec lui que le corps régulier de quatre cents hommes du philhellène Tarella, cent vingt philhellènes sous Danias, cent vingt Ioniens, quatre cents Péloponésiens. Huit vaisseaux les transportèrent à Missolonghi, où ils arrivèrent le 4 juin. Colocotroni devait les y rejoindre. En attendant, les Souliotes soutinrent bravement la guerre. Chourchid marchait contre eux avec quatorze mille hommes. Le 27 mai, les Turcs répartis en trois corps sous Chourchid, Omer-Vrione et Keser-Achmet attaquèrent les Souliotes à la fois sur trois points différents. Ce fut une longue suite de combats héroïquement soutenus, les 29, 30, 31 mai, le 1er, le 7, le 10, le 12 juin. (Voy. Pouqueville, *Hist. de la Rég.* t. IV, l. VIII, ch. 1.) Le village de Souli fut pris par les Turcs; les chrétiens, accablés par le nombre, perdaient chaque jour du terrain. A la fin du mois, le fort de Kiapha, dernier refuge des femmes, des enfants, des vieillards, était bombardé; les guerriers refoulés remontaient dans leurs montagnes, quand tout à coup cinq cents Grecs, poussant des cris et tirant des coups de fusils, accompagnés de femmes armées de sabres ou de massues, descendirent comme un tourbillon des sommets les plus élevés, et jetèrent l'alarme parmi les Turcs, qui rentrèrent dans leurs premières positions. Exaspéré de cet échec, Chourchid-Pacha laissa le soin de la guerre contre les Souliotes et le commandement de l'armée à Omer-Vrione, et se transporta à Larissa pour prendre la direction d'une nouvelle expédition contre la Grèce du Levant et le Péloponèse.

La résistance des Souliotes donna à Maurocordato le temps d'arriver à leur secours. De Missolonghi, il envoya Kyriacouli Mavromichalis avec cinq cents hommes, sur quatre de ses vaisseaux, au petit port de Phanari, situé à huit lieues de Souli. Lui-même partit avec le corps d'armée général, et arriva en face d'Arta, le 21 juin. Il avait là environ trois mille hommes sous ses ordres; mais les ennemis en triple nombre étaient répandus dans Arta, Janina et Prévésa. Le courage et la discipline durent encore céder au nombre. Marco Botzaris, trompé par Gogo Bacolas, vieux chef anatolien qui entretenait des intelligences avec les Turcs, entreprit avec douze cents hommes d'aller délivrer Kiapha. Surpris à Placa, il fut obligé de faire sa retraite dans les montagnes, après avoir subi une perte considérable. Les Souliotes allèrent à son secours, mais furent eux-mêmes repoussés et retournèrent dans leurs villages.

Les Turcs partout vainqueurs se portèrent sur Phanari pour empêcher le débarquement des Grecs; trois mille d'entre eux reçurent la petite troupe débarquée; celle-ci tint une journée entière. Kyriacouli périt dans la mêlée; mais ses compagnons dérobèrent son corps et cachèrent sa mort à l'ennemi. La nuit, ils se rembarquèrent.

L'armée grecque était répartie en trois corps, à Péta, à Langada, et à Comboti. Le corps de Péta, d'un peu plus de deux mille hommes, se trouvait en face de la forte position d'Arta, et exposé tous les jours à un redoutable engagement. Le 16 juillet, on vit sortir d'Arta l'armée turque, forte de sept ou huit mille hommes, la cavalerie en tête. Les Grecs se rangèrent en bataille; les Philhellènes, sous Danias, furent placés du côté où l'on présumait que commencerait l'attaque, c'est-à-dire sur la droite. Les réguliers, sous le colonel Tarella, formaient le centre; les Ioniens étaient à la gauche. Le reste du corps était en réserve sur la hauteur en arrière. Les Philhellènes reçurent le premier choc, et y résistèrent bravement, soutenus par les réguliers. Le succès même paraissait certain, et les Turcs lâchaient pied, quand s'étant aperçus sans doute du petit nombre de ceux qui les poursuivaient, ils se rallièrent et revinrent à la charge. Leur infanterie inonda le champ de bataille. Les Philhellènes eurent beau se former en bataillon carré, ils ne purent que tomber glorieusement. L'armée grecque, rompue de toutes parts, alla réunir ses débris à Langada, où Maurocordato apprit en même temps l'engagement et la perte de la bataille. Ce fut un désastre : Tarella et Danias étaient morts ; un tiers de réguliers, la moitié des Ioniens, les deux tiers des Philhellènes, les canonniers presque tous, étaient restés sur le terrain. La perte des ennemis était peut-être aussi considérable ; mais la retraite et l'affaiblissement des Grecs leur ouvrait l'entrée de l'Étolie et de l'Acarnanie. Ils se portèrent immédiatement au delà du Macrin-Oros, et occupèrent Vonitza, qui les plaçait sur le seuil de la Carlélie (1).

La bataille d'Arta isolait les Souliotes au milieu de leurs rochers ; les défenseurs de Kiafa, réduits à leurs seules forces, décimés par les maladies, consentirent à traiter (8 août). La convention de Prévise, garantie par les consuls européens, leur permettait de passer sans être inquiétés dans les îles Ioniennes; les Turcs consentaient même à leur payer les arrérages de la solde que leur devait Ali-Pacha. Le 14 septembre, les Souliotes quittèrent les montagnes qu'ils avaient si vaillamment défendues, et allèrent, sous la garde des vaisseaux de guerre anglais, débarquer à Céphalonie. Cependant un grand nombre d'entre eux restèrent dans leur pays et ne furent pas inquiétés par les Turcs.

Le rempart de la Grèce occidentale était tombé. Les débris de l'armée de Maurocordato se concentrèrent d'abord à Makala, au nombre de trois mille hommes qui se défiaient les uns des autres. Des bruits de trahison circulaient : il suffit d'un coup de main manqué pour leur donner de la consistance ; cette faible troupe se dispersa, et Maurocordato se trouva presque seul avec quelques chefs qui rassurait son intrépidité, au moment où Omer-Vrione, après avoir attendu quelques jours, se remettait en marche à la tête d'un corps de sept ou huit mille Albanais.

Pour arrêter ou retarder ses progrès, Maurocordato, d'accord avec les autres chefs, résolut de l'amuser par un semblant de négociations. Il lui envoya Var-

(1) Une mort prématurée a enlevé M. A. Blanchet avant qu'il ait pu terminer cet ouvrage. Son travail a été repris et achevé par son frère, M. F. Blanchet.

nakiotis, qui avait jadis combattu côte à côte avec les Musulmans, pour lui porter des offres de soumission. Or Varnakiotis trahissait ses compatriotes ; il ne put pourtant révéler à Omer-Vrione qu'une partie des projets des chefs chrétiens : car Maurocordato, qui le soupçonnait depuis longtemps, prit si bien ses mesures qu'il acquit la preuve de sa trahison. Varnakiotis découvert n'était plus dangereux ; il resta avec les Turcs, lui et quelques autres chefs qui l'avaient rejoint ; et un incident qui aurait pu avoir des suites si graves ne fit que ranimer l'ardeur des chrétiens et leur confiance en Maurocordato. Toute l'Étolie, toute l'Acarnanie étaient en armes ; les paysans brûlaient leurs maisons et ravageaient leurs champs pour ne rien laisser aux Turcs ; Vrachori, l'une des places les plus importantes de la contrée, fut brûlée. Les Turcs étonnés ne trouvaient sur leur passage que des ruines qu'ils n'avaient pas faites.

Omer-Vrione, après avoir opéré sa jonction avec Kioutagi, gouverneur d'Arta, avait occupé Vrachori. Il avançait lentement, refoulant devant lui les petits postes qui essayaient en vain de défendre les défilés. Le 6 novembre, l'armée d'Omer-Vrione arrivait en vue de Missolonghi, presque en même temps que se présentaient à l'entrée du port trois vaisseaux détachés de la flotte turque de Patras, et commandés par Jousouf-Pacha. La ville était donc investie par terre et par mer.

Missolonghi, que ce siége devait immortaliser, est une petite ville peuplée alors de cinq mille cinq cents habitants, presque tous pêcheurs, marins ou laboureurs, bâtie à l'une des extrémités d'une grande rade que le peu de profondeur des eaux rend impraticable aux vaisseaux de haut bord, et que commande la petite île de Vasilidi. Du côté de la terre, elle était défendue par un fossé à moitié comblé et par un mur en mauvais état et quatre vieux canons de fer : à quelque distance commençaient les montagnes.

Il paraissait tellement impossible de défendre ces chétifs retranchements, que quelques chefs parlaient de se rendre : « Si nous abandonnons Missolonghi, répondit Maurocordato, les ennemis s'avancent sans obstacle, le Péloponèse, qui est épuisé de la dernière campagne, se soumettra, et tout est perdu. Je reste ici pour y mourir. — Et moi aussi! » s'écrie Marc Botsaris. Cette résolution, prise sans emphase, fut appuyée de même par les notables de la ville et par les habitants. On transporta la plupart des femmes, des enfants et des invalides dans les îles Ioniennes, et il ne resta plus que trois cent soixante hommes armés, avec des vivres et des munitions pour un mois; l'armée ennemie était forte d'environ onze mille hommes et avait onze canons et quatre obusiers.

Omer-Vrione, qui espérait toujours obtenir une soumission par la seule intimidation, poussait mollement le siége. Il envoya Varnakiotis à ses anciens compagnons d'armes; il leur faisait offrir la vie sauve et la permission de se retirer tranquillement dans les îles Ioniennes ou dans le Péloponèse. Ceux-ci acceptèrent une trêve de huit jours, pour réunir, disaient-ils, les vaisseaux nécessaires au transport de la population. Pendant ce temps, les renforts arrivaient de tous côtés; sept vaisseaux hydriotes donnèrent la chasse aux vaisseaux turcs de Joussouf, débloquèrent la ville, et y transportèrent sept cents Péloponésiens, sous les ordres de Pétrobey, de Zaïmis et de Diligiannis; un peu plus tard, il en arriva encore mille autres, puis des chefs de bandes, puis des provisions de bouche et de guerre. Omer-Vrione, furieux de se voir joué, voulut reprendre le siége avec vigueur, mais il était trop tard. Il avait déjà perdu beaucoup de monde par les maladies, par la disette, par les sorties des assiégés, par les désordres de tout genre; les Albanais, mal payés, ne voulaient plus combattre. Pour ne pas subir la honte d'une retraite sans combat, le pacha ordonna un assaut pour le jour de Noël; il espérait que la solennité de ce jour endormirait la vigilance des assiégés. Mais ils furent prévenus par un des chrétiens que les Turcs retenaient au service du camp, et à la pointe du jour, quand huit cents Albanais, corps d'élite, s'élancèrent à l'assaut du côté le plus faible de la place, soutenus par toute l'armée turque, ils trouvèrent les chrétiens à leur poste. Le combat dura trois heures : enfin les Turcs cédèrent et rentrèrent dans leurs lignes, laissant cinq cents morts ou blessés et douze bannières; les Grecs n'avaient perdu que quatre hommes.

La position des Turcs devenait critique : ils étaient harcelés par de petites bandes qui s'enhardissaient tous les jours; ils manquaient de vivres; Varnakiotis les abandonna. Une dernière nouvelle, qui se trouva être vraie, les glaça d'effroi : on disait que les Grecs avaient occupé les défilés de Macrinoros, et qu'Ulysse se dirigeait vers Missolonghi. Pour échapper à une ruine totale, Omer-Vrione se résigna à la retraite. Les Turcs décampèrent dans la nuit du 11 au 12 janvier, mais avec tant de précipitation que les Grecs trouvèrent les canons, les obusiers, et jusqu'aux armes des pachas. Marc Botsaris voulait qu'on les bloquât dans Vrachori, où ils restèrent plusieurs jours, sans vivres, sans abri, attendant qu'ils pussent passer l'Achéloüs, grossi par les neiges. Si cet avis eût prévalu, pas un Turc n'eût échappé; la jalousie des chefs grecs contre Botsaris sauva les Turcs; ils passèrent enfin le fleuve, avec une perte de cinq cents des leurs, quoique le passage leur eût été à peine disputé; enfin, ils arrivèrent sur les bords du golfe d'Arta, et par eau à Prévise, le 20 février 1823.

Le siége de Missolonghi, dont le principal honneur revient à Maurocordato, est un des faits d'armes qui servirent le plus efficacement la cause de la Grèce. Les Albanais y perdirent leur réputation militaire, et les Turcs une armée qui, jointe à celle qui opérait en Thessalie, pouvait menacer de nouveau le Péloponèse; les Grecs grandissaient à leurs propres yeux de toute la confiance et de l'enthousiasme qu'inspire le succès; enfin l'Europe émue commença à s'occuper sérieusement de ce petit peuple qui renouvelait les prodiges de ses glorieux ancêtres.

CHAPITRE VI.

Année 1823.

SECONDE ASSEMBLÉE NATIONALE. — INTERVENTION DES PUISSANCES ÉTRANGÈRES. — EXPÉDITION DE TOPALI. — INSURRECTION DE L'ILE DE CRÈTE.

Si quelque chose avait pu enlever aux Grecs les avantages obtenus par leur opiniâtre valeur, c'eût été assurément l'absence d'esprit public. La plus complète anarchie régnait du nord au sud. Ce petit pays ne comptait pas moins de cinq corps politiques, plus ou moins régulièrement constitués : dans l'Anatolie, l'Aréopage ; dans l'Étolo-Acarnanie, le comité choisi par Maurocordato pour la défense de Missolonghi ; dans le Péloponèse, le sénat, ou corps législatif, et le pouvoir exécutif ; sans parler des assemblées locales, qui prenaient parfois, du droit de la nécessité, des décisions souveraines, ni des chefs de corps, ni des capitaines, ni des gouverneurs de ville, qui tranchaient volontiers de l'indépendance. Tous ces corps reconnaissaient en principe la constitution d'Épidaure et la suprématie du gouvernement central ; mais de fait, ni la constitution n'était respectée, ni le gouvernement ne pouvait répondre de l'exécution des lois. L'Aréopage était en butte aux attaques furieuses d'Ulysse, qui en poursuivait les membres, quelquefois même à force ouverte, et qui avait créé un sénat rival. Le comité de défense de Missolonghi ne tarda pas à se dissoudre, après que le danger fut passé, et les dissensions de ses membres sauvèrent peut-être l'armée turque en déroute d'une ruine complète. Le Péloponèse était partagé entre les deux factions des politiques et des militaires : les premiers dominaient dans le gouvernement et étaient en minorité dans le pays ; les seconds avaient pour chef Colocotroni, dans la plaine et le centre, et Pétro-bey dans le Magne. Ces deux chefs, ennemis déclarés l'un de l'autre, prenaient chacun le titre de général en chef des forces du Péloponèse. Colocotroni était soutenu par le sénat ; plus sage, le pouvoir exécutif ne se prononçait pas, de peur d'allumer la guerre civile ; le sénat, qui ne s'accordait plus avec le pouvoir exécutif, était en outre en opposition avec son président Hypsilantis, parce que celui-ci n'avait pas voulu suivre ses collègues sur les vaisseaux où ils s'étaient réfugiés.

Dans cette affreuse confusion, le pouvoir exécutif louvoyait avec assez d'habileté entre les ambitions et les partis, uniquement soucieux d'éviter les collisions. Il n'avait pas même de résidence fixe, tantôt sur la terre ferme, et tantôt sur les vaisseaux ; il avait convoqué une seconde assemblée générale à Astros, sur le golfe de Nauplie ; après bien des retards, le congrès s'ouvrit.

« La première séance, dit Soutzo, se
« tint le 10 avril, dans un jardin à
« l'ombre des citronniers. . . . .
« C'était un coup d'œil bizarre que
« cette réunion d'hommes différents de
« costumes, de mœurs et de caractères ;
« d'un côté, on voyait les Maniotes
« aux cheveux flottants et aux larges
« culottes formant des plis autour de
« leur ceinture ; de l'autre figuraient
« les primats de la Morée, la plupart
« coiffés d'une espèce de turban et por-
« tant une pelisse doublée d'hermine ;
« ici se trouvait Hypsilantis, vêtu à l'eu-
« ropéenne ; là, le sauvage Colocotroni,
« étalant un grand luxe dans son accou-
« trement albanais ; plus loin, le re-
« gard s'arrêtait sur la morgue magis-
« trale du sénateur d'Hydra ou sur la
« figure mobile et spirituelle des Ipsa-
« riotes. Ulysse parut bientôt, roulant
« des yeux farouches ; à l'aspect de Né-
« gri, il pâlit de colère et vint d'un air
« sombre prendre place sous un arbre
« isolé. »

Cette seconde assemblée générale fit éclater la scission qui existait déjà entre les politiques et les militaires. Les deux partis campèrent à Astros, mais dans deux quartiers séparés l'un de l'autre par un ruisseau, et plus d'une fois ils faillirent en venir aux mains. Les politiques, groupés autour de Négri, obtinrent une prépondérance marquée dans les opérations de l'assemblée : la minorité protesta ; Ulysse surtout ne cessait de proférer des menaces contre les membres du pouvoir exécutif. Au milieu des discussions les plus orageuses, la seule mesure efficace que prit l'assemblée d'Astros fut celle qui annulait tous les pouvoirs politiques autres que ceux qu'elle instituait. Elle élut ensuite des éparques, ou gouverneurs de provinces, envoya un harmost, ou directeur, aux Crétois insurgés, nomma Colocotroni général en chef des forces du Péloponèse, Marc Botsaris de celles de l'Étolo-Acarnanie, et procéda à la composition d'un nouveau pouvoir exécutif : Pétrobey en fut le président, Maurocordato l'archichancelier. Puis l'assemblée se sépara (30 avril).

On voit que les Grecs ne savaient guère mettre à profit la courte trêve que leur faisaient les agitations intérieures de l'empire Ottoman, la révolte des janissaires, la mort violente du grand vizir. (Voy. l'*histoire de Turquie*.) Ils avaient cependant renouvelé leurs appels à l'Europe, et nul doute en effet que dès lors, si les peuples eussent pu faire entendre leur voix, ils ne l'eussent élevée en faveur de l'héroïsme, du droit, de la cause de la liberté et de la civilisation, contre le despotisme, le règne de la violence et la barbarie. En France et en Angleterre, la presse commençait à stimuler, à éclairer l'opinion publique, qui se prononçait d'une façon de plus en plus nette. Malheureusement les sympathies des peuples ne tenaient pas assez de place dans la politique européenne de cette époque pour que les cabinets écoutassent des réclamations isolées, qui avaient à leurs yeux le tort immense de se produire sous les auspices du libéralisme. Quelques années à peine s'étaient écoulées depuis qu'on avait remanié la carte d'Europe : les puissances signataires des traités de Vienne n'auraient pas voulu troubler l'économie du nouveau système d'équilibre si laborieusement fondé, si compliqué, si fragile, pour un petit peuple qui avait l'insolence de disputer au sultan des droits reconnus par un congrès européen. Les Grecs avaient donc contre eux le mauvais vouloir des gouvernements ; mais l'égoïsme, les secrètes convoitises de chacun d'eux, devaient leur venir puissamment en aide. Aucune puissance ne voulait prendre sur elle la responsabilité de complications nouvelles, ni courir le risque de les provoquer ; mais chacune nourrissait le désir de profiter, seule, s'il se pouvait, de celles qui se présenteraient, et au besoin de les faire naître. La Russie, tout en affichant la plus grande sympathie pour les *pauvres Grecs* de l'empereur Alexandre, voyait sans peine l'anarchie se prolonger dans l'empire turc, et poursuivait sourdement l'exécution des plans de Pierre le Grand et de Catherine II ; elle aurait désiré faire oublier à l'Europe les affaires des principautés Danubiennes, pour les régler à sa façon et arriver enfin au Danube. L'Angleterre avait l'œil sur des mouvements qui pouvaient détacher de cet empire vermoulu quelques îles ou même le Péloponèse, et peut-être lui donner dans la mer Égée l'héritage de Venise : mais elle préférait le *statu quo* et le maintien de l'empire turc à des conquêtes douteuses, difficiles à garder, et surtout à l'agrandissement de la Russie. L'Autriche, dont la situation politique offre tant d'analogies avec celle de la Turquie, se rangea dès le principe et en chaque occasion du côté des Turcs, sans que jamais son titre de puissance chrétienne l'ait fait rougir de l'appui qu'elle prêtait au fanatisme musulman. Quant à la France, qui ne prétendait à aucun agrandissement de ce côté, elle était sans contredit plus désintéressée que les autres, et par là même plus favorable aux Grecs ; mais son gouvernement hésitait, dans la crainte de fournir contre lui des armes aux libéraux, et de compromettre, en appuyant une insurrection, le principe qui faisait sa force à lui-même.

Cependant les droits de l'humanité avaient été tant de fois et si odieusement violés par les Turcs, l'antipathie qui divisait les deux races éclatait avec tant de force, que les cabinets se décidèrent à intervenir. Sur l'invitation de la Russie, les ambassadeurs des grandes puissances (Russie, France, Angleterre, Prusse, Autriche) firent une démarche collective auprès du sultan pour l'éclairer sur les dangers de sa position et l'amener à mettre un terme, en employant les moyens de douceur, à l'affreuse guerre qui désolait la Grèce. Ils le prièrent de plus de révoquer l'édit par lequel il avait interdit l'entrée du Bosphore à tout navire portant pavillon européen, de peur que ce pavillon ne protégeât le commerce grec. Le sultan répondit sans détour qu'il ne se mêlait jamais de l'administration intérieure des autres souverains, et qu'il ne reconnaissait à personne le droit d'intervenir dans la sienne; quant aux dispositions prises, il refusa péremptoirement d'accéder à la prière des ambassadeurs. Par là il indisposa les puissances, qui se seraient contentées des plus légères concessions : car c'était précisément l'époque où le carbonarisme agitait la France et l'Italie, où l'Espagne s'insurgeait; et, quoique la cause de ces mouvements fût très-différente de celle qui avait armé les Grecs, quoique le carbonarisme n'eût rien de commun avec l'hétairie, il suffisait de cette fâcheuse coïncidence pour effrayer les souverains et étouffer leurs bonnes dispositions.

Le gouvernement grec sentit le danger et voulut l'éloigner. Il choisit Métaxas pour plaider la cause de la Grèce devant les souverains réunis en congrès à Vérone, et leur faire connaître la vérité. Métaxas était porteur de deux lettres, l'une pour les souverains réunis, l'autre adressée spécialement au czar. Humbles par le ton, ces lettres contenaient une protestation très-ferme contre tout projet de pacification qui replacerait les Grecs sous le joug ottoman. Germanos et Mauromichalis portaient une troisième supplique au pape pour le remercier de l'accueil généreux que les exilés de leur nation avaient reçu auprès de lui et lui demander sa protection auprès des souverains. Le pape reçut les envoyés avec bonté : mais il était lui-même soumis à l'influence de l'Autriche; il ne pouvait rien pour les Grecs. Quant à Métaxas, il n'obtint pas même la permission d'aller jusqu'à Vérone.

Le czar commençait à quitter le rôle de protecteur des Grecs pour prendre parti dans la querelle. Déjà il avait rappelé son ambassadeur de Constantinople : les efforts de lord Strafford, ambassadeur d'Angleterre, retardèrent la rupture. La Grèce n'était plus qu'un prétexte : mais elle devait profiter de cette puissante diversion. Le 21 novembre, le congrès de Vérone se décida à notifier à la Porte, sous forme de protocole, les vœux des puissances; on lui demandait : d'évacuer les principautés Danubiennes; de se réconcilier avec la Russie; de rendre le Bosphore au commerce; d'accepter la médiation des cours européennes pour obtenir la pacification de la Grèce. Il fallut à lord Strafford deux mois de négociations pour faire comprendre au sultan qu'il courait à sa perte en s'exposant à une guerre avec la Russie. Enfin le sultan céda sur le troisième point; il consentit à rouvrir le Bosphore; les trois autres points restèrent indécis, et les hauteurs insensées du gouvernement ottoman aigrirent le czar de plus en plus : tout faisait pressentir une guerre prochaine.

Pendant ce temps, une révolution ministérielle en Angleterre avait donné le portefeuille des affaires étrangères à Canning, philhellène déclaré : un de ses premiers actes fut de reconnaître comme valable un décret du gouvernement grec (25 mars), qui mettait en état de blocus les ports turcs de la mer Égée, ceux de la Crète, et toutes les côtes qui s'étendent depuis Épidamne jusqu'à Thessalonique. C'était reconnaître implicitement l'existence d'un gouvernement grec, et par conséquent la légitimité de l'insurrection; et en effet Canning conforma sa politique à ces principes.

Ainsi les Grecs n'avaient jusqu'alors conquis en Europe que des sympathies stériles et un appui négatif; la Turquie, quoique menacée, restait maîtresse de toutes ses forces, et elle semblait disposée à en finir avec toute résistance par un coup décisif. Le 27 mai 1823, quatre-vingt-deux vaisseaux partirent du Bosphore et allèrent rallier la flotte algérienne à Tschesmé; les deux flottes combinées prirent dans ce port dix mille soldats asiatiques, qu'elles transportèrent dans l'île d'Eubée. Pendant ce temps, Méhémet-Pacha, dit Topali ou le Boiteux, homme habile, prenait le commandement en chef de l'armée turque, divisée en trois corps principaux : le premier, sous Percophtsali, devait soumettre l'Anatolie et envahir le Péloponèse; le second, sous Sélim, opérer en Béotie et en Attique; le troisième, sous Moustaï, pénétrer dans la Grèce occidentale et reprendre le siège de Missolonghi, pendant que Jousouph, gouverneur de Patras, ferait une diversion en Épire. Les généraux turcs ne devaient rencontrer sur leur passage que des bandes indisciplinées et peu nombreuses sous des chefs qui ne s'entendaient pas. Cependant une petite armée se concentrait en Mégaride, et le blocus de Patras était maintenu, quoique sans efficacité.

En Eubée, les chrétiens tenaient la campagne et bloquaient Caryste et Chalcis : l'arrivée de la flotte turque et des renforts asiatiques rendit l'avantage aux assiégés ; Caryste fut délivrée et Chalcis ravitaillée. Tandis que les légers vaisseaux de Psara et d'Hydra pillaient les côtes de l'Asie Mineure, la flotte turque bornait ses exploits à ravitailler Modon ; arrivée là, elle se divisa en deux escadres, dont l'une fit voile vers les ports de Crète, l'autre vers Patras.

Dans le Nord, Topali, abusé quelque temps par les vaines protestations d'Ulysse, avait commencé l'exécution de son plan. Ulysse avait trop peu de monde pour opposer une résistance sérieuse ; partout, comme dans la précédente campagne, les chrétiens évacuaient villes et villages à l'approche des Turcs, qui brûlèrent le pays jusqu'à Salone et Thèbes. Alors Percophtsali, infidèle au plan du général en chef, au lieu d'envahir le Péloponèse, se jeta sur l'Attique, la ravagea, et passa en Eubée. Les chrétiens de cette île y avaient encore une petite troupe : la jalousie de l'intraitable Ulysse à l'égard de son chef Diamanti la désorganisa ; Ulysse lui-même disparut, et l'Eubée fut reprise par les Turcs.

La soumission de l'Eubée entraîna celle de la Thessalo-Magnésie, où les Grecs avaient cependant obtenu quelques avantages. Athènes, abandonnée par Ulysse, terrifiée par les violences de son lieutenant Gouras, tremblait de voir revenir les Turcs animés par la victoire : mais ils perdirent en Eubée leur temps et les fruits de leurs succès.

En Épire, l'expédition de Jousouph avait complétement manqué par suite de la révolte de ses soldats qu'il ne payait pas.

La Grèce occidentale était sérieusement menacée. Le pacha de Scodra, Moustaï, s'avançait vers Missolonghi à la tête de treize mille musulmans, par la route d'Agrapha. Tout fuyait devant lui ; nulle part de résistance organisée. Metaxas avait le titre de gouverneur, Marc Botzaris celui de commandant des forces de la Grèce occidentale. Malgré son mérite reconnu et l'éclat de son nom, quoiqu'il fût envoyé à Missolonghi par le gouvernement, Botzaris ne trouva que défiance et soupçons. Étrange aveuglement des partis ! Le gouvernement, qui l'avait investi de l'autorité, était le premier à lui susciter des embarras ; on lui faisait un crime d'être l'ami de Maurocordato, dont les qualités étaient méconnues et les services oubliés en ce moment parce qu'il n'avait pas voulu se prêter à des rancunes personnelles ! Les montagnards Étoliens et Acarnaniens, peu habitués à respecter une autorité régulière, surtout quand elle prétendait s'exercer de si loin, ne comprenaient pas qu'un parchemin donnât à Botzaris le droit de leur commander : il rassemble leurs chefs, déchire en leur présence son brevet de gouverneur militaire, en s'écriant : « C'est scellés de notre sang qu'il « nous faut dorénavant des diplômes. « Celui de nous qui voudra les obtenir, « qu'il vienne les prendre dans la tente « du pacha. » Puis il entraîne à sa suite tout ce qu'il y avait d'hommes armés, au nombre d'environ deux mille cinq cents, et va audacieusement à la rencontre des Turcs campés près de Micro-Chorion ; il tombe sur eux pendant la nuit (20 août), pénètre dans leur camp, y jette le désordre ; les Turcs fuient de tous côtés : un ordre de Botzaris, mal interprété par un de ses lieutenants, leur coupe la retraite ; les fuyards se retournent contre les assaillants, résistent, et Botzaris tombe frappé d'une balle, mais vainqueur. On rapporta son corps à Missolonghi, où il fut enseveli avec une pompe militaire et sauvage.

La Grèce ne pouvait guère faire de perte plus sensible que celle de ce vaillant chef et de ce grand patriote : brave comme le sont tous les Souliotes, il avait de plus l'intelligence de son dévouement, qualité rare chez les Grecs, chez la plupart desquels de misérables jalousies d'homme à homme ou de pays à pays obscurcissaient presque toujours la grande image de la patrie commune. On l'avait vu embrasser l'assassin de son père, le traître Gogos, pour ne pas priver ses concitoyens du secours d'un chef influent. « Il employa tout son patri-« moine à l'entretien de son armée, « n'hésita point à verser son sang « pour la Grèce, et laissa ses enfants « dans l'indigence. Il vécut, » ajoute Soutzo avec un peu d'emphase et cependant avec vérité, « comme Aristide, « et mourut comme Léonidas. »

Les Souliotes lui donnèrent pour successeur dans le commandement de leur petite troupe son frère Costas, et se retirèrent. Des renforts étaient arrivés aux Grecs sous la conduite de Contogianni, ce qui portait à deux mille le nombre des combattants. Ils occupèrent les défilés de Caliacoudas. Moustaï crut dangereux de laisser une aussi forte position aux mains des ennemis, et il les en délogea, mais après avoir perdu trois cents des siens. Un peu plus loin il opéra sa jonction avec Omer-Vrione, qui lui amenait trois mille Albanais, et tous deux descendirent sans obstacle sur le rivage acarnanien.

Avant d'entreprendre le siége de Missolonghi, Moustaï voulut s'emparer de la petite ville d'Anatolicon, qui n'en est éloignée que de six milles, et qui est bâtie sur un îlot, non loin de celui de Vasiladi. Son intention était d'affamer les défenseurs de Missolonghi. Il ouvrit le feu le 17 octobre : trois jours après, le feu des Turcs se taisait, et Missolonghi conservait ses communications avec la mer. Les vaisseaux que les Turcs firent venir de Patras se trouvèrent trop grands pour naviguer dans cette mer semée d'écueils. Les assiégés ne manquaient pas de vivres, mais ils souffraient de la soif; un jour une bombe ennemie tomba sur l'église de Saint-Michel, enfonça quelques dalles de l'intérieur et fit jaillir une source; les assiégés virent dans un événement si heureux un signe de la protection céleste, et supportaient avec constance toutes les privations. Mais les Turcs souffraient plus qu'eux. L'hiver approchait ; Moustaï avait déjà perdu deux mille hommes, la plupart morts de maladie ; sans doute le souvenir de l'issue de l'expédition précédente l'effraya : il décampa pendant la nuit du 11 décembre et fit sa retraite sans être inquiété. Les Grecs n'avaient perdu que deux cents hommes, et Anatolicon avait peu souffert, quoique les Turcs y eussent jeté deux mille bombes ou obus.

Un mois auparavant la citadelle de Corinthe se rendait ; cette fois la capitulation fut observée, grâce à la vigilance des chefs : les Grecs commençaient à comprendre le respect dû à la parole donnée (8 novembre 1823). Corinthe entre les mains des Grecs allait redevenir le boulevard du Péloponèse. Mais la garnison turque de Patras avait repris l'offensive et dévastait les environs.

Les Grecs des îles, trop épuisés pour entreprendre aucune grande expédition, se signalaient encore par de hardis coups de main. Ils prirent ou brûlèrent six vaisseaux qui sortaient du golfe de Volo. Les flottes turques, dans l'appréhension des terribles brûlots de Miaoulis et de Canaris, n'osaient plus se hasarder dans les îles de l'Archipel, et se bornaient à bloquer les côtes ou à faire quelques démonstrations insignifiantes. C'est ainsi que l'escadre turque du golfe de Corinthe, après avoir ravitaillé Patras, assista à la victorieuse défense d'Anatolicon sans rien entreprendre contre Missolonghi. Celle qui s'était dirigée de Modon vers la Crète porta aux Turcs un secours plus efficace, quoiqu'ils fussent alors dans une position fort critique.

Cette grande île était tombée presque entièrement entre les mains des chrétiens, qui parcouraient la campagne et tenaient bloquées Kysamo et Sélino. Encombrées par la population turque des environs, ravagées par la peste, mal approvisionnées, défendues par une faible garnison, ces deux petites villes résistaient encore lorsque arriva Toumbasis, le directeur ou harmost désigné par le gouvernement grec. Il amenait avec lui douze cents Grecs de terre ferme qu'il avait levés en partie à ses frais, en partie avec l'aide de quelques riches Candiotes établis dans le Péloponèse (4 juin). Kysamo se rendit presque aussitôt, et les Turcs purent se retirer, sans être inquiétés, à la Canée. Avec Kysamo le port de Drapania tomba entre les mains de Toumbasis. Il marcha contre Sélino ;

sa petite armée se grossit de tous les Grecs armés de l'île, au nombre de cinq mille cinq cents. La garnison de Sélino entra en pourparlers avec lui ; pendant la négociation, un Grec et un Turc se prirent de querelle, et le Turc, forcé de se défendre, tua le Grec ; il fut amené devant Toumbasis, qui le renvoya. Cet acte inattendu de justice décida les Turcs à traiter sans demander d'otage ; mais à peine sortaient-ils de la ville que les Grecs, sans respect pour la foi jurée et malgré les efforts de leur chef, tombèrent sur ces malheureux et en massacrèrent une partie. Ceux qui échappèrent se réfugièrent à la Canée, la ville la plus forte de l'île. Les Grecs en avaient entrepris le siége ; mais ils étaient trop peu nombreux, et la ville était trop bien pourvue pour qu'ils pussent espérer de la prendre de vive force ; et, tant que la mer restait libre, un blocus était inutile. Les assiégés reçurent par la flotte égyptienne des vivres et cinq mille hommes de renfort. Toumbasis, qui prévoyait le danger, essaya d'organiser l'insurrection et ne put y parvenir : il fut tenu en échec par la mauvaise volonté des habitants de Sphakia, mécontents des mesures qui leur enlevaient leur suprématie militaire. Toumbasis attaqua les Turcs dans la partie orientale de l'île, où ils étaient les plus nombreux : il perdit trois cents hommes près d'Amourgèles ; un coup de main sur une forteresse échoua. Churséi-bey, gendre de Méhémet-Ali, nommé gouverneur de Crète par la Porte, profita habilement du découragement qu'il voyait se glisser parmi les Grecs ; par des promesses qu'il ne tint pas, par l'emprisonnement des principaux chefs, qu'il avait su attirer à une entrevue, il déconcerta l'insurrection. Vers le mois d'avril, la Crète était soumise, sauf le canton de Sphakia.

CHAPITRE VII.

Années 1823 et 1824.

GOUVERNEMENT INTÉRIEUR. — PREMIÈRE GUERRE CIVILE. — BYRON EN GRÈCE.

Les Grecs auraient eu besoin d'une direction intelligente qui sût centraliser leurs ressources, organiser leurs victoires, réparer leurs défaites par de prompts secours, et donner de l'ensemble à leurs opérations ; or c'est ce qui leur manquait absolument. Ils étaient bien peu nombreux, les hommes comme les Toumbasis, les Maurocordato, les Botzaris, les Canaris, qui faisaient à propos à leur patrie le sacrifice de leur ambition ou de leur amour-propre ; et ceux-là mêmes n'ont pas toujours pratiqué ce désintéressement, la première des vertus politiques. Ce fut là de tout temps l'écueil de la fortune du peuple grec. La discorde faillit autrefois livrer aux Perses les compatriotes de Thémistocle, et de nos jours il s'en fallut de peu que la même cause ne perdît leurs descendants.

L'assemblée d'Astros avait décidé que le sénat et le pouvoir exécutif s'entendraient pour nommer les éparques, ou gouverneurs de province : faute énorme, qui engageait ces deux corps dans de perpétuels conflits d'attributions, et cela sur les questions les plus délicates, les questions de personnes. Le sénat avait à nommer son président : son choix tomba sur Maurocordato, l'un des hommes les plus capables de concilier les intérêts des divers partis en les ménageant tous. Mais Diligianni briguait cette place ; furieux de la manquer, il se rapproche de son ancien ennemi Colocotroni, et tous deux protestent contre la nomination de Maurocordato et se préparent à soutenir les droits prétendus de Diligianni par la force. Le pouvoir exécutif eut le tort immense d'appuyer Colocotroni. Maurocordato, voyant la guerre civile près de s'allumer à son occasion, s'éloigna. Il fut bien accueilli par les Hydriotes, mécontents du pouvoir exécutif, et fit reconnaître l'autorité du sénat dans la mer Égée. Dans le

Péloponèse, la querelle s'échauffait de plus en plus. Les partisans de Colocotroni et de Diligianni ne s'entendaient pas toujours aussi bien que leurs chefs. On ne voyait que rixes entre particuliers, on n'entendait que menaces, et tous les partis oubliaient les Turcs ; bien plus, ils les servaient : Colocotroni, n'ayant pas obtenu le commandement d'une expédition dirigée contre Patras, la fit avorter, et la garnison turque poussa ses courses jusqu'au pied des montagnes.

Enfin le pouvoir exécutif et le sénat se rapprochèrent ; mais ce ne fut que pour quelque temps. Le ministre des finances avait de sa propre autorité levé un impôt : le sénat l'accusa d'avoir violé la loi, et sans doute le sénat avait raison ; mais le ministre était assiégé par les réclamations des soldats, qui menaçaient de partir si on ne les payait pas, et le trésor était vide, et ce n'étaient certes pas les différends des deux pouvoirs qui lui auraient donné les moyens de le remplir. Le pouvoir exécutif à son tour prit fait et cause pour son membre et refusa de reconnaître la légalité du décret du sénat, parce que les sénateurs n'étaient pas en nombre quand ils l'avaient rendu. Ainsi les deux corps se renvoyaient l'accusation de violer la loi, et tous deux peut-être avec le même droit. Le sénat fit disperser par la force le pouvoir exécutif et enlever le vice-président et deux membres. Les membres dispersés se réunirent à Cranidi, d'où ils lancèrent une protestation (15 septembre) ; puis ils nommèrent un autre sénat ; le sénat de son côté nomma un autre pouvoir exécutif ; de telle sorte qu'il y eut deux gouvernements, l'un à Cranidi, l'autre à Tripolitza, qui se combattaient et appelaient aux armes chacun de son côté. Les îles étaient pour le gouvernement de Tripolitza, Colocotroni et la plus grande partie du Péloponèse pour celui de Cranidi.

Au milieu de ces dissensions, les soldats pillaient sans distinction de parti ; l'état du Péloponèse était presque pire qu'il avait jamais été sous les Turcs. Le désordre en vint à ce point qu'à Tripolitza même, sous les yeux du gouvernement, il se forma une association, la Fraternité, dans le but avoué de protéger ceux qui en faisaient partie contre les violences des soldats et même contre le gouvernement. La guerre civile commença.

Elle fit plus de mal à la cause des Grecs par le désordre qu'elle apporta dans la conduite des affaires que par les désastres dont elle fut accompagnée : on ne s'attaquait que de loin ; une fusillade terrible entre deux corps d'armée tua un homme. Mais la guerre amenait et justifiait le pillage. Colocotroni fut le héros de cette triste époque de l'insurrection grecque et y perdit sa réputation de bon citoyen ; son fils Panos refusait obstinément de rendre la citadelle de Nauplie au gouvernement de Cranidi, qui s'était transporté dans cette ville.

Ces déplorables querelles avaient naturellement leur contre-coup dans toutes les provinces. Cependant le Péloponèse et les îles seules y prenaient une part active. La Grèce continentale restait indécise, moins par un sage éloignement pour la guerre civile qu'à cause de sa position géographique ou des alarmes perpétuelles dans lesquelles la tenait le voisinage de l'ennemi. L'Eubée était presque entièrement au pouvoir des Turcs, et une expédition dirigée par Ulysse et Coletti échoua. La Béotie se voyait sous la menace permanente d'une invasion. Mais les Grecs occidentaux, fiers d'avoir déjà détruit deux armées turques, se livraient en toute sécurité à la discorde, surtout à Missolonghi. Cette ville était pleine de Souliotes, qui, après avoir transporté leurs familles dans les îles Ioniennes, avaient imposé au gouvernement acarnanien leur héroïsme mercenaire. Missolonghi ressemblait à une ville prise, et ni la voix ni les sages conseils de Maurocordato n'étaient écoutés.

Tout à coup une grande nouvelle met toute la Grèce en émoi : on apprend qu'un pair d'Angleterre, un des plus gradds poëtes des temps modernes, après avoir promené dans toute l'Europe sa superbe misanthropie et son scepticisme douloureux, a senti se rallumer en lui le feu de l'enthousiasme à ce beau spectacle d'une nation qui se régénère par la conquête de son indépendance, et qu'il veut consacrer à cette noble cause son génie et son bras. Lord Byron était, en effet, à Céphalonie; il y resta six semaines, tandis que deux de ses compagnons parcouraient la Grèce pour étudier le pays. Il s'embarqua le 29 décembre, échappa aux Turcs et aux tempêtes, et mit pied à terre le 24 janvier 1824 à Missolonghi, où il fut reçu avec allégresse.

Aussitôt il devint le point de mire de tous les partis; il se vit circonvenu par tous les chefs; chacun croyait que le noble étranger n'était venu de si loin que pour faire triompher les prétentions de tel ou tel pallicare. Maurocordato seul comprit Byron. Ce que les autres attendaient de lui, ce n'était pas les lumières d'un esprit supérieur formé à la politique par sa naissance, ni l'appui d'un grand nom, ni même un concours personnel; c'était, il faut bien le dire, de l'argent. L'enthousiasme de Byron tomba bientôt quand il vit de près toutes ces misères d'un peuple que l'éloignement et la renommée avaient grandi jusqu'aux proportions antiques; tant de grossièreté, d'ignorance, de rapacité, de jalousie réciproque, de prétentions absurdes, de querelles insensées lui firent peut-être regretter sa résolution : néanmoins il persista. Il procura par son crédit des créanciers aux Grecs; il engagea une partie de sa fortune pour payer les arrérages de la solde des Souliotes; il en prit cinq cents à son service; il les exerça lui-même. Il brûlait de les conduire hors de ces rochers. Il méditait une expédition en pays turc. Ce plan avait le double avantage de permettre à la Grèce de respirer, et, s'il réussissait, de gagner de nouvelles provinces à l'insurrection, peut-être de l'étendre jusque sous les murs de Constantinople. L'indiscipline des Souliotes entrava tout. Byron fut obligé de congédier ses stipendiés et de les remplacer par des Grecs de différentes contrées; il ne fut guère plus content de ceux-là que des premiers. Il courut un jour risque de la vie pour avoir voulu punir un de ces étranges soldats, coupable d'un meurtre; il fallut relâcher l'assassin.

Mais Byron tomba malade, et une de ces fièvres si communes dans les pays marécageux l'emporta; il mourut le jour de Pâque de l'année 1824; et les cloches, dont les volées joyeuses saluaient d'ordinaire l'aube de cette fête, la plus solennelle de l'Église grecque, annoncèrent par de tristes tintements le funeste événement qui plongeait la Grèce dans le deuil. On rendit à Byron les honneurs que méritait son dévouement; on le proclama dans des éloges funèbres le sauveur, le père de la patrie. Son corps fut envoyé en Angleterre, où l'on sait quel froid accueil il reçut de l'aristocratie.

La mort de Byron fut en un certain sens utile aux Grecs : il semblait que leur cause eût été consacrée par le sacrifice volontaire d'un grand homme. Le zèle des Philhellènes de tous les pays fut échauffé; l'argent devint moins rare. Mais la guerre civile continuait, et toutes les entreprises avortaient ou se poursuivaient languissamment.

Un plan étrange avait été formé par Ulysse. Ce héros demi-brigand, ambitieux à sa manière, et surtout plein de haine contre le gouvernement central, voulait réunir la Grèce continentale pour l'opposer au Péloponèse et aux îles; c'en était fait de l'unité nationale, peut-être de l'existence politique de la Grèce, si ce plan eût été réalisé; et ce qu'il y avait de plus dangereux, c'est que cette folle idée avait chance d'être bien accueillie par les chefs, dont elle flattait les prétentions et les haines. Les projets d'Ulysse furent déjoués par Maurocordato, qui restait isolé, mais non sans influence, depuis la mort de Byron. Il mit des obstacles à une réunion de chefs où Ulysse devait proposer son plan, et les choses en restèrent là.

Ainsi, la Grèce du nord hostile à la Péninsule, le Péloponèse déchiré par la guerre civile, la capitale aux mains d'un rebelle, deux gouvernements se traitant réciproquement de factieux, voilà le spectacle que présentait la Grèce vers la fin de l'année 1824, quand tout à coup (14 juillet) les troubles cessèrent, l'ancien gouvernement rentra en possession de son autorité, Colocotroni rendit la citadelle de Nauplie; une amnistie générale fut proclamée. Les Grecs avaient enfin compris la nécessité de l'union ; mais pour la leur enseigner, il n'avait fallu rien moins qu'un désastre : on venait d'apprendre la nouvelle de la chute de Psara !

CHAPITRE VIII.

Année 1824.

CHUTE DE PSARA. — BATAILLES NAVALES. — OPÉRATIONS MILITAIRES DANS LE NORD.

Le Divan s'était enfin avoué l'impuissance de la Porte à triompher seule de la résistance des Grecs. Cette humiliante découverte ne fit qu'irriter sa rage, et, loin de renoncer à sa vengeance, il jura l'extermination des rebelles. Il s'adressa au puissant vassal de la Porte, Méhémet-Ali, pacha d'Égypte, qui avait une armée disciplinée à l'européenne, des flottes en bon état, et un général renommé, son fils Ibrahim. Méhémet-Ali promit son concours, à la condition que le Péloponèse en serait le prix, et les bourreaux de la malheureuse Grèce se la partagèrent ainsi qu'il suit : les hordes asiatiques du sultan devaient se jeter sur les îles de la mer Égée, et des soldats européens de la Roumélie inonder la Grèce continentale jusqu'à l'isthme, tandis qu'Ibrahim se chargerait du Péloponèse, dont il transporterait les habitants en Égypte pour les remplacer par des Arabes : projet digne de la barbarie musulmane, mais logique; les Turcs sentaient qu'il n'y avait plus de transaction possible entre eux et les raïas, et que la lutte engagée ne pouvait se terminer que par l'anéantissement ou l'émancipation de la race grecque. L'Europe s'émut, la diplomatie s'agita ; mais les intérêts divergents des grandes puissances se tenaient mutuellement en échec : on attendit.

Deux flottes partirent vers le milieu de l'été, l'une d'Alexandrie, l'autre du Bosphore. Les Égyptiens surprirent la petite île de Casso, qui est du côté du sud comme l'avant-poste de la Crète; de ses cinq mille habitants, le petit nombre qui échappèrent à la mort furent vendus comme esclaves sur les marchés d'Alexandrie. Cette expédition n'avait duré que quelques jours. La flotte turque frappa un plus grand coup. « Le « sultan, dit-on, fatigué des plaintes « continuelles qui lui venaient des côtes « de l'Ionie, inquiétée par les Ipsario-« tes, s'était fait présenter une mappe-« monde pour y voir ce que c'était que « Psara. Il fut si frappé de l'exiguité « de cette île, qu'il dit avec mépris : « Otez-moi de la carte cette petite ta-« che; dites à mon capitan-pacha d'at-« tacher cette roche à son vaisseau et « de me l'amener (1). » Ce mot inepte devait pourtant être vérifié presque à la lettre. Vers la fin de juin, 176 vaisseaux, commandés par Topali-pacha et montés par douze mille soldats, sans compter les matelots, parurent en vue du rocher sur lequel était bâtie Psara. Cette petite île, dont la population ne dépassait pas sept mille cinq cents âmes en temps ordinaire, en comptait alors au moins vingt-cinq mille, parce qu'elle avait donné asile aux réfugiés de Cydon et de Chios. Trop faibles sur mer pour risquer une bataille, les Ipsariotes attendirent l'assaut; ils défendirent leurs rochers en hommes qui n'espèrent ni ne veulent aucune grâce. Comme presque tous leurs vaisseaux étaient tombés dès le commencement du siège au pouvoir des Turcs, il n'échappa qu'un très-petit nombre d'insulaires. La ville fut prise et brûlée; six cents Thessaliens résistèrent encore deux jours derrière un pan de mur; quand ils furent sur le point d'être forcés, ils se firent sauter avec deux mille assaillants. On évalue à dix-sept mille le nombre des morts ou de ceux qui furent vendus. Les têtes coupées ne cessaient de rebondir sur le pont du vaisseau amiral. Le capitan-pacha, Chousreph, contemplait ces hideux trophées, quand un capitaine anglais se présente à lui et lui offre la rançon d'un archimandrite, son ami, qui, disait-il, devait être parmi les prisonniers. Le pacha donne ses ordres, et au bout de quelques instants on lui apporte une tête dégouttante de sang; il la montre à l'Anglais et lui dit avec un rire satanique : « Voilà ton ami ! » Ce pacha passait pour un des Turcs les plus humains et les plus intelligents.

(1) Soutzo, Histoire de la Révolution grecque.

La chute de Psara ébranla la Grèce et fit cesser, au moins pour quelque temps, les divisions intestines. Le gouvernement déploya une certaine activité ; les Hydriotes, les autres insulaires, que menaçait un sort semblable à celui de Psara, armèrent tous leurs vaisseaux ; des feux allumés sur tous les rochers de l'Archipel éclairèrent les moindres mouvements des ennemis. Il n'en était pas besoin : Chousreph, satisfait de sa victoire, en jouissait tranquillement dans le port de Mitylène. La flotte grecque se réorganisa rapidement sous les ordres de Miaoulis et de Canaris, et ce fut elle qui recommença les hostilités. Elle vint audacieusement provoquer la flotte turque, et soutint contre elle une canonnade de quatre jours. Il n'y eut pas d'abordage ; mais la flotte turque, après avoir vu sauter en l'air deux frégates, se laissa donner la chasse par un ennemi bien inférieur en force jusqu'à l'île de Cos. Samos fut sauvée par cette brillante victoire, qui consola un peu les Grecs de la ruine de Psara.

Vers le milieu d'août, les Turcs furent ralliés par la flotte égyptienne, qui portait douze mille hommes de troupes régulières, deux mille cavaliers, deux mille Albanais, deux cents sapeurs, cinquante obusiers, cent cinquante canons de campagne, et une quantité considérable de provisions de guerre et de bouche. Les deux flottes combinées ne comptaient pas moins de quatre-vingt-treize vaisseaux, non compris les transports ; on disait qu'ils portaient en tout quatre-vingt mille soldats ou matelots et deux mille cinq cents canons. Les Grecs avaient soixante-dix vaisseaux ; mais ils ne portaient que cinq mille matelots et huit cent cinquante canons. Les vaisseaux turcs étaient lourds à la manœuvre ; ceux des Grecs au contraire étaient parfaitement dirigés, et leurs chefs savaient se faire un auxiliaire des tempêtes elles-mêmes. Dès le premier engagement les Grecs firent sauter deux frégates ennemies avec tout leur équipage ; ils poursuivirent les flottes vaincues et en désordre jusqu'à la hauteur de Mitylène ; là elles se séparèrent. Le capitan-pacha emmena la flotte turque, humiliée et maltraitée, et ne se crut en sûreté qu'au fond du Bosphore. Ibrahim, resté seul, essaya de tenir la mer ; un combat furieux s'engagea (commencement de septembre) entre Astypalée et Céphalo ; il dura toute une journée ; la nuit venue, les Égyptiens éclairèrent leurs vaisseaux et se tinrent sur leurs gardes. A la vue de plusieurs brûlots qui s'avançaient vers eux, une telle frayeur se répandit de toutes parts qu'Ibrahim lui-même donna le signal du sauve-qui-peut. En un moment cette flotte puissante était dispersée et disparue ; les vaisseaux qui la composaient se réfugièrent à Rhodes, à Carpathos, en Crète, et jusqu'à Alexandrie ; mais plusieurs tombèrent entre les mains des Grecs ; les autres se rallièrent. Enfin les Égyptiens, profitant de la retraite de leurs ennemis, débarquèrent sans obstacle en Crète, à Soudas (fin de décembre); Ibrahim avait perdu un quart de son armée.

La Grèce continentale, mollement attaquée, avait été facilement défendue. Dervis-Pacha, général en chef de l'expédition, ne put pas réunir trois mille hommes pour envahir la Béotie. Omer-Pacha, sur son ordre, passa d'Eubée en Attique et battit Gouras, qui fut fait prisonnier ; mais la dyssenterie se mit dans son armée, et, n'étant pas soutenu par son chef, il repassa en Eubée. En Acarnanie, Omer-Vrione n'était pas plus heureux : il trouva le pays mis sur un bon pied de défense par Maurocordato et ne jugea pas prudent de s'engager dans les défilés. Jamais les Turcs n'avaient montré tant d'indécision et de découragement ; ils ne se hasardaient plus qu'en tremblant sur cette terre où ils avaient exercé si longtemps leur barbarie. Dervis fut destitué et mis à mort, moins pour son incapacité que pour son insuccès.

Des trois expéditions qui devaient rendre la Grèce aux Ottomans, deux avaient échoué : les îles de l'Archipel étaient protégées par des flottes victorieuses ; les Grecs continentaux méditaient de prendre à leur tour l'offensive ; restait le Péloponèse, sur lequel Ibrahim s'apprêtait à fondre, altéré de vengeance.

CHAPITRE IX.

Année 1824.

RENOUVELLEMENT DE LA GUERRE CIVILE. — IBRAHIM DANS LE PÉLOPONÈSE, A NAVARIN, A TRIPOLITZA. — COLOCOTRONI.

Qu'avait fait le gouvernement en prévision de cet inévitable danger? Comment les Grecs du Péloponèse avaient-ils mis à profit l'intervalle que leur avait valu l'héroïsme de leurs frères des îles? Le gouvernement avait essayé d'organiser l'armée; mais bientôt des soins plus graves sans doute à ses yeux avaient absorbé son attention; entraîné par cet incurable penchant à la discorde, il oublia l'armée, et les Égyptiens, et le péril. Ibrahim, quand il posa le pied sur le sol du Péloponèse, le trouva tel qu'il eût à peine osé le souhaiter, en proie à l'anarchie d'une guerre civile fomentée par ceux qui auraient dû l'éteindre.

Le désastre de Psara avait bien pu rapprocher les mains, mais non les cœurs. Le pouvoir exécutif, dont on doit juger sévèrement la conduite dans cette circonstance, ne pouvait pardonner aux Andrés la facilité avec laquelle ils avaient oublié leurs ressentiments contre Colocotroni pour voler au secours de la patrie, et il avait blessé Notaras, leur allié, par des marques évidentes de défiance. Le sénat plus sage honorait leur patriotisme; mais les Andrés sortirent furieux de la ville, et indisposèrent contre le gouvernement le parti militaire, sur lequel ils exerçaient une grande influence. Ils étaient soutenus par les Colocotronis. Sur ces entrefaites, le pouvoir exécutif se vit obligé d'envoyer un corps de troupes dans un canton d'Arcadie qui refusait l'impôt; ce fut le prétexte et l'occasion des troubles. Les Arcadiens résistèrent; le parti des militaires se déclara pour eux; l'armée de Patras se débanda juste au moment où la garnison turque, épuisée par la faim, allait capituler. Malgré l'intervention du sénat, le sang coula, et cette fois en abondance; cent hommes tombèrent dans un seul engagement, à l'attaque de Tripolitza, que les insurgés voulaient enlever; on se battait dans tout le Péloponèse. Le pouvoir exécutif employa pour la guerre civile une partie de l'argent emprunté à grand'peine en Angleterre; il appela Gouras, soudoya 2,000 Grecs de la terre ferme, et ces renforts lui donnèrent la victoire. Plusieurs chefs tombèrent entre les mains des gouvernementaux: c'étaient Colocotroni lui-même, quatre Diligiannis, deux Notaras, et d'autres personnages importants. Les prisonniers furent envoyés à Hydra et enfermés dans le monastère de Saint-Élie pour y attendre leur jugement. Les Andrés parvinrent à se réfugier dans la Grèce occidentale, qu'ils cherchèrent à soulever; heureusement ils y rencontrèrent Maurocordato, qui refusa d'embrasser leur querelle et tint cette province fermée à la discorde. Ainsi l'aristocratie militaire était vaincue; le calme se rétablit peu à peu, et la Grèce commença à sentir les bienfaits d'un gouvernement régulier. Des écoles furent ouvertes, des hôpitaux fondés; le ministère de la justice prépara même un code criminel. Mais de nouvelles et terribles calamités allaient fondre sur la Grèce.

Ibrahim était en Crète; il y resta le temps nécessaire pour rallier sa flotte et remplir par de nouvelles recrues les vides que les brûlots des Grecs avaient faits dans son armée. Puis il transporta en deux fois 11,000 hommes à Modon, qui était toujours aux mains des Turcs et qu'il choisit pour lieu de débarquement. Formé à la tactique européenne, Ibrahim faisait la guerre méthodiquement. Il suivit dans ses opérations un plan raisonné, bien plus dangereux pour les Grecs que les fureurs brutales des pachas de la Porte. Il commença par débloquer ou ravitailler Patras et Coron, les seules places qui, outre Modon, tinssent encore dans le Péloponèse; il rétablit les communications entre elles; ses vaisseaux surveillaient les côtes; ses soldats campaient sous Modon, faisaient des courses dans les environs, préludaient par l'incendie de Vounaria et de Castelia au ravage du Péloponèse. Ensuite il songea à s'emparer de Navarin, dont la citadelle lui aurait assuré une base d'opérations pour son armée de terre et le port un refuge pour sa flotte. Les Grecs, devinant son projet, vinrent camper à Cremmydi, pour s'y opposer, au nombre d'environ 3,250, venus de toutes les provinces. Le gouvernement avait donné le commandement en chef à Conturiotis, choix maladroit, puisque Conturiotis, bon marin, était incapable de diriger une armée. Il ne parut même pas à Cremmydi, et ce fut Maurocordato qui prit le commandement. Les Égyptiens étaient un peu plus nombreux que les Grecs, et ils avaient de la cavalerie; cette circonstance leur donna l'avantage. Les Grecs furent tournés, enveloppés, laissèrent 500 des leurs sur le champ de bataille et un grand nombre de prisonniers aux mains de l'ennemi. Ils n'avaient jamais essuyé en bataille rangée de défaite aussi terrible. L'armée se débanda, et ceux de terre ferme retournèrent dans leur pays, en murmurant contre Conturiotis et le gouvernement.

Ibrahim put alors s'approcher de la rade sur laquelle sont construites la ville de Néocastro et la forteresse de Navarin; l'entrée en est fermée par la petite île de Sphactérie, que gardait une flottille grecque, et où s'étaient établis Maurocordato et huit cents hommes. Sphactérie était la clef de Navarin : c'est donc par là que commença Ibrahim; sa flotte, quoique harcelée par Miaoulis, vint se ranger en présence de l'île, qui fut enlevée d'assaut; presque tous les défenseurs furent pris ou tués, et parmi ces derniers le philhellène italien comte Santa-Rosa; Maurocordato put s'échapper. La flottille grecque se retira, et la flotte égyptienne s'embossa sous les canons de la forteresse. La résistance était impossible : la garnison capitula, et, quelques jours après, celle de Néo Castro en fit autant. Ibrahim, satisfait de sa conquête, accorda aux vaincus des conditions honorables, la vie sauve et la liberté (12 avril 1825).

Le jour même de la capitulation de Navarin, Miaoulis brûlait dans le port de Modon une grande frégate, 3 corvettes, 3 vaisseaux de guerre, 3 transports et un magasin de vivres. Un autre marin, Sachtouri, livra bataille, entre Ténédo et Limno, à une flotte turque qui se rendait dans les eaux de Missolonghi, brûla une frégate de soixante-huit canons, une de trente-quatre, une corvette; le reste se dispersa. L'expédition était manquée, et le pavillon grec se promenait victorieusement dans la mer Égée.

Mais ce n'était pas sur mer que devait se décider le sort de l'expédition; c'était dans le Péloponèse, où Ibrahim faisait des progrès continuels; déjà il avait promené l'incendie dans l'Arcadie (petite province qui ne correspond que de nom avec l'Arcadie ancienne), dans la Messénie. Les Grecs, toujours livrés à leurs dissensions, n'avaient ni armée, ni général; Conturiotis, entouré de pièges, dégoûté de son impuissance, avait quitté son poste et s'était retiré à Nauplie. Les ennemis du gouvernement profitèrent du désordre pour remuer; plusieurs des chefs proscrits revinrent dans le Péloponèse, entre autres Zaïmi : le pouvoir exécutif voulait se les faire livrer; mais le cri public, les représentations du sénat, la nécessité forcèrent les haines à capituler, et le pouvoir exécutif publia le 1er juin une amnistie générale. Un autre décret donna le commandement en chef des forces du Péloponèse à un homme que son ambition avait égaré, mais dont le nom inspirait la confiance, à Colocotroni. Le gouvernement n'eut pas à se repentir de ce choix; Colocotroni avait franchement renoncé à ses haines. « En revenant « d'Hydra, dit-il à un sénateur qui l'engageait à oublier le passé, j'ai jeté la « rancune dans la mer; faites-en autant. « Enterrez dans la place de Nauplie, « où l'on creuse depuis tant de jours « dans l'espoir de trouver des richesses « cachées, vos haines et vos dissensions : « ce sera là le vrai trésor à gagner. » Il se jugeait lui-même sévèrement. « J'ai « fait, disait-il à Conturiotis, du mal à « ma patrie; les grands du Péloponèse « m'avaient trompé. J'étais un arbre « sauvage planté sur un chemin public; « plusieurs passants, la plupart brigands, se reposaient sous mon ombre « et suspendaient à mes rameaux leurs « sacs, remplis de vols et d'iniquités. » Et il s'appliqua sans retard à réparer le mal qu'il avait fait; il prit le commandement des troupes du Péloponèse. Il n'y avait pas alors plus de quatre mille hommes présents sous les armes; le reste était dans les montagnes. Colocotroni tenta en vain de défendre Tripolitza; il fut repoussé de ses positions et obligé d'évacuer la ville. Toute la population émigra pour échapper aux fureurs d'Ibrahim; le gouvernement se transporta à Nauplie; on releva les fortifications de cette ville; Hypsilantis surtout déploya la plus grande activité; mais le désordre y était immense à cause de la multitude qui l'encombrait; la disette était à craindre; on n'avait d'eau que celle qui venait des moulins, où Colocotroni s'était retranché. Des bruits de trahison, semés parmi cette population tremblante, mettaient le comble à la confusion.

Ibrahim fit son entrée le 22 juin dans Tripolitza, qu'il trouva déserte; il y laissa une garnison et vint attaquer Colocotroni, fut repoussé, alla du moins brûler Argos, et revint à Tripolitza. Les Grecs avaient repris courage; les conseils du philhellène Hamilton, la conviction erronée où l'on était que les vaisseaux anglais arboreraient les couleurs grecques au moment du danger leur inspirèrent assez de hardiesse pour qu'ils entreprissent de bloquer leur ennemi dans sa place d'armes. Ils s'approchèrent de Tripolitza, au nombre de dix mille, en différents corps. Ibrahim vint à leur rencontre à Tricorpha, et la cavalerie, l'artillerie, surtout la discipline, lui donnèrent encore une fois la victoire; deux cents Grecs furent tués, et Colocotroni lui-même faillit être pris.

Les batailles que livrait Ibrahim ne ressemblaient pas aux engagements que les Grecs avaient eus jusque-là avec les Turcs. D'ordinaire la déroute était complète, et le vainqueur savait pousser ses avantages. Il y avait toujours un certain désordre dans les mouvements des Grecs; aussi, quel que fût leur courage, il se brisait devant la discipline européenne des soldats égyptiens. Le gouvernement voulut avoir enfin une armée véritable; il chargea deux Français, le général Fabvier, aide de camp du maréchal Ney, et Regnaud de Saint-Jean d'Angély, de former un corps de troupes régulières; mais de longtemps encore on ne pouvait compter sur ces soldats improvisés (juin 1825). Ibrahim employa le reste de la saison à détruire les villes voisines; de Tripolitza il fondait tantôt sur la Messénie, tantôt sur le Magne, dévastait la campagne, et ne rencontrait presque jamais de résistance. On était à l'entrée de l'hiver lorsqu'il reçut un messager du pacha turc Kioutagi, qui depuis plusieurs mois assiégeait sans succès Missolonghi, et qui était réduit à demander le secours des Égyptiens. L'orgueil d'Ibrahim fut flatté de cette démarche, et il osa quitter le Péloponèse pour entreprendre pendant l'hiver un voyage et un siége également dangereux. Il partit de Tripolitza dans les premiers jours de novembre.

CHAPITRE X.

Années 1825 et 1826.

CAMPAGNE DE GOURAS DANS LE NORD; MORT D'ULYSSE. — SECOND ET TROISIÈME SIÉGES DE MISSOLONGHI. — L'INSURRECTION EN CRÈTE, EN EUBÉE. — OPÉRATIONS MARITIMES.

Des deux grandes régions de la Grèce du nord, l'Anatolie et l'Étolo-Acarnanie, ou Grèce occidentale, c'est la première qui était la plus exposée aux invasions. Les Turcs descendaient de la Roumélie dans les plaines de la Béotie et de l'Attique, qui pouvaient encore être prises à revers du côté de l'Eubée. Athènes avait pour gouverneur un homme d'un courage proverbial, ce même Gouras que nous avons vu tomber entre les mains des Turcs dans une expédition précédente; il n'y était pas resté longtemps. Pendant la guerre civile il avait mené au gouvernement les troupes de terre ferme; ses services lui valurent le titre de général des troupes du Levant. Le premier ennemi qu'il eut à combattre fut Ulysse; ce redoutable aventurier ne connaissait guère d'autre sentiment que l'amour d'une sauvage indépendance, et, quand il avait pris les armes contre les Turcs, ce n'était ni pour sa patrie, ni pour sa religion; c'était pour satisfaire son humeur turbulente, c'était pour le pillage, c'était enfin pour être chanté par les poëtes de la montagne comme le roi des palicares: étrange personnage, dont la vie et la mort semblent plutôt appartenir au roman qu'à l'histoire, et justifieraient presque l'invraisemblance de

34.

certaines fictions. Comme il ne servait jamais d'autre cause que celle de son ambition, il se défiait également de tous les partis, toujours prêt lui-même à en changer selon les occurrences. Il avait fait choix d'une caverne dans le mont Parnasse ; il y avait entassé des provisions, des armes, des vivres ; il y avait même du canon : c'est là qu'il comptait trouver un refuge, avec ses fidèles pallicares, s'il échouait dans ses hasardeuses entreprises. Mécontent du gouvernement d'Athènes, il trahit ouvertement ; il réunit un millier de pillards mahométans et chrétiens, et envahit le pays qu'il avait naguère défendu. Gouras marcha contre lui, le battit, et le décida à revenir au milieu de ses compatriotes. On en usa peu généreusement avec lui ; il fut saisi et envoyé en prison à Athènes ; quelque temps après, le bruit se répandit qu'il était mort en cherchant à s'évader ; la vérité est qu'on l'avait mis à la torture pour le forcer à déclarer où étaient ses trésors, et qu'il avait succombé à la douleur.

Gouras marche ensuite contre les Turcs de Zeitoun, qui avaient espéré surprendre Salone ; il les bat à deux reprises, et Salone est sauvée pour cette fois ; mais tout à coup la Phocide et la Doride sont envahies par un si grand nombre de points à la fois qu'il est obligé de faire retraite ; d'ailleurs les Turcs d'Eubée venaient de débarquer en Attique. Sergoula, Vitrinitsa sont brûlées ; Salone échappa à l'incendie, mais non au pillage, et les Turcs en firent leur place d'armes ; de là ils étendirent leurs ravages dans les environs. Gouras leur livra de nuit une bataille indécise dont tout l'honneur revint aux Souliotes.

Mais, sur le continent, l'effort de la guerre se concentrait sur Missolonghi. La Porte avait juré de détruire cette misérable bourgade et y avait envoyé son plus habile général, Reschid-pacha, dit Kioutagi, avec ordre de s'en emparer à tout prix. Parti de Janina dans les premiers jours d'avril, il passa l'Achéloüs ; le 11, il était devant Anatolicon ; le 15, devant Missolonghi. Ces deux places, qui s'étaient, dans la précédente campagne, porté un mutuel secours, se trouvèrent cette fois coupées de leurs communications par terre. Kioutagi avait avec lui vingt mille hommes, dont trois mille sapeurs, et il faisait travailler par force les chrétiens des environs aux ouvrages les plus exposés, pour que les balles des assiégés ne frappassent que leurs frères. A Missolonghi on avait fait quelques travaux de défense, sous la direction de l'ingénieur Coccini ; un mur avait été élevé, flanqué de bastions, dont chacun portait le nom d'un des héros de la liberté ; les Grecs avaient 48 canons, 4 obusiers, des armes et de la poudre en abondance, et par-dessus tout le souvenir du précédent siége et l'inébranlable résolution de s'ensevelir sous les ruines de la ville plutôt que de la rendre. Ils étaient trois mille, dont un grand nombre de Souliotes, sous la conduite de Noti Botsaris, de Tsonga et d'autres chefs renommés. A plusieurs reprises, pendant le siège, il en vint d'autres des montagnes voisines ; à la fin de juin, Missolonghi renfermait quatre mille cinq cents combattants. Comme le port ne fut jamais complétement bloqué, ils recevaient les vivres que leur apportaient les vaisseaux des îles Ioniennes et du Péloponèse ; les assiégeants tiraient leur subsistance de Patras et de Naupacte.

Kioutagi commença par établir des batteries ; les Turcs étaient si novices à ce genre de travaux que le 17 mai ils n'avaient encore placé que trois canons et deux obusiers. Les Grecs répondaient sans peine, et leur feu causait aux Turcs de plus grandes pertes que celles qu'ils supportaient. Mais bientôt les assiégés souffrirent à leur tour. La flottille grecque qui croisait à l'entrée du port fut chassée par des forces turques supérieures, et même 36 petits bâtiments parvinrent à pénétrer assez avant dans les eaux de Missolonghi pour distraire et fatiguer l'attention des combattants. Kioutagi alors démasqua de nouvelles batteries et proposa aux assiégés de se rendre. « La guerre ! » tel fut le cri unanime. Deux jours après, il offrait un accord à des conditions honorables. « Le seul accord possible entre Turcs et chrétiens est celui des armes, » lui fut-il répondu. Kioutagi donna le signal de l'assaut : deux fois il vit ses troupes repoussées revenir en désordre dans leur camp. Nouvelles propositions du pacha; nouveau refus des Grecs, suivi d'un assaut plus furieux que les deux précédents; les Turcs furent culbutés du haut des remparts, précipités dans le fossé, et il en resta cinq cents sur la place. Kioutagi, hors de lui, fit décapiter ses prisonniers.

Les assiégés n'avaient rien à craindre du côté de la mer; mais les vivres avaient cessé d'arriver, quand Miaoulis parut avec 40 vaisseaux grecs et un brûlot. A la vue du brûlot, la flotte turque entière prit la fuite et alla se cacher au fond du golfe de Corinthe. Jamais les Turcs n'avaient montré une si honteuse lâcheté. Miaoulis laissa huit vaisseaux en surveillance dans le golfe et repartit.

Kioutagi n'avait plus que douze mille hommes. Il renonça aux assauts et entreprit un immense ouvrage: un mur s'approcha de celui des Grecs, sans que ceux-ci pussent l'endommager; mais ils creusèrent derrière leurs remparts un second fossé; derrière ce fossé ils construisirent un second mur, disposé de telle sorte qu'ils prenaient à revers la tête de l'ouvrage de Kioutagi. Bien plus, dans une sortie ils en détruisirent une partie.

« Ou ta tête ou Missolonghi, » avait dit le sultan à Kioutagi, et le pacha avait accepté la terrible alternative; il avait même fixé pour terme extrême l'époque du beïram. Le beïram était passé, et Kioutagi commençait à redouter la colère du sultan. Il résolut de donner un dernier assaut: à peine trouva-t-il deux mille hommes en état d'y prendre part, tant l'entreprise semblait désespérée! Les Albanais s'élancèrent avec impétuosité; le pacha les vit escalader le mur, toucher au sommet, puis tout à coup, accueillis par une terrible fusillade, tomber, se débander, fuir en désordre, humiliés, découragés par leur défaite et furieux contre leur général.

Et cependant Kioutagi ne s'avouait pas encore vaincu. En vain chaque jour amenait quelque nouveau désastre; le pacha voyait son armée se fondre par suite des privations, des maladies, des désertions plus encore que du ravage des balles ennemies; il restait à peine assez d'hommes pour suffire à la garde des ouvrages; les vivres n'arrivaient plus de Patras et de Naupacte, affamées elles-mêmes: il fallait les faire venir à dos de chameaux de Prévise et d'Arta, et les convois étaient souvent interceptés par les montagnards. Les assiégés, au contraire, recevaient tous les jours des renforts et redoublaient d'ardeur et d'audace; ils faisaient des sorties continuelles; ils venaient à leur tour attaquer les assiégeants, détruisaient leurs ouvrages; Kioutagi vit sauter le mur d'approche sur lequel il avait fondé son espoir. Enfin l'orgueil du pacha fut obligé de céder: il aurait fini par se trouver seul. Le matin du 18 octobre, les Grecs n'aperçurent aucun mouvement dans le camp des Turcs; ils s'en approchèrent, n'y virent personne, y entrèrent: les Turcs étaient déjà loin de la ville. Aussitôt commença l'œuvre de destruction: le camp fut pillé, les fossés comblés, les murs abattus. D'après le témoignage de Coccini, les ouvrages des Turcs accusaient la plus profonde ignorance dans l'art des fortifications. Ce second siége avait duré six mois.

Kioutagi se retirait lentement du côté de Salone. La nouvelle de son échec vola dans toute la Grèce et la remplit de joie; Ibrahim ne l'apprit pas sans un secret plaisir; l'humiliation des armes turques rehaussait la gloire des siennes, et il se flattait d'avance de mettre le comble à l'une et à l'autre en menant à bonne fin, seul, avec une partie de ses forces et pendant la saison la plus défavorable de l'année, une entreprise qui avait dévoré sans résultat deux armées ottomanes. Kioutagi, dans des pensées toutes différentes, se serait bien gardé de l'appeler; mais il ne pouvait refuser un secours sans lequel son impuissance était manifeste. Ibrahim donc, vainqueur dans toutes les rencontres, maître de la capitale du Péloponèse et de deux provinces, persuadé, non sans apparence de raison, qu'une seconde campagne lui livrerait le reste, se crut assez sûr du succès pour étendre ses opérations en dehors de la Péninsule. Il reçut à propos (6 novembre) un renfort d'Égypte: dix mille soldats débarquèrent heureusement à Navarin. Ibrahim envoya une partie de la flotte qui les avait apportés dans les eaux de Missolonghi, laissa une garnison à Tripolitza, des détachements en différents endroits de la Messénie, et il se mit en marche pour le golfe de Corinthe. Il entra à Agoulinitza, passa l'Alphée, brûla Pyrgos, et arriva à Patras, où il laissa une partie de ses troupes ; le reste fut transporté à Naupacte : c'étaient des Arabes, les meilleurs soldats de son armée. Ils arrivèrent devant Missolonghi en bel ordre, musique en tête, et prirent aussitôt position (5 janvier 1826).

Ibrahim ne ménagea pas à Kioutagi les sarcasmes. « Comment, » lui demandait-il en montrant Missolonghi, « n'a« vez-vous pas pu en huit mois vous « emparer de cette bicoque, tandis « qu'en quelques jours j'ai pris Navarin, « qui était une place forte ? » Kioutagi en appela au témoignage de ses officiers, et l'un d'eux dit à Ibrahim : « Le « chef des Arabes croit que nous com« battons contre des hommes sembla« bles à ceux qu'il a combattus dans le « Péloponèse. Nous connaissons ceux « de Missolonghi ; nous avons éprouvé « leur valeur, et nous ne désirons pas « l'éprouver de nouveau ; que Sa Hau« tesse l'éprouve, s'il lui plaît, et elle « portera sur eux un jugement plus « juste. » Kioutagi ne voulait pas contribuer à une victoire dont tout l'honneur serait pour Ibrahim ; Ibrahim ne voulait pas de partage. « Ou chargez-vous, « disait Ibrahim à Kioutagi, de pren« dre la ville en un mois, ou je me charge « de la prendre en quinze jours. » Il fut convenu qu'Ibrahim entreprendrait seul le siège, et que Kioutagi resterait à une certaine distance, sans prendre part aux opérations. Kioutagi se consola de son inaction forcée en faisant pendre de temps en temps quelques chrétiens.

Quand les Arabes commencèrent leurs travaux les défenseurs de Missolonghi n'avaient pas eu le temps de réparer leurs ruines ; ils n'en repoussèrent pas moins à l'unanimité les propositions d'Ibrahim. Ils n'avaient de vivres qu'en très-petite quantité, et le nombre des bouches inutiles s'était beaucoup accru par le retour des femmes et des enfants que l'on avait éloignés pendant le siège précédent. Mais le port était ouvert, la mer libre, et les assiégés comptaient cette fois sur les secours du Péloponèse et sur les flottes des îles.

C'est alors que l'on put voir quel tort avaient fait à la cause de l'insurrection les divisions et la guerre civile. Quand il fut question d'approvisionner Missolonghi, il ne se trouva pas assez d'argent dans les coffres du gouvernement pour faire partir la flotte d'Hydra : les matelots renoncèrent à leur paye; les contributions volontaires, les souscriptions des philhellènes couvrirent à peu près les frais, et enfin Miaoulis put partir ; mais il trouva le port de Missolonghi bloqué ; il fallut livrer bataille, il éprouva des pertes. Cependant le courage et l'audace réparèrent pour cette fois le temps perdu ; l'incendie d'une corvette effraya le reste de la flotte turque, qui se dispersa, et Missolonghi fut ravitaillé pour deux mois.

Ibrahim était là depuis sept semaines, et il n'était pas sorti des préliminaires du siège. Le 18 février il démasqua trois batteries, de sept canons chacune, bien reliées les unes aux autres, et qui commencèrent à foudroyer le mur d'une distance de 400 pas. Du 25 au 28 quarante canons ou obusiers jetèrent dans la ville huit mille boulets ou bombes, qui y firent de grands ravages. Le bombardement fut suivi d'une attaque nocturne et d'un triple assaut. Les Arabes conservaient leurs rangs, se battaient dans les règles, en bon ordre, mais sans ardeur ; il fallait que le fouet des soldats de la garde les ramenât au feu, comme autrefois les esclaves de Xerxès. Après un combat d'une journée entière, les Arabes furent repoussés dans leurs retranchements ; les Grecs y entrèrent avec eux et en rapportèrent des armes et du butin.

Kioutagi, du haut d'une colline, suivait de l'œil cette affaire ; il demanda à Ibrahim ce qu'il pensait de la *bicoque*. « J'ai vu aujourd'hui, » lui répondit Ibrahim, « que tu avais raison : il faut « que nous réunissions nos forces ; car « nous ne pouvons rien l'un sans l'au« tre. » Kioutagi y consentit, à la condition qu'Ibrahim écrirait à Constantinople pour déclarer qu'il avait eu besoin de son appui.

Dès lors les deux armées agirent de concert. Ibrahim renonça aux assauts; sa flotte surveilla le port ; plusieurs de ses vaisseaux en forcèrent l'entrée et vinrent se ranger en vue de la ville basse. Aucune nouvelle, aucun secours du dehors ne put plus parvenir à l'intérieur, et le siége se trouva transformé en blocus. Les îlots de Vasilidi, de Dalmâ, tombèrent successivement; la garnison d'Anatolicon capitula elle-même à des conditions honorables, qui furent respectées. Missolonghi fut serrée plus étroitement que jamais. Les pachas sommèrent de nouveau les assiégés de se rendre. « Nous mourons, nous ne « nous rendons pas, » répondirent ces pauvres montagnards, qui certes ne songeaient pas à s'approprier le mot de la vieille garde à Waterloo; ils disaient encore : « Huit mille armes sanglantes « ne se rendent pas. »

Les assiégés exagéraient leur nombre, sans doute pour intimider l'ennemi; sur les neuf mille âmes que renfermait Missolonghi, il y avait à peine deux mille cinq cents combattants, affaiblis par la faim. Ils attendaient toujours un secours qui aurait pu les sauver, de l'aveu d'Ibrahim lui-même; car il disait plus tard que, s'ils avaient eu des vivres pour trois semaines de plus, son armée se serait fondue comme la neige des montagnes.

Enfin, le 15 avril, les assiégés reçurent avis de l'approche de Miaoulis; il avait avec lui une trentaine de vaisseaux mal équipés : c'était tout ce qu'avait pu faire un gouvernement qui avait trouvé de l'argent pour solder la guerre civile! Il fallait livrer bataille pour forcer l'entrée du port, livrer bataille dans le port pour approcher de la ville : Miaoulis risqua tout, malgré l'infériorité de forces; il fut repoussé, perdit du monde, et fut obligé de retourner dans la mer Égée avec ses vaisseaux pleins de provisions.

Avec la dernière voile grecque disparaissait la dernière espérance des assiégés. Ils se traînaient, semblables à des spectres, couverts de haillons ensanglantés, au milieu des cadavres qu'ils n'avaient pas la force d'enterrer et qui leur envoyaient la peste; pas un seul médecin; les blessés languissaient sans secours; mais leurs souffrances se prolongeaient rarement, car dans un si grand dénûment toute blessure devenait promptement mortelle.

Quand ils virent qu'il ne leur restait plus qu'à mourir de faim ou par le fer des ennemis (car, même dans l'extrémité où ils se trouvaient, personne ne parlait de se rendre), ils résolurent de se frayer un passage au milieu des assiégeants par un effort désespéré. Deux chefs qui parlaient albanais traversèrent leur camp et allèrent prévenir les chefs des montagnes que les assiégés feraient une sortie. Il ne devait rester dans la ville que les infirmes ou ceux qui se dévouaient volontairement à une mort certaine.

La nuit du 22 au 23 avril, le triste cortége se mit silencieusement en route, divisé en trois corps sous les ordres de Nota Botsaris, de Kitso Tsavellas et de Macri. Les hommes armés formaient l'avant et l'arrière-garde; les femmes, les enfants, les vieillards étaient au milieu, presque tous armés; mais toute cette foule s'avançait en un tel désordre que le passage des ponts fut fatal à plusieurs. La lune brillait de tout son éclat; les Turcs étaient sur leurs gardes parce qu'ils avaient entendu des coups de fusil dans la montagne. La colonne des émigrants avait heureusement franchi les premiers obstacles lorsqu'elle se trouva en présence d'ouvrages qui faisaient partie du camp ennemi; il fallait les tourner : une voix cria : « Arrière! arrière! » Aussitôt la foule se précipita en arrière en un immense désordre. Tout d'un coup des hommes armés paraissent; au lieu des montagnards qu'on attendait, ce sont les Albanais qui se jettent au milieu des fuyards, sabrent ce qui résiste, nagent dans le sang. Les guerriers se rallièrent comme ils purent et poursuivirent leur route à travers le feu de l'ennemi; mais la plus grande partie des femmes et des enfants furent massacrés. De tous ceux qui étaient sortis de la ville, à peine en arriva-t-il treize cents en lieu de sûreté.

Ceux qui étaient restés périrent tous, mais non sans vengeance; ils s'étaient pour la plupart barricadés dans quelques maisons; quand ils virent, au lever du soleil, Turcs, Arabes, Égyptiens se précipiter au pillage, ils mirent le feu à leurs poudrières, et ensevelirent ainsi avec eux un grand nombre de leurs ennemis sous les décombres de leur patrie. Bientôt la malheureuse, l'héroïque Missolonghi ne fut plus qu'un monceau de ruines d'où s'échappaient des tourbillons de fumée. Les soldats de Kioutagi et ceux d'Ibrahim se battirent pour le partage de ses misérables dépouilles.

Il était mort 1900 Grecs pendant ce siége, mais qui pourrait dire ce qu'il coûta aux Musulmans?

Le siége de Missolonghi nous a conduits jusqu'au milieu de l'année 1826 ; partout ailleurs la guerre languissait ou ne produisait que peu de résultats.

Vers le commencement de juin 1825, Callergi rassembla environ treize cents Péloponésiens, s'embarqua avec eux à Monembasie, et se dirigea vers la Crète. Ils s'emparèrent par surprise de la forteresse de Grabouse (14 août). Aussitôt la guerre, que les Turcs avaient concentrée dans un petit canton de l'île, se ralluma ; les chrétiens reprirent les armes et s'enhardirent jusqu'à bloquer la Canée ; mais on n'en vint pas à une rencontre décisive.

Dans le Péloponèse, Colocotroni profita de l'absence d'Ibrahim pour essayer de reprendre Tripolitza : trois corps de troupes s'avancèrent contre cette ville simultanément ; ils furent dispersés presque sans combat. Les Grecs se bornèrent à couper les communications des Turcs de Tripolitza et de ceux de la Messénie, par l'occupation du poste de Macryplagi.

Le brave Fabvier poursuivait toujours l'organisation d'une armée régulière avec une activité, une constance que ne décourageaient ni les difficultés d'une pareille tâche, ni l'insuffisance des moyens, ni l'indiscipline intraitable de ses volontaires. Le gouvernement le soutenait, mais ne le payait pas, et le soldat redevenait pallicare à l'occasion. Fabvier se transporta de Nauplie à Athènes, où il fut accueilli avec enthousiasme ; Gouras même, le gouverneur de la ville, se mit sous ses ordres ; les recrues lui vinrent de tous côtés. A la fin de 1825 ; il avait trois mille sept cents réguliers, dont un corps de cavalerie et un corps d'infanterie légère, sous le nom de croisés. Il passa en Eubée (24 février 1826), et s'essaya au siége de Caryste ; mais il fut mal secondé par les habitants. Le siége traîna en longueur ; Omer-Vrione vint au secours de la place et défit la cavalerie de Fabvier ; Fabvier lui-même vit sa troupe diminuée de moitié par les maladies et les désertions, fut assiégé dans son camp, affamé ; l'indiscipline reprit le dessus. Enfin les vaisseaux grecs le ramenèrent en Attique avec les débris de son armée.

Sur mer, malgré le désastre de Psara, les Grecs avaient décidément la supériorité : non pas qu'ils pussent se mesurer en bataille rangée avec les puissantes flottes qui partaient du Bosphore ou d'Alexandrie ; mais ils les harcelaient, les détruisaient en détail, capturaient ou brûlaient les vaisseaux attardés, et, par la seule terreur qu'ils inspiraient, jetaient le désordre dans les opérations des ennemis. Les entreprises les plus audacieuses leur étaient devenues familières : Canaris conçut le projet d'aller brûler la flotte égyptienne à l'ancre devant Alexandrie ; les vents contraires le retardèrent, et la flotte égyptienne fut sauvée, excepté un vaisseau, qui sauta sous les yeux de Méhémet-Ali. Nous avons vu avec quelle intrépidité Miaoulis présentait la bataille à des flottes trois fois plus fortes que la sienne, comment il remportait souvent des avantages signalés ou se retirait sans avoir été entamé. Et cependant, surtout dans ces derniers temps, le manque d'argent paralysait les entreprises maritimes ou empêchait qu'on y mît de l'ensemble. Miaoulis aurait pu sauver Missolonghi ; il fut réduit à la guerre de corsaires, qui n'avait pas besoin d'être encouragée, car elle dégénéra promptement en piraterie.

Dans les derniers mois de 1825, le gouvernement reçut un envoyé de l'émir Bésiri, chef du Liban, qui voulait s'assurer du concours des Grecs avant de se soulever contre les Turcs. Le gouvernement n'avait pas de flotte à lui envoyer ; quelques corsaires allèrent attaquer Baireuth, furent repoussés, ne purent parvenir jusqu'à l'émir, et l'entreprise en resta là ; mais ce fait prouve quel retentissement avaient eu les victoires des Grecs parmi les populations chrétiennes qui obéissaient aux Turcs.

CHAPITRE XI.

Années 1825 et 1826.

DISPOSITIONS DE L'EUROPE A L'ÉGARD DE LA GRÈCE; PREMIÈRES NÉGOCIATIONS ENTRE LES PUISSANCES ET LA PORTE. — DES PARTIS EN GRÈCE. — ASSEMBLÉE D'ÉPIDAURE.

Pendant les deux années qui s'étaient écoulées la cause de la Grèce avait gagné beaucoup de terrain en Europe. Non-seulement les comités philhellènes s'étaient multipliés, la presse quotidienne était pleine de chaleureux appels à l'opinion publique, les tribunes de Paris et de Londres retentissaient de protestations contre les lenteurs et le mauvais vouloir des gouvernements, la poésie et les arts consacraient à l'envi l'héroïsme de Missolonghi, les malheurs de Chio, les désastres de Psara; mais, symptôme bien plus significatif et plus satisfaisant que tous les autres, les princes de la finance, peu suspects de se laisser aller aux entraînements de l'enthousiasme, commençaient à prêter l'oreille aux propositions du gouvernement grec; quoiqu'il fût aux abois, quoique ses œuvres semblassent porter un triste témoignage de la capacité politique de la nation qui avait choisi de tels administrateurs, par deux fois il trouva des créanciers à Londres. Le 26 janvier 1824, les banquiers Lochmann et O'Brien prêtèrent au gouvernement grec 800,000 livres, hypothéquées sur les biens nationaux, sur les impôts, sur les revenus de l'État; un an après, le 7 février 1825, la maison Richard prêta encore 2 millions de livres à peu près aux mêmes conditions. On sait à quel usage furent employés ces fonds, et combien peu ils profitèrent à la cause de l'indépendance hellénique. Mais ces opérations avaient d'abord l'avantage d'intéresser des maisons puissantes au triomphe de l'insurrection; ensuite il était de bon augure, pour l'avenir de la Grèce, que les banquiers consentissent à l'escompter. Habitués à soumettre au calcul des probabilités les combinaisons de la politique européenne, ils avaient vu à certains signes que cet avenir était assuré, et que, quoi qu'il arrivât, la nation grecque ne périrait pas.

Mais comment, quand, à quelles conditions serait-elle reconnue par l'Europe? Voilà ce qui restait dans l'ombre et ce qui agitait la diplomatie.

Le repos de l'Europe exigeait que la Grèce fût affranchie : trop de haine et de sang séparaient les esclaves rebelles de leurs maîtres d'hier pour que les deux races pussent désormais vivre à côté l'une de l'autre, et surtout pour que la plus intelligente, la plus éclairée, la plus active des deux continuât de subir une oppression dégradante. Voilà ce qui commençait à être reconnu de tous les cabinets, sauf de celui de Vienne; mais il s'agissait de régler les conditions auxquelles le nouvel État entrerait dans le concert européen, et là surgissaient les difficultés, parce que chaque puissance prétendait, en appuyant les Grecs, servir ses propres intérêts.

La Russie proposait de faire trois États, Grèce occidentale, Anatolie, Péloponèse et Crète, sous la suzeraineté de la Porte, les îles se gouvernant comme par le passé, le patriarche de Constantinople conservant sa suprématie religieuse. Ce plan avait aux yeux de la Russie le double avantage d'affaiblir la Turquie sans que les nouveaux États fussent assez forts pour entraver jamais l'ambition du czar; c'est pour cela qu'il déplaisait à l'Angleterre. De son côté, le gouvernement grec rédigea (24 août 1824) une protestation contre toute combinaison qui ne garantirait pas aux Grecs l'autonomie. La protestation fut appuyée aussitôt par l'Angleterre, dont l'opposition fit échouer le projet. En Grèce il se forma un parti anglais, que fortifièrent encore les dévouements isolés, la mort de Byron, la présence des vaisseaux anglais, le voisinage des îles Ioniennes; bientôt il agit ouvertement, et le Péloponèse fut inondé de modèles d'adresses qui demandaient le protectorat anglais. Les succès d'Ibrahim déterminèrent un grand nombre d'adhésions, et les adresses se couvrirent de signatures.

Mais en même temps il s'était formé un parti français. Celui-là se prononçait pour le maintien de l'unité hellénique; il voulait qu'on demandât un roi à la France, et désignait le second fils du duc d'Orléans, celui qui porta depuis le nom de duc de Nemours. Des manifestations eurent lieu, et à Nauplie même, sous les yeux du gouvernement, on acclama le jeune prince. L'Angleterre repoussait l'avénement d'une dynastie française avec plus de force encore qu'elle n'avait fait les projets de la Russie; sans abandonner ses vues particulières sur le Péloponèse, elle se retrancha derrière la neutralité, et laissa mettre en avant la candidature d'un prince dont la famille ni le nom ne pouvaient lui porter ombrage, Léopold, duc de Saxe-Cobourg.

Ainsi les deux partis qui se disputaient la Grèce se tenaient réciproquement en échec; mais un point ressortait du conflit: c'est que le gouvernement futur serait monarchique.

Quant à la Russie, elle n'avait pas encore formé de parti; mais nous avons vu quelles sympathies, quels rapports mystérieux, quelles espérances hardies avaient dès le commencement de l'insurrection tourné les yeux et les cœurs des Grecs vers la puissance dont ils attendaient leur salut.

Nous n'en parlons que pour mémoire de certaines ouvertures qui furent faites au gouvernement grec au nom des chevaliers de Malte. Quelques politiques attardés rêvaient la résurrection de cet ordre suranné; ils offraient aux Grecs le secours de leurs glaives rouillés, un crédit qu'ils n'avaient pas, de l'argent qu'ils auraient emprunté, en échange de quelqu'une des îles de l'Archipel; en d'autres termes, ils démembraient d'avance l'État à venir sans la plus légère compensation. Ces propositions absurdes ne furent pas même discutées.

Les puissances échangeaient entre elles notes et protocoles sans arriver à s'entendre; y fussent-elles parvenues, leurs efforts auraient échoué devant l'obstination de la Porte, dont l'orgueil repoussait péremptoirement toute ingérence étrangère dans ses affaires intérieures; et il faut convenir que les traités et les habitudes de la diplomatie lui donnaient raison. Mais elle ne pouvait invoquer la même fin de non-recevoir dans les différends qui étaient pendants entre elle et la Russie, et sa roideur ne permettait guère un arrangement pacifique. Le czar Alexandre était mort (1825). Son successeur, Nicolas, manifesta, dès les premiers jours de son règne, des dispositions belliqueuses. L'Angleterre, que la perspective d'une guerre alarmait, s'entremit encore pour la conjurer. On négocia; enfin les deux puissances tombèrent d'accord pour rédiger un protocole qu'on devait soumettre à l'approbation des autres puissances et proposer à la Porte sous forme d'ultimatum. Voici quelles en étaient les bases (5 avril 1826):

« La Grèce restera sous la suzeraineté « de la Porte et lui payera un tribut « annuel.

« Elle choisira son gouvernement, « mais sous la réserve de l'approbation « de la Porte.

« Elle jouira d'une pleine liberté de « conscience et de commerce, et de l'au- « tonomie la plus complète quant à ses « affaires intérieures.

« Les Turcs habitant la Grèce ven- « dront leurs biens et quitteront le « pays. »

Ces conditions n'étaient pas celles qu'avaient rêvées les Grecs; elles ne s'accordaient pas non plus avec les espérances des partis; cependant le péril qu'en ce moment même Ibrahim faisait courir à la future indépendance, la pénurie, l'épuisement, la crainte de compromettre par trop d'opiniâtreté les avantages obtenus assuraient un accueil favorable à un projet qui, après tout, garantissait à la Grèce ce qu'elle n'avait pas eu depuis quatre cents ans, une existence nationale et la liberté. Parmi ce peuple intelligent, le nombre augmentait rapidement de ceux qui sentaient la nécessité d'un gouvernement régulier; l'influence des militaires, toute-puissante dans les premières années de la guerre, diminuait à mesure que les circonstances mettaient au grand jour leur insuffisance; celle des politiques grandissait. Il est vrai qu'un nouvel élément de désordre était venu s'ajouter aux anciens: c'était la rivalité des partis que fomentaient les intrigues de l'étranger.

Le parti français ne comptait guère d'homme marquant que Coletti, qui entretenait une correspondance suivie avec les agents du duc d'Orléans. Le

Péloponèse était tout anglais ; trois hommes y dominaient, Zaïmi, Londos et Colocotroni, patriotes éprouvés, fiers à juste titre des services qu'ils avaient rendus à la cause commune, unis sans doute sur le but à atteindre, mais malheureusement autant divisés sur les moyens à employer qu'opposés de caractères. Zaïmi était le plus éclairé des trois : intelligence d'élite, cœur généreux, son patriotisme ne connaissait ni préférences de personnes, ni distinction de provinces, ni exclusions jalouses ; c'était pour la Grèce tout entière qu'il combattait, capable de sacrifier pour elle tout, même son amour-propre ; maître de lui-même, il possédait une vertu bien rare chez ses compatriotes, la modération ; il ne recherchait pas la gloire militaire. Au contraire Londos n'était guère qu'un guerrier aux sentiments exaltés, chevaleresques ; ami de Zaïmi, d'autant plus sûr qu'il restait par son goût étranger à la politique. Bien différent était Colocotroni ; habile guerrier, il savait aussi se servir de la ruse et de la parole ; ennemi dangereux, quoiqu'il sût oublier ses haines et estimer l'homme dans l'adversaire. « J'ai « souvent combattu Zaïmi, » disait-il, « mais je ne l'ai jamais haï. » Colocotroni aimait sa patrie et la servait, mais à la condition qu'elle payerait ses services par des distinctions. Nous avons vu qu'il fit échouer une expédition parce qu'il n'avait pu en obtenir le commandement ; d'ailleurs son patriotisme ne s'étendait pas au delà de l'isthme.

De l'union de ces trois hommes dépendait la tranquillité du Péloponèse. Pour le moment ils étaient d'accord dans une seule pensée : sauver le pays et lui donner une constitution définitive. Ce fut sous ses auspices que la seconde assemblée nationale se réunit à Épidaure (janvier 1826). Quoique tous les partis y fussent représentés, les Péloponésiens y dominaient ; ils écrasèrent la minorité sous le nombre, lui refusèrent les plus minces satisfactions, et par là envenimèrent les dangereuses inimitiés qui préparaient déjà de nouvelles discordes ; au moins n'éclatèrent-elles pas en collisions, comme à l'assemblée d'Astros. Mais pouvait-on exiger de ces politiques improvisés qu'ils comprissent de prime abord le mécanisme compliqué des assemblées délibérantes ? Que de vieilles nations ne l'ont pas manié plus adroitement que les montagnards du Magne et de la Thessalie !

L'assemblée était saisie de questions d'une importance capitale ; elle avait à réviser la constitution, dont les défauts frappaient maintenant tous les yeux, et à suivre les négociations avec la Porte par la médiation d'une puissance européenne. Mais le danger de Missolonghi préoccupait tous les esprits. On parlait d'une dictature de trois membres nommés par l'assemblée, et qui serait pour un temps investie de tous les pouvoirs, sauf du pouvoir judiciaire. Peut-être cette résolution énergique, en ajournant les dissensions, aurait-elle sauvé Missolonghi ; le projet en fut accueilli froidement par ceux dont il renversait les espérances et repoussé par l'assemblée. On sait ce qui résulta pour Missolonghi de ces lenteurs et de ces rivalités.

L'assemblée ne commença ses travaux que le 18 avril. Elle nomma d'abord une commission gouvernementale, composée de onze membres, dont les principaux étaient André Zaïmi, président, Pétrobey Mauromichalis, Diligianni, Sisini, Tsamados. Coletti et Mauromordato avaient été rejetés ; c'est dire assez quel esprit d'exclusion avait dicté ces choix.

L'assemblée nomma une autre commission, dite de surveillance, à laquelle elle délégua une partie de ses pouvoirs jusqu'à la prochaine réunion, qu'elle fixait aux premiers jours d'octobre. Cette commission fut chargée de plus de poursuivre les négociations entamées avec la Porte par l'intermédiaire de l'ambassadeur d'Angleterre à Constantinople, Strafford, sur des bases qui reproduisaient en les élargissant celles qu'avaient posées l'Angleterre et la Russie.

Cette dernière résolution pouvait compromettre le salut de la Grèce, en le remettant exclusivement entre les mains d'une puissance qui s'opposait formellement à l'émancipation des provinces du Nord Hypsilantis adressa à l'assemblée une protestation énergique et pleine de sens. « Nous avons besoin d'une pro-
« tection, disait-il : recourons aux sou-
« verains de toutes les nations chré-

« tiennes ; toutes ont un égal droit à « notre reconnaissance. Les circonstances dans lesquelles nous nous trouvons et leur position nous garantissent « le secours désiré. » Hypsilantis rappelait ainsi l'assemblée à ses devoirs : démarche présomptueuse, si on la juge d'après les idées démocratiques des gouvernements constitutionnels ; mais en cette circonstance, si on laisse de côté l'irrégularité de la forme, on sera forcé d'avouer que la raison était du côté d'Hypsilantis. Il n'en fut pas moins destitué par l'assemblée.

L'assemblée rendit encore quelques décrets sur des objets d'utilité publique ; elle vota un emprunt de cent mille distèles pour l'entretien de la flotte et pour l'augmentation de l'armée régulière ; elle ratifia les deux emprunts anglais, interdit toute aliénation du territoire national, établit une commission judiciaire et se sépara (28 avril 1826).

CHAPITRE XII.

Années 1826 et 1827.

IBRAHIM DANS LE MAGNE. — COMMENCEMENT DU SIÉGE D'ATHÈNES. — SUCCÈS DE CARAÏSCAKIS DANS LE NORD.

Le nouveau gouvernement se trouvait en présence d'une situation pleine de périls. Les trois quarts du Péloponèse et la moitié de la Grèce continentale étaient aux mains d'un ennemi implacable, qui poursuivait froidement son plan d'extermination au milieu du pillage et de l'incendie. La population s'agglomérait sur les points qui avaient échappé jusque-là au vainqueur, et qui eux-mêmes étaient menacés. De l'armée il ne restait plus qu'une partie des réguliers de Fabvier, qu'il avait peine à retenir sous les drapeaux parce qu'on ne les payait pas ; les autres s'étaient débandés, joints aux irréguliers, et leurs brigandages répandaient la terreur dans les campagnes. La piraterie, qui avait disparu pendant les trois premières années de la guerre, renaissait depuis les désastres de Psara et de Casso, et ce n'était pas seulement aux dépens des Turcs qu'elle s'exerçait. Le gouvernement prit quelques mesures pour mettre fin à ces désordres ; mais lui-même était frappé d'impuissance par la pénurie du trésor public. L'impôt ne rendait rien : que demander à une terre ravagée, à un peuple qui ne savait pas pour qui il semait ? Le gouvernement était si peu respecté qu'à Nauplie même, lieu de sa résidence, la garnison refusa de recevoir Photomaras, qu'il avait nommé commandant de la citadelle. Les partis arborèrent ouvertement des drapeaux étrangers en attendant le moment d'en venir aux mains ; et cependant l'invasion, suspendue un moment par l'inutile sacrifice de Missolonghi, allait fondre de nouveau sur la Grèce avec un redoublement d'horreurs.

Ibrahim et Kioutagi, après leur sanglante victoire, s'étaient séparés pour la compléter chacun de son côté. Ibrahim revint à Patras ; Kioutagi se dirigea vers l'Anatolie. La flotte turque se rendit à Navarin, la flotte égyptienne à Alexandrie.

Ibrahim partit de Patras, brûla sur son chemin Calavryta, tua ou prit près de Clonichoria quinze cents Grecs, et rentra à Tripolitza. Il en repartit le 29 mai, fit une reconnaissance du côté de Mistra, brûla Andritsena, et vint camper sous les murs de Modon, où il n'entra pas parce que cette ville était ravagée par des maladies épidémiques. Les Grecs ne résistèrent nulle part : ils faisaient dans les montagnes une guerre d'escarmouches qui avançait peu leurs affaires. Colocotroni réunit quelques chefs et quelques soldats, mais en trop petit nombre pour qu'il songeât à tenir la campagne.

Ibrahim séjourna un mois sous Modon dans une inaction apparente. Le Péloponèse tout entier était à lui, sauf Nauplie et le Magne.

Parmi la garnison grecque qui avait capitulé à Navarin se trouvaient deux chefs maniotes redoutés, Mauromichalis et Giatrako. Ibrahim les avait échangés contre deux pachas prisonniers. Mais Mauromichalis, voulant épargner à son pays les misères de l'invasion, promit à Ibrahim d'amener ses compatriotes à se soumettre ; ils ne se soumirent pas, mais ils ne sortirent pas de leurs rochers, et c'était tout ce que demandait

Ibrahim. Leur neutralité fut traitée de lâcheté par les Grecs : il fallait accuser leur égoïsme et leur ignorance de leurs véritables intérêts. En effet, quand Ibrahim put disposer de toutes ses forces, quand il eut concentré autour de Modon un nombre suffisant de soldats, il reprocha à Mauromichalis de n'avoir pas respecté leur traité, et le somma de venir faire sa soumission dans les dix jours. La réponse fut digne des anciens Spartiates : « De la part du petit nombre de Ma- « niotes et de Grecs qui sont dans le « Magne, à Ibrahim d'Égypte. Nous « avons reçu ta lettre, dans laquelle « nous avons vu que tu nous menaces, « si nous ne nous soumettons pas à toi, « d'exterminer les Maniotes; nous t'at- « tendons, toi et autant de soldats que « tu voudras en amener. Les Maniotes « t'écrivent cela, et ils t'attendent. »

Aussitôt deux bricks de guerre et plusieurs vaisseaux de transport se rendent dans le golfe de Laconie ; tandis que leur présence inquiète l'ennemi et tient occupée une partie de ses forces, Ibrahim s'engage (3 juillet) avec sept mille Arabes dans les défilés qui mènent à Verga ; mille Maniotes s'y étaient retranchés ; ils soutinrent un combat de dix heures, trois assauts, tuèrent mille hommes à l'ennemi, et le forcèrent à la retraite. Ibrahim fut également repoussé dans une seconde attaque sur un autre point, puis de nouveau près de Verga, et revint à Tripolitza.

Dans ces premiers engagements, les Maniotes avaient justifié leur réputation de bravoure ; les femmes elles-mêmes avaient combattu à côté de leurs maris et de leurs pères. Ibrahim put se convaincre que ces montagnes recélaient les plus dangereux de ses adversaires, qu'il lui faudrait emporter chaque cime de rocher, forcer chaque position l'une après l'autre, que chaque buisson cachait un fusil. Il changea de plan, et résolut d'entamer le Magne par le nord.

Il passe par Castri, Saint-Pierre, Saint-Jean, Calyvia, Prastos, brûle ces petites villes, et s'enfonce dans les gorges du Taygète. Un corps de Grecs et de Missolonghiotes, venu de Nauplie sous les ordres de Nicétas, le harcelait sans cesse. Cependant il pénétra dans le cœur des montagnes, arriva à Maniacova,

qu'avaient évacuée ses défenseurs. Plus loin il fut arrêté par Mauromichalis, retranché dans une position qu'il n'osa attaquer et qu'il tourna. Mais à Polyaravos il fut battu et perdit deux cents hommes. Les Arabes arrivèrent toujours fuyant à Maleuri, puis à Élos, puis à Mistra, et enfin à Tripolitza (fin de septembre), poursuivis par les chants de victoire des Maniotes.

C'était le premier revers qu'éprouvait Ibrahim. Il se rejeta sur la plaine, et ravagea les environs du Taygète et l'Argolide. Il mit son butin en sûreté à Tripolitza et se rendit à Modon.

Pendant qu'Ibrahim frémissait de voir sa fortune se briser contre une poignée de montagnards, dans le Nord son émule faisait tout plier devant lui. La prise de Missolonghi avait entraîné la soumission de toute la Grèce occidentale. Kioutagi ne resta pas longtemps au milieu de ces ruines ; il y laissa garnison et prit son chemin par la Phocide et la Béotie, qu'il ravagea ; il arriva à Thèbes (10 juillet 1826) avec dix mille hommes, 20 canons et 8 obusiers, entra en Attique, fit sa jonction avec Omer-Vrione, qui lui amenait mille hommes de Caryste, et tous deux investirent Athènes.

La ville proprement dite était trop mal fortifiée pour pouvoir soutenir un siège. Après quelques escarmouches les Turcs purent s'y établir ; mais ils n'y trouvèrent personne. La population s'était réfugiée en partie à Salamine, en partie dans la citadelle ou acropole, avec la garnison et son commandant, le brave Gouras.

Jamais la cause de l'insurrection n'avait couru un si grand péril : si Athènes succombait, les ennemis ne devaient plus trouver devant eux de résistance sérieuse : Corinthe serait facilement affamée ; les Maniotes, peu nombreux et isolés dans un coin du Péloponèse, eussent tout au plus offert un asile aux vaincus ; la soumission des îles aurait promptement suivi celle de la terre ferme. Le sort de la Grèce, à moins d'événements imprévus ou d'une intervention étrangère, était donc attaché à la citadelle, petite, mais forte, que Kioutagi canonnait.

C'est ce que sentit le gouvernement

et pour le moment du moins la discorde ne donna pas d'auxiliaires aux Turcs dans le camp de leurs ennemis Gouras étant enfermé dans l'acropole, il fallait nommer un commandant des forces destinées à opérer en Attique ; tous les yeux se tournaient sur Caraïscakis, un des défenseurs de Missolonghi ; mais Caraïscakis était l'ennemi personnel de Zaïmi, le président de la commission gouvernementale ; ce fut Zaïmi qui proposa lui-même Caraïscakis au choix de ses collègues et qui lui annonça leur décision. Les deux ennemis s'embrassèrent, et cette réconciliation fut sincère comme le patriotisme qui l'inspirait.

Caraïscakis partit aussitôt de Nauplie avec six cents hommes (1er juillet); Fabvier devait le rejoindre avec une partie de ses réguliers, sur lesquels on fondait de grandes espérances. Ce n'était pas le désir banal des aventures, c'était le noble amour de la liberté, la sympathie pour les opprimés, qui avait appelé et qui retenait Fabvier en Grèce ; et il ne fallait rien moins que sa foi en une cause sainte pour le soutenir au milieu des dégoûts de tous genres dont il était abreuvé. Les populations lui imputaient les désordres de ses soldats, qu'il pouvait d'autant moins réprimer qu'on ne les payait que de loin en loin ; le gouvernement lui-même l'avait rendu responsable de son insuccès en Eubée et presque mis en accusation ; Fabvier indigné avait offert sa démission, qui fut refusée, et s'était remis avec une nouvelle ardeur à une tâche ingrate. Certes ni le courage ni l'intelligence ne faisaient défaut aux Grecs ; Fabvier leur avait appris sans trop de peine les éléments de la discipline européenne ; mais il n'avait pu leur donner ce qui ne s'apprend qu'à la longue, l'aplomb sous les drapeaux, la solidité, la confiance, et surtout l'ensemble dans les mouvements et, l'entente de la discipline. Le premier coup de feu les ébranlait, et souvent au milieu du combat ils se débandaient pour revenir soudainement à leurs habitudes de tirailleurs. Mais rien ne décourageait Fabvier ; cette fois encore il se rendit aux ordres du gouvernement, et, quoiqu'il n'augurât rien de bon pour ses réguliers du contact de l'armée, il alla débarquer à Eleusis, où Caraïscakis l'attendait.

Fabvier voulait marcher sans retard contre les Turcs, Caraïscakis s'y opposa ; pendant ce temps Kioutagi reçut des renforts et s'avança lui-même à la tête de cinq mille hommes sur la route d'Éleusis. Les Grecs vinrent à sa rencontre et lui livrèrent bataille à Chaïdari. Fabvier tint bon ; mais tout l'effort et toutes les pertes tombèrent sur le corps des Philhellènes ; quant aux irréguliers, ils se dispersèrent, et il ne resta plus à Éleusis qu'un noyau pour une nouvelle armée. Kioutagi alla reprendre les travaux du siége. Il avait occupé le Muséum, d'où il canonnait sans grand effet la citadelle. Après le combat de Chaïdari il creusa un fossé qui ferma aux assiégés toute issue ; mais il ne put empêcher Criézotis de leur amener trois cents hommes pendant la nuit. Ce renfort porta à environ quinze cents hommes le nombre des défenseurs de l'acropole ; ils avaient avec eux cinq cents femmes ou enfants; le reste avait pu se retirer avant l'investissement. Ils avaient 14 canons, 3 obusiers, des vivres pour un an ; mais ils manquaient de munitions. Ils recevaient par des conduits l'eau d'une source voisine.

Des troubles avaient de nouveau éclaté dans le Péloponèse, où Colocotroni refusait de reconnaître l'autorité du gouvernement ; en un moment la Corinthie fut en feu ; la commission de surveillance s'interposa et étouffa la guerre civile à sa naissance ; mais ces divisions achevèrent de désorganiser l'armée de Caraïscakis. Fabvier ne voulait plus opérer de concert avec lui depuis que la présence d'un corps de ses irréguliers avait fait manquer un coup de main sur Thèbes. Il était inactif à Méthènes quand il apprit que les assiégés de l'acropole avaient presque épuisé leur provision de poudre. Aussitôt il conçoit le projet hardi de leur en porter. Il s'embarque à Méthènes avec cinq cent trente soldats, dont quarante Philhellènes, chacun d'eux ayant un sac de poudre. Ils descendent à quelque distance de l'acropole (13 décembre). La nuit venue, chacun prend son sac, les chefs et Fabvier lui-même comme les autres. Le moindre accident pouvait faire sauter en l'air toute la colonne. Ils s'avancent en bon ordre, en silence, et arrivent sous le Muséum, près du fossé. Là la clarté de la lune les trahit ; les Turcs font feu. Fabvier fait battre la charge, crie : En avant ! donne l'exemple, et, au milieu de la fusillade, des cris et du tumulte, ils franchissent tous avec leur charge un fossé qui avait 3 mètres de profondeur et 5 de largeur. Les assiégés, avertis par le bruit, ouvrent leurs portes, tombent sur les Turcs, et le convoi entre triomphalement dans l'acropole, chaque homme portant son sac. Fabvier était blessé ; son second, le brave Robert, mourut quelques heures après ; d'ailleurs il ne périt qu'une dizaine d'hommes. Ce brillant fait d'armes releva le courage des assiégés et fit beaucoup d'honneur aux réguliers et à leur chef.

Fabvier voulait se retirer : ce n'étaient pas les défenseurs, disait-il avec raison, qui manquaient à la citadelle, mais les vivres ; or un surcroît de plus de cinq cents bouches rapprocherait beaucoup trop le moment prévu où il faudrait capituler avec la faim. Il ne fut pas écouté : la garnison menaça de quitter la place s'il s'en allait ; d'ailleurs les Turcs faisaient bonne garde ; Fabvier resta.

De toutes les tentatives qui eurent pour but d'arriver jusqu'aux assiégés, celle de Criézotis et celle de Fabvier furent les seules qui réussirent ; mais, quoiqu'ils fussent dans un grand dénûment, la place pouvait tenir, et les assiégeants perdaient du monde. Seulement les Turcs recevaient incessamment du renfort. Le gouvernement crut qu'on pourrait isoler Kioutagi de la Grèce du Nord ; il chargea Coletti d'occuper les Thermopyles, et Caraïscakis de refouler les Turcs le plus loin possible.

Coletti alla prendre quinze cents Thessalo-Macédoniens qui étaient dans les îles et y entretenaient une certaine agitation ; il débarqua près de Talantio (17 novembre). L'insubordination des soldats, les mésintelligences mirent le trouble dans son camp ; ils furent surpris et l'armée se dispersa.

Caraïscakis fut mieux secondé et plus heureux. Son armée s'était reformée. Il laissa un corps d'observation à Éleusis, et partit avec trois mille hommes ; cette troupe se grossissait chemin faisant (17 novembre). Il osa s'engager dans les défilés du Parnasse, que les Turcs gardaient. Il les surprend près d'Arachova, les attaque, les harcèle dans une suite de petits combats très acharnés. Les Turcs en déroute demandent du secours à Kioutagi, qui leur envoie Omer-Vrione. Mais il était trop tard pour les sauver ; Caraïscakis avait achevé sa victoire, et les Grecs avaient pu élever un trophée qui la déshonorait ; c'était une pyramide formée de trois cents têtes coupées sur le champ de bataille avec une inscription commémorative (5 décembre). La victoire d'Arachova fut le signal d'un soulèvement général dans toute la montagne. En vain Omer-Vrione pressait-il trois cents Souliotes dans Distomo : les Souliotes le battirent ; Caraïscakis traversa son camp et s'enferma dans la place. De tous les points les volontaires arrivaient ; enfin Omer-Vrione leva le siége de Distomo, et sa retraite ressembla à une fuite. Dans toute la Grèce du Nord, les Turcs, frappés de terreur, évacuaient les petites villes pour se retirer dans les places fortes ; partout reparaissaient les couleurs grecques ; vers le commencement de février (1827), elles flottaient depuis le golfe d'Ambracie jusqu'aux frontières de l'Attique, sauf dans les villes maritimes de Vonitza, de Missolonghi et de Naupacte.

Omer-Vrione n'avait si vite regagné la plaine que dans la crainte d'être coupé. Le corps d'Éleusis s'était recruté de trois mille soldats amenés par Bourmachi, Vaso, Notaras, Callergi, Inglesi. Ces chefs tentèrent de surprendre la garnison de Cremidi, qui gardait la route du Nord. Le coup manqua, et Kioutagi vint leur présenter la bataille, qu'ils eurent l'imprudence d'accepter. Ils subirent une déroute complète et une perte de trois cents des leurs (8 février). Kioutagi les poursuivit jusqu'à Éleusis ; puis il revint contre les Grecs qui avaient occupé le poste de Castella, et fut à son tour repoussé. Il laissa pour les observer un poste dans le monastère de Saint-Spyridon, et revint presser le siége de l'acropole.

Caraïscakis, de son côté, rassemblait

à Éleusis les débris de l'armée grecque (mars).

CHAPITRE XIII.

Années 1826 et 1827.

OPÉRATIONS MARITIMES. — DISCORDES INTÉRIEURES. — ASSEMBLÉE DE TRÉZÈNE. — ÉLECTION DE CAPO D'ISTRIA COMME GOUVERNEUR. — PRISE D'ATHÈNES PAR LES TURCS.

Les opérations maritimes languissaient. Après la prise de Missolonghi on avait craint pour Hydra et pour Spezza ; toute la flotte grecque prit la mer sous les ordres de Sachtouri, de Calandroutsos et de Miaoulis. C'était Samos qui était menacée. A trois reprises différentes on se canonna de part et d'autre avec une égale vigueur (juillet et août) ; les Turcs, bien commandés par Tachir-pacha, montrèrent une fermeté qui ne leur était pas ordinaire. Cependant ils ne purent pour cette fois accomplir leurs projets.

Mais sans cesse surgissaient de nouvelles complications. C'était d'abord la piraterie, qui attira plus d'une fois des embarras au gouvernement et fournit un texte en Europe aux déclamations des ennemis de la Grèce ; c'était ensuite l'hostilité déclarée de l'Autriche : cette puissance favorisait ouvertement les Turcs, leur laissait arborer son pavillon pour échapper aux poursuites, autorisait de la part de ses nationaux les violations les plus flagrantes de la neutralité. Un de ses capitaines, Paulucci, n'eut pas honte de canonner Naxos sous prétexte que les habitants avaient manqué de respect au consul autrichien. L'Europe s'indigna de ce lâche abus de la force.

Mais les plus grands dangers venaient toujours des Grecs eux-mêmes et de leurs interminables querelles. La noblesse d'Hydra, si dévouée à la cause commune, si amie du peuple, trahit l'une et l'autre pour se livrer à ses divisions : c'était au sujet de Conturiotis. Le peuple murmura ; on quittait déjà l'île pour trouver ailleurs plus de sécurité. Malgré l'intervention du capitaine anglais Hamilton et de Mauroeordato, le sang coula.

A Nauplie, Grivas et Photomaras se disputaient le commandement de la citadelle. Le gouvernement quitta ce foyer toujours ardent de discordes, cette capitale où toute autorité légale était méconnue, et alla s'établir à Égine, loin des bruits de la guerre civile et de la pression de la foule (23 novembre). De là d'ailleurs il lui était plus facile de venir en aide aux défenseurs de l'acropole. Mais son action fut paralysée par les mêmes causes qui l'avaient forcé à fuir Nauplie ; tout ce qu'il put faire fut d'envoyer une croisière dans l'Euripe, pour essayer de couper les vivres à Kioutagi, qui recevait en grande partie ses approvisionnements de l'Eubée. Dans cette campagne figurèrent pour la première fois deux beaux vaisseaux construits dans les ports d'Angleterre, *l'Hellade*, frégate de soixante-quatre canons, sur laquelle Miaoulis avait arboré son pavillon, et *la Constance*, bateau à vapeur commandé par l'Anglais Hastings.

La commission de surveillance avait convoqué les représentants de la nation pour le commencement d'octobre, et, pour soustraire l'assemblée, autant que possible, à l'influence des partis, elle avait indiqué pour lieu de réunion l'île de Poros ; septembre, octobre s'écoulèrent, et personne ne se présenta. La commission désigna Egine, et les représentants commencèrent à venir, mais seulement ceux qui voulaient soutenir le gouvernement ; les autres se réunirent à Hermione, sous l'influence de Colocotroni. On parlementa sans résultat ; la Grèce du Nord se déclara pour l'assemblée d'Égine, le Péloponèse pour celle d'Hermione. Une scission allait encore éclater ; heureusement des voix respectées se firent entendre : ce"e de l'Ionien Tsorti, qui avait quitté le service du roi de Naples, dont il avait toute la confiance, pour retrouver de vieux compagnons d'armes ; celle du sage Hamilton ; celle de l'ambassadeur d'Angleterre lui-même, qui écrivait de Constantinople que la Grèce était perdue si elle ne renonçait à ses divisions ; mais surtout celle de Cochrane, qui venait, déjà fameux par la part qu'il avait prise à la révolution du Pérou,

prêter à la Grèce l'appui de son nom et de son expérience. L'assemblée d'Hermione fit une démarche pour l'attirer à son parti; voici la réponse qu'elle reçut :
« J'ai été affligé en voyant les hommes
« les plus courageux et les plus illus-
« tres de la Grèce perdre leur temps à
« de mesquines discussions pour savoir
« où ils se rassembleraient, tandis que
« l'ennemi ravage impunément votre
« patrie, occupe les trois quarts de
« vos places, assiége la principale ville
« de la Grèce, tandis que le brave Fab-
« vier, avec quelques héros dévoués
« à la cause de l'indépendance, a volé
« au secours de ses défenseurs, qui
« courent en ce moment les plus grands
« dangers. Si l'ombre de Démosthène
« ranimait la cendre de ce grand
« homme, qui repose dans cette île,
« vous entendriez de sa bouche sa pre-
« mière Philippique, et vous appren-
« driez d'un de vos compatriotes, qui
« connaissait l'histoire et avait une pro-
« fonde connaissance du cœur hu-
« main, comment il faut vous conduire.
« Au reste, je vous conseille de lire le
« discours tout entier en pleine réu-
« nion.... » Et il transcrivait une page de Démosthène, dans laquelle l'orateur semble en effet gourmander les descendants de ses Athéniens; après deux mille ans ses paroles n'avaient rien perdu de leur justesse, ni ses conseils de leur opportunité.

Cochrane apportait aussi de l'argent; il déclara qu'il ne le livrerait pas, et que de plus il refuserait son concours personnel aux Grecs tant qu'ils ne se seraient pas mis d'accord, tant qu'ils n'auraient pas renoncé à leurs discussions stériles pour s'occuper des moyens de secourir Athènes. Ces sages conseils et la raison prévalurent. On se fit des concessions réciproques; on se réunit à Trézène en une seule assemblée (31 mars).

L'expérience avait montré les inconvénients du gouvernement à plusieurs têtes; on sentait la nécessité de concentrer, au moins pour un temps, les pouvoirs en une seule main; mais de longues rivalités avaient déjà creusé entre les partis un si profond abîme qu'il n'y avait pas en Grèce un seul nom, quelque illustre qu'il fût, capable de réunir tous les suffrages. A l'unanimité l'assemblée déclara qu'il fallait choisir à l'étranger, quoique parmi les Grecs de naissance, l'homme à qui la patrie remettrait le soin de son salut. Son choix tomba sur l'Ionien Capod'Istria, qui avait figuré avec distinction dans la diplomatie russe; on savait qu'il n'avait pas oublié son pays, et l'on espérait que ce choix concilierait à la Grèce de hautes et puissantes sympathies; l'assemblée lui confia donc le gouvernement pour sept ans. En attendant son arrivée, elle en chargea une commission de trois membres. Quant au commandement militaire, il avait toujours été partagé : Colocotroni dans le Péloponèse, Caraïscakis dans le Nord avaient la confiance des troupes; mais ni l'un ni l'autre n'eût été en état d'effacer son collègue; ils abdiquèrent tous deux leurs prétentions en faveur de Tsorti. Sur mer, l'éclat des services, l'énergie du caractère, la sincérité des convictions, le désintéressement, un patriotisme éprouvé désignaient Miaoulis au choix de l'assemblée, et il eût été placé sans difficulté à la tête des flottes s'il ne se fût lui-même retiré devant Cochrane, et peut-être sa modestie porta-t-elle préjudice à la cause commune.

L'assemblée rendit encore quelques décrets, dont deux seulement ont une portée politique : l'un réhabilitait Hypsilantis; l'autre déclarait que la Grèce se composait de toutes les éparchies qui avaient pris les armes. Le but de cette déclaration était de rassurer les Grecs du Nord, qui craignaient toujours d'être sacrifiés au Péloponèse; mais la division n'en subsista pas moins profonde entre les deux partis. L'assemblée se sépara le 17 mai 1827; elle finit comme elle avait commencé, dans la plus grande confusion.

Quand les nouveaux élus eurent prêté serment, on songea sérieusement à délivrer Athènes. L'armée de terre, sous les ordres de Caraïscakis, et la flotte, sous ceux de Cochrane, devaient agir de concert. Dès les premiers jours des dissentiments graves éclatèrent entre les chefs. Cochrane, qui avait si éloquemment recommandé la concorde, ne cessa de la troubler par ses hauteurs, par son caractère impérieux, son ton absolu; il imposait son assistance de manière à la rendre insupportable. Nouveau venu, il exigeait que les droits les plus anciens cédassent devant lui; étranger, il daignait à peine écouter les hommes les mieux renseignés sur un pays qu'il ne connaissait pas. Son avis devait prévaloir en toute circonstance. Refusait-on de le suivre : il menaçait de partir et d'abandonner les Grecs à leur malheureux sort. Il leur en coûta cher pour l'avoir retenu.

Caraïscakis avait débarqué à Éleusis. Il repoussa d'abord Kioutagi, qui voulait le jeter à la mer; puis il entreprit d'enlever successivement tous les postes qui resserraient les assiégés de l'acropole. Des renforts arrivés du Péloponèse, d'Hydra, de Naxos, de Salamine et d'autres lieux encore, faisaient monter son armée à dix mille hommes (fin d'avril 1827). Après plusieurs engagements fort vifs, il parvint à se mettre en rapport avec la flotte grecque, qui était en vue de Phalère (25 avril); puis il occupa le Pirée.

L'éclat de ces succès fut terni par un de ces manques de foi qui heureusement commençaient à devenir rares parmi les Grecs. Ils avaient accordé une capitulation aux Turcs du monastère de Saint-Spyridon; ceux-ci sortaient lorsqu'ils sont entourés par une foule menaçante; l'un d'eux est attaqué, il se défend; ce fut le signal d'une rixe générale, non pas d'une rixe, mais d'une boucherie. Plus de deux cents Turcs furent égorgés avant que les chefs fussent parvenus à arrêter le carnage. Les Francs qui étaient dans l'armée témoignèrent hautement leur indignation, leur dégoût : Gordon s'en alla; Cochrane protesta énergiquement; Tsorti, Caraïscakis étaient désespérés. Quant à Kioutagi, il appela la vengeance de Dieu sur la tête des parjures. Cet événement et le tumulte qui s'ensuivit faillirent amener la dispersion de l'armée; enfin l'ordre se rétablit, et l'on se tourna du côté de la citadelle, dont les approches étaient dégagées.

L'impatient Cochrane voulait attaquer sans délai les Turcs dans leurs positions; en vain Caraïscakis représenta l'imprudence d'une tentative dans laquelle l'insuccès entraînait la perte de toute l'armée et la chute de la citadelle. Il avait pour lui tous les chefs; mais Cochrane insistait avec colère; il déclara qu'il voulait qu'on donnât l'assaut; et, comme on lui rappelait que ses pouvoirs ne s'étendaient pas jusqu'à l'armée de terre : « Là où je suis, » dit-il, « tout pouvoir cesse. » Caraïscakis céda, et l'assaut fut décidé (4 mai).

Caraïscakis était à Phalère; un soir, il est réveillé par une fusillade; il se lève, court au bruit, et trouve quelques Grecs aux prises avec un corps de Turcs qu'ils avaient attaqués sans ordre. Tandis qu'il dirige leur retraite, il se sent frappé gravement; néanmoins il reste à cheval et rentre dans sa tente; quelques heures après il était mort. Ce funeste accident jeta la consternation dans l'armée; aucun chef ne se sentait capable de remplacer Caraïscakis. Il n'avait pas encore rendu le dernier soupir que Cochrane les réunissait pour leur reprocher leur lâcheté et réchauffer leur ardeur; comme dernier argument il les menaça de partir. L'assaut fut de nouveau résolu, et cette fois irrévocablement.

Trois mille hommes partirent du Pirée : c'était l'élite de la Grèce, le corps des réguliers, celui des Philhellènes. Ils devaient être soutenus par le gros de l'armée, que commandait Tsavellas, et par le feu de la flotte. Ils suivirent d'abord le littoral, puis commencèrent à gravir les rochers nus que domine l'acropole. Ils arrivèrent en désordre, haletants, au pied des premiers retranchements des Turcs. Kioutagi, qui avait massé son armée sous le Muséum, ne pouvait croire qu'une si faible troupe eût la témérité de l'attaquer dans son camp; il s'attendait à une sortie des assiégés et à un mouvement du corps de réserve. Quand il vit qu'il n'avait réellement devant lui que ces trois mille hommes, et que déjà ils se mettaient à franchir le fossé, il donna le signal. Les Turcs fusillèrent les assaillants à bout portant et fondirent sur eux. Leur choc suffit pour rompre la colonne; elle se débanda, et il ne resta que les réguliers et les Philhellènes, qui se firent presque tous tuer sur place. Les Turcs, grâce à l'avantage du nombre et de la position, frappaient à coup sûr. Les fuyards, loin de trouver du secours dans l'armée de Tsavellas, l'entraînèrent avec eux, et tous ensemble arrivèrent épuisés, pêle-mêle avec les Turcs qui les poursuivaient l'épée dans les reins, sur le bord de la mer. Ils tendaient leurs mains aux barques que le feu de l'ennemi tenait à distance. Beaucoup se noyèrent en voulant les atteindre ; beaucoup furent massacrés. Mille hommes périrent dans cette malheureuse affaire, et parmi eux Draco, Tsavellas, Inglesi ; encore les Turcs ne poussèrent-ils pas leurs avantages. Ils recueillirent du moins beaucoup de canons, de drapeaux, et deux cents prisonniers auxquels Kioutagi fit trancher la tête par représailles du massacre des défenseurs de Saint-Spyridon. Il pouvait croire qu'en effet la vengeance divine s'était appesantie sur les parjures. Le général Church prit le commandement de l'armée.

Quant à Cochrane, le premier auteur de cet immense désastre, il était parti pour ne pas entendre les cris accusateurs qui s'élevaient de toutes parts contre lui. Il pria les capitaines des vaisseaux neutres qui se trouvaient alors dans les eaux de Salamine d'intercéder auprès de Kioutagi pour qu'il accordât aux assiégés des conditions honorables. Les négociations échouèrent d'abord, parce que les assiégés n'avaient pas perdu tout espoir de secours et qu'ils n'osaient se fier aux promesses de Kioutagi ; mais, lorsqu'ils virent les Turcs rentrer dans toutes leurs anciennes positions, les Grecs évacuer celles qu'ils occupaient encore, la perspective d'une prochaine délivrance ne les soutenant plus, ils acceptèrent les propositions qui leur étaient faites au nom de Kioutagi, sous la garantie des capitaines étrangers. Ils sortirent au nombre d'environ deux mille, y compris les femmes et les enfants, ayant au milieu d'eux sept Turcs de distinction qu'on leur avait livrés comme otages, et l'état-major de l'amiral français de Rigny et de l'amiral autrichien Kœrner : précautions inutiles, car Kioutagi veilla lui-même à ce que la capitulation fût observée à la rigueur. Les assiégés furent transportés immédiatement par les vaisseaux étrangers à Salamine (5 juin 1827).

Ces malheureux, qui depuis dix mois vivaient entassés dans un espace étroit, exposés, sans abri, non-seulement aux intempéries des saisons, mais aux éclats des obus et des bombes, et qui avaient passé tout un hiver ainsi, spectres en haillons, dont les visages amaigris attestaient les privations qu'ils avaient endurées, se virent accusés de lâcheté quand on sut qu'au moment de la capitulation ils avaient encore de l'orge, quoique de mauvaise qualité, en quantité suffisante pour subsister trois ou quatre mois, et que l'eau ne leur avait jamais manqué. Ce fut un cri général contre les signataires de la capitulation. Les chefs se renvoyaient les uns aux autres la responsabilité de cet acte ; Fabvier, qu'on avait retenu malgré lui, l'acceptait, mais pour la partager avec la garnison tout entière. Sans doute ils n'avaient pas senti les aiguillons de la faim ni les tortures de la soif ; mais ne mettra-t-on pas en ligne de compte la lassitude, l'insomnie, qui triomphe des tempéraments les mieux trempés, les angoisses qui épuisent l'âme comme la fièvre abat le corps, le dénûment prolongé, le brusque passage d'un espoir longtemps entretenu au découragement ? Ce furent là les causes qui leur firent tomber les armes des mains ; et, après tout, si l'on pouvait leur opposer l'exemple de Missolonghi, les reproches étaient au moins mal placés dans la bouche de ceux qui avaient mieux aimé perdre leur temps en stériles disputes que de venir délivrer leurs compatriotes d'une situation si précaire.

Toute la Grèce du nord se soumit de nouveau ; Kioutagï laissa une garnison dans l'acropole, envoya Omer-Vrione dans le Levant, et retourna à Janina, avec la réputation méritée du plus habile général de la Porte.

CHAPITRE XIV.

Année 1827.

ÉVÉNEMENTS DIVERS. — BATAILLE DE NAVARIN.

C'était bien vainement que l'assemblée de Trézène avait proclamé l'unité de la Grèce tant que les partis s'efforceraient de la détruire. Les Grecs du nord et ceux du Péloponèse se considéraient à peine comme concitoyens, et des deux parts on entretenait soigneusement des rivalités que rien ne justifiait, mais dont l'origine remontait au temps de l'antiquité. Les derniers désastres avaient fait refluer beaucoup de Grecs du nord vers le Péloponèse ; ils y formaient la garnison de plusieurs villes importantes, telles que Corinthe et Monembasie; ils étaient en grand nombre à Nauplie, dans l'Argolide. Colocotroni voulait les expulser. Sous prétexte d'organiser une expédition contre Ibrahim, il réunit deux mille hommes et essaya de surprendre la forteresse du Palamidi, où commandait Grivas. Il est repoussé et s'éloigne. Mais la guerre recommence à Nauplie, après son départ, entre ce même Grivas et Stratos, commandant d'une autre forteresse. Pendant neuf jours les habitants entendirent le bruit de la fusillade, le sifflement des boulets, virent les soldats des deux rivaux se battre, se faire mutuellement des prisonniers dans les rues. Tsorti, qui portait le vain titre de commandant de toutes les forces de terre, passa trois semaines en pourparlers avec ses deux lieutenants, et se trouva heureux de partager la ville entre eux, à condition qu'ils ne la troubleraient plus par leurs violences. Naturellement un engagement de ce genre ne pouvait être tenu et ne le fut pas.

En Argolide, le bruit courut que les Péloponésiens avaient formé un complot pour exterminer les Grecs de terre-ferme ; ceux-ci prirent les armes, commirent quelques excès dans Argos, et l'auraient pillée si on ne leur eût fait entendre raison.

Le Péloponèse était incessamment sillonné par les bandes d'Ibrahim, véritables colonnes infernales qui marquaient leur passage par le pillage, l'incendie, les ruines et les plus horribles excès. Il avait beaucoup de confiance en l'avenir, le laboureur assez hardi pour ensemencer son champ! Aussi presque toutes les terres étaient-elles en friche. Ibrahim n'éprouvait plus nulle part de résistance ; car le corps de Colocotroni, qui voltigeait sur ses flancs sans oser jamais en venir à une action sérieuse, ne pouvait pas gêner ses mouvements. Approchait-il d'un village : les habitants s'enfuyaient au plus profond des bois, se cachaient dans les cavernes, au milieu des rochers, et de là contemplaient la fumée qui s'élevait de leurs toits. Quelquefois ils se croyaient assez forts pour occuper un passage ou une hauteur, et une population de femmes et d'enfants venait se mettre sous la protection de quelques hommes armés. Imprudente provocation, qui attirait le danger comme le fer attire la foudre ! Ils se voyaient bientôt entourés ; puis venait la famine, et il fallait périr en désespérés ou se rendre. Dans le second cas les hommes étaient souvent massacrés, les femmes toujours réservées aux humiliations de l'esclavage.

En général, la constance des Péloponésiens égala la grandeur de leurs maux ; ils souffrirent toutes les misères plutôt que de se soumettre. Cependant il se trouva quelques hommes dont la foi chancela, et qui, non contents d'abandonner la cause de leur pays, se rangèrent du côté de ses oppresseurs. On cite un certain chef, nommé Nénéco, qui passa au service d'Ibrahim et lui donna souvent d'utiles avis contre ses compatriotes. Mais cet exemple est presque unique, tandis qu'on citerait des traits innombrables inspirés par le plus pur patriotisme.

La marine elle-même semblait avoir renoncé à la lutte ; au lieu de ces hardis coups de main par lesquels Miaoulis, Canaris ou Conturiotis épouvantaient les Turcs au milieu de leurs prospérités, on n'entendait plus parler que des exploits des écumeurs de mer : corsaires d'après les Grecs, pirates aux yeux des étrangers ; la différence entre le brigandage et la guerre permise n'était pas toujours suffisamment respectée, et cette confusion amena de dangereuses contestations. Une capture, qui pourtant avait été déclarée légitime par le tribunal des prises de Nauplie, fut suivie de réclamations impérieuses de la part d'un capitaine autrichien, et les réclamations, du bombardement de Spezza ; la flotte entière, qui était dans le port, souffrit beaucoup.

Cochrane brûlait de rétablir sa réputation ; monté sur *l'Hellade*, dont il avait dépossédé Miaoulis, il parcourait les mers qui baignent la Grèce ; mais ses exploits se bornèrent à l'incendie d'un vaisseau égyptien dans le port d'Alexandrie, à la prise d'une corvette et d'une goëlette turques, et à quelques coups de canon échangés avec la flotte turque en vue de Missolonghi. Il ne put empêcher une autre flotte, composée de 28 vaisseaux turcs, d'entrer à Navarin.

Ces succès partiels ne compensaient pas les victoires d'Ibrahim et de Kioutagi et avançaient peu les affaires des Grecs ; mais le moment approchait où leur courage allait recevoir sa récompense.

La cause de la nation grecque était définitivement gagnée aux yeux des puissances européennes ; l'Autriche elle-même conseillait à la Porte de céder de bonne grâce pour sauver au moins ses droits de suzeraineté ; mais la prise de Missolonghi, celle d'Athènes, les victoires d'Ibrahim avaient infatué la Porte au point qu'elle refusa tout arrangement avec hauteur insultante. Les puissances passèrent outre, et, le 6 juillet 1827, les représentants de la France, de l'Angleterre et de la Russie, signèrent la convention de Londres, qui maintenait encore la suzeraineté de la Porte, tout en reconnaissant de fait l'existence de la nation grecque. La Prusse et l'Autriche, invitées à prendre part aux négociations, s'étaient récusées, la Prusse comme n'étant pas intéressée directement dans la question, l'Autriche pour ne pas avoir à se prononcer contre la Turquie, qu'elle voyait avec regret courir à sa perte sans oser se déclarer pour elle. Ce qui achevait de donner à cet acte toute sa portée, c'était un article secret que la France y fit ajouter, et par lequel il était dit que, si la Porte persistait à rejeter un arrangement pacifique, les puissances prêteraient aux Grecs une assistance effective : clause inouïe, prodigieuse, si l'on considère par qui elle fut proposée et par qui acceptée ; démenti formel aux principes posés par la Sainte-Alliance et par les congrès de Laybach et de Vérone. Tant avaient pris d'empire, en si peu de temps, les idées libérales qui rayonnaient de la France sur toute l'Europe !

Deux escadres, l'une anglaise sous les ordres de l'amiral Codrington, l'autre française sous ceux de l'amiral de Rigny, naviguaient alors dans la mer Égée ; l'escadre russe était en chemin ; mais on ne l'attendit pas. Le 17 août, les deux commandants annoncèrent au gouvernement grec les intentions des leurs, et l'invitèrent à se transporter à Égine, où il pourrait délibérer avec plus de calme. Le gouvernement s'empressa d'accéder à ce désir, fit un appel à la concorde, et vint s'installer à Égine avec le sénat.

En même temps les ambassadeurs des trois puissances à Constantinople notifièrent à la Porte les résolutions prises à Londres et lui donnèrent quinze jours pour y accéder. La Porte, par une opiniâtreté qui eût eu sa grandeur si elle eût pris sa source ailleurs que dans un orgueil séculaire et un stupide aveuglement, brava l'Europe jusqu'au bout et persista dans son refus, sans en redouter, peut-être sans en voir les conséquences. La seule concession qu'elle fit, ce fut d'accorder une amnistie aux insurgés de la Grèce du nord ; mais on dressait des batteries sur le Bosphore.

Les choses en étaient là quand arrivèrent à Navarin (7 septembre) 92 navires turcs, égyptiens et tunisiens, chargés de troupes et de provisions pour Ibrahim. Il destinait cet immense armement à une expédition contre Hydra. Grand fut l'embarras des commandants alliés : leurs instructions leur prescrivaient de ne pas attaquer, mais de s'opposer, même par la force, au ravitaillement de l'armée turco-égyptienne. Ils eurent une entrevue avec Ibrahim, qui lui-même, étant sans nouvelles de son père, hésitait à prendre un parti. Il engagea seulement sa parole qu'il ne ferait aucun mouvement jusqu'à ce qu'il eût reçu des ordres de la Porte. Les Anglais allèrent jeter l'ancre à Zacynthe, les Français à Élaphonèse. Mais Ibrahim ne tint pas sa promesse ; deux fois la flotte ottomane sortit du port, se dirigeant du côté de Patras ; deux fois elle fut arrêtée par l'escadre anglaise, qui la ramena à coups de canon. Dans l'intervalle arriva l'escadre russe.

Les commandants alliés, irrités du manque de foi d'Ibrahim, se rapprochèrent du port pour surveiller ses mouvements. Les trois escadres réunies formaient une flotte de vingt-sept vaisseaux, dont douze anglais, huit russes et sept français, portant en tout douze cent soixante-seize canons ; Codrington avait pris le commandement en chef. La flotte ottomane était forte de soixante-seize vaisseaux de toute grandeur, portant dix-neuf cent quatre-vingt-quatorze canons ; elle avait donc l'avantage du nombre ; mais les alliés l'emportaient de beaucoup par l'habitude de la mer, par la tactique, et par l'ardeur jalouse qu'inspirait aux équipages des trois nations si singulièrement rapprochées une vieille rivalité de gloire. Les alliés virent dans l'intérieur du port, à droite et à gauche de l'entrée, la flotte ottomane rangée sur deux lignes qui se prolongeaient jusqu'à une petite île ; cette disposition forçait tout vaisseau qui entrait à recevoir le feu de la flotte ottomane, sans compter celui des deux batteries établies sur le rivage, et de la forteresse (20 octobre).

Les alliés s'avançaient sur une seule ligne, les Anglais en tête, puis les Français, en dernier lieu les Russes, tout prêts à forcer l'entrée du port si on la leur refusait. « Le sort en est jeté, » dit le capitan-bey ; « les Anglais « ne plaisantent pas ; » et il fit dire à Codrington de s'éloigner. L'Anglais répondit qu'il était venu pour donner des ordres, et non pour en recevoir, et que le manque de foi d'Ibrahim lui faisait une nécessité d'entrer dans le port. Et il franchit la passe, suivi de toute la flotte. A mesure qu'un vaisseau allié entrait, il allait prendre position auprès d'un vaisseau ottoman ; mais le vent, qui était contraire, rendit cette opération fort longue, et même plusieurs vaisseaux français et toute l'escadre russe restèrent dehors. Si les Ottomans avaient profité de ce retard pour attaquer, il eût été difficile au petit nombre de vaisseaux qui étaient dans le port de résister à des forces si supérieures. Mais des deux côtés on se tenait sur la défensive, et l'on attendait que le hasard engageât la bataille. Le premier coup de feu partit d'un vaisseau ottoman et tua un officier anglais dans une chaloupe. Aussitôt la bataille commença.

Elle fut terrible et longue. D'abord les vaisseaux alliés se trouvèrent dans une infériorité numérique qui aurait pu leur devenir funeste si la disposition des lieux eût permis à leurs adversaires de déployer toutes leurs forces ; mais les vaisseaux retardés par le vent contraire surgissaient au port les uns après les autres et venaient prendre part au combat ; il touchait à sa fin lorsque parut l'escadre russe. Les Ottomans avaient vaillamment résisté ; le port était jonché des débris de leurs vaisseaux ; plusieurs avaient été coulés ou brûlés, d'autres avaient sauté en l'air ; il en était bien peu qui n'eussent gravement souffert. La perte des Ottomans dépassa cinq cents hommes ; les alliés n'eurent que cent soixante-quinze tués et quatre cent cinquante et un blessés.

Les commandants alliés n'étaient pas sans inquiétude au sujet de leur victoire ; ils craignaient en livrant bataille d'avoir outrepassé les instructions de leurs gouvernements, et l'on vit des vainqueurs s'excuser presque auprès du vaincu de la liberté qu'ils avaient prise. Le lendemain de la bataille, ils écrivirent à Ibrahim pour lui dire que les trois puissances ne considéraient pas la Porte comme une ennemie, qu'ils s'étaient vus malgré eux obligés de se défendre, que d'ailleurs ils ne profiteraient pas de leur victoire, et que, s'il voulait ne pas pousser plus loin les hostilités, il eût à hisser le pavillon blanc. Ibrahim ne répondit pas et hissa le drapeau blanc. Les escadres quittèrent aussitôt les eaux de Navarin et la flotte ottomane alla se faire radouber à Alexandrie.

Les scrupules des commandants n'avaient rien d'exagéré. La nouvelle de la bataille de Navarin surprit les cabinets, dont elle engageait la responsabilité, et il s'en fallut de peu qu'ils ne la désavouassent. Les gouvernements français et russe applaudirent, il est vrai ; mais, en Angleterre, Canning était mort, et son esprit n'animait plus le ministère qui lui avait succédé. On prit le parti d'atténuer la portée de ce grave événement en le présentant comme le résultat d'un malentendu. C'est dans ce sens que s'en expliquèrent les ambassadeurs des trois puissances à Constantinople.

La Porte ne s'y méprit pas et le laissa voir par quelques mesures de rigueur qu'elle prit au sujet des bâtiments de commerce appartenant aux nations alliées. Ce n'était ni la paix ni la guerre ; les hauteurs du ministre des affaires étrangères, l'obstination de la Porte à refuser même alors un accommodement précipitèrent le dénoûment ; les ambassadeurs des trois puissances demandèrent leurs passe-ports et quittèrent Constantinople. Le sort en était bien véritablement jeté : l'Europe était à bout de patience, et elle allait parler !

CHAPITRE XV.

Années 1827 et 1828.

EXPÉDITIONS DANS LE NORD, A CHIO, EN CRÈTE.

Quand le gouvernement grec vit que les propositions des puissances assignaient pour limites au futur État les limites mêmes de l'insurrection, il songea à les reculer le plus loin possible. La Grèce continentale, la Crète et Chio attirèrent particulièrement son attention. Il savait que dans tous ces pays l'insurrection avait été plutôt dispersée que vaincue, et il pensait qu'un signal et quelques secours venus du dehors y rallumeraient bientôt la guerre. Dans ce but il fit partir Ducas pour la terreferme, Fabvier pour Chio, Miaoulis pour la Crète.

C'était avec les Thessalo-Magnésiens, réfugiés dans les îles du nord, que Ducas devait commencer son expédition. Il leur donna rendez-vous à Salamine et à Scopélo (fin de septembre). De là ces troupes indisciplinées passèrent sur le continent et allèrent guerroyer avec les Turcs de Volo et de Larisse. Quant à Ducas, il traversa l'isthme, s'embarqua sur l'escadre de Hastings, qui venait de détruire plusieurs vaisseaux turcs dans le port de Salone, et se fit débarquer à Dragamestre (18 novembre). Après la prise de Missolonghi, la Grèce occidentale s'était si promptement soumise que plusieurs chefs craignaient le reproche de lâcheté ou le soupçon de trahison ; Ducas s'empressa de les rassurer par une proclamation où il déclarait fidèles enfants de la Grèce tous ceux qui se joindraient à lui, quel que fût leur passé : sa troupe grossit rapidement. De son côté Hastings s'empara de l'îlot de Vasiladi, qui, comme nous l'avons dit, commande le port de Missolonghi (27 décembre). Il s'y établit solidement et fit de là une tentative pour reprendre Anatolicon ; mais il reçut une blessure dont il alla mourir à Zacynthe (1er juin 1828).

La seconde expédition avait la Crète pour destination. Miaoulis débarqua dans cette île (6 novembre) deux mille Grecs de terre-ferme, soudoyés par les Crétois eux-mêmes. Cette troupe se joignit à une autre troupe de force à peu près égale, commandée par Gianni Châli, et il se forma ainsi une petite armée qui eût pu entreprendre quelque opération importante ; elle se borna à ravager les environs de Castro et s'éparpilla sans utilité. Les Turcs reprirent courage, et les Grecs, après quelques succès dont l'indiscipline et l'habitude du pillage les empêchèrent de profiter, se trouvèrent heureux de se réfugier à Grabouse.

Cette ville était la place d'armes des Crétois ; malheureusement son port vaste et sûr abritait les bâtiments légers dont les brigandages infestaient les mers voisines. La présence des pirates attira sur la ville un sévère châtiment. Une escadre anglo-française jeta l'ancre en vue de Grabouse ; elle portait un détachement de troupes grecques régulières et Maurocordato, délégué du gouvernement ; les commandants alliés déclarèrent aux chefs crétois qu'ils ne venaient pas pour prêter appui à leurs ennemis, mais pour détruire la piraterie ; ils demandaient en conséquence qu'on leur remît tous les objets volés, qu'on leur livrât douze des pirates les plus connus, dont ils donnaient les noms, et que la citadelle reçût la garnison envoyée par le gouvernement grec. Les Crétois consentaient à tout ; mais ils se déclaraient dans l'impossibilité de livrer ses douze pirates, parce que, disaient-ils, ils n'étaient pas dans la ville. Le commandant anglais, Stain, considéra cette réponse comme un refus déguisé, et donna l'ordre d'ouvrir le feu contre douze grands vaisseaux qu'il voyait à l'ancre dans le port et contre la citadelle. Il est à remarquer que la division française assistait sans y prendre part à cette exécution. Des douze vaisseaux, sept furent brûlés ou coulés à fond, et les cinq autres pris. Puis les troupes alliées débarquèrent, et, moitié de gré, moitié par intimidation, s'emparèrent de la citadelle, qu'ils remirent entre les mains du délégué grec. On trouva quelques-uns des pirates désignés, et les escadres s'éloignèrent (fin de janvier 1828).

Ce fâcheux contre-temps retarda une expédition projetée. Les Crétois pouvaient difficilement remporter des succès durables sans le concours du district de Sphakia. Or les Sphakiotes, qui avaient déjà vu échouer le premier soulèvement de la Crète, hésitaient à sortir une seconde fois de l'isolement dans lequel ils voyaient leur sûreté. Pour les décider, Chatsi-Michali vint tout près de leur territoire (fin de mai), au risque d'être écrasé par les forces supérieures des Turcs, et se mit à ravager l'éparchie de Rhéthymne. Il avait fait de Franco-Castello sa place d'armes : c'est là que s'entassait le butin ; c'est là qu'étaient les troupeaux et les provisions. Tout à coup Franco-Castello est investi par trois mille trois cents Turcs sortis de Rhéthymne sous la conduite de Moustapha (18 mai). Cette place était forte, et telle était la confiance des Grecs que cent d'entre eux, qui défendaient un ouvrage avancé, s'étaient lié les pieds pour se mettre dans l'impossibilité de fuir; aussi, à l'exception de deux, furent-ils tous tués ou pris. Les Turcs emportèrent successivement tous les autres ouvrages; les assiégés perdirent dans ces différentes affaires plus de trois cents hommes, parmi lesquels leur chef Chatsi-Michali ; encore eussent-ils été tous exterminés si les Sphakiotes n'avaient enfin pris les armes. Cette diversion procura aux assiégés des conditions avantageuses ; comme ils étaient presque tous de la terre-ferme, Moustapha s'engagea à les faire transporter dans leur pays; ils promirent de leur côté de ne plus faire la guerre en Crète.

Les Sphakiotes, que le danger de leurs frères avait trouvés indifférents, s'étaient mis en campagne depuis que tout semblait perdu, et le hasard leur offrit l'occasion de tout regagner. Ils surprirent Moustapha, qui retournait avec son armée victorieuse à Rhéthymne, et qui les craignait trop pour les attaquer, dans le défilé du Corbeau. Aucun moyen d'échapper ; le salut de la Crète dépendait de la vigilance des Sphakiotes ; ce fut leur avarice qui la perdit. Moustapha ordonna à ses soldats de jeter devant eux tout ce qu'ils avaient d'objets précieux, bijoux, belles armes, parures. Ils obéirent, et les Sphakiotes se débandèrent pour aller ramasser le butin. Pendant ce temps les Turcs passaient, quoique avec peine. Ils avaient perdu mille hommes dans cette courte expédition, mais l'insurrection était encore une fois vaincue.

Restait Chio : plusieurs des anciens habitants de cette île, alors réfugiés à Syra, fournirent les fonds nécessaires, et Fabvier, quoique indigné des mauvais traitements et des calomnies par lesquels les Grecs payaient son dévouement, oublia ses griefs et accepta le commandement de l'expédition.

Ce projet, dès qu'il fut connu, rencontra chez les commandants des forces alliées une vive opposition ; ils représentèrent au gouverneur grec que l'île de Chio, se trouvant en dehors de la ligne frontière proposée par les puissances, devait aussi rester en dehors des hostilités. Ce fut précisément la raison alléguée par les commandants qui décida le gouvernement grec à persister dans ses projets. Il savait bien que les alliés n'emploieraient pas la force contre les Grecs, et le succès pouvait agrandir le futur État d'une importante province.

Fabvier quitta Méthène et débarqua à Maurolimena (30 octobre 1827) avec sept cents soldats réguliers, deux cents cavaliers, dont soixante seulement étaient montés, dix canons et dix obusiers, et quinze cents irréguliers à la solde des Chiotes. Le pacha, gouverneur de l'île, se retira dans la citadelle, dont Fabvier commença aussitôt le siège. A deux reprises les alliés lui enjoignirent, au nom des puissances, de renoncer à son entreprise ; il s'en référa chaque fois au gouvernement grec dont il exécutait les ordres. Une goëlette autrichienne ayant voulu forcer l'entrée du port, il n'hésita pas à la canonner : cette fois l'Autriche ne réclama pas.

L'indiscipline des irréguliers, troupe incapable de travaux suivis, força Fabvier de convertir le siége en un blocus incomplet ; les Turcs conservaient leurs communications avec la côte asiatique, d'où ils recevaient des vivres en abondance ; ils firent plusieurs sorties heureuses, endommagèrent les ouvrages des assiégeants. Avec un petit nombre de soldats Fabvier repoussa, enferma les Turcs dans leurs retranchements, et parvint même à leur couper les vivres. Il touchait au succès quand son armée, qui souffrait de la faim autant que les Turcs et qu'on ne payait pas, se débanda pour piller les environs. Les Chiotes s'en prirent à lui de cet échec ; il en appela au gouvernement, qui non-seulement lui donna raison, mais lui envoya Miaoulis pour le soutenir. Mais, avant l'arrivée de Miaoulis, Tachir-pacha était entré dans le port de Chio avec cinq vaisseaux de guerre, et les assiégés avaient reçu un renfort de deux mille cinq cents hommes. Fabvier voyait son armée diminuer par suite des désertions ; les soldats s'embarquaient presque sous les yeux de leurs chefs ; les artilleurs eux-mêmes, sur lesquels Fabvier comptait le plus, abandonnèrent leurs pièces.

Fabvier, presque seul, après avoir cru deux fois tenir la victoire, revint à Syra, où une multitude furieuse l'accueillit comme un traître. On lui reprochait de ne pas avoir tenu plus longtemps, de n'avoir pas maintenu le blocus, sauf apparemment à être lui-même assiégé dans son camp ! Ces indignités l'attristaient sans l'ébranler ; telle était la fermeté de son caractère, telle était la naïveté de sa foi dans l'excellence de la cause qu'il avait embrassée (fin de mars 1828).

Pendant que ces événements s'accomplissaient, Capo d'Istria était arrivé en Grèce.

CHAPITRE XVI.

Année 1828.

ARRIVÉE DE CAPO D'ISTRIA EN GRÈCE. — PREMIÈRES MESURES. — DERNIERS MOUVEMENTS D'IBRAHIM. — LES FRANÇAIS DANS LE PÉLOPONÈSE.

Capo d'Istria reçut à Saint-Pétersbourg les lettres qui l'invitaient à venir prendre en main le gouvernement de la Grèce. Il n'hésita pas, comme on l'avait craint, à se rendre à l'appel de ses concitoyens ; il se démit de ses fonctions ; il rompit les engagements officiels qui l'attachaient à la cour de Russie ; mais il conserva la bienveillance personnelle du czar. Nous avons vu que Nicolas suivait à l'égard de la Turquie une politique plus décidée et plus menaçante que ne l'avait été celle de son père ; en ce moment même il jetait les bases de la convention de Londres. Il vit avec plaisir le choix que faisaient les Grecs d'un de ses ministres pour lui confier leurs destinées, et il laissa ses sujets venir ouvertement en aide à Capo par des souscriptions.

Capo partit de Saint-Pétersbourg le 28 juillet 1827, passa par Berlin sans s'y arrêter, arriva le 13 août à Londres, où il demeura six semaines. Il s'occupa de négocier un emprunt pour la Grèce ; il eût aussi voulu enrôler des troupes étrangères. Il ne réussit pas. Ses antécédents politiques excitaient la défiance de l'Angleterre, qui craignait de voir avec lui triompher l'influence russe. C'est à peine s'il put obtenir une audience du roi. Tout différent fut l'accueil qu'il reçut à Paris ; il put se convaincre par lui-même de la chaleur avec laquelle on avait embrassé en France la cause de la Grèce. De Paris il alla en Italie, attendit six semaines à Ancône le vaisseau anglais sur lequel il devait s'embarquer, relâcha un jour ou deux à Malte, et débarqua enfin, le 18 janvier 1828, à Nauplie. Son arrivée fit cesser les querelles ; les partis qui se disputaient la ville lui offrirent spontanément de la remettre entre ses mains ; mais il ne voulut pas faire acte de souveraineté avant d'avoir été reconnu officiellement. Cette cérémonie eut lieu à Égine, le 24 du même mois. Au moment où il fut reçu par le président du sénat et par la commission du gouvernement, le pavillon grec fut arboré et salué pour la première fois par les vaisseaux de ligne anglais et français qui se trouvaient dans le port.

Jamais libérateur ne fut reçu avec de plus grandes démonstrations de joie que ne le fut Capo d'Istria. Toutes les classes de la nation, clergé et laïques, fonctionnaires, militaires, peuple, s'unirent de cœur à l'hymne d'actions de grâces qui fut entonné à Égine en l'honneur du sauveur et des nations protectrices. Tous les partis s'embrassèrent, et pour un temps l'on put croire qu'ils avaient oublié leurs rivalités.

Les premières mesures du gouverneur justifièrent cet enthousiasme. Il commença par instituer un conseil de vingt-sept membres, qu'il appela le Panhellénion, et qu'il divisa en trois sections, de neuf membres chacune, chacune avec ses attributions; à l'une le gouvernement, à l'autre les finances, à la troisième la justice. Le gouverneur se réserva le droit de rendre les décrets; mais ses décrets n'étaient valables qu'à la condition d'être approuvés par le conseil. Dans une proclamation adressée à tous les Grecs il exposa les motifs pour lesquels il n'était pas venu immédiatement en Grèce, et annonça la convocation d'une assemblée nationale pour le mois d'avril. Puis il prononça le serment suivant :

« Au nom de la très-sainte et indivi-
« sible Trinité, je jure de remplir les
« fonctions qui m'ont été confiées par
« le peuple en prenant pour règle de
« ma conduite les décrets des assemblées
« d'Épidaure, d'Astros et de Trézène.
« Je jure de me conduire, jusqu'à la
« convocation de l'assemblée nationale,
« d'après les règles fixées pour l'éta-
« blissement du gouvernement provi-
« soire, n'ayant pour but que d'avan-
« cer la rénovation nationale et politi-
« que de la Grèce, afin qu'elle puisse
« jouir le plus tôt possible des biens
« que lui promet la convention signée à
« Londres. Je me reconnais responsa-
« ble pour tous les actes de mon admi-
« nistration, et je promets de les sou-
« mettre à la sanction de l'assemblée
« nationale, qui se réunira au mois
« d'avril. »

Ainsi le gouverneur prétendait respecter à la fois les décrets de l'assemblée de Trézène et les stipulations de la convention de Londres; promesse contradictoire : l'assemblée de Trézène avait posé pour condition de tout accord avec la Porte la reconnaissance de l'autonomie de la Grèce, condition qu'excluait formellement la convention de Londres. La difficulté était insoluble si les circonstances ne l'eussent tranchée heureusement.

La tâche qu'avait acceptée le gouverneur était immense, mais immense aussi le bien qu'il pouvait faire, immense et pure la gloire qui l'attendait. Il fallait créer l'administration de toutes pièces, fonder le crédit et remplir le trésor avec des ressources presque nulles, extirper la piraterie, réorganiser la marine et l'armée, tirer de ce chaos les éléments d'ordre qu'il pouvait contenir, introduire aux habitudes de la vie politique un peuple tout étonné de se voir libre, triompher à force de décision ou de ménagements des oppositions déraisonnables que ne manqueraient pas de susciter les plus sages mesures, et faire tout cela pour ainsi dire sous le feu de l'ennemi, qui possédait encore la moitié du pays et avait couvert l'autre de ruines. Capo d'Istrias avait la conscience de ses devoirs, la volonté de les remplir, et ses premiers actes justifièrent la confiance de ses concitoyens et répondirent à l'attente de l'Europe.

Il commença par les pirates; tandis que, de son aveu, une escadre anglo-française forçait leur repaire de Grabouse, Miaoulis parcourait les Sporades; quelques semaines suffirent pour rendre la mer au commerce.

Ensuite il convoqua à Trézène les chefs de ces bandes indisciplinées qui ravageaient le Péloponèse plutôt qu'elles ne le défendaient; ces hommes, habitués à ne suivre d'autre loi que leur caprice, toujours prêts à la révolte, apprirent sans oser murmurer que leurs soldats allaient passer sous les ordres immédiats et à la solde du gouvernement, et s'estimèrent heureux d'entrer comme capitaines dans les chiliarchies qu'Hypsilantis fut chargé d'organiser. Personne ne résista. Le gouverneur put tranquillement aller recevoir Nauplie des mains de ces gouverneurs factieux qui avaient résisté même à l'assemblée nationale. Puis il revint par terre à Trézène, assista aux exercices des chiliarchies déjà formées, reçut leur serment, et envoya les unes à Éleusis, sous les ordres d'Hypsilantis, les autres dans la Grèce occidentale.

La confiance qu'inspirait le gouverneur releva peu à peu le crédit public; il en profita pour vendre à des conditions avantageuses pour le trésor les revenus du Péloponèse.

Il alla visiter l'Acrocorinthe et revint à Nauplie, où il publia le décret important qui réduisait le nombre des éparchies et le fixait à sept pour le Péloponèse, à six pour les îles. Les nouvelles provinces reprirent les noms anciens; c'étaient, pour le Péloponèse : l'Argolide, l'Achaïe, l'Élide, la haute et la basse Messénie, la Laconie et l'Arcadie; et pour les îles : les Sporades septentrionales, orientales et occidentales, et les Cyclades septentrionales, centrales et méridionales. Quant à la Grèce de terre-ferme et à la Crète, le gouverneur crut devoir attendre, avant de s'en occuper, qu'elles eussent été reconquises.

Ainsi, grâce à l'administration réparatrice de Capo, tout prenait forme, la Grèce se sentait revivre. Ibrahim, il est vrai, occupait toujours le centre et les villes maritimes du Péloponèse; mais, réduit à l'impuissance par la diminution de ses troupes, depuis la bataille de Navarin, il n'avait rien entrepris. Il exhala sa rage par une dernière exécution. Il prononça la destruction de Tripolitza : pendant cinq jours la hache abattit ce qui restait debout des édifices de cette ville; la mine en dispersa les fondements; et sur cette masse de décombres les barbares semèrent du sel. Puis ils s'éloignèrent, en menaçant Nauplie du même sort (février). A peine étaient-ils partis que les ruines de Tripolitza recevaient leurs anciens habitants. Ibrahim ne conservait plus que la Messénie, Navarin, Patras et quelques autres places.

Sa position devint encore plus critique quand les puissances alliées, cédant aux exigences de la Russie, sans en venir à des hostilités déclarées, s'entendirent avec le gouvernement grec pour intercepter tout renfort qui viendrait par mer à Ibrahim, et mirent en état de blocus les points occupés par les Ottomans, y compris l'Acarnanie et la Crète. Bientôt ces concessions même ne suffirent plus à la Russie; elle déclara la guerre à la Porte (26 avril 1828). Cette diversion profita doublement à la Grèce; d'abord les flottes turques, occupées à défendre l'entrée du Bosphore, laissèrent le pavillon grec parcourir triomphalement la mer Égée; en second lieu, les conférences furent momentanément rompues, et, quand elles reprirent, le 15 juin, ce ne fut plus sur les bases posées par la convention de Londres. Ainsi tomba le dernier obstacle qui s'opposait à l'entier et complet affranchissement de la Grèce, et ce fut la Porte qui le renversa.

C'était le temps où la guerre se rallumait dans le nord, à Chio, en Crète. Dans le Péloponèse, les Grecs s'organisaient et pouvaient d'un jour à l'autre reprendre l'offensive. Ibrahim ne recevait plus ni renforts ni vivres et avait peine à faire subsister les restes de son armée dans un pays ravagé tant de fois; ses Égyptiens avaient perdu confiance et leur ardeur; ses Albanais, qu'il ne payait plus depuis plusieurs mois, songeaient à le quitter. Et lui-même, que pouvait-il attendre de la continuation d'une guerre dans laquelle l'intervention de l'Europe lui arracherait le prix de la victoire? Aussi prêta-t-il assez volontiers l'oreille aux conseils des amiraux alliés, avec qui il eut une entrevue (6 juillet). Il leur promit non-seulement de retourner en Égypte, mais de faire rechercher et rendre les prisonniers chrétiens qui avaient été vendus comme esclaves. Seulement il voulait être transporté en Égypte sur vaisseaux ottomans, et il n'y en avait plus dans les eaux du Péloponèse. Il resta donc, en attendant les événements.

Mais il n'était plus le maître même de ses troupes. Il ne put retenir deux mille cinq cents Albanais de la garnison de Méthone, qui lui livrèrent bataille pour passer, traversèrent tout le Péloponèse sous la conduite et la sauvegarde de Colocotroni, et s'embarquèrent à Rhion.

Cependant Ibrahim ne remplissait pas sa promesse; la Porte ne cédait pas, et la Russie faisait sur le Danube des progrès qui alarmaient l'Angleterre. De son côté le gouvernement français se reprochait de soutenir l'insurrection, et il avait hâte d'en assurer le triomphe pour en finir avec l'agitation libérale qu'alimentaient les affaires de la Grèce. Il proposa à l'Angleterre une expédition en commun, l'Angleterre refusa d'y prendre part; mais elle autorisa l'envoi de troupes françaises.

Aussitôt treize mille hommes partirent de Toulon sous les ordres du général Maison; ils débarquèrent près de Coron, le 29 août 1828. L'arrivée des Français mit un terme aux tergiversations d'Ibrahim. Il vit que le Péloponèse était perdu pour lui, et il fit embarquer ses troupes sur des vaisseaux ottomans. De quarante mille hommes qu'il avait amenés ou fait venir d'Égypte à diverses reprises, à peine en ramenait-il vingt mille, exténués par les privations. Cette armée fut transportée en deux fois, sous l'escorte des vaisseaux anglais et français. Le 5 septembre il n'y avait plus un seul soldat égyptien dans le Péloponèse.

Ibrahim avait laissé les places qu'il occupait entre les mains des soldats de la Porte, en trop petit nombre et trop découragés pour qu'ils songeassent à résister. Aussi ces places furent-elles facilement occupées par les Français. Navarin et Modon se rendirent à la première sommation; Coron, Patras et Rhion tirèrent quelques coups de canon pour la forme. Il en coûta vingt-cinq hommes à l'armée expéditionnaire.

Cette œuvre accomplie, les ambassadeurs français et anglais, après s'être entendus avec le gouverneur, invitèrent la Porte à envoyer le sien à Poros, où ils s'étaient arrêtés; la Porte s'obstinait à les attirer à Constantinople. Ils refusèrent de s'y rendre et continuèrent seuls leurs conférences. Le gouvernement français était tout disposé à porter la guerre en Attique et en Eubée, alléguant avec raison que ces deux provinces sont le rempart naturel du Péloponèse; mais l'Angleterre, qui ne voulait pas trop affaiblir la Porte, arrêta ces dispositions belliqueuses, et il fut décidé (16 novembre) qu'on laisserait aux Grecs l'honneur de chasser eux-mêmes leurs ennemis de la Grèce du nord, sauf à les faire appuyer, s'ils étaient malheureux, par les troupes françaises.

CHAPITRE XVII.

Années 1828, 1829 et 1830.

GOUVERNEMENT DE CAPO D'ISTRIA. — FONDATIONS. — OPPOSITION NAISSANTE. — SUITE DE LA GUERRE.

Le gouverneur n'avait pas de résidence fixe; il allait de ville en ville, tantôt par terre, tantôt sur les vaisseaux grecs ou alliés, pour s'éclairer par ses yeux sur les besoins du pays. Loin d'éviter la vue navrante des maux qu'il ne pouvait pas toujours guérir, comme un médecin consciencieux, il en sondait la profondeur, et, s'il n'y trouvait pas toujours des remèdes efficaces, il était rare qu'il n'y apportât pas quelque adoucissement. Le choléra ayant paru dans quelques districts trouva toujours Capo devant lui. Chacun de ses pas était marqué par des décrets dont quelques-uns avaient une grande importance. Il fit faire des études d'agriculture, introduisit dans le Péloponèse la pomme de terre, qui y était inconnue, y importa les méthodes et les instruments aratoires de l'Occident. Il fonda une banque nationale, ouvrit un emprunt avec hypothèques sur les biens de l'État. La monnaie grecque commença à circuler; elle portait pour effigie le Phénix s'élançant du milieu des flammes, emblème de l'antique nation qui se rajeunissait. Capo attachait une grande importance à l'instruction publique; c'est par elle qu'il comptait régénérer la Grèce. Il introduisit le système des écoles mutuelles; en 1830 il y en avait cent vingt-huit, qui comptaient huit mille élèves. Il fonda des écoles supérieures, sur le modèle de celles qui existaient en France et dans la plupart des États européens : école centrale, ou industrielle, à Égine; théologique, à Poros; militaire, à Nauplie;

de droit, à Athènes; navale, à Hydra. Il assura ainsi pour un terme très-rapproché aux services publics le concours d'hommes capables de les remplir. Le gouverneur réunit encore un grand nombre d'enfants pauvres, et pour la plupart orphelins, dans un vaste établissement qu'il dota avec l'argent de la Russie et des Philhellènes.

Ces fécondes créations ne furent pas toujours accueillies avec la faveur qu'elles méritaient. L'enthousiasme qui avait éclaté à l'arrivée du gouverneur se refroidit bientôt, et Capo n'avait pas le droit d'accuser uniquement la légèreté populaire de ce changement. Assurément Capo avait de rares et solides qualités : la noblesse du caractère, la pureté des mœurs, la distinction et l'aménité des manières, des sentiments religieux, un patriotisme sincère, beaucoup de sagacité dans l'esprit et d'application au travail, une éloquence persuasive; mais on lui reprochait une vanité excessive, un grand amour des louanges; la fréquentation des cours et l'habitude des négociations diplomatiques avaient donné à sa parole une onction mielleuse qui n'était pas toujours le signe de la franchise : autrefois il avait en même temps fait les affaires du czar et flatté La Fayette; actuellement dans une terre de liberté il transportait des habitudes qui rappelaient l'arbitraire moscovite. Il supportait impatiemment la critique de ses actes; la liberté de la presse naissante lui inspirait des appréhensions. Il ne respectait pas toujours l'esprit ni la lettre de la constitution de Trézène, à laquelle il avait juré de conformer son administration. Bien plus, il lui arriva plus d'une fois d'enfreindre ses propres règlements, de confondre les attributions des pouvoirs qu'il avait établis lui-même, de choquer des intérêts, d'éveiller des susceptibilités respectables. Le conseil se plaignit de ce que des décrets avaient été rendus sans qu'il eût été consulté, comme l'exigeait la loi organique.

Capo ne fut pas non plus toujours heureux dans ses choix. La Grèce avait d'abord applaudi en lisant sur la liste des membres du conseil les noms les plus honorés, en voyant les héros de la liberté, les Miaoulis, les Canaris, les Maurocordato récompensés de leurs services par des fonctions qui leur permettaient d'en rendre d'autres à la patrie; mais bientôt on put croire que le gouverneur songeait à se faire un parti. Il fit venir son frère Viaro, et le compagnon de celui-ci, Giannetta; il leur donna place au conseil; il investit Viaro de pouvoirs exorbitants, lui donna l'inspection des Sporades, et, en son absence, le chargea de surveiller le comité de gouvernement. Viaro se crut en effet appelé à surveiller tout le monde. On eût dit, à voir sa soupçonneuse activité, que le gouvernement était entouré d'ennemis, et qu'il ne restait pour le sauver que les remèdes extrêmes. Il poursuivît à outrance des complots imaginaires, déjoua des conspirations fantastiques; mais ce zèle grotesque ne pouvait s'exercer sans de graves atteintes à la liberté des citoyens. Il commença par violer le secret des lettres, puis les domiciles; il fit jeter en prison, sans jugement, sans autre motif que ses soupçons, les hommes qu'il qualifiait d'ennemis du gouvernement, c'est-à-dire ceux qui blâmaient ses ridicules violences. Il mit sa volonté au-dessus des lois, au-dessus même de l'autorité de son frère, dont il tenait la sienne; il prétendait établir partout les habitudes de l'obéissance passive. Il bouleversa les administrations locales, remplaça les vieux magistrats par des jeunes gens dont il espérait se faire des créatures. Enfin il commit tant de folies, d'illégalités, de violences, le bruit public devint tellement fort contre lui, que la popularité de Capo, déjà compromise, reçut une grave atteinte à cause de la protection qu'il accordait à un frère si peu digne de lui.

La guerre cependant continuait. L'évacuation du Péloponèse par Ibrahim rendait disponibles environ huit mille hommes de bonnes troupes; le gouverneur les concentra à Mégare, sous les ordres d'Hypsilantis. Lui-même se transporta dans la Grèce occidentale, où les hostilités continuaient mollement. Les Grecs bloquaient Missolonghi, mais si mal que la garnison était restée en communication avec le golfe d'Ambracie; le gouverneur vint lui-même inspecter les lieux et les troupes ; par son ordre un corps d'armée vint assiéger Loutraki ; la ville fut prise, et aussitôt la flotte grecque entra dans le golfe, où étaient des vaisseaux turcs dont elle s'empara. A partir de ce moment Missolonghi ne fut plus ravitaillée. Quelque temps après Vostitza se rendit.

Les montagnards reprenaient les armes sur tous les points ; les Turcs s'étaient de nouveau réfugiés dans les places fortes ; outre Missolonghi, ils n'occupaient plus que Zeitoun, Naupacte, Salone, et quelques autres points. Pendant ce temps l'armée de Mégare restait oisive, par suite de mésintelligences survenues entre son chef et le gouverneur. Enfin, après sept mois d'une inconcevable inaction, elle s'ébranla. C'est à peine si elle trouva de la résistance. Le seul adversaire redoutable qu'eussent pu rencontrer les Grecs, le brave et habile Kioutagi, se voyait réduit par la révolte de ses Albanais à l'impuissance. Salone se rendit, puis Antirrhion, puis Naupacte, qui tenait depuis le commencement de la guerre (30 avril 1829), enfin Missolonghi (14 mai).

Hypsilantis n'eut pas l'honneur de ces derniers succès. Le gouverneur, qui ne l'aimait pas, profita du mécontentement qu'avait causé sa scandaleuse inaction pour lui enlever le commandement en chef ; il le conféra à son frère Augustin (4 février 1829), avec des pleins pouvoirs politiques et militaires qui s'étendaient sur toute la Grèce continentale. Le népotisme déclaré de Capo et les allures arbitraires de son administration excitèrent bien quelques murmures ; mais, en somme, Augustin fut bien accueilli de l'armée, parce que l'on espérait que sa présence mettrait fin aux querelles. Hypsilantis garda le commandement des corps qui devaient opérer en Béotie et en Attique.

La lutte s'était aussi ranimée en Crète, à l'instigation du philhellène Reinecke, qui y avait été envoyé par le gouverneur. Les chrétiens, au nombre de trois mille, se rassemblèrent près de Prosnéro (août), repoussèrent Moustapha, qui était sorti de la Canée, forcèrent un grand nombre de Turcs à se réfugier à Soudas. Leurs succès exaspérèrent tellement les Turcs que ceux de Castro et de Rhéthymne renouvelèrent les horribles scènes qui avaient marqué les premiers temps de l'insurrection. Tous les chrétiens que les Turcs purent saisir furent massacrés, décapités, leurs corps jetés dans les fontaines, laissés dans les rues. Il en périt plus de huit cents.

Ces atrocités grossirent le camp des insurgés par la crainte et l'indignation qu'elles excitèrent dans la population chrétienne. Les pillages recommencèrent sans amener de résultats, lorsque l'amiral anglais Malcolm, parlant au nom des puissances, proposa, puis imposa son intervention à Moustapha, et le força d'accepter une suspension d'armes qui ne mit pas un terme aux brigandages.

CHAPITRE XVIII.

Années 1829 et 1830.

NÉGOCIATIONS DES PUISSANCES AVEC LA PORTE. — POLITIQUE DE CAPO. — ASSEMBLÉE D'ARGOS.

Les ministres des puissances alliées étaient alors à Poros, où ils avaient ouvert une sorte d'enquête. Ils voulaient connaître aussi exactement que possible l'état actuel de la Grèce, la proportion dans laquelle les Musulmans se trouvaient encore mêlés aux chrétiens dans les provinces insurgées, les limites qu'avait atteintes l'insurrection, les ressources du pays, le chiffre des impôts qu'il payait autrefois à la Porte, les résultats acquis par le nouveau gouvernement. A cet effet ils posèrent officiellement vingt-huit questions au gouverneur, qui se hâta d'y répondre ; car la présence des ambassadeurs avait réveillé l'esprit de parti et gênait l'action du gouvernement. La réponse reçue, les ambassadeurs quittèrent Poros ; le gouverneur se rendit à Egine.

La question capitale à résoudre était celle de la délimitation des frontières : la conférence de Poros proposait une ligne qui, outre le Péloponèse, comprenait l'Attique, la Béotie, la Thessalie, l'Acarnanie et l'Étolie, l'Eubée, les Cyclades, Amourgos, les Sporades orientales ; en dehors de cette ligne restaient Samos, comme trop voisine de l'Asie, Chio, parce qu'elle était aux mains des Turcs, la Crète, parce que les chrétiens n'y avaient pas obtenu des avantages assez décisifs pour être considérés comme vainqueurs.

Quand les membres de la conférence de Poros soumirent leur travail à leurs gouvernements respectifs, l'Angleterre se prononça hautement contre un projet qui enlevait à l'empire ottoman un tiers de son territoire européen. Elle voulait borner la Grèce au Péloponèse, sans tenir compte du sang versé ailleurs, des justes espérances qu'elle trompait, ni de l'agitation perpétuelle où le voisinage et la vue de leurs coreligionnaires privilégiés entretiendrait les provinces condamnées à retomber sous la domination musulmane. Elle protesta. Les deux autres puissances approuvèrent les propositions de la conférence. Pendant ce temps, la Russie remportait de nouveaux avantages sur le Danube. L'Angleterre céda enfin; elle consentit à prendre les propositions de la conférence comme base de négociations, mais non pas comme base définitive (22 mars 1829). Aussitôt les ambassadeurs de France et d'Angleterre partirent pour Constantinople, avec l'autorisation de parler aussi au nom de la Russie.

L'Angleterre n'avait cédé que pour hâter la conclusion de la paix. A peine la convention fut-elle signée qu'elle prétendit forcer le gouvernement à rappeler les troupes grecques du continent dans le Péloponèse et à cesser les hostilités, quoiqu'il n'eût pas été question d'amnistie et que la Grèce du nord fût comprise dans les limites posées par la conférence de Poros. Le gouverneur, qui se savait soutenu par les deux autres puissances, refusa. L'amiral anglais se rendit dans les eaux de Missolonghi, pour ordonner aux assiégeants de s'éloigner; il arriva après l'évacuation de la place par les Turcs, lorsque déjà toute la Grèce rendait de solennelles actions de grâces à Dieu pour cet heureux événement.

L'opposition de l'Angleterre, qui sacrifiait la Grèce à la crainte de la Russie, fit ressortir la générosité de la politique de la France, qui témoignait ouvertement son désir d'étendre le plus possible vers le nord les bornes du nouvel État. Sans cette opposition, les troupes françaises, au lieu de rester oisives dans les places maritimes du Péloponèse, seraient venues renforcer les troupes grecques du nord. Au reste, Capo lui-même, attaché de cœur à la politique russe, blessa plus d'une fois par ses procédés la seule puissance dont les vues fussent complétement désintéressées; Fabvier, abreuvé de dégoûts, quitta un pays où ses services étaient payés d'ingratitude; les généraux, les ministres français furent l'objet de défiances manifestes, si bien que cette conduite refroidit sensiblement le gouvernement de Paris à l'égard de la Grèce. Le bruit public avertit Capo de sa faute, et il revint, au moins ostensiblement, à une politique plus sage. Les troupes françaises se rembarquèrent bientôt, sauf quelques corps détachés qui restèrent dans le Péloponèse, à la demande du gouverneur. Maison ne partit qu'après avoir visité le Péloponèse et quelques-unes des îles voisines (20 mai 1829).

La politique de Capo avait suscité parmi les Grecs eux-mêmes de vives critiques; sa faiblesse pour ses frères, les allures nouvelles et souvent despotiques de son administration lui avaient fait des ennemis. Le système mis en vigueur par Capo ne pouvait fonctionner sans froisser bien des intérêts et des amours-propres; il faisait entrer le pays dans la voie de la centralisation; le gouvernement substituait partout son action aux influences locales, qu'il annulait, surtout dans le Péloponèse, où les primats formaient une sorte d'aristocratie militaire. Mais Capo oublia trop souvent que ces hommes, dont les vues étroites contrariaient ses plans, méritaient quelques égards, tant à cause de leur puissance réelle qu'en considération de leur dévouement à la cause de l'émancipation et de leurs services. D'ailleurs plusieurs des mesures par lesquelles il comptait rétablir l'ordre leur causaient le plus grand préjudice, celle par exemple qui leur enlevait la perception des impôts. Était-il juste que ces familles se trouvassent ruinées sans compensation par le triomphe de la liberté, auquel elles avaient elles-mêmes contribué si puissamment? Pour combattre les mécontentements Capo gagna les chefs les plus influents du parti militaire, Colocotroni, Nikétas, Canaris et quelques autres; mais dès lors il n'était plus le gouverneur de la Grèce; il devenait un chef de parti. L'opposition ne se manifestait plus, comme autrefois, par des coups de fusil; elle attendait pour se produire la convocation de l'assemblée nationale, que Capo, pour cette raison même, retardait le plus longtemps qu'il pouvait. Avant de la convoquer il voulut s'assurer par lui-même des bonnes dispositions du pays, et au besoin les fixer. Il entreprit un voyage dans le Péloponèse; il visita successivement Nauplie, Argos, Tripolitza, Carytène, Léontari, Calamata, Méthone, Patras, Naupacte, Vostitza, où il célébra la fête de Pâques, Calavrita, Corinthe, et revint à Égine. La présence du gouverneur répandait partout sur son passage la joie, l'espérance, le désir de la paix et de la concorde; ses discours ne roulaient que sur les progrès accomplis, sur ceux qui restaient à accomplir. Partout les villes se relevaient de leurs ruines, les écoles se fondaient, les champs si souvent dévastés se couvraient de moissons, et le Péloponèse proclamait Capo l'auteur de sa prospérité renaissante. Certes un mouvement de vanité était excusable chez un homme que tout un peuple saluait comme son sauveur et bénissait comme son père. Dans leur enthousiasme, plusieurs éparchies, et notamment celle d'Argos, déclarèrent qu'elles ne nommeraient pas de représentants à l'assemblée, et qu'elles donneraient des pleins-pouvoirs au gouverneur. Celui-ci eut le tort de ne pas se prononcer immédiatement contre une résolution manifestement contraire à la Constitution, il laissa par là prendre de la consistance aux bruits qui l'accusaient de vouloir la renverser. Enfin le gouverneur réunit le conseil, déclara les manifestations des éparchies illégales, et convoqua l'assemblée pour le 5 juillet, à Argos.

Une salle avait été construite pour la recevoir, dans l'ancien amphithéâtre. L'assemblée ouvrit ses séances le 20 juillet, sous la présidence de Sisini. Le gouverneur ne s'était pas contenté de faire parler ses œuvres en sa faveur; il s'était réservé la nomination des municipalités; il avait eu soin de se ménager la haute main sur la justice en refusant aux magistrats l'inamovibilité. Grâce à ces moyens d'action, que renforcèrent encore des manœuvres illégales et de nombreux abus d'autorité, il put se faire illusion à lui-même sur les forces croissantes de l'opposition et l'écraser sous des coups de majorité. L'assemblée entendit et approuva les comptes-rendus qui lui furent soumis par chacun des ministres, et qui équivalaient à un panégyrique de l'administration du gouverneur. Puis, sous son inspiration, elle rendit treize décrets, dont plusieurs fort importants, par lesquels elle organisait les principales fonctions administratives. Elle remplaça le conseil par un sénat de vingt-sept membres, dont vingt et un nommés par le gouverneur sur une liste présentée par l'assemblée et six par le gouverneur seul; ce sénat devait présider à toute l'administration intérieure, jusqu'à l'établissement d'un gouvernement définitif. Plusieurs décrets concernant les finances établissaient un grand-livre de la dette publique, un contrôle pour les dépenses, réglaient les rapports de l'État et de ses créanciers. Le gouvernement présenta le budget d'une année entière : les recettes y étaient évaluées à un peu moins de quatre millions, les dépenses à un peu plus de sept : le déficit, environ trois millions, devait être couvert par les subsides étrangers. L'assemblée ordonna l'envoi d'ambassadeurs auprès des puissances protectrices et du roi de Bavière, philhellène déclaré. Elle fixa une liste civile de cent quatre-vingt mille phénix (environ 160,000 francs) pour le gouverneur, qui refusa; car on ne saurait s'empêcher de rendre justice au complet désintéressement dont Capo a constamment fait preuve.

Au reste, c'est à peine si ces résolutions si importantes donnèrent lieu à la moindre discussion. L'assemblée était tout entière dans la main du président; Colocotroni s'était chargé de la police intérieure, et ses brutales apostrophes, ses menaces, ses violences même réduisaient bientôt au silence ceux qui eussent tenté d'élever la voix. L'opposition ne se produisit que par une accusation passionnée et maladroite de Tsortsi contre le gouverneur, accusation qui fut écartée comme manquant de convenance et de vérité. Après tout, quelles qu'aient été les fautes du gouverneur, le rétablissement de la tranquillité, la création d'une ordre de choses tout nouveau parlaient en sa faveur; et, dans l'isolement où se trouvait la Grèce, c'était pour elle une circonstance des plus heureuses que d'avoir à sa tête un homme dont la seule présence, dont l'habileté reconnue, dont les liaisons personnelles présentassent déjà des garanties aux puissances européennes. L'assemblée fit donc acte de sagesse en épargnant au gouvernement les embarras d'une opposition systématique. Mais sans doute sa confiance alla trop loin lorsqu'elle abdiqua presque entre ses mains ses droits de souveraineté. Tout en posant les bases d'un gouvernement représentatif, qui comprenait un sénat, un corps législatif, et un pouvoir exécutif, elle laissa au président une autorité à peu près absolue en lui donnant le droit d'agir de son plein pouvoir chaque fois qu'il le jugerait à propos; sous sa responsabilité personnelle, ajoutait l'assemblée; mais qu'est-ce qu'une responsabilité dont rien ne détermine l'étendue, que rien ne sanctionne, et qui laisse la place ouverte à tous les abus de l'arbitraire? Ce n'est jamais impunément qu'une nation se désiste de ses droits imprescriptibles, fût-ce entre des mains pures; car ces droits lui imposent des devoirs dont il ne lui est pas permis de se décharger sur un seul homme.

CHAPITRE XIX.

Années 1829 et 1830.

DERNIÈRES CAMPAGNES. — TRAITÉS DE PAIX AVEC LA PORTE. — DÉCLARATION DE L'INDÉPENDANCE DE LA GRÈCE. — LE PRINCE LÉOPOLD ÉLU ROI (1).

Les événements se précipitaient avec rapidité vers un dénoûment heureux. Les Turcs n'occupaient plus en Grèce que Thèbes et Athènes. Hypsilantis entra en Béotie, Vasso en Attique; en Eubée les Grecs prirent Orope.

Hypsilantis était sous les murs de Thèbes quand il se trouva tout à coup sans armée; ses soldats murmuraient de se voir négligés par le gouvernement, dont tous les soins et la prédilection se tournaient, en effet, sur les troupes commandées par Augustin. Une nuit ils abandonnèrent leur général, qui se retira presque seul à Arachova; les Turcs se gardèrent bien de les inquiéter.

Mais les Russes étaient à Andrinople, et la Porte rappelait de toutes parts ses armées pour défendre la capitale. Aslan-Bey fut envoyé en Grèce pour rallier et emmener le corps de l'Attique et de l'Eubée. Il entra dans le Nord par les Thermopyles, qu'il trouva ouvertes, passa en Livadie et arriva en Attique. Il en repartit bientôt, ne laissant dans l'Acropole qu'une forte garnison, et reprit la route du Nord avec cinq cents hommes et ses canons. Il rencontra Hypsilantis, qui s'était refait une armée et qui occupait une forte position à Pétra, près de Thèbes; il fut repoussé avec une perte considérable. Il demanda alors le passage; Hypsilantis le lui accorda à condition que les Turcs évacueraient toutes leurs positions jusqu'aux Thermopyles. La bataille de Pétra termina glorieusement la guerre de l'indépendance (22 septembre 1829).

L'assemblée s'était dissoute après avoir voté l'érection d'un monument qu'on devait élever à l'endroit où avaient

---

(1) Voyez pour cette époque: Pellion, *la Grèce pendant l'occupation française*; *Correspondance de Capo d'Istria*; *Annuaire de la Revue des Deux Mondes*; Leconte, *Étude économique de la Grèce*.

débarqué les Français. Le gouverneur, en vertu des pouvoirs qui lui avaient été conférés, nomma aussitôt le sénat d'après les formalités prescrites par le décret organique ; ce corps entra en fonctions (13 octobre) et prêta serment entre les mains de son président, Sisini. Le gouverneur n'y avait fait entrer que deux de ses adversaires politiques, Miaoulis et Conturiotis, mais ils refusèrent d'accepter; autant en firent Toumbasi et Maurocordato. L'éloignement de pareils hommes affaiblit le gouvernement et fortifia le parti de l'opposition. Cependant le besoin du repos était si grand que le gouverneur trouvait encore dans l'immense majorité du peuple un appui suffisant.

La Grèce attendait avec anxiété le résultat des conférences. Lord Gordon, ambassadeur d'Angleterre, et le général Guilleminot, ambassadeur de France, arrivèrent enfin à Constantinople et se mirent sans retard en communication avec le ministre des affaires étrangères de la Porte. Déjà le général russe, dont l'épée imposait en ce moment même à la Porte le traité d'Andrinople, y avait fait insérer une clause qui assimilait la Grèce aux Principautés danubiennes. C'était trahir la Grèce en paraissant la soutenir, puisque les Principautés restaient sous la suzeraineté du sultan, et que la Grèce avait déclaré à plusieurs reprises, par l'organe de ses représentants ou de son gouvernement, et tout récemment encore dans l'assemblée d'Argos, qu'elle ne se résignerait plus à le subir. Les ambassadeurs de France et d'Angleterre firent annuler cette clause, et la conférence stipula l'entière indépendance, que le sultan reconnut enfin. Mais on n'obtint cette concession qu'en faisant le sacrifice des frontières si nettement tracées par la nature et acceptées par la conférence de Poros. Dans les discussions qui eurent lieu à ce sujet, la France et l'Angleterre restèrent fidèles chacune à sa politique, la France cherchant toujours à reculer le plus possible les frontières du nouvel État, l'Angleterre à les restreindre. Un nouveau protocole modifia les bases arrêtées précédemment, dans un sens favorable aux vues de la France.

« Ce protocole, » dit un bon juge en pareille matière, le général Pellion, « fixait, au nord, la limite de la Grèce « au cours de l'Aspro-Potamos (Achéloüs) jusque dans l'Agraïde, et elle « suivait ensuite les sommités de l'OEta « jusqu'aux Thermopyles. Cette ligne « de défense, partant d'Anatolico et « courant par le grand défilé du mont « Araciate, avait son centre protégé « par les deux lacs d'Angélo-Castro et de « Vrachori, suivait le cours des Thermopyles, gagnait les monts Plocossari, et était adossée au mont Axiros, « ayant sa droite appuyée aux Thermopyles par les sommités de l'OEta. « Elle permettait de combiner la défense par terre et par mer au moyen « de barques canonnières placées dans « le bassin d'Anatolico et dans les deux « grands lacs, et qui eussent facilité les « approvisionnements et les communications. Lépante devenait alors une « base d'opérations et une position fort « importante.

« Cette frontière, bien que supérieure « à celle qui avait été assignée par le « protocole du 2 février 1830, ne répondait pas encore au but de pacification que l'intervention se proposait. « L'Aspro-Potamos, guéable pendant « huit à neuf mois de l'année, ne suffisait « pas pour assurer l'intégrité des frontières grecques, et livrait aux incursions des Albanais la rive gauche de « ce cours d'eau. Des agressions ou « des représailles continuelles eussent « été la suite inévitable du contact et « des déprédations des deux partis ; la « paix eût été sans cesse menacée, et « les limites sanitaires, si essentielles « dans ce pays, eussent été impossibles « à conserver. Mais, ce qu'il y avait de « plus déplorable dans cette délimitation, c'est qu'elle séparait du royaume « grec l'Acarnanie et l'Étolie, dont les « populations belliqueuses sont les pépinières de ces clephtes renommés « qui ne se soumirent jamais réellement « aux Turcs et qui avaient rendu d'immenses services à la cause nationale « pendant l'insurrection. »

Le protocole du 2 février avait décidé en outre que le gouvernement de la Grèce serait monarchique, et cette décision était conforme au vœu émis par l'assemblée d'Épidaure, aux désirs des

Grecs intelligents, aux dispositions du peuple, aux intérêts du futur État. Les clephtes, les pallikares, les primats du Péloponèse et des îles, en un mot les chefs de cette aristocratie militaire ou municipale qui, à la faveur de l'extrême morcellement du territoire et de l'autorité, s'étaient créé des espèces de souverainetés féodales, pouvaient redouter l'établissement d'un gouvernement qui les amoindrissait; encore la plupart d'entre eux avaient-ils joint leurs acclamations à celles qui avaient salué l'arrivée de Capo d'Istria. Du reste, la grande majorité de la population sentait vaguement le besoin d'une certaine unité administrative, symbole de l'unité nationale, condition essentielle de vitalité pour les États modernes, et que la Grèce n'a jamais connue, si haut qu'on remonte dans son histoire. Quoique ce sentiment existât réellement et comme une aspiration latente qui se faisait jour dans les grandes circonstances, par exemple dans les déclarations des assemblées nationales, pourtant il était combattu en fait par des habitudes si invétérées, par des préjugés si forts et si vivaces, que cette œuvre de régénération se présentait hérissée de difficultés peut-être insurmontables; en aucun cas elle ne pouvait être accomplie par un Grec. Les chefs les plus illustres, les Miaoulis, les Maurocordato, les Hypsilantis, s'étaient tous plus ou moins compromis dans les luttes des partis, et aucun d'eux ne pouvait se flatter de rallier tous les suffrages. Aucun n'y avait même prétendu lorsqu'il ne s'agissait encore que du choix d'un gouverneur provisoire; à plus forte raison leur eût-il été impossible de transformer le provisoire en un ordre de choses définitif. Capo d'Istria lui-même, soit par sa faute, soit qu'il eût subi forcément l'empire des circonstances, avait usé son prestige en peu de temps; et, s'il avait jamais nourri, comme ses actes le donnèrent quelquefois à penser, le secret espoir de fonder une dynastie, les progrès constants de l'opposition durent détruire bien vite les illusions de son ambition; preuve manifeste, à ce qu'il semble, que la Grèce avait moins encore besoin d'un homme que d'un nom. Les hommes ont leur valeur, et certes Capo d'Istria avait la sienne; mais cette valeur est nécessairement personnelle et contestable, ne fût-ce qu'aux yeux des partis; elle ne se transmet pas par héritage, et par conséquent elle n'offre pas de base suffisante pour qu'on y assoie les institutions d'un pays. Les institutions reposent sur un principe, c'est-à-dire sur quelque chose d'immuable, d'indépendant de la valeur personnelle de ceux qui le représentent; et, puisque les puissances avaient arrêté dans leur sagesse que la Grèce aurait un roi, il était bon, il était utile que ce roi fût choisi dans l'une de ces familles souveraines que le respect des peuples et une possession séculaire ont investies du privilége de personnifier l'autorité monarchique. C'est ce que sentaient fort bien les Grecs; ils attendaient avec une vive impatience le choix des plénipotentiaires; mais, quel qu'il dût être, le roi futur était assuré d'avance des sympathies de son peuple.

Les candidats ne manquaient pas : nous avons déjà nommé le duc de Nemours; il fut écarté par la jalousie de l'Angleterre. La France à son tour n'aurait pas souffert une élection qui eût assuré la prépondérance à l'Angleterre ou à la Russie. Les trois puissances convinrent donc que leur choix collectif ne tomberait sur aucun de leurs princes. En conséquence, la France proposa le prince Charles de Bavière, et, sur son refus, le prince Othon, son frère : ils étaient tous deux fils de ce roi de Bavière qui avait si chaleureusement épousé et soutenu la cause des Hellènes. L'Angleterre patronnait le prince de Hesse-Hombourg, la Russie le duc Bernard de Saxe. Aucun de ces princes n'ayant réuni l'unanimité des suffrages, la France mit en avant le prince Jean de Saxe, qui n'accepta pas. Enfin l'Angleterre proposa le prince Léopold de Saxe-Cobourg, qui fut agréé par les trois puissances.

Ainsi, après une lutte de sept années, après des souffrances inouïes, l'opiniâtreté des Grecs, soutenue par la sympathie des peuples chrétiens, avait forcé la diplomatie à consacrer le triomphe de ce qu'elle appelait d'abord leur rébellion. Bel exemple pour les nations opprimées qui espèrent leur délivrance des négociations pacifiques! Si les Grecs avaient attendu pour se soulever qu'ils fussent assurés de l'appui de quelque puissance, s'ils n'avaient pas fatigué l'Europe du bruit de leurs combats, si leur espoir n'eût prolongé contre toute attente cet affreux spectacle, auquel l'Europe assistait en frémissant, de l'agonie d'une nation qui se débat sous l'étreinte du bourreau, la diplomatie les aurait condamnés, Ibrahim aurait pu achever son œuvre, et la Grèce n'existerait plus ou serait esclave. Ils ont persisté, et pour récompense de leur indomptable énergie, ils ont reçu le droit de vivre non plus comme race, comme troupeau, mais comme peuple; récompense magnifique, qui paye largement tant de sang versé, puisqu'il est dans la destinée de l'humanité de n'acheter la moindre conquête qu'au prix des plus terribles souffrances.

Ce petit peuple, à la fois si vieux et si jeune, sortit de cette lutte épuisé, mais retrempé pour l'avenir. Que de progrès accomplis pendant ces sept années, qui ne présentent cependant que la confusion d'une guerre effroyable! D'abord les fils dispersés de l'ancienne Grèce ont retrouvé au fond de leur mémoire, dans la communauté du péril, l'image de la patrie commune, protégée par l'égide de la religion. Puis peu à peu les besoins de la défense ou de l'attaque, et aussi la triste expérience de la discorde ont révélé à ces paysans grossiers, à ces sauvages montagnards, à ces chefs de bandes indisciplinées, la nécessité d'un gouvernement; et peu à peu, quoique bien incomplétement encore, leurs esprits se sont ouverts aux idées nouvelles pour eux, de loi, d'ordre public, de police, d'administration, de respect pour l'autorité reconnue. Que l'on songe à l'abrutissant despotisme qui pendant quatre cents ans avait pesé sur eux, à cette barbarie à la fois brutale et stupidement orgueilleuse dont ils étaient entourés, et peut-être s'étonnera-t-on de la promptitude avec laquelle ils ont accueilli, facilité, opéré en eux-mêmes cette révolution morale qui d'ordinaire demande le lent travail de plusieurs générations, et on leur reprochera moins amèrement de ne pas l'avoir encore achevée; enfin, on trouvera dans les difficiles circonstances au milieu desquelles elle fut commencée, sinon une justification, du moins une excuse pour les excès qui trop souvent ont déshonoré une noble et sainte cause, pour les erreurs qui l'ont compromise et qui entraveront encore l'établissement de la liberté dans la paix. Et quelle est donc la nation à qui quelque époque de son passé n'interdise de juger sévèrement les fautes d'un peuple qui ne fait que de renaître?

LIVRE SIXIÈME.

LA GRÈCE DEPUIS LA PAIX AVEC LA PORTE JUSQU'A NOS JOURS.

1830-1858.

CHAPITRE I.

Années 1830 et 1831.

ADMINISTRATION DE CAPO D'ISTRIA DEPUIS L'ÉLECTION DU PRINCE LÉOPOLD. — SA MORT.

Quoique bien peu d'hommes en Grèce connussent le nom du prince désigné par les puissances, la nouvelle de son élection y excita une joie universelle. Tous saluaient en lui la consécration de la liberté reconquise, la renaissance de la patrie, l'établissement de l'ordre public, les espérances de l'avenir. Mais l'allégresse fut tempérée par un douloureux regret, lorsqu'on apprit que le même traité qui proclamait l'existence politique de la nation grecque la démembrait, et que la Crète, Samos, Chios, l'Étolie et l'Acarnanie, tant de fois inondées du sang chrétien, expiaient par la continuation de leur esclavage le tort de leur situation géographique. D'ailleurs sept années de guerre et de désordres de tout genre avaient laissé partout des traces qui ne pouvaient disparaître que par de longues années de paix. Des milliers de familles exilées des territoires que les traités restituaient à la Porte, et qui n'osaient ou ne voulaient pas y retourner, demandaient au gouverneur des champs et un asile pour prix de leur dévouement devenu stérile. De toutes parts des prétentions s'élevaient souvent trop justes pour que le gouvernement les écartât sans les entendre, souvent aussi trop exagérées pour qu'il y fît droit. Déjà s'agitait, dans l'attente de l'arrivée du roi, la cohue immense des ambitions ; déjà se croisaient les intrigues. Triste spectacle ! Les héros de la veille se changeaient d'avance en solliciteurs, et dès lors commençait la chasse aux places, qui devait devenir un des fléaux de la Grèce.

Dans ces circonstances, la conduite de Capo d'Istria fut étrange. Il feignit de céder à l'entraînement général. Dans des lettres pressantes, presque impérieuses, il insistait auprès du prince Léopold pour qu'il vînt au plus tôt ceindre la couronne ; mais en même temps il lui en montrait les épines avec un zèle au moins intempestif. On eût dit qu'il voulait effrayer le jeune prince, qu'il savait timoré et sans expérience, par le tableau des difficultés qui l'attendaient ; il ne lui parlait que de l'immensité de sa tâche, et semblait douter que le succès fût possible ; il s'exprimait, au sujet de la responsabilité qui allait peser sur le nouveau roi, en termes qui devaient le faire frissonner et en même temps lui donner une pauvre opinion de la Grèce, de son peuple et de ses chefs. Il insistait sur le mécontentement causé par la fixation des frontières, et affectait les craintes les plus sérieuses : « Le fait est, écrivait-il le « 6 avril, que les esprits se montent, « et que ce ne sera pas chose aisée que « de les calmer. J'ai fait tout ce qui « dépendait de moi pour y réussir, et « je le ferai encore ; mais, je le répète à « Votre Altesse, qu'elle vienne elle-« même y contribuer et j'aime à croire « qu'alors ma tâche deviendra moins « difficile. » Il lui fait un tableau peu flatté de la vie qu'il va mener, et il se donne sans hésiter comme modèle : « Si j'ai eu quelque succès dans l'opi-« nion de ce peuple, s'il ne cesse de me « donner les preuves d'une confiance « sincère et illimitée, c'est qu'il me « voit constamment partager en per-« sonne ses misères et ses souffrances « dans le hut unique de les soulager. « C'est au bivouac, c'est sous le pauvre « abri d'une chaumière, n'importe l'in-« tempérie des saisons, mon âge et « mes infirmités, que le peuple et les « soldats m'ont souvent entretenu de

« leurs intérêts, qu'ils ont appris à me
« connaître, et que j'ai pu aussi leur
« inspirer le sentiment de tout ce qu'ils
« se doivent à eux-mêmes, à leur gou-
« vernement et au monde civilisé. J'o-
« serai, mon prince, vous le dire : c'est
« à cette première épreuve que les Grecs
« vous attendent. Si vous vous présen-
« tez à leurs yeux comme un grand
« seigneur qui ne peut endurer leur
« pauvreté et leurs privations, au lieu
« de leur imposer, vous vous privez
« volontairement du moyen le plus sûr
« d'agir utilement sur leur esprit. L'oc-
« casion de faire ce premier sacrifice
« vous est offerte. Venez donc assis-
« ter en personne aux opérations dif-
« ficiles et douloureuses de la délimita-
« tion, et ne souffrez pas que d'autres
« s'en chargent à votre place. » (Lettre
du 6 avril 1830). N'y a-t-il pas dans
cette singulière invitation, et surtout
dans la manière dont elle est faite, une
secrète ironie? Encore ne répond-il pas,
même au prix de ce premier sacrifice,
des dispositions des Grecs : « Je me
« trompe peut-être, ajoute-il ; mais je
« n'oserais pas vous répondre d'un ac-
« cueil tel que cette nation le doit à
« son souverain, si vous arriviez au
« milieu d'elle précédé ou accompagné
« du silence le plus complet sur les
« trois points mentionnés ci-dessus. »
Ces trois points concernent la religion
du prince, la forme du gouvernement,
et les garanties à donner aux citoyens
qui avaient fait de grands sacrifices pendant la guerre. Sur ces trois points et
sur bien d'autres, la conférence européenne ne s'était pas prononcée ; son
intention n'était ni ne pouvait être d'entrer dans le détail des institutions du
nouveau royaume. Capo voulait que le
prince prît dès lors l'engagement d'embrasser la religion grecque, de donner
à la Grèce une constitution, et de se
conformer aux décrets de l'assemblée
d'Argos pour tout ce qui concernait les
indemnités. Le changement de religion
surtout répugnait à la conscience du
prince : Capo d'Istria ne suppose pas
même qu'il puisse délibérer ; et il affecte en même temps d'attacher à cette
abjuration, que le traité n'exigeait point,
dont aucun protocole n'avait fait mention, une importance capitale : « C'est

« à vous, mon prince, lui dit-il, qu'il
« est réservé de rassurer la Grèce sur
« ce point majeur, en lui annonçant que
« Votre Altesse Royale embrassera et
« professera avant tout sa commu-
« nion. » Il critique en termes fort
vifs l'œuvre de la conférence, en signale
les lacunes, l'incohérence, se fait l'interprète du mécontentement et de l'inquiétude des Grecs : « Les hommes les
« plus avancés dans la civilisation ne
« voient la patrie, l'indépendance et
« la liberté que dans leurs intérêts per-
« sonnels et dans le présent. Comment
« peut-il se faire que les Grecs, à
« peine délivrés du joug musulman,
« sortis à peine de l'abîme d'une révo-
« lution, conçoivent favorablement l'a-
« venir que leur destinent les actes de
« la conférence de Londres, lorsque ces
« actes ne leur présentent aucune ga-
« rantie? On a statué sur l'égalité des
« cultes sans y ajouter au moins l'épi-
« thète de chrétiens ; et l'on ne dit
« pas le mot de la religion orthodoxe
« grecque, qui est celle de l'État. On a
« fondé un gouvernement monarchi-
« que et héréditaires : mais on n'a pas
« annoncé en même temps aux citoyens
« qu'ils ont le droit d'y prendre part.
« On a renouvelé la promesse de l'em-
« prunt : mais on ne laisse pas même
« entrevoir que cet emprunt offrira
« quelque secours au pays qu'il grève
« d'une nouvelle dette. Enfin, le nou-
« vel État est d'une part soulagé des
« indemnités que lui imposait le proto-
« cole du 22 mars ; mais de l'autre l'ar-
« ticle de l'amnistie le menace de l'obli-
« gation onéreuse de rendre aux Turcs
« qui voudront rentrer en Grèce leurs
« propriétés. Ces dispositions sont ex-
« primées de manière à faire appréhen-
« der aux Grecs qu'elles tendent à
« faire attaquer de front et à compro-
« mettre à la fois les intérêts de toutes
« les classes : marins, soldats, cultiva-
« teurs, employés publics, tous se
« croient à la veille de perdre jusqu'à
« l'espoir de se refaire de leurs longues
« infortunes.
« Ce sont ces hommes que je suis
« condamné à voir à chaque instant ;
« mon cabinet ne désemplit pas. Je fais
« tout ce qui dépend de moi pour les
« tranquilliser. Je tâche de leur démon-

« trer que leurs alarmes sont sans motif ;
« mais la confiance n'est plus de sai-
« son. J'avais ce pressentiment il y a
« peu de jours, et je me suis fait par
« conséquent un devoir de supplier
« Votre Altesse Royale de hâter son ar-
« rivée en Grèce. Aujourd'hui mon
« pressentiment commence à se réali-
« ser, et ce sont les faits qui me
« portent, mon prince, à vous réitérer
« la même prière.

« Il y a des mauvais esprits et des
« intrigants en Grèce comme partout
« ailleurs ; mais ici y en a plus en-
« core. Des étrangers, qui n'ont cessé
« depuis longtemps de semer la dis-
« corde, continuent aujourd'hui plus
« que de coutume leurs coupables me-
« nées. C'est avec une effronterie qui
« se donne des airs d'autorité qu'ils ré-
« pètent à ceux même qui ne veulent
« pas les entendre que si la Grèce est
« réduite à la frontière de l'Aspro-Pota-
« mos, si Candie et Samos sont rendus
« aux Turcs, et si les autres clauses du
« protocole ne sont pas plus conformes
« à ses vœux légitimes, c'est que l'Eu-
« rope a dû se garantir des vastes et am-
« bitieuses combinaisons politiques du
« gouvernement provisoire actuel. Or
« ce gouvernement provisoire, c'est
« moi ; et ces vastes et ambitieuses
« combinaisons, ce sont mes prétendues
« relations secrètes avec la Russie.

« Quelque absurdes et ridicules que
« soient ces insinuations, elles ne man-
« quent pas cependant de produire une
« impression funeste. Il n'y a pas de
« Grec qui n'ait souffert des pertes con-
« sidérables ; il n'y en a pas qui n'es-
« père des dédommagements. Tous ceux
« donc qui se croient près de porter la
« peine de la confiance qu'ils ont placée
« en moi m'accablent de leurs demandes ;
« ils ne voient de salut que dans les
« concessions que je leur ferai. Ce
« n'est pas de quelques individus qu'il
« s'agit : ce sont les communautés
« d'Hydra, de Spezzia, et de Psara ;
« c'est l'armée, c'est la milice, ce sont
« leurs chefs, ce sont enfin toutes les
« provinces. »

Et il poursuit le bilan de la détresse publique : la banque est épuisée ; les fermiers ne paient plus ; on ne trouve pas d'acheteurs pour les biens nationaux ; les revenus ne rentrent pas ; le peu qu'on a va être dépensé ; et d'ici à un mois il faut un million ; et si cette somme n'arrive pas à cette date, le gouverneur laisse entrevoir des révoltes, des défections, des catastrophes qu'il se garde bien de préciser. Point de milieu : un million ou de nouvelles révolutions ! Et il termine par l'invitation ordinaire : « J'ai fait part à Votre
« Altesse Royale des considérations
« majeures qui doivent l'engager à se
« trouver sur les lieux pour diriger en
« personne les opérations difficiles de
« la délimitation ; aujourd'hui d'autres
« considérations non moins graves, et
« qui ont trait à la situation intérieure
« du pays, m'imposent le devoir de
« vous réitérer, mon prince, avec plus
« d'instance le même vœu. Jusqu'à son
« accomplissement, je ne négligerai
« aucun effort pour maintenir dans les
« provinces la tranquillité et l'ordre dont
« elles jouissent maintenant. J'aime à
« espérer qu'avec l'aide de Dieu j'y
« réussirai, si toutefois les secours pé-
« cuniaires arrivent à temps, et si,
« comme j'ai pris la liberté de l'annon-
« cer dans ma lettre particulière, Votre
« Altesse Royale les apporte elle-
« même. »

Le prince ne pouvait apporter une si forte somme, surtout pour une échéance si rapprochée ; Capo le savait bien ; pourquoi donc revient-il si souvent, et avec tant d'insistance, sur ce pénible sujet ? Mais surtout pourquoi ne montre-t-il jamais au jeune prince que les difficultés de la tâche immense, ingrate, presque périlleuse qu'il entreprend ? Ce n'est pas qu'on pût taxer Capo de fausseté, ni même d'exagération ; le triste exposé qu'il trace de la situation est d'une stricte exactitude ; seulement il ne dit pas tout, et il laisse entendre trop. Depuis le commencement de la guerre, les Grecs n'avaient jamais eu tant de ressources qu'ils en possédaient alors ; sans argent ils s'étaient insurgés ; sans argent ils avaient combattu, vaincu ; sans argent, jeté les premières bases d'une organisation régulière ; et quoique assurément ils en eussent un extrême besoin pour achever l'œuvre de leur régénération, la crise qu'ils traversaient n'était pas, comme Capo le donnait à entendre au prince, une de celles qui compromettent l'existence d'une nation surtout jeune et pleine d'espérance. C'est ce qu'il ne voyait pas ou ne voulait pas avouer. Il se peint dans sa correspondance; on y reconnaît la plume habile du diplomate qui pèse chaque mot et calcule jusqu'à l'effet d'une réticence; on chercherait en vain à surprendre une expression qui décelât, sous la froideur officielle de l'homme d'État, les sympathies du patriote pour les maux qu'il est appelé à guérir ou le sentiment d'une juste admiration pour l'héroïsme de ses concitoyens; il n'arrête ses yeux et sa pensée que sur les désordres, les misères, les petitesses qui trop souvent compromirent la cause de la Grèce, et c'est là le sombre tableau qu'il présente à l'imagination du jeune prince. Dans quel but? Il est facile de le deviner, quand on rapproche ses lettres de certains actes de son administration.

Malgré ses protestations de désintéressement et d'abnégation, Capo ne voyait pas sans regret approcher le moment où il lui faudrait remettre entre les mains d'un autre des fonctions qu'il avait espéré perpétuer entre les siennes ou peut-être échanger contre un titre plus pompeux. Les transports de joie qui éclatèrent en Grèce à la nouvelle de l'élection du prince Léopold irritèrent son dépit, et il ne put le cacher. Partout on souscrivait des adresses qui devaient porter au prince les félicitations de ses futurs sujets et l'invitation pressante de hâter son départ. Il est possible que pour les ennemis du gouverneur ces adresses fussent des machines de guerre, car déjà l'opposition en était réduite à chercher les moyens de se manifester sans donner prise aux vexations arbitraires du gouvernement; mais nul doute qu'elles n'exprimassent les sentiments réels de la population, qui n'avait aucune raison pour les cacher. Capo affecta de voir dans ces démonstrations de joie des protestations contre son gouvernement; et, comme si l'opposition eût été nécessairement factieuse ou illégale, il fit saisir les adresses, destitua les fonctionnaires qui les avaient signées, et poursuivit plus ou moins ostensiblement les autres signataires. Pour justifier ces mesures, il se fondait d'abord sur l'irrégularité de la manifestation, disant que les adresses devaient être transmises par voie hiérarchique et sous le contrôle du gouvernement, qui sans doute se serait fait un plaisir de les transmettre au prince; en second lieu, il déclarait qu'il était à sa connaissance que, sous une agitation en apparence inoffensive, se cachaient des menées séditieuses, dont la preuve ne fut jamais fournie. En réalité, il voulait tenir le prince élu dans l'ignorance du véritable état de l'opinion publique en Grèce, et il y parvint. Les adresses furent interceptées, ou il n'en arriva qu'un petit nombre à leur destination. Le prince, égaré par des rapports infidèles, effrayé de l'immensité de la tâche, de la responsabilité qui allait peser sur lui, d'ailleurs répugnant à l'idée de changer de religion (quoiqu'une abjuration n'eût pas été nécessaire), renonça au trône de Grèce : il abdiqua dans les formes, le 21 mai 1830.

L'abdication du prince Léopold rejeta la Grèce dans l'anarchie. Le président, raffermi au pouvoir pour un temps indéfini, ne ménagea plus ses adversaires et s'en fit des ennemis irréconciliables; d'autre part l'opposition, qu'avait jusque là contenus l'espoir d'obtenir plus de faveur auprès du roi, éclata. Dès ce moment l'on put prévoir le renouvellement prochain de la guerre civile.

La nouvelle de la révolution de Juillet vint compliquer encore la situation. Pendant que l'opposition recherchait l'appui de la France et de l'Angleterre, le gouverneur, qui voyait déjà les Russes à Paris, se rapprocha plus que jamais de l'amiral russe, Ricord. Cependant, en cas de guerre, l'amiral russe, éloigné de tous secours, placé entre deux flottes supérieures en nombre à la sienne, eût eu de la peine à se défendre, et Capo d'Istria se fût trouvé sans appui. Des deux côtés on s'observait; mais l'alliance ne fut pas officiellement rompue.

L'opposition s'organisait et devenait formidable. Elle avait pour centre et principal point d'appui l'île d'Hydra, dont la population, ruinée par la guerre et mécontente du gouverneur, offrait à ses ennemis un refuge, une garde et le concours de ses marins. Elle était dirigée par Maurocordato, servie par Miaoulis, Canaris et beaucoup d'autres chefs illustres ; et certes, le président eût-il eu de son côté l'évidence du droit, c'était pour lui un fâcheux symptôme que d'avoir à combattre de tels hommes. Son habileté ne put donner le change aux représentants des puissances alliées ; il devenait de plus en plus clair que Capo-d'Istria n'était plus qu'un chef de parti, et ce parti diminuait tous les jours. L'opposition se sentit bientôt assez forte pour sortir de la légalité, qu'elle avait jusqu'alors respectée. Les Hydriotes chassèrent les autorités établies et nommèrent une commission, qui fut elle-même remplacée par un véritable conseil de gouvernement. L'insurrection se propagea en quelques jours dans toutes les îles ; le Magne n'avait pas attendu le signal pour s'armer ; le nord s'agitait. Partout l'insurrection avait pris pour mot de ralliement : réunion d'une assemblée nationale, et mise en vigueur d'une constitution. Le président, appuyé sur l'ancien parti des militaires, et principalement sur Colocotroni et Nicétas, retenait à grand'peine le Péloponèse dans l'obéissance, et surveillait d'un œil méfiant les mouvements des commandants alliés. La France et l'Angleterre observaient la plus stricte neutralité ; il n'en était pas de même de l'amiral russe, qui prit ouvertement parti pour le président ; son intervention fut pour la Grèce la cause d'une grande catastrophe.

La flotte grecque, composée de la belle frégate l'Hellade, de deux corvettes, de deux bricks, de deux bateaux à vapeur, et de plusieurs vaisseaux d'une moindre dimension, était à l'ancre, désarmée depuis la paix, dans le canal de Poros ; la victoire était assurée à celui des deux partis qui s'en mettrait en possession. Le gouverneur y envoya un détachement, la commission d'Hydra Miaoulis avec quelques soldats. Miaoulis arriva le premier ; il arma les vaisseaux en toute hâte, et se mettait en devoir de les faire sortir ; il trouva le passage gardé par l'amiral Ricord, qui le somma d'abandonner les bâtiments, le menaçant de l'y contraindre par la force. Miaoulis répondit : « Qu'il res-
« pectait les puissances protectrices,
« mais qu'il n'avait pas d'ordres à rece-
« voir de l'amiral russe individuellement ;
« que rien ne l'empêcherait d'exécuter
« ce qui lui avait été ordonné par la
« commission constitutionnelle d'Hy-
« dra, et que, s'il était attaqué, il se
« défendrait ; que si, contre son attente,
« les commandants des stations navales
« de France et d'Angleterre se réunis-
« saient à l'amiral pour agir au nom de
« l'alliance, il se laisserait couler sans
« tirer un coup de canon, mais qu'il
« saurait mourir au poste qui lui avait
« été assigné. » Les résidents anglais et français, loin d'approuver l'amiral russe, lui firent promettre de ne commettre aucun acte d'hostilité avant qu'ils n'eussent vu le gouverneur. Au gouverneur, ils refusèrent formellement de prendre parti dans la guerre civile ; mais ils lui offrirent leur médiation, et l'engagèrent à convoquer une assemblée nationale. Le gouverneur se rendit à leurs représentations, et ils apportaient sa réponse aux insurgés et à l'amiral russe ; il était trop tard. Pendant leur absence, des coups de fusil avaient été échangés entre les insurgés et les gouvernementaux ; l'amiral russe avait canonné un bâtiment grec, menacé les autres, et Miaoulis, fidèle à sa parole, avait mis le feu à la flotte ; l'Hellade et une corvette sautèrent en l'air ; les résidents anglais et français, qui arrivaient en ce moment, purent entendre le bruit de l'explosion. Le reste de la flotte fut préservé de l'incendie. Miaoulis se retira au milieu d'une grêle de balles. Les gouvernementaux se jetèrent sur Poros, et la mirent au pillage comme une ville prise.

La déplorable fermeté de Miaoulis frappa de stupeur même l'opposition, et eût gagné des partisans au gouverneur, si l'ignoble conduite des gouvernementaux à Poros n'eût excité l'indignation de toute la Grèce. Les officiers français du corps d'occupation témoignèrent hautement leur dégoût. Cependant le gouverneur félicita les troupes de leur victoire, sans hasarder la moindre allusion aux désordres qui l'avaient accompagnée. Peut-être ne le pouvait-il pas. D'ailleurs l'avantage lui restait, et il comptait bien en profiter. Pour désarmer l'opposition, il convoqua une assemblée nationale pour le 1ᵉʳ octobre suivant. En même temps, il faisait instruire le procès de ceux des insurgés qui étaient tombés entre ses mains à Poros : c'était le petit nombre ; les chefs les plus influents, toujours réunis à Hydra, se riaient de ses procédures. Les légers bâtiments des Hydriotes, bravant la croisière établie devant leur île par l'amiral russe, visitaient sans cesse les autres îles, les côtes du Péloponèse, le Magne surtout, qui était en pleine insurrection ; des émissaires, des lettres entretenaient l'agitation. Les nouvelles les plus absurdes circulaient, lancées avec une égale profusion par les deux partis. Chaque jour l'Apollon, journal rédigé à Hydra, contenait le récit de quelque nouvelle conspiration du gouverneur contre la liberté et même l'existence de la Grèce. De son côté le gouverneur, qui haïssait les Français et aurait voulu les remplacer par les marins de la flotte russe, faisait ou laissait propager parmi les habitants ignorants des campagnes le bruit qu'ils voulaient envahir le Péloponèse pour leur compte.

C'est au milieu de cette confusion que se firent les élections ; violences, falsifications de pièces, mensonges, abus de pouvoir, tout fut mis en usage par les deux partis avec le cynisme le plus éhonté. A mesure que l'opposition parvenait à faire élire un des siens, il s'embarquait comme il pouvait et se rendait à Hydra, où les députés se trouvèrent bientôt en assez grand nombre pour former à eux seuls un congrès. Ils offrirent au gouverneur, pour terminer ces déplorables querelles, de se transporter à Argos, où devait se réunir l'assemblée nationale, et de s'y joindre aux autres députés. Le gouverneur, tout en feignant d'accepter leurs propositions, exigeait qu'ils fissent préalablement leur soumission ; puis, voyant approcher le jour fixé pour la réunion de l'assemblée sans qu'on fût arrivé à une solution, il la prorogea sans fixer de date. Évidemment on était plus éloigné que jamais d'une réconciliation, quand un funeste événement vint mettre le comble à l'anarchie : le 6 octobre 1831, au moment où le gouverneur entrait dans l'église de Saint-Spiridion pour y entendre la messe, selon son usage, il fut assassiné par deux hommes de la famille des Mavromichalis, Constantin et Géorgaki.

Ce tragique accident a été dénaturé par l'esprit de parti, et il importe de bien établir la vérité ; on a dit en Grèce et on a répété en Europe que le crime avait été médité et décidé en conseil par l'opposition. Aucun document n'autorise de pareilles imputations, que dément d'ailleurs le caractère des hommes sur lesquels on pourrait la faire peser. Voudrait-on faire passer un Maurocordato, un Miaoulis pour des assassins ? Ils étaient les ennemis du gouverneur, mais ils le combattaient au grand jour et loyalement. A-t-on besoin de recourir à un complot dont on n'a jamais fourni la moindre preuve pour expliquer un fait si facile à expliquer ? Les assassins étaient du Magne, un de ces pays sauvages où les mœurs autorisent la vengeance privée comme un droit et quelquefois l'exigent comme un devoir. Ruinés par le nouveau système qu'avait adopté le gouverneur pour la perception des impôts, les Mauromichalis l'avaient toujours regardé comme un ennemi ; de son côté, Capo d'Istria semblait avoir juré leur ruine. Un jour, il avait fait arrêter presque tous les membres de cette famille sur un prétexte frivole. Il tenait encore Piètro Bey, le frère et l'oncle des assassins, en prison ; et ce fut la malheureuse obstination du gouverneur à l'y retenir sans cause et sans le vouloir mettre en jugement, qui fut la cause de sa mort. Constantin fut mis en pièces sur le-champ par le peuple de Nauplie, et son cadavre jeté à la mer. Géorgaki se réfugia chez le résident français, le baron Rouen, qui, ne voulant ni le livrer à la populace ni protéger un meurtrier, parvint à le décider à se laisser conduire jusqu'à la prison. Son procès fut instruit sommairement, en dépit de toutes les formalités, et il fut condamné et fusillé sous les yeux de son père.

CHAPITRE II.

GOUVERNEMENT PROVISOIRE DEPUIS LA MORT DE CAPO D'ISTRIA JUSQU'A L'ARRIVÉE DU ROI OTHON EN GRÈCE.

Années 1831 et 1832.

Dans la stupeur où l'assassinat du gouverneur avait jeté les esprits, l'ordre matériel ne fut pas troublé. A Nauplie, la garde nationale contint les perturbateurs ; le sénat, ou plutôt les membres du sénat présents à Nauplie au moment de l'attentat prirent sur eux, quoique la Constitution ne leur en donnât pas formellement le droit, de nommer une commission de gouvernement provisoire. Comme ces sénateurs étaient presque tous des créatures de Capo d'Istria, ils ne firent entrer dans la commission que des hommes dévoués à sa politique : d'abord son frère, le comte Augustin ; puis Colocotroni, son fidèle soutien, et Coletti. De ces trois noms, celui de Coletti était le seul qui pût rassurer les patriotes sincères ; homme de tête et d'énergie, il avait conservé dans des fonctions délicates sa réputation de probité ; il avait pris une part active et glorieuse à la guerre de l'Indépendance, et ses anciens compagnons d'armes, les capitaines rouméliotes, le regardaient comme un chef dévoué et capable de faire triompher les intérêts de la patrie. Colocotroni avait eu aussi un beau moment, lorsqu'il avait presque seul défendu le Péloponèse contre Ibrahim ; mais son avarice, sa dissimulation, son égoïsme, l'étroitesse de ses vues en faisaient un chef de parti plutôt qu'un citoyen, et le rendaient extrêmement dangereux. Il gouvernait Augustin, qui ne s'en doutait pas. Le caractère d'Augustin était un composé de vanité, d'ambition, d'entêtement, le tout enté sur une nullité qui s'agitait beaucoup pour en imposer aux autres. Sans être méchant, il avait fait beaucoup de mal. N'étant plus contenu par la prudence de son frère, il se jeta dans une politique à outrance, qui ne pouvait amener que des catastrophes.

Le gouvernement, en entrant en fonctions, déclara qu'il ne conserverait les pouvoirs que jusqu'à la réunion de l'assemblée nationale ; d'ici là, Augustin comptait employer assez bien son temps pour être assuré de les garder. Mais il fallait d'abord étouffer l'opposition. Elle demandait quatre choses :

1° L'admission de deux membres du congrès d'Hydra dans la commission gouvernementale ;
2° Une amnistie entière ;
3° La convocation de l'assemblée nationale dans un lieu où elle fût garantie contre toute pression du dehors ;
4° La liberté et la régularité des élections.

Ces propositions si raisonnables furent rejetées ; et même les députés qui les avaient apportées auraient couru risque d'être arrêtés, sans l'intervention des résidents anglais et français.

Le représentant de la Russie, Rückmann, ne prenait plus presque aucune part aux délibérations de ses collègues ; d'ailleurs, homme droit et modéré, il se contentait de garder une attitude expectante. Mais l'amiral Ricord, qui peut-être comprenait mieux que le représentant officiel les intentions de son gouvernement, n'imitait pas sa réserve : il agissait. Sa maison était le rendez-vous de tous les hommes de coup de main, le centre de toutes les intrigues. Là se concertaient les plans les plus téméraires, les machinations les moins loyales contre les Français. Ce parti agissait surtout par le fanatisme religieux, et c'est ce qui lui valut la dénomination de parti napiste, du nom d'un enthousiaste fort populaire à Nauplie. Les napistes mettaient tout en œuvre pour éloigner les Français ; ils allaient jusqu'à répandre le bruit que les chefs de la brigade d'occupation n'étaient pas étrangers à l'assassinat de Capo d'Istria ; et ces misérables calomnies circulaient dans les campagnes avec bien d'autres, et habilement exploitées, elles étaient crues, et soulevaient les passions populaires contre les Français. Leur conduite cependant ne pouvait donner lieu à aucune plainte fondée ; leurs chefs les retenaient dans l'observation de la plus exacte discipline ; loin de subsister aux dépens du pays qu'ils occupaient, ils y répandaient l'argent de leur solde et ne cessaient de travailler à des ouvrages d'utilité publique. Mais ils avaient occupé Calamata, pour protéger cette partie de la Messénie contre les pillages des Maniotes, sans d'ailleurs prendre aucune part à la guerre civile. C'en fut assez pour donner de la consistance aux bruits absurdes d'invasion et de conquête. Pour les faire tomber, les Français finirent par renoncer à toute espèce de participation aux affaires de la Grèce. Le général Gérard, qui avait conservé jusque-là le commandement nominal de l'armée grecque, mais dont la position n'était plus tenable, quitta Nauplie avec tous ses officiers. Leur départ fut fêté par un banquet, et les napistes s'en félicitèrent comme d'une victoire.

C'en était une, en effet ; et, dès ce moment Augustin se donna pleine carrière. Malgré les réclamations des opposants, il avait convoqué les députés à Argos ; cette ville n'est qu'à deux lieues de Nauplie, d'où Augustin comptait bien surveiller de près les opérations de l'assemblée et lui dicter ses volontés. Pour plus de sûreté, il ne laissa arriver au lieu de réunion que les députés de son parti ; ceux de l'opposition se virent refuser des passe-ports ; quelques-uns furent jetés en prison, d'autres poursuivis avec menaces. Les députés étaient ainsi triés, de peur qu'il ne se fût glissé parmi eux quelques intrus. Augustin chargea le sénat, qui lui était dévoué, de la vérification des pouvoirs. Après toutes ces précautions, il se crut sûr du triomphe.

Il en était plus éloigné que jamais. Coletti s'était effacé à dessein derrière ses deux collègues, et, pendant qu'Augustin usait son autorité à force d'arbitraire, que Colocotroni s'oubliait dans les combinaisons de ses intérêts personnels, il ménageait son crédit, et renouait ses anciennes relations avec les capitaines rouméliotes. A sa voix, ils se transportèrent à Argos, suivis chacun de quelques hommes, et, selon leur usage, tous armés. Réunis, ils pouvaient former une troupe d'environ sept cents hommes déterminés. Ils déclarèrent au gouverneur que, ne sachant pas faire de discours, ils entendaient être représentés par leurs amis, et qu'ils ne reconnaissaient pas comme assemblée nationale celle où ils ne voyaient pas figurer les hommes qui avaient combattu à leur tête contre les Turcs. Augustin leur répondit en faisant venir à Argos tout ce qu'il put rassembler de troupes régulières : elles étaient bien réduites, depuis le départ des officiers français, par l'indiscipline et la désertion ; cependant elles étaient encore de beaucoup plus fortes que les Rouméliotes. Ceux-ci protestèrent auprès du sénat, auprès du gouverneur, auprès des résidents étrangers, et se préparèrent à la lutte Ils avaient parmi eux une centaine de députés de l'opposition. Ainsi les précautions d'Augustin n'avaient réussi qu'à réunir ses ennemis sous ses yeux, dans la ville même d'où il avait prétendu les tenir éloignés. Deux assemblées rivales, prétendant toutes deux représenter la nation au nom du même mandat, se menaçaient déjà, et n'attendaient que le même signal pour déchaîner de nouveau la guerre civile.

Le 17 décembre, les députés napistes se réunirent dans une église, sous la garde de Colocotroni, armé jusqu'au dents, et de ses bandes ; ils étaient environ deux cent cinquante ; ils choisirent pour président Bannardos. Le même jour, les représentants de l'opposition se rassemblèrent dans un autre endroit ; ils n'étaient qu'une centaine : mais ils comptaient parmi eux les noms les plus populaires, et Coletti, qui avait jeté le masque : ils donnèrent la présidence à Notaras.

Augustin et Colocotroni remirent leurs pouvoirs à leur assemblée, qui s'empressa de nommer Augustin président avec l'autorité dont avait joui son frère. Mais Coletti ne donna pas sa démission, et resta le chef des opposants.

On ne tarda pas à en venir aux voies de fait. Napistes et Rouméliotes se tiraient des coups de fusil dans la rue ; les habitants commençaient à quitter la ville. Les gouvernementaux se déshonorèrent par le pillage de plusieurs bazars ; les Rouméliotes ne commirent aucun désordre. Enfin, les gouvernementaux ayant reçu mille hommes de renfort, les Rouméliotes se retirèrent, emmenant avec eux leurs malades et leurs députés ; ils arrivèrent sans perte à Mégare. De là, ils appelèrent ouvertement aux armes les amis de la liberté et des lois ; le Magne et Hydra se déclarèrent pour eux. L'assemblée de Mégare nomma une commission gouvernementale, composée de Coletti, de Conduriotis et de Zaïmï. Et les deux gouvernements se combattirent à coups de décrets.

Augustin avait dissous son assemblée aussitôt après en avoir obtenu la prolongation de ses pouvoirs. L'ambassadeur anglais auprès de la Porte, Strafford-Canning, et les résidents étrangers l'engagèrent à faire quelque concession, à promettre la convocation d'une nouvelle assemblée et une amnistie. Augustin aima mieux obéir aux instigations de l'amiral russe que de suivre ces sages conseils ; il mit Coletti hors la loi ; l'assemblée de Mégare le déclara usurpateur.

L'insurrection avait gagné presque toute la Grèce. Le gouverneur ne se soutenait plus dans la Péloponèse que par l'occupation de Nauplie et grâce à l'appui de l'amiral russe. Tous les jours quelques-uns de ses partisans l'abandonnaient ; Hadgi-Cristos, fameux chef de bande, passa dans le camp de Mégare avec deux cent cinquante cavaliers. Enfin, l'armée insurectionnelle se mit en marche et entra dans le Péloponèse. Constantin, réduit aux abois, implora par une lettre fort humble ces mêmes Français qu'il avait tant insultés. Mais déjà les insurgés avaient occupé Argos (7 avril 1832) ; Augustin n'avait plus presque personne autour de lui ; les résidents des trois puissances, qui, dans une telle confusion, ne voulant pas d'ailleurs prendre parti, devaient se borner à constater et à reconnaître l'existence des gouvernements de fait, signifièrent à Augustin sa déchéance. Il s'embarqua, le 8 avril, la nuit, avec le cadavre de son frère, qu'il déposa à Corfou.

Ainsi finit la courte domination des Capos d'Istrias. L'aîné avait assurément rendu des services à la Grèce ; et cependant son administration intérieure l'avait plus démoralisée en trois ans que n'avaient fait l'anarchie et la guerre. Quant à Augustin, il n'avait causé que des malheurs.

Le sénat, d'accord avec les résidents des trois puissances, nomma aussitôt une commission gouvernementale de sept membres : Coletti, Hypsilantis, Zaïmï, Métaxas, Calliopoulo, Botzaris, et Conduriotis. On voyait reparaître les noms glorieux de la guerre de l'Indépendance ; de plus, toutes les opinions étaient représentées dans la commission, même le parti napiste, auquel appartenait Calliopoulo.

Mais le nouveau gouvernement se trouva bientôt aux prises avec ses propres défenseurs. Ce n'était pas le pur patriotisme qui avait armé les Rouméliotes ; ils prétendaient faire payer leurs services ; ils réclamaient l'arriéré de leur solde, et, ne pouvant l'obtenir, parce qu'en effet il n'y avait rien dans les coffres de l'État, ils se mirent à piller Argos, qu'ils occupaient ; ils auraient fait subir le même sort à Nauplie, si le général Guéhéneuc, chef de la brigade française, n'y eût envoyé, sur la demande du gouvernement, le général Corbet avec six cents hommes, qui prirent possession des forts (19 mai) et intimidèrent les mutins. Les Rouméliotes se débandèrent et se jetèrent sur le Péloponèse.

Après la chûte d'Augustin, Tsavellas s'était retiré à Patras avec un millier de soldats, et avait occupé cette ville ; de là il pouvait donner la main à Grivas et aux autres chefs qui pillaient les environs d'Arta et de Missolonghi, tandis que Vasso occupait Salamine et surveillait l'Anatolie. Tsavellas refusa de reconnaître le nouveau gouvernement, et déclara qu'il ne remettrait la ville qu'aux mains du roi. Dans le sud, le vieux Colocotroni, établi à Caritène, s'était nommé de sa propre autorité chef d'un gouvernement provisoire ; sa politique était bien simple : elle consistait à faire rentrer dans ses coffres les revenus de l'Arcadie et de la Messénie ; et, à cet effet, il avait institué un système d'exaction parfaitement entendu. Son lieutenant, Nicétas, toujours en armes, parcourait ces deux provinces pour en écarter les concurrents ; car les Maniotes se précipitaient comme des torrents sur les plaines voisines. Voici le tableau que trace un témoin oculaire de l'état de ces provinces : « A cette époque, au mi-
« lieu des désordres de la guerre civile,
« lorsqu'on approchait de ces habita-
« tions, qui de loin semblaient si riantes,

« on ne trouvait que des murailles cré-
« nelées, récemment sillonnées par les
« balles: partout la misère promenait
« ses haillons sous les délicieux ombrages
« des myrtes et des citronniers; des
« hommes défendaient, le fusil à la main,
« les champs que d'énormes haies de fi-
« guiers de Barbarie et d'aloës ne suffisait
« pas pour garantir. Dans les villages les
« plus à portée des partisans, on ne ren-
« contrait qu'une population de vieil-
« lards et d'enfants. Les hommes, dans
« l'espoir du butin, avaient pris parti
« pour Nicétas ou pour Catzaco, et lors-
« qu'un succès obtenu donnait lieu à
« quelque dévastation, on voyait les
« femmes du Magne descendre de leurs
« montagnes avec des ânes pour em-
« porter non-seulement les portes et les
« fenêtres des maisons, mais encore les
« tuiles, la faïence et jusqu'aux bou-
« teilles cassées..... Tel était l'état de
« presque toute la Grèce à l'époque dont
« il s'agit. » (Pellion, la Grèce pendant
l'occupation Française, IX).

Les seuls points qui fussent à l'abri
des déprédations étaient ceux qu'occupaient les Français, Nisi, Calamata et
quelques autres villes ou villages. Mais
comme les Français se renfermaient
dans les limites de la neutralité la plus
littérale, les partis se battaient presque
sous leurs yeux sans qu'ils intervinssent,
si ce n'est pour s'opposer à des brigandages manifestes. On vit le général en
chef Guéhéneuc, sur l'invitation du gouvernement, marcher sur Patras avec
six cents hommes, parlementer avec
Tsavellas, et se retirer sur le refus formel que fit ce chef de lui livrer la place.
Cette modération, que les Grecs auraient
dû admirer, excitait leur mépris: ils en
vinrent jusqu'à des insultes, presque des
actes d'hostilité à l'égard des soldats ou
des officiers isolés qu'ils rencontraient;
et Colocotroni, leur plus ardent ennemi, encouragé sous main par l'amiral
Ricord, conçut dès lors le projet de se
débarrasser d'eux par un guet-apens.

Telle était la faiblesse du gouvernement, qu'il ne put réunir assez de soldats pour empêcher Calergi, lieutenant
de Colocotroni, de s'établir à deux lieues
de Nauplie, aux Moulins, ni les pallicares
de couper les aqueducs et d'affamer la
ville; Nauplie eût été dans la situation
d'une place assiégée, si les Français
n'eussent délogé les pallicares, d'ailleurs
sans employer la force.

Ce n'était pas que le gouvernement
inspirât des haines bien violentes; mais
il n'avait absolument aucune autorité
en dehors de Nauplie; il était comme
s'il n'était pas. Pour se refaire une popularité, il eut recours au grand moyen,
la convocation d'une assemblée nationale: c'était la cinquième depuis le
commencement de la guerre. Elle se
réunit à Nauplie, sous la présidence de
Notaras (26 juillet 1832). Elle se montra
animée des plus louables sentiments,
publia une amnistie dont les chefs profitèrent pour concerter de nouveaux
plans de guerre, fit un appel à la concorde que personne n'écouta. Mais, tout
imbue de l'esprit libéral des assemblées
de Trézène et d'Épidaure, elle se mit en
devoir de faire aussi sa constitution. Ce
n'était le compte ni du gouvernement,
qui n'entendait pas que son existence fût
remise en question, ni des puissances alliées, qui ne voulaient pas qu'on liât d'a-
vance les mains à leur roi. Deux membres du gouvernement, Zaïmi et Métaxas,
aidés de leurs secrétaires, Tricoupi et Zographos, préparèrent un coup d'État. Le
12 août, l'assemblée fut envahie par
des pallicares armés; les députés furent
dispersés, sauf les plus riches, que les
pallicares retinrent en prison pour les
rançonner. Il est fâcheux que les auteurs
de ce coup d'État aient pu plus tard se
couvrir de l'approbation du roi de Bavière.

La désorganisation gagnait de proche
en proche. Colocotroni conspirait en
plein soleil, et s'il n'établit pas un
gouvernement militaire à côté de la commission existante, c'est parce qu'il ne
put s'entendre avec les autres chefs sur
le partage du Péloponèse. Il s'en consola en perfectionnant de plus en plus
et en étendant le brigandage méthodique qu'il exerçait avec tant de succès
depuis plusieurs années. Les Français
mirent au moins à l'abri de ses tentatives
Coron, qu'ils occupèrent sur l'invitation
des habitants et du gouvernement.

Ostensiblement, la lutte était entre
les gouvernementaux et les Colocotro-
niens; mais en réalité, il n'y avait plus
de partis; la cupidité possédait tous

les cœurs et en avait chassé les nobles passions, et jusqu'à ces haines vivaces, qui du moins ne prenaient pas leur origine dans l'avarice ; le plus sordide intérêt se montrait effrontément, sans même prendre la peine de se déguiser sous le masque du bien public ou du zèle pour un parti ; amasser le plus d'argent possible, par vol, concussion, violence ou autrement, telle semblait être l'unique pensée de presque tous ces hommes, dont la plupart combattaient naguère en héros pour leur patrie et seraient morts martyrs, s'il l'eût fallu, pour leur religion.

Heureusement le moment approchait où tous ces désordres auraient une fin. Le 5 septembre 1832, le gouvernement fit savoir à la nation grecque, par une proclamation, qu'elle allait avoir un roi. Le protocole qui réglait les destinées de la Grèce était daté du 7 mai 1832; en voici les principales dispositions :

1,2,3,4. Organisation de la Grèce en État indépendant; le prince Frédéric Othon de Bavière, souverain héréditaire, avec le titre de roi.

5,6. Fixation des limites par les trois puissances, à la suite de négociations avec le Porte.

7. La France, l'Angleterre et la Russie feront reconnaître le nouveau roi par leurs alliés.

8. En cas de mort sans descendance directe, la couronne grecque passera aux frères du roi et à leurs enfants, sans pouvoir être réunie à une autre couronne.

9. La majorité du souverain est fixée à l'âge de vingt ans.

10. Pendant la minorité, la régence sera confiée à trois conseillers choisis par le roi de Bavière.

11. Le prince Othon conservera son apanage en Bavière et recevra des subsides de son père jusqu'à ce que la dotation soit formée.

12. Un emprunt de soixante millions sera garanti par les trois puissances, chacune pour un tiers; mais les recettes effectives de la Grèce devront avant tout être consacrées au paiement des intérêts et du fonds d'amortissement, sous la surveillance des ministres des trois cours.

13. La compensation à payer à la Porte sera prélevée sur cet emprunt.

14. Un corps de trois mille cinq cents hommes, armé, soldé et équipé par la Grèce, sera levé en Bavière pour remplacer les troupes françaises.

15. Des officiers bavarois seront autorisés par le roi de Bavière à organiser une force militaire en Grèce.

Par un article supplémentaire, les femmes de la famille royale de Bavière sont appelées à régner en Grèce, mais seulement à défaut de mâles.

En même temps l'on apprit que la France avait obtenu de la Porte, moyennant une indemnité de douze millions, la cession des provinces en deçà d'une ligne qui partait du golfe d'Arta et aboutissait au golfe de Volo; ce qui donnait au royaume hellénique, sinon ses limites normales, au moins des frontières naturelles.

« Ces frontières, dit le général
« Pellion, étaient déterminées par une
« ligne partant du golfe Ambracique et
« aboutissant au golfe de Volo, qui
« comprenait, à l'exception de la Punta
« (ancien promontoire d'Actium), toute
« la rive orientale du golfe d'Arta jus-
« qu'aux salines de Caprina, puis re-
« montait la rivière de Lomboli jusqu'au
« Xelona, une des ramifications du
« Pinde, qui s'étend sur la rive droite
« de l'Aspro-Potamos (Achéloüs), em-
« brassant les monts Macrinoros et leurs
« défilés. Du Xélona, la ligne redescend
« vers l'Aspro-Potamos, qu'elle traverse
« à peu près à moitié chemin entre les
« ponts de Corokos et de Tataraïna; un
« peu au-dessous de l'Aspro-Potamos,
« elle suit les sommets de l'Agrapha, en
« remontant le cours de la Platania jus-
« qu'au mont Zournato, et longe en-
« suite les montagnes de Triacinora
« jusqu'à la source de la rivière de Ca-
« ritza, qu'elle descend jusqu'à son em-
« bouchure dans la Midora. De là, elle
« remonte la petite rivière de Mouka
« jusqu'à la montagne d'Ithonia, située
« sur la chaîne principale du Pinde,
« dont elle suit la crête jusqu'à la fon-
« taine de Zacharachivrisi, nœud des
« trois chaînes du Pinde, de l'Orthryx
« et de l'Œta. De ce dernier point,
« elle suit la chaîne de l'Orthryx, en se
« maintenant sur la ligne de partage

« des eaux qui se rendent dans le Sper-
« chius et dans les plaines de la Thes-
« salie, atteint un sommet nommé Sa-
« moudroula, où le Surbiotico prend sa
« source, suit ce cours d'eau jusqu'à
« son embouchure dans le golfe de
« Volo, à l'une des extrémités de la
« baie d'Armiros, près du village de
« Surbis, où elle se termine, après avoir
« parcouru environ trente lieues de l'est
« à l'ouest. Dans la partie ouest, la
« frontière traverse presque perpendi-
« culairement des lignes de cours d'eau
« et de montagnes, tandis que, dans la
« partie est, la chaîne de l'Orthryx, celle
« de l'OEta, ainsi que le cours du Sper-
« chius, sont parallèles.
« Cette frontière a l'avantage d'offrir
« de fortes positions, de séparer deux
« populations dont le contact serait
« dangereux, et de se prêter parfaite-
« ment à une défense combinée par
« terre et par mer. Les profondes inci-
« sions d'Arta et de Zeitoun, et la ma-
« jestueuse chaîne de montagnes qui
« court du littoral de la mer Égée vers
« la mer Ionienne, forment, avec les
« monts qui suivent le cours de l'Aché-
« loüs, une combinaison d'obstacles
« que l'art pourrait rendre facilement
« inexpugnables. Trois passages princi-
« paux traversent les montagnes de Ča-
« prina, au golfe de Zeitoun...... La
« possession des trois routes principa-
« les, les seules par lesquelles l'artille-
« rie de montagne puisse passer, assure
« en grande partie le succès des opéra-
« tions offensives, et complète en même
« temps un bon système de défense. »
Aussitôt après la proclamation, le gouvernement envoya deux de ses membres,
Botzaris et Colliopoulo, et l'amiral
Miaoulis, en Bavière, pour féliciter le
nouveau roi. Trois vaisseaux, une frégate anglaise, une corvette française,
un brick russe, allèrent au nom de l'alliance, l'attendre à Trieste.
Des sept membres qui composaient
au commencement la commission gouvernementale, deux étaient absents par
délégation; deux autres étaient morts,
parmi lesquels le regrettable Hypsilantis,
qui, malgré quelques écarts de présomption, laissait une réputation d'honneur,
de probité, de modération, et emportait l'estime de tous les partis sans
avoir jamais fait à aucun de lâches concessions. La commission gouvernementale se trouvait donc réduite à trois
membres, dont le plus influent était
Coletti. Il s'occupait de mettre quelque
ordre dans les finances; il poursuivait
de tout le pouvoir dont il disposait (et
ce pouvoir était bien peu de chose) les
voleurs publics ou concussionnaires; il
était la terreur du sénat, composé de
créatures d'Augustin. Ce corps discré-
dité, redoutant la sévérité de Coletti,
tenta à son tour un coup d'État; il se
réfugia secrètement à Spezzia, et là,
sous la protection des canons de la flotte
russe, proclama la déchéance de Coletti;
il poussa la démence jusqu'à nommer
président de la Grèce l'amiral russe, le
vaniteux Ricord, qui eut cependant le
bon sens de refuser. Le ridicule fit justice
de cette folle équipée.

Il semble que la prochaine arrivée
du roi dût amortir l'animosité des partis; c'est le contraire qui arriva. Il n'y
avait pas d'ambitieux, pas d'intrigant,
c'est-à-dire il n'y avait à peu près personne qui ne voulût se faire un mérite
de son importance, pour obtenir la faveur du roi; tous se disputaient les lambeaux d'un pouvoir chimérique avec un
acharnement incroyable.

Les Français, commandés par le général Corbet, avaient pris position sous
les murs d'Argos; la ville était encom-
brée par les pallicares que Colocotroni y
avait envoyés de tous les points du Péloponnèse, et peut-être avec l'intention
arrêtée d'exécuter de sinistres projets.
Ils se promenaient fièrement, portant
sur eux un arsenal de sabres, de pistolets, et regardaient avec dédain ces
petits soldats si pauvrement équipés,
ces militaires si pacifiques, ces officiers
si circonspects. Au moment où les hommes qui étaient de corvée sortaient de
la caserne pour aller aux provisions,
ils sont tout à coup entourés par une
multitude armée; les yatagans brillent,
les balles sifflent; plusieurs Français
surpris sont tués et blessés. En même
temps un feu nourri part des maisons
voisines contre la caserne. Les pallicares s'attendaient à une guerre de coups
de fusil. Tout à coup la porte de la caserne s'ouvre, et la petite troupe française s'élance, s'engage sans hésiter dans

la ville; la mitraille balaie les rues; les soldats enfoncent les portes des maisons, tuent ce qu'ils rencontrent. Les pallicares gagnèrent la campagne, poursuivis de près par les voltigeurs corses. Le soldat furieux vengea en une heure les affronts qu'il avait dévorait en silence depuis trois ans. Cent cinquante pallicares perdirent la vie; encore le général français, pour éviter une plus longue effusion de sang, fit-il battre le rappel aussitôt qu'il vit l'ennemi en fuite. Les Français avaient environ une vingtaine d'hommes tués.

Le général Corbet fit fusiller pour l'exemple deux pallicares convaincus de tentative d'assassinat sur la personne d'un de ses officiers. D'ailleurs, satisfait de la leçon qu'il avait donnée à ses imprudents aggresseurs, il ne poussa pas plus loin la répression. Tous les chefs grecs n'avaient pas trempé dans le complot; Hadgi-Cristo avait cherché à le prévenir; Strato avait prédit aux pallicares que si un engagement avait lieu, ils terniraient en une heure la gloire qu'ils avaient conquise en dix ans sur les Turcs, et que l'odieux de la trahison retomberait sur eux. Quant à Colocotroni, qui avait promis d'appuyer les combattants, il se garda bien de bouger de Tripolitza. Le gouvernement publia une proclamation pour flétrir les auteurs de ce lâche attentat: il ne pouvait rien de plus. Mais les pallicares avaient appris que la modération n'est pas toujours une preuve de faiblesse, et ils respectèrent depuis ce temps le drapeau et l'uniforme français.

Le roi Othon s'était embarqué à Brindes le 14 janvier 1833; il jeta l'ancre le 1ᵉʳ février dans la rade de Nauplie, et les troupes bavaroises commencèrent leur débarquement. Cinq jours après, le roi fit son entrée solennelle dans la ville, au son des canons des vaisseaux alliés et des forts, au milieu d'une population ivre de joie. Vraiment en ce jour tous les partis étaient confondus; c'était un de ces rares et magnifiques moments où tous les cœurs battent à l'unisson, où tout un peuple, emporté par un commun élan d'enthousiasme, s'ouvre aux sentiments les plus généreux. Ce jeune roi, dont les Grecs admiraient la bonne grâce, qu'ils aimaient déjà pour son affabilité, personnifiait à leurs yeux l'indépendance si chèrement achetée, et des espérances de paix et de concorde.

CHAPITRE III.

RÈGNE D'OTHON DEPUIS SON ARRIVÉE EN GRÈCE JUSQU'A LA CONSTITUTION.

1833-1843.

Le conseil de régence était composé du comte d'Armausperg, président, du conseiller de Maurer, et du général Heydeck, ce dernier connu pour la part active qu'il avait prise comme philhellène à la guerre de l'Indépendance. Pour marquer son désir d'effacer les souvenirs de discorde passés et de maintenir la paix, le gouvernement publia d'abord l'amnistie la plus large; puis, quand il procéda à la réorganisation de l'administration publique, il appela indistinctement à lui des hommes de toutes les opinions. Seul Colocotroni fut tenu à l'écart: les prétentions qu'il affichait, le faste avec lequel il avait bravé le jeune roi à son arrivée, en se montrant à lui au milieu d'une troupe de pallicares, ne laissaient aucun doute sur ses dispositions: en effet, il méditait dès lors de nouveaux plans de rébellion. Il n'osa pas s'opposer à l'occupation de Caritena, sa place d'armes, par un détachement bavarois; le reste des troupes que le roi avait amenées avec lui fut distribué par petits postes dans les forteresses, dans les îles, et échelonné le long des frontières du nord. La tâche des Français était accomplie: ils se rembarquèrent au mois d'août 1833, emportant les remercîments de la régence, et laissant derrière eux, comme traces de leur passage, des ponts, des routes, des fortifications, des casernes, en un mot des ouvrages utiles et durables, sans compter une partie de leur matériel, qu'ils abandonnèrent généreusement au gouvernement grec.

Les principales difficultés venaient des bandes armées qui parcouraient le pays. Le gouvernement leur offrait d'entrer dans les troupes régulières; mais ces hommes, habitués à la vie d'aventure et de vagabondage, ne pouvaient supporter l'idée de la discipline;

la plupart d'entre eux refusèrent, et regagnèrent leurs montagnes, non sans commettre mille excès sur leur passage. Dans le nord, des villes entières furent pillées; Arta resta plusieurs jours au pouvoir de ces singuliers soldats; ils rançonnaient les étrangers aussi bien que les nationaux; ainsi l'opposition tournait au brigandage, et le brigandage va s'organiser, et devenir le fléau endémique de la Grèce. Quant au gouvernement, sa bonne volonté était paralysée par la pénurie des finances et aussi, il faut le dire, par l'incapacité et l'étroitesse de vue de son tout-puissant président. Le comte d'Armansperg choqua les justes susceptibilités de la nation par toutes sortes de mesures impopulaires, par sa préférence hautement avouée pour les Bavarois, par l'emploi de la langue allemande dans les actes publics, par la création d'une foule de places inutiles, presque toujours données à des Allemands. Les Grecs, qui n'entendaient pas s'être affranchis des Turcs pour se voir exploités par une colonie bavaroise, trouvèrent pour qualifier cet envahissement des étrangers le mot énergique de xénocratie.

La maladresse du gouvernement favorisait les projets de Colocotroni; ce chef turbulent avait formé un plan pour renverser la régence et proclamer le roi majeur; il espérait bien gouverner sous son nom, en s'appuyant sur la Russie. Dans ce péril, la régence agit avec vigueur et promptitude; elle envoya des troupes, qui se saisirent de Colocotroni et de son principal complice, Plapoutas; tous deux furent mis en jugement (1833), à la grande stupeur des paysans, habitués à respecter et à craindre Colocotroni comme le roi du Péloponèse. Mais il conservait toujours des partisans; et la loi inspirait si peu de respect, qu'il en trouva jusque sur les bancs du tribunal. Deux juges sur cinq refusèrent obstinément de signer l'acte de condamnation, quoique le crime fût manifeste. Il fallut que le ministre de la justice, par une démarche solennelle, se rendît lui-même dans la salle des séances et ordonnât au tribunal de passer outre. Colocotroni et Plapoutas furent condamnés à mort (1834). Mais leurs services passés, leur nom, leur influence assuraient la vie de tels coupables. Leur peine fut commuée en vingt ans de détention, et le gouvernement atteignit son but, qui était de ruiner l'autorité de ces tyrans de province.

Le Magne coûta plus de peine à réduire. Ce petit pays était de temps immémorial divisé en une foule de partis qui guerroyaient les uns contre les autres quand ils ne se réunissaient pas pour piller les environs. Depuis les derniers troubles, la discorde, les vengeances particulières, les haines privées avaient si bien répandu le goût du brigandage, qu'il n'était plus un village qui ne fût fortifié; les maisons même étaient crénelées, et plusieurs munies de pièces de canon. Les troupes réglées s'engagèrent dans ce dédale; elles détruisirent la plus grande partie de ces nids de vautours; mais elles subirent plus d'un échec qui ne fit pas honneur aux troupes bavaroises. Les Mainotes renvoyaient leurs prisonniers contre une rançon dérisoire. Il est juste d'ajouter que les troupes qui avaient suivi le roi avaient été recrutées parmi des gens sans aveu, aventuriers incapables de prendre l'esprit militaire, et peu propres par conséquent à faire respecter leur drapeau. Quoi qu'il en soit, le nom bavarois souffrit de leur conduite : il inspirait déjà peu de sympathie; on commença à le mépriser.

Dans le nord, les brigands soutenaient de véritables combats contre les troupes du gouvernement; et, grave symptôme de démoralisation, quand la population ne souffrait pas trop de leurs déprédations, elle embrassait souvent leur parti. Elle se souvenait que pendant des siècles ces audacieux pallicares, réfugiés dans leurs cavernes inaccessibles, avaient conservé un sanctuaire à la liberté, et qu'au jour de la lutte suprême, on les avait vus en descendre les premiers pour délivrer la patrie de la présence de l'oppresseur. Aujourd'hui, après la victoire, ils demandaient en vain au gouvernement qui n'existait que par eux, non pas le prix de leur sang, mais un abri, un champ à cultiver; et il eût été difficile de faire comprendre à ces hommes simples, mais impatients, que la patrie sauvée par eux avait besoin de nouveaux sacrifices. A Missolonghi, un pallicare qui allait être fusillé harangua les habitants ; il dit qu'il avait pris les armes, parce qu'on lui avait refusé une petite place qui le mît à même de vivre, lui et sa famille ; son discours produisit une telle émotion, que la ville prit le deuil de sa mort : pendant trois jours les boutiques restèrent fermées. Ce fut un des malheurs du gouvernement d'avoir à combattre, à punir des héros. En général, il se montra humain et avare de sang ; mais, quand il jugea nécessaire de faire un exemple, le peuple était presque toujours pour le condamné. Aussi plus tard eut-on soin de n'admettre dans le Code criminel la peine de mort que pour un très-petit nombre de cas.

En 1835, le cri public contre la xénocratie était devenu si fort, que deux des membres de la régence, de Maurer et Heideck, depuis longtemps mécontents et inquiets de la politique du président, mais jusqu'alors dominés par lui, crurent urgent de sortir d'une situation pleine de danger ou de honte. Ils signifièrent au comte d'Armansperg que dorénavant ils entendaient avoir une part effective au gouvernement, lui retirèrent de leur propre autorité l'administration de la caisse, et s'emparèrent de la direction des affaires étrangères. Ce petit coup d'Etat révélait de terribles abus, dont il faisait retomber la responsabilité sur le président. Mais le comte en appela au roi de Bavière, qui, de Munich, se constitua juge de la querelle, et qui lui donna raison. De Maurer fut rappelé, Heideck seul ne put tenir tête au comte, et la xénocratie continua de fleurir.

Mais aussi continuèrent les complots et les insurrections. Un mouvement éclata dans le Péloponèse, dirigé par les napistes ; ils demandaient, comme toujours, le renvoi de la régence, mais de plus la mise en liberté de Colocotroni et de Plapoutas, et une constitution ; quelques-uns proposaient ouvertement d'établir une république sous la protection de la Russie, projet qui révèle d'étranges préoccupations ; mais de tout temps la Russie a eu l'habileté ou le bonheur de fasciner les Grecs jusqu'à les aveugler sur ses intentions les plus claires. L'insurrection fut vigoureusement réprimée par Grivas ; plus tard ce même Grivas se révolta contre le gouvernement qu'il servait alors.

La régence publia un Code pénal, presque entièrement copié du Code français ; cette législation compliquée devait difficilement être comprise d'un peuple habitué à la justice sommaire. La régence rendit encore plusieurs décrets qui eussent pu tirer le pays du désordre, s'ils avaient été exécutés ; les uns concernaient les veuves et les fils des soldats tués en combattant pour la patrie, les invalides eux-mêmes : on leur promettait des terres ou des pensions de retraite ; les autres devaient fonder l'instruction publique : ceux-là du moins reçurent un commencement d'exécution ; les particuliers vinrent en aide au gouvernement par des donations ou des legs qui enrichirent l'Université et permirent de fonder des bibliothèques ou des collections ; car les Grecs modernes sont, comme leurs ancêtres, passionnés pour la science. De tous les décrets rendus, le plus important fut celui qui faisait d'Athènes la capitale du royaume ; les souvenirs de l'antiquité déterminèrent le choix du gouvernement ; car, s'il n'eût voulu consulter que les avantages de la situation, Corinthe, avec ses deux ports, semblait destinée par sa position centrale à devenir la capitale d'un Etat commerçant. Athènes fut reconstruite d'après un plan régulier, à la mode allemande. En quelques mois elle sortit de ses décombres ; l'acropole fut dégagée, les ruines antiques scrupuleusement respectées. Le marbre du Pentélique fut prodigué pour la construction d'un palais royal, dont le tort est de manquer complétement de caractère. Athènes devint promptement une ville moderne, mais sans physionomie, comme les petites villes du duché de Bade ou du Wurtemberg.

Le roi fut déclaré majeur, le 12 juin 1835. Il fit un appel à tous les partis par des grâces nombreuses ; il rendit la liberté à Colocotroni et à Plapoutas ; mais il garda le silence sur l'objet des réclamations générales : la promulgation d'une constitution. Armansperg continua de pressurer le pays sous le titre nouveau et bizarre d'archi-secrétaire d'État; plus puissant que jamais, il se débarrassa de ses adversaires par des exils honorables; c'est ainsi qu'il envoya Coletti, un des chefs du parti constitutionnel, comme ambassadeur à Paris. Puis il s'inféoda complétement à la Russie. Mais la xénocratie était attaquée ouvertement; les Bavarois ne pouvaient plus se montrer dans les rues sans être exposés à des insultes; la Phthiotide en rébellion permanente usa trois généraux; on fut obligé de mettre Nauplie en état de défense. Cette armée étrangère, qui grevait un budget déjà obéré, dont la présence entretenait le mécontentement, ne suffisait plus même à maintenir la sécurité des routes. L'agitation paralysait le commerce, les revenus publics ou n'augmentaient pas, ou étaient follement gaspillés, scandaleusement pillés, prodigués à des étrangers pour des services douteux. Cette année même (1835), la troisième et dernière série de l'emprunt fut épuisée; mais, de vingt millions que reçut le gouvernement, douze passèrent immédiatement dans les coffres de la Turquie comme indemnité pour les provinces cédées. Si l'on additionne toutes les sommes que les Grecs reçurent soit comme dons des particuliers, soit comme prêts, peut-être arrivera-t-on à près de cent millions. Avec de pareilles sommes, et seulement avec les soixante millions que les puissances avaient garantis, il eût été facile de reconstituer l'armée, de relever la marine, d'encourager l'agriculture, de remettre sur un pied convenable les différentes administrations : ils passèrent presque entièrement entre les mains de fonctionnaires avides ou infidèles; grâce à l'administration ruineuse du comte d'Armansperg, la Grèce s'enfonçait de jour en jour dans le désordre et l'anarchie. Enfin, inquiet de l'ensemble et de la force avec lesquels se produisaient les réclamations, il forma un conseil d'État où il fit entrer tous ses adversaires : Mavromichalis, Métaxas, Colocotroni, Coletti, Botzaris, Zaïmi, Delyanni, les deux Conduriotti, Mavrocordato, Tricoupi, Clonari, Praïdi, Rhizo, Caradja, Church. Ce conseil avait en apparence la compétence la plus étendue; il n'était pas de matière administrative sur laquelle il ne pût donner son avis; mais il fallait qu'on le lui demandât, et le gouvernement n'était pas lié par ses réponses. Seulement, d'assez gros appointements étaient attachés à ces fonctions; il est triste à dire que pour quelque temps l'opposition se tut : Armansperg n'avait pas trop mal jugé ses adversaires.

Le roi de Bavière, alarmé des nouvelles qu'il recevait du royaume de son fils, fit un voyage en Grèce pour juger par lui-même de la situation (1836). Mais les mesures étaient prises pour que la vérité ne vînt pas jusqu'à lui; circonvenu par le comte d'Armansperg, il crut tout voir, ne vit rien, et se déclara satisfait. Au reste, il visita la Grèce en archéologue, et il en remporta une riche provision d'antiquités qui font le plus précieux ornement du Musée de Munich.

Othon lui-même suivit de près son père en Allemagne; il y épousa la jeune et belle princesse Amélie d'Oldenbourg. Elle était protestante; le roi était catholique; mais par une clause du contrat de mariage, ils convinrent que leurs enfants seraient élevés dans la religion grecque. Cette décision, que les jeunes époux prirent tout spontanément (car les puissances n'avaient rien stipulé à cet égard), fut pour beaucoup dans les démonstrations de joie avec lesquelles le jeune couple fut reçu à son arrivée en Grèce (1837). Othon était réellement populaire; ce n'était presque jamais contre son autorité, jamais surtout contre sa personne qu'étaient dirigées les tentatives séditieuses. Mais il y avait entre son peuple et lui un ministre détesté; l'habitude, le respect tenaient le roi, bien qu'il fût émancipé, sous sa tutelle; enfin il osa s'en affranchir, et le comte d'Armansperg fut remplacé par Rudhart. Le seul avantage que gagna le pays à ce changement, fut la suppression de l'allemand dans les actes publics; d'ailleurs Rudhart suivit ponctuellement les errements et la routine de ses prédécesseurs. Il ne put résister au flot toujours croissant du mécontentement populaire; il donna sa démission, et fut remplacé par un ministère composé presque entièrement de nationaux dont Zographos était le chef (1837). Quelques mois après (1838), les soldats et une grande partie des fonctionnaires bavarois quittèrent le pays ; mais leur départ ne suffisait pas pour combler le déficit qu'avait creusé la ruineuse administration du comte d'Armansperg.

Le roi tenta de gouverner par lui-même ; s'il avait eu assez d'énergie et de puissance réelle pour accomplir tout le bien qu'il voulait faire, la Grèce compterait au nombre des États les plus fortunés de l'Europe. Mais on lui reproche de n'avoir jamais su prendre une résolution, de remettre sans cesse l'expédition des affaires les plus pressantes, et enfin, au dernier moment, après de trop longues réflexions, de trancher les questions par une résolution précipitée, ou de suivre aveuglément l'impulsion de sa femme.

Cependant les premières années de son gouvernement personnel furent marquées par des actes utiles : adoption de la loi de la conscription pour le recrutement d'une armée nationale, fondation ou extension de la banque, conventions postales et traités de commerce avec plusieurs États, réduction du budget. Le commerce prospérait, et des fortunes privées s'élevèrent rapidement, dont quelques-unes rivalisaient avec les plus considérables de l'Europe. Mais l'État restait pauvre ; cette pénurie avait plusieurs causes : d'abord l'exiguïté des revenus, ensuite et surtout les dilapidations, le grand nombre de fonctionnaires, l'entretien d'une armée beaucoup trop considérable pour un si petit royaume et de plus fort inutile, enfin les dépenses de l'administration et de la cour elle-même : la liste civile du roi avait été fixée à un million de drachmes (environ 950,000 francs) : c'était près du douzième des revenus publics.

Pendant une période de cinq années (de 1838 à 1843), le pays eût été à peu près tranquille, si les Grecs eussent eu assez de bon sens pour rejeter les suggestions de la politique étrangère ; mais ils aimaient mieux s'en faire les instruments que de suivre les seules inspirations de leur patriotisme. Le parti napiste travaillait sourdement pour la Russie, et cherchait à s'emparer du clergé. Il avait pour adversaire le parti constitutionnel, dont les deux chefs principaux étaient deux hommes de la plus haute capacité, et également recommandables par leurs services passés, Coletti et Mavrocrocordato ; Coletti partisan de la France, Mavrocordato de l'Angleterre.

Le brigandage n'avait pas complètement cessé ; mais du moins les sympathies de la foule se retiraient des hommes qui continuaient à vivre en dehors de la loi. Ils commettaient des atrocités inouïes. Un d'eux mutilait ceux qui tombaient entre ses mains ; un de ses plaisirs était de fendre le ventre aux femmes enceintes et de saupoudrer les plaies saignantes avec du sel. De pareils monstres n'étaient guère fondés à présenter pour excuses de leurs méfaits la nécessité ou le souvenir de leurs combats contre les Turcs.

CHAPITRE IV.

RÈGNE D'OTHON DEPUIS L'ÉTABLISSEMENT DE LA CONSTITUTION JUSQU'A NOS JOURS.

1843-1858.

Sauf le malaise entretenu par le brigandage, le plus grand calme régnait dans toute la Grèce ; rien ne faisait pressentir le complot qui se préparait. Le 13 septembre 1843, à la pointe du jour, le général Calergi se montra dans les rues d'Athènes, à la tête de quelques soldats qui criaient : *Vive la Constitution*. La foule se joint à lui, l'accompagne jusqu'au palais du roi. Le roi paraît ; il est surpris ; il veut parler : sa voix est couverte par les mêmes cris. Le conseil d'État le supplie de céder aux vœux du peuple : il cède enfin, il renvoie son ministère, il charge Métaxas de former un nouveau cabinet, et de convoquer une assemblée nationale. C'est ainsi que la Grèce naquit au régime constitutionnel.

La révolution avait été accomplie en quelques heures, sans désordre, sans effusion de sang. La volonté royale avait, il est vrai, subi une pression ; mais, après l'irritation du premier moment, Othon accepta franchement la position qui lui était faite, et sa loyauté lui valut une immense popularité. En accordant à ses sujets une constitution, il ne faisait que tenir les engagements qu'il avait pris, quoique en termes généraux, à son avènement. Les Grecs avaient attendu impatiemment la réalisation des promesses royales, et la presse ne négligeait aucune occasion de les rappeler. Le moment était venu de les tenir. La promptitude avec laquelle la révolution fut accomplie, l'unanimité avec laquelle elle fut saluée dans toute la Grèce, prouvèrent bien que ce n'était pas là un simple coup de main. Aussi les gouvernements de France et d'Angleterre n'hésitèrent-ils pas à ratifier de leur approbation le nouvel état de choses. La Russie seule protesta : on dit pourtant que ses menées n'avaient pas été étrangères à la démarche de Calergi, mais qu'elle s'en promettait une toute autre issue; qu'elle comptait sur un simple changement de ministère qui eût mis le gouvernement entre les mains de la faction napiste; que le cri de Vive la Constitution n'était dans son programme qu'un mot de ralliement; mais qu'en le prenant au sérieux, le peuple avait déjoué les calculs de Calergi, et, qu'une fois lancé, celui-ci n'avait ni pu ni osé reculer. Si telles avaient été en effet les combinaisons du parti russe, ce ne serait ni la première ni la dernière fois qu'une démonstration maladroite aurait amené une révolution.

L'ambassadeur de Russie soutint que la majesté royale avait été violée, et il se retira; mais ses protestations tombèrent devant les déclarations du roi et devant les faits. Les élections n'amenèrent que l'agitation inséparable de toute opération de ce genre, et ne dégénérèrent pas en tumulte. L'assemblée qui se réunit à Athènes, le 20 novembre, représentait fidèlement toutes les nuances d'opinion qui divisaient la nation ; elle ouvrit ses séances par une solennité religieuse pleine de grandeur et de gravité, sous la présidence du vénérable Notaras, qui, après avoir présidé tant d'autres assemblées bien autrement tumultueuses, venait, plus que centenaire, consacrer ses derniers jours à la fondation définitive des libertés de son pays. Le roi, dans un discours plein des plus nobles sentiments, convia ses sujets à signer avec lui, à la face de l'Europe, un pacte qui consacrât leurs droits en traçant à l'autorité royale de justes limites.

L'assemblée nomma, selon l'usage, une commission chargée d'élaborer un projet de constitution qu'elle discuta ensuite. Dès les premiers jours, elle rencontra une question brûlante, celle des droits des hétérochthones, ou Grecs habitant les pays étrangers.

Le royaume de Grèce, dans les limites que lui avait assignées la conférence de Londres, ne comprend qu'une petite partie de l'ancienne Grèce; il ne compte guère plus de huit cent mille habitants, tandis qu'il y a peut-être en Asie et dans l'Empire Turc deux ou trois millions d'hommes que leur langue et leur religion rattachent à la famille grecque; et l'on sait qu'en Orient c'est surtout par la langue et la religion que les nationalités se distinguent les unes des autres. Ces Grecs hétérochthones, c'est-à-dire nés sur la terre étrangère ou y habitant, n'avaient pas tous pris part à la révolution; mais tous, on peut le dire, avaient appelé de leurs vœux le triomphe de leurs frères; et même un grand nombre, nous l'avons vu, n'avaient pas hésité soit à tenter des soulèvements partiels, qui ne réussirent pas, soit à quitter leur pays pour se joindre aux combattants. Ce n'est pas tout. Dans le principe, les pauvres raïas n'avaient pris les armes que pour s'affranchir : vainqueurs et libres, l'indépendance ne leur suffisait plus; les souvenirs de l'Empire Byzantin, quoique assurément peu glorieux, se réveillèrent; les Grecs se mirent à rêver l'expulsion des mahométans d'Europe, la conquête de Constantinople; de sorte que la paix, dans l'esprit du plus grand nombre, n'était et n'est encore qu'une trêve qu'ils brûlent de rompre au premier moment, et que la guerre avec les Turcs ne sera finie que quand la croix brillera de nouveau sur les tours de Sainte-Sophie. Or, au moment où la Grèce prenait une position officielle, enlever le titre de citoyens à tous ces Grecs que la paix n'avait pas affranchis, n'était-ce pas du même coup briser le seul lien qui les rattachât à leurs frères en religion, et renoncer à ce brillant avenir que la force des choses doit, suivant l'opinion répandue parmi eux, fatalement amener? Telles étaient les difficultés, chimériques ou réelles, que soulevait la question des hétérochthones. Pour ceux qui avaient pris part à la lutte, il était de toute justice qu'ils fussent indemnisés de leurs sacrifices par un titre si bien gagné : leurs droits furent réservés par une série de dispositions d'un caractère naturellement transitoire et personnel ; mais, si l'on revendiquait pour la nation grecque tous ceux de ses membres qui, éloignés de leurs pays depuis des siècles, étaient nés, vivaient en pays étrangers, d'abord on se mettait en dehors du droit européen, ensuite on s'exposait à offenser les puissances étrangères, et surtout la Turquie, en affichant sur une partie de ses sujets des droits que l'avenir ferait valoir. Ces dernières considérations l'emportèrent ; malgré les discours passionnés de Mavrocordato et de Coletti, l'assemblée admit des distinctions, et ne conféra le titre de citoyen grec qu'à ceux qui pouvaient le porter sans faire ombrage à aucune puissance.

Cette décision causa un tel mécontentement dans le peuple, que le ministre Métaxas, qui l'avait provoquée, crut devoir se retirer ; il y eut un interrègne assez long ; cependant l'assemblée continua ses travaux sans que l'harmonie entre elle et le roi fût troublée. Le 30 mars 1844, elle proposait à la sanction du roi une constitution dont voici les principales dispositions, d'après l'analyse qu'en donne M. Leconte dans son *Étude économique de la Grèce* :

« La religion de l'État est celle de « l'Église grecque d'Orient, dont le siège « est à Constantinople, et à laquelle « elle est dogmatiquement unie ; mais « elle ne relève que d'elle-même ; elle « exerce, indépendamment de toute « autre église, ses droits souverains, et « elle est gouvernée par un synode d'é- « vêques. Toute autre religion reconnue « est autorisée. » Mais la propagande religieuse est interdite.

« Le droit public des Grecs est lar- « gement garanti par l'égalité devant « la loi, la liberté individuelle, la li- « berté de la presse et l'abolition de la « confiscation.

« L'instruction supérieure est à la « charge de l'État, qui concourt aussi « à l'entretien des écoles communales.

« La puissance législative s'exerce « collectivement par le roi, la Chambre « des Députés et le Sénat.

« La personne du roi est inviolable « et sacrée ; les ministres sont respon- « sables. Le roi est le chef de l'État ; il « commande les armées ; il fait les « traités, il rend les ordonnances, « promulgue les lois, nomme et révo- « que les employés, jouit du droit de « grâce et de commutation, et de tous « ceux enfin accordés aux monarques « constitutionnels.

« La couronne de Grèce est hérédi- « taire et transmissible en ligne directe « aux descendants légitimes du roi, par « ordre de primogéniture. En l'absence « de tout héritier direct et légitime du « roi, la couronne de Grèce appartien- « dra à ses frères puînés, les princes de « Bavière, ou à leurs héritiers légitimes, « par ordre de primogéniture, mais à la « charge, par le successeur, d'embras- « ser le culte grec d'Orient. »

Cette dernière condition était de nature à entraver la transmission du pouvoir, si le cas prévu se présentait ; de plus, elle dérogeait expressément aux dispositions de la conférence de Londres, qui n'avait imposé au roi élu aucun changement de religion. Ces difficultés furent aplanies plus tard par une déclaration des puissances protectrices, qui approuvèrent la modification apportée par l'assemblée grecque à leur œuvre.

« L'âge fixé pour les députés est « trente ans ; ils sont nommés pour trois « ans. Tout électeur est éligible. Les « députés reçoivent, pendant le temps « de la session, une allocation men- « suelle de deux cent cinquante drach- « mes (223 francs 85 centimes) ; les « députés sont au nombre de cent vingt- « six.

« Les sénateurs sont nommés à vie « par le roi, d'après certaines conditions « déterminées ; ils doivent avoir qua- « rante ans, et jouissent d'une alloca- « tion mensuelle de cinq cents drachmes « (447 francs 70 centimes). Le nom- « bre minimum des sénateurs est de

« vingt-sept ; le nombre maximum ne
« peut dépasser celui de la moitié des
« députés, c'est-à-dire soixante-trois.
« Le droit électoral appartient à
« tous les Grecs, nés en Grèce ou ayant
« acquis le droit de citoyens, lorsqu'ils
« ont atteint leur vingt-cinquième an-
« née, et qu'en outre ils possèdent une
« propriété quelconque dans la pro-
« vince où ils ont leur domicile politique,
« ou y exercent une profession ou un
« métier indépendant.
« Les ministres ne peuvent pas être
« dégagés de leur responsabilité par un
« ordre du roi, écrit ou verbal. La
« Chambre des Députés a le droit de les
« accuser et de les traduire devant le
« sénat, qui les juge en séance publi-
« que. Le roi ne peut faire grâce à un
« ministre condamné par le sénat que
« sur la demande du sénat lui-même ou
« de la Chambre des Députés.
« La justice est rendue par des juges
« nommés par le roi. Ils seront ina-
« movibles, à l'exception des membres
« du parquet et des juges de paix.
« Nul ne peut être distrait de ses
« juges naturels. En conséquence, toute
« commission et tous tribunaux extraor-
« dinaires sont abolis.
« Le jury juge les causes criminelles
« ainsi que les délits politiques et les
« délits de presse. »
Cette constitution fut jurée par le
roi, le 30 mars 1844, et immédiatement
mise en vigueur. La France et l'Angleterre témoignèrent leur satisfaction de
voir la Grèce entrer dans la voie constitutionnelle ; quant à la Russie, elle
reprit, quoique de mauvaise grâce, les
relations diplomatiques.
La retraite de Métaxas avait laissé le
cabinet sans chef. Le roi eût voulu réunir dans un même ministère les deux
principaux représentants du parti libéral, Coletti et Mavrocordato, pour les
opposer au parti napiste. Ces deux hommes ne purent s'entendre ; Coletti laissa
la place à son rival, tout en lui promettant son concours ; Mavrocordato inaugura le gouvernement constitutionnel
du roi Othon (23 avril 1844). Il convoqua aussitôt les colléges électoraux.
Pour s'assurer la majorité, le ministère employa les moyens qu'avait accré-
dités le gouvernement de Capo d'Istria,
la corruption et la violence. Des troubles éclatèrent sur plusieurs points ; il y
eut des attroupements à Athènes ; Grivas se mit en révolte ouverte dans l'A-
carnanie. Le ministère intimidé donna
sa démission avant l'ouverture des
chambres ; il fut remplacé par Coletti
et Métaxas, contre lesquels devaient s'é-
lever à peu près les mêmes accusations.
Quand les députés furent rassemblés,
après la vérification des pouvoirs, Coletti leur rappela, dans un magnifique et
chaleureux discours, ce temps où les
champions de la cause grecque, réunis
dans quelque coin des rochers de la Corinthie, délibéraient le fusil à la main,
non pas sur l'exécution des lois, mais
sur les moyens de sauver la patrie, et
ne se séparaient que pour voler à sa défense ; il comparait le calme présent avec
les alarmes dont ils étaient victorieusement sortis ; mais il les conjurait de se
mettre en garde contre un ennemi plus
dangereux que les Turcs, la discorde.
Ce discours eut le sort de tant d'autres :
on applaudit l'orateur, et l'on ne suivit
pas ses conseils.
Les napistes s'agitaient pour obtenir
la séparation complète de l'Église et de
l'État ; ils demandaient pour le synode
le droit de nommer le chef de la religion. La Russie les appuyait, sachant
bien que l'indépendance de l'Église grecque la replacerait sous la domination
spirituelle du patriarche de Constantinople, c'est-à-dire sous l'influence russe.
Ils échouèrent ; mais ils obtinrent la
majorité dans le sénat, et Coletti ne se
maintint qu'en créant trente sénateurs
nouveaux. Il présenta à la Chambre des
Députés un budget où les recettes et les
dépenses se balançaient : équilibre illusoire et factice, puisque, dès l'année suivante (1846), le ministre avouait que la
Grèce était hors d'état de servir même
les intérêts de sa dette. Le ministre anglais, jaloux de voir le parti français gagner du terrain, saisit ce prétexte pour
créer des embarras au ministère, et s'u-
nit avec le ministre russe. D'autre part,
l'opposition lui reprochait des actes d'arbitraire, une mauvaise volonté systématique contre la presse, l'oubli ou le mépris des voies légales. Des mouvements
éclatèrent ; l'Acarnanie n'était pas paci-
fiée. Enfin Coletti tomba (1847), sans

que sa chute rétablit le bon ordre.

Nous ne suivrons pas les évolutions des partis depuis la retraite de Coletti. Les ministères se succèdent les uns aux autres sans amener de changement dans l'état du pays, qui est misérable. Tout occupés de se maintenir, il ne leur reste pas de temps pour songer à l'amélioration des routes, à la répression du brigandage, qui prend les proportions d'une institution publique et renforce perpétuellement les insurrections locales. La corruption, les abus de pouvoir, du côté du gouvernement, l'injure et la calomnie du côté de l'opposition, voilà les armes ordinaires. Un ministre fut accusé en pleine chambre de faux et d'assassinat. Le langage de la presse descend à celui des plus vils pamphlets. Les revenus diminuent et la désorganisation avance d'année en année.

Au milieu de ce désordre chronique, une aggression brutale et inattendue de l'Angleterre vint donner à l'esprit public une secousse salutaire. Un jour (1850), l'amiral Parker se montra en vue du Pirée avec quinze bâtiments de guerre. En même temps, le ministre anglais Wyse présenta au gouvernement grec une série de réclamations concernant des indemnités qu'il prétendait dues à des sujets anglais; il demandait quarante-quatre mille drachmes pour Finlay, ancien propriétaire du terrain sur lequel était construit le palais du roi, quatre-vingt mille pour le juif Pacifico, qui disait avoir été pillé dans une émeute et ne produisait pas même ses titres, de moindres sommes pour trois autres plaignants; enfin, comme l'Angleterre ne néglige jamais l'occasion du plus mince profit, il réclamait pour son pays deux petits îlots, comme dépendance du groupe Ionien. Pour faire droit à toutes ces demandes, qui auraient exigé un examen réfléchi, il accordait vingt-quatre heures. Le ministre grec saisit de cette affaire les ministres de France et de Russie, qui s'interposèrent sans rien obtenir; l'amiral Parker bloqua le Pirée, pendant que les négociations se continuaient à Athènes et à Londres. La Russie et la France envoyèrent des notes pressantes au cabinet de Saint-James; la Russie surtout, qui songeait déjà à une rupture, rappelait sévèrement l'Angleterre à la pudeur et au respect de la faiblesse. Lord Palmerston usa de délais calculés si justement, que l'amiral Parker eut tout le temps de causer au commerce grec un préjudice considérable et d'imposer au roi ses volontés, en menaçant sa capitale d'un bombardement. Tout ce qu'on obtint du cabinet anglais fut une réduction dans le chiffre de l'indemnité.

Quelle cause put porter lord Palmerston à ce lâche abus de la force? Ce fut probablement le dépit de voir l'influence russe grandir dans les conseils du roi de Grèce, et le désir de la contrecarrer. Il ne réussit qu'à donner à la Russie le beau rôle, à rendre odieux le nom anglais en Grèce, et à réveiller le patriotisme des sujets du roi Othon. Les Grecs comprirent que la meilleure manière de seconder leur gouvernement était de garder en présence de l'aggresseur une attitude calme et digne; pendant tout le temps du blocus, il n'y eut pas un seul fait de brigandage; les exilés eux-mêmes envoyèrent au roi des adresses et des offres de service; des souscriptions furent ouvertes. L'Angleterre ne remporta qu'une de ces victoires qui font tache dans l'histoire d'une nation.

La tranquillité intérieure parut assez assurée pour que le roi ne craignît pas de faire un voyage en Allemagne; son absence se prolongea pendant près d'une année (1851), pendant laquelle la reine gouverna. Mais quatre ans marqués par des fléaux de toute espèce, la maladie des raisins, celle des pommes de terre, l'insuffisance des récoltes, et, plus que tout le reste, la négligence de la police et la mauvaise administration avaient tellement réduit les recettes, qu'en 1852 le budget constatait le déficit énorme de quatre millions.

La guerre éclata entre les trois puissances protectrices du royaume hellénique; la France et l'Angleterre défendaient cette fois la Porte contre l'ambition de la Russie. Dans ces conjonctures, la neutralité était commandée au gouvernement grec non-seulement par de hautes convenances, mais par sa faiblesse et ses intérêts; une magnifique occasion se présentait à lui de détourner dans les coffres de ses sujets une partie des flots d'argent que répandaient sur leur passage les armées alliées. Les Grecs pouvaient relever leur marine, et peut-être s'emparer d'une partie du commerce de l'Orient. Ils se laissèrent éblouir encore une fois par la chimère des conquêtes, d'autant plus dangereuse alors qu'ils devaient rencontrer sur leur chemin les deux plus puissantes nations de l'Occident. Des bandes armées envahirent le territoire turc et se mêlèrent aux insurgés de l'Épire; des lettres interceptées ne laissèrent aucun doute sur la connivence du gouvernement grec, ou tout au moins de ses agents, avec les envahisseurs. La Porte se plaignit, n'obtint que des réponses dérisoires, et finit par rappeler son ambassadeur. La France et l'Angleterre à leur tour posèrent au roi un ultimatum, qu'il éluda. Alors des troupes françaises débarquèrent pour la deuxième fois sur le sol de la Grèce; elles s'établirent au Pirée (1854); quelques mois plus tard, un corps de marins anglais prit position à côté d'elles. Enfin le roi céda; il appela Mavrocordato au ministère, et renoua les relations diplomatiques avec la Porte; mais il ne renonça pas à sa dangereuse politique. On vit la cour devenir le centre de l'opposition dirigée contre un ministère soutenu par l'étranger; et la cour suivait certainement le mouvement de l'opinion publique en Grèce; et cependant c'était le ministère, c'étaient les étrangers qui sauvaient la cour et la nation de leur propre folie. Le plan de l'opposition consistait à prouver à l'Europe que la présence des troupes étrangères compromettait la tranquillité publique; à cet effet, les brigandages recommencèrent, non plus dans les montagnes, ni sur des points isolés, mais aux portes même du camp des Français, qui furent plus d'une fois insultés sur la route d'Athènes au Pirée. Singulier moyen pour recommander son pays, que de le livrer aux bandits; si toutefois les auteurs de ces coups de mains étaient bien des bandits. On soupçonna la police, des personnages haut placés d'en être les instigateurs : quant aux auteurs, ils ne furent jamais ni pris ni découverts; et l'on se prenait de tout au ministère. Mavrocordato se retira (1855). Le roi, loin de se rapprocher des puissances, affecta, dans un discours aux Chambres, le plus profond silence sur les relations extérieures.

Cependant, une situation si anormale ne pouvait se prolonger. La guerre était finie. Enfin, les puissances prirent avec le gouvernement grec un arrangement qui leur permettait d'intervenir plus directement qu'elles n'avaient fait jusqu'alors dans l'administration de ses finances. Une convention passée entre elles et le gouvernement grec les autorisait à nommer une commission qui surveillerait spécialement le service de la dette, mais par le fait la rédaction du budget tout entier (1856). Ensuite le corps d'occupation évacua le territoire grec (1857).

Depuis ce temps, il ne s'est passé en Grèce rien de bien important. Le pays est tranquille; le budget constate régulièrement un déficit, que chaque ministre promet de combler; le roi jouit d'une popularité qu'il doit surtout à la chaleur avec laquelle il a épousé les espérances les plus hasardeuses de ses sujets. Heureuse la Grèce, si elle comprend enfin que son avenir dépend surtout des efforts qu'elle fera pour assurer son présent et conquérir l'estime de l'Europe !

FIN.

TABLE DES MATIÈRES.

PREMIÈRE PARTIE.

DE LA DESTRUCTION DE CORINTHE PAR LES ROMAINS A LA PRISE DE CONSTANTINOPLE PAR LES TURCS.

Pages.
AVANT-PROPOS..................... 1

LIVRE PREMIER.

Depuis la prise de Corinthe jusqu'à la fondation de Constantinople.

CHAPITRE PREMIER. — Organisation de la Grèce en province romaine........... 4
CHAPITRE II. — Événements politiques... 6
CHAPITRE III. — De la littérature grecque profane, depuis la conquête romaine jusqu'à Constantin................ 20
CHAPITRE IV. — État des arts en Grèce, depuis sa réduction en province romaine jusqu'à la fondation de Constantinople..................... 30
CHAPITRE V. — Introduction du christianisme en Grèce................. 35
CHAPITRE VI. — De la littérature grecque, sacrée et ecclésiastique, durant les trois premiers siècles de l'ère chrétienne...................... 38

LIVRE SECOND.

Du règne de Constantin le Grand jusqu'aux croisades.

CHAPITRE PREMIER. — Commencement du règne de Constantin............ 43
CHAPITRE II. — Fondation de Constantinople........................ 45
CHAPITRE III. — Constitution de l'empire byzantin..................... 48
CHAPITRE IV. — Fin du règne de Constantin........................ 51
CHAPITRE V. — Les fils de Constantin.. 53
CHAPITRE VI. — Julien, Jovien, Valentinien, Valens................... 56
CHAPITRE VII. — Théodose et ses fils. — Abolition de l'hellénisme. — Chute de l'empire d'Occident............. 62
CHAPITRE VIII. — Léon, Zénon, Anastase......................... 73
CHAPITRE IX. — Justin Ier et Justinien.. 77
CHAPITRE X. — Sur la législation gréco-romaine..................... 87
CHAPITRE XI. — De l'art byzantin..... 94
CHAPITRE XII. — Justin II, Tibère-Constantin, Maurice, Phocas, Héraclius.... 103
CHAPITRE XIII. — Lutte de l'islamisme et du christianisme —Successeurs d'Héraclius......................... 113
CHAPITRE XIV. — Philippique. — Artémius. — Théodose. — Dynastie Isaurienne. — Irène. — Iconoclastes...... 123
CHAPITRE XV. — Nicéphore. — Michel Rhangabé. — Léon l'Arménien. — Michel le Bègue. — Théophile. — Michel III...................... 140
CHAPITRE XVI. — Dynastie macédonienne. — Basiliques. — État des sciences et des lettres sous Constantin Porphyrogénète................. 152
CHAPITRE XVII. — Cérémonial de la cour byzantine..................... 166
CHAPITRE XVIII. — Romain II. — Nicéphore Phocas. — Tzimiscès. —Basile II et Constantin VIII............... 175
CHAPITRE XIX. — Romain Argyre. — Michel IV le Paphlagonien. — Michel V le Calfat. — Zoé et Théodora. — Constantin IX Monomaque. — Michel VI Stratiotique. — Isaac Comnène. — Constantin X Ducas. — Eudocie et ses fils. — Romain IV Diogène. — Nicéphore Botaniate......... 191
CHAPITRE XX. — Alexis Comnène..... 215
CHAPITRE XXI. — Croisades. — Suite du règne d'Alexis. — Dynastie des Comnènes....................... 222

LIVRE TROISIÈME.

Depuis la prise de Constantinople par les Francs jusqu'à la destruction de l'empire d'Orient par les Turcs.

CHAPITRE PREMIER. — Empire français de Constantinople................. 256
CHAPITRE II. — Fin du règne de Michel Paléologue. — Tentatives de réunion des deux Églises................ 285
CHAPITRE III. — Andronic II Paléologue le vieux. — Andronic le jeune — Cantacuzène — Jean Ier Paléologue....... 294
CHAPITRE IV. — Manuel Paléologue. — Bataille de Nicopolis. — Voyage de Manuel en Occident. — Bataille d'Ancyre. — Jean II Paléologue. — Conciles de Ferrare et de Florence........... 320-13
CHAPITRE V. — Constantin XIII Dragasès. — Siège et prise de Constantinople. — Conquête de la Morée. — Fin de l'empire de Trébizonde............. 320-22
CHAPITRE VI. — Des Grecs venus en Italie avant la prise de Constantinople par les Turcs : Barlaam. — L. Pilate. — Manuel et Jean Chrysoloras. — Théodore Gaza. — Georges de Trébizonde. — Bessarion. — Isidore. — Nicolas Secundino. — Amérutzès. — Pléthon. — Gennadius................... 320-29
CHAPITRE VII. — Des Grecs venus en

Italie après la prise de Constantinople par les Turcs : Jean Argyropulos. — Démétrius Chalcondyle, etc. — Constantin et Jean Lascaris, etc. — Marc Musurus, etc., etc. — Quelques mots sur la prononciation du grec....... 320-44

DEUXIÈME PARTIE.

HISTOIRE DE LA GRÈCE DEPUIS LA PRISE DE CONSTANTINOPLE PAR MAHOMET II JUSQU'A NOS JOURS.

LIVRE PREMIER.

Depuis la prise de Constantinople par Mahomet II jusqu'au premier soulèvement de la Morée.

INTRODUCTION.................... 321
CHAPITRE PREMIER. — Établissement de la domination des Turcs............ 322
CHAPITRE II. — Guerres entre la Porte et Venise............................ 336
CHAPITRE III. — Projets de croisade du duc de Nevers ; prise de Candie par les Musulmans........................ 347
CHAPITRE IV. — Sainte Ligue......... 352
CHAPITRE V. — Depuis la paix de Carlowitz jusqu'au premier soulèvement de la Morée, excité par la Russie....... 363

LIVRE DEUXIÈME.

État des Grecs sous la domination musulmane jusqu'à leur premier soulèvement, en 1770.

CHAPITRE PREMIER. — Le clergé. — La religion........................... 365
CHAPITRE II. — Le régime municipal... 374
CHAPITRE III. — Les Armatoles....... 377
CHAPITRE IV. — Les Fanariotes....... 380

LIVRE TROISIÈME.

Depuis le soulèvement de la Morée excité par la Russie jusqu'au commencement de la guerre de l'indépendance.

CHAPITRE PREMIER. — Soulèvement de la Morée. — Traité de Kaïnardji........ 385
CHAPITRE II. — Suites du traité de Kaïnardji jusqu'à la déclaration de guerre du divan à la Russie................ 392
CHAPITRE III. — Les Grecs pendant la guerre de la Russie et de la Turquie jusqu'à la paix de Jassy. — Ali-Pacha et les Souliotes. — Expédition de Lambro Cansiani...................... 393
CHAPITRE IV. — Nouvelle guerre entre Ali-Pacha et les Souliotes........... 396
CHAPITRE V. — Naissance et développement du commerce des Grecs........ 398
CHAPITRE VI. — Mouvement intellectuel en Grèce......................... 400
CHAPITRE VII. — Rhigas. — Coray..... 404
CHAPITRE VIII. — Les Grecs pendant la révolution française............... 407
CHAPITRE IX. — Nouvelles guerres entre Ali-Pacha et les Souliotes......... 409
CHAPITRE X. — Les Grecs pendant la durée de l'empire français.......... 412
CHAPITRE XI. — Événements qui ont préparé l'insurrection grecque. — L'Hétairie........................... 417

LIVRE QUATRIÈME.

Guerre de l'indépendance.

CHAPITRE PREMIER. — Coup d'œil sur le caractère général de l'insurrection grecque............................ 426
CHAPITRE II. — Expédition d'Alexandre Hypsilantis en Moldo-Valachie jusqu'à sa retraite à Tergovist............. 430
CHAPITRE III. — Premiers événements de l'insurrection grecque. — Soulèvements dans le Péloponèse................ 434
CHAPITRE IV. — Exécutions et massacres à Constantinople et dans d'autres parties de l'empire turc................ 439
CHAPITRE V. — Suite des événements de Moldavie et de Valachie jusqu'à la fin de la guerre des Principautés....... 444
CHAPITRE VI. — Insurrection des îles.. 453
CHAPITRE VII. — Événements de la Grèce continentale. — Soulèvement en Phocide, Béotie, Attique, Thessalie, Magnésie, Eubée, Macédoine, Crète....... 456
CHAPITRE VIII. — La guerre de Morée. — Campagne du Kiava-Bey. — Valtetsio, les Thermopyles, la Gravia........ 460
CHAPITRE IX. — Guerre maritime. — Événements de l'Asie Mineure et des îles............................... 464
CHAPITRE X. — Soulèvement de l'Étolie et de l'Acarnanie. — Lala ; les sept îles. 469
CHAPITRE XI. — Le sénat péloponésien. — Démétrius Hypsilantis............ 474
CHAPITRE XII. — Expédition d'Omer-Vrione en Livadie, Eubée, Attique. — Succès maritimes des Grecs. — Négociations entre la Porte et la Russie... 478
CHAPITRE XIII. — Capitulation de Monembasie et de Néo-Castro. — Siège et sac de Tripolitza................... 486
CHAPITRE XIV. — Derniers événements de la campagne de 1821. — Assemblées de Missolonghi et de Salone........ 492

LIVRE CINQUIÈME.

Suite de la guerre de l'indépendance.

CHAPITRE PREMIER. — Assemblée d'Épidaure, constitution................ 495
CHAPITRE II. — Premiers événements de la campagne, et sièges de Corinthe, de Carysle, de Patras. — Guerre en Macédoine et Thessalie. — Massacres de Chio. 501
CHAPITRE III. — Mort d'Ali-Pacha. — Lois portées par le gouvernement provisoire. — Tentative malheureuse contre Patradjik et Zéitoun. Troubles et dissensions..................... 506
CHAPITRE IV. — Expédition de Dram-Ali dans le Péloponèse.............. 511
CHAPITRE V. — Premier siége de Misso-

longhi............................... 515
CHAPITRE VI. — Seconde assemblée nationale. — Intervention des puissances étrangères. — Expédition de Topali. — Insurrection de l'île de Crète...... 519
CHAPITRE VII. — Gouvernement intérieur. — Première guerre civile. — Byron en Grèce.................... 524
CHAPITRE VIII. — Chute de Psara. — Batailles navales. — Opérations militaires dans le Nord................ 527
CHAPITRE IX. — Renouvellement de la guerre civile. — Ibrahim dans le Péloponèse, à Navarin, à Tripolitza. — Colocotroni........................... 529
CHAPITRE X. — Campagne de Gouras dans le Nord; mort d'Ulysse. — Second et troisième sièges de Missolonghi. — L'insurrection en Crète, en Eubée. — Opérations maritimes............... 531
CHAPITRE XI. — Dispositions de l'Europe à l'égard de la Grèce; premières négociations entre les puissances et la Porte. — Des partis en Grèce. — Assemblée d'Épidaure.......................... 537
CHAPITRE XII. — Ibrahim dans le Magne. — Commencement du siège d'Athènes. — Succès de Caraïscakis dans le Nord. 540
CHAPITRE XIII. — Opérations maritimes. Discordes intérieures. — Assemblée de Trézène. — Élection de Capo d'Istria comme gouverneur. — Prise d'Athènes par les Turcs..................... 544
CHAPITRE XIV. — Événements divers. — Bataille de Navarin................ 547
CHAPITRE XV. — Expéditions dans le Nord, à Chio, en Crète............. 551
CHAPITRE XVI. — Arrivée de Capo d'Istria en Grèce. — Premières mesures. — Derniers mouvements d'Ibrahim. — Les Français dans le Péloponèse...... 553
CHAPITRE XVII. — Gouvernement de Capo d'Istria. — Fondations. — Opposition naissante. — Suite de la guerre....... 556
CHAPITRE XVIII. — Négociations des puissances avec la Porte. — Politique de Capo. — Assemblée d'Argos...... 558
CHAPITRE XIX. — Dernières campagnes. — Traités de paix avec la Porte. — Déclaration de l'indépendance de la Grèce. — Le prince Léopold élu roi. 561

LIVRE SIXIÈME.

La Grèce depuis la paix avec la Porte jusqu'à nos jours.

CHAPITRE PREMIER. — Administration de Capo d'Istria depuis l'élection du prince Léopold. — Sa mort................. 565
CHAPITRE II. — Gouvernement provisoire depuis la mort de Capo d'Istria jusqu'à l'arrivée du roi Othon en Grèce....... 571
CHAPITRE III. — Règne d'Othon depuis son arrivée en Grèce jusqu'à la constitution.............................. 577
CHAPITRE IV. — Règne d'Othon depuis l'établissement de la constitution jusqu'à nos jours........................ 581

FIN.